Gerd R. Ueberschär

Freiburg im Luftkrieg
1939–1945

Gerd R. Ueberschär

Freiburg im Luftkrieg 1939–1945

Mit einer Photodokumentation
zur Zerstörung der Altstadt
am 27. November 1944
von
Hans Schadek

Verlag Ploetz Freiburg · Würzburg

Kartenzeichnungen: Rolf Schindler
Kartenentwürfe: Gerd R. Ueberschär

Gedruckt mit Unterstützung der Stadt Freiburg i. Br.

CIP-Titelaufnahme der Deutschen Bibliothek

Ueberschär, Gerd R.:
Freiburg im Luftkrieg : 1939–1945 / Gerd R. Ueberschär.
Mit e. Photodokumentation zur Zerstörung d. Altstadt
am 27. November 1944 von Hans Schadek. [Kt.-Zeichn.: Rolf Schindler]. –
Freiburg im Breisgau ; Würzburg : Ploetz, 1990
ISBN 3-87640-332-4

Den Ziviltoten,
Gefallenen und Vermißten
des Zweiten Weltkrieges
in Freiburg

Abb. 1: Freiburgs Innenstadt vor und nach der Zerstörung
(StadtAF, M 7001/M 72/B 271)

Inhaltsverzeichnis

Zum Geleit

Mit dem vorliegenden Buch „Freiburg im Luftkrieg 1939–1945" wird die Aufgabe übernommen, das Kriegsgeschehen und die Stadtentwicklung Freiburgs im Zusammenhang mit den Luftangriffen im Zweiten Weltkrieg umfassend darzustellen und wissenschaftlich zu analysieren. Auf Grund erst in jüngerer Zeit zugänglich gewordener Dokumente, insbesondere aus britischen und amerikanischen Archiven, ist es dem Autor, Herrn Dr. Gerd R. Ueberschär, Historiker am Militärgeschichtlichen Forschungsamt und an der Universität Freiburg, möglich geworden, diese umfassende Studie zu erarbeiten. Vorgeschichte und Folgen des 27. November 1944, an dem unsere Stadt unter einem verheerenden Bombenteppich in Schutt und Asche versank, werden ebenso minutiös dargestellt wie die Folgen, die dieses Ereignis für die Stadt und ihre Bevölkerung hatte. Es ist also nicht übertrieben, hier von einer Stadtgeschichte Freiburgs während des Zweiten Weltkrieges zu sprechen.

Meines Erachtens kommt es heute mehr denn je darauf an, aus historischen Ereignissen Schlüsse für die Gegenwart und Zukunft zu ziehen. Reinhold Schneiders Mahnung „Gedenket der Toten – verwandelt euch!", die in den Gedenkstein der Opfer des 27. November 1944 eingemeißelt ist, weist in diese Richtung. Die Verantwortung, die wir als Deutsche in besonderer Weise für eine Politik des Friedens und der Völkerverständigung tragen, können wir jedoch nur erfüllen, wenn wir uns bewußt mit unserer eigenen Geschichte auseinandersetzen. Das vorliegende Buch ist ein Schritt in diese Richtung. Die dreibändige Stadtgeschichte Freiburgs, die gegenwärtig im Auftrag der Stadt entsteht und in den nächsten Jahren erscheinen soll, wird ebenfalls wichtige Beiträge hierzu leisten. Das Stadtgeschichtliche Museum, das im Wentzingerhaus am Münsterplatz entsteht, soll darüber hinaus auf anderer Ebene tätig werden, indem es Fakten und Zusammenhänge darstellt und vermittelt. Vor diesem Hintergrund freue ich mich, daß dieses Buch geschrieben worden ist, und wünsche ihm eine große und interessierte Leserschaft. Ich danke Herrn Dr. Gerd R. Ueberschär für dessen Initiative und hervorragende Arbeit, Herrn Archivdirektor Dr. Hans Schadek für die Zusammenstellung und Kommentierung der eindrucksvollen Photodokumentation sowie dem Verlag Ploetz für dessen Entschluß, dieses für uns alle wichtige Werk herauszugeben. Ebenso gilt mein Dank allen Bürgerinnen und Bürgern, die zeitgeschichtliche Bild- und Textdokumente bereitgestellt und auf diese Weise zum Entstehen dieses Buches beigetragen haben.

Dr. Rolf Böhme
Oberbürgermeister

Vorwort

Das Fehlen einer wissenschaftlichen Darstellung über den schweren alliierten Luftangriff auf Freiburg am 27. November 1944 und dessen Folgen ist in der an lokaler Geschichte interessierten Öffentlichkeit wiederholt als großer Mangel angesehen worden, zumal die Auswirkungen des Zweiten Weltkrieges als tiefer Einschnitt in die bauliche Substanz und politische Entwicklung der Stadt empfunden wurden. Als 1981 der von mir mitverfaßte dokumentarische Bericht „Bomben und Legenden" über die Aufdeckung des irrtümlichen deutschen Luftangriffs auf Freiburg vom 10. Mai 1940 erschien, wurde mehrfach die Anregung an mich herangetragen, die schwere Zerstörung der Stadt durch die Alliierten sowie die vielfältige Not und das Leid während des Krieges von 1939 bis 1945 – besonders aber des Luftkrieges – aufzuzeichnen, um auch in diesem Falle Fehlinterpretationen sowie falsche und irrtümliche Vorstellungen zu korrigieren.

Sinn dieser Aufgabe kann es nicht sein, mehr als 40 Jahre nach Kriegsende einseitig Schuld zuzuweisen oder gegenseitig Fehler aufzurechnen. Es geht vielmehr darum, die Ereignisse und das Grauen des totalen Krieges nüchtern und überprüfbar festzuhalten, um späteren Generationen den historischen Rückblick auf diese schwere Zeit während des Nationalsozialismus zu erleichtern. Die Lektüre des Buches kann manches Vergessene oder Unangenehme wieder ins Gedächtnis zurückrufen – auch die Erinnerung an die Opfer. Etwas zu verschweigen hilft aber nicht. Je umfassender und genauer Not, Elend und Leid dargestellt werden, um so deutlicher wird letztlich die Fragwürdigkeit und Sinnlosigkeit des gegenseitigen Tötens und Zerstörens dokumentiert, so daß das Buch ein Beitrag für die Mahnung sein kann, die grausame Wirklichkeit des Krieges, die der Autor noch in den letzten Jahren und Monaten vor dem Ende der NS-Diktatur – jedoch nicht in Freiburg – selbst erlebte, nicht zu vergessen und den Frieden zu bewahren.

Der rasch gefaßten Absicht, das Luftkriegsgeschehen in Freiburg zusammenfassend zu dokumentieren, standen dann doch viele Hindernisse entgegen. Als ich das Forschungsprojekt begann, war nicht abzusehen, daß es mich so viele Jahre in Anspruch nehmen würde. Dies hat seine Ursache vor allem in der weit verstreuten Quellenlage, und es war auch eine Folge des Umstandes, daß die ursprüngliche Absicht leider nicht realisiert werden konnte, die Forschungen – gleichsam dienstlich – gemeinsam mit dem Stadtarchiv Freiburg durchzuführen, so daß die weitere Arbeit dann nur auf privatem Wege und in der Freizeit möglich war. Die kontinuierliche Arbeit an dem Thema mußte deshalb immer wieder unterbrochen werden, so daß das Buch nicht, wie anfangs beabsichtigt, zum 40. Jahrestag des 27. November 1944 publiziert werden konnte. Das Manuskript wurde im Winter 1988 abgeschlossen. Bedauerlicherweise hat sich jedoch das Erscheinen des Buches – bedingt durch einen nötigen Verlagswechsel, den der Autor nicht zu verantworten hat – verzögert.Es ist deshalb besonders dem Verlag Ploetz Freiburg zu danken, der das Projekt dann bereitwillig übernommen hat.

Als wichtige Quellen für die Darstellung des örtlichen Luftkriegsgeschehens konnten erstmals die inzwischen freigegebenen Akten der britischen Royal Air Force und die Akten der amerikanischen Luftstreitkräfte herangezogen werden. Deren Auswertung gestaltete sich jedoch sehr kostenintensiv und zeitaufwendig. Gerade im Hinblick auf diese schwierige und mühevolle Quellenbeschaffung möchte ich mich an dieser Stelle bei all denen bedanken, die mir während der Arbeit vielfältig Rat und Hilfe zuteil werden ließen. Besonderen Dank schuldet der Verfasser Herrn Stadtarchivdirektor Dr. Hans Schadek, der das Vorhaben von Beginn an stets mit großem Interesse verfolgt und unterstützt hat sowie immer wieder Wege fand, das umfangreiche Quellenmaterial – auch aus auswärtigen Archiven – für die Auswertung bereitzustellen. Er hat es auch übernommen, die auf dem im Stadtarchiv vorhandenen Bildmaterial basierende Photodokumentation über die baulichen Schäden in der Stadt als wichtigen Bestandteil der Publikation im Anhang zusammenzustellen. Dank gebührt ferner den Damen und Herren des Stadtarchivs Freiburg (insbesondere Herrn Dr. Ecker, Herrn Hensle, Frau Oesterle, Frau Schwarz, Herrn Wolf und Herrn Riesterer) sowie den Mitarbeitern der im Quellennachweis genannten Archive, Bibliotheken und sonstigen Institutionen, die meinen Wünschen entgegenkommend und hilfreich entsprachen. Mein Dank gilt auch den vielen Privatpersonen, die mir halfen oder als Zeitzeugen wichtige Hinweise gaben; sie sind im Quellenverzeichnis im einzelnen aufgeführt. Für die Lektüre und kritische Durchsicht des Textes bedanke ich mich bei Herrn Hans U. Stenger, Historisches Seminar der Universität Frankfurt, und Herrn Dr. Hans Schadek, Stadtarchiv Freiburg; beide gaben mir hilfreiche und ergänzende Hinweise. Zugleich danke ich meiner Frau, die mich vielfach unterstützte und auch bei der maschinenschriftlichen Fassung des Textentwurfs half. Besondere Unterstützung gewährten Oberbürgermeister Dr. Rolf Böhme und der Gemeinderat der Stadt Freiburg, die den Druck des Werkes durch einen Druckkostenzuschuß förderten.

Die Arbeit erhebt keinen Anspruch auf Vollständigkeit. Ältere Leser und Zeitzeugen werden in dieser ersten auf umfassender Quellenbasis zusammengestellten Übersicht über die Zeit des Zweiten Weltkrieges in Freiburg vielleicht bestimmte Details vermissen oder Ungenauigkeiten entdecken. Vieles mußte aus Platz- und Zeitgründen ausgeklammert bleiben und verdient weitere Forschungen im Rahmen der Stadtgeschichtsschreibung; für entsprechende, auch ergänzende Hinweise sind Autor und Stadtarchiv dankbar.

Freiburg, im November 1989   *Gerd R. Ueberschär*

I.

Einleitung:
Zur Problematik der Untersuchung

1. Spekulationen und Legenden um die Luftangriffe
auf Freiburg 1939–1945

Rund 50 Jahre nach Beginn des Zweiten Weltkrieges gibt es noch immer Fragen und Rätsel zu verschiedenen Geschehnissen und Ereignisabläufen des sechsjährigen Völkermordens von 1939 bis 1945. Eine erschütternde Bilanz dieses Zweiten Weltkrieges ist die Zahl von etwa 25 Millionen toten Zivilisten, die auf beiden Seiten der Kriegsparteien den Kampfhandlungen zum Opfer fielen, obwohl sie eigentlich nach dem zuvor formulierten Kriegsvölkerrecht davor geschützt sein sollten. Viele lokalgeschichtliche Studien widmen sich in letzter Zeit der Untersuchung und Darstellung dieser gegen die jeweilige Zivilbevölkerung gerichteten Kriegsereignisse, insbesondere um eine mahnende Bilanz für die vom „Krieg der Bomber" betroffenen Städte vorzulegen. Obwohl bereits über einige südwestdeutsche Städte mehrere solcher Publikationen erschienen sind, liegt bislang für Freiburg noch keine zusammenfassende Darstellung der Luftangriffsereignisse von 1939 bis 1945 vor. Hier soll dazu der erste Versuch unternommen werden.

Angesichts der vielen seit 1945 vergangenen Jahre stellt sich die Frage, ob man mit einer solchen Untersuchung noch einmal die Erinnerung wachrufen, noch einmal eingehend darüber schreiben soll, zumal die Opfer und Verluste nicht nur insgesamt für die Stadt als Gemeinwesen, sondern auch in allen persönlichen Einzelfällen sehr schmerzlich waren. Heute sind die Spuren des Luftkrieges fast vollständig verwischt und beseitigt. Dennoch markieren die Auswirkungen dieses Krieges einen besonderen Abschnitt in der Stadtentwicklung der Schwarzwaldmetropole. Unter der Wucht der Luftangriffe wandelte sich das den alten Freiburgern vertraute, in Jahrhunderten entstandene Bild der Breisgaustadt ganz erheblich. Die weitgehende Zerstörung des mittelalterlichen Altstadt- und Nordstadt-Gebietes am 27. November 1944 stellt einen gewaltigen Einschnitt mit tiefgreifenden Veränderungen in der stadtgeschichtlichen und städtebaulichen Entwicklung Freiburgs dar (Abb. 1). Bezeichnenderweise sprach man noch im Jahre 1957 von einer sogenannten besonderen „Freiburger Zeitrechnung" im Rahmen der Entwicklung der Stadt; dabei markierte die Bezeichnung „vor" und „nach" dem Terrorangriff deutlich die Zäsur[1]. Dieses Kriegsereignis verdient deshalb besondere Beachtung. Im Rahmen der lokalen Historiographie ist dessen Erforschung eine wichtige Aufgabe. Insofern ist es überraschend, daß eine auf möglichst breiter Quellenbasis abgefaßte Darstellung nach wie vor ein Desiderat der Freiburger Stadtgeschichte ist.

Der Umfang der Zerstörungen und Opfer ist heute nicht mehr in Augenschein zu nehmen oder gar präsent. Im nachhinein und im Vergleich zu den Luftkriegs-

---

[1] Siehe: Freiburger Zeitrechnung. In: Freiburger Wochenbericht Nr. 17 vom 26.4.1957.

opfern anderer Städte mag die Zahl von insgesamt 3000 „Luftkriegs-Toten" und Vermißten in Freiburg nicht sehr hoch erscheinen; gleichwohl wurde das die Stadt treffende Kriegsereignis unmittelbar nach dem 27. November 1944 und in den ersten Jahren nach dem Kriegsende als besonders bedrohlich und schmerzlich empfunden; immer wieder kam es dabei zu Spekulationen über die Frage nach dem „Warum?" dieses schweren Luftangriffs, zumal die Alliierten damals bereits den Rhein erreicht und Straßburg erobert hatten. Diskutiert wurde auch, wie es möglich war, daß die Stadt in so wenigen Minuten so stark zerstört wurde. So dient die Studie auch der Aufgabe, die mit diesen Fragen verbundenen Fehldeutungen oder Legenden zu überprüfen und notfalls zu korrigieren.

Die Frage, warum große Teile der Wohngebiete Freiburgs noch Ende November 1944 einer vernichtenden Flächenbombardierung zum Opfer fielen, stellte sich in den Jahren nach 1945 um so drängender, je mehr allgemeine Zweifel am militärischen Sinn und Erfolg des alliierten Bombenkrieges aufkamen und je häufiger dessen Strategie als letztlich nutzlos oder beschämend für die westlichen Siegermächte angesehen[2] oder gar als „einer der häßlichsten Flecken auf dem Bilde der neuesten westlichen Welt" bezeichnet wurde[3]. Als der ehemalige Befehlshaber der britischen Bomberflotte während des Krieges, RAF-Luftmarschall Sir Arthur Harris, am 5. April 1984 91jährig starb, wurde in zahlreichen Berichten und Nachrufen in den britischen und deutschen Medien die inzwischen weitverbreitete und akzeptierte kritische Distanz zu dem unterschiedslosen Bombenkrieg der Alliierten gegen die deutsche Zivilbevölkerung deutlich; „Bomber-Harris" – manche Kritiker bezeichneten ihn gar als „butcher" (der Schlächter) – war nach dem Krieg sehr rasch zum Symbol der empfindungs- und rücksichtslosen Technokraten und Befürworter von Flächenbombardements auf die deutschen Städte geworden[4].

Auch dies ist eine nachprüfbare Fehldeutung. Denn nicht Harris, sondern der britische Luftfahrtminister und letztlich auch Premierminister Winston S. Churchill waren verantwortlich für Beginn und Konzeption des britischen Bombenkrieges gegen die deutsche Zivilbevölkerung. Es ist deshalb auch im Falle Freiburgs zu prüfen, wer den Angriffsbefehl auf die Stadt erteilte, aus welchen Gründen dies erfolgte und wieso er als „Flächenbombardierung" ausgeführt wurde, zumal immer wieder Vermutungen und Überlegungen angestellt wurden, daß es einen ganz speziellen Grund – etwa das Vorhandensein besonderer militärischer Objekte in der Stadt – gegeben haben müsse, welche die Breisgaustadt zum Ziel eines schweren britischen Nachtangriffs gemacht hätten. Die Spekulationen wurden in der frühen Literatur der Nachkriegszeit durch den Hinweis gestützt, daß die Schwarzwaldmetropole seit 1940/41 auf der britischen Zielliste der deutschen Großstädte mit mehr als 100 000 Einwohnern gestanden hatte[5]. Da sie jedoch gleichwohl lange Zeit nicht angegriffen worden war, kam die Vermutung

---

[2] Vgl. u. a. Günther Gillessen: Der Bombenkrieg gegen die Städte. Ein beschämendes Stück Geschichte und eine nutzlose Strategie. In: Frankfurter Allgemeine Zeitung vom 6.6.1962; siehe als frühe Studie dazu Hans Rumpf: Das war der Bombenkrieg. Deutsche Städte im Feuersturm. Ein Dokumentarbericht. Oldenburg 1961.

[3] Hans Rumpf: Der Irrweg des Bombenkrieges. In: Wehrwissenschaftliche Rundschau 10 (1960), S. 548–554, hier S. 548.

[4] Siehe dazu u. a. Thilo Bode: Der berüchtigte Herr der tausend Bomber. Zum Tode von Sir Arthur Harris, der im Zweiten Weltkrieg den Luftterror gegen deutsche Städte leitete. In: Süddeutsche Zeitung Nr. 85 vom 10.4.1984, S. 3.

[5] Vgl. Max Domarus: Der Untergang des alten Würzburg und seine Vorgeschichte. Gerolzhofen/Würzburg, 1. Aufl. 1950, 2. Aufl. 1955, (3. erw. Aufl. 1969 u. d. T.: Der Untergang des alten Würzburg im Luftkrieg gegen die deutschen Großstädte) S. 78 ff., 84 f., 198 ff.; auch zum Folgenden.

14

auf, die Stadt habe in dieser Zeit einen besonderen Schutz genossen. Bei derartigen Überlegungen ließ man allerdings außer acht, daß die Angriffspläne der königlichen Luftstreitkräfte Englands (= Royal Air Force) 1941 bis 1943 nach den technischen Möglichkeiten der Reichweite entworfen wurden, so daß insbesondere süddeutsche Großstädte anfangs nur selten bombardiert wurden.

Andererseits läßt es der Umstand, daß Freiburg erst Ende April 1945 von den Westalliierten erobert wurde, auf den ersten Blick als abwegig erscheinen, operativ-taktische Gründe der Westmächte im Zusammenhang mit militärischen Landoperationen an der Westfront als Motiv für die vernichtende Bombardierung der Stadt im November 1944 anzunehmen. Gleichwohl ist dieser Möglichkeit nachzugehen, denn es hat für den Luftkrieg keine Bedeutung, daß Freiburg schließlich erst im Frühjahr 1945 besetzt wurde.

Eine weitere Begebenheit führte in den zurückliegenden Jahren ebenfalls immer wieder zu Mutmaßungen und Spekulationen: Man versuchte, eine spezielle Begründung dafür zu geben, daß das Freiburger Münster beim Luftangriff des britischen „Bomber Command" (= Bomberkommando) am 27. November 1944 nicht bombardiert oder getroffen wurde, so daß es den Angriff weitgehend unbeschädigt überstand. Zahlreiche Theorien wurden – oft ohne Kenntnis der britischen Angriffsbefehle – zur Erklärung dieses Faktums aufgestellt. Die Vermutungen reichten von der Behauptung, eine extra abgeworfene, besondere Leuchtbombe habe für die britischen Bomberpiloten das Gotteshaus markiert, damit sie es bei ihrem Flächenbombardement aussparten, bis zu verschiedenen Spekulationen in Zusammenhang mit geheimdienstlichen Funknachrichten polnischer Fremdarbeiter nach London, die damals in Freiburg-Ebnet eingesetzt waren; man nahm dabei an, daß sie durch geheime Funksendungen und Mitteilungen London von einer Bombardierung des Münsters beim Terrorangriff am 27. November 1944 abbrachten. Nach anderen „Erzählungen" ist „das Freiburger Münster nur deshalb verschont geblieben, weil ein Bomberpilot die Stadt und ihr gotisches Wahrzeichen gekannt habe"[6].

Darüber hinaus sind in diesem Zusammenhang auch Vorwürfe gegen die Stadtverwaltung zu prüfen, sie habe es an der nötigen Sorgfalt für den Luftschutz der Freiburger Bürger fehlen lassen. Zudem stellt sich die Frage, ob man in Freiburg in irgendeiner Form vor der Bombardierung als Vergeltungsmaßnahme „gewarnt" worden ist oder ob das Kriegsereignis gleichsam „aus heiterem Himmel" die völlig unvorbereitete und ungeschützte Stadt traf. Wiederholt tauchte ferner in den zurückliegenden Jahren die Behauptung auf, Freiburg sei nur zufällig und unbeabsichtigt durch einen Mißgriff der Alliierten bombardiert worden, denn es habe im Lager der Kriegsgegner feste „Beschützer" der Stadt gegeben[7].

Abgesehen von dieser Vielzahl unterschiedlicher Thesen und Fragen, die sehr nachdrücklich dokumentieren, wie notwendig es ist, bei der Untersuchung und Darstellung der Ereignisse über den lokalen Rahmen hinauszugehen, um Antworten auf breiter Quellenbasis geben zu können, bieten auch die mit außerordentlich großer Wucht sowie Heftigkeit erfolgte Bombardierung und die daraus resultierenden „Kriegsfolgen" an sich ein Motiv, um das Thema auch noch mehr als 40 Jahre nach dem Kriegsende im Frühjahr 1945 aufzugreifen. Denn der folgen- und verlustreiche Luftangriff vom 27. November 1944 gehört zweifellos zu den von außen bestimmten Ereignissen in der Geschichte Freiburgs, deren Aus-

[6] Daland Segler: Wer schützt die Baudenkmäler vor dem Krieg? Die Pflege eines Anachronismus. In: Badische Zeitung Nr. 105 vom 7./8.5.1983, S. 3.
[7] Vgl. Zuschrift an das Stadtarchiv Freiburg (= StadtAF) vom 13.11.1983.

wirkungen auf die Entwicklung und den Organismus der Stadt besonders tief waren. Er hat insbesondere das stadtbauliche Erscheinungsbild sehr nachhaltig
verändert. Zusammen mit anderen alliierten Luftangriffen auf die Stadt dokumentiert er ganz unmittelbar Opfer, Leid und Schmerz als Resultate des vom NS-
Regime am 1. September 1939 entfachten Zweiten Weltkrieges. 3008 Tote und
Vermißte waren schließlich zu beklagen. Der materielle Schaden wurde auf eine
Milliarde Reichsmark geschätzt. Die Trümmerberge umfaßten bei Kriegsende
eine Million Kubikmeter Schutt. Angesichts dieses Schadensmaßes und der beschränkten Möglichkeiten zur Behebung der Schäden in den Kriegsmonaten vom
November 1944 bis April/Mai 1945 haben nicht wenige Freiburger zeitweise
grundsätzlich an der Möglichkeit des Wiederaufbaus ihrer Stadt gezweifelt.

2. Das Gedenken an den „schwärzesten Tag" Freiburgs

In der ersten Zeit nach dem Kriegsende blieb die Erinnerung an die Luftangriffe
frisch, denn das katastrophale Ausmaß der Zerstörungen im Stadtbild war offenkundig; immer wieder mußten neu aufgefundene Tote in den Trümmern geborgen werden. Nicht nur unmittelbar nach dem Angriff, sondern auch in den ersten
Monaten der Besatzungszeit nach April 1945 galten die Bemühungen der Stadtverwaltung der Linderung von Not und der Behebung von Schäden. Eine besondere städtische „Hilfsstelle für Fliegergeschädigte" wurde eingerichtet; sie führte
trotz fehlender Unterstützung und wiederholter Verbote durch die neue Besatzungsmacht ihre Aufgaben durch, um wenigstens die schwerste Not in der Stadt
zu lindern. Auch die vielfältigen Maßnahmen im Zusammenhang mit der Gestaltung und Realisierung des Wiederaufbaues der Stadt in den Jahren nach 1945 riefen die Ereignisse des Luftkrieges immer wieder in die Erinnerung zurück. Daß
das Grauen und der Schrecken der Bombennächte nur ganz allmählich verblaß-
ten, machten ferner die regelmäßigen Gedenkartikel und Erinnerungsberichte in
der lokalen Presse deutlich, die anläßlich der Jahrestage zum jeweiligen 27. November publiziert wurden und stets von großem Echo aus der Leserschaft begleitet waren.

So dienten vor allem die „Jahresberichte" in den ersten fünf Jahren nach 1945
bis 1949 dem Gedenken an das „höllische Furioso" jenes schmerzlichen „Schicksalsschlages", der viele Freiburger Familien am 27. November 1944, dem
„schwärzesten Tag" in der bewegten Geschichte der Stadt, getroffen hatte[8]. In
diesen Jahren wurde der Angriff als ein fast anonymes Verhängnis bezeichnet,
das über die „todgeweihte Breisgaustadt" wie ein „Bombengewitter" – quasi un-
vermeidbar und „unabwendbar" – hereinbrach. Nur allmählich überwand man
zudem die Furcht vor den Luftalarmen und Bombenangriffen. Die Zeitung „Das
Volk" schrieb am 27. November 1946: „Auf die furchtbaren Erlebnisse jener
Abendstunden reagieren die Nerven der noch lebenden Freiburger noch so stark,
daß bei jedem Geräusch, das dem Sirenengeheul ähnelt, und bei jedem Krachen
eines explodierenden Sprengkörpers die Menschen sprungbereit in die Luft-

---

[8] Vgl. die Berichte: Die Schicksalsnacht der Stadt Freiburg (von Franz Schneller). In: Freiburger Nachrichten Nr. 26 vom 27.11.1945; Das Lied vom braven Mann. In: Das Volk Nr. 43 vom 27.11.1946; Die
Feuerschrift auf Freiburgs Zeittafel. Betrachtungen zum 27. November 1944. In: Ebda.; Die Stadt gedenkt der Toten des 27. November. In: Badische Zeitung Nr. 89 vom 29.11.1946; Freiburgs dunkelster
Gedenktag. Zur Erinnerung an den 27. November 1944. In: Das Volk Nr. 94 vom 26.11.1947; Eine er-
schreckende Bilanz. In: Das Volk Nr. 110 vom 27.11.1948; Vor fünf Jahren am 27. November. In: Tagespost Nr. 17 vom 25.11.1949; Nach fünf Jahren. In: Badische Zeitung Nr. 140 vom 26./27.11.1949.

schutzräume flüchten wollen in der Meinung, es operierten Flieger im Freiburger Luftraum."[9]

Zudem bestand damals noch oft die Vorstellung, daß die baulichen Wunden in der Stadt niemals vernarben würden. Nur zaghaft entwickelte man die Zuversicht, in der Trümmerwüste würden wieder Leben und Zukunft einziehen. Als ermunterndes und hoffnungsvolles Symbol für den Wiederaufbau galt dabei immer wieder das erhalten gebliebene Münster. Symptomatische Spekulationen über die „Vorsehung" kamen auf, die das Münster als „Neutrale Zone" vor der Zerstörung bewahrt habe.

Die Präsenz der Besatzungsmächte ließ es damals nicht angebracht erscheinen, nach dem Sinn und Zweck sowie nach Ursachen und Motiven des abendlichen Bombenangriffes auf die Zivilbevölkerung zu fragen. Es ist bezeichnend, daß in Zusammenhang mit der Kranzniederlegung und dem Gedenken namens der Badischen Landesregierung und der Stadt zum zweiten Jahrestag im November 1947 aufgrund einer Pressemitteilung der Badischen Staatskanzlei unter Staatspräsident Leo Wohleb nicht der vernichtende Luftangriff am 27. November 1944, sondern die irrtümliche deutsche Bombardierung Freiburgs am 10. Mai 1940 die Gemüter sehr stark erregte, zumal dabei Spekulationen aufkamen, die Nazis hätten diesen Angriff auf Freiburg selbst angeordnet, um eine Handhabe für eigene Vergeltungsangriffe auf die Zivilbevölkerung der Westmächte zu haben[10]. Die sich daraus ergebende Diskussion über die Verursacher des Luftangriffes vom 10. Mai 1940 bestimmte dann bis zur ersten klärenden Feststellung des wahren Sachverhaltes durch die historische Forschung im Frühjahr 1956 sowohl die Erörterungen in den Medien als auch die Aufarbeitung der Freiburger Stadtgeschichte während des Zweiten Weltkrieges, so daß die Ereignisse um den 27. November 1944 aus dem Rampenlicht des öffentlichen Interesses in den Hintergrund zurücktraten.

Kritische Fragen nach dem „besonderen militärischen Sinn" der Zerstörung des mittelalterlichen Stadtkernes durch die alliierten Bomber wurden erstmals in einem Bericht der Osterausgabe der „Badischen Zeitung" von 1949 geäußert. Man wollte dabei „nicht auf den Richterstuhl steigen", so war in der Zeitung zu lesen, sondern die Gedankengänge der anderen Seite und deren eventuelle Gründe und Debatten über diese Frage in Erfahrung bringen. Die Antwort auf die „Frage aus den Ruinen" blieb allerdings aus[11].

Dagegen versuchte die lokale Kommunistische Partei die noch immer bestehenden Nöte der Fliegergeschädigten anläßlich der Gedenkveranstaltung zum 27. November 1950 für eigene parteipolitische Zwecke zu nutzen, um gegen die damalige Stadtverwaltung und Oberbürgermeister Hoffmann Stimmung zu machen und sich entsprechende Vorteile zu verschaffen[12]. In der ersten Ausgabe des „Freiburger Almanachs" von 1950 veröffentlichte dann Oberbaudirektor Dr. Joseph Schlippe einen ausführlichen Bericht über das Ausmaß der Zerstörung und

[9] Die Feuerschrift auf Freiburgs Zeittafel. In: Das Volk Nr. 43 vom 27.11.1946.
[10] Veröffentlicht in: Badische Zeitung Nr. 96 vom 2.12.1947 unter der Überschrift „Von eigenen Flugzeugen bombardiert"; ferner: Die Hintergründe eines Bombenabwurfs. Zum Luftangriff auf Freiburg am 10. Mai 1940. In: Südwestdeutsche Volkszeitung vom 3.12.1947. Zur weiteren Diskussion siehe Gerd R. Ueberschär/Wolfram Wette: Bomben und Legenden. Die schrittweise Aufklärung des Luftangriffs auf Freiburg am 10. Mai 1940. Ein dokumentarischer Bericht. Freiburg 1981, hier bes. S. 93 ff.; auch zum Folgenden.
[11] Die Frage aus den Ruinen. In: Badische Zeitung Nr. 45 vom 16.4.1949.
[12] Die Vorgänge um den 27. November. Die Fliegergeschädigten und die Kommunisten. Heftige Angriffe aus den Reihen der CDU gegen Stadtrat Schäfer. In: Badische Zeitung vom 30.11.1950.

Abb. 2: Ehrenmal auf dem Hauptfriedhof vom 18. Oktober 1951, Trauernde Frauengestalt vor Kreuz (StadtAF, K 75/1)

die Wiedererrichtung der Baudenkmäler Freiburgs. Auch Schlippe bezeichnete darin die fast unversehrte Erhaltung des Münsters als „Wunder"[13].

Am 18. Oktober 1951 wurde ein besonderes Ehrenmal für die Opfer des Luftkrieges von 1939 bis 1945 auf dem Hauptfriedhof errichtet. Das von dem damals 82jährigen Bildhauer Professor Richard Engelmann geschaffene Toten- und Erinnerungsmal – eine Frauengestalt vor einem großen Kreuz, die schmerzerfüllt ihr Gesicht in den Händen birgt (Abb. 2) – befindet sich auf dem Gräberfeld, wo vor allem die Opfer des Luftangriffs vom 10. Mai 1940 beigesetzt sind. Es wurde im Beisein von Staatspräsident Leo Wohleb und Oberbürgermeister Dr. Hoffmann der Bürgerschaft übergeben[14].

In den Jahren von 1950 bis 1954 bestimmte schließlich die Berichterstattung über die möglichst genaue Zahl der Opfer die Veröffentlichungen in der lokalen Presse zum jeweiligen Erinnerungstag[15]. Zum 10. Jahrestag 1954 erschien dann auch das vom Statistischen Amt der Stadt Freiburg zusammengestellte „Kriegs-

---

[13] Joseph Schlippe: Wie Freiburg wiedererstehen soll. In: Freiburger Almanach. Erstes illustriertes Jahrbuch 1950, S. 13–47, hier S. 13.

[14] Vgl. Wir gedenken in Demut der Toten. Feierliche Weihe des Ehrenmales für die Freiburger Fliegeropfer. In: Das Volk Nr. 126 vom 20.10.1951, S. 10; Den Opfern des Luftkrieges 1939/45. Übergabe des Freiburger Ehrenmals auf dem Hauptfriedhof. In: Badische Zeitung vom 19.10.1951.

[15] Vgl. 3327 Fliegeropfer in Freiburg. In: Südkurier Nr. 150 vom 30.11.1950; Die Nacht des 27. November 1944. In: Badische Zeitung vom 27.11.1951; In memoriam. Zum 27. November. In: Ebda. vom 27.11.1952; Ein rauchendes, endloses Trümmerfeld. In: Südkurier Nr. 234 vom 21./22.11.1953; Zum Gedenken der Unglücksnacht. In: Freiburger Wochenbericht Nr. 48 vom 25./26.11.1954; Fliegeralarm. In: Ebda.; 3000 Opfer des Bombenkrieges. In: Schwarzwälder Bote Nr. 275 vom 25.11.1954; Freiburg

opferbuch"[16]; in ihm sind die Namen aller durch den Zweiten Weltkrieg verursachten Toten Freiburgs aufgeführt. Viele Zeitungsberichte nahmen auf das Buch Bezug. Ferner wurde im November 1954 erstmals aus dem bislang unbekannten Bericht des Freiburger Polizeipräsidenten vom 5. Dezember 1944 zitiert, der den weitgehenden Ausfall der Feuerlöschpolizei durch Bombentreffer auf Löschfahrzeuge, durch die Vernichtung der gesamten Löschwasserversorgung, der Ringwasserleitung und der Wasserbehälter nach weiteren Volltreffern erklären konnte, so daß die wiederholte Kritik an der Feuerwehr wenigstens teilweise ausgeräumt werden konnte[17].

Die Zeitungsartikel zum 27. November 1954 stellten allerdings auch deutlicher als bisher die Frage, „warum das alles" noch im November 1944 geschehen war. Nun wurde die Frage nicht nur klagend, sondern auch vorwurfsvoll formuliert[18]. Offene Worte über „diesen barbarischen Terrorangriff der Anglo-Amerikaner auf die offene Stadt" kamen jedoch nicht aus politisch rechtsstehenden Kreisen, sondern entstammten dem Appell des „Badischen Volksechos", keinen neuen Krieg und keinen erneuten 27. November 1944 durch die Politik mehr möglich zu machen[19].

Anläßlich des 10. Jahrestages publizierte die „Südwest-Rundschau" eine großformatige und mehrseitige Sonderbeilage, die von Hanns Lasotta aus der Stadtredaktion dieser „Zeitung für Freiburg, Breisgau, Schwarzwald und Oberland" unter dem Motto „Nie darf das wieder sein!" zusammengestellt worden war[20]. Durch Beiträge von Oberbürgermeister Dr. Wolfgang Hoffmann und Bürgermeister Fritz Schieler erhielt der Sonderdruck einen quasioffiziellen Charakter[21]. Hoffmann betonte dabei die Aufgabe, die dem jährlichen Gedenktag für die Errichtung und Bewahrung eines friedlichen Zusammenlebens der Völker zukomme. Der Frieden müsse fest organisiert werden, so schrieb er, damit sich ein Tag der Vernichtung, wie er Freiburg am 27. November 1944 beschieden war, nie mehr wiederholen könne. In diesem Sinne hatte Oberbürgermeister Hoffmann schon am 27. November 1953 der Bürgerschaft eine Plastik im Freiburger Stadtgarten geschenkt, die als Erpel-Denkmal mit der Inschrift „Die Kreatur Gottes klagt an und mahnt" zur Besinnung auf den Frieden aufrief. In der Sonderbeilage wurden Augenzeugenberichte von Anton Müller, Hanns Lasotta und Reinhold Zumtobel abgedruckt. Sie gaben sehr eindrucksvoll vielfältige persönliche Erlebnisse aus der Schreckensnacht sowie vom Tag danach wieder.

In den Zeitungsberichten, die nach dem 10. Jahrestag erschienen, standen die Hinweise auf den raschen Wiederaufbau, der als kaum für möglich gehaltene

sank in Schutt und Asche. In: Südkurier Nr. 274 vom 26.11.1954; Nach neun Jahren. In: Badische Zeitung vom 27.11.1953; Aus der Statistik der Zerstörung. In: Ebda. vom 27./28.11.1954; Menschenwerk. Zu drei Bildern am 27. November. In: Ebda.; In zwanzig Minuten war alles geschehen. In: Ebda.; Erinnerung an die Schreckensminuten. In: Badische Volkszeitung Nr. 275 vom 27.11.1954; Das Herz der Stadt Freiburg hat gebebt. In: Ebda.; Eine Liste der Freiburger Bombenopfer. In: Stuttgarter Zeitung Nr. 277 vom 27.11.1954; Vor 10 Jahren: 19.57 Uhr: Grüne Leuchttrauben über Freiburg. In: Badisches Tageblatt Nr. 277 vom 30.11.1954.

[16] Kriegsopfer der Stadt Freiburg i. Br. 1939–1945. Gedenkbuch für die gefallenen, gestorbenen und vermißten Soldaten und die Opfer der Fliegerangriffe. Freiburg 1954.

[17] In zwanzig Minuten war alles geschehen. In: Badische Zeitung Nr. 275 vom 27./28.11.1954.

[18] So in folgendem Beitrag: Das Herz der Stadt Freiburg hat gebebt. In: Badische Volkszeitung Nr. 275 vom 27.11.1954.

[19] Siehe: Nie wieder! In: Badisches Volksecho Nr. 281 vom 2.12.1954.

[20] Nie darf das wieder sein! Eine Sonderbeilage zur mahnenden Erinnerung an den 27. November 1944. Südwest-Rundschau. Freiburg 1954.

[21] Zur Entstehung der Sonderbeilage siehe die Korrespondenz zwischen Redaktion und Stadtverwaltung in StadtAF, C 5/2282.

„Wiedergeburt" bezeichnet wurde, im Mittelpunkt. Bereits in diesen Jahresberichten wurde deutlich, für wie wichtig man es nun hielt, zuversichtlich nach vorn in die Zukunft zu blicken, um die verheerende Zerstörung der Stadt durch den britischen Luftangriff zu überwinden[22]. In diesen Jahren war es aber auch noch üblich, der Toten durch das Ausschalten der Reklamebeleuchtung innerhalb des Stadtzentrums und mittels Trauerbeflaggung in der Stadt am 27. November zu gedenken.

Die Frage nach dem Motiv für das Flächenbombardement Freiburgs stand am 13. Jahrestag im November 1957 an vorderster Stelle der Erörterung und Erinnerung dieses Kriegsereignisses. Aufgrund der ersten deutschen Studien über den alliierten Bombenkrieg und seine Auswirkungen auf die deutschen Städte[23] sah man den Angriff auf Freiburg nun als Teil des alliierten Planes, systematische Terrorangriffe auf die deutschen Stadtzentren auszuführen, um die Kriegsmoral der Reichsbevölkerung ins Wanken zu bringen. „Beim Studium der Technik dieser Angriffe" erschien es nach den Berichten in der Presse nunmehr allerdings auch „als völlig unglaubwürdig, daß über dem Freiburger Münster Signale gesetzt wurden, damit es geschont werde"[24]. Der Dank, daß das Münster noch einigermaßen heil erhalten blieb, gebühre somit „der Vorsehung, dem Mut einiger Männer unter Leitung des damaligen Dompfarrers Dr. Geis und der Genialität der Baumeister der Gotik, denn ihre statischen Berechnungen erwiesen sich selbst noch diesem Vernichtungswerk gewachsen". Man erkannte, daß Freiburg durch seine Einwohnerzahl von über 100 000 wie viele andere Städte als Angriffsziel für die britischen Luftstreitkräfte Bedeutung erhalten hatte. Denn ab 1941 sollten konsequent alle deutschen Großstädte vernichtet werden, so daß auch Freiburg irgendwann während des Krieges an der Reihe war.

Die damals gewonnene Erkenntnis, daß die Zerstörung Freiburgs gleichsam „ganz banal" im Zusammenhang mit der Entwicklung der britischen Luftkriegführung zu sehen ist, setzte sich allerdings nicht konsequent durch. Es war in der Tat schwar verständlich, daß der Untergang der Stadt Freiburg im totalen Krieg „nur eine Frage der Zeit" sein sollte – es sei denn, man war sich darüber im klaren, welcher Art der von den Nazis entfesselte Krieg war. Und diese Erkenntnis war zu dieser Zeit noch nicht weit verbreitet. Die immer wieder aufkommenden Zweifel und die gezielte Suche nach besonderen Gründen im Falle Freiburgs zeigen allerdings, wie wichtig es ist, dieses lokale Ereignis in den größeren Zusammenhang der Kriegsereignisse und Abläufe seit 1939 einzureihen, um gerade die sich für den Kriegsgegner ergebende „militärische Notwendigkeit" der Zerstörung der Stadt besser bewerten zu können. Unbeantwortet blieb dabei jedoch die weitere Frage, wie sie dann am Gedenktag des Jahres 1958 formuliert wurde, warum denn dieser Vernichtungsschlag auf Freiburg noch ausgeführt wurde, als der Untergang des Dritten Reiches schon erkennbar war[25].

Zum 14. Jahrestag am 27. November 1958 konnte schließlich auch die neu geschaffene Gedenk- und Ruhestätte der in einem Massengrab vor der Kapelle auf dem Hauptfriedhof beigesetzten Fliegeropfer eingeweiht werden (Abb. 3). Erste

[22] Freiburgs Wiedergeburt aus dem Geist der Tradition. In: Schwarzwälder Bote Nr. 277 vom 26./27. 11. 1954.
[23] Max Domarus: Der Untergang des alten Würzburg und seine Vorgeschichte. Gerolzhofen/Würzburg 1. Aufl. 1950, 2. Aufl. 1955.
[24] Freiburgs schwärzester Tag. In: Schwarzwälder Bote Nr. 274 vom 27. 11. 1957; Die Einwohnerzahl als Schuld und Schicksal. In: Badische Zeitung vom 27. 11. 1957; beide auch zu den folgenden Zitaten.
[25] Der Tod von Freiburg. In: Badische Zeitung vom 27. 11. 1958.

Abb. 3: Einweihung der Gedenk- und Ruhestätte auf dem Hauptfriedhof vom 27. November 1958 (Schwarzwälder Bote, Nr. 273).

Vorbereitungen für dieses Projekt waren schon 1946 getroffen worden. Der Mangel an Geldmitteln hatte die Herrichtung der Anlage für die dort begrabenen 1664 Toten aber immer wieder verhindert. Die endgültige Gestaltung wurde im Januar 1956 beschlossen. An der Kostendeckung wurde auch die Bevölkerung mittels mehrfacher Spendenaufrufe beteiligt (Abb. 4). In den 42 aufgestellten Schrifttafeln sind in alphabetischer Reihenfolge die Namen aller auf diesem Gräberfeld beigesetzten Opfer eingemeißelt. Reinhold Schneiders Satz „Gedenket der Toten, verwandelt Euch!" wurde als Vermächtnis und Mahnung ebenfalls in den Schrifttafeln festgehalten[26]. Unter großer Anteilnahme der Freiburger Bevölkerung, von Hinterbliebenen, Vertretern der Stadtverwaltung, Erzbischof Dr. Hermann Schäufele und Prälat Bornhäuser sowie von Vertretern zahlreicher anderer Institutionen und Organisationen wurde die Ruhestätte vom damaligen Oberbürgermeister Dr. Brandel am 27. November 1958 eingeweiht und von der Stadt „in ihre

[26] Vgl. den Spendenaufruf von Oberbürgermeister Dr. Brandel und die anderen Vorgänge in StadtAF, C 5/4398. 4399 und 4400; Die Fliegeropfer-Ruhestätte wird errichtet. In: Badische Zeitung Nr. 22 vom 26.1.1957; 25 000 Mark für Ruhestätte der Fliegeropfer. In: Ebda. Nr. 171 vom 27./28.7.1957; ferner: Die Schrifttafeln. In: Badische Zeitung Nr. 274 vom 27.11.1957; Die letzte Ruhestätte unserer Fliegeropfer. In: Südwest-Rundschau Nr. 273 vom 26.11.1957; Die Schriftplatten werden aufgestellt. In: Badische Zeitung Nr. 162 vom 18.7.1958; „Das Ehrenmal wird schön werden". In: Badische Zeitung Nr. 175 vom 2.2.1958; Und Gott wird abwaschen alle Tränen. In: Gestern und heute. Beilage der Badischen Zeitung Nr. 269 vom 22./23.11.1958.

21

Obhut und Pflege" übernommen. Die Presse berichtete ausführlich über das Ereignis und schrieb von einer „ergreifenden Weihefeier"[27].

Da anschließend mehrfach Anfragen bei der Stadtverwaltung eingingen, in welcher Form an die nicht geborgenen Opfer des Luftangriffs erinnert werde, entschloß sich die Stadt, eine weitere Ehrenstätte in Form einer Granitplatte mit der Inschrift „Den Opfern des Angriffs vom 27. November 1944 die in dieser Stätte

```
              S P E N D E N - A U F R U F

      zur Gestaltung der Ruhestätte der Fliegeropfer
      ─────────────────────────────────────────────


                     An meine Mitbürger!

      1545 Männer, Frauen und Kinder sind als Opfer der
      Schreckensnacht vom 27. November 1944 auf dem Haupt-
      friedhof in einem Gemeinschaftsgrab beigesetzt. Wenn
      auch bisher liebevolle Hände die Gräber gepflegt ha-
      ben, so ist doch jetzt der Zeitpunkt gekommen, der
      Grabstätte die notwendige endgültige Gestaltung zu
      geben, die der Schwere des Geschehens und unserer
      eigenen Verpflichtung gerecht wird und die mahnend
      in alle Zukunft weist.

      Die Freiburger Bevölkerung hat durch ihr lebhaftes
      Interesse an den Bemühungen, für die Gedenkstätte die
      würdige Form zu finden, bewiesen, dass ihr die Ge-
      staltung der Ruhestätte eine Herzensangelegenheit ist.
      Diese Tatsache gibt dem Stadtrat Anlass, die gesamte
      Bevölkerung unserer Stadt aufzurufen, ihrer Verbun-
      denheit mit den Opfern durch Leistung zusätzlicher
      Spenden sichtbaren Ausdruck zu geben. Jeder spende
      nach seinen Kräften! Die kleinste Gabe ist willkommen.


              Freiburg i.Br., im April 1957

                  Dr. B r a n d e l
                  Oberbürgermeister


      Spendenbeträge können bei allen Freiburger Geldinstituten
      oder bei der Stadtkasse Freiburg (Postscheckkonto Karls-
      ruhe Nr. 1749) unter der Bezeichnung "Fliegeropfer-Ruhe-
      stätte" eingezahlt werden. Für die Spenden werden wegen
      der steuerlichen Abzugsfähigkeit auf Wunsch Spenden-
      scheine erteilt.
```

Abb. 4: Spendenaufruf von OB Dr. Brandel zur Gestaltung der Ruhestätte der Fliegeropfer vom April 1957 (StadtAF, C 5/4400)

[27] Ihr toten Freiburger seid unvergessen! In: Südwest-Rundschau Nr. 274 vom 28. 11. 1958: Gedenket der Toten! – Verwandelt Euch! In: Badische Zeitung Nr. 274 vom 28. 11. 1958: Freiburg ehrt seine Fliegeropfer. In: Badische Volkszeitung Nr. 274 vom 28. 11. 1958; Dem Gedächtnis der 2441 Fliegeropfer. In: Schwarzwälder Bote Nr. 273 vom 27. 11. 1958: „Gedenket der Toten, verwandelt euch!". In: Südwest-Rundschau Nr. 273 vom 27. 11. 1958; Eine neue Ruhestätte für die Freiburger Fliegeropfer. In: Stuttgarter Zeitung Nr. 273 vom 27. 11. 1958; „Gedenket der Toten, verwandelt euch!" In: Badische Neueste Nachrichten Nr. 274 vom 26. 11. 1958.

Abb. 5: Die 1961 errichtete Gedenkplatte für die nichtgeborgenen Opfer des Luftangriffs von 1944 (Badische Zeitung, StadtAF, C 5/4393)

nicht geborgen werden konnten" zu errichten (Abb. 5). Sie wurde dann 1961 vor den Granitkreuzen des Ehrenmals auf dem Hauptfriedhof aufgestellt[28].

Die nachfolgenden Berichte zu den Jahrestagen von 1960 bis 1963 gaben wieder den persönlichen Erlebnissen vieler Betroffener breiten Raum, um so öffentliche Erinnerung und private Trauer eng miteinander zu verbinden. Zugleich wurde aber auch in mehreren Zeitungsartikeln das beachtliche Wiederaufbauwerk in der Stadt gepriesen, das unter beträchtlichen materiellen Opfern geschaffen worden war[29].

Erst der 20. Jahrestag 1964 führte im Rahmen eines ausführlichen Gedenkens dazu, daß man durch einen öffentlichen Aufruf die vielen Zeitzeugen aufforderte, kurze Berichte über ihre persönlichen Erlebnisse in jener Nacht zu geben. Die von der Lokalredaktion der „Badischen Zeitung" erbetenen Schilderungen durften allerdings nicht länger als eine Schreibmaschinenseite sein[30]. Das Echo in der Freiburger Leserschaft war gleichwohl beachtlich. Mehr als 100 Einsendungen trafen ein, fast 30 Einzelberichte füllten am 27. November 1964 über zwei Zeitungsseiten, so daß wichtige zeitgenössische Zeugenaussagen bis heute erhalten blieben und mit ihnen anläßlich des 20. Jahrestages ein umfassenderes Bild über Tod und Verwüstung als bislang gegeben werden konnte[31].

[28] Vgl. dazu die Vorgänge in StadtAF, C 5/4393; ferner: Für die nichtgeborgenen Fliegeropfer. In: Badische Zeitung Nr. 32 vom 8.2.1961.
[29] Der Wert einer „abgeschriebenen Stadt". In: Badische Zeitung Nr. 274 vom 26./27.11.1960; Eine Stadt hat ihr Aussehen gewandelt. In: Südwest-Rundschau Nr. 276 vom 29./30.11.1960; Wir blenden zurück: Der 27. November 1944 ... In: Allgemeine Zeitung, Freiburger Rundschau Nr. 273 vom 27.11.1961; Zum 27. November. In: Badische Zeitung Nr. 273 vom 27.11.1961; Vor neunzehn Jahren. Zum Gedenken an den 27. November 1944. In: Badische Zeitung vom 27.11.1963.
[30] Zum 20. Jahrestag. In: Badische Zeitung vom 7.11.1964.
[31] Der Untergang des alten Freiburg. In: Badische Zeitung Nr. 275 vom 27.11.1964.

Nach diesem umfangreichen Quellenabdruck dienten die üblichen, nun wieder kürzeren Berichte zu den Jahrestagen von 1965 bis 1969 mehr der ständigen Mahnung und öffentlichen Erinnerung an die furchtbare Schreckensnacht[32]. Der „apokalyptische Feuersturm in der Innenstadt" geriet auch in diesen Jahren nicht in Vergessenheit. Dabei erwähnte man öfters die These vom „Vergeltungsschlag", obwohl dafür keine neuen Belege und Hinweise aufgeführt werden konnten. Mit Bedauern registrierte man zum 24. und 25. Jahrestag ferner, daß die alljährliche Ehrung auf dem Hauptfriedhof von der jüngeren Generation „mit einer offenbar zunehmenden Unlust" und nur aus notgedrungener Pflicht vollzogen wurde. Immer weniger Trauergäste kamen aus der Bevölkerung zu den Gedenkfeiern. Die heimische „Badische Zeitung" und der „Freiburger Wochenbericht" appellierten deshalb nachhaltig an die Freiburger, die Gedenktage als „Sache der ganzen Bürgerschaft" zu verstehen und zu vollziehen[33].

Die „schwärzeste Stunde" Freiburgs blieb denn auch in den 70er Jahren im Bewußtsein der Öffentlichkeit. Neue Erkenntnisse zu den alten Fragen nach dem „Warum?" dieses Angriffes wurden durch die jährlichen Zeitungsberichte jedoch nicht präsentiert. Statt dessen betonte man erneut den Charakter der Flächenbombardierung als Zäsur für die Stadtgeschichte. Zudem kam es zur Wiederholung früherer Spekulationen, das Münster sei vom Feind willentlich nicht bombardiert worden und einigen wenigen Freiburgern sei der Angriff durch „eine Vergeltungsankündigung" des Gegners bekannt gewesen[34]. Auch wurde die alte These wieder aufgegriffen, Freiburg sei eine „offene Stadt" gewesen, „in der es keine militärischen Objekte gab". Ob diese Behauptung zutraf, ließ man ungeklärt. Kritisch konstatierte man allerdings in der Presse, daß beim Wiederaufbau „manches mißglückt" sei und daß die Wiedererrichtung des Zentrums nicht immer ohne Auseinandersetzung „um Stil und Form des Wiederaufbaus", wie z. B. über Wert oder Unwert der Arkadenlösung in der Innenstadt, erfolgt sei. Unvergessen blieben ferner die „sinnlosen Menschenopfer" des schweren Bombenan-

[32] Zum 27. November. In: Badische Zeitung vom 27.11.1965; Vor zweiundzwanzig Jahren: Der Zerstörung standgehalten. In: Badische Zeitung Nr. 273 vom 26.11.1966; Vor 22 Jahren zerstörte der Luftangriff am 27. November das alte Freiburg. In: Badische Volkszeitung am 27.11.1966; An einem Morgen des Jahres 1945. In: Schwarzwälder Bote Nr. 273 vom 27.11.1967; Im Gedenken an Freiburgs Kriegsopfer. In: Badische Volkszeitung Nr. 274 vom 28.11.1967; Freiburg gedenkt seines schwersten Schicksalsschlages. In: Badische Zeitung Nr. 275 vom 28.11.1968; Der Angriff auf Freiburg. Es war am 27. November 1944 ... In: Badische Zeitung vom 22.11.1969; Ein Vierteljahrhundert später. In: Freiburger Wochenbericht vom 27.11.1969; Der schrecklichste Tag in der Geschichte Freiburgs. In: Badische Neueste Nachrichten Nr. 277 vom 27.11.1969.
[33] 24 Jahre danach. In: Freiburger Wochenbericht Nr. 47 vom 27.11.1968; Zum 27. November. An die Überlebenden. In: Badische Zeitung Nr. 274 vom 27.11.1968; Im Teufelskreis der Vergeltung 1944–1969. In: Badische Zeitung Nr. 273 vom 27.11.1969.
[34] Eine Generation später ... Gedanken am 27. November 1970. In: Badische Zeitung Nr. 274 vom 27.11.1970; Als das alte Freiburg unterging. In: Freiburger Wochenbericht Nr. 48 vom 25.11.1971; Damit hatte in Freiburg kaum jemand gerechnet. In: Badische Zeitung Nr. 273 vom 27./28.11.1971; Freiburgs schwärzeste Stunde. In: Badische Zeitung Nr. 273 vom 27.11.1972; Die Zerstörung am 27. November verwischte die letzten Spuren. In: Badische Zeitung Nr. 274 vom 27.11.1973; Das Ende mit Schrecken. In: Badische Zeitung Nr. 274 vom 27.11.1974; Nach dreißig Jahren. In: Ebda.; Der Mann, der Rathaus und Eisenbahnstraße rettete. In: Ebda.; Vor dreißig Jahren sank Freiburg in Schutt und Asche. In: Stuttgarter Nachrichten Nr. 280 vom 27.11.1974; Ein Erpel kündigte in Freiburg Tod und Vernichtung an. In: Badische Neueste Nachrichten Nr. 277 vom 27.11.1974; Deutschlands Städte starben nicht. In: Badische Zeitung vom 27.11.1975; Nach dem Ende wieder ein Anfang. In: Lokalanzeiger der Badischen Zeitung Nr. 48 vom 25.11.1976; Aus den Augen, aus dem Sinn. Der 27. November und die Freiburger Hauptpost. In: Badische Zeitung Nr. 273 vom 27.11.1978; Wilhelm Eschle erinnert sich: So erlebte ich den 27. November 1944. In: Lokalanzeiger der Badischen Zeitung Nr. 48 vom 30.11.1978; 55000 Bomben auf Freiburg. Erinnerung an den 27. November 1944 und den Wiederaufbau. In: Südkurier Nr. 275 vom 28.11.1979; Aus den Augen – noch nicht aus dem Sinn. Vor 35 Jahren fiel Freiburg in Schutt und Asche. In: Badische Zeitung vom 27.11.1979; auch zum Folgenden.

griffs auf die Stadt. Besondere Erinnerung widmete man in dieser Zeit den Opfern des Freiburger Fernmelde- und Hauptpostgebäudes, in dem über 100 Mitarbeiter an jenem Abend den Tod fanden.

Danach ließen Aufmerksamkeit und Gedenken im Rahmen weiterer Jahresberichte in den letzten 70er und den 80er Jahren merklich nach: Die jährlich wiederkehrende feierliche Trauerveranstaltung – früher stets am 27. November durchgeführt – wurde ab 1978 mit der städtischen Veranstaltung zum Volkstrauertag, an dem man allen Opfern beider Weltkriege gedachte, zusammengelegt. Bereits im November 1977 hatte man sich in einer Dezernentenkonferenz der Stadtverwaltung darauf geeinigt, „die verschiedenen Gedenkfeiern für die Kriegstoten zu vereinheitlichen"; man kam überein, das „Gedenken an die Opfer des Fliegerangriffs auf Freiburg am 27. November 1944 in die allgemeine Totengedenkfeier des Volkstrauertages" einzubeziehen[35]. Die lokale Presse nahm den Jahrestag jedoch weiterhin zum Anlaß, entsprechende Erinnerungsbilder und Berichte zu publizieren; zudem rief sie dazu auf, „diesen Tag und seine Opfer nicht ganz zu vergessen"[36]. Als Krönung der seit 1957 vorgenommenen Restaurierung des Freiburger Münsterturmes wurde zum 27. November 1981 ein besonderer Schlußsteinring in der Plattform des Turmes als Gedenkstein für den Fliegerangriff eingesetzt. Er enthält das Gedicht „Der Münsterturm" von Reinhold Schneider, das zehn Monate vor dem Luftangriff verfaßt wurde und eindringlich vor den Kriegsgefahren warnt (vgl. Abb. 197)[37]. Im November 1983 führten die „Freiburger Friedenswoche", der VVN-Bund der Antifaschisten und verschiedene Gewerkschaften eine Mahnaktion vor dem 1944 zerstörten Hauptpostamt durch[38].

Als der Verfasser dieser Studie im Herbst 1983 das Vorhaben aufnahm, den immer wieder gestellten Fragen nach dem „Warum und Wie" erstmals unter Heranziehung der nach einer Sperrfrist von 30 Jahren seit Mitte der siebziger Jahre zugänglichen britischen Quellen nachzugehen[39], wurde in Verbindung mit dem Freiburger Stadtarchiv erneut nach deutschen Archivalien, Quellenmaterialien und authentischen Erinnerungen gesucht. Auf Bitte des Archivs und mit Unterstützung des Oberbürgermeisters der Stadt, Dr. Rolf Böhme, erfolgten zum Jahrestag von 1983 mehrere Presse-Aufrufe an die Freiburger Bevölkerung, entsprechende, bislang unbekannte Unterlagen zur Verfügung zu stellen[40].

[35] Vgl. Keine Gedenkfeier. In: Badische Zeitung Nr. 273 vom 27. 11. 1978; Registratur Stadtverwaltung Freiburg, Städtisches Hauptamt, Ersatzheft Fliegerangriff auf Freiburg 1939/45. 361–32–1: Besprechungsnotizen vom 15. 11. 1976 und vom 7. 11. 1977; vgl. dagegen: Nicht ganz vergessen! In: Freiburger Wochenbericht Nr. 48 vom 30. 11. 1978.
[36] Nicht ganz vergessen! In: Freiburger Wochenbericht Nr. 48 vom 30. 11. 1978; Gedenkfeier zum Volkstrauertag. In: Freiburger Wochenbericht vom 13. 11. 1980, S. 1; Walter Vetter: Aus den Augen, aus dem Sinn. Die Friedrichstraße vor dreißig Jahren. In: Badische Zeitung vom 27. 11. 1980; ders.: Als Freiburg in Trümmer fiel. In: Badische Zeitung vom 27. 11. 1981; Heute vor 38 Jahren … In: Badische Zeitung Nr. 273 vom 27./28. 11. 1982.
[37] Erinnerung an Luftangriff. Schlußsteinring in Plattform des Münsterturms verankert. In: Badische Zeitung Nr. 273 vom 26. 11. 1981.
[38] Erinnerungen an Bürgerantrag. Mahnaktion zum Jahrestag der Bombardierung Freiburgs. In: Badische Zeitung Nr. 273 vom 26. 11. 1983.
[39] Vgl. Warum wurde Freiburg bombardiert? In: Südkurier Nr. 237 vom 13. 10. 1983; Warum wurde Freiburg noch im November 1944 angegriffen? Nach 40 Jahren will ein Historiker das Rätsel lösen. In: Badische Zeitung Nr. 237 vom 13. 10. 1983; Vor 40 Jahren. Freiburg in Schutt und Asche. In: Stuttgarter Nachrichten Nr. 238 vom 14. 10. 1983.
[40] Vgl. Registratur Stadtverwaltung Freiburg, Städtisches Hauptamt. 361–32–1: Pressemitteilung vom 11. 10. 1983: abgedruckt in: Badische Zeitung Nr. 235 vom 11. 10. 1983: „Gesucht: Dokumente zum Luftangriff auf Freiburg"; ebenso in: Südkurier Nr. 236 vom 21. 10. 1983; Freiburger Wochenbericht Nr. 41 vom 13. 10. 1983; Historiker untersucht Luftangriff. In: Südkurier Nr. 273 vom 26. 11. 1983; Die Stunde Null. Freiburg nach dem 27. November 1944. In: Badische Zeitung Nr. 273 vom 26. 11. 1983.

Zur 40. Erinnerung an den Bombenangriff erschienen dann im November 1984 wiederum mehrere größere Beiträge in der regionalen Presse. Einerseits standen in Verbindung mit besonderen Gottesdiensten, Filmveranstaltungen, Ausstellungen (Abb. 6) und Feierstunden der Stadtverwaltung die Trauer sowie das Geden-

Abb. 6: Plakat der Foto-Ausstellung des Stadtarchivs vom 27. 11. bis 21. 12. 1984 (StadtAF)

ken an Leid und Tod der Opfer im Zentrum dieser Zeitungsberichte[41]; andererseits konnten zu diesem 40. Jahrestag erste Teilergebnisse der neuen Forschungen aufgrund der erstmaligen Aktenauswertungen in London und in den USA durch den Autor einer breiteren Öffentlichkeit bekannt gemacht werden[42]. Die „Badische Zeitung" veröffentlichte dabei sogar erstmals eine Original-Luftaufnahme der britischen Luftbildauswertung von 1944 über Freiburg. Frühere Spekulationen und lang vertraute Vorstellungen konnten korrigiert werden. Es stand nunmehr zum Beispiel fest, daß das Münster vom Gegner nicht absichtlich geschützt worden war und daß sich Freiburg schon längere Zeit auf der Zielliste der britischen Luftstreitkräfte befand.

In verstärktem Maße wurde der Luftangriff in den achtziger Jahren auch für politische Zwecke benutzt. So nahm der Arbeitskreis „Atomwaffenfreie Zone Freiburg" den Jahrestag von 1983 zum Anlaß, zur Unterstützung des Bürgerantrages aufzurufen, der „Freiburg zu einer atomwaffenfreien Zone" erklären sollte[43]. Ebenso wurde der 40. Jahrestag – angesichts der Nachrüstung der beiden Supermächte Mitte der achtziger Jahre – mit der generellen Verurteilung von Atomwaffen und der Warnung vor einem „Dritten Weltkrieg" verknüpft. Den 27. November sah man als geeigneten Tag an, um die Frage „Wie kann ein atomares Inferno verhindert werden?" aufzuwerfen. Als Antwort wurde erneut die „Erklärung Freiburgs zur atomwaffenfreien Zone" propagiert[44]. Die Angst vor einem Atomkrieg bewegte in dieser Zeit der Hochrüstung allerdings nicht nur den lokalen Raum, sondern auch viele Menschen außerhalb Freiburgs. Bücher des Schreckens über „Menschen nach dem Atomkrieg" und aus der Schlußphase des Luftkrieges am Ende des Zweiten Weltkrieges versuchten, die Menschheit wachzurütteln, um sie vor dem unendlichen, entsetzlichen Grauen eines totalen Luftkrieges und der Atombombe zu bewahren[45].

In den Jahren von 1985 bis 1988 erinnerte man in der Presse an den Jahrestag zum 27. November bewußt ohne Abdruck des lange Zeit üblichen „Trümmerbildes". Die Leistung des Wiederaufbaus war bereits selbst zu Geschichte geworden und konnte dokumentiert werden. So wurde 1985 ein Bild der im April 1948 auf dem Karlsplatz errichteten „Trümmerverwertungsanlage" als „Symbol des Lebens" publiziert; 1986 brachte die „Badische Zeitung" zum Jahrestag einen Be-

[41] Dokumentation des Wiederaufbaus. In: Südkurier Nr. 271 vom 22. 11. 1984; Gedenken an den 27. November 1944. In: Badische Zeitung Nr. 273 vom 24./25. 11. 1984; Schreckliche Erinnerung in Text und Bild. In: Ebda. Nr. 275 vom 27. 11. 1984; Es geschah vor 40 Jahren. Dem freudigen Ereignis folgte das Entsetzen. In: Ebda.; Am 27. November 1944. Als Bomben den Tod nach Freiburg brachten. In: Südkurier Nr. 275 vom 27. 11. 1984; Am vierzigsten Jahrestag: Gedenken an die Opfer – Verpflichtung für heute und morgen. In: Südkurier Nr. 277 vom 29. 11. 1984; Vor 40 Jahren: Alt-Freiburg stirbt im Bombenhagel und Feuersturm. In: Freiburger Wochenbericht 47. Woche vom 22. 11. 1984; Wo der Angriff sichtbar wird. Fotoausstellung über Zerstörung Freiburgs eröffnet. In: Badische Zeitung Nr. 277 vom 29. 11. 1984; Eindrucksvolle Trümmerbilder. Zeichnungen von 1944 im Stadtarchiv. In: Badische Zeitung Nr. 287 vom 11. 12. 1984.

[42] Gerd R. Ueberschär: 27. November 1944: Bomben auf Freiburg. Nur aus Zufall blieb das Münster verschont. In: Badische Zeitung Nr. 275 vom 27. 11. 1984, S. 3; ders.: Operation „Tigerfish". Die Nacht, in der Freiburg in Trümmer sank. Am 27. November vor 40 Jahren wurde die Breisgau-Stadt durch Bombenangriffe weitgehend zerstört – Kein Irrtum, sondern geplanter Einsatz. Neue historische Erkenntnisse. In: Südkurier Nr. 273 vom 24. 11. 1984, S. „Das besondere Thema".

[43] Erinnerungen an Bürgerantrag. Mahnaktion zum Jahrestag der Bombardierung Freiburgs. In: Badische Zeitung Nr. 273 vom 26. 11. 1983.

[44] Flugblatt „40 Jahre nach der Bombardierung" zum 27. 11. 1984. Verfasser: DFG-VK Freiburg, Deutscher Gewerkschaftsbund Kreis Freiburg, Frauen für Frieden Freiburg, Freiburger Friedenswoche e. V.; VVN-Bund der Antifaschisten Kreisvereinigung Freiburg: Volksbegehren für den Frieden in Baden-Württemberg Arbeitsgruppe Freiburg.

[45] Vgl. Walter Jens: Wehrt Euch gegen das nächste Hiroshima! In: Stern Nr. 52 vom 22. 12. 1982, S. 124.

richt über den wiedergefundenen Löwenkopf des alten Bertoldbrunnens, im November 1987 erinnerte die Zeitung an die ersten Musterhäuser aus der Zeit des „Wiederaufbaus aus den Trümmern", und 1988 wurde mit einem Bericht über den 1951 für das Badische Innenministerium wiederhergestellten „Basler Hof" in der Kaiser-Joseph-Straße sowohl an die Zerstörung als auch an die „Wiederaufbauleistung in den harten Nachkriegsjahren" erinnert[46]. Dagegen rief der „Südkurier" ebenfalls zum 27. November 1988 mit zwei Bildern der schwer zerstörten Innenstadt das Grauen der Bombennacht in Erinnerung[47].

Die lange Reihe der vielfältigen Erinnerungsberichte zum 27. November seit 1945 dokumentiert nachdrücklich den tief empfundenen Einschnitt in die Geschichte Freiburgs, der durch dieses grauenvolle Kriegsereignis verursacht wurde. Sie deutet zugleich darauf hin, daß man sich in Freiburg langsamer, als dies in anderen Städten erfolgte, von dem schweren Vernichtungsschlag erholte. Erst ganz allmählich verblaßte die Erinnerung an das Inferno des Bombenkrieges in den siebziger und achtziger Jahren. Die noch immer lebendige Erinnerung an die Zerstörung und Opfer der Stadt zeigt sich auch bei den wiederholten Erörterungen und der Suche nach Möglichkeiten zur Errichtung eines besonderen, künstlerisch gestalteten Mahnmals in der Innenstadt. Obwohl diese Idee gerade in letzter Zeit wieder vom Oberbürgermeister, vom Kulturamt der Stadtverwaltung sowie vom Freiburger Kunstverein aufgegriffen wurde, kam es jedoch bislang nicht zur Verwirklichung des Projektes[48].

3. Beständige Erinnerung durch die „gefährliche Erbschaft" des Bombenkrieges

Die in den Jahren nach 1945 andauernde Erinnerung an den alliierten Luftangriff vom 27. November 1944 wurde in Freiburg – ebenso wie in anderen Städten Deutschlands – auch durch andere Vorkommnisse in der Nachkriegszeit ganz „hautnah" wachgehalten. Noch heute, 45 Jahre nach dem Ende des Zweiten Weltkrieges, tauchen im Stadtgebiet in Form von Bombenblindgängern immer wieder gefährliche Zeugen der Luftangriffe von 1940 bis 1945 auf (Abb. 7). Zum Teil werden diese Sprengkörper durch Zufall bei Erdbauarbeiten im Rahmen von Hausneu- oder Umbauten entdeckt, teilweise hat man aber auch gezielt nach ihnen gesucht.

Schon wenige Wochen nach Kriegsende fand man im Juni und Juli 1945 nicht nur weggeworfene Munition, Granaten und Geschosse, sondern auch zahlreiche Fliegerbomben in der Grünwälderstraße, Hohenzollernstraße, Breisacher Straße und Wasserstraße, im Zwiegerackerweg, Schäppeleweg, Sternwald, beim Strandbad und Am Rotschachen[49]. Im November 1945 mußte ein Blindgänger in der

---

[46] Vgl. Badische Zeitung vom 27.11.1985; Auferstehung aus Ruinen. Unerwartetes Wiedersehen. In: Ebda. vom 27.11.1986; Nach dem Fliegerangriff vor 43 Jahren. Wiederaufbau aus Trümmern. In: Ebda. vom 27.11.1987; Walter Vetter: Der Basler Hof an der Kaiser-Joseph-Straße. Ein Symbol für Zerstörung und Wiederaufbau. In: Ebda. Nr. 274 vom 26./27.11.1988.

[47] Südkurier Nr. 274 vom 26./27.11.1988.

[48] Zu den seit 1987 laufenden Bemühungen, in der Innenstadt ein derartiges künstlerisches Mahnmal zu errichten, vgl. die Unterlagen in: Registratur Stadtverwaltung Freiburg, Städtisches Hauptamt, 361–32–1, sowie die Mitteilung des Leiters des Kulturamtes, Dr. Ludwig Krapf, an Verf. vom 9.3.1989 und des Kunstvereins Freiburg vom 8.6.1989.

[49] Zu den Blindgängerfunden vgl. die Einzelnachweise in den Presseberichten im Redaktionsarchiv der Badischen Zeitung und im StadtAF, C 5/862 und 863, auch zu den folgenden Angaben.

Abb. 7: Fund eines Bombenblindgängers im Institutsviertel (Badische Zeitung Nr. 129 vom 9.6.1958)

Bismarckstraße (jetzt: Stefan-Meier-Straße) Ecke Tennenbacher Straße beseitigt werden. Im Sommer 1946 waren die Funde mit ca. 50 Bomben ebenso umfangreich wie im Jahr zuvor.

In der Zeit von 1947 bis 1949 führte man mit Zustimmung der französischen Besatzungsmacht im Stadtgebiet eine größere Suchaktion nach gefährlichen „Erinnerungsstücken" durch, um diese Überreste des Zweiten Weltkrieges weitgehend aufzufinden und zu beseitigen. Dabei wurden immerhin nochmals 60 Fliegerbomben von unterschiedlicher Sprengkraft sichergestellt. Die Entschärfung oder Sprengung der Bomben erfolgte anfangs durch spezielles Personal im städtischen Auftrag; ab 1947 oblag diese Aufgabe dem Landes-Sprengkommando in Baden-Baden.

Jedoch konnten in den ersten Jahren nach 1945 nicht alle Blindgänger gefunden werden. Auch nach der gezielten Suchaktion galten mehrere Stadtgebiete weiterhin als besonders verseucht; insbesondere traf dies für das Gebiet zwischen Habsburgerstraße und Mooswald zu [50]. So wurden zum Beispiel mehrere Blindgänger im November 1950 in der Eisenbahnstraße, im Mai 1951 auf der Insel, im Sommer 1952 auf dem Schloßberg sowie in der Klarastraße und Egonstraße, im Oktober 1952 in der Merianstraße, im April 1953 in der Friedrichstraße/Merianstraße und im Mai 1953 beim Neubau der Lortzingschule gefunden. Dabei waren auch mehrmals brisante Zehn-Zentner-Bomben wegzuräumen.

Weitere Fliegerbomben wurden im Sommer, Herbst und Winter 1954 in der Friedrich- und Katharinenstraße, im Mooswald sowie in der Grenz- und Lehener

[50] Vgl.: Immer noch Sperrgebiete um Mooswald. In: Badische Zeitung Nr. 38 vom 16.2.1959.

29

Straße, im März 1956 in Wildtal/Talstraße, im Juni 1958 beim Neubau des Physikalischen Institutes und im März 1959 auf dem Friedhof entdeckt und beseitigt[51]; ebenso wurde im November 1961 im Stadtgarten eine zehn Zentner schwere Sprengbombe gefunden und entschärft.

Auch in den siebziger und achtziger Jahren wurden weitere Fliegerbomben im Stadtgebiet entdeckt sowie entschärft oder weggeschafft – so im März 1973 im Bereich der Zahnklinik, im Dezember 1977 erneut bei der Lortzingschule, im April 1981 in der Hofackerstraße, im Juni/Juli 1983 in der Heidenhofstraße und im Gewann Lochmatte/Herdern, 1984 und im April 1985 bei den Bauarbeiten am Flückigersee und hinter der Wentzingerschule, im Dezember 1987 bei der Güterbahnlinie an der Ecke Hartmann-/Elsässer Straße, im April 1988 im Bereich des St. Josefskrankenhauses an der Hermann-Herder-Straße, im August 1988 in der Edith-Stein-Straße und zuletzt im Februar 1990 im Hauriweg[52]. Zu dem „Bergungsgut" gehörten in diesen Jahren auch zahlreiche kleinere Stabbrandbomben.

Seit 1971 ist die Bergungs- und Entschärfungsaufgabe für Baden-Württemberg zentral in Stuttgart zusammengefaßt. Heute werden die noch immer auftauchenden brisanten „Erinnerungsstücke" vom „Kampfmittelbeseitigungsdienst" des Landes Baden-Württemberg beim Regierungspräsidium in Stuttgart – oft unter Lebensgefahr der eingesetzten Feuerwerker – unschädlich gemacht. Diese Aufgabe wird gelegentlich erschwert, wenn die Zündervorrichtung durch den Aufprall am Boden nach dem Abwurf verklemmt worden ist, so daß ein nachträgliches Herausschrauben des Zünders nicht immer gelingt. Manche Bomben haben auch Langzeitzünder mit speziell konstruierten Ausbausperren, so daß die Beseitigung der Kriegsmittel nach wie vor mit Gefahr für Leib und Leben verbunden ist, auch wenn inzwischen bei manchen Zündern maschinelle Fern-Entschärfungsgeräte eingesetzt werden können.

Die neueren Funde sind nicht selten aufgrund von Materialschäden und Verrottung nach langer Lagerungszeit in der Erde gefährlicher als in der Zeit unmittelbar nach Kriegsende. Da die Bomben in der Regel in einer Tiefe von vier bis fünf Meter liegen, werden sie bei Umbau- und Neubaumaßnahmen oft durch den nur 2,5 bis 3 Meter tief reichenden Keller regelrecht „zugebaut" und bleiben vorerst unentdeckt. Nach Ansicht des Kampfmittelbeseitigungsdienstes muß man davon ausgehen, daß in Freiburg doch noch sehr viele solcher Fliegerbomben unter der Erde liegen und eine erhebliche Gefährdung darstellen, solange die alten Bombentrichter nicht noch einmal anhand der inzwischen zugänglichen Luftaufklärungsbilder der Alliierten systematisch überprüft und ausgewertet werden[53]. Insofern ist der Luftkrieg des Zweiten Weltkrieges als „gefährliche Erbschaft" auch noch in der heutigen Zeit präsent.

[51] Vgl. StadtAF, C 5/863; Insbesondere: Neun Minuten für die 107. Bombe. In: Badische Zeitung vom 14.6.1954.

[52] Vgl. dazu die Berichte in der Badischen Zeitung vom 2.3.1973, 10./11.12.1977, 30.4.1981, 1.6.1983, 19.7.1983, 3.4.1985, 14.12.1987, Nr. 97 vom 27.4.1988, Nr. 182 vom 9.8.1988 und Nr. 45 vom 23.2.1990; Südkurier Nr. 288 vom 14.12.1987; ferner Auskunft des Kampfmittelbeseitigungsdienstes in Stuttgart–Vaihingen vom 25.1.1989. Siehe auch Walter Merz: Feuerwerker. Namenlose Helden der Bombennächte. Ein Tatsachenbericht. Rastatt 1970.

[53] Mitteilung vom Herrn Günter Goedecke. Leiter des Kampfmittelbeseitigungsdienstes Baden-Württemberg, Stuttgart–Vaihingen, vom 25.1.1989; Vgl. 40 Jahre Kampfmittelbeseitigungsdienste in Baden-Württemberg. Pressemitteilung der Landespolizeidirektion Stuttgart Nr. 165 vom 22.10.1986; Wiltrud Rösch-Metzler: Mit dem Fallbeil gegen Blindgänger. In: Rheinischer Merkur/Christ und Welt Nr. 15 vom 8.4.1988, S. 24; Helga Kempcke: Todesbringer leben lange. In: Deutsches Allgemeines Sonntagsblatt Nr. 30 v. 28.7.1989, S. 28.

4. Zum Forschungsstand:
Die Freiburger Luftkriegsereignisse
im Spiegel der Literatur

Trotz dieses vielfachen, auch öffentlich dokumentierten Interesses an den mit den Luftangriffen verknüpften Fragen kam die Aufarbeitung und historische Erforschung der Stadtgeschichte für die Zeit des Zweiten Weltkrieges nur sehr langsam in Gang. Einen ersten Überblick über die Luftangriffe anhand persönlicher Erlebnisse und über die entstandenen Gebäudeschäden in der Stadt lieferten die Beiträge von Franz Schneller, Joseph Schlippe und Joseph Sauer. Sie waren allerdings nur aus deutschen Unterlagen und lokaler Sicht zusammengestellt [54]. Allein das statistische Material der Stadt wurde 1954 im „Kriegsopfer"-Gedenkbuch detailliert veröffentlicht. In ihm sind alle 2783 identifizierten Bombenopfer namentlich aufgeführt [55]. Ebenfalls nur sehr knapp und in groben Umrissen wurden die zeitgeschichtlichen Aspekte in der Publikation von Leo Ricker bei Herausgabe der ersten Auflage und durch die Ergänzung dieses Buches in der zweiten Auflage durch Franz Laubenberger dargestellt [56]. In beiden Publikationen erfolgte der Abdruck weiterer wichtiger Augenzeugenberichte von Franz Schneller und Max (richtig: Friedrich) Bär.

Während in den fünfziger und sechziger Jahren eine umfangreiche internationale Literatur zum Luftkrieg der Alliierten in Europa erschien [57], widmete man sich hinsichtlich der regional- und kommunalgeschichtlichen Thematik ausgiebiger und detaillierter dem sogenannten „Fall Freiburg" vom 10. Mai 1940. Im Vordergrund stand die Frage, wie es zu dieser ersten Bombardierung der Stadt im Zweiten Weltkrieg kam [58]; deren abschließende Bewertung konnte schließlich in der Publikation des Verfassers mit Wolfram Wette 1981 vorgelegt werden [59].

Erst zum 38. Jahrestag im Jahr 1982 erschien die den Folgen des britischen Luftangriffs gewidmete Bild- und Textdokumentation „Freiburg in Trümmern 1944–1952", die von Walter Vetter herausgegeben wurde [60]. Das „Trümmerbuch" sollte „informieren und zugleich erschüttern, aber auch nachdenklich stimmen"; aufgrund der in die Dokumentation einbezogenen frühen Wiederaufbauphase bis

[54] Franz Schneller: Freiburg – Gestern und heute. Freiburg 1947; Joseph Schlippe: Wie Freiburg wiederstehen soll. In: Freiburger Almanach 1 (1950), S. 13–47; ders.; Wie Freiburg wieder erstanden ist. In: Ebda. 10 (1959). S. 73–87; ders.: Freiburgs Baudenkmäler und ihre Wiederherstellung. Teil I; Kirchliche Baudenkmäler. In: Einwohnerbuch der Stadt Freiburg i.Br. 1959, S. 19–29; Teil II: Die profanen Baudenkmäler. In: Ebda. 1960, S. 14–30; ders.: Das Freiburger Münster im Zweiten Weltkrieg. In: 75 Jahre Münsterpflege. Freiburger Münsterbauverein 1890–1965. Hrsg. von Paul Booz. Freiburg 1965, S. 75–88; (Joseph Sauer:) Zum Untergang Alt-Freiburgs und Breisachs 1944/45. Aus dem Tagebuch Joseph Sauers, mitgeteilt von Johannes Vincke. In: Schau-ins-Land 82 (1964), S. 3–11.
[55] Kriegsopfer der Stadt Freiburg i.Br. 1939–1945. Freiburg 1954.
[56] Leo A. Ricker: Freiburg. Aus der Geschichte einer Stadt. Karlsruhe, 1. Aufl. 1964, S. 147 ff., 2. Aufl. 1966 unter Mitwirkung von Franz Laubenberger (darin Kapitel VIII: Der Bombenangriff vom 27. November 1944. S. 169–174).
[57] Vgl. u.a. Sir Charles Webster/Noble Frankland: The Strategic Air Offensive against Germany 1939–1945. Vol. 1–4. London 1961; David Irving: Und Deutschlands Städte starben nicht. Ein Dokumentarbericht. Zürich 1963; zu weiteren Literaturangaben bis 1966 siehe: Bibliographie zur Luftkriegsgeschichte. Bearbeitet von Karl Köhler (= Schriften der Bibliothek für Zeitgeschichte/Weltkriegsbücherei Stuttgart, Neue Folge, H 5). Frankfurt 1966.
[58] Vgl. u.a. Anton Hoch: Der Luftangriff auf Freiburg am 10. Mai 1940. In: Vierteljahrshefte für Zeitgeschichte 4 (1956), S. 115–144.
[59] Gerd R. Ueberschär / Wolfram Wette: Bomben und Legenden. Die schrittweise Aufklärung des Luftangriffs auf Freiburg am 10. Mai 1940. Ein dokumentarischer Bericht. Freiburg 1981.
[60] Freiburg in Trümmern 1944–1952. Eine Bild- und Textdokumentation. hrsg. von Walter Vetter. Freiburg 1982 (2. erg. Aufl. 1983).

1952 bietet die Publikation umfangreiche Belege für den Mut und die Leistungsfähigkeit der Freiburger Bevölkerung [61]. Einzelne Textteile früherer Veröffentlichungen wurden in dem Buch wiederabgedruckt – so die Berichte von Franz
Schneller, Joseph Sauer und Joseph Schlippe [62].

Anläßlich des 40. Jahrestages erschienen weitere Bildbände, welche die Kriegs-
zerstörungen und den Wiederaufbau der Stadt nach 1945 dokumentierten. Walter
Vetter legte einen zweiten Band des „Trümmerbuches" vor, in dem nun auch jene
Freiburger Stadtteile mit ihren Zerstörungen detailliert vorgestellt werden, für die
im ersten Band noch kaum Bildmaterial vorhanden war [63]. Auch in diesem Teil-
band wurden Erlebnisberichte über die Erfahrungen in der Bombennacht, in den
ersten Tagen danach und bei der Behebung der Zerstörungen aufgenommen.

Einen anschaulichen Überblick über die baulichen Zerstörungen und die Wiedererrichtung sowohl des Oberlindengebietes als auch der Innenstadt bietet
ebenso die von der Freiburger Oberlindengesellschaft-Zierkommission herausgegebene Dokumentation „Unsere Stadt Freiburg, 1944–1984" [64]. Mit den ersten
Rettungs- und Aufräumarbeiten am Münster beschäftigt sich das von dem Kon-
stanzer Archivar Franz Götz herausgegebene Stadtarchivheft „Das Freiburger
Münster und der 27. November 1944" [65].

Diese Buchveröffentlichungen zum 40. Jahrestag wurden jedoch – ebenso wie
die offiziellen Ansprachen der Stadtverwaltung [66] – ohne Heranziehung der inzwischen zugänglichen deutschen und englischen Quellen zusammengestellt. Sie
brachten folglich keine neuen Forschungserkenntnisse. Statt dessen wurden alte
Legenden, falsche Vorstellungen und irrtümliche Angaben fortgeschrieben. So
wird beispielsweise bei Walter Vetter falsch angegeben, die „bekannte 5. Bomber-
group der Royal Air Force" habe den Angriff auf Freiburg geflogen, zwei Bomber
und ein Langstreckenjäger seien beim Angriff kollidiert und Freiburg sei für die
Alliierten als Ziel „ohne jegliche strategische und taktische Bedeutung" gewesen;
ferner wird konstatiert, daß bis zum Mai 1940 in der Luftkriegführung des Zweiten Weltkrieges „das ungeschriebene Gesetz der Beschränkung des Luftkrieges
auf militärische Objekte" gegolten habe. Auch wird die alte Spekulation erneut
wiederholt, es sei im englischen Rundfunk vor dem Angriff gewarnt worden; und
zudem wird gegenüber der Freiburger Stadtverwaltung der Vorwurf erhoben, sie
habe die Luftkriegsgefahr falsch eingeschätzt. Unrichtig ist ferner die wiederab-
gedruckte Behauptung, es sei von den Briten eine besondere „blaue Riesen-
traube" von Leuchtkugeln über dem Münster abgeworfen worden, um die Kirche
als Schutzzone zu markieren; demnach sei „auch mit Willen des Feindes dieses

---

[61] So die Hinweise anläßlich der Buchpräsentation. In: Nach dem 27. November 1944. Stunden der Zerstörung – Jahre des Wiederaufbaus. Das „Trümmerbuch" in der Gerichtslaube vorgestellt. In: Badische
Zeitung Nr. 274 vom 29. 11. 1982.
[62] Vgl. dazu Anm. 54.
[63] Freiburg in Trümmern 1944–1952. Bild- und Textdokumentation. Teil II. Hrsg. von Walter Vetter.
Freiburg 1984.
[64] 1944–1984. Unsere Stadt Freiburg. Kriegszeit und Wiederaufbau. Hrsg. vom der Oberlindengesellschaft–Zierkommission von 1829. Redaktion Eugen Lang, H. D. Popp, Bernhard Vedral. Freiburg o. J.
(1984).
[65] Das Freiburger Münster und der 27. November 1944. Augenzeugenberichte. Hrsg. von Franz Götz
unter Mitarbeit von Bernhard Adler und Irmtraud Götz. Freiburg 1984 (= Stadt und Geschichte. Neue
Reihe des Stadtarchivs Freiburg i. Br., H. 6).
[66] So stützten sich Zahlenangaben über den Gegner im Rahmen der städtischen Gedenkfeier von 1984
auf die übertriebenen Schätzungen von deutscher Seite während des Krieges, wie sie im Bericht des
Wehrwirtschaftsoffiziers im Wehrkreis V vom 20. 12. 1944 zusammengestellt worden sind. Der überholte
Bericht ist auszugsweise abgedruckt bei Thomas Schnabel / Gerd R. Ueberschär: Endlich Frieden! Das
Kriegsende in Freiburg 1945. Freiburg 1985, S. 67 ff.

erhabene mittelalterliche Bauwerk erhalten geblieben"[67]. Ein Einblick in die schon damals zugänglichen Akten und in die entsprechenden Forschungsergebnisse der neueren Militärgeschichtsschreibung hätte rasch die Unrichtigkeit und Unmöglichkeit solcher Behauptungen ergeben.

Zum Teil erfolgte die Heranziehung der neueren Forschung dann in den kurz darauf zum 40. Jahrestag des Endes des Zweiten Weltkrieges in den Jahren 1985 und 1986 veröffentlichten regionalgeschichtlichen Arbeiten. Sie machten die neuen Forschungsergebnisse auch für jene Abschnitte der Freiburger Geschichte publik, die nicht nur das Kriegsende, sondern auch die Zeit des Luftkrieges von 1939 bis 1945 umfassen[68].

Trotz der bislang vorliegenden regional- und stadtgeschichtlichen Einzelbeiträge bietet somit die einschlägige Literatur noch kein aussagekräftiges und auf breiter Quellenbasis abgesichertes Bild der Geschichte Freiburgs im Luftkrieg von 1939 bis 1945, das die bekannten in- und ausländischen Forschungen sowie die zugänglichen, aber weitverstreuten Quellen über den Zweiten Weltkrieg berücksichtigt. Eine Studie zur Geschichte Freiburgs im Inferno der Luftangriffe des Zweiten Weltkrieges steht jedoch trotz lückenhafter und großer räumlicher Verbreitung der Unterlagen keineswegs vor unüberwindbaren Quellenproblemen.

5. Zur Quellenlage

Die Quellen- und Aktenlage zur Freiburger Stadtgeschichte im Zusammenhang mit den alliierten Luftangriffen während des Zweiten Weltkrieges stellt sich ganz unterschiedlich dar. Während die britischen und US-amerikanischen Akten militärischer Provenienz vollständig vorhanden sind und inzwischen ausgewertet werden können, ist das amtliche Schriftgut der militärischen Dienststellen des ehemaligen Deutschen Reiches nur lückenhaft überliefert. Bedeutendes Quellenmaterial der deutschen Luftwaffe ging für immer verloren, als viele Akten bei einem alliierten Bombenangriff auf Berlin im Februar 1945 zerstört sowie beim militärischen Zusammenbruch Deutschlands 1945 auf Befehl des Luftwaffenführungsstabes verbrannt wurden oder danach in fremde Hände fielen[69]. Etwa 95% der ehemaligen Bestände sind dabei verlorengegangen.

Ergänzendes Material muß deshalb vor allem durch Auswertung regionaler und kommunaler Archive herangezogen werden. So befinden sich weiterführende Quellen zur Luftkriegsgeschichte und zum Luftschutzwesen im Generallandesarchiv Karlsruhe, im Staatsarchiv Freiburg und im Stadtarchiv Freiburg. Das Stadtarchiv Freiburg[70] verfügt zudem über eine umfangreiche Sammlung von per-

---

[67] So in: Freiburg in Trümmern 1944–1952. Bd. I und II, a.a.O., S. 9ff., 27, 159, 166. Zur Kritik siehe die Besprechung der Bände in: Zeitschrift des Breisgau-Geschichtsvereins („Schau-ins-Land") 104 (1985), S. 312–315.

[68] Vgl. Thomas Schnabel / Gerd R. Ueberschär, Endlich Frieden, a.a.O.; Rolf-Dieter Müller / Gerd R. Ueberschär / Wolfram Wette: Wer zurückweicht wird erschossen! Kriegsalltag und Kriegsende in Südwestdeutschland 1944/45. Freiburg 1985; Gerd R. Ueberschär: Der totale Bombenkrieg bis zum Kriegsende. In: Gerd R. Ueberschär / Rolf-Dieter Müller: Deutschland am Abgrund. Zusammenbruch und Untergang des Dritten Reiches 1945. Konstanz 1986, S. 41–52.

[69] Siehe Robert Endres: Zum Verbleib der Luftwaffenakten beim Zusammenbruch 1945 und danach. In: Fünfzig Jahre Luftwaffen- und Luftkriegs-Geschichtsschreibung. Hrsg. vom Militärgeschichtlichen Forschungsamt. Freiburg 1970, S. 25–31.

[70] Zu den einzelnen Akten siehe die im Quellenverzeichnis angegebenen Bestände des Stadtarchivs Freiburg; vgl. auch den Hinweis von Archivar Dr. Theodor Zwölfer, StadtAF, C 5/2282: Brief vom 16.12.1957.

sönlichen Erlebnisberichten, die in vielen Jahren zusammengetragen wurden. Manche dieser Augenzeugenberichte müssen jedoch anhand der britischen Akten kritisch überprüft werden, insbesondere wenn sie Beobachtungen über den Gegner festhalten. Außerdem ist das städtische Archiv im Besitz der amtlichen Unterlagen der Stadt aus der Kriegszeit. Dieser erfreuliche Umstand ist der schon bei Kriegsbeginn durchgeführten Auslagerung der Archivbestände zu verdanken, so daß die totale Zerstörung des Stadtarchivgebäudes in der Turmstraße beim Angriff am 27. November 1944 keine Auswirkungen auf den Aktenbestand hatte. Zudem gelangte nach 1945 weiteres amtliches Material über die Kriegsjahre in das Stadtarchiv.

Überliefert sind mehrere Bände des Kriegstagebuches des örtlichen Luftschutzleiters (Polizeipräsidenten) mit zentralen Lage- und Schadensmeldungen aus dem Luftschutz (LS)-Bereich. Gerade die LS-Kriegstagebücher wurden von Kriegsbeginn an als „Grundlage" für eine spätere Geschichtsbeschreibung angelegt [71]. Nicht ausgelagertes Material anderer städtischer Stellen, wie z. B. die Akten des Betriebsluftschutzes des Polizeipräsidiums, wurden dagegen am 27. November 1944 total vernichtet. Sowohl Oberbürgermeister Dr. Kerber als auch der spätere kommissarische Leiter der Stadtverwaltung Dr. Keller veranlaßten bei Kriegsbeginn 1939, im Dezember 1944 und nach dem Kriegsende im Mai 1945 die Abfassung besonderer Chroniken und Berichte der einzelnen städtischen Ämter, so daß von vielen Dienststellen für die Kriegszeit entsprechende Aufzeichnungen überliefert sind [72].

Ferner liegt für die Zeit von 1939 bis 1944 die von dem Schriftsteller Karl Willy Straub im amtlichen Auftrage erstellte „Kriegschronik" der Stadt Freiburg vor. Seine „Tagebuchmäßigen Aufzeichnungen des Kriegsgeschehens, soweit es die Stadt Freiburg betrifft vom 10. Mai 1940 bis 27. November 1944" hatten ähnlich wie die Fladt'sche Kriegschronik im Ersten Weltkrieg die wichtigsten Kriegsereignisse in der Stadt festzuhalten [73]. Dabei hat Straub auch die Ereignisse der ersten Kriegsmonate von September 1939 bis Mai 1940 einleitend zusammengefaßt. Für den nach dem 27. November 1944 von Stadtamtmann Horn zu verfassenden Abschnitt der Stadtchronik sind allerdings nur Teile der Materialsammlung überliefert. Immerhin ist damit für die längste Zeit des Krieges eine erstrangige Quelle zur Stadtgeschichte vorhanden.

Auf Anweisung des Kommandos der Schutzpolizei wurde zudem noch 1944/45 von den Luftschutzdienststellen die Niederschrift detaillierter Erfahrungsberichte verlangt, die als Dokumente „bleibender Erinnerung über die Zerstörung" der Stadt zu den Akten genommen wurden. Darüber hinaus hat der Leiter des Stadtarchivs nach 1945, Stadtarchivdirektor Dr. Hefele, ergänzendes Material zum Luftangriff vom 27. November 1944 und zum Kriegsende 1945 in Form einer speziellen Chronik gesammelt und entsprechend überliefert [74]. Vor-

[71] Siehe StadtAF, D.Aö.1.32 a, Bd. 2: Anlage 1: Merkblatt für die Führung des Luftschutz-Kriegstagebuches. Zu den einzelnen LS-Schadensmeldungen siehe ebda., D.Aö.1.32 b, Bd. 1.
[72] ebda. D. Sm. 21/1: Der Oberbürgermeister vom 12. 9. 1940, 22. 12. 1944 und 12. 5. 1945.
[73] Siehe Ebda., B 1/328: Kriegschronik 1940–1945, 2 Bde. Im Bd. II sind die Entwürfe für Vorwort und Einleitung von Karl W. Straub. Zur Ablösung Straubs durch Stadtamtmann Horn – veranlaßt von Oberbürgermeister Kerber – siehe ebda.: Briefwechsel vom Dezember 1944 mit dem Leiter des Stadtarchivs, Dr. Hefele, der Straub den Auftrag nicht entziehen wollte. Dort auch Hinweis auf die Fladt'sche Kriegschronik 1914–1918. Da die Straubsche Chronik in mehreren Exemplaren außerhalb des Stadtarchivs aufbewahrt wurde, wurde sie beim Angriff am 27. 11. 1944 nicht zerstört, „sondern lückenlos erhalten", ebda., auch zum Folgenden.
[74] Ebda.: B 1/328: Sammlung Chronik Hefele.

handen ist ferner eine Kopie des Berichtes von Altstadtrat Reinhold Zumtobel, der im Auftrag von Dr. Hefele bald nach dem 27. November 1944 schriftliche und mündliche Einzelangaben verschiedener Zeugen sammelte und sie später zusammen mit eigenen Notizen zu einem Manuskript „Freiburg im Luftkrieg" zusammenfaßte; die von Zumtobel verwendeten Originalberichte sind allerdings nicht mehr vollständig vorhanden. Sein Bericht, den er bis zum November 1946 abfaßte und teilweise noch einmal 1947 ergänzte, reicht bis zu den Ereignissen im März 1945[75]. Zudem erwarb das Stadtarchiv ein Manuskript von M. Geo Vogel über Freiburg als „Die tote Stadt", das damals unter der Herrschaft der französischen Militärregierung nicht publiziert werden konnte. Es stützt sich jedoch nur auf wenige Augenzeugenberichte[76].

Weitere Unterlagen kamen durch Anforderungen der Besatzungsmächte zustande, die unmittelbar nach Kriegsende von der Stadtverwaltung wiederholt detaillierte Angaben über die Auswirkungen des alliierten Luftkrieges und die beim Einsatz der lokalen Hilfsorganisationen gemachten Erfahrungen verlangten, weil Freiburg als bombardierter Ort zu den „sample cities" (Musterstädten) gehörte, deren Luftkriegserfahrungen zur Abfassung des amerikanischen „Strategic Bombing Survey" (Überblickbericht zum strategischen Bombardement) herangezogen wurde[77]. Dadurch wurden frühzeitig zusammengefaßte Ergebnisse des Wiederaufbaubüros aktenkundig gemacht. Selbst die spezielle Frage, ob es „eine genügende Anzahl von Tragbahren zum Transport der Opfer" nach den Luftangriffen gab, schien den Alliierten damals wichtig zu sein[78].

Die Sammlung des Stadtarchivs wurde schließlich durch zusätzlich übergebene Erlebnisberichte und Zuschriften aus der Bevölkerung nach dem erneuten öffentlichen Aufruf vom Oktober 1983 nochmals erweitert, so daß das Archiv heute über umfangreiches und aussagekräftiges Material aus lokaler Sicht verfügt. Ergänzendes Quellenmaterial über die Luftangriffe auf Freiburg und Südbaden befindet sich in den über den lokalen Rahmen hinausreichenden Archiven – wie im Bundesarchiv-Militärarchiv Freiburg, im Generallandesarchiv in Karlsruhe, im Archiv des Instituts für Zeitgeschichte in München oder im Staatsarchiv in Freiburg. Für die Bewertung der gegnerischen Seite steht grundlegendes Archivmaterial im Public Record Office und im Imperial War Museum in London sowie in verschiedenen Archiven der USA zur Verfügung.

Weniger zufriedenstellend ist die Überlieferung von Bildmaterial unmittelbar aus der Zeit des Luftkriegsgeschehens. Zwar gibt es in den Archiven zahlreiche „Trümmer"-Aufnahmen nach den Luftangriffen, die auch zum Teil bereits in den schon vorliegenden Publikationen abgedruckt sind. Bildaufnahmen, die unmittelbar während des Angriffs angefertigt wurden, sind jedoch nicht dabei. Dies hat seinen Grund in den Verboten des NS-Staates. So gab es nicht nur Hitlers „grundsätzlichen Befehl" vom 11. Januar 1940, daß geheimzuhaltende Sachen – und dazu zählten auch die örtlichen Auswirkungen der feindlichen Luftangriffe – nicht jedermann zugänglich sein sollten[79]. Es bestand auch nach einer Änderung der 10. Durchführungsverordnung zum Luftschutzgesetz vom 1. November 1942 ein allgemeines Photographierverbot der „durch Luftangriffe entstandenen Scha-

[75] Ebda.: Bericht Zumtobel.
[76] Ebda.: Manuskript „Die tote Stadt" von M. Geo Vogel; zum Kauf siehe Vorgang in ebda., C 5/2282.
[77] Vgl. The United States Strategic Bombing Survey. A collection of the 31 most important reports printed in 10 volumes. With an Introduction by David MacIsaac. New York/London 1976, hier Bd. 4, S. VI/1 ff.
[78] Vgl. die umfangreiche Frageliste in der Auskunftsanforderung der „Hohen Alliierten Kommission" und die Antwort vom 26.6.1950 in: StadtAF, C 5/2282.
[79] BA-MA Freiburg, RW 21-19/2; vgl. dazu Ueberschär/Wette, Bomben und Legenden, S. 88.

densstellen"[80]. Von dem Verbot durfte „nur mit Genehmigung der Ortspolizeibehörde oder der vom Reichsminister der Luftfahrt und Oberbefehlshaber der Luftwaffe bestimmten Stellen" abgewichen werden. Nur amtlich zugelassene Bildberichter durften Photos machen. Wer als Privatperson demnach die Zerstörungen „unerlaubt" und „unberechtigt" photographierte, machte sich strafbar. Dennoch stammen viele Bilder nicht nur aus der Zeit nach 1945, sondern noch aus den Kriegsmonaten bis April/Mai 1945, als dieses Verbot nach wie vor bestand. Ein Teil davon wird als Anhang dieser Studie erstmals publiziert (vgl. die Photodokumentation von Hans Schadek ab S. 487).

6. Grenzen und Möglichkeiten der Studie

Auf der Basis dieses aufgeführten Quellenmaterials soll die Untersuchung den ersten Versuch unterbreiten, das Kriegsgeschehen und die Stadtentwicklung im Zusammenhang mit den Luftangriffen von 1939 bis 1945 darzustellen und in Erinnerung zu rufen. Dazu werden für zentrale Abschnitte der Darstellung insbesondere erstmals die englischen Dokumente umfassend ausgewertet. Das Buch bietet zugleich einen ersten – wenn auch teilweise nur skizzenhaften – Überblick zur Geschichte Freiburgs während des Zweiten Weltkrieges. Die Studie will dabei keinen Anspruch auf Vollkommenheit erheben, da wichtige sozial- und verwaltungshistorische Entwicklungen ausgeklammert bleiben oder nur gestreift werden. Für diese Themenkomplexe kann auf die angekündigte dreibändige Stadtgeschichte Freiburgs verwiesen werden, die in den nächsten Jahren – vom Stadtarchiv herausgegeben – erscheinen soll[81].

Um die lokalen militärisch-politischen Ereignisse besser einordnen und die entsprechenden Wechselwirkungen verstehen zu können, müssen sie in einen größeren Zusammenhang gestellt werden; dies macht sowohl einen Rückgriff auf die politische Entwicklung seit dem Ersten Weltkrieg als auch auf den Kriegsablauf – insbesondere in bezug auf die überregionale Entwicklung der Luftkriegführung – von 1939 bis 1945 nötig. Gerade durch diese Einordnung in den Gesamtrahmen des militärisch-politischen Geschehens kann die Betrachtung der alliierten Luftangriffe auf Freiburg in manchen Punkten zu einem veränderten Bild führen, das dann auch der Gegenseite gerecht wird.

Die Hinweise auf die Auswirkungen des Kriegsgeschehens für die Freiburger Bevölkerung erlauben es zudem, einen knappen Ausschnitt des Leidens und der Not im Kriegsalltag deutlich zu machen. Gerade die herangezogenen Augenzeugen- und Erfahrungsberichte können die Atmosphäre dieser Kriegszeit vermitteln. Manche subjektiven Feststellungen in diesen Berichten müssen allerdings anhand der nunmehr zugänglichen deutschen, englischen und US-amerikanischen Quellen überprüft und notfalls korrigiert werden.

[80] 7. Änderungsverordnung zum Luftschutzrecht vom 15.10.1942, abgedruckt in: RGBl 1942, Teil I, S. 618 und Luftschutz-Taschenkalender 1943. Berlin 1943, S. 46; vgl. auch den Abdruck in der Fassung vom 31.8.1943 in: Dokumente Deutscher Kriegsschäden. Evakuierte, Kriegsgeschädigte, Währungsgeschädigte. Die geschichtliche und rechtliche Entwicklung. Hrsg. vom Bundesminister für Vertriebene, Flüchtlinge und Kriegsgeschädigte, Bd. 2, 1: Soziale und rechtliche Hilfsmaßnahmen für die luftkriegsbetroffene Bevölkerung bis zur Währungsreform. Bonn 1960, S. 241; auch zum folgenden Zitat. „Amtlicher Bildberichter" für Freiburg war der Fotograf Adolf Müller.
[81] Sie wird vom Stadtarchiv Freiburg durch Heiko Haumann und Hans Schadek herausgegeben. Der Bd. 3: Von der badischen Herrschaft bis zur Gegenwart, soll 1991 erscheinen.

Um die politische Situation und Atmosphäre in Freiburg während der NS-Zeit deutlicher skizzieren zu können, kommt auch die nationalsozialistische Propaganda in Form des mehrfach als Quelle herangezogenen, im Raum Freiburg verbreiteten Parteiorgans „Der Alemanne" zu Wort. Seine „Endsiegparolen" stehen im scharfen Kontrast zu dem Leid, der Not und den Sorgen der betroffenen Bevölkerung während der letzten Kriegsmonate. Gleichwohl können die persönlichen Schreckenserlebnisse vieler Freiburger während der Luftangriffe bei Tag und Nacht in diesem – im Umfang begrenzten – Rahmen durch die nüchterne und weitgehend chronologisch orientierte Schilderung nur unzureichend wiedergegeben werden. Schon im November 1946 wies Reinhold Zumtobel in seinem zusammengefaßten Bericht auf diese Schwierigkeit hin: „Es vermag sich die menschliche Phantasie gar nicht vorzustellen, was in den Angriffszeiten für Tragödien in unterirdischen Räumen und unter brennenden Trümmern sich abgespielt haben."[82] An diese Tragödien soll das Buch erinnern, um vor einer Wiederholung zu warnen.

[82] StadtAF, B 1/328: Bericht Zumtobel.

II.

Freiburgs Luftkriegserfahrungen
seit dem Ersten Weltkrieg

1. Luftangriffe auf Freiburg vom 1914 bis 1918

Schon im Ersten Weltkrieg hatte die Bevölkerung Freiburgs unter feindlichen Luftangriffen zu leiden. Die Entwicklung des Kriegs- und Völkerrechtes hatte bis zum Kriegsbeginn am 1. August 1914 nicht dazu geführt, daß Luftangriffe auf die Zivilbevölkerung grundsätzlich verboten waren. Da die Stadt westlich des Schwarzwaldes im räumlichen Wirkungsbereich der als Kampfwaffe neu entwickelten Luftschiffe und „Flugapparate" Frankreichs lag, kam es nach Ausbruch des Krieges wiederholt zu Tages- und Nachtangriffen durch die Franzosen und Engländer mit vereinzelten Abwürfen von Spreng- und Brandbomben, deren waffentechnische Wirksamkeit während des Weltkrieges ständig verbessert wurde. Im Verlauf dieser Angriffe wurden aber auch erste Maßnahmen für eine mehr oder weniger wirksame Fliegerabwehr über den deutschen Städten entwickelt.

Nicht nur die Beobachtungen und Meldungen über den hartnäckigen Kampf im Elsaß, dessen Kanonendonner gelegentlich sogar in der Stadt zu hören war, sondern auch direkte Einflüge feindlicher Flugzeuge über die Vogesen und den Rhein machten den Freiburger Bürgern nach Kriegsausbruch sehr bald den Ernst und die Gefahren des neuen Kampfes – auch für die Zivilbevölkerung – bewußt[1]. Zum ersten Mal überflogen bereits am 6. August 1914 zwei feindliche Flugzeuge die Stadt, ohne sie jedoch unter Beschuß zu nehmen oder Bomben abzuwerfen. Am Nachmittag des 4. und 9. Dezember warfen französische Flieger erstmals Bomben auf den im Nordwesten gelegenen Exerzierplatz, richteten dabei aber keinen großen Schaden an. Noch bevor das erste Kriegsjahr zu Ende ging, wurde die Stadt Opfer eines Angriffs mit Personenschäden. Am 13. Dezember waren nach einem Bombenabwurf auf die Innenstadt (Unterlinden, Colombipark, Rottecksplatz) durch zwei französische Flugzeuge zwei Tote und mehrere Schwer- und Leichtverletzte unter der Zivilbevölkerung zu beklagen (Abb. 8). Um eine verstärkte Fliegerabwehr und bessere Schutzmaßnahmen zu erreichen, wurden danach der Stadtbevölkerung erste Verhaltensmaßregeln bekanntgegeben und durch das im „Europäischen Hof" untergebrachte stellvertretende Generalkommando Ende Dezember oberhalb des Kanonenplatzes auf der Ludwigshöhe am Schloßberg ein „Ballonabwehrkommando" mit mehreren Fliegerabwehrgeschützen (bezeichnet als „ortsfester Flakzug Nr. 24") aufgestellt. Zudem wurden in der

---

[1] Die Darstellung stützt sich auf Oskar Haffner: Flieger über Freiburg 1914–1918. In: Amtliches Einwohnerbuch der Stadt Freiburg im Breisgau für das Jahr 1926/27. Bearbeitet nach Originalaufnahmen und amtlichen Quellen von H. M. Muth. Freiburg o.J. (1926), S. 1–36; W. Herterich: Bomben auf Freiburg 1914 bis 1918. In: Freiburger Almanach 1984, S. 107–113; ferner auf den Pressebericht: Die ersten französischen Bombenflieger über Freiburg. In: Badische Zeitung vom 30. 12. 1964; vgl. auch Oskar Haffner: Kriegschronik der Stadt Freiburg im Breisgau 1914–1919. In: Einwohnerbuch der Hauptstadt Freiburg im Breisgau für das Jahr 1924/25. Bearbeitet nach Originalaufnahmen und amtlichen Quellen von H. M. Muth. Freiburg o.J. (1924), S. 1–15 und Einwohnerbuch für das Jahr 1925/26, S. 1–18.

38

Abb. 8: Französischer Fliegerangriff vom 13. Dezember 1914, Zeichnung in der Leipziger „Illustrierten Zeitung" (StadtAF,M 2/9)

Nähe der Stadt mehrere Fliegerbeobachtungsstationen eingerichtet, die eine rechtzeitige Alarmierung ermöglichen sollten.

Auch 1915 erfolgten weitere Fliegerangriffe auf die Stadt. Dabei wurde im März erstmals eine feindliche Maschine durch Beschuß mit den „Ballonabwehrkanonen" beschädigt, so daß die beiden französischen Flieger bei Bremgarten notlanden mußten und gefangengenommen werden konnten (Abb. 9). Im April 1915 fand der erste Angriff in der Nacht statt. Bei einem Bombenabwurf am 15. April wurden acht Bürger, davon sieben Kinder, getötet und vierzehn verletzt.

Abb. 9: Abgeschossenes französisches Flugzeug (StadtAF, M 2/9)

Bedrückender als die sich alsbald häufenden feindlichen Luftangriffe empfanden die Freiburger jedoch die aufgrund der alliierten Seeblockade zunehmende Lebensmittelknappheit und die damit verbundenen Rationierungsmaßnahmen. Die Anzahl der Abwehrgeschütze auf dem Schloßberg wurde in der folgenden Zeit mehrmals erhöht, so daß einzelne gegnerische Maschinen beim Anflug auf die Stadt nachhaltig gestört und abgedrängt werden konnten.

Im August 1915 kam es zu einem peinlichen Zwischenfall, als ein eigenes Schulflugzeug mit Leutnant Hermann Göring, dem späteren „Reichsmarschall", als Flugzeugführer bei der Rückkehr von einem Übungsflug als Feindmaschine angesehen und im Anflug auf den seit 1913 militärisch genutzten Freiburger Flugplatz von dem „Ballonabwehrkanonenzug" auf dem Schloßberg heftig beschossen und beschädigt wurde. Göring konnte jedoch unverletzt den Schulungsflugplatz Freiburg erreichen[2].

Als im Juli und September 1915 weitere Angriffe französischer Flugzeuge mit Verletzten und Todesopfern unter der Zivilbevölkerung erfolgten, wurde erwogen, nach Freiburg ein Gefangenenlager für französische Soldaten zu verlegen, um sich auf die Weise der „ruchlosen Angriffe" zu erwehren, da man annahm, daß die Franzosen wohl kaum Bomben auf ihre eigenen Landsleute werfen würden[3]. Der Vorschlag wurde aber vorerst nicht verwirklicht. Statt dessen wurde Ende des Jahres der bespannte Flakzug Nr. 121 als weitere Flugabwehreinheit der Stadt zugewiesen und kurz darauf der ortsfeste Flakzug Nr. 37 in Haslach aufgestellt sowie eine zentrale Flugmeldesammelstelle und „Flughauptwache" im Colombischlößchen eingerichtet. Schließlich unterstellte man alle Abwehrmittel

[2] Vgl. Renate Liessem: Görings Anflug auf Freiburg. Ein Leutnant ließ feuern. In: Stuttgarter Zeitung Nr. 106 v. 7.5.1980, S. 30. Für „Ballonabwehrkanone" wurde erst ab 1916 die Bezeichnung „Flugabwehrkanone (Flak)" verwendet.
[3] Haffner, Flieger, S. 8f.

40

dem neuerrichteten „Flakkommando Freiburg" des stellvertretenden Generalkommandos des XIV. Armeekorps.

Zu Beginn des Kriegsjahres 1916 setzten sich die feindlichen Luftangriffe in
den Grenzgebieten fort; sie wurden teilweise auch durch Luftschiffe ausgeführt,
deren Bombenlast dann erheblich größer als die der Doppeldeckermaschinen
war. Nicht nur Freiburg, auch die badische Landeshauptstadt Karlsruhe war sowohl 1915 als auch nochmals 1916 das Ziel französischer Flieger. Karlsruhe erlebte am Fronleichnamstag, dem 22. Juni 1916, einen schweren Angriff auf die
Innenstadt.

Die Freiburger Stadtverwaltung ordnete im April 1916 als Schutzmaßnahme
an, daß die Fenster in der Nacht abgeblendet werden mußten und daß die Stra-
ßenbeleuchtung ab Mai 1916 „auf ein Drittel bis ein Viertel" reduziert wurde. Mit
dem Generalkommando vereinbarte man, daß auch nachts durch Böllerschüsse
und Sirenentöne alarmiert und jeweils entwarnt werden sollte, was man von militärischer Seite bislang als „unzweckmäßig" angesehen hatte, um die Bevölkerung
nicht ständig zu beunruhigen. Zwei Linien neu eingerichteter ständiger Flugwa-
chen (z. B. in Staufen, Munzingen, Hohwart, auf dem Blauen, Schloßberg, Feldberg, Hochkopf/Tuniberg und Kandel) sollten der „Flughauptwache Freiburg"
eine weiträumige und vor allem rechtzeitige Alarmierung ermöglichen.

Mitte Juli 1916 wurden der Güterbahnhof und der „Zähringer Hof" von einem
französischen Flugzeug bombardiert, dessen Pilot später bei Gundelfingen notlanden mußte und gefangengenommen werden konnte. Auch im September und
Oktober griffen französische und sogar englische Maschinen die Stadt wiederholt
an; mehrmals verwickelten dabei deutsche Flieger der auf dem Freiburger Flugplatz stationierten Fliegerschule und Kampfeinsitzerstaffel Nr. 5 (später Nr. 4b)
die angreifenden Piloten in Luftkämpfe[4]. Größere Schäden wurden am 12. Oktober 1916 durch Bombentreffer in der Kaiserstraße 115, Grünwälderstraße 6 und
12, Gerberau 10 und 26 verursacht (Abb. 10).

Weitere Bombenabwürfe erfolgten dann erst wieder am 7./8. Februar 1917 und
am 4. März 1917. Zuvor war im Januar 1917 die 1. Batterie der II. Flakersatzabteilung in Freiburg aufgestellt worden. Zwei schwere Luftangriffe durch 23 britische
und 12 französische Flugzeuge forderten am 14. April 1917, der später als
„schwärzester Tag in der Kriegsgeschichte Freiburgs" während des Ersten Weltkrieges bezeichnet wurde[5], große Verluste und verursachten einen Sachschaden
von über eine Million Reichsmark. Kurz nach 12.00 Uhr und gegen 17.00 Uhr
warfen die sehr hoch fliegenden Maschinen ca. 60 Bomben mit zum Teil außerordentlicher Durchschlagskraft und neuen Spätzündern fast auf das ganze Stadtgebiet; auf den gleichzeitig abgeworfenen Flugblättern wurden die Angriffe als
Vergeltungsaktionen für deutsche Angriffe auf alliierte Lazarettschiffe und die
Versenkung des Hospitalschiffes „Arturias" bezeichnet[6]. 13 Tote und 27 Verletzte
waren die Opfer. Erhebliche Gebäudeschäden waren in der Rempart-, Bertold-,
Sedan-, Moltke-, Werder-, Erbprinzen-, Merian-, Weiherhof-, Josef-, Konrad-,

---

[4] Vgl. auch Walter Vetter: Die Geschichte des Freiburger Flugplatzes. Ein Beitrag zur neueren Stadtentwicklung. In: Schau-ins-Land. 91. Jahresheft des Breisgau-Geschichtsvereins Schauinsland Freiburg im
Breisgau (1973), S. 65–104; zur Stationierung der Kampfstaffeln siehe Abb. 17.
[5] Vgl. dazu die Presseartikel: Flieger über Freiburg 1914/18. Erinnerungen an die Luftangriffe auf Freiburg während des Weltkrieges. In: Der Alemanne Jg. 1940, Nr. 134 v. 17.5.1940; Vergeltung für die Versenkung der Lusitania? Am 14. April vor fünfzig Jahren erlebte Freiburg einen der schwersten
Bombenangriffe des Ersten Weltkrieges. In: Badische Zeitung v. 14.4.1967; Freiburger Unglückstag vor
50 Jahren. In: Badische Volkszeitung Nr. 86 v. 14.4.1967.
[6] So bei Haffner, Flieger, S. 16; vgl. David Irving: Von Guernica bis Vietnam. München 1982, S. 14f.

Abb. 10: Zerstörte Möbelfabrik Dietler, Grünwälderstraße, nach dem Angriff vom 12. Oktober 1916 (StadtAF)

Basler-, Goethe-, Schwimmbad-, Breisacher-, Klara-, Bismarck-, Albert-, Kartäuser- und Sternwaldstraße sowie im anatomischen Institut, Stadttheater, Elektrizitätswerk (im Stühlinger) und im Restaurant Dattler zu verzeichnen (Abb. 11). Zur Erinnerung an diesen schweren Angriff wurde im Januar 1918 eine Gedenktafel am Stadttheater angebracht.

Abb. 11: Das brennende anatomische Institut nach dem Luftangriff am 14. April 1917 (StadtAF, M 7060)

Die durch diesen Angriff erlittenen schweren Verluste demonstrierten den Freiburgern schmerzlich, daß eine Luftabwehr – gerade bei sehr hoch fliegenden Maschinen – nur begrenzte Aussicht auf Erfolg hatte: Die bei Freiburg aufsteigenden deutschen Flugzeuge hatten sich jeweils nicht rechtzeitig auf die Höhe der angreifenden Maschinen hochschrauben können und die Abwehrgeschütze reichten nicht an die Flughöhe der gegnerischen Maschinen heran. Nach diesem Angriff wurde die öffentliche Beleuchtung in der Stadt völlig eingestellt. Zudem verwirklichte man nun die im Jahr zuvor erörterte „Schutzidee" und verlegte ein Kriegsgefangenenlager mit französischen Soldaten und Offizieren in die Stadt in der – jedoch vergeblichen – Hoffnung, daß die Alliierten danach die Luftangriffe einstellen würden, um ihre Landsleute nicht zu gefährden. Ferner wurden in der Stadt erstmals öffentliche Unterstände eingerichtet, um Passanten Deckung und Splitterschutz zu bieten. Dafür wurden etwa 70 größtenteils öffentliche Kellerräume kenntlich gemacht. Auf Drängen des Stadtrates wurde im Mai 1917 auch die 2. Batterie der II. Flakersatzabteilung nach Freiburg verlegt.

Dennoch gab es weitere Verletzte unter der Zivilbevölkerung bei neuen Angriffen im August 1917 (Abb. 12 und 13). Todesopfer waren im Januar 1918 zu beklagen, als die Bombenabwürfe teilweise während der Nacht auf die Altstadt ausgeführt wurden. Zum Teil konnten dabei jedoch die anfliegenden Maschinen durch heftiges Sperrfeuer der Flugabwehrkanonen von gezielten Angriffen auf die Innenstadt abgehalten werden.

Da Freiburg aufgrund der vorhandenen Fliegerschule und Aviatikwerke als ein durch feindliche Luftangriffe besonders gefährdeter Ort galt – auf die Stadt wurden deshalb auch die ersten und insgesamt die meisten Luftüberfälle im Ersten

Abb. 12: Zerstörte Haus-
dächer beim Schwabentor
nach dem Luftangriff vom
August 1917 (StadtAF)

Abb. 13: Zerstörtes Haus,
Rosastr. 7a, nach dem Luft-
angriff vom 17. August 1917
(StadtAF)

Weltkrieg durchgeführt (vgl. Tab. 1)[7] – und entsprechend bevorzugt durch Luftabwehreinheiten geschützt werden wollte, sorgte sich das Kommando der im Weltkrieg neu aufgebauten deutschen Luftstreitkräfte wiederholt direkt um den Ausbau der Schutzmaßnahmen für die Breisgaustadt[8]. So besuchte im Januar

Tab. 1: Anzahl der Angriffe und Bombenabwürfe auf Freiburg im Ersten Weltkrieg

Jahr	Angriffe	Zahl der Bomben
1914	3	16
1915	6	50
1916	3	43
1917	7	102
1918	6	78
1914–18	25 (davon 11 Nachtangriffe)	289

Quelle: O. Haffner, Flieger, S. 35.

1918 der seit November 1916 eingesetzte „Kommandierende General der Luftstreitkräfte", General der Kavallerie Ernst von Hoeppner, dem auch Flak und Heimatluftschutz unterstanden, Freiburg und sagte schließlich nach Aussprache mit der Stadtverwaltung nochmals zusätzliche Verstärkungen für den Ausbau der dem „Stabsoffizier der Flugabwehrkanonen (Stoflak) Freiburg" unterstehenden Fliegerabwehrkräfte zu. Noch in den letzten Kriegsmonaten wurden weitere vier Flakbatterien (zu je vier Geschützen) und ein schwerer Flakzug (mit 8,8 cm-Geschützen) nach Freiburg verlegt (Abb. 14).

Abb. 14: Scheinwerferstellung auf dem Schloßberg, November 1918 (StadtAF)

[7] Haffner, Flieger, S. 35.
[8] Siehe: Der militärische Heimatluftschutz im Weltkriege 1914 bis 1918 (= Die deutschen Luftstreitkräfte von ihrer Entstehung bis zum Ende des Weltkrieges 1918. 7. Sonderband, bearb. v. Reichsluftfahrtministerium, kriegswissenschaftliche Abteilung der Luftwaffe). Berlin 1943.

Der letzte größere Bombenangriff fand schließlich am Nachmittag des 13. März 1918 durch acht Maschinen statt. Dabei wurden durch Abwurf von 21 Bomben zwölf Personen verletzt; ein britisches Flugzeug wurde von einer deutschen Kampfmaschine im Luftkampf abgeschossen. Noch einmal mußte am 22. Oktober 1918 Fliegeralarm gegeben werden, als eine einzelne Maschine in der Nacht vier Bomben in den Mooswald warf, ohne jedoch Schaden anzurichten.

Erst nach Abschluß des Waffenstillstandes am 9. November 1918 war die unmittelbare Gefahr erneuter alliierter Luftangriffe beendet, konnten die Straßen nachts wieder beleuchtet werden und die im gleichen Monat von der bisherigen Westfront zurückkehrenden, durch die Stadt ziehenden deutschen Truppen sogar mit festlichen Veranstaltungen empfangen werden, als ob sie als Sieger aus dem Krieg zurückkehrten.

Trotz der wiederholten Verstärkungen für die Luftabwehr in der Stadt zeigte sich am Ende des Krieges, daß den feindlichen Angriffen aus der Luft nur beschränkte Abwehrmaßnahmen am Boden entgegengestellt werden konnten, wenn nicht rechtzeitig in ausreichendem Maße eigene Luftstreitkräfte zur Verfügung standen, um den Angriff bereits beim Anflug abzufangen (Abb. 15). Als schmerz-

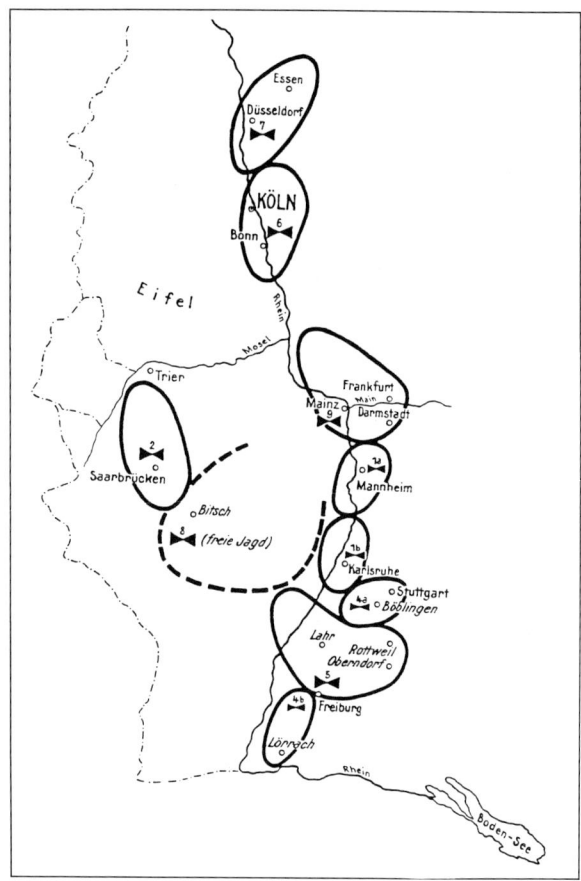

Abb. 15: „Standorte der Heimatstaffeln bei Kriegsende 1918" (Der militärische Heimatluftschutz im Weltkrieg 1914 bis 1918. Berlin 1943, Anlage 12, S. 162)

licher Beweis für die insgesamt unzulänglichen defensiven Schutz- und Abwehr-
bemühungen erwiesen sich die Verluste unter der Freiburger Zivilbevölkerung:
30 Personen wurden getötet oder starben an den erlittenen Verletzungen, 24 Personen wurden schwer und ca. 70 Personen wurden leicht verletzt. In Deutschland
waren insgesamt als Luftkriegsopfer 729 Tote und 1754 Verletzte zu verzeichnen
(Abb. 16). Der Sachschaden in der Stadt wurde am Ende des Krieges auf rund 3–5

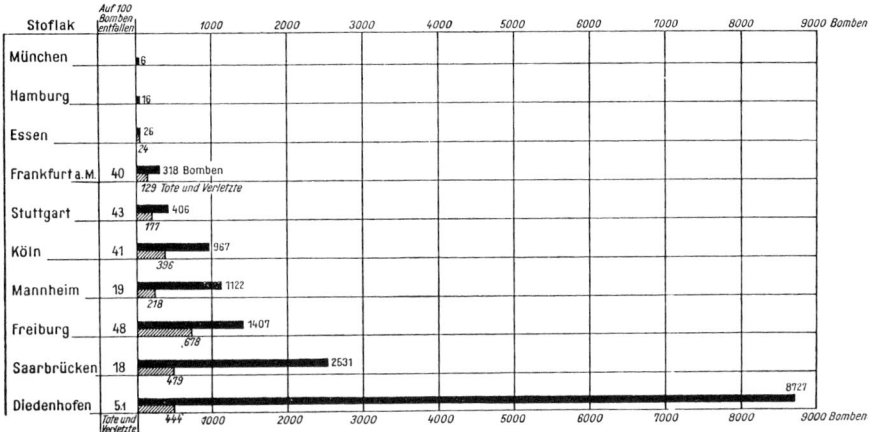

Abb. 16: Die Verteilung der Bomben im Ersten Weltkrieg (Der militärische Heimatluftschutz im Weltkrieg 1914 bis 1918. Berlin 1943, Anlage 15, S. 163)

Millionen Mark (bei rund 23,5 Millionen RM Schaden im Reich) geschätzt[9]. Insgesamt hatte die Stadt durch Kriegseinwirkungen verschiedener Art am Ende des
Ersten Weltkrieges 3388 Soldaten und Zivilisten als Tote zu beklagen.
  Die von der späteren kriegswissenschaftlichen Abteilung des Generalstabes
der Luftwaffe nach dem Ersten Weltkrieg veröffentlichte Untersuchung über den
„Luftschutz im Weltkrieg" beschäftigte sich auch mit den Angriffen auf Freiburg
von 1914 bis 1918 und nahm in ihrem Anlagenteil besonderen Bezug auf die Bom-
benabwürfe auf die Stadt, so daß eine exakte Karte über die Lage der damaligen
Einschläge und Treffer vorhanden ist (Abb. 17 auf Seite 390 und 18)[10]. Die Lage
der Bombenabwürfe läßt erkennen, daß der Feind durch Bombardierung der
Bahnlinie sowie durch Zerstörung von Straßen, Verkehrswegen und zentralen
Gebäudekomplexen eine allgemeine Störung der Nachschubwege durch die
Stadt für die Front im Elsaß erreichen wollte. Freiburg galt für den Feind zweifel-
los als wichtige Nachschubbasis am Rande des Operationsgebietes der nahen
Front in den Vogesen. Unmittelbare größere militärische Ziele befanden sich hier
nicht; weder waren Festungsanlagen, schwere Artilleriestellungen oder größere
Truppenkontingente noch besondere Rüstungswerke in Freiburg vorhanden.
Dennoch wurden Zivilbevölkerung und Wohngebiete als allgemeine Angriffs-
punkte nicht aus dem Zielkatalog der gegnerischen Luftstreitkräfte herausgenom-

[9] Haffner, Flieger, S. 36. Nach Angabe der Tabelle, Abb. 16, waren es insgesamt 2545 Tote und Verletzte
in Deutschland.
[10] Der Luftschutz im Weltkrieg. Hrsg. v. d. Kriegswissenschaftlichen Abteilung der Luftwaffe gemeinsam mit dem Präsidium des Reichsluftschutzbundes. Berlin 1941; siehe die beiden dort als Anlagen 1 und
2 abgedruckten Karten mit den eingezeichneten Bombentreffern.

men. Ob sie damals bereits grundsätzlich zwecks Zermürbung der Moral und des Durchhaltewillens der feindlichen Bevölkerung bewußt als Ziele ausgewählt wurden, läßt sich für die Jahre des Ersten Weltkrieges nicht mit Sicherheit feststellen. Zumindest fanden die damals vor allem angesichts der steigenden Wirksamkeit der deutschen Luftangriffe auf London und Paris im englischen Kriegskabinett ab 1917 erörterten Möglichkeiten eines strategischen Luftkrieges der im April 1918 neu gebildeten „Royal Air Force (RAF)" gegen das Kaiserreich noch ihre Grenzen durch die Unerreichbarkeit vieler Ziele im deutschen Hinterland wegen des geringen Aktionsradius' der Flugzeuge. Dennoch war am Ende des Krieges eine Entwicklung deutlich geworden, „die mit Hilfe einer technischen Neuerung den Kriegsschauplatz auf die Nicht-Kombattanten bewußt ausbreitete" und bereits auch die Zerstörung der Moral der gegnerischen Gesamtbevölkerung zu einem der kriegsentscheidenden Ziele proklamierte[11].

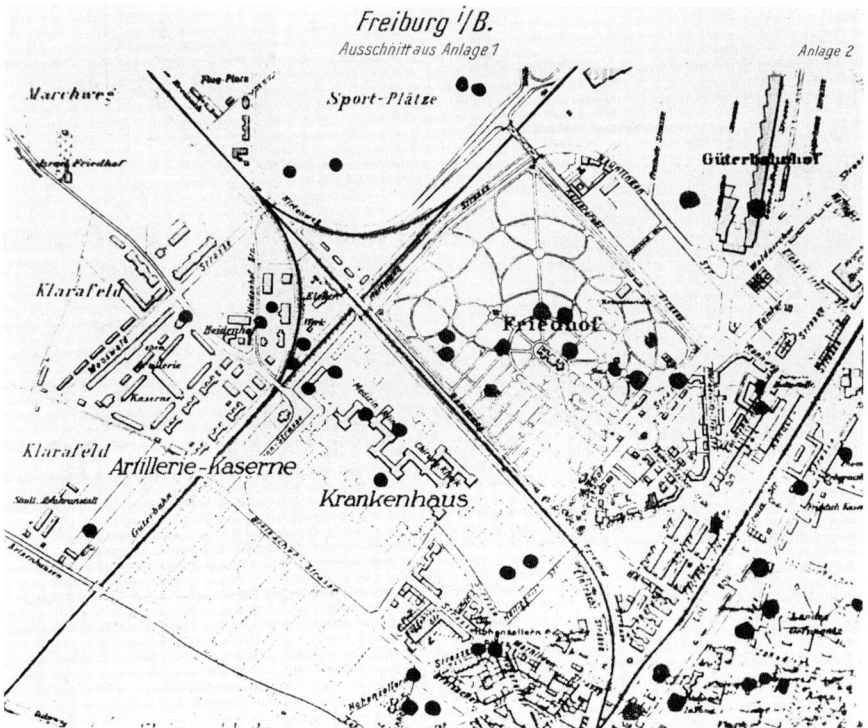

Abb. 18: Bombenabwürfe auf Freiburg im Ersten Weltkrieg, Ausschnitt Innenstadt Freiburg (Der militärische Heimatluftschutz im Weltkrieg 1914 bis 1918. Berlin 1943, Anlage 15, S. 163)

[11] Joachim Kuropka: Image und Intervention. Innere Lage Deutschlands und britische Beeinflussungsstrategien in der Entscheidungsphase des Ersten Weltkrieges. Berlin–München 1978, S. 244 ff., 262, zu Freiburg bes. S. 255 f.

48

2. Luftkriegsentwicklung und Luftschutzbemühungen
als Aspekte der
Freiburger Stadtgeschichte 1918–1939

Bereits am Ende des Ersten Weltkrieges hatte sich somit die große Bedeutung der neu entwickelten Luftstreitkräfte für Angriffs- und Verteidigungsoperationen des Heeres gezeigt. Luftoperationen wurden zum integralen Bestandteil der Gesamtkriegführung. In England trieben insbesondere General Jan Smuts und General Lord Hugh Trenchard angesichts der schockartigen Erfahrungen durch die konzentrierten deutschen Luftbombardements auf London 1917 die Entwicklung für eine starke englische Bomberflotte energisch voran[12]. Vor allem aber in den militär-theoretischen Kriegsvorstellungen des italienischen Fliegeroffiziers und Generals Giulio Douhet schlug sich die zukünftige Entwicklung der militärischen Luftfahrt nieder. In seinem Buch „Die Luftherrschaft" erhob Douhet 1921 die Forderung, die Luftstreitkräfte als entscheidende Waffe beim totalen Krieg der Zukunft einzusetzen und mit ihnen den überwiegenden Teil des Kampfes in das feindliche Hinterland zu tragen, um die ökonomischen und moralischen Kraftquellen der gegnerischen Gesamtkriegführung nachhaltig zu schwächen oder völlig zu zerstören[13]. Armee und Marine traten in ihrer Bedeutung als vorrangige Streitkräfte für einen zukünftigen Krieg zurück. Zerstörung der wirtschaftlichen Ressourcen und Demoralisierung der Bevölkerung im Hinterland durch große und weitreichende Bomberverbände kennzeichneten die Hauptforderungen der in den zwanziger Jahren heftig diskutierten Douhetschen Luftkriegslehre. Um das von Douhet geforderte schwere Bombardement durchführen zu können, sollte zuvor die Luftherrschaft durch Niederkämpfen der gegnerischen Luftstreitkräfte und Luftabwehrverbände errungen werden. Weitreichende, für den strategischen Einsatz geeignete Bomber mußten als neue Flugzeugtypen entwickelt werden. Douhet propagierte bei seinen Ideen auch die Bombardierung bewohnter Städte und Orte, um letztlich den kriegsentscheidenden materiellen und moralischen Effekt erzielen zu können.

Seine Auffassungen über die Radikalisierung der Luftkriegführung trafen nicht nur in den neuen britischen Luftstreitkräften, der „Royal Air Force", und im Luftkriegsministerium in London, sondern auch in den anderen europäischen Kriegsministerien sowohl auf Zustimmung als auch auf Kritik. Insgesamt kam es alsbald zu einer rasch fortschreitenden Entwicklung der technischen Möglichkeiten selbständig operierender Luftstreitkräfte aufgrund der neu konzipierten und gebauten Flugzeugmodelle, die Douhets Forderungen nach einer totalen und weiträumigen Luftkriegführung entsprachen. Gebremst wurden derartige Konzeptionen teilweise jedoch durch die nach dem Krieg aus wirtschaftlichen Gründen eingeleitete Reduzierung der Rüstungsausgaben.

In Deutschland machte sich zu jener Zeit die Befürchtung breit, bei dieser rasanten militärtechnischen Entwicklung den Anschluß zu verlieren, da der Frie-

---

[12] H. R. Allen: The Legacy of Lord Trenchard. London 1972, S. 26f., 29ff.; vgl. ferner Raymond H. Fredette: The Sky on Fire. The first Battle of Britain 1917–1918 and the Birth of the Royal Air Force. New York 1966; Andrew Boyle: Trenchard. London 1962. General Trenchard (1873–1956) war später erster „Chief of the Air Staff" und erster „Marshal of the Royal Air Force".
[13] Giulio Douhet: Il dominio dell'aria. Rom 1921 (dt. Ausgabe u.d.T.: Luftherrschaft. Berlin 1935); zur allgemeinen Entwicklung des Luftkrieges siehe Georg W. Feuchter: Der Luftkrieg. Vom Fesselballon zum Raumfahrzeug. Frankfurt ²1962; Olaf Groehler: Geschichte des Luftkriegs 1910 bis 1980. Berlin-Ost ⁵1983.

densvertrag von Versailles in Artikel 198 bestimmte, daß Deutschland Luftstreitkräfte weder zu Lande noch zu Wasser als Teil seiner bewaffneten Macht
unterhalten durfte[14]. Nach Artikel 202 war das gesamte vorhandene militärische
Luftfahrzeugmaterial an die alliierten und assoziierten Mächte abzuliefern. Der
zivilen Luftfahrt wurde für sechs Monate ein Bau- und Einfuhrverbot auferlegt;
zudem war die deutsche Lufthoheit beschränkt, da gegnerischen Flugzeugen Ein-
flug-, Überflug- und Landungsfreiheit gewährt werden mußte. Erst im Mai 1926
wurden die Beschränkungen für die deutsche Zivilluftfahrt durch die „Pariser
Luftfahrtvereinbarungen" wieder weitgehend aufgehoben und der Aufbau von zivilen Luftabwehrmaßnahmen am Boden zugebilligt.

Entsprechend den Bestimmungen des Versailler Friedensvertrages von 1919 gehörte Freiburg zur rechtsrheinischen, sogenannten „entmilitarisierten Zone" und
durfte deshalb mit keiner Garnison belegt werden. Militärische Anlagen mußten
demontiert werden; dies betraf die Einrichtungen auf dem Freiburger Flugplatz
ebenso wie z.B. die Luftschiffhalle auf dem Lahrer Flugplatz. Die neue technische Entwicklung auf dem Gebiet der Luftfahrt hatte aber dennoch Auswirkungen auf die Stadt, da einerseits auf dem ehemaligen Exerzierplatz ein ziviler
Flugplatz errichtet und ab 5. Juli 1926 von dort eine regelmäßige Flugverbindung
nach Stuttgart eingerichtet wurde sowie andererseits sich sehr bald verschiedene
nationale Vereinigungen und Gruppen auch in Freiburg besorgte Gedanken darüber machten, daß es dem Deutschen Reich aufgrund der Versailler Bestimmungen verboten war, eine wirksame Fliegerabwehr aufzubauen. Nach dem
Gebietsverlust von Elsaß-Lothringen an Frankreich war die neue Reichsgrenze
bei Breisach erheblich näher gerückt, das Vorfeld für Überraschungsangriffe aus
der Luft im Falle eines neuen Krieges erheblich geschrumpft. Die Sorge vor den
Auswirkungen eines zukünftigen Luftkrieges entstand jedoch nicht nur in Freiburg; auch in anderen deutschen Städten machte man sich Gedanken, wie mit der
militärischen Entwicklung Schritt zu halten und der neuen Bedrohung aus der
Luft entgegenzuwirken sei, solange eine allgemeine internationale Abrüstung
nach dem Modell des Versailler Vertrages nicht zustande kam.

Bezeichnenderweise weigerten sich die Vertragsmächte (USA, Großbritannien,
Japan, Frankreich und Italien) des am 6. Februar 1922 in Washington abgeschlossenen Rüstungskontrollabkommens für die Seestreitkräfte, irgendwelche Beschränkungen der neuen Luftstreitkräfte zu akzeptieren. Im Gegensatz zum
Land- und Seekriegsrecht gab es für den Luftkrieg keine detaillierten Regeln und
Bestimmungen, die als Beschränkung der Kriegführung im Rahmen des Kriegs-
völkerrechtes international anerkannt und verbindlich waren. Zwar hat man dann
im Anschluß an die Washingtoner Seemächtekonferenz in Den Haag von Dezember 1922 bis Februar 1923 einen Entwurf zum Luftkriegsrecht, vergleichbar dem
Abkommen der Haager Landkriegsordnung, ausgehandelt. Danach durften
Städte, Dörfer, Siedlungen, Gebäude, die nicht in unmittelbarer Nachbarschaft
des Operationsgebietes der Landstreitkräfte lagen, nicht bombardiert werden;
verboten war ferner ein Luftbombardement der Zivilbevölkerung, um diese „zu
erschrecken" oder „Privateigentum ohne militärischen Charakter zu beschädi-
gen" bzw. zu zerstören oder „um Nicht-Kombattanten zu verletzten"[15]. Diese
Trennung nach militärischen und nichtmilitärischen Objekten erhielt jedoch

[14] Der Friedensvertrag von Versailles. Berlin 1919. S. 94f.
[15] Erich Hampe: Der Zivile Luftschutz im Zweiten Weltkrieg. Dokumentation und Erfahrungsberichte
über Aufbau und Einsatz. Frankfurt 1963, S. 9.

keine allgemeine Gültigkeit; der Entwurf wurde nicht unterzeichnet und somit kein geltendes international anerkanntes Kriegsrecht.

Statt dessen versuchte man, die in den Haager Abkommen vom 18. Oktober 1907 festgehaltenen Regeln für Bombardements und Beschießungen von „unverteidigten Orten" durch Land- und Seestreitkräfte analog auf die neue Luftkriegführung zu übertragen. Schon im Ersten Weltkrieg hatte man sich in Freiburg entrüstet, daß der Ort als „offene Stadt" bombardiert worden war. Die Übertragung der Begriffe „unverteidigte Städte oder Orte" bzw. „offene Stadt" auf den Luftkrieg war aber ebenfalls nicht allgemein anerkannt oder rechtsverbindlich. Als „unverteidigte Städte" galten im Gegensatz zu den Festungen Ortschaften, die nicht in die Kriegführung hineingezogen und die allgemein von Kriegshandlungen ausgespart waren. Militärische Befestigungsanlagen und sonstige militärische Objekte, die der Kriegführung dienen konnten, durften nicht vorhanden sein. Nach der Landkriegsordnung von 1907 war es untersagt, unverteidigte Städte „mit welchen Mitteln es auch sei, anzugreifen oder zu beschießen" [16].

Luftangriffe auf militärische Objekte in einer Stadt waren demnach zulässig; sie mußten zwangsläufig zu einer Gefährdung der Zivilbevölkerung führen. Statuserklärung und Anerkennung als „offene Stadt" durch die jeweilige Regierung und den Gegner erfolgten meist willkürlich und wurden oft nicht gegenseitig akzeptiert. Es war den europäischen Regierungen aufgrund der waffentechnischen Entwicklung nach dem Ersten Weltkrieg sehr wohl bewußt, daß die Berufung auf die Kriegsregeln der Haager Landkriegsordnung dementsprechend nicht die gewünschte und erhoffte Sicherheit vor Luftangriffen in einem neuen Krieg bieten konnte.

Deshalb meinte man, mit dem Ausbau und den Vorbereitungen eines umfassenden Luftschutzes einem zukünftigen Luftkrieg Paroli bieten zu können. Die lautstarke Forderung nach einem mächtigen Luftschutz in Deutschland resultierte zu einem gewissen Teil aber auch aus den auferlegten Beschränkungen des Versailler Vertrages. Ende der zwanziger Jahre entwickelte sich im Reich eine rege Debatte über die Frage, ob die Luftschutzangelegenheiten den Städten oder den Reichsbehörden überlassen werden sollten oder ob man sie gar als Selbstschutz der Bevölkerung aufziehen und entsprechenden Vereinen – wie z.B. dem seit 1920 bestehenden „Verein ehemaliger Angehöriger der Fliegerabwehr" unter Generalleutnant a.D. Grimme – anvertrauen sollte [17]. Für den Luftschutz werbende Berichte, Publikationen [18] oder Aktionen stießen in der Presse teils auf Zustimmung, teils auf Kritik.

Bereits 1927 fanden in London erste Luftschutzübungen statt; sie ließen die große Zerstörungskraft neuentwickelter Spreng-, Brand- und Gasbomben und die begrenzten Möglichkeiten passiver Schutzmaßnahmen erkennen [19]. Schließlich kam es 1927 in Deutschland zur Gründung eines zivilen, gleichwohl von der Re-

[16] Zusammenfassend dargestellt nach: Karl Strupp / Hans-Jürgen Schlochauer: Wörterbuch des Völkerrechts. 2. Bd. Berlin 1961, S. 652ff.; Eberhard Spetzler: Luftangriff und Menschlichkeit. Die völkerrechtliche Stellung der Zivilpersonen im Luftkrieg. Göttingen 1956; Friedrich Berber: Lehrbuch des Völkerrechts. II. Bd.: Kriegsrecht. München ²1969, S. 177ff.; Ernst Schmitz: Die offene Stadt im geltenden Kriegsrecht. In: Zeitschrift für ausländisches öffentliches Recht und Völkerrecht 10 (1940/41), H. 3/4, S. 618–628; siehe auch in bezug auf die Bedeutung für Freiburg: Ueberschär/Wette, Bomben und Legenden, S. 50f.
[17] Zur Entwicklung des Luftschutzes siehe allgemein Hampe, Der Zivile Luftschutz, S. 3ff.
[18] Vgl. die Werbeschrift: Luftgefahr und Luftschutzmöglichkeiten in Deutschland. Hrsg. v. Dr. Krohne, Reichsminister a.D. und Präsident des Vereins Deutscher Luftschutz e.V. Berlin o.J. (1928).
[19] Hans Rumpf: Der hochrote Hahn. Darmstadt 1952, S. 12.

gierung geförderten „Deutschen Luftschutzvereins" in Berlin, dessen Präsidium der ehemalige Reichsverkehrsminister Dr. Krohne übernahm.

Krohne wandte sich am 23. April 1928 in einem Rundschreiben auch an die Freiburger Stadtverwaltung und bat um nachhaltige Unterstützung der Luftschutzbelange. In einer Stellungnahme zu diesem Schreiben für Freiburgs Oberbürgermeister Dr. Karl Bender, die gleichsam für mehrere Jahre die Luftschutzpolitik der Stadt bestimmen sollte, bewies Bürgermeister Josef Hölzl eine bemerkenswerte Voraussicht. Er erhob in seiner Denkschrift die Forderung, daß der Schutz der Bevölkerung vor künftigen Kriegsgefahren „vornehmste Aufgabe der zuständigen Reichsinstanzen" sein müsse und nicht Sache privater Organisationen sein dürfe[20]. Grundsätzlich gab er zu bedenken: „Abgesehen davon passen die Ideen des Vereins schlecht zu dem allseits bekundeten Friedenswillen, zu den Verträgen von Locarno und vor allem zu dem Kellog'schen Kriegsächtungspakt. Die Propagierung derselben könnte von Gegnern Deutschlands sehr wohl dahin ausgelegt werden, daß man bei uns an die Möglichkeit einer Verständigung überhaupt nicht glaube. Es könnte darüber hinaus der Vorwurf konstruiert werden, daß Deutschland insgeheim aufrüste. Das Aufkommen einer solchen Stimmung im Auslande müßte die Interessen des deutschen Volkes aufs schwerste schädigen".

Zudem sah Hölzl aus ganz praktischen Gründen keinen Zweck darin, „sich mit Maßnahmen zu beschäftigen, die sich im Ernstfalle doch als völlig veraltet und unzureichend erweisen müssen", da man sich nach seiner Ansicht die Taktik zukünftiger Luftangriffe noch gar nicht recht vorstellen könne. Er betonte deshalb, „die Einschulung der Bevölkerung auf solch unzulängliche Maßnahmen würde für diese keinesfalls einen wirksamen Schutz, im Gegenteil unter Umständen sogar noch erhöhte Gefahr bedeuten". Der „beste Luftschutz" sei die generelle Verhinderung künftiger Luftangriffe; darauf sollte auch der neu gegründete Luftschutzverein „seine ganze Kraft konzentrieren".

Hölzls Vorstellungen konnten keinen Einfluß auf die weiteren Luftschutzbemühungen in Deutschland nehmen. In mehreren Städten des Reiches wurden private Luftschutzvereinigungen gegründet. Trotz allem hielt sich die Berliner Regierung und das seit 1927 mit der Luftschutz-Aufgabe betraute Reichsministerium des Innern mit finanzieller Förderung und Unterstützung zurück. Dies hatte jedoch zur Folge, daß es angesichts der mehr oder weniger starken Fürsprache durch bestimmte Parteien zu einer allmählichen Politisierung der Luftschutz-Frage kam.

So berichtete die „Breisgauer Zeitung" am 16. Juni 1932 über einen Antrag der Fraktion der Deutschnationalen Volkspartei im badischen Landtag mit dem Ziel, das badische Staatsministerium zu veranlassen, sich umgehend mit der Reichsregierung über allgemeine Luftschutzmaßnahmen zu verständigen, „da Baden als Grenzland an solchem Schutz besonders interessiert" sei[21]. Der Zeitungsbericht wies zugleich auf die 1930 und 1932 durchgeführten Luftschutzübungen in Königsberg und Karlsruhe hin und betonte besonders die enge Fühlungnahme der dortigen Stadtverwaltungen mit den in Frage kommenden Hilfsorganisationen und Luftschutzvereinen; es sei zu hoffen, daß es auch in Freiburg alsbald zu einem solchen engen Zusammengehen komme, forderte die Zeitung.

Schließlich bezeichnete ein von der „Arbeitsgemeinschaft der Flieger Oberba-

[20] StadtAF, C 4/XI/29/2: Vorlage von Bürgermeister Hölzl an den Oberbürgermeister v. 27.8.1928, auch zum Folgenden.
[21] Breisgauer Zeitung Nr. 138 v. 16.6.1932: Was geschieht zum Luftschutz der Zivilbevölkerung?

Wann erhält Freiburg seinen Luftschutz?

Nachdem durch das Reich und in Preußen dem Luftschutz durch Abhaltung von Luftschutzübungen die Wege geebnet sind, ist es an der Zeit, daß in Baden und ganz besonders bei uns in der Südwestecke des Reiches, diesbezügliche Anordnungen getroffen werden.

Eigentlich hätten die zuständigen Stellen sich bereits anläßlich der großen Luftschutzübung in Ostpreußen sagen müssen, daß wir in ähnlichem Maße wie die ostpreußische Bevölkerung gefährdet sind. Ja noch mehr! Ostpreußen hat wenigstens seinen Grenzschutz, an dessen Aufstellung wir durch Einräumung einer militärisch neutralen Zone gehindert sind. Um so mehr wäre es deshalb Pflicht, die uns durch das Versailler Diktat gelassenen Verteidigungsmöglichkeiten voll auszunützen. Daß hierin gesündigt wurde, ist leider eine Tatsache, die schon deswegen bedauerlich ist, weil heute die Aufholung des Versäumten von der feindlichen Propaganda bereits als Aufrüstung ausgelegt wird. Trotzdem wäre es verfehlt, gerade heute die Unterlassungen unserer heimatlichen Behörden zu entschuldigen, denn in Sachen Landesverteidigung gibt es für Unterlassungen keine Entschuldigungen und außerdem ist zur Genüge erhärtet, daß auch bei uns in Baden bei der Besetzung höherer Beamtungen die Gesichtspunkte wehrpolitischer Einstellungen nicht nur beiseite geschoben, sondern vielfach im negativen Sinne bewertet wurden. Hierin ein Wandel zu schaffen, ist höchste Zeit.

Notgedrungen hat am 4. Januar d. J. das badische Innenministerium Richtlinien für die Organisation des zivilen Luftschutzes herausgegeben, die sich im Wesentlichen denen vom Reich angleichen, und die den Herren Landräten und Polizeidirektionen zwecks Einsichtnahme und vermutlich auch zwecks Befolgung zugingen.

In ihnen steht außer anderem:

Es sind unter Anregung und Leitung der Polizeiorgane bei Zusammenfassung im Innenministerium örtliche Luftschutzbeiräte zu bilden oder anzustreben, und es sind deshalb mit den kommunalen Behörden mündliche Verhandlungen aufzunehmen. In den Luftschutzbeiräten sollen außer der Polizei und den Kommunen als Träger des Luftschutzes weiterhin die Vertreter der dafür in Frage kommenden Verbände ergänzend und mitbestimmend vertreten sein. In Betracht kommen dafür Feuerwehr, Rotes Kreuz, Sanitätskolonnen, Technische Nothilfe, die Industrie, Post, Eisenbahn sowie die privaten Luftschutzverbände (für Freiburg die "Aflo" (Arbeitsgemeinschaft der Flieger Oberbadens). Weiter ist noch der Arbeitersamariterdienst angeführt, doch sprechen sich die Richtlinien an einer anderen Stelle gegen parteipolitische Einstellung aus, wodurch die Hinzuziehung dieses Verbandes noch erst der Klärung bedarf. Außerdem ist die Einbeziehung der Presse vorgesehen. Der zuständige Landrat hat das Recht, zu den Sitzungen des Luftschutzbeirates und den aus ihnen zu bildenden Ausschüssen eingeladen zu werden und dort den Vorsitz zu übernehmen.

Außerdem bringen die ministeriellen Richtlinien eine ziemlich ausführliche Aufstellung der Mittel des zivilen Luftschutzes, d. h. deren Tätigkeitsgebiete und ihre Abgrenzung. Alarm- und Nachrichtendienst, Verdunkelung, Tarnung und Vernebelung, Rettungskolonnen und ihre Ausstattung mit Gasschutzgeräten, kurzum all das, was dem zivilen Luftschutz obliegt, wird angeführt und seiner Beherzigung empfohlen. Auch die Aufklärung der Bevölkerung durch Schule und Presse wird nicht vergessen und im Besonderen ist noch auf die Notwendigkeit gas- und splittersicherer Räume hingewiesen. Die Abhaltung von Übungen kleineren Umfanges wird ebenfalls empfohlen, wenn auch erst nach genauer Aufstellung der Gruppen und der Einteilung ihrer Tätigkeit.

Die Richtlinien des Ministeriums geben somit einen brauchbaren Rahmen ab zur Errichtung eines geeigneten zivilen Luftschutzes. Tief bedauerlich ist es daher, daß die ausführenden und maßgebenden Organe, das Bezirksamt und die Stadt in dieser Sache bis jetzt peinlichstes Stillschweigen bewahrt haben: und noch bedauerlicher ist es, daß das Innenministerium seinem ersten Erlaß vom Januar nicht die angekündigten weiteren Durchführungsbestimmungen folgen ließ, und auf alle Fälle nicht dafür gesorgt hat, daß die untergeordneten Instanzen seinen Anregungen Rechnung trugen. Vor allem hätte die Stadt auch ihrerseits das Nötige veranlassen können. Der Deutsche Städtetag in Berlin bearbeitet den Luftschutz in Verbindung mit Reichs-Innen- und -Wehrministerium sehr eingehend und er würde der Stadt Freiburg sicher mit Rat und Tat zur Seite gestanden haben. Eine dementsprechende Anfrage hätte bereits genügenden Aufschluß gegeben und die von dort herausgegebenen Richtlinien sind entweder nicht angefordert oder nicht beachtet worden. Sicherlich würden die Leute in Berlin höchst erstaunt sein, wenn sie wüßten, daß die Stadt Freiburg mit ihrer besonderen Gefährdung dem Kapitel "Luftschutz" so wenig Verständnis entgegenbrachte.

Es ist deshalb nicht verwunderlich, wenn die Anfragen über den Luftschutz in letzter Zeit sich außerordentlich häufen. Wann gedenken die örtlichen Behörden den vom Ministerium geforderten Beirat zu errichten, und wann wollen sie endlich die dafür vorgesehenen Gruppen und Verbände zu gemeinsamer Arbeit heranziehen? Volle neun Monate sind seit der Herausgabe der ministeriellen Richtlinien verstrichen und nichts ist geschehen. Woher nehmen die maßgebenden Stellen dafür die Verantwortung, die Freiburger Bevölkerung ohne Schutz zu lassen? Je näher die Stadt an der Grenze liegt, desto wichtiger ist ihr Horch- und Nachrichtendienst für sie selbst und das weitere Hinterland.

Man komme mir nicht mit der fehlenden Zeit oder der amtlichen Überlastung. Für die Landesverteidigung darf es nie an Zeit mangeln. Auch die Geldfrage darf keine entscheidende Rolle spielen, zumal im vorliegenden Falle die Kostenfrage eine nebensächliche Rolle spielt. Der Beirat kann innerhalb dreimal 24 Stunden gebildet sein, und was die Arbeit betrifft, so ist polizeiliches und kommunale Ergänzungspersonal sofort zur Stelle. Auch das militärische Denkvermögen dürfte nicht fehlen, vermutlich auch nicht bei den amtlichen Stellen, in denen doch eine ganze Zahl frontenerfahrener Herren sitzen werden, bei denen das kriegsmäßige Handeln lediglich durch allzu zivile Überlegungen verdrängt zu sein scheint. Auch ist wohl nicht anzunehmen, daß der verräterische Geist des Berichterstatters einer hiesigen Zeitung Gedankengut weiterer Kreise ist. Dieser Schreiber berichtete anläßlich eines Vortrages von Herrn Dr. Wenzl über Luftschutz: "Zuerst hätten wir einmal die Brüningschen Notverordnungen zu verdauen, bevor wir an Luftschutz denken könnten."

Wo Hemmungen weltanschaulicher Art bis jetzt im Wege standen, sei man einmal so ehrlich und gebe zu, daß man sich geirrt habe. Der Völkerfrieden ist ein Phantom, dem nachzujagen wir wirklich keine Zeit mehr haben.

"Aflo"
(Arbeitsgemeinschaft der Flieger Oberbadens).
Rög.

Abb. 19: Zeitungsartikel „Wann erhält Freiburg seinen Luftschutz" vom 1. Oktober 1932 (StadtAF C4/XI/29/2, Breisgauer Zeitung)

dens (Aflo)" unterzeichneter Bericht „Wann erhält Freiburg seinen Luftschutz?" in der gleichen Zeitung vom 1. Oktober 1932 (Abb. 19)[22] die bisherige „Unterlassung" von Luftschutzvorbereitungen seitens der Stadtverwaltung als regelrechtes

[22] Ebda. Nr. 230 v. 1.10.1932: Wann erhält Freiburg seinen Luftschutz?

Pflichtversäumnis der heimatlichen Behörden in Baden und verlangte, es sei höchste Zeit, in bezug auf die wehrpolitischen Einstellungen der Behörden „einen Wandel zu schaffen". Entsprechend den Richtlinien des badischen Innenministeriums vom 4. Januar 1932 müßten nunmehr schleunigst örtliche Luftschutzbeiräte konstituiert werden. Vorwurfsvoll war in dem Bericht zu lesen: „Sicherlich würden die Leute in Berlin höchst erstaunt sein, wenn sie wüßten, daß die Stadt Freiburg mit ihrer besonderen Gefährdung dem Kapitel ‚Luftschutz' so wenig Verständnis entgegenbringt ... Volle neun Monate sind seit der Herausgabe der ministeriellen Richtlinien verstrichen und nichts ist geschehen. Woher nehmen die maßgebenden Stellen dafür die Verantwortung, die Freiburger Bevölkerung ohne Schutz zu lassen?" Zeit- und Geldfragen dürften für die Landesverteidigung als Ausreden keine Rolle spielen, betonte die „Aflo". „Wo Hemmungen weltanschaulicher Art bis jetzt im Wege standen, sei man einmal so ehrlich und gebe zu, daß man sich geirrt habe. Der Völkerfrieden ist ein Phantom, dem nachzujagen wir wirklich keine Zeit mehr haben", lautete schließlich das grundsätzliche Resümee des Berichtes.

Über die wichtige Frage, ob der Luftschutz als passiver Schutz militärtechnisch überhaupt erfolgreich sein könne – wie es noch Bürgermeister Hölzl vier Jahre zuvor erörtert hatte –, wurde nun nicht mehr diskutiert. Vielmehr wurde die Forderung nach dem Aufbau eines örtlichen Luftschutzes als Teil der gesamten Landesverteidigung angesprochen und in die tages- und parteipolitische Diskussion über die deutsche Gleichberechtigung bei Abrüstung und Aufrüstung hineingezogen. Wer wollte sich nunmehr dem Verdacht aussetzen, er sei gegen die deutsche Gleichberechtigung und stelle sich gegen die gerechten deutschen Aufrüstungsforderungen – auch wenn er Zweifel an der Wirksamkeit eines Luftschutzes hatte?

Die Forderungen nach deutscher Aufrüstung und nach einem verstärkten Aufbau des Luftschutzes fanden deshalb auch vor allem bei den Nationalsozialisten Unterstützung. Ihr „Führer", Adolf Hitler, besuchte auf seinem Wahlpropagandaflug am 29. Juli 1932 Freiburg, „wo sich auf dem Stadion des Freiburger Fußballclubs mehr als 50 000 Menschen" – darunter auch viele Elsässer – eingefunden hatten[23]. In seiner Rede beklagte Hitler die Zerrissenheit des deutschen Volkes und die besondere Situation der Stadt, die wegen des „Schandpaktes" von Versailles nicht „bewehrt" sein durfte, so daß Freiburg ohne Militär war, obwohl es nur 18 km von der Grenze entfernt lag. Die Parteizeitung „Der Alemanne" berichtete vom „brausenden Jubel" der Zuhörer über Hitlers Ansprache. Auffallenderweise brachte sie aber nur eine sechs Zeilen umfassende Inhaltswiedergabe der Hitlerrede, während sie der Wiedergabe der Ansprache von NSDAP-Reichsorganisationsleiter Gregor Strasser aus München eine ganze Seite widmete.

Hitlers Worte dürften demnach nicht sehr bedeutsam gewesen sein. Zudem wies „Der Alemanne" darauf hin, daß der „Kampf um das Volk" in Freiburg, „mitten in der Hochburg des schwarzen Zentrums", sehr schwer sei. Möglicherweise war Hitler diese spezielle Freiburger Situation bekannt, und er hat deshalb

[23] Freiburger Zeitung Nr. 205 v. 30.7.1932; Der Alemanne Nr. 193 v. 31.7.1932 schrieb dagegen von 70 000 Zuhörern. Bei den anschließenden Reichstagswahlen erzielte die NSDAP in Freiburg gewaltige Gewinne: Zentrum: 19 879 Stimmen, NSDAP 17 311 (zuvor 7093), SPD 9041, KPD 4494 und DNVP 3295 Stimmen. Zu den Vermutungen über „spärlichen Beifall" siehe Walter Vetter: Ein weitgehend unbekannt gebliebener Besuch Adolf Hitlers in Freiburg. In: Zeitschrift des Breisgau-Geschichtsvereins („Schau-ins-Land") 102 (1983), S. 219, jedoch ohne Angabe von Belegen.

nur eine kurze Stippvisite in der Breisgaustadt gemacht, denn er wurde bereits anderthalb Stunden später in Radolfzell erwartet. Andere Vermutungen gehen dahin, daß er die Zuhörerschaft im FFC-Stadion nicht besonders begeistert hat; zumindest soll sich die Begeisterung soweit in Grenzen gehalten haben, daß er später der Stadt keinen offiziellen Besuch mehr abstattete, da er über die Haltung der Zuhörer enttäuscht gewesen sei. Das heißt jedoch nicht, daß er deswegen nie mehr nach Freiburg gekommen wäre, da er nachweislich im Sommer 1940 wieder in der Stadt gewesen ist [24].

Am 24. Oktober 1931 waren vom Reichsinnenministerium die ersten amtlichen „Richtlinien für die Organisation des zivilen Luftschutzes" in Deutschland erlassen worden. Mit der Durchführung der neu „in Angriff zu nehmenden" Luftschutzorganisation und -maßnahmen wurden die Polizei sowie die kommunalen Behörden und Einrichtungen (Feuerwehr, öffentlicher Rettungsdienst) betraut. Für den Luftschutz industrieller Anlagen sowie der Reichspost und Reichsbahn wurden besondere Regelungen erlassen.

Inzwischen hatten sich die in Deutschland existierenden verschiedenen Luftschutzvereinigungen unter einem neuen organisatorischen Dach als „Deutscher Luftschutzverband (DLSV)" zusammengeschlossen. Den Vorsitz in dieser Organisation hatte erneut Reichsminister a. D. Dr. Krohne übernommen. Zahlreiche namhafte ehemalige Reichsminister (u. a. Geßler, Jarres, Koch-Weser) und bekannte Oberbürgermeister mehrerer Großstädte (z. B. Adenauer von Köln, Bracht von Essen, Finter von Karlsruhe, Heimerich von Mannheim, Külz von Dresden, Landmann von Frankfurt, Lautenschlager von Stuttgart, Lehr von Düsseldorf, Luppe von Nürnberg, Petersen von Hamburg, Sahm von Berlin, Scharnagl von München, Wagner von Breslau und Goerdeler von Leipzig) bildeten das Präsidium des Verbandes; dagegen bestand von seiten des Freiburger Oberbürgermeisters nach wie vor Zurückhaltung in dieser Angelegenheit. Der Verband sollte insbesondere für die Vorbereitung und Durchführung von Selbstschutzmaßnahmen der Bevölkerung werben und dabei über die Luftkriegsgefahr und die Notwendigkeit eines Luftschutzes aufklären. Ziel des Verbandes war es nach eigenen Worten, „das ganze deutsche Volk [...] zu einer Luftschutzgemeinschaft" zusammenzuschließen [25].

Schließlich kam es mit Unterstützung der „Arbeitsgemeinschaft der Flieger und Flugfreunde Oberbadens" am 21. Oktober 1932 auch in Freiburg zur Gründung einer Ortsgruppe des Deutschen Luftschutzverbandes unter Major a. D. Blume-Delorme und Professor Dr. Madelung, „einem Fachmann für Gase" [26], obwohl die Stadtverwaltung eine abwartende Haltung einnahm und zu erkennen gab, daß sie vorerst keine finanzielle Unterstützung gewähren werde. Die „Breisgauer Zeitung" veröffentlichte am 15. November 1932 eine Stellungnahme der neugegründeten Ortsgruppe zur Behauptung, eine erfolgreiche Abwehr der massiven Angriffsmittel moderner Luftstreitkräfte sei „von vornherein unmöglich" (Abb. 20) [27]. Die Luftschutz-Ortsgruppe lehnte eine solche Argumentation grundsätzlich ab und qualifizierte sie als „weltanschaulich-politisch" begründete Haltung. Es sei „müßig, Pazifisten aus Überzeugung oder Feigheit über Sinn und Zweck bewaffneter Auseinandersetzungen belehren zu wollen". Die Masse der

[24] So irrtümlich Leo A. Ricker: Freiburg, aus der Geschichte einer Stadt. Unter Mitwirkung von Franz Laubenberger. Karlsruhe ²1966, S. 161.
[25] StadtAF, C 4/VIII/34/7. Dort auch Liste der Präsidiumsmitglieder.
[26] Ebda.
[27] Ausschnitt in ebda., C 4/VIII/34/7, auch zum Folgenden.

Bedarf Freiburg eines zivilen Luftschutzes?

Bei der Durchführung und Organisation der zivilen Luftabwehr tauchen da und dort Bedenken auf. Einesteils wird behauptet, daß die moderne Luftkampfwaffe mit ihren massiven Angriffsmitteln eine Abwehr durch die Bevölkerung von vornherein unmöglich mache; dann wird aber auch bezweifelt, ob speziell wir in Freiburg und in Oberbaden in der Lage seien, gegnerischen Luftangriffen mit Erfolg zu begegnen. Die Grenznähe sei zu offensichtlich, als daß eine Unterbindung feindlicher Angriffe Erfolg versprechen könnte. Auch sollte man auf Grund der eigenen wehrpolitischen Lage und der Unmöglichkeit einer Betätigung in der militärisch neutralen Zone alles vermeiden, was dem übermächtigen Gegner Anlaß zum Angriff geben könnte. So und ähnlich lauten die Einwendungen, wobei die Betonung weniger der Tatsache gilt, daß die vollzogene Entwaffnung uns in eine wirklich schwierige Lage gebracht hat, als vielmehr der politisch weltanschaulichen Seite.

Solange die Menschen den Gesetzen dieses Planeten unterworfen sind, haben sie daraus die Folgerungen zu ziehen. Tun sie das nicht, dann scheiden sie sehr bald als unfähig und krank aus. Es ist deshalb müßig, Pazifisten aus Überzeugung oder Feigheit über Sinn und Zweck bewaffneter Auseinandersetzungen belehren zu wollen. Nicht viele Menschen wollen, aber sehr viele müssen sich bekämpfen, das ist eine Tatsache, wofür die Geschichte und besonders die Nachkriegsjahre eine eindeutige Sprache reden. Ob wir wollen oder nicht, unsere Geschicke werden wesentlich davon abhängen, ob wir lernen, Krieg und Frieden gleich wünschenswert zu erachten. Diese Grundsätze gelten für alle Völker, auch für das deutsche, auch für uns im Südwesten des Reiches.

Die Frage, ob ein ziviler Luftschutz überhaupt Sinn hat, ist deswegen in erster Linie eine Angelegenheit der Überzeugung. Die Überlegung als solche ist ja nicht neu. Immer, wenn des Menschen seltsames Gehirn eine neue Angriffswaffe entdeckt hat, befanden sich die Schulstrategen in einer äußerst peinlichen Lage. Die Ritter vergangener Zeiten mögen auf die aufkommenden Musketen nicht weniger gescholten haben als unsere Infanteristen von 1918 auf die feindlichen Tankgeschwader. Und doch, es gibt in der Kriegsgeschichte keinen Fall, wo die Verteidigung sich nicht in Bälde den neuen Methoden des Angriffs erfolgreich angeglichen hätte. Sollte die neueste Waffe der Kriegstechnik darin eine Ausnahme machen?

Zunächst ist zu bedenken, daß der Friedensstärke von Bombengeschwadern rein finanziell gewisse Grenzen gesetzt sind. Weiter spielt die Ueberalterung in Schnelligkeit und Ausrüstung eine so große Rolle, daß nur ein geringer Teil der gesamten Einheiten als jeweils vollwertig zu bezeichnen ist. Und dann, wer bürgt dafür, daß in einem künftigen Kriege die dritte Front wirklich die Bedeutung hat, die ihr von dem italienischen Luftfahrtminister Balbo und seinem Lehrer General Douhet zugewiesen wird? Hier scheint das psychologische Moment ausschlaggebend zu sein; man will das Hinterland durch Bombenterror demoralisieren und vergißt vielleicht dabei, daß die Völker in ihrer Eigenart einem solchen Vorgehen gegenüber sich sehr verschieden verhalten könnten. Es kommt darauf an, nicht nur Schläge austeilen, sondern auch hinnehmen zu können. „Standhaft allen Schrecken der Zerstörung widerstehen", schreibt der französische General Niesel in seinem Buch: „Laßt uns den Luftschutz vorbereiten". Gewiß eine harte und vielleicht grausame Sprache, doch der Krieg ist immer hart gewesen, auch gegen die Zivilbevölkerung. Galten doch früher die Zerstörung der feindlichen Stützpunkte, Brand und Plünderung als Kampfmittel ersten Ranges, sondern auch das Kriegsrecht selbst sich mit der Zeit etwas humaner gestaltete, so haben doch demokratische und nationalistische Strömungen aus Soldaten und Zivilisten gemeinsam ein „Volk in Waffen" gebildet.

Die Durchführung des zivilen Luftschutzes in Deutschland ist daher eine aus der Gesamtlage sich ergebende Notwendigkeit. Gegen wen er organisiert wird, ist dabei zwar nicht ganz gleichgültig, doch für die Inangriffnahme selbst belanglos. Der Feind von heute kann der Freund von morgen sein und umgekehrt. Deshalb gelten für Freiburg und Oberbaden im Prinzip keine anderen Bedingungen wie für irgend ein anderes Gebiet des deutschen Reiches. Und selbst, gesetzt der Fall, wir würden bei entsprechender Umlagerung der Verhältnisse in vorderste Front gegen unseren westlichen Nachbarn rücken — was ergäbe sich daraus? Nun, dann hätten wir erst recht allen Grund, die Zivilbevölkerung gegen Luftangriffe zu sichern, denn dann wären wir Front, ständen auf Vorposten, hätten nicht nur uns selbst zu sichern, sondern müßten darüber hinaus noch den so wichtigen Horch- und Nachrichten-Dienst zum Schutze des weiteren Hinterlandes übernehmen. Bei Berücksichtigung der entsprechenden Entfernung der Standorte der Bombeneinheiten von der Grenze (derzeitig verteilen sich die vier französischen Regimenter auf Nancy, Metz, Reims und Chartres) besteht durchaus die Möglichkeit, feindliche Geschwader rechtzeitig sichten und hören und die Vorkehrungen zur Abwehr treffen zu können, zumal in angegebenen Falle die rechtsrheinischen Stützpunkte höchste Alarmbereitschaft zeigen dürften.

Es wird ein großes Stück Arbeit kosten, bis der Luftschutz für Oberbaden so organisiert ist, daß er den Anforderungen eines Ernstfalles genügt. Deshalb ist nötig, daß zu früh wie nötig die vorbereitenden Maßnahmen getroffen werden. Voraussetzung dafür ist aber wiederum, daß Behörde, Verbände und Oeffentlichkeit sich zusammenfinden, und die sonst üblichen, vielleicht auch notwendigen Unterschiede beiseite lassen und die nur gemeinschaftlich zu lösende Aufgabe umgehend in Angriff genommen wird.

„Deutscher Luftschutz-Verband"
Ortsgruppe Freiburg i. Br.
Rdg.

Abb. 20: Zeitungsartikel „Bedarf Freiburg eines zivilen Luftschutzes?" vom 15. November 1932 (StadtAF C4/VIII/34/7, Breisgauer Zeitung)

Bevölkerung müsse jedoch lernen, „Krieg und Frieden gleich wünschenswert zu erachten". Die Frage, ob ein Luftschutz überhaupt Sinn habe, sei „in erster Linie eine Angelegenheit der Überzeugung". Mit solchen Worten konnte man bequem die möglicherweise aus Sorge vor neuen Leiden der Zivilbevölkerung während eines möglichen nächsten Krieges und wegen der nur vermeintlichen Schutz gewährenden Funktion entstandene Ablehnung des Luftschutzes als „Feigheit" sowie „defätistisch" abstempeln.

Bemerkenswert ist die in dem Artikel ebenfalls angestellte Überlegung, ob der Luftkriegstheoretiker General Douhet die Bedeutung des Bombenkrieges auf das Hinterland und die Bevölkerung überhaupt realistisch eingeschätzt habe. Vielleicht würden sich die Völker aufgrund ihrer Eigenarten gegenüber solchen Demoralisierungsversuchen „sehr verschieden verhalten", war in dem Presseartikel zu lesen. Es komme möglicherweise darauf an, „nicht nur Schläge austeilen, sondern auch hinnehmen zu können". Der Aufbau des zivilen Luftschutzes sei deshalb „eine aus der Gesamtlage sich ergebende Notwendigkeit".

Wohl unbeabsichtigt – aber dennoch vorausschauend – verwies der Bericht somit auf die sich im nächsten Weltkrieg tatsächlich ergebende „trotzige" Ohnmacht der Zivilbevölkerung gegenüber den immer wieder zu erduldenden Bombenangriffen der Gegner. Der Beitrag bezeichnete es auch als unerheblich, daß speziell Freiburg und Oberbaden als nahe Grenzregionen zum potentiellen Gegner im Westen kaum mit Erfolg vor Überraschungsangriffen aus der Luft geschützt werden könnten. Auch wenn dies nicht möglich sei, habe der Freiburger Luftschutz auf alle Fälle die Funktion des „Vorpostens" zum „Schutze des weiteren Hinterlandes" zu übernehmen. Ausdrücklich rief der Artikel dazu auf, „die nur gemeinschaftlich zu lösende Aufgabe nunmehr umgehend in Angriff" zu nehmen.

Wenige Tage später führte die Freiburger Ortsgruppe im Dezember in der Universität eine Vortragsveranstaltung zur Frage „Warum Luftschutz in Freiburg?" durch. Die Presse berichtete in großer Aufmachung über die Veranstaltung (Abb. 21)[28]. Nach Ansicht des Redners war im Kriegsfalle anzunehmen, „daß Freiburg als Grenzstadt als erste der Wirkung feindlicher Fliegerangriffe ausgesetzt sei". Die Bevölkerung der Stadt bedürfe deshalb der wirksamen Schulung im zivilen Luftschutz und einer größeren Aktivität der städtischen Behörden für die praktische Ausgestaltung des Luftschutzes. Nach dem Bericht der Zeitung fanden die Forderungen in der Veranstaltung ein lebhaftes Echo.

Die Stadtverwaltung nahm jedoch zu dieser Zeit noch immer eine abwartende Haltung ein. Zwar hatte zum ersten Mal Anfang des Jahres ein örtlicher Luftschutzbeirat unter dem städtischen Polizeidirektor getagt, ansonsten machte man sich aber von seiten der Verwaltung keine besondere Mühe mit dem Aufbau irgendeiner Luftschutz-Organisation. Als der Deutsche Luftschutzverband unmittelbar an die Stadtverwaltung mit der Bitte um Bewilligung einer finanziellen Unterstützung seiner Bestrebungen herantrat, schob der Oberbürgermeister eine Entscheidung hinaus und erkundigte sich erst einmal bei der Geschäftsführung des Badischen Städteverbandes in Karlsruhe, ob „die bisher empfohlene Zurückhaltung" gegenüber solchen Vereinen „nach wie vor beizuhalten" sei[29]. Der Freiburger Oberbürgermeister hielt die „übertriebene Art und Weise, wie gegenwärtig von berufener, noch mehr aber von unberufener, dafür aber geschäftlich umso stärker interessierter Seite für den Luftschutzgedanken Propaganda gemacht wird, für durchaus verfehlt". Zudem war er überzeugt, daß die vorgesehenen und theoretisch erdachten Schutzmaßnahmen im Kriegsfall „praktisch so gut wie bedeutungslos sein würden".

---

[28] Breisgauer Zeitung Nr. 296 v. 19.12.1932.
[29] StadtAF, C 4/VIII/34/7: Beschluß v. 6.12.1932.

Warum Luftschutz in Freiburg?

Die hiesige Ortsgruppe des deutschen Luftschutzverban= des veranstaltete am Donnerstag, 20.30 Uhr, im gut= besuchten Hörsaal 1 einen Vortrag mit Lichtbildern, bei dem Herr Dr. Wenzl über das Thema: „Warum Luftschutz in Freiburg?" sprach. Nach der Be= grüßung der Versammelten, besonders der Vertreter der Stadt, der Vereine und Korporationen durch den Vor= sitzenden der Ortsgruppe, Herrn Major a. D. Blume= Delorme, ergriff der Redner des Abends das Wort.

Er äußerte zuerst seine Freude darüber, daß sich Menschen der verschiedensten Richtungen zu dem Vortrag eingefunden hätten. Kein Gebiet wie das des Luftschutzes sei so geeignet, das ganze deutsche Volk zu gemeinsamer Arbeit zusammenzuführen und so die unselige Partei= zersplitterung überwinden zu helfen.

Herr Dr. Wenzl schilderte darauf in eindringlichen Worten die völlige Wehrlosigkeit Deutsch= lands - insbesonder Süddeutschlands - in der Luft und die sich daraus ergebende Bedrohung durch die Luftflotten Frankreichs und der kleinen Entente. Frankreich, die stärkste Luftmacht der Welt, besitze heute nach eigenen Angaben im Luftheer von 58 800 Mann (in dieser Zahl ist das fliegende Personal eingerechnet). Der Flugzeugbestand setze sich zusammen aus 4950 Flug= zeugen 1. Linie (davon stehen allein 705 an der deut= schen Grenze!), Reserveflugzeugen und Schulflugzeugen und gliedere sich in 840 Beobachtungs=, 480 Jagd= sowie 390 Bombenflugzeuge. Dieser gewaltigen Luftmacht (ohne Berücksichtigung der Luftflotten der kleinen Entente) sei Deutschland ganz auf die durch die Fesseln des Versailler Vertrages eingeengte Erdabwehr beschränkt (288 Feld=, 81 Festungs und nur wenige Flakgeschütze).

Der Redner ging nun auf die militärpolitischen und strategischen Verhältnisse Süddeutschlands in Bezug auf die Luftbedrohung ein. Süddeutschland, genauer Süd= westdeutschland, sei in erster Linie von Frankreich bedroht. Die Taktik und der Einsatz der französischen Luftwaffe werde bei einem evtl. Konflikt (nach Ansicht des Redners) ungefähr folgende sein: Ohne formelle Kriegserklärung würden starke französische Geschwader die süddeutschen Städte überfliegen, zunächst ohne Bomben abzuwerfen, jedoch mit dem Ziel, auf die Bevölkerung einen morali= schen Druck auszuüben (wirksam unterstützt durch Flug= zettel, Presse und Agenten) und so die Abspaltung Süd= deutschlands von Norddeutschland (Mainlinie!) zu er= reichen. In der zweiten Phase des Kampfes erfolge dann der Abwurf von Reizgas=Bomben, vermischt mit Splitter= und Brandbomben. Erst in der dritten Phase sei mit dem Abwurf von schweren Sprengbomben zu rechnen, wenn der Widerstandswille der Bevölkerung noch nicht gebrochen sei und die Kampfhandlungen auf der Erde vermutlich begonnen hätten (Baden überdies sei von da an auch der Fernwirkung der schweren Artillerie aus= gesetzt). Aus dieser französischen Kampftaktik ergebe sich, daß Freiburg nicht ohne vorherigen Luftangriff besetzt und damit nicht zum Aufmarschgebiet werde, son= dern es sei wahrscheinlich, daß Freiburg als Grenzstadt als erste der Wirkung feindlicher Fliegerangriffe ausgesetzt

sei. Nur die Schulung im zivilen Luftschutz setze die Bevölkerung in die Lage, im Falle der Gefahr innerhalb weniger Stunden im eigenen Haus wirksame Abwehr= maßnahmen zu treffen.

Der Redner behandelte nun die besonderen Luftschutzverhältnisse Freiburgs. Diese seien nicht ungünstig, da Freiburg auf diesem Gebiete zahlreiche Aktiva besitze, welche ohne große Kosten den Ausbau eines wirksamen Luftschutzes ermöglichten. Hier= her gehöre die im Vergleich zu anderen Städten äußerst geringe Verletzbarkeit des Freiburger Stadtbezirkes in= folge der gelockerten Siedlungsweise. So mache bei einem Gesamtareal (ohne Wald) von 3041 Hektar die bebaute Fläche incl. Hofreiten und Hausgärten nur 600 Hektar aus (das Übrige entfällt auf Wege, Anlagen, Gewässer usw.) Von diesen 600 Hektar betrage die reine Häuser= fläche 300 Hektar, also nur 50 v. H. Daraus ergebe sich, daß eine Fliegerbombe auf den Gesamtstadtbezirk abge= worfen, überhaupt nur 10 v. H. Möglichkeit habe, ein Haus= dach zu treffen. Auch die klimatischen Verhältnisse Frei= burgs spielen für den Luftschutz eine wesentliche Rolle. Der abends einsetzende „Höllentäler" erschwere ein Gift= gasen ein langes Liegenbleiben. Infolge der zahlreichen Nebel= und Regentage (Regentage z. B. durchschnittlich 200 im Jahre, also 55 v. H.) bestehe für Freiburg nur an 70 bis 80 Tagen im Jahre erhöhte Fliegergefahr. Die geographischen und architektonischen Verhältnisse der Stadt seien ebenfalls günstig. Die Bauform der Stadt ähnle einem Bumerang und biete so ein ungünstiges Bomben= ziel (kein geschlossener Häuserblock vorhanden). Über= alterte und brandgünstige Bauwerke seien selten, Hoch= häuser fast gar keine vorhanden. Überwiegend sei der Villencharakter, also solide Bauwerke mit geringer Ein= sturzgefahr und guten Kellergewölben. Besonders starke Keller seien im Zentrum der Stadt vorhanden, die bei entsprechendem Ausbau ausgezeichnete Schutzräumlich= keiten bieten würden. (Im nächsten Jahre wird der Be= völkerung ein Luftschutzmusterkeller gezeigt werden.)

Zum Schluß gab Herr Dr. Wenzl Anregungen für die Ausgestaltung des zivilen Luft= schutzes in Freiburg. Er forderte u. a. größere Aktivität der Behörden (Stadtverwaltung, Bezirksamt, Polizei), sofortige Zusammenstellung eines Luftschutzrates aus geeigneten Fachleuten, Aufklärung der Bevölkerung durch Presse, Kino und Rundfunk, Errichtung von Luft= schutzräumen in Schulen und städtischen Gebäuden, Aus= rüstung der Feuerwehr, Sanitätskolonne und Teno mit Atemschutzgeräten, Errichtung eines Flugmelde= und Warndienstes (besonders auch dem Schauinsland und Kandel). Mit dem Hinweis auf die Bedeutung der Luft= schutzbewegung im Hinblick auf unsere militärische Wehr= losigkeit und der Aufforderung an die Bevölkerung, in dieser Frage alles Trennende beiseite zu schieben, schloß Herr Dr. Wenzel seinen eindrucksvollen Vortrag, wofür er lebhaften Beifall erntete. Die nachfolgenden Lichtbilder waren sehr gut ausgewählt und unterstrichen noch einmal die Ausführungen des Redners. H. Kg.

Abb. 21: Zeitungsartikel „Warum Luftschutz in Freiburg?" vom 19. Dezember 1932 (StadtAF C4/XI/29/2, Breisgauer Zeitung)

Bevor die Freiburger Stadtverwaltung aber von der Geschäftsführung des Städ= teverbandes eine Antwort erhielt, hatte sich die politische Situation in Deutsch= land grundlegend verändert. Am 30. Januar wurde der Führer der NSDAP, Adolf Hitler, als Reichskanzler mit der Regierungsbildung beauftragt. Das politische Klima änderte sich danach sehr rasch – auch auf lokaler Ebene in Freiburg. Rein= hold Zumtobel, der Redakteur der sozialdemokratischen Zeitung „Volkswacht", hat nach dem Krieg einen bezeichnenden Bericht zur damaligen Situation in der Stadt verfaßt:

58

„In Freiburg trat das Hakenkreuz zunächst in kleineren, militärisch aufgezogenen Haufen hervor; Werbeumzüge wurden veranstaltet, wüste Kriegslieder gesungen und dem Marxismus Tod und Verderben angedroht. An die Stelle der Radaupolitik des Linksbolschewismus war die Radaupolitik des Rechtsbolschewismus getreten. In ihrem Blatt, das sich erfrechte, den Namen „Der Alemanne" zu führen, wurden die führenden Genossen der „Marxisten" täglich mit Schmutz beworfen. Da ich auf sehr sichtbarem, exponierten Posten der Marxisten stand, war die Dreckschleuder in der Regel auf mich persönlich gerichtet. Ich war bei den Nazis einer der verhaßtesten Feinde der Hitlerjungen. Anonyme Drohbriefe jeder Art, mit Androhung von Prügeln und der Ankündigung des Aufhängens – der Tod im Gasofen war noch nicht „Mode" – bildeten lange in der Redaktion zusätzlich das Frühstück ... Hitler war unumschränkter Inhaber aller staatlichen Macht. Mit Terror und Gewalt, unter Mißachtung aller vorherigen Versprechungen wurde nun jede freie Meinung unterdrückt und politische Opponenten der Gestapo überantwortet. Der lang gepredigte Judenhaß führte bereits zu wüsten Exzessen gegen die jüdischen Volksgenossen"[30].

Bereits am 9. März 1933 wurde durch die Polizei das Freiburger Gewerkschaftshaus wegen angeblicher Waffenfunde geschlossen. Als der Freiburger SPD-Landtagsabgeordnete Nußbaum im Stühlinger aus seiner Wohnung heraus zwei Polizisten tödlich verletzte, die bei ihm eine Hausdurchsuchung vornehmen sollten, wurden als „Vergeltungsmaßnahmen" am 17. März 1933 sämtliche SPD-Zeitungen in Baden sowie die Jugend- und Wehrverbände der SPD verboten. Gleichzeitig wurden die Reichstags- und Landtagsabgeordneten der SPD und KPD aus Baden sowie weitere sozialdemokratische Funktionäre – darunter auch Reinhold Zumtobel – in „Schutzhaft" genommen; SPD und KPD wurden als Parteiorganisationen in Freiburg unverzüglich aufgelöst; landesweit wurden beide Parteien erst am 23. Juni 1933 verboten[31].

Diese Aktionen blieben in den nächsten Jahren nicht die einzigen Maßnahmen im Rahmen der nationalsozialistischen Terrorherrschaft. Bezeichnenderweise stehen Namen von Freiburger Bürgern an der Spitze einer später angefertigten Liste der südbadischen NS-Opfer mit mehr als 60 Monaten Haft. Das insgesamt 102 Namen umfassende Verzeichnis nennt u.a. Josef Höll aus Freiburg mit 144 Monaten erlittener NS-Haft, Karl Strecker aus Freiburg mit 139 Monaten NS-Haft und Walter Krebs mit 138 Monaten NS-Haft bis zum Ende der Hitler-Diktatur[32].

Auch auf dem „Luftschutz"-Gebiet änderte sich nun die Situation sehr rasch. Schon wenige Tage nach Regierungsantritt des NSDAP-Parteiführers als Reichskanzler wurden die Weichen für eine forcierte Luftaufrüstung des Reiches unter dem neuen „Reichskommissar für die Luftfahrt" und späteren Reichsluftfahrtminister und Oberbefehlshaber der Luftwaffe, Hermann Göring, gestellt. Das Interesse fast aller in den europäischen Hauptstädten angestellten Luftkriegsüberlegungen und entwickelten Luftrüstungsprogrammen konzentrierte sich sehr bald auf die Frage, inwieweit das Schwergewicht auf die Errichtung einer starken,

---

[30] Reinhold Zumtobel: Vom Gemeindebub zum Ehrenbürger. o.O. (Schopfheim), o.J. [1953], S. 117 u. 119.
[31] Vgl. u.a. Manfred Bosch: Als die Freiheit unterging. Eine Dokumentation über Verweigerung, Widerstand und Verfolgung im Dritten Reich in Südbaden. Konstanz 1985, S. 43; Ernst Otto Bräunche / Werner Köhler / Hans-Peter Lux / Thomas Schnabel: 1933 Machtergreifung in Freiburg und Südbaden. Freiburg 1983, S. 36ff.
[32] Siehe die Liste „Verzeichnis der Opfer des Nationalsozialismus mit über 60 Monaten Haft in Südbaden". In: Dokumentationsarchiv des deutschen Widerstandes Frankfurt (Main), AN 1099; vgl. auch Bosch, Als die Freiheit unterging, S. 193ff.

weitreichenden und operativ einsetzbaren Bomberflotte zu legen war, um den von General Douhet empfohlenen „Fernluftkrieg im Hinterland des Gegners" führen zu können.

In London begann man ab 1933 mit den Vorbereitungen für den Aufbau eines umfassenden Luftstreitkräfteprogramms für viermotorige, weitreichende Bomber, das gleichsam den Douhet-Forderungen entsprach. Die öffentlichen Erörterungen über die entsprechenden Einsatzprinzipien gaben den Verfechtern der Forderung eines verstärkten und möglichst umfassenden Luftschutzes für die Zivilbevölkerung und das kriegswichtige Wirtschaftspotential neuen Auftrieb. Zudem veränderte sich nach der nationalsozialistischen Machtübernahme in vielen deutschen Stadtverwaltungen die personelle Konstellation.

Abb. 22: „Die neuen Herren": Reichsstatthalter und NSDAP-Gauleiter Robert Wagner (rechts) und Oberbürgermeister Dr. Franz Kerber (links), Oktober 1933 in Freiburg (StadtAF, Dwa 153)

Freiburg erhielt am 22. März 1933 durch Reichskommissar Wagner (Abb. 22) in Karlsruhe an Stelle von Oberbürgermeister Bender drei Staatskommissare (Dr. Kerber, Schlatterer, Dr. Brühler); schließlich wurde der NSDAP-Kreisleiter Dr. Franz Kerber (Abb. 23) von der badischen Regierung am 11. April 1933 für den am 9. April zum Rücktritt gezwungenen Oberbürgermeister Bender kommissarisch als Freiburger Stadtoberhaupt eingesetzt und offiziell am 19. Mai nach Neugliederung des Stadtrates gewählt (41 Ja-Stimmen, 4 Enthaltungen, 1 ungül-

Abb. 23:
Oberbürgermeister Dr. Franz Kerber
(Berlin Document Center)

tige Stimme)[33]. Bürgermeister Dr. Karl Hofner, obwohl nicht Parteigenosse der
NSDAP, blieb in seinem Amt, in das er am 30. Juni 1931 für neun Jahre gewählt
worden war. Bürgermeister Hölzl war schon am 17. März in „Schutzhaft" genommen worden, so daß auch in der Freiburger Stadtverwaltung eine die allgemeinen
Luftschutzbemühungen unterstützende und nicht mehr nach Sinn und Zweck fra-
gende Haltung die Mehrheit erhielt. Unter der Herrschaft der NSDAP war die
Frage nach dem Luftschutz tatsächlich eine „Frage der Überzeugung und nationalen Gesinnung". Bereits im April 1933 wurde der erste Luftschutz-Schulungs-
kurs in der Stadt durchgeführt.

Für das gesamte Reichsgebiet erfolgte am 29. April 1933 die Gründung des
„Reichsluftschutzbundes" (RLB), der von einem pensionierten General als Präsident geleitet wurde. Görings Reichsluftfahrtministerium wurde federführende

[33] Vgl. Thomas Schnabel: Von der Splittergruppe zur Staatspartei. Voraussetzungen und Bedingungen
des nationalsozialistischen Aufstiegs in Freiburg i. Br. In: Zeitschrift des Breisgau-Geschichtsvereins
(„Schau-ins-Land") 102 (1983), S. 91–120; Bräunche u. a., 1933 Machtergreifung in Freiburg, S. 41 ff.; zu
Dr. Franz Kerber, geb. 25. 2. 1901 in Freiburg, der promovierter Volkswirt, ab 1931 NSDAP-Ortsgruppenleiter in Endingen und seit 1932 NSDAP-Kreisleiter von Freiburg und „Hauptschriftleiter" des „Alemanne" war, siehe den Beitrag von Wolf Middendorf in: Badische Biographien Neue Folge. Bd. II,
Stuttgart 1987, S. 157 f.; vgl. auch Berlin Document Center, Personalakten Dr. Kerber, und GLA Karlsruhe, 465 d/328: Kerber war seit 1. 11. 1930 NSDAP-Mitglied (Nr. 357 022), trat am 11. 9. 1938 der SS bei
(ab 1. 6. 1941 SS-Obersturmbannführer) und wurde 1936 Gauamtsleiter für Kommunalpolitik; zur völkischen Position Kerbers vgl. u. a. seine späteren Beiträge in den von ihm herausgegebenen Jahrbüchern
der Stadt Freiburg (u. a. in Bd. 2 über „Volkstum und Reich", in dem er schon 1938 nach dem Anschluß
Österreichs vom „Germanischen Reich Deutscher Nation" schrieb). Zu Wagner vgl. den Beitrag von
Horst Ferdinand in: Badische Biographien, Bd. II, S. 297–301; beide biographische Skizzen jedoch zum
Teil mit falschen Angaben. Zu Dr. Brühler (Mitglied der DNVP, als Gymnasialdirektor April 1943 entlassen) siehe den Nachlaß im Staatsarchiv Freiburg.

Dienststelle für den gesamten zivilen Luftschutz, dessen Belange von einem „Inspekteur der Flakartillerie und des Luftschutzes" als Abteilungsleiter im Ministerium vertreten wurden. Seine Anordnungen und Weisungen gingen an fünf sogenannte „Luftschutzträger" als die entsprechenden Durchführungsorgane (Reichsministerium des Innern, Reichsluftschutzbund, Reichsgruppe Industrie, Reichsverkehrsministerium und Reichspostministerium).

Abb. 24: Umzug zum 1. Mai 1933 auf der damaligen Kaiserstraße (StadtAF)

Noch am 2. Juni 1933 trat die Stadt Freiburg mit dem Förderbetrag von 50,–
Reichsmark der noch bestehenden Ortsgruppe des Deutschen Luftschutzverbandes bei[34]. Im Juli 1933 wurde der Luftschutzverband offiziell aufgelöst; auch die Freiburger Ortsgruppe wechselte geschlossen in den „Reichsluftschutzbund" über, der in der Turmstraße 12/14 sein Domizil hatte. Zu seinem Aufgabenkatalog zählten sowohl die Werbung für den RLB als auch die Aufklärung der Bevölkerung über den Luftschutz sowie die Ausbildung der aktiven Helfer im Luftschutzdienst, der „Haus-, Block und Feuerwehrwarte" und der Helfer des Sicherheits- und Hilfsdienstes (SHD) sowie der organisatorische Aufbau des Selbstschutzes; er war in verschiedene Landes-, Bezirks- und Ortsgruppen gegliedert. Zur Unterstützung des umfangreichen Programms zahlte die Freiburger Stadtverwaltung bereits im nächsten Jahr den stattlichen Betrag von 3000,– Reichsmark aus ihrem Etat an den Reichsluftschutzbund.

Die „Karlsruher Zeitung" lobte am 17. August 1933 in einem Bericht über den „Luftschutz in Baden" die nunmehr verstärkt einsetzenden Luftschutzmaßnahmen innerhalb des Landes. Der Artikel wies aber auch darauf hin, daß mit dem Aufbau des zivilen Reichsluftschutzbundes noch nicht genügend getan sei. „Luft-

---

[34] StadtAF, C 4/VIII/34/7.

62

streitkräfte und eine aktive Bodenabwehr" wurden bereits als nächste Aufrüstungsschritte angekündigt[35]. Auch der Freiburger Erzbischof Dr. Conrad Gröber fühlte sich anläßlich des Empfanges für den RLB-Landesgruppenleiter von Baden-Rheinpfalz, Major a. D. von Laer, verpflichtet, den Bestrebungen des RLB öffentlich „seine volle Unterstützung zuzusagen[36].

Dagegen reagierte die Mehrzahl der Freiburger Bürger auf die neuen Aktivitäten des RLB noch zurückhaltend. Ende Dezember 1933 beklagten Bezirksamt und Polizeidirektion Freiburg, daß die für jedes Gebäude verlangte Anmeldung von Luftschutzhaus- und Blockwarten nur sehr spärlich erfolge. In einer Pressemeldung bezeichneten sie es als sehr bedauerlich, „daß zu einer Angelegenheit, wie dem Luftschutz, die zu wiederholten Malen von unserer Reichsregierung als eine der ersten Pflichten des Staatsbürgers bezeichnet worden ist, überhaupt noch polizeiliche Erlasse nötig" seien, „um Säumige an ihre Pflicht zu erinnern"[37]. Nach Gewährung einer Verlängerung der Meldefrist wurde jedoch erwartet, „daß gerade die Bevölkerung Freiburgs, die ja vom Kriege her die Gefahren und die Schrecken der Luftangriffe noch in Erinnerung hat, heute, wo die große Organisation des Luftschutzes tatkräftig gefördert wird, sich den Aufgaben, die ihr daraus erwachsen, nicht verschließt".

Nachdem schon am 6. Juli 1933 vor dem „Rappen" eine öffentliche Luftschutzkundgebung stattgefunden hatte, wurde am 16. April 1934 erstmals eine Luftschutzvorführung und -übung der auf Zusammenarbeit angewiesenen städtischen Behörden auf dem Gelände der Fliegerkaserne durchgeführt. Eine Woche

Abb. 25: Reichsminister Goebbels, begleitet von OB Kerber, betritt den Messeplatz bei der Kundgebung am 16. Juni 1934 (StadtAF, M751)

[35] Karlsruher Zeitung Nr. 190 v. 17. 8. 1933.
[36] Meldung in der Freiburger Zeitung Nr. 226 v. 21. 8. 1933.
[37] Der Alemanne Nr. 355 v. 23. 12. 1933.

später erließ Göring als Reichskommissar für die Luftfahrt einen Aufruf, der zur tatkräftigen Unterstützung des Reichsluftschutzbundes und zur Mitarbeit aufforderte. Im Juni 1934 gab Göring die Anweisung, es könne erwartet werden, daß alle städtischen Bediensteten ihren Beitritt zum RLB erklärten. Die Freiburger Stadtverwaltung unterstützte diese Aufforderung sehr nachhaltig, denn Göring hatte die Forderung aufgestellt, mindestens 20 Prozent der deutschen Bevölkerung müßten als Mitglied im RLB „vereinigt" sein; in Freiburg waren es jedoch im Juni 1934 statt der erwarteten 20000 noch immer erst 1500 Mitglieder(Abb. 25)[38].

Von September bis November 1934 wurde dann vom Freiburger RLB eine allgemeine Entrümpelung der Hausböden als Pflichtmaßnahme für alle Hausbesitzer organisiert (Abb. 26) und im Dezember wurde die „Deutsche Luftschutz-Ausstellung" in der Stadt gezeigt.

Abb. 26: Entrümpelungsschild 1935/36 (StadtAF)

Im gleichen Jahr erschien die Werbebroschüre „Die Luftschutz-Fibel" des RLB (Abb. 27). In ihr wurden gerade die Kriegserlebnisse der Stadt Freiburg als Beispiel für rücksichtslose Luftangriffe auf die Zivilbevölkerung während des Ersten Weltkrieges aufgeführt[39]. Mit verhältnismäßig einfachen Vergleichen zwischen „falschem und richtigem Verhalten", die jedoch teilweise allzu banal wirkten (Abb. 28), wurde in der Publikation versucht, der Bevölkerung Luftschutzgedanken und -praxis näherzubringen, um sie so für aktive Selbstschutzmaßnahmen zu gewinnen.

Das am 26. Juni 1935 von der Reichsregierung erlassene „Luftschutzgesetz (LSchG)" regelte schließlich einheitlich alle Luftschutzvorbereitungen für das Reich (Abb.29)[40]. Zahlreiche „Durchführungsverordnungen zum Luftschutzgesetz" (= DVO) und Ausführungsbestimmungen bestimmten in den nächsten Mo-

---

[38] Vgl. den Bericht „Versammlung des Reichsluftschutzbundes" in: Der Alemanne Nr. 168 v. 19.6.1934.
[39] Vgl. Die Luftschutz-Fibel mit 109 Bildern im Text. Hrsg. v. d. Landesgruppe Ostpreußen des Reichsluftschutzbundes e.V. Berlin o.J. (1934), S. 14.
[40] Vgl. Reichsgesetzblatt I von 1935, S. 827f.

Abb. 27: Titelblatt der „Luftschutzfibel"

naten und Jahren bis 1939 detailliert einzelne Maßnahmen für den zivilen
Luftschutzbereich in den Städten. Sie regelten u. a. den organisatorischen Aufbau
des Luftschutzes (1. DVO), die Durchführung von Luftschutzmaßnahmen bei
Um- und Neubauten von Gebäuden (2. DVO) sowie von besonderen Entrümpe-
lungsmaßnahmen (3. DVO), ferner den Vertrieb der Luftschutzgegenstände
(4. DVO), den ärztlichen Einsatz (5. DVO), die Beschaffung der Selbstschutzge-
räte (7. DVO), die Verdunkelungsmaßnahmen (8. DVO) und die behelfsmäßige
Anlage von Luftschutzmaßnahmen in bestehenden Gebäuden (9. DVO); sie bestimmten außerdem das luftschutzmäßige Verhalten bei Luftangriffen (10. DVO)
und die Tarnmaßnahmen im Bereich des Luftschutzes (12. DVO).

An der Haustür ſtehenbleiben.

In den Schutzraum gehen.

Am Fenſter ſtehen. Neugier bedeutet Tod!

In den Schutzraum gehen oder in eine Ecke, am beſten hinter einen Mauer= pfeiler ſtellen.

Sich aufrecht und an markanten Punkten den Bomben ausſetzen.

In einen Graben legen.

Falſch!   **Richtig!**

Auf dem Markt weiter einkaufen.   In Ruhe in die Schutzräume der umliegenden Häuſer gehen.

Bei Abwurf von Brandbomben.

Bei Fliegerangriff entſtehen gleichzeitig viele Brände, deren die Feuerwehr allein nicht Herr werden kann.

Es iſt daher notwendig, daß die
Hausbewohner bereits im Frieden
ſelbſt eine Hausfeuerwehr gründen.

Wenn bei Fliegerangriff alle Hausbewohner in den Schutzraum flüchten, merken ſie nicht, wenn ihnen
das Haus über dem Kopf abbrennt.

Die Hausfeuerwehr bewacht bei Fliegerangriff den Boden, um Brände
ſchnell löſchen zu können.

Reichsgesetzblatt

Teil I

| 1935 | Ausgegeben zu Berlin, den 4. Juli 1935 | Nr. 69 |

Luftschutzgesetz.

Vom 26. Juni 1935.

Die Reichsregierung hat das folgende Gesetz beschlossen, das hiermit verkündet wird:

§ 1

(1) Der Luftschutz ist Aufgabe des Reichs; er obliegt dem Reichsminister der Luftfahrt.

(2) Der Reichsminister der Luftfahrt bedient sich bei der Durchführung des Luftschutzes neben den Dienststellen der Reichsluftfahrtverwaltung der ordentlichen Polizei- und Polizeiaufsichtsbehörden; auch kann er andere Dienststellen und Einrichtungen der Länder, Gemeinden, Gemeindeverbände und sonstigen Körperschaften des öffentlichen Rechts in Anspruch nehmen. Der Reichsminister der Luftfahrt handelt hierbei in Fällen grundsätzlicher Art im Einvernehmen mit den zuständigen Reichsministern.

(3) Falls den Ländern, Gemeinden, Gemeindeverbänden und sonstigen Körperschaften des öffentlichen Rechts durch die Inanspruchnahme für Zwecke des Luftschutzes besondere Kosten entstehen, trägt sie der Reichsminister der Luftfahrt.

§ 2

(1) Alle Deutschen sind zu Dienst- und Sachleistungen sowie zu sonstigen Handlungen, Duldungen und Unterlassungen verpflichtet, die zur Durchführung des Luftschutzes erforderlich sind (Luftschutzpflicht).

(2) Ausländer und Staatenlose, die im Deutschen Reich Wohnsitz, Aufenthalt oder Vermögen haben, sind luftschutzpflichtig, soweit nicht Staatsverträge oder allgemein anerkannte Regeln des Völkerrechts entgegenstehen.

(3) Luftschutzpflichtig sind ferner alle juristischen Personen, nicht rechtsfähigen Personenvereinigungen, Anstalten und Einrichtungen öffentlichen und privaten Rechts, soweit sie im Deutschen Reich Sitz, Niederlassung oder Vermögen haben.

§ 3

Personen, die infolge ihres Lebensalters oder ihres Gesundheitszustandes ungeeignet erscheinen, dürfen zu persönlichen Diensten im Luftschutz nicht herangezogen werden. Das gleiche gilt für Personen, deren Heranziehung mit ihren Berufspflichten gegenüber der Volksgemeinschaft, insbesondere mit den Pflichten eines öffentlich-rechtlichen Dienstverhältnisses, nicht zu vereinbaren ist.

§ 4

Umfang und Inhalt der Luftschutzpflicht werden in den Durchführungsbestimmungen festgelegt. Die dauernde Entziehung oder Beschränkung von Grundeigentum richtet sich nach den Enteignungsgesetzen.

§ 5

Die Heranziehung zur Luftschutzpflicht erfolgt, soweit die Durchführungsbestimmungen nichts anderes vorschreiben, durch polizeiliche Verfügung.

§ 6

Ob und in welchem Umfange bei Erfüllung der Luftschutzpflicht Vergütung oder Entschädigung zu gewähren ist, wird in den Durchführungsbestimmungen geregelt. Für die Leistung persönlicher Dienste wird grundsätzlich keine Vergütung gewährt.

§ 7

Die im Luftschuh tätigen Personen dürfen Geschäfts- und Betriebsverhältnisse, die sie bei Wahrnehmung ihres Dienstes erfahren, nicht unbefugt verwerten oder über andere mitteilen; über andere Tatsachen, an deren Nichtbekanntwerden die Betroffenen ein berechtigtes Interesse haben, ist Verschwiegenheit zu bewahren.

§ 8

Wer Gerät oder Mittel für den Luftschuh vertreiben oder über Fragen des Luftschuhes Unterricht erteilen, Vorträge halten, Druckschriften veröffentlichen oder sonst verbreiten, Bilder oder Filme öffentlich vorführen oder Luftschuhausstellungen veranstalten will, bedarf der Genehmigung des Reichsministers der Luftfahrt oder der von ihm bestimmten Stellen.

§ 9

(1) Wer den Bestimmungen der §§ 2 oder 8 oder den darauf beruhenden Rechtsverordnungen und Verfügungen zuwiderhandelt, wird, wenn nicht andere Gesehe schwerere Strafen androhen, mit Haft oder mit Geldstrafe bis zu einhundertfünfzig Reichsmark bestraft.

(2) Wer die Tat begeht, nachdem er bereits wegen Zuwiderhandlung gegen §§ 2 oder 8 rechtskräftig bestraft worden ist, oder wer gegen die Bestimmung des § 7 verstößt, wird mit Gefängnis und Geldstrafe oder einer dieser Strafen bestraft.

§ 10

Wer die Erfüllung der einem anderen nach den §§ 2, 7 oder 8 obliegenden Pflichten hindert oder zu hindern sucht oder zu einer Zuwiderhandlung nach § 9 öffentlich auffordert oder anreizt, wird, wenn nicht andere Gesehe schwerere Strafen androhen, mit Gefängnis und Geldstrafe oder einer dieser Strafen bestraft. In besonders schweren Fällen kann auf Zuchthaus erkannt werden.

§ 11

Die Reichsversicherungsordnung wird wie folgt geändert:

1. Im § 537 Abs. 1 fallen in der Nr. 5 die Worte

   „die Betriebe im Geschäftsbereich des Reichsluftfahrtministeriums" weg.

2. Im § 537 Abs. 1 wird hinter der Nr. 5 folgende Nummer eingefügt:

   „5a) die Betriebe im Geschäftsbereich des Reichsluftfahrtministeriums einschließlich der hoheitlichen Betriebe des Luftschuhes und die vom Reichsminister der Luftfahrt anerkannten Luftschuhübungen oder Betriebe zur Luftschuhausbildung,"

3. Als § 545 d wird nach § 545 c eingefügt:

   „§ 545 d
   Bei den nach § 537 Abs. 1 Nr. 5 a versicherten, vom Reichsminister der Luftfahrt anerkannten Luftschuhübungen gilt der Versicherungsschuh nur, soweit Personen durch eine Aufforderung der hierzu berufenen Stellen zu besonderen Tätigkeiten herangezogen werden."

4. Im § 554 c treten hinter „(537 Abs. 1 Nr. 4 a)" die Worte:

   „bei einem hoheitlichen Betriebe des Luftschuhes und bei den vom Reichsminister der Luftfahrt anerkannten Luftschuhübungen oder Betrieben zur Luftschuhausbildung (§ 537 Abs. 1 Nr. 5 a)".

5. Im § 569 b erhält der Abs. 1 folgende Fassung:

   „Als Jahresarbeitsverdienst gilt bei Versicherten, die im Feuerwehrdienst, in Betrieben zur Hilfeleistung bei Unglücksfällen, in hoheitlichen Betrieben des Luftschuhes und in den vom Reichsminister der Luftfahrt anerkannten Luftschuhübungen oder Betrieben zur Luftschuhausbildung beschäftigt sind, ohne daß diese Beschäftigung ihr Beruf ist, sowie bei Lebensrettern das Erwerbseinkommen, das sie in dem Kalenderjahre vor dem Unfall gehabt haben."

6. Als § 624 a wird nach § 624 eingefügt:

   „§ 624a
   Das Reich ist ferner Träger der Versicherung für die vom Reichsminister der Luftfahrt anerkannten Luftschuhübungen oder Betriebe zur Luftschuhausbildung, auch wenn sie nicht für Rechnung des Reichs gehen. Dies gilt nicht für Betriebe und Tätigkeiten, die Bestandteile eines anderen der Unfallversicherung unterliegenden Betriebs sind."

§ 12

Der Reichsminister der Luftfahrt wird ermächtigt, im Einvernehmen mit den zuständigen Reichsministern zur Durchführung dieses Gesehes Rechtsverordnungen und allgemeine Verwaltungsvorschriften zu erlassen. Darin kann angeordnet werden, daß der Reichsminister der Luftfahrt die ihm nach diesem Geseh zustehenden Befugnisse auf eine andere Behörde übertragen kann.

Berlin, den 26. Juni 1935.

Der Führer und Reichskanzler
Adolf Hitler

Der Reichsminister der Luftfahrt
Göring

Abb. 29: Luftschutzgesetz vom 26. Juni 1935, Seite 1 und 2   69

Da die staatlichen Hinweise und Anordnungen über die Organisation und Arbeit des zivilen Luftschutzes in den folgenden Jahren nicht unerhebliche Eingriffe in das Alltagsleben der Stadtbevölkerung zur Folge hatten, ist es angebracht, auf einzelne Bestimmungen und Erlasse hier etwas näher einzugehen, ohne jedoch eine ausführliche Darstellung und Dokumentation der Geschichte des Luftschutzes in Freiburg zu bieten[41].

Der Luftschutz wurde prinzipiell als Aufgabe des Reiches bezeichnet und dem Reichsminister der Luftfahrt unterstellt. Das Gesetz begründete eine allgemeine Luftschutz-Pflicht „aller Deutschen". Obwohl die Weisungen vom Reichsminister der Luftfahrt, Göring, erteilt wurden, oblag der gesamte Aufgabenkatalog des Luftschutzes in den Städten (Luftschutzwarndienst, Aufstellung des Sicherheits- und Hilfsdienstes – SHD, des Werkluftschutzes, des Selbstschutzes und des erweiterten Selbstschutzes) der jeweiligen örtlichen Polizei. Aufgrund des Luftschutzgesetzes übernahm jedoch das Reich die besonderen Kosten für die personelle und materielle Ausstattung des Luftschutzes in bestimmten Gemeinden.

Dies traf vor allem für die als „Luftschutzorte I. Ordnung" eingestuften 92 Städte zu, die aufgrund der Bevölkerungszahl, der zur militärischen und kriegswirtschaftlichen Bedeutung und wegen wichtiger Industrieanlagen oder als bedeutender Verkehrsknotenpunkt als besonders gefährdet und „luftempfindlich" angesehen wurden. Sie erhielten feste Einheiten des Sicherheits- und Hilfsdienstes I. Ordnung, des Werkluftschutzes und des Luftschutz-Warndienstes, hatten öffentliche Luftschutzräume und Luftschutz-Hochbauten (wie z.B. Bunker) zu bauen sowie weitere umfangreiche Luftschutzrettungsmaßnahmen mit finanzieller Unterstützung des Reiches vorzubereiten. Dagegen galten die 189 „Luftschutzorte II. Ordnung" mit „nur geringer aber wichtiger Industrie" sowie „mehr örtlicher militärischer und politischer Bedeutung" als weniger luftkriegsempfindlich. In diesen Städten wurde der Sicherheits- und Hilfsdienst II. Ordnung unter dem örtlichen Luftschutzleiter aus der freiwilligen Feuerwehr und den sonstigen vorhandenen Hilfsorganisationen der Stadt (wie z.B. Rotes Kreuz und Technische Nothilfe) aufgestellt. Sie sollten erst im Kriegsfall bei Fliegeralarm als „SHD" zusammentreten.

Die Luftschutzbauarbeiten dieser Orte mußten auf Kosten der Stadtkasse durchgeführt werden, da Finanzmittel des Reiches für diese Städte nicht vorgesehen waren. Auch Freiburg war als Luftschutzort II. Ordnung eingestuft worden; Karlsruhe dagegen war wegen seiner militärischen Bedeutung als Luftschutzort I. Ordnung eingeteilt worden. Alle übrigen Städte, Dörfer und Orte des Reiches galten als „Luftschutzorte III. Ordnung". Sie erhielten keine besondere Führungsorganisation. Der RLB hatte in allen Luftschutzorten den Selbstschutz der Hausbewohner zu organisieren. Im Kriegsfall unterstand der zivile Luftschutz dem Oberbefehlshaber der Luftwaffe[42].

Das Luftschutzgesetz und die sich im Bezirk Südbaden allmählich formierende Organisation des RLB („Bezirksgruppenführer" mit Sitz in Freiburg waren Widmeyer und danach Azone) blieben von der Bevölkerung jedoch weitgehend unbe-

---

[41] Zur Entwicklung siehe umfassend Hampe, Der Zivile Luftschutz; zu den Durchführungsverordnungen siehe den jeweiligen Abdruck im Reichsgesetzblatt, Teil I ab 1935 ff.

[42] Vgl. den Sitzungsbericht zur 11. Sitzung des Reichsverteidigungsausschusses, in: Der Prozeß gegen die Hauptkriegsverbrecher vor dem Internationalen Militärgerichtshof Nürnberg 14. 11. 1945–1. 10. 1946 (IMT). Bd. 36. Nürnberg 1949, S. 437 ff.

achtet. Auch die Freiburger Ortskreisgruppe des RLB unter dem neuen „Luftschutz-Hauptführer“ Prof. Dr. Köhn fand wenig Beachtung.

Mehr Aufmerksamkeit erlangte dagegen in der Öffentlichkeit der am 7. März 1936 von Hitler befohlene Einmarsch der Wehrmacht in das bislang entmilitarisierte Rheinland und in die neutrale Zone östlich des Rheins, so daß auch Freiburg wieder Garnisonsstadt der neuen Wehrmacht wurde und entsprechende militärische Bedeutung für den Luftschutz erlangte. Am 8. März zogen Einheiten der I. Abteilung des Artillerie-Regimentes Nr. 5 und Soldaten des Infanterieregimentes Nr. 75 in die Breisgaustadt ein. Die Zeitschrift „Die Wehrmacht“ und die Zeitung „Der Alemanne“ berichteten ausführlich und bebildert über den begeisterten Empfang der Soldaten durch die Freiburger Bevölkerung beim Einzug auf der „Adolf-Hitler-Straße“ in die Innenstadt, um die dabei gezeigte „überwältigende Größe der Organisation“ der neuen Wehrmacht des Dritten Reiches besonders hervorzuheben (Abb. 31–35)[43]. Auch auf dem Freiburger Flugplatz gab es ab April 1936 wieder militärische Einrichtungen und Dienststellen der neuen Luftwaffe; Mitte Februar 1937 wurde bereits das Richtfest für die neuen Kasernenbauten (Schlageterkaserne) der Freiburger Garnison gefeiert.

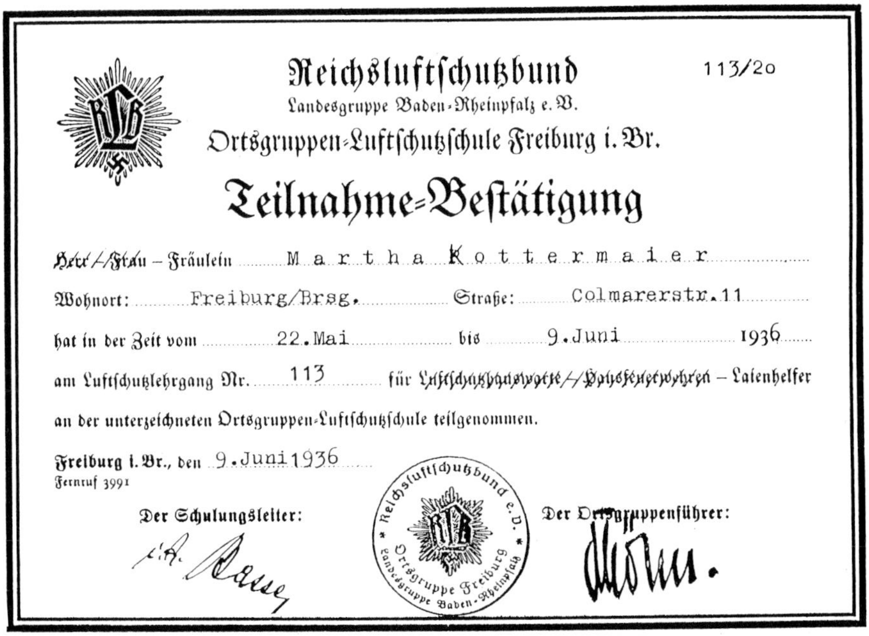

Reichsluftschutzbund 113/20
Landesgruppe Baden-Rheinpfalz e.V.
Ortsgruppen-Luftschutzschule Freiburg i. Br.

Teilnahme-Bestätigung

Herr/Frau – Fräulein Martha Kottermaier

Wohnort: Freiburg/Brsg. Straße: Colmarerstr. 11

hat in der Zeit vom 22. Mai bis 9. Juni 1936

am Luftschutzlehrgang Nr. 113 für Luftschutzhauswarte/Selbstschutzkräfte – Laienhelfer

an der unterzeichneten Ortsgruppen-Luftschutzschule teilgenommen.

Freiburg i. Br., den 9. Juni 1936
Fernruf 3991

Der Schulungsleiter: Der Ortsgruppenführer:

Abb. 30: Teilnahme-Bestätigung vom 9. Juni 1936 für den Reichsluftschutzbund von Freiburg (StadtAF)

Unter reger Anteilnahme der Stadtbevölkerung fanden am jeweiligen Heldengedenktag im November 1937 und 1938 öffentliche Rekrutenvereidigungen auf dem Messeplatz unter Leitung des Standortältesten und Kommandeurs der Heeresdienststelle 7 (und späteren Kommandeurs des Infanterieregiments Nr. 75),

[43] Siehe den Bericht: „Wie wir nach Freiburg zogen“. In: Die Wehrmacht 1 (1937), H. 9 v. 5. 3. 1937, S. 8f. und „Großer Zapfenstreich in Freiburg“. In: Der Alemanne Nr. 78 v. 17. 3. 1936.

Wie wir nach Freiburg zogen

Einmarsch der I. Abteilung des Artillerie-Regiments 5

„Alarm!" Unerwarteter als gerade am Sonnaben
dem 7. März 1936, ist mir und allen Angehörige
der I. A.-R. 5 dieser Weckruf bestimmt noch nie e
klungen. Sehr unmilitärische Gedanken über die Ei
fälle der höheren Vorgesetzten und die dazugehörige
Flüche waren zunächst die Quittung auf den Befel
den die Fernsprechordonnanz mir zum Frühstück u
5.30 Uhr brachte: „Fernmündlicher Befehl des Kor
mandeurs! Abteilung alarmieren, feldmarschmäßig
Ausrückealarm, sofort den Kommandeur zur näher
Unterweisung beim Adjutanten des J.-R. 75 anrufen
Und das ausgerechnet am letzten Tag vor den R
krutenbesichtigungen. Nun können die Reitabteilung
nicht mehr gehen, nun fällt der letzte Schliff aus, u
am Montag platzt alles! Es ist menschlich verständli
daß man zunächst mal nur in seinem kleinen Kr
dachte. Aber dann ging's, wie schon r-mal. Los
Ordonnanzen zu den Einheiten, die Außenwohnend
holen, tränken und füttern, Fahrzeuge und Geschi
ausrüsten, Chefs verständigen, weitere Befehle
folgen.

Zunächst hat wohl keiner diesen Alarm mit
bekanntgegebenen Einberufung des Reichstages in
sammenhang gebracht; was hat unser Dienst a
mit der Politik zu tun! Das große Geschehen wu
erst später klar.

Jetzt nur Ruhe, aber trotzdem los. Und es g
los, wie 1914. Und hat fabelhaft geklappt! Die G
Klarheit und überwältigende Größe der Organisa
und Arbeit unserer Armee ist an diesem Tag je
denkend Miterlebenden klar geworden, wie auch
Wert des deutschen Soldaten und Menschen.

Die Alten wie die Rekruten taten ihren Die
jeder an seinem Posten mit einer Selbstverständlich
als machten sie jeden Tag mobil, ohne zu w
warum, wohin und gegen wen. Die Bauern brac
auf viele Kilometer ihre Pferde vom Pflug weg ge
so zuverlässig wie der Kaufmann der Stadt seine v
bereitgestellten Dinge, und der Arbeiter des Prov
amts gab die eisernen Portionen und Rationen ge
so ruhig und richtig aus, wie täglich den laufen
Bedarf.

Aus wieviel tausend Quellen in besonderen Je
die Gerüchte und Mutmaßungen sickern, ist ja im
ein Rätsel, sie sind eben da. Und so ging auch uns
Laufe des Vormittags allmählich ein Licht über grö
Zusammenhänge auf. Es wurde neben der unen
schnellen und jeden einzelnen ununterbrochen
Schwung haltenden Arbeit noch Zeit gefunden, e
Gemeinschaftsempfang für die große Führerrede
zubereiten, und dann war ja alles klar. Die g
Abteilung hörte im Stahlhelm auf dem Kaserne
angespannt und feldmarschmäßig, marschbereit
nur wenigen Stunden Vorbereitungszeit, die
waltige Kundgebung im Deutschen Reichstag mit
Der Ausbruch der Begeisterung, als der Führer
Besetzung der Zone verkündete, war zwar unmilit
aber um so ergreifender.

Abb. 31: „Wie wir nach Freiburg zogen". Einmarsch der deutschen Truppen in Freiburg am 8. März 1936 (Bericht und Photo aus: Die Wehrmacht vom 5. 3. 1937, S.8)

Abb. 32 und 33: Truppeneinmarsch in Freiburg. Adolf-Hitler-Straße, 8. März 1936 (Stadt AF, M 751)

Abb. 34 und 35: Truppeneinmarsch in Freiburg. Adolf-Hitler-Straße, 8. März 1936 (StadtAF, M 751)

Abb. 36: NSDAP-Kreisleiter Dr. Fritsch
(StadtAF, K 1/49)

Generalmajor Richter, statt[44]. In den Chor der Begeisterung über die neue Wehr-
machtsgarnison stimmten auch die Freiburger Nationalsozialisten mit dem seit
23. Februar 1937 als Nachfolger von Oberbürgermeister Kerber neu eingesetzten
Kreisleiter Dr. Wilhelm Fritsch ein (Abb. 36)[45].

Entsprechend der Anordnung des Luftschutzgesetzes wurden Ende Oktober
1936 wie im gesamten Deutschen Reich so auch in Freiburg eine Teilverdunke-
lungsübung und am 25. November 1936 die erste Total-Verdunkelungsübung in
der Zeit von 19 bis 21 Uhr in der Stadt und im Landkreis durchgeführt. Die örtliche Presse meldete dazu euphorisch: „Es hat alles gut geklappt!"[46]. Die Luftschutzübungen wurden danach in etwa halbjährlichen Abständen im Juni 1937,
Dezember 1937, Mai 1938, September 1938 und im Februar 1939 wiederholt. Im
März 1937 erfolgte zusätzlich eine Fliegeralarmübung während des Tages.

1938 begann man dann auch mit dem Ausbau von „öffentlichen Luftschutzräumen" (= Ö. L. S. R.) in den Kellern staatlicher Dienstgebäude. Der erste „öffentliche Sammel-Luftschutzraum" Freiburgs wurde im Felsenkeller unter dem
Greifenegg-Schlößle gebaut[47]. Das in Stuttgart eingerichtete Luftgaukommando

[44] StadtAF, C 4/XI/27/5.
[45] Dr. Wilhelm (auch Willy) J. Fritsch, geb. am 1.10.1907 in Neuß, gest. am 8.12.1987 in Baiersbronn,
war bis 1935 als Lehrer tätig, seit 1.7.1931 NSDAP-Mitglied (Nr. 580 312), wurde er dann Leiter der Lan-
desstelle Baden des Reichsministeriums für Volksaufklärung und Propaganda (Gaukultur- und -propa-
gandastelle) und der Kulturabteilung der Hitlerjugend in Baden; 1937 promovierte er an der Universität
Heidelberg in Mathematik. Vom 10.5.–7.11.1942 war er vorübergehend für einen politisch-militärischen
Posten im Osten zur Parteikanzlei kommandiert; ab 1.10.1943 war er erneut zur NSDAP-Reichsleitung/
Parteikanzlei abkommandiert und kam dann nochmals 5.12.1944 bis 17.3.1945 als NSDAP-Kreisleiter nach Freiburg zurück, vgl. Stadtarchiv Freiburg und Berlin Document Center, Personalunterlagen
Dr. Fritsch; nach dem Krieg war er ab 1954 wieder im Schuldienst, wurde Studienrat, Oberstudienrat und
war bis 1973 Schulleiter-Stellvertreter am Gymnasium in Baiersbronn.
[46] Vgl. Freiburger Tagespost Nr. 289 v. 23.10.1936; StadtAF, C 4/XI/29/4.
[47] Ebda., C 4/XI/30/3 und 4.

V war mit den Freiburger Luftschutzaktionen und Übungsmaßnahmen jedoch gar nicht zufrieden und drängte auf umfassendere und stetigere Alarmübungen. Die Stadtverwaltung zögerte aber mit der Durchführung, da sie erst die Kostenfrage zwischen der Stadt und den Reichsbehörden geklärt sehen wollte. Sie konnte und wollte vorerst keine Finanzmittel aus dem städtischen Etat für neue Alarmanlagen bereitstellen[48].

Abb. 37: Deutsch-französisches Frontkämpfertreffen in Freiburg am 4. Juli 1937 (StadtAF)

Ein Erlaß Görings vom April 1938 gestattete schließlich die Zuweisung zusätzlicher Reichsmittel für die Durchführung praktischer Luftschutzübungen nach dem Luftschutzgesetz. Im September 1938 kamen die Freiburger Ratsherren nach eingehender Beratung zu dem Ergebnis, daß in den einzelnen Straßen bombensichere Luftschutzräume geschaffen werden müßten und daß die Behandlung der Finanzierungsfragen und die bislang verlangte Zuweisung von Geldern aus dem Reichsetat im Interesse der Bevölkerung „nur sekundärer Natur" seien[49].

In den nächsten Monaten konnten die Freiburger aber auch die weniger rühmlichen Aktionen der nationalsozialistischen Gewaltherrschaft bei der „fürsorglichen" Behandlung der deutschen Bevölkerung miterleben. Schon ab April/Mai 1933 waren in der NS-Zeitung „Der Alemanne" die Auswüchse der neuen rück-

[48] Ebda., C 4/XI/31/4.
[49] Ebda., C 4/XI/30/4.

sichtslosen Rassenpolitik und die Boykottaufrufe gegen die jüdischen Mitbürger zu verfolgen. Das Attentat auf den deutschen Diplomaten vom Rath am 7. November 1938 in Paris durch den polnischen Juden Grünspan führte auch in Freiburg zu pogromhaften, angeblich „spontanen judenfeindlichen Kundgebungen". In Wirklichkeit waren die Ausschreitungen von Parteistellen und NSDAP-Mitgliedern organisiert und durchgeführt worden. Am Morgen des 10. November 1938 wurde die Freiburger Synagoge gegenüber Stadttheater und Universität angezündet und zerstört. Die Reste der Synagoge wurden danach gesprengt, der Platz schließlich eingeebnet. „Der Alemanne" berichtete kurz, daß „137 Freiburger Juden" „in Schutzhaft genommen" und anschließend sofort mit der Eisenbahn in das Konzentrationslager Dachau transportiert worden seien[50]. In Dachau wurden die Freiburger Prof. Dr. Ernst Beck und Julius Friedberg von den Nazis ermordet. Dies sollten allerdings nicht die letzten antisemitischen Aktionen unter der NS-Herrschaft in der Breisgaustadt bleiben. Im Zusammenhang mit der Verschleppung von etwa 5600 badischen Juden nach Gurs in Südfrankreich Ende Oktober 1940 wurden etwa 350 noch in Freiburg verbliebene jüdische Mitbürgerinnen und Mitbürger aus der Stadt vertrieben[51]. Die letzten Juden aus Freiburg schickte man schließlich am 22. August 1942 und am 30. September 1942 gewaltsam nach Theresienstadt und Auschwitz in die Konzentrationslager.

Fürsorglicher kümmerte man sich um die sogenannte „arische" deutsche Bevölkerung. Anfang Mai 1939 verkündete der Präsident des RLB, Generalleutnant von Roques, anläßlich des sechsjährigen Jubiläums des RLB, die Luftschutzorganisation in den Städten werde nunmehr „allen Anforderungen, die ein moderner Luftkrieg an den Selbstschutz der Bevölkerung stellt, gerecht"[52]. Der RLB verfüge über 700 000 Amtsträger und „13 Millionen Volksgenossen" als Mitglieder. Das „luftschutzbereite Haus" sei nunmehr als selbst gestecktes Ziel innerhalb Deutschlands erreicht worden. Im Rahmen der „Reichsluftschutzwoche" vom 8. bis 14. Mai 1939 wurden dann auch in Freiburg ein besonderer „Tag der Frau im Luftschutz" und ein „Jugend-Luftschutztag" verkündet. In öffentlichen Aufrufen und Rundfunksendungen appellierte man dabei an beide Bevölkerungsgruppen: „Das Vaterland ruft Euch! Auch ihr gehört zur deutschen Schicksalsgemeinschaft. Auch ihr seid mitverantwortlich für den Schutz Eurer Heimat, für die Erhaltung deutschen Volkslebens und deutschen Volksgutes".

---

[50] Siehe dazu Ernst Otto Bräunche: „Die Reichskristallnacht" in Freiburg. In: Zeitschrift des Breisgau-Geschichtsvereins („Schau-ins-Land") Jg. 103 (1984), S. 149–160; siehe auch „Der Alemanne" v. 10. 11. 1938. Vgl. nun: In der Vergangenheit liegt die Kraft für die Zukunft. Das Schicksal Freiburger Juden am Beispiel des Kaufmanns Max Mayer und die Ereignisse des 9./10. November 1938. Mit Beiträgen von Rolf Böhme und Heiko Haumann. Freiburg 1989 (= Stadt und Geschichte. Neue Reihe des Stadtarchivs Freiburg i. Br. H. 13).
[51] Berent Schwineköper / Franz Laubenberger: Geschichte und Schicksal der Freiburger Juden. Aus Anlaß des 100jährigen Bestehens der israelitischen Gemeinde in Freiburg. Freiburg 1963 (= Freiburger Stadthefte 6); Dokumente über die Verfolgung der jüdischen Bürger in Baden-Württemberg durch das nationalsozialistische Regime 1933–1945. Bearbeitet von Paul Sauer. Teil I und II. Stuttgart 1966, S. 231 ff.; Franz Hundsnurscher / Gerhard Thaddey: Die jüdischen Gemeinden in Baden. Denkmale, Geschichte, Schicksale. Stuttgart 1968, S. 86 ff.; Paul Sauer: Die Schicksale der jüdischen Bürger Baden-Württembergs während der nationalsozialistischen Verfolgungszeit 1933–1945. Mit Beiband: Die Opfer der nationalsozialistischen Judenverfolgung in Baden-Württemberg. Ein Gedenkbuch. Stuttgart 1969; Thilo Pflugfelder: Verfolgungsmaßnahmen gegen Juden in Baden während des „Dritten Reichs". o. O. o. J. (Stuttgart 1980), S. 27 ff., 36 ff., Zum Abtransport der Freiburger Juden am 22. 10. 1940 siehe auch StadtAF, B 1/328: Kriegschronik 1940–1945, Teil I.
[52] BA-MA Freiburg, RL 41/1, Luftschutzberichte 5 (1939), Nr. 10 v. 10. 5. 1939 (Vizepräsident des RLB war General der Flakartillerie von Schröder. Er wurde am 23. 5. 1939 Nachfolger von Roques als Präsident des RLB); auch zu den folgenden Zitaten.

Kurz darauf mahnte Göring nochmals öffentlich an, es dürfe nicht beim bisher Erreichten stehengeblieben werden. Jeder Deutsche müsse Mitglied des RLB werden; die neueingerichtete Reichsluftschutzschule in Berlin-Wannsee versah er als „Hochschule des Selbstschutzes" für die Luftschutzarbeit der deutschen Bevölkerung sogar mit akademischer Würde[53]. „Neben den aktiven Schutz des Schwertes" müsse „der passive Schutz treten". „Nur dann können wir durchhalten", verkündete Göring, „sollte es einmal zum Äußersten kommen. Der Kämpfer draußen muß wissen, daß alles vorbereitet ist, wenn seiner Heimat unmittelbar aus der Luft Verderben droht, und daß sich genügend Kräfte finden, die in die Abwehr der Heimat eintreten". Keiner dürfe im deutschen Volk glauben, „daß Luftschutz eine Spielerei sei und nicht notwendig wäre!"

Solcherart auf das Kommende vorbereitet, konnten dann auch die Freiburger vernehmen, daß der neue Präsident des RLB, General von Schröder, im Juni 1939 über die seit der Sudetenkrise im September 1938 in der Bevölkerung gestiegene Bereitwilligkeit zur Mitarbeit im Luftschutz besonders erfreut und daß der Luftschutzgedanke inzwischen allgemein anerkannt war.

Bereits wenige Wochen später sollten sich Görings Worte bewahrheiten. Durch den von Hitler befohlenen Überfall auf Polen am 1. September 1939 nahm die Möglichkeit eines Luftkrieges gegen die Zivilbevölkerung reale und drohende Konturen an. Die bisher lästigen und „harmlosen" Luftschutzübungen sowie die Unterrichte und öffentlichen Unterweisungen verwandelten sich schlagartig in bitteren und blutigen Ernst.

[53] Ebda., RL 41/1, auch zum Folgenden.

III.

Freiburg im Luftkrieg 1939–1944

1. Die Auswirkungen des Luftkrieges in den ersten Kriegsjahren bis 1942

Mit Bekanntgabe des Kriegsbeginns gegen Polen am 1. September 1939 wurde sogleich in Freiburg der „Luftverteidigungszustand" proklamiert[1]. Ferner wurde am ersten Kriegstag das Ernährungs- und Wirtschaftsamt als neue städtische Dienststelle in der Rotteck-Oberrealschule (Werderstraße) eingerichtet, um die in Kraft getretenen Maßnahmen für die Lebensmittelrationierungen zu regeln[2]; Anfang Dezember 1939 siedelte dieses für die nächsten Kriegsmonate und Kriegsjahre sehr bedeutungsvolle Amt in die Hildaschule über. Im Rahmen des „Luftschutzes" wurde zudem die nächtliche Verdunkelung des Stadtgebietes als Dauermaßnahme während des Krieges angeordnet. Außerdem rief man unter der Leitung des städtischen Polizeidirektors Günther Sacksofsky (Abb. 38) als „örtlichem Luftschutzleiter" den „Sicherheits- und Hilfsdienst (SHD)" mit 584 Mann

Abb. 38: Polizeidirektor Günther Sacksofsky (StadtAF, K 1/49)

---

[1] Siehe Der Alemanne Nr. 244A v. 4.9.1939; StadtAF, C 4/XI/29/4.
[2] Ebda., B 1/328: Kriegschronik 1940–1945, Teil II.

auf. Die meisten Fachtrupps des SHD waren allerdings unvollständig ausgerüstet und besaßen beispielsweise keine Schutzmasken, so daß sie im Falle eines tatsächlichen Luftangriffs kaum eingesetzt werden konnten. Nach eigener Einschätzung war der Freiburger SHD „nur bedingt verwendungsfähig"[3]. Als „Luftschutzoffizier und Leiter des zivilen Luftschutzes" wurde Hauptmann der Schutzpolizei Bieser eingeteilt. Im Keller des Hauptpostgebäudes in der Eisenbahnstraße befand sich die „Luftschutzwarnzentrale Freiburg", und auf dem Lorettoberg wurde die „Flugwache Hildaturm" als Außenposten des Flugmeldedienstes eingerichtet. Sie unterstand dem Flugwach-Kommando in Donaueschingen; ihr oblag die Luftraumbeobachtung, die Auslösung von Luftalarmen und die Entgegennahme sowie Weitergabe der Luftwarnmeldungen an überregionale Stellen. Außer dem Stab des Generalkommandos z. b. V. XXXIII (unter General der Kavallerie Georg Brandt) und den Stäben der Flakgruppe Schwarzwald-Süd und der Flak-Abteilung I./491 befand sich noch die Dienststelle des Standortältesten für Freiburg (unter dem Befehl von Generalmajor Richter) in der Eisenbahnstraße 8[4].

Bereits am ersten Kriegstag wurde eine Verdunkelungsübung des zivilen Luftschutzes im Stadtgebiet durchgeführt. Als weitere vorsorgliche Schutzmaßnahme gegen mögliche feindliche Luftangriffe in dem von Hitler vom Zaun gebrochenen Krieg ordnete Göring den Ausfall des Schulunterrichtes nach den Sommerferien an. Auch der Lehrbetrieb der Freiburger Universität wurde eingestellt. Erst Ende Oktober 1939 wurde der Unterricht in den höheren, gewerblichen, Handels- und Fachschulen Freiburgs wieder aufgenommen, sofern Luftschutzräume in den Kellergeschossen der Schulen vorhanden waren. Die Universität begann am 8. Januar 1940 wieder mit dem Lehrbetrieb. Die Volksschulen öffneten erst am 14. Februar 1940 wieder[5].

Am 4. September 1939 machte die regionale Presse die Stadtbevölkerung mit der amtlichen Bekanntmachung zur „Durchführung des Fliegeralarms im Stadtbezirk Freiburg" vertraut (Abb. 39)[6]. Fortan konnten Zuwiderhandlungen gegen diese Anordnungen bestraft werden. Die Bekanntmachung war zwei Tage zuvor vom „örtlichen Luftschutzleiter" erlassen worden. Der darin beschriebene „an- und abschwellende Heulton von zwei Minuten Dauer" als Alarmierungszeichen sowie der „gleichmäßig ununterbrochene Heulton von zwei Minuten Dauer" als Entwarnungssignal sollten sich während der nächsten Kriegsjahre zu alsbald vertrauten Tönen des Kriegsalltags in der Stadt entwickeln. Mit der Ausrüstung von entsprechenden Luftschutz-Alarmsirenen stand es in Freiburg aber nicht zum besten. Da die Kosten für einen Luftschutz-Warndienst in einem Luftschutz-Ort II. Ordnung wie Freiburg nicht auf das Reich abgewälzt werden konnten, son-

[3] Der Stab der örtlichen Luftschutzleitung setzte sich aus „11 Führern" zusammen: Örtlicher Luftschutzleiter bis 2. Juli 1940: Polizeidirektor Sacksofsky; Kommandeur der Schutzpolizei: Major der Schutzpolizei Buch; Luftschutzoffizier: Hauptmann der Schutzpolizei Bieser; Leiter des Feuerwehrdienstes: Wehrführer Eberhard; Hilfsfachführer des Leiters des Feuerwehrdienstes: Oberbrandmeister Schweigler; Leiter des LS-Sanitätsdienstes: Medizinalrat Dr. Pfunder; Leiter des Instandsetzungsdienstes: Stadtbauamtmann Dittes; Leitender Beamter der Stadtverwaltung: Oberbaurat Butz; Fachführer für den Gasabwehrdienst: Baurat List; Leiter des LS-Veterinärdienstes: Stadttierarzt Dr. Büdel; Beratender Chemiker: Dr. Himmelsbach; siehe StadtAF, D.Aö. 1.32a, Bd. 1 mit Anlage 1.
[4] Richter wurde am 1.10.1939 zum Generalleutnant befördert; siehe: Der Alemanne Nr. 275 v. 5.10.1939. Die Geschäftsstelle des Standortältesten wurde am 18.11.1939 in das Hotel „Europäischer Hof", Bahnhofstraße 20 verlegt; StadtAF, C 4/XI/27/5.
[5] Ebda., C 4/XI/5/7; vgl. auch Der Alemanne Nr. 291 v. 21.10.1939.
[6] Der Alemanne Nr. 244A v. 4.9.1939; StadtAF, B1/328: Kriegschronik 1940–1945 Teil II und C 4/XI/29/4; auch zum Folgenden.

Amtliche Bekanntmachung

Durchführung des Fliegeralarms im Stadtbezirk Freiburg

Für den Fall von Luftangriffen durch feindliche Flugzeuge ergeht zum Schutze der Bevölkerung für den Stadtbezirk Freiburg auf Grund des § 7 der I. Durchführungsverordnung zum Luftschutzgesetz folgende polizeiliche Anordnung:

1. Der Fliegeralarm wird durch Alarmsirenen ausgelöst. Die Alarmierung erfolgt durch einen an- und abschwellenden oder in raschem Wechsel unterbrochenen Heulton von 2 Minuten Dauer.

   Daneben werden an den Polizeiwachen und besonders wichtigen Punkten Fliegerwarnflaggen (Farbe gelb-blau-gelb) ausgehängt; ferner werden solche Flaggen von den durch die Straßen fahrenden Alarmstreifen mitgeführt.

2. Bei Auslösung des Fliegeralarms sind nachstehende Verhaltungsmaßregeln zu befolgen.

   a) Sämtliche Verkehrsteilnehmer haben unverzüglich die Straße zu verlassen und auf dem kürzesten Wege den nächstgelegenen öffentlichen Luftschutzraum oder notfalls nächsten Hausschutzraum aufzusuchen. Die Luftschutzwarte sind verpflichtet, solchen Personen, die unterwegs vom Fliegeralarm überrascht werden, Einlaß zu gewähren.

   b) Alle Fahrzeuge, ausgenommen Schienenfahrzeuge sind scharf rechts an den Rand der Fahrbahn zu fahren und dort anzuhalten. Die Insassen begeben sich sodann ebenfalls in die Luftschutzräume. Kraftfahrzeuge sind vor dem Verlassen in der vorgeschriebenen Weise vor dem Zugriff von Unbefugten zu sichern. Bei Pferdefahrzeugen sind die Bremsen festzumachen, die Pferde auszuspannen und fest an Bäume, Leitungsmasten oder Zäune von Vorgärten oder dergl. notfalls am Fahrzeug anzubinden. Soweit möglich können die Pferde auch in Räume oder Hofeinfahrten untergebracht werden.

   Krafträder oder Fahrräder sind an Zäunen, Hauswänden, Mauern und dergl. aufzustellen oder anzulehnen und möglichst anzuschließen.

   c) Oeffentliche Verkehrsmittel sind sofort stillzusetzen. Die Fahrgäste und das Fahrpersonal begeben sich gleichfalls in die nächsten öffentlichen Luftschutzraum oder, falls nicht mehr möglich, verteilen sich auf verschiedene benachbarte Hausluftschutzräume, notfalls Hausflure.

3. In den Häusern haben sämtliche, nicht als Selbstschutzkräfte tätigen Hausbewohner, die vorgesehenen Schutzräume aufzusuchen.

   Die Selbstschutzkräfte begeben sich auf ihre Posten.

4. Die Entwarnung erfolgt entweder allgemein für das ganze Stadtgebiet mittels Alarmsirenen durch einen gleichmäßigen ununterbrochenen Heulton von 2 Minuten Dauer oder für einzelne Stadtbezirke getrennt durch Meldefahrer.

5. Beim Verlassen der Schutzräume ist den Anordnungen der Luftschutzwarte und Ordner Folge zu leisten.

6. Zuwiderhandlungen gegen diese Anordnungen oder gegen die Weisungen der mit der Ueberwachung der Durchführung derselben beauftragten Organe (Polizei, Hilfspolizei, Luftschutzwarte) werden gemäß §§ 9 und 10 des Reichsluftschutzgesetzes bestraft. Auch kann zur Erfüllung der sich aus dieser Anordnung ergebenden Pflichten unmittelbar polizeilicher Zwang angewandt werden.

Freiburg i. Br., den 2. September 1939.

Der Polizeidirektor
als örtlicher Luftschutzleiter
Sachsofsky

Abb. 39: Durchführung des Fliegeralarms in Freiburg (Der Alemanne Nr. 244 vom 4.9.1939)

Abb. 40: Oberbaurat Karl Werner
(StadtAF)

Abb. 41: Polizeipräsident Otto Henninger
(StadtAF)

dern von der Gemeinde selbst getragen werden mußten, hatte man bislang nur
sehr zurückhaltend einige Anschaffungen vorgenommen.

Bei den am 4., 5. und 6. September 1939 abgehaltenen Ratsherren-Sitzungen
wurde dieser Mangel eingehend erörtert[7]. Die Beratungen waren das Ergebnis
einer Prüfung und Bestandsaufnahme in den einzelnen Stadtteilen aufgrund der
dort festgestellten völlig ungenügenden öffentlichen Schutzraummöglichkeiten
und der bisher getroffenen Maßnahmen auf dem Gebiet des Luftschutzes. Oberbürgermeister Dr. Kerber stellte „schwere Versäumnisse" fest. Die bisherigen
Luftschutzvorkehrungen, die unter Leitung von Polizeidirektor Sacksofsky standen, wurden insgesamt als unzulänglich und mangelhaft angesehen. Sowohl im
Stadtteil Stühlinger, der in der Nähe von Flugplatz und Bahngelände lag, als auch
in mehreren anderen Stadtteilen waren von der Polizeidirektion keine öffentlichen Luftschutzräume eingerichtet worden. Oberbürgermeister und Ratsherren
betonten, daß der Bau und die Einrichtung von öffentlichen Luftschutzräumen
(Ö. L. S. R.) nicht Sache der Stadt, sondern des Reiches seien, das auch die nötigen
Mittel dazu aufzubringen habe. Da Freiburg jedoch nur als Luftschutzort II. Ordnung eingestuft worden war, hatte die Schaffung und der Ausbau von Ö. L. S. R.
in der Breisgaustadt durch die Reichsbehörden keine Priorität besessen. Die
Stadtverwaltung kritisierte zudem, daß die Polizeidirektion und das zuständige
Luftgaukommando in München die ganze Angelegenheit bis vor kurzem als Ge-
heimsache behandelt und die Stadtverwaltung weder bei der Auswahl noch über
die Lage der Luftschutzräume offiziell informiert oder konsultiert hatten. Die
Ausrüstung in den Schutzräumen wurde durchweg als unvollkommen einge-

[7] Ebda., C 4/XI/30/3: Niederschrift über die Besprechung des Oberbürgermeisters mit den Ratsherren
am 5.9.1939; vgl. ferner C 4/XI/31/4; auch zum Folgenden.

82

schätzt. Hinweisschilder waren erst „in den letzten Tagen auf Betreiben der Stadt angebracht worden".

Aufgrund des 1938 begonnenen Ausbaus von Luftschutzräumen existierten bei Kriegsbeginn nur 27 öffentliche Luftschutzräume, von denen sich noch neun im Bau befanden, die aber in den folgenden Wochen fertiggestellt werden konnten. Die Räume hatten insgesamt ein Fassungsvermögen für 6371 Personen (Abb. 42). Obwohl diese Zahl auf den ersten Blick für eine Stadt wie Freiburg mit 110318

U e b e r s i c h t

über die öffentlichen Luftschutzräume in der Stadt Freiburg i.Br.

Nr.	Bezeichnung (Strasse)		Fassungs= vermögen Personen	Baukosten Voranschlag RM
1	Bergstollen, Schlossbergstr.15		1 800	15 600.-
2	Amtsgerichtsgebäude	Bezirksbauamt	560	17 800.-
3	Städt. Verkehrsamt	Stadt	170	3 400.-
4	Haus Ad.Hitlerstr. 142	Stiftung	210	7 100.-
5	Bertholdgymnasium ausgebaut städt.Aufsicht		350	11 700.-
6	Rotteckoberrealschule	" " "	190	3 800.-
7	Friedrichsgymnasium	" " "	265	7 950.-
8	Lessingschule	Stadt	135	7 600.-
9	Felsenkeller, Schlossbergstrasse 1 Stadt		300	13 580.-
10	Haus Schwarzwaldstrasse 25a	"	80	2 910.-
11	" Bahnhofstr. 6	Handwerkskammer	80	3 500.-
12	" Friedrichstrasse 30	Haus Burkhardt	80	2 800.-
13	" Schlagsterstr. 1	Sautier Erben	460	6 223.-
14	" Schwarzwaldstr. 4	Dr. Villinger	50	3 435.-
15	" Ad. Hitlerstr. 176	Herder	140	3 700.-
16	" Ad. Hitlerstr. 216	Hiller Ww	100	3 500.-
17	" Ad. Hitlerstr. 283	Mallebrein Ww	80	4 171.-
18	" Ad. Hitlerstrasse/u. 177 Münsterpl.3 Museum		240	8 000.-
19	Landeskommissärgebäude	Bezirksb.Amt	240	5 200.-
20	Haus Friedrichstr. 37	Wohlgemut	200	7 600.-
21	Industrie- u. Handelskammer Wilhelmstr.		90	2 664.-
22	Haus Schwarzwaldstr. 185	Stadt	120	4 900.-
23	" Ad. Hitlerstr. 232	O.Schmidt	110	3 964.-
24	" Schwimmbadstr. 13	Verw.Wagner	125	3 866.50
25	Gewerbebank Freiburg	Gauchstr. 6	60	1 800.-
26	Haus Kirchstrasse 51	Stadt	100	3 660.-
27	Hausneubau Jensenstr.	Stadt	36	3 612.-
			6 371	164 035.50 RM

Abb. 42: Öffentliche Luftschutzräume, Übersicht von 1939 (StadtAF, C4/XI/30/3)

Einwohnern (Stand nach der letzten Volkszählung vom 17. Mai 1939 mit St. Georgen) im September 1939 als sehr niedrig erscheint, entsprach dieses Kontingent dennoch dem vom Luftgauamt festgesetzten Bedarf für eine Bevölkerung von 100 000 Einwohnern in einem Luftschutzort II. Ordnung[8]. Kritisiert wurde ferner, daß der weitere Ausbau von Luftschutzräumen durch den erheblichen Mangel an Bauarbeitern, die seit einiger Zeit aufgrund des von Hitler seit Mai 1938 befohlenen beschleunigten Baus des Westwalls hatten abgegeben werden müssen, behindert war und deswegen teilweise ganz eingestellt werden mußte.

In den Besprechungen wurde nunmehr beschlossen, weitere Alarmsirenen aus Stadtgeldern zu beschaffen. Als „Notprogramm" ordnete Oberbürgermeister Kerber den Bau von „Luftschutzräumen in behelfsmäßiger Weise auf Kosten der Stadt" in folgenden Gebäuden der Außenbezirke an: Sieben Schutzräume in Neubauten am Rennweg und an der Kandelstraße, zwei größere Schutzräume im Neubau des HJ-Heimes in Haslach, zwei Schutzräume im Eckhaus Karl-Winter-Platz/Fichtestraße sowie weitere behelfsmäßige Schutzräume in den Wohnblocks in der Albert-Schöni-Straße, in der Siedlung nördlich der Opfinger Straße, in den Häusern im Schillhof und der ehemaligen Funkerkaserne sowie in der Löwenbrauerei in der Klarastraße[9].

Schließlich stellte Kerber am 11. September 1939 beim Luftgaukommando VII in München den Antrag, Freiburg wegen seiner gefährdeten grenznahen Lage gegenüber Frankreich, das am 3. September auf der Seite Polens in den Krieg gegen Deutschland eingetreten war, als Luftschutzort I. Ordnung einzustufen[10]. Kerber wandte sich deswegen auch an das Armeeoberkommando 7 in Calw, das den Antrag seinerseits am 14. Oktober befürwortend an den Reichsminister der Luftfahrt und Oberbefehlshaber der Luftwaffe in Berlin weiterleitete. Kurz darauf begründete Kerber durch ein unmittelbares Schreiben an das Reichsluftfahrtministerium nochmals seinen „Antrag auf Einreihung der Stadt Freiburg in die Klasse der Luftschutzorte I. Ordnung". Gleichzeitig schrieb er persönlich an den zuständigen Referenten in Görings Ministerium, um zusätzliche Unterstützung für den Antrag zu erhalten.

Alle Bemühungen waren jedoch vergeblich. Das Luftgaukommando VII in München teilte dem Freiburger Polizeidirektor als zuständigem Luftschutzleiter am 13. Dezember 1939 mit, daß das Reichsluftfahrtministerium am 29. November entschieden habe, eine Höherstufung des Luftschutzortes II. Ordnung Freiburg komme vorläufig nicht in Frage[11]. Damit konnten auch weiterhin keine größeren Finanzhilfen aus dem Reichsetat für zusätzliche Luftschutzmaßnahmen erwartet oder angefordert werden. Der Streit über die Finanzierungsfrage war allerdings inzwischen etwas abgeflaut. Göring hatte am 26. Oktober 1939 verfügt, daß das Reich auch für die Luftschutzorte II. Ordnung, die – wie z. B. Freiburg – im westlichen Reichsgebiet lagen, die Kosten für die Ausstattung mit größeren Alarmanlagen übernahm[12].

Mittlerweile hatten sich nach Kriegsausbruch verschiedene Regierungen um eine Begrenzung der Luftkriegsgefahr für die Zivilbevölkerung bemüht. Präsident

---

[8] In einer Sitzung am 18. 1. 1940 konstatierte Oberbürgermeister Kerber allerdings: „Der Polizeidirektor hat im übrigen immer behauptet, daß in Freiburg nur öffentliche LS-Räume mit einem Gesamtfassungsraum für 6000 Personen gebaut werden müßten, während sich später herausgestellt habe, daß nach den Vorschriften Räume für 11 000 Personen hätten geschaffen werden müssen", StadtAF, C 4/VI/20/2.

[9] Ebda., C 4/XI/30/3 und 4.

[10] Ebda., auch zum Folgenden.

[11] Ebda., der Polizeidirektor teilte die Entscheidung dem Oberbürgermeister erst am 31. Januar 1940 mit.

[12] Ebda., C 4/XI/31/4.

Franklin D. Roosevelt appellierte am 1. September 1939 an die Regierungen der Kriegsstaaten, bei den ausgebrochenen Feindseligkeiten weder die Zivilbevölkerung noch unbefestigte Orte aus der Luft zu bombardieren[13]. Hitler verwies in seiner öffentlichen Antwort auf die Erklärungen in der Reichstagsrede vom gleichen Tag, wonach er den Kampf gegen Frauen und Kinder durch die deutsche Luftwaffe untersagt hatte. Reichsaußenminister von Ribbentrop erklärte dementsprechend, die deutsche Regierung stimme dem Vorschlag Roosevelts zu. Am 3. September gaben auch die Regierungen in London und Paris in einer gemeinsamen Erklärung bekannt, ihr Ziel sei die „Humanisierung des Krieges". Dies bedeute, daß sie die Zivilbevölkerung schonen und nur einwandfrei militärische Ziele angreifen würden. Hitler begrüßte diese Erklärung ausdrücklich.

Göring verfügte dann auch in seinen ersten Einsatzbefehlen zum Polenfeldzug und für die im Westen stationierten Luftwaffenverbände, Angriffe auf zivile Ziele im Hinterland zu unterlassen. Im Westen wollte Göring die Verantwortung für die Eröffnung von Luftkriegshandlungen sogar „eindeutig" England und Frankreich überlassen[14]. Der Luftwaffenführungsstab ließ aber dennoch bereits mögliche Vergeltungsschläge auf die Stadtgebiete von London, Liverpool, Paris und Marseille vorbereiten. Gleichwohl war man bemüht, die Eröffnung eines uneingeschränkten strategischen Luftkrieges zu vermeiden.

Die Zurückhaltung der deutschen Luftwaffe in den ersten Monaten nach Kriegsbeginn resultierte in nicht unerheblichem Maße aus dem noch längst nicht optimalen eigenen Rüstungsstand. Göring verfügte zwar über gut ausgerüstete operative Luftstreitkräfte, die zum Kampf gegen die gegnerischen Luftverbände in der Luft und am Boden sowie zur unmittelbaren Erdkampfunterstützung des Heeres in der Lage waren, jedoch keinen weiträumigen strategischen Kampf gegen Bevölkerung, Industrie und Verkehrswege im Hinterland des Gegners führen konnten.

Die beiderseitigen Regierungserklärungen von Anfang September 1939 über allgemein akzeptierte Beschränkungen in der Luftkriegführung spiegelten daher nicht unbedingt den Willen zur „Humanisierung des Krieges" wider; sie waren vielmehr das Ergebnis politischer und militärisch-rüstungswirtschaftlicher Überlegungen. Die Erklärungen wurden zudem bewußt mit dem Blick auf die Weltöffentlichkeit abgegeben, die besonders nach dem Einsatz der italienischen Luftstreitkräfte im Abessinienkrieg 1935/36 und seit der Zerstörung Guernicas am 26. April 1937 durch die deutsche „Legion Condor" ein kritisches Gespür für die aggressiven Gefahren entwickelt hatte, welche von einem zukünftigen totalen Luftkrieg ausgehen konnten – und keiner wollte als Auslöser eines solchen totalen Luftkrieges öffentlich an den Pranger gestellt werden.

Gleichwohl wurde man in Freiburg an die Luftbedrohung und Gefahr alsbald für jeden erkennbar erinnert. Seit Kriegsbeginn tauchten über der Stadt wiederholt einzelne feindliche Flugzeug auf, die Aufklärungsaufgaben auszuführen hatten. Das mehrmalige Überfliegen war für die Bürger bald „kein besonderes Vorkommnis" mehr[15]. Da vorerst nichts weiter geschah, sah man die ständige

---

[13] Siehe dazu die Dokumente im sogenannten Weißbuch des Auswärtigen Amtes Nr. 8: Dokumente über die Alleinschuld Englands am Bombenkrieg gegen die Zivilbevölkerung. Berlin 1943, S. 65 ff., 79 ff., 83; ebenso in: Akten zur deutschen auswärtigen Politik 1918–1945 (= ADAP), Serie D, Bd. VII, Baden-Baden 1956, S. 422 f.; auch zum Folgenden.
[14] BA-MA Freiburg, RL 2 II/25: Weisung Nr. 2 v. 3.9.1939, Fernschreiben des Führungsstabes Ia Nr. 4608/39 geh. an Luftflotte 2 und 3 v. 10.9.1939 sowie Führungsstab Ia Nr. 5293/39 geh. Kdos. Chef-S. v. 23.9.1939.

Verdunkelungspflicht in der Stadt rasch als „lästige Aufgabe" an. An anderen Orten und Städten wurde allerdings bald deutlich, daß Görings Luftwaffe feindliche Luftangriffe wohl doch nicht grundsätzlich verhindern konnte, wie von den NS-Stellen vor dem Krieg immer wieder propagandistisch und großsprecherisch verkündet worden war. Aber auch die Feindseite mußte diese Erfahrung machen.

Im Verlauf der Luftkriegshandlungen während des Polenfeldzuges zeigte sich, nachdem die deutsche Luftwaffe die anfangs als „offene Stadt" respektierte polnische Hauptstadt Warschau zur Erzwingung der Kapitulation bombardiert hatte, daß eine exakte Trennung zwischen zivilen und militärischen Zielen oder „offenen, unverteidigten" und „verteidigten, befestigten Städten" unmöglich war. Dieselbe Erfahrung machten die Engländer, als sie in der Zeit bis zum Frühjahr 1940 Bombenangriffe gegen militärische Schiffsziele und Küstenanlagen bei Wilhelmshaven, Cuxhaven, Helgoland, Borkum und Sylt flogen. Da ein Tagesangriff auf Wilhelmshaven am 18. Dezember 1939 zum Verlust mehrerer eigener Bomber führte, erfolgten danach nur noch nächtliche Störangriffe auf militärische Ziele in Nordwestdeutschland. Präzisionsangriffe waren dabei jedoch wegen der noch fehlenden Navigations- und Zielvorrichtungen nicht möglich. Größere französische Luftangriffe blieben ganz aus.

Sowohl in Deutschland als auch in Großbritannien ging man trotz der öffentlichen Erklärungen bei Kriegsbeginn und trotz der noch mangelnden Ausrüstungen der Luftstreitkräfte davon aus, den weiteren Krieg notfalls auch im Rahmen eines totalen Luftkrieges zu führen. Bezeichnenderweise richtete Hitler bereits in seiner öffentlichen Danziger Rede vom 19. September an London die Warnung, auch er könne bald über eine Waffe verfügen, die ihm die Möglichkeit gebe „gegen Frauen und Kinder Krieg zu führen", wie es die Briten durch die verhängte Seeblockade gegen die deutsche Bevölkerung vormachten. Noch bestehe aber sein Befehl, Städte zu schonen. Vier Wochen später wurde er in einer Geheimrede vor Reichs- und Gauleitern der NSDAP in seiner Berliner Reichskanzlei deutlicher. Er werde den beabsichtigten Großangriff auf England „mit allen Mitteln" führen und deshalb „auch offene Städte" angreifen lassen [16].

Trotz der exponierten grenznahen Lage Freiburgs als frontnahe Stadt im Westen scheint Oberbürgermeister Kerber im Sommer 1939 keine ernsthaften Befürchtungen gehegt zu haben, daß die Stadt demnächst größeren feindlichen Kriegsaktionen ausgesetzt sein könnte. Denn er trat noch vor Beginn des Überfalls auf Polen seinen Dienst als Reserveoffiziersanwärter in der Wehrmacht an und übergab die Dienstgeschäfte seinem Stellvertreter [17]. Als Wachtmeister der Reserve in einem Artillerieregiment nahm er am Polenfeldzug und an der Eroberung Warschaus teil. Anschließend berichtete er dem Bezirksgruppenführer des Reichsluftschutzbundes Azone über seine in Polen gemachten Erfahrungen mit dem Luftschutz [18]. Andererseits beschloß aber die Stadtverwaltung, daß ein Zuschuß an den RLB in Freiburg zur Zeit nicht geleistet werden könne, da die Stadt

[15] StadtAF, D.Aö. 1.32a, Bd. 1.
[16] Siehe Max Domarus: Hitler. Reden und Proklamationen 1932–1945. Bd. II Untergang. 1. Halbbd.: 1939–1940. Wiesbaden 1973, S. 1364; Der großdeutsche Freiheitskampf. Reden Adolf Hitlers vom 1. September 1939 bis 10. März 1940. München 1940, S. 41 ff.; Rede v. 21.10.1939 zitiert nach Ueberschär/ Wette, Bomben und Legenden, S. 68.
[17] Siehe Berlin Document Center, Personalunterlagen Dr. Kerber. Kerber hatte sich 1936–39 als Reserveoffiziersanwärter freiwillig zu drei militärischen Übungen gemeldet und erfüllte seit 22.8.1939 seinen Wehrdienst als Reserveoffizier. Vom 12.12.1939 bis 26.4.1940 war Kerber in Freiburg, anschließend mit kurzen Unterbrechungen wieder an der Front; er wurde am 16.6.1943 als Oberleutnant d. Res. entlassen.
[18] StadtAF, C 4/VIII/34/7.

selbst seit Kriegsbeginn für Luftschutzzwecke erhebliche Mittel aufwenden müsse, weil sie trotz wiederholter Vorstellungen nicht in den Kreis der Luftschutzorte I. Ordnung eingestuft worden sei und somit für die meisten Luftschutzmaßnahmen keine Reichszuschüsse erhalte.

Ab März 1940 war die Stadt verpflichtet, Mauerdurchbrüche zwischen benachbarten Kellern in geschlossenen Ortsteilen vornehmen zu lassen, um für den Fall eines Luftangriffes unterirdische Fluchtwegsysteme anzulegen. Gleichzeitig wurden die Schwimmbecken der öffentlichen Bäder als Löschwasserbehälter hergerichtet.

Symptomatisch für die unverändert sorglose Einschätzung der Kriegsgefahr für Freiburg ist die Beurteilung der städtischen Wohnungssituation auf einer Oberbürgermeisterbesprechung am 8. April 1940. Ohne möglicherweise eintretende Kriegsfolgen und -auswirkungen zu berücksichtigen oder einzukalkulieren, nahm man auf dieser Sitzung eine Vorausschau auf den künftigen Wohnungsbau vor. Oberbürgermeister Kerber berichtete von der zuvor stattgefundenen Tagung eines Ausschusses nationalsozialistischer Oberbürgermeister unter dem Vorsitz von NSDAP-Reichsleiter Fiehler, der sich von Zeit zu Zeit mit der Beratung dringender und wichtiger Gemeindefragen befasse [19]. Dabei hatte Kerber erfahren, daß „im ganzen Reich durchgängig eine große Wohnungsnot bestehe", „teilweise geradezu katastrophal seien die Verhältnisse in den Industriebezirken". Insgesamt, so erklärte er mit bemerkenswerter Offenheit, seien die Verhältnisse „augenblicklich schlechter als zur Zeit der Machtübernahme". Auch in Freiburg fehlten bei einer Einwohnerzahl von rund 110 000 Personen insgesamt 3000–4000 Wohnungen, konstatierte der Oberbürgermeister.

In Anbetracht des vorhandenen Bestandes von etwa 29 400 Wohneinheiten bei Kriegsbeginn war dieser Fehlbestand in der Tat kein Ruhmesblatt für die nationalsozialistische Wohnungsbaupolitik seit 1933. Bezeichnend ist, daß wohl darauf hingewiesen wurde, daß es durch die zunehmenden Kriegstrauungen zu einem weiteren gewaltigen Anstieg der Wohnungsnachfrage kommen werde, daß man sich jedoch nicht vorstellen konnte, daß Auswirkungen eines möglichen totalen Luftkrieges auch in Freiburg Einfluß auf die Wohnungssituation der Stadt nehmen könnten.

Die schlechte Lage auf dem Wohnungssektor sollte – auch nach Hitlers Vorstellungen – als vordringlichstes Problem nach dem siegreich beendeten Krieg durch ein „Riesenprojekt" behoben werden. Dieses Bauprogramm sollte dann in den Städten unter zentraler Lenkung der Stadtverwaltungen durchgeführt werden. Dies gelte auch in Freiburg, wo wie in anderen Städten während des Krieges nicht gebaut werden könne. Hierbei war daran gedacht, die größeren Bauvorhaben durch die Freiburger Siedlungsgesellschaft vornehmen zu lassen. Die für diese Nachkriegsplanung abschließend formulierten Grundsätze riefen dazu auf, daß „unverzüglich mit der Vorbereitung der künftigen Wohnungsbautätigkeit in Freiburg begonnen werden" sollte. Der nur wenige Wochen später begonnene Westfeldzug und die damit eröffnete neue Phase des Luftkrieges im Westen des Reichs machten Planungen solcherart jedoch sehr schnell zu Makulatur; großsprecherische Nachkriegsabsichten blieben dadurch erst einmal unverbindliche Zukunftsmusik.

Als am 10. Mai 1940, am Freitag vor Pfingsten, die deutsche Wehrmacht im Westen gegen Frankreich und die Benelux-Länder die Offensive eröffnete und

---

[19] Ebda., C 4/XVIII/27/3, auch zu den folgenden Zitaten.

dabei auch die bislang neutralen Länder Holland, Belgien und Luxemburg über-
fiel, griff die deutsche Luftwaffe mit Beginn der Operation südfranzösische Flugplätze an, um sie als Basen eines möglichen feindlichen Luftangriffs auszuschalten. Für die Freiburger Bevölkerung völlig überraschend kam es an diesem Tag
kurz vor 16.00 Uhr zur Bombardierung der Stadt. Drei He 111–Bomber des
Kampfgeschwaders 51 aus Landsberg am Lech hatten sich bei ihrem Einsatzflug
zum französischen Flugplatz Dijon infolge schlechter Sicht über dem Schwarzwald verflogen und Freiburg für das Ausweichziel Dôle-Tavaux oder eine andere
französische Stadt gehalten und daraufhin ihre Bombenlast abgeworfen. Da die
Freiburger Flugwache die Maschinen als deutsche Flugzeuge erkannt hatte, heulten die Alarmsirenen zum Luftalarm erst, als die Bomben schon gefallen und die
Flugzeuge wieder in den Wolken verschwunden waren. Unter der Zivilbevölkerung gab es durch insgesamt 69 abgeworfene Bomben (Abb. 43) 57 Tote und zahlreiche Verletzte. Besonders tragisch und schmerzlich war der Tod von 21 Kindern
im Alter von 3 bis 10 Jahren, von denen mehrere in der Nähe der Kreuz- und Kolmarer Straße beim Spielen getötet wurden[20].

Abb. 43: Bombentreffer des Fliegerangriffs vom 10. Mai 1940 (StadtAF, D.Aö. 132 a)

[20] Siehe zum Folgenden Ueberschär/Wette, Bomben und Legenden, S. 30 ff. mit umfassender Angabe
der Quellen und Belege zum irrtümlichen Angriff der deutschen Luftwaffe auf Freiburg am 10. Mai
1940. Weitere Hinweise nach Erscheinen dieses Berichtes finden sich bei: Gerd Schmückle: Ohne Pauken und Trompeten. Erinnerungen an Krieg und Frieden. Stuttgart 1982, S. 29 f., der damals als Offizier
einer Artillerieabteilung in Freiburg stationiert war. Neue ergänzende Zeugenaussagen zu Ueberschär/

Obwohl sofort eingeleitete Untersuchungen und Nachforschungen von vorgesetzten Wehrmachtsdienststellen – auch anhand der vorgefundenen Blindgänger – das Ergebnis brachten, daß tatsächlich drei eigene Flugzeuge den schweren Fehlabwurf verursacht hatten, wurde die Freiburger Bevölkerung durch Propagandameldungen von Goebbels und Falschmeldungen von Göring im Glauben gelassen, es habe sich um einen Luftangriff der Westmächte gehandelt. Fortan erklärte die Nazi-Propaganda, mit Freiburg hätten England und Frankreich „planmäßig und vorbedacht“ die Bombardierung der Zivilbevölkerung begonnen[21] – eine Lüge, die bis Kriegsende aufrechterhalten wurde, obwohl Hitler, Göring und Goebbels wußten, daß die deutsche Luftwaffe irrtümlich die Breisgaumetropole bombardiert hatte.

Drei Tage nach dem Angriff fand am Pfingstmontag, dem 13. Mai 1940, die Trauerfeier für die Opfer des angeblich „feigen Luftangriffs“ (Abb. 44) auf dem Freiburger Hauptfriedhof statt. Oberbürgermeister Dr. Kerber und der Freiburger NSDAP-Kreisleiter Dr. Fritsch legten Kränze nieder; als Repräsentantin der verlogenen Naziführung, die auch weiterhin die Ursache für die zu beklagenden Opfer absichtlich verschleierte, sprach die „Reichsfrauenführerin“, Gertrud Scholtz-Klink, die Anteilnahme Hitlers aus[22].

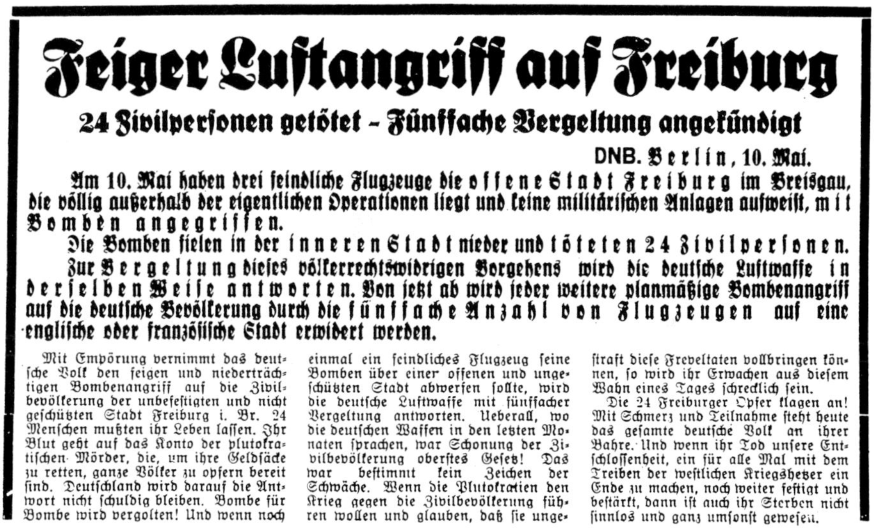
Feiger Luftangriff auf Freiburg

24 Zivilpersonen getötet – Fünffache Vergeltung angekündigt

DNB. Berlin, 10. Mai.

Am 10. Mai haben drei feindliche Flugzeuge die offene Stadt Freiburg im Breisgau, die völlig außerhalb der eigentlichen Operationen liegt und keine militärischen Anlagen aufweist, mit Bomben angegriffen.

Die Bomben fielen in der inneren Stadt nieder und töteten 24 Zivilpersonen.

Zur Vergeltung dieses völkerrechtswidrigen Vorgehens wird die deutsche Luftwaffe in derselben Weise antworten. Von jetzt ab wird jeder weitere planmäßige Bombenangriff auf die deutsche Bevölkerung durch die fünffache Anzahl von Flugzeugen auf eine englische oder französische Stadt erwidert werden.

Mit Empörung vernimmt das deutsche Volk den feigen und niederträchtigen Bombenangriff auf die Zivilbevölkerung der unbefestigten und nicht geschützten Stadt Freiburg i. Br. 24 Menschen mußten ihr Leben lassen. Ihr Blut geht auf das Konto der plutokratischen Mörder, die, um ihre Geldsäcke zu retten, ganze Völker zu opfern bereit sind. Deutschland wird darauf die Antwort nicht schuldig bleiben. Bombe für Bombe wird vergolten! Und wenn noch einmal ein feindliches Flugzeug seine Bomben über einer offenen und ungeschützten Stadt abwerfen sollte, wird die deutsche Luftwaffe mit fünffacher Vergeltung antworten. Ueberall, wo die deutschen Waffen in den letzten Monaten sprachen, war Schonung der Zivilbevölkerung oberstes Gesetz! Das war bestimmt kein Zeichen der Schwäche. Wenn die Plutokratien den Krieg gegen die Zivilbevölkerung führen wollen und glauben, daß sie ungestraft diese Freveltaten vollbringen können, so wird ihr Erwachen aus diesem Wahn eines Tages schrecklich sein.

Die 24 Freiburger Opfer klagen an! Mit Schmerz und Teilnahme steht heute das gesamte deutsche Volk an ihrer Bahre. Und wenn ihr Tod unsere Entschlossenheit, ein für alle Mal mit dem Treiben der westlichen Kriegshetzer ein Ende zu machen, noch weiter festigt und bestärkt, dann ist auch ihr Sterben nicht sinnlos und ganz umsonst gewesen.

Abb. 44: Bericht „Feiger Luftangriff auf Freiburg“ über den Fliegerangriff vom 10. Mai 1940 (Der Alemanne Nr. 129 vom 11. 5. 1940)

Scheinheilig erschien auch der Kommandierende General und Befehlshaber im Luftgau VII, Generalleutnant Emil Zenetti, am 6. Juni aus München zu einem Informationsbesuch in der Stadt, um sich über die Stimmung der Freiburger Bevölkerung zu unterrichten. Bürgermeister Dr. Hofner konnte ihm berichten, daß

Wette, Bomben und Legenden, sind im Stadtarchiv Freiburg gesammelt. Aufgrund dieser zweifelsfreien Aufklärung des Luftangriffs erinnert seit dem 10. 5. 1985 eine Gedenktafel am Spielplatz Ecke Kreuz- und Kolmarer Straße an den Tod der beim Spielen getroffenen Kinder (Abb. 45). Vgl. neuerdings Gerd R. Ueberschär: Tag des deutschen Luftangriffs vor 50 Jahren. NS-Propaganda nutzte tödlichen Irrtum hemmungslos aus. In: Badische Zeitung Nr. 107 vom 10. 5. 1990.

[21] Siehe BA-MA Freiburg, RL 41/10: Meldung der Berliner Börsen Zeitung Nr. 221 v. 12. 5. 1940.

[22] Siehe Der Alemanne Nr. 131 v. 14. 5. 1940, S. 1.

sich die Bewohner mittlerweile wieder beruhigt hatten, zumal sie aufgeklärt worden seien, daß nicht die Luftalarmierung „versagt" habe – wie zuerst vermutet worden war –, „sondern daß eine Warnung überhaupt nicht gegeben worden sei, weil die Flugzeuge nicht als feindliche hätten erkannt werden können"[23]. Hofner konnte nicht wissen, daß er damit dem wahren Sachverhalt sehr nahe kam. General Zenetti, der sich beim Besuch ausgesprochen fürsorglich gab, ließ sich nicht anmerken, daß er inzwischen das exakte Untersuchungsergebnis kannte, wonach tatsächlich deutsche Bomber die Stadt angegriffen hatten. Er verschwieg auch wohlweislich, daß er persönlich maßgeblichen Anteil an der Vertuschung des wahren Sachverhaltes durch Luftwaffendienststellen hatte[24], und wich den weiteren Fragen von Bürgermeister Hofner aus, nicht ohne abschließend heuchlerisch zur ständigen Vorsicht in der Luftschutzvorsorge aufgrund der nahen Grenze und Frontlinie zu ermahnen.

Die NS-Führung ließ nach dem Luftangriff im gesamten Reichsgebiet öffentlich verkünden, sie werde nunmehr weitere ähnliche „planmäßige feindliche Angriffe auf die deutsche Bevölkerung" wie in Freiburg fünffach vergelten[25].

Abb. 45: Gedenktafel der Stadt für die Opfer des Fliegerangriffs vom 10. Mai 1940, Einweihung am 10. Mai 1985 (StadtAF)

[23] StadtAF, B 1/328, Kriegschronik 1940–1945, Bd. 1: Aufzeichnung über Besuch von General Zenetti v. 6.6.1940.
[24] Siehe Ueberschär/Wette, Bomben und Legenden, S. 126, 172.
[25] Völkischer Beobachter Nr. 133 v. 12.5.1940 (Süddeutsche Ausgabe).

Die Freiburger Stadtverwaltung hatte nach dem Angriff sich insbesondere aufgrund des ausgebliebenen Luftalarms durch die Sirenen am Unglückstage heftiger Vorwürfe zu erwehren. Ihr wurde vorgehalten, an den schweren Opfern und Schäden „mitschuldig" zu sein, da sie „versagt" und es versäumt habe, rechtzeitig und ausreichend Luftschutzmaßnahmen vorzubereiten. Oberbürgermeister Kerber wehrte sich in einem Bericht, den er am 30. Mai von seiner Feldeinheit aus an den badischen Minister des Innern schrieb, gegen diese Vorwürfe. Erneut wies er darauf hin, daß es Sache der Polizeidirektion gewesen sei, sich um eine genügende Luftschutzversorgung und zureichende Alarmanlagen in der Stadt zu kümmern. Er beklagte sich ferner, daß es zwischen ihm und der Freiburger Polizeidirektion in Luftschutzangelegenheiten an der vertrauensvollen Zusammenarbeit mangele. Zudem gab er zu bedenken, daß überhaupt nicht alarmiert worden sei [26], überging jedoch dabei den Tatbestand, daß die Stadt in den Jahren vor 1939 wegen der ungeklärten Zuständigkeit über die Kostenerstattung für die Luftschutzausgaben in der Tat nur sehr zögernd an die Luftschutzaufgabe herangegangen war.

Im gleichen Monat wurde in der Zeitung „Der Alemanne" mehrmals an die Bedeutung der jeweils für die Zeit von 17.30 Uhr bis 9.00 Uhr befohlenen Verdunkelung, des SHD-Einsatzes und der Sirenensignale erinnert, um das inzwischen nachlässige Luftschutzverhalten der Bevölkerung wieder zu verbessern. Es wurde angemahnt, daß sich bei Fliegeralarm und Flakfeuer „jeder Volksgenosse auf dem schnellsten Wege weg von der Straße und in den Keller zu begeben" habe [27]. Am 14. Mai wurde für das gesamte Reich eine neue Verordnung über den Reichsluftschutzbund erlassen. Der RLB, bisher nur ein eingetragener Verein, wurde darin zur Körperschaft des öffentlichen Rechts erklärt und dem Reichsminister der Luftfahrt und Oberbefehlshaber der Luftwaffe unterstellt. Die Amtsträger bekamen – wie im NS-Staat üblich und „im Trend der Zeit" – eine neue Uniform [28].

Unter Hinweis auf den verlustreichen Fliegerangriff vom 10. Mai 1940 schrieb Oberbürgermeister Kerber bereits am 12. Mai einen neuen „dringenden Antrag auf Erhebung der Stadt Freiburg zum Luftschutzort I. Ordnung" [29]. Er konnte damit aber wiederum keine Verbesserung der bisherigen Einstufung erreichen. Das Reichsluftfahrtministerium teilte am 4. Juli mit, daß eine Höherstufung von Luftschutzorten im Reichsgebiet während des Krieges grundsätzlich nicht in Betracht komme; für Freiburg seien aber bereits besondere Luftschutzmaßnahmen angeordnet worden. Ein weiterer Erlaß des Reichsluftfahrtministeriums bestimmte denn auch, daß der SHD in den Städten Freiburg, Offenburg und Rastatt in einer Stärke bis zu einem Prozent der Einwohnerzahl sofort einzurichten sei. Die Kosten übernahm das Reich für diese „grenz- und frontnahen" Städte. Hiernach konnte der SHD in Freiburg bis zu 1000 Mann betragen. Die Zahl wurde jedoch im Sommer 1940 „noch keineswegs erreicht" [30]; im Juni 1940 betrug sie 618 Personen.

Im Auftrage des Oberkommandos des Heeres erhielt die Stadt ferner nach dem 10. Mai eine zentrale Großalarmanlage mit 23 Alarmsirenen zugewiesen; insge-

---

[26] StadtAF, C 4/XI/31/4.
[27] Siehe Der Alemanne Nr. 129 v. 11.5.1940, Nr. 130 v. 12.5.1940 und Nr. 139 v. 21.5.1940.
[28] StadtAF, C 4/VIII/34/7; Reichsgesetzblatt I. Teil Nr. 89 v. 21.5.1940.
[29] StadtAF, C 4/XI/30/4. Abschriften des Schreibens schickte Kerber mit der Bitte um Unterstützung an Reichsinnenminister Dr. Frick, das Luftgaukommando VII in München, an den Oberbefehlshaber der 7. Armee, General Dollmann, und an den Kommandierenden General des in Freiburg untergebrachten Generalkommandos XXXIII. Armeekorps, General Brandt; auch zum Folgenden.
[30] Ebda., C 4/XI/29/5.

samt verfügte der Luftschutz danach über 27 Sirenen in der Stadt. Die neuen Sirenen wurden erstmals am 2. August 1940 um 9.00 Uhr im Rahmen eines Probealarms eingesetzt.

Am 11. Juni 1940 mußten Stadtverwaltung und Bewohner Freiburgs erfahren, daß der Stadt nicht nur durch Luftangriffe, sondern auch durch weiträumigen feindlichen Artilleriebeschuß aus dem Elsaß über den Rhein hinweg Gefahren drohten. Zwischen 2.00 und 7.00 Uhr schlugen mehrere französische Granaten südlich des Lorettoberges, in Merzhausen und in Günterstal ein; sie fielen jedoch zum Glück in unbewohnte Gebiete. Am Vormittag des 13. Juni beschoß schwere französische Artillerie erneut die Gegend um den Flugplatz, die Firma Rhodiaseta und das Gaswerk[31].

Diese Gefahrenquelle wurde jedoch beseitigt, als die 7. deutsche Armee unter General Dollmann am 15. Juni 1940 um 10.00 Uhr zum Angriff über den Oberrhein bei Breisach/Colmar antrat[32]. Sie konnte in kurzer Zeit erfolgreich durch das Elsaß in den Süden Frankreichs vorstoßen und damit die Front weit von Freiburg wegschieben.

Schon am 14. Juni waren die deutschen Truppen in Paris einmarschiert. Auch in Freiburg kam man der von Hitler deswegen befohlenen dreitägigen Beflaggung freudig und gerne nach, wie „Der Alemanne" berichtete. Ebenso bejubelt wurde die Einnahme Straßburgs am 19. Juni 1940, das schon tags zuvor von den französischen Truppen geräumt worden war. Nachdem mit der neugebildeten französischen Regierung unter Marschall Pétain am 22. Juni 1940 ein Waffenstillstand zustande kam und Frankreich damit, was „Der Alemanne" schon am 18. Juni den Freiburgern gemeldet hatte, „am Boden lag", unternahm Hitler einige Besichtigungsfahrten in das neu eroberte Elsaß und am 29. Juni auch nach Straßburg (Abb. 46 und 47).

Bei einer dieser Fahrten traf er am Nachmittag des 30. Juni 1940 mit dem Auto von Mülhausen-Speckach kommend in Freiburg ein, um vom Hauptbahnhof mit dem Zug nach Oppenau und von dort zum „Führerhauptquartier Tannenberg" am Kniebis zurückzufahren[33]. Hitler kam damals zum zweiten und letzten Mal in die Stadt. Von der Wilhelm-Gustloff-Straße (heute: Basler Straße) von Süden her kommend, erreichte er „stürmisch" umjubelt den Bahnhof (Abb. 48). Ein offizieller Besuch der Stadt kam jedoch nicht zustande. „Der Alemanne" berichtete denn auch erst nachträglich am 9. Juli 1940 von dem möglicherweise überraschenden Eintreffen des Diktators in Freiburg. Auf die fehlende Planung des Besuchs weist auch der Umstand hin, daß Oberbürgermeister Kerber sich nicht in der Stadt aufhielt, sondern bei seiner Wehrmachtseinheit in Frankreich war.

In diesen Tagen zogen wiederholt aus Frankreich zurückkehrende Truppenverbände durch die Straßen der Stadt, die von der an den Straßenrändern versammelten Freiburger Bevölkerung „jubelnd begrüßt" wurden. An den Sommeraben-

---

[31] Ebda., B 1/328: Kriegschronik 1940–1945, Teil I; auch zum Folgenden.
[32] BA-MA Freiburg, RH 19 III/7; vgl. auch Hans Heiling: Mit Sturmbooten über den Oberrhein. Der Kampf um den Brückenkopf Neu-Breisach. Ein Erinnerungsbuch an die Befreiung des Elsaß. Freiburg o.J. (1941) und die Darstellung von Generaloberst Dollmann in: Willi Fritsch: Frontgeist und Heimatseele. Freiburg 1941, S. 5–8.
[33] Andreas Hillgruber: Hitlers Strategie. Politik und Kriegführung 1940–1941. Frankfurt 1965, S. 675. Vgl. auch Walter Vetter: Ein weitgehend unbekannt gebliebener Besuch Adolf Hitlers in Freiburg. In: Zeitschrift des Breisgau-Geschichtsvereins („Schau-ins-Land") 102 (1983), S. 219–222; ders.: Noch einmal: „Führer"-Besuche in Freiburg. In: Zeitschrift des Breisgau-Geschichtsvereins („Schau-ins-Land") 103 (1984), S. 203–208. Siehe ferner StadtAF, B 1/328: Kriegschronik 1940–45, Teil I. Von einem „überraschenden" Besuch in Freiburg schreibt Generaloberst Dollmann in Fritsch, Frontgeist, S. 8.

Abb. 46: Hitler vor dem Straßburger Münster, 1940 (Der Alemanne Nr. 181 vom 3.7.1940)

den gaben die im Verband der Wehrmachtseinheiten mitmarschierenden Musikzüge der Flak-, Panzer-, Sanitäts- und Infanterietruppen auf dem Hindenburg- oder Karlsplatz mehrfach Platzkonzerte[34]. Bei großem Flaggenschmuck in den Straßen zogen am 4. Juli auch jene Wehrmachtsverbände in einer Begrüßungsparade am Siegesdenkmal vor NSDAP-Kreisleiter Dr. Fritsch vorbei, die den Rhein-Übergang bei Breisach erkämpft hatten (Abb. 49). Und am 23. Juli erfolgte wiederum unter großem Jubel der Einzug der Divisionstruppen des in Freiburg bekannten Generalleutnant Richter; auch er nahm zusammen mit Fritsch und Landeskommissär Schwörer die Parade auf der Adolf-Hitler-Straße ab.

[34] StadtAF, B 1/328: Kriegschronik 1940–45, Teil I.

93

Abb. 47: Hitler an der Brücke von Breisach, Juni 1940 (Der Alemanne Nr. 181 vom 3. 7. 1940)

Abb. 48: Hitler in Freiburg, Juni 1940 (Zeitgeschichtliches Bildarchiv Heinrich Hoffmann)

Abb. 49: Einmarsch der aus Frankreich zurückkehrenden Truppen in Freiburg am 4. Juli 1940 (Der Alemanne Nr. 1 vom 1. 1. 1941)

Der zu Beginn des Frankreichfeldzuges erfolgte spektakuläre Luftangriff auf Freiburg vom 10. Mai 1940 beeinflußte mittelbar die weitere Entwicklung des Luftkrieges[35]. Er bot nämlich den Vorwand für leichtfertige Entscheidungen zu neuen Angriffen gegen die Zivilbevölkerung, wenn es darum ging – wie beispielsweise im Falle der Kapitulationsaufforderung gegenüber der Stadt Rotterdam am 14. Mai 1940[36] –, Druck auf den Gegner auszuüben.

Unmittelbar nach Beginn des Feldzuges im Westen beschloß das War Cabinet der neuen britischen Regierung unter Premierminister Winston Churchill am 11. Mai die Freigabe des Bombenkrieges im Innern Deutschlands mit strategischen Einsätzen, losgelöst von den Heeresoperationen[37]. Noch am gleichen Tag erfolgte ein Luftangriff auf militärische Ziele bei Mönchengladbach. Auch in Berlin war man sich bewußt, daß es nach Beginn der Offensive gegen Frankreich und die Beneluxländer unvermeidlich war, daß die Zivilbevölkerung im Rahmen des weiteren Luftkrieges stärker als bisher in Mitleidenschaft gezogen würde. Es sei damit zu rechnen, so wurde den Pressevertretern in Berlin durch das Propagandaministerium mitgeteilt, daß Luftangriffe demnächst auch auf Gegenden erfolgen würden, „in denen bisher tiefster Frieden herrschte"[38].

Bereits am 12. Mai stimmte dann das War Cabinet in London dem Auftrag an die britische Luftwaffe zu, uneingeschränkte Bombenangriffe auf das Ruhrgebiet zu fliegen. Churchills Regierung erklärte außerdem öffentlich, daß sie sich angesichts der von Hitler wegen des angeblichen Angriffs auf Freiburg angedrohten Vergeltungsschläge auf die Zivilbevölkerung zu jeder angemessenen Gegenaktion berechtigt halte. Die bisherige Zurückhaltung werde man aufgeben. Im Rahmen nächtlicher Angriffsoperationen der RAF wurden nunmehr auch größere Verluste unter der deutschen Zivilbevölkerung billigend in Kauf genommen.

---

[35] Die Entwicklung des strategischen Luftkrieges kann hier nur in großen Zügen skizziert werden. Zu dem Komplex liegen inzwischen umfangreiche Studien vor. Vgl. u. a. Georg W. Feuchter: Der Luftkrieg. Vom Fesselballon zum Raumfahrzeug. 2. verb. u. erweit. Auflage Frankfurt 1962; Max Hastings: Bomber Command. 2. Aufl. London 1980; Olaf Groehler: Geschichte des Luftkrieges 1910–1980. Berlin (Ost) 6. Aufl. 1985; Heinz J. Nowarra: Die Bomber kommen. Der Weg zum totalen Luftkrieg 1940–1944. Friedberg 1980; Franz Kurowski: Der Luftkrieg über Deutschland. Düsseldorf–Wien 1977: Anthony Verrier: The Bomber Offensive. New York 1969 (Dt. Ausgabe u. d. T.: Bomberoffensive gegen Deutschland 1939–1945. Frankfurt 1970); Richard J. Overy: The Air War 1939–1945. London 1980; Noble Frankland: The Bombing Offensive against Germany. Outlines and Perspectives. London 1965 (Dt. Ausgabe u. d. T.: Die Bomberoffensive. Rastatt 1985); Will Berthold: Der Sieg, der vor die Hunde ging. Der Luftkrieg 1939–1945. Bayreuth 1981; Sir Charles Webster/Noble Frankland: The Strategic Air Offensive against Germany 1939–1945. Bd. 1–4. London 1961; Norman Longmate: The Bombers: The RAF Offensive against Germany, 1939–45. London 1983; David Irving: Und Deutschlands Städte starben nicht. Ein Dokumentarbericht. Zürich 1963; Hans Rumpf: Das war der Bomberkrieg. Deutsche Städte im Feuersturm. Ein Dokumentarbericht. Oldenburg 1961; John Terraine: The Right of the Line. The Royal Air Force in the European War 1939–45. London 1985; Norman MacMillan: The Royal Air Force in the World War. Vol. 1–4. London 1942–1950; Maximilian Czesany: Nie wieder Krieg gegen die Zivilbevölkerung. Eine völkerrechtliche Untersuchung des Luftkrieges 1939–1945. Graz 1961; David Irving: Von Guernica bis Vietnam. Dokumentarbericht. Das Leiden der Zivilbevölkerung im modernen Krieg. München 1982; Janusz Piekalkiewicz: Luftkrieg 1939–45. München 1978; Alfred Price: Luftschlacht über Deutschland. Stuttgart 4. Aufl. 1983; Jochen von Lang: Krieg der Bomber. Dokumentation einer deutschen Katastrophe. Berlin 1986; weitere Literaturhinweise besonders zur angloamerikanischen Seite finden sich bei Kenneth P. Werrell: The USAAF over Europe and its Foes: A selected, subjective, and critical Bibliography. In: Aerospace Historian 25 (1978), S. 231–243.

[36] Siehe dazu u. a. Hans-Adolf Jacobsen: Der deutsche Luftangriff auf Rotterdam (14. Mai 1940) – Versuch einer Klärung. In: Wehrwissenschaftliche Rundschau 8 (1958), S. 257–284.

[37] Vgl. zusammenfassend u. a. Ueberschär/Wette, Bomben und Legenden, S. 69 ff. mit weiteren Literaturangaben.

[38] BA Koblenz, Sammlung Brammer, ZSg 101/16: Bestellung aus der Presse-Konferenz v. 10. Mai 1940, S. 76.

Mitte Mai führten die englischen Luftstreitkräfte verstärkt Angriffe auf Öltanklager und Eisenbahnziele östlich des Rheins und im Ruhrgebiet durch. Daraufhin erteilte Hitler in seiner Weisung Nr. 13 vom 24. Mai 1940 die Erlaubnis, der deutschen Luftwaffe die Kampfführung gegen Großbritannien in vollem Umfange freizugeben[39]. Göring ergänzte wenig später, daß es nun keine Scheu mehr in der Wahl der Ziele geben dürfe. Noch wurden aber London und Liverpool als Angriffsziele ausdrücklich ausgenommen.

Es besteht jedoch kein Zweifel, daß Hitler daran dachte, den uneingeschränkten Luftkrieg gegen Großbritannien zu führen, wenn es nicht bereit war, nach seinen Bedingungen und Forderungen Frieden zu schließen. In seiner Reichstagsrede vom 19. Juli 1940 warf er Churchill vor, den Luftkrieg gegen die Zivilbevölkerung „allerdings unter dem vorgeschobenen Motto gegen sogenannte kriegswichtige Einrichtungen" – wie auch im Falle Freiburgs – eröffnet zu haben. Er erklärte ferner, er habe sich bisher bewußt mit Gegenschlägen zurückgehalten. Das solle aber „nun nicht bedeuten, daß dies die einzige Antwort" sei oder bleiben werde, meinte Hitler drohend[40].

Bereits Anfang Juni hatte die deutsche Luftwaffe operative Großangriffe auf militärische Ziele und Flugzeugindustrieanlagen am Stadtrand von Paris und im Hafengebiet von Marseille geflogen. Ende Juni war ein vergleichbarer britischer Bombenangriff auf Berlin erfolgt. Ab Mitte Juli führten dann aber erst einmal die deutschen Angriffe in der „Luftschlacht um England" zu einem Nachlassen der britischen Bombereinflüge in das nördliche und nordwestliche Reichsgebiet. Als deutsche He 111-Bomber am 24. August aufgrund eines Navigationsfehlers Londoner Wohngebiete angriffen, flog die RAF als Vergeltung zwei Tage später Bomberangriffe auf Berlin. Daraufhin verkündete Hitler am 4. September 1940 anläßlich der Eröffnung des Winterhilfswerkes in Berlin, Deutschland werde nunmehr „diesen Nachtpiraten das Handwerk legen", man werde den Briten „ihre Städte ausradieren" und die angekündigten „Terrorangriffe" auf die englische Zivilbevölkerung „zur Vergeltung" wahrmachen[41]. Danach konzentrierte sich die Luftwaffe mit ihren Angriffen auf die Bombardierung der englischen Wirtschaftszentren und vor allem Londons (Abb. 50); man wollte dadurch die britische Bevölkerung demoralisieren.

Die beabsichtigte Landung in England wurde von Hitler am 17. September 1940 jedoch erst einmal verschoben. Beim ersten schweren Vergeltungsangriff auf London am 7. September erzeugten die deutschen Bomben große Feuerbrände und schwere Schäden in den Docks und Hafenanlagen (Abb. 51). In den nächsten vier Tagen wurden auf London mehr als 8000 Spreng- und 7000 Brandbomben mit einem Gesamtgewicht von etwa 1500 Tonnen abgeworfen. Goebbels sprach in seinen Anweisungen für die Presse von der „grundsätzlichen Entschlossenheit zur Vernichtung Londons"[42].

Hitler und Göring ließen außer London auch Birmingham, Portsmouth, Southampton und Liverpool bombardieren. Fast die Hälfte des Stadtkerns von Coventry sank am 14. November 1940 bei einem schweren Angriff von knapp 500 deutschen Flugzeugen in Schutt und Asche; auch die Kathedrale wurde zerstört.

---

[39] Hitlers Weisungen für die Kriegführung 1939–1945. Dokumente des Oberkommandos der Wehrmacht. Hrsg. v. Walther Hubatsch. Frankfurt 1962, S. 53 f.
[40] Domarus, Hitler, Bd. II/1, S. 1558.
[41] Ebda., S. 1574 ff., 1579 f.
[42] Wollt Ihr den totalen Krieg? Die geheimen Goebbels-Konferenzen 1939–1943. Hrsg. von Willi A. Boelcke. Stuttgart 1967, S. 101.

Abb. 50: Brennende Gebäude um die Londoner St. Pauls-Kathedrale nach dem deutschen Angriff vom 29. Dezember 1940 (Ullstein Bilderdienst Berlin)

Abb. 51: Brände in den Docks und Warenhäusern am Londoner Hafen, 7. September 1940 (Imperial War Museum London)

Fast 400 Bewohner fanden beim Abwurf der 450 Tonnen Bomben den Tod[43]. Statt vom Bombardieren und „Ausradieren" sprach man in der deutschen Propaganda danach von „Coventrieren". Als Vergeltung flogen die Briten im September neue Angriffe auf Berlin. Mit der beginnenden Eskalation des Luftkrieges während der „Luftschlacht um England" und bei der „Operation Blitz"[44] setzten sich somit die nach dem Ersten Weltkrieg entwickelten Luftkriegstheorien durch, bei denen der Terror- und Vernichtungskrieg gegen die Zivilbevölkerung im Sinne des „totalen Krieges" auf beiden Seiten der kriegführenden Staaten eine große Rolle spielte.

Dies wurde auch öffentlich ausgesprochen: In seiner Rede vor Arbeitern eines Berliner Rüstungswerkes, die im deutschen Rundfunk übertragen wurde, erklärte Hitler am 10. Dezember 1940, der „unbeschränkte Luftkrieg bei Nacht" sei von Churchill im Mai 1940 in Freiburg begonnen worden. Er selbst habe nun nach dreimonatiger Zurückhaltung ebenfalls „diese Art von Kriegführung" befohlen[45]. Am 16./17. Dezember 1940 wurde dann auch die badische Stadt Mannheim von etwa 140 britischen Bombern schwer angegriffen.

Zum Jahreswechsel 1940/41 konnte somit keine Unklarheit mehr über die weitere konsequente Eskalation des Luftkrieges bestehen. Man mußte nun davon ausgehen, daß noch viel schlimmere Prüfungen auf die Stadtbevölkerungen zukommen würden als beim Luftangriff auf Freiburg vom 10. Mai 1940, da nunmehr von beiden Kriegsseiten auch die Wohngebiete in den Städten als „militärische Zielgebiete" angesehen wurden.

Ziel der alsbald vom britischen Kriegskabinett beschlossenen Luftoffensive gegen das Reich war dabei die umfassende Zerstörung der deutschen Städte, um den Widerstands- und Kriegswillen Deutschlands zu brechen. Die beabsichtigten neuen strategischen Luftoffensiven sowohl auf britischer als auch auf deutscher Seite ab 1941 waren letztlich Ausdruck der endgültigen Hinwendung beider Kriegslager zum reinen Terrorluftkrieg im Sinne der Kriegstheorien des Generals Douhet.

2. Die Entwicklung des strategischen Luftkrieges bis zum September 1944

Da die deutsche Luftwaffe ab Frühjahr und Sommer 1941 ihre Einsatzkräfte auch auf die neuen Kriegsschauplätze im Balkan und in der Sowjetunion verteilen mußte, ließen deren Angriffe auf Ziele in England sehr bald erheblich nach. Im Mai 1941 war die „Luftschlacht um England" für das Reich praktisch verloren.

[43] Vgl. u. a. Leonard Mosley: Die Luftschlacht um England. Amsterdam 1979, S. 144–147; Norman Longmate: Air Raid. The Bombing of Coventry 1940. London 1976.
[44] Zur Entwicklung der „Luftschlacht um England" vgl. u. a. Klaus A. Maier: Die operative Luftkrieg bis zur Luftschlacht um England. In: Das Deutsche Reich und der Zweite Weltkrieg. Bd. 2. Stuttgart 1979, S. 329–341; ders.: Die Luftschlacht um England. In: Ebda., S. 375–408; ders.: Der strategische Luftkrieg in beiden Weltkriegen. In: Ploetz – Geschichte der Weltkriege. Mächte, Ereignisse, Entwicklungen 1900–1945. Hrsg. v. Andreas Hillgruber und Jost Dülffer. Freiburg 1981, S. 248–262; Alfred Price: Blitz on Britain. The Bomber Attacks on the United Kingdom, 1939–1945. London 1977; Heinz J. Nowarra: Luftschlacht um England. Verlorener Sieg. Friedberg 1978; Richard Collier: Adlertag. Die Luftschlacht um England. 6. August bis 15. September 1940. Hamburg 1966; Mosley, Die Luftschlacht um England. Amsterdam 1979; Udo Volkmann: Die britische Luftverteidigung und die Abwehr der deutschen Luftangriffe während der „Luftschlacht um England" bis zum Juni 1941. Osnabrück 1982; Francis K. Mason: Battle over Britain. London 1969.
[45] Domarus, Hitler, Bd. II/1, S. 1631.

Großbritannien gelang es dagegen, obwohl es zur gleichen Zeit die Luftaufklärung und die U-Boot-Bekämpfung im Zufuhrkrieg über dem Atlantik verstärken mußte, konsequent sein Bomber-Kommando (Bomber Command) auf über 500 Bomber auszubauen. Churchill verkündete am 22. Juni 1941, anläßlich des deutschen Überfalls auf die Sowjetunion in einer Rundfunkrede, Großbritannien werde von nun an durch den Luftkrieg „dem deutschen Volk von Monat zu Monat eine stetig sich steigernde Dosis des Elends zu schlucken geben, das es über die Menschheit gebracht" habe[46]. Er antwortete damit indirekt auf Hitlers Reichstagsrede in der Berliner Kroll-Oper vom 4. Mai 1941, in der dieser den britischen Premierminister als „Paralytiker oder Säufer" bezeichnet und angekündigt hatte, „für jede Bombe auch in der Zukunft, wenn notwendig, hundert zurückzuschlagen, und zwar solange, bis das britische Volk sich dieses Verbrechers (gemeint war Churchill, Anm. d. Verf.) und seiner Methoden entledigt"[47].

In der Folgezeit konnten deutsche Nachtjäger und Flak den Briten bei ihren stetigen Luftangriffen in den westlichen Gebieten des Reiches allerdings nur selten Verluste von über 10 Prozent zufügen. Diese Abschlußzahlen waren auch nach Einrichtung der neuen Dienststelle des „Luftwaffenbefehlshabers Mitte", der die Abwehrkräfte der Luftwaffe zentral zusammenzufassen hatte, nicht zu steigern. Die geringen deutschen Abwehrerfolge vermochten nicht, die nächtlichen Angriffe der Engländer zu unterbinden. Erst etwa 15 Prozent Verluste über längere Zeit hätten entscheidende Auswirkungen auf die Einsatzfähigkeit der RAF-Bomber erzielt.

Die Ausweitung und Verschärfung des Krieges 1941 berührten Stadt und Bevölkerung Freiburgs – abgesehen von den mit Beginn des Krieges gegen die Sowjetunion ab 22. Juni 1941 wieder zunehmenden Zahlen an gefallenen oder vermißten Soldaten in mehreren Freiburger Familien – nur wenig. In einer Rückschau der Stadtverwaltung auf „Freiburg im Kriegsjahr 1941" widmete man bezeichnenderweise der „Stellung Freiburgs als ein Kulturzentrum der Südwestmark" große Beachtung und sah in dieser Position und Funktion eine besondere Aufgabe der Schwarzwaldhauptstadt für die Kriegszeit[48].

Hitlers Kriegserklärung an die USA am 11. Dezember 1941 veränderte schließlich schlagartig das Kräfteverhältnis zwischen den Achsenmächten und Westalliierten, zumal US-Präsident Roosevelt bereits vorausschauend ab Sommer 1941 Maßnahmen für ein gewaltiges Luftrüstungsprogramm zum strategischen Einsatz in Europa eingeleitet hatte[49]. Dies kam Churchill sehr entgegen, der Anfang 1942 mit einem verstärkten Luftkrieg seinerseits im Kampf gegen Deutschland weiter vorankommen wollte, nachdem die Sowjetunion Hitlers „Unternehmen Barbarossa" erfolgreich vor Moskau abgewehrt hatte. Am 14. Februar 1942 beschloß das britische Kabinett, die Luftoffensive gegen das Reich systematisch in der Nacht gegen Flächenziele durchzuführen, um die Moral der Zivilbevölkerung, insbesondere der Industriearbeiter in den Städten, zu treffen. Gezielte Angriffe auf Einzelobjekte konnten zu dieser Zeit aufgrund der begrenzten technischen Möglichkeiten noch nicht erfolgreich durchgeführt werden.

---

[46] Zit. nach Hans Rumpf: Der Irrweg des Bombenkrieges. In: Wehrwissenschaftliche Rundschau 10 (1960), S. 551; siehe auch Winston S. Churchill: Reden 1940–1941. Der unerbittliche Kampf. Zürich 1947, S. 262; Zur Entwicklung des Bomber Command siehe PRO London, AIR 20/5302: Bomber Command in the second world war, Schlußbericht v. 27.6.1945.
[47] Domarus, Hitler, Bd. II/2, S. 1697.
[48] StadtAF, D. Ve. 44: Freiburg im Kriegsjahre 1941.
[49] Siehe Maurice Matloff/Edwin M. Snell: Strategic Planning for Coalition Warfare 1941/42. Washington 1953, S. 58ff.

Die britische Regierung folgte damit den Vorschlägen und Vorstellungen des Churchill-Beraters und Kabinettsmitgliedes Lord Cherwell (ehemals Prof. F. A. Lindemann), der eine konsequente Bombardierung der deutschen Arbeiterwohnviertel als Schlüssel zum Sieg über das Dritte Reich bezeichnete. In seinen Analysen, dem sogenannten „Dehousing"-Gutachten, hielt er es für möglich, durch einen gezielten Bombenkrieg 50% der Wohngebiete aller größeren 58 Städte ab 50 000 Einwohner zerstören und damit die Kriegsmoral in Deutschland brechen zu können[50].

Der im Februar 1942 zum Chef des Bomberkommandos der RAF ernannte Luftmarschall Arthur T. Harris (Abb. 52), später berüchtigt als „Bomber-Harris", setzte das Programm in die Tat um. Er befahl deshalb in voller Übereinstimmung mit dem Chef des britischen Luftwaffengeneralstabes, Air Chief Marshal Sir Charles Portal, in erster Linie keine militärischen Einzelobjekte, sondern die weiträumigen Wohngebiete der deutschen Industriestädte als Zielgebiete festzulegen. Ab Frühjahr 1942 ging man folglich zum massierten Flächenbombardement (= area bombing) über, um die Kampfmoral der deutschen Zivilbevölkerung im

Abb. 52: Die britischen Luftmarschälle Harris und Saundby (Imperial War Museum London)

[50] Vgl. C. P. Snow: Politik hinter verschlossenen Türen. Wissenschaft und Staatsführung. Stuttgart 1961; Irving, Von Guernica bis Vietnam, S. 82 f.

Heimatgebiet weit hinter den Fronten zu brechen. Harris und Portal waren überzeugt, damit den Krieg entscheiden und gewinnen zu können[51]. Dies war ein Kriegskonzept, das seinen Erfolg jedoch erst noch erweisen mußte.

Vorerst verzeichnete Harris beachtliche Erfolge. Mit dem neuen schweren, viermotorigen „Lancaster"-Bomber (Abb. 53), der ab März 1942 zur Verfügung stand, besaß er außer der seit 1941 eingesetzten „Halifax"-Maschine einen weiteren, technisch gut ausgerüsteten Waffenträger mit großer Reichweite für die Nachtangriffe über Nord- und Nordwest-Deutschland. Außerdem verfügte Harris mit der, mit großem Holzanteil in Leichtbauweise hergestellten zweimotorigen De Havilland-Maschine „Mosquito VI" über einen weitreichenden Bombenträger, der in großen Höhen operieren konnte (Abb. 54)[52]. Die RAF konnte deshalb zur gleichen Zeit mit Angriffen einzelner Störflieger über Süd- und Südwestdeutschland beginnen. Gelenkt von einem UKW-Richtstrahl flogen die neu entwickelten „Mosquito"-Kampfbomber in einer Höhe von etwa 8500–10000 m fast unbemerkt ihre Ziele an. Mehrere Kilometer vor dem Ziel lösten sie beim Kreuzen eines zweiten Richtstrahles ihre schweren 1000- oder 2000-Kilo-Bomben aus, die dann nach etwa 10 km Flug in den anvisierten Zielstädten einschlugen und dort für erhebliche Überraschung und Verwirrung sorgten.

Das Bomber-Kommando konnte außerdem aufgrund neuer technischer Entwicklungen seine bisherige Markierungs-Methode („Shaker"-Technik) verfeinern. Vorausfliegende „Luftmarkierer" kennzeichneten nach der sog. „Wanganui"-Methode den Zielort durch Abwurf von Illuminationsbomben, um dem nachfolgenden Bomberverband den genauen Abwurf bei hellem Licht zu ermöglichen. Feste Funkleitstrahlen von Bodensendern in England („Gee"-Geräte) legten zudem ab Frühjahr 1942 ein Funkstrahlengitternetz über Deutschland; es ermöglichte den einfliegenden Bomberverbänden, die genaue Orientierung ohne ständigen Funkverkehr aufrechtzuerhalten[53]. Ab März 1942 setzte die RAF außer den Phosphor-Kautschuk-Brandbomben von 30 lbs (brit. Pfund) auch in größerem Umfange die etwa 100 kg schwere Phosphor-Brandbombe „LC 250 lb" ein, die äußerst schwer zu löschen war, sowie 4000 lbs schwere Minenbomben („Wohnblockknacker") ein. Im Sommer 1942 konnte Harris schließlich etwa 36 Bomberstaffeln für die ferngesteuerten Angriffe einsetzen.

Bei den schweren nächtlichen Angriffen auf die alten historischen Stadtkerne von Lübeck und Rostock am 28./29. März und 24./27. April 1942 sowie bei den

---

[51] Sir Arthur Harris, geboren 1892, löste Luftmarschall Sir Richard Peirse als Befehlshaber des Bomber Command ab. Harris starb im April 1984. Zu seinen Überlegungen siehe die Erinnerungen, Arthur Harris: Bomber Offensive. New York 1947. Vgl. auch Charles Messenger: ‚Bomber' Harris and the strategic Bombing Offensive, 1939–1945. London 1984.

Sir Charles Portal war später der Verfasser der grundlegenden Denkschrift für die „Casablanca-Direktive" zum Flächenbombardement, siehe Denis Richards: Portal of Hungerford. The Life of Marshal of the Royal Air Force Viscount Portal of Hungerford. London 1977.

Das Bomber-Kommando (Bomber Command) bildete zusammen mit dem Kampf- und Jagdflieger-Kommando (Fighter Command), dem Küsten-Kommando (Coastal Command), dem Sperrballon-Kommando (Balloon Command), dem Ausbildungs-Kommando (Training Command) und dem Nachschub-Kommando (Maintenance Command) die Fliegertruppe auf den Britischen Inseln; daneben bestanden noch mehrere Verbände und Kommandos in Übersee.

Als Überblick zur Geschichte des Bomber-Kommandos siehe Alastair Revie: … war ein verlorener Haufen. Die Geschichte des Bomber Command der Royal Air Force 1939–1945. Stuttgart 1974.

[52] Zu den technischen Angaben siehe Martin Middlebrook: The Nuremberg Raid, 30–31 March 1944. London 1973, S. 317 ff., appendix 1; vgl. auch Alfred Price: Bomber im 2. Weltkrieg. Entwicklung, Einsatz, Taktik. Stuttgart 1980.

[53] Zur Entwicklung der Markierungsmethoden in der RAF siehe Gordon Musgrove: Pathfinder Force. A History of 8 Group. London 1976, S. 247 ff., 254 ff.

Abb. 53: Lancaster-Bomber (Hans-Heiri Stapfer)

Avro Lancaster	
Besatzung:	7 Mann
Länge:	21,6 m
Spannweite:	31 m
Geschwindigkeit:	460 km/h in 3500 m Höhe
Bewaffnung:	8 Maschinengewehre (7,6 mm)
Bombenlast:	6500 kg
Gipfelhöhe:	7400 m
Reichweite:	2600 km

„1000-Bomber-Angriffen" auf Köln (am 30./31. Mai 1942), Essen (am 1. Juni 1942) und Bremen (am 25./26. Juni 1942) bewies das RAF-Bomberkommando, daß flugnavigatorisch exakt vorbereitete und mit großer Anzahl von Brandbomben durchgeführte Flächenbombardements der deutschen Großstädte zu verheerenden Ergebnissen führen konnten[54]. Die deutsche Luftwaffe antwortete mit sogenannten „Baedeker"-Angriffen auf historisch interessante Städte wie Bath, Exeter und Canterbury. Es war schon makaber, daß man nun auf beiden Seiten versuchte, die schönsten historischen Stadtkerne und Baudenkmäler des Gegners anhand von Angaben und Hervorhebungen internationaler Kultur- und Reiseführer zu vernichten[55].

[54] Vgl. Eric Taylor: 1000 Bomber auf Köln. Operation Millenium 1942. Düsseldorf 1979.
[55] Die Buchreihe „Baedekers Städteführer" fand als Reisehandbücher seit 1836 große Verbreitung; besondere Sehenswürdigkeiten und Kulturdenkmäler sind darin mit „Sternen" vermerkt. Zu den Baedeker-Angriffen vgl. Goebbels in: Boelcke, Wollt Ihr den totalen Krieg, S. 225, 236f.

Abb. 54: Mosquito-Bomber (Hans-Heiri Stapfer)

De Havilland Mosquito

Besatzung:	2 Mann
Länge:	12,35 m
Spannweite:	16,54 m
Geschwindigkeit:	635 km/h in 10 000 m Höhe
Bewaffnung:	4 Maschinenkanonen (20 mm)
Bombenlast:	1815 kg
Gipfelhöhe:	11 300 m
Reichweite:	2200–2900 km

Die deutschen Gegenschläge besaßen jedoch bei weitem nicht die große Wucht der britischen „Terrorangriffe", wie die Operationen in der gleichgeschalteten deutschen Presse nunmehr genannt wurden. Durch die britischen Angriffe wurden 1942 rund 200 000 Tonnen Spreng- und Brandbomben über dem Reichsgebiet abgeworfen; 1941 waren es noch etwa 41 000 Tonnen gewesen. Beide Kriegsseiten demonstrierten mit diesen Bombardements, daß ab sofort städtebauliche Kulturgüter nicht mehr geschont, sondern vielmehr bewußt als Ziele ausgewählt wurden, weil gerade die alten dichtbebauten Häuserzeilen in den Altstädten eine leichte Beute der abgeworfenen, neuartigen phosphorgefüllten Flüssigkeitsbrandbomben waren.

In Absprache mit dem Kriegskabinett und dem Ministerium für Wirtschaftskriegführung stellte der Generalstab der RAF alsbald kontinuierlich überprüfte und korrigierte Ziellisten auf. In diesen als „Bomber's Baedeker" bezeichneten Listen waren die deutschen Städte als Zielobjekte nach bestimmten Dringlichkeitsstufen eingeteilt (Abb. 55)[56]. Harris und sein Stellvertreter, Air Vice Marshal Robert Saundby, mußten dann nur noch in ihrem unterirdischen Hauptquartier bei High Wycombe, das westlich von London in der Nähe von Churchills Wohnsitz lag, für den jeweiligen Nachteinsatz je nach Wetterlage und sonstigen Einsatzmöglichkeiten auswählen und festlegen, welche Stadt oder welche Städte bei den ein- bis zweimaligen Nachtangriffen pro Tag bombardiert werden sollten.

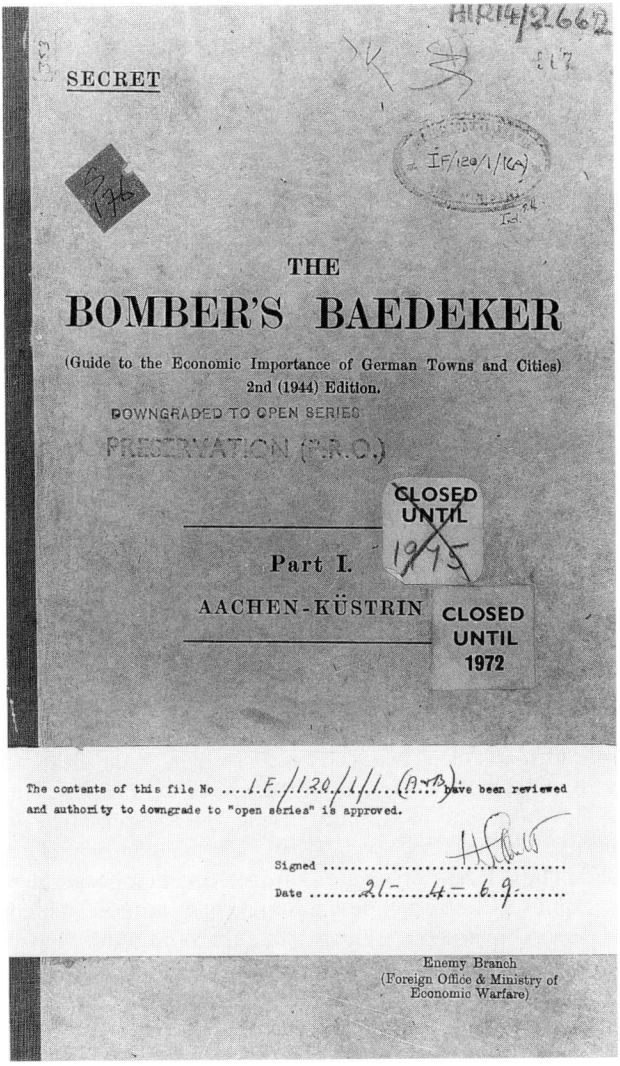

Abb. 55: Bomber's Baedeker, Titelseite von 1944 (Crown-copyright in the Public Record Office London, F.O. 837/1313)

---

[56] PRO London, F. O. 837/1313: The Bomber's Baedeker. Guide to the Economic Importance of German Towns and Cities. 2nd (1944) Edition. Die erste Ausgabe war von 1943, ebda., F.O. 837/1315; auch zum Folgenden.

FREIBURG, Baden: 7° 50' E. 48° N: 430 Miles: Population 110,000.

General.

Freiburg, a junction of the main railway line between Karlsruhe and Basle, one of the two main transport routes for coal shipments to Switzerland and Italy, with large marshalling and goods yards and extensive railway repair shops, is an important transport centre.

The only outstanding industrial target is the large works of Deutsche Acetate Kunstseiden A.G. "Rhodiaseta" where normally some 3,000 workers are employed on the manufacture of rayon.

TARGETS.	DESCRIPTION.	LOCATION.	PRIORITY.
Transportation.			
Railway traffic centre.	Main line junction with marshalling and goods yards.	Freiburg.	2
Railway repair shops.	Repair of goods and passenger waggons.	"	3
Textiles,Rayon,Pulp and Paper.			
Deutsche Acetate Kunstseiden A.G."Rhodiaseta".	Large rayon works employing some 3,000 workers.	"	1

Abb. 56: Bomber's Baedeker, Auszug von 1943 (Crown-copyright in the Public Record Office London, F.O. 837/1315)

In den Listen von 1942/43 und vom Mai 1944 war auch Freiburg als ein wichtiges Zentrum für Verkehrs- und Transportlinien, insbesondere für die Verbindung in die Schweiz und nach Italien, genannt (Abb. 56 und 57); als besonderes Industrieziel war die Firma „Deutsche Acetat Kunstseiden A.G. – Rhodiaseta" angegeben. In dem Band von 1944 waren außerdem noch die Firmen „Hellige & Co." und „MEZ A.G." aufgeführt. Rein militärische Ziele waren nicht angegeben.

Ein Luftangriff auf Augsburg am 17. April 1942 demonstrierte schließlich sehr nachdrücklich, daß die RAF bereits die Luftüberlegenheit besaß, so daß sie auch einen größeren Bomberverband ohne Jagdschutz nach stundenlangem Anflug bei wolkenlosem Himmel über den von Deutschland kontrollierten Luftraum auf ein Ziel in Süddeutschland ansetzen konnte. Gerade der feindliche Angriff auf Augsburg wirkte sich dann auch außerordentlich bedrückend auf die Stimmungslage der deutschen Bevölkerung aus, welche die Ohnmacht der deutschen Luftabwehrkräfte immer stärker erkannte und nun auch im süddeutschen Raum damit rechnen mußte, schweren Angriffen ausgesetzt zu sein[57]. Während die NS-Propaganda immer wieder Vergeltungsschläge im gleichen Umfange ankündigte, wurde der deutschen Bevölkerung die tatsächliche Luftkriegs-Situation so weit wie möglich verheimlicht.

[57] Meldungen aus dem Reich 1938–1945. Die geheimen Lageberichte des Sicherheitsdienstes der SS. Hrsg. v. Heinz Boberach. Herrsching 1984, Bd. 10: Meldung Nr. 277 v. 20.4.1942, S. 3640 f.

FREIBURG (Baden)

48° N. 7° 50' E: 430 miles: (119,000)

Freiburg is on the main railway line leading to Basle and is a junction for two important branch lines leading West across the Rhine at Breisach into France and East through the Black Forest (Höllental), to Donaueschingen and Bavaria. There are various small industrial firms but only those mentioned below are of individual importance.

Transportation

Railway Junction   Freiburg   (2)

> The branch lines diverge from the main track inside the town area. There are marshalling yards on the South West outskirts near to the Hauptbahnhof and at the goods station close to the Industriegebiet North West of the town. There are also repair shops dealing with both goods and passenger wagons.

Public Utility Services

Gas Works   Freiburg   (3)

> This municipal gas works made 376 million cubic feet of gas in 1936.

Engineering and Armaments

Hellige & Co.   Tennenbacherstr. (3)

> This firm of instrument makers which employed some 500 workers in 1940, is reported to be making radio-location apparatus.

Textiles, Rayon, Pulp and Paper.

Acetate A.G.   Angesserstr.   (3)

> The Deutsche Acetate Kunstseiden A.G. "Rhodiaseta" in the Industriegebiet at the North West corner of the town is a large rayon factory which employed some 2,000 workers in 1939. It is reported to be making artificial silk suitable for parachutes. The total annual rayon capacity of this plant is believed to be 3,500 tons continuous filament and 1,400 tons of staple fibre.

Mez A.G.   Kartauserstr.   (-)

> Prior to the war the Mez A.G. were makers of sewing silks and cottons, and employed 1,000 workers. They were owned by the Coats concern. Their factory is in the South East corner of the town. Ground reports suggest that the factory is now inactive.

Abb. 57: Bomber's Baedeker, Auszug von 1944 (Crown-copyright in the Public Record Office London, F.O. 837/1313)

107

Im Juli 1942 verschlechterte sich die Lage für Deutschland entscheidend, als erstmals Bomber der in England stationierten US-Heeresluftstreitkräfte (8. USAAF) über dem Reichsgebiet erschienen und sich an dem strategischen Luftkrieg stärker beteiligten [58]. Im September 1942 wurden Stuttgart und Karlsruhe angegriffen und schwer getroffen. Nach dem schweren Angriff der anglo-amerikanischen Luftstreitkräfte auf Karlsruhe am 2./3. September 1942 kam Badens Gauleiter Robert Wagner bezeichnenderweise auf den Freiburger Luftangriff vom 10. Mai 1940 als vermeintlichen Auslöser des totalen Luftkrieges zurück, um den Westalliierten die alleinige Schuld am „Krieg der Bomber" gegen die Zivilbevölkerung zuschreiben zu können [59]. So bezeichnete er bei der Trauerfeier nach dem Angriff die Toten der Stadt Freiburg vom 10. Mai 1940 als die „ersten geschichtlichen Zeugen" für die „Vernichtung unschuldiger Menschenleben" durch England [60]. Wagner betonte ferner, die deutsche Bevölkerung lasse sich „den Glauben an den Führer und den Endsieg Deutschlands" nicht durch Churchills Bomber nehmen. Das nationalsozialistische Deutschland könne durch diese Kriegführung Großbritanniens nicht „seelisch terrorisiert werden", vielmehr werde es „nur noch entschlossener, noch unerbittlicher und noch härter gemacht". Die „schicksalhafte Gemeinschaft des Volkes", so verkündete Wagner, der seit 1940 auch Chef der Zivilbevölkerung für das besetzte Elsaß war, werde durch die alliierten Terrorangriffe statt dessen zu „unzerreißlicher Gemeinschaft gehämmert".

Nach dem Angriff auf Karlsruhe reiste am 10. September eine Delegation der Freiburger Stadtverwaltung, bestehend aus Bürgermeister Dr. Hofner, Oberbaurat Werner und Stadtbauamtmann Dittes, in die „Gauhauptstadt", um sich die Auswirkungen des Fliegerangriffs anzusehen. In seinem Erfahrungsbericht kam Bürgermeister Hofner zu dem voreiligen Ergebnis, die allgemeine Annahme, „daß Freiburg von einem Luftangriff verschont bleiben dürfte", erscheine „nicht unbegründet", „daß aber jedenfalls, wenn ein solcher doch erfolgen sollte, der Aufenthalt in dem Keller der stärkste Schutz sein würde" [61]. Diese Schlußfolgerung über die Schutzmöglichkeit verlor allerdings sehr rasch seine Gültigkeit, da die Engländer bei den weiteren Luftangriffen in verstärktem Maße Brandbomben abwarfen, vor deren Auswirkungen und Folgen man auch im Keller nicht geschützt war.

Auf der Konferenz von Casablanca vom 14. bis 26. Januar 1943 verständigten sich schließlich Churchill, Roosevelt und die vereinigten alliierten Stabschefs (Combined Chiefs of Staff) auf die sogenannte, am 21. Januar 1943 festgeschriebene „Casablanca-Directive". Sie verlangte als oberstes Ziel, „die Militärmaschinerie, Industrie und Wirtschaft Deutschlands konsequent zu zerstören und zu vernichten sowie das deutsche Volk zu demoralisieren bis zu einem Punkt, an dem seine Widerstandskraft gebrochen ist" [62]. Die Direktive bestätigte somit die Entscheidung des britischen Kriegskabinetts vom Februar 1942 zum „area bombing" und

---

[58] Zum Einsatz der 8. USAAF über Deutschland siehe Roger A. Freeman: The Mighty Eighth. Units, Men and Machines. London 1970; Werner Girbig: 1000 Tage über Deutschland. Die 8. amerikanische Luftflotte im 2. Weltkrieg. München 1964.

[59] Vgl. dazu Ueberschär/Wette, Bomben und Legenden, S. 79f.; Jochen von Lang: Krieg der Bomber. Dokumentation einer deutschen Katastrophe. Berlin 1986, S. 37ff.

[60] Der Alemanne, Nr. 247 v. 7.9.1942; Zitat nach Ueberschär/Wette, Bomben und Legenden, S. 79f., auch zum Folgenden.

[61] StadtAF, C 4/XI/31/8: Bericht von Bürgermeister Dr. Hofner v. 23.9.1942.

[62] Vgl. u.a. Rumpf, Irrweg des Bombenkrieges, S. 551; ferner Foreign Relations of the United States. The Conferences at Washington, 1941–1942, and Casablanca, 1943. Washington 1968, S. 669, 746f., 781f.

entsprach fast wörtlich dem von Luftmarschall Sir Charles Portal eingebrachten Entwurf der britischen Stabschefs (British Chiefs of Staff). Harris erhielt dadurch für seinen weiteren Bombenkrieg freie Hand. Die auf der Konferenz vereinbarte „kombinierte angloamerikanische Bomberoffensive" („combined bomberoffensive") führte zur Arbeitsteilung zwischen den Westalliierten. Die Briten flogen mit den Verbänden der RAF nachts und die Amerikaner mit ihrer USAAF tagsüber die Bomberangriffe. Ab Juni 1943 wurde zwecks entsprechender Koordination ein „Combined operational planning committee" eingerichtet. Das Bomber Command führte aber auch danach seine Flächenbombardements in eigener Verantwortung durch.

Gleichsam als Antwort auf die Beschlüsse der Westalliierten verkündete Goebbels am 18. Februar 1943 in einer spektakulär inszenierten Veranstaltung im Berliner Sportpalast den totalen Krieg. Begeistert folgten ihm die ausgewählten Zuhörer bei seiner Absichtserklärung, den Krieg „wenn nötig totaler und radikaler" als bisher zu führen [63]. Der Reichspropagandaminister rief die gesamte Bevölkerung einschließlich der Frauen und Kinder in jedem Haus dazu auf, an der Verteidigung des Reiches mitzuarbeiten. Churchill und Harris konnten danach ihrerseits die Aufforderung von Goebbels als Begründung für ihre Vernichtungsaktionen gegen die deutsche Zivilbevölkerung anführen.

Mittlerweile praktizierten die Westalliierten seit der zweiten Jahreshälfte verbesserte Funkleitverfahren für ihre Bomber, die es ihnen mittels der in den Maschinen eingebauten Radarführungssysteme – „Oboe"-Navigation und H2S-Bordsichtgeräte (von deutscher Seite als „Rotterdam"-Gerät bezeichnet) – erlaubten, bis in den nordwestdeutschen Raum genauere Zielanflüge auch bei schlechter Sicht durchzuführen. Zudem setzten sie seit August 1942 regelmäßig besondere, vorausfliegende „Pfadfinder"-Maschinen („Pathfinder") ein, die durch abgeworfene Leuchtzeichen das Flächenziel erhellten und mit Markierungsbomben die genaue Zielmarkierung absteckten (Abb. 58). Die deutsche Luftverteidigung wurde dadurch immer mehr in die Defensive gedrängt. Die Flak sowie die Tag- und Nachtjäger der Luftwaffe konnten die fast pausenlosen Einflüge der westalliierten Luftstreitkräfte nicht mehr abwehren.

Dennoch blieben Zweifel, ob es den Alliierten gelingen könne, mit ihren verstärkten Flächenbombardements die Moral und den Kampfeswillen des deutschen Volkes in entscheidendem Maße zu brechen und damit eine Abkürzung des Krieges zu erreichen. RAF-Luftmarschall Harris war allerdings im Frühjahr 1943 überzeugt, er könne mit massiven Luftangriffen seiner inzwischen ca. 1200 Bomber auf die Wohngebiete der Industriestädte die Moral der Deutschen so erschüttern, daß das Dritte Reich innerhalb weniger Wochen zur Kapitulation gezwungen werden könnte.

Eindrucksvoll demonstrierte die alliierte „Operation Gomorrha" mit mehrmaligen vernichtenden Tages- und Nachtangriffen von rund 3000 Bombern auf die Stadt Hamburg vom 24. Juli bis 3. August 1943 die totale Zerstörungskraft eines konzentrischen Luftangriffs unter Einsatz von Flüssigkeitsbrandbomben auf ein dichtes Wohngebiet. Etwa 45 000 Menschen starben bei den orkanartigen Feuerstürmen; mehr als 10 000 Bewohner wurden verletzt.[64]

(... the progressive destruction and dislocation of the German military, industrial and economic system, and the undermining of the morale of the German People to a point where their capacity for armed resistance is fatally weakened).
[63] Zit. nach Dokumente Deutscher Kriegsschäden. Bd. II/1: Soziale und rechtliche Hilfsmaßnahmen für die luftkriegsbetroffene Bevölkerung bis zur Währungsreform. Bonn 1960, S. 478.

Abb. 58: Leuchtkaskaden von abgeworfenen Zielmarkierern (BA Koblenz, 77/115/22)

Auch andere Großangriffe – so auf Berlin (1./2. März 1943, 27./28. März 1943, 7./8. Oktober 1943), Essen (5./6. März 1943, 27./28. Mai 1943, 25./26. Juli 1943), Duisburg (26./27. März 1943, 8./9. April 1943, 12./13. Mai 1943), Stuttgart (14./15. April 1943, 6. September 1943), Frankfurt am Main (10./11. April 1943, 4. Oktober 1943), Dortmund (4./5. Mai 1943, 23./24. Mai 1943), Wuppertal (29./30. Mai 1943, 24./25. Juni 1943), Düsseldorf (11./12. Juni 1943), Aachen (13./14. Juli 1943), Schweinfurt (17. August 1943, 14. Oktober 1943), Mannheim (9./10. August 1943, 5./6. September 1943), Hannover (22./23. und 27./28. September 1943, 8./9. und 18./19. Oktober 1943) und Kassel (3./4. und 22./23. Okto-

[64] Hans Brunswig: Feuersturm über Hamburg, Stuttgart 4. Aufl. 1981; Martin Middlebrook: The Battle of Hamburg. Allied Bomber Forces against a German City in 1943. London 1980 (deutsche Ausgabe u. d. T.: Hamburg, Juli '43. Berlin 1983); Messenger, ‚Bomber' Harris, a. a. O., S. 128 f.

ber 1943) – forderten schwere Opfer unter der deutschen Zivilbevölkerung und vernichteten jeweils große Teile der Städte[65].

Bei dem mehrtägigen Angriff auf Hamburg setzte das Bomber Command erstmals aus der Luft abgeworfene sogenannte „Window"-Stanniol- bzw. Aluminiumstreifen („Düppel-Verfahren") ein, die – abgestimmt auf die Wellenlänge der deutschen Funkmeßgeräte – zur Täuschung und Verwirrung bei den Nachtjägern und der Flak führten. Die große Schlagkraft und umfangreich mitführbare Bombenlast der amerikanischen viermotorigen „fliegenden Festungen" („Flying Fortress" B-17 mit 10 Mann Besatzung) und „Liberator"-Bomber (B-24 mit 12 Mann Besatzung) zeigten sich beispielsweise bei dem schweren Tagesangriff auf die Stadt Münster am 10. Oktober 1943[66]. Ab Anfang Oktober 1943 griff auch die 15. US-Luftflotte von Italien aus das Reichsgebiet an.

Mitte November 1943 eröffnete RAF-Marschall Harris die „Luftschlacht um Berlin"; gegenüber Churchill erklärte er stolz, sein Bomberkommando könne zusammen mit der USAAF die Reichshauptstadt von einem Ende bis zum anderen in ein totales Trümmerfeld verwandeln. Die „Schlacht um Berlin" werde die Engländer zwar „400 bis 500 Flugzeuge kosten"; Deutschland würde sie jedoch „den Krieg kosten", so meinte Harris[67]. Bis Ende März 1944 dauerten danach die ständigen Großangriffe auf die Hauptstadt an; sie führten zu ca. 1,5 Millionen Obdachlosen, fast 20000 Schwerverletzten und 9000 Toten. Fast 30 km^2 bebaute Stadtfläche wurden in Berlin bis Kriegsende zerstört. Harris erreichte sein Ziel jedoch nicht, Moral und Stimmung blieben fest.

Die deutsche Propaganda sprach nunmehr von angloamerikanischen „Luftpiraten" und „Luftgangstern". Gleichzeitig war sie bemüht, das Gerücht aus der Welt zu schaffen, die Alliierten würden die deutsche Zivilbevölkerung vor einem Angriff regelrecht warnen. Der „Sekretär des Führers", Reichsleiter Martin Bormann, wies am 6. November 1943 in einem internen Rundschreiben an die Parteistellen darauf hin, daß es keine Beweise für das Gerücht gebe, die Angloamerikaner würden auf abgeworfenen Flugblättern bestimmte Städte als Bombenziele benennen und sogar Angriffstermine angeben; dies sei bisher noch nie vorgekommen (Abb. 59)[68].

[65] Martin Middlebrook / Chris Everitt: The Bomber Command War Diaries. An operational reference Book, 1939–1945. Bungay 1985, S. 362–445. Detailliert zu Schweinfurt siehe: Thomas M. Coffey: Entscheidung über Schweinfurt. Berlin 1978; Friedhelm Golücke: Schweinfurt und der strategische Luftkrieg 1943. Der Angriff der US Air Force vom 14. Oktober 1943 gegen die Schweinfurter Kugellagerindustrie. Paderborn 1980; Martin Middlebrook: The Schweinfurt–Regensburg Mission. New York 1983; zu Kassel vgl. Werner Dettmar: Die Zerstörung Kassels im Oktober 1943. Eine Dokumentation. Fuldabrück 1983; zu Hannover vgl. Thomas Grabe / Reimar Hollmann / Klaus Mlynek / Michael Radtke: Unter der Wolke des Todes leben ... Hannover im Zweiten Weltkrieg. Hamburg 1983; zu Frankfurt siehe Armin Schmidt: Frankfurt im Feuersturm. Die Geschichte der Stadt im Zweiten Weltkrieg. Frankfurt 1965 und Karl Krämer: „Christbäume" über Frankfurt 1943. Frankfurt 1983.
[66] Zu Münster siehe: Ian Hawkins: Münster, 10. Oktober 1943. Alliierte und deutsche Kampfflieger und Betroffene in der Stadt schildern die schrecklichen Ereignisse während des Luftangriffs. Münster 1983.
[67] Verrier, Bomberoffensive gegen Deutschland, S. 186; zu Berlin siehe: Werner Girbig: ... im Anflug auf die Reichshauptstadt. Die Dokumentation der Bombenangriffe auf Berlin – stellvertretend für alle deutschen Städte. Stuttgart 1970; Laurenz Demps: Die Luftangriffe auf Berlin. Ein dokumentarischer Bericht. In: Jahrbuch des Märkischen Museums. Bd. IV/1978, S. 27–68, Bd. VIII/1982, S. 7–44, Bd. IX/1983, S. 19–48; sowie die eindrucksvollen zeitgenössischen Berichte über die Bombenangriffe bei: Ursula von Kardorff: Berliner Aufzeichnungen. Aus den Jahren 1942 bis 1945. München 2. Aufl. 1962; Die Berliner Tagebücher der (Marie) „Missie" Wassiltschikow 1940–1945. Hrsg. v. George H. Vassiltchikov. Berlin 1987. In Berlin kamen bis 1945 insgesamt etwa 20000 Bewohner durch Luftangriffe um. Zu Harris' Erwartung vom 3.11.1943, „we can wreck Berlin from end to end if the USAAF will come in on it. It will cost between us 400–500 aircraft. It will cost Germany the war", siehe Webster/Frankland, The Strategic Air Offensive, a.a.O., vol. II, S. 190.
[68] GLA Karlsruhe, 465d/17: Führungshinweis Nr. 7 der Parteikanzlei von Bormann vom 6.11.1943.

Nationalsozialistische Deutsche Arbeiterpartei

Gau Baden

Stellv. Gauleiter   Straßburg, den 6. November 1943.

Führungshinweis Nr. 7 der Partei-Kanzlei

Volksgenossen aller Gaue behaupten immer wieder, der Feind habe Flugblätter abgeworfen, in denen Angriffe auf bestimmte Städte vorausgesagt seien. In vielen Fällen sei dazu noch ein genauer Termin angegeben. Andererseits wird die Nachricht verbreitet, diese oder jene Stadt bleibe aus irgendwelchen Gründen von Luftangriffen der angloamerikanischen Luftwaffe verschont.

Alle diese Behauptungen sind **Gerüchte!** Tatsächlich wurde bisher noch kein Flugblatt abgeworfen, in dem eine deutsche Stadt in diesem Zusammenhang genannt oder gar ein Termin bekanntgegeben wurde.

Solchen Gerüchten muß daher entgegengetreten werden. Sie verfolgen den offensichtlichen Zweck, die Bevölkerung zu beunruhigen und ihre Widerstandskraft zu schwächen.

gez.: M. B o r m a n n.

Abb. 59: „Führungshinweis" der Parteikanzlei vom 6. November 1943 (GLA Karlsruhe, 465d/17)

Unmittelbare nachhaltige Auswirkungen auf die deutsche Kriegführung und Kriegswirtschaft brachten die Angriffe auf die Wohngebiete nicht. Erst die Präzisionsangriffe der USAAF auf U-Boot-Werften, Munitionsfabriken, Flugzeugwerke und Verkehrsknotenpunkte führten zu erheblichen Störungen und Ausfällen in der Rüstung und Kriegswirtschaft des Reiches. So führte beispielsweise ein schwerer Nachtangriff der RAF auf die Heeresversuchsanstalt Peenemünde am 17./18. August 1943 zu großen Zerstörungen bei den Fertigungsanlagen und erheblichen Verzögerungen in der Entwicklung der Raketenwaffe, so daß die als „Vergeltungswaffen" (V 1 und V 2) gedachten Raketenaggregate „A 4" nicht im ersten Quartal 1944, sondern erst im Spätsommer 1944 zum Einsatz kommen konnten. Eine totale Lähmung der deutschen Kriegsproduktion konnte aber bis Ende 1943 ebensowenig erreicht werden wie eine entscheidende Schwächung der Kriegsmoral. Sogar für die ständig angegriffene Berliner Bevölkerung hielt ein Stimmungsbericht Ende Mai 1944 fest: „Hier ist nach wie vor festzustellen, daß die Terrorangriffe, die in letzter Zeit hauptsächlich in Form von Tagesangriffen in Erscheinung traten, die feste Haltung der Bevölkerung trotz mancher schwerer Schäden nicht zu brechen vermocht haben" [69].

Statt dessen verstand es die NS-Führung sehr geschickt, die zahlreichen schweren Luftangriffe der Alliierten auf die deutschen Städte für die eigene Propaganda als offenkundigen Beweis für die Schuld der Westmächte am Luftkrieg gegen die Zivilbevölkerung darzustellen. Besondere Empörung und „Haß gegen England" löste die Bombardierung Kölns und die Beschädigung des Doms im Juli 1943 aus.

Als Wuppertal in der Nacht vom 29./30. Mai 1943 durch einen schweren englischen Luftangriff verwüstet wurde, erfand Propagandaminister Goebbels in seiner Rede in der Elberfelder Stadthalle anläßlich der Trauerfeier für die Opfer am 19. Juni 1943 die Propagandaformel vom „Kindermord in Freiburg". Denn seit dem 10. Mai 1940 zeuge eine „lange Kette von Leid" von dem rücksichtslosen Bombenkrieg der USA und Großbritannien gegenüber der deutschen Bevölkerung. Die Schuld an diesem unmenschlichen Luftterror des Krieges trage „eindeutig der Feind", so verkündete er[70].

Diese Behauptungen wurden dann in den nächsten Kriegsmonaten fortwährend wiederholt; sie fanden auch Eingang in das offizielle deutsche „Weißbuch" von 1943, das die „Alleinschuld Englands am Bombenkrieg gegen die Zivilbevölkerung" beweisen sollte[71]. Und sie sind auch wiederzufinden in der 1944 herausgebrachten Propagandapublikation von Gerhard Habermacher „Reuter fälscht die Luftkriegsschuld"[72], welche die Engländer für den Beginn der Terrorangriffe auf die Städte verantwortlich machte.

Gleichwohl mußten die NS-Führungsstellen in ihren eigenen geheimen Lageberichten zugeben, daß sich die regelmäßigen Luftangriffe der feindlichen Luftstreitkräfte „stimmungsbelastend" besonders in der Bevölkerung im Westen des Reiches auswirkten; obwohl die Entwicklung des Luftkrieges zuungunsten Deutschlands „mit Besorgnis" in der Bevölkerung registriert wurde, konstatierte man die Haltung dennoch als „tadellos". Bezeichnend für die regional unterschiedliche Stimmung war ein in westlichen Industriegebieten in Anspielung an Goebbels' Verkündung des totalen Krieges im Berliner Sportpalast verbreiteter Vers:

„Lieber Tommy, fliege weiter,
wir sind alle Bergarbeiter.
Fliege weiter nach Berlin
die haben alle ‚ja' geschrien."[73]

[69] Bericht des Berliner Generalstaatsanwaltes v. 31.5.1944, abgedruckt in: Bernd Schimmler: „Stimmung der Bevölkerung und politische Lage". Die Lageberichte der Berliner Justiz 1940–1945. Berlin 1986, S. 85; vgl. ferner Heinz Magenheimer: Der Luftkrieg über Deutschland und die Rüstungsanstrengungen 1942–1945. In: Österreichische Militärische Zeitschrift 20 (1982), S. 117–126, hier S. 123. Zur Einschätzung der „belasteten", aber dennoch festen Haltung der deutschen Bevölkerung siehe auch Earl R. Beck: The Allied Bombing of Germany, 1942–1945, and the German Response: Dilemmas of Judgment. In: German Studies Review 5 (1982), S. 325–337.

[70] Siehe die Berichte in: Völkischer Beobachter. Süddeutsche Ausgabe 56. Jg. Nr. 171 v. 20.6.1943 und Nr. 172, S. 1. Vgl. auch Gerald Kirwin: Allied Bombing and Nazi Domestic Propaganda. In: European History Quarterly 15 (1985), S. 341–362.

[71] Weißbuch Nr. 8 des Auswärtigen Amtes. Berlin 1943. Das Weißbuch wurde im Auftrage Ribbentrops erstellt, nachdem der Papst nach einem Luftangriff auf Rom im Juli 1943 einen Vorschlag zur Einstellung des Luftkrieges auf die Städte unterbreitet hatte. Der Vermittlungsversuch schlug daraufhin fehl. Zur Entstehung des Weißbuches siehe die Akten im Politischen Archiv des Auswärtigen Amtes in Bonn, Kulturpolitische Abteilung, Kult Pol Geheim 20 und 51.

[72] Gerhard Habermacher: Reuter fälscht die Luftkriegsschuld. Nürnberg 1944, S. 52; ausführlich dazu Ueberschär/Wette, Bomben und Legenden, S. 85f.

[73] Meldungen aus dem Reich 1938–1945. Die geheimen Lageberichte des Sicherheitsdienstes der SS. Hrsg. v. Heinz Boberach. Herrsching 1984, Bd. 12: Bericht Nr. 349 v. 11.1.1943, S. 4652f.; Bd. 13: Bericht Nr. 381 v. 6.5.1943, S. 5216f.; Bericht Nr. 385 v. 24.5.1943, S. 5277f.

Ein anderes „Festprogramm" gab ebenfalls sehr drastisch die ambivalente Stimmung gegenüber den alliierten Luftangriffen wieder; dabei wurden die ständigen zwangsweisen Versammlungen in den Hauskellern und Luftschutzräumen als „Kellerfeste" satirisch beschrieben:

Kellerfest

 1. Vorspiel: Kinderchor „Kuckuck, ruft's aus dem Wald".
 2. Jubelouvertüre des Sirenenorchesters.
 3. Einzug der Gäste in die Kellerräume.
 4. Gemeinsames Lied: „Alle Vöglein sind schon da".
 5. Adagio: „Was kommt dort von der Höh'".
 6. Marsch: „Mit Bomben und Granaten".
 7. Großes Brillantfeuerwerk, ausgeführt von der Royal Air Force und der Flak im Freien.
 8. Lied: „Es zittern die morschen Knochen".
 9. Solo, Einlage des Luftschutzwartes: „Im tiefen Keller sitzen wir".
10. Entwarnungsjodler.
11. Gemeinsames Lied: „O', du lieber Augustin, alles ist hin"[74].

Enttäuschend empfand man in der deutschen Bevölkerung vor allem die zwar immer wieder angekündigte, jedoch ausbleibende Vergeltung der feindlichen Luftangriffe; dagegen waren die positiven Meldungen über die deutsche Rüstungswirtschaft nur ein schwacher Ersatz[75]. Die Propagandastellen des Goebbelsschen Ministeriums wiesen denn auch immer wieder darauf hin, daß in der Presse von Repressalien und Vergeltung nicht gesprochen bzw. geschrieben werden durfte, zumal man sich in kritischen Bevölkerungskreisen bereits über die ausbleibenden Vergeltungsschläge lustig machte. So ging nach einem Bericht des Sicherheitsdienstes der SS zum Jahreswechsel 1943/44 der Witz um: „Beim letzten Angriff auf Berlin haben die Engländer Heu für die Esel abgeworfen, die noch an die Vergeltung glauben"[76].

Sehr empfindlich reagierte jedoch die Bevölkerung, wenn bekannt wurde, daß Nazigrößen sich aus den stark bombardierten Städten absetzten, ihre luxuriösen Häuser und Wohnungen leer stehen ließen und nicht zur Aufnahme für Bombengeschädigte freigaben, obwohl sie selbst kaum in der Stadt weilten. Derartige Vorwürfe richteten sich beispielsweise nach einem Bericht aus diplomatischen Kreisen im Dezember 1943 gegen Feldmarschall Milch und die „Reichsfrauenführerin" Gertrud Scholtz-Klink, die sogar eine 22 Zimmer umfassende Wohnung in Berlin in Anspruch nehme[77]. Sie wurden sofort das Ziel zahlreich kursierender Gerüchte und schwerer Verdächtigungen.

Im Rahmen einer „Großen Einsatzwoche" („Big Week") vom 19. bis 25. Februar 1944 versuchten die Bomber der USAAF, die deutsche Flugzeugindustrie einschließlich der Zulieferbetriebe auszuschalten. Durch einen sogenannten „Double blow"-Angriff der Amerikaner und Engländer wurde dabei Schweinfurt

[74] Dokumentationsarchiv des österreichischen Widerstandes Wien, DÖW 2100.
[75] Vgl. Meldungen aus dem Reich 1938–1945, Bd. 14: 10.6.1943, S. 5341 ff., 1.7.1943, S. 5413 ff.
[76] Meldungen aus dem Reich 1938–1945, Bd. 15: SD-Bericht zu Inlandsfragen vom 27.12.1943, S. 6187.
[77] Archivo storico del Ministero degli Affari Esteri, Rom, Busta 31 Germania 1/12: Bericht des italienischen Botschafters Anfuso an Generalsekretär Mazzolini, Außenministerium Rom v. 19.1.1944 mit Bericht der schwedischen Botschaft v. 24.12.1943 über Stimmung in Berlin. Freundlicher Hinweis von Dr. Schreiber, Freiburg.

nochmals am 24./25. Februar 1944 bombardiert und erheblich zerstört[78]; ebenso wurde Stuttgart am 20./21. Februar 1944 und 15. März 1944 schwer angegriffen. Nicht immer konnten die Briten und Amerikaner in diesen Kriegswochen ihre Angriffe auf deutsche Städte ohne größere eigene Verluste durchführen. Erhebliche Verlustraten traten dann ein, wenn die Begleitjäger aufgrund ihrer begrenzten Reichweite die Bombergeschwader nicht mehr begleiten konnten. So mußte die US-Army-Air-Force bei ihrem ersten großen Tagesangriff auf Berlin am 6. März 1944 und die Briten bei ihrem Nachtangriff auf Nürnberg am 30./31. März 1944 empfindliche Verluste hinnehmen[79]. Als die USAAF dann neue „Mustang"-(P-51)- und „Thunderbolt"-Maschinen als weitreichende Langstreckenjäger einsetzen konnte, gelang es ihr, die Luftüberlegenheit über dem Reich zurückzuerringen.

Im Februar 1944 ließ Hitler unter Anspannung und konzentrierter Zusammenfassung der noch zur Verfügung stehenden Bomber nach langer Pause nochmals sogenannte „Blitz"-Angriffe auf London ausführen, um den Anschein zu erwekken, die deutsche Luftwaffe führe nun endlich die immer wieder angekündigten Vergeltungsschläge aus. Die Goebbelssche Propaganda machte daraus gleich große Vernichtungsangriffe, die in keiner Weise den Terrorangriffen der Westalliierten nachstünden und noch viel umfassendere Schläge nach sich ziehen würden. Diese blieben aber aus, da die deutschen Verluste alsbald zu hoch waren und die Luftherrschaft der alliierten Flieger über England nicht gebrochen werden konnte.

In einer internen Luftwaffenstudie hielt man diese Wiederaufnahme eigener Terrorangriffe auf London für falsch. Sie widerspreche „dem Grundsatz der Erzielung des höchstmöglichen Wirkungsgrades"[80]. Strategische Einsätze der deutschen Luftwaffe müßten statt dessen gegen die Schiffstonnage und die Einfuhrhäfen in England gerichtet sein. Mit dieser Ansicht konnte man sich jedoch gegen Hitler nicht durchsetzen.

Vom Frühjahr bis Herbst 1944 erhielten das britische Bomber Command und die 8. US-Army-Air-Force von dem alliierten Oberbefehlshaber, General Eisenhower, ihre Einsatzbefehle[81]. In dieser Zeit konnte Harris nur etwa 15 Prozent seiner Maschinen für die Nachtangriffe im Rahmen des Area Bombing gegen die deutschen Städte einsetzen. Seinen Nachtangriffen fielen aber weiterhin besonders deutsche Altstadtkerne zum Opfer, wie z.B. am 18./19. März 1944 in Frankfurt am Main. Der Schwerpunkt der Angriffsziele lag jedoch im Rahmen der Vorbereitung der westalliierten Invasion ab Mai 1944 bei Hydrierwerken, Ölraffinerien, größeren Verkehrsanlagen sowie Flugzeug- und Treibstoffindustriezentren im westlichen und mittleren Reichsgebiet.

Die Westalliierten wollten dadurch das Abwehrpotential der Wehrmacht gegen die bevorstehende Landung in Nordfrankreich sowie die Brennstoffversorgung für die Luftwaffe und motorisierten Verbände des Heeres sowie der Waffen-SS

---

[78] Middlebrook/Everitt, The Bomber Command War Diaries, S. 475 ff.

[79] Siehe Jeffrey Ethell / Alfred Price: Angriffsziel Berlin. Auftrag 250: 6. März 1944. Stuttgart 1982; Geoff Taylor: The Nuremberg Massacre. London 1980; Martin Middlebrook: The Nuremberg Raid, 30–31 March 1944. London 1973 (Dt. Ausgabe u.d.T.: Die Nacht, in der die Bomber starben. Frankfurt–Berlin–Wien 1976). Vgl. auch Jeffrey Ethell: Air war over Germany. The USAAF bombing campaign 1944–1945. London 1985.

[80] BA-MA Freiburg, RL 2 IV/170: Die luftstrategische Lage Mitteleuropas v. 14.4.1944; vgl. Price, Blitz on Britain.

[81] Siehe u.a. W. W. Rostow: Pre-Invasion Bombing Strategy. General Eisenhower's Decision of March 25, 1944. Aldershot 1981.

ausschalten oder entscheidend schwächen[82]. Zur gleichen Zeit führte die 15. US-Army-Air-Force von Süditalien aus verstärkte Angriffe auf Ziele im süddeutschen und österreichischen Raum durch.

Dies war der Beginn der eigentlichen strategischen Luftoffensive der Westalliierten, wie sie bisher vom Bomber Command und Marschall Harris nicht praktiziert worden war, zumal es ihm bislang nicht gelungen war, mit seinen Terrorangriffen den Sieg über das Dritte Reich zu erzwingen, wie er prophezeit hatte. So wurden im Mai 1944 insbesondere die Hydrierwerke bei Merseburg/Leuna, Lützkendorf, Böhlen, Zeitz, Brüx, Magdeburg, Pölitz und Ruhland angegriffen und schwer getroffen. Rüstungsminister Speer gestand danach ein, daß bald die letzten Treibstoffvorräte verbraucht seien, wenn die Angriffe mit gleicher Präzision länger anhielten[83].

Es gelang zwar dem Reichsministerium für Beschaffung und Munition und der deutschen Rüstungswirtschaft, durch Improvisation (Bildung eines „Jägerstabes" am 1. März 1944) und Mobilisierung der noch vorhandenen Reserven die Flugzeug-Produktion in der ersten Jahreshälfte von 1944 zu steigern und auch das Raketenprogramm der sogenannten „V 1"- und „V 2-Vergeltungswaffen voranzutreiben, jedoch machte sich alsbald auf dem Gebiet der Treibstoffversorgung sowie der Gummi- und Kugellagerproduktion ein erheblicher Engpaß bemerkbar, so daß immer häufiger das nötige Flugzeugbenzin fehlte, um die schweren Schläge der Angloamerikaner abwehren zu können. Die deutsche Jagdwaffe stand nach dem Verlust der rumänischen Ölquellen unmittelbar vor dem Zusammenbruch. Wurden im April 1944 noch 175 000 Tonnen Flugbenzin produziert, so waren es im September 1944 gerade noch 10 000 Tonnen[84]. Die Flug- und Einsatzbereitschaft der deutschen Luftwaffe wurde ab Sommer 1944 deshalb entscheidend behindert. Schulungs- und Übungsflüge mußten bald ganz eingestellt werden. Auch die Einsatzmöglichkeit der mobilen, überregionalen Luftschutzverbände war danach erheblich eingeschränkt.

Der totale Luftkrieg blieb auch in der zweiten Kriegshälfte nicht unumstritten. Gerade London sah sich unter einem zunehmenden Rechtfertigungsdruck. Nicht nur im Parlament, sondern auch in der englischen Bevölkerung mußte für den Luftkrieg propagandistisch geworben werden, zumal kritische Stimmen über den „Krieg gegen Frauen und Kinder" aus dem Ausland in ihrer Auswirkung auf die Haltung der Bevölkerung des Inselreiches nicht zu unterschätzen waren. So wurde während des Jahres 1944 einen Lancaster-Maschine Squadron No. 207 werbewirksam auf dem Trafalgar Square in London öffentlich ausgestellt, um mit dem Motto „Wings for victory" (Flügel für den Sieg) eine Spendensammelaktion zu unterstützen (Abb. 60).

Anstelle der deutschen Jagdabwehrerfolge oder -mißerfolge rückte ab Juni 1944 der Einsatz der V 1- und V 2-Waffen (Abb. 61 und 62) in den Mittelpunkt des Interesses der beiderseitigen Luftkriegszentralen. Der mit viel Propaganda immer wieder angekündigte Abschuß von V 1-Geschossen begann am 15. Juni 1944[85]. Statt damit jedoch den Invasionsbrückenkopf in der Normandie bekämp-

---

[82] Werner Girbig: ... mit Kurs auf Leuna. Die Luftoffensive gegen die Treibstoffindustrie und der deutsche Abwehreinsatz 1944–1945. Stuttgart 1980.

[83] Albert Speer: Erinnerungen. Berlin 1969, S. 357.

[84] Magenheimer, Der Luftkrieg über Deutschland, S. 117–126.

[85] Heinz-Dieter Hölsken: Die V-Waffen. Entstehung – Propaganda – Kriegseinsatz. Stuttgart 1984; David Irving: Die Geheimwaffen des Dritten Reiches. Gütersloh 1965; Rudolf Lusar: Die deutschen Waffen und Geheimwaffen des Zweiten Weltkrieges und ihre Weiterentwicklung. München 4. Aufl. 1962, S. 148 ff.; neuerdings: Wilhelm Hellmold: Die V 1. Eine Dokumentation. Esslingen 1988.

Abb. 60: Lancaster-Bomber auf Trafalgar-Square, London 1944 (Autor)

fen zu lassen, befahl Hitler den Beschuß von London, da er meinte, er könne mit
der neuen Wunderwaffe die Engländer immer noch friedenswillig machen. Der

Abb. 61: V 1 über London (BA Koblenz, 74/136/31 A)

Abb. 62:
V 2 im Flug (BA Koblenz, 77/13/1)

Angriff besaß aber bei weitem nicht die Wucht der alliierten Angriffe auf deutsche Städte. Etwa 4500 Tonnen Bomben wurden auf London abgefeuert, in der gleichen Zeit warfen die alliierten Bomber jedoch über 48 000 Tonnen Bomben auf deutsche Ziele. Zudem machten etwa 25 Prozent der V 1-Flugbomben im Flug kehrt, schlugen in eigenes Gelände oder sogar eigene Dörfer und Städte ein oder stürzten ab. Knapp drei Monate später kam es dann am 6. September 1944 auch zum ersten Angriff der V 2-Fernraketen auf England.

Zwar konnte Hitler mit den überraschenden V 1- und V 2-Angriffen seine Absicht nicht erreichen, dennoch kam es zu großer Irritation und Beunruhigung nicht nur in der britischen Bevölkerung, sondern auch in der englischen Luftwaffen-Führung und Regierung. Als die Gefahr bestand, daß eher die Moral der Briten als die der Deutschen zu wanken drohte, ließ Churchill den Einsatz von Gas- und Milzbrandbomben prüfen. Ganz offensichtlich hat der britische Premierminister die Anwendung der chemischen und biologischen Kriegführung ernsthaft in Erwägung gezogen, falls die V-Waffen eine ernste Bedrohung für England darstellen sollten[86]. Denn als Fazit eines ihm von den Stabschefs der britischen Streitkräfte vorgelegten negativen Berichts vom 28. Juli 1944 hielt Churchill fest, er sei nicht grundsätzlich überzeugt von der ablehnenden Haltung der Generale, könne sich jedoch „nicht zur gleichen Zeit Pfarrern und Kriegern widersetzen". Er entschied deshalb, die Angelegenheit später nochmals zu erörtern[87].

---

[86] Siehe hierzu die quellenmäßig abgesicherten Hinweise bei Robert Harris / Jeremy Paxman: Eine höhere Form des Tötens. Die geheime Geschichte der B- und C-Waffen. Düsseldorf 1983; Irving, Von Guernica bis Vietnam, S. 114f.; Hölsken, Die V-Waffen, S. 258f.; auch zum Folgenden.

Auch Amerikas Präsident Franklin D. Roosevelt verfolgte ähnliche Ziele wie Premierminister Churchill und ließ sehr ernsthafte Pläne für einen Gaseinsatz gegen deutsche Städte aufstellen, die in die Tat umgesetzt werden sollten, falls sich die militärische Situation für die Alliierten verschlechtern sollte.

Im Rahmen der Planung für den Beginn dieser chemischen Kriegführung dachte man daran, Gas-Bomben auf 60 deutsche Städte abzuwerfen, um dadurch endlich den Zusammenbruch der Kriegsmoral der Zivilbevölkerung zu erreichen. Die dafür vorbereitete Angriffsliste führte für Südwestdeutschland die Städte Freiburg, Karlsruhe, Mannheim/Ludwigshafen, Saarbrücken und Stuttgart als Ziele für Gasangriffe auf[88].

Weitere detaillierte Pläne beschäftigten sich mit dem Einsatz biologischer Waffen wie z. B. der Milzbrandbombe. Der Abwurf der unter dem Decknamen „N" laufenden Milzbrandbomben hätte eine verheerende Wirkung erzielt. So sind entsprechende Testgelände auf einer schottischen Insel heute immer noch verseucht. Bei einem Abwurf der Bakterienbomben über den schon ausgewählten Zielen Berlin, Hamburg, Frankfurt, Stuttgart, Wilhelmshaven und Aachen wären etwa 3 Millionen Menschen getötet worden. Die Städte wären danach über Generationen hinweg unbewohnbar gewesen, da es keine zufriedenstellende Entseuchungsmethode oder Schutzimpfung gab.

Der teuflische Plan des Einsatzes chemischer oder biologischer Bomben wurde letztlich fallengelassen, weil nicht auszuschließen war, daß die deutsche Seite möglicherweise mit gleicher Münze zurückzahlen könnte. Immerhin hatte man in London lange Zeit befürchtet, die neuen Vergeltungswaffen V 1 und V 2 würden anstelle der herkömmlichen Explosions- und Brandstoffe neuartige chemische oder biologische Kriegsmittel über England zum Einsatz bringen. Moralische oder völkerrechtliche Bedenken wollte Churchill bei der Diskussion über das Für und Wider sogar ausdrücklich ausgeschaltet wissen. Als man im Falle des Milzbrandbombenabwurfs auf deutsche Städte konstatieren mußte, daß die Einsatzreife noch etwa ein Jahr in Anspruch nehmen würde, verwarf man das Vorhaben aus Zeitgründen und stellte die Entscheidung zurück, bis sich eventuell die eigene militärische Lage verschlechtern sollte. Da dies auch durch den deutschen V-Waffeneinsatz nicht der Fall war, blieben die deutschen Städte davon verschont, zumal man auf alliierter Seite sehr bald den Wert der V-Waffen für die deutsche Kriegführung „mehr propagandistisch als militärisch" einschätzte[89].

---

[87] PRO London, Premier 3/89: Churchills Stellungnahme v. 28. 7. 1944 („But clearly I cannot make head against the parsons and the warriors at the same time"), General Ismays Bericht v. 28. 7. 1944 und das Memorandum der „Chiefs of Staff" über „Military considerations affecting the initiation of chemical and other special forms of warfare". Freundlicher Hinweis von Dr. R.-D. Müller, Freiburg.

[*] Ebda., „Appendix I to Annex I", Liste auf S. 83 f.

[89] Zum Echo in den USA siehe die Auslandsmeldungen des Auswärtigen Amtes an den SS-Obergruppenführer Dr. Ing. Kammler, den Leiter des V-Waffen-Einsatzes, v. 5. 12. 1944, PA Bonn, Inland IIg, Bd. 17 b.

3. Probleme der Luftverteidigung: Luftabwehr und Luftschutz in den Städten 1940–1944

Die Zunahme der mit Verschärfung des Luftkrieges ab Herbst 1940 verbundenen Gefahren für die Zivilbevölkerung wurde sowohl von örtlichen als auch von zentralen Dienststellen erkannt und mit Sorge verfolgt. In Berlin ließ sich beispielsweise Reichspropagandaminister Goebbels – ganz im Gegensatz zu Hitler und Göring – in zerstörten Wohngebieten unmittelbar nach den Angriffen über die Schäden unterrichten, um dadurch sogleich seine öffentliche Anteilnahme zu bekunden [90]. Der Reichsluftschutzbund (RLB) hatte gemäß seiner neuen Rechtsstellung als Körperschaft des öffentlichen Rechts am 28. Juni 1940 durch Görings Ministerium eine neue Satzung erhalten, welche die Aufgaben im Rahmen des Luftschutzgesetzes besonders hervorhob und die Zuweisung weiterer militärischer Aufgaben durch den Reichsminister der Luftfahrt und Oberbefehlshaber der Luftwaffe an den RLB ermöglichte [91]. Restriktive Rassebestimmungen regelten in der Satzung den Zugang zur RLB-Mitgliedschaft; sie machten deutlich, daß der Luftschutz eine Angelegenheit der deutschen Reichsbürger gegen die „jüdischen und plutokratischen" Westmächte sein sollte. Jüdische Mitbürger hatten, auf sich allein gestellt, für ihren Schutz selbst zu sorgen. Ein Jahr später wurden sie sogar von jeglicher Entschädigung nach Luftkriegseinwirkungen ausgeschlossen [92].

In Freiburg hatte am 8. Juli 1940 Polizeidirektor Henninger aus Heidelberg den bisherigen Polizeidirektor Sacksofsky als örtlichen Luftschutzleiter abgelöst; Sacksofsky wurde als kommissarischer Polizeidirektor nach Mülhausen im Elsaß versetzt [93]. Neue Ortskreisgruppenführer des RLB war im gleichen Monat Oberluftschutzführer Viktor Vogt, der Direktor der Firma Fortschritt in Freiburg, geworden. Oberstabsluftschutzführer Azone leitete nunmehr die Bezirksgruppe Südbaden in der Landesgruppe V für Württemberg-Baden mit Sitz der Dienststelle in Freiburg [94].

Oberbürgermeister Kerber konnte sich dagegen zur gleichen Zeit nur aus der Ferne um die Luftschutzbelange der Stadt kümmern. Er befand sich als Artillerie-Wachtmeister bei einer Batterie in Nordfrankreich und bereitete sich für die geplante militärische Landung auf den Britischen Inseln vor. Ende August schrieb er seinen Bürgermeisterkollegen, daß er sich vorerst nicht beurlauben lassen wolle, sondern vielmehr „gerne seiner Heeresdienstpflicht genüge" und darauf „schon großen Werte lege", da er an der wichtigen Front gegenüber England stehe [95].

Die durch die nächtlichen Einflüge und Angriffe der Engländer verursachten erheblichen Verluste und Schäden in den Wohngebieten des westlichen Reichsgebiets, insbesondere im Ruhrgebiet und in Hamburg, veranlaßten das Reichsluft-

---

[90] BA-MA Freiburg, RL 41/10 (Berliner Lokalanzeiger Nr. 252 v. 22.10.1940).

[91] Reichsgesetzblatt (= RGBl) Teil I v. 16.7.1940, S. 992 ff.

[92] Siehe den Erlaß der Kriegssachschädenverordnung v. 15.12.1940 und die Verordnung v. 20.7.1941 in: RGBl, Teil I Nr. 80 v. 23.7.1941, S. 437 f.

[93] StadtAF, D.Aö. 1.32 a, Bd. 1, Anlage 13 und B1/328: Kriegschronik 1940–45, Teil I. Zum Stab der örtlichen Luftschutzleitung zählten danach: Kommandeur der Schutzpolizei: Major der Schutzpolizei Buch; Luftschutzoffizier: Hauptmann der Schutzpolizei Bieser; Führer des LS-Sanitätsdienstes: Medizinalrat Dr. Pfunder; Arzt z. b. V. Dr. Graf; Führer des LS-Veterinärdienstes: Stadttierarzt Dr. Büdel; Beratender Chemiker: Dr. Fritz Leibbrandt.

[94] StadtAF, C 4/VIII/34/7. Azone ging am 1.5.1941 als RLB-„Bezirksgruppenführer Elsaß" nach Straßburg. Sein Nachfolger für Südbaden wurde Oberluftschutzführer Schönbacher.

[95] Ebda., C 4/XVIII/27/3.

fahrtministerium im Herbst 1940 ein zusätzliches Luftschutz-Bauprogramm, das sogenannte „Führerbauprogramm", für einen verstärkten Ausbau von Luftschutzbunkern und sonstigen öffentlichen Luftschutzräumen (Ö.L.S.R.) in Angriff zu nehmen. Auf Vorschlag der Freiburger RLB-Ortsgruppe wurde in den eigens vom Ministerium herausgegebenen „Luftschutz-Berichten" im September 1940 darauf hingewiesen, daß jeder Luftschutzwart bei Tagesangriffen auf der Straße spielende Kinder in seinen Luftschutzraum zu holen habe, um ähnliche Opfer wie in Freiburg am 10. Mai 1940 zu vermeiden[96].

Kurz darauf begann eine überraschende und beispiellose Massenaktion in den deutschen Städten: Durch eine streng vertrauliche Anordnung Hitlers vom 27. September 1940 wurde die „Erweiterte Kinderlandverschickung (KLV)" eingeleitet. Kinder im Alter zwischen 6 und 14 Jahren wurden aus den luftkriegsgefährdeten Städten (so z. B. aus Berlin, Hamburg, aus Nordwestdeutschland und dem Ruhrgebiet) in abgelegene ländliche Gebiete des Reiches überwiegend in Sammellager geschickt. Für Verschickung und Unterbringung waren die „Nationalsozialistische Volkswohlfahrt (NSV)" und die „Hitlerjugend (HJ)" zuständig. NSDAP-Reichsleiter und Reichsjugendführer Baldur von Schirach wurde zum „Beauftragten des Führers für die Kinderlandverschickung" ernannt. Die Teilnahme an der Aktion war freiwillig und kostenlos. Die Gauleiter sollten jedoch in ihren Gauen eine einheitliche Propaganda und Werbung bei den Eltern zwecks umfangreicher freiwilliger Meldung zur Landverschickung durchführen. Dagegen untersagte Hitler eine öffentliche Propaganda durch die Presse, um nicht gegenüber dem Feind und dem eigenen Volk zugeben zu müssen, wie effektiv die Luftangriffe auf die deutschen Städte doch waren. Auch war verboten, von „Evakuierung" zu sprechen; man sollte „lediglich von einer Landverschickung der Großstadtjugend" reden. Ab 1942 erlangte die KLV größere Bedeutung, so daß dann die meisten Kinder aus den Großstädten verschickt waren. Bis Kriegsende wurden durch die KLV insgesamt etwa fünf Millionen Kinder aus den bombengefährdeten Städten evakuiert[97].

In vergleichbarer Weise waren auch schon in Großbritannien seit den ersten Kriegstagen mehrere Tausend Groß- und Industriestädte-Bewohner, größtenteils Kinder, aus den luftkriegsgefährdeten Gegenden durch den „Women's Royal Voluntary Service (WVS)" herausgebracht worden.

Ob es eine glückliche Entscheidung war, „Reichsmarschall" Hermann Göring im November 1940 die zusätzliche selbständige Anordnungsbefugnis für den gesamten Luftschutz zu übertragen, kann angesichts der zahlreichen Dienststellungen und Ämter, die er bereits innehatte, mit Recht bezweifelt werden. Wie in vielen anderen staatlichen Aufgabenbereichen des NS-Staates zeigte sich dann auch bald in Luftschutzangelegenheiten trotz Görings formeller zentraler Position der allgemeine Kompetenzenwirrwarr. Bezeichnenderweise wies der badische Minister des Innern, Karl Pflaumer, Ende Oktober 1940 in einem Schreiben an den Landeskommissär in Freiburg darauf hin, daß das Fehlen der Zusammenarbeit zwischen örtlichem Luftschutzleiter und Stadtverwaltung „der Grund" sei „für die mangelhaften Vorbereitungen für den Luftschutz in Freiburg", die dann auch noch zu ge-

---

[96] BA-MA Freiburg, RL 41/2, LS-Berichte Jg. 6 (1940), Nr. 20 v. 25.9.1940, Blatt 3.

[97] Siehe Claus Larass: Der Zug der Kinder. KLV – Die Evakuierung 5 Millionen deutscher Kinder im 2. Weltkrieg. München 1983; Gerhard Dabel im Auftrag der Dokumentations-Arbeitsgemeinschaft KLV e. V.: KLV. Die erweiterte Kinder-Land-Verschickung. KLV-Lager 1940–1945. Dokumentation über den „größten soziologischen Versuch aller Zeiten". Freiburg 1981.

genseitigen Vorwürfen zwischen dem Polizeidirektor und dem Oberbürgermeister der Stadt Freiburg nach dem Luftangriff vom 10. Mai 1940 geführt hätten[98].

Insgesamt hatte man 1939 und 1940 die Wirkung von Feuer und Brand bei einem schweren Bombenangriff von seiten der deutschen Luftwaffen- und Luftschutzführung unterschätzt. Obwohl schon der erfolgreiche deutsche Brandbombenangriff auf die polnische Hauptstadt Warschau im Oktober 1939 eine Warnung hätte sein können, wurde das Brandschutzwesen weiterhin vernachlässigt. Aufgrund des Reichsgesetzes über das Feuerlöschwesen von 1938 war der Brandschutz den Städten überlassen. Während in Norddeutschland überwiegend Berufsfeuerwehren aufgebaut wurden, standen in Süddeutschland meist nur freiwillige Feuerwehren zur Verfügung.

Nach Kriegsbeginn wurden die Berufsfeuerwehren als „Feuerschutzpolizei" dem Chef der Ordnungspolizei, SS-Gruppenführer Daluege, und einem Chef der „Amtsgruppe Feuerwehr" (Oberst der Feuerschutzpolizei Goldbach) unterstellt. Für die freiwilligen Feuerwehren, die Hilfspolizei-Status erhielten, war das „Reichsamt freiwilliger Feuerwehren" zuständig. Da der Staat in Verbindung mit der Einteilung der Städte in Luftschutzorte I., II. und III. Ordnung bestimmte, welche Städte eine Feuerschutzpolizei zu unterhalten hatten, stellten nur wenige Mittelstädte aus eigenem Entschluß eine kasernierte Feuerschutzpolizei auf. Auch in Freiburg blieb der Brandschutz Sache der freiwilligen Feuerwehr.

Noch im Winter 1940/41 wurden durch SS-Gruppenführer Daluege vier mobile Feuerschutzpolizei-Regimenter aufgestellt, die nach schweren Luftangriffen zur zentralen Brandbekämpfung in einzelnen Städten eingesetzt werden konnten, da der vorhandene Sicherheits- und Hilfsdienst (SHD) aufgrund des Personalmangels in der Regel zur erfolgreichen Feuerbekämpfung nach einem Großangriff nicht ausreichte[99].

In öffentlichen Erklärungen und Bekundungen versuchten dagegen namhafte Führer des Dritten Reiches eine beruhigende und siegesgewisse Einstellung zum Luftschutz zu erzeugen. Der Staatssekretär der Luftfahrt und Generalinspekteur der Luftwaffe, Generalfeldmarschall Milch, erklärte am 7. Februar 1941 im Rundfunk, die Leistungen des deutschen Volkes im Rahmen der getroffenen Luftschutzmaßnahmen seien einmalig und ein „Vorbild" für die ganze Welt. Es werde dem Gegner durch seine Luftangriffe „nie gelingen", den deutschen Siegeswillen zu erschüttern[100]. Und Gauleiter Robert Wagner, seit August 1940 auch Chef der Zivilverwaltung des eroberten Elsaß, verkündete, er werde dafür sorgen, daß die „durch Fliegerbomben zerstörten oder beschädigten Häuser sowohl in Baden als auch im Elsaß sofort wieder aufgebaut würden"[101]. Seine Absicht stieß jedoch alsbald an Grenzen, denn auch die Zuteilung von Baumaterialien für den Wiederaufbau von Totalschäden bedurfte einer besonderen Ausnahmegenehmigung vom allgemeinen Neubauverbot, das seit 16. Februar 1940 bestand; und sie wurde ab Sommer 1942 immer seltener erteilt.

Die von 1941 bis 1944 jährlich regelmäßig von der Stadtverwaltung durchgeführten Ehrungen der Opfer des Fliegerangriffs vom 10. Mai 1940 auf dem Ehren-

---

[98] StadtAF, B 1/328: Minister des Innern an Landeskommissär Nr. 88953 v. 21. 10. 1940.
[99] Rumpf, Der Rote Hahn, S. 43.
[100] Milchs Rede v. 7. 2. 1941 ist auszugsweise abgedruckt im Luftschutz-Taschenkalender 1943. Hrsg. v. Präsidium des Reichsluftschutzbundes. Berlin 1943, S. 17 ff.
[101] StadtAF, C 4/I/6/3.

feld des Hauptfriedhofes boten in Freiburg Gelegenheit, an Leid und Opfer des von beiden Kriegsseiten immer totaler geführten Luftkrieges zu erinnern[102]. Sie führten jedoch zu keinen besonderen Appellen zum luftschutzgemäßen Verhalten der Stadtbevölkerung. Vor den möglichen Gefahren britischer Brandbomben wurde jedoch im Frühjahr und Sommer 1941 in öffentlichen Aufrufen in der Zeitung, bei LS-Belehrungsplanspielen für die Luftschutzwarte und in „Schauvorführungen" gewarnt (Abb. 63). So führte der Reichsluftschutzbund am 28. Juni 1941 an mehreren Plätzen in der Freiburger Innenstadt (Bernhardstraße/Karlschule, Karlsplatz, Rathausplatz, Rotteckplatz, Hindenburgplatz, Schwabentorplatz, Stühlinger Kirchplatz, Karl-Winter-Platz in Haslach, Danziger Freiheit und Platz an der Ecke Schützenallee und Schwarzwaldstraße) Schauvorführungen unter „Auswertung der neuesten Erfahrungen in der Bekämpfung von Brandbomben" durch. Sand für Löschzwecke wurde dabei an die „minderbemittelte Bevölkerung" sogar kostenlos abgegeben[103].

Wie man die britischen Brandbomben bekämpft

ihren nächtlichen Angriffen auf deutsches Reichsgebiet werfen die englischen Flieger neben den Sprengbomben in der Hauptsache Brandbomben ab, und zwar delt es sich hierbei um 1,7 Kilogramm schwere Stabbrandbomben, die meist das Dachgeschoß und gegebenenfalls das obere Stockwerk durchschlagen, und sich n hier entzünden. Bei schnellem Eingreifen ist ihre Unschädlichmachung auch für den Laien ziemlich einfach. Wie dies zu geschehen hat, zeigt diese Aufnahme praktischen Vorführungen in der Reichsanstalt für Luftschutz in Berlin. Das Bild l i n k s zeigt das Ablöschen einer Brandbombe mit Hilfe der Luftschutzhand- e aus der Deckung heraus. Die Selbstschutzkräfte benützen dabei möglichst ihre Ausrüstung, Stahlhelm usw. Gegen starke Raucherntwicklung kann man sich h die Gasmaske schützen. — R e c h t s : So sieht eine englische Stab-Brandbombe aus.   Aufnahme: Scherl-Bilderdienst.

Abb. 63: „Brandbombenbekämpfung" (Der Alemanne vom 15.3.1941)

Noch im Februar 1941 umfaßte der SHD in Freiburg 555 Mann im Alarmfall[104]. Gemäß einem Erlaß des Arbeitsstabes Luftschutz beim Oberbefehlshaber der Luftwaffe vom 30. Juni 1941 konnte Freiburg schließlich dann doch nach den Richtlinien für Luftschutzorte I. Ordnung einen kasernierten SHD in Stärke von rund 600 Mann aufstellen. Ab 4. August begannen dafür die Einberufungen in der Stadt[105]. Etwa zur gleichen Zeit machten sich Hitler und Goebbels in Berlin

[102] Ebda., B 1/328 mit Freiburger Zeitung Nr. 127/128 v. 10./11. 5. 1941 und C 4/XI/31/3 für 1941–44.
[103] Der Alemanne Nr. 74 v. 15.3.1941, S. 5 und StadtAF, C 4/XI/29/5.
[104] Ebda.; Stand nach dem 20.2.1941: Freiwillige Feuerwehr 156 Mann, Sanitätsdienst 177 Mann, Instandsetzungsdienst 89 Mann, Entgiftungsdienst 60 Mann, Veterinärdienst 18 Mann, Melder-Dienst 45 Mann, Kraftfahrer 10 Mann.
[105] Ebda., D.Aö.1.32a, Bd. 1, S. 25.

Sorgen über die Auswirkung der englischen Luftangriffe auf die Zivilbevölkerung. Aber nicht die materiellen Verluste oder Störungen in der Kriegswirtschaft beunruhigten Hitler, sondern allein die Folgen „auf psychologischem Gebiet". Er ordnete deshalb in Übereinstimmung mit einem Runderlaß von Görings Ministerium vom 31. Mai den verstärkten Ausbau von bombensicheren Luftschutzbauten (Bunker) und Flaktürmen an. Nach Ansicht Goebbels' sollten gerade die Flaktürme „wahre Wunderwerke an Abwehr" sein[106]. Für Freiburg kamen solche Hochbunker und Flaktürme mangels Geld und Baumöglichkeiten jedoch nicht in Frage. Hier blieb der ausgebaute oder erst im Bau befindliche öffentliche Luftschutzraum in verschiedenen Kellern, wie am Wiehrebahnhof, beim Messeplatz und an der Eschholzstraße, außer der Schloßberg-Stollenanlage weiterhin die einzige Schutzmöglichkeit für die Stadtbewohner.

Als im November 1941 der Flugplatz von Freiburg auf Anordnung des Luftgaukommandos 7 in die Verwaltung der Luftwaffe gestellt wurde, mag der eine oder andere Freiburger mit einer Belegung des Fliegerhorstes mit Jagdflugzeugen, die einen Schutz vor Bombern hätten bieten können, gerechnet haben. Der Flughafen wurde aber nur Ausbildungsplatz einer Flieger- und Fallschirmjägerschule, so daß die Hoffnungen weiterhin auf die deutsche Flak als vorsorglicher aktiver Schutz bei Luftangriffen gerichtet bleiben mußten. Sie stützten sich jedoch weitgehend auf unrealistischen und hochgespannten Erwartungen einer erfolgreichen Flak-Abwehr gegenüber den in immer größerer Höhe operierenden alliierten Bombern.

Zum Jahreswechsel 1941/42 waren in Freiburg die Erörterungen über die seit Mitte September 1941 verfügte fünfprozentige Einschränkung in der Stromversorgung wichtiger als Überlegungen und Debatten um den richtigen Luftschutz[107], zumal die Stadt nach wie vor vom bisherigen Luftkrieg – abgesehen von dem Angriff vom 10. Mai 1940 – verschont geblieben war. Die in anderen Städten des Reiches im November 1941 durchgeführten Demonstrationen zur richtigen Bekämpfung und Löschung der seit Herbst von den Briten abgeworfenen Phosphor-Brandkanister erreichten schließlich aber auch Freiburg, so daß am „Tag der Polizei" am 14./15. Februar 1942 öffentlich im Rahmen von Feuerlöschübungen des SHD Anleitungen zum richtigen luftschutzmäßigen Verhalten gegeben wurden. Bei den Schauvorführungen wurden Kampfstoff-Entgiftungs- und Feuerlöschübungen sowie Abdeckungsmaßnahmen bei aufgefundenen Blindgängern vorgeführt (Abb. 64 und 65)[108]. Auf den unbeteiligten Zuschauer wirkten die Vorführungen der in grauer Uniform neu eingekleideten SHD-Angehörigen jedoch sehr schulmäßig.

Bei den vernichtenden Brandangriffen auf Lübeck und Rostock im März und April 1942 erwiesen sich dann sowohl die kommunalen Feuerlöschkräfte als auch die sonstigen Maßnahmen und Einrichtungen zum Schutz der Zivilbevölkerung angesichts der massierten Wucht und des großen Ausmaßes eines Großbrandes nach den Luftangriffen der Engländer als rückständig und unzulänglich[109]. Gegen den Massenabwurf von Spreng- und Brandbomben verschiedener Art war der örtliche Brandschutz weitgehend machtlos. Bezeichnenderweise ordnete Hitler dann auch an, daß bombardierte Städte von Partei- und Staatsfunktionären

[106] BA Koblenz, Tagebuch Goebbels v. 19.8.1941, S. 37.
[107] BA-MA Freiburg, RW 21–21/2.
[108] StadtAF, D.Aö.1.32a, Bd. 1, Anlage 27–31.
[109] Dokumente Deutscher Kriegsschäden, Bd. 2/1, S. 11 f.

Abb. 64: „Tag der Polizei" am 14./15. Februar 1942, Feuerlöschübung auf dem Hindenburgplatz (StadtAF, D.Aö. 1.32a, Bd. 1)

Abb. 65: „Tag der Polizei" am 14./15. Februar 1942, Blindgängerabdeckung (StadtAF, D.Aö. 1.32a, Bd. 1)

nicht mehr extra besucht werden sollten – angeblich, um die Rettungs- und Löschaktionen nicht zu behindern[110].

In einer Rede vor Rüstungsarbeitern machte „Reichsmarschall" Göring am 20. Mai 1942 deutlich, wie man solchen Kriegsereignissen angesichts der Macht-losigkeit seiner Luftwaffe begegnen wollte: Er verlangte, „daß auch in der Heimat jeder einzelne härter und härter wird und sich sagt: Dieser Krieg muß durchge-standen werden, gleichgültig wie lange er dauert!" Er verlangte ferner „von jedem einzelnen in der Heimatfront die gleiche Härte, wie sie draußen die kämpfende Front besitzt. Dazu gehört vor allem aber das Zusammenstehen und das Zusam-menhalten untereinander!"[111]. Es war schon ein Armutszeugnis, daß er der leid-geprüften Zivilbevölkerung keine anderen Abwehrmaßnahmen ankündigen und bieten konnte. Angesichts der ansteigenden Verluste unter der Zivilbevölkerung im westlichen Reichsgebiet blieb NS-Propagandisten und Parteiführern bald nichts anderes mehr übrig, als gerade die „Blutsaat der Gefallenen" als einen Hei-mat und Front besonders miteinander verbindenden „Baustein" für die Zukunft des Dritten Reiches hinzustellen[112].

Organisatorisch versuchte man im April und Mai 1942, durch Übertragung der überörtlichen Leitung der Hilfsmaßnahmen nach größeren Luftangriffen auf die Reichsverteidigungskommissare in einem Gaugebiet und auf Reichsminister Goebbels für das gesamte Reichsgebiet eine bessere Abstimmung der Feuerlösch- und Rettungsmaßnahmen zu erreichen[113]. Wegen der ab Sommer 1942 in großer Höhe und mit großer Geschwindigkeit einfliegenden Mosquito-Flugzeuge wurde eine neue Alarmierungsstufe „Öffentliche Luftwarnung (= ÖLW)" mit einem dreimaligen Dauerton von insgesamt einer Minute eingeführt, die zwar zur erhöh-ten Aufmerksamkeit aufforderte, da möglicherweise mit dem überraschenden Einzelabwurf von Bomben gerechnet werden mußte, die jedoch luftschutzmäßi-ges Verhalten erst nach der erneuten Warnung durch „Fliegeralarm" (mit einem eine Minute lang auf- und abschwellenden Heulton) verlangte, so daß das Wirt-schafts- und Verkehrsleben bei dem neuen „Voralarm" vorerst nicht unterbro-chen werden mußte. Die neue Alarmierungsstufe wurde in Freiburg am Nachmittag des 17. September erstmals erprobt.

Zudem wurden nach einem Erlaß von Göring und dem Reichsführer SS und Chef der Deutschen Polizei im Reichsministerium des Innern, Heinrich Himmler, ab 1. Juni 1942 die hauptamtlichen Kräfte des SHD in Luftschutzorten I. Ord-nung als neuartige „Luftschutzpolizei" in die Polizeireserve überführt. Die Ge-samtstärke dieser Luftschutzpolizei umfaßte in Freiburg am 1. Juni 1942 234 einsatzfähige Kräfte, so daß mit dem Anteil der freiwilligen Kräfte das zugebil-ligte SHD-Personal insgesamt vorhanden war (siehe Tab. 2)[114].

Die sich überschneidenden Zuständigkeiten im Katastrophenfall zwischen dem örtlichen Reichsluftschutzbund, der offiziellen Luftschutzpolizei unter dem örtlichen Luftschutzleiter und Polizeipräsidenten, sowie dem NSDAP-Kreisleiter als kommunalem Vertreter des Reichsverteidigungskommissars und dem Ober-bürgermeister als Leiter der zivilen Brandbekämpfungskräfte (freiwillige Feuer-

---

[110] Vgl. die Anordnungen Hitlers v. 23.5.1941 und von Reichsminister Dr. Lammers v. 2.4.1942 in: BA Koblenz, R 48/59.

[111] Auszugsweise abgedruckt in: Luftschutz-Taschenkalender 1943, S. 17.

[112] Wolfgang Domarus: Nationalsozialismus, Krieg und Bevölkerung. Untersuchungen zur Lage, Volks-stimmung und Struktur in Augsburg während des Dritten Reiches. München 1977, S. 144.

[113] BA Koblenz, R 48/59: Fernschreiben v. Goebbels v. 28.4.1942.

[114] StadtAF, D.Aö.1.32a, Bd. 1, Anlage 35.

Tab. 2: Dienstbericht der Luftschutzpolizei im LS-Ort Freiburg vom 1. Juni 1942

Gliederung der Luftschutzpolizei	SHD-Fachführer	SHD-Bereitschaftsführer	SHD-Oberzugführer	SHD-Zugführer	SHD-Stabsgruppenführer	SHD-Hauptgruppenführer	SHD-Gruppenführer	SHD-Truppführer	SHD-Mann	Gasspürer	SHD-Kraftfahrer	Fernsprecherinnen	Schwesternhelfer u. Helferinnen	Melder	Gesamtzahl
Stab der örtlichen LS-Leitung	1	–	1	2	2	–	4	2	4	–	–	7	–	–	23
F. u. E.bereitschaft	–	2	1	4	1	5	21	36	26	–	–	–	–	–	96
Instandsetzungsbereitschaft	–	1	1	1	–	4	6	13	21	–	–	–	–	–	47
Sanitätsbereitschaft (mit Kr.Tr.)	–	1	–	1	–	3	7	15	15	–	–	–	–	–	42
LS-Sanitätsstelle	–	1	–	–	1	–	2	1	–	–	–	–	–	–	5
LS-Rettungsstelle 1	–	1	–	–	–	2	6	4	1	–	–	–	8	–	22
LS-Rettungsstelle 2															
LS-Rettungsstelle 3															
LS-Turmbeobachter								1	2						3
Sanitätsgruppe 1															
Sanitätsgruppe 2															
Sanitätsgruppe 3															
Sanitätsgruppe 4															
LS-Sanitätsmittellager										1					1
Entgiftungspark									2	3					5
Instandsetzungspark								1	2						3
Tierrettungsstelle									1		(1)				1
LS-Reviere									2	1	(3)				3
Gesamtstärke															251
Hiervon gehen ab: Kranke:									4						4
Beurlaubt:									13						13
Entlassen:															
Somit im Dienst															234

Anm.: LS = Luftschutz, SHD = Sicherheits- und Hilfsdienst, F. u. E. = Feuerlösch- und Entgiftungs-, Kr.Tr. = Krankentransportstelle

Quelle: StadtAF, LS-KTB, Bd. 1

gez. Wetzel
Rev.Lt. d. Schutzpolizei

wehr) versuchte die Stadtverwaltung im Juli 1942 durch eine „Übersicht über die Regelung der Zuständigkeiten" abzuklären. Die nachstehende Wiedergabe der streng vertraulichen Übersicht vom 28. Juli 1942 dokumentiert die Schwierigkeiten, die vielfältigen Aufgaben und Aufträge im Rahmen des Luftschutzes unter einen Hut zu bringen, die zudem noch von außerörtlichen Stellen abhängig waren. So waren der Örtliche Luftschutzleiter von dem Luftgaukommando VII in München (General der Flakartillerie Emil Zenetti), der NSDAP-Kreisleiter von dem Reichsverteidigungskommissar in Straßburg (Gauleiter Robert Wagner) und der örtliche Ortsgruppenführer des RLB (Hauptluftschutzführer Viktor Vogt) von der Bezirksgruppe Südbaden (Oberluftschutzführer Schönbucher) bzw. von der RLB-Gruppe V Württemberg-Baden in Stuttgart abhängig[115]. Im einzelnen waren die Aufgaben in der von Bürgermeister Dr. Hofner unterzeichneten Aufstellung folgendermaßen verteilt (vgl. Gliederungsskizze in Abb. 66 auf S. 132)[116]:

I. Örtlicher Luftschutzleiter

Gesamtverantwortlich für alle Luftschutzmaßnahmen nach den Anordnungen aus den Luftschutzgesetzen ist der Örtliche Luftschutzleiter.

Hauptaufgaben:

Einsatz der Luftschutzeinheiten in Verbindung mit den Luftschutzrevieren zur Schadensbekämpfung. Absperrung von Gefahrenbereichen (Langzeitzünder, Blindgänger, Kampfstoffe). Bergung von Verschütteten. Wegschaffung von Toten und Betreuung der Verwundeten (Abtransport in Rettungsstellen und Krankenhäuser). Entscheidung darüber, welche Ortsteile und welcher Personenkreis wegen Gefährdung der öffentlichen Sicherheit ausquartiert werden soll. Entscheidung und Abtransport von Bevölkerungsteilen außerhalb des Wohnorts im Benehmen mit dem Reichsverteidigungskommissar und der NSV.

Luftschutzeinheiten:

1. 3 Turmbeobachter (Münsterturm, Botanisches Institut und Universität) Luftschutzpolizeireviere I–VI,
2. Feuerlösch- und Entgiftungsdienst,
3. Instandsetzungsdienst,
4. Sanitätsdienst,
5. Vier Rettungsstellen (Hindenburgschule, Turnseeschule, zwei in der Hansjakobschule),
6. Personenentgiftungsanstalt (Marienbad) und Sachentgiftungsanstalt (Wäscherei Gall),
7. RLB = Reichsluftschutzbund:
   a) Hauptaufgaben:
   Ausbildung der Bevölkerung, Belehrung, LS-Übungen, Luftschutzbereitmachung der Häuser.

	Zuständig:
b) Vorbereitende Maßnahmen:	
Kontrolle, ob Luftschutzwarte vorhanden und tätig sind,	RLB
Kontrolle, ob diese ausgebildet sind,	RLB
Kontrolle, ob die übrigen Selbstschutzkräfte vorhanden und tätig sind,	RLB
Kontrolle, ob diese ausgebildet sind,	RLB
Kontrolle, ob die Verdunkelung in Ordnung ist,	a) in der *Stadt* RLB u. Polizei
	b) auf dem *Land* RLB u. Partei
Kontrolle, ob die Entrümpelung in Ordnung ist,	RLB u. Polizei
Kontrolle, ob Wasser und Sand bereitsteht,	RLB u. Polizei
Kontrolle, ob Verbesserungen der Luftschutzräume erforderlich sind,	a) RLB (Bauberatung u. Polizei)
	b) auch Partei

---

[115] Präsident des RLB wurde am 1.8.1942 General der Flakartillerie Friedrich Hirschauer (bis Januar 1945).
[116] StadtAF, B 1/328: Kriegschronik 1940–45, Teil II.

Kontrolle, ob die Selbstschutzkräfte und übrigen Volksgenossen im Alarmfalle die Luftschutzräume aufsuchen,	RLB u. Polizei
Kontrolle, ob im Alarmfall das Luftschutzraumgepäck mitgenommen wird,	RLB
Kontrolle, ob sich die Volksgenossen im Fliegeralarmfall ausreichend ankleiden,	RLB
Kontrolle, ob die Brandbekämpfung ausreichend vorbereitet ist.	RLB u. Polizei

c) Im Fliegerangriffsfall:

Überwachung der Abwehrmaßnahmen und der ersten Hilfe der Selbstschutzkräfte. Überwachung der Weitermeldung größerer Schäden oder Gefahren an das Polizeirevier. Leitung der Brandbekämpfung durch Untergruppenführer und Blockwarte, bei größerer Ausdehnung des Feuers Anforderung der Feuerlöschkräfte über das Polizeirevier. Mitwirkung bei der ersten Hilfe für Verletzte und Kampfstoffgeschädigte durch die Laienhelfer, UG-Sachbearbeiterinnen und Blockhelferinnen. Sorge für den Abtransport Verletzter oder Geschädigter.

II. Oberbürgermeister (Gesamtaufgabengebiet)

Gesamtleitung für die Abwicklung der Obdachlosenbetreuung. Erfassung der Obdachlosen (Aufnahme in die Listen). Unterbringung in Notquartieren. Versorgung der Geschädigten mit Lebensmittelmarken und Bezugsscheinen für Gebrauchsgegenstände. Sachschaden-, Gebäudeschaden- und Nutzungsschaden-Feststellung. Entscheidung über die Entbehrlichkeit der Umzuquartierenden. Ausstellung der Abreisebescheinigungen Gewährung des Lebensunterhalts und Vorschußgewährung. Stellung von Transportmitteln. Einrichtung einer Vermißtenzentrale. Bestattung von Opfern. Wasserversorgung.

Einsatzstab:

Leitung der Obdachlosen-Aufgaben. Aufnahme der Verbindung mit dem Örtl. Luftschutzleiter, Partei und den beteiligten Dienststellen. Erfassung der Obdachlosen durch Listen in den Sammelstellen. Entscheidung über die Entbehrlichkeit der nach auswärts Umzuquartierenden. Ausstellung der Abreisebescheinigungen. Ausstellung und Ausgabe von Bescheinigungen an Obdachlose, falls sämtliche Papiere verlorengegangen sind (Ersatz-Meldescheine).

Quartieramt:

Einrichtung der Obdachlosensammelstellen mit Betten und Strohsäcken, Decken, Waschmaterial u. s. w. Feststellung von Unterkunftsmöglichkeiten und Privat-Notquartieren innerhalb der Stadt und in den Stadtrandgebieten. Übernahme der Obdachlosen nach einem Fliegerangriff in den Obdachlosensammelstellen. Unterbringung der Obdachlosen in Notunterkünften und Dauerquartieren. Einrichtung und Führung einer Vermißtenzentrale. Anlegung und Führung der Kartei der Evakuierten.

Ernährungsamt Abt. B und Wirtschaftsamt:

Ernährungssicherung für die Bevölkerung innerhalb des Stadtkreises:
Sicherung der Versorgung der Bevölkerung mit Spinnstoffen, Schuhen und Gebrauchsgütern, Einrichtung von Lagern. Versorgung der Obdachlosen mit Lebensmittelbedarfsnachweisen durch Ausgabe von Gutscheinen für Frühstück und Essen. Ersatzleistung für in Verlust geratene Lebensmittelkarten. Versorgung der Geschädigten mit Bezugsscheinen für Spinnstoffwaren, Schuhen und anderen bewirtschafteten Gebrauchsgegenständen. Im Falle des Abtransportes von Obdachlosen nach auswärtigen Bergungsorten: Ausgabe von Urlauber-Lebensmittelkarten oder Reise- und Gaststättenmarken.

Ernährungsamt – Abt. A (Kreisbauernschaft):

Ernährungssicherung für die Bevölkerung in den Auffanglagern und in den Orten der Bergungsgebiete. Bereitstellung der für die Verpflegung erforderlichen Lebensmittel innerhalb der Stadt und in den Auffanggebieten (Lager).

Wohlfahrtsamt:

Gewährung des Lebensunterhalts der Obdachlosen. Auszahlung von Vorschüssen, bis das Feststellungsverfahren durch die Feststellungsbehörde durchgeführt ist. Gewährung von Räumungsfamilienunterhalt bei begründeter Antragsstellung. Nötigenfalls Gestellung von Fürsorgepersonal (Familienfürsorgerinnen für die Transporte nach auswärtigen Bergungsgebieten). Zuführung von Obdachlosen-Kranken zu den Krankenhäusern durch Fürsorger und Fürsorgerinnen.

Die Bergung der durch Fliegerangriffe Verletzten und Schwerverletzten besorgt die Luftschutzpolizei, für deren Zwecke 4 Rettungsstellen als Durchgangsstationen eingerichtet sind. (Alle kampfstoffvergifteten Kranken müssen grundsätzlich über die Rettungsstellen gehen, bevor sie in den Krankenhäusern aufgenommen werden.

Denjenigen Verwundeten, die in die Rettungsstellen eingeliefert werden und nötigenfalls in die Krankenhäuser weitertransportiert werden müssen, wird ein Begleitzettel des Örtlichen Luftschutzleiters mitgegeben, so daß das Wohlfahrtsamt in der Lage ist, die nötigen Erhebungen sowohl in den Krankenanstalten wie auch beim Örtlichen LS-Leiter anzustellen.

Umquartierung der Insassen von Altersheimen nach den Kreispflegeanstalten Wiechs bei Schopfheim, Fußbach bei Gengenbach, Geisingen bei Donaueschingen und Hüfingen.

Besondere Aufgaben bezüglich der Personenschäden:

Ausstellung eines Heilfürsorgeausweises für die zuständige Krankenkasse und Einweisung der kranken Obdachlosen in ein Krankenhaus, soweit sie nicht nach den obigen Feststellungen durch die Rettungsstellen geleitet werden. Feststellung des Tatbestandes und Fertigung des Tatbestandberichts, Veranlassung der Stellung beabsichtigter Anträge auf Gewährung von Fürsorge und Versorgung. Benachrichtigung der Stelle für Familienunterhalt zwecks Gewährung des F.U. (Familienunterhalts) für die Dauer eines Monats. Übersendung einer Abschrift des Heilfürsorgeausweises, des Tatbestandberichts sowie etwa gestellter Anträge unmittelbar an das Versorgungsamt.

Feststellungsbehörde:

Gebäudeschaden-Feststellung unter Zuhilfenahme von Sachverständigen des Hochbauamtes und des Städt. Polizeiamtes. Sachschadenfeststellung, Nutzungsschadenfeststellung.

Luftschutzbeauftragter (Bausachverständiger) der Stadt:

Projektierung aller baulichen Luftschutzmaßnahmen auf Anordnung des Luftgaukommandos VII München und des Polizeipräsidenten Freiburg im Einvernehmen mit dem Oberbürgermeister Berater des Örtlichen LS-Leiters in allen baulichen Angelegenheiten des Luftschutzes; Herstellung der Verbindung in allen Luftschutzfragen zwischen dem Polizeipräsidenten als Örtl. Luftschutzleiter und der Stadt. Vorbereitung und Überwachung der Luftschutzmaßnahmen für alle städtischen Gebäude und Fahrnisse. Laufende Kontrolle der Brandwachen in den städtischen Dienstgebäuden (mit Ausnahme der dem Werkluftschutz unterstehenden städtischen Betriebe).

Bestattungsamt:

Beschaffung eines Vorrates an Särgen. Bestattung der Opfer von Fliegerangriffen nach Identifizierung und Freigabe durch die Kriminalpolizei. Benachrichtigung der Kreisleitung der NSDAP und des Polizeipräsidenten von Bestattungsterminen.

Straßenbahn:

Stellung von Omnibussen mit Fahrer (auf Abruf nur durch den Polizeipräsidenten als Örtl. LS-Leiter).

Wirtschaftsamt – Abt. Treibstoffbewirtschaftung und Fuhrpark:

Stellung von Wasserwagen zur Wasserversorgung der Obdachlosensammelstellen und der sonstigen Teile der Stadt, in denen die reguläre Wasserversorgung gestört ist. Versorgung des Örtl. LS-Leiters mit Betriebsstoff für den Abtransport der Obdachlosen und zum etwaigen Einsatz der Luftschutzpolizeieinheiten (Lupol.Einh.) im Betreuungsbereich.

III. Kreisleitung der NSDAP

Menschenführung. Menschenbetreuung.

Aufgaben im einzelnen:

1. Hilfe bei der Rettung Verschütteter und beim Transport von Verletzten,
2. Bekämpfung von Entstehungsbränden durch Einsatz der Einsatzbereitschaften (Unterstützung der Selbstschutzkräfte),
3. Bergung und Rettung von gefährdeten Sachwerten,
4. Auffang und Zuführung der Obdachlosen in die Sammelstellen,
5. Betreuung der Obdachlosen und Notversorgung (Notbekleidung),
6. Ausgabe der Verpflegung,
7. Mitwirkung beim Abtransport der Obdachlosen nach außerhalb, nach behördlich angeordneter Umquartierung, im Benehmen mit dem Örtlichen LS-Leiter und dem Oberbürgermeister,
8. Bomben- und Schadensmeldung an die Gauleitung der NSDAP – (Reichsverteidigungskommissar),
9. Bestattung von Fliegeropfern,
10. Benachrichtigung der Angehörigen von Opfern von Bestattungsterminen.

Partei – Ortsgruppen (mit SA):

Erste Betreuung der Obdachlosen und Geschädigten. Zuführung der Obdachlosen in die Obdachlosensammelstellen. Mitwirkung bei der Versorgung der Geschädigten und deren Notbekleidung. In den Landkreisen: Verdunkelungskontrolle zusammen mit den RLB-Amtsträgern. Mitwirkung bei der Kontrolle, ob Verbesserungen der Luftschutzräume erforderlich und möglich sind.

Nationalsozialistische Volkswohlfahrt:

Verpflegung der Obdachlosen. Erste Notbekleidung der Obdachlosen und Geschädigten. Ausstellung von Freifahrtscheinen im Falle des Abtransportes der Obdachlosen nach auswärtigen Bergungsgebieten. Verpflegung der Obdachlosen in den Bergungsgebieten und Auffanglagern außerhalb Freiburgs. Organisation bezüglich der Verpflegungsstellen, der Kochstellen, des Kochpersonals und des Hilfspersonals. Beschaffung von Eßgeschirren, Eßbestecken, Essentraggefäßen und Tragkörben. Stellung von fahrbereiten Feldküchen. Betreuung kinderreicher Familien. Durchführung der Transporte nach auswärtigen Bergungsorten oder Auffanglagern, im Benehmen mit der Stadtverwaltung und des Örtlichen LS-Leiters.

Frauenschaft:

Mithilfe bei der Verpflegung der Obdachlosen in den Verpflegungsstellen. Mithilfe bei der Betreuung kinderreicher Familien und Mütter in den Obdachlosensammelstellen und Notunterkünften. Mithilfe bei der Notbekleidung. Mitwirkung bei der Organisation der Transporte.

Hitler-Jugend:

Stellung von Meldern für die Parteiortsgruppen. Stellung von Meldern für die Luftschutzreviere und Polizeireviere. Nötigenfalls Mithilfe bei der Betreuung der Geschädigten.

Versorgungsamt:

Bearbeitung von Personen-Schadensfällen nach Aufnahme der Anträge durch das Wohlfahrtsamt. Gewährung von Fürsorge und Versorgung für die Fliegergeschädigten. Gewährung von Heilfürsorge. Nötigenfalls Entsendung je eines Beamten in die Krankenhäuser bzw. zum Wohlfahrtsamt zur Mithilfe bei der Aufnahme der Anträge der Betroffenen und bei der Beschaffung der nötigen Unterlagen.

Wehrmacht:

Truppeneinsatz zur Bergungshilfe soweit erforderlich. Einsatz der Aufräumungsarbeiten im Falle der Anforderung durch den Örtlichen LS-Leiter. Fahrzeugstellung bei Bedarf. Nötigenfalls Abgabe von Wolldecken für die Obdachlosensammelstellen.

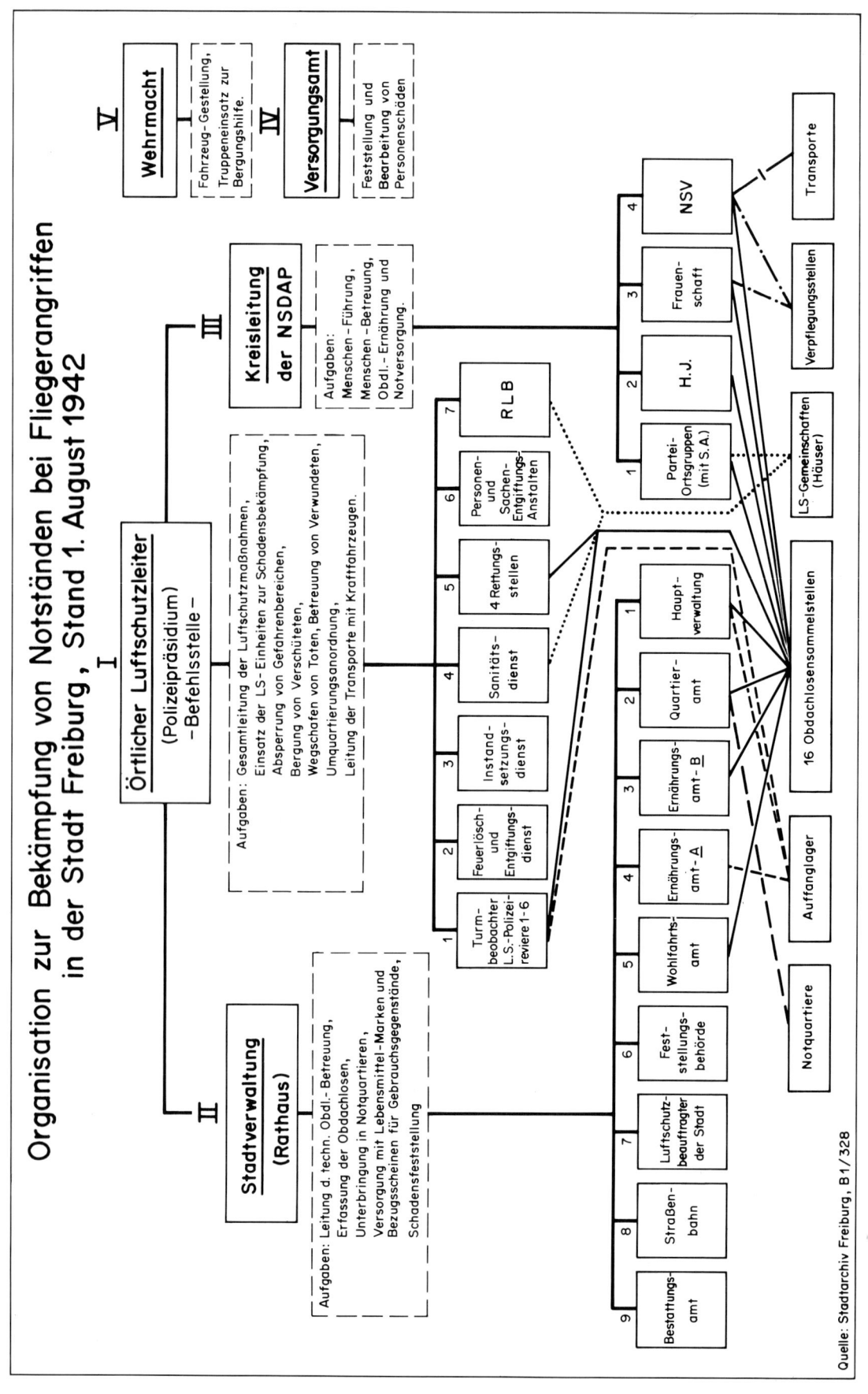

Organisation zur Bekämpfung von Notständen bei Fliegerangriffen in der Stadt Freiburg, Stand 1. August 1942

Quelle: Stadtarchiv Freiburg, B1/328

Daß derartige vorbereitende Maßnahmen auf dem Papier allerdings nur einen begrenzten Wert hatten, solange sie nicht von den Betroffenen regelrecht eingeübt wurden, dokumentierten die längeren Abwesenheiten von Oberbürgermeister Kerber und NSDAP-Kreisleiter Fritsch während des Frühjahrs und Sommers 1942 [117], welche die beiden wichtigsten Funktionen im Rahmen des Luftschutzes in der Stadt einnahmen. Ob ihre Vertreter, Bürgermeister Dr. Karl Hofner und der NSDAP-Kreisleiter von Neustadt, Benedikt Kunert, entsprechende weiterführende Vorbereitungen für die nötige Zusammenarbeit im Katastrophenfall vornahmen, läßt sich in den überlieferten Unterlagen nicht feststellen, ist aber sehr unwahrscheinlich, da Kunert seine Parteifunktion als Kreisleiter in Neustadt beibehielt.

Verschiedene, nur reagierende Maßnahmen der NS-Führung im Herbst und Winter 1942 machten der Bevölkerung deutlich, daß mit den wiederholt angekündigten Vergeltungsschlägen gegen England in nächster Zeit doch nicht zu rechnen war und daß die Luftwaffe auch zukünftig nicht die Kapazität besitzen würde, um etwa mit zahlreichen Jagdverbänden die englischen Bomber abzufangen und abzuschießen. So gestand Göring in seiner Rede zum Erntedanktag am 4. Oktober 1942 im Berliner Sportpalast ein, daß die feindlichen Luftangriffe äußerst schwer waren, da der Bombenabwurf gezielt auf die Wohnviertel geschehe, und daß dabei zahlreiche deutsche Kulturstätten zerstört wurden. Da jedoch die Luftwaffe im Osten und über dem Reich einen Zweifrontenkrieg zu führen habe, könne er derzeit „nicht die Abwehr in vollem Umfange stellen", wie sie später wieder gegeben werden könne. Nachtjäger und Flak würden inzwischen verstärkt werden. Nach dem Sieg im Osten würde er dann jedoch Vergeltungsschläge ausüben lassen. „Bis dahin", so bat er „die armen Menschen, die in den Nächten oft so hart bedrängt werden, ... auszuhalten". „Bleibt unbeugsam und laßt euch durch keinen Terror niederdrücken. Ihr haltet damit selbst einen Teil der Front", rief er den Zuhörern seiner Rede zu, die auch in allen Zeitungen verbreitet wurde. Görings Mitteilungen wurden in den luftkriegsbedrohten Städten einerseits mit Genugtuung aufgenommen, andererseits vermehrten sie aber auch die Furcht vor einem weiteren Ansteigen der britischen Bombenangriffe, die eingestandenermaßen von Görings Luftwaffe nicht verhindert werden konnten [118].

Auch Görings Staatssekretär, Generalfeldmarschall Milch, rief Ende 1942 nochmals die betroffene Bevölkerung „zu jedem Opfer" auf. Man appellierte ferner an Selbstschutzmaßnahmen der „gesamten abwehrfähigen Bevölkerung". Die am 1. November 1942 in Kraft tretende 7. Änderungsverordnung zum Luftschutzrecht legte denn auch sehr genau die Ausstattung einer sogenannten „Luftschutzgemeinschaft mit Selbstschutzgerät" fest (siehe Liste auf S. 128). Als Zentralstelle für die Durchführung von sofortigen Hilfsmaßnahmen nach schweren Bombenangriffen auf Städte im Westen wurde schließlich noch ein „Bombenstab" eingerichtet.

Zum Jahreswechsel wurde außerdem Generalmajor der Feuerschutzpolizei Hans Rumpf zum neuen „Generalinspekteur des Feuerlöschwesens (Feuerschutzpolizei und Feuerwehren)" im Reichsministerium des Innern ernannt. Er hatte sowohl aus der Feuerschutzpolizei als auch aus den freiwilligen Feuer-

[117] Ebda., Teil I; Kerber war seit 2.2.1942 erneut bei der Wehrmacht, und Fritsch war vom 1.5.1942 bis 7.11.1942 vorübergehend zu „einem politisch-militärischen Posten im Osten" abkommandiert.
[118] Abdruck der Rede in großer Aufmachung z.B. in: Deutsche Allgemeine Zeitung, Berliner Ausgabe Nr. 477 v. 6.10.1942 Morgen-Ausgabe. Zur Reaktion in der Bevölkerung siehe: Meldungen aus dem Reich 1938–1945, a.a.O., Bd. 11, S. 4291ff. (Nr. 324 v. 8.10.1942), S. 4355 (Nr. 328 v. 22.10.1942).

wehren der als Luftschutzorte I. Ordnung geltenden Städte neue Feuerwehrbereitschaften für zentrale Alarmeinsätze aufzustellen. Notfalls konnte nun auch Freiburgs Freiwillige Feuerwehr, die seit 1937 unter der Leitung von Oberbrandmeister Eberhard stand, als feste Feuerwehrbereitschaft für andere Orte des näheren Umkreises eingeteilt werden.

Kennzeichnend für die verständliche Furcht vieler Stadtbewohner vor den Luftangriffen in Nordwestdeutschland, das sich in Reichweite der britischen Bomber befand, waren deren Bemühungen um eine Wohnungsverlegung nach Baden, das als nicht so luftgefährdet galt. Als diesen Umzug gerade viele Parteigenossen und Wehrmachtsangehörige mit Hilfe von Parteistellen in die Tat umzusetzen versuchten, griff die Parteikanzlei in Berlin unter Reichsleiter Martin Bormann ein. Er verbot grundsätzlich jede Einflußnahme und Unterstützung von Parteidienststellen in dieser Richtung, zumal solche Wohnungsumzüge aufgrund des allgemeinen Wohnungsmangels immer schwieriger zu erlangen waren[119].

Bis Ende 1942 gab es keine zentrale Reichsstelle in Berlin, die für die Durchführung der dringenden Hilfsmaßnahmen nach einem schweren Luftangriff zuständig war. Erst im Januar 1943 wurde unter der Leitung von Reichspropagandaminister Goebbels ein „Interministerieller Luftkriegsschädenausschuß" gebildet, der als oberste Reichsbehörde Einsatz und Koordination wichtiger Notmaßnahmen zu leiten hatte. Er regelte nun die Herbeischaffung der motorisierten Hilfszüge mit Bekleidung und Verpflegung sowie der Hilfsküchen, Lazarett- und Werkstattzüge[120]. Als zentrales Lenkungs- und Steuerungsorgan gab der Ausschuß regelmäßig Luftkriegs-Mitteilungen (LK-Mitteilungen) heraus, die entsprechende Anordnungen für den Luftschutz beinhalteten. Ergänzend konnten die Gauleiter ab Februar 1943 als sogenannte „Gauwohnungskommissare" besondere Anordnungen zur Wohnraumbeschaffung für Fliegergeschädigte erlassen.

Freiburg selbst wurde im Frühjahr 1943, obwohl es noch als Luftschutzort II. Ordnung eingestuft war, in das besondere „LS-Führerprogramm (Ausweitung)" einbezogen, so daß die Stadtverwaltung auf Finanzmittel des Reiches Anspruch hatte[121]. Der Bau von Hochbunkern kam jedoch weiterhin für Freiburg nicht in Frage. Die Gelder konnten für den Ausbau von Schutz- und Deckungsgräben, die zuerst in den Parkanlagen am Hauptbahnhof und in der Innenstadt ausgehoben wurden, und für die Herrichtung von dringend notwendigen Löschwasserbehältern verwendet werden. Die Löschwasserversorgung bereitete der Freiburger Feuerwehr schon vor Kriegsbeginn große Sorgen. Bis Januar 1943 waren in Freiburg nur zwei Löschwasserbehälter von 500 bis 600 cbm Fassungsvermögen in der Lortzing- und Urachstraße aufgestellt, zwei weitere waren im Bau (Ecke Karl- und Bernhardstraße sowie beim Friedrichsgymnasium), ein weiterer Behälter in Haslach war genehmigt und vier waren erst beantragt. Wichtig war deshalb auch die Anlage von Löschwasser-Entnahmestellen an der Dreisam (mit 12–21 Stellen) innerhalb des bebauten Stadtgebietes, an den Gewerbekanälen in der Stadt (mit 24 Stellen) und am Tiefkanal (mit 92 Stellen), wie sie teilweise schon im Herbst 1938 vom Tiefbauamt vorgesehen waren[122]. Gleichzeitig wurden

[119] GLA Karlsruhe, 465 d/32: Parteikanzlei Nr. 113/42 v. 26.7.1942.
[120] Zur Arbeit dieser zentralen Luftkriegshilfsstelle siehe den Bericht des früheren Geschäftsführer des Ausschusses, Theodor Ellgering: Der Interministerielle Luftkriegsausschuß, seine Aufgaben und seine Hilfsmittel. In: Dokumente deutscher Kriegsschäden, Bd. 2/1, S. 429 ff.
[121] StadtAF, C 4/XI/30/4.
[122] Ebda., M 12 Rolle 42 und C 4/II/19/7.

acht weitere kleine Löschwasserbecken mit etwa 50-100 cbm Fassungsvermögen in Park- und Brunnenanlagen durch Arbeitskommandos des Freiburger Wehrmachtsgefängnisses gebaut[123].

Gerade die Erfahrungen bei den großen Luftangriffen ab 1943 zeigten, daß in der Regel – unter anderem durch Häusereinstürze in den engen Straßenzügen – fast mit einem Totalausfall der friedensmäßigen Löschwasserversorgung durch das Wasserrohrnetz gerechnet werden mußte. Durch Verschüttungen von Bachläufen und Kanälen wurde die Brandbekämpfung erheblich verzögert und behindert. Die Freiburger Freiwillige Feuerwehr hatte bereits in einem Bericht vom 27. Mai 1942 vorsorglich auf diese zu erwartenden Schwierigkeiten hingewiesen[124].

Um in der badischen Bevölkerung das notwendige luftschutzmäßige Verhalten stärker in Erinnerung zu rufen, veröffentlichte der „Alemanne" am 23. März 1943 einen Aufruf von Gauleiter und Reichsstatthalter Wagner. Darin gab Wagner mehrere Anweisungen zum pflichtgemäßen und gewissenhaften Verhalten bei Luftangriffen. Wer diese Pflicht nicht befolge, begehe „ein Verbrechen an seinem Volk", verkündete der Gauleiter. Besserwisserisch erklärte er ferner, „nur die allerwenigsten Bomben treffen". Zugleich wies Wagner drohend darauf hin, daß Diebe und Plünderer, die Luftangriffssituationen ausnutzten, den „Kopf verlieren" würden (Abb. 67)[125].

Auch der Vorbereitungsstand für die Unterbringung von Obdachlosen nach einem Luftangriff war zum Jahresanfang 1943 nicht zufriedenstellend. Aufgrund einer Überprüfung vom 1. September 1942 erwartete man, im Stadtrandgebiet Freiburgs 870 Personen in Einzelquartieren und 1000 Personen in Massenquartieren, im Landkreis Freiburg 7085 Personen in Einzelquartieren und 25 275 notfalls in Massenquartieren, im Raum Müllheim 4493 Personen in Einzelquartieren und eventuell 1140 Personen in Massenquartieren sowie in Neustadt 2788 Personen in Einzelquartieren unterbringen zu können. Dabei ging man jedoch von einem intakten Transportwesen aus[126].

Als der badische Innenminister im Mai 1943 um Mitteilung bat, wie die Evakuierung von Behörden, Dienststellen und Einrichtungen sozialer Art in den Städten vorbereitet sei, mußte Freiburgs Oberbürgermeister am 26. Mai 1943 darauf hinweisen, daß ein Aufnahmegebiet für die badische Bevölkerung „überhaupt nicht vorgesehen" sei, da man anscheinend den „Gau Baden, abgesehen von den Städten Mannheim und Karlsruhe, von zentraler Reichsstelle nicht als stark luftgefährdet" ansehe[127]. Er sah sich deshalb nicht in der Lage, Vorschläge zur Evakuierungsplanung vorzulegen. Vielmehr stellte Bürgermeister Hofner als Vertreter Kerbers fest, „daß die Stadt Freiburg durch den fortdauernden Zustrom von Personen aus den angegriffenen und andern Gebieten des Reiches und durch die große Zahl der hier untergebrachten Verwundeten jetzt schon *stark überbelegt* ist. Freiburg muß demnach als *Aufnahmestadt* für umzuquartierende fremde Obdachlose im Rahmen der neuen Planung nach den mitgeteilten Reichsrichtlinien von vornherein ausscheiden. Die Zuwanderung von Personen aus angegriffenen Gebieten nimmt immer noch zu. Da eine polizeiliche Verhinderung des Zuzugs

[123] Ebda., C 4/XI/31/2, C 4/XI/30/4 und C 4/II/197. Siehe auch Registratur des Tiefbauamtes, TBA VI/117/III: Aufstellung des Tiefbauamtes v. 25.11.1942.
[124] StadtAF, C 4/II/19/7: Bericht der Freiwilligen Feuerwehr (Eberhard) an Oberbürgermeister v. 27.5.1942.
[125] Der Alemanne Nr. 82 v. 23.3.1943; StadtAF, C 4/XI/29/5.
[126] Ebda., D.Aö.1.32a, Bd. 1.
[127] Ebda., D. Qua. 69 (Hervorhebungen im Original durch Unterstreichung); auch zum Folgenden.

Es geht um Leben und Eigentum!

Anweisung des Gauleiters für luftschutzmäßiges Verhalten – Das geht im ganzen Lande alle an!

Vorbereitung des Luftschutzraums!

1. Luftschutzraum mit Holz abstützen. Bausachbearbeiter des Reichsluftschutzbundes beratend heranziehen.
2. Mehrere Durchbrüche zu Nachbarhäusern oder nach außen schaffen. Die Hinzuziehung sachverständiger Kräfte ist unerläßlich.
3. Neben Verbandzeug und Mitteln für erste Hilfe sowie Äxten, Pickeln, Schaufeln und Brecheisen usw. Trinkwasser bereitstellen, das bei Staubentwicklung genommen werden kann.
4. Luftschutzraum von allen Gegenständen mit Ausnahme der Freimachungs- und Löschgeräte sowie des Luftschutzgepäcks und Bequemlichkeitseinrichtungen wie LS.-Betten, Stühle usw. freihalten.
5. Kerzen und Zündhölzer bereithalten.

Schutzmaßnahmen im Hause!

1. Dachräume völlig entrümpeln.
2. Außer Handfeuerspritze, Einreißhaken, Leine und Leiter viel Sand und Wasser bereitstellen, da Wasserleitung bei größeren Angriffen meist versagt. Badewannen und alle leeren Behälter füllen.
3. Überflüssiges möglichst in den unteren Stockwerken oder in Kellern unterbringen, dabei sind jedoch Gänge und Mauerdurchbrüche freizuhalten.
4. Unersetzliches in die Keller oder, falls es im Keller Schaden nehmen würde, nach auswärts in weniger luftgefährdete Gebiete verbringen.
5. Gewissenhaft verdunkeln. Wer das nicht tut, begeht ein Verbrechen an seinem Volk.
6. Befindest du dich über Nacht außerhalb deiner Wohnung oder in einer fremden Wohnung, so melde dies vorher dem Luftschutzwart oder seinem Vertreter.
   Gehst du auf Urlaub, gib deine Wohnungs- und Hausschlüssel an einen Bekannten, Nachbarn oder den Luftschutzwart ab.

Verhalten bei Alarm!

1. Es ist Pflicht, in den Luftschutzraum zu gehen.
2. Vermeide jedes Licht.
3. Bereithalten des Luftschutzgepäcks: Urkunden, Lebensmittelkarten, Kleiderkarten, Geldbeutel, Wäsche, Kleider, Schuhzeug, Handtaschen und ähnliches mit in den Luftschutzraum nehmen. Richte Dir das jeden Abend, bevor Du ins Bett gehst, zusammen.
4. Nimm einen vollständigen Anzug in den Luftschutzraum mit.

Verhalten nach dem Alarm und während eines Angriffs!

1. Sei mutig und bewahre Ruhe! Nur die allerwenigsten Bomben treffen.
2. Wer einen besonderen Einsatzbefehl hat, befolge diesen sofort.

3. Merke dir: Die Brandbombe ist dein schlimmster Feind. Sie vernichtet dir Heim, Haus und Hof, wenn du sie nicht mit allen erdenklichen Mitteln energisch bekämpfst. Häufige Kontrollgänge in die Dachräume aller Gebäude sind daher unentbehrlich. Brandbomben sofort und ohne Verzug ins Freie werfen oder an Ort und Stelle — möglichst aus guter Deckung heraus — bekämpfen.
4. Alle Hausinsassen — ausgenommen Kinder, Kranke und Gebrechliche — sind zur Bekämpfung der mit einem Luftangriff verbundenen Gefahren verpflichtet. Jeder trage dazu bei, daß alle Gefahren für Leib, Leben und Eigentum unseres Volkes abgewendet werden.
5. Bei kleineren Bränden sofort allen Brandschutt selbst entfernen. Weiterglimmen und Neuentfachung der durch Phosphorbrandbomben hervorgerufenen Brandnester wird dadurch verhindert.

Verhalten nach dem Angriff!

Sofort helfen:

1. Verschüttete bergen.
2. Verletzten helfen.
3. Löschen.
4. Werte retten. Wer stiehlt oder plündert, verliert den Kopf.
5. Der Luftschutzwart sorgt für die Überwachung der Brandstelle.
6. Kontrolliere immer wieder sämtliche mit Phosphorspritzern betroffenen Gebäudeteile, Wohnräume usw., damit die immer wieder aufflackernden Entstehungsbrände verhütet werden.

Robert Wagner
Gauleiter und Reichsstatthalter

Abb. 67: Der Alemanne vom 23. März 1943: „Es geht um Leben und Eigentum" (StadtAF)

solcher Personen nicht in Betracht kommt, werden die Unterbringungsmöglichkeiten für die *eigene* Bevölkerung, falls sie einmal von einem Fliegerangriff betroffen werden sollte, immer geringer werden. Nach früheren Erhebungen ist es nicht einmal gelungen, für die Insassen von Altersheimen, Krankenhäusern usw. für den Fliegerangriffsfall ausreichende Ausweichunterkünfte sicherzustellen". Auf die Dauer konnte die Freiburger Stadtverwaltung diese abwehrende Position jedoch nicht aufrechterhalten, da alsbald überregionale und über die Gaugrenzen reichende Planungen für Umquartierungen angestellt wurden, die auf örtliche Verhältnisse keine Rücksicht nahmen.

Nach den schweren Terrorangriffen auf Hamburg im Juli 1943 kam es auch im südwestdeutschen Raum zu Verunsicherungen und wilden Gerüchten über das Ausmaß der Schäden und Opfer. Mit Absicht hielt deshalb die NS-Propagandaführung die ersten Meldungen und Erfahrungsberichte über die tatsächlich schweren Schäden zurück, um der eigenen Bevölkerung die Ohnmacht gegenüber den britischen Luftangriffen nicht direkt eingestehen zu müssen. Dagegen brachte man in den Zeitungen und Zeitschriften verstärkt Berichte über den Abwehrkampf des „Heimatkriegsgebietes" gegen die „Terror-Armadas" zum Abdruck.

Der lange Zeit geheimgehaltene Erfahrungsbericht des Hamburger Polizeipräsidenten und Örtlichen Luftschutzleiters offenbarte den Regierungsstellen in Berlin sehr drastisch die Mängel und Unzulänglichkeiten des Luftschutzes sowie die begrenzten Möglichkeiten der Hilfsmaßnahmen unmittelbar nach dem Angriff[128]. Mit der von der Goebbelsschen Propaganda immer wieder gepriesenen Feuerpatsche konnte man wohl noch 1940/41 gegen vereinzelt abgeworfene Stabbrandbomben vorgehen, aber nicht mehr die verheerenden Flächenbrände von 1943 bekämpfen. Die wichtigste Erfahrung nach dem Angriff auf Hamburg war die Erkenntnis über das Entstehen eines gewaltigen Feuersturms bei großen Flächenbränden in den dichtbewohnten Stadtgebieten, der dazu zwang, die Luftschutzräume in den engen Gassen und Straßen rechtzeitig zu verlassen, um nicht aufgrund von Sauerstoffmangel bei der sich rasch ausbreitenden Hitze zu ersticken. Der Bericht aus Hamburg gab ein erschütterndes, zum Teil „unbeschreibliches" und unvorstellbares Bild von den Schreckensszenen, die sich im Bereich des Feuersturmes abgespielt hatten. Das Fazit dieser „Katastrophe größten Ausmaßes" beschrieb eine Szenerie, wie sie auch andere deutsche Städte in den nächsten Monaten zu erwarten hatten: „Das utopisch anmutende Bild einer schnell verödenden Großstadt ohne Gas, Wasser, Licht und Verkehrsverbindungen, mit den Steinwüsten einst blühender Wohngebiete war Wirklichkeit geworden"[129].

Die angesichts der immer größer werdenden Schäden und Verluste angestellten Überlegungen der NS-Führer gingen jedoch nicht in Richtung Kriegsbeendigung. Vielmehr wurden alle Anstrengungen unternommen, um den Krieg dennoch mit allen Mitteln unter weiterer Disziplinierung und Mobilisierung gerade der Bevölkerung in den Städten fortsetzen zu können. Symptomatischerweise wurden dann auch getötete Luftangriffsopfer der Zivilbevölkerung ab Sommer 1943 als „Gefallene" und verletzte Personen als „Verwundete" bezeichnet.

Nach den Angriffen auf Hamburg erklärte Reichspropagandaminister Goebbels, der zugleich Gauleiter von Berlin war, es sei erwünscht, wenn die nicht aus beruflichen oder anderen Gründen zum Bleiben verpflichtete Bevölkerung aus den Großstädten – wie z. B. Berlin – in weniger luftgefährdete Landgebiete umzöge. Schulkinder wurden ebenfalls aus den stark gefährdeten Gebieten im Westen evakuiert. In Freiburg und Umgebung waren danach Schüler aus Dortmund und Mannheim untergebracht[130].

Außerdem wurde insgesamt der Gau Baden im April und Juli 1943 vom Reichsministerium des Innern bei den Planungen und Vorbereitungen für die Umquartierung von Bevölkerungsteilen wegen der Luftgefährdung und Bombenschäden im Rahmen des „Reichsumquartierungsplanes" als nicht besonders luftgefährdet angesehen und als sogenannter „Aufnahmegau" für den stärker luftgefährdeten Gau „Westfalen-Süd" ausgewählt[131]. Baden sollte etwa 232 000 Bombengeschä-

[128] Dokumente Deutscher Kriegsschäden, Bd. 2/2, S. 232–302; ebda., Beiheft 1: Aus den Tagen des Luftkrieges und des Wiederaufbaues. Bonn 1960, S. 60ff.
[129] Aus dem „Bericht des Polizeipräsidenten in Hamburg als örtlicher Luftschutzleiter über die schweren Großluftangriffe auf Hamburg im Juli/August 1943". Auszugsweise abgedruckt in: Dokumente Deutscher Kriegsschäden, Beiheft 1, S. 60ff.; vgl. Dokumente Deutscher Kriegsschäden, Bd. 2/1. S. 233f.
[130] Zur Betreuung der Schüler aus Dortmund und Mannheim siehe das Aktenmaterial des Erzbischöflichen Archivs Freiburg, B2–35/105, 108 und 109. Vgl. auch StadtAF, B1/328: Kriegschronik 1940–45, Teil I und GLA Karlsruhe, 465 d/912.
[131] Zum „Reichsumquartierungsplan" siehe: Dokumente Deutscher Kriegsschäden, Bd. 2/1, S. 124ff. mit Anlage Karte 2.

digte oder vorsorglich abreisende Bewohner von dort aufnehmen, so daß danach
ein stärkerer Zuzug von Frauen und Kindern aus dem Raum Westfalen auch nach
Freiburg einsetzte.

Die Anordnungen und Bestimmungen über das „Luftschutzrecht" erhielten im
August 1943 eine neue Fassung; es war nunmehr bereits ein über 500 Seiten star-
kes Buch mit zahlreichen Ausführungsbestimmungen, Durchführungsverordnungen und Erlassen. Viele Bestimmungen sahen massive Eingriffe in den
persönlichen Lebensbereich vor. Der RLB gab zusätzlich einen besonderen
„Luftschutz-Taschenkalender 1943" heraus (Abb. 68 und 69). Darin wurde aufgefordert, das „Luftschutzraumgepäck" sollte gleichsam zum „Tornister der Hei-

Lfd. Nr.	Gegenstand	Anzahl	Bemerkungen
	**Ausstattung einer Luftschutzgemeinschaft mit Selbstschutzgerät**		
1	Handfeuerspritze	je Treppenhaus 1 Stück, auf Anordnung des Ortspolizeiverwalters mehrere	Einstellspritzen (Luftschutzhandspritzen), die von der Reichsanstalt der Luftwaffe für Luftschutz eine Vertriebsgenehmigung nach § 8 des Luftschutzgesetzes erhalten haben, od. Kübelspritzen, die von dem Reichsführer ╫ und Chef der Deutschen Polizei im RMdI. anerkannt worden sind. Von einer Neubeschaffung kann Abstand genommen werden, wenn vorhandene Handspritzen von dem Ortspolizeiverwalter als ausreichend angesehen werden.
2	Einreißhaken . .	1 Stück je Treppenhaus	Mit Haken oder kräftigem Nagel versehene starke Holzstange,
3	Leine	1 Stück je Treppenhaus	Lange, kräftige Leine, auf Holzwelle gewickelt.
4	Leiter	1 Stück je Treppenhaus	Steh- oder Anstelleiter (Haushaltleiter).
5	Luftschutzhausapotheke.	1 Stück	Hausapotheke, die eine Vertriebsgenehmigung nach § 8 des Luftschutzgesetzes erhalten hat.
6	Feuerpatsche .	1 bis 2 Stück je Treppenhaus	1—2 m langer kräftiger Stock, an dessen Ende ein vor der Benutzung mit Wasser zu tränkendes Stück Stoff befestigt ist.
7	Wassereimer . .	1 bis 2 Stück je Haushaltung	—
8	Wasserbehälter .	1 oder mehr. Stück je Treppenhaus sowie 1 oder mehr Stück im Keller jedes Hauses	Faß, Kübel, Waschbottich, Wanne oder dergleichen.
9	Sandkiste	1 bis 2 Stück je Treppenhaus	Kiste mit etwa 5 Eimern Sand oder Erde.
10	Handschaufel . .	1 St. je Sandkiste	—
11	Löschsandtüten .	im allgemeinen 2 Stück für jeden Raum mittlerer Größe, verteilt auf Wohnung und Treppenhaus	Je Tüte mit 5 kg Sand oder Erde gefüllt.
12	Schaufel oder Spaten.	1 Stück je Treppenhaus	—
13	Axt oder Beil . .	1 Stück je Treppenhaus	—
14	Armbinden . . .	1 Stück je Luftschutzwart, je Laienhelfer(in), je Melder	Nach vorgeschriebenem Muster.

Abb. 68: Aufstellung über Selbstschutzgerät-Ausstattung nach dem „Luftschutz-Taschenkalender 1943" (LS-Taschenkalender von 1943)

matfront" werden[132]. Unterlassene Verdunkelungsmaßnahmen konnten zur Auflösung des Mietverhältnisses oder zur Stromsperrung führen; seit 1. November 1942 bestand zudem ein Photographierverbot für Luftangriffe und Luftkriegsschäden.

Auch militärische Dienststellen in der Heimat setzten sich nun dafür ein, „neue Gesichtspunkte" bei der vorbereitenden Abwehr der Großangriffe und Flächenbrände zu entwickeln. Das stellvertretende Generalkommando V. Armeekorps (Wehrkreiskommando V) in Stuttgart verfügte in einem besonderen Befehl vom 30. August 1943[133], daß alles darangesetzt werden müsse, damit es dem Feind nicht gelinge, „durch seinen Bombenterror einen Einfluß auf die Kriegsentschei-

Abb. 69: Titelseite des Luftschutz-Taschenkalenders von 1943

dung zu gewinnen". Wehrmachtsdienststellen sollten deshalb die örtlichen Luftschutzleiter in den Städten „ohne Rücksicht auf Kompetenzschwierigkeiten mit allen zur Verfügung stehenden Mitteln" unterstützen. Leitungskommandos und Befehlsstellen für die Schadensbekämpfung waren ab sofort „an die Peripherie der Stadt zu verlegen". Neue Kellerdurchbrüche in den Häusern der Innenstädte

---

[132] Luftschutz-Taschenkalender 1943. Hrsg. v. Präsidium des Reichsluftschutzbundes. Berlin 1943, S. 80.
[133] BA-MA Freiburg, RH 53–5/70: Befehl Stellv. Generalkommando V. A. K. (Wehrkreiskommando V) Abt. Ia/L Nr. 2300/43 geheim v. 30. 8. 1943, auch zu den folgenden Zitaten.

sollten es den durch Großbrände eingeschlossenen Bewohnern ermöglichen, brennende Straßenzüge auf dem Wege von Keller zu Keller verlassen zu können. Bei Flächenbränden und Gefahr eines Feuersturmes sollte von der örtlichen Luftschutzleitung rechtzeitig Befehl zum Verlassen der Luftschutz- und Kellerräume erteilt werden.

Abb. 70: Übung mit Gasmaske im Peterhof (StadtAF)

Beim „Reichsgesundheitsführer" im Reichsministerium des Innern Dr. L. Conti wurde im Herbst 1943 ein Generalreferat „Luftkriegsschäden" unter dem SA-Oberführer und Ministerialdirektor Dr. Cropp gebildet, das die Koordination mit dem Deutschen Roten Kreuz und die einheitlich zu treffenden Maßnahmen im Bereich der zivilen Gesundheitsversorgung nach Terrorangriffen übernahm und sich insbesondere mit den Verhaltensregeln gegenüber den zahlreichen Phosphor-Verbrennungen nach alliierten Luftangriffen zu beschäftigen hatte[134].

Für die Unterkunftsbeschaffung der zahlreichen Luftkriegsgeschädigten wurde extra ein „Deutsches Wohnungshilfswerk" errichtet, das die Aufstellung einfacher Behelfsheime fördern sollte. Für Soldaten und Wehrmachtsbeamte, deren Familien in der Heimat einen Luftkriegsschaden erlitten, wurden schließlich noch neue Erleichterungen über die Gewährung von „Bombenurlaub" erlassen. In Freiburg wurden die Bewohner zur gleichen Zeit mit den Luftschutz-Rettungsstellen im Rahmen einer Informationsaktion mit Besichtigungen vertraut gemacht[135].

All diese verstärkt einsetzenden Bemühungen dokumentierten, daß die nationalsozialistische Führung sehr wohl die große Gefahr der alliierten Luftangriffe

[134] Dokumente Deutscher Kriegsschäden, Bd. 2/1, S. 423.
[135] StadtAF, D. Sv. 18.1, Ausschnitt aus: Der Alemanne vom 5.9.1943.

für die Wohnstätten der Zivilbevölkerung und die sich daraus ergebenden Folgen für deren Durchhaltewillen erkannte. Auch Hitler fühlte sich deshalb veranlaßt, in seiner jährlich wiederkehrenden Gedenkrede anläßlich des Marsches zur Feldherrnhalle in München am 8. November 1943 auf die Verluste und Probleme der Heimatfront durch den alliierten Bombenkrieg einzugehen [136]. Er bekundete öffentlich sein persönliches Mitgefühl mit den Opfern unter den Frauen und Kindern in der Heimat. Ihn schmerze es auch, „daß diese Menschen ihr Hab und Gut verlieren". Man solle sich jedoch im klaren sein: „Unsere Städte bauen wir wieder auf, schöner als jemals zuvor, und zwar in kürzester Zeit". In knapp zwei bis drei Jahren nach Kriegsende seien die zwei oder drei Millionen zerstörten Wohnungen restlos wieder aufgebaut – „mögen sie zerstören, soviel sie wollen", prahlte er. Und die Schäden der Industrie seien belanglos; sie würden nicht im geringsten die fortwährende Rüstungssteigerung verhindern. Außerdem, so meinte Hitler großsprecherisch, werde „die Stunde der Vergeltung" kommen. Gerade die Hunderttausende von Ausgebombten seien „die Avantgarde der Rache".

Wer unter den Zuhörern eventuell die vage Hoffnung hatte, die Staatsführung des Dritten Reiches werde rechtzeitig nach Friedensmöglichkeiten Ausschau halten, um den als verloren anzusehenden Krieg zu beenden, wurde eines Besseren belehrt. Hitler erklärte mehrmals: „Das, was im Jahre 1918 passiert ist (nämlich der Waffenstillstandsabschluß im November, Anm. d. Verf.), wird sich in Deutschland ein zweites Mal nicht wiederholen". Er werde den Kampf „nicht vor der Zeit" aufgeben. Man werde „den Fehler des Jahres 1918" „niemals" wiederholen, „nämlich eine Viertelstunde vor zwölf die Waffen niederzulegen". Darauf könne man sich verlassen: „Derjenige, der die Waffen als allerletzter niederlegt, das wird Deutschland sein, und zwar fünf Minuten nach zwölf". Es sei zudem gerade das Verdienst der langjährigen Erziehung im nationalsozialistischen Glauben, daß die Bevölkerung nunmehr seit Jahren Nöte ertrage, die man früher nicht einen Monat lang erduldet hätte.

Nach dieser Rede konnte kein Zweifel aufkommen, daß Opfer und Leiden durch die nächtlichen alliierten Luftangriffe vorerst kein Ende finden würden, daß es eher noch schlimmer werden würde, da das Dritte Reich die Bombenangriffe auf die Zivilbevölkerung weder militärisch verhindern noch durch Luftschutzmaßnahmen abwehren oder gar durch Gegenangriffe vergelten konnte. Gerade die Mitte November 1943 von den Engländern eröffnete „Luftschlacht um Berlin" demonstrierte sehr deutlich die Hilflosigkeit der deutschen Luftschutzmaßnahmen. So ist es auffallend, daß Luftschutzmaßnahmen dann auch nicht mehr im Mittelpunkt der Goebbelsschen Propaganda standen, sondern daß ungeschminkt das Eingeständnis gegeben wurde, die deutsche Zivilbevölkerung sei „Mord und Brand" durch die angloamerikanischen Bomber ausgesetzt, die jedoch Bomben säen und Haß ernten würden. Die Propaganda schürte bewußt das Gefühl eines „grenzenlosen, nie vergessenden Hasses" und der Rache, um dadurch gezielt die verschworene nationalsozialistische Volksgemeinschaft propagieren zu können [137].

Mit dieser Linie waren kirchliche Überlegungen, welche die alliierten Bombenangriffe dagegen als Vergeltung für die vom nationalsozialistischen Deutschland

---

[136] Zit. nach Max Domarus: Hitler. Reden und Proklamationen 1932–1945. II. Bd., 2. Halbbd. Wiesbaden 1973, S. 2055 ff., auch zu den folgenden Zitaten.

[137] Vgl. z. B. den Bericht „Sie säen Bomben und ernten Haß. Berlin – ein neues Beispiel deutscher Härte". In: Die Wehrmacht 7 (Dezember 1943).

verübten Greueltaten und Verbrechen an anderen Völkern bezeichneten, auf gar keinen Fall in Einklang zu bringen. Da derartige Vorstellungen im religiösen Bereich Südwestdeutschlands – und so auch im Freiburger Raum – nicht als singulär und unbedeutend abgetan werden konnten, verdienen sie es, in diesem Zusammenhang etwas ausführlicher dargestellt zu werden.

Der evangelische Landesbischof von Württemberg, D. Wurm, stellte am 20. Dezember 1943 in einer Eingabe an den Reichsminister und Leiter der Reichskanzlei, Lammers, fest, das deutsche Volk empfinde „vielfach die Leiden, die es durch die feindlichen Fliegerangriffe ertragen muß, als Vergeltung für das, was den Juden angetan worden ist. Das Brennen der Häuser und Kirchen, das Splittern und Krachen in den Bombennächten, die Flucht aus den zerstörten Häusern mit wenigen Habseligkeiten, die Ratlosigkeit im Suchen eines Zufluchtsortes erinnert die Bevölkerung aufs peinlichste an das, was bei früheren Anlässen die Juden erdulden mußten". Der Bischof rief dazu auf, daß an Juden, sogenannten Mischlingen oder mit Jüdinnen verheirateten Ariern „nicht noch weiteres Unrecht verübt wird", und brachte mutig und sehr einprägsam in Erinnerung, daß Deutschland zuerst zahlreiches Leiden und Unrecht über andere Völker gebracht hatte [138]. Er verwahrte sich in einem weiteren Schreiben auch gegen die Inanspruchnahme für die Propaganda zum rücksichtslos zu führenden totalen Krieg. Er wollte insbesondere die unzähligen Opfer unter der Zivilbevölkerung durch diese totale Kriegführung „als Sühneopfer" verstanden sehen. Es müßten nun die „vielen Sünden" gebüßt werden, „die das deutsche Volk entweder begangen oder unwidersprochen gelassen hat".

Wurm traf mit dieser Betrachtungsweise empfindlich den Nerv der nationalsozialistischen Rassendoktrin und Kriegsideologie. Reichsminister Lammers verwarnte den Landesbischof denn auch sehr scharf und teilte ihm mit, seine Schreiben fänden die größte Mißbilligung von seiten der Reichsregierung [139]. Eine Verbreitung seiner Gedankengänge sei geeignet, „den Willen des deutschen Volkes zur wehrhaften Selbstbehauptung zu lähmen". Seine Äußerungen seien zudem von tiefem „Mißtrauen gegen den Führer und die Führung des Reiches erfüllt" und sie entsprächen „dem Wunsch des Feindes". Drohend riet Lammers dem Bischof „ferner dringend", sich zukünftig im „persönlichen und beruflichen Verhalten die größte Zurückhaltung aufzuerlegen".

Die nach Jahreswechsel 1943/44 anhaltenden Klagen in der Zivilbevölkerung über den bestehenden Mangel an Luftschutzmaßnahmen und -vorbereitungen, wie sie in zahlreichen Meldungen des SD zum Ausdruck kamen, beantworteten die NS-Machthaber mit untauglichen Versuchen, durch zusätzliche organisatorische Maßnahmen Abhilfe zu schaffen, da der konsequente Schritt zur Kriegsbeendigung nach Hitlers Machtwort nicht in Frage kam. Die bisherige Unterscheidung zwischen Luftschutzorten I., II. und III. Ordnung wurde durch Erlaß Görings vom 24. November 1943 endgültig aufgehoben und durch die Einteilung in Luftschutzorte mit und ohne Luftschutzpolizei ersetzt. Der SHD II. und III. Ordnung erhielt nun die Bezeichnung „Luftschutzwacht" [140]. Ferner wurde Ende Dezember 1943 unter Goebbels eine neue „Reichsinspektion der zi-

[138] Kirche im Kampf. Dokumente des Widerstandes und des Aufbaus in der Evangelischen Kirche Deutschlands von 1933–1945. Hrsg. v. Heinrich Hermelink. Stuttgart 1950, S. 656 ff. und 691 ff. (Wurm an Landesbischof Marahrens v. 9. 8. 1943).

[139] Ebda., S. 700 ff. (Lammers an Wurm v. 3. 3. 1944).

[140] StadtAF, C 4/XI/29/1: Ministerialblatt für die Badische innere Verwaltung Nr. 48 vom 31. 12. 1943.

vilen Luftkriegsmaßnahmen" in Berlin eingesetzt, die den Luftschutz und die Luftkriegsschädenbekämpfung aufgrund der neuesten Erfahrungen aus dem Luftkrieg überprüfen und auf weitere Aktivierung des Selbstschutzes hinwirken sollte.

Bezeichnenderweise bestimmte die nationalsozialistische Führung in Berlin im Dezember 1943 durch eine Sprachregelung für das gesamte Reich, daß die Wörter „Katastrophe" und „Katastropheneinsatz", die sich „im Zusammenhang mit Luftangriffen und der Beseitigung der Folgen der Luftangriffe eingebürgert" hatten, „aus allen Organisationsplänen, Erlassen und Verordnungen sowie aus dem gesamten Sprachgebrauch auszumerzen" seien, da sich die Anwendung des Wortes „Katastrophe" vielfach „psychologisch und politisch unerfreulich" auswirke. Anstelle des Wortes „Katastropheneinsatz" war danach einheitlich die Bezeichnung „Soforthilfe" zu verwenden [141]. Dieses neue Wort hat jedoch anscheinend nicht überall Zustimmung gefunden, denn Anfang März 1944 ordnete Gauleiter Wagner als Reichsverteidigungskommissar für Baden an, „daß künftig anstelle des Wortes ‚Katastropheneinsatz' die Bezeichnung ‚Luftkriegseinsatz' verwendet wird" [142].

Wirkungsvoller als solche kosmetischen Veränderungen und verordneten Beruhigungen war das Einblenden von Luftlagemeldungen über alle Rundfunksender des Reichsprogramms und des Deutschlandsenders zu jeder vollen Stunde ab März 1944. Näherte sich nun ein Bomberverband, wurde in die Sendung ein einheitlicher „Kuckucksruf" eingeblendet und danach der Sender für dieses bedrohte Gebiet ganz abgeschaltet. Die Meldungen zur Luftlage wurden dann über den Drahtfunk von den Luftwarnzentralen und Flakgefechtsständen fortlaufend ausgestrahlt, bis die Gefahr wieder vorbei war. Durch das Umschalten der drahtlosen auf die drahtgebundene Rundfunkversorgung wurde sowohl das Mithören als auch die Anpeilung durch die gegnerischen Flugzeuge verhindert. Dagegen ermöglichten es die kurzen und häufigen Durchsagen nach dem auch behelfsmäßig am Telefonkabel möglichen Umschalten des Empfängers auf örtlichen Drahtfunk der Bevölkerung, sich rechtzeitig auf einen Fliegeralarm vorzubereiten und dementsprechend die nötigen Maßnahmen zu treffen [143]. Die Warnungen erfolgten anhand von Planquadratangaben, sobald sich die feindlichen Flugzeuge diesen Planquadraten näherten, über die man die Bevölkerung zuvor durch die örtlichen Zeitungen unterrichtet hatte. Wie der Sicherheitsdienst der SS in seinen Lageberichten resümierte, wurden diese regelmäßigen Luftlagemeldungen und die örtlichen Drahtfunkberichte über die Luftlage „von der Bevölkerung grundsätzlich und allgemein sehr begrüßt" [144].

Welche Erwartungen die Reichsführung an die kommunalen Verwaltungen in bezug auf örtliche Vorbereitungen und Maßnahmen bei den alliierten Bombenangriffen richtete, machte ein kommunalpolitischer Kongreß in Posen deutlich, den der Reichsführer SS, Heinrich Himmler, in seiner Eigenschaft als Reichsminister

---

[141] BA Koblenz, R 48/108: Verfügung des Reichspostministeriums Kg 1261–0 v. 18.12.1943.

[142] GLA Karlsruhe, 465 d/91: Der M-Beauftragte – Sachbearbeiter für zivile Luftkriegsmaßnahmen in der NSDAP-Gauleitung Baden/Elsaß an die Kreisleiter, Gauhaupt- und Gauamtsleiter vom 9.3.1944.

[143] BA Koblenz, R 48/59: Propagandaministerium an alle Gauleiter v. 29.3.1944; Bericht „Achtung, Achtung, Durchsage vom Flakdivisions-Gefechtsstand B ...". In: Die Wehrmacht 8 (1944), Nr. 11 v. 24.5.1944. Siehe ferner Friedrich Gladenbeck: Betrachtungen zur Rundfunkversorgung in technischer Hinsicht nach dem Krieg. In: Jahrbuch des elektrischen Fernmeldewesens. Hg. v. Friedrich Gladenbeck. Jg. 1940. Berlin 1941, S. 113.

[144] Meldungen aus dem Reich 1938–1945, a.a.O., Bd. 17, S. 6526f. (SD-Bericht v. 11.5.1944). Zur Einführung der Drahtfunk-Meldungen siehe auch ebda., Bd. 15, S. 5981f. (SD-Bericht v. 8.11.1943).

des Innern einberief[145]. An der Tagung vom 12. bis 14. Februar 1944 nahmen fast 300 Oberbürgermeister und Bürgermeister kreisfreier Städte, Landeshauptmänner und Gauhauptmänner sowie 14 Staats- und Innenminister der Länder teil. Die versammelten Stadtoberhäupter des Reiches wurden über die durch die schweren alliierten Bombenangriffe verursachten Probleme unterrichtet. Dabei informierte Bürgermeister Krogmann aus Hamburg über die zum Teil noch immer geheim gehaltenen katastrophalen Erfahrungen der Hansestadt nach dem Juli/August 1943. Auch Freiburgs Oberbürgermeister Dr. Kerber nahm an der Posener Tagung teil. Im Gegensatz zu vielen anderen Oberbürgermeistern befand er sich in der glücklichen Lage, daß Freiburg bislang von den alliierten Bombardements – abgesehen von leichten Luftangriffen im Oktober 1943 – verschont geblieben war. Er dürfte damals in Posen kaum damit gerechnet haben, daß die Breisgaumetropole neun Monate später ebenfalls einem schweren alliierten Luftangriff zum Opfer fallen sollte.

Gerade für ein solches Ereignis hatte Himmler jedoch ebenfalls aufmunternde Worte parat. Er belehrte die Oberbürgermeister persönlich über die sich daraus ergebenden „Vorteile" für ein NS-Stadtoberhaupt: Die Bombenangriffe hätten auch „ihr Gutes". Denn die Städte konnten danach ohne „die Bausünden des 19. und 20. Jahrhunderts, wo regellos und ohne Sinn liberalistisch gebaut wurde", im Sinne nationalsozialistischer Architektur neu errichtet werden. Die Oberbürgermeister, so erklärte ihnen Himmler, könnten dann „ihren Namen in die Geschichte ihrer Stadt einmalig einschreiben". Bei soviel Offenheit war Himmler verständlicherweise später damit nicht einverstanden, daß seine Rede veröffentlicht wurde. Er hatte wohl doch Bedenken, ob die leidtragende Zivilbevölkerung, die ihr Hab und Gut in den Bombennächten des fortwährenden Krieges verlor, seine architektonische Einstellung verstand.

Der Vortrag des Hamburger Bürgermeisters Krogmann war niederschmetternd. Er machte den versammelten Oberbürgermeistern die Vielzahl der eintretenden Notstände nach einem schweren alliierten Luftangriff deutlich. In manchen Bereichen kam es für den Oberbürgermeister als örtlichen Luftschutzleiter nur noch darauf an, hoffen zu können, daß die Zerstörungen nicht das Ausmaß wie in anderen Städten erreichten, um der Heimatstadt das Schlimmste zu ersparen – denn helfen konnte man in vielen Teilbereichen kaum.

Für Oberbürgermeister Kerber, der aus einer noch fast völlig intakten Stadt kam, dürfte es äußerst unwirklich geklungen haben, als Himmler ergänzend zu Krogmanns Ausführungen die Feststellung traf, er habe nunmehr „in der Mark Brandenburg eine zweite Lehmbau-Schule aufgemacht", da Behelfsheime als Lehmbauten schnell und primitiv hergerichtet werden sollten, um die Masse der Obdachlosen nach einem schweren Angriff überhaupt unterbringen zu können.

Die Frage, welchen Eindruck die Schilderungen der Schreckensszenarien auf Kerber hinterlassen haben, läßt sich anhand der Quellen nicht beantworten. Jeder Bürgermeister einer Stadt, die solche Terrorangriffe bislang nicht erlitten hatte, dürfte sich jedoch einerseits erleichtert gefühlt haben; andererseits war aber auch Kerber und der Stadtverwaltung bekannt, daß die Luftschutzvorbereitungen in Freiburg angesichts der gesteigerten Zerstörungskraft alliierter Großangriffe völlig unzulänglich waren. Ob noch genügend Zeit zur Verbesserung bestand, sollte die weitere Entwicklung des Luftkrieges im südwestdeutschen Raum zeigen.

---

[145] BA Koblenz, R 18/3523: Tagung über Grundsatzfragen der Selbstverwaltung am 12.–14. 2. 1944 in Posen, darin auch Wiedergabe der Reden von Himmler, Krogmann und SS-Brigadeführer Dr. Kreissl aus dem Reichsinnenministerium; auch zu den folgenden Zitaten.

4. Der Luftkrieg erreicht Südbaden und Freiburg 1943/44

Der Umstand, daß die Breisgaumetropole über längere Zeit von der Eskalation des strategischen Bombenkrieges verschont blieb, führte zu einer besonderen Beachtung der Stadt durch gegnerische Propagandastellen. Um in der deutschen Bevölkerung Verwirrung zu stiften, warf die Royal Air Force im Herbst 1943 ein auf Freiburg bezogenes Flugblatt ab, das als „Koerber-Flugblatt" bekannt wurde [146]. Der Titel des Flugblattes lautete „Freiburg im Breisgau heißt Obdachsuchende willkommen!" (Abb. 71 und 72). Darin rief angeblich der Freiburger Oberbürgermeister „Koerber" (so geschrieben statt richtig Kerber) im Namen der Stadt und ihrer Ratsherren die durch den Luftkrieg obdachlos gewordenen oder „luftkriegsbedrohten Freunde" der Stadt auf, nach Freiburg zu kommen. Die Versorgungslage der Stadt mit Nahrungsmitteln sei ausgezeichnet, und sie sei seit langem vom Bombenmord verschont geblieben. Die Absicht des geschickt gemachten Propa-

Abb. 71: „Koerber-Flugblatt"-
Titelseite (Badische Zeitung)

---

[146] Vgl. Ellic Howe: Die schwarze Propaganda. Ein Insider-Bericht über die geheimsten Operationen des britischen Geheimdienstes im Zweiten Weltkrieg. München 1983; ferner der Bericht: Deutschlands Städte starben nicht. Das „Koerber-Flugblatt" und die Bombardierung Freiburgs. In: Badische Zeitung v. 27.11.1975, sowie nochmals Irmtraud und Albrecht Götz von Olenhusen: Schwarze Kunst. Über die schwierige Vermittlung einfacher Botschaften. Eine Spionagegeschichte. In: Badische Zeitung, Wochenend-Magazin v. 9./10.1.1982.

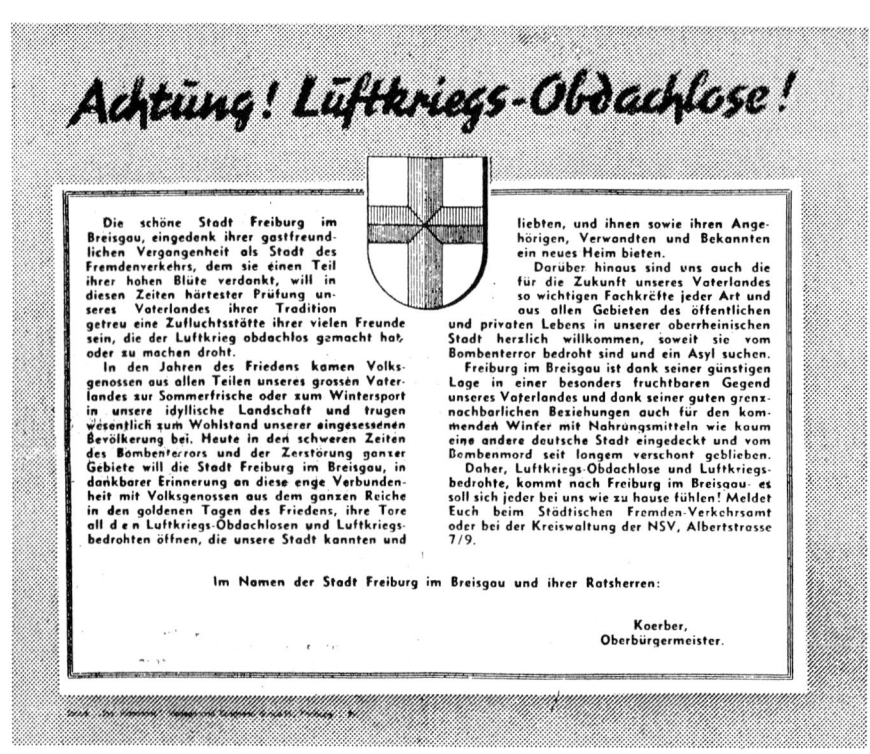

Abb. 72: „Koerber-Flugblatt"-Textseite (Badische Zeitung)

gandaflugblattes der Briten ist unschwer zu erkennen. Durch die feindliche Falschinformation sollte Freiburg von Anreisenden und Quartiersuchenden gleichsam überschwemmt und damit eine schwer zu kontrollierende Flüchtlingsbewegung nach Südbaden in Gang gesetzt werden. Ganz offensichtlich hat das Flugblatt jedoch keine großen Auswirkungen gehabt. In den überlieferten Quellen sind jedenfalls besondere Maßnahmen als Reaktion auf das abgeworfene Propagandaflugblatt nicht zu registrieren.

Auffallend ist jedoch, daß der Reichsinnenminister zur gleichen Zeit in einem Rundschreiben an die Reichsstatthalter sowie Ober- und Regierungspräsidenten darauf hinwies, die Oberbürgermeister der Städte, die bisher von Luftangriffen verschont geblieben waren, sollten Bemühungen unterlassen, Wirtschaftsbetrieben, Forschungseinrichtungen und sonstigen Firmen des bombengefährdeten Westens direkt anzubieten, „angesichts der gegenwärtigen Luftkriegslage doch ihren bisherigen Sitz aufzugeben" und in weniger luftgefährdete Orte zu übersiedeln, wie es ein Oberbürgermeister bereits getan habe. Diese unmittelbare Abwerbung müsse „stärkstes Befremden erregen" und habe zukünftig generell zu unterbleiben[147].

Die im „Koerber-Flugblatt" angepriesene Sicherheit Freiburgs vor feindlichen Bombardierungen dauerte indes nicht lange an. In der Nacht von Samstag auf

[147] BA Koblenz, R 48/59: Rundschreiben v. 10. 8. 1943.

146

Sonntag, den 3. Oktober 1943, gab es um 22.15 Uhr Fliegeralarm [148]. Mehrmaliges Flugmotorengeräusch von aus nordwestlicher Richtung in breiter Front einfliegenden Maschinen ließ zunächst die Vermutung aufkommen, daß die Bombenflugzeuge die Stadt – wie schon mehrmals – nur auf ihrem Weg nach Osten, etwa nach München, überflogen; München wurde in dieser Nacht auch tatsächlich angegriffen. Überraschend kam es aber nach Leuchtbombenabwürfen ab 0.35 Uhr zum Abwurf von 12 Sprengbomben aus siebzehn britischen Flugzeugen. Die Detonationen dauerten knapp zehn Minuten. Um 1.57 Uhr wurde Entwarnung gegeben. Durch die Bomben wurden sechs Personen (darunter der Franzose Roger Vignon, der als Postarbeiter in deutschem Dienst stand) getötet und sieben Personen leicht verletzt. Sechs Häuser und der Eingangsbereich des Hirzbergstollens waren beschädigt worden (Abb. 73–76). Die Einschläge lagen beiderseits der

Abb. 73–76: Bombenschäden vom 2. Oktober 1943 (StadAF, D.Aö. 1.32a, Bd. 1)

Abb. 73: Hirzberg-Stollen-Eingang

[148] Zum Folgenden siehe den Bericht v. K. W. Straub: Die Fliegerangriffe auf Freiburg anfangs Oktober 1943 in: StadAF, B 1/328 Kriegschronik 1940–1945, Teil I, auch zum folgenden Zitat; ferner ebda., D.Aö.1.32a Bd. 1, S. 89ff. Zu den Sachschäden nach den beiden Angriffen siehe ebda., C 4/XI/32/9–11 sowie die als Anlagen zum Luftschutz-KTB beigehefteten Berichte des Wehrmachtstandortältesten und des Werkluftschutzes Bezirk Südbaden v. 3.10.1943 mit Karte und Bildern.

Abb. 74: Bombentrichter in der Dreisamstr. 7

Abb. 75: Bombenschaden am Haus Freiau 3 ‚Wirtschaft zur Freiau'

Dreisam von der Kartäuserstraße bis nach Haslach-Uffhausen (Bereich Schild-acker südlich der Basler Straße). Vermutlich erfolgte die Bombardierung als Stör-angriff des von München zurückfliegenden Verbandes. Da die drei Flakstellun-gen bei St. Georgen, Zähringen und Lehen zu dieser Zeit nach Friedrichshafen abgezogen waren, unterblieb jegliches Abwehrfeuer durch Flakartillerie.

Bereits am nächsten Tag fand bei Oberbürgermeister Kerber, der nach seiner Entlassung aus der Wehrmacht als Oberleutnant der Reserve ab 19. Juni 1943

148

Abb. 76: Bombenschaden in der Freiau

wieder die Dienstgeschäfte übernommen hatte[149], im Rathaus eine Besprechung über notwendige Sofortmaßnahmen bei überraschenden Fliegerangriffen mit den Luftschutzbeauftragten statt[150]. Da er in der Nacht nicht rechtzeitig informiert worden war, hielt es Kerber für nötig, zukünftig eine sofortige Unterrichtung über das Ausmaß der jeweiligen Schäden durch einen besonders einzurichtenden Nachrichtendienst zu ermöglichen. Die Telefonverbindungen könnten sehr rasch ausfallen, wie die Erfahrungen in Mannheim gezeigt hätten, betonte Kerber in der Besprechung. Zugleich warnte er aber davor, sich falsche Vorstellungen über das mögliche Ausmaß einer Bombardierung aus der Luft zu machen. Bei Terrorangriffen in anderen Städten habe sich gezeigt, „daß jegliche Organisation versagt". Es komme dann „eben auf den Mann an, der die Sache leitet". Seine organisatorischen Vorschläge könnten nur für kleine Angriffe die entsprechenden Voraussetzungen schaffen.

Bei der Sondersitzung im Rathaus versuchte der kommissarische NSDAP-Kreisleiter Dr. Glattes sich in den Vordergrund zu spielen[151]. Er beharrte darauf, daß die Partei die erste Stelle gewesen sei, „die über den Verlauf des Bombenab-

---

[149] Kerber wurde am 16.6.1943 aus der Wehrüberwachung als Reserveoffizier entlassen, vgl. Berlin Document Center, Personalunterlagen Kerber und StadtAF, B 1/328: Kriegschronik 1940–1945, Teil I.

[150] Niederschrift der Besprechung v. 3.10.1943 in: StadtAF, C 4/XI/31/4; auch zu den folgenden Zitaten.

[151] Lehramtsassessor Dr. Lothar Glattes, geb. 3.4.1908, seit 1.10.1931 NSDAP-Mitglied in Schopfheim, SS-Obersturmführer, war Kreishauptamtsleiter in Freiburg und seit 1.10.1943 mit der Vertretung der Kreisleiterstelle in Freiburg beauftragt, da Kreisleiter Fritsch zur Münchener Reichsleitung in die Parteikanzlei abkommandiert war. Glattes wurde am 15.4.1944 von der Vertretung entbunden und am 20.4.1944 zum „Abschnittsleiter der NSDAP" befördert, vgl. Berlin Document Center, Personalakten und Der Alemanne Nr. 270 v. 30.9.1943. Die Geschäftsführung des Kreises übernahm gleichzeitig bis 15.4.1944 Kreishauptstellenleiter Dr. Lehn, da Glattes als Lehrer nur befristet von der Unterrichtsverwaltung beurlaubt war.

wurfs im Bilde war und auch über die Schäden". Die NSDAP habe auch „zuerst die erforderlichen Maßnahmen getroffen".

Abschließend überlegte man noch, wie im Katastrophenfall ein Teil der Stadtbevölkerung in das als Aufnahmegebiet zuständige Elsaß transportiert werden könne, was als schwer durchführbar eingeschätzt wurde – denn immerhin dachte man an 50 000 Personen. Ferner erörterten die Versammelten, ob die Wohnblocks der Gagfah, Heimag und auch die Reihenhäuser in Haslach durch einen matten dunklen Anstrich getarnt werden sollten, da sie „kilometerweit" leuchten würden. Polizeipräsident Henninger versprach dann auch als örtlicher Luftschutzleiter, alle Erfahrungen auszuwerten.

In scharfen Worten klagte Kerber am 6. Oktober 1943 bei der Ehrung auf dem Friedhof für die bei dem Luftangriff am 3. Oktober 1943 Getöteten die „unmenschliche Entartung" der Kriegführung und den „feigen Mord" durch den Feind an[152]. Die Totenfeier wurde von der NSDAP unter Leitung des Kreisleiter-Vertreters Dr. Glattes veranstaltet. Der Oberbürgermeister fand damals immerhin noch Zeit und Ruhe, den Hinterbliebenen der sechs Gefallenen persönlich das tiefe Mitgefühl der Stadt auszusprechen – dies sollte jedoch nicht immer so bleiben.

Kurz darauf erfolgte am 7./8. Oktober ein weiterer Bombenangriff auf die Stadt, als eine große Zahl von Flugzeugen in großer Höhe über das Stadtgebiet mit Ziel Stuttgart und Friedrichshafen hinwegflog. Die Bombenabwürfe erfolgten 20 Minuten nach dem um 23.13 Uhr ausgelösten Fliegeralarm[153]. Sie waren – wohl bedingt durch den herrschenden dichten Bodennebel – über das ganze Stadtgebiet verstreut. Um 1.52 Uhr wurde wieder Entwarnung gegeben. Wiederum waren es britische Bomber. Einschläge erfolgten in der Ferdinand-Weiß-Straße, Breisacher Straße, Herrenstraße, Kartäuserstraße, im Stadtgarten und auf dem Schloßberg. Zum Glück gab es weder Tote noch schweren Gebäudeschaden. Im Stadtgarten wurden insbesondere der Ententeich und das Papageienhäuschen getroffen und zerstört. Ein Blindgänger blieb vor der Konviktskirche beim Alban-Stolz-Denkmal liegen, so daß die Herrenstraße vom Dillengäßle bis zur Schusterstraße abgesperrt werden mußte und 51 Bewohner der umliegenden Häuser noch in der gleichen Nacht zu Verwandten und in die Turnseeschule ausquartiert wurden (Abb. 77–79). Ein Bomberflugzeug stürzte bei Kiechlinsbergen am Kaiserstuhl ab. Dabei verbrannten drei Flieger, einer wurde durch ein Kommando vom Freiburger Fliegerhorst gefangengenommen.

Am Samstag, dem 9. Oktober, wurde der Blindgänger durch einen Feuerwerker vom Sprengkommando Kestenholz entschärft und von Strafgefangenen aus Ensisheim abtransportiert. Im freien Gelände hatten die Sprengbomben immerhin Trichter von 3–4 m Durchmesser und 2–3 m Tiefe verursacht, so daß der Blindgänger in der Innenstadt zweifellos ein gefährliches Objekt war.

Nach diesen überraschenden Angriffen notierte der die Kriegschronik der Stadtverwaltung führende Schriftsteller Karl W. Straub: „Mit der liebgewordenen Annahme, Freiburg werde aus sentimentalen Gründen von den Engländern verschont, werden wir brechen müssen, da die Engländer auch in nebensächlicheren Fragen längst nicht mehr ihr eigener Herr sind, sondern das Feld den Amerikanern überlassen müssen"[154].

[152] StadtAF, B 1/328 Kriegschronik 1940–1945, Teil II und C 4/XI/31/4.
[153] Ebda., B1/328 und D.Aö.1.32a, Bd. 1, auch zum Folgenden.
[154] Ebda.

Abb. 77 und 78: Blindgänger vom 7./8. Oktober 1943 am Denkmal (StadtAF, DAö. 1.32 a, Bd. 1)

Das NSDAP-Parteiorgan „Der Alemanne", das seit der erzwungenen Schlie-ßung der „Freiburger Zeitung" am 28. Februar 1943 die einzige noch verbliebene Zeitung in Freiburg war[155], durfte über die Angriffe am 2./3. und 7./8. Oktober

[155] Die „Freiburger Zeitung" bestand seit 1784. „Der Alemanne" war 1932 als NSDAP-Zeitung gegründet worden, 1939 hatte er eine Auflage von 54 694 und 1944 von 121 232 Exemplaren. Vgl. dazu: Die Tages-presse des Großdeutschen Reiches 1944. Berlin 1944; ferner StadtAF, B 1/328: Kriegschronik 1940–1945, Teil I. „Hauptschriftleiter" der NSDAP-Zeitung war seit 1.11.1934 Dr. Karl Goebel (geb. 25.2.1907, NSDAP-Mitglied Nr. 30 293 seit 23.11.1927 bzw. SA-Mitglied seit 15.8.1923). Goebel war Träger des gol-denen Ehrenzeichens der Partei und zuvor Schriftleiter des „Hakenkreuzbanners" in Mannheim; ab Juli 1939 war er SA-Sturmbannführer; vgl. GLA Karlsruhe, 465 d/239.

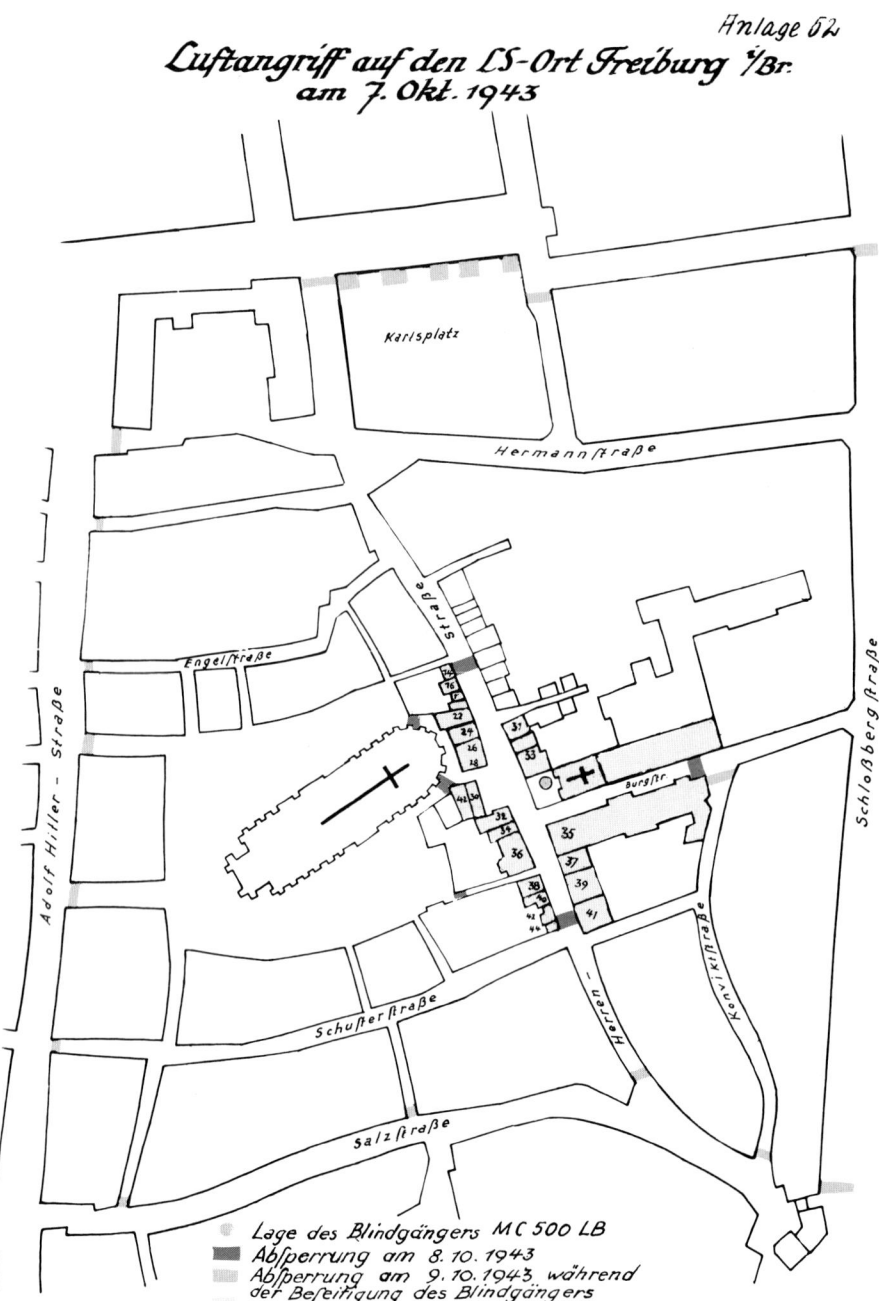

Luftangriff auf den LS-Ort Freiburg i/Br.
am 7. Okt. 1943

Karlsplatz

Hermannstraße

Engelstraße

Straße

Adolf Hitler - Straße

Schloßbergstraße

Burgstr.

Schusterstraße

Herren-

Konviktstraße

Salzstraße

Lage des Blindgängers MC 500 LB
Absperrung am 8.10.1943
Absperrung am 9.10.1943 während
der Beseitigung des Blindgängers
geräumte Häuser

Abb. 79: Lagekarte der Blindgänger-Absperrung vom 7./8. Oktober 1943 (StadtAF, D.Aö. 1.32 a, Bd. 1)

nicht berichten, obwohl sich der „Hauptschriftleiter" der Zeitung, Dr. Goebel, dafür beim Propagandaamt in Straßburg verwendete. Was über Luftangriffsereignisse gemeldet werden durfte, bestimmte seit 1940 der Propagandaminister in Berlin. Es bestand zudem die Goebbelssche Anweisung, keine unnötigen Meldungen über kleinere Angriffe in den Zeitungen zu bringen, um die Bevölkerung nicht noch mehr zu beunruhigen.

Statt dessen berichtete der „Alemanne" am 4. Oktober in großer Aufmachung auf der ersten Seite über die Propaganda-Großkundgebung von Goebbels zum Erntedanktag in Berlin und am 13. Oktober in ähnlicher Aufmachung über Gauleiter Wagners Ausführungen vor Parteigenossen, wo dieser mit dem Motto: „Es wird wieder zugeschlagen werden!" deutsche Vergeltungsschläge wegen der feindlichen Bombardierungen ankündigte. In der Ausgabe vom 5. Oktober 1943 druckte die NSDAP-Zeitung die „letzte Warnung" des Freiburger Polizeipräsidenten. Er klagte darin, daß zur Zeit eine „unverantwortliche Auffassung über das luftschutzmäßige Verhalten in der Stadt" herrsche, und kündigte zugleich unter Androhung von Geld- und Haftstrafen an, es werde nun durch die Polizei das Verhalten bei Fliegeralarm kontrolliert werden. Vor allen Dingen müßten bei Alarm „die Straße frei" gemacht und die Luftschutzräume aufgesucht werden[156].

Noch im Oktober wurde Oberbürgermeister Kerber auf einer weiteren Oberbürgermeisterbesprechung über die Auswirkungen der schweren Luftangriffe der Westalliierten auf Mannheim informiert. Im Anschluß daran beantragte er bei Polizeipräsident Henninger als dem örtlichen Luftschutzleiter die beschleunigte Herstellung der noch fehlenden Mauerdurchbrüche in den Kellern, vor allem in der von rund 34 000 Menschen bewohnten Altstadt, damit erheblich mehr Notausgänge aus den unterirdischen Luftschutzräumen zur Verfügung stünden. Außerdem verlangte er eine Vermehrung der Löschwasserbehälter, da bei schweren Luftangriffen erfahrungsgemäß in der Regel die Wasserleitungen getroffen würden, so daß danach kein Löschwasser zur Verfügung stünde[157]. Bislang waren in Freiburg acht Löschwasserbehälter mit je 500 cbm Fassungsvermögen betriebsfertig, zwei Behälter – davon einer auf dem Karlsplatz – wurden gerade fertiggestellt. Man rechnete damit, noch acht weitere große Löschwasserbehälter im Stadtgebiet herrichten zu können; u. a. wurden an der Ecke zw. Schwarzwald- u. Talstraße ein neuer Löschwasserbehälter (Abb. 80) und ein kleiner Löschwasserteich südlich des Münsters vorgesehen. Als weitere dringende Maßnahme mahnte der Luftschutzbeauftragte, Baurat Werner, im Auftrag Kerbers den Bau von Deckungsgräben für die Zivilbevölkerung an, da bisher von den 12 vorgesehenen Deckungsgräben nur ein einziger beim Zähringer Hof fertig war. Gemäß „Führer"-Erlaß sollten diese aus Beton herzustellenden Schutzgräben von Wehrmacht- und Reichsarbeitsdienst-Einheiten hergestellt werden. Da diese in Freiburg nicht regelmäßig zur Verfügung standen, schlug Kerber vor, die Ausschachtungsarbeiten durch die Mitwirkung der Bevölkerung beschleunigt voranzutreiben.

Polizeipräsident und Stadtverwaltung wurden im Oktober 1943 zudem durch das anonyme Schreiben eines „Volksgenossen", der „für viele" schrieb, stark beunruhigt, da das Schreiben an mehrere städtische Behörden verschickt worden war. Der Anonymus behauptete: „Alles, was bis jetzt auf diesem (Luftschutz-)Gebiet von der Stadt Freiburg geschehen ist, ist unzureichend und Pfuschwerk". Es sei ein „Skandal", daß nicht genügend Luftschutzräume in Freiburg zur Verfügung stünden. Die Luftschutzkeller in den Häusern der Altstadt seien größtenteils unzureichend ausgebaut und nur behelfsmäßig eingerichtet. Dieser Zustand

---

[156] Der Alemanne Nr. 274 v. 4.10.1943, Nr. 275 v. 5.10.1943, Nr. 283 v. 13.10.1943; zu Goebel siehe StadtAF, C 4/XI/31/4; Goebel nahm als Ratsherr an der Besprechung vom 3.10.1943 teil.
[157] Ebda., C 4/XI/29/5: Schreiben von Werner an den Polizeipräsidenten v. 20.10.1943 betr. LS-Maßnahmen in Freiburg sowie Bericht v. 3.9.1942; vgl. C 4/II/19/7, auch zum Folgenden.

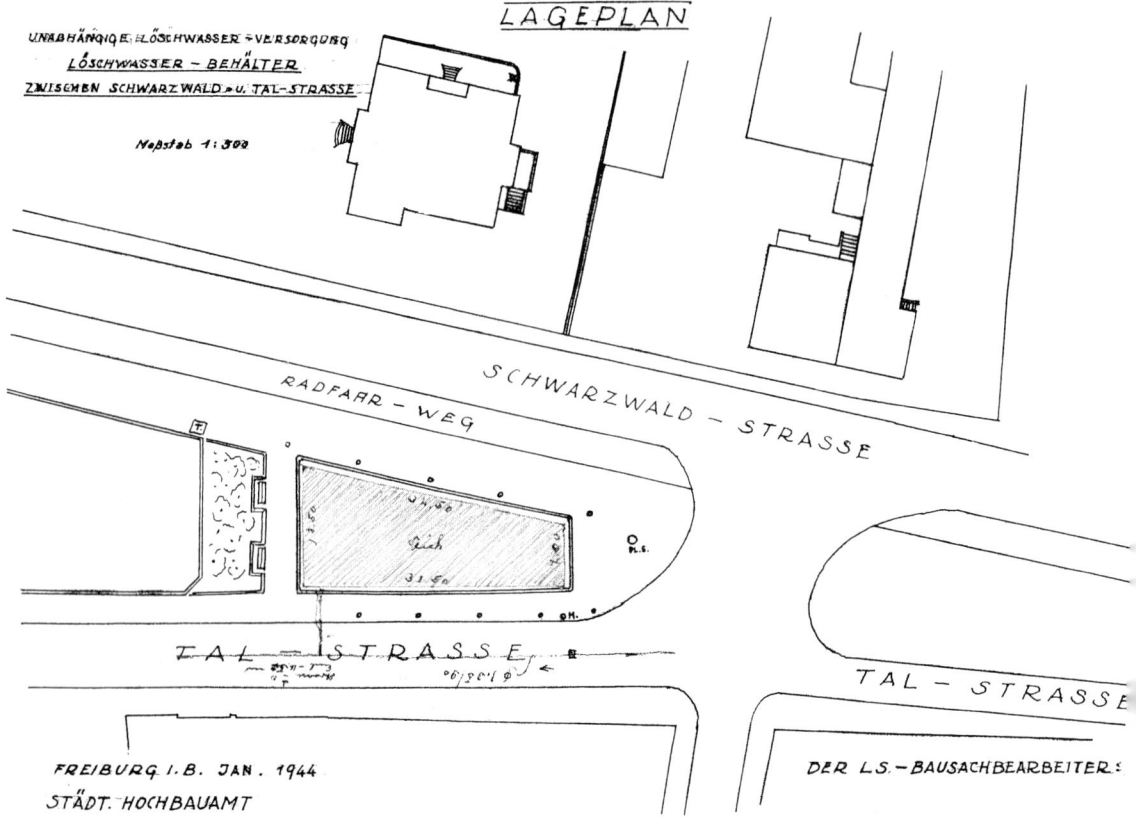

Abb. 80: Lageplan Löschwasserbehälter an der Schwarzwaldstraße (StadtAF, M 12, Rolle 38)

würde „zur Hebung der Kriegsmoral keineswegs" beitragen. Und man solle nicht glauben, der Feind werde Freiburg auch weiterhin mit schweren Luftangriffen verschonen.

Die Adressaten nahmen das Schreiben ernst, denn es gab den bestehenden schlechten Stand der Luftschutzmaßnahmen in der Stadt korrekt wieder. Polizeipräsident Henninger betonte gegenüber dem Oberbürgermeister sogleich, daß die Stadt keine freie Hand gehabt habe, um entsprechende Baumaßnahmen selbständig durchführen zu lassen. So konnten für Freiburg keine Bunker (bombensichere Luftschutzräume) gebaut werden, und die öffentlichen (gas-, splitter- und trümmersicheren) Luftschutzräume hatten nur in Absprache mit dem Luftgaukommando hergerichtet werden können. Ein nachträglicher Ausbau bestehender behelfsmäßiger Luftschutzräume mußte nach Ansicht des Polizeipräsidenten „nahezu unmöglich sein, da es außer an Material überall an Arbeitskräften mangelt". Die örtliche Luftschutzleitung habe aber die Bevölkerung immer wieder auf nötig werdende selbständige Luftschutzvorkehrungen hingewiesen. Zudem sei Freiburg erst im Frühjahr 1943 in das „Luftschutz-Führerprogramm" einbezogen worden.

Bürgermeister Dr. Hofner stellte in einer öffentlichen Sitzung der Ratsherren am 3. Dezember 1943 fest, „daß den Oberbürgermeister und die Stadtverwaltung keine Verantwortung für die immer noch nicht befriedigende Gestaltung der Luftschutzmaßnahmen treffe". Die Ratsherren sollten deshalb in der Bevölkerung „in geeigneter Weise über den wirklichen Sachverhalt" aufklären. Zusätzlich wurde der Ausbau neuer Deckungsgräben in Angriff genommen, so in der Ferdinand-Weiß-Straße, am Europäischen Hof, in der Paul-Billet-Straße, Komturstraße und im Laubenweg. Geplant wurden ferner neue Gräben in der Albert-Schöni-, Karlsruher- und Hornus-Straße, in der Mooswaldsiedlung, am Augustinerplatz, am Kirchplatz in Zähringen, an der Nordseite der Gutleutstraße sowie zwischen Uffhausen und Wendlingen und in der Freiau[158]. Noch im Dezember 1943 wurden die Planungen für zwei weitere Deckungsgräben mit jeweils 150 Sitzplätzen in der Siedlung an der Uffhauser Straße nahe der Güterbahnlinie abgeschlossen (Abb. 81)[159].

Die einzelnen Handwerkerinnungen mußten für den Katastrophenfall ab November vorsorglich Einsatzstäbe bilden, die entsprechende Planungen für eine rasche Schadensbehebung nach einem Angriff einleiten sollten. Der Einsatzstab des Gaststättengewerbes meldete dem Oberbürgermeister am 19. November 1943, daß in Zusammenarbeit mit der NSV die Verpflegung von rund 40 000 Freiburgern mit drei Mahlzeiten durch Gaststätten und andere Großküchen gesichert sei, sofern diese Ausgabenstellen nicht getroffen würden[160].

Dagegen blieb eine Eingabe des Leiters der Universitäts-Augenklinik, Prof. Dr. Wegner, erfolglos. Er wies Mitte November 1943 auf die völlig unzulängliche Luftschutzvorbereitung der Augenklinik in der Albertstraße 11 hin, die nicht einmal über einen geeigneten Luftschutzraum verfügte. Gegenüber dem Polizeipräsidenten, der Klinikverwaltung und ministeriellen Stellen in Karlsruhe lehnte Professor Wegner jede Verantwortung für den Ernstfall ab, zumal schwere Angriffe auf andere Städte gezeigt hätten, daß nach einem Angriff gerade mit einer sehr großen Zahl von Augenverletzten zu rechnen war, die im Falle Freiburgs dann wohl keine Versorgung mehr erhalten könnten, da der Augenklinik keine Ausweichstelle zur Verfügung stehe[161].

Zum Jahreswechsel 1943/44 waren somit die Luftschutzbemühungen auf einigen Gebieten verbessert worden. Dennoch blieben die Schutzmöglichkeiten in der Stadt äußerst gering, da es vor allen Dingen keine staatlich gebauten Bunker gab. Die vielfältigen Bemühungen waren keineswegs auf die Gefahren eines modernen totalen Luftkrieges ausgerichtet. Die Bevölkerung nahm zudem überwiegend weiterhin eine friedensmäßige Einstellung gegenüber den Luftschutzbemühungen ein.

Als weitere vorbereitende Luftschutzmaßnahmen waren im Januar 1944 sowohl die Kennzeichnung der Fluchtwege und Straßen zu den öffentlichen Grünflächen mit großen weißen Leuchtpfeilen und die Einführung einer neuen „Vorentwarnung" im gesamten Reichsgebiet als auch die öffentlichen Vorführungen zum Löschen der von den Briten neu eingesetzten Phosphorbrandbomben anzusehen. Am 26. Januar 1944 versuchte der Polizeipräsident als örtlicher Luftschutzleiter sich durch eine „Luftschutz-Planbesprechung" einen Überblick über die Vorbereitungen für den Ernstfall zu verschaffen. Erörtert wurden dabei z. B. die Rettung der Bevölkerung aus einem Großflächenbrandgebiet, der Einsatz auswärtiger Kräfte durch Lotsenstellen, die Sperrung der Stadtgrenze wegen unerlaubter Abwanderung der Bewohner, die Betreuung der Obdachlosen sowie

[158] Ebda., C 4/XI/30/4.
[159] Ebda., M 12, Rolle 38 und 42.
[160] Ebda., C 4/XI/31/6.
[161] Ebda., D. Pr. 18, Eingabe v. 17. 11. 1943.

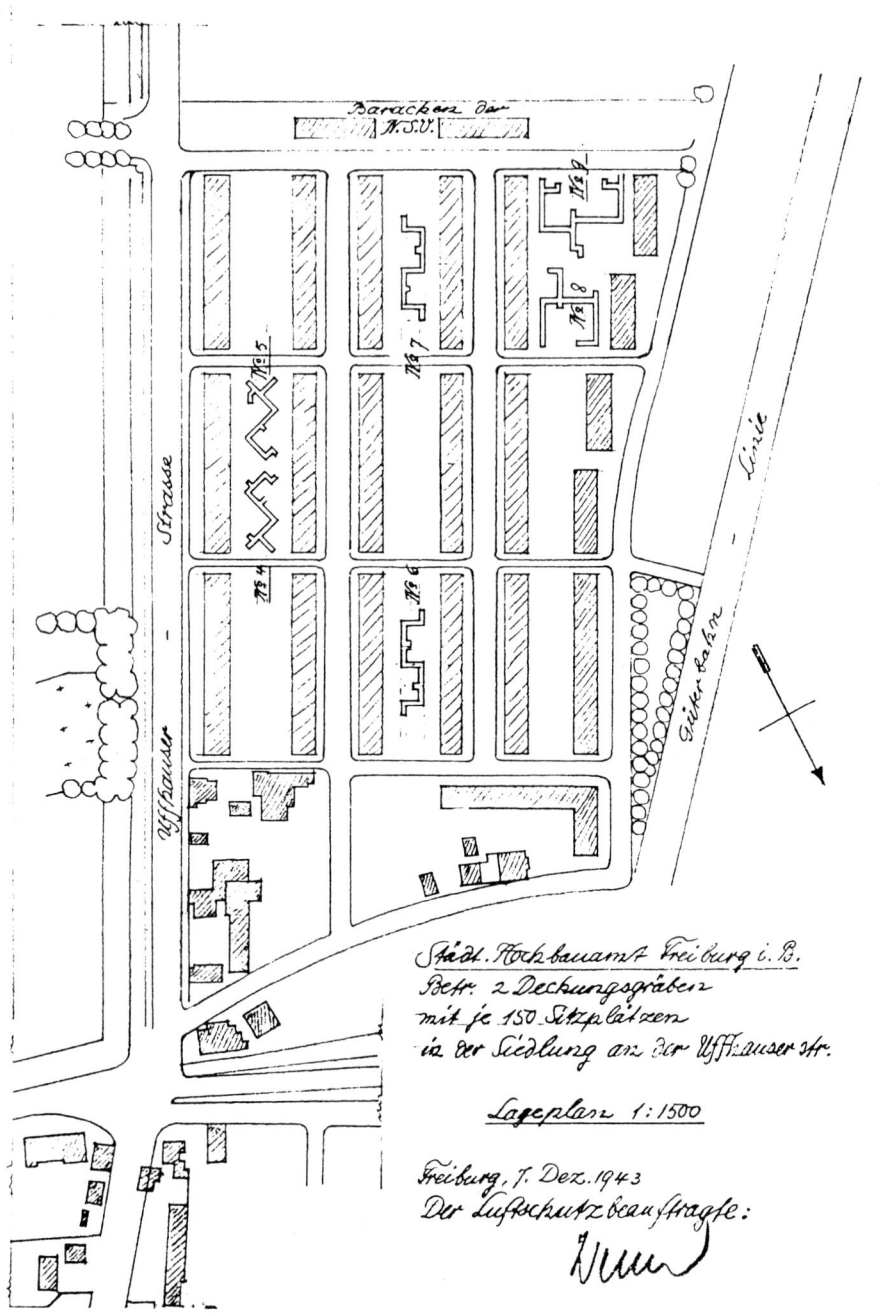

Abb. 81: Lageplan der Deckungsgräben bei der Uffhauserstraße (StadtAF, M 12, Rolle 42)

die Versorgung der eigenen und auswärtigen Kräfte mit Verpflegung und Kraftstoff[162].

---

[162] Ebda., C 4/XI/29/5.

Auf dem Messeplatz, Stühlinger Kirchplatz und Karlsplatz fanden am 5. und
6. Februar 1944 Schauvorführungen der Luftschutzpolizei mit praktischen Übungen statt (Abb. 82 und 83). Polizeipräsident Henninger ließ im „Alemannen" ver-

Abb. 82 und 83: Luftschutz-Vorführung vom 5. Februar 1944 (StadtAF, D.Aö. 1.32 a, Bd. 1)

künden, „jeder Volksgenosse hat die Pflicht, an diesen Vorführungen teilzunehmen". Es gehe darum, die nötigen Kenntnisse zur Bekämpfung der von den Engländern eingesetzten großen Phosphorbrandbomben von etwa 15 kg Gewicht zu vermitteln, nachdem man bei den letzten Großangriffen auf verschiedene Städte festgestellt habe, daß die Löschversuche aus Unkenntnis über einen möglichen Erfolg ganz unterblieben waren[163]. Die Zeitung berichtete anschließend, es sei eine „lehrreiche Vorführung" gewesen. „Auch Phosphorbrände sind zu löschen", so lautete ihr Urteil. „Tausenden von Volksgenossen" wurde dabei vorgeführt, wie man die „zuerst ziemlich umfangreich und gefährlich aussehenden Brände löschen" kann. Dabei war die „Volksgasmaske" ein wichtiges Utensil. „Mit etwas Umsicht und Ruhe" könne man den Brandherd planmäßig mit Wasser oder Sand bekämpfen; natürlich gehöre auch „Mut und Einsatzbereitschaft dazu". Die überlieferten Berichte und Bilder (siehe Abb. 82 und 83)[164] vermitteln jedoch den Eindruck, daß man eher eine propagandistische Beruhigung beabsichtigte als eine wahrheitsgetreue Unterrichtung der Zivilbevölkerung über das grauenvolle Ausmaß eines massiven Luftangriffs mit Phosphorbrandbomben.

Im Zusammenhang mit dem seit Frühjahr 1943 laufenden „Luftschutz-Führerprogramm" erstellte Baurat Werner als Luftschutz-Bausachbearbeiter vom städtischen Hochbauamt am 7. Februar 1944 eine realitätsbezogene Planungsgrundlage[165]. Unter Hinweis auf die Erfahrungen mit Flächenbränden in anderen bombardierten Großstädten verlangte er dringend weitere Brandmauerdurchbrüche in den Kellergeschossen und eine zügige Untertunnelung von Hofeinfahrten und einzelnen Straßenabschnitten in der Altstadt, die bislang unterblieben waren, ohne die jedoch unterirdische Fluchtwege aus einem Flammenmeer nicht geschaffen werden konnten. Werner kam zu folgendem Ergebnis: „Im Falle eines Großangriffes auf Freiburg muß infolge der engen Bebauung mit Flächenbränden im Altstadtgebiet gerechnet werden. Das hätte zur Folge, daß die engen Straßen in diesem Gebiet infolge hoher Schuttmassen und der außerordentlich hohen Hitzeeinwirkung nicht mehr begangen werden können. Die Bewohner dieser engen Straßen, die in ihren Luftschutzkellern Schutz gesucht haben, können infolgedessen über ihre Not- und sonstigen Ausgänge nicht mehr ins Freie gelangen. Es muß daher für unterirdische Fluchtwege Sorge getragen werden, so daß die Möglichkeit besteht, an irgendeinem Ende des Quadrates ins Freie zu gelangen".

Daraufhin wurde die Firma Brenzinger & Co. vordringlich mit der Ausführung der Untertunnelung der Rathausgasse zwischen den Hausnummern 36 und 13 beauftragt, um endlich eine unterirdische Verbindung zwischen der Süd- und Nordseite der Rathausgasse mit freiem Ausgang zum Rotteckplatz herzustellen. Zur gleichen Zeit wurden Planung und Ausbau der vorhandenen Stollenanlagen unter dem Schloßberg vorangetrieben, um damit 1500 Personen eine weitere Schutzmöglichkeit zu bieten[166].

Kerber bemühte sich außerdem bei dem Höheren SS- und Polizeiführer Südwest im Wehrkreis V in Stuttgart, SS-Obergruppenführer Otto Hofmann, um Zuweisung von ukrainischen Schutzmannschaften als Verstärkung für die Freiburger Luftschutzpolizei, nachdem er davon gehört hatte, daß solche Einheiten zur

[163] Der Alemanne Nr. 27 v. 28.1.1944: „Das geht alle an! Phosphorbrandbomben in Freiburg"; ebda., Nr. 35 v. 5.2.1944: „Wir löschen Phosphorbomben"; siehe auch StadtAF, B 1/328: Kriegschronik 1940–1945, Teil I.
[164] Bericht des Alemannen: „Auch Phosphorbrände sind zu löschen", in: StadtAF, D.Aö.1.32a, Bd. 1.
[165] Ebda., C 4/XI/31/2.
[166] Ebda., M 12, Rolle 42; siehe Abb. 84.

Auffüllung der umfangreichen Fehlstellen bei der Luftschutzpolizei in verschiedenen Luftschutzorten (Stuttgart, Heilbronn, Karlsruhe, Straßburg und Ulm sowie vorübergehend auch Pforzheim) zugeteilt worden waren. Kerber erhielt jedoch aus Stuttgart Ende Februar 1944 eine Absage. Der LS-Ort Freiburg könne „nicht berücksichtigt werden, da er einerseits nicht besonders luftgefährdet ist und andererseits die Planstellen der LS-Polizei restlos besetzt sind", so lautete die Antwort. Eine Zuteilung solcher Personen zur „Freiwilligen Feuerwehr" Freiburgs war ebenfalls nicht möglich[167].

Noch im gleichen Monat machte auch die Freiwillige Feuerwehr auf die Mißstände ihrer baulichen Unterbringung aufmerksam. Der Leiter der Freiburger Feuerlöschpolizei, Oberbrandmeister Eberhard, stellte einen umfangreichen Forderungskatalog auf[168]: „Je ein Fahrzeugbunker für 4 Feuerlöschfahrzeuge auf dem Rotteckplatz oder im Colombigarten, auf dem Schwabentorplatz oder im Schloßberg und ferner 5 bombensichere Bunker für je 2 Feuerlöschfahrzeuge in der Schützenallee, an der Deutschordenstraße, beim Fuhrpark, auf dem Stühlinger Kirchplatz, an der Hauptstraße und auf der Danziger Freiheit (Johanneskirchplatz)" sollten gebaut werden. Das städtische Hochbauamt bezeichnete diese Wünsche jedoch als „gänzlich undurchführbar" sowie „geradezu utopisch". Es meinte sogar, „ein Eingehen auf diese Vorschläge erübrigt sich", obwohl deren Durchführung als vorbereitende Maßnahme für den Einsatz der Freiwilligen Feuerwehr im Ernstfall notwendig gewesen wäre, zumal die Zentrale der Feuerwehr in der Rotteckstraße 1a mitten in der Stadt an gefährdeter Stelle plaziert und unzulänglich ausgerüstet war.

Während im März/April 1944 die Bauarbeiten an fünf weiteren Löschwasserbehältern am Karl-Wiese-Platz, in der Breisacher Straße, am Karlsplatz, im Stühlinger und in der Mooswaldsiedlung abgeschlossen wurden sowie der Bau eines weiteren Löschwasserbehälters in Herdern noch im April begonnen und weitere Staustellen in den Gewerbekanälen errichtet wurden, womit die unabhängige Löschwasserversorgung für den Ernstfall entscheidend verbessert worden war[169], stellte sich ein anderes dringendes Problem in den Vordergrund: Die schlechten und unzureichenden Luftschutz-Verhältnisse in der Kinderklinik und in der Entbindungsabteilung der Universitätsfrauenklinik machten deren rasche Auslagerung notwendig. Oberbürgermeister Kerber drängte im März 1944 darauf, die Entbindungsanstalt „angesichts der angespannten Luftlage schleunigst nach auswärts, zum mindesten in ein geeignetes Gebäude am Stadtrand", wie zum Beispiel in das Hotel Kyburg, zu verlegen.

Obwohl Hitler damals bereits das grundsätzliche Einverständnis gegeben hatte, die Geburten- und Kinderkliniken aus luftgefährdeten Städten auszuquartieren und dabei sogar außerhalb der Städte liegende Gebäude der Irrenanstalten zum Austausch heranzuziehen, wollte das badische Innenministerium vorerst Abstand

---

[167] Ebda., C 4/XII/5/2. Hofmann war am 20.4.1943 Nachfolger von SS-Gruppenführer Kurt Kaul geworden, der seit 20.8.1938 Höherer SS- und Polizeiführer Südwest war, jedoch am 15.3.1943 seiner Ämter enthoben und, zum SS-Sturmbannführer der Reserve degradiert, zur Front versetzt wurde, weil er ohne Urlaub heimlich zum Skilaufen in die Schweiz gefahren war. Hofmann, ab 21.6.1943 SS-Obergruppenführer sowie Teilnehmer der berüchtigten „Wannsee-Konferenz", wurde am 1.7.1944 als General der Polizei auch General der Waffen-SS und nach dem Krieg zu 25 Jahren Haft verurteilt. Vgl. Ruth B. Birn: Die Höheren SS- und Polizeiführer. Düsseldorf 1986, S. 336, 339, 380f. und BA Koblenz, R 19/481.
[168] StadtAF, C 4/II/19/11. Das Schreiben Eberhards v. 26. Februar 1944 ist dort in der Antwort des städtischen Hochbauamtes vom 17.6.1944 an den Polizeipräsidenten inhaltlich wiedergegeben.
[169] Ebda., D. Ho. 20.1. Ein Plan der endgültigen Stauanlagen in den Gewerbekanälen befindet sich in der Registratur des Tiefbauamtes Freiburg, TBA VI/117/III (105): Sicherstellung von Wasser bei Ausbruch von Feuer.

von einer solchen Maßnahme nehmen. Oberbürgermeister und Universität kritisierten jedoch diese Entscheidung. Kerber wandte sich unter Hinweis auf die Bombardierung vom Oktober 1943 unmittelbar an den Reichsstatthalter und Gauleiter Wagner und forderte sogar eine ausdrückliche Anordnung der Verlegung durch Wagner an. Er hielt es für ausgeschlossen, daß das Badische Bezirksbauamt als die verantwortliche Baubehörde „noch in der Lage ist, die erforderlichen Luftschutzräume in der gebotenen Eile herzustellen", und erklärte die Luftschutz-Zustände in beiden Universitätskliniken „für untragbar". Der dabei vorgenommene besondere Hinweis auf die betroffenen Kleinkinder und die nachwachsende Generation wirkte; Kerber hatte Erfolg. Wagner war Anfang April 1944 mit den Verlegungen einverstanden und gab schließlich am 16. Mai die von Kerber erbetene Anordnung an den in Karlsruhe sitzenden badischen Minister des Innern, Pflaumer, heraus. Dementsprechend waren in Mannheim, Karlsruhe, Straßburg, Heidelberg, Pforzheim und Mülhausen sämtliche Krankenhäuser zu evakuieren, sofern sie nicht über bombensichere Luftschutzräume verfügten. Außerdem waren in Freiburg, Colmar, Konstanz, Offenburg, Rastatt und Hagenau „die Kinderheime, Entbindungsanstalten und Kinderkrankenhäuser zu verlegen", soweit sie ebenfalls keine bombensicheren Luftschutzräume hatten. In Colmar und Freiburg war ferner die Evakuierung aller Krankenhäuser „so weit vorzubereiten, daß die Verlegung jederzeit durchgeführt werden" konnte [170].
Nach den Erfahrungen in Mannheim und Karlsruhe wurden zudem im März 1944 in den sechs Polizei- und Luftschutzrevieren der Stadt sogenannte „technische Bezirksstellen" als Baubüros in verschiedenen Schulgebäuden eingerichtet, die zur Behebung der Bauschäden nach einem Luftangriff eingesetzt werden sollten. Oberbürgermeister Kerber verfügte die Aufstellung dieser Bezirksstellen

für das Revier I
(Altstadt) in der Handelsschule,
für das Revier II
(Nordstadt-Zähringen) in der Ludendorffschule,
für das Revier III
(Stühlinger-Betzenhausen) in der Hebelschule,
für das Revier IV
(Unterwiehre-Günterstal) in der Gewerbeschule,
für das Revier V
(Haslach-St. Georgen) in der Schule Haslach-St. Georgen,
für das Revier VI
(Oberwiehre-Littenweiler) in der Emil-Thoma-Schule [171].

Für die zu erwartenden industriellen Bauschäden nach einem Angriff wurden später noch drei weitere Bezirksstellen eingerichtet.
Bei vielen Luftschutzvorhaben stieß die örtliche Leitung jedoch sehr oft an die Grenze der kommunalen Leistungsfähigkeit, da im fünften Kriegsjahr nicht mehr genügend Arbeitskräfte in der Heimat zur Verfügung standen, um alle Maßnahmen gleichzeitig durchzuführen. So beschied das städtische Hochbauamt Ende April 1944 den Örtlichen Luftschutzleiter, daß der von verschiedenen Bewohnern angeregte Bau eines Bunkers (Stollen) im Waldseegebiet Ecke Mösle- und Wald-

---

[170] StadtAF, C 4/X/17/6. Wagners Anordnung in: Archiv des Instituts für Zeitgeschichte München, MA – 138 und GLA Karlsruhe, 465 d/18.
[171] StadtAF, D.Aö.1.32a, Bd. 1: Schreiben des Oberbürgermeisters v. 8.3.1944.

seestraße „als hoheitliche LS-Maßnahme" der Stadt „leider nicht möglich" sei, da alle verfügbaren Arbeitskräfte zur Zeit im Altstadtgebiet zur Errichtung der unterirdischen Fluchtwege eingesetzt würden[172]. Und bis die noch fehlenden Mauerdurchbrüche und die notwendigen Straßenuntertunnelungen hergestellt seien, so erklärte das städtische Amt, würden „bei dem Mangel an Arbeitskräften noch Monate vergehen". Anschließend müßten dann vordringlich noch die Stollenanlage im Schloßberg, zusätzliche Deckungsgräben sowie weitere Löschwasserbehälter ausgebaut werden. Danach stünden noch Arbeiten bei den verschiedenen Kliniken an.

Ein Erlaß Görings vom 15. März machte es auch den Freiburger Hausbesitzern zur Pflicht, die Lage der Luftschutzräume durch Pfeile aus Leuchtfarbe an den Außenwänden der Gebäude zu kennzeichnen. Im Rahmen einer weiteren praktischen Vorführung übte die Luftschutzpolizei am 29. März 1944 vorsorglich „das Legen von Wassergassen zur Rettung der Bevölkerung aus Flächenbränden" unter Beteiligung von Löschkräften der Wehrmacht, Reichsbahn, Reichspost und des Werkluftschutzes privater Betriebe[173].

Wie wichtig solche Luftschutzmaßnahmen und Entscheidungen waren, wurde den Freiburgern am 1. April 1944, einem Sonntag, durch ein besonderes Luftkriegsereignis in räumlicher Nähe bewußtgemacht. Während des ganzen Vormittags erfolgten Einflüge aus nordwest- und westlicher Richtung mit anschließenden Rückflügen aus südöstlicher Richtung über die Stadt. In Freiburg nahm man an, der Angriff gelte Friedrichshafen. Ziel der Bombenflieger war aber eigentlich Ludwigshafen. Wegen dichter Wolkendecke und Navigationsschwierigkeiten beim Anflug hatten sich die US-Bomber allerdings verflogen; Teile der Angriffsformation der 8. amerikanischen Luftflotte (USAAF) bombardierten Pforzheim und Straßburg. Eine dritte Gruppe von 24 B-24-Liberator-Bombern griff dann irrtümlich das in der neutralen Schweiz gelegene Schaffhausen an und zerstörte einen Teil der Altstadt sowie Bahnhof und Altes Rathaus; 40 Tote, 70 Verletzte und 428 Obdachlose waren die Opfer. Viele Schweizer hatten sowohl dem Bomberanflug als auch dem Fliegeralarm anfangs keine Beachtung geschenkt, um so schlimmer war dann der Schaden in der Stadt. Die Amerikaner, welche angenommen hatten, sie hätten als Ausweichziel Freiburg bombardiert, entschuldigten sich später für den schrecklichen Fehler und ersetzten den Schaden. Irrtümliche Einflüge in die Schweiz gab es während des Krieges von beiden Seiten wiederholt, ebenso gelegentliche Einzelabwürfe von Bomben; bis zum 1. April 1944 hatte aber kein falscher Einflug ein solches katastrophales Ausmaß angenommen[174].

Anfang April kümmerte sich sogar Gauleiter Wagner persönlich um Luftschutzmaßnahmen ganz einfacher Art in den Städten. In seiner Eigenschaft als Reichsverteidigungskommissar teilte er allen NSDAP-Kreisleitern in Baden und im Elsaß mit, die Stadtbewohner sollten angehalten werden, zahlreiche einfache Schutzgräben in der Art der Schützengräben des Ersten Weltkrieges innerhalb der Städte auszuheben. In Pforzheim, so wies er lobend hin, seien diese Schutzgräben

[172] Ebda., C 4/XI/30/4; auch zum Folgenden.
[173] Ebda., C 4/XI/29/5: Henninger an Oberbürgermeister Dr. Kerber v. 14.3.1944.
[174] Siehe Hans-Heiri Stapfer: Bombs Away auf Schaffhausen. Die Hintergründe. In: Schaffhauser Bock Nr. 42 und 43 v. 16. und 23. Oktober 1986; der Verf. dankt Herrn Stapfer für die mehrfachen freundlichen Hinweise; vgl. auch Karl Ries: Deutsche Luftwaffe über der Schweiz 1939–1945. Mainz 1978. Siehe ferner die Angaben in StadtAF, D.Aö. 1.32a, Bd. 1, 1.4.1944 und bei Otto Raggenbass: Trotz Stacheldraht 1939–1945. Grenzland am Bodensee und Hochrhein in schwerer Zeit. Konstanz 2. Aufl. 1985, S. 69 ff. sowie die Berichte „1944–1984 Bombardierung von Schaffhausen" in: Schaffhauser Magazin 1/1984.

bereits vorbildhaft errichtet worden. Die Durchführung solle die Partei organisieren. Zudem solle an den weiteren Ausbau „von bombensicheren, in die Erde getriebenen Stollen" gedacht werden [175].

Einige Wochen später ordnete der stellvertretende Gauleiter Badens, Hermann Röhn, an, „daß zukünftig eine Sammeltotenliste nach Luftangriffen im Bereich des Gaues Baden/Elsaß nicht mehr in der Presse veröffentlicht werden" durfte. Die Zeitungsverleger erhielten durch den Gaupresseamtsleiter eine entsprechende Mitteilung [176]. Ganz offensichtlich waren die zahlreichen Todesanzeigen in den Zeitungen nach alliierten Bombenangriffen nicht im Sinne einer zum Durchhalten motivierenden Kriegspropaganda der Nazis.

Der von Wagner geförderte Stollenbau stand auch weiterhin im Mittelpunkt der Freiburger Vorsorgemaßnahmen für den Luftschutz. Der Luftschutzbeauftragte der Stadtverwaltung, Oberbaurat Werner vom städtischen Hochbauamt, konnte dem Oberbürgermeister am 27. Mai 1944 melden, daß die unterirdische Verbindung zwischen dem alten Felsenkeller im Anwesen Schloßbergstraße Nr. 5 mit dem Felsenkeller Schloßbergstraße Nr. 7 hergestellt sowie auch der neue Teil nach Norden mit dem dritten Zugang von der Schloßbergstraße Nr. 9 durchbrochen sei (Abb. 84). Somit bestand endlich eine Verbindung von Nr. 5 bis Nr. 9, und die gesamte Stollenanlage besaß drei Zugänge [177]. Im Anschluß daran wurde der Stollenausbau auf der Südseite des Schloßbergs mit Zugängen von der Kartäuserstraße geplant.

Zur gleichen Zeit schloß die Stadtverwaltung ihre Planung für die Herrichtung von 17 Obdachlosensammelstellen für die Zeit unmittelbar nach einem Fliegerangriff ab. 14 Schulen, die Gaststätte „Kandelhof", das Universitätsstadion und das Gemeinschaftsheim in der Schenkendorfstraße (Haslach) wurden dafür vorgesehen. Das Polizeipräsidium bereitete außerdem besondere Merkzettel für Obdachlose sowie gedruckte Abreisebescheinigungen für eventuell behördlich angeordnete Massenumquartierungen nach einem Fliegerangriff vor (Abb. 85 und Tab. 3) [178].

Ein überlieferter Situationsbericht über die in der Stadt eingeleiteten und abgeschlossenen Luftschutz-Maßnahmen vom 3. Juni 1944 dokumentiert das Bemühen der Stadtverwaltung, insbesondere den Selbstschutz der Bevölkerung als Ergänzung für den unvollkommenen staatlichen Luftschutz zu aktivieren [179]. Der Bericht hielt fest, daß die Stadt nach wie vor von den Reichsstellen als nicht besonders luftgefährdet eingeschätzt und teilweise noch immer als LS-Ort II. Ordnung geführt wurde. Seit Sommer 1942 wurde Freiburg allerdings im Rahmen der staatlichen Bauprogramme wie ein LS-Ort I. Ordnung behandelt und war seit Mai 1943 auch in das „LS-Führerprogramm (Ausweitung)" einbezogen. Es wurde deshalb nach der Neueinteilung vom November 1943 als „LS-Ort mit LS-Polizei" bezeichnet. Alle 520 Personalstellen der LS-Polizei waren nun besetzt. Die technische Ausrüstung einzelner LS-Polizeidienste war jedoch – nach Angaben des Berichtes – sehr mangelhaft. Die vorhandenen Stollen boten sichere Schutzmöglichkeiten für nur 3630 Personen (Tab. 4).

[175] StadtAF, C 4/XI/30/4.

[176] GLA Karlsruhe, 465d/91: Stellv. Gauleiter Nr. 91/44 an die Kreisleiter, Gauhaupt- und Gauamtsleiter v. 24.5.1944.

[177] StadtAF, C 4/XI/30/4: Werners Berichte vom 27.5.1944 und 2.6.1944 betr. „Stollenbau im Schloßberg" mit Ausbauplan.

[178] Ebda., D.Sv. 18/1.

[179] Ebda., D.Aö.1.32b, Bd. 1: Stand über wichtige Luftschutz-Maßnahmen v. 3.6.1944, auch zum Folgenden.

Tab. 3: Liste der für den Fliegerangriffsfall in Freiburg i. Br. vorgesehenen Obdachlosen-Sammelstellen:

Stand: 20. 5. 1944

1. Handelsschule	Am Karlsplatz 1
2. Bertholdgymnasium	Bertoldstr. 41
3. Hindenburgschule	Hindenburgplatz 2
4. Erich-Ludendorff-Schule	Adolf-Hitler-Str. 103
5. Hansjakobschule	Wannerstr. 2
6. Hebelschule	Engelbergerstr. 2
7. Gewerbeschule	Kirchstr. 4
8. Luftschutz-Hauptschule	Dreikönigstr. 14
9. Schule Littenweiler	Lindenmattenstr. 2
10. Gemeinschaftsheim	Haslach, Schenkendorfstr. 25
11. Pestalozzischule	Haslach, Staufener Str. 3

und Obdachlosen-Groß-Sammelstellen an den Ausfallstraßen der Stadt:

12. Gaststätte Kandelhof	Kandelstr. 27
13. Emil-Gött-Schule	Zähringen, Kirchhofweg 9
14. Schule St. Georgen	Schulstr. 8
15. Schlageterschule	Betzenhausen, Hofackerstr. 75
16. Universitätsstadion	Schwarzwaldstr. 225
17. Schule Günterstal	Torplatz 5

Quelle: StadtAF, D.Sv. 18/1; D.Qu. 69.

Tab. 4: Geplante Kapazitäten der Luftschutzstollen

1. Vorhandene Stollen:

a) am Elektrizitätswerk	500 Personen
b) am chemischen Untersuchungsamt	1300 Personen
c) Kartäuserstr. 61	80 Personen
d) Wehrmachtsstollen im Hirzberg	700 Personen
e) Ludendorffstr. 39	200 Personen
f) Ludendorffstr. 101	300 Personen
g) Ludendorffstr. 109 a	400 Personen
h) im Hörchersberg	150 Personen

2. in Arbeit:

a) Grube Schönberg in St. Georgen	1500 Personen
b) Stollen Mez A.G.	200 Personen
c) Stollen am Milchhäusle	
d) Stollen alte Brauerei Herr	} 1300 Personen
e) Verbindung der beiden letzten Stollen	

Trotz aller bisherigen städtischen Bemühungen war dies ein unbefriedigendes Ergebnis für die 110 000 Einwohner der Stadt. Der Polizeipräsident erließ dann auch als Örtlicher Luftschutzleiter am 10. Juni 1944 eine grundlegende Regelung für die Benutzung der öffentlichen Luftschutzbauwerke (Luftschutzstollen, öffentliche Luftschutzräume und betonierte Deckungsgräben)[180]. Danach war

---

[180] Ebda., C 4/XI/29/5; Der Alemanne Nr. 157 v. 10.6.1944.

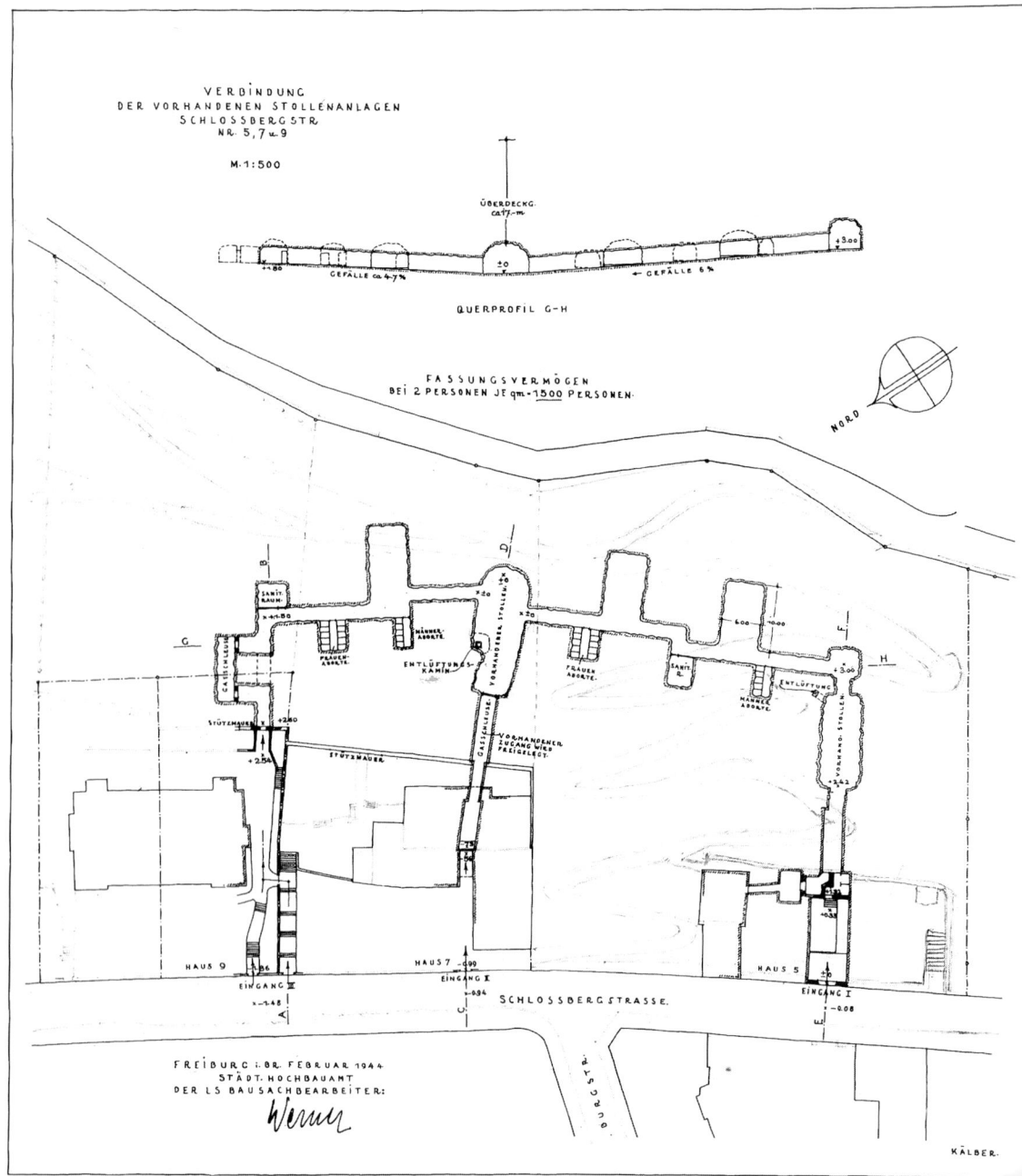

Abb. 84: Stollenanlage-Bau vom Februar 1944, Schloßbergstr. 5, 7 und 9 (StadtAF, M12, Rolle 42)

der Zugang zu diesen Luftschutzbauwerken „in erster Linie" Müttern und Kindern vorbehalten. Männlichen Personen im Alter von 16 bis 70 Jahren war die Benützung untersagt, ausgenommen Kranke und Gebrechliche. Der berechtigte Personenkreis sollte bereits vorher durch die Polizei besondere Zugangsberechtigungsausweise erhalten. Die übrigen Stadtbewohner wurden auf Selbstschutz-

Abschnitt Ernährungsamt der Fl.-Abreisebescheinigung

A

Vordruck für Schadenfall	I a) * Die Lebensmittelkarten sind den im Stammabschnitt genannten Personen belassen worden. Die bestellscheingebundenen, nicht belieferten Abschnitte tauschen die Ernährungsämter im Aufnahmegau gegen RGM, Lebensmittelmarken oder Berechtigungsscheine um.
	b) * Für verlorengegangene Lebensmittelkarten sind Lebensmittelbedarfsnachweise bis zu dem unter B eingetragenen Tag einschließlich ausgegeben.
Vordruck für Fall vorsorglicher Umquartierung	II * Die Lebensmittelkarten für die im Stammabschnitt genannten Personen sind zurückgegeben worden. Für die Versorgung in der Übergangszeit sind Lebensmittelbedarfsnachweise bis zu dem unter B eingetragenen Tag einschließlich ausgegeben.

B

Lebensmittelbedarfsnachweise sind ausgegeben		
f. d. Personen z. Ziffer d. Seite 2	bis zum	Ausgabestelle. Ernährungsamt

* Es darf nur eine Spalte offen bleiben, also entweder I a, I b oder II.
Die nichtzutreffenden beiden Spalten sind zu streichen. Im Falle I a werden
im Teil B Eintragungen von der Entsendebehörde nicht vorgenommen.

— 1 —

Hier vom Ernährungsamt des Aufnahmeortes abzutrennen! Rückseite beachten!

Stammabschnitt

Fl Abreisebescheinigung

für behördlich angeordnete - genehmigte - Umquartierung

95

1) _____ , geb. am _____
   (Name und Vorname)

Freiburg i. Br.
   (Wohnort)   (Straße und Hausnummer)

ist nach seinen Angaben / amtlichen Feststellungen total-, schwer-, mittel-, leichtgeschädigt,

— vorsorglich umzuquartieren*) nach _____
                                    Aufnahmegau

Außerdem gilt diese Bescheinigung für folgende Personen:

Nr.	Name	Vorname	geboren am
2			
3			
4			
5			
6			
7			
8			

Nichtbenutzte Felder durchkreuzen

*) Nichtzutreffendes ist zu streichen.

An Vorauszahlungen sind geleistet: auf Unterhalt _____ RM

auf Entschädigung _____ RM

__ Freiburg i. Br. __ den _____

Der Oberbürgermeister

Im Auftrage:

— 2 —

Vom Wirtschaftsamt des Aufnahmeorts auszufüllen!

Abschnitt Wirtschaftsamt der Fl.-Abreisebescheinigung

Die in dieser Bescheinigung genannten Personen sind am

_____ 194 __ aus der Versorgung des

Wirtschaftsamtes in __ **Freiburg i. Br.** __

ausgeschieden.

Vom Wirtschaftsamt des Aufnahmeortes bei Entgegennahme der Bescheinigung von der Seite 2 zu übertragen!

Die vorstehende Bescheinigung betrifft folgende Personen:

Nr.	Name	Vorname	geboren am
1			
2			
3			
4			
5			
6			
7			
8			

aus **Freiburg i. Br.** _____
   (bisheriger Wohnort)   (Straße und Hausnummer)

_____ , den _____ 194 __
   (Aufnahmeort)

Wirtschaftsamt/Kartenstelle

Dienstsiegel   Im Auftrage:

— 3 —

Hier vom Wirtschaftsamt des Aufnahmeortes abzutrennen!

Abschnitt Wirtschaftsamt

I. Ausgegebene Bezugscheine zur Behebung des Fl.-Schadens

Fl.-Sonderbezugscheine	am	vom Wirtschaftsamt	Für d. Pers. z. Ziffer der Seite 2
__ für Männer			
__ für Frauen			
__ für Knaben			
__ für Mädchen			
__ für Kleinkinder			
Säuglingskarte mit __ Punkten			
Fl.-Zusatzkarte			
Fl.-Einkaufs-Ausweis			

II. Normale Bezugsausweise und Karten

1. Einzelbezugscheine, Bezugsmarken und etwaige sonstige Bezugsausweise

Warenart und -menge	am	vom Wirtschaftsamt	Für d. Pers. z. Ziffer der Seite 2

Abb. 85: Vierseitige Abreisebescheinigung für Umquartierung (StadtAF, D.Sv. 18/1)

Wer darf in den Luftschutzstollen?

Die Bunker dienen in erster Linie dem Schutz der Mütter und Kinder

Der Polizeipräsident als örtlicher Luftschutzleiter gibt bekannt: Auf Grund der vom Reichsminister der Luftfahrt und Oberbefehlshaber der Luftwaffe erlassenen Bestimmungen dürfen die öffentlichen LS.-Bauwerke (Hangstollen, Öffentliche Luftschutzräume und betonierte Deckungsgräben) nur von denjenigen Volksgenossen benützt werden, die in der Umgebung dieser Luftschutzbauwerke wohnen und in ihren Häusern nur über unzulängliche Schutzräume verfügen. Auf Grund dieser Richtlinien wird daher für den LS.-Ort Freiburg i. Br. folgendes angeordnet:

1. Die öffentlichen Luftschutzbauwerke sind in erster Linie für den Schutz der Mütter und Kinder bestimmt. Männliche Personen im Alter von 16 bis 70 Jahren ist die Benützung untersagt. Ausgenommen hiervon sind Kranke und Gebrechliche, die für die Tätigkeit im Selbstschutz ungeeignet sind.

2. Der für die Benützung der öffentlichen Luftschutzbauwerke berechtigte Personenkreis wird von der Polizei auf Vorschlag der Ortsgruppen der Partei und der Reviergruppen des RLB. festgelegt. Diesen Personen wird von mir ein Ausweis ausgestellt. Nach Durchführung dieser Maßnahmen haben — außer Straßenpassanten bei Fliegeralarm — nur diejenigen Zutritt zum Bunker, die im Besitz einer derartigen Ausweiskarte sind.

3. Während eines Fliegerangriffs ist allen Straßenpassanten, auch einsatzfähigen Männern, der Zutritt gestattet, soweit Raum vorhanden ist.

4. In den Luftschutzraum darf nur das notwendigste Luftschutzhandgepäck mitgeführt werden. Die Mitnahme von mehreren oder zu großen Gepäckstücken ist verboten.

5. Beim Eintritt in die LS.-Räume muß soweit wie möglich in die entferntest liegenden Räume vorgerückt werden. Jedes Stehenbleiben in den Eingängen, kurz hinter den Eingängen oder in den ersten Räumen muß vermieden werden, da es Stockungen verursacht und den Zugangsverkehr hindert.

6. Das Mitbringen von Kinderwagen in die Bunker ist allgemein unerwünscht, wird aber in Einzelfällen ausnahmsweise geduldet, insbesondere bei Müttern mit mehreren Kleinkindern. Untersagt wird die Mitnahme von Kinderwagen, Sportwagen oder Handkarren, die offensichtlich dazu dienen, als Transportmittel für Gepäckstücke verwendet zu werden. Es wird empfohlen, soweit möglich, an Stelle der Kinderwagen für den Transport der Kleinkinder Steckkissen, Tragetaschen und kleinere Körbe zu verwenden.

7. Bei öffentlicher Luftwarnung oder Vorentwarnung bleibt es jedem Volksgenossen überlassen, sich luftschutzmäßig zu verhalten. Für die Benützer der öffenlichen LS.-Bauten muß jedoch im Interesse der notwendigen Ordnung gefordert werden, daß sie entweder den Bunker gänzlich verlassen oder ihren bisherigen Platz innebehalten. Das Aufbrechen und Umherstehen vor den Ausgängen und in den Gängen kann nicht geduldet werden.

8. Den Anordnungen der von mir eingesetzten Ordner, die durch Armbinde kenntlich gemacht sind, ist in jedem Falle unbedingt Folge zu leisten. Bei offensichtlichen Verstößen gegen obige Anordnungen sowie bei Nichtbefolgung der Anordnung der Ordner wird mit Strafen durchgegriffen werden

Abb. 86: Artikel „Wer darf in den Luftschutzstollen?" (Der Alemanne vom 10.6.1944)

Maßnahmen verwiesen (Abb. 86). Diese öffentliche Bekanntmachung dokumentierte den unzulänglichen Behelfscharakter der bisherigen Luftschutzbemühungen in bezug auf öffentliche Schutzräume.

Gleichwohl wirkte diese Situation allerdings nicht sehr beunruhigend auf die Stadtbevölkerung. Zeitgenössische Beobachter hatten eher den Eindruck, als ob man einerseits resigniert und mit Ohnmachtsgefühl zur Kenntnis nahm, daß die alliierten Bomber sowieso jede Stadt in wohlgeordneten Formationen unbehelligt angreifen konnten und daß dadurch das luftschutzmäßige Verhalten nachließ; und zum anderen machte man sich in Freiburg kaum mit dem Gedanken vertraut, daß der Ort ebenso wie andere westdeutsche Städte einem schweren Nachtangriff zum Opfer fallen könnte. Trügerisch wirkte dabei auch die Feststellung, daß hier keine wichtige Kriegsindustrie angesiedelt war. Zudem war der Freiburger Raum bislang – abgesehen von Einzelabwürfen oder vereinzeltem Bordwaffenbeschuß – von größeren Luftkriegsaktionen verschont geblieben.

Zur Erklärung für das Ausbleiben solch schwerer Luftangriffe kamen in Freiburg zum Teil ganz abenteuerliche Behauptungen auf. Immer wieder war zu hören, die Stadt werde aufgrund einer persönlichen Anweisung Churchills oder anderer hochrangiger alliierter Politiker und Militärs, die mit dem Namen Freiburgs alte Erinnerungen an Studien- oder Touristenaufenthalte verbanden, bewußt verschont werden; so wurde der britische Feldmarschall Sir Douglas Haig angegeben, der vor 1939 als Gast im Sanatorium Hoven in der Hansastraße war. Wie in anderen Städten – z. B. in Würzburg und Dresden – ging auch in Freiburg das Gerücht um, Verwandte Churchills hätten in Freiburg studiert oder wohnten in der Nähe der Stadt; oder es hieß gar, Freiburg sei als Stadt „seine alte Liebe". Ein andermal behauptete man, in Freiburg lebe ein Arzt, der die englische Königsfamilie betreut habe, oder die Stadt werde ausgespart, weil sie einen so mutigen Erzbischof habe, der gegen den Nationalsozialismus sei, oder sie wurde als besondere Museumsstadt bezeichnet, ähnlich wie Cambridge in England, das ebenfalls von den Deutschen verschont werde. Auch das Zauberwort „Lazarettstadt" wurde bemüht, um die Erklärung zu geben, weshalb die Stadt angeblich nicht von alliierten Luftstreitkräften im Rahmen schwerer Flächenbombardements angegriffen werden dürfe [181].

An diesen Gerüchten war jedoch kein wahres Wort. Zwar gab es im Herbst 1944 viele Reservelazaretteinrichtungen in der Stadt – insbesondere nach Abtransport von der Westfront im Colmarer Brückenkopf –, dadurch bestand aber keine Sicherheit gegen einen feindlichen Vernichtungsangriff. Es gab auch keinerlei Schutz unter dem Zeichen des Roten Kreuzes für Freiburg. Die gerüchteweise in Umlauf gebrachten Behauptungen von der „offenen und unverteidigten Stadt" waren vielmehr für die Bemühungen der örtlichen Luftschutzleitung nachteilig, denn sie nährten ein trügerisches Sicherheitsgefühl und führten zur Vernachlässigung der Luftschutzvorbereitungen mancher Stadtbewohner.

Im Spätsommer 1944 war die Front trotz der alliierten Landung in der Normandie am 6. Juni noch weit entfernt. Dies führte dazu, daß die Freiburger Bevölkerung bei Luftalarm kaum noch in die Keller ging, sondern statt dessen auf der Straße in dichten Ansammlungen das Schauspiel der einfliegenden Feindverbände betrachtete. Aus dem Rheinland evakuierte Mitbewohner wunderten sich sehr über dieses wenig „luftschutzmäßige Verhalten", wie ein Augenzeuge überliefert. Man äußerte auch im Herbst in der Stadt immer wieder die Ansicht, Freiburg werde von den feindlichen Bombern als „tabu" angesehen und es komme nur zu gelegentlichen „Notabwürfen" [182].

Deutliche Warnzeichen in räumlicher Nähe ließen jedoch erkennen, wie gefährlich diese Einstellung war. Im Rahmen des strategischen Luftkrieges gab es grundsätzlich keine Oasen des Friedens. Als schwere Angriffe nicht nur auf Stuttgart vom 11. bis 13. Juli und Ende Juli 1944 (mit Abwurf von über 30 000 Brandbomben), sondern am 27. April und am 19./20. Juli 1944 auch auf Friedrichshafen (gegen die Flugzeugwerke Dornier und Maybach) sowie gegen die Talsperre des Schwarzenbachs erfolgten, mußte man registrieren, daß die Zielorte schwerer

---

[181] StadtAF, B 1/328 Kriegschronik 1940–1945 und diverse Mitteilungen an das Stadtarchiv in späteren Jahren, u.a. von September/Oktober 1983.
[182] Ebda., B 1/328: Kriegschronik 1940–45: Bericht von Anton Müller.
[183] BA-MA Freiburg, RM 7/301, KTB 1. Skl, Teil D, Luftlagemeldungen des Generalstabes der Luftwaffe. Die Angriffe im südbadischen Raum erfolgten durch 24 B-24 Liberator Bomber der 8. USAAF.

Bombardierungen immer näher an die Breisgaustadt heranrückten, so daß nicht auszuschließen war, daß sie selbst ebenfalls direktes Bombenziel werden könnte[183].

Um der zurückhaltenden und wenig begeisterten Einstellung der Freiburger im fünften Kriegsjahr entgegenzuwirken und „um neue Kraft für den Kampf" zu sammeln, hielt die NSDAP Freiburgs am 18. Juni 1944 im Kuppelsaal der Universität eine besondere, mit „Fanfarenklängen" eingeleitete „Feierstunde" ab. Der seit 15. April neu eingesetzte NSDAP-Kreisleiter Dr. Karl Neuscheler (Abb. 87)[184] forderte in Anwesenheit von namhaften Vertretern von Staat, Partei,

Abb. 87: NSDAP-Kreisleiter Dr. Neuscheler (Der Alemanne Nr. 103 vom 15. 4. 1944)

Wehrmacht, Universität und Stadt (u. a. Oberbürgermeister Kerber und Universitätsrektor Professor Dr. Süss) eine „Umwertung aller Werte". Er pries Hitler als „Vorbild einer neuen politischen Lebensform" und bezeichnete den selbst entfesselten Zweiten Weltkrieg als Abwehrkampf gegen den „jüdisch-demokratisch-bolschewistischen Weltherrschaftsanspruch". Die gegenwärtige Lage verstand er als „Wendezeit" nach einer „bürgerlichen Epoche seit 1500". Die nationalsozialistische Bewegung garantiere ein „neues Jahrtausend bisher nicht erreichter Blüte und Kraft". Der von Hitler und Goebbels proklamierte „totale Krieg sei zugleich

[184] Dr. phil. Karl Neuscheler, geb. 14. 8. 1897, hatte als Leutnant am Ersten Weltkrieg teilgenommen und durch Kriegsverletzung eine gelähmte linke Hand, seit 1. 1. 1930 NSDAP- und SA-Mitglied, Träger des goldenen Ehrenzeichens der NSDAP und SA-Brigadeführer, war zuvor Hauptschriftleiter der NS-„Bodensee-Rundschau" und des Gau-Presseorgans „Der Führer"; von August 1940 bis Juni 1941 als Pressevertreter des „Völkischen Beobachters" in Moskau tätig, war er anschließend als stellvertretender Hauptschriftleiter des „Völkischen Beobachters" in Wien eingesetzt; die Stelle in Freiburg trat er als sogenannter „Kriegs-Kreisleiter" an, d. h. für die Kriegsdauer und solange „Oberbereichsleiter" Dr. Fritsch zur Reichsleitung abkommandiert war. Neuscheler übernahm die Funktion vom bisherigen Vertreter Dr. Glattes. Kreisgeschäftsführer wurde gleichzeitig „Abschnittsleiter" August Müller. Vgl. Berlin Document Center, Personalakten; Der Alemanne Nr. 103 v. 15. 4. 1944 und Nr. 105 v. 17. 4. 1944; „Der Führer" Nr. 104 v. 15. 4. 1944; StadtAF, C 4/XIII/31/5 und B 1/328: Kriegschronik 1940–45, Teil I.

168

auch eine totale Revolution, in der die Reste überlebter Lebensformen von selbst verschwinden" würden. Wie die Zeitung „Der Alemanne" berichtete, zollten die anwesenden Honoratioren der Stadt der Rede des neuen Kreisleiters „langanhaltenden Beifall"[185].

Über die Lebensformen der unter dem Luftkrieg und den ständigen Fliegeralarmen leidenden Bevölkerung hatte sich Neuscheler jedoch wohlweislich nicht ausgelassen. Kriegsbegeisterung konnte die Rede kaum wecken. Eher hatten die Meldungen und Ereignisse um den Attentatsversuch von Oberst Claus Schenk Graf von Stauffenberg auf Hitler am 20. Juli 1944 eine das Regime nochmals konsolidierende Wirkung. Der von Goebbels gelenkte Propagandaapparat verstand es, eine angeblich geschlossene Front sowie Zustimmung für Hitler und die Fortführung des totalen Krieges bis zum sogenannten „Endsieg" zu suggerieren, so daß abweichende Haltungen gar nicht erst an die Oberfläche kamen. Auch „Der Alemanne" indoktrinierte die Freiburger in diesem Sinne durch sein Extrablatt vom 21. Juli 1944 über das Attentat auf Hitler (Abb. 88)[186]. Die Zeitung konnte allerdings auch in den nächsten Tagen über zahlreiche Glückwünsche und Treuekundgebungen der südbadischen Bevölkerung für Hitler berichten, welche die Propagandastellen in Berlin für das gesamte Reich angeordnet hatten[187]. Bereits am 21. Juli bekundete die städtische Gefolgschaft im Rahmen eines von Oberbürgermeister Kerber einberufenen Sonderappells im Kornhaus „feierlich" ihre feste Treue zum „Führer"[188]. In seiner Ausgabe vom 28. Juli berichtete „Der Alemanne" unter der Überschrift „Das Deutsche Volk am Oberrhein treu zum Führer" von „mitreißenden Massenkundgebungen in den Kreisstädten Oberbadens" – so in Freiburg, Lörrach, Waldshut, Säckingen, Müllheim, Neustadt und Emmendingen (Abb. 89)[189]. Die von der NSDAP am 26. und 27. Juli organisierten Veranstaltungen sollten allen Feinden Deutschlands unmißverständlich demonstrieren, daß das deutsche Volk in der Heimat für den Sieg nunmehr „zum totalsten Kriegseinsatz bedingungslos" bereit sei und daß der 20. Juli „zu einer Quelle neuer und siegverheißender Kraftanstrengungen des Deutschen Volkes wurde".

Eine der machtvollsten Kundgebungen fand am Abend des 28. Juli in Freiburg statt. Auf dem Münsterplatz versammelten sich weit über 50000 Einwohner der Stadt, um dem von Kreisleiter Neuscheler verkündeten Schwur zur treuen Gefolgschaft für den „Führer" – „komme, was wolle" – sowie der Forderung „zum totalsten Kriegseinsatz" begeistert zuzustimmen (Abb. 90). Wiederholte Beifallsbekundungen zu Neuschelers Ausführungen ließen eine starke innere Anteilnahme der Versammelten erkennen. „Der Alemanne" zog daraus das Resümee, „daß Freiburg eine Stadt des Führers ist und daß seine Bevölkerung in unwandelbarer Treue und Liebe noch fester und geschlossener wie je zuvor hinter ihm steht"[190]. Die Gauleitung Badens hob in ihrem zusammenfassenden stimmungsmäßigen Überblick über die „öffentliche Meinung" vom 5. August 1944 an die

---

[185] Der Alemanne Nr. 166 v. 19.6.1944; StadtAF, C 4/XIII/31/5 und B 1/328: Kriegschronik 1940–1945, Teil I.

[186] Der Alemanne, Extrablatt v. 21.7.1944.

[187] Zu Gauleiter Wagners Glückwünschen an Hitler siehe den Text des Fernschreibens in: Der Alemanne Nr. 198 v. 21.7.1944, S. 1. Zur Anordnung durch Berlin vgl. GLA Karlsruhe, 465 d/67.

[188] Der Alemanne Nr. 199 v. 22.7.1944, S. 3.

[189] Ebda. Nr. 205 v. 28.7.1944, S. 1, auch zum Folgenden.

[190] Ebda. mit Bericht über die Veranstaltung auf S. 1 und 3; vgl. auch StadtAF, B 1/328: Kriegschronik 1940–1945, Teil II.

Freiverkauf: 10 Pfennig

Der Alemanne erscheint 7mal wöchentlich als Morgenzeitung Bezugspreis monatlich 1.70 Mk. zuzüglich 30 Rpf. Trägerlohn oder 42 Rpf. Postzustellgebühr. [...]

Der Alemanne

KAMPFBLATT DER NATIONALSOZIALISTEN OBERBADENS

Die größte täglich
erscheinende Zeitung Oberbadens

Der amtliche Verkünder
für die oberbadischen Behörden

Jahrgang 1944 — Freiburg i. Br. — den 21. Juli

Extra-Blatt

Verbrecherisches Komplott eines meineidigen und ehrvergessenen Klüngels gegen den Führer

Die Hintergründe des Sprengstoffanschlages auf Adolf Hitler - Der niederträchtige Putschversuch restlos zusammengebrochen - Das Deutsche Volk an der Front und in der Heimat steht geschlossen und treu hinter seinem Führer - Himmler Befehlshaber des Heimatheeres

Der Führer: Unerbittliche Maßnahmen

Führerhauptquartier, 21. Juli.

Der Führer hielt heute nacht im Deutschen Rundfunk folgende Ansprache an das Deutsche Volk:

Deutsche Volksgenossen und Volksgenossinnen!

Ich weiß nicht, zum wievielten Male nunmehr ein Attentat auf mich geplant und zur Ausführung gekommen ist. Wenn ich heute zu Ihnen spreche, dann geschieht es aber besonders aus zwei Gründen:

1. Damit Sie meine Stimme hören und wissen, daß ich selbst unverletzt und gesund bin.

2. Damit Sie aber auch das Nähere erfahren über ein Verbrechen, das in der deutschen Geschichte seinesgleichen sucht.

Eine ganz kleine Clique ehrgeiziger, gewissenloser und zugleich verbrecherischer dummer Offiziere hat ein Komplott geschmiedet, um mich zu beseitigen und zugleich mit mir den Stab der deutschen Wehrmachtführung auszurotten.

Die Bombe, die von dem Oberst Graf von Stauffenberg gelegt wurde, krepierte zwei Meter an meiner rechten Seite. Sie hat eine Reihe mir treuer Mitarbeiter sehr schwer verletzt, einer ist gestorben. Ich selbst bin völlig unverletzt bis auf ganz kleine Hautabschürfungen, Prellungen oder Verbrennungen. Ich fasse es als eine Bestätigung des Auftrages der Vorsehung auf, mein Lebensziel weiter zu verfolgen, so wie ich es bisher getan habe. Denn ich darf vor der ganzen Nation feierlich gestehen, daß ich seit dem Tage, an dem ich in die Wilhelmstraße einzog, nur den einzigen Gedanken habe, nach bestem Wissen und Gewissen meine Pflicht zu erfüllen, und daß ich seit dem Tage [...]

Die Behauptung dieser Usurpatoren, daß ich nicht mehr lebe, wird jetzt in diesem Augenblick widerlegt, in der ich zu Euch, meine lieben Volksgenossen spreche. Der Kreis, den diese Usurpatoren darstellen, ist ein denkbar kleiner. [...]

Ich befehle daher in diesem Augenblick:

1. Daß keine Zivilisten irgendeinen Befehl entgegenzunehmen hat [...]

2. Daß keine militärische Stelle, kein Führer einer Truppe, kein Soldat einem Befehl dieser Usurpatoren zu gehorchen hat [...]

derstand augenblicklich niederzumachen.

Ich habe, um endgültig Ordnung zu schaffen, zum Befehlshaber des Heimatheeres den Reichsminister Himmler ernannt. Ich habe in den Generalstab Generaloberst Guderian berufen, um den durch Krankheit zurzeit ausgefallenen Generalstabschef zu ersetzen und einen zweiten bewährten Führer der Ostfront zu seinem Gehilfen bestimmt.

In allen anderen Dienststellen des Reiches ändert sich nichts. Ich bin der Überzeugung, daß mit dem Austreten dieser ganz kleinen Verräter- und Verschwörerclique wir endlich auch im Rücken der Heimat die Atmosphäre schaffen, die die Kämpfer der Front brauchen. [...]

Es gibt keine Schonung

Befehl des Reichsmarschalls an die Luftwaffe

Der Reichsmarschall richtete folgende Ansprache an die Luftwaffe:

Kameraden der Luftwaffe!

Ein unvorstellbarer gemeiner Mordanschlag wurde am Donnerstag im Auftrage einer erbärmlichen Clique von ehemaligen Generalen, die wegen ihrer ebenso kleinen wie schlechten Führung davongejagt werden mußten, gegen unseren Führer durchgeführt. Der Führer wurde durch die allmächtige Vorsehung gerettet. [...]

Rücksichtslos gegen jeden Verräter

Ansprache des Oberbefehlshabers der Kriegsmarine Großadmiral Dönitz

Der Oberbefehlshaber der Kriegsmarine, Großadmiral Dönitz, richtete folgende Ansprache an die Männer der Kriegsmarine:

Männer der Kriegsmarine!

Heiliger Zorn und maßlose Wut erfüllt uns über den verbrecherischen Anschlag, der meuchlings unseren geliebten Führer das Leben kosten sollte. Die Vorsehung hat es anders gewollt: sie hat den Führer beschützt und behütet. [...]

Es lebe unser Führer, den der mächtige Gott heute so sichtbar segnete!

Es lebe unser Führer A[dolf] Hitler!

In bedingungsloser Treue zum Führer

lw. — Was kein ehrlicher Deutscher für möglich gehalten hat [...]

Verantwortlich Dr. Ludw. Walther, Freiburg

Abb. 88: Extra-Blatt zum Attentat vom 20. Juli 1944 (Der Alemanne vom 21.7.1944)

Stadt

FreiverKauf: 10 Pfennig

Der Alemanne erscheint 7mal wöchentlich als Morgenzeitung. Bezugspreis monatlich 1.70 RM. zuzüglich 30 Rpf. Trägerlohn oder 42 Rpf. Postzustellgebühr. — 8 Bezirksausgaben: Freiburg-Stadt, Freiburg-Land, Lörrach, Waldshut, Säkkingen, Neustadt, Müllheim, Emmendingen. Abbestellungen müssen bis spätestens 25. für den folgenden Monat gemeldet sein. Bei Nichterscheinen infolge höherer Gewalt, bei Störungen und dergleichen besteht kein Anspruch auf Lieferung der Zeitung oder Rückerstattung des Bezugspreises. Verbreitungsgebiet: die Kreise Freiburg, Emmendingen, Neustadt, Müllheim, Lörrach, Säckingen und Waldshut. Postverlagsort: Freiburg i. Br. — Geschäftsstellen: Emmendingen, Fernruf 605; Neustadt, Fernruf 280; Müllheim, Fernruf 640; Lörrach, Fernruf 2122; Säckingen, Fernruf 519; Waldshut, Fernruf 338.

Der Alemanne

KAMPFBLATT DER NATIONALSOZIALISTEN OBERBADENS

Die größte täglich erscheinende Zeitung Oberbadens

Der amtliche Verkünder für die oberbadischen Behörden

Verlag: Der Alemanne, Verlags- u. Druckerei-G.m.b.H., Freiburg

Verlagshaus: Bertoldstraße 57 u. 59, Fernruf Sammelnummer 5447. Postscheckkonto Karlsruhe 38440. Anzeigenannahme: Verlagshaus Bertoldstraße 57 u. 59. Hauptgeschäftsstelle Adolf-Hitler-Straße Nr. 209. Geschäftszeit: von 8 bis 12 Uhr und von 13 bis 16.45 Uhr, samstags bis 18 Uhr. Anzeigenschluß 18 Uhr. Dringende Traueranzeigen werden sonntags 18 bis 18.30 Uhr entgegengenommen. Spaltenbreite im Anzeigenteil 48 mm, im Textteil 63 mm. Die Anzeigen werden in der Reihenfolge ihres Eingangs veröffentlicht. Für das Erscheinen an bestimmten Tagen wird keine Gewähr übernommen. — Buchhandlung: Adolf-Hitler-Straße Nr. 209, Fernruf 5447. Schriftleitung Bertoldstraße 57 und 59, Fernruf-Sammelnummer 5447. — Schriftleitungsschluß 22 Uhr. Für unverlangt eingesandte Vorlagen übernimmt die Schriftleitung keine Haftung

Jahrgang 1944 / Folg ... | Freiburg i. Br. den 28. Juli | Freitag-Ausgabe

Jede Kraft für den Sieg

Das Deutsche Volk am Oberrhein treu zum Führer

Mitreißende Massenkundgebungen in den Kreisstädten Oberbadens bekunden den Willen zur Bereitschaft zum totalsten Kriegseinsatz - Partei, Wehrmacht und Volk in unzerreißbarer Einheit

Eigene Berichte des „Alemannen"

Freiburg i. Br., 27. Juli

Das Deutsche Volk am Oberrhein steht treu und geschlossen zum Führer und ist bereit, seinem Ruf zum totalsten Kriegseinsatz bedingungslos zu folgen. In Appellen der Betriebe und in aufrüttelnden Massenkundgebungen hat es am Donnerstag in den Kreisstädten diesem seinem Willen und seiner Bereitschaft machtvollen Ausdruck verliehen und damit allen Feinden Deutschlands unmißverständlich kundgetan, daß es für den Sieg, für seine Freiheit und für seine nationalsozialistische Weltanschauung alle seine Kräfte einsetzen wird. Die Heimat wird der kämpfenden Front alles zur Verfügung stellen, was sie zur Erringung des Sieges braucht, und kein Opfer und keine Anstrengung scheuen. Die Kundgebungen waren zugleich auch eine eindrucksvolle Demonstration der unzerreißbaren Einheit von Partei, Wehrmacht und Volk. Sie haben damit dem Feind gezeigt, daß seine Wünsche und Hoffnungen auf den 20. Juli völlig zunichte sind, daß vielmehr der 20. Juli zu einer Quelle neuer und siegverheißender Kraftanstrengungen des Deutschen Volkes wurde.

Freiburg gelobt dem Führer erneut die Treue

In einer mitreißenden Massenkundgebung auf dem Freiburger Münsterplatz, an der 50 000 Volksgenossen teilnahmen, bekundete Freiburg seine Bereitschaft zum totalsten Kriegseinsatz. Unser Bild zeigt einen Ausschnitt aus der eindrucksvollen Kundgebung. Alemannen-Foto: Inge Seeling

Stellv. Gauleiter Röhn sprach in Lörrach

Die oberbadische Grenzstadt Lörrach bekundet ihren Kampfeswillen

Lörrach

Zu einer machtvollen Kundgebung trat am onnerstagabend die Bevölkerung der Kreisad Grenzstadt Lörrach auf dem Robert-agner-Platz an. Die Partei mit ihren Gliederungen, Angehörige der Wehrmacht, in ren vordersten Reihen die verwundeten 'daten, Betriebsgemeinschaften und die gend des Führers füllten den Platz, den ele Volksgenossen umstanden.

Nach begrüßenden Worten des Bürgereisters, Boos, sprach der Stellvertretende auleiter, Pg. Hermann Röhn, zu den Vermmelten. Er stellte die wunderbare Retng des Führers als ein Zeichen der Vorhung heraus, und wir alle dürften des ten Glaubens sein, daß der Schöpfer seine ützende Hand über ihn hielt, so wie er schon mehrmals tat, damit Adolf Hitler ihm zugedachte Mission erfüllen könne. r aber wollen glücklich sein, weiter mit kämpfen zu dürfen, und keine Macht ie uns von ihm trennen.

ls Richtschnur für jeden deutschen Solen stellte Oberst Danielowski die Treue aus, die das Mark der Ehre sei. Der Fahid sei für den deutschen Soldaten keine ion, dieser Eid binde nicht den Verd, sondern das Herz des Soldaten. Und deutet Adolf Hitler.

Treuer denn je zum Führer

Waldshut

wa dreitausend Partei- und Volksgenosund Angehörige der Wehrmacht vermelten sich am Donnerstagabend auf Johannisplatz in Waldshut zu einer n Treuekundgebung. Der Kreisobmann Deutschen Arbeitsfront übergab dem leiter, Gauamtsleiter Mauch, eine ebotschaft des größten Betriebes des es, die der Kreisleiter verlas. In von den dreitausend mit stürmischem ll aufgenommenen Rede stellte Landesnführer Engler-Füßlin fest, daß deutsche Wehrmacht heute treuer denn m den Führer geschart stehe und Parnd Wehrmacht enger denn je verbunseien. Ein Volk aber sei immer erst verloren, wenn es sich selbst aufgebe.

Alle Stände zusammen

Säckingen

ch nie hatten sich so viele Menschen Stände und Berufe, Männer, Frauen Jugend, zu Versammlungen zusammenden wie bei den Treuekundgebungen onnerstag in der Kreisstadt Säckin- Schon die Versammlung am Abend 6. Juli, die für zwei Zellen der Ortse Säckingen-Süd durchgeführt wurde,

Hohe Auszeichnung für öpfer des modernen U-Bootes

Berlin, 27. Juli.

Führer verlieh das Ritterkreuz zum verdienstkreuz mit Schwertern an erialdirektor Dr.-Ing. e. h. Friedrich rer, Chef der Amtsgruppe Kriegsau im Oberkommando der Kriegs-, der an der Entwicklung des Unterbaues entscheidenden Anteil hatte s U-Boots-Konstrukteur der kämpfenden Front die besten Unterseeboote der ur Verfügung stellte, die im Verlauf herigen Krieges oftmals viele tausend von ihren Stützpunkten entfernt zwanzig Millionen BRT feindlichen sschiffsraumes und viele Kriegsversenkt haben.

hatte einen solchen Besuch aufzuweisen, daß es einem aus tiefster Seele freute, zu sehen, wie alle diese Menschen das Einmalige in der deutschen Geschichte erkannten und sich durch ihr Erscheinen zum Führer und seiner Bewegung bekannten. Am 27. Juli sprach in der überfüllten Aula der Hindenburgschule Kreisleiter Bender und in einem anderen Ortsgruppenleiter Bauer. In Rheinfelden sprach vor vielen Hunderten von Partei- und Volksgenossen Gauwirtschaftsberater Kentrup, und in Laufenburg standen die Volksgenossen bis weit vor dem Eingang des Kinosaals, um der Kundgebung beizuwohnen.

Kundgebung der Dankbarkeit

Müllheim

Eine Kundgebung der Dankbarkeit und Freude wurde jene in der Festhalle zu Müllheim, die auch durch Lautsprecher auf den Platz vor der Halle übertragen wurde. Parteigenossen und Formationen und eine Abteilung der Wehrmacht waren zur Versammlung im Sternmarsch gekommen. In der Kundgebung gab Kreisleiter Grüner den Zuhörern mit seinem Rück- und Ausblick Mut und Glaube für die kommenden Tage. Die Kundgebung schloß der Standortälteste, Major Romahn.

Soldaten und Nationalsozialisten

Neustadt

In der Kreisstadt des Hochschwarzwaldes, in Neustadt, fand bereits am Abend des Mittwoch eine Kundgebung statt. Auf dem Rathausplatz hatte sich der größte Teil der Bevölkerung eingefunden, um für die ganze Bevölkerung im Kreise Neustadt Treue zum Führer zu bekunden. Der Kreisobmann der Deutschen Arbeitsfront, Huber, verlas eine der Treuebotschaften der Neustädter Betriebe. Kreisleiter Kuner gab der Bevölkerung des Kreises die Parole für die kommenden Wochen und Monate der Entscheidung: Unser Kampf in der Heimat heißt Arbeit. Nach ihm ergriff der Träger des Ritterkreuzes zum Kriegsverdienstkreuz mit Schwertern, Flottenarzt Dr. Bacmeister aus St. Blasien als rangältester Offizier des Kreises das Wort. Das Gebot der Stunde, so führte er aus, erfordere, daß wir gemeinsam die Opfer dieses Ringens tragen, denn wir seien Soldaten und Nationalsozialisten zugleich.

Eine stählerne Einheit

Emmendingen

Eine Massenkundgebung fand auf dem Rathausplatz in Emmendingen statt. Der Kreisleiter, Oberbereichsleiter Senft, sprach zur Bevölkerung der Kreisstadt: „Wir lassen uns den Sieg nicht nehmen, sondern wir kämpfen mit Adolf Hitler, dem Retter Deutschlands und Europas, bis zum Letzten", rief der Kreisleiter aus. Und wenn die Feinde innerhalb und außerhalb des Reiches dies begreifen würden, dann sei das dramatische Geschehen vom 20. Juli nicht vergeblich gewesen. Wehrmacht, Volk und Führung seien heute, so schloß der Redner seine von Begeisterung getragenen Ausführungen, eine stählerne Einheit geworden.

Zunächst für die Ostfront

Von J. H. GERSTENBERG

Am Mittwochabend hatte Reichsminister Dr. Goebbels in seiner neuen Eigenschaft als Reichsbevollmächtigter für den totalen Kriegseinsatz im Auftrage des Führers grundsätzlich über jene Maßnahmen gesprochen, die im Zuge der Kriegsentwicklung nunmehr notwendig geworden sind, um dem Deutschen Volk nach fast fünfjährigem Ringen den Endsieg zu sichern. Dr. Goebbels sprach davon, daß der totale Krieg das Gebot der Stunde ist, und daß er im Lande sowohl für die Front wie auch für die Rüstungsproduktion so viel Kräfte frei machen wird, daß es uns nicht allzu schwer fallen dürfte, der Schwierigkeiten, die die Kriegslage immer wieder mit sich bringen wird, in souveräner Weise Herr zu werden. Er betonte ferner, daß die Lage an den Fronten sich auf Grund dieser Maßnahmen bald verändern wird, und zwar wesentlich zu unseren Gunsten, wobei er vornehmlich die Ostfront nannte.

Als am 22. Juni dieses Sommers die Bolschewisten an der Front des Mittelabschnitts mit sehr starken Kräften gegen unsere Abwehrlinien antraten und ihnen ein verhältnismäßig tiefer Einbruch nach Westen gelang, hat wohl jeden angesichts des drohenden Näherrückens der bolschewistischen Gefahr Sorge ergriffen. Nicht daß etwa jemand an der Hingabe und Tapferkeit der Kämpfer unseres Ostheeres gezweifelt hätte; aber niemand konnte sich, wenn er die Operationen von der Heimat aus auf der Karte verfolgte, des Eindrucks erwehren, daß größere und umfassendere Maßnahmen nötig sein würden, um den Bolschewisten Halt zu gebieten. Wir wissen heute, welches Ziel die sowjetische Führung mit ihrer Sommeroffensive anstrebt. Sie will die deutsche Fron im Osten durch zahlreiche Durchbrüche in den verschiedenen Abschnitten zum Einsturz bringen und mit ihren rasch nach vorne geworfenen Panzerarmeen den Krieg nach Polen und vor allem auf deutsche Reichsgebiet tragen. Die Strategie der Bolschewisten liegt also offen vor uns. Sie versuchen zunächst ihr Ziel im Mittelabschnitt zu erreichen, wobei sie große Anfangserfolge hatten, als es ihnen gelang, nicht nur die Stadt Minsk zu erreichen, sondern auch starke Kräfte über die Linie Wilna—Baranowitsche gegen den Njemen vorzuwerfen. So groß die Anfangserfolge der Bolschewisten waren, so schnell sind sie nun auch zum Halten gebracht worden. Die deutsche Führung ergriff angesichts der sich allmählich abzeichnenden Bedrohung Ostpreußens entsprechende Maßnahmen und den in den Kampf geworfenen Reserven gelang es, durch geschickte Führung und volle Hingabe jedes einzelnen Soldaten bei dieser großen Aufgabe gerade im Mittelabschnitt Auffanglinien und damit Sperriegel aufzubauen. Vor einigen Tagen traten sie an der Straße Wilna—Kauen wiederum mit stärkeren, zusammengefaßten Infanterie- und Panzerdivisionen zu einem Durchbruchsversuch nach Westen an. Der neuerliche Versuch, die steckengebliebene Offensive im Mittelabschnitt wieder in Bewegung zu bringen, ist sofort gescheitert, ein Beweis dafür, daß sich die deutsche Abwehrfront auf der Linie zwischen Grodno und Dünaburg

50000 auf dem Freiburger Münsterplatz

Unser Schwur: Die nationalsozialistische Revolution im totalen Kriegseinsatz vollenden

Freiburg

Eine gewaltige Massenversammlung gelobte auf der traditionellen Kundgebungsstätte der Partei in Freiburg, auf dem Platz vor dem deutschen Münster, gemeinsam mit der Wehrmacht dem Führer ihre unverbrüchliche Treue. 50000 Freiburger — die Männer und Frauen der Partei und ihrer Gliederungen, Soldaten der Wehrmacht, die Gefolgschaften der Freiburger Betriebe — waren zu einer Kundgebung aufmarschiert, wie sie Freiburg in den letzten Jahren an Wucht, Geschlossenheit und Gewalt nicht erlebt hat. Nicht nur auf dem weiten Platz, sondern auch in den Zufahrtsstraßen standen dichtgedrängt die Männer und Frauen Freiburgs, um den packenden Worten des Kreisleiters Dr. Neuscheler zu lauschen, seine flammende Abrechnung mit dem Verräterklüngel und seine Bekundung der eisernen Entschlossenheit des Deutschen Volkes zum Sieg durch begeisterte Zustimmungskundgebungen zu unterstreichen.

In drei Forderungen zog der Kreisleiter die Folgerungen aus den Ereignissen des 20. Juli zusammen; sie gipfelten darin, daß wir nunmehr ernst machen mit dem totalen Kriegseinsatz aller Teile unseres Volkes. „Was der Front gehört, soll an die Front; was die Heimat entbehren und leisten kann, das soll sie auch tun", so rief der Kreisleiter unter der jubelnden Zustimmung der Zehntausende aus. Wir werden rücksichtslos Front machen gegen jede Art von Defaitismus; das Wort Florian Geyers wird uns leiten: „Der deutschen Zwietracht mitten ins Herz."

In einem Telegramm an den Gauleiter gab der Kreisleiter zum Schluß seines mitreißenden Appells der Bereitschaft der Freiburger Bevölkerung packenden Ausdruck; das Telegramm hat folgenden Wortlaut:

„50 000 auf dem Münsterplatz in Freiburg versammelte Soldaten der nationalsozialistischen Wehrmacht, Partei- und Volksgenossen bekunden einmütig ihren Abscheu vor dem erbärmlichen Attentat einer Handvoll reaktionärer Judasse und geloben dem Führer ihre treue Gefolgschaft, komme, was wolle. Gegen den feigen Verrat setzen sie als Antwort den Schwur: Die nationalsozialistische Revolution im totalen Kriegseinsatz zu vollenden. Es lebe der Führer!"

Im Anschluß daran bekundete in knappen, soldatischen Worten der Standortbereichsälteste Oberst Herrmann die bedingungslose und unverbrüchliche Treue der deutschen Wehrmacht zu ihrem Führer und Obersten Befehlshaber. Das Siegheil auf Adolf Hitler, das er ausbrachte, von den Massen aus tiefster Herzensergriffenheit begeistert aufgenommen, war ein entschlossenes Gelöbnis der Treue zum Führer.

V 1 gleichzeitig aus verschiedenen Richtungen

Genf, 27. Juli.

Weitere Andeutungen über den Umfang der von V 1 in Südengland und London angerichteten Schäden enthalten die Londoner Blätter. Die im Wirkungsbereich der deutschen Waffe zusammengezogenen Handwerker und Bauarbeiter, melden die Zeitungen beispielsweise, müßten auf höheren Befehl jetzt derart lange arbeiten, daß sie bereits dagegen protestierten. Weiter wird gemeldet, daß viele Londoner Tag und Nacht nur noch in tiefen U-Bahnstationen lebten und die Post ihnen sogar dorthin Briefe und sonstige Postsachen zustelle.

Darüber hinaus berichten die Blätter weiter, daß durch die V-1-Explosionen mehrere Gebäude auf einmal einstürzten und die Aufräumungsarbeiten länger als sonst dauerten.

Im „Daily Herald" heißt es, daß sich in letzter Zeit die Stärke des Feuers dadurch gesteigert habe, daß V-1-Geschosse aus verschiedenen Richtungen gleichzeitig einschlügen.

. 89: Der Alemanne Nr. 205 vom 28. Juli 1944

Eine gewaltige Massenversammlung gelobte auf der traditionellen Kundgebungsstätte der Nationalsozialistischen Deutschen Arbeiterpartei, dem Platz vor dem deutschen Müa gemeinsam mit der Wehrmacht dem Führer ihre unverbrüchliche Treue. Alle Voraussetzungen für den Sieg sind bei uns, erklärte Kreisleiter Dr. Neuscheler in seiner von te dem Beifall der unübersehbaren Menge aufgenommenen Rede. Wir sind entschlossen, Ernst zu machen mit dem totalen Kriegseinsatz aller Teile unseres Volkes, um nationalsozialistische Revolution im totalen Kriegseinsatz zu vollenden. — Unsere Aufnahme zeigt eine Teilansicht von der Kundgebung   Aufnahme: Foto-Kunst Verlag Adolf Mül*

Abb. 90: Der Alemanne Nr. 206 v. 29. Juli 1944

NSDAP-Parteikanzlei die Veranstaltung „im stockkatholischen Freiburg" besonders hervor; nach ihrer Ansicht demonstrierte sie, daß das Attentat Stauffenbergs „auch in katholischen Kreisen tiefe Abscheu und gerechten Zorn erregt" habe[191].

Im Verlauf der SD- und Gestapo-Untersuchungen nach dem Staatsstreichversuch wurden auch in Freiburg mehrere Verhaftungen vorgenommen; nicht nur die Universitätsprofessoren Dr. Konstantin von Dietze und Dr. Karl Lampe sowie Dr. Gerhard Ritter wurden inhaftiert, sondern auch ehemalige, früher dem Zentrum, der SPD und KPD angehörende Stadträte – wie z. B. Gustav Adler, Franz Geiler, Philipp Martzloff, Christian Bauer und Kurt Hilbig – kamen ins Gefängnis oder in Konzentrationslager[192].

Die Überraschung über das Attentat gegen Hitler und die Furcht sowie Unsicherheit über die Reaktion des NS-Regimes auf den Staatsstreichversuch hielten nicht lange an. Einerseits las man fortwährend von Verhaftungen und eingeleiteten Prozessen vor dem Volksgerichtshof; andererseits verkündeten neue Maßnahmen und Proklamationen den „totalen Kriegseinsatz" unter dem neu eingesetzten „Reichsbevollmächtigten für den totalen Kriegseinsatz", Reichsminister Dr. Goebbels. „Der Alemanne" berichtete in den nächsten Tagen und Wochen jeweils mit großer Aufmachung von den „größten Anstrengungen des Volkes zur Erringung des Sieges". Durch „tiefgreifende Einschränkungen im Kulturleben"

---

[191] GLA Karlsruhe, 465 d/49: Bericht des Gaustabsamtsleiters v. 5. 8. 1944 und Bericht der Kreisleitung Freiburgs (Neuscheler) v. 31. 7. 1944.
[192] Vgl. Mitteilung von Bernhard Adler an das Stadtarchiv Freiburg v. 11. 9. 1984; ferner StadtAF, B 1/328: Kriegschronik 1940–1945, Teil II und M 2/1: Bernhard Adler. Zur Einordnung vgl. Ulrich Kluge: Der „Freiburger Kreis" 1938–1945. In: Freiburger Universitätsblätter 27 (1988), S. 19–40.

kam es zur Einstellung aller Theater-, Varieté- und Orchesteraufführungen, ferner zu einer allgemeinen Urlaubssperre sowie zu weiteren Einschränkungen im Bereich der Hoch- und Berufsschulen. Zudem wurde nunmehr einheitlich die 60-Stunden-Woche eingeführt. Auch die Städtischen Bühnen Freiburgs stellten am 1. September die Arbeit ein, ebenso wie die städtische Haushaltungs- und Musikschule[193].

Dagegen kündigte die unter deutscher Bewachung durchgeführte Fahrt des französischen Staatschefs Marschall Pétain und des französischen Ministerpräsidenten Laval durch Freiburg, die am 7. September von Belfort nach Osten abtransportiert wurden, den baldigen Zusammenbruch der Front im Westen an. Nach seiner Quartiernahme im renommierten Hotel „Zähringer Hof" am Bahnhof wurde Pétain dann weiter nach Sigmaringen geschafft[194]. Immer häufiger zogen jedoch alsbald auch deutsche und mit dem Reich verbündete Truppen von Westen kommend – zum Teil in panikartiger Flucht wie die Luftwaffenteile des Fliegerhorstes Metz-Frescaty – durch die Breisgaustadt.

Einzelne Tages- und Nachtangriffe von kleineren Jagdbombereinheiten auf Ziele in Süd- und Südwestdeutschland, die sich während des Septembers und Oktobers immer mehr häuften, ließen alsbald die neue Qualität der gegnerischen Luftangriffe im engen Zusammenhang mit dem Vorstoß der alliierten Armeen gegen die Reichsgrenze im Westen erkennen.

Die Alliierten konnten mittlerweile durch Anflug über das zurückeroberte Nordfrankreich die dichte Meldeorganisation in Nordwestdeutschland umgehen, so daß ihre Jagdbomber überraschend im Südwesten angreifen konnten. Die mit 3,7-cm-Geschützen ausgerüstete leichte Heimatflakbatterie 46/VII, deren Flugabwehrkanonen um den Fliegerhorst postiert waren, bot der Stadt keinen ausreichenden Flakschutz gegen derartige überraschende Jagdbomber-Angriffe. Sie konnte weder die mehrfachen Aufklärungsflüge von Frühjahr bis Herbst 1944 noch die gezielten Tieffliegerangriffe mit Bordwaffenbeschuß von 2–6 Thunderbolt-Maschinen auf die Stadt und die Bahnlinien in der näheren Umgebung am 9., 10. und 12. September 1944 verhindern.

Am 9. September wurde leichter Schaden im Werk Rhodiaseta und am Flugplatz angerichtet; ein Kind in der Rheinstraße und eine Frau in der Katharinenstraße wurden durch Bordwaffenbeschuß der Flieger getötet. Am 10. September wurde ein zehnjähriger Schüler in St. Georgen verletzt, und am 12. September entstand leichter Sachschaden durch Sprengbombenabwurf auf die Bahnlinie Freiburg–Donaueschingen in der Nähe der Kirchzartener Straße innerhalb der Freiburger Gemarkung[195]. Durch die von US-Flugzeugen ausgeführten Aufklärungsflüge über Freiburg gelangten die Angloamerikaner zu genauen Kenntnissen über diese Angriffe und das Eisenbahnnetz in Freiburg und seiner Umgebung; die heute noch vorhandenen Zielfotos dokumentieren dies sehr deutlich (siehe Abdruck auf S. 184ff.)[196].

Durch Bordwaffenbeschuß von vier feindlichen Flugzeugen wurde am 29. September 1944, um 16.10 Uhr, ein Sonderzug mit Westwall- und Schanzarbeitern

---

[193] Vgl. Der Alemanne Nr. 232 v. 25.8.1944, teilabgedruckt in: 75 Jahre Stadttheater an der Bertoldstraße. Freiburg o.J. (1985), S. 40.
[194] StadtAF, B 1/328: Kriegschronik 1940–1945, Teil II.
[195] Ebda., D.Aö.1.32b, Bd. 1, S. 295ff., 299f. und B 1/328: Kriegschronik 1940–1945, Teil II; BA-MA Freiburg, RL 19/90.
[196] National Archives Washington, RG 243, Records of the US Strategic Bombing Survey USSBS, City Target Folder IIIa–972.

zwischen Hugstetten und Freiburg angegriffen. Der Zug wurde schwer beschädigt; zwei Tote, sechs Schwerverletzte und elf Leichtverletzte waren die Opfer[197]. In der Zwischenzeit konnte man erfahren, daß es andere Städte wiederum schwer getroffen hatte: Am 11. August 1944 erfolgte ein größerer Angriff auf Straßburg; zur Hilfeleistung wurde danach eine Bereitschaft der Freiburger LS-Polizei entsandt. Am 8. September griffen etwa 250 Bomber Karlsruhe, am 9. September fast 500 Flugzeuge Mannheim am Tage an; dann erfolgte am 12./13. September mit 220 Maschinen ein Angriff auf Stuttgart. Dabei wurde der Stadtkern der württembergischen Landeshauptstadt durch zahlreiche Flächenbrände fast völlig vernichtet[198].

Am 7. Oktober griffen US-Bomber und Jagdbomber wiederum Freiburg an. Zweimal zwölf B-17-„Flying Fortress"-Bomber der 91. US-Staffel (1. US-Bomber-Division) warfen am frühen Morgen Bomben mit einem Gewicht von ca. 60 Tonnen auf das Bahngelände (Abb. 91). Sie konnten ohne Verluste nach England zurückkehren[199]. Am 8. Oktober wurden Bahnanlagen in Offenburg und Appenweier angegriffen. Bei ihren Angriffen machten die amerikanischen Jagdbomber jeweils neue Luftaufnahmen für „ihr Angriffsziel GH-454", d.h. Freiburg mit

Abb. 91: US-Bomber B 17 „Flying Fortress" (Hans-Heiri Stapfer)

[197] StadtAF, C 4/XI/31/4 und B 1/328: Kriegschronik 1940–1945, Teil II. Die Toten waren ein aus Sachsen stammender Lokomotivführer und eine 17jähriger Schülerin der Hindenburgschule. Unter den Verletzten waren viele 14–17jährige Jugendliche. Als der Ratsherr Wolf im Auftrag des Oberbürgermeisters den Krankenbesuch machte und dabei die gewünschte Schokolade an die Schüler verteilen wollte, mußte die Stadtverwaltung passen, da die NSV keine Schokolade beschaffen konnte.
[198] Ebda., D.Aö.1.32b, Bd. 1, S. 330 f.; BA-MA Freiburg, RL 19/90, KTB; zu Stuttgart siehe Heinz Bardua: Stuttgart im Luftkrieg 1939–1945. Stuttgart 1967.
[199] National Archives Washington, RG 243, Records of the US Strategic Bombing Survey USSBS, City Target Folder IIIa–972; PRO London, AIR 14/3683; zu den Sachschäden siehe StadtAF, C 4/XI/32/9–11. Vgl. auch Roger A. Freeman: Mighty Eighth War Diary. London 1981, S. 361 (7.10.1944).

174

Boeing B 17 *„Flying Fortress"*	
Besatzung:	10 Mann
Länge:	22,26 m
Spannweite:	31,64 m
Geschwindigkeit:	480 km/h in 9000 m Höhe
Bewaffnung:	13 Maschinengewehre (12,7 mm)
Bombenlast:	7800 kg
Gipfelhöhe:	11 400 m
Reichweite:	2500–2900 km

dem Zielgelände „marshalling yard" (M/Y = Verschiebebahnhof bzw. Eisenbahnknotenpunkt), so daß die USAAF für weitere Angriffe stets über neueste Luftaufnahmen verfügte.

An Stelle der gefährlichen Luftangriffe nahm jedoch kurz darauf eine andere spektakuläre Maßnahme die Aufmerksamkeit der Freiburger Bevölkerung in Anspruch. In großer Aufmachung verkündete „Der Alemanne" am 19. Oktober 1944 die tags zuvor von Himmler über den Rundfunk öffentlich proklamierte Aufstellung des sogenannten „Deutschen Volkssturms" durch Hitler (Abb. 92)[200]. In dessen Namen hatte der Reichsführer SS Heinrich Himmler am 18. Oktober in Ostpreußen die ersten Verbände dieses letzten Aufgebotes aufgestellt. Nun hieß es: „Volk ans Gewehr!". Zur Verstärkung der Wehrmacht, die – an allen Fronten in die Defensive gedrängt – zurückgehen mußte, wurden alle waffenfähigen deutschen Männer von 16 bis 60 Jahren zum „totalen Einsatz" gegen den „totalen Vernichtungswillen des Feindes" verpflichtet.

Dieser Maßnahme war im Westen des Reiches bereits eine ähnliche Verpflichtungsaktion vorausgegangen, die ebenfalls deutlich gemacht hatte, daß nun verstärkt auf die Zivilbevölkerung zurückgegriffen wurde. Nachdem Amerikaner und Franzosen am 25. August 1944 in Paris einmarschiert waren, gerieten die alten Westwallbefestigungen wieder in den Blickpunkt der deutschen Verteidigungsanstrengungen im Westen. Um die vernachlässigten Stellungen wieder herzurichten, erteilte Hitler in Form seiner üblichen „Führerweisungen" Ende August und am 1. September 1944 den Auftrag, die „deutsche Weststellung" durch ein Volksaufgebot verteidigungsbereit auszubauen[201]. Die Durchführung wurde den Reichsverteidigungskommissaren übertragen. Für Baden–Elsaß war Gauleiter Wagner zuständig. Aufgrund von Notdienstverpflichtungen mußte die Bevölkerung sich für Schanzarbeiten zur Verfügung stellen.

So wurden am 4. September zahlreiche rote Plakate mit einem Aufruf von Gauleiter Wagner in der Stadt angeschlagen, wonach sich alle 14- bis 65jährigen Männer und 16- bis 50jährigen Frauen als Zwangsverpflichtete für die Schanzarbeiten

[200] StadtAF, B 1/328: Kriegschronik 1940–1945, Teil II und Der Alemanne Nr. 279 v. 19.10.1944; zum Volkssturm allgemein vgl. Gerd R. Ueberschär: „Volkssturm" und „Werwolf" – Das letzte Aufgebot in Baden. In: Rolf-D. Müller / Gerd R. Ueberschär / Wolfram Wette: Wer zurückweicht wird erschossen! Kriegsalltag und Kriegsende in Südwestdeutschland 1944/45. Freiburg 1985, S. 23–37.
[201] Befehl über Ausbau der deutschen Weststellung vom 24.8.1944 und Befehl für die Sicherung der deutschen Weststellung und des Westwalls vom 1.9.1944, beide in: Hitlers Weisungen für die Kriegführung 1939–1945. Dokumente des Oberkommandos der Wehrmacht. Hrsg. v. Walther Hubatsch. Frankfurt 1962, S. 272 ff., 282 ff.; Gerd R. Ueberschär: Freiburgs letzte Kriegstage bis zur Besetzung durch die französische Armee am 21. April 1945. In: Thomas Schnabel / Gerd R. Ueberschär: Endlich Frieden! Das Kriegsende in Freiburg 1945. Freiburg 1985, S. 9–40, auch zum Folgenden, dort auch Abdruck des Wagner-Aufrufes. Siehe auch StadtAF, B 1/328: Kriegschronik 1940–1945, Teil II.

Stadt
Freiverkauf: 10 Pfennig

Verlag: Der Alemanne, Verlags-
u. Druckerei-G.m.b.H., Freiburg

Der Alemanne

KAMPFBLATT DER NATIONALSOZIALISTEN OBERBADENS

| Die größte täglich erscheinende Zeitung Oberbadens | Der amtliche Verkünder für die oberbadischen Behörden |

Jahrgang 1944 / Folge 279 — Freiburg i. Br., den 19. Oktober — Donnerstag-Ausgabe

Nun gilt es: Volk, ans Gewehr!

Der Führer ruft zum Deutschen Volkssturm auf!

Zur Verstärkung der aktiven Kräfte unserer Wehrmacht und zur unerbittlichen Verteidigung unseres Heimatbodens - Alle waffenfähigen Männer von 16 bis 60 Jahren aufgerufen - Der zweite Großeinsatz unseres Volkes - Totaler Einsatz aller deutschen Menschen gegen den totalen Vernichtungswillen unserer Feinde

---

Drahtbericht unseres Korrespondenten
Pö. In Ostpreußen, 18. Oktober.

Die ostpreußische Kreisstadt, vor der Reichsführer ff. Reichsminister Heinrich Himmler, im Auftrag des Führers den Aufruf zum deutschen Volkssturm verkündete, erlebte in diesen hohen und ernsten Stunden des Krieges, in der sie für das gesamte Reich den nationalen Widerstandswillen verkörpern durfte, die größten Augenblicke ihrer bisherigen Geschichte.

Sie sah sich in den letzten Monaten bereits nahe an den Krieg herangerückt. Wenn sie darüber die ruhige Gelassenheit und zweckvolle Bedächtigkeit ihres Lebens auch keinen Augenblick verloren hat, so ist die allgegenwärtige Nähe der Front jetzt doch ständig spürbar. Auf den Straßen weisen Schilder zu den Depots und Kasernen der Wehrmacht, die schweren Lastkraftwagen der Transportkolonnen rollen Tag und Nacht durch die verwinkelten Straßen. In die Schulen der Stadt sind Lazarette eingezogen, auf ihren Plätzen sind bald täglich die Trecks der Umquartierten aus den ostpreußischen Grenzgebieten in kurzer Rast haltmachen, und in den frühen Morgenstunden bereits marschieren die Schippenkolonnen zu ihren Sammelstellen, mit Hacke und Spaten bewehrt, um neue und immer stärker werdende Stellungen auszuheben. So ist die Stadt in ihrem ganzen, auf die Bewältigung der kriegswichtigsten Aufgaben gerichteten Dasein das Spiegelbild eines Volkes, das entschlossen ist, seinen Boden und seine Daseinsform bis zum Letzten zu verteidigen. Spiegelbild einer Gemeinschaft, die aus einer bedrohten Landschaft wachsend und mit allen Fasern ihres Herzens verbunden, bereit ist, all ihre Kräfte für den totalen Sieg einzusetzen.

In dieses Bild einer starken und wehrbereiten Volksgemeinschaft haben die Volkssturmverbände überall zum ersten Zeit in der Stadt und ihrer Umgebung aufgestellt sind, ein neues Kämpferisches Akzent gebracht: ihr Marschtritt dröhnt seitdem genau so häufig über das Steinpflaster wie der der Genesenden- und Landesschützenkompanien, die in der Kaserne am Stadtrand untergebracht sind — wenn er auch noch so zackig klingt wie der der alten und gelernten Soldaten.

Die Exerzierplätze, die inmitten einer großzügigen Kasernenanlagen liegt, die der Nationalsozialismus der neuen schönen Wehrmacht errichtete, gab der Verkündung des deutschen Volkssturms den Rahmen, der bei aller preußischen Schlichtheit doch dem hohen mitreißenden Schwung dieser Volkserhebung entsprach. Die weißgetünchten Wände waren von Lichtfluten der Scheinwerfer glühte das Rot der Hakenkreuzfahnen. An den Wänden hatten Abordnungen, der Partei und ihrer Gliederungen, an Stelle des Symbols die Beständigkeit bedingungsloser Bereitschaft. In der Stunde der Not Haus und Hof und ihr Leben selbst an die Verteidigung ihrer Heimat zu setzen. Die Volkssturmmänner ..., wie das erste Volkssturmbataillon ... in den letzten Wochen in Ostpreußen aufgestellt wurde. ...

(Die weiteren Spalten teilweise unleserlich)

Der historische Erlaß des Führers

Berlin, 18. Oktober.

Der Führer hat zur Bildung des Deutschen Volkssturms aufgerufen, in dem alle waffenfähigen deutschen Männer von 16 bis 60 Jahren zur Verstärkung der aktiven Kräfte der Wehrmacht und zur unerbittlichen Verteidigung des Heimatbodens zusammengefaßt werden. Der Erlaß des Führers hat folgenden Wortlaut:

„Nach fünfjährigem schwersten Kampf steht infolge des Versagens aller unserer europäischen Verbündeten der Feind an einigen Fronten in der Nähe oder an den deutschen Grenzen. Er strengt seine Kräfte an, um unser Reich zu zerschlagen, das Deutsche Volk und seine normale Ordnung zu vernichten. Sein letztes Ziel ist die Ausrottung des deutschen Menschen.

Wie im Herbst 1939 stehen wir nun wieder ganz allein der Front unserer Feinde gegenüber. In wenigen Jahren war es uns damals gelungen, durch den ersten Großeinsatz unseres deutschen Volkskraft die wichtigsten militärischen Probleme zu lösen, den Bestand des Reiches und damit Europas für Jahre hindurch zu sichern. Während nun der Gegner glaubt, zum letzten Schlag ausholen zu können, sind wir entschlossen, wie in den Jahren 1939—1941, ausschließlich unserer eigenen Kraft bauend, nicht nur die Zukunft Deutschlands und seiner Verbündeten und damit Europas sicherenden Friede gewährleistet ist.

Dem aus bekannten totalen Vernichtungswillen unserer jüdisch-internationalen Feinde setzen wir den totalen Einsatz aller deutschen Menschen entgegen.

Zur Verstärkung der aktiven Kräfte unserer Wehrmacht und insbesondere zur Führung eines unerbittlichen Kampfes überall dort, wo der Feind den deutschen Boden betreten will, rufe ich daher alle waffenfähigen deutschen Männer zum Kampfeinsatz auf:

Ich befehle:

1. Es ist in den Gauen des Großdeutschen Reiches aus allen waffenfähigen Männern im Alter von 16 bis 60 Jahren der deutsche Volkssturm zu bilden. Er wird den Heimatboden mit allen Waffen und Mitteln verteidigen, soweit sie dafür geeignet erscheinen.

2. Die Aufstellung und Führung des deutschen Volkssturms übernehmen in ihren Gauen die Gauleiter. Sie bedienen sich dabei vor allem der fähigsten Organisatoren und Führer der bewährten Einrichtungen der Partei, SA., ff, NSKK, und HJ.

3. Ich ernenne den Stabschef der SA., SA. Schepmann zum Inspekteur für die Schießausbildung und den Korpsführer des NSKK, Kraus, zum Inspekteur für die motortechnische Ausbildung des Volkssturms.

4. Die Angehörigen des deutschen Volkssturms sind während ihres Einsatzes Soldaten im Sinne des Wehrgesetzes.

5. Die Zugehörigkeit der Angehörigen des Volkssturmes zu außerberuflichen Organisationen bleibt unberührt, der Dienst im deutschen Volkssturm geht aber jedem Dienst in anderen Organisationen vor.

6. Der Reichsführer ff ist als Befehlshaber des Ersatzheeres verantwortlich für die militärische Organisation, die Ausbilder, Bewaffnung und Ausrüstung des deutschen Volkssturms.

7. Die Aufstellung des deutschen Volkssturms erfolgt nach meinen Weisungen durch den Reichsführer ff als BdE.

8. Die militärischen Ausbildungsbestimmungen erläßt der BdE. Reichsführer ff Himmler, die politische und organisatorischen in meinem Auftrage Reichsleiter Bormann.

9. Die Nationalsozialistische Partei erfüllt vor dem Deutschen Volk ihre höchste Ehrenpflicht, indem sie in erster Linie ihre Organisationen als Hauptträger dieses Kampfes einsetzt.

Adolf Hitler.“

Volkssturm

Von J. H. GERSTENBERG

Von Westen, Osten und Süden rennt ein haßerfüllter Feind mit der ganzen Macht dreier Weltteile gegen die Festung Deutschland an. Er holt, noch in diesem Jahre die Festungsmauer zum Einsturz zu bringen und das Deutsche Volk überwinden zu können. Es ist also Nutzzeit. So wie in unserer Vorzeit unsere germanischen Vorväter in solchem Falle Frauen und Kinder in die Wagenburg nahmen und diese selbst zur Rundumverteidigung besetzten, so auch heute wehrt das Deutsche Volk. Nun auch der totale Einsatz in anderen Formen als damals oder vor Hunderten von Jahren bedarf der gleiche. Als zum Beispiel das Deutsche Volk 1813 gegen den napoleonischen Unterdrücker aufstand, und Preußen die Führung der gleichen Freiheit, meldeten sich Zehntausende von Freiwilligen, um die Heimat zu verteidigen und zu befreien. Auch damals übernahmen die Frauen in der Heimat den Hauptteil der Arbeit, während die waffenfähigen Männer die Gewehre schulterten und in den Kampf zogen. Damals sangen deutsche Dichter und entfachten mit ihren Liedern den edelen Kampfgeist:

„Das Volk steht auf — der Sturm bricht los!“. Worte, die nicht nur den Augenblick gesagt wurden, sondern der Ewigkeitswert besitzen.

Wieder steht Deutschland im Schicksalskampf, und zwar nach allen Seiten mit seine Grenzen verteidigen. Der gigantische Feind setzt mit harter und grausamer wie als damals, als noch letzten Ende eine gewisse Ritterlichkeit im Kampf beide Seite beherrschte. Gangstermethoden wie die der Luftbarbaren, die unter Trümmern die schöne Stadt Salzburg in Trümmer legten waren damals noch nicht an der Tagesordnung, sondern Ausnahmen. 1813 stand die Freiwilligen als starke Jäger, als schwarze Husaren und im Zeichen des Landsturms zu den Fahnen. Männer; wie Fichte, Scharnhorst und Clausewitz waren die gestigen Väter jener Zeit. Heute melden sich unsere Sechzehnjährigen und ihre Verteidigung des heiligen Bodens des Vaterlandes teilzunehmen. Heute stehen Männer der vier-Divisionen und haben bereits sowohl an der West- als auch an der Ostfront die Probe der blutischen Bewährung in vielen wilder Schlachten bestanden.

Die Bedrohung des Vaterlandes fordert das Letzte von jedem einzelnen. Wenn der Führer jetzt zum Volkssturm aufruft, so entzündet er damit eine Begeisterung und eine Flamme einfach werden muß. Wie heute die Männer in der Heimat, die nicht oder nicht mehr in den Reihen der Jahrgänge in den Volkssturm aufgeboten werden, um die Heimat selbst zu verteidigen, so ist dieser Dienst genau so Ehrendienst mit der Waffe für Vaterland wie den Jahrgängen des Heeres, der Luftwaffe oder Kriegsmarine. In jeder der entscheidende Viertelstunde dieses Ringes, ja auch in dieser letzten Viertelstunde des Schicksal Deutschlands, sondern das Abendlandes entscheiden wird. Es darum, diese letzte Viertelstunde mit besseren Nerven, der besseren Waffe und Feind zu legen, daß er trotz aller Macht überlegenheit dieses Deutschland die Völker aber überwinden und in die zwingen kann. Das Dekret des Führers und des Reichsführers ff und des Ersatzheeres Heinrich Himmler leipzig ist dafür ein Dokument, und ein Ereignis von geschichtlicher Bedeutung. Der vaterländische Geist triumphiert und beweist, daß die Deutschen heidigen gegen jeden Ansturm, er mag men, woher er will auch immer so stark sein. Und wenn wir die vier mehr haben, so werden wir die Fäuste und die Zähne dazu nehmen. Dessen sei Feind gewiß sein.

Heinrich Himmler: Bereit zu jedem Einsatz

Volkssturmmänner!

Heute vor 131 Jahren, am Abend des 18. Oktober 1813, ging nach blutigen und äußerst wechselnvollen Kämpfen die Völkerschlacht bei Leipzig siegreich zu Ende. Durch diesen Erfolg wurde Deutschlands Boden von Napoleons unüberwindlich schwerster Geißel befreit. ... *(weiterer Text teilweise unleserlich)* ...

Wieder um den Heimatboden

Heute nun, am 18. Oktober 1944, dem Gedenktag der Völkerschlacht bei Leipzig, ruft unser Führer und Oberster Kriegsherr Adolf Hitler alle noch zu Hause weilenden Männer einem weiteren Einsatz. ...

(Fortsetzung nächste Seite)

Abb. 92: Der Alemanne vom 19. Oktober 1944

westlich von Freiburg zu melden hatten (Abb. 93–95)[202]. Spaten, Schaufel und Pickel mußten als Schanzgerät mitgebracht werden. Dem Aufruf Wagners zum „allgemeinen Volksaufgebot“ war unbedingt Folge zu leisten. Allein die NSDAP-Kreis- und Ortsgruppenleiter konnten über Ausnahmen von der Zwangsverpflichtung entscheiden. Am 6. September zogen die ersten Freiburger als „Wehrkameraden“ und „Wehrkameradinnen“ in „Hundertschaften“ aus der Stadt zu den Stellungen am Tuniberg und Kaiserstuhl, um Panzer-, Splitter- oder Deckungsgräben zu bauen.

Ebenso wurden mehrere Hundert Freiburger Hitlerjungen im Alter von über 15 Jahren von Anfang bis Ende September 1944 in Epinal und Mandrey bei St.-Dié

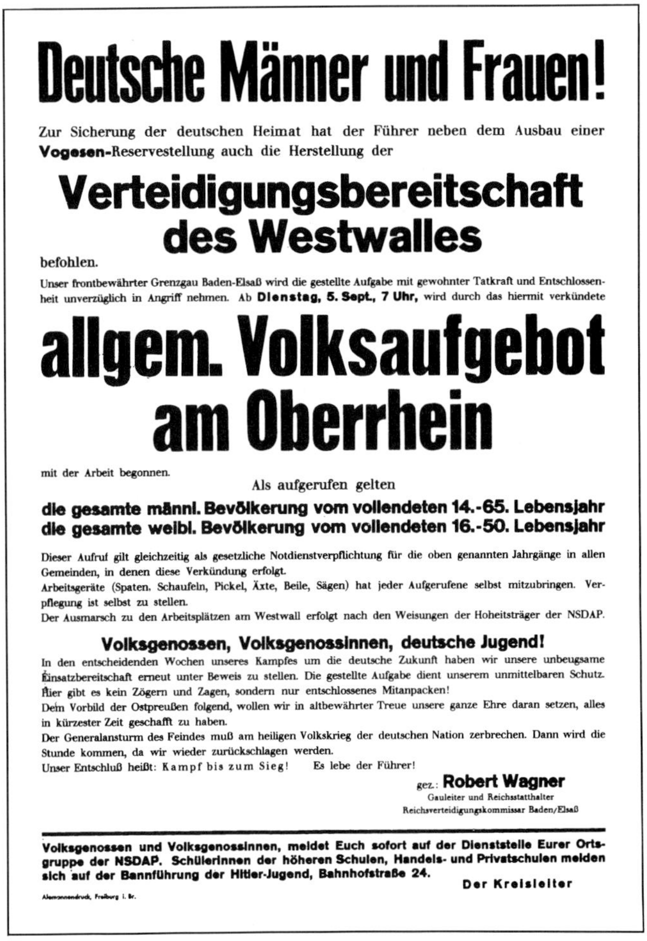

Deutsche Männer und Frauen!

Zur Sicherung der deutschen Heimat hat der Führer neben dem Ausbau einer **Vogesen-**Reservestellung auch die Herstellung der

Verteidigungsbereitschaft des Westwalles

befohlen.

Unser frontbewährter Grenzgau Baden-Elsaß wird die gestellte Aufgabe mit gewohnter Tatkraft und Entschlossenheit unverzüglich in Angriff nehmen. Ab **Dienstag, 5. Sept., 7 Uhr,** wird durch das hiermit verkündete

allgem. Volksaufgebot am Oberrhein

mit der Arbeit begonnen.

Als aufgerufen gelten

die gesamte männl. Bevölkerung vom vollendeten 14.-65. Lebensjahr
die gesamte weibl. Bevölkerung vom vollendeten 16.-50. Lebensjahr

Dieser Aufruf gilt gleichzeitig als gesetzliche Notdienstverpflichtung für die oben genannten Jahrgänge in allen Gemeinden, in denen diese Verkündung erfolgt.
Arbeitsgeräte (Spaten, Schaufeln, Pickel, Äxte, Beile, Sägen) hat jeder Aufgerufene selbst mitzubringen. Verpflegung ist selbst zu stellen.
Der Ausmarsch zu den Arbeitsplätzen am Westwall erfolgt nach den Weisungen der Hoheitsträger der NSDAP.

Volksgenossen, Volksgenossinnen, deutsche Jugend!

In den entscheidenden Wochen unseres Kampfes um die deutsche Zukunft haben wir unsere unbeugsame Einsatzbereitschaft erneut unter Beweis zu stellen. Die gestellte Aufgabe dient unserem unmittelbaren Schutz.
Hier gibt es kein Zögern und Zagen, sondern nur entschlossenes Mitanpacken!
Dem Vorbild der Ostpreußen folgend, wollen wir in altbewährter Treue unsere ganze Ehre daran setzen, alles in kürzester Zeit geschafft zu haben.
Der Generalansturm des Feindes muß am heiligen Volkskrieg der deutschen Nation zerbrechen. Dann wird die Stunde kommen, da wir wieder zurückschlagen werden.
Unser Entschluß heißt: Kampf bis zum Sieg! Es lebe der Führer!

gez.: **Robert Wagner**
Gauleiter und Reichsstatthalter
Reichsverteidigungskommissar Baden/Elsaß

Volksgenossen und Volksgenossinnen, meldet Euch sofort auf der Dienststelle Eurer Ortsgruppe der NSDAP. Schülerinnen der höheren Schulen, Handels- und Privatschulen melden sich auf der Bannführung der Hitler-Jugend, Bahnhofstraße 24.

Der Kreisleiter

Abb. 93: Aufruf zum Volksaufgebot vom September 1944 (StadtAF)

[202] Der Alemanne Nr. 274 v. 13. 10. 1944 mit Titelbildern und der Sonderseite „Wehrkameraden schanzen am Westwall“; vgl. auch StadtAF, B 1/328: Kriegschronik 1940–1945, Teil I, darin auch der Bericht von Anton Müller. Im Auftrage Wagners mußten die „Leistungen der elsässischen und badischen Grenzbevölkerung zur Reichsverteidigung“ insbesondere dokumentarisch erfaßt werden, um „späterhin eines der ruhmvollsten Kapitel des großdeutschen Freiheitskampfes“ bezeugen zu können, vgl. GLA Karlsruhe, 465d/53: Der Gaupropagandaleiter v. 13. 10. 1944.

Das allgemeine Volksaufgebot am Oberrhein

Seit Wochen ziehen Tag für Tag die Männer und Frauen vom Oberrhein mit geschulterten Spaten und Pickeln an den Westwall, um dort für die Verteidigung unserer Heimat zu schanzen. Keine Witterung und keine Gefahr aus der Luft vermögen diese Volksgenossen aus Stadt und Land von ihrer Tätigkeit abzuhalten. An ihrem Glauben und an ihrer Hingabe erkennt die kämpfende Front den Durchhaltewillen und das Siegesbewußtsein der Heimat. Unsere Bilder zeigen oben: Volksgenossen lesen der Aufruf des Gauleiters, in dem er alle Einsatzfähigen aufrief, an der Verteidigungsbereitschaft des Westwalls mitzuarbeiten. Unteres Bild: In langen Zügen marschieren die Wehrkameraden und Wehrkameradinnen an ihre Einsatzstellen. (Siehe auch Seite 4 dieser Ausgabe.) Alemannen-Foto: Inge Seeling

Abb. 94: Bilder zum Volksaufgebot (Der Alemanne Nr. 274 vom 13. 10. 1944)

178

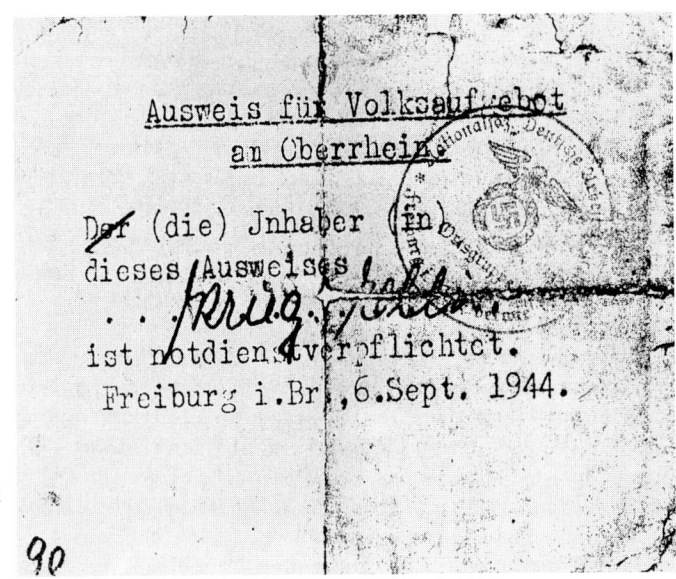

Ausweis für Volksaufgebot
an Oberrhein

Der (die) Jnhaber (in)
dieses Ausweises

... *Krug, Paul* ...

ist notdienstverpflichtet.

Freiburg i.Br.,6.Sept. 1944.

Abb. 95: Ausweis
zum Volksaufgebot
vom
6. September 1944
(StadtAF)

in den Vogesen als Schanzarbeiter eingesetzt, um dort Arbeiten für den Stellungs-
bau und die Panzerabwehr der Wehrmacht auszuführen [203].

Die Schanzarbeiter und -arbeiterinnen erhielten 1,– RM für Ledige und
2,– RM für Verheiratete pro Schanztag ausgezahlt sowie Zusatz-Lebensmittelkar-
ten für Brot, Fleisch und Fett zugeteilt. Zuerst mußte von 9 bis 19 Uhr, später wegen der häufigen alliierten Tieffliegerangriffe ab 19 Uhr bis in die Nacht und ab
Ende September wieder von 5.30 bis 15.30 Uhr gearbeitet werden. Ab Dezember
wurde auf den Einsatz von Frauen weitgehend verzichtet. Die ganze Aktion dauerte bis in die erste Hälfte des Monats Dezember, als der neu aufgestellte Volkssturm im Westwall eingesetzt wurde [204].

Zwangsläufig bestimmten die Schanzarbeitsverpflichtungen den Kriegsalltag
in Freiburg, denn seit Anfang September waren aufgrund neuer Anordnungen
weitere restriktive Maßnahmen für den totalen Krieg erfolgt. Da die Reichsbahn
wegen der ständigen Gefahr von angloamerikanischen Tieffliegerangriffen oft
keine Züge für den Rücktransport einsetzte, mußten viele Freiburger den Rückweg nach der Schanzarbeit zu Fuß zurücklegen. Durch einen Erlaß des Reichsministers für Wissenschaft, Erziehung und Volksbildung vom 1. September 1944
wurden in Absprache mit dem Generalbevollmächtigten für den Arbeitseinsatz
außerdem die Sommerferien verlängert, so daß die Schüler und Schülerinnen sowie Studenten und Studentinnen für den totalen Kriegseinsatz herangezogen werden konnten. Die Verlängerung galt bis zum 13./20. November, als wieder eine
verkürzte „schulische Betreuung" für diejenigen Schüler und Berufsschüler aufgenommen wurde, die nicht bei den Schanzarbeiten zum Westwallausbau eingesetzt waren [205].

[203] Ebda.: Geheimverfügung v. 26.8.1944 betr. „Arbeitseinsatz zum Bau von Reservestellungen in den
Vogesen"; siehe auch Der Alemanne Nr. 272 v. 11.10.1944, S. 3: „Hitlerjungen schanzen für die Front";
StadtAF, B 1/328 und M 2/1: Bericht von Bernhard Adler an das Stadtarchiv Freiburg v. 14.10.1984.
[204] Ebda., B 1/328: Kriegschronik 1940–1945.
[205] Ebda., C 4/XI/5/7.

Kreisleiter Neuscheler berichtete am 14. Oktober 1944 an die Gauleitung in Straßburg in einem Stimmungsbericht über die „gesamte politische Lage" in der Stadt, daß die Begeisterung für die Schanzarbeiten vorübergehend „merklich abgeflaut" und daher die Anzahl der Schanzenden „abgebröckelt" sei. Die Haltung habe sich jedoch inzwischen wieder gefestigt. „Miesmacher oder gar böswillige Defaitisten" würden „weniger Aufnahmebereitschaft bei den Massen der Bevölkerung" der Stadt finden, „als dies noch vor Wochen der Fall war" [206]. Kurz darauf schrieb die Gauleitung in ihrem Bericht an die Parteikanzlei in München, die badische Bevölkerung sehe ein, daß „mit Härte und Kompromißlosigkeit" weitergekämpft werden müsse. Man erwarte jedoch „mehr oder weniger ungeduldig" baldige deutsche Gegenschläge.

In seinem späteren Bericht vom 14. November 1944 kam Neuscheler auch auf die Erfassungsappelle zum Volkssturm im Raum Freiburg nach dem 19. Oktober zu sprechen. Danach soll zum Teil eine revolutionäre vaterländische Aufbruchstimmung zu registrieren gewesen sein: „In den Landortsgruppen besitzen diese Erfassungsappelle geradezu einen erfrischend revolutionären Charakter, und zwar mit wenigen Ausnahmen überall. Die Bauern setzen sich anschließend spontan zusammen und singen vaterländische Lieder und bringen in Reden und in privaten Äußerungen ihren Stolz und ihre Freude zum Ausdruck, daß sie nun auch noch als Soldaten zu Wort kommen. In der Stadt allerdings haben kleine verweichlichte bürgerliche Intelligenzkreise immer noch nicht das nötige Schamgefühl, das sie verhindern würde, die verschiedenartigen Wehwehchen und Unabkömmlichkeitsvorbehalte zur Schonung vor dem Volkssturmdienst an den Mann zu bringen. Sie sind aber auch hier eine verhältnismäßige Minderheit und werden entsprechend behandelt" [207].

Bereits am Nachmittag des 19. Oktober organisierte die NSDAP eine „machtvolle Massenkundgebung auf der traditionellen Kundgebungsstätte der Partei, dem Freiburger Münsterplatz", wie „Der Alemanne" euphorisch berichtete [208]. Angeblich „über 30 000 Volksgenossen" bekundeten dort „für sich und für den gesamten Kreis Freiburg den unbedingten Willen, dem Ruf des Führers zum deutschen Volkssturm zur Verteidigung ihrer Heimat zu folgen". Und wiederum verkündete Kreisleiter Neuscheler den „heiligen Schwur" zur „unverbrüchlichen Treue für den Führer". Der Ruf „Volk ans Gewehr" habe auch die Bevölkerung am Oberrhein ergriffen. Sie kämpfe nun „den heiligen Volkskrieg" gegen den anstürmenden Feind. Deutschland sei „über Nacht ein einziges Heerlager geworden" und „werde niemals kapitulieren". Eine ähnliche Propagandaansprache hielt Neuscheler am 25. Oktober, als in der NSDAP-Ortsgruppe Oberau der erste Erfassungsappell von Freiburger Volkssturmmännern durchgeführt wurde [209].

Im Rahmen des Volkssturmaufgebotes wurden dann in Freiburg zwei Kompanien eines I. Bataillons aufgestellt, eine Schützen- und eine motorisierte Transportkompanie. In Straßburg hielt Gauleiter Wagner anläßlich des Vereidigungsappells der ersten Volkssturmbataillone seines Gaues am 12. November 1944 eine

[206] GLA Karlsruhe, 465 d/47 und Archiv des Instituts für Zeitgeschichte München, MA-138, auch zum folgenden Zitat.
[207] Ebda.
[208] Der Alemanne Nr. 280 v. 20. 10. 1944, S. 3; vgl. auch GLA Karlsruhe, 465 d/24: Neuschelers Bericht an die Gauleitung v. 31. 10. 1944, und 465 d/763: Der Gaupropagandaleiter v. 28. 10. 1944, wonach die Verkündung des „heiligen Volkskrieges" nunmehr Hauptaufgabe der NSDAP-Versammlungstätigkeit war.
[209] Der Alemanne Nr. 285 v. 26. 10. 1944, S. 3.

beschwörende Durchhalterede [210]. Er warnte vor den Eroberungsplänen der Feinde, die das deutsche Volk „zum Arbeitssklaven des internationalen Kapitalismus erniedrigen" wollten, und vor deren „mörderischen" Absichten, „die vornehmlich krankhaften jüdischen Gehirnen entsprungen" seien und „bis zur Vernichtung und Ausrottung unseres Volkes" reichten. Millionen deutscher Arbeiter würden in die Sowjetunion verschleppt werden, und deutsche Soldaten müßten künftig zwangsweise „für die Weltrevolution kämpfen". Diesem „satanischen Vernichtungswillen" eines „gottverlassenen, von den niedrigsten menschlichen Instinkten beherrschten barbarischen Feindes" gelte es nun mit dem Widerstand des ganzen Volkes, nämlich dem „Volkssturm", zu begegnen. Wagner erklärte, der Krieg solle „um die menschliche Gesittung und Kultur überhaupt" geführt werden. Jeder Deutsche habe die „heiligste Pflicht, von seiner Waffe überall und unter allen Umständen so lange Gebrauch zu machen, bis der Feind niedergeworfen ist". „Als unauslöschliche und tödliche Schande" werde es gelten, „sich dieser Pflicht und Ehre zu entziehen". Frauen und Kinder in der Heimat würden die nötigen Waffen für diesen Kampf schmieden. Doch bald mußten die Frauen und Kinder in Karlsruhe, Straßburg, Offenburg und Freiburg noch schwerere Not und Gefahr durchstehen, als Wagner sie propagiert hatte.

Am 12. und 26. November wurden auch die Freiburger Volkssturmmänner im Universitätsstadion auf Adolf Hitler vereidigt. Die Vereidigungsveranstaltung am 12. November fand absichtlich im Rahmen der jährlichen Partei-Gedenkfeier für den NS-Putschversuch in München vom 9. November 1923 statt, um dadurch den „hohen Geist des Opferwillens" für den Volkssturm zu dokumentieren [211]. Durch den alliierten Luftangriff vom 27. November bestand dann jedoch vorerst keine Einsatzmöglichkeit für den Freiburger Volkssturm mehr; erst im März 1945 konnte er wieder zusammengestellt werden [212]. Die Heranziehung der Männer zum Volkssturm führte allerdings auch dazu, daß beispielsweise die „Technische Nothilfe" in Freiburg schon im November den größten Teil ihres freiwilligen Personals nicht mehr zur freien Verfügung hatte, so daß in einem Ernstfall nicht darauf zurückgegriffen werden konnte.

Am 3. November 1944, als bereits gelegentlich der Geschützdonner von der immer näher heranrückenden Westfront im Elsaß zu hören war, folgte auf die mehrmaligen täglichen Fliegeralarmierungen wiederum ein verlustreicher Angriff auf Freiburg. Nachdem bereits „Vorentwarnung" gegeben worden war, tauchten überraschend sechzehn US-Jagdbomber der 9. taktischen Luftflotte über der Stadt auf und warfen zwischen 13.36 und 13.42 Uhr sieben Sprengbomben in die Nähe des Güterbahnhofs und Flugplatzes. Die Einschläge lagen in der Bismarckstraße/Ecke Rennweg, in der Elsässer Straße, Steinstraße, Waldkircher Straße/ Komturstraße. 16 Todesopfer, darunter drei Kinder und eine Schülerin, sowie 12 Verletzte waren zu beklagen; ferner wurden 72 Wohnhäuser leicht beschädigt (Abb. 96). Ein Blindgänger blieb in der Nähe des jüdischen Friedhofes am Aufdingerweg liegen. Er wurde am 5. November durch einen Feuerwerker des Sprengkommandos 4/XII entschärft und abtransportiert [213].

[210] Archiv des Instituts für Zeitgeschichte München, MA-138.
[211] Der Alemanne Nr. 300 v. 13. 11. 1944.
[212] StadtAF, B 1/328: Kriegschronik 1940–1945, Teil I.
[213] Ebda., B 1/328: Kriegschronik 1940–1945, Teil II und D.Aö.1.32 b, Bd. 2 v. 3.11.1944 mit Trefferskizze als Anlage; ferner BA-MA Freiburg, RM 7/301, S. 380; zu dem auf RM 187 000,– geschätzten Sachschaden siehe StadtAF, C 4/I/6/3; ferner: Headquarter USAF Historical Research Center, Research Division, Maxwell Air Force Base Alabama USA: Summary Reports by City of Bombing Attacks, 9. TAF.

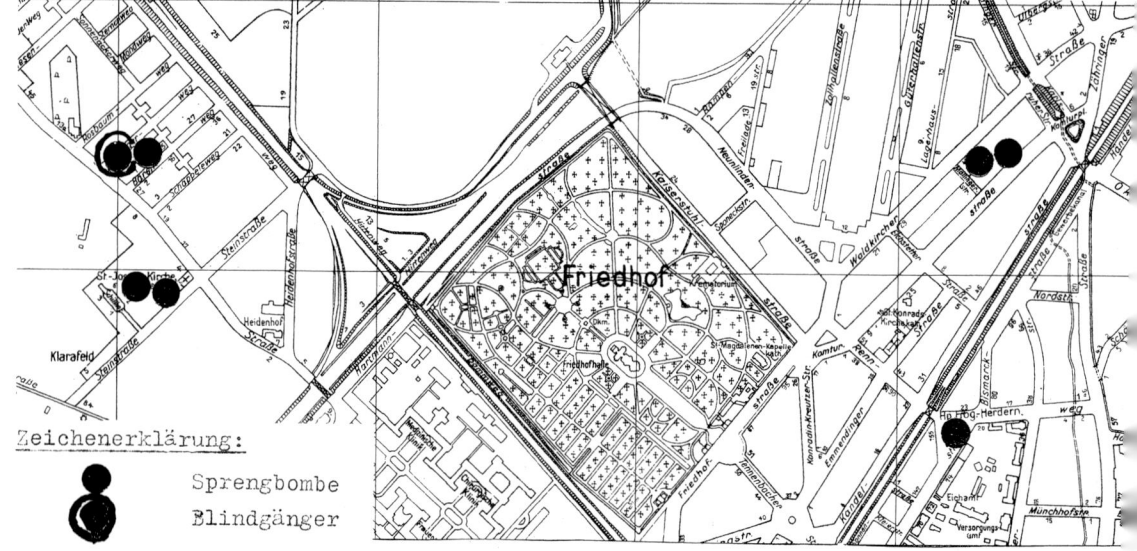

Zeichenerklärung:

● Sprengbombe
◐ Blindgänger

Abb. 96: Trefferskizze vom 3. November 1944 (StadtAF, D.Aö. 1.32 a)

Die für den gleichen Tag vormittags angesetzte öffentliche Trauerfeier auf dem Hauptfriedhof mußte wegen der Luftlage abgesagt werden. Schon tags zuvor waren Sprengbomben auf die Gemarkung und den Stadtrand Freiburgs geworfen worden. Sie fielen jedoch in freies Feld bzw. in Waldgebiet zwischen Lehen und Betzenhausen sowie im Roßkopfgebiet; sechs Wohngebäude wurden dabei leicht beschädigt. Am Vormittag des 5. November kam es zur Bombardierung Hochdorfs durch sechzehn US-Jagdbomber, der sechs Frauen, Kleinkinder und Jungen zum Opfer fielen. Die Beisetzungen der Opfer vom 3. November fanden dann schließlich einzeln am 8. November ohne offiziellen Trauerakt statt[214].

Fast regelmäßig gab es in den nächsten Novembertagen mehrmals öffentliche Luftwarnung mit anschließendem Fliegeralarm, so auch am 21. November um 15.15 Uhr. Fast gleichzeitig mit dieser Alarmierung erfolgte ein erneuter Bombenabwurf auf Freiburg (Gutleutstraße in Haslach), der ein Todesopfer und mehrere Verletzte verursachte. Auch dieser Angriff wurde von der 9. taktischen US-Luftflotte geflogen[215].

Der „Alemanne" berichtete in diesen Tagen fast ständig von angeblichen Abwehrerfolgen gegen die „Großoperationen des Feindes im Westen"[216], obwohl die Front immer näherrückte. Am 21. Oktober 1944 war bereits Aachen von der US-Armee erobert worden, und westlich von Freiburg schob sich die Hauptkampflinie an die Vogesen heran, da die Amerikaner und Franzosen von der Burgundischen Pforte nach Nordosten vordringen konnten. Am 21. November meldete die Zeitung, daß dem Feind der Einbruch ins Elsaß bei Altkirch zum Rhein gelungen sei. Belfort wurde ebenfalls am 21. November besetzt. Am 23. November wurde Straßburg von Truppen der 2. französischen Panzerdivision erobert, die im Rahmen der 7. US-Armee eingesetzt waren.

[214] StadtAF, D.Aö.1.32 b, Bd. 2, mit Trefferskizze; ebda., C 4/XI/31/4, dort auch Kondolenzschreiben von Oberbürgermeister Kerber, in dem er darauf hinwies, daß die Opfer für „Großdeutschland" und „für die Freiheit unseres Volkes" erfolgten.
[215] Ebda., D.Aö.1.32 b, Bd. 2; C 4/XI/31/4; BA-MA Freiburg, RM 7/301; Headquarter USAF Historical Research Center, Research Division, Maxwell Air Force Base Alabama USA: Summary Reports by City of Bombing Attacks, 9. TAF.
[216] Siehe Der Alemanne Nr. 305 v. 18./19.11.1944; Nr. 306 v. 20.11.1944; Nr. 307 v. 21.11.1944; Nr. 308 v. 22.11.1944; Nr. 309 v. 23.11.1944; Nr. 310 v. 24.11.1944; Nr. 311 v. 25./26.11.1944.

Reichsdeutsche wurden nun beschleunigt aus dem Elsaß evakuiert. Viele versammelten sich in Freiburg; so auch die Mitarbeiter und Bediensteten der am 20. November 1944 geräumten Post- und Fernmeldeämter von St. Ludwig und Mülhausen. Sie konnten noch in Omnibussen zum Postamt nach Freiburg transportiert werden, obwohl gerade viele staatliche Dienststellen und Behörden im Elsaß fluchtartig geräumt werden mußten, weil aufgrund einer Anweisung Gauleiter Wagners kein ordnungsgemäßer und rechtzeitiger Abtransport vorbereitet worden war. Der Präsident der Reichspostdirektion Karlsruhe, Kölsch, beklagte sich in einem Bericht vom 25. November an das Reichspostministerium in Berlin über diese unterlassenen Vorbereitungen für entsprechende Räumungsmaßnahmen in seinem Bereich. Er machte dafür den Umstand verantwortlich, daß das Wort Räumung „aus dem Sprachschatz gewisser Herren verbannt" sei, und kritisierte damit indirekt die Haltung von Gauleiter Wagner[217].

Noch wurde Ende November jedoch von der 19. Armee der Brückenkopf um Colmar/Breisach gehalten. Südlich bei Mülhausen und nördlich bei Straßburg standen die 1. französische Armee und die 7. US-Armee allerdings bereits am Rhein (siehe die Frontlinie auf der Karte S. 397/98).

Das am 12. November vereidigte 1. Freiburger Volkssturmbataillon wurde am 21. November kaserniert zusammengezogen und am 24. nach Breisach und Neubreisach verlegt, um dort Gräben, Panzerhindernisse und Schützenstellungen auszuheben, während in der Stadt ein 2. Bataillon aufgestellt und am 26. November vereidigt wurde.

Seit September fuhren viele Wehrmachtsverbände auf ihrem Rückweg aus dem Elsaß durch Freiburg. Die Bahnhofsgegend wurde zu einem „Brennpunkt des Geschehens"; „hier flutet alles zusammen", beschrieb ein Beobachter das ständige Kommen und Gehen der Militäreinheiten[218]. Unter anderem wurden auch Sanitätseinheiten aus Straßburg nach Freiburg zurückverlegt. Für die Verwundeten eröffnete Kreisleiter Neuscheler am 20. November ein neu eingerichtetes Tagesheim in der Adolf-Hitler-Straße 170. Sobald es die Luftlage erlaubte, wurden die Verwundeten in den Abendstunden des 25./26. November (Samstag/Sonntag) aus den in der Stadt untergebrachten Luftwaffenlazaretteinheiten auf dem Güterbahnhof zum Abtransport verladen.

Die rege Verladetätigkeit auf dem Güterbahnhof erfolgte gleichsam unter den wachsamen Augen amerikanischer Aufklärungsflugzeuge, die ständig ihre Luftbildaufnahmen von den Bahnanlagen Freiburgs machten. Davon wußten die Freiburger aber nichts; sie konnten dies allenfalls nur vermuten, wenn einzelne Maschinen hoch über der Stadt hinwegflogen und keine Bomben abwarfen. Die überlieferten Luftbildaufnahmen in England und in den USA bezeugen nachträglich diese rege Luftaufklärung über Freiburg (Abb. 97–99).

Aufgrund des Näherrückens der Front erhielt Freiburg am 1. November 1944 mit Generalmajor Hans Knoerzer, der seit 1942 Kommandant der Feldkommandantur 529 im besetzten Frankreich gewesen war, einen neuen „Wehrmachtskommandanten", dem alle Truppen zur Verteidigung der Stadt unterstellt waren (Abb. 100)[219].

Angesichts dieser Kriegsentwicklung seit Sommer 1944 bemühte sich die Stadtverwaltung, den Ausbau der Schutzräume verstärkt voranzutreiben. Das Hoch-

[217] BA Koblenz, R 48/4: Bericht v. 25.11.1944 mit Anlagen.
[218] StadtAF, B 1/328: Kriegschronik 1940–1945, Teil I.
[219] Generalmajor Knoerzer (1.4.1889–29.9.1969) war bis 31.3.1945 Wehrmachtskommandant von Freiburg, vgl. BA-MA Freiburg, MSg 109/1340.

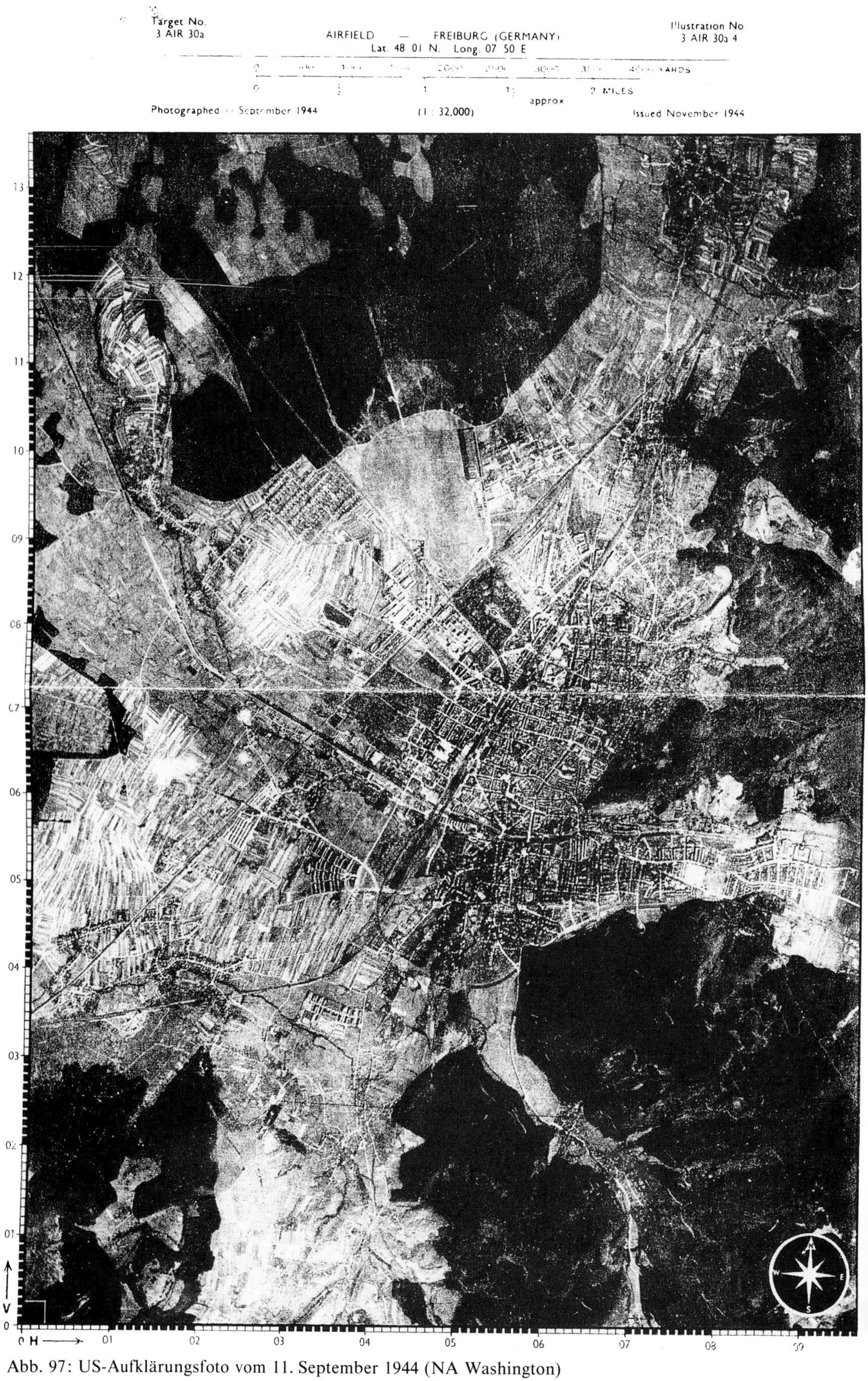

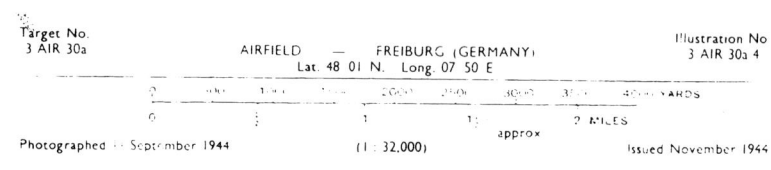

Target No.
3 AIR 30a
AIRFIELD — FREIBURG (GERMANY)
Lat. 48 01 N. Long. 07 50 E
Illustration No
3 AIR 30a 4
YARDS
MILES
approx
Photographed September 1944
(1 : 32,000)
Issued November 1944

Abb. 97: US-Aufklärungsfoto vom 11. September 1944 (NA Washington)

Target No.
6 (d) (ii) 31

RAILWAY CENTRE — FREIBURG (GERMANY)
G.S.G.S. 4416. Sheet X 2.
WW 081336.

Lat. 48° 00′ N.
Long. 07° 51′ E.

Illustration No.
6 (d) (ii) 31 8

Photographed 12 September 1944   (1 : 12,000)   approx   Issued February 1945

1. RECEPTION FORWARDING SIDINGS.
2. SORTING SIDINGS.
2a. DIVERGING LINES AT ENTRANCE TO SORTING SIDINGS.
2b. CONVERGING LINES AT EXIT FROM SORTING SIDINGS.
3. SHUNTING NECK.
4, 5. LOCOMOTIVE DEPOTS.
6. GOODS DEPOT.
7. EXPRESS GOODS DEPOT
8. STATION.
9, 10. CARRIAGE SIDINGS.
11–18. RAIL OVER ROAD BRIDGES.
19, 20. RAIL OVER ROAD AND STREAM BRIDGES.
21–24. ROAD OVER RAIL BRIDGES.
25, 26. RAIL OVER RAIL BRIDGES.
27. JUNCTION AT SOUTH END OF RAILWAY CENTRE.
28. JUNCTION AT NORTH END OF RAILWAY CENTRE.

Abb. 98: US-Aufklärungsfoto vom 12. September 1944 (NA Washington)

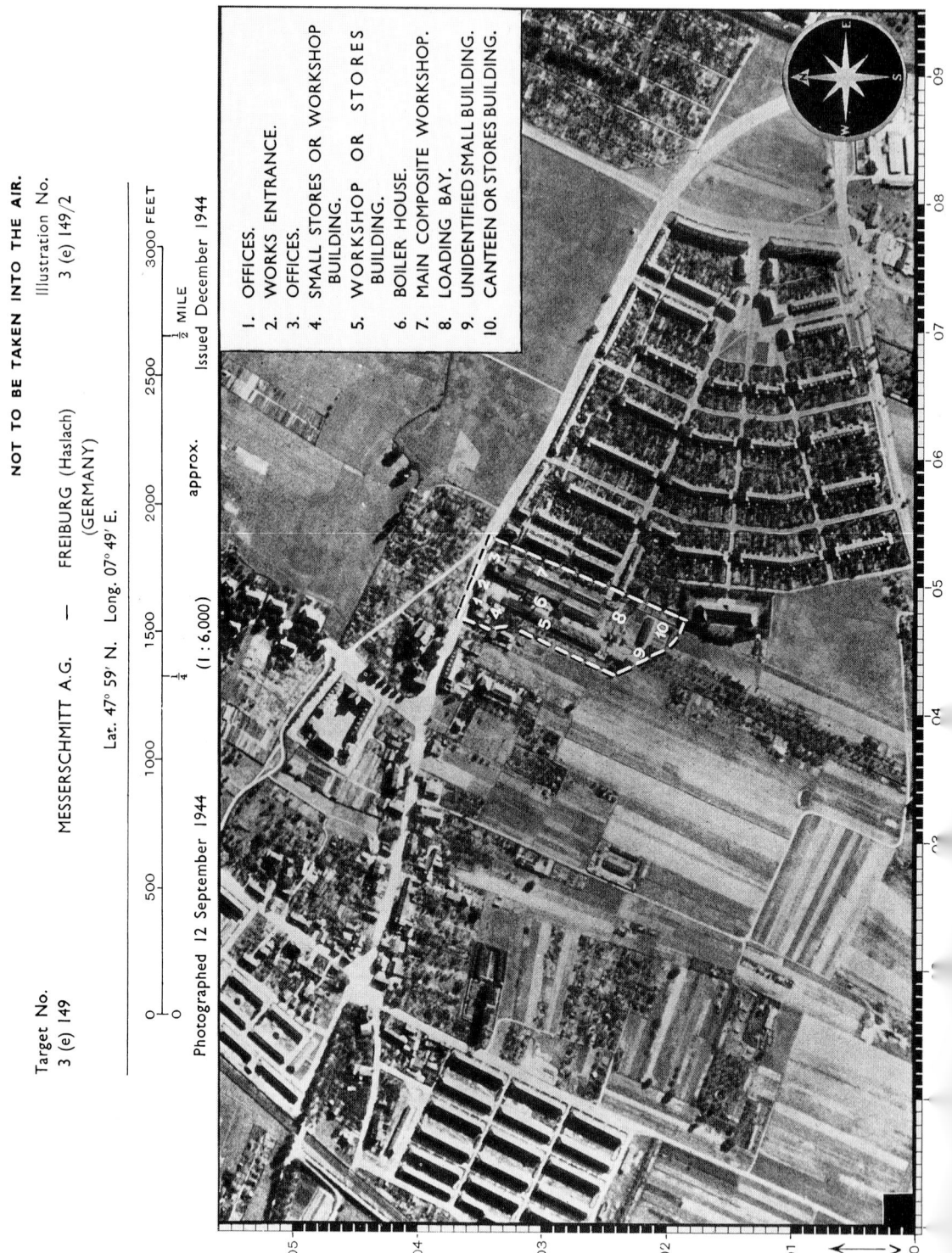

Abb. 99: US-Zielfoto der Firma Fortschritt (damals Zulieferungsbetrieb für die Messerschmitt A.G., Augsburg), erstellt aus dem Aufklärungsfoto vom 12. September 1944 (NA Washington)

Abb. 100: Generalmajor Hans Knoerzer
(BA-MA Freiburg Msg 109/1340)

bauamt nahm im August 1944 Planung und Ausbau der Stollenanlage entlang des Augustinerwegs und der Kartäuserstraße für weitere 120 m Länge in Angriff[220]. Die Versäumnisse in den Jahren vor Kriegsbeginn und in der ersten Kriegszeit konnten jedoch nicht mehr aufgeholt werden. Es fehlte nach wie vor an ausreichendem bombensicherem Schutzraum in Luftschutzstollen oder Bunkern. Hochbunker gab es in Freiburg gar keine. Anfang September stellte der örtliche Luftschutzleiter fest, daß in nächster Zeit – den weiteren Ausbau der Stollenanlagen planmäßig vorausgesetzt – etwa 8100 Personen bombensicherer Luftschutz gewährt werden könne[221].

Tab. 5: Schutzmöglichkeiten für die Freiburger Bevölkerung in den Stollen:

a) Schloßbergstr. 15 für		1500 Personen
b) Schloßbergstr. 1 für		400 Personen
c) Schloßbergstr. 5 für		350 Personen
d) Hirzberg (Wehrmacht) für		450 Personen
e) Ludendorffstr. (3 Stollen) für		1300 Personen
f) Hörchersberg für		300 Personen
g) St. Georgen für		300 Personen
	zusammen	4600 Personen,
ferner seien folgende Stollen im Bau:		
h) Schloßbergstr. 7–11 (nahezu fertig) für		1450 Personen
i) Schloßberg-Süd an der Kartäuserstraße (begonnen) für		1600 Personen
k) Waldsee (Privataktion) für		450 Personen
	zusammen insgesamt	8100 Personen.

[220] Die regen Freiburger Bemühungen um den weiteren Ausbau des LS-Stollens „am Südabhang des Schloßbergs" belegt auch ein Schreiben des Sachbearbeiters für zivile Luftkriegsmaßnahmen in der Gauleitung in Straßburg an den NSDAP-Kreisleiter in Freiburg v. 31.8.1944, Archiv des Instituts für Zeitgeschichte München, MA-138.
[221] StadtAF, M 12, Rolle 42; Die Aufstellung vom 6.9.1944 befindet sich ebda., C 4/XI/30/4.

Allerdings rechnete man damit, diese Luftschutzräume „im Bedarfsfall mit einer wesentlich stärkeren Belegung" nutzen zu können. Dazu kamen noch Schutzmöglichkeiten für 4200 und 4700 Personen durch vom Reich oder der Stadt hergestellte „einfache" Luftschutzräume (Abb. 101 auf S. 391/92).

Nach den Bestimmungen der „Reichsstelle für Raumordnung" für den „Reichsumquartierungsplan" vom März 1944 sollten eigentlich 36 000 Personen aus Freiburg ausquartiert werden, da die Stadt nach Mannheim, Straßburg und Karlsruhe nunmehr an vierter Stelle als „besonders luftgefährdet" galt. Irgendwelche Evakuierungsvorbereitungen existierten jedoch nicht. Gauleiter Wagner hatte bislang keine Maßnahmen für eine Zwangsumsiedlung eingeleitet, zumal für ihn feststand, daß der Westwall von den Westalliierten nicht durchbrochen werden könne. Statt dessen befanden sich in Freiburg Ende Juli 1944 zusätzlich 6323 Umquartierte aus dem Gebiet Westfalen-Süd, für das Baden schon nach dem bestehenden „Reichsumquartierungsplan" von 1943 ein sogenannter „Aufnahmegau für Obdachlose" war; darunter waren 1206 Kleinkinder bis sechs Jahre, 1957 Schulkinder bis zehn Jahre, 563 Schulkinder über zehn Jahre und 2597 Erwachsene [222].

Die Luftabwehr- und Luftschutzsituation war im Herbst 1944 im gesamten Reich ausgesprochen desolat. Als zuverlässigste Maßnahme gegen die Flächenbombardements hatten sich betonierte Hochbunker und ausgebaute Felsenstollen erwiesen. Ebenso wie in Freiburg entsprach deren vorhandene Anzahl auch in anderen Städten jedoch bei weitem nicht dem Bedarf. Die Wucht der alliierten Angriffe überstieg alle Kräfte der deutschen Luftschutzverbände. Eine Bereitstellung von ausreichendem Luftschutzpersonal scheiterte grundsätzlich an den ständigen Personalforderungen von Wehrmacht und Kriegswirtschaft.

Um die Bevölkerung aufgrund der nähergerückten Front im Westen wenigstens besser und schneller über die Bombergefahr zu unterrichten, wurde zusätzlich zu den Luftlagewarnungen über Drahtfunk seit August 1944 das Luftlagebild für größere Orte im Klartext über die Kurzwellensender der Rundfunkanstalten ausgestrahlt. Außerdem führte man ab Oktober 1944 für die frontnahen Gebiete im Westen die neue Alarmierungsstufe „Akute Luftgefahr" mit zwei kurzen Sirenenheultönen von insgesamt acht Sekunden ein, die dazu verpflichtete, unverzüglich die nächsten Luftschutzräume aufzusuchen [223].

Durch öffentliche Bekanntgabe in der NS-Zeitung „Der Alemanne" vom 30. Oktober 1944 wurde die Freiburger Bevölkerung zudem über das Alarmierungsverfahren und die Bekanntmachung der Luftlagemeldungen informiert. Um das Ansehen der Partei zu stärken, wurde dabei ausdrücklich betont, daß diese Meldungen „durch Vermittlung der Kreisleitung der NSDAP Freiburg" erfolgen würden. Den Zeitungsbericht ergänzend, war eine Luftlagekarte für den Freiburger Raum abgebildet, um die für das örtliche Warngebiet jeweils durchgegebenen Meldungen besser verfolgen zu können (Abb. 102) [224]. In dem Bericht wurde außerdem aufgrund der Angaben des Polizeipräsidenten die Sorglosigkeit und Nachlässigkeit beim luftschutzgemäßen Verhalten der Bewohner beklagt. Polizeipräsident Henninger drohte deswegen verstärkte Kontrollen und Strafmaßnahmen an.

[222] Siehe GLA Karlsruhe, 465 d/52: Zusammenstellung der Gauleitung Baden Volkswohlfahrt über Umquartierungen aus Luftschutzgründen v. 25.7.1944; Dokumente Deutscher Kriegsschäden, Bd. 2/1, S. 153 ff., 164.
[223] Der Alemanne Nr. 266 v. 4.10.1944, S. 3.
[224] Ebda. Nr. 288 v. 30.10.1944, S. 4.

Eine Karte zu den örtlichen Luftlagemeldungen

Drei Bereiche unseres Warngebietes – Kraftfahrer vor Tiefflieger warnen – Gut verdunkeln!

Durch Vermittlung der Kreisleitung der NSDAP. Freiburg erhält die Freiburger Bevölkerung über den Freiburger Sender und den Drahtfunk örtliche Luftlagemeldungen. Diese Meldungen, die auch sowohl durch den Äther wie durch den Drahtfunk in ganz Oberbaden und am Hochrhein mitgehört werden können, sprechen stets von einem inneren, mittleren und äußeren Bereich unseres Warngebiets. Wir veröffentlichen heute eine Karte unseres Warngebiets mit den drei Bereichen. An Hand dieser Karte können unsere Leser beim Hören der Luftlagemeldungen stets verfolgen, wo sich die feindlichen Flugzeuge im Augenblick aufhalten bzw. wohin sie etwa fliegen.

Die Frontnähe unseres Gebiets bedingt allerdings, daß über diese Warnungen durch die Luftlagemeldungen hinaus vor allem im Lande und in bestimmten Bereichen stets besondere Vorsicht bewahrt werden muß. Feindliche Flieger können sich oft überraschend einem Ziele nähern. Fußgänger und Radfahrer, die über Land gehen oder fahren, mögen auch stets daran denken, **Kraftfahrzeuge durch Hinaufdeuten in die Luft auf Tiefliegergefahr** aufmerksam zu machen. Besondere Beachtung ist weiterhin der **Verdunkelung** zu schenken.

Hierzu teilt der **Polizeipräsident** als örtlicher LS.-Leiter mit: Es besteht erneut die Notwendigkeit, auf die Verdunkelungsdisziplin hinzuweisen, die in letzter Zeit vielfach durch eine unangebrachte Sorglosigkeit stark vernachlässigt wurde. Es ist immer wieder, insbesondere von erhöhten Standpunkten, zu beobachten, daß in nicht verdunkelten Räumen von Wohnhäusern und sonstigen Gebäuden Licht eingeschaltet wird. Aber auch hinsichtlich der totalen Verdunkelung von Wohn- und sonstigen Gebäuden ist eine große Gewissenlosigkeit eingerissen, die in Anbetracht der Frontnähe nicht mehr länger verantwortet werden kann. Gleichzeitig weise ich auf das undisziplinierte Verhalten der öffentlichen Verkehrsmittel, Kraftfahrer und Radfahrer bezüglich der Verdunkelung hin. Straßenpassanten lassen immer noch bei Verwendung von Hand- und Taschenlampen die er-

forderliche Gewissenhaftigkeit vermissen. (Blaues Licht.)

Alle Volksgenossen werden daher dringend aufgefordert, ihre Verdunkelungseinrichtungen nochmals zu überprüfen und **die Mängel unverzüglich abzustellen**.

Ich werde durch unvermutet einsetzende Verdunkelungskontrollen die Verdunkelung im gesamten Stadtgebiet überprüfen lassen und dabei jede in bezug auf die Verdunkelung festgestellte Nachlässigkeit und Fahrlässigkeit empfindlich bestrafen. Bei schweren Verstößen werde ich die Anzeige an das Gericht weiterleiten und außerdem das Stromentziehungsverfahren einleiten.

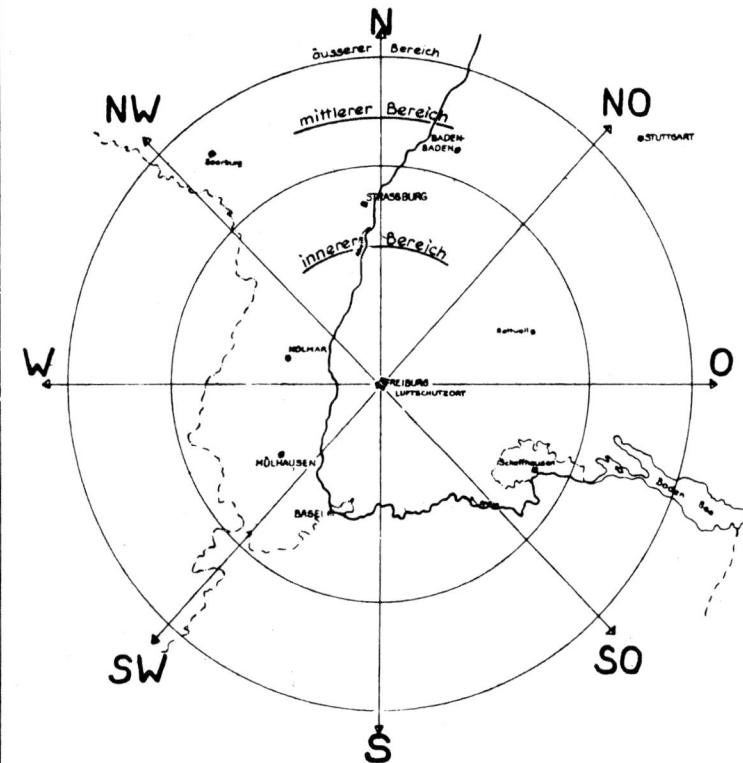

Abb. 102: Luftlagekarte für Luftwarnung und Fliegeralarm im Raum Freiburg (Der Alemanne vom 30.10.1944)

Die allgemeine Misere bei Luftabwehr und Luftschutz konnte auch eine Neuregelung der Zuständigkeitsbereiche nicht abschaffen. So blieb es für die Effektivität des Reichsluftschutzbundes weitgehend ohne Wirkung, daß die Organisation am 25. Juli 1944 statt wie bislang der Luftwaffe Görings nunmehr der NSDAP unterstellt wurde [225]. Statt dessen wurden in den Augen der Öffentlichkeit Luftschutzangelegenheiten nunmehr zur Parteisache (siehe Abdruck des Erlasses in Abb. 103). Die individuelle Bereitschaft zur Mitarbeit ließ dadurch eher nach.

Im Freiburger Raum stand im November 1944 auch weiterhin keine ausreichende Luftabwehr durch Flak-Verbände zur Verfügung. Zwar wurde in der Zeit vom Herbst 1943 bis Herbst 1944 die Anzahl der Flak-Großverbände in der Heimatluftverteidigung von 13 auf 20 erhöht. Die immer größere Angriffshöhe der

[225] Reichsgesetzblatt Teil I, Nr. 35 v. 2.8.1944, S. 165.

Reichsgesetzblatt
Teil I

| 1944 | Ausgegeben in Berlin am 2. August 1944 | Nr. 35 |

Erlaß des Führers
über den Selbstschutz im Luftkrieg und den Reichsluftschutzbund.
Vom 25. Juli 1944.

Auf Vorschlag des Reichsministers der Luftfahrt und Oberbefehlshabers der Luftwaffe sowie des Leiters der Partei-Kanzlei bestimme ich:

1. Die Nationalsozialistische Deutsche Arbeiterpartei übernimmt die Führung und den organisatorischen Ausbau des Selbstschutzes sowie den Einsatz der Selbstschutzkräfte. Die Befugnisse des örtlichen Luftschutzleiters bleiben unberührt.

2. Der Reichsluftschutzbund ist eine von der Nationalsozialistischen Deutschen Arbeiterpartei betreute Organisation. Die Betreuung erfolgt nach den Weisungen des Leiters der Partei-Kanzlei.

Änderungen der Satzung des Reichsluftschutzbundes bedürfen des Einvernehmens des Leiters der Partei-Kanzlei.

3. Dem Reichsluftschutzbund obliegt nach den Weisungen des Reichsministers der Luftfahrt und Oberbefehlshabers der Luftwaffe die luftschutztechnische Schulung und Beratung der Bevölkerung.

4. Durchführungsbestimmungen erläßt der Leiter der Partei-Kanzlei, soweit erforderlich im Einvernehmen mit dem Reichsminister der Luftfahrt und Oberbefehlshaber der Luftwaffe.

Führer-Hauptquartier, den 25. Juli 1944.

Der Führer
Adolf Hitler

Der Reichsminister und Chef der Reichskanzlei
Dr. Lammers

Der Leiter der Partei-Kanzlei
M. Bormann

Abb. 103: Reichsgesetzblatt vom 2. August 1944 zum Erlaß vom 25. Juli 1944 über den Reichsluftschutzbund

Bomber machten jedoch die leichte und mittlere Flak bei den nächtlichen Angriffen auf die Städte weitgehend wertlos. Im Sommer 1944 befahl das Oberkommando der Luftwaffe die Aufstellung besonderer Flakeinheiten als Eisenbahntransportbatterien. Doch auch diese Abwehrmaßnahme konnte die Zerstörung der wichtigen Verbindungs- und Verkehrswege nicht abwenden. Durch Störung der Flak-Funkmeßgeräte gelang es den Alliierten, die Wirkungsmöglichkeit auch der schweren Flakartillerie am Tage und in der Nacht weitgehend einzuschränken. Die Abschußrate der Flak lag bei Tag um 0,8 Prozent und bei Nacht um 0,65 Prozent, so daß die Angloamerikaner keine nennenswerten Verluste erlitten. Dennoch entschied Hitler nach einer Besprechung in seinem „Führerhauptquartier" am 4. November 1944 als Maßnahme zur vordringlichen Sicherung des Reichsgebietes anstelle der Nachtjagd mit dem Strahljäger Me 262 die Feuerkraft der Flakabwehr durch Umsteuerung der gesamten Rüstungsproduktion entscheidend zu verstärken. Die Auswirkungen dieses Befehls traten jedoch nicht vor Anfang 1945 in Erscheinung.

Erlaß des Führers
über die Bildung
des deutschen Volkssturmes

Nach fünfjährigem schwerstem Kampf steht infolge des Versagens fast aller unserer Verbündeten der Feind an einigen Fronten in der Nähe oder an den deutschen Grenzen. Er strengt seine Kräfte an, um unser Reich zu zerschlagen, das deutsche Volk und seine soziale Ordnung zu vernichten. Sein letztes Ziel ist die Ausrottung des deutschen Menschen. Trotzdem ist unsere Lage keine andere, als sie im Herbst 1939 war. Damals standen wir ganz allein der Front unserer Feinde gegenüber. In wenigen Jahren ist es uns gelungen, durch einen ersten Großeinsatz unserer deutschen Volkskraft die wichtigsten militärischen Probleme zu lösen, den Bestand des Reiches und damit Europas für Jahre hindurch zu sichern. Während nun der Gegner glaubt, zum letzten Schlag ausholen zu können, sind wir entschlossen, den zweiten Großeinsatz unseres Volkes zu vollziehen. Es muß und wird uns gelingen, wie im Jahre 1939 ausschließlich auf unsere eigene Kraft bauend, nicht nur den Vernichtungswillen der Feinde zu brechen, sondern sie wieder zurückzuwerfen und so lange vom Reich abzuhalten, bis ein die Zukunft Deutschlands und seiner Verbündeten und damit Europas sichernder Friede gewährleistet ist. Dem uns bekannten totalen Vernichtungswillen unserer jüdisch-internationalen Feinde setzen wir den totalen Einsatz aller deutschen Menschen entgegen.

Zur Verstärkung der aktiven Kräfte unserer Wehrmacht und insbesondere zur Führung eines unerbittlichen Kampfes überall dort, wo der Feind den deutschen Boden betreten will, rufe ich daher alle waffenfähigen deutschen Männer zum Kampfeinsatz auf.

Ich befehle:

1. Es ist in den Gauen des großdeutschen Reiches aus allen waffenfähigen Männern im Alter von 16 bis 60 Jahren der deutsche Volkssturm zu bilden. Er wird den Heimatboden mit allen Waffen und Mitteln verteidigen, soweit sie dafür geeignet erscheinen.

2. Die Aufstellung und Führung des deutschen Volkssturmes übernehmen in ihren Gauen die Gauleiter. Sie bedienen sich dabei vor allem der fähigen Organisatoren und Führer der bewährten Einrichtungen der Partei, SA, SS, des NSKK und der HJ.

3. Ich ernenne den Stabschef der SA S c h e p m a n n zum Inspekteur für die Schießausbildung und den Korpsführer des NSKK K r a u s zum Inspekteur für die motortechnische Ausbildung des deutschen Volkssturmes.

4. Die Angehörigen des deutschen Volkssturmes sind während ihres Einsatzes Soldaten im Sinne des Wehrgesetzes.

5. Die Zugehörigkeit der Angehörigen des deutschen Volkssturmes zu außerberuflichen Organisationen bleibt unberührt. Der Dienst im deutschen Volkssturm geht aber jedem Dienst in anderen Organisationen vor.

6. Der Reichsführer SS ist als Befehlshaber des Ersatzheeres verantwortlich für die militärische Organisation, die Ausbildung, Bewaffnung und Ausrüstung des deutschen Volkssturmes.

7. Der Kampfeinsatz des deutschen Volkssturmes erfolgt nach meinen Weisungen durch den Reichsführer SS als Befehlshaber des Ersatzheeres.

8. Die militärischen Ausführungsbestimmungen erläßt als Befehlshaber des Ersatzheeres Reichsführer SS H i m m l e r, die politischen und organisatorischen in meinem Auftrage Reichsleiter B o r m a n n.

9. Die Nationalsozialistische Partei erfüllt vor dem deutschen Volk ihre höchste Ehrenpflicht, indem sie in erster Linie ihre Organisationen als Hauptträger dieses Kampfes einsetzt.

Adolf Hitler

Abb. 104: „Erlaß des Führers über die Bildung des deutschen Volkssturms" (Plakat)

Eine in Freiburg vorübergehend stationierte leichte Flakbatterie war Ende Oktober 1944 wieder abgezogen worden. Als Flakartillerie befanden sich danach nur Teile einer Eisenbahnflak-Batterie bei Breisach-Ihringen und im Alarmfall etwa drei Fünftel der mittleren Heimatflakbatterie 46/VII im Umkreis der Stadt (Abb. 105). Diese Einheiten unterstanden nach Umbildung der 9. Flakbrigade in die 28. Flakdivision deren Stab in Rastatt/Herrenalb. Die Einheiten der im Elsaß versammelten 13. Flakdivision mit Gefechtsstand in Schlettstadt waren aus-

Abb. 105: Karte „Flakverbände im Raum Freiburg" vom 24.11.1944 (BA Freiburg)

nahmslos zur Unterstützung der Heeresfront in den Vogesen eingesetzt. Zum Schutz der Breisacher Brücke standen dort mehrere 8,8 cm-Geschütze der 506. schweren Flakabteilung; sie konnten jedoch nicht beweglich eingesetzt werden und litten unter Munitionsmangel [226].

Die Heimatflakbatterie 46/VII bestand aus neun Geschützen mit drei Scheinwerfern; jeweils drei Geschütze der Batterie standen am Flugplatz, in Betzenhausen-Bischofslinde (Lehener Straße) und bei der Eschholzstraße (Haslacher Straße). Sie waren mit ehemals sowjetischen 3,7-cm-Kanonen ausgestattet; als Bedienungspersonal waren seit Dezember 1943 Freiburger Schüler der Wirtschaftsoberschule als Luftwaffenhelfer eingeteilt (Abb. 106) [227]. Die Heimatflakbatterie 46/VII hatte in ihrer Bezeichnung noch den Hinweis auf das Unterstellungsverhältnis unter das Luftgaukommando VII, obwohl der Bereich Freiburg bei der Aufteilung des Luftgaus VII ab 25. September 1944 dem neu errichteten teilweise aus Paris zurückgekommenen Stab des Luftgaukommandos V in Stuttgart unter Generalleutnant Herbert Rieckhoff unterstellt war. Bei den leichten und mittleren Flakeinheiten mit 2-cm- bzw. 3,7-cm-Geschützen ging damals das geflügelte Wort um: „Nur nicht nach oben schießen, sonst werfen sie Bomben". Denn die in großer Höhe einfliegenden Bomber konnten mit diesen Flak-Geschützen nicht erreicht werden, da sie nur bis 2000 m Höhe Treffsicherheit besaßen.

Abb. 106: Freiburger Luftwaffenhelfer am Flugabwehr-Geschütz (StadtAF)

[226] BA-MA Freiburg, RL 5/421 und Kart 41/96, 100; vgl. ferner Norbert Krüger: Zum Untergang Alt-Freiburgs und Breisachs. Eine Ergänzung. In: Schau-ins-Land. 91. Jahresheft des Breisgau-Geschichtsvereins Schauinsland (1973), S. 105–111.
[227] StadtAF, B 1/328: Kriegschronik 1940–1945; vgl. Walter Engmann: Wirtschaftsoberschüler in den Kriegsjahren 1939–1945. In: 1926–1986 Festschrift zum 60jährigen Bestehen des Walter-Eucken-Gymnasiums mit Handelslehranstalt I Freiburg im Breisgau. o.J., S. 81, 105f.

IV.

Totaler Luftkrieg gegen Industriezentren und rückwärtige Verkehrsnetze im Herbst 1944

1. Alliierte Luftkriegsziele ab Oktober 1944

Ende September 1944 wurde das britische Bomber-Kommando, das damals etwa 1500 Bomber umfaßte, aus der Unterstellung des obersten alliierten Hauptquartiers S.H.A.E.F. (Supreme Headquarters Allied Expeditionary Forces) unter US-General Eisenhower entlassen und wieder dem Einsatzbefehl des britischen Luftwaffen-Stabschefs (Chief of the Air Staff), Luftmarschall Sir Charles Portal, unterstellt. Im Anschluß daran erhielt Luftmarschall Harris die Direktive, sowohl Angriffe gegen Industriezentren – insbesondere gegen Produktionswerke für Treibstoff im Ruhrgebiet – als auch Bombardements gegen die Verkehrsanlagen und das Transportnetz in Westdeutschland zur Unterstützung der Heeresoperationen anzusetzen [1].

Für beide Einsatzbereiche hielt das Bomber Command im Gegensatz zu Luftmarschall Portal, der mehr Präzisionsangriffe gegen die Erdölindustrie verlangte, am Prinzip des massierten Flächenbombardements bei Nacht fest. Da fast alle größeren Städte im Reich zugleich als wichtige Verkehrsknotenpunkte anzusehen waren, konnten im Rahmen dieses Auftrages Vernichtungsangriffe gegen jede Stadt hinter der allmählich zurückweichenden Westfront geflogen werden, zumal man dadurch den Vormarsch der Angloamerikaner unterstützte. Aus deutscher Sicht ergab sich dadurch eine zugespitzte Lage: „Jetzt wurde das harmloseste Nest als militärisch wichtig angesehen und wirtschaftlich bedeutungslose Mittelstädte ohne ersichtliche militärische Notwendigkeit zu Dutzenden aufs schwerste verwüstet, nur weil sie einen Bahnhof hatten oder weil sie ‚dran‘ waren" [2].

Die westalliierten Angriffe erfolgten im Besitz der Luftherrschaft über Deutschland und in Anbetracht der günstigen Reichweiten aus dem zurückeroberten und nunmehr selbst gesicherten Raum über Nordfrankreich und Belgien, so daß die Auswahl der Stadtziele durch das alliierte „Combined Strategic Targets Committee" gleichsam ungehindert und uneingeschränkt vorgenommen werden konnte. In Nordfrankreich eingesetzte bewegliche Oboe-Funkstrahlstationen erlaubten den angloamerikanischen Luftflotten zudem ein noch tieferes Eindringen in das Reich als bisher.

---

[1] PRO London, AIR 20/6110: Operations „Hurricane I" and „Hurricane II" v. 13.10.1944 von Air Marshal Sir Norman H. Bottomley and Directive No. 2 vom 1.11.1944 an Bomber Command; ebda., AIR 14/3453: Bomber Command Quarterly Review No. 11 October-December 1944; siehe auch Martin Middlebrook / Chris Everitt: The Bomber Command War Diaries. An operational reference book, 1939–1945. Bungay 1985, S. 565 f.
[2] Hans Rumpf: Der Irrweg des Bombenkrieges. In: Wehrwissenschaftliche Rundschau 10 (1960), S. 548–554, hier S. 552.

Die fortgesetzten Angriffe der Alliierten auf die deutsche Treibstoff- und Flugzeugindustrie sowie auf Engpaßwerke der chemischen Industrie waren ab Sommer 1944 außerordentlich erfolgreich, so daß die Luftverteidigung über dem
Reich „aus Mangel an Treibstoff in Frage gestellt" wurde, wie eine Studie des
deutschen Luftwaffengeneralstabes feststellte[3]. Die Heimatluftverteidigung
wurde allerdings auch bewußt vernachlässigt, da Hitler Ende Juni 1944 angeordnet hatte, die durch die gleichzeitig verfügte Produktionseinstellung vom Kampf-
flugzeugen freiwerdende Kapazität für Produktion und Ausbildung von Jägern
und Jagdflugzeugen an der Front und nicht zur Luftverteidigung der deutschen
Städte und Industrie zu verwenden. Feldmarschall Milch konnte dann auch im
August 1944 nur einen Anteil von 20 Prozent der Jägerproduktion der Heimatluftverteidigung zur Verfügung stellen.

Die Arbeit der verbliebenen geringfügigen deutschen Luftverteidigungskräfte
wurde zudem durch das Näherrücken der Front und den Verlust ihres Vorfeldes
erheblich erschwert, da keine ausreichend vorgeschobene Glacis- und Einflug-
zone mehr bestand, die Zeit für geeignete Luftschutz- oder Luftabwehrreaktionen
gelassen hätte. Nachdem der deutsche Eisenbahnverkehr bis zum Rhein zurückverlegt werden mußte, weil die Alliierten bereits im November 1944 am Oberrhein den Flußlauf erreichten, setzten die alliierten Luftstreitkräfte zur Zerschla-
gung des Verkehrs- und Wasserstraßennetzes östlich des Rheins an.

Die Luftangriffe der RAF-Bomber wurden im Herbst 1944 im Rahmen des bislang erfolgreich praktizierten „Pfadfinder"- und Leuchtmarkierungssystems mit
Boden- und Luftmarkierern nochmals verfeinert, indem man das zeitliche Zusam-
mentreffen der Bomber über der anzugreifenden Stadt auch in engem räumli-
chem Rahmen hielt, so daß sich bei kurzer Angriffszeit eine konzentrierte
Wirkung durch eine größere Zahl von Flugzeugen über dem Ziel ergab. Dieses
örtliche Zusammendrängen der Maschinen wurde durch eine bessere Staffelung
in der Höhe erreicht. Ein Gefahrenmoment war bei dieser „Wasserfall-Taktik"
die Möglichkeit des zu frühen Bombenabwurfs einer höherfliegenden Maschine,
die dann einen noch im Abwurf befindlichen tieferfliegenden Bomber treffen
konnte. Gleichzeitig wurden als Täuschungsmaßnahme ab September 1944 neuartige Düppel abgeworfen, die bei den Bordsuchgeräten der deutschen Jäger eine
totale Störung verursachten. Durch neu installierte Bodensender im eroberten
französischen Gebiet konnten sowohl die deutschen Nacht-Suchgeräte empfindlich gestört, als auch durch vorgespielten Funkkontakt mit extra angesetzten Ein-
zelmaschinen Luftangriffe auf andere Städte vorgetäuscht werden. Die wenigen
verbliebenen deutschen Nachtjäger waren dadurch im Falle eines Nachtangriffs
meist weder zur rechten Zeit noch am rechten Ort zur Stelle[4]. Dies zeigte sich u. a.
bei den schweren Vernichtungsangriffen auf Darmstadt am 11./12. September,
auf Saarbrücken am 5./6. Oktober, auf Koblenz am 9. Oktober und 6./7. November, auf Braunschweig am 14./15. Oktober, auf Duisburg am 15. Oktober, auf
Stuttgart am 19. Oktober, auf Köln am 30./31. Oktober, auf Düsseldorf am
2./3. November und auf Bochum am 4./5. November 1944.

[3] MGFA Freiburg, Lw 11 b, Studie von Walter Grabmann: Geschichte der deutschen Luftverteidigung
1933–1945, S. 823 f., auch zum Folgenden.
[4] Ebda.

2. Die Entscheidung zum Angriff auf Freiburg – operatives oder kriegswirtschaftliches Ziel?

Die Stadt Freiburg stand im November 1944 schon seit geraumer Zeit auf der Zielliste des „Vereinigten strategischen Zielkomitees" der Alliierten. Im Zusammenhang mit der Angriffsentscheidung gegen das deutsche Verkehrs- und Eisenbahnnetz wurde diese Liste immer wieder aktualisiert. Am 7. November befand sich Freiburg zusammen mit Offenburg, Karlsruhe, Heilbronn, Stuttgart, Ulm und Rastatt als südwestdeutsche Angriffszone auf Platz 5 der streng geheimen Zielliste. Das Zielkomitee wies in diesem Angriffsplan ausdrücklich darauf hin, daß die genannten Ziele für Angriffe auf das Eisenbahn-Transportnetz größtenteils eng verknüpft waren mit bebauten Ortschaften („built-up areas") und daß sie dadurch geeignet waren für Nachtangriffe durch das RAF-Bomber Command. In der an fünfter Stelle nach der „Nordost-Ruhr-Zone", der „Frankfurt-Mannheim-Zone", der „Köln-Koblenz-Zone" und der „Kassel-Zone" aufgelisteten „Karlsruhe-Stuttgart-Zone" wurden Angriffe auf fünf Eisenbahn-Zentren empfohlen, und zwar in der Reihenfolge Karlsruhe, Stuttgart-Kornwestheim, Offenburg, Freiburg und Rastatt. Für die gesamte Zone Karlsruhe-Stuttgart-Ulm-Freiburg lautete die Bewertung: „Die Eisenbahnverbindungen dieses Gebietes, die die Front in Lothringen und in den Vogesen versorgen, sind die am wenigsten dichten und am ungeschütztesten von allen in Westdeutschland, sie haben aber die niedrigste Priorität wegen der geringen militärischen Bedeutung von Angriffen auf Bahnlinien an dieser Front erhalten". Für die Einzelziele Karlsruhe (mit der Kenn-Nummer GH 602 A), Stuttgart (GH 605 A) und Freiburg (GH 454) wurde jedoch angegeben, daß die Transportverbindungen an geschlossene Ortschaften angrenzten und dadurch für Flächenbombardierungen („Area Attacks") besonders geeignet waren. In der für „Area Attacks" zusammengestellten Liste wurde Freiburg dann auch als zehntwichtigstes Angriffsziel von 26 Orten eingeordnet (Abb. 107 und 108)[5].

Die Liste des „Zielkomitees" vom 11. November 1944 bestätigte die Einstufung Freiburgs als einer der fünf wichtigsten Zielorte in der „Karlsruhe-Stuttgart-Zone" und als Einzelziel an elfter Stelle für Flächenziele[6]. Wenige Tage später wurde Freiburg in der Tabelle vom 14. November nach Stuttgart und Offenburg als drittwichtigstes Ziel aufgeführt, gefolgt von Rastatt, Ulm und Heilbronn. Diese Einstufung behielt die Stadt auch in der am 17. November neu zusammengestellten Zielliste für Angriffe auf das Verkehrs- und Eisenbahnnetz des Reiches[7].

Als dann am 22. November vom Obersten Alliierten Hauptquartier unter General Eisenhower die Anweisung erging, in Verbindung mit dem militärischen Vorstoß der 6. alliierten Armeegruppe in den Vogesen und zum Rhein hin alle wichtigen Eisenbahn- und Verkehrsknotenpunkte sowie Brücken entlang des Rheins südlich von Karlsruhe als Ziele für mittlere und schwere Bombardements auszuwählen, entschied man in London, Offenburg am 27. November durch einen Tagesangriff der 8. US-Luftflotte und Freiburg am gleichen Tag durch

---

[5] PRO London, AIR 20/4819: Plan for Attack of German Transportation System v. 7.11.1944 (Top Secret), Übersetzung durch Verf. Vgl. auch Charles Webster / Noble Frankland: The Strategic Air Offensive against Germany 1939–1945. Vol. III. London 1961, map 9 zu S. 246/247.

[6] PRO London, AIR 20/4819: Priority Signal No. 1 v. 11.11.1944 (Top Secret).

[7] Ebda., Combined Strategic Targets Committee, Bulletin No. 1 v. 14.11.1944. (Top Secret); Priority Signal No. 2 v. 17.11.1944 (Top Secret).

Area Attack.

8. As stated in Appendix I certain selected rail transportation targets are situated in or adjacent to built-up areas which remain substantially intact and are therefore vulnerable to damage in the course of heavy R.A.F. night attacks against these areas.

In addition there are certain intact towns or intact areas of cities in the Western belt suitable for area attack which although not containing selected transportation targets are of sufficient importance as transportation centres to make area attacks worth-while, especially if the towns concerned are of importance for other reasons.

From the towns falling into these categories the following have been selected (in order of priority in relation to their importance as transportation centres) as the best objectives for area attack on occasions when attacks on the Ruhr, in execution of the HURRICANE plan, are not possible; the aiming-points and principal economic activities are noted in Appendix IV. It will be noted that preference is given to centres lying immediately behind the Western Front in priority to those involving deeper penetration.

1. HAMM
2. HANOVER
3. MUNSTER
4. LUDWIGSHAFEN
5. HANAU
6. COBLENZ
7. GIESSEN
8. KARLSRUHE
9. STUTTGART
10. FREIBURG
11. ULM
12. HEILBRONN
13. FRANKFURT/MAIN
14. MANNHEIM
15. PFORZHEIM
16. WORMS
17. MAINZ
18. HARBURG
19. BIELEFELD
20. MUNICH
21. NUREMBURG
22. MAGDEBURG   *Halle →*
23. ERFURT
24. CHEMNITZ
25. LEIPZIG
26. BRESLAU

CSTC: Working Committee (Transportation)
Lansdowne House, Berkeley Square, W.1.
November 7th 1944.

Abb. 107: Auszug aus der britischen Zielliste vom 7. November 1944 (Crown-copyright in the Public Record Office London, AIR 20/4819)

197

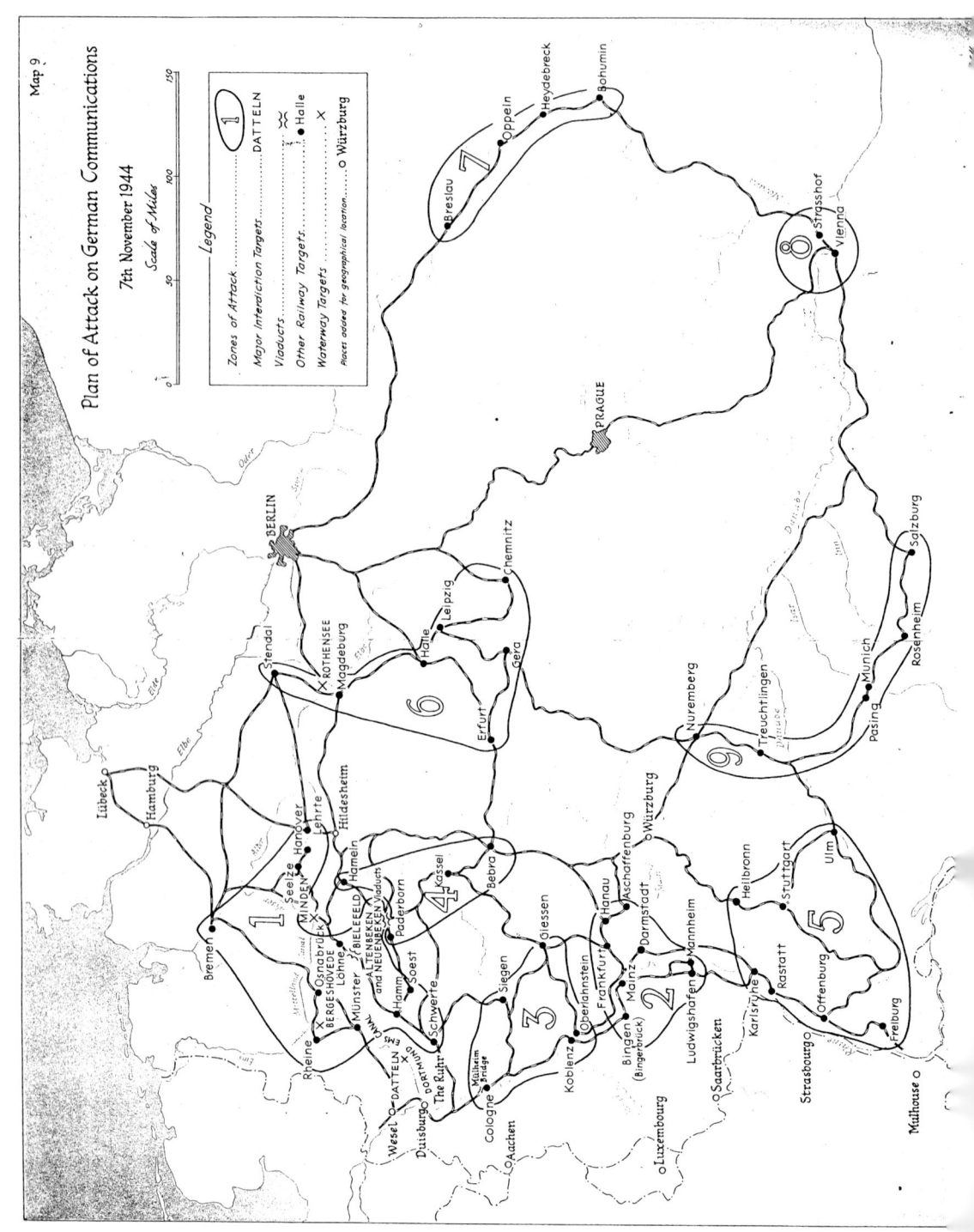

Abb. 108: Karte „Plan of Attack" zur Zielliste vom 7. November 1944 (aus: Frankland/Webster, London 1961, map 9)

einen Nachtangriff des RAF-Bomber Command als bedeutende Nachschubzentren für die Front im Elsaß auszuschalten (Abb. 109)[8].

Zur gleichen Zeit wurde im Hauptquartier der 8. US-Air Force auch eine umfangreiche Liste mit Beschreibungen der wichtigsten Eisenbahnbrücken im Freiburger Raum für Tagesangriffe von Jagdbombern zusammengestellt[9].

Die überlieferten Quellen geben somit einen klaren Beleg für die Feststellung, daß die Angriffsbefehle auf Offenburg und Freiburg am 27. November 1944 dem vorrangigen Auftrag dienten, Verschiebebahnhöfe und Bahnlinien als Verkehrsknotenpunkte in beiden Städten, die für die Angriffsoperationen der westalliierten Armeen von operativer und taktischer Bedeutung waren, zu zerstören. Insofern ist Freiburg keinesfalls als Stadt ohne jegliche taktische Bedeutung bombardiert worden. Die Bewertung Freiburgs als Verkehrs- und Nachschubzentrum hinter dem Brückenkopf im Elsaß um Colmar/Breisach läßt sich nicht abstreiten. Möglicherweise war sie aus deutscher Sicht, aufgrund der begrenzten Kapazitäten, nicht so wichtig, wie die Alliierten annahmen; für das alliierte Hauptquartier ergab sie sich aber aus der militärischen Situation von Ende November 1944.

Nun hat es immer wieder Spekulationen gegeben, die Bombardierung Freiburgs resultiere aus anderen, gleichsam höherwertigen Gründen als aus der – fast banalen – militärisch-operativen Lage am Oberrhein im November 1944. Für die These, Freiburg sei als Vergeltung für Artilleriebeschießungen von Straßburg und Mülhausen[10] oder für die Brandschatzung von Gérardmer[11] bombardiert worden, läßt sich in den alliierten Quellen keinerlei Beweis finden. Es ist weder feststell- noch vorstellbar, daß Luftmarschall Harris und das alliierte „Combined Strategic Targets Committee" bei Entscheidung und Auswahl der einzelnen Städte für die Flächenbombardements auf örtlichen Artilleriebeschuß Rücksicht nahmen und einen Terrorangriff als Vergeltung und Antwort für derartige örtliche Kampfhandlungen ansetzten.

Auffallend ist dagegen, daß die Behauptung, Freiburg sei als Vergeltung für die Beschießung von Straßburg und Mülhausen angegriffen worden, von dem französischen Stadtkommandanten unmittelbar nach der Besetzung Freiburgs bei der ersten Besprechung mit dem damaligen kommissarischen Leiter der Stadtverwaltung, Dr. Max Keller, Ende April 1945 ausgesprochen wurde, wobei es dem französischen Offizier darauf ankam, dem deutschen Gesprächspartner darzulegen, daß die Alliierten keinesfalls die „Barbaren" seien, als die sie immer von der Goebbelsschen Propaganda „hingestellt worden seien". Die Alliierten kämen vielmehr „als zivilisierte Nationen, die sich entsprechend verhalten würden" nach Deutschland. Keller sollte dementsprechend auf die Freiburger Bevölkerung einwirken[12].

[8] Ebda., Fernschreiben MS 20628 v. 22.11.1944 (Most Immediate Top Secret).
[9] NA Washington, RG 243, Records of the US Strategic Bombing Survey, USSBS City Target Folder III a–972 Freiburg, A.P.O. 887.
[10] StadtAF, C 5/537: Niederschrift über die erste Besprechung des kommissarischen Leiters der Stadtverwaltung, Dr. Max Keller, mit den Vorständen der städtischen Ämter v. 28.4.1945; vgl. auch ebda., B 1/328: Kriegschronik 1940–1945.
[11] So die Feststellung von dem Colmarer Ehrenbürgermeister Joseph Rey in: Bombenangriff auf Freiburg. Eine Vergeltung für Gérardmer? In: Badische Zeitung Nr. 255 v. 4.11.1983. Danach soll der Angriff von einer französischen Bomberstaffel ausgeführt und auch von einem französischen Rundfunksender angekündigt worden sein. Dies entspricht jedoch nicht den Tatsachen. In seinem Schreiben v. 21.3.1984 betont Ehrenbürgermeister Rey, daß die Angaben vom deutschen Aufsichtspersonal des Freiburger Gefängnisses gemacht wurden. Vgl. dazu ferner die Meldung in: Südkurier Nr. 256 v. 5.11.1983.
[12] StadtAF, C 5/537 (wie Anm. 10).

A.M. Form 1701 (2107) Wt. 60003-P4773 1000M 3 Sorts 4/44 G.S.St. Gp. 620

TOP SECRET

WARNING.—This cypher message must first be paraphrased if it is necessary to publish its text or to communicate it to persons outside British Government Services and Departments. Messages marked One-Time Pad : "O.T.P." are excepted from this rule.

IFM MS 20628

(RECD AMCS 22ND NOVEMBER 1944)

FROM:- SHAEF MAIN AIR

TO:- HEADQUARTERS U.S.S.T.A.F MAIN: AIR MINISTRY WHITEHALL

RPTD:- HEADQUARTERS 8TH AIR FORCE: RAF BOMBER COMMAND

MOST IMMEDIATE TOP SECRET

A 296 NOVEMBER 22ND

FOLLOWING MESSAGE FROM 1ST TACTICAL AIR FORCE PROVISIONAL REPEATED YOUR INFORMATION "IN CONNECTION WITH PRESENT 6TH ARMY GROUP OFFENSIVE, IT IS DESIRED THAT ALL RAILROAD AND HIGHWAY BRIDGES ON THE RHINE SOUTH OF KARLSRUHE BE DELETED AS TARGETS FOR MEDIUM OR HEAVY BOMBARDMENT ATTACKS".

TIME OF ORIGIN 220930A

COPIES TO:- A.C.A.S (OPS)(ACTION - 2 COPIES);
D.C.A.S.
A.C.A.S. (P) (2 COPIES);
D.B.OPS;
FILE.

RECIRCULATED AMCS NOVEMBER 24TH AUTHORITY A.C.A.S. (OPS);

COPIES TO:- D.B.OPS (ACTION - 2 COPIES);
D. OF OPS (TAC);

FILE

Abb. 109: SHAEF/Eisenhower-Befehl vom 22. November 1944 (Crown-copyright in the Public Record Office London, AIR 20/4819)

Was lag da näher, als die Schuld an dem schweren Terrorangriff vom 27. November im nachhinein „allein der deutschen Regierung“ anzulasten, die angeblich sogar noch vorher gewarnt worden sei, und ihn als reine Vergeltung hinzustellen? Der gleichen Absicht ist auch die Mitteilung französischer Stellen gegenüber dem Baden-Badener Oberbürgermeister Beck kurz nach Kriegsende zuzuordnen, der Großangriff auf Freiburg sei „die Vergeltungsmaßnahme für die Zerstörung von St. Dié und Grenoble gewesen“ – ebenso wie auch die Angriffe auf „Pforzheim und später Würzburg"[13]. Ganz offensichtlich gefielen sich die französischen Offiziere und Militärverwaltungsstellen im Zusammenhang mit der Besetzung Südwestdeutschlands in einer großsprecherischen Angeberpose, denn französische Armeestellen hatten keinen Einfluß auf die Zielauswahl des Bomber Command in England gehabt.

Bleibt noch die Frage zu erörtern, ob der Standort Freiburg eventuell für die deutsche Rüstungs- und Kriegswirtschaft zentrale Bedeutung besaß, so daß der Angriff eine strategische Funktion gehabt hätte. Zwar befand sich seit Ende Oktober 1942 das „Rüstungskommando Freiburg" als Steuerungszentrale für die Kriegswirtschaft Südbadens in der Schwaighofstraße 6, dann in der Sautierstraße 36, doch zählten die von der Wehrmacht betreuten und mit Rüstungsaufträgen versehenen Betriebe nur zum Bereich der leichten Zulieferindustrie für einzelne Geräte und Waffen. Ein Zentrum der deutschen Rüstungsindustrie war Freiburg keinesfalls.

Die Stadt besaß vielmehr nur geringe Bedeutung als Industriestandort. Dies hatte historische Gründe, denn bis 1936 gehörte Freiburg zu der durch den Versailler Friedensvertrag festgelegten entmilitarisierten Zone, die sich in einer Tiefe von 50 km entlang der rechten Seite des Rheins von der schweizerischen bis zur holländischen Grenze erstreckte. Und in den folgenden drei Jahren nach der Remilitarisierung des Rheinlandes und der einseitigen Aufkündigung der „neutralen Zone" durch Hitler bis zum Kriegsbeginn im September 1939 hatte sich an dieser Standortlage nicht viel geändert, da die Breisgaustadt weiterhin im gefährdeten Grenzgebiet am Oberrhein lag, so daß zunächst aus völkerrechtlichen, danach aus militärischen Gründen die Ansiedlung größerer Rüstungsfirmen unterblieb.

Nach den Unterlagen des Freiburger Rüstungskommandos haben während des Krieges einige Firmen zwar einzelne Aufgaben auf Spezialgebieten der Rüstungsindustrie erhalten, unersetzbar war deren Produktion jedoch nicht. Bei Ausfall hätte sie auch nicht zu einem Engpaß in diesem Bereich geführt. So stellte die frühere Büroeinrichtungsfabrik Fortschritt GmbH Organisationstafeln für Gefechtsstände und Anfang 1944 Rumpf- und Leitwerkteile für den Flugzeugzellenbau der Firma Messerschmitt her[14]. Im Herbst war die Serienfertigung dieser Teile jedoch bereits ausgelaufen und die Firma führte nur noch Reparatur- und Ersatzteilbedarf für den Flugzeugzellenbau aus; dabei hatte der Betrieb nur noch eine Auslastung von 20–30 Prozent der bisherigen Kapazität. Die Filiale in Hartheim wurde deshalb zur gleichen Zeit geräumt. Die Firma Rhodiaseta Freiburg produzierte Kunstseide und Zellwolle; seit Kriegsbeginn war die Produktion jedoch erheblich reduziert worden.

Die Firma Mez AG war Zulieferer für Fallschirmseide und zeitweise für elektrische Leitungen im Bau-Programm für die V-Waffen. Durch die Frontnähe bedingt kam es ab Oktober bereits zu vereinzelten Auflockerungsmaßnahmen im Bereich des Rüstungskommandos Freiburg, so daß in einer 20-km-Zone rechts des Rheines erste Verlagerungen von westbadischen und die Weiterverschiebung

---

[13] So die Erklärung von Oberbürgermeister Beck bei seinem Besuch in Freiburg am 6.9.1945, StadtAF, B 1/328: Kriegschronik 1944/45–1948.

[14] GLA Karlsruhe, 237/28847; BA-MA Freiburg, RW 21–21/12, KTB des Rüstungskommandos Freiburg. Zur Firma Fortschritt siehe auch die Angaben aufgrund amerikanischer Aufklärung in NA Washington, RG 243, Records of the US Strategic Bombing Survey, USSBS City Target Folder IIIa 972. Auch zum Folgenden.

von evakuierten elsässischen Betrieben nach Osten erfolgten. Der Freiburger Raum hatte dadurch noch geringere kriegswirtschaftliche Bedeutung als schon zuvor[15].

Ein besonderes Augenmerk ist in diesem Zusammenhang der Firma Hellige u. Co. zu widmen[16]. Sie lieferte technische Geräte und optische Einzelteile wie Fadenkreuze, Mikrometer und Prismen für Fernrohre und Entfernungsmesser sowie elektronische Baugruppen für Funkmeßgeräte, die in Radar-Antennen, Flugzeuge und U-Boote eingebaut wurden sowie bei der Torpedo-Fertigung Verwendung fanden. Durch gute Verbindungen zum Heereswaffenamt und zu OKW-Stellen hatte die Firma zudem ab etwa Oktober 1942 einen Forschungsauftrag im Zusammenhang mit der Gewinnung von schwerem Wasser und der Isotopentrennung mittels Ultrazentrifuge erhalten. Die Arbeitsgruppe für diese kernphysikalische Untersuchungen stand unter der Leitung des Hamburger Physikers Prof. Dr. Paul Harteck sowie der Mitarbeiter Dr. Suhr und Prof. Dr. Wilhelm Groth. Das Labor befand sich in der Adolf-Hitler-Straße. Die industrielle Isotopenanreicherungsanlage stand nicht in Freiburg, sondern – 30 km südlich – in Kandern in der Möbelfabrik Vollmers.

Als die Amerikaner am 23. November Straßburg eroberten, fanden sie in der dortigen Universität auch Unterlagen und Papiere, die auf das Forschungslabor von Prof. Paul Harteck hinwiesen. Da sich die Versorgungslage im badischen Oberrheingebiet durch das Näherrücken der Front 1944 immer schwieriger gestaltet hatte und die Stadt in gefährliche Nähe zur Front rückte, wurde das Versuchslaboratorium zur Isotopentrennung bei der Firma Hellige jedoch bereits ab September 1944 abgebaut, am 24. November vollständig in Richtung Hamburg abtransportiert und anschließend in Celle wieder aufgebaut. Der Versuchsbetrieb konnte dort jedoch nicht mehr aufgenommen werden. Die sofort in Straßburg eintreffenden US-Forschungsteams konnten sich aber durch Einblick in die Unterlagen des physikalischen Instituts der Reichsuniversität die sichere Erkenntnis verschaffen, daß an den deutschen Forschungsstätten entgegen manchen Befürchtungen doch keine Atombombe entwickelt wurde, da der Forschungsstand noch weit davon entfernt war.

Dementsprechend war Freiburg auch kein besonders interessantes Ziel zwecks Zerstörung von Produktionsstätten für die Kernforschung oder eine deutsche Superbombe.

Es war darüber hinaus für die alliierte Luftkriegführung auch völlig belanglos, daß in der Gallwitzkaserne die Kampfschule der Division „Brandenburg", die als Spezialtruppe dem Amt Abwehr im Oberkommando der Wehrmacht unterstand, untergebracht war. In ihr wurden Soldaten für den Einsatz hinter der feindlichen

[15] Zur allgemeinen Wirtschaftssituation siehe Rolf-Dieter Müller: Politik der „Verbrannten Erde"? – Südbaden in der Kriegswirtschaft 1944/45. In: Rolf-Dieter Müller / Gerd R. Ueberschär / Wolfram Wette: Wer zurückweicht wird erschossen! Kriegsalltag und Kriegsende in Südwestdeutschland 1944/45. Freiburg 1985, S. 38–48.
[16] Zum Folgenden siehe Franz Kurowski: Alliierte Jagd auf deutsche Wissenschaftler. Das Unternehmen Paperclip. München 1982, S. 38 ff.; David Irving: Der Traum von der deutschen Atombombe. Gütersloh 1967, S. 36, 246, 264; Helmut J. Fischer: Hitler und die Atombombe. Bericht eines Zeitzeugen. Asendorf 1987; Robert Jungk: Heller als tausend Sonnen. Das Schicksal der Atomforscher. Stuttgart 1956; Deutschland im zweiten Weltkrieg. Bd. 5. Berlin-Ost 1984, S. 499; Firmenschrift Hellige – ein Stück Geschichte der Medizintechnik 1895 bis heute. Freiburg 1982; Fa. Hellige, Materialien zur Firmengeschichte, S. 24 ff. Der Verf. dankt der Fa. Hellige für die freundliche Überlassung der Unterlagen; siehe ferner Gesprächs- und Befragungsprotokoll mit dem ehemaligen Kommandeur des Rüstungskommandos Freiburg, Herrn Oberst a. D. Friedrich Gieser, v. 29. 11. 1983, im Besitz des Verf.

Front ausgebildet[17]. Die Kampfschule konnte zwar mit den englischen Kommandoschulen für Spezialeinheiten verglichen werden, bei einem Bestand von etwa 140 Mann – davon 60 Offizieren – im Herbst 1944 stellte sie jedoch kein besonderes militärisches Einzelziel dar, das ein Flächenbombardement Freiburgs begründete.

Als Motiv für die Auswahl Freiburgs für einen Vernichtungsangriff durch das RAF-Bomber Command ist vielmehr die – bereits beschriebene – operative Bedeutung der Stadt unmittelbar hinter dem linksrheinischen Brückenkopf Colmar anzusehen. Die Stadt lag an der Nord-Süd-Hauptverkehrslinie Rotterdam-Basel-Mailand; ein großer Verkehrsknotenpunkt im Sinne einer zentralen Verteilerstelle war die Breisgaustadt jedoch nicht[18]. Militärische Bedeutung hatten Bahnanlagen und Bahnhof insofern, als sie rasche Truppenverschiebungen hinter der Rheinfront in Nord-Süd-Richtung erleichtern konnten, die dann den Vorstoß der Alliierten verzögert hätten.

Nach zeitgenössischen Beobachtungen bot Freiburg im Herbst 1944 das „typische Bild einer Etappenstadt" mit zahlreichen „durchziehenden und zurückgehenden Truppen" von der Westfront[19]. Die Stadt war zu dieser Zeit ein regelrechter „Umschlagplatz"; sie war „voll von Militär". Dabei fielen besonders viele fremdländische Truppen (Ukrainer, Inder, Holländer der faschistischen Mussert-Bewegung, französische Legionäre und Tartaren) auf, die in deutscher Uniform kämpften und nunmehr vom Westen kommend durch die Stadt zogen oder im Bahnhof verladen wurden. Auch am 25., 26. und 27. November waren im Freiburger Hauptbahnhof rege Zugbewegungen zu registrieren. Oft wurden damals die Züge wegen der Jagdbomber-Gefahr bei längerem Halt aus dem Bahnhof in Richtung St. Georgen geschoben. So geschah es auch am 27. November mit einem Zug mehrerer hundert HJ-Angehörigen, der dadurch glücklicherweise zur Zeit der Zerstörung nicht im Bahnhof stand.

[17] BA Koblenz, R 3/1579: Schriftwechsel des Kommandeurs der Kampfschule Division Brandenburg, Gallwitzkaserne Freiburg, mit Reichsminister Speer v. 5.8.1944.
[18] Viktor Kuntzemüller: „Eisenbahnknotenpunkt" Freiburg. In: Freiburger Almanach 34. Jahrbuch (1983), S. 37–42.
[19] StadtAF, B 1/328: Kriegschronik 1940–1945, Teil I, auch zum Folgenden.

V.

Der Angriff der Royal Air Force
auf Freiburg am 27. November 1944

1. Die alliierte Luftaufklärung über Freiburg

Die regen Zugbewegungen auf den Freiburger Gleisanlagen geschahen allerdings unter sorgfältiger Beobachtung durch alliierte Aufklärer. Schon seit längerer Zeit verfügten die Engländer und Amerikaner über sehr gute Luftaufnahmen von Freiburg, die durch ständige Aufklärungsflüge auf dem neuesten Stand gehalten wurden. Unter dem Datum November 1943 legten die Amerikaner für das Angriffsziel Freiburg (mit der Zielnummer GH 454) eine Lageskizze sowie eine sorgfältig aufgeschlüsselte Kartenzeichnung des Freiburger Flugplatzes an, in der die einzelnen Flughallen (Hangars), Unterkunftsräume (Barracks), Verwaltungsgebäude (Administration Building) sowie die Schießanlage (Shooting Range) ebenso eingetragen waren wie die außerhalb des Flugplatzgeländes liegenden Bahnanlagen, Truppenunterkünfte und die Universitätsklinik (Hospital) (Abb. 110 und 111)[1]. Aufgrund eines Aufklärungsfluges vom 9. Oktober 1942 schätzten sie die Bedeutung des Flugplatzes als gering ein, da er kein Einsatzplatz war, nur gelegentlich von Transportmaschinen angeflogen und vereinzelt als Trainingsflugplatz benutzt wurde[2]. Weitere Aufklärungsflüge vom 24. Mai, 6. Juli, 11. September und 15. November 1944 bestätigten diese Erkenntnisse. Den Alliierten war demnach bekannt, daß der Flugplatz seit Herbst 1944 als Übungsplatz für zweimotorige Maschinen genutzt wurde, daß er vorübergehend auch als Basis für Fallschirmjäger-Absprünge diente und seit September 1944 nur gelegentlich als Ausweichplatz für Kampfflugzeuge herangezogen wurde[3].

Selbst die für die deutsche Kriegsrüstung wenig bedeutungsvollen Freiburger Industriefirmen wurden sorgfältig aus der Luft beobachtet und aufgeklärt. Luftaufnahmen vom 24. Mai und 12. September 1944 dienten beispielsweise als Grundlagenkarten für das Ziel-Informationsblatt der US-Luftstreitkräfte über die Firma Fortschritt GmbH in der Gutleutstraße. Die Zielinformationsblätter wurden laufend fortgeschrieben und erneuert[4]. Noch am 22. Januar 1945 wurde die Firma als alliiertes Bombenziel beschrieben. Die frühere Büro-Einrichtungsfirma fand als Flugzeug-Zuliefererfirma der Messerschmitt A.G., Augsburg, das Interesse der Alliierten. Nach allerdings unbestätigten US-Berichten soll die Freiburger Firma mit ihren 200 Beschäftigten im Oktober 1944 von Messerschmitt übernommen worden sein und Einzelteile für das Düsenflugzeug Me 163 und für die V 2-Raketen hergestellt haben. Das Zielphoto der Amerikaner (vgl. Abb. 99)

[1] NA Washington, RG 243, Records of the Strategic Bombing Survey, USSBS City Target Folder III a–972, Freiburg. – Airfield, November 1943.
[2] Ebda., 9. 10. 1942.
[3] Ebda., Sheet No. 29.
[4] Ebda., Freiburg/Haslach GY 4897 mit Bildaufnahmen v. 12. 9. 1944, Dez. 1944, 22. 1. 1945.

GERMANY
FREIBURG A/D
48° 01' 00"N   7° 50' 00"E

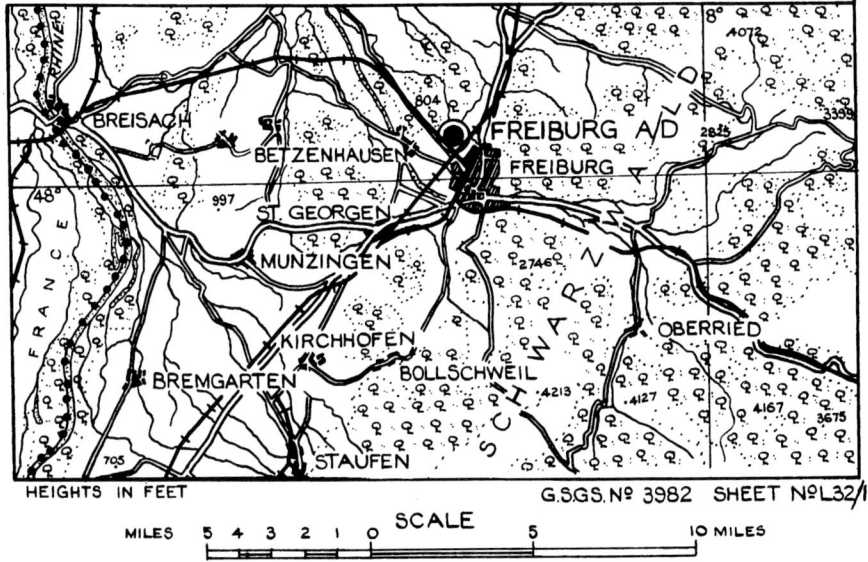

HEIGHTS IN FEET   G.S.GS. Nº 3982   SHEET NºL32/1

SCALE

MILES   5 4 3 2 1 0   5   10 MILES

Abb. 110: US-Zeichnung nach Zielaufnahme vom Flugplatz-Freiburg, November 1943 (NA Washington)

Abb. 111: US-Detailzeichnung vom Flugplatz Freiburg 9. November 1943 (NA Washington)

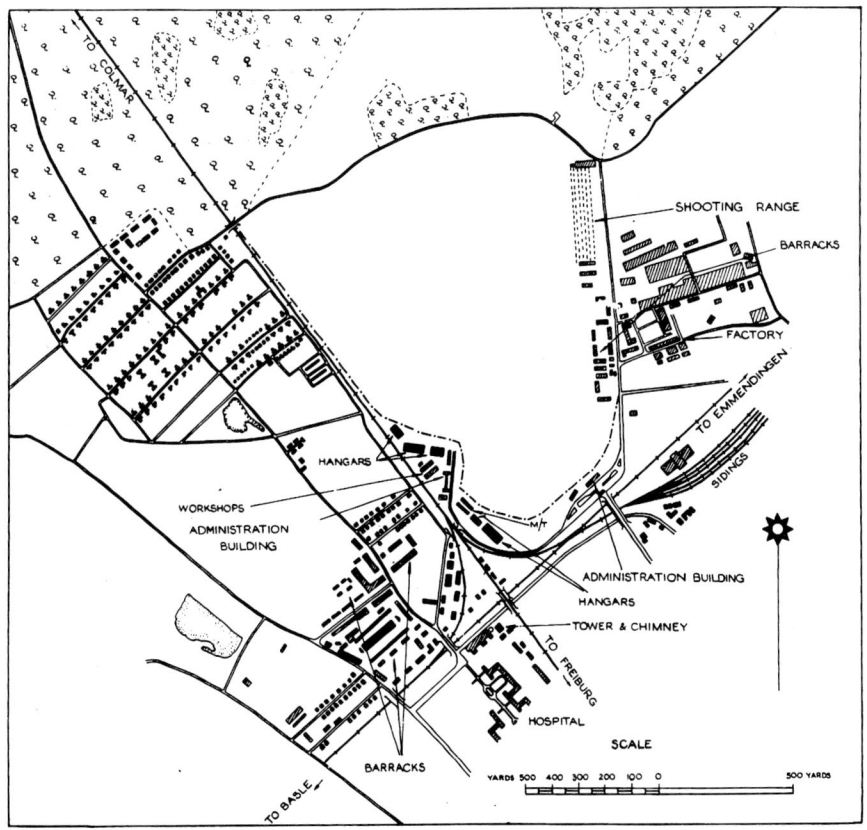

NOVEMBER 1943   A.I.2 (b) PLAN Nº 2/511

hatte jedoch beim Angriff der Engländer am 27. November keine Bedeutung. Die Firma wurde bei dem schweren Luftangriff nicht getroffen.

Weitere Luftbild-Aufnahmeserien vom 5. September und 25. November 1944 beschäftigten sich mit dem Transport- und Verkehrssystem in der Stadt, insbesondere mit den Eisenbahnanlagen. Als Hauptverkehrsstation zwischen Karlsruhe und Basel wurden der Güterbahnhof Freiburgs sowie dessen Ausweichgleise und Reparaturwerkstätten als Ziele festgehalten; ansonsten schätzte man jedoch die kriegswirtschaftliche Bedeutung der Stadt für die deutsche Rüstungsindustrie realistisch ein: „Freiburg ist eine Stadt mit 110 000 Einwohner und ist zentraler Ort für die Produktion des Schwarzwaldgebietes, für die sie der Hauptmarkt ist. Holz aus den Wäldern wird hierher gebracht zwecks weiterer Versendung sowie Abfertigung und der Weinhandel ist bedeutend. Die Stadt beherbergt eine Anzahl kleinerer Gewerbefirmen besonders auf dem Instrumenten- und Maschinen-Gebiet"[5].

Nachdem Freiburg in den Ziellisten des vereinigten strategischen Zielkomitees der Alliierten vom 11., 14. und 17. November als mögliches Ziel eines Bombardements des Bomber Command aufgeführt wurde und in der Zieleinstufung immer höher rückte, wurde am 19. November 1944 eine neue Serie von Luftbildern des Stadtgebietes aufgenommen. Dabei wurde die gesamte Stadtzone durch mehrere Luftbilder neu photographiert. Sie erlaubten schließlich den Engländern – zusammen mit dem in den alliierten Unterlagen vorhandenen Stadtplan Freiburgs – eine exakte Orientierung und Ortung der Ziele bei einem Nachtangriff (Abb. 112–114).

2. „Operation Tigerfish"

Als Hauptangriffsziele für die Nacht vom 27./28. November 1944 standen die Städte Freiburg und Neuss auf dem Programm des Bomber Command, das am Morgen des 27. November, einem Montag, von Air Marshal Sir Harris als Commander-in-Chief des Bomber Command und von Air Vice Marshal Sir Robert Saundby als dessen Stellvertreter (Deputy Commander-in-Chief) festgelegt wurde. Harris erließ um 9.45 Uhr in seinem Hauptquartier in High Wycombe (Abb. 115, vgl. Abb. 52) per Fernschreiber die Vorankündigung für den beabsichtigten Angriffsplan (gemäß Form „A" der „Command Operational Order") dieser Nacht[6]. Bereits in diesem ersten Befehl wurde die Angriffszeit auf 20.00 Uhr festgelegt; als Angriffsverband wurde die 1. Bomber Group bestimmt, die Zielmarkierungen sollten von den „Pfadfinder"-Maschinen der 8. Bomber Group ausgeführt werden. Vorrangige Aufgabe des Angriffs war, „die Stadt und die angrenzenden Bahnanlagen zu zerstören" (Abb. 116). Um 11.55 Uhr bestimmte das Hauptquartier des Bomber Command im endgültigen Angriffsbefehl, daß 293 Maschinen der 1. Bomber Group und 59 Bomber der 8. „Pathfinder" Group Freiburg angreifen sollten. Die Angriffszeit 20.00 Uhr wurde dabei bestätigt.

---

[5] Ebda., 9.10.1942, 5.9.1944, 25.11.1944: „Freiburg is a town of 110000 population and is the capital of the Black Forest area for the production of which it is the chief market. Timber from the forest is brought here for despatch and the wine trade is important. The town possesses a number of small manufacturing firms especially instruments and machinery".
[6] PRO London, AIR 24/298: Einsatzbefehl des Bomber Command v. 27.11.1944. Zum Bomber Command siehe u.a. Philipp J. R. Moyes: Bomber Squadrons of the R.A.F. and their aircraft. London 1965, appendix: Royal Air Force Bomber Command, S. 318 ff. Zu Saundby vgl. Sir Robert Saundby: Air Bombardement. The story of its development. New York 1961.

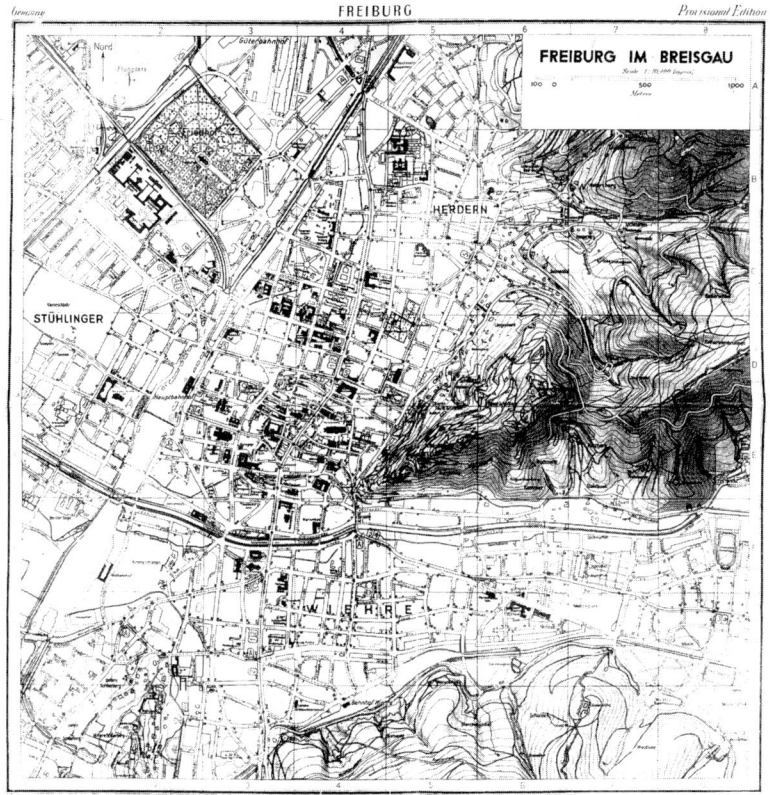

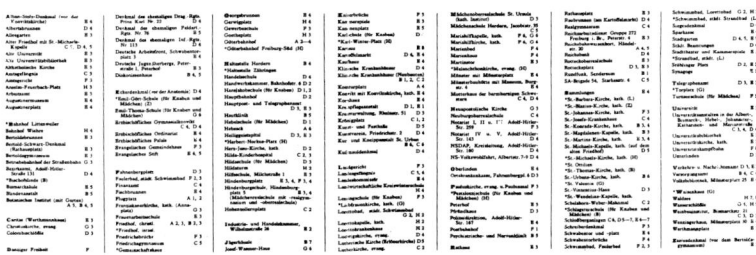

Abb. 112: Stadtplan Freiburgs in den Händen der US-Luftwaffe (NA Washington)

Abb. 113: Alliierter Aufklärungsflug Nr. 3693 vom 19. November 1944 mit eingezeichneter Bildfolge (Dr. Schmidt, Landesdenkmalamt Freiburg)

Abb. 114: Innenstadt-Bereich aus Aufklärungsflug Nr. 3693 (Crown-copyright, Brit. Ministry of Defence, RAF-Photographs)

Abb. 115: Operationsraum im Bunker des Bomber Command (Imperial War Museum London)

B/CASE V HBC HBC-109/27 'O' 'O' FORM A FORM A

CPA B945 GPC B881 GPD B596 GPE B660 GPF B290 GPG B542

GPH B474 A3G B23 OTG B430 EGG B452 EDR B32

IAH T 11GROUP   HQ FIGHTER COMMAND SHAEF MAIN AIR   2ND TAF MAIN
    2GROUP B L A   IXTH USAF ADVANCED

NPV T 38GROUP

PNT T VIIITH USAF

FROM HQ BOMBER COMMAND 270945A
TO HQ 1 3 4 5 6 7 8 11 38 91 92 93 100GROUPS

HQ FIGHTER COMMAND SHAEF MAIN AIR VIIITH USAF IXTH USAF

ADVANCED HQ 2ND TAF MAIN 2GROUP B L A
SECRET OOY BT

AC521 27NOV44 SECRET . PRELIMINARY WARNING ORDER.

1GROUP   236L   TARGET TIGERFISH BOMB LOAD STET

          BL(ABC) TARGET TIGERFISH PROV. 'H' HOUR 2000

          BL(ABC) TARGET RAY

3GROUP   AS ORDERED ON AC516

4GROUP   MAKE AND MEND

5GROUP   MAKE AND MEND

6GROUP   200H AND L TARGET ''RAY'' BOMB LOAD STET
                              PROV. 'H' HOUR 2015

P.F.F.   FULL P.F. F. MARKING ON TIGERFISH PROV 'H' HOUR 2000

          FULL P.F. F. MARKING ON RAY   PROV 'H' HOUR 2015

          MOSQUITOES ON WHITEBAIT.

GARDENING.

1GROUP   12L   YEW TREE AND SILVERTHORN.

4GROUP   12HX   ONIONS.

6GROUP   6HY   TOMATOES.

BT 270945A

EMERGENCY

B/CAST V HBC HBC109/27 'O' 'O' FORM A FORM A FORM A

GPA B846 GPC B882 GPD B597 GPE B661 GPF B291 GPH B475 EDR B33
GIPNT T VIIITH USAAF (D OF I)

FROM HQ BOMBER COMMAND 271000A
TO 1 3 4 5 6 8 100GROUPS   8TH USAAF (D OF I)
SECRET OOY BT

AC522 27NOV SECRET.   PRELIMINARY WARNING

          TARGETS AND A.P'S FOR NIGHT 27/28NOV
          ==

TIGERFISH   TIGERFISH 'A'   TO DESTROY TOWN AND ASSOCIATED
                                     RAIL FACILITIES.

RAY   300 YDS 314 DEGREES   TO DESTROY TOWN, RAIL FACILITIES
              FROM RAY 'A'   AND INDUSTRIES.

BT 271000A

Abb. 116: Einsatzbefehle des Bomber Command für den Angriff auf Freiburg (Crown-copyright in the Public Record Office London, AIR 24/298)

B/CAST V HBC HBC114/27 'O' 'O' FORM A FORM A FORM A
GPA B853 GPC B887 GPD B602 GPE B666 GPF B297 GPG B545 GPH B545XXXXX
GPG B545 GPH B480 ABG B27 OTG B434 EGG B456 EDR B38

IAH T 11GROUP   HQ FIGHTER COMMAND   AIR STAFF SHAEF   IXTH USAF
          ADVANCED   2ND TAF MAIN   2GROUP B L A
OIPNT T VIIITH USAF
NRV T 38 GROUP

FROM HQ BOMBER COMMAND 271155A
TO 1   3   4   5   6   7   8   11   38   91   92   93   100GROUPS

HQ FIGHTER COMMAND   AIR STAFF SHAEF   VIIITH USAF   IXTH USAF

ADVANCED   2ND TAF MAIN   2GROUP B L A
SECRET OOY BT

AC525 27NOV44 SECRET   ACTION SHEET NIGHT NOVEMBER 27TH

GROUP   NOS   TARGET   BOMB LOAD

TYYYYYYYYYYYYYYTXY
1   285 L   TIGERFISH)   70% PLUMDUFF
            8 L (ABC) DITTO (~~DITTO~~

            8L ABC   RAY   )   30% SFAR USUAL

6   225 HY OR L   RAY   70% PLUM DUFF
                                          30% SFAR USUAL

PFS.   10 MOS   MARKERS ETC ON TIGERFISH
            40L   DITTO   DITTO
            15 MOS   MARKERS ETC ON RAY
            42L   DITTO   DITTO
            6 MOS   SPOOF ON CHUBB

NOTE 1
'H' HOURS.
SPOOF ATTACK ON CHUBB - 1939 HRS
ATTACK ON TIGERFISH - 2000 HOURS
ATTACK ON RAY - 2020 HOURS

NOTE 2
WAVES AND TOT.
ATTACK ON TIGERFISH - 285L OF 1 GROUP H TO H+9

ATTACK ON RAY - 225 H OR L OF 6 GROUP H TO H+7
NOTE 3

AIMING POINTS - PASSED SEPARATELY

NOTE 4
MARKING - FULL PFF IN BOTH ATTACKS

NOTE 5
ABC AIRCRAFT TO BE SPREAD THROUGHOUT EACH ATTACK.

NOTE 6
SIGNALS AND RADAR SILENCE IS TO BE MAINTAINED UP TO 0500E AFTER
WHICH POINT H2S IS TO BE SWITCHED ON FOR # REMAINDER OF THE
OPERATION   THE

NOTE 7
ALL CREWS ARE TO BE WARNED OF THE ~~NAYYXXY~~ THE NEARNESS OF ALLIED
TROOPS AND, IN THE CASE OF TIGERFISH, THE SWISS FRONTIER, PARTICULARLY
WITH REGARD TO JETTISONING. .

NOTE 8
ROUTES.
ATTACK ON TIGERFISH -
BASE - READING - 4950N 0030E - 4910N 0300E - 4845N 0610E - TARGET -
4750N 0745E - 4800N 0600E - ORFORDNESS - BASE.

ATTACK ON RAY -
BASE - READING - 5005N 0120E - 5118N 0520E - TARGET - 5105N 0647E -
5040N 0610E - 5020N 0500E - 5040N 0300E - ORFORDNESS - BASE   .

BT 271155A

In dieser Nacht erfolgten auch noch andere Luftangriffe auf deutsche Ziele. Teile der 1., 6. und 8. Bomber-Gruppe sollten etwa zur gleichen Zeit mit 300 Bombern Neuss angreifen. Daneben waren weitere Störangriffe durch Mosquito-Flugzeuge vorgesehen: Fünf Maschinen der 8. „Pathfinder" Group wurden auf Nürnberg, 67 Flugzeuge auf Berlin, sieben Maschinen auf Ludwigshafen und weitere sieben Maschinen auf Hallendorf angesetzt. Ferner wurden 30 Bomber der 1., 4. und 6. Bomber Group zum Legen von Minen im Kattegat, bei Oslo und Frederikstad eingeteilt. Darüber hinaus hatte die Group Nr. 100 sowohl einen Scheinangriff mit Window-Abwurf durch 12 Bomber auf Mannheim als auch Störangriffe über ganz Deutschland mit 39 und 22 Mosquito-Bombern sowie einen sogenannten „Mandrel"-Schutz mit 12 Stirling-Bombern als Tarnungsmanöver für die Nachtangriffe auf Neuss und Freiburg zu fliegen[7].

Tab. 6: Befohlene Bombenladungen der 1. Bomber Group

Für den Sprengbombenabwurf pro Maschine:

        1 × 4000 lbs. H.C. (High Capacity)-Bomben,

        5 × 1000 lbs. M.C. / G.P. (Medium Capacity / General Purpose)-Bomben,

        7 × 500 lbs. M.C. / G.P.-Bomben;

für den Brandbombenabwurf pro Maschine:

        1 × 4000 lbs. H.C.-Bomben.

     14 × 500 lbs. Clusters I.B. (I.B. = Incendiaries Bombs, Brandbomben)-Bomben

        2 × 60 × 4 lbs. I.B.-Bomben

Air Vice Marshal Saundby teilte als begeisterter Fischer den deutschen Zielstädten Codenamen nach Fischbezeichnungen zu. Freiburg erhielt den Decknamen „Tigerfish". Der Befehlshaber der 1. Bomber Group, Air Vice Marshal E. A. B. Rice, ein südafrikanischer Offizier und Freund von Harris, wies noch am gleichen Tage die ihm unterstellten Flugbasen Nr. 12, 13, 14 und 15 sowie alle übrigen Einsatzstationen an, mit 294 Flugzeugen Freiburg anzugreifen, um das befohlene Flächenbombardement der Stadt auszuführen (Abb. 117)[8]. 204 Maschinen sollten mit Sprengbomben und 90 Flugzeuge mit Brandbomben beladen sein. Die Stadt sollte in drei Wellen angegriffen werden. Die erste Welle umfaßte 95 Maschinen und sollte drei Minuten nach der Angriffszeit von 20.00 Uhr beginnen, die zweite Welle mit 96 Flugzeugen sollte sechs Minuten später folgen und der Angriff der dritten Welle sollte mit 95 Maschinen neun Minuten danach durchgeführt werden. Die Flugzeuge der dritten Welle waren mit den Brandbomben beladen. Acht Maschinen der 101. Staffel mit sogenannter ABC-Ausrüstung sollten während der ganzen Angriffszeit Funkstörung gegen die deutsche Funkmessung durchführen, um die mögliche Nachtjagdabwehr der deutschen Luftwaffe zu verwirren[9]. Für den Spreng- und Brandbombenabwurf wurden jeweils unterschiedli-

---

[7] Angaben nach PRO London, AIR 24/207 Operations Branch.

[8] Einsatzbefehl der Bomber Group No. 1 für Freiburg in PRO London, AIR 14/3128 und AIR 25/15; auch zum Folgenden.

[9] Zur Geschichte der Squadron No. 101 siehe Andrew J. Brookes: Bomber Squadron at War. London 1983.

HBCSTPY FOR B/CAST BASES AND SUB STNS LDM AND HBC
FORM 'B'   FORM 'B'.

H

HBCBIN 354 ELW 285 HEM 241 LUD 419 SCM 525 LDM -- HBC

T W R IN ADDRESS.

V GPA GPA 10/27 OP OP FORM 'B' FORM 'B'. | GROUP

FROM HQ NO 1 GROUP.
TO 12 13 14 15 BASES AND ALL OPS STATIONS
INFO 71 BASE HQBC.
SECRET QQX BT   FREIBURG

A. FORM 'B' SERIAL NO 1559. TASK NO 1670.

B. 27 NOVEMBER 1944.

C. SEE CURRENT INT. SIGNAL. A TOTAL OF 294 AIRCRAFT
   PLUS P.F.F. WILL BE ATTACKING THIS TARGET.

D. TO DESTROY TOWN AND ASSOCIATED RAIL FACILITIES.

E. NIGHT 27TH/28TH NOVEMBER 1944.

F.   H.E. LOAD.   I.B. LOAD.   TOTAL.

   12 BASE   43   13   64
   13 BASE   60   26   86
   14 BASE   49   21   70
   15 BASE   50   24   74
                  ------   ------   ------
   TOTALS   204   90   294

        THE FIGURE OF 70 A/C FOR 14 BASE INCLUDES 8 ABC A/C
        OF 101 SQDN

G. 'TIGERFISH'.

   AIMING POINT: TIGER FISH 'A'.

H1 AND H2. NIL.

J. RESULTS OF THE RAID WITH THE AID OF PHOTOGRAPHS. ALL A/C TO
   CARRY PHOTOFLASHES.

K AND L. (A) BASES (B) READING (C) 5150N/0030E
          (D) 4910N/0500E (E) 4845N/0610E - TARGET -
          (F) 4750N/0745E - (G) 4800N/0600E - (H) ORFORDNESS -
          (A) BASES.

M1. 'H' HOUR WILL BE 2000 HOURS.

M2. WAVES

     1ST WAVE.   'H' TO 'H' + 3.
     --------   ---------------

     12 BASE = 22 A/C. 13 BASE = 28 A/C. 14 BASE = 20 A/C.
     15 BASE = 25 A/C.

     2ND WAVE.   'H' + 3 TO 'H' + 6.
     --------   -------------------

     12 BASE = 21 A/C. 13 BASE = 29 A/C. 14 BASE - 21 A/C.
     15 BASE = 25 A/C.

     3RD WAVE   'H' + 6 TO 'H' + 9.
     --------   -------------------

     12 BASE = 21 A/C. 13 BASE = 29 A/C. 14 BASE = 21 A/C.
     15 BASE = 24 A/C.

M3. AIRCRAFT DETAILED TO FLY IN THE THIRD WAVE ARE TO CARRY
    THE INCENDIARY LOAD.

M4. 8 ABC AIRCRAFT OF 101 SQUADRON ARE TO BE SPREAD EVENLY
    OVER THE WHOLE PERIOD OF ATTACK.

N1. MINIMUM PETROL LOAD
    ------------------- FOR ALL A/C WILL BE AT THE
    DISCRETION OF BASE COMMANDERS.

N2. BOMB LOAD   (FOR H2S AIRCRAFT)

Abb. 117: Einsatzbefehl der Bomber Group No. 1 für den Angriff auf Freiburg (Crown-copyright in the Public Record Office London, AIR 14/3128)

15 BASE = 25 A/C.

2ND WAVE.   'H' + 3 TO 'H' + 6.
----

12 BASE = 21 A/C.   13 BASE = 29 A/C.   14 BASE = 21 A/C.
15 BASE = 25 A/C.

3RD WAVE   'H' + 6 TO 'H' + 9.
----

12 BASE = 21 A/C.   13 BASE = 29 A/C.   14 BASE = 21 A/C.
15 BASE = 24 A/C.

M3. AIRCRAFT DETAILED TO FLY IN THE THIRD WAVE ARE TO CARRY
THE INCENDIARY LOAD.

M4. 8 ABC AIRCRAFT OF 101 SQUADRON ARE TO BE SPREAD EVENLY
OVER THE WHOLE PERIOD OF ATTACK.

N1. MINIMUM PETROL LOAD
-------------------   FOR ALL A/C WILL BE AT THE
DISCRETION OF BASE COMMANDERS.

N2. BOMB LOAD   (FOR H2S AIRCRAFT)

H.E. LOAD.
----

1 X 4000 LBS. H.C.
5 X 1000 LBS. M.C./G.P.
7 X 500 LBS. M.C./G.P.

ALL BOMBS TO BE FUSED T.D. 0.025 SECONDS.

I.B. LOAD.
----

1 X 4000 LBS H.C.
14 X 500 LBS CLUSTERS (4 LB) I.B.
2 X 60 X 4 LBS. I.B.
10 % OF INCENDIARIES TO _____ TYPE.

N3. DISTRIBUTOR S_____GS:

H.E. LOAD = 0.25 ____ DS.
I.B. LOAD = 0.1 SECONDS.

_____

SIGNALS AND RADAR SILENCE INCLUDING ABC IS TO BE ENFORCED
AS FAR AS 0500E ON THE OUTWARD BOURRNEY.

AFTER 0500E H2S IS TO BE SWITCHED 'ON' AND LEFT 'ON'
FOR THE REMAINDER OF THE OPERATION. ALL (T) A/C ARE
TO USE DUMMY LOAD NO 228 AS FAR AS 0500E.

N5. METHOD

(A) METHOD FOR TONIGHT WILL BE CONTROLLED 'NEWHAVEN'
WITH EMERGENCY 'WANGANUI'.

(B). 'OBOE' MOSQUITOES WILL DROP T.I. RED AT 'H' MINUS 6.
OTHER PATHFINDERS WILL ILLUMINATE THE TARGET WITH
STICKS OF FLARES AND WILL MARK THE A.P. VISUALLY WITH
LARGER SALVOES OF MIXED RED AND GREEN T.I. AND
KEEP IT MARKED WITH GREEN T.I., SOME YELLOW T.I.S. MAY
BE DROPPED.

(C) AS AN EMERGENCY METHOD SKY MARKERS FLARES RED WITH YELLOW
STARS WILL BE DROPPED THROUGHOUT THE ATTACK IF CLOUD
OBSCURES THE TARGET.

(D) A MASTER BOMBER WILL GIVE AIMING INSTRUCTIONS TO THE
MAIN FORCE USING THE FOLLOWING:

MASTER   : 'PLATO'
DEPUTY   : 'PLATO TWO'
MAIN FORCE: 'STRONG MAN'

FREQUENCIES : (1) 5020 KCS.
              (2) 5570 KCS.

MAINFORCE A/C ARE TO LISTEN OUT FROM 'H' MINUS 15 MINUTES.

(E) SHOULD THE MASTER BOMBER NOT BE HEARD CREWS ARE TO AIM
THEIR BOMBS AT THE FOLLOWING IN ORDER OF PREFERENCE.

(1) CENTRE OF REDS.

(2) RED AND GREEN.

(3) GREENS.

(4) YELLOWS.

(F) IF SKYMARKERS ARE USED, THE STANDARD 'WANGANUI' METHOD IS
TO BE ADOPTED, ON AN EXACT HEADING OF 123 DEGREES TRUE
(129 DEGREES MAGNETIC)

THESE SKY MARKERS WILL BURST AT 10,000 FEET.

N.6. 'WINDOW'

STICKS OF FLARES AND WILL MARK THE A.P. VISUALLY WITH
LARGER ~~X~~ SALVOES OF MIXED RED AND GREEN T.I. AND
KEEP IT MARKED WITH GREEN T.I., SOME YELLOW T.I.S. MAY
BE DROPPED.

(C) AS AN EMERGENCY METHOD SKY MARKERS FLARES RED WITH YELLOW
STARS WILL BE DROPPED THROUGHOUT THE ATTACK IF CLOUD
OBSCURES THE TARGET.

(D) A MASTER BOMBER WILL GIVE AIMING INSTRUCTIONS TO THE
MAIN FORCE USING THE FOLLOWING:

MASTER   : 'PLATO'
DEPUTY   : 'PLATO TWO'
MAIN FORCE: 'STRONG MAN'

FREQUENCIES : (1) 5020 KCS.
              (2) ~~~~ 5570 KCS.

MAINFORCE A/C ARE TO LISTEN OUT FROM 'H' MINUS 15 MINUTES.

(E) SHOULD THE MASTER BOMBER NOT BE HEARD CREWS ARE TO AIM
THEIR BOMBS AT THE FOLLOWING IN ORDER OF PREFERENCE.

(1) CENTRE OF REDS.

(2) RED AND GREEN.

(3) GREENS.

(4) YELLOWS.

(F) IF SKYMARKERS ARE USED, THE STANDARD 'WANGANUI' METHOD IS
TO BE ADOPTED, ON AN EXACT HEADING OF 123 DEGREES TRUE
(129 DEGREES MAGNETIC)

THESE SKY MARKERS WILL BURST AT 10,000 FEET.

N.6.   'WINDOW '

(A) 50% OF AIRCRAFT ARE TO CARRY AND DROP TYPE M.B. OR M.C.
'WINDOW' AS FOLLOWS.

START RATE 'D' = 4846N/0600E
STOP FINALLY   = 4953N/0400E

A TOTAL OF 200 BUNDLES PER AIRCRAFT.
                     % OF AIRCRAFT
+ (B) 50% ~~~~~~~~~~~~ TO CARRY AND DROP ORDINARY TYPE
'WINDOW' AS FOLLOWS:-

START RATE 'D' = 4846N/0600E
START RATE 'G' = 4811N/0726E
START RATE 'D' = 4752N/0722E
STOP FINALLY   = 4953N/0400E

A TOTAL OF 240 BUNDLES PER AIRCRAFT.

(C) ALL AIRCRAFT ARE TO CARRY A FURTHER 24 BUNDLES OF
ORDINARY TYPE WINDOW FOR USE IF ENGAGED BY HEAVY
PREDICTED FLAK.

N.7.   TACTICS

(A) SET COURSE OVER BASES 5/6000 FEET.
(B) RENDEZVOUS READING 5/6000 FEET.   0430E
(C) CONTINUE AT THIS HEIGHT AS FAR AS ~~~~~X ~~0403E~~
ON TRACK.
(D)   THEN CLIMB TO BE AT 12/14000 FEET BY 0600E
ON TRACK.

(E) MAINTAIN THIS HEIGHT TO THE TARGET, FOR BOMBING,
AND AS FAR AS 0600E ON THE RETURN TRIP.
(F) THEN LOSE HEIGHT GRADUALLY DOWN TO 6/10000 FEET
FOR THE REMAINDER OF THE OPERATION.
(G) DON'T FORGET THE 'DIVER'.

N.8. CREWS ARE TO BE WARNED OF THE NEARNESS OF ALLIED
TROOPS AND THE SWISS FRONTIER TO THE TARGET.
PARTICULARLY WITH REGARD TO JETTISONING.

O. ACKNOWLEDGE.

P. 271315A

BT 271315A

HOLD+

che Bombenladungen vorgeschrieben[10]. Insgesamt wurden 14 Staffeln der 1. Bomber Group für den Angriff auf Freiburg eingeteilt; von den geplanten 294 Maschinen kamen dann schließlich 292 zum Einsatz[11].

Tab. 7: Zusammenstellung der gegen Freiburg eingesetzten Bomber und Staffeln der Bomber Group No. 1

Squadron No.	Lage des Flugplatzes	Zahl der eingeteilten Flugzeuge	Zahl der eingesetzten Flugzeuge	Besonderheiten
12	Wickenby, Lincs.	17 Lancaster	17 Lancaster	
100	Waltham/Grimsby	18 Lancaster	18 Lancaster	auch kanad. Flieger
101	Ludford Magna	19 Lancaster	19 Lancaster	auch kanad. und austral. Flieger, davon 8 ABC-Maschinen
103	Elsham Wolds, Lincs.	23 Lancaster	23 Lancaster	auch kanad. und austral. Flieger
150	Fiskerton, Lincs.	13 Lancaster	13 Lancaster	
153	Scampton, Lincs.	20 Lancaster	20 Lancaster	
166	Kirmington, Lincs.	32 Lancaster	32 Lancaster	1 Maschine beim Einsatz vermißt; mit kanad., austral., neuseeländ. und norweg. Fliegern
170	Hemswell, Lincs.	22 Lancaster	22 Lancaster	
300 P	Faldingworth, Lincs.	13 Lancaster	13 Lancaster	poln. Flieger
460 RAAF	Binbrook, Lincs.	16 Lancaster	16 Lancaster	austral. und brit. Flieger
550	Waltham/Grimsby	31 Lancaster	31 Lancaster	
576	Fiskerton, Lincs.	19 Lancaster	18 Lancaster	
625	Kelstern, Lincs.	31 Lancaster	31 Lancaster	kanad. und austral. Flieger
626	Wickenby, Lincs.	19 Lancaster	19 Lancaster	
14 Squadrons		293	292	

Anm.: Lincs. = Lincolnshire

Die Bomber Group Nr. 1, deren Hauptquartier in Bawtry Hall nahe bei Doncaster in Lincolnshire lag, war eines der ältesten (seit Mai 1936 bestehend) und erfahrensten Bombergeschwader des Bomber Command[12]. Sie war vollständig mit den neuen Lancaster-Maschinen Typ I und III ausgerüstet. Am 27. November 1944 hatte sie eine Einsatzbereitschaft von 14 Staffeln mit 330 Maschinen, von denen 306 mit Besatzungen einsatzbereit waren[13]. Die einzelnen Staffeln lagen im Gebiet Lincolnshire (Abb. 118).

Zu ihren Squadrons zählten auch die 460. Staffel als schwere Bomber-Squadron der Royal Australian Air Force (RAAF) sowie die 625. Staffel als eine ge-

[10] Vgl. Übersicht auf S. 212.
[11] Vgl. Zusammenstellung in Tab. 7.
[12] Zur Bomber Group No. 1 siehe Moyes, Bomber Squadrons of the R.A.F. and their aircraft, S. 329 ff.
[13] PRO London, AIR 24/298, Liste v. 27.11.1944, 18.00 Uhr.

216

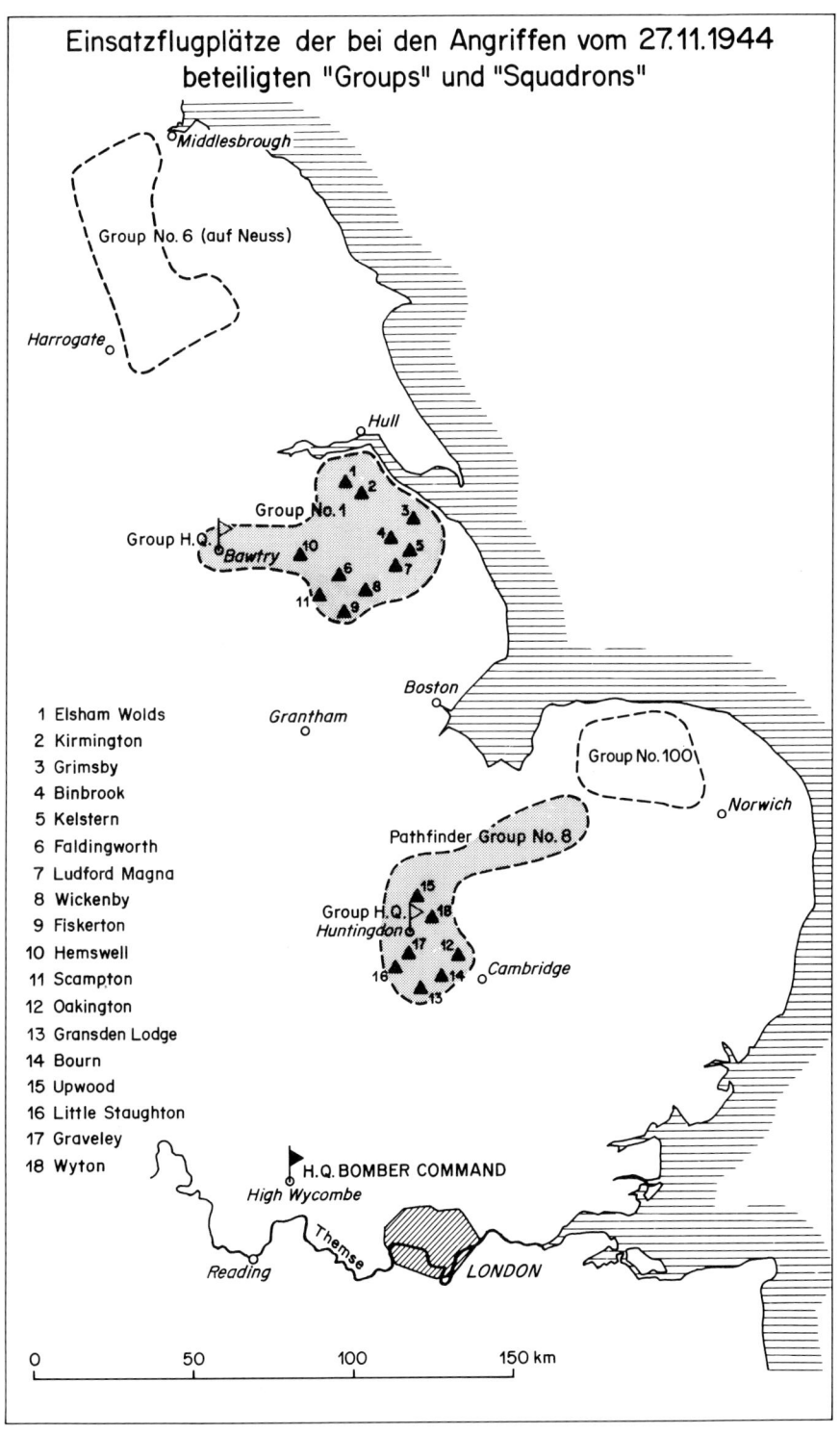

Abb. 118: Einsatzflugplätze der bei den Angriffen vom 27. November 1944 beteiligten „Groups" und „Squadrons" (Rolf Schindler)

mischte Squadron aus kanadischen und australischen Fliegern und die Squadron No. 300 P („Polish Squadron")[14]. Diese Staffel, die den Zusatznamen „Masovian" (polnisch „Ziemi, Mezowieckiej") trug, bestand seit 1. Juli 1940; ihr Staffelchef war Major Teofil Pozyczka. Sie setzte sich aus polnischen Soldaten der Exilregierung von General Sikorski zusammen, die nach dem militärischen Zusammenbruch ihrer Heimat zuerst in Frankreich, dann in England weiterhin auf der Seite der Alliierten am Krieg gegen das Dritte Reich teilnahmen[15]. Dies war nicht ungewöhnlich, denn in der Royal Air Force dienten auch Flieger anderer Nationalitäten. So waren 1,7 Prozent der RAF-Besatzungen Polen, ca. 7 Prozent Australier, ca. 18 Prozent Kanadier und ca. 3 Prozent Neuseeländer. Die in der gleichen Nacht auf Neuss angesetzte 6. Bomber Group gehörte beispielsweise zur RCAF (Royal Canadian Air Force). Immerhin könnte es für die polnischen Flieger, die an ihrer Uniform den Namenszug „Poland" trugen (Abb. 119), eine späte Genugtuung gewesen sein, gegenüber deutschen Städten Vergeltung für das mittlerweile durch Kriegseinwirkung und sonstige Vernichtungsmaßnahmen der Deutschen fast vollständig zerstörte Warschau zu üben.

Abb. 119: Polnische Flieger der RAF (Bildarchiv Preuß. Kulturbesitz Berlin)

---

[14] Zur Dislozierung der Staffel vgl. die Karten in Charles Webster/Noble Frankland: The Strategic Air Offensive against Germany 1939–1945. Vol. III: Victory, Part 5. London 1961 und Middlebrook, The Nuremberg Raid 30–31 March 1944, a. a. O. Map 1. Zu den Einsatzstärken und -befehlen der einzelnen Staffeln siehe PRO London, AIR 27/1909, 2143, 2144, 797, 800, 816, 1089, 1090, 1091, 2037, 2039, 803, 168, 171, 2145, 2146, 1658, 1659, 1029, 1033, 1031, 1012, 1013, 1016, 1096, 1098, 1099, 2047, 2048. Zur Geschichte der einzelnen Staffeln siehe Moyes, Bomber Squadrons of the R.A.F. and their aircraft, passim.
[15] Ebda., S. 223 ff.; PRO London, AIR 27/1658 sowie Jerzy B. Cynk: History of the Polish Air Force, 1918–1968. Reading 1972, S. 156 ff., 164 ff., 282; Izydor Koliński: Les origines de l'aviation polonaise et sa participation à la deuxième guerre mondiale. In: Histoire militaire de la Pologne. Problèmes choisis: Dissertations-Études-Esquisses. Rédacteurs: Witold Biegański, Piotr Stawiecki, Janusz Wojtasik. Warschau 1970, S. 295 ff., 304.

Die von der Group No. 1 insgesamt mitgeführte Bombenmenge war für das Ziel Freiburg verheerend. Im einzelnen wurden folgende Bombentypen von den Maschinen der 1. Group geladen:

170 × 4000 lbs. (à 1812 kg) H. C. (= High Capacity) Bomben
121 × 4000 lbs. (à 1812 kg) M 2 Bomben
369 × 1000 lbs. (à 453 kg) M. C. (= Medium Capacity) Bomben
643 × 1000 lbs. (à 453 kg) USA.-Bomben
620 × 500 lbs. (à 226 kg) M. C. Bomben
550 × 500 lbs. (à 226 kg) G. P. (= General Purpose) Bomben
234 × 500 lbs. (à 226 kg) USA.-Bomben

Dies ergab eine Bombenladung von 1305,3 Tonnen. Dazu kamen 1229 Markierungsbomben, 5150 Brandbomben à 4 lbs. (1,8 kg) und 5050 Spezial-Brandbomben „X" à 4 lbs. mit nochmals insgesamt 254,8 Tonnen[16]. Große Phosphor-Brandbomben zu 30 lbs. oder die gefürchteten Kautschuk-Benzol-Brandbomben zu 250 lbs. wurden nicht mitgeführt.

Die im Befehl eingeteilten „bases" (Flughafenbereiche) der 1. Group waren No. 12: Binbrook mit den Fliegerhorsten Grimsby und Kelstern als „sub-stations"; No. 13 mit Elsham, Kirmington und North Killingholme; No. 14 mit Ludford Magna, Wickenby und Faldingworth und No. 15 mit Scampton, Hemswell und Fiskerton (vgl. Abb. 118). Der Einsatzbefehl der Bomber Group Nr. 1[17] schrieb eine Funkstille beim Anflug für Radar und Funksignale bis zum Längengrad 0500 Ost (nördlich von St. Dizier, siehe Flugroute in Abb. 118) vor. Die technische Angriffsmethode sollte gemäß System „Newhaven" (= Sichtbodenmarkierung) mittels Oboegeräten mit anschließender visueller Erkennung der Markierung erfolgen und im Notfall bei schlechter Sicht mit „Wanganui"-System (= Himmelsmarkierung) durchgeführt werden. Sechs Minuten vor der Angriffszeit sollte ein (durch Radarnavigation mit dem H 2 S-Gerät) Oboe-gelenkter Mosquito-Bomber der 8. „Pfadfinder" Group die ersten roten Boden-Zielmarkierer (T. I. = Target Indicator) werfen; danach sollten weitere „Pfadfinder"-Maschinen das Zielgebiet Freiburg mit Leuchtbomben illuminieren und eine Sichtmarkierung des Angriffspunktes mit einer größeren Anzahl von rot-grün gemischten Bodenzielmarkierern durchführen (vgl. Abb. 117). Die Markierung am Boden sollte danach mit grünen Zielmarkierern aufrechterhalten bleiben, in die später auch einige gelbe Bodenzielmarkierer geworfen werden sollten.

Sollte Freiburg durch Wolken verdeckt sein, so bestimmte der Befehl als Hilfsmethode den Abwurf von roten Himmelsmarkierern mit gelben Sternen während der ganzen Angriffszeit. Bereits 15 Minuten vor der Angriffszeit sollte die Hauptstreitmacht der anfliegenden Bomber auf Anweisungen des „Master Bombers" achten. Sollte die „Master Bomber"-Maschine nicht gehört werden können, waren die Bomben in fester zeitlicher Reihenfolge nach Erkennen der roten, rot-grünen, grünen und gelben Markierer zu werfen.

Ein Scheinangriff mit Abwurf von „Window"-Stanniolstreifen wurde ab Nancy in Richtung Mannheim angesetzt. Sammelpunkt des Bomberstromes war der Ort Reading westlich von London in 1500–1800 m (5–6000 Fuß) Höhe[18]; ab Längengrad 0600 Ost (Nancy) sollten die Bomber auf 3650–4250 m Höhe steigen

---

[16] PRO London, AIR 14/3436.
[17] Ebda., AIR 14/3128 und AIR 25/15.
[18] Die englischen Maße und Gewichtsangaben in Fuß (= 30,48 cm) und tons (= 1016 kg) werden im Folgenden nach dem metrischen System angegeben bzw. umgerechnet.

und diese Höhe auch beim Bombenabwurf über Freiburg beibehalten. Beim Rückflug sollte diese Höhe wiederum bis zum Längengrad 0600 Ost eingehalten werden, danach sollte sie langsam auf 3048–3658 m Höhe reduziert werden, um dann nach Orfordness beim Anflug der Einsatzflughäfen in Lincolnshire verlassen zu werden.

Als besondere Gefahrenpunkte wurden im Einsatzbefehl aufgeführt, daß die Bomberbesatzungen auf die Nähe des Zieles zur Schweizer Grenze und zu den eigenen Truppen im Elsaß hingewiesen werden sollten. Nachdem die Group No. 1 und die eingeteilten Staffeln gemäß dem Einsatzbefehl ihre Vorbereitungen abgeschlossen hatten, fanden ab 13.30 Uhr, 14.00 Uhr und 14.30 Uhr in den einzelnen Staffeln die Navigations- und Einsatzbesprechungen („briefings") statt. Auch im Hauptquartier des Bomber Command erfolgte nochmals gegen 15.00 Uhr eine Abstimmung der für die Nachtangriffe herausgegebenen Befehle, die sich aufgrund des Operationsbefehls der Group No. 8 „Pathfinder" ergeben konnte.

Der Befehlshaber der 8. „Pathfinder" Group, Air Vice-Marshal Donald C. T. Bennett, ein australischer Offizier, hatte schon um 11.18 Uhr aus seinem Hauptquartier in Castle Hill House/Huntingdon an die Bomber Group No. 1 den ersten Befehl über die beabsichtigten Markierungsmaßnahmen nach „Methode Nr. 175" für den Angriff „Tigerfish" herausgegeben (Abb. 120). Diese Mitteilung über die geplante Methode „Controlled Newhaven with emergency Wanganui" wurde dann auch in den Operationsbefehl der Group No. 1 aufgenommen[19]. Bereits um 11.30 Uhr versandte die „Pfadfinder"-Gruppe per Fernschreiber den ersten Teil ihres ausführlichen Einsatzbefehles für die Angriffe auf Freiburg und Neuss (bezeichnet als „Ray") an die ihr unterstellten Staffeln, welche die Illuminations- und Markierungsarbeiten über den beiden Städten zu leisten hatten (Abb. 121)[20].

Die 8. „Pathfinder" Group bestand seit August 1942 als spezieller Zielmarkierungsverband, der gleichsam als „Speerspitze" des Bomber Command den nachfolgenden Bombern ihr jeweiliges Nachtziel beleuchtete und markierte. Der Verband bestand aus freiwilligen Besatzungen. Seit Januar 1943 war die „Pathfinder Force" als Group No. 8 ein eigenständiger Verband im Bomber Command unter Bennett[21]. Im Herbst 1944 verfügte die Group No. 8 über sieben Lancaster-Squadrons und fünf Mosquito-Squadrons. Für Freiburg wurden sieben Staffeln mit 59 Maschinen eingeteilt[22]. Die dabei eingeplante Squadron No. 405 war die einzige „Pfadfinder"-Einheit der „Royal Canadian Air Force"; sie setzte sich dementsprechend aus kanadischen Fliegern zusammen. Die Mosquito-Maschine der meteorologischen Flugeinheit No. 1409 M. F. hatte die Luftbildaufnahmen nach dem Angriff auszuführen (Tab. 8).

---

[19] PRO London, AIR 25/168 und AIR 14/3128. Zur Geschichte der No. 8 „Pathfinder" Group (auch: PFF = Pathfinder Force) siehe u. a. Moyes, Bomber Squadrons of the R.A.F. and their aircraft, S. 347 ff. und Charles Bowyer: Path Finders at War. London 1977. Zu den mit den Decknamen „Parramatta", „Newhaven" und „Wanganui" versehenen Markierungstechniken der Pfadfinder Gruppe siehe Gordon Musgrove: Pathfinder Force. A History of 8 Group. London 1976, S. 247 ff.
[20] PRO London, AIR 25/168.
[21] Bowyer, Path Finders, S. 10 ff.; Bennett übernahm als 32jähriger Wing Commander den Pfadfinder-Verband, wurde zum Group Captain befördert, Januar 1943 zum Air Commodore und schließlich zum Air Vice-Marshal. Vgl. dazu die Autobiographie von Donald C. T. Bennett: Pathfinder. London 1958.
[22] Vgl. die Zusammenstellung auf S. 221 und die Angaben im jeweiligen „Operations Record Book" in PRO London, AIR 27/827, 855, 101, 381, 1042, 1044, 1789, 1791, 1794.

Tab. 8: Zusammenstellung der gegen Freiburg eingesetzten Bomber und Staffeln der „Pathfinder" Group No. 8

Squadron No.	Flugplatz	Anzahl der Maschinen	Besonderheiten
7	Oakington, Cambs.	16 Lancaster	
35	Graveley, Huntshire	12 Lancaster	
105	Bourn, Cambshire	6 Mosquito	
109	Little Staughton, Huntshire	3 Mosquito	
156	Upwood, Huntshire	14 Lancaster	Master Bomber W / C T.E. Ison; Deputy Master Bomber S / L P.F. Clayton
405 RCAF	Gransden Lodge, Bedshire	7 Lancaster	Kanadische Flieger
1409 MF	Wyton	1 Mosquito	Für Photoaufklärung eingesetzt
7 Squadrons		59 (49 Lancaster + 10 Mosquito)	

Anm.: MF = Meteorological Flight

Der geheime Einsatzbefehl von 11.30 Uhr bestimmte für die Markierungsarbeit in und über Freiburg 10 Minuten während des Angriffs. Der Zielpunkt („A/P" – Aiming Point) sollte blind mit roten Boden-Zielmarkierern beworfen werden. Fünf Minuten vor der Angriffszeit von 20.00 Uhr sollten in Intervallen von sechs Sekunden die Leuchtbomben („flares") abgeworfen werden, die mittels Barometer-Einstellung über dem Ziel in der Luft als Leuchttrauben gezündet wurden. Sie sollten die eigentliche Zielmarkierung erleichtern. Bereits 15 Minuten vor dem Angriff sollte der „Master Bomber" per Sprechfunk den Bombenabwurf für die Zielmarkierungen anweisen und auch Kontakt zum Gesamtverband aufnehmen. Er sollte dann als erster rot-grüne Zielmarkierer abwerfen, die nach Abwurf noch drei Minuten am Boden brannten. Während des Angriffs sollte die Zielerleuchtung durch Bodenmarkierer und Leuchtbomben in der Luft ständig aufrechterhalten bleiben. 35 Minuten nach dem Angriff wurde das Aufklärungsflugzeug zur Photo-Aufklärung bereitgestellt.

Der zweite Teil des „Pathfinder"-Befehls von 12.30 Uhr gab schließlich noch detailliertere Anweisungen für die Zeitabfolge der Markierungsbombenabwürfe und die Bombenbeladung (Abb. 122). Zwei Maschinen der 156. Staffel wurden nun als „Master Bomber" und „Deputy Master Bomber" für den Angriff auf Freiburg eingeteilt; als „Master Bomber" war dies Wing Commander T. E. Ison, und als „Deputy Master Bomber" Squadron Leader P. F. Clayton. Wing Commander Ison war ein erprobter „Master Bomber". Er hatte auch am Angriff auf Friedrichshafen am 27./28. April 1944 teilgenommen, kannte also die als besonderer Gefahrenpunkt des Angriffs im Einsatzbefehl aufgeführte Nähe zur Schweizer Grenze, um den Bomberverband davon fernhalten zu können[23]. Als Zielpunkt wurde ferner der Schnittpunkt 48.00 Grad Nord/07.51,3 Grad Ost festgelegt. Der befohlene Zielpunkt für den „Master Bomber" lag somit in der Stadt nahe der Straßenkreuzung Adolf-Hitler-Straße/Bernhardstraße. Ein zweiter, ebenfalls mit

[23] Vgl. Musgrove, Pathfinder Force, S. 133, 142, 161 f.

221

```
GPA T 1 GROUP
LDR T 100 GROUP
HBC T HQBC
OAK T OAKINGTON
GRY T GRAVEELY
GSD T GRANSDEN
WTN T WYTON
WLS T WARLUYS
DOW T DOWNHAM
LTS TL'STAUGHTON
LOU T BOURN
UPW T UPWOOD
```

V GPH 54/27 UP UP

FROM PATHFINDERS 271118A
TO 1 100 GROUPS HQ BOMBER COMMAND   ALL P.F.F. STATIONS
SECRET QQX BT

METHOD   NO 175   FREIBURG
----

(1) METHOD FOR T I G E R E L SH FOR 27 NOVEMBER WILL BE CONTROLLED
NEWHAVEN WITH EMERGENCY WANGANUI.

(2) BLUE MOSQUITOS WILL DROP T.I. RED ON A.P. AT H-6 . OTHER
PATHFINDERS WILL ILLUMINATE THE TARGET WITH STICKS OF FLARES
AND WILL MARK THE A.P. VISUALLY ~~VISUALLY~~ VISUALLY WITH
LARGER SALVOES OF MIXED RED AND GREEN T.I. AND KEEP IT MARKED
WITH GREEN T.I. SOME YELLOW T.IS MAY BE DROPPED .

(3) AS AN EMERGENCY METHOD SKY MARKERS FLARES RED WITH YELLOW
STARS WILL BE DROPPED THROUGHOUT THE ATTACK IF CLOUD OBSCURES
THE TARGET .

(4) A MASTER BOMBER WILL GIVE AIMING INSTRUCTIONS TO MAIN FORCE
USING FOLLOWING:-

    (A) MASTER   PLATO
        DEPUTY   -"   2
        MAIN FORCE   STRONGMAN

        FREQUENCIES (1) 5020
                    (2) 5570

    MAIN FORCE WILL LISTEN OUT AT H-15 .

    (B) IF M.B. NOT HEARD ORDER OF PREFERENCE:-

        (1) CENTRE OF REDS
        (2) RED AND GREEN
        (3) GREENS
        (4) YELLOWS.

(5) IF SKYMARKERS ARE USED MAIN FORCE WILL BOMB ON HEADING OF
123T AND 129 DEGS M WITH BOMBS XXX BOMB SIGHTS SET FOR TRUE
HEIGHT AND A/S BUT ZERO WIND .

BT 271118A
AS FOR CHECK
KTOD 1145 D.M.S. AR
  O BAHBCVM   EN
R...............
COLLECTIVE R
R.....1153   ADB K

Abb. 120: Befehl der Pfadfindergruppe zur Festlegung der Angriffsmethode auf Freiburg
von 11.18 Uhr (Crown-copyright in the Public Record Office London, AIR 25/168)

FROM XX PATHFINDERS 271130A
TO ALL PFF STATIONS
INFO H.Q.B.C. - 100 GROUP

SECRET QX BT

A. FORM 'B' NO. 320 PART 1.

B. 27TH NOV 1944

C. 1. TIGERFISH AT 2000 HOURS (DURATION 9 MINS)

      6/105 + 3/109 + 16/7 + 12/35 + 14/156 + 7/405 + 1/1409 + 300/
      1 GRP

   2. RAY AT 2020 HOURS (DURATION 6 MINS)

      7/105 + 7/109 + 7/405 + 15/582 + 14/635 + 4/35 +2/156
      + 1/1409 + 200/6 GRP

D. (A) METHOD

      ON TIGERFISH WILL BE CONTROLLED GROUND MARKING WITH EMERGENCY
   PARRAMATTA AND WANGANUI.

   1. MUSICAL MARKERS

      WITH T.I. RED WILL MARK THE A/P BLIND XXXXXX A/P BLINDLY AT
      TIMES DETAILED.

   2. BLIND ILLUMINATORS AT H-5.

      WILL DROP STICKS OF ILLUMINATING FLARES BLINDXXXXXX FLARES
      BLINDLY IN ACCORDANCE WITH Y METHOD PASSED AT SIX SECOND
      INTERVALS. IF HOWEVER RED T.I. ARE VISIBLE THEY WILL DROP
      FLARES ACROSS THEM VISUALLY. IF Y IS U/S AND NO RED T.I.
      VISIBLE THEY SHOULD ILLUMINATE ON FLARES ALREADY DROPPED .
      IF IN LIGHT OF FLARES ALREADY DROPPED THERE IS 6/10 OR
      MORE OF CLOUD THEY WILL RETAIN FLARES AND DROP BOMBS ONLY.

   3. MASTER , DEPUTY AND P.V.M.S.

      WITH T.I. MIXED RED/GREEN . MASTER TO ARRIVE AT H-5.
      DEPUTY AND P.V.M.S. TO BOMB VISUALLY AT H-3. MASTER TO
      ASSESS AND BROADCAST CONCISE AIMING INSTRUCTIONS TO THE
      SUCCEEDING MARKERS AND MAIN FORCE. HE MAY ALSO INSTRUCT
      B. ILLUMINATORS. HE WILL BROADCAST AT H-15 AND OVER TARGET
      USING CALL SIGNS AND FREQUENCIES AS IN METHOD NO. 175 .

   4. BLIND MARKERS AT H-1

      WITH T.I. YELLOW AND SKYMARKERS RED WITH YELLOW STARS
      WILL ONLY DROP MARKERS IF THERE ARE NO RED OR GREEN T.I.
      VISIBLE OR ON THE MASTERS INSTRUCTIONS USING THE Y METHOD
      PASSED. IF T.I. VISIBLE THEY RETAIN MARKERS AND DROP BOMBS
      BLINDLY. IF Y IS U/S RETAIN MARKERS AND BOMB AS MAIN FORCE .

   5. BLIND SKYMARKERS

      AT TIMES DETAILED WITH FLARES RED WITH YELLOW STARS
      WILL MARK THE RELEASE POINT BLINDLY IN ACCORDANCE WITH Y

   6. VISUAL CENTRERS

      AT TIMES DETAILED WITH T.I. GREEN WILL BACK UP IN THE
      FOLLOWING ORDER :-
      (A) ON THE MASTERS INSTRUCTIONS
      (B) ON MIXED RED/GREEN T.I.
      (C) ON RED T.I.
      (D) ON YELLOW T.I. OR SKY MARKING
      (E) ON GREEN T.I. ALREADY DROPPED.
      IF NONE OF THESE CONDITIONS PERTAIN THEY RETAIN T.I. AND
      DROP BOMBS ONLY ON GOOD NAV. AIDS .

   7. PHOTO RECCO .

      WILL PHOTOGRAPH TARGET AT H+35 .

      ... (betr. Angriff auf Neuss)

   BT 271130A
   AS FOR CHECK

Abb. 121: Einsatzbefehl der Pfadfindergruppe für Freiburg, Teil 1 (Crown-copyright in the
Public Record Office London, AIR 25/168)

```
HBG        STAND  BY FOR FORM B
CQ
STAND  BY FOR FORM B 320 PART II

ALL PFF STATIONS T SELF
HBC T HQDC
EDR T 100 GROUP

V  GPH  GPH 60/27 OP OP

FROM PATHFINDERS 271230A
TO ALL P.F.F. STATIONS
INFO H.Q.B.C. - 100 GROUP
SECRET QQX BT


A. B FORM NO 320 PART 2
B. 27 NOV 1944

M
M. TIMING AND BOMBLOADS
───────────────────────

ON TIGERFISH
────────────

 1 MUSICAL MARKERS
 ────────────────
                                                   H
 2+1R CH 11m/105 AT H—o H+4    2+1 R CH 13/109 AT H—4 B+6
 TL
 2+1 R CH 12/105 AT H—5 H+5
  = 2 X LBTI RED (A) + 2 X TI RED (A)

 2 BLIND ILLUMINATORS AT H—5
 ──────────────────────────
 7/7+ 3/35 + 5/156
  = 18 CHF + 4 X 1000 + 1800 GALLS

 3. MASTER DEPUTY AND P V M
 ──────────────────────────
 2/156 MASTER AND DEPUTY
 2/7+ 2/35 AT H—3 P V M
  = 3 X TI RED (LOW) + 3 X TI GR (LOW) + 3 X LBTI RED (LOW)
     + 3 X LBTI GR (LOW) + 1 X 4000 + 1800 GALLS
 T I ON STUDS 2, 3  4 AND 5 DISTRIBUTOR 0.25

 4. BLIND MARKERS AT H—1
 ──────────────────────
 4/7 + 3/32 + 3/156
  = 3 X TI RED / YELLOW STAR + 2 XLBTI YELLOW (A) + 10 X 1000
  + 1600 GALLS TI ON STUD 6 DISTRIBUTOR ON 0.25

 5. BLIND SKY MARKERS
 ───────────────────
 7/405 AT H+1 , +2, +3, +4, +5, +6 AND+7
  = 1 X 7 FL RED / YELLOW STARS + 10  X+1000 + 1600 GALLS

 6. VISUAL CENTRES
 ────────────────
 3/7 AT H0 + 2 +7
 4/35 AT H—1 H0 +3 +5
 4/156 AT H—1 H+1 +4 +6
  = 3 X TI GR (A) + 3 X LBTI GR (A) + 1 X 4000 + 5 X 1000 + 1600 GALLS
 TI ON STUDS 6 AND 7 DISTRIBUTOR ON 0.5

 7. PHOTO RECCO
 ─────────────
 1/1409 AT H+35
────────────────────────────────────────────────
 o  o  o            (Betr. Angriff auf Neuss = Ray)
 N1. ROUTES
 ──────────

 HEAVIES ON T I G E R F I S H
 ────────────────────────────
 BASE - READING - 4950N 0030E - 4910NN 0300E - 4845N 8X  0610E
 DOWN RHEIMS CHAIN B - 8.78 - TARGET - ( A/P = 4800N 0945.3E)
 4750N 0745E - 4800N 0600E - ORFORDNESS - BASE
                                               0751
 ON R A Y
 ────────
 BASE - READING - 5005N 0120E - 5118N 0520E DOWN RUHR
 B- 4.14 - TARGET -( A/P = 5112.1N 0641.4E)
 5105N 0647E - 5040N 0610E - 5020N 0550E
 XXXXXX 0500E 5040N 0300E - ORFORDNESS - BASE

───────────────────────────────────────────────
 N2. RADAR SILENCE MAINTAINED TO 0500E
───────────────────────────────────────────────
 N3.  CREWS ON TIGERFISH  SHOULD BE WARNED OF PROXIMITY OF ALLIED
 TROOPS AND SWISS FRONTIER
───────────────────────────────────────────────
 N4.  WINDOW ON TIGERFISH START AND FINISH AT 0700E AND ON RAY
 AT 0600E
───────────────────────────────────────────────
 N5. XXXXXXX VILLAGE INN
 ──────────────────────
                         WILL BE USED BY 1 GRP ON TIGERFISH
───────────────────────────────────────────────
 N6 GEE
 ──────   CODING E. = 54
               S. = 120
 ALL CHANNELS NORMAL
      XF   N I L
 JAY BEAMS
 ─────────   = 070
           D H090

───────────────────────────────────────────────
 BT 271230A
 AS FOR CHECK
 OC 1ST PARA 1 MUSICAL MARKERS 2+1 R CH 12/105 AT H-5 H+5
```

Abb. 122: Einsatzbefehl der Pfadfindergruppe für Freiburg, Teil 2 (Crown-copyright in the Public Record Office London, AIR 25/168)

roten Bodenzielmarkierern zu kennzeichnender Zielpunkt wurde mit den Koordinaten 48.00,1 Grad / 07.51,1 Grad Ost (in der Albertstraße) bestimmt[24]. Die Pfadfindergruppe erstellte ferner eine Kartenskizze, in welcher der geplante Abwurf der verschiedenfarbigen 94 Markierungsbomben als Planung für die drei Hauptbomberwellen eingezeichnet war (vgl. Abb. 123 auf S. 399). Ein weiterer Befehl von 14.55 Uhr legte fest, daß die Leuchtbomben über Freiburg alle sechs Sekunden abgeworfen werden sollten, um die Zielerleuchtung konstant aufrechtzuerhalten[25].

Im nachhinein ist in der Literatur die These vertreten worden, „bei einem Angriff auf die Universitätsstadt Freiburg" sei es zu Kritik und Widerspruch eines britischen Piloten gekommen, weil die „Kathedrale" von Freiburg als Zielpunkt des Angriffs festgelegt worden sei. Der protestierende Offizier sei daraufhin einem anderen Einsatz zugeteilt worden[26]. Die Einsatzbefehle beweisen jedoch, daß am 27. November 1944 als Zielpunkt nicht das Freiburger Münster, sondern die Straßenecke Adolf-Hitler-Straße (heute Habsburgerstraße)/Bernhardstraße bestimmt wurde. Über den Widerspruch eines Piloten ist in den britischen Quellen kein Beleg zu finden. Ob es sich dabei möglicherweise um einen anderen Angriff auf Freiburg gehandelt hat, kann aufgrund der Angabe in der Literatur nicht festgestellt werden[27].

Die Flugzeuge der „Pfadfinder"-Staffeln hatten insgesamt folgende Bombenladungen mitzuführen:

94 × 250 lbs. (à 113 kg) T. I. (target indicating) Zielmarkiererbomben
302   Flares (Leuchtbomben)
17 × 4000 lbs. (à 1812 kg) M. 2 Bomben
136 × 1000 lbs. (à 453 kg) M. C. (medium capacity) Bomben
134 × 1000 lbs. (à 453 kg) USA.-Bomben
8 × 500 lbs. (à 226 kg) M. C. (medium capacity) Bomben

Dies ergab eine Menge von 155,14 Tonnen Sprengbomben und 10,66 Tonnen Leucht- und Zielmarkiererbomben. Insgesamt wurden somit von der Bomber Group No. 1 und der „Pathfinder" Group No. 8 1460,5 Tonnen Sprengbomben und 265,4 Tonnen Markierer und Brandbomben, also 1725,9 Tonnen total mitgeführt[28].

Unter dieser Bombenladung beider Bombergruppen befanden sich 308 Bomben mit einem Gewicht von 4000 lbs., die man auf deutscher Seite als schwere Luftminen bezeichnete.

Auch die Bomber Support Group No. 100, deren Hauptquartier unter Air Commodore E. B. Addison in Bylaugh Hall lag, gab um 16.00 Uhr ihren Einsatzbefehl für die angeordneten Täuschungsmaßnahmen an die unterstellten RAF- und USAAF-Staffeln heraus. Drei US-Liberator-Maschinen der 36. Squadron und 12 Stirling-Bomber der 199. Squadron hatten zwischen 19.15 Uhr und 20.25 Uhr eine „Mandrel Screen"-Operation über Belgien auszuführen. Drei Halifax-Maschinen der 171. Squadron, eine Halifax-Maschine der 192. Squadron,

---

[24] PRO London, AIR 14/3128; zur Einteilung des „Master Bomber" und des „Deputy Master Bomber" siehe ebda., AIR 27/1042.
[25] Ebda., AIR 14/3128.
[26] So die Angabe bei Alexander McKee: Dresden 1945. Das deutsche Hiroshima. Wien-Hamburg 1983, S. 167. Der Name des Piloten ist mit C. Peter C. de Wesselow angegeben.
[27] Auskunft und Mitteilungen v. Alexander McKee, Hayling Island/Großbritannien, v. 8.4.1988 und Mrs. Rosalind de Wesselow, Bedham/Großbritannien, v. 22.9.1988 an den Verfasser.
[28] PRO London, AIR 14/3421, 3436, 2679; AIR 22/402.

zwei US-Fortress-Maschinen der 214. Squadron und sechs US-Liberator-Bomber der 223. Squadron sollten einen Scheinangriff zwischen den beiden Hauptangriffen auf Freiburg und Neuss mit Abwurf von „Window"-Anti-Radar-Metallfolien zwischen 19.23 Uhr und 20.29 Uhr in Richtung Mannheim durchführen. Je ein Fortress-Bomber der 214. Squadron sollte in Begleitung der Bomberverbände gegen Freiburg und Neuss sogenannte freie Kampfeinsätze fliegen. Vier Mosquitos der 141. Squadron, acht Mosquitos der 169. Squadron und 10 Mosquitos der 239. Squadron sollten Stör-Patrouillen fliegen. Sechs Mosquitos der 85. Squadron, acht Mosquitos der 157. Squadron und neun Mosquitos der 23. Squadron und 10 Mosquito-Maschinen der 515. Squadron sollten in großer Höhe Stör-Ein-flüge durchführen. Drei Halifax sowie zwei Mosquitos der 192. Squadron und eine Wellington-Maschine einer Bomberspezialdienst-Einheit (BSDU) sollten weitere Such- und Aufklärungs-Patrouillen fliegen. Die verschiedenen Stör-, Kampf- und Aufklärungsflüge waren gegen Berlin, Hallendorf, Mannheim und Nürnberg gerichtet [29].

3. Die Wetterlage am 26./27. November 1944

Für den Angriff der 351 eingeteilten Bomber auf die Breisgaustadt war die Wetterlage von großer Bedeutung. Sie hatte Einfluß sowohl auf die grundsätzliche Entscheidung zum Angriff auf Freiburg als auch auf die Zeitvorgaben und nicht zuletzt auf die im Einsatzbefehl – je nach den Sichtverhältnissen über der Stadt – wahlweise vorgesehene Markierungstechnik.

Anhand der überlieferten meteorologischen Aufzeichnungen läßt sich die Wetterlage für den 27. November 1944 rekonstruieren. Eine nachträgliche Zusammenstellung der Wetterbeobachtungen durch den Deutschen Wetterdienst/Wetteramt Freiburg ergibt folgenden Überblick [30]:

Am 26. November 1944 war es „tagsüber niederschlagsfrei, nachdem es in der Nacht zuvor sowohl vom Niederrhein bis etwa Frankfurt als auch in Südbayern geregnet hatte, hervorgerufen durch eine langsam ostwärts ziehende Kaltfront eines von Norddeutschland bis Nordskandinavien reichenden Tiefs. Der Wind am Feldberg schwächte sich von Stärke 8 auf 6 ab, in den Niederungen herrschte lediglich eine leichte bis schwache Brise. Im Laufe des Tages lockerte die Bewölkung sogar weitgehend auf. Die Temperaturen stiegen am Nachmittag auf Werte zwischen 6 und 9 Grad Celsius. Niederschläge traten in Freiburg keine auf.

In der Nacht zum Montag, den 27. November 1944, kam örtlich Dunst oder Bodennebel auf, dabei war es allgemein windstill oder windschwach. Gegen Morgen löste sich der Dunst oder Nebel auf, wobei die Tiefsttemperaturen auf Werte zwischen Null und minus 4 Grad absanken. Auf der Rückseite der jetzt von Karelien über Smolensk bis Dubrovnik und Tunesien reichenden Kaltfront stieg der Luftdruck kräftig an, so daß jetzt am Montag eine von den Azoren bis Mitteleuropa reichende Hochdruckzone über Deutschland lag. Die Wetterlage war hiermit deutlich umgestaltet. Überall trat nun Wolkenauflösung auf.

[29] Ebda., AIR 14/3128; die Ausführung ist im Bericht (Summary report) Nr. 352 vom 28.11.1944 festgehalten, siehe ebda., AIR 14/3074.
[30] Der Verf. dankt Herrn Regierungsdirektor Dipl.-Met. Hermann Hess, ehem. Leiter des Wetteramtes Freiburg, und Herrn Dipl.-Met. B. Rudolph für die mündlichen und schriftlichen Auskünfte zur Rekonstruktion der Wetterlage. Die Angaben stützen sich auf den Bericht betr. „Witterungsverhältnisse (allgem.) am 26./27.11.1944 im Raum Freiburg", verfaßt von Herrn Dipl.-Met. Rudolph vom 15.2.1983.

Gegen 8.00 Uhr betrug die Temperatur Null bis minus 2 Grad Celsius. Über Frankfurt löste sich der Nebel von oben her zögernd auf, am Bodensee herrschte nur noch eine Bewölkung von 2/8. Um 14.00 Uhr meldete Frankfurt am Main noch immer Nebelfelder, Friedrichshafen (fehlende Meldung!) dürfte heiteres Wetter gehabt haben mit einer Bewölkung von 2/8 bis 4/8. Für Freiburg, das in der Rheinebene liegt, dürfte eine Auflösung des Nebels gegen 10.00 Uhr angenommen werden, wobei wahrscheinlich noch ein paar Hochnebelfetzen die Bodensicht erschwert haben dürften. Die Temperatur dürfte gegen 14.00 Uhr etwa plus 4 Grad Celsius betragen haben. Es wehte höchstens eine schwache Brise (3 Beaufort, etwa 10–20 km/h) aus Nord bis Ost. Aus den 19.00 Uhr-Meldungen (Frankfurt und Friedrichshafen meldeten nicht!) der übrigen Stationen kann geschlossen werden, daß der Himmel zunächst wolkig, später bewölkt gewesen sein muß, daß ferner eine Temperatur von Null bis minus 2 Grad herrschte und daß der Wind eher noch abgenommen hatte. Niederschläge traten in Freiburg keine auf. Darüber hinaus ist auf Grund der Wetterlage anzunehmen, daß ab Spätnachmittag oder frühem Abend der Wind in Freiburg unter Auffrischung auf Stärke 3 oder auf Südost drehte (Höllentäler Wind)."

Die Engländer rechneten aufgrund ihrer Wettervorhersage mit diesem leichten Wind aus Nordost mit 10–15 km/h Windgeschwindigkeit in der Höhe von 3048–4267 m, also in der durchschnittlichen Abwurfhöhe[31]. Sie stellten sich insofern darauf ein, als die Zielmarkierungspunkte nordöstlich des Bereiches Innenstadt/Hauptbahnhof festgelegt wurden. Der erste Zielpunkt lag dann auch im Kreuzungsbereich Adolf-Hitler-Straße/Bernhardstraße.

Die Rekonstruktion der Wetterlage deckt sich mit den überlieferten Beobachtungen von Zeitgenossen. Danach war es ein leicht nebliger „schöner Frühwintertag", nach anderen Feststellungen sogar „ein herrlich schöner Tag"[32]. Der Befund einer am späten Nachmittag zu konstatierenden leichten Auffrischung des Windes mit Drehung von Nordost auf südöstliche Richtung ergibt eine Übereinstimmung mit der Anflugrichtung des Bomberverbandes, die etwas südlicher als die von den „Pfadfindern" zu werfenden Zielmarkierungsbomben lag. Beim Abwurf wurden die Bomben dann leicht nach Nordwesten gedrückt.

4. Wurde vor dem Angriff „gewarnt?"

Der Schlag der britischen Vernichtungsarmada traf Freiburg mit elementarer Wucht. Man konnte und kann sich zum Teil bis heute nicht vorstellen, daß dieser Vernichtungsschlag als Kriegsereignis tatsächlich unerwartet oder unangekündigt kam. Die Vorstellung und Erkenntnis, der totale Krieg werde auch Freiburg treffen, waren mit den hörbaren „Kriegsgeräuschen" von der heranrückenden Westfront im Elsaß jedenfalls nicht verbunden.

Schon bald nach dem Angriff kamen deshalb auch die ersten Gerüchte auf, es habe zuvor eine Warnung an die Freiburger Bevölkerung gegeben. Zum Teil werden diese Gerüchte als „feststehende" Berichte unüberprüft noch in der neueren Literatur übernommen[33]. Die Behauptung lautet: „Es wird berichtet, was feststeht, daß von draußen, allerdings nur wenigen bekannt, eine Vergeltungsankün-

---

[31] PRO London, AIR 14/3744.
[32] Freiburg in Trümmern 1944–1952, Teil I, S. 25 und Teil II, S. 19.
[33] Ebda., Teil I, S. 27 und Teil II, S. 158ff.

digung ergangen war, der diese wenigen entsprachen, indem sie die Stadt rechtzeitig verließen, die andern dem Verhängnis überlassend"[34]. Die Theorie vom Vergeltungsschlag ist unzutreffend und durch die Quellen widerlegt[35]. Es bleibt der These nachzugehen, der Angriff sei angekündigt worden; es bleibt ferner die Behauptung zu prüfen, bekannte Freiburger – wie z. B. sogenannte „Nazigrößen" – hätten sich in Sicherheit bringen können, da sie von dem Bombardement vorher gewußt hätten. Beispielsweise wird behauptet, die Mitarbeiter der NSDAP-Kreisleitung in Freiburg seien zusammen mit dem NSDAP-Kreisleiter Dr. Neuscheler und führenden Personen der Stadtverwaltung auf den Schauinsland gefahren, um sich der Gefahr zu entziehen[36].

Geht man dem Hinweis nach, das Bombardement sei von „draußen" etwa durch einen ausländischen Rundfunksender angekündigt worden, so stellt man fest, daß diese Angabe in der Regel auf Aussagen von Leuten zurückgeht, die sie selbst nicht gehört haben, vielmehr von Dritten erzählt bekamen oder ganz offensichtlich mit Radiomeldungen aus späterer Zeit verwechselten. Mit der Realität ist auch nicht die Vorstellung in Einklang zu bringen, man habe eine Mitteilung oder ein Ultimatum durch Funk abgehört und dadurch von dem bevorstehenden Angriff auf Freiburg erfahren[37]. Die Westalliierten haben über ihre Luftangriffe keine Ultimaten per Funk an deutsche Stellen durchgegeben. Auch der britische Einsatzbefehl konnte in Freiburg nicht abgehört werden, zudem kannte niemand auf deutscher Seite und schon gar nicht in Freiburg die Bedeutung des Decknamens „Tigerfish" als Code für den Angriff auf Freiburg. Auch durch alliierten Flugblattabwurf erfolgte keine Information über konkrete Angriffe und deren Ziele (Abb. 124 und 125).

Unzutreffend ist ferner die Vermutung, die in Freiburg eingesetzten Fremdarbeiter seien gezielt informiert gewesen und hätten dadurch die Stadt rechtzeitig verlassen können. Es entspricht auch nicht den Tatsachen, wenn erklärt wird, der englische Rundfunksender BBC London habe am 26. sowie nochmals am Morgen des 27. November die bevorstehende Bombardierung durchgegeben. Erstens muß man festhalten, daß die Alliierten generell *nicht* über ihre Rundfunksender mitgeteilt haben, „auf was für Städte sie Bombenangriffe fliegen würden", wie irrtümlich behauptet wird[38]; und zweitens läßt sich feststellen, daß der Sender BBC über den Angriff auf Freiburg erst nachträglich – und auch dann nur sehr knapp – informiert hat. So wurde in der 7-Uhr-Sendung vom 28. November folgende Meldung ausgestrahlt: „Es wurde gerade mitgeteilt, daß letzte Nacht Lancaster- und Halifax-Maschinen des Bomber Command über Deutschland in großer Zahl waren, welche die Eisenbahnzentren und frontnahen Versorgungsanlagen für die westliche Front in Freiburg und Neuss als ihre Hauptziele hatten. Berlin wurde durch einen Mosquito-Verband angegriffen"[39].

---

[34] Ebda., S. 159.

[35] Siehe oben.

[36] Dazu liegen mehrere Vermutungen und Berichte vor, siehe StadtAF, Bericht Zumtobel, S. 19 f. sowie weitere verschiedene Zuschriften.

[37] Von Herrn Dr. Friedrich Wenzel, Freiburg, zur Verfügung gestellte Mitteilung eines Zeitgenossen v. 5. 12. 1984. Im Besitz des Verf.

[38] Bericht „Mein Freiburg persönlich" in: Zeitung „Freiburg persönlich" Nr. 1/1982, S. 18; sowie Auskunft von Herrn Hermann Limberger an den Verf. v. 26. 10. 1982.

[39] BBC London, Written Archives, Home News Bulletin, 7am 28/11/44: „It's just been announced that last night Lancasters and Halifaxes of Bomber Command were over Germany in great strength with Freiburg and Neuss railway centres and advance supply bases for the Western Front as their main objectives. Berlin was attacked by a force of Mosquitos".

WARNUNG

An die deutsche Zivilbevölkerung im Rheinland und im Ruhrgebiet:

● Das Alliierte Oberkommando erliess am 26. August 1944 die umstehende Warnung an die Zivilbevölkerung der deutschen Gebiete westlich des Rheins und in der französischen Provinz Elsass-Lothringen. Durch das schnelle Vorrücken der alliierten Armeen und die Verfolgung der in Auflösung befindlichen deutschen Verbände sind nunmehr das ganze Rheinland und Ruhrgebiet zum rückwärtigen Heeresgebiet geworden. In kurzer Zeit können diese Gebiete zum unmittelbaren Kriegsschauplatz werden.

● Angesichts dieser Tatsachen wiederholt das Alliierte Oberkommando die umstehende Warnung, die sich nunmehr besonders an die Zivilbevölkerung der obengenannten Gebiete richtet: ➡

Abb. 124: Vorderseite des abgeworfenen Flugblattes „Warnung" (Autor)

ALLIIERTES OBERKOMMANDO

(Supreme Headquarters, Allied Expeditionary Force)

1. Die rückwärtigen Verbindungen der Überreste des nach Deutschland zurückfallenden deutschen Heeres werden vernichtenden Luftangriffen ausgesetzt sein. Diese Luftangriffe werden dasselbe Ausmass und dieselbe Wucht haben wie die weitgehenden Bombardierungen während und unmittelbar vor der Invasion Frankreichs. Wer daher in der Nähe von Durchgangsstrassen, Eisenbahn- und Kanalverbindungen wohnt oder arbeitet oder in der Nähe von militärischen Depots, Lagern und sonstigen Anlagen oder in der Nähe von wehrwichtigen Fabriken, muss von nun an zu jeder Tages- und Nachtzeit mit schärfsten Luftangriffen im H o c h - und T i e f f l u g rechnen.

2. Besonders gefährdet sind Gebiete, in denen sich behelfsmässige Erdbefestigungen, Stützpunkte und sonstige Befestigungsanlagen befinden. Zivilpersonen, die an diesen militärischen Zielen arbeiten, t u n d i e s a u f e i g e n e G e f a h r. Um unnötige Verluste der Zivilbevölkerung zu vermeiden, werden alle Zivilpersonen aufgefordert, in den kommenden Wochen die oben bezeichneten GEFAHRENZONEN zu räumen und auf dem Land Zuflucht zu suchen — und zwar in grösstmöglicher Entfernung von den genannten Gefahrenzonen.

3. Die Zivilbevölkerung wird ferner auf folgendes hingewiesen : Alle in diesen Gebieten gegen Nichtdeutsche begangenen Grausamkeitsakte werden zur strafrechtlichen Aburteilung gelangen. Die alliierten Gerichtsbehörden werden Beweismaterial für solche Verbrechen sowohl von deutscher wie von nichtdeutscher Seite entgegennehmen.

S.H.A.E.F.
12. September 1944   W.G.10

Abb. 125: Rückseite des abgeworfenen Flugblattes „Warnung" (Autor)

Am 28. November um 8.00 Uhr meldete BBC: „Etwa sechzig Meilen über dem Rhein an diesem Frontabschnitt war der vordere Versorgungs- und Eisenbahn-Umschlagplatz Freiburg eines der RAF-Hauptziele der letzten Nacht. Lancaster- und Halifax-Maschinen flogen auch in großer Stärke nach Neuss, einem vergleichbaren Zielobjekt nahe Düsseldorf – etwa 30 Meilen vor der 2. britischen Armee. Auch Berlin wurde während der Nacht durch einen Mosquito-Verband angegriffen"[40].

Mit ähnlichen Formulierungen wurde diese Meldung ebenfalls in den BBC-Sendungen von 13.00 Uhr und 21.00 Uhr am gleichen Tag verbreitet. Dabei ist auffallend, daß jedes Mal das Angriffsziel Freiburg als ein besonders wichtiger und naher Eisenbahn-Transport-Knotenpunkt nach Mülhausen und Colmar bezeichnet wurde; offensichtlich wollte man wohl das Flächenbombardement der Altstadt öffentlich nicht als militärisches Ziel deklarieren[41].

Darüber hinaus gibt es verschiedene Angaben, andere Rundfunksender, etwa der Sender Luxemburg, Radio Beromünster in der Schweiz, die englischen Kurzwellen-Soldatensender Atlantic bzw. West oder französische Sender hätten Vorankündigung verbreitet[42]. Eine Überprüfung dieser Angaben ist insofern möglich, als die Berichte sowohl des militärischen als auch des zivilen Schweizer Radio-Abhördienstes überliefert sind. Sie bezeugen, daß kein französischer, englischer oder Sender anderer Nationalität im voraus auf die Angriffsabsicht der Engländer gezielt hinwies. Auch der Schweizer Sender Radio Beromünster hat nachweislich im November 1944 keinen Bericht über den Luftangriff auf Freiburg gesendet[43]. Alle Meldungen der französischen, englischen und Schweizer Sender erfolgten erst nachträglich am 28. November.

Bezüglich der alliierten Propagandasender läßt sich ebenfalls kein Nachweis für eine vorherige Rundfunkmitteilung finden. Angesichts der Arbeit dieser britischen und amerikanischen Sender ist auch nicht anzunehmen, das Bomber Command hätte sein Angriffsziel Freiburg im voraus mitgeteilt. Vielmehr ist eher vorstellbar, daß eine Mitteilung über die angebliche Flucht der Freiburger Partei- und Stadtführung auf die umliegenden Berge nachträglich aus Gründen der Propaganda und moralischen Zersetzungsarbeit behauptet wurde, um im deutschen Hinterland Unruhe zu verbreiten[44].

Überliefert ist die Meldung des alliierten „Soldatensender West, angeschlossen Atlantik", zuvor bekannt als „Soldatensender Calais", von 20.40 Uhr am 28. November 1944 – also nach dem Angriff –, mit der folgender Bericht zum Luftkrieg abgegeben wurde: „ Zwei Städte, Freiburg und Neuss, brennen noch heute abend

---

[40] Ebda., Home News Bulletin, 8am 28/11/44: „Some sixty miles across the Rhine on this front, the advance supply-base and railway-centre of Freiburg was one of the R.A.F.'s main targets last night. Lancasters und Halifaxes – out in great strength – also went for Neuss, a similar objective near Düsseldorf – about thirty miles ahead of the British Second Army. Berlin, too, was attacked during the night by a force of Mosquitos".

[41] Ebda., Home News Bulletin, 1pm 28/11/44 und 9pm 28/11/44.

[42] Mündliche und schriftliche Aussagen gegenüber dem Verf., vgl. auch die Materialsammlung im Stadtarchiv Freiburg.

[43] Mitteilung von Radio DRS/Schweizerische Radio- und Fernsehgesellschaft – Radio der deutschen und rätoromanischen Schweiz an den Verf. v. 20. 2. 1984. Mitteilung des Schweizerischen Bundesarchivs/Eidgenössisches Departement des Innern an den Verf. v. 9. 3. 1984. Die Angaben stützen sich auf die ausgewerteten Unterlagen der Abteilung Presse und Funkspruch/Sektion Radio und des Schweizerischen Rundspruchdienstes/Radio-Abhörbericht für 26./27./28. 11. 1944, BAR, E 4450/5768 und 5770. Zum US-Sender Luxemburg („Operation Annie") vgl. Hans Habe: Ich stelle mich. Meine Lebensgeschichte. München 1954; und Mitteilung von Radio Luxemburg an Stadtarchiv Freiburg.

[44] Mitteilung von Mr. Ellic Howe, London, an den Verf. v. 17. 4. 1984.

nach dem Angriff von über 1000 Bombern in der letzten Nacht. Freiburg, das noch eine der wenigen vom Luftkrieg verschonten Städte der Heimat war, ist heute nur noch ein Trümmerhaufen"[45].

Ebenso kann es nicht als Beweis für eine vorherige Information angesehen werden, daß französische Militärbehörden nach der Eroberung Freiburgs im April 1945 erklärten, „die deutsche Regierung sei vorher gewarnt worden, und sie habe dies genau gewußt", denn diese Aussage ist offensichtlich im Zusammenhang mit einer nachträglichen Schuldabweisung für die schwere Zerstörung Freiburgs durch die Alliierten entstanden[46]. Die Behauptung, gerade der Freiburger Oberbürgermeister und die deutsche „Heeresleitung" hätten bereits vorher von dem Luftangriff „gewußt", ist zwar nach 1945 oft wiederholt, jedoch stets ohne beweiskräftige Belege vertreten worden. Angesichts des Ergebnisses, daß solche Angaben nicht den Tatsachen entsprechen, ist es schon sehr verwunderlich, wenn anläßlich des Jahrestages des Angriffs am 27. November 1984 in der regionalen Presse erneut die Behauptung aufgestellt wurde, es „sei immer noch nicht geklärt, ob die örtlichen Spitzen der nationalsozialistischen Partei etwas von dem bevorstehenden Großangriff auf Freiburg gewußt haben"[47]. Die Quellen in den in- und ausländischen Archiven geben für solche fortwährenden Spekulationen keinen Anlaß.

An dieser Stelle unberücksichtigt bleiben muß auch die Annahme, ein „Erpel (Stockente) des Stadtgartens" habe durch „aufgeregtes Schreien" vor dem Angriff der Engländer gewarnt, auch wenn der „Kreatur Gottes" zum neunten Jahrestag des Bombenangriffs auf Anregung von Oberbürgermeister Dr. Hoffmann ein besonderes Denkmal im Stadtgarten errichtet wurde[48].

Es ist darüber hinaus noch dem Vorwurf nachzugehen, „maßgebende Kreise in Freiburg", also die Freiburger Partei- und Verwaltungsspitze wie z. B. Kreisleiter Neuscheler und Oberbürgermeister Kerber, seien „einige Tage vor dem Großangriff" darüber „unterrichtet gewesen" und hätten sich rechtzeitig aus der Stadt in Sicherheit gebracht[49]. Nach Kriegsende ging die Stadtverwaltung diesem Gerücht, das schon am 10. Juli 1945 auf einer Beiratsbesprechung vorgebracht wurde, offiziell nach. Stadtrat Dr. Kopf forderte am ersten Jahrestag des Angriffes, am 27. November 1945, unter Hinweis „auf die immer wieder zu vernehmende Behauptung", Kreisleiter und Oberbürgermeister hätten von dem bevorstehenden Angriff gewußt, „einen Untersuchungsausschuß" einzusetzen. Durch ihn sollten „das Maß der Schuld und die Verantwortung ... in aktenkundiger Weise festgestellt werden"[50]. Dabei wurde zugleich die Vermutung aufgestellt, „auch dem Erzbischof" Conrad Gröber „sei es bekannt gewesen, daß ein Angriff bevorstehe"[51]. Bevor Oberbürgermeister Dr. Hoffmann einen Vorschlag zwecks Bildung einer solchen Kommission unterbreitete, wurde dann erst einmal die Polizeidirektion beauftragt, die Vorwürfe aufzuklären.

[45] Schweizerisches Bundesarchiv Bern BAR: E 4450/5770 Schweizerischer Rundspruchdienst/Radio-Abhörbericht No. 9061 vom 28.11.1944.
[46] StadtAF, C 5/537: Niederschrift über die erste Besprechung des kommissarischen Leiters der Stadtverwaltung, Dr. Max Keller, mit den Vorständen der städtischen Ämter am 28. April 1945.
[47] Bericht „Schreckliche Erinnerung in Text und Bild" in: Badische Zeitung Nr. 275 vom 27.11.1984.
[48] StadtAF, B 1/328: Kriegschronik, Teil II, Freiburger Chroniken: „Das Enterich-Denkmal im Freiburger Stadtgarten" vom 27.11.1953.
[49] Ebda., D. StA. XIII. 20: Beschluß v. 11.7.1945; vgl. auch: Die Feuerschrift auf Freiburgs Zeittafel. In: Das Volk Nr. 43 v. 27.11.1946.
[50] StadtAF, B 5 XIIIa Nr. 593: Ratsprotokolle.
[51] Ebda., C 5/2282.

Deren Nachforschungen und Zeugenvernehmungen zogen sich trotz Drängens des Oberbürgermeisters über mehrere Wochen hin, kamen jedoch zu einem eindeutigen Ergebnis[52]: Aufgrund umfangreicher Rückzugsbewegungen deutscher Militärdienststellen aus dem Elsaß durch Freiburg, „die zu jeder Tages- und Nachtzeit" beobachtet werden konnten, bestanden damals bei exponierten NSDAP-Parteigenossen und Politischen Führern der Partei gewisse Befürchtungen über die militärische Lage. Dabei wurden auch allgemeine Flucht-Überlegungen nach Osten angestellt. Am Abend des 27. November fand im Parteihaus der Kreisleitung in der Adolf-Hitler-Straße gegenüber der Karlskaserne eine Besprechung wegen des Ausbaus von Panzersperren um und in der Stadt statt. Auch ein Teil der Luftschutzpolizeiführer und Volkssturmführer nahm daran teil. Die Besprechung endete etwa um 19.30 Uhr, als Kreisleiter Dr. Neuscheler das Parteihaus Richtung Martinstor verließ, um zu seinem Zahnarzt zu gehen. Mehrere Parteifunktionäre wurden dann von dem kurz darauf beginnenden Angriff noch in den Büros überrascht und kamen nicht mehr rechtzeitig in den Luftschutzkeller, so daß 39 politische Führer der NSDAP oder anderer NS-Gliederungen beim Volltreffer auf das Parteihaus den Tod fanden. Neuscheler hat sich nachweislich während des Angriffs in der Stadt und zwar im Luftschutzraum des Hauses Adolf-Hitler-Straße 256 und *nicht* auf dem Schauinsland aufgehalten.

Polizeidirektor Bilser kam deshalb Ende Februar 1946 zu dem Ergebnis, „daß bei der Kreisleitung über den bevorstehenden Angriff nichts bekannt war". Der Stadtrat sah daraufhin von der Einsetzung einer weiteren Untersuchungskommission ab.

Wie weit die Gerüchte und Spekulationen gehen können, zeigt eine Eintragung in der Chronik des städtischen Archivleiters im Jahre 1945, der die Preisgabe der Stadt durch das verbrecherische NS-Regime behauptete, „da gewisse Leute in der Stadt von dem bevorstehenden Unheil nicht nur eine Ahnung, sondern sogar bestimmte Kenntnis hatten". Danach soll die direkte persönliche Schuld für die Vernichtung der Freiburger Altstadt „in erster Linie den Gauleiter Robert Wagner" treffen[53], was jedoch ebenfalls nicht zu beweisen ist.

Auch die Behauptung, Oberbürgermeister Dr. Kerber habe sich am 27. November in seinem Wochenendhaus am Schauinsland in Sicherheit gebracht, entspricht nicht den Tatsachen. Der Bericht des Oberzugführers der Luftschutzpolizei, Wilhelm Herr, bestätigt vielmehr, daß Kerber zwanzig Minuten nach dem Angriff am Rathausplatz angetroffen wurde und dort Anweisungen zur Rettung des neuen Rathauses gab. Ebenso hält der am 21. Februar 1945 verfaßte Erfahrungsbericht der städtischen Botenzentrale fest, daß der Oberbürgermeister kurz vor 21.00 Uhr zusammen mit Oberbaurat Werner vor dem Rathaus stand, um sich einen ersten Überblick über die Schäden des Hauses zu verschaffen[54].

Angesichts der Opfer und Verluste, welche die leidgeprüfte Bevölkerung trafen, ist es verständlich, daß man die verantwortlichen Persönlichkeiten wie Gauleiter, Kreisleiter und Oberbürgermeister mit dem lange Zeit unfaßbaren

[52] Zusammengefaßt nach den umfangreichen Materialien und Unterlagen der Polizeidirektion in StadtAF, C 5/2282 und D. Aö.1.32 b, Bd. 1. Nach StadtAF, Bericht Zumtobel, verneinten auch die Hotelbesitzer auf der Halde und vom Hotel Burggraf auf Befragen, daß Nazi-Größen bei ihnen Unterschlupf vor dem Angriff fanden. Vgl. ferner ebda., B 1/328: Vogel-Bericht.
[53] Ebda.: Chronik Dr. Hefele, S. 3.
[54] Siehe den Bericht von Herrn Herr in der Badischen Zeitung Nr. 274 vom 27.11.1974; Wolf Middendorf: Ein unaufgeklärter Mord. Der Fall Dr. Kerber. In: Freiburger Almanach 1976, S. 84; StadtAF, Berichte städtischer Ämter: Städt. Botenzentrale v. 21.2.1945 betr. Kriegschronik (verfaßt von Stadtsekretär Linder).

Luftkriegsereignis in Zusammenhang brachte. Wenigstens mittelbar konnte man sie dadurch im nachhinein für die Katastrophe verantwortlich machen, wenn man ihnen eine unterlassene Weitergabe der ihnen persönlich bekanntgewordenen Warnung unterstellte. Mit eilfertiger Genugtuung wurden deshalb entsprechende Gerüchte und Behauptungen aufgestellt oder für wahr gehalten und weiter erzählt. Von dieser schuldhaften Verantwortung müssen diese Personen jedoch freigesprochen werden. Grundsätzlich bestehen bleibt allerdings ihre unmittelbare und mittelbare Schuld an der Katastrophe aufgrund ihrer Funktionen in der NSDAP und im NS-Herrschaftssystem, das Europa und die Welt in den Zweiten Weltkrieg stürzte.

Abschließend läßt sich festhalten, daß die zum Teil sehr detaillierten Behauptungen, es habe in irgendeiner Form eine ganz konkrete Warnung vor dem Luftangriff auf Freiburg am 27. November gegeben, ebenso wie die Spekulationen, Angehörige der Freiburger Parteispitze und Stadtverwaltung seien durch gezielte Hinweise über das Bombardement informiert gewesen und hätten sich daraufhin in Sicherheit bringen können, indem sie rechtzeitig die Stadt verließen, anhand der überlieferten Quellen nicht nachweisbar sind; sie müssen als unzutreffend bezeichnet werden.

Unabhängig von diesem Sachverhalt ist nicht auszuschließen, daß ganz allgemein gehaltene Warnungen über die Verschärfung des Luftkrieges auch nach Freiburg gelangten, möglicherweise auch durch alliierte Rundfunksender verbreitet wurden. So warfen die Alliierten ab 26. August 1944 für die Zivilbevölkerung westlich des Rheins und in Elsaß-Lothringen sowie ab 12. September 1944 für die Bewohner „im Rheinland und im Ruhrgebiet" Flugblätter ab, mit denen davor gewarnt wurde, daß diese Gebiete durch das schnelle Vorrücken der alliierten Armeen in kurzer Zeit „zum unmittelbaren Kriegsschauplatz werden" könnten. Besonders würden „die rückwärtigen Verbindungen der Überreste des nach Deutschland zurückfallenden deutschen Heeres ... vernichtenden Luftangriffen ausgesetzt sein". Ferner heißt es in der Warnung des alliierten Oberkommandos: „Diese Luftangriffe werden dasselbe Ausmaß und dieselbe Wucht haben wie die weitgehenden Bombardierungen während und unmittelbar vor der Invasion Frankreichs. Wer daher in der Nähe von Durchgangsstraßen, Eisenbahn- und Kanalverbindungen wohnt oder arbeitet oder in der Nähe von militärischen Depots, Lagern und sonstigen Anlagen oder in der Nähe von wehrwichtigen Fabriken, muß von nun an zu jeder Tages- und Nachtzeit mit schärfsten Luftangriffen im Hoch- und Tiefflug rechnen". Die deutsche Zivilbevölkerung wurde deshalb aufgefordert, diese Gefahrenzonen zu räumen und auf dem Land Zuflucht zu suchen (vgl. Abb. 124 und 125)[55].

Solche Aufforderungen hatten jedoch propagandistischen Charakter und reduzierten den Wert der voranstehenden Warnung. Gleichwohl ist festzustellen, daß die meisten der in diesen Warnungen genannten Punkte für Freiburg zutrafen. Eine Evakuierung der Stadt kam jedoch aufgrund der militärischen Situation nicht in Betracht, so daß die alliierten Flugzettel nur im direkten persönlichen Verhalten zu Reaktionen führen konnten. Zum Teil verstärkten sie nur die resignierte Haltung und die Hoffnung, die Auswirkungen des totalen Krieges würden den eigenen Bereich nicht tangieren, bis der Krieg im Westen gegen die übermächtigen Alliierten vorbei sei.

---

[55] Von US-Fliegern im Herbst 1944 abgeworfenes Flugblatt. Kopie im Besitz des Verf. Das Flugblatt vom 26.8.1944 befindet sich im GLA Karlsruhe, 465d/753.

5. Der Tagesangriff auf Offenburg am 27. November 1944 – eine Warnung in räumlicher Nähe?

Wie trügerisch diese Hoffnung war, konnten einige Freiburger am Montag, den 27. November kurz nach der Mittagszeit und am Nachmittag erfahren, als die Mitteilung zu hören war, daß Offenburg nach 12.00 Uhr von einem schweren Tagesangriff amerikanischer Bomber getroffen worden war. Der US-Angriff auf das Bahngelände in Offenburg entsprach dem Befehl des Alliierten Hauptquartiers unter General Eisenhower vom 22. November, zentrale Verschiebebahnhöfe südlich von Karlsruhe zu bombardieren, weshalb Offenburg und Freiburg als Hauptangriffsziele ausgewählt worden waren. Schon am 20. November hatte das alliierte Hauptquartier (SHAEF) Bahnhof und Bahnanlagen Offenburgs als vorrangiges Ziel für die 8. US Air Force festgelegt[56]. Beim Anflug der 325 US-Bomber aus dem Westen hatte es am Vormittag des 27. November auch in Freiburg Fliegeralarm gegeben. Für den Angriff auf Offenburg hatten die Amerikaner 181 Bomber B-17 der 1. Bomberdivision und 144 B-24-Liberator der 2. Bomberdivision eingeteilt. Zur gleichen Zeit führte die USAAF noch einen schweren Bombenangriff auf Bingen-Bingerbrück durch[57].

Der Angriff auf Offenburg wurde von 12.16 Uhr bis 12.37 Uhr ausgeführt. 2880 Sprengbomben zu 500 lbs. und 596 Brandbomben zu 500 lbs. wurden dabei abgeworfen. Insgesamt fielen 869,2 Tonnen Bombenlast auf Offenburg (Abb. 126)[58]. Ohne durch deutsche Gegenwehr von Jagdflugzeugen gestört zu werden, konnten die Amerikaner schwere Zerstörungen im Güterbahnhofsgelände, in der Bahnmeisterei, in den Gleisanlagen, in der Nordstadt und im Industriegebiet verursachen. Schwer beschädigt wurden ferner das Zollamt, die Firmen Glasplakatefabrik Dold/Borsi, Stahlbauwerk Gustav Müller, Werkzeugmaschinenfabrik Martin und Zigarrenfabrik Krämer/Faißt. Getroffen wurden auch Nesselried, Oppenau, Stadelhofen, Bohlsbach, Durbach, Dundenheim, Windschläg, Rammersweier und Ebersweier. 65 Menschen kamen durch den Angriff ums Leben. Unter den Opfern befanden sich auch mehrere Ausländer (sowjetische und französische Hilfsarbeiter sowie Italiener und ein britischer Kriegsgefangener)[59]. Etwa 250 Personen wurden obdachlos. Nach diesem Angriff schätzten die Alliierten den Zustand der gesamten Bahnanlagen bei Offenburg als zu 95 Prozent zerstört ein. Der Bahnverkehr war unterbrochen. Noch Monate später mußten Reisende bei Offenburg die Züge verlassen, weil die Eisenbahnlinie zwischen Offenburg und Freiburg völlig zerstört war[60].

---

[56] PRO London, AIR 20/4811.

[57] Roger A. Freeman: Mighty Eighth War Diary. London-New York 1981, S. 387; ferner BA-MA Freiburg, RM 7/301: Eingegangene Luftlagemeldungen Generalstab Luftwaffe während des 27.11.1944.

[58] PRO London, AIR 29/371 Interpretation Report Summary 2941 v. 28.11.1944.

[59] BA-MA Freiburg, RW 21-21/12 KTB Rüstungskommando Freiburg; PRO London, AIR 29/375 v. 26.12.1944; Badisches Tagblatt Nr. 275 v. 27.11.1964: Heute vor 20 Jahren erbebte Offenburg im Bombenhagel; EAF, Erzbischöfliches Ordinariat Freiburg 35/85: Generalia Krieg, Fliegerschäden.

[60] Hans Herwarth: Zwischen Hitler und Stalin. Erlebte Zeitgeschichte 1931 bis 1945. Frankfurt 1982, S. 339.

Abb. 126: Alliierte Luftaufklärungsaufnahme vom Angriff auf Offenburg, 27. November 1944 (Crown-copyright in the Public Record Office London, AIR 29/375)

6. Die Zerstörung des Freiburger Stadtzentrums aus britischer Sicht

Als man am Nachmittag des 27. November in Freiburg Kunde erhielt von dem schweren Angriff auf Offenburg, konnte man nicht wissen, daß die 1. und die 8. Bomber Group zum Teil bereits auf ihrem Zerstörung und Tod bringenden Weg nach Freiburg waren. Die Bomber der einzelnen Lancaster-Staffeln hatten ihre Fliegerhorste zwischen 15.43 Uhr und 16.42 Uhr verlassen. Die Lancaster der „Pathfinder" Group No. 8 waren zwischen 16.42 Uhr sowie 17.23 Uhr und die schneller fliegenden Mosquitos erst später zwischen 18.05 Uhr und 18.17 Uhr gestartet. Die Maschinen starteten bei leichtem Regen in Lincolnshire; dieses Wetter begleitete die Piloten auch unterwegs über Frankreich. Der Master Bomber, Wing Commander Ison, verließ um 17.12 Uhr den Flugplatz Upwood seiner 156. Squadron[61]. Über Reading sammelten sich die Lancaster-Bomber zur Flugformation nach Deutschland, um 18.16 Uhr überflogen sie die französische Kanalküste in Richtung Reims, um 19.40 Uhr befand sich der Bomberverband über

---

[61] Angaben nach PRO London, verschiedene Aktenbestände wie in Anm. 14 angegeben.

Nancy, und kurz darauf überflog er im Elsaß die Frontlinie (s. Abb. 127 auf S. 398/99).

Über Freiburg schon um 19.37 Uhr in ca. 4100 m Höhe angekommen, dirigierte der Master Bomber von 19.55 Uhr bis 20.18 Uhr den Abwurf der roten Bodenmarkierer-Bomben auf den Zielpunkt sowie den anschließenden Abwurf weiterer roter, dann grüner Markierungsbomben aus den 2750–4500 m hoch fliegenden „Pfadfinder"-Maschinen [62]. Dabei erhellten die für die Zielbeleuchtung verantwortlichen „Illuminator"-Besatzungen durch Abwurf von 302 Leuchtbomben den Himmel über Freiburg. Die Mosquitos flogen in einer Höhe von 8500–9150 m. Die Sicht war durch Dunst und vereinzelte Wolken erschwert, so daß der exakte Bombenabwurf nicht leicht war. Der stellvertretende Master Bomber beobachtete denn auch, daß die ersten roten Bodenzielmarkierer zu kurz fielen und westlich des Zielpunktes lagen. Erst die nachfolgenden grünen Markierungsbomben trafen den Zielpunkt. Der Master Bomber koordinierte fortwährend den Abwurf von weiteren Bodenmarkierungsbomben, so daß die Besatzungen insgesamt von einer exakten Markierung und „guten Plazierung" der Zielbomben sprachen, die ihnen trotz der beschränkten Sicht eine klare Zielausmachung gestattete und anfangs sogar gute Sicht auf die Dreisam und das bebaute Stadtgebiet ermöglichte.

Eine Mosquito-Maschine der 109. Squadron hatte technische Schwierigkeiten und konnte dadurch ihre roten Bodenmarkiererbomben nicht abwerfen. Ferner kamen vier Mosquitos der 105. Squadron über Freiburg überhaupt nicht zum Einsatz; sie brachten ihre Bombenladungen wieder nach England zurück [63]. Das vom Master Bomber ab 19.58 Uhr zuerst auf die roten, dann nach 19.59 Uhr und 30 Sekunden auf die rot-grünen und grünen Zielmarkierungen befohlene Bombardement der „Pfadfinder" erfolgte nach Ansicht der Besatzungen „akkurat" und in „guter Konzentration". Während die ersten Maschinen Freiburg noch durch Mondlicht und Leuchtbomben deutlich sehen konnten, waren ab 20.05 Uhr Rauch und Feuer bereits so stark, daß der Master Bomber befahl, nach den roten Luftmarkiererbomben gemäß „Wanganui"-System (also ohne Sicht) oder auf das „Zentrum von Rauch und Feuer" in der Stadt abzuwerfen.

Der Angriff wurde von fast allen „Pfadfinder"-Besatzungen als „sehr erfolgreich" eingeschätzt. Die britischen Flieger bewerteten die Bombardierung insgesamt als „sehr konzentriert". Freiburg war bald von einer großen Rauchwolke bedeckt. Einige Flugberichte vermerken, daß das „kräftige" Bombardement leicht nördlich des Zielpunktes lag; dies schmälerte jedoch aus ihrer Sicht nicht die erfolgreiche Durchführung der Operation „Tigerfish". Die meisten Besatzungen vernahmen ab 20.00 Uhr leichte und schwere Explosionen in der unter ihnen liegenden Stadt. Sie resultierten aus den bereits von den „Pfadfinder"-Maschinen zur gleichen Zeit abgeworfenen Sprengbomben, darunter 17 Stück der schweren 4000 lbs- und 270 Stück der 1000 lbs-Bomben. Zum Schluß machten die „Pfadfinder"-Besatzungen jeweils noch ein Zielphoto. Beim Abflug registrierten sie dicke, bis in eine Höhe von 2450 m aufsteigende Rauchwolken über der Stadt.

Der Angriff der nachfolgenden 292 Lancaster-Bomber der Bomber Group No. 1 erfolgte gleichsam als zweite Angriffswelle ab 19.59 Uhr und dauerte bis 20.18 Uhr aus einer Höhe von ca. 3500–4600 m [64]. Sie warfen die 1305,8 Tonnen

---

[62] Zusammenfassung nach den in Anm. 14 angegebenen Quellenbeständen des PRO London.
[63] PRO London, AIR 27/827: ORB No. 105 Squadron, S. 6 f.
[64] Angaben nach PRO London; siehe die in Anm. 14 angegebenen einzelnen Aktenbestände.

Spreng- und 254,8 Tonnen Brandbomben gemäß den Anweisungen des Master Bombers zuerst auf die rot-grünen, dann auf die grünen Boden-Zielmarkierungen in der Stadt ab. Die in die Innenstadt einschlagenden 291 Stück der 4000 lbs schweren, hochexplosiven Sprengbomben hatten in der Regel einen Zerstörungsradius von etwa 80 Meter.

Die Besatzungen des Hauptverbandes waren mit der Markierungsarbeit der „Pfadfinder" sehr zufrieden und bezeichneten die Zielmarkierung ebenfalls als sehr exakt; sie erlaubte ihnen eine äußerst konzentrierte Bombardierung. Auch sie schätzten das Unternehmen insgesamt als „a very good" und „excellent attack" ein.

Vereinzelt wurde schwere, jedoch für die Bomber unbedeutende Flaktätigkeit beim Anflug auf Freiburg registriert. Dabei dürfte es sich um die bei Breisach und Hochstetten stationierte Flakbatterie gehandelt haben. Beim Abflug der Hauptmacht war das ganze Stadtgebiet in Flammen eingehüllt, so bemerkten es die Flieger der 150. Squadron. Noch 80 Meilen weiter und noch 35 Minuten später war das Feuer in Freiburg zu sehen.

Die 166. Squadron hatte beim Angriff Probleme. Die Maschine von F/O (Flying Officer = Oberleutnant) Booth mußte um 20.03 Uhr den Einsatz über Freiburg abbrechen, da sich der Bombenschacht nicht öffnen ließ, so daß die Bomben wieder mit nach England zurückgeflogen werden mußten. Sie wurde später als nicht zum Einsatz gekommene Maschine in den Listen vermerkt.

Außerdem wurde die Maschine von Flying Officer Strachan mit weiteren fünf britischen Fliegern und einem australischen Unteroffizier nach dem Start in Kirmington ab 16.00 Uhr vermißt[65]. Da den Besatzungen Funkstille befohlen war, läßt sich nicht feststellen, ob die Maschine schon beim Anflug verlorenging. Anzunehmen ist jedoch, daß sie beim Angriff auf Freiburg noch beteiligt war und vermutlich über der Stadt abstürzte. Es ist möglich, daß der Bomber von der schweren Flakbatterie bei Hochstetten abgeschossen wurde, denn zeitgenössische Tagebuchnotizen deuten auf einen derartigen Abschuß hin, obwohl die Batterie wegen Munitionsmangel nur 12 Schuß abgeben konnte[66].

Dagegen bezeichnete es gerade ein englischer Erfahrungsbericht über die Einsätze vom 27./28. November 1944 als symptomatisches Ergebnis für den schlechten Zustand der deutschen Luftabwehr Ende November 1944, daß sowohl beim Nachtangriff auf Neuss als auch auf Freiburg nur jeweils eine Maschine verlorenging. Dabei wurde noch darauf hingewiesen, daß der Verlust des Bombers über Freiburg „fast sicher durch eine eigene herabfallende Bombe" verursacht wurde[67]. Dies war von der Besatzung eines unmittelbar vorausfliegenden Bombers beobachtet worden. In einem weiteren Bericht wurde diese Beobachtung ebenfalls festgehalten. Von den Bomberpiloten wurde es gerade bei solchen dicht gedrängten Abwurfzeiten als besondere Gefahr angesehen, über dem Ziel von Bomben anderer Maschinen, die über ihnen flogen und zu früh abwarfen, getroffen zu werden.

Insofern muß es ungeklärt bleiben, ob der Absturz des Bombers über Freiburg durch selbstverschuldeten britischen Bombentreffer in der Luft oder durch Flakfeuer der deutschen Batterie in Hochstetten verursacht wurde. Für die Annahme,

[65] Ebda., AIR 27/1089.
[66] Norbert Krüger: Zum Untergang Alt-Freiburgs und Breisachs. Eine Ergänzung. In: Schau-ins-Land. 91. Jahresheft des Breisgau-Geschichtsvereins Schauinsland (1973), S. 106.
[67] PRO London, AIR 14/3744 u. 3412: „… was almost certainly caused by a falling bomb"; AIR 24/300: „A Lancaster was destroyed over Freiburg by a falling bomb".

daß der Bomber durch britische Bomben selbst getroffen wurde, spricht auch die Beobachtung auf deutscher Seite. Danach waren die Flugzeugtrümmer der Maschine in dem Gelände und Wohngebiet hinter der Artilleriekaserne „weit verstreut". Einzelne Flugzeug- und Motorenteile konnten aufgefunden werden. Ferner heißt es: „Es sieht fast so aus, als sei der Viermotorige mit seinen Bomben in der Luft explodiert … Von der Besatzung ist nichts mehr zu entdecken"[68].

Trotz dieses Verlustes bezeichneten andere Besatzungen der 166. Staffel den Einsatz als „einen ganz ruhigen Ausflug"[69]. Irgendeine deutsche Jägertätigkeit wurde über dem Ziel nicht beobachtet. Dies war nicht verwunderlich, denn die einzigen im südwestdeutschen Raum noch stationierten Nachtjägereinheiten des Nachtjagdgeschwaders 6 in Groß Sachsenheim, Kitzingen und Schwäbisch Hall konnten – gemäß eigener Angabe im Kriegstagebuch – „wegen der Wetterlage" keinen Einsatz gegen die britischen Bomber fliegen[70]. Unklar ist, ob nicht doch die eine oder andere Einheit einige Maschinen zum Einsatz brachte, die jedoch durch den britischen Scheinangriff mit Window-Stanniolstreifenabwürfen und dadurch Vortäuschung eines größeren Angriffes auf Mannheim abgelenkt und dort eingesetzt wurden.

Die Besatzung des Photo-Aufklärungsflugzeuges, das um 20.54 Uhr über der Stadt hinwegflog und wie die übrigen Bomber Luftaufnahmen vom Angriff machte (Abb. 128–133), berichtete, daß die ganze Stadt mit einer Anzahl kleinerer Feuer im Südosten zu brennen schien[71]. Nachdem die Bomber ihren Rückflug über Elsaß-Neufchâteau-westlich Reims-Valenciennes-Lille-belgische Kanalküste-Orford Ness (vgl. Abb. 127) unbehelligt durchführen konnten, landeten sie wieder auf den verschiedenen Einsatzflugplätzen. Die „Pfadfinder"-Mosquitos und -Lancasters trafen zwischen 21.18 Uhr und 22.50 Uhr ein, die Lancaster-Bomber der Bomber Group No. 1 zwischen 22.23 Uhr und 23.52 Uhr. In den meisten Staffeln schlossen sich noch Lagebesprechungen („main briefings") an, bei denen erste Schadensbeobachtungen festgehalten wurden, die später Grundlage der verschiedenen Nachrichten und Gesamtberichte („summary reports" und „intelligence narratives") waren.

Der Schlußbericht des Bomber Command bestätigte ebenso wie die Berichte der 1. und 8. Gruppe insgesamt den erfolgreich ausgeführten Angriff: „Die Zielmarkierung wurde zeitlich gut ausgeführt, und sie war vollständig, akkurat und leicht zu identifizieren. Der Master Bomber, der klar zu hören und deutlich zu verstehen war, dirigierte das Bombardement während des ganzen Angriffs, der schwer und konzentriert war. Am Ende des Angriffs waren die Einzelbrände in eine große Feuersbrunst verschmolzen, durch dessen Licht die Besatzungen Details am Boden deutlich identifizieren konnten. Rauch stieg auf bis zur Höhe von 2100–2450 m. Verschiedene schwere Explosionen wurden beobachtet mit einer

[68] StadtAF, B 1/328: Kriegschronik, Vogel-Bericht.
[69] PRO London, AIR 27/1089.
[70] BA-MA Freiburg, o. Sign., KTB Nr. 2 Stab Nachtjagdgeschwader 6 ab 11.7.1944.
[71] PRO London, AIR 22/138: A.S.O. Summary No. 1469, Part I, vom 29.11.1944; AIR 14/3412: Night Raid Report No. 776: „that at 20.54 hours the whole town appeared to be blazing, with a group of smaller fires to the South East".

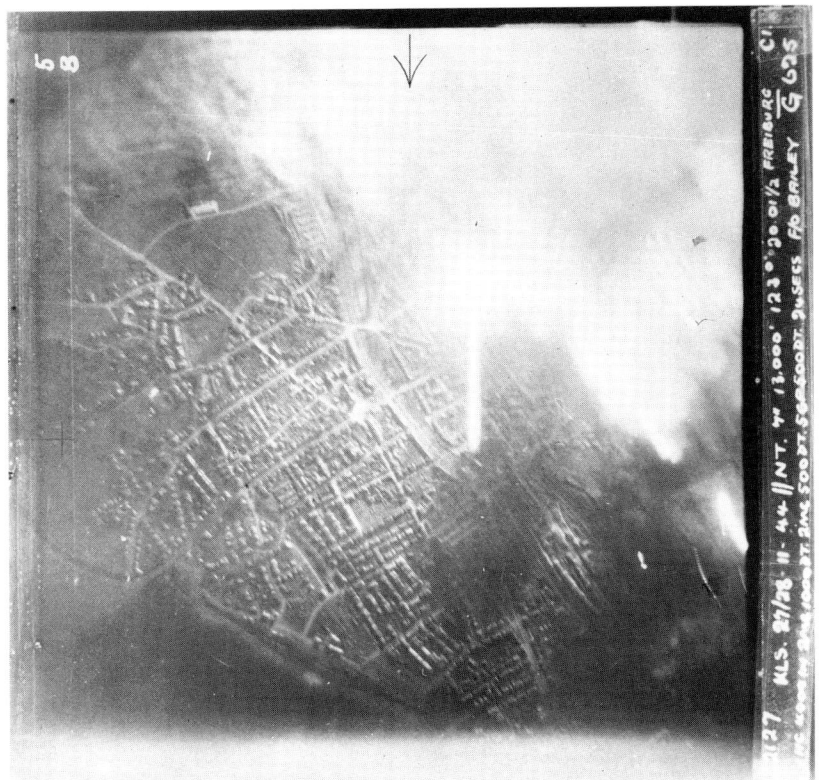

Abb. 128: Brit. Luftbild A/C Nr. G 625 (Crown-copyright in the Public Record Office London, AIR 14/3678)

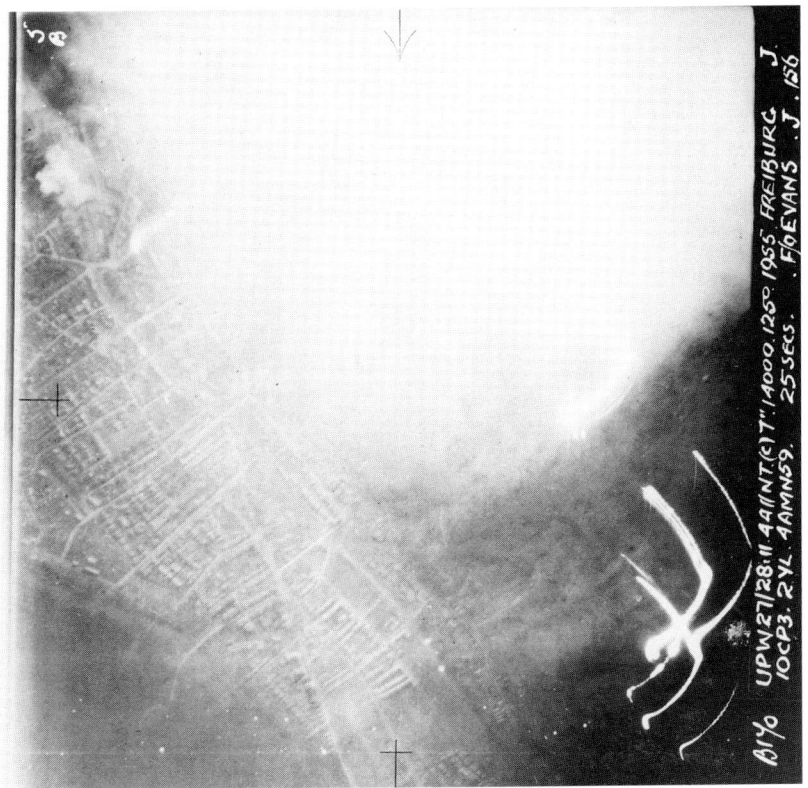

Abb. 129: Brit. Luftbild A/C Nr. I 156 (Crown-copyright in the Public Record Office London, AIR 14/3678)

Abb. 131: Brit. Luftbild A/C Nr. E 166 (Crown-copyright in the Public Record Office London, AIR 14/3678)

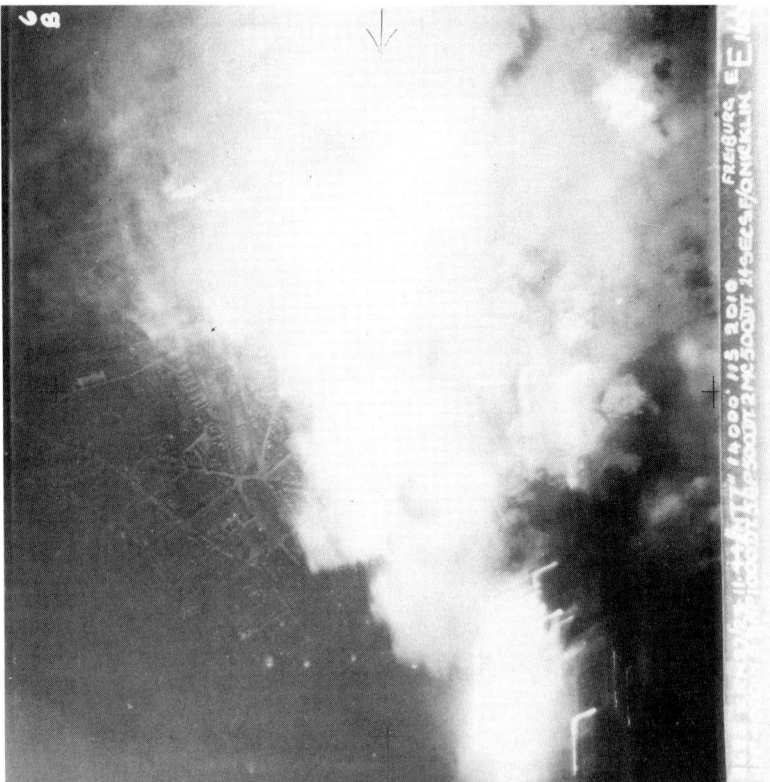

Abb. 130: Brit. Luftbild A/C Nr. L 166 (Crown-copyright in the Public Record Office London, AIR 14/3678)

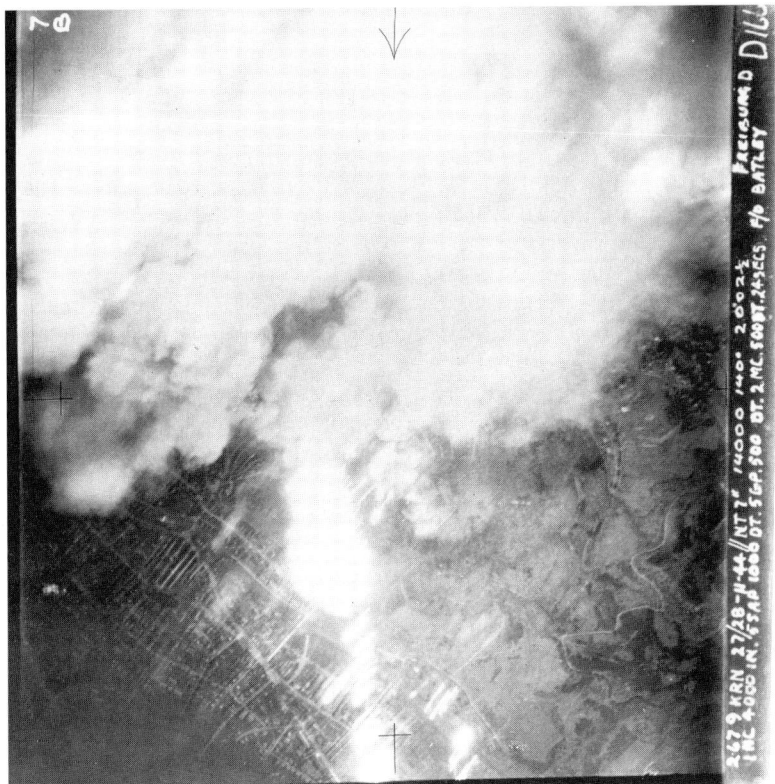

Abb. 132: Brit. Luftbild A/C Nr. D 166 (Crown-copyright in the Public Record Office London, AIR 14/3678)

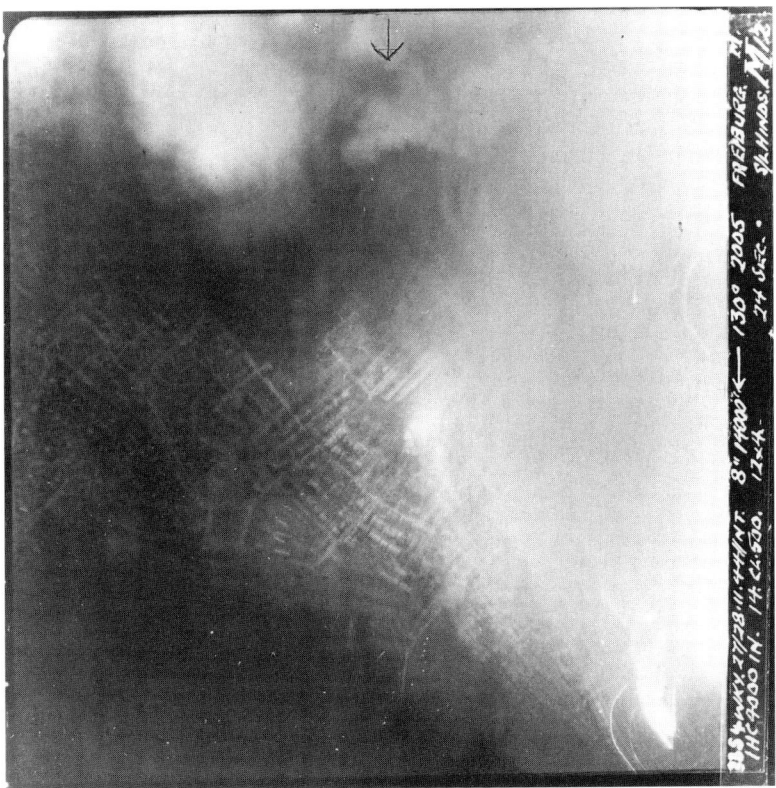

Abb. 133: Brit. Luftbild A/C Nr. M 12 (Crown-copyright in the Public Record Office London, AIR 14/3678)

besonders heftigen Explosion um 20.18 Uhr. Flak-Wirkung war nebensächlich"[72].

Der Bericht der No. 1 Group gibt schließlich noch genauere Auskunft über Beschädigungen und Ausfälle: „Das Bodenabwehrfeuer war zu vernachlässigen, obwohl ein Flugzeug Flak-Beschädigung erlitt. Es gab keine Hinweise auf Jägeraktivität oder Suchscheinwerfertätigkeit. Ein zweites Flugzeug wurde von schwerer Flak beschossen und erhielt leichte Beschädigung am Punkt 48.46 Nord 05.37 Ost ... Vermißt: 1 Flugzeug der 166. Staffel, Oberleutnant Strachan der ersten Angriffswelle. Nach dem Start wurde von diesem Flugzeug nichts mehr gehört"[73].

Insgesamt wurden von den mitgeführten 1725,9 Tonnen Bomben 1723,1 Tonnen abgeworfen, davon 1456,9 Tonnen Sprengbomben und 266,2 Tonnen Brand- und Leuchtbomben. Die Einsatzberichte der Gruppen nennen im einzelnen folgende Zahlen für den Bombenabwurf[74]:

308 Stück der 4000 lbs.-Sprengbomben
1282 Stück der 1000 lbs.-Sprengbomben
1412 Stück der 500 lbs.-Sprengbomben
1229 Stück der 4 lbs.-14er Brandkanister
10 200 Stück der 4 lbs.-Brandbomben
94 Stück der 250 lbs.-Markierungsbomben.

Ergänzend zur eigenen Luftaufklärung wertete das Luftministerium in London auch neutrale Berichte aus; man vernahm dort, daß durch den Angriff große Teile Freiburgs vollständig verwüstet und daß der Hauptbahnhof, der Güterverschiebebahnhof, die Gleisanlagen, die Eisenbahnreparaturwerkstätten, das Postgebäude und die Karlskaserne schwer zerstört worden waren[75].

Nach Angaben eines späteren Berichtes waren die Briten besonders zufrieden über die berichtete vollständige Zerstörung der Karlskaserne, da vor dem Angriff festgestellt worden sei, in Freiburg seien Truppen für den Colmarer Brückenkopf in großer Stärke versammelt. Nach dem Angriff wurde angeblich geäußert, die Getroffenen bei der Karlskaserne seien „hoffentlich Soldaten und nicht Zivilisten"[76]. Betrachtet man diese englische Feststellung vor dem Hintergrund der nachprüfbaren Berichte der britischen Bomberbesatzungen in ihren „Einsatztagebüchern", dann offenbart sich jedoch der beschönigende und apologetische Charakter solcher Angaben. Denn um das Schicksal der Zivilisten hat man sich in Wirklichkeit keineswegs gesorgt – sie sollten vielmehr ausdrücklich durch das

---

[72] Ebda., AIR 24/298 und AIR 14/3421: Secret Bomber Command intelligence narrative of operations No. 956 v. 28. 11. 1944: „Marking was well timed and plentiful, accurate and easily identified. The Master Bomber, clearly audible, directed the bombing throughout the attack, which was heavy and concentrated. By the end of the attack, the fires had emerged into one large conflagration, by the light of which crews were able to clearly identify ground detail, and smoke was rising to 7/8000 ft. Several big explosions are reported with a particularly violent one at 20.18 hrs. Flak was negligible". Vgl. ferner ebda., AIR 14/3074: Summary of Operations No. 794 v. Hauptquartier der „Pfadfinder" Gruppe v. 28. 11. 1944; AIR 25/153: Operations Record Book der „Pathfinder Force" S. 897 f.
[73] Ebda., AIR 14/3074: „Opposition from the ground was negligible although one aircraft suffered Flak damage. There are no reports of Fighter activity or searchlights operating. A second aircraft was engaged by heavy Flak and received slight damage at 48.46 N 05.37 E ... Missing 1. 166/V F/O Strachan (21) 1st Wave. Nothing was heard from this aircraft after take off". Vgl. ebda., AIR 25/2 (Operations Record Book, S. 9); AIR 25/15.
[74] Ebda., AIR 14/3074; AIR 24/298; AIR 14/3421; AIR 14/2679; AIR 24/300.
[75] Ebda., AIR 22/81: Air Ministry weekly intelligence summary No. 276 v. 16. 12. 1944; so übernommen in dem Buch von Musgrove, Pathfinder Force, S. 161.
[76] Ebda., auch zum Folgenden.

Flächenbombardement getroffen werden. Es ist dann auch eine verharmlosende Darstellung, wenn in dem gleichen englischen Buch behauptet wird, gerade der Luftangriff auf Freiburg sei ein ausgezeichnetes Beispiel dafür, wie strategischer und taktischer Zweck miteinander verschmelzen würden. Einen strategischen Grund gab es für den Angriff auf Freiburg nicht und die taktische Bedeutung lag in der vom alliierten Hauptquartier angeordneten Bombardierung der Bahn- und Gleisanlagen. Ein Flächenbombardement der Innenstadt konnte damit nicht gerechtfertigt werden.

Es soll dabei nicht übersehen werden, daß durch dieses „Area Bombing" auch die Durchgangsstraßen der Innenstadt total verwüstet und durch Schuttberge verstopft wurden, so daß keine Truppentransporte mehr durch Freiburg gelenkt werden konnten. Gleichwohl konnten sie mit etwas Zeitverlust um Freiburg einen Bogen machen, so daß letztlich auch der militärische Wert der Zerstörung Freiburgs für die Westalliierten gering war.

Es ist bemerkenswert, daß der Vierteljahresbericht des Bomber Command für die Zeit Oktober-Dezember 1944 dann auch zu dem Ergebnis kam, daß die Eisenbahnanlagen weniger ernst getroffen wurden, als beabsichtigt worden war [77].

Insgesamt wußten die Alliierten sehr genau, was sie getroffen hatten. Sie mußten schließlich feststellen, daß die Haupteisenbahnlinie von Nord nach Süd durch Freiburg weiterhin einsatzbereit war, da die Gleisanlagen kaum beschädigt wurden. Nachfolgende Aufklärungsberichte konstatierten jedoch, daß „praktisch das ganze Zentrum der alten Stadt durch Feuer und Sprengbomben-Explosionen zerstört worden war. Eine große Anzahl öffentlicher Gebäude, einschließlich Hauptpost und Telegraphenamt, Rathaus und dem größten Teil der medizinischen Universitätsinstitute wurde durch Feuer zerstört" [78].

Wie auch in anderen Armeen üblich wurden die britischen Bomberbesatzungen für ihre erfolgreiche Arbeit von Zeit zu Zeit ausgezeichnet. So belegt ein Routinebefehl von Air Vice Marshal Bennett an die ihm unterstellten Flieger vom 29. November 1944, daß mehrere Angehörige der am Angriff auf Freiburg beteiligten Staffeln anschließend besondere militärische Auszeichnungen erhielten für die insgesamt als erfolgreich bewertete Bombardierung der Breisgaustadt [79].

---

[77] PRO London, AIR 14/3453: Bomber Command Quarterly Review No. 11, Oct.-Dec. 1944, S. 8: „... rail facilities suffered less severely than intended". Ebenso im „extract" in: NA Washington, RG 243, Records of the U.S. Strategic Bombing Survey, USSBS City Target Folder IIIa–972.

[78] Ebda.: Interpretation Report No. K. 3496: „practically the whole of the centre of the old city has been destroyed by fire and H.E. A large number of public buildings, including the Main Post and Telegraph Office, the Rathaus and the greater part of the University of Medical Science have been destroyed by fire".

[79] PRO London, AIR 25/176.

VI.

„Die Stadt in Flammen!"

1. Augenzeugen berichten über Tod und Zerstörung

Was für die britischen Bomberbesatzungen ein „ruhiger Ausflug" oder eine normale und sogar nachträglich belobigte Routinearbeit war, hatte für die Betroffenen, nämlich die Bewohner der Stadt Freiburg, innerhalb kürzester Zeit verheerende Auswirkungen (Abb. 128–133). Am frühen Abend wurden in der Stadt innerhalb weniger Minuten sowohl „öffentliche Luftwarnung" als auch „Fliegeralarm" verkündet. Als um 19.48 Uhr „öffentliche Luftwarnung" – im Volksmund „Voralarm" genannt – für Freiburg gegeben wurde, um vor sich nähernden einzelnen feindlichen Flugzeugen zu warnen, nahmen viele Freiburger diese Warnung und das mehrfache Brummen in der Luft nicht sogleich ernst, denn schon häufiger waren größere Bomberverbände über die Stadt in Richtung München bzw. Süddeutschland eingeflogen – so auch tags zuvor und noch am frühen Morgen –, ohne ihre Bomben auf Freiburg abzuwerfen. Bedingt durch das Näherrücken der Westfront und die von den Briten durchgeführten funktechnischen Abschirmungs- und Täuschungsmaßnahmen erkannte auch der deutsche Luftwarndienst erst wenige Minuten vor dem Angriff, daß Freiburg das Ziel der einfliegenden Bomber war.

Die verspätete Alarmierung durch den zuständigen Flakkommandeur, Major Geska vom Flakregiment 130, wurde nachträglich sogar kriegsgerichtlich untersucht. Dabei stellte sich heraus, daß der Flakstab nur Meldungen über „einzelne schnelle Kampfflugzeuge über dem Schwarzwald" erhalten hatte, so daß die für die Stadt zuständige Warnvermittlung im Hauptpostgebäude erst so spät reagierte. Dagegen bekam die Eisenbahnwarnzentrale aufgrund einer Meldung des Flugwachkommandos Donaueschingen den richtigen Hinweis vom Bahnhof Ihringen, daß etwa „300 Kampfflugzeuge in mittlerer Höhe mit Kurs Ost" im Anflug auf die Stadt waren[1]. Die zu knappe Alarmierung hat auch in der Nachkriegszeit immer wieder zur Kritik geführt[2]. Sie ist aber nicht auf mysteriöse Gründe zurückzuführen, sondern aus der damaligen Kriegslage zu erklären.

Als um 19.58 Uhr Fliegeralarm erfolgte, standen schon grellweiße, helleuchtende Lichterketten am Himmel, die sogenannten „Christbäume", und die ersten roten Markierungsbomben waren bereits um 19.55 Uhr von den britischen Pfadfindermaschinen westlich des Zielpunktes bei der Kreuzung Bernhard-/Adolf-Hitler-Straße abgeworfen worden; zugleich fielen die ersten Sprengbomben auf

---

[1] StadtAF, D. Aö. 132b, Bd. 1 und C 5/2282: Bericht der Polizeidirektion Nr. 508 (von Bieser) vom 1.3.1946; ebda.: Bericht Karl Peter Otter vom November 1983: Eisenbahnflugwarndienst; ebda., B 1/328: Bericht Vogel, S. 5; Ebenso in: Ebda., D. Aö. 1.32a, Bd. 2: Meldung vom Bereitschaftsführer (Gissler) der 2. FE-Bereitschaft vom 18.12.1944; weitere spätere Zuschriften im Bestand B 1/328.
[2] Vgl. Flieger-Alarm! In: Freiburger Wochenbericht Nr. 48 vom 25./26.11.1954.

die Wohngebiete der nordwestlichen Altstadt. Nur wenige Freiburger, die unterwegs waren, erreichten in der kurzen Zeit nach der Alarmierung noch öffentliche Luftschutzräume oder Luftschutzstollen.

Die zum Angriff auf Freiburg eingesetzten 351 schweren Lancaster- und Mosquito-Bomber mußten keine Rücksicht auf deutsche Fliegerabwehr nehmen. Die leichten Geschütze der im Raum Freiburg stationierten Heimatflakbatterie konnten die feindlichen Bomber nicht erreichen.

Nur schwer darstellbar sind die subjektiven Erlebnisse vieler Freiburger in den Minuten unmittelbar nach der Auslösung des Fliegeralarms durch die Sirenen oder den im Rundfunk gehörten „Kuckuck"-Ruf mit den durchgegebenen Luftlagemeldungen: Unter dem Arm das Luftschutzgepäck, eventuell Wolldecke oder Mantel umgehängt, eilte man – z.T. mit weinenden Kindern an der Hand – auf dem schnellsten Weg in den Keller des eigenen Wohnhauses. Ältere, kranke und gehbehinderte Mitbewohner versperrten nicht selten für kostbare Sekunden den Treppen- oder Kellerabgang. Dabei waren schon die sich nähernden Detonationen zu hören. Wer einen Blick auf die Straße werfen konnte, sah die hell glitzernde Erleuchtung des Himmels durch die „Christbäume" oder den roten und grünen Feuerschein der Markierungsbomben. Im Luftschutzraum wartete man dann bei aufflackerndem und schließlich verlöschendem Licht gespannt auf die dumpfen oder krachenden Explosionen. Dort harrte man dann aus. Vereinzelt blieben Hausbewohner sogar bis zum nächsten Morgengrauen im Keller. Aus der Nachkriegszeit sind mehrere eindrucksvolle Berichte von Zeitzeugen über ihre Erlebnisse bekannt und zum Teil veröffentlicht[3]. Sie bestätigen durchweg das sich allmählich entwickelnde höllische Ausmaß des Infernos in der schwer getroffenen Stadt.

Bereits nach wenigen Sekunden des 23 Minuten dauernden Angriffs erzeugte der konzentrische Abwurf der rund 14 000 Spreng- und Brandbomben mit einem Gesamtgewicht von 1725 Tonnen schwere Explosionen. Zahlreiche Häuser stürzten in sich zusammen. Bombe auf Bombe schlug in der Nord- und Altstadt ein. Eine große Rauch- und Staubwolke stieg auf. Dann entfachten die Brandbomben eine immer stärker werdende unerträgliche Hitze in den Häuserreihen entlang der getroffenen Straßen (Abb. 134 und 135). Friedrich Bär beschrieb später das Inferno zusammenfassend: „Das Krachen der Zeitzünderbomben, das Bersten der Häuser, das Jammern und Schreien der Kinder und Frauen und das Brummen der Flieger ... ergaben eine schaurige Sinfonie mit höllenartiger Kulisse. Gespenstisch ragte der Turm des Münsters aus den Flammen hervor"[4].

Verschiedene Einzelbrände wuchsen bald zu Straßenbränden und zwei größeren Flächenbränden zusammen, welche die Altstadt vom Schloßberg bis zum Stühlinger erfaßten. In einigen Augenzeugenberichten aus dem Stadtzentrum wird sogar von einem entfesselten Feuersturm geschrieben, „der selbst die Steine und das Mauerwerk zu verzehren schien ... Das Brausen des Feuersturmes übertönte das Krachen der einstürzenden Häuser"[5]. Auch bis dahin unbeschädigte Gebäude wurden dabei in Brand gesetzt und brannten aus. Zusätzlich wurde der

---

[3] Vgl. u.a. Kriegsopfer der Stadt Freiburg i.Br. 1939–1945, a.a.O., S. 398 ff. (Bericht v. Dr. Kraske), 401 ff., 406 (Bericht v. Sutter), 407 ff. (Bericht v. R. Zumtobel), 441 ff. (Bericht v. A. Müller), 418 ff. (Bericht v. Müller-Bellinghausen); Freiburg in Trümmern 1944–1952. Teil I und II, a.a.O.; StadtAF, B 1/328: Bericht Reinhold Zumtobel und Bericht Vogel: „Freiburg brennt"; dort auch weitere Berichte.

[4] Abgedruckt in Ricker, Freiburg a.a.O., 2. Aufl. v. 1966, S. 171 ff., (Bericht von Friedrich Bär, dort ist jedoch fälschlich Max Bär angegeben).

[5] Zitat nach dem Bericht von Friedrich Bär in: Ricker, Freiburg, a.a.O., 2. Aufl. v. 1966, S. 171 ff.

Abb. 134: Brennendes Haus Dorn
am Martinstor (StadtAF)

Abb. 135: Brennende Häuser in der Hilda-
straße (Dr. G. Kilchling, Freiburg)

Schauplatz immer wieder durch die von den Bombern abgeworfenen roten und
grünen Markierungsbomben sowie mehrfachen Explosionen erhellt. Elektrizität,
Kanalisation, Gas und Wasser fielen zum Teil sofort total aus; ganze Straßenzüge
in der Innenstadt, in Neuburg und im Stühlinger wurden restlos verschüttet und
zerstört. Das Inferno nahm innerhalb weniger Minuten ein gewaltiges Ausmaß
an. Mächtige Druck- und Sogwirkungen der explodierenden Sprengbomben er-
schütterten die Häuser. In weitem Umkreis der Explosionen wurden Türen, Fenster und sogar Wände eingedrückt sowie Dächer abgedeckt. Häuser stürzten ein
und begruben hilflose Menschen unter sich.

In den Stunden nach dem Angriff, der nach seinem Ende um 20.20 Uhr ein
Rauch- und Flammenmeer im Stadtzentrum zurückließ, explodierten immer wieder Zeitzünderbomben. Kellerbrände entwickelten sich in den Trümmern und
breiteten sich rasch aus. Durch den Stromausfall konnten die Entwarnungssire-
nen beim Abfliegen der Bomber nicht überall betätigt werden, so daß Unklarheit
über das Ende des Angriffs bestand.

Viele Freiburger eilten in diesen Minuten, als die Bombenexplosionen allmählich nachließen, aus ihren Kellerräumen nach oben und versuchten zum Schloßbergbunker zu kommen, um sich dort in Sicherheit zu bringen. Ihnen bot sich ein
erschütterndes Bild. Ein Augenzeuge berichtete: „Was für ein grauenhafter Weg
war das! So weit wir schauen konnten: Die Stadt in Flammen! Unser Häuserblock, der gegenüberliegende Häuserblock, die Kreisleitung, das Cafe Kienzler,

246

die Karlskaserne, das Wiener Cafe: ein einziges tobendes, brüllendes, prasselndes, knatterndes Meer aus Flammen, das seine Wogen hoch in den Nachthimmel hinaufspritzte und quer über die Straßen schleuderte, das sich gar nicht genug gebärden konnte"[6].

Der Angriff richtete sich insbesondere gegen die nördliche Innenstadt. Schwer getroffen wurde das Instituts- und Klinikviertel, in dessen Nähe der Zielpunkt der englischen Bomber lag. Etwa vier Quadratkilometer des 9,5 Quadratkilometer großen Stadtgebietes wurden bombardiert. Schwere Zerstörungen erfolgten im Gebiet zwischen Tennenbacher Straße (im Norden), Schloßberg (im Osten), Schloßbergspitze bis zum Südausgang des Hauptbahnhofes (im Süden) und der Reichsbahnlinie (im Westen). Auch die Stadtteile Lehen und Betzenhausen wurden schwer getroffen, Betzenhausen sogar zu 80 Prozent zerstört[7].

Innerhalb dieser Zone des Grauens gab es sogar noch „Kulminationspunkte der Vernichtung", wo zahlreiche Freiburger auf einmal den Tod fanden. Dies waren das Fernsprech- und Postamt, in denen 71 und 30 Mitarbeiterinnen und Mitarbeiter der Deutschen Reichspost während ihres Dienstes umkamen[8], das bekannte Restaurant „Sutterbräu" beim Siegesdenkmal, in dessen Keller 28 Menschen von einer Luftmine getötet wurden[9], die Hals-Nasen-Ohrenklinik in der Albertstraße, wo 47 Menschen den Tod fanden, sowie der der HNO-Klinik benachbarte öffentliche Luftschutzkeller, in dem 104 Personen starben, das Haus Zunftstraße 33, wo 15 Personen im Keller getötet wurden, und die Gebäude Eschholzstraße 20 und 36, wo 14 und 12 Personen den Tod fanden[10]. Aber auch in manchen anderen Wohnhäusern wurden 10 bis 20 oder sogar noch mehr Personen getötet, die nicht rechtzeitig die Keller verließen, wenn die Häuser über ihnen abbrannten und zusammenstürzten, so daß sie verschüttet wurden und erstickten. Alfred Bea hielt als Augenzeuge des Infernos in seiner Niederschrift vom anderen Morgen das ganze Ausmaß der Zerstörung fest:

„Als ich dann in aller Frühe wieder in die Stadt kam, waren meine beiden Geschäftshäuser total zerstört, wie auch das unmittelbar benachbarte Hackenjos'sche Haus, während der ‚Römische Kaiser' erst zu brennen anfing. Zerstört waren aber auch und niedergebrannt die unmittelbar benachbarten Häuser, beginnend bei der Ecke Grünwälderstraße, früher Glocknersche Eisenwarenhandlung, und alle Häuser auf der rechten Seite der Adolf-Hitler-Straße bis hinunter einschließlich des Real-Gymnasiums, das zwei Volltreffer bekommen hatte. Auf der linken Seite waren mehr Häuser durch Ausbrennen als durch Bombenwurf zerstört. … Am besten hatten den Brand die modernen Geschäftshäuser von Kleider-Müller, Warenhaus Richter und Kleiderhaus Hettlage mit ihren starken Betondecken überstanden. Sie waren nur ausgebrannt und im Gegensatz zu allen übrigen alten Häusern mit Holzbalkenkeller nicht eingestürzt. In den tiefen mehr-

[6] StadtAF, B 1/328: Bericht von Anton Müller; teilabgedruckt in: Kriegsopfer der Stadt Freiburg i. Br. 1939–1945, a. a. O., S. 411 ff., hier S. 417.

[7] Vgl. StadtAF, B 1/328: Aufzeichnungen des Stadtpfarrers Konrad Fuchs in der Chronik der Pfarrkirche der Hl. Familie, S. 71–74.

[8] Hans Harry von Chamier-Glisczinski: Das Fernsprechamt Freiburg (Breisgau) im Zweiten Weltkrieg 1939–1945. In: Postgeschichtliche Blätter 1. Jg. o. J. (1953/1954), S. 1–12, hier S. 9; vgl. DGB legt Kranz nieder. 1944 – Mahnung zur Abrüstung. In: Badische Zeitung Nr. 275 vom 28./29. 11. 1981; Geschichte des Postamts Freiburg (Breisgau). Zusammengetragen und bearbeitet von Martin Spaeth. Freiburg o. J. (1960), S. 43 f.; weitere acht Postbedienstete wurden beim Angriff außer Dienst getötet.

[9] Vgl. u. a. Walter Vetter: Aus den Augen, aus dem Sinn. Glanz und Elend einer Gaststätte. In: Badische Zeitung Nr. 270 v. 23. 11. 1987.

[10] Vgl. u. a. StadtAF, B 1/328: Bericht von R. Zumtobel und Bericht von Georg Bögl v. 7. 12. 1945.

stöckigen Kellern lag unten der ganze Bauschutt, und an vielen Stellen brannte und qualmte es noch. Die großen massiven Häuser aus gehauenen Steinblocks, wie das Kapfer'sche Anwesen Ecke Salzstraße und Modehaus Glockner Ecke Schusterstraße waren ebenfalls eingestürzt und versperrten mit ihren Quadern die Straßenzugänge, wobei sie auch durch ihre Höhe die anstoßenden Nachbarhäuser erdrückten. Mich durch die innere Adolf-Hitler-Straße hindurchkämpfend, die durch den Bauschutt nur schwer passierbar war, stellte ich fest, daß auch alle anstoßenden Straßen mitsamt dem Münsterplatz dasselbe Schicksal erreichten. Auf dem Münsterplatz war die ganze linke Seite vollkommen zerstört und der Blick auf die ehemalige ausgebrannte Karlskaserne freigegeben, während auf der rechten Seite das Erzbischöfliche Palais lichterloh brannte, dagegen der obere Teil einschließlich des Kaufhauses noch intakt war. Ein trostloses Bild bot auch die Universitätsstraße, in der alle Häuser durch Bombentreffer und Brand zerstört waren und der Bauschutt den Straßenzug vollständig versperrte. In dieser Straße gab es auch noch mehrere Tote unter den Trümmern. Ganz schlimm sah es im Altstadtgebiet links der Adolf-Hitler-Straße aus, wo auch noch das alte Rathaus in hellen Flammen stand, die Martinskirche mit dem altehrwürdigen Kreuzgang zerstört war, die Sparkasse und alles um Unterlinden noch brannte. In den engen Gassen hatten viele Menschen in den Holzbalkenkellern ihr Grab gefunden, trotz der Mauerdurchbrüche. Noch schlimmer sah es in dem Gebiet der Friedrichstraße, Rheinstraße, Albertstraße aus, die das Bild einer monatelangen Beschießung ... boten und in der die meisten Menschen ihren Tod gefunden hatten. Das Carolushaus, Mutterhaus der Barmherzigen Schwestern, Josefskrankenhaus und der große Verlagsbau von Herder waren vollständig zerstört und ausgebrannt. Auch die Ludwig- und Karlstraße wie auch das ganze Häuserviertel nach dem Schloßberg hin waren nur noch Schutt und Asche. Die Festhalle war zerstört, der Stadtgarten umgepflügt, die Bäume am Schloßberg zerrissen oder abgebrannt sowie die untere Schloßbergstraße mit der Hermannstraße nur noch ein Trümmerhaufen.

Im westlichen Stadtteil hatten das Kollegiengebäude, die Universitätsbibliothek, die Rotteckoberrealschule schwere Volltreffer bekommen, und der Riesenbau des Stadttheaters, um dessen Löschung die Feuerwehr sich vergeblich bemühte, war auch ausgebombt und ausgebrannt mitsamt dem Bertholds-Gymnasium, dem Hauptpost- und Telegraphenamt, ... und dem ganzen Bahnhofsviertel mit dem Bahnhofsgebäude und den benachbarten Hotels.

Halbwegs intakt waren nur noch die Poststraße, die Rathausgasse vom Franziskaner- bis zum Rottecksplatz und einige Häuser auf der rechten und linken Seite am Martinstor, wie auch wenige in der Löwen- und Niemensstraße. Heil waren nur noch geblieben die Grünwälderstraße und Oberlinden und vor allen Dingen der herrliche Münsterturm, der mit dem durch Dach und Fenster beschädigten Münster einsam aus dem riesigen Trümmerfeld ragte. Auch der untere Teil der Herrenstraße mit seinen schönen Erkerbauten war ein Opfer der Katastrophe geworden mitsamt dem Karlsplatz.

Einigermaßen heil geblieben (waren) oder nur Einzelschäden erlitten (hatten) der südliche Teil der Stadt, außerhalb der Stadttore mit der Wiehre, Haslach und den Vororten, wobei sich aber trotzdem an mehreren Stellen wie an der Dreikönig-, Hilda-, Scheffel- und Gartenstraße schwere Zerstörungen zeigten"[11].

---

[11] Alfred Bea: Die Erlebnisse in der Terrornacht am 27. 11. 1944, o. O. und o. J. (Selbstverlag, Freiburg 1984), S. 5 ff.

Einen ähnlichen Eindruck hat Pius Enderle in seinem Bericht über die Ereignisse im theologischen Konvikt in der Bombennacht überliefert. Darin schreibt er: „Bei einem kurzen Gang durch die brennende Stadt erkannte ich das ganze Ausmaß der Katastrophe. Die Innenstadt war ein großes Feuermeer, aus dem immer wieder einmal das Krachen der Detonationen eines Zeitzünders zu hören war. Unheimlich war es geradezu, wie menschenleer die Straßen waren. Wo waren die armen Menschen, geflüchtet, verschüttet, tot? Welch furchtbares Leid war doch in dieser Zeit aufgebrochen! Das Stadttheater, der Bahnhof, wohin man blickte: Zerstörung, Brand, Untergang"[12].

Besonders schwer traf es die Klinischen Anstalten. Das Viereck zwischen Johanniter- und Rheinstraße sowie Bismarck- und Adolf-Hitler-Straße wurde schwer verwüstet. Getroffen wurden nach einem späteren Bericht der Klinikverwaltung die Chirurgische Klinik, die Augenklinik, die Hals-Nasen-Ohren-Klinik, die Medizinische Klinik, die Kinder- und Zahnklinik, das Pathologische Institut, die Frauenklinik, das Physikalische Institut, das Chemische Laboratorium, das Hygienische Institut, das Tierhygienische Institut, das Mineralogische Institut und die Anatomie. Nicht mehr vorhanden war die Ludwigskirche, da sie – unmittelbar in der Nähe des Zielpunktes gelegen – gleich zu Beginn einen Volltreffer erhalten hatte[13]. Dagegen konnte der Neubau des St.-Josef-Krankenhauses gegenüber dem Herdergebäude bis auf das ausgebrannte Dach gerettet werden.

Nur leicht beschädigt waren die Hautklinik sowie die psychiatrische und Nervenklinik. Mehrere Berichte und Stellungnahmen aus dem Bereich der Universitätskliniken (Medizinische, Chirurgische und Hals-, Nasen- und Ohren-Klinik) geben rückblickend – da zum Teil erst nachträglich verfaßt – ein anschauliches Bild von der unmittelbaren Wucht und dem Ausmaß der Zerstörungen, die insbesondere den Klinikbereich am 27. November trafen. Mehrmals wird eindrücklich darin beschrieben, wie an diesem Abend „Bombe auf Bombe in der nächsten Umgebung" der Kliniken detonierte oder direkt die Klinikgebäude traf. Geschildert wird auch, wie tatkräftig sich dennoch das Personal bei der anschließenden Versorgung der Patienten und der aus den umliegenden Gebieten herbeiströmenden Verwundeten einsetzte.

Besondere Beachtung verdient die rasch organisierte und reibungslose Evakuierung der Kranken der Medizinischen Klinik mitsamt dem Materialtransport zu den Ausweichquartieren in der Okenstraße, zum Haldenhof auf dem Schauinsland und zum Sanatorium Wiesneck. Mehr als einmal erfolgte dabei der Pendelverkehr in den folgenden Tagen unter Beschuß von Tieffliegern. Erst nach dem Kriegsende wurde die Medizinische Klinik in den Gebäuden der Eschholzstraße 90 (Kreispflegeanstalt) wieder zusammengefaßt[14].

Von dem durch schwere Treffer völlig zerstörten Hauptgebäude der Augenklinik blieb „nur noch ein Schutthaufen übrig". Vier Schwestern und sieben Patienten kamen ums Leben; von der Klinikeinrichtung konnte nur wenig gerettet werden[15]. Auch dort bewährte sich „das gesamte Personal hervorragend", wie der

[12] Pius Enderle: Das theologische Konvikt Freiburg in der Bombennacht. Erinnerungen an den 27. November 1944. In: St. Konradsblatt Nr. 47 v. 21.11.1954, S. 892f.
[13] Zu den Kliniken siehe die späteren Erfahrungsberichte in: Stadt AF, D. Aö.1.32b, Bd. 1 und K 1/26; vgl. auch Kap. VII, S. 000f. Zur HNO-Klinik siehe auch den Zeugenbericht von Otto Nowacki v. Oktober 1983 in: Ebda. B 1/328.
[14] Ebda. K 1/26: Bericht der medizinischen Klinik von Dr. Harnasch v. 1949 und Kurzbericht von Prof. Dr. H. Bohnenkamp v. 3.12.1944.
[15] Ebda.: Bericht von Prof. Dr. Wilhelm Wegner.

Leiter der Klinik, Professor Dr. Wegner, überliefert. Später wurde die Augenklinik behelfsmäßig im Rebhaus untergebracht.

Auch der Bericht über die totale Zerstörung der Hals-Nasen-Ohren-Klinik gibt sehr anschaulich den dort durch schwere Volltreffer verursachten, sich „überstürzenden Gang der Ereignisse und die chaotische Situation" wieder[16]. Die darin aufgenommenen Aussagen verschiedener Krankenschwestern bezeugen ebenfalls die elementare Wucht der Volltreffer sowie den Überraschungseffekt des Angriffs, der es dem Klinikpersonal größtenteils unmöglich machte, die Patienten rechtzeitig in den Kellerräumen in Sicherheit zu bringen. Dies war im Falle der HNO-Klinik jedoch nur eine vermeintliche Sicherheit. Denn ihr Luftschutzraum wurde durch Einsturz des Treppenhauses und des Turmes der Ludwigskirche völlig verschüttet; die Eingeschlossenen konnten trotz anschließenden Einsatzes von militärischen Bergungstrupps auch in den nächsten Tagen nicht befreit werden. 47 Ärzte, Schwestern, Hausangestellte, Patienten und Besucher der HNO-Klinik kamen dabei ums Leben. Im Dezember legte sich dann eine Schneedecke über diese Unglücksstätte. Erst Mitte Januar gelang es, an den Keller heranzukommen und die Überreste von insgesamt 104 Personen zu bergen, die sich dorthin geflüchtet hatten.

Wenn allerdings rasche und tatkräftige Hilfe von außen erfolgte, gelang es, viele Verschüttete und Eingeschlossene sogar noch aus den total eingestürzten Klinikgebäuden zu retten, bevor das Feuer die Kellerräume erreichte. So überliefert der bereits erwähnte Bericht von Professor Wilhelm Wegner, dem Leiter der Augenklinik, daß von 12 Bediensteten und 64 Patienten nur 11 Personen innerhalb der Klinik ums Leben kamen, obwohl die Luftschutzräume von Bomben direkt getroffen worden waren[17].

Nicht selten gelang manchen Freiburgern in letzter Minute die Flucht aus dem Luftschutzkeller, nachdem der Angriff vorbei war und bevor das Flammenmeer den Unterschlupf erreichte. Frau Alba Bortolamedi aus der Hebelstraße schilderte diese Erfahrung rückblickend im November 1945: „Da – ein unheimliches Zischen, Donnern, Krachen und Bersten – ein Volltreffer auf unser Haus! Die Wände schwankten, die Kellertreppe stürzte ein, der Ausstieg war verschüttet. Von den Wänden war der Verputz abgesprungen, und die Luft war dick und undurchdringlich von Staub … Wir konnten vor Staub fast nicht mehr atmen und wußten, es ist höchste Zeit, aus dem Luftschutzkeller herauszukommen und die Durchbrüche zu suchen. Über Geröll und Schutt bahnten wir uns im Scheine eines Taschenlämpchens einen Weg durch den großen Weinkeller zum Durchbruch und stießen die Mauer ein. Aber, furchtbare Enttäuschung! Die Flammen schlugen uns meterlang entgegen, an ein Durchkommen war nicht zu denken. Also hatten wir auch Brandbomben bekommen. Nun mußten wir wieder zurück nach dem entgegengesetzten Durchbruch. Inzwischen hatte sich das Kellergewölbe mit Rauch angefüllt, und wir waren schon fast am Ersticken. Zwischen Weinfässern, Flaschen und Geröll schlängelten wir uns zum anderen Durchbruch hin und sahen, nachdem er freigelegt war, in ein riesiges Feuermeer. Auch hier schlugen uns schon die Flammen entgegen, wenn auch nicht so stark. Doch es gab nur diesen einen Weg zur Rettung, wollten wir nicht bei lebendigem Leibe verbrennen: durch die Flammen durch. Und es gelang. Alle waren gerettet. Diese

---

[16] Ebda.: Bericht von Privatdozent Dr. med. Otto E. Riecker, 1949 zusammengestellt aufgrund der Berichte des Direktors der HNO-Klinik, Prof. Dr. Otto Kahler, v. 30.11.1944 und 20.12.1944 in: Ebda., D. Aö. 1.32b bzw. K 1/26; vgl. ebda., B 1/328: Bericht von Otto Nowacki v. Oktober 1983.
[17] Ebda., K 1/26: Bericht von Prof. Dr. Wilhelm Wegner.

Möglichkeit der Rettung hatten wir nur dem Umstand zu verdanken, daß das Nachbargebäude durch den Einschlag einer Bombe schon eingestürzt war und wir über die Trümmer dieses Hauses hinwegklettern konnten. (...) So gelangten wir alle, allerdings mit großen Hindernissen, unter ständigem Stürzen auf den unaufhörlich nachrollenden Schuttmassen, nach der Straße. Und es war höchste Zeit. Kleider und Haare waren versengt von den auf uns niederstürzenden glühenden Holz- und Balkensplittern, und Rauch und Funkenregen hatten unsere Augen so angegriffen, daß wir sie vor Schmerz kaum offenhalten konnten. Nun standen wir auf der Straße, doch wohin wir blickten, nur brennende, aufgerissene Häuser, und wir mußten suchen, aus dieser Gluthitze herauszukommen. So erreichten wir den Colombigarten, wo wir uns auf einer Bank niederließen und so lange dort verblieben, bis uns der durch den Wind stärker einsetzende glühende Funkenregen in die Räume des Colombischlößchens trieb"[18].

In den Minuten nach 20.20 Uhr schob sich das im Nordwesten der Altstadt wütende Feuer auf die Adolf-Hitler-Straße (heute Kaiser-Joseph-Straße) zu und entfachte durch Funkenregen zahlreiche neue Brände. Wer in dieser Zeit nicht bald aus dem Stadtzentrum herauskam, geriet durch heftigen Funkenflug, Feuer und Qualm in Todesgefahr. Bei Verbleib in den Kellerräumen bestand Vergiftungs- und Erstickungsgefahr durch Kohlenoxyd. Es war richtig, daß viele Bewohner ins Freie eilten und vor dem Flammenmeer zum Schloßberg flüchteten. Nicht selten mußten Frauen mit zwei, drei oder noch mehr Kindern rechts und links an der Hand – durch feuchte Wolldecken oder nasse Kleidungsstücke notdürftig gegen den Funkenflug geschützt – auf sich allein gestellt durch brennende Straßenzüge zu weniger stark getroffenen Stadtteilen oder zum Schloßberg fliehen, ohne etwas von ihrem Hab und Gut mitnehmen zu können, nur um das nackte Leben zu retten[19].

Während des Angriffs war der öffentliche Luftschutzraum im Felsenkeller des Schloßberges nur schwach besucht. Nach dem Angriff füllte er sich von Minute zu Minute immer mehr. Hunderte von Freiburgern verbrachten – zum Teil nur halbbekleidet – die Nacht im Freien auf dem Schloßberg, im überfüllten Restaurant Dattler oder in den Felsenstollen des Schloßbergbunkers[20]. Die im Stollen eintreffenden hilfsbedürftigen Freiburger konnten anfangs nur schwer versorgt und beruhigt werden. Die Verletzten erhielten von der Sanitätsstation und den Medizinern der in der Universitätsstadt studierenden Soldaten der Marine-Sanitätsstaffel erste Hilfe und ärztliche Versorgung. Auch viele gefangene Elsässer und Franzosen, die im zerstörten Wehrmachtsgefängnis inhaftiert gewesen waren, retteten sich auf den Schloßberg. Andere halfen sogleich im Stadtzentrum bei der Bergung der Verschütteten. Nicht nur auf dem Schloßberg, sondern auch im Colombipark und Colombischlößchen sowie im Alten Friedhof versammelten sich die Überlebenden, um vor der Feuersbrunst und den einstürzenden Häusern bis zum Morgen des nächsten Tages sicher zu sein. Zahlreiche Obdachlose verbrachten im Park die Nacht im Freien. Andere wiederum zogen in den nächsten Stunden nach dem Angriff mit dem Rest ihrer Habe entlang der Dreisam aus der Stadt heraus in Richtung Schwarzwald, darunter auch die verwundeten Soldaten und geretteten Kranken aus den Universitätskliniken.

[18] Ebda., B 1/328: Bericht v. Alba Bortolamedi v. 24.11.1946.
[19] Vgl. den Bericht von Gertrud Bruder, in: Hauptstaatsarchiv Stuttgart, I 175 Bü 1375.
[20] Vgl. Bericht von P. Kühn v. 4.2.1983 und von Frau Dr. Irmgard Woeste-Feser v. 20.11.1983 in: StadtAF, B 1/328. Weitere Augenzeugenberichte befinden sich im Hauptstaatsarchiv Stuttgart, Bestand I 175.

2. Der Einsatz der Feuerlöschpolizei

Der massierte Abwurf der Spreng- und Brandbomben verursachte innerhalb weniger Minuten nach 20.00 Uhr eine große Brandfläche, die das Stadtzentrum, weite Teile der Nordstadt und den Stadtteil Stühlinger umfaßte. Die Feuerlöschpolizei wurde davon direkt betroffen. Es wurden nicht nur Teile der Feuerwehrunterkünfte und mehrere Löschfahrzeuge durch Bomben getroffen, sondern auch fast die gesamte Löschwasserversorgung durch Zerstörung des Leitungssystems und der übrigen Löschwasserstellen unterbunden. Etwa zwei Stunden nach der Angriffszeit entwickelte sich ein großer orkanartiger Flächenbrand, der allerdings in seinem Ausmaß nicht an den verheerenden Feuersturm in Hamburg im Sommer 1943 heranreichte [21].

Die schlimmsten Befürchtungen der Feuerlöschpolizei traten dennoch ein. Schon mehrmals hatte Oberbrandmeister Eberhard in früheren Jahren darauf hingewiesen, daß die Befehlsstelle der Hauptfeuerwache mitten in der Innenstadt in der Rotteckstraße 1a gefährdet untergebracht und für einen Großangriff völlig unzulänglich ausgerüstet sei [22]. Da nicht nur diese Zentralstelle, sondern auch die Gebäude anderer Luftschutz-Dienststellen beim Angriff völlig zerstört wurden – so diejenigen des Polizeipräsidiums, der Stadtverwaltung, NSDAP-Kreisleitung, NSV-Kreisamtsleitung, Reichsbank, des Reichspost-Hauptamtes, des Landeskommissärs, des Landrates, des Telegraphenamtes der Reichspost und der Reichsbahn (Hauptbahnhof) –, war die vorbereitete Organisation für den Katastropheneinsatz „völlig zerschlagen". „Die Dienststellen waren daher ausschließlich auf Improvisation angewiesen", so konstatierte der Polizeipräsident in seinem Erfahrungsbericht vom 8. Dezember 1944 [23].

Auch die Befehlsstelle des Abteilungsstabes der Feuerwehr in der zentralen Luftschutzleitung, die im Hirzbergstollen der Wehrmacht eingerichtet war, konnte von den Einsatzleitern der Feuerlöschzüge nicht erreicht werden. Abteilungsführer Josef Eberhard versuchte deshalb, den Einsatz der acht Züge beider Feuerlösch- und Entgiftungs-(FE-)Bereitschaften (etwa 200 Mann unter den beiden Bereitschaftsführern Kohler und Gißler) zusammen mit dem stellvertretenden Abteilungsführer Eugen Schweigler von der Geschäftsstelle im Stollen Schloßbergstraße 1 aus dem brennenden Chaos heraus direkt zu leiten [24]. Dies wurde allerdings noch zusätzlich erschwert, da auch die Unterkünfte der 1. FE-Bereitschaft – Peterhof, Fuhrpark und Knabenseminar – und dazu die Brandwache im Bertholdgymnasium beim Angriff ganz oder teilweise zerstört wurden.

---

[21] StadtAF, D.Aö.1.32a, Bd. 2.

[22] Siehe oben S. ooof.; die folgenden Ausführungen stützten sich auf das maschinenschriftliche Manuskript von Hans Schadek: Die Feuerwehr. 9 S. (1984). Der Verf. dankt Herrn Dr. Hans Schadek: Freiburg, für die bereitwillige Überlassung und Zustimmung zur Auswertung dieses Manuskriptes. Vgl. ferner den Einsatz-Bericht der FE-Abteilung (Bereitschaftsführer Schweigler) vom 19.2.1945, der 1. FE-Bereitschaft v. 14.12.1944, der 2. FE-Bereitschaft v. 18.12.1944 und die Berichte der einzelnen Löschzüge. in: StadtAF, D.Aö. 1.32b und d; siehe auch die Angaben des späteren Feuerwehr-Kommandanten, Hauptbrandmeister Wilhelm Eschle: So erlebte ich den 27. November 1944. In: Lokalanzeiger, Beilage der Badischen Zeitung vom 30.11.1978; weitere Hinweise in der Festschrift zum 100jährigen Jubiläum der Freiwilligen Feuerwehr Freiburg i. Br., Freiburg o.J. (1951).

[23] StadtAF, B 1/328 und D.Aö.1.32b: Vertraulicher Erfahrungsbericht des Polizeipräsidiums v. 8.12.1944 (siehe Abdruck im Anhang S. 000).

[24] Eine FE (Feuerlösch- und Entgiftungs-)-Bereitschaft der Luftschutzpolizei umfaßte in der Regel 3–4 Löschzüge mit je 2 Löschfahrzeugen, 1 Schlauchwagen, 1 Drehleiter und ggf. weiteren Entgiftungs-Hilfsfahrzeugen mit ca. 100 Mann; eine FE-Abteilung hatte einen Abteilungsstab und führte 2–3 Bereitschaften.

Im Peterhof wurden mit dem dort untergebrachten I. FE-Zug auch alle Zug- und Gruppenführer der 2. FE-Bereitschaft vom Angriff überrascht. Denn sie waren um diese Zeit zu einer dienstlichen Besprechung zusammengekommen und mußten sich erst selbst mit Gewalt durch den Keller des Nachbarhauses einen Fluchtweg verschaffen. Fünf Löschfahrzeuge des I. und IV. Zuges sowie ein Tanklöschfahrzeug, die im Zapfenhof untergebracht waren, fielen durch Volltreffer ebenfalls sofort aus. Der III. Zug, der sich zu seinen in der Deutschordensstraße untergebrachten Fahrzeugen von der Brandwache Berthold-Gymnasium durch die brennende Stadt durchkämpfen mußte, brachte diese nur mit Mühe durch den Trümmerschutt. Auch das Betriebsstofflager der Luftschutz-Transportstaffel wurde getroffen, so daß im Laufe der Nacht mehrere Kraftspritzen aus Benzinmangel nicht mehr eingesetzt werden konnten.

Geradezu verhängnisvoll wirkte sich der Ausfall fast der gesamten Löschwasserversorgung aus. Zahllose Treffer auf das Rohrnetz zerstörten die Sammelwasserleitung an mehreren Stellen, so daß die direkte Löschwasserzufuhr zusammenbrach. Aber auch die unabhängige Löschwasserversorgung war zum größten Teil nicht mehr intakt. Die Tiefkanäle, die an verschiedenen Stellen durch Volltreffer regelrecht gesprengt worden waren, führten kein Wasser mehr. Der Gewerbekanal war ebenfalls an mehreren Stellen – so auch schon am Oberlauf – getroffen und verschüttet worden. Da das überflutende Wasser in die Keller der Kartäuserstraße eindrang, mußte der Kanal dort zusätzlich gesperrt werden. Zwei der mittlerweile fertiggestellten zehn Löschteiche, am Karlsplatz und an der Bernhardstraße, liefen nach Trefferbeschädigung ebenso leer wie das Bassin des Faulerbades. Ersatzfunktion als Wasserzufuhr erhielten dadurch die kleinen Wasserläufe in den Straßen, die sogenannten „Stadtbächle", sofern sie nicht von Trümmern verschüttet waren. Daß die Löschtätigkeit nicht völlig zusammenbrach, war auch der Dreisam und den wenigen Löschwasserteichen zu verdanken, die in den Jahren zuvor gebaut worden waren. „Ohne die Löschteiche wären wir praktisch auf das tote Geleise geschoben gewesen ... Denn Ringleitung und offene Wasserstellen waren unbrauchbar, und nur die Dreisam wäre benutzbar gewesen", so konstatierte der Bericht des VI. Zuges, der vom Löschteich Hohenzollernstraße aus die Brände in den Häuserblocks der Hohenzollernstraße/Breisacher Straße und später in der Eschholzstraße bekämpfte. Das Fehlen von weiteren Löschwasserteichen in der Innenstadt, insbesondere am Münsterplatz und Rathausplatz, war entscheidend dafür verantwortlich, daß dort zahlreiche Gebäude erst später durch das langsame Übergreifen des Feuers abbrannten, ohne daß gelöscht werden konnte – so unter anderem das Alte Rathaus, die Universitätskirche mit der Alten Universität, das Erzbischöfliche Palais und das Hotel „Römischer Kaiser", welche am 28. November Feuer fingen und niederbrannten.

In geringem Umfang konnte das Wasser der Dreisam für die Löscharbeiten genutzt werden. Das Feuer um die Hauptfeuerwache, am Berthold-Gymnasium, Herdhaus Stilz, Papierhaus Kaiser, später dann am Rathausplatz wurde vom I. Löschzug mit dem Wasservorrat des Löschteichs am Werthmannplatz (Schwanenteich) bekämpft, bis er zur Neige ging. Danach legten eintreffende Wehrmachtslöschgruppen aus Donaueschingen, unterstützt von Teilen des V. Löschzuges, eine Zubringerleitung von der Dreisam zum Werthmannplatz, um den Löschwasserteich wieder aufzufüllen. Die Länge der zu überwachenden Schlauchleitung band allerdings anderweitig dringend benötigte Hilfskräfte. Immerhin konnte im Beisein von Oberbürgermeister Kerber das Neue Rathaus

durch beherzten Einsatz der Feuerwehr sowie der städtischen Wach- und Boten-
männer gerettet werden[25].

Auch bei der Rettung des Augustinermuseums setzten sich die Bediensteten
und die Bewohner benachbarter Häuser in den anliegenden Straßen (Salzstraße
und Oberlinden) tatkräftig ein, so daß ein Übergreifen des Feuers vom Gebäude
des Landeskommissariats (Deutschordens-Kommende) auf das Museumsge-
bäude verhindert und das Museum gerettet werden konnte. Letztlich blieb der
Schaden am Augustinermuseum ein überschaubarer Gebäudeschaden am Dachstuhl. Der Rettungsaktion kam dabei zugute, daß ständig Löschwasser aus dem
vorbeifließenden Bächle aus der Salzstraße entnommen werden konnte, nachdem
die reguläre Löschwasserversorgung durch die Feuerlöschpolizei ausfiel[26].

Mit den wenigen verbleibenden Hilfsmöglichkeiten waren die Löschkräfte auf
die Abriegelung der Brände am Rande des eigentlichen Schadensgebietes beschränkt. Dadurch konnte zwar beispielsweise ein Übergreifen des Feuers auf die
untere Rathausgasse, den Rest des südlichen Münsterplatzes und die südliche
Altstadt verhindert werden. An ein Eindringen der Löschkräfte in die nördliche
Innenstadt oder in die Straßen der nördlichen Bezirke war jedoch nicht zu denken. Meterhohe Trümmer und tiefe Bombentrichter versperrten den Fahrzeugen
die Zufahrtswege. In der Innenstadt und in den nördlichen Bezirken brannte dadurch in der Nacht und am Morgen des 28. November eine Häuserzeile nach der
anderen nieder, soweit sie nicht schon direkt von Bomben getroffen worden waren. Aufgrund des Wassermangels war es auch nicht möglich, sogenannte Wassergassen in den engen Straßen zur Herausführung der Bevölkerung zu legen, wie es
in der Planung vorgesehen war. Jedoch hatten die meisten Bewohner der Innenstadt, soweit sie nicht in ihren Kellern verschüttet waren, schon vor dem sich etwa
zwei Stunden nach dem Angriff entwickelnden Flächenbrand flüchten können[27].

Während die direkte stadteigene Telefonverbindung zwischen den Befehlsstellen Rotteckstraße und Schloßbergstollen noch bis Mitternacht intakt war und so
die Koordinierung des Einsatzes von Reservefahrzeugen an den Brennpunkten
erleichterte, war die allgemeine Fernsprechverbindung der Reichspost durch die
Zerstörung des Post- und Telegraphenamtes sofort unterbrochen. Auswärtige
Hilfskräfte konnten dadurch nur noch bedingt herbeigerufen werden. Die Kreis-
bereitschaft Emmendingen (mit Kräften aus Waldkirch, Teningen, Gutach, Endingen, Malterdingen, Vörstetten, Gundelfingen, Kenzingen und Herbolzheim)
wurde beispielsweise durch Kradmelder alarmiert. Zudem kamen im Laufe der
Nacht unaufgefordert aus dem Kreis Freiburg-Land die Feuerlöschkräfte der Ge-
meinden St. Peter, Ebnet, Kappel im Tal, Buchenbach, Breisach sowie aus Lahr,
Villingen und Donaueschingen zu Hilfe. Herbeigerufen wurden ferner Feuer-
wehrkräfte aus Waltershofen, Umkirch und Neustadt. Außerdem sandten die
Wehrmachtstandortkommandos von Donaueschingen und Müllheim mehrere
Gruppen von Wehrmachtsangehörigen zur Brandbekämpfung nach Freiburg.
Insgesamt kamen 66 auswärtige Löschgruppen der Freiburger Feuerlöschpolizei
zu Hilfe[28].

---

[25] StadtAF, Sammlung Berichte der städtischen Ämter: Bericht der städtischen Botenzentrale v.
21.2.1945; Der Mann, der Rathaus und Eisenbahnstraße rettete. In: Badische Zeitung v. 27.11.1974.
[26] StadtAF, Sammlung Berichte der städtischen Ämter: Bericht der Direktion der Städt. Sammlungen v.
17.1.1945.
[27] Ebda., B 1/328 und D.Aö.1.32 b.
[28] Ebda., C 4/XI/31/4 und D.Aö.1.32 b, Bd. 1: Anlage 2 zur LS-Abschlußschadensmeldung des örtlichen
LS-Leiters v. 5.12.1944.

Sie wurden durch besondere Lotsenstellen im Süden, Norden, Westen (St. Georgen) und Osten (in der Schwarzwaldstraße) aufgenommen, konnten jedoch nur mit Verzögerung eingesetzt werden, da in der ersten Zeit nach dem Angriff keine Verbindung von den Lotsenstellen zur ersatzweise eingerichteten Luftschutz-Leitstelle im Schloßberg bestand[29]. Diese zusätzlichen Löschkräfte leisteten jedoch insgesamt nach Einschätzung der Freiburger Feuerlöschpolizei „in den schwersten Stunden außerordentlich gute Dienste". Sie erhielten zu Beginn des Jahres 1945 dafür ausdrücklich entsprechende Dankschreiben des Oberbürgermeisters[30]. Trotz dieser Hilfe war die Beanspruchung der Freiburger Feuerlöschpolizei-Mannschaften außerordentlich groß; Ausfälle blieben nicht aus. Da einzelne Brände am 28., 29. und 30. November immer wieder von neuem an mehreren Stellen in der Stadt aufflackerten, mußten noch öfters auswärtige Kräfte – so z. B. von Emmendingen und Waldkirch – in Anspruch genommen werden. Ab 1. Dezember war dann keine auswärtige Hilfe mehr nötig[31].

Nachträglich hat man der Freiburger Feuerlöschpolizei „totales" und „klägliches Versagen" vorgeworfen[32]. Doch trifft dies pauschal nicht zu. So stimmt auch der Vorwurf nicht, man habe keine auswärtigen Feuerlöschkräfte herangezogen, weil dazu kein Einsatzbefehl vorgelegen habe. Nachweislich sind die schon aufgeführten Feuerwehren aus der Umgebung nach Freiburg geeilt, obwohl die Telefonverbindungen unterbrochen waren. Daß nicht genügend Hilfskräfte, Treibstoff und Wasser für die Feuerspritzen vorhanden waren, lag an der schlechten Personal- und Versorgungslage im fünften Kriegsjahr, zumal die arbeits- und einsatzfähigen Männer schon lange vorher abgezogen worden waren. Dadurch fehlte es überall an geschultem Personal sowohl bei den Hilfsdiensten als auch bei den Brandwachen des Selbstschutzes in den gefährdeten Häusern.

Kritische Anmerkungen wurden später auch über den zunächst ausgebliebenen Einsatzbefehl für die Einsatzführer der Luftschutzpolizei gemacht[33]. Nach einem allgemeinen Erlaß des Befehlshabers der Ordnungspolizei in Berlin war angeordnet, daß die Einsatzführer der Feuerwehren bei einem Großangriff „grundsätzlich den Einsatzbefehl durchzuführen" hatten[34]. Ein Abweichen von diesem zentral erteilten Befehl durfte auf eigenen Entschluß nur dann erfolgen, wenn Menschen in Lebensgefahr waren oder der Einsatzbefehl infolge einer neu entstandenen Lage nicht durchführbar war.

Dieser Sonderbefehl hat unter einem Teil der Bevölkerung in den Städten nicht immer Zustimmung gefunden, sondern sogar Unzufriedenheit und Empörung hervorgerufen. Er sollte jedoch verhindern, daß herbeieilende Feuerlöschkräfte bereits bei den ersten brennenden Häusern in den Außenbezirken eingriffen und somit für die Abriegelung eines Großbrandes bzw. Feuersturmes in den Stadtzentren nicht mehr zur Verfügung standen. Der Einsatz sollte dementsprechend nicht verzettelt, sondern zentral angeordnet werden, um insbesondere den Menschen

[29] Ebda. D.Aö.1.32d: Berichte der Lotsenstellen Nord, West und der einzelnen Löschzüge.

[30] Ebda., C 4/XI/31/4: Dankschreiben v. 29.1.1945 betr.: Überlandhilfe der Feuerwehren.

[31] Vgl. ebda., D.Aö.1.32b und D.Aö.1.32d: Feuerwehrmeldungen.

[32] Siehe: Die Feuerschrift auf Freiburgs Zeittafel. In: Das Volk Nr. 43 v. 27.11.1946 und StadtAF, B 1/328: Berichte von Reinhold Zumtobel, S. 35f., S. 25f., 57, 70 und Bericht von M. Geo Vogel, passim.

[33] Zum ausgebliebenen Einsatzbefehl siehe: Einsatzbericht der Gruppe Baldenweck für die Zeit vom 27. November bis 5. Dezember 1944. in: Festschrift zum 100jährigen Jubiläum der Freiwilligen Feuerwehr Freiburg im Breisgau. Freiburg o.J. (1951). S. 27ff.

[34] Vgl. dazu die Erläuterungen in: Dokumente deutscher Kriegsschäden, a.a.O., Bd. II/1, S. 353f.; ferner die Angaben von Hans Brunswig; Flächenbrände und Feuerstürme. In: Zeitschrift für Forschung und Technik im Brandschutz 1 (1952), H. 1, S. 3–12.

im Hauptschadensgebiet zu helfen und die Ausdehnung des Hauptbrandgebietes zu verhindern. Innerhalb einer Stunde wollte man so vor allem durch konzentrierten Einsatz der vorhandenen Kräfte die Abriegelung eines Flächenbrandes erreichen.

Auch im Falle Freiburgs kam es zur Kritik einiger Zeitzeugen, die der Ansicht waren, daß wahrscheinlich mehr Gebäude in nur vereinzelt brennenden Stadtteilen gerettet worden wären, wenn dieser Sonderbefehl nicht bestanden hätte. Dabei muß man jedoch beachten, daß einmal eingesetzte Feuerlöschkräfte in der Regel nicht wieder abgezogen werden konnten, bevor dort der Brand gelöscht war. In der Zwischenzeit wären dann die Menschen im Hauptschadensgebiet verbrannt. Insofern ist es verständlich, daß manche Freiburger von Einsatzleitern bei der Aufforderung zur Löschaktion die für sie unverständliche Antwort erhielten: „Ich habe dafür keinen Einsatzbefehl", obwohl in unmittelbarer Nähe ein Brandherd existierte.

Ein anderes betrübliches Fazit ist allerdings die Feststellung, daß der Einsatzbefehl der örtlichen Luftschutzleitung aufgrund der ausgefallenen Verbindungen nicht sogleich zu allen Einheitsführern gelangte und daß die dann zentral eingesetzten Feuerlöschkräfte innerhalb des Freiburger Stadtzentrums doch nicht sehr viel ausrichten konnten, da in der Stadt die Wasserversorgung für die Feuerwehren sehr bald ausfiel. Es soll nicht verschwiegen werden, daß auch einige Einsatzleiter und Unterführer der Luftschutzpolizei überfordert waren, in dem entstandenen Inferno klare und planvolle Anweisungen erteilen zu können[35]. Hinzu kam, daß die Freiburger Feuerlöschpolizei insgesamt mit nur zwei Bereitschaften personell unzulänglich ausgestattet war.

Auf der anderen Seite wurden innerhalb der Feuerlöschpolizei Vorwürfe laut, die Anlage von Löschteichen, die sich während des Krieges als sinnvolle Einrichtung erwiesen hatten, sei deshalb so halbherzig betrieben worden, „weil ein maßgebender Herr der Stadtverwaltung eine Verschandelung des Stadtbildes vermeiden wollte"[36]. Oberbürgermeister Kerber, der damit wohl ebenso wie der städtische Oberbaudirektor gemeint war, hat diesen Vorwurf allerdings scharf zurückgewiesen. Angesichts der Auswirkung des Großangriffes ist es auch zweifelhaft, ob eine größere Zahl solcher Löschwasserbehälter im eigentlichen Zerstörungs- und Trümmergebiet des dichtbesiedelten Stadtzentrums eine wirksame Hilfe gewesen wäre, da die Zufahrtswege total verschüttet waren.

Daß die Männer der Feuerlöschpolizei in ihrem Bereich unter Lebensgefahr Außerordentliches geleistet haben, belegt neben anderen Zeugnissen eine Meldung des Abteilungsführers Eberhard an die Luftschutzleitung vom Abend des 28. November, die gleichzeitig noch einmal in Stichworten die allgemeine Notlage der Feuerwehr umriß (Abb. 136): „Meldung über Kräftezustand: Noch einsatzfähige örtliche Feuerlöschkräfte von Süden her 2 Gruppen, von Norden 1 Gruppe. 4 Zugunterkünfte total zerstört, Hälfte der Feuerlöschfahrzeuge ausgefallen oder unbrauchbar. Ohne Hilfe von auswärts keine wirkungsvolle Brandbekämpfung möglich. 4 Löschfahrzeuge von Kolmar verschlossen. Aufbrechen nützt nichts, da Zündschlüssel nicht vorhanden. Hilfe Rathausgasse und Neues Rathaus sehr zweifelhaft, da kein Löschwasser. Regelung der Verpflegung für die einzelnen Züge äußerst dringend. Betriebsstoffversorgung für West- und Nord-

---

[35] Vgl. hierzu StadtAF, B 1/328: Bericht von Forstmeister Dr. Hilf über die Zerstörung der Alten Universtität und anderer Gebäude.
[36] Zitiert nach Schadek. Die Feuerwehr, S. 8; auch zum Folgenden.

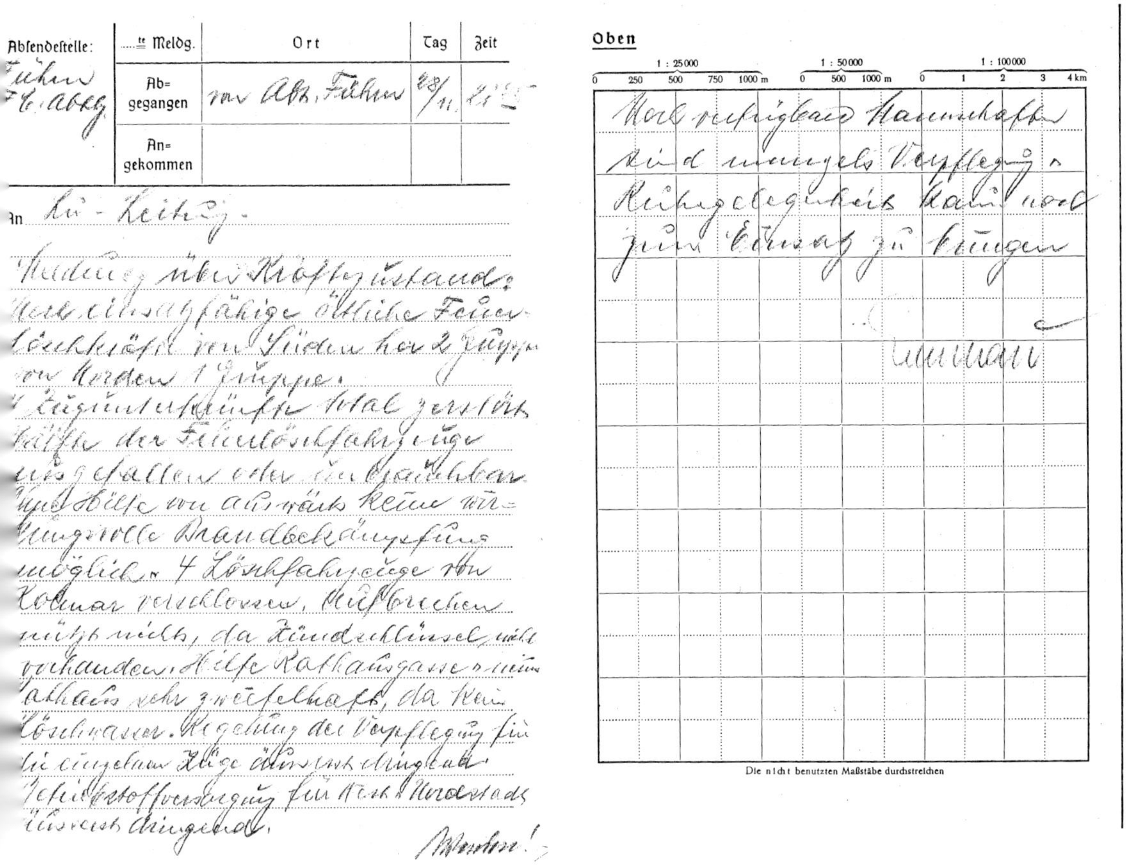

Abb. 136: Meldung vom F. E.-Abteilungsleiter Eberhard über den Zustand der Feuerlöschpolizei vom 28. November 1944 (StadtAF, D.Aö.1.32 b, Bd. 1)

stadt äußerst dringend. Noch verfügbare Mannschaften sind mangels Verpflegung und Ruhegelegenheit kaum noch zum Einsatz zu bringen"[37]. Der Zugführer des 7. Zuges meldete am 30. November um 3 Uhr nachts an die Befehlsstelle im Schloßbergstollen (Abb. 137): „Bitte um Ablösung. Feuerwehrmänner erschöpft, da keine Verpflegung vorhanden." Zusammenfassend konstatierte der Einsatzbericht der FE-Abteilung vom 19. Februar 1945: „Da vom BdO (= Befehlshaber der Ordnungspolizei) keine LS-Abteilungen (mot.) hierher beordert wurden, hatten unsere Männer Übermenschliches zu leisten und waren größtenteils über 24 Stunden im Dienst."[38]

Auch die Feuerwehrmänner der Bahnfeuerwehr unter der Führung von Hauptbrandmeister Heinrich Königsfeld waren gegen das Inferno im Bereich des Haupt- und Güterbahnhofs weitgehend machtlos. Am Güterbahnhof konnte zumindest durch unermüdlichen Löscheinsatz bis zum 28. November 4.00 Uhr früh, als das Wasser im Löschteich an der Ecke Waldkircher Straße/Neulindenstraße versiegte, ein Großbrand von rund 300000 Litern Benzin in abgestellten Fässern

[37] StadtAF, D.Aö.1.32b und 1.32d: Meldung von Abt. Führer Eberhard an Luftschutzleitung v. 28.11.1944, 21.35 Uhr; auch zum folgenden Zitat.
[38] Ebda., D.Aö.1.32b.

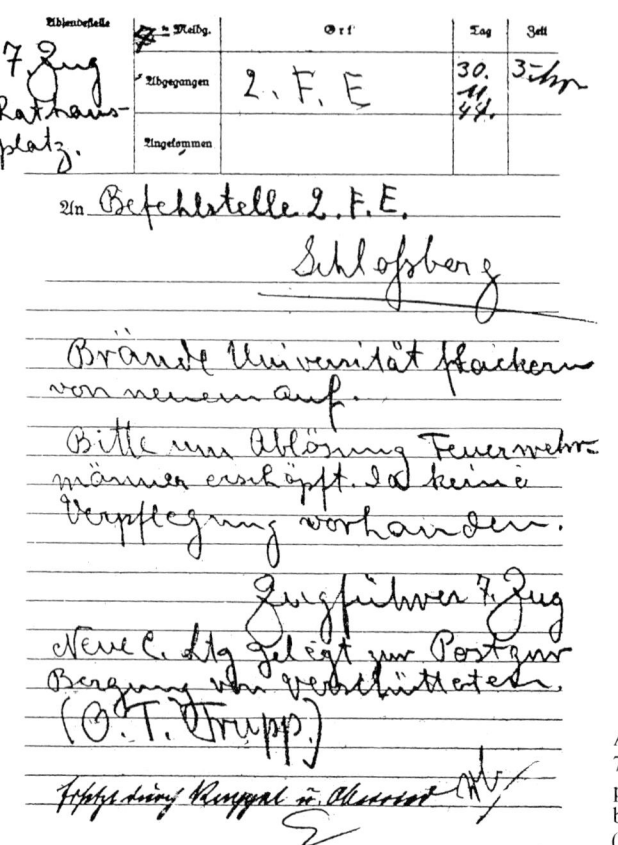

Abb. 137: Meldung vom 7. Zug der Feuerlöschpolizei vom 30. November 1944 vom Rathaus (StadtAF, D.Aö.1.32 d)

verhindert werden. Dagegen mußten 200 brennende Güterwagen „sich selbst überlassen werden", da kein Löschwasser vorhanden war[39].

Am Morgen nach dem Angriff, am Dienstag, dem 28. November, lag über den Trümmern des Stadtzentrums eine gelbgraue Brandwolke. Für erste Mitteilungen an Angehörige und Bekannte benutzte man – wie in anderen bombardierten Städten auch – die stehengebliebenen verrußten Hauswände als Anschlagtafeln, um suchende Verwandte und Freunde über den Verbleib der geretteten Bewohner zu informieren. Für die Feuerwehr gab es allerdings noch keine Ruhepause. Sie war auch an diesem und dem folgenden Tag nach wie vor im Einsatz.

Umfang und Ausmaß der Brandkatastrophe machten allerdings auch eines ganz deutlich: die früheren Übungskurse des Reichsluftschutzbundes und die öffentlichen Vorführungen der Feuerlöschpolizei waren an der Theorie und nicht an den praktischen Erfahrungen der bereits seit einiger Zeit bekannten Brandbomben-Angriffe orientiert gewesen. Vorstellungen der dreißiger Jahre von einem durch Luft- und Selbstschutz beherrschbaren Luftkrieg hatten sie be-

---

[39] Siehe die Darstellung in der Festschrift zum 75jährigen und 100jährigen Jubiläum der Bahnfeuerwehr Freiburg im Breisgau, Freiburg, o.J. (1952 und 1977), nach den Angaben von Heinz Lösch und dem Einsatzbericht von Gruppenführer Maximilian Ganter v. 29.11.1944.

stimmt, wie z. B. die Bekämpfung einer einzelnen Brandbombe. Die Realität des Infernos nach einem Großangriff war damit nicht vergleichbar; Flächenbrände konnte man nicht mit einer Luftpatsche bekämpfen[40].

3. Das Ausmaß der personellen Verluste und materiellen Schäden

Das gewaltige Ausmaß des Infernos und der schweren Zerstörungen führte in der ersten Zeit nach dem Angriff zur Überbewertung des Schadens und der personellen Verluste durch einzelne Augenzeugen der Katastrophe. Vor dieser Fehleinschätzung waren auch offizielle Stellen nicht gefeit. Das Chaos wirkte übermächtig. Insbesondere die ersten Angaben über die Verluste unter den Bewohnern Freiburgs waren pauschal und ungenau. Da viele Häuser zusammengestürzt, die Bewohner und ihre Angehörigen dort nicht sogleich anzutreffen waren, konnte die Schadensfeststellung zunächst nur vage und vorläufig erfolgen. Zeitgenössische Zahlenangaben von Stadtbewohnern, die noch unter dem Eindruck des Grauens standen, sind in der Regel weit überhöht. So liest man in Briefen von Freiburgern an Bekannte außerhalb der Stadt beispielsweise, daß „beinahe jeder dritte Freiburger tot" und 30000 Vermißte gemeldet seien; andere wiederum nannten die Zahl von 5000 Toten oder „20000 Toten und Verletzten"[41].

Nur allmählich gelangten die Partei- und Wehrmachtsstellen bei ihren Meldungen an die vorgesetzten Behörden zu genaueren Zahlen. Bei der ersten durch Fernspruch abgesetzten Meldung an den Befehlshaber der Ordnungspolizei für den Bereich Baden, Württemberg und Elsaß in Stuttgart, Generalmajor der Polizei Petersdorff, nannte der Freiburger Polizeipräsident „mehr als 20000 Obdachlose" sowie „etwa 500 Gefallene und 1000 Verwundete" als Verluste[42]. Bei der zweiten, ebenfalls am 28. November fernmündlich durchgegebenen Luftschutz-Schadensmeldung wurden nur 350 Gefallene, 600 Verwundete und 85 Vermißte aufgeführt, obwohl die Angaben bereits mit den Unterlagen der Parteistellen in den Ortsgruppen abgestimmt waren[43]. Bis zu diesem Zeitpunkt gingen aber immer noch unvollständige Berichte der Luftschutz-Reviere ein, so daß ein genauer Überblick nicht möglich war.

Die schriftliche Abschluß-Luftschutz-Schadensmeldung des Polizeipräsidenten in seiner Eigenschaft als örtlicher Luftschutzleiter registrierte dann am 5. Dezember etwa 2000 tote Zivilpersonen, 52 tote Wehrmachtsangehörige und 60 tote Angehörige der Ordnungspolizei. Als verwundet wurden 121 Wehrmachts- und Polizei-Angehörige sowie etwa 4000 Zivilpersonen aufgeführt[44]. Die NSDAP-Gauleitung Baden meldete auf ihrem Dienstweg an die NSDAP-Reichsleitung in München zuerst 800, dann 830 Gefallene und 524 Verwundete sowie 1270 Vermißte[45]. Nach einer Beurteilung des für die Sprengung von Blindgängern beauftragten Feuerwerkeroffiziers vom 30. November wurde schließlich zu diesem Zeitpunkt die Gesamtzahl der Gefallenen „auf etwa 3000 geschätzt"[46]. Der Be-

---

[40] Nach Mistele, Die Geschichte eines Luftangriffs, a. a. O., S. 327.
[41] Siehe u. a. StadtAF, B 1/328: Brief v. Frau Hilde Thümen v. 4. 12. 1944 und Kriegschronik 1940–45, Teil II.
[42] Ebda., D.Aö.1.32 b.
[43] Ebda., D.Aö.1.32 b: 2. LS-Schadensmeldung an BdO V in Stuttgart v. 28. 11. 1944.
[44] Ebda., Abschlußmeldung an BdO V in Stuttgart v. 5. 12. 1944.
[45] BA Koblenz, NS 1/585: Zusammenstellung des Reichsschatzmeisters der NSDAP.
[46] StadtAF, D.Aö.1.32 b: Aufstellung v. 30. 11. 1944.

richt des Wehrwirtschaftsoffiziers im Wehrkreis V in Stuttgart gab in seiner Meldung an das vorgesetzte Feldwirtschaftsamt des OKW vom 20. Dezember 2088 Gefallene, 4072 Verwundete und 858 Vermißte als Personenverluste an[47]. Und nach einer Schätzung des Polizeipräsidiums vom 12. März 1945 wurde die Zahl der Verwundeten endlich mit 9600 angegeben[48]. Die Zahl der Opfer durch den Luftangriff am 27. November wurde nach dem Krieg mit 2685 identifizierten und 112 unbekannten Toten sowie etwa 4200 Verletzten festgestellt; 1954 waren immer noch 84 Personen vermißt[49].

Die Befreiung und Rettung von Verschütteten und Eingeschlossenen in den Kellern waren Aufgabe des Instandsetzungsdienstes (I-Dienstes) der Luftschutzpolizei. Dafür stand in Freiburg eine Instandsetzungs-Bereitschaft mit etwa 100 Mann zur Verfügung. Diese Hundertschaft sollte im Notfall durch Ersatzkräfte eines Ergänzungs-Instandsetzungsdienstes verstärkt werden. Dessen Angehörige waren im November 1944 allerdings weitgehend zum Volkssturm und zur „Schipp-Aktion" für die Westwall-Arbeiten abgezogen worden, so daß nur wenige Ersatzkräfte in Freiburg übrigblieben. Der Ergänzungs-Dienst trat damit „praktisch kaum in Erscheinung"[50]. Eine große Unterstützung für die Bergungsarbeiten waren deshalb die zu Hilfe geschickten auswärtigen Kräfte, insbesondere ein Spezialkommando der „Organisation Todt"[51]. Eine von der motorisierten Luftschutz-Abteilung 18 in Offenburg entsandte Instandsetzungs-Bereitschaft stand nur am 28. November tagsüber zur Verfügung und wurde am Abend schon wieder abgezogen.

An diesem Tage mußte der Instandsetzungsdienst auch bereits mit der Freiräumung der Hauptverkehrsstraßen von Norden nach Süden und von Osten nach Westen beginnen, „damit eine Hilfeleistung durch schnellsten Einsatz der Kraftfahrzeuge und eine Durchschleusung der Wehrmachtskräfte zu und von der Front möglich war"[52]. Diese Arbeit gelang auch. Dabei halfen sehr tatkräftig von einem Ausbildungslager entsandte Hitlerjungen mit. Die Nord-Süd-Achse war ab 30. November wieder passierbar. Kurz darauf waren „drei Hauptstraßen in der Nord-Süd-Richtung und eine Straße in der Ost-West-Richtung beiderseits befahrbar."

Die Suche nach Verschütteten wurde auch in den nächsten Tagen fortgesetzt. Noch am 30. November konnten aus dem Luftschutz-Keller in der Nähe der Merianstraße 26 Personen gerettet werden[53]. Als auswärtige und nichtstädtische Kräfte bewährten sich bei verschiedenen Bergungsaktionen auch 20 Unterführer und 109 Strafgefangene der Feldstrafgefangenen-Abteilung Freiburg sowie 600–700 Gefangene vom Wehrmachtsstrafgefängnis Freiburg, ferner etwa 50 Mann vom Wehrmachtshilfskommando Donaueschingen, 150 Mann vom Wehrmachtshilfskommando Villingen, 60 Mann der Luftschutz-Polizei Kolmar, 35 Mann der Luftschutz-Polizei Straßburg sowie 35 ukrainische und kaukasische

---

[47] BA-MA Freiburg, RW 19/2013; teilweise abgedruckt in Schnabel/Ueberschär. Endlich Frieden, a.a.O., S. 67.

[48] StadtAF, D.Aö.1.32a.

[49] Ebda., D.Aö.1.32c; Freiburger Statistische Monatsberichte. 8. Jg., 1954, H.10 v. Oktober 1954, Hrsg. v. Statistischen Amt der Stadt Freiburg i.Br. Für die gesamte Kriegszeit betrug die Zahl der Fliegeropfer 2924 Tote; 84 Personen blieben bis 1954 vermißt; vgl. Kriegsopfer der Stadt Freiburg i.Br. 1939–1945, a.a.O., S. 7ff.;

[50] StadtAF, DAö.1.32b: LS-Polizei/Instandsetzungsdienst, Bericht v. 21.1.1945.

[51] Siehe ebda., D.Aö.1.32a: Erfahrungsbericht des Polizeipräsidenten v. 8.12.1944.

[52] Ebda., auch zum folgenden Zitat.

[53] Ebda., B 1/328: Bericht Vogel, S. 53.

„Schutzmänner" und mehrere Angehörige der Technischen Nothilfe aus Freiburg und Lahr[54]. Da es beim Instandsetzungsdienst vor allem an erfahrenen Führungskräften mangelte, blieben Unfälle nicht aus. Bei einem Mauereinsturz in der Bismarckstraße 18 wurden vier Männer getötet und zwei verletzt; diese Verluste wiesen auf die Notwendigkeit rascher Sprengung der einsturzgefährdeten Ruinen hin, die dann auch in den nächsten acht Tagen durchgeführt wurde. Dabei mußte nach einem Erlaß der Partei-Kanzlei Hitlers streng darauf geachtet werden, daß Reste historischer Baudenkmäler nicht weggesprengt wurden[55]. Die Arbeit der Bergungstruppen wurde nicht selten durch neue, bis zum 1. Dezember immer wieder aufflackernde Brände (z. B. in der Sedanstraße, Wilhelmstraße, Grünwälderstraße und Turnseestraße) erheblich erschwert.

Die abgeworfene Bombenmenge verursachte auch an den öffentlichen Bauten große Schäden. Zahlreiche Gebäude städtischer Dienststellen wurden schwer getroffen. Dabei gingen oft wichtige Unterlagen, Inventar, Bibliotheks- und Aktenbestände verloren. Zerstört oder erheblich beschädigt wurden das Polizeipräsidium im Basler Hof, das Alte Rathaus mit der Gerichtslaube, das gotische Kornhaus am Münsterplatz, die Städtische Volksbücherei (Palais von Greuth), das Gebäude der Sparkasse (Haus zum Walfisch), das große Haus des Stadttheaters und das Kammerspielhaus, das Gebäude der NSDAP-Kreisleitung (ehemalige Kommandantur), ebenso das Gebäude der SA-Standarte in der Starkenstraße, das Haus der NSV-Kreisamtsleitung in der Albertstraße, die Karlskaserne, die Städtische Kunst- und Festhalle, das Städtische Gemeindegericht und das Standesamt[56]. Erhalten blieben von den historischen Gebäuden der Altstadt das Martins- und das Schwabentor, das Neue Rathaus, die Münsterbauhütte, das Wentzingerhaus, die Hauptwache und das historische Kaufhaus. Das Gelände des Hauptfriedhofes bot „ein Bild greulicher Verwüstung"[57]. Es wies rund 90 Bombentrichter auf. Sargmagazin und Wagenhalle standen in Flammen. „Da und dort wurden durch die Bombeneinschläge Leichen aus den Gräbern geworfen". Die Einsegnungshalle war ebenfalls beschädigt.

Die Städtischen Verkehrsbetriebe wurden beim Angriff während des regen Abendbetriebes überrascht. Etwa 30 Straßenbahnwagen und drei Omnibusse mit Stadtgasantrieb waren am Abend des 27. Novembers noch unterwegs. Durch das Flächenbombardement wurden 16,8 km der insgesamt 42 km langen Oberleitung zerstört, verschiedene Gleisanlagen (etwa 900 m), Wagen- und Wartehallen erheblich beschädigt. Drei Straßenbahnwagen und zwei Beiwagen waren total zertrümmert, zwei Omnibusse und ein Beiwagen stark beschädigt worden. Insgesamt waren nach dem Angriff von 85 Personenwagen 31 nicht mehr einsatzfähig. Vor allem der Betrieb der Linien, die durch die Innenstadt führten, konnte aufgrund der durch die Trümmer zugeschütteten Straßen nicht mehr aufgenommen werden[58].

Schwer getroffen wurde auch der städtische Fuhrpark an der Elsässerstraße. Der gesamte Wagenpark von etwa 70 Fahrzeugen (darunter neun Müllwagen), Werkstätten, Garagenhalle, Transformatorenstation, Tankstelle sowie das Wohn-

[54] Ebda., D.Aö.1.32a und b: Anlage 2 zur LS-Abschlußschadensmeldung v. 5.12.1944.
[55] Ebda., Sammlung Berichte der städtischen Ämter: Schreiben von Oberbaudirektor Dr. Schlippe v. 5.12.1944.
[56] Ebda., Sammlung Berichte der städtischen Ämter: Bericht des städitschen Polizeiamtes v. 19.5.1945.
[57] Ebda., Bericht des städtischen Gartenamtes v. 10.1.1945 und Registratur Städt. Friedhofsamt: Bericht von Josef Beierkuhnlein; auch zum Folgenden.
[58] Ebda. und StadtAF C 4/VI/29/5: Bericht Stadtwerke–Straßenbahnen v. 17.4.1945; vgl. auch ebda., C 5/2748.

und Verwaltungshaus wurden vollständig zerstört[59]. Das neue Gaswerk im Norden der Stadt blieb unbeschädigt; jedoch wurde das Gasrohrnetz in den bombardierten Stadtteilen mehrfach getroffen.

Da auch die Gasdruckleitung vom Gaswerk zu den Behältern des alten Gaswerkes in der Ferdinand-Weiß-Straße und zu den Reglerstationen zerstört war, wurde die Gasversorgung fast der ganzen Stadt unterbrochen. 90 Prozent des Gasrohrnetzes waren ausgefallen. Nur Zähringen und ein Teil von Herdern konnten an der Gasversorgung angeschlossen bleiben[60].

Die elektrische Stromversorgung fiel ebenfalls aus, da an zahlreichen Verteileranlagen (z. B. am Bertoldsbrunnen für die Innenstadt) schwere Schäden angerichtet wurden. Viele Leitungen waren beschädigt. 30 Prozent des Drehstromkabelnetzes fielen ganz aus, da drei Netzstationen völlig zerstört worden waren. Durch Umschaltungen im Verteilernetz konnte nach drei Tagen bis auf die völlig zerstörten Gebiete im Zentrum im wesentlichen die Stromversorgung wieder aufgenommen werden[61].

Im Stadtzentrum unterließ man zunächst jede Ausbesserungsarbeit und verzichtete auf die Stromversorgung. Auch das Wasserwerk wurde schwer getroffen, ebenso das Wasserrohrnetz in der Tiefzone. Die Wasserbehälter waren beim Angriff ausgelaufen, so daß dann das Löschwasser versiegte. Auch in diesem Fall sah man nach dem 27. November von einer Reparatur im Bereich der Innenstadt ab, da die vielen Störstellen nicht repariert werden konnten. Ferner wurden zahlreiche Abwasserkanäle in den Straßen durch Bombentreffer aufgerissen, zertrümmert oder verschüttet.

Von den 28 Schulgebäuden waren 17 zerstört oder schwer beschädigt (z. B. Berthold-Gymnasium, Karlsschule, Handelsschule, Städt. Haushaltungsschule, Hilfsschule, Rotteckoberschule, Hansjakobschule, Hebelschule, Schlageterschule, Hildaschule, Emil-Strauß-Oberschule und Ludendorffschule). Ebenso wurden zahlreiche Häuser und Gebäude der weltlichen Ortsstiftungen total vernichtet oder erheblich in Mitleidenschaft gezogen[62]. Unbeschädigt blieb die Freiburger Blindenanstalt in der Stadt.

Schmerzliche Verluste waren auch bei den Kirchengebäuden zu beklagen. Regelrecht nicht mehr vorhanden waren die evangelische Ludwigskirche und die Lutherkirche. Total zerstört wurden die katholische St.-Josefs-Kapelle, die Heiliggeistkapelle, das ehemalige Dominikanerkloster mit Kirche, das ehemalige Klarissenkloster (Pfründhaus), das Erzbischöfliche Priesterseminar und das Knabenseminar mit Kapelle; schwer beschädigt waren die St.-Martins-Kirche und das ehemalige Franziskanerkloster, die St.-Magdalenen-Kapelle auf dem Friedhof, die Universitätskirche und die Herz-Jesu-Kirche am Stühlinger Platz. Leicht beschädigt wurden die altkatholische Kirche St. Ursula, die Konviktskirche und die Lutherische Kirche. Ausgebrannt war der Peterhof. Das Erzbischöfliche Palais brannte in den nächsten Tagen nieder, da Benzin- und Wassermangel den Einsatz einer Feuerlösch-Motorspritze verhinderten (Abb. 138)[63].

[59] Ebda., C 5/650 und B 1/328.
[60] Ebda., C 5/2748: Bericht der Stadtwerke/Gaswerk v. 30.6.1945.
[61] Ebda., C 5/2748: Bericht der Stadtwerke betr. Elektrische Stromversorgung v. 30.6.1945.
[62] Ebda., Sammlung Berichte der städtischen Ämter: Bericht der Allgemeinen Stiftungsverwaltung v. 31.12.1944; ebda., B 1/328: Bericht des Hochbauamtes v. 31.1.1945.
[63] Vgl. die Angaben in ebda., B 1/328: Luftkriegsschäden an Kultur- und Kunstgütern – Erste Liste: Stand v. 15.1.1945, aufgestellt vom Städtischen Hochbauamt am 31.1.1945; ebda., Liste von Dr. Schlippe v. 5.12.1944; ferner ebda., D.Aö.1.32b: Verzeichnis der Gebäudeschäden. Zum Brand des Erzbischöflichen Palais siehe ebda., B 1/328: Bericht von Dompfarrer Dr. Rudolf Geis v. Juli 1945.

Abb. 138: Brennendes Erzbischöfliches Palais am Münsterplatz vom 28./29. November 1944 (StadtAF, M 75/1)

Dagegen trug das Münster, in dem gerade um die Angriffszeit ab 19.30 Uhr ein Jugendgottesdienst stattfand[64], nur geringen Schaden davon. Es war weder von Spreng- noch von Brandbomben direkt getroffen worden, obwohl in der Nähe – etwa 15 Meter entfernt von der Nordseite – schwere Sprengbomben niedergingen und die östlich vom Münster stehenden Häuser in der Herrenstraße 26 und 28 getroffen wurden. Zum Glück waren die Münsterfenster mit den mittelalterlichen

[64] Ebda., B 1/328: Bericht von Karl Obergfell v. 5. 12. 1984.

Glasmalereien ebenso schon zuvor abgenommen und geborgen worden wie die steinernen gotischen Statuen an den Pfeilern und der Hochaltar[65].

Allerdings ging das gesamte Ziegeldachwerk des Langhauses, Querhauses und Chores beim Bombenangriff durch den hohen Luftdruck verloren, so daß die offenen Gewölbe danach Witterung und Regenwasser ausgesetzt waren. Obwohl während des Angriffs eine rote Leuchtbombe auf dem Münster landete und auf der Plattform des nördlichen Hahnenturmes ausbrannte sowie Funkenflug über das Münsterdach hinwegprasselte[66], entstand zum Glück kein größeres Feuer. Mehrere kleinere Brände konnten vom Selbstschutzpersonal (Münsterpfarrer, Münsterbaumeister, Geistliche) gelöscht werden. In diesem Falle bewährte es sich ferner, daß das gesamte Holzwerk der Dachstühle und des Glockenstuhles aufgrund der Erfahrungen bei den Luftangriffen gegen Karlsruhe zuvor gegen rasche Entflammbarkeit imprägniert worden war[67].

Die Tatsache, daß das Münster nicht zerstört wurde und anschließend einsam aus dem es umgebenden Trümmerfeld herausragte, hat nachträglich zu Spekulationen über seine Rettung geführt. Ohne Kenntnis der britischen Akten wurden verschiedentlich Behauptungen über eine beabsichtigte Aussparung des Münsters bei der Bombardierung aufgestellt. Angeblich seien absichtlich grüne – nach anderer Aussage waren es blaue oder rote – Leuchtmarkierungen von dem „Master Bomber" gleichsam als „Schutzlicht" bei der Kirche abgeworfen worden, damit die nachfolgenden Bomber „einen Bogen um das zu schonende Münster" schlugen und die Kirche als „neutralisierte Zone" respektierten[68]. Nach einer bereits im Juli 1945 angestellten Nachforschung des Freiburger Stadtarchivs ließen sich allerdings keine Personen ermitteln, die diese Maßnahme persönlich als Zeugen festgestellt hatten[69]. Der englische Markierungsbefehl sah dies auch nicht vor; zudem wurden blaue Markierungs- oder Leuchtbomben von den Briten überhaupt nicht mitgeführt[70].

Nicht zutreffend ist auch die Annahme, der aus Osten wehende Höllentäler Abendwind habe die Leuchtbomben und damit die Zielpunkte von Süden nach Norden versetzt[71], so daß das Münster, Oberlinden und die südliche Altstadt verschont geblieben seien. Die britischen Bomberpiloten haben nach ihren Erfahrungsberichten eine derartige Verschiebung der Markierungspunkte nicht registriert, vielmehr sogar die exakte Markierung gemäß Plan gelobt. Es ist dabei auch zu beachten, daß der Abwurf der „Christbäume" und der der Spreng- und Brandbomben des Hauptangriffs so dicht aufeinander folgten, daß der „Höllentäler" wenig korrigieren konnte[72]. Zudem hätten die Bodenzielmarkierungsbomben durch den Höllentäler Wind überhaupt nicht erreicht werden können, denn

[65] Zu den vorbereiteten LS-Maßnahmen für das Münster siehe Joseph Schlippe: Das Freiburger Münster im Zweiten Weltkrieg. In: 75 Jahre Münsterpflege. Hrsg. v. Paul Booz. Freiburg 1965, S. 75–88 und StadtAF, B 1/328: Kriegschronik 1940–45, Teil I.
[66] StadtAF, B 1/328: Bericht von Pius Enderle v. 6.11.1983.
[67] Ebda., K 1/44: Schreiben von Dr. Joseph Schlippe an Generaldirektion der Oberrheinischen Museen, Dr. Rudolf Schnellbach, Neckargemünd, v. 8.2.1945, betr. Erfahrungen bei dem Terrorangriff auf Freiburg am 27. November 1944.
[68] So z.B. Joseph Schlippe, Das Freiburger Münster im Zweiten Weltkrieg, a.a.O., S. 78 f., die dort genannten Zeugenangaben sind falsch; StadtAF, B 1/328: Zuschrift v. 22.10.1983 und Zuschrift v. Pius Enderle v. 6.11.1983; vgl. ferner: Von den Münstern in Freiburg und Breisach. In: Südkurier v. 25.1.1946 und Freiburgs dunkelster Gedenktag. In: Das Volk v. 26.11.1947.
[69] StadtAF, B 1/328: Sammlung Dr. Hefele v. 26.7.1945.
[70] Siehe vorn S. 000 f.
[71] Wie Anm. 68.
[72] StadtAF, B 1/328: Sammlung Dr. Hefele: Mitteilung v. Dompfarrer Dr. Rudolf Geis v. 27.7.1945.

nicht die „Christbäume", sondern die Zielmarkierungsbomben am Boden ("Target Indicators") steckten das Zielgebiet ab.

Die Frage, ob das Münster absichtlich – womöglich mit Hilfe besonderer Markierungszeichen – von den Engländern geschont wurde, ist demnach zu verneinen. Es gab bei den Briten keine spezielle Liste über etwa zu schützende deutsche Kunst- und Kirchenbauten. Vielmehr wurden auf beiden Seiten auf Kunstdenkmäler und kirchliche Gebäude keine besondere Rücksicht genommen. Als im Juli 1943 auf dem Wege durch die Schweiz britisches Propagandamaterial über die von deutschen Bomben zerstörten englischen Kirchen in Umlauf gebracht wurde, machte auch die deutsche Seite eine entsprechende Gegenrechnung auf. Eine erste Zusammenstellung der NSDAP-Parteikanzlei für diese Propagandaaktion erfolgte zum 28. März 1944 anhand von Angaben der Fuldaer Bischofskonferenz. Sie enthielt die Namen von 450 (darunter vier Dome) völlig zerstörten und 600 schwer beschädigten großen katholischen Kirchen[73]. Eine zweite Liste des Reichsministeriums für kirchliche Angelegenheiten vom 12. Juli und 6. September 1944 gab schließlich genauere Angaben: Danach waren von den Alliierten 274 evangelische Kirchen, 404 katholische Kirchen, 9 altkatholische und 2 orthodoxe Kirchen völlig zerstört und 544 evangelische Kirchen, 1221 katholische Kirchen, 15 altkatholische sowie 8 orthodoxe Kirchen schwer beschädigt worden[74]. Bezeichnenderweise bat die NSDAP-Parteikanzlei unter Reichsleiter Martin Bormann jedoch darum, „bei der Verwertung" dieses Zahlenmaterials „vorsichtig vorzugehen", da die englische Propaganda behaupte, „durch die deutschen Luftangriffe auf England seien angeblich über 4000 Kirchen zerstört worden"[75]. Man hatte sich folglich gegenseitig nichts vorzuwerfen. Unabhängig davon, ob die einzelnen Zahlen stimmen, muß man konstatieren, daß beide Seiten beim Luftkrieg auf Kirchenbauten keine Rücksicht nahmen. Zudem war es bei einem Flächenbombardement technisch auch gar nicht möglich, ein relativ kleines Zielgebiet wie eine Kirche innerhalb des gesamten Bombenteppichs bewußt auszusparen.

Der Gefahr eines Volltreffers waren nicht nur Kirchen, sondern auch Museen, Bibliotheken und Archivsammlungen ausgesetzt. Angesichts dieser Gefahr wurden schon bei Kriegsbeginn besondere Richtlinien für die Durchführung des Luftschutzes in Museen, Büchereien und Archiven des Reiches erlassen. Im Sommer 1942 erhielt der bereits am 22. Mai 1940 zum „Kommissar für den Archivschutz (= K. f. d. A.)" bestellte Generaldirektor der preußischen Staatsarchive, Dr. Ernst Zipfel, zentrale Kompetenzen für Luftschutz-Maßnahmen im gesamten Reichsgebiet[76]. Zur gleichen Zeit erörterte man auf einer Kulturschutztagung in Berlin die zur Verbesserung des Luftschutzes für die Museen und Archive notwendigen Maßnahmen. Angesichts des sich steigernden Luftkrieges wandte man dabei der Auslagerung der Archivbestände mehr Aufmerksamkeit zu, als dies von 1939 bis 1941 geschehen war. Nachdem im Reich die ersten Kulturgut-Sammlungen durch Bombenangriffe getroffen und beschädigt oder gar zerstört worden waren, gab das Reichsministerium für Wissenschaft, Erziehung und Volksbildung neue Anweisungen zur Zusammenfassung der Luftschutz-Aufgaben für die Bibliotheken und das Archivwesen heraus und erteilte die prinzipielle Richtlinie

[73] Politisches Archiv des Auswärtigen Amtes. Bonn (= PA Bonn), Akten betr. Inland ID, Bd. 2/13–24; Akten der Partei-Kanzlei der NSDAP, Regesten, Bd. 1. Bearb. v. H. Heiber. München–Wien 1983, S. 934.
[74] PA Bonn, Inland ID, Bd. 2/13–24: Der Reichsminister für die Kirchlichen Angelegenheiten an den Interministeriellen Luftkriegsschädenausschuß v. 12.7.1944.
[75] Ebda.: Partei–Kanzlei an Auswärtiges Amt v. 28.3.1944.
[76] Siehe Wilhelm Rohr: Die zentrale Lenkung Deutscher Archivschutzmaßnahmen im Zweiten Weltkrieg. In: Der Archivar 3 (1950), S. 105–122.

„Sicherung geht vor Benutzung"[77], so daß danach größere Auslagerungen erfolgten. Hitler ordnete zudem persönlich an, sämtliche Kulturwerte bomben- und brandsicher unterzubringen und übertrug die Ausführung dieser Weisung den NSDAP-Gauleitern[78].

Auch in Freiburg wurden unter tatkräftiger Anleitung des Direktors der Städtischen Sammlungen, Honorarprofessor Dr. Werner Noack, und des Direktors des Stadtarchivs, Dr. Friedrich Hefele, sowie auch von Dr. Theodor Zwölfer und Frau Dr. Johanna Bastian frühzeitig nach Kriegsbeginn die Auslagerungen der Bestände vorgenommen. Auslagerungsorte der Städtischen Sammlungen (Augustinermuseum) waren Pfullendorf, Oberried, Badenweiler, das Salzbergwerk Heilbronn, Kloster St. Trudpert, der Keller der Löwenbrauerei in Freiburg und das Amtsgerichtsgefängnis in Waldkirch[79]. Das Stadtarchiv brachte seine in 260 Kisten verpackten Urkunden und Archivalien zuerst ins Kloster Günterstal (Waisenhaus) und ab März 1940 nach St. Blasien (Paramentenraum des Klosters) in den Schwarzwald[80]. Dabei übernahm das Freiburger Stadtarchiv zum Teil auch die Sicherstellung von Archivgut der grenznahen Archive von Neuenburg, Burkheim, Ebringen, Endingen und Breisach. Der Generaldirektor der Stadtarchive in Berlin, Dr. Ernst Zipfel, bezeichnete die umsichtige und frühzeitige Freiburger Auslagerungsaktion sogar als „vorbildlich". Ab Dezember 1942 wurde auch die Bibliothek des Stadtarchivs in die Kartause (Hansjakobzimmer) ausgelagert, nachdem die Landesbibliothek in Karlsruhe durch Brand Schaden erlitten hatte[81]. Dadurch wurde der Aktenbestand des Städtischen Archivs beim Angriff am 27. November nicht vernichtet, obwohl das Gebäude in der Turmstraße zerstört wurde und am 28. November ausbrannte. Durch Einsatz der Villinger Feuerwehr konnte am Nachmittag dieses Tages zudem noch der hintere Magazinbau gerettet werden. Es verbrannten nur Teile der Kriegschronik 1914–18 sowie Dubletten und einige, noch nicht ausgelagerte Zeitungsjahrgänge seit der Jahrhundertwende[82].

Auch die Städtischen Sammlungen des Augustinermuseums waren wegen der bereits erfolgten Auslagerung nicht gefährdet, als im Dachstuhl des Museumsgebäudes mittelschwere Schäden durch Feuer entstanden. Dieser Brand wurde außerdem durch eine rasche Rettungsaktion von Eugen Riedmüller vom Hotel Bären und der Löschgruppe Müller rechtzeitig eingedämmt, bevor er sich auf Oberlinden ausbreiten konnte[83].

Ebenso wie die Akten des Stadtarchivs waren auch wichtige Bestände des Stadterweiterungsamtes – wie z. B. Originalzeichnungen, photographische Großaufnahmen und große Modelle – im Frühsommer 1944 in den ehemaligen Paramentenraum des Klosters in St. Blasien ausgelagert worden, so daß bei der totalen Zerstörung der Diensträume in der Herrenstraße 4 am 27. November zwar

[77] BA-MA Freiburg, RH 53–5/67: Reichsminister für Wissenschaft, Erziehung und Volksbildung v. 28. 8. 1942 und 16. 9. 1942. Zu den Erlassen siehe auch: Dokumente Deutscher Kriegsschäden. Bd. II/1, a. a. O., S. 367–406.

[78] BA Koblenz, R 48/59: Der Reichsminister und Chef der Reichskanzlei an die Herren Reichsminister v. 17. 5. 1942.

[79] StadtAF, D.Sm.26.2: Bergung von Museumsgut.

[80] Ebda., C 4/XI/30/5: Städtisches Hochbauamt v. 26. 9. 1939, Schreiben Stadtarchiv v. 3. 11. 1939 und 29. 5. 1940; ferner ebda., D.StA.1/1: Bericht von Dr. Hefele v. 30. 12. 1944; ebda., C 4/III/9/4: Jahresberichte Stadtarchiv v. 10. 1. 1940, 23. 1. 1941 und 2. 2. 1942; auch zum Folgenden.

[81] Ebda., B 1/328: Kriegschronik 1940–45, Teil I.

[82] Siehe ebda.: Bericht von Dr. Hefele v. 30. 12. 1944 an Oberbürgermeister Abt. I mit Anlage „Verluste des Stadtarchivs".

[83] Ebda., D.Sm.26.1a: Schreiben v. 15. 12. 1944; ebda., C 4/VI/29/5: Bericht von Direktor Dr. Noack.

wichtige Unterlagen verlorengingen, einige ältere Pläne jedoch in St. Blasien die Kriegszeit unversehrt überstanden [84].

Schwere Schäden waren auch im Bereich der öffentlichen Gebäude des Landes zu beklagen [85]. Durch Volltreffer zerstört wurde die Deutschordenskommende als Sitz des Landeskommissärs. Im Innern eingestürzt und weitgehend ausgebombt war das Dienstgebäude des Landesrates in der Adolf-Hitler-Straße 131. Neben den schon erwähnten Kliniken der Universität wurden auch 26 Universitäts-Institute in der Ludwigstraße, Hebelstraße, Katharinenstraße, Sautierstraße, Merianstraße, Bertoldstraße, Bismarckstraße und Brunnenstraße ebenso wie die Landesversicherungsanstalt am Kartoffelmarkt total zerstört. Schwer beschädigt wurden das Kollegiengebäude, das Botanische Institut und die Universitätsbibliothek in der Rempartstraße. Die akademische Auslandsstelle der Universität mußte aufgrund der Zerstörung den Dienstbetrieb ganz einstellen [86]. Großenteils eingestürzt und im Innern ausgebrannt waren die Gebäude der Alten Universität in der Bertoldstraße und die gegenüberstehende ehemalige Universitätsbibliothek sowie das Großherzogliche Palais in der Salzstraße. Das Universitätsarchiv überstand dagegen den Angriff.

Ähnlich große Verluste waren im Bestand der Dienststellen und Behörden des Reiches zu beklagen. Total zerstört wurden der Hauptbahnhof, das Hauptpostamt, das Fernsprechamt, das Reichsamt für Bodenforschung in der Eisenbahnstraße und die Kreisstelle des Deutschen Roten Kreuzes in der Rheinstraße. Mittelschwer getroffen wurde das Gelände des Fliegerhorstes Freiburg (Flugplatz); mehrere Flughallen wurden dort beschädigt [87]. Auch das Gebäude der Reichsbank erlitt Schaden. Das Bahnbetriebswerk südlich des Hauptbahnhofs blieb unversehrt. Der Rangierbahnhof erhielt über 50 Bombentreffer. Mehrere Lagerhallen brannten aus. Durch die umfangreichen Beschädigungen der Gleisanlagen fiel der Hauptbahnhof Freiburg nach dem Angriff für den Zugverkehr „in allen Richtungen zunächst aus" [88]. Doch schon am 30. November war ein Gleis und ab 1. Dezember noch ein zweites Gleis für den Durchgangsverkehr wieder befahrbar. Der Verkehr nach dem Höllental endete im Bahnhof Wiehre. Nach drei bis vier Tagen konnten aber alle Verkehrslinien nach Offenburg, Müllheim und Breisach wieder aufgenommen werden.

Erheblich schlechter stellte sich die Situation im Bereich der Deutschen Reichspost dar. Der Fernsprechverkehr Freiburgs war nach der totalen Zerstörung des Fernamtes mit 52 Fernplätzen, des Wähleramtes für den Ortsverkehr und des Verstärkeramtes vollständig lahmgelegt. Eine einzige Telegrammverbindung bestand noch nach Stuttgart. Das Telegraphenbauamt wurde ebenfalls vollständig zerstört [89]. Das Hauptpostgebäude in der Eisenbahnstraße sank in Schutt und Asche. Ein Katastrophenwagen der Oberpostdirektion Stuttgart übernahm als fahrendes Notpostamt mit Standort am Waldsee und an der Schwarzwald-

---

[84] Ebda., Sammlung Berichte der städtischen Ämter: Bericht des Stadterweiterungsamtes v. 31. 5. 1945.
[85] Detaillierte Angaben dazu in ebda., B 1/328: Kriegschronik 1940–45, Teil II und Aufstellung des Hochbauamtes v. 31. 1. 1945, Bericht von Dr. Schlippe an den Oberbürgermeister v. 5. 12. 1944; ferner in B 1/328 und K 1/44: Augenzeugenbericht über die Zerstörung der Alten Universität und anderer Gebäude von Forstmeister Dr. Hilf v. 30. 6. 1945; auch zum Folgenden.
[86] Archiv des Instituts für Zeitgeschichte (= IfZ) München. MA–1161: Schreiben der Leiterin der Auslandsstelle der Universität v. 1. 12. 1944.
[87] StadtAF, D.Aö.1.32 b, Bd. 1: Meldung der Fliegerhorstkommandantur A 7/VII Freiburg v. 28. 11. 1944.
[88] Ebda., D.Aö.1.32 b: Bericht des Vorstandes des Reichsbahn-Betriebsamtes Freiburg v. 4. 12. 1944.
[89] Ebda., Meldung des Fernsprechamtes v. 9. 12. 1944; ferner ebda., D.Pr. 13: Bericht der OPD Freiburg v. 4. 5. 1959.

straße notdürftig für die erste Zeit die Postversorgung der Stadt, bis der Postbetrieb nach drei Tagen „in beschränktem Umfange" wieder aufgenommen werden konnte[90]. Von den sieben Zweigpostämtern fielen zwei total aus, ein Amt wurde schwer beschädigt, die restlichen vier nahmen am 29. November wieder ihren Betrieb auf. Die Aufgaben des Hauptpostamtes wurden danach auf verschiedene Stellen verteilt und zwar in den Paulussaal in der Dreisamstraße (provisorisches Postamt), ins Hotel Victoria an der Eisenbahnstraße (Telegrammannahme), in das Amtsgericht am Hindenburgplatz (heute Holzmarktplatz), in verschiedene Privathäuser in der Kronen-, Turnsee- und Konradstraße sowie in die Angellschule und Lessingschule. Schäden entstanden auch an der Senderanlage des Senders Freiburg, der deshalb nach dem 27. November vorübergehend außer Betrieb gesetzt wurde, und im Bereich der Unterstände der Heimatflakbatterie 46/VII. Zwei Baracken des II. Zuges in der Lehenerstraße wurden zerstört, drei Heeressoldaten und fünf Luftwaffenhelfer fanden den Tod[91]. Schwer beschädigt wurde das Wehrmachtsgefängnis. Totalschaden erlitt das Dienstgebäude des Rüstungskommandos Freiburg in der Sautierstraße 36. Nachdem die Dienststelle vorübergehend in der Schwaighofstraße 6 (Heeresbauamt) untergebracht worden war, verlegte sie später ihren Sitz nach Ettlingen[92].

Beträchtlicher Schaden entstand durch das Bombardement ferner bei mehreren Freiburger Firmen und Wirtschaftsbetrieben, so beispielsweise bei F. Hellige & Co. (im Werk in der Tennenbacher Straße), Wego, Lytax, Gugel, Mez AG, Fritz Hüttinger, Franz Morat, Theodor Kromer KG, Fritz Kuhnert, Vögtle & Zeller, Brauerei Ganter, Brauerei Feierling, bei den Verlagen Herder & Co., NS-Zeitungsverlag „Der Alemanne", Rombach & Co., bei der Gewerbebank und der Badischen Beamtenbank, der Ortskrankenkasse, bei den Kaufhäusern Richter, Herzog, Oberpaur und Zentralkaufhaus sowie bei den Allianz-, Basler- und Viktoriaversicherungen[93]. Der bei diesen Firmen eingesetzte Werkluftschutz konnte mangels Betriebsstoff und Wasser als örtliches Löschpersonal wenig ausrichten. Zudem fehlte es überall an aktiven, ausgebildeten männlichen Einsatzkräften. In der beim Stadtarchiv geführten Kriegschronik stellte man am 4. Dezember 1944 folgende Schadensbilanz für Wirtschaft und Handel auf[94]: 47,5 Prozent der Firmen (375 von 790) waren total geschädigt, 12,4 Prozent der Firmen (98 von 790) waren teilgeschädigt, und 40 Prozent der Firmen (317 von 790) blieben unbeschädigt.

Die Zahl der durch Bomben oder Brand zerstörten Bürgerhäuser von denkmalwürdigem Rang war ebenfalls sehr groß.

Nach einer Aufstellung für die ehemaligen Alliierten vom Juni 1950 wurden 130 Bürgerhäuser von Denkmalsrang zerstört[95]. Oberbaudirektor Dr. Joseph Schlippe beschrieb die Verluste und Schäden zusammenfassend im März 1945: „Schmerzlich ist der Verlust der Herrenstraße zwischen Konviktskirche und Karlsplatz, wo die besterhaltenen Beispiele von spätgotischen und Renaissance-

[90] Vgl. Chamier-Glisczinski, Das Fernsprechamt Freiburg, a.a.O., S. 11.
[91] StadtAF, D.Aö.1.32b: Meldung des Batteriechefs v. 6.12.1944.
[92] BA-MA Freiburg, RW 21–21/4–12.
[93] Siehe StadtAF, B 1/328: Bericht der Wirtschaftskammer Freiburg v. 22.1.1945; ebda., D.Aö.1.32b: Verzeichnis der Gebäudeschäden, Meldung der Reichsgruppe Industrie-Werkluftschutz v. 8.12.1944, Einzelschadensmeldungen der Firmen; ferner BA-MA Freiburg, RW 21–21/12: KTB Nr. 9 des Rüstungskommandos Freiburg v. 6.2.1945 mit verschiedenen Anlagen.
[94] StadtAF, B 1/328: Kriegschronik 1940–1945.
[95] Ebda., C 5/2282: Angabe des Wiederaufbaubüros zur Zusammenstellung v. 14.6.1950.

Tab. 9: Schadensbilanz für die einzelnen Fachgruppen des Handels

Fachgruppe	unbeschädigt	totalgeschädigt	teilgeschädigt	insgesamt vorhanden gewesen
Lebensmittel	225	90	15	330
Textilwaren	13	73	4	90
Hausrat	5	19	2	26
Schreibwaren	10	19	2	31
Schuhwaren	2	18	2	22
Drogen	10	13	2	25
Eisenwaren	2	3	1	6
Lederwaren	3	8	1	12
Tabakwaren	8	15	2	25

Bürgerhäusern standen, besonders die Häuser Nr. 17, 19, 21, 25 und 33. Außerdem wurden am Münsterplatz, insbesondere an dessen Nord- und Westseite schöne Bürgerhäuser aus dem späten Mittelalter und der Barockzeit durch Bomben und Brand vernichtet. Dadurch hat die unversehrte Erhaltung der Platzwände des Münsterplatzes schwersten Schaden erlitten. Von diesem ‚Kleinod deutscher Stadtbaukunst‘, wie man diesen schönsten der deutschen Münsterplätze genannt hat, ist jetzt nur noch die Südostecke vom Kaufhaus bis zur Hauptwache im ursprünglichen Zustand erhalten. An der Adolf-Hitler-Straße, der ehemaligen marktplatzartigen Hauptstraße der Stadt, sind einige wenige bedeutende Gebäude durch Brand vernichtet worden, so die Löwen-Apotheke von 1605, die Hofapotheke von 1695, einige spätgotische Häuser (Schirm-Wagner) usw. sowie das schöne klassizistische Haus von 1793, Adolf-Hitler-Straße 152. Ferner wurden in der Schusterstraße und in der vornehmsten Straße des alten Freiburg, der Salzstraße, baulich und geschichtlich bemerkenswerte Bürgerhäuser zerstört, so außer dem oben erwähnten Großherzoglichen Palais und der ehemaligen Deutschordenskommende das Gräflich Kageneck'sche Haus vom Wilden Mann, Salzstraße 5 usw." [96]. Abschließend ist noch anzumerken, daß auch der Bertoldsbrunnen durch Volltreffer zerstört wurde.

Zweifellos war der Terrorangriff vom 27. November einer der härtesten Schläge in der Geschichte Freiburgs, wie es Oberbürgermeister Dr. Kerber im März 1945 bezeichnete[97]. Die Schadensbilanz war insgesamt niederschmetternd, so daß es zu äußerst skeptischen Urteilen über den Zustand der Stadt und einen möglichen Wiederaufbau kam. Eine Zeugin der Schreckensnacht vom 27. November kam sogar zu dem Fazit: „Freiburg war einmal"[98]. Phrasenhaft und doch zugleich resigniert war auch das Urteil des Verfassers der noch in diesen Tagen geführten offiziellen Freiburger Kriegschronik am Schluß des Schadensberichtes über den 27. November: „Deutschland muß leben, und wenn seine Städte sterben müssen!"[99]. Was allerdings von solchen Sprüchen zu halten war, dokumentiert ein anderer Ausspruch nach dem 27. November 1944: In Anspielung an eine ale-

[96] Erzbischöfliches Archiv Freiburg, B2–35/101: Zusammenstellung Hochbauamt v. 28.3.1945.
[97] Der Alemanne Nr. 77 v. 31.3./1.4.1945: Der Frontgeist der Freiburger Bevölkerung.
[98] Archiv IfZ München, MA–1161: Brief der Leiterin der Auslandsstelle der Universität Freiburg v. 1.12.1944.
[99] StadtAF, B 1/328: Kriegschronik 1940–1945, Teil II.

mannische Redensart über den früher sauberen und gefälligen Zustand der Stadt kam im Volksmund nach den Angriff die Redensart auf, Freiburg sei nun nicht mehr „sufer und glatt" sondern „Pulver und platt!"[100].

4. Die ersten Hilfs- und Rettungsmaßnahmen
nach dem 27. November

Angesichts der „so verheerenden Katastrophe und dem fast völligen Abgeschnittensein der Stadt vom Eisenbahnverkehr" in den ersten Tagen nach dem Großangriff[101] blieben die Möglichkeiten zu ersten Hilfsmaßnahmen auf die eigenen Mittel der Stadt begrenzt. Die Freiburger waren drei Tage lang mangels elektrischer Versorgung und des dadurch bedingten Ausfalls von Telefon und Radio fast völlig von der Außenwelt abgeschnitten. Wasser mußte aus Randgebieten, wo noch intakte Wasserleitungen bestanden, herangeholt werden. Die Gasversorgung blieb vorerst ebenfalls – zum Teil bis Ende Januar 1945 – unterbrochen.

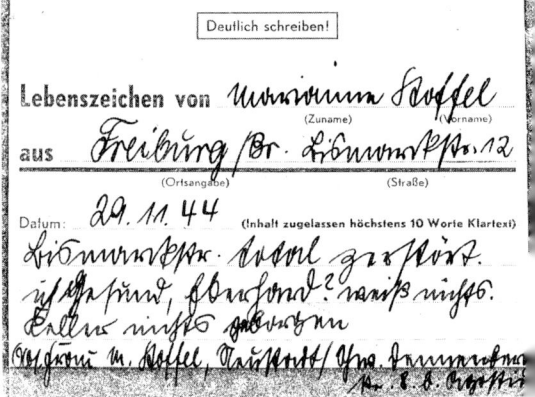

Abb. 139: Eilnachricht über Lebenszeichen vom 29. November 1944, Vor- und Rückseite (StadtAF, B1/328)

Im ersten Moment waren die Dienststellen von Stadt und Partei auf einen solchen Katastrophenfall nicht vorbereitet. In den Stunden unmittelbar nach dem Angriff standen sie dem Elend fast kopflos gegenüber, da zahlreiche Leitzentralen und Telefonverbindungen für die – auf dem Papier wiederholt geplanten – Hilfsmaßnahmen zerstört worden waren. Viele Straßen des Stadtzentrums (wie z. B. die Merianstraße) blieben tagelang unpassierbar, so daß die Verbindungsaufnahme zwischen den Einsatzkräften zusätzlich erschwert wurde.

Bereits am 28. November nahm das provisorisch in der Gewerbeschule eingerichtete Ernährungs- und Wirtschaftsamt der Stadt wieder seine Tätigkeit auf, um den Bürgerinnen und Bürgern die verlorengegangenen oder vernichteten Lebensmittelkarten zu ersetzen und die Ernährung der Stadtbevölkerung für die nächste

---

[100] Karlheinz Sturzenhecker: Materiale Beiträge zur Geschichte der Kinderklinik in Freiburg i. Br., Med. Diss. Universität Freiburg 1968, S. 288.
[101] Schweizerisches Bundesarchiv Bern, E 2200 Freiburg 1967/49/2: Bericht des Schweizerischen Konsularagenten an das Schweizerische Konsulat in Baden-Baden v. 8. 12. 1944.

Zeit zu gewährleisten. Dafür konnte auf den Bestand von Reserve- und Ausweichlagern zurückgegriffen werden. Dennoch bereitete die Lebensmittelversorgung in den Tagen nach dem Angriff erhebliche Probleme, da viele Lagerbestände ebenfalls getroffen worden und ausgebrannt waren. Notküchen wurden in örtlichen Luftschutzräumen und erhaltengebliebenen Schulen eingerichtet, um erste Mahlzeiten auszugeben. Das Wirtschaftsamt verteilte ferner einen Sonderbezugsschein für einen Mantel, einen Anzug und 150,– RM als erste Ausstattungshilfe. Gleichzeitig wurden dort der Fliegerentschädigungsausweis und die Abreisegenehmigung für Abwanderungswillige ausgestellt (Abb. 140).

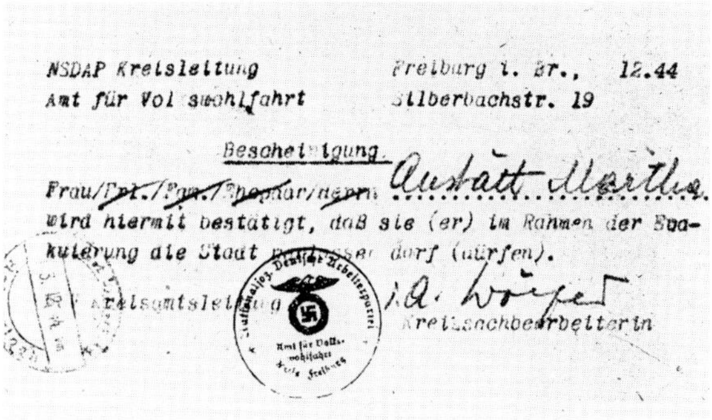
NSDAP Kreisleitung Freiburg i. Br., 12.44
Amt für Volkswohlfahrt Silberbachstr. 19

Bescheinigung

Frau/~~Frl./Frau/Ehepaar/Herrn~~ Austatt Martha
wird hiermit bestätigt, daß sie (er) im Rahmen der Evakuierung die Stadt Freiburg verlassen darf (dürfen).

Kreisamtsleitung i.A. Krüger
Kreissachbearbeiterin

Abb. 140: Abreiseerlaubnis des NSV-Amtes vom Dezember 1944 (StadtAF)

Am 29. November wurde die Befehlsstelle der Luftschutz-Leitung endgültig vom Hirzbergstollen in den Stollen an der Schloßbergstraße 1 und die Geschäftsräume der Luftschutz-Abteilung von der Kartäuserstraße ebenfalls dorthin verlegt, um dem zerstörten Gebiet näher zu sein. In der Nähe des Schloßbergbunkers quartierten sich zudem in ausgebombten Läden oder teilweise erhaltengebliebenen Räumen verschiedene NSDAP-Ortsgruppen und Hilfsstellen ein. Die Fliegergeschädigten erhielten dort eine Bescheinigung mit der Bestätigung, daß der Inhaber des Scheins „total ausgebombt" war, um dann damit weitere Dienste in Anspruch nehmen zu können (Abb. 141).

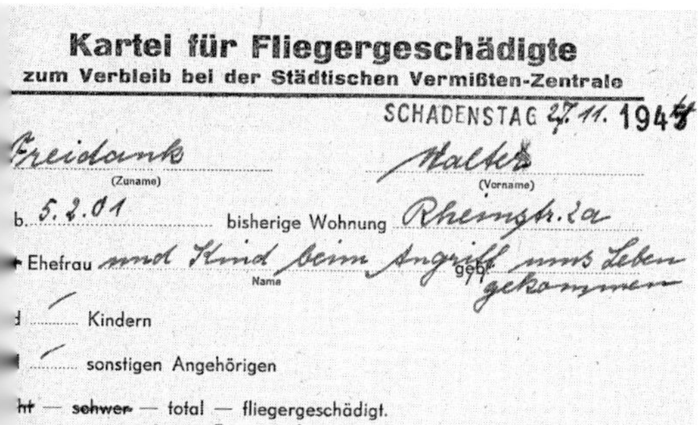
Kartei für Fliegergeschädigte
zum Verbleib bei der Städtischen Vermißten-Zentrale

SCHADENSTAG 27.11.1944

Freidank (Zuname) Walter (Vorname)

b. 5.2.01 bisherige Wohnung Rheinstr. 2a

Ehefrau und Kind beim Angriff ums Leben gekommen (Name) (geb.)

/ Kindern

/ sonstigen Angehörigen

~~ht~~ — ~~schwer~~ — total — fliegergeschädigt.

äufige Unterkunft Lantierstr. 25.

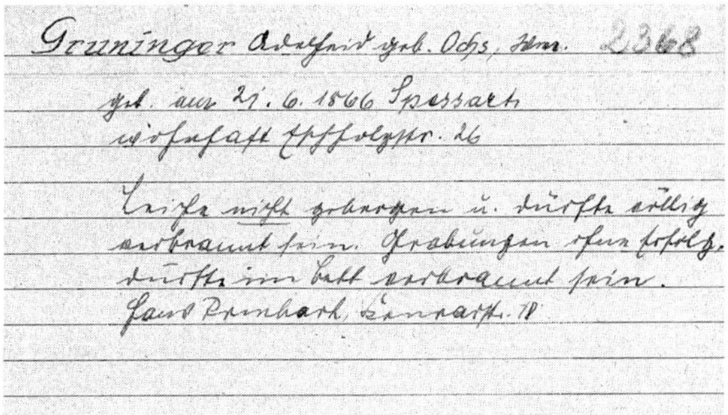
Gruninger Adelheid geb. Ochs, Wwe. 2368

geb. am 21.6.1866 Spessart

wohnhaft ...

Leiche nicht geborgen u. dürfte völlig verbrannt sein. Grabungen ohne Erfolg. dürfte im Bett verbrannt sein.

2178

Abb. 141: Karteikarten für Fliegergeschädigte und vermißte Person (StadtAF, D. Au. 38 und 42)

Wie in anderen zerbombten Städten wurden auch in Freiburg an den zerstörten Gebäuden mit Kreide erste Hinweise über das Schicksal der Hausbewohner angeschrieben. Die Behörden ließen ferner zahlreiche Plakate mit dem Hinweis „Wer plündert wird erschossen!" anschlagen [102]. Die Abwanderung vieler verängstigter Freiburger vollzog sich ab dem 28. November in immer größer werdendem Umfange.

Die dringenden Sofortmaßnahmen zur Rettung von Verschütteten oder zur Bergung von wichtigen Gütern wurden durch fehlendes Personal und fehlende Räumgeräte erheblich erschwert. Fehlender Betriebsstoff führte zeitweise regelrecht zur Einstellung von Bergungsmaßnahmen, obwohl schon Kontakt zu den Verschütteten bestand. Der Personalmangel machte sich auch bei den nötigen Absperrungen der zahlreich in den Straßen und Trümmern liegenden (etwa 200) Blindgänger bemerkbar.

Die medizinische Notversorgung der Verletzten hatte – nach Plan – durch Luftschutz-Sanitätsgruppen in vier vorbereiteten Rettungsstellen (Hindenburgschule, Hansjakobschule, Hebelschule, Turnseeschule) zu erfolgen. Kräfteeinteilung und Planung waren für einen Großangriff jedoch „völlig unzureichend" [103]. In seinem abschließenden Bericht vom 13. Dezember schilderte der Leitende Luftschutzpolizei-Arzt, Oberstabsarzt Dr. Hapke, rückblickend die vielfach aufgetretenen Schwierigkeiten bei der sanitätsdienstlichen Versorgung der Freiburger Bevölkerung. Von großem Nachteil war unter anderem der Ausfall aller Nachrichtenmittel beim geplanten Befehlsstab sowohl im Hirzbergbunker als auch später im Schloßbergstollen, so daß anfangs keine zentrale Steuerung der Verwundetentransporte in die noch einsatzbereiten Krankenhäuser und Lazarette erfolgen konnte. Ferner waren die beiden Rettungsstellen in der Hansjakobschule und Hebelschule selbst von Bomben getroffen worden. Die Rettungsstelle I in der Hindenburgschule (heute Geoethegymnasium) war bald überfüllt. Über 5000 Verletzte mußten insgesamt in der Nacht zum 28. November kurzfristig versorgt werden. Dabei konnte auch auf fünf Hilfsstationen und 13 Nothilfsverbandsstellen des Reichsluftschutzbundes zurückgegriffen werden.

Viele Innenstadtbewohner flüchteten nach dem Luftangriff zum Schloßbergbunker; deshalb mußte dort ebenfalls eine umfangreiche sanitätsdienstliche und ärztliche Versorgung organisiert werden. Da außerdem fast alle 20 Lazarette und Kliniken beschädigt oder total zerstört worden waren, wurden viele zivile Verwundete in der unbeschädigten Schlageterkaserne untergebracht, die als Hilfslazarett für die Stadtbevölkerung freigegeben wurde. Die weitere Aufnahme von Verletzten in der Stadt wurde allerdings durch die alsbald vorgenommene Auslagerung der Kliniken erschwert, die bereits ab 28. November – vor allem im Hinblick auf die Gefahr einer erneuten Bombardierung der Stadt – in die Wege geleitet wurde. Verlagert wurden in den nächsten Wochen u.a. die Augenklinik ins Rebhaus (Wonnhaldestraße Richtung Günterstal), die Chirurgische Klinik ins Glotterbad, die Frauenklinik nach Littenweiler, die Hals-Nasen-Ohrenklinik ins Waisenhaus in Günterstal, die Hautklinik nach Friedenweiler und Littenweiler, die Kinderklinik nach Friedenweiler, die Medizinische Klinik nach Wiesneck sowie auf den Schauinsland und Teile der Nervenklinik nach Rothaus.

In den Schilderungen und Berichten über die Ereignisse in der nur zum Teil ge-

[102] StadtAF, B 1/328.
[103] Vgl. u.a. ebda.: Erfahrungsbericht des Polizeipräsidenten v. 8.12.1944 sowie Tätigkeits- und Erfahrungsbericht des Führers des LS-Pol.San.Dienstes, Oberstabsarzt d.R. z.V. Dr. Hapke, v. 13.12.1944, auch zum Folgenden (siehe Abdruck des Berichtes im Anhang S. 421 ff.).

troffenen Chirurgischen Klinik wird die „unermüdliche Einsatzbereitschaft der Schwestern und Pfleger der Chirurgischen Klinik und des Reserve-Lazarettes" festgehalten; sie machte es möglich, schon in den ersten Stunden nach dem Angriff eine ordnungsgemäße – „wenn auch notdürftige" – Unterbringung und Versorgung in den überfüllten Kellerräumen der Klinik durchführen zu können[104]. Bereits am Mittag des 28. November wurde die Chirurgische Klinik im Glotterbad-Sanatorium als Ausweichstation behelfsmäßig eingerichtet. Der Betten- und Gerätetransport zog sich bis Jahresanfang 1945 hin. Bis zum 6. Dezember konnten auch die Patienten der Reservelazarette verlegt werden. In einem Teil der geringer beschädigten Erdgeschoß- und Kellerräume wurde der poliklinische Betrieb als vorläufige Auffangstation der Klinik bis zum 25. Dezember aufrecht erhalten; danach erfolgte die Übersiedlung nach St. Urban.

Eine dringende Aufgabe für die Stadtverwaltung war in der ersten Woche nach dem Angriff die Suche nach Verschütteten. Die Organisation der Bergung und Bestattung der Toten wurde wichtig, um den Ausbruch von Seuchen zu verhindern. Die Bergungsmaßnahmen für die Toten wurden am 29. November eingeleitet. Doch gingen die Arbeiten nur sehr langsam voran. Bezeichnenderweise beklagte der Direktor der Medizinischen Klinik, Professor Bohnenkamp, in seinem Bericht über die schlechten hygienischen Zustände in den Schloßbergbunkern am 4. Dezember, „daß längere Zeit in der Nähe des Eingangs eines solchen Bunkers Leichen liegenblieben", so daß dadurch das seelische Schreckenserlebnis vieler in die Bunker geflüchteten Menschen konstant wachgehalten werde[105]. Die Bergung der Toten in der zerstörten Stadt zog sich über den ganzen Monat Dezember hin und konnte auch nach dem Jahreswechsel 1944/45 noch nicht abgeschlossen werden.

Um alsbald wieder ein Medium für die Bekanntgabe wichtiger Informationen der Stadtverwaltung an die Bewohner zu besitzen, war es wichtig, die bislang einzige noch verbliebene Zeitung „Der Alemanne" weiterhin erscheinen zu lassen, nachdem das „Alemannengebäude" in der Bertoldstraße 55–59, schräg gegenüber dem Theater, total ausgebrannt war und die Zeitung deshalb am 28. November nicht erscheinen konnte. Verlag und „Schriftleitung" der NS-Zeitung kamen schließlich im teilgeschädigten Haus Poppen und Ortmann der ehemaligen „Freiburger Zeitung" unter und brachten schon am Mittwoch, dem 29. November 1944 wieder, eine erste zweiseitige Notausgabe heraus. Sie wurde im Stadtgebiet per Hand verteilt und berichtete über den „schweren Terrorangriff auf Freiburg". Zugleich wurden darin unter der Überschrift „Die Kreisleitung gibt bekannt" wichtige Informationen über die eingeleiteten Hilfs- und Versorgungsmaßnahmen für die Fliegergeschädigten abgedruckt (Abb. 142 und 143)[106].

Auch in den nächsten Zeitungsausgaben wurden weitere Mitteilungen für die Fliegergeschädigten bekanntgegeben. Am 30. November informierte das NS-Blatt über die Einrichtung der Geschäftsstellen der NSDAP-Ortsgruppen und die neuerrichteten Verpflegungsstellen der NSV, die kostenlos Suppe und Kaffee austeilten. Gleichzeitig wurden die Freiburger aber auch zum erbitterten Verteidigungskampf aufgerufen, denn man „wisse nun Bescheid", so schrieb Schriftleiter

---

[104] Ebda., K 1/26: Bericht von H. J. von Brandis „Die chirurgische Universitäts-Klinik Freiburg am 27. 11. 1944"; etwa 1949 abgefaßt nach dem Bericht des Direktors der Chirurgischen Klinik Prof. Eduard Rehn v. 19. 12. 1944, ebda.
[105] StadtAF, D.Aö.1.32 b, Bd. 1: Erfahrungsbericht von Prof. Dr. H. Bohnenkamp, Direktor der Mediz. Klinik der Universität v. 3. 12. 1944.
[106] Der Alemanne Nr. 313 v. 29. 11. 1944 (siehe Abdruck S. 274) und Nr. 314 v. 30. 11. 1944.

Freiverkauf: 10 Pfennig

Verlag: Der Alemanne, Verlags-
und Druckerei-G.m.b.H., Freiburg

Der Alemanne

KAMPFBLATT DER NATIONALSOZIALISTEN OBERBADENS

Die größte täglich
erscheinende Zeitung Obert

Der amtliche Verkünder
für die oberbadischen Behörden

Jahrgang 1944 Folge 313   Freiburg i. Br.   den 29. November   Mittwoch-Ausgabe

Schwerer Terrorangriff auf Freiburg

Hohe Personenverluste und umfangreiche Gebäudeschäden · Die Lage im elsässischen Kampfraum im wesentlichen unverändert · Neue USA.-Angriffe bei Aachen gescheitert

Dennoch!

Das Grauenhafte und Unerwartete ist nunmehr eingetreten. Freiburg, die alte und ehrwürdige Kulturstadt am Oberrhein, das Zentrum der Wissenschaft und der Kultur, wurde von einem Feinde schwer heimgesucht. Unsere unerbittliche Gegner, die anglo-amerikanischen Luftgangster haben in der Nacht vom Montag auf Dienstag mit ihren Terrorbombern ein furchtbares Werk der Vernichtung vollendet, indem sie unsere schöne Heimatstadt mit unzähligen Spreng- und Brandbomben belegten und damit große Schäden und Verluste anrichteten. Unsere Stadt, die in jüngster Zeit durch die Kriegsereignisse ... näherrückte, hat damit nun noch das schwerste Opfer ...

[...]

Standhaft, entschlossen, treu

Stockholm, 28. November.
Reichsjugendführer Artur Axmann verabschiedete auf einem Truppenübungsplatz eine der neuen, unmittelbar vor der Ausmarsch zur Front bereitstehenden Volksgrenadierdivision. ...

An vier Minuten drei Kampfwagen

Berlin, 28. November. Oberfeldwebel Sowe aus Düsseldorf. Zugführer in der Panzerjägertruppe ...

Die Kreisleitung gibt bekannt:

1. Für alle durch den Bombenangriff Geschädigten wird ab sofort für die nächsten Tage warmfreie Gemeinschaftsverpflegung ausgegeben ...

Mitteilung an die Frauenschaft

Sämtliche Kreisabteilungsleiterinnen und Ortsgruppenfrauenschaftsleiterinnen werden aufgefordert ...

Bitte das zweite Blatt abreißen und weitergeben!

Abb. 142: Der Alemanne Nr. 313 vom 29. November 1944, Notausgabe

Ein Judenknecht abgetreten

Rücktritt des USA-Außenministers Hull · Keine Richtungsänderung

Berlin, 28. November.

Der Rücktritt Cordell Hulls bestätigt die seit Wochen umgehenden Gerüchte, daß der 73jährige USA-Außenminister abtreten werde. [...]

[Fraktur-Artikel, größtenteils nicht sicher lesbar]

Beseitigung Clerlots gefordert

Stockholm, 28. Nov. [...]

Bonomi scheiterte am Parteienchaos

Bern, 28. November. [...]

Kurzmeldungen

Stockholm. [...]

Genf. [...]

Stockholm. [...]

Stockholm. [...]

Neues iranisches Kabinett

Stockholm, 28. November. [...]

Bilanz einer Armee in Ungarn

Berlin, 28. November. [...]

Hohe Auszeichnungen

Führerhauptquartier, 28. November. Der Führer verlieh das Ritterkreuz des Eisernen Kreuzes an Generalleutnant Werner von Erdmannsdorff [...]

Chaos und politischer Zerfall

Mailand, 28. November. [...]

Die Lage in der Ostschweiz

Bern, 28. November. [...]

An unsere Leser

Durch den Terrorangriff der Anglo-Amerikaner wurde auch das Gebäude des Verlags und der Schriftleitung total zerstört. [...]

Der Alemanne
Verlag und Schriftleitung

Der Alemanne, Verlags- und Druckerei-GmbH., Freiburg i. Br., Adolf-Hitler-Str., am Martinstor (in den Räumen der ehem. "Freiburger Zeitung"). Verlagsleiter: i. V. Franz Seidelmann. Hauptschriftleiter: Dr. Karl Goebel. Sämtliche in Freiburg i. Br.

Abb. 143: Rückseite zu Der Alemanne Nr. 313 vom 29. November 1944

Karl Goebel, daß man in diesem Kampf bis zur „Erringung des Endsieges" wenig zu verlieren habe; von den Engländern seien nur „Not, Elend, Hunger und Vernichtung" zu erwarten. Die deutsche Bevölkerung lasse sich jedoch nicht „durch Terror und Hinterlist" besiegen, auch wenn die persönlichen Opfer und „Heimsuchungen" in vielen Familien nach diesem Angriff „ungeheuer schwer" zu erdulden seien [107]. Die NS-Propagandisten hatten es nach diesem Terrorangriff leicht, den Briten die Absicht zu unterstellen, die gezielte Vernichtung der historischen Innenstadt mit ihren unersetzlichen Kulturbauten angestrebt zu haben. Man er-

[107] Der Alemanne Nr. 314 v. 30. 11. 1944: Wir wissen nunmehr Bescheid.

275

klärte sogleich, die stärksten Zerstörungen würden denn auch gerade jene Straßenzüge Freiburgs aufweisen, „wo jedes Haus fast eine ältere Vergangenheit und einen höheren Kulturwert besitzt, als es irgendeine amerikanische Stadt aufweisen könnte"[108].

Am neuen Dienstsitz der Kreisamtsleitung der NSV in der Silberbachstraße 19 wurde dann noch zur allgemeinen Information eine Vermißten- und Nachrichtenstelle eingerichtet. Um bauliche Sofortmaßnahmen einleiten zu können, verfügte Oberbürgermeister Kerber am 30. November eine Beschlagnahmung sämtlicher Baustoffe im Stadtbereich[109] (Abb. 144). Nur mit Zustimmung des Beauftragten für die baulichen Sofortmaßnahmen durften danach irgendwelche Materialien ausgegeben werden. Gleichwohl zeigte sich sehr bald ein Engpaß in der Versorgung mit Baumaterial, so daß es nicht möglich war, die nötigen Sicherungs- und Abdeckungsarbeiten vorzunehmen.

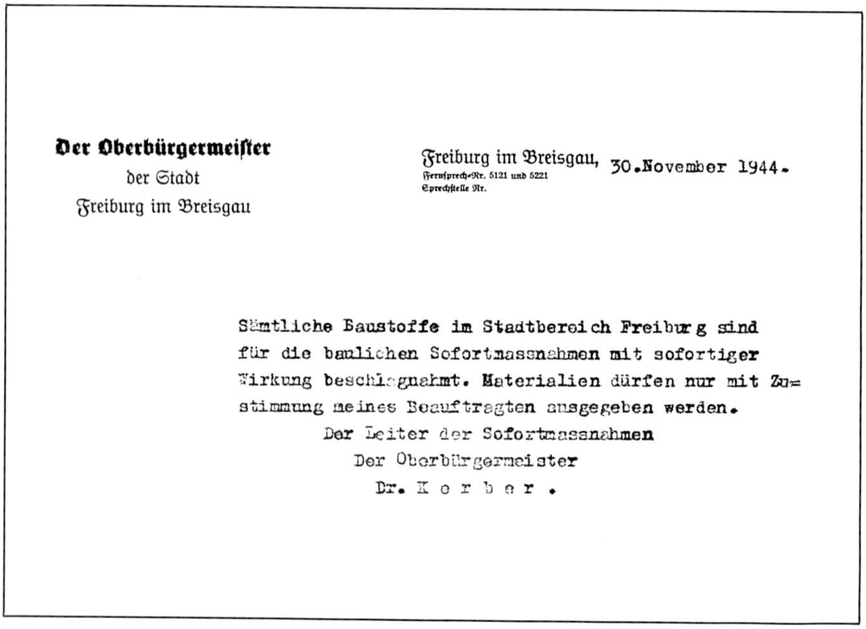

Der Oberbürgermeister
der Stadt
Freiburg im Breisgau

Freiburg im Breisgau, 30.November 1944.
(Fernsprech-Nr. 5121 und 5221
Sprechstelle Nr.

Sämtliche Baustoffe im Stadtbereich Freiburg sind
für die baulichen Sofortmassnahmen mit sofortiger
Wirkung beschlagnahmt. Materialien dürfen nur mit Zu=
stimmung meines Beauftragten ausgegeben werden.
Der Leiter der Sofortmassnahmen
Der Oberbürgermeister
Dr. K e r b e r .

Abb. 144: Beschlagnahmungs-Verfügung Kerbers vom 30. November 1944 (StadtAF, C4/VI/33/4)

Was für die Stadt Freiburg den Umfang einer Katastrophe angenommen hatte, war im Rahmen der Kriegsereignisse an allen Fronten des Reiches allerdings nur einen knappen Hinweis in den üblichen Wehrmachtsberichten wert. Das Oberkommando der Wehrnacht meldete am 28. November über die alliierte Luftkriegstätigkeit: „Am gestrigen Tage richteten sich die Angriffe der anglo-amerikanischen Bomber und Jäger auf das Gebiet beiderseits des Rheins. Schwere Schäden entstanden vor allem in Wohnvierteln der Städte Offenburg und Köln. In der Nacht unternahmen britische Flugzeuge einen Terrorangriff auf

[108] Ebda.: „Wie die Luftpiraten in Freiburg hausten".
[109] StadtAF, C 4/VI/33/4: Der Oberbürgermeister v. 30. 11. 1944.

Freiburg im Breisgau, der hohe Personenverluste und umfangreiche Gebäude-schäden zur Folge hatte. Ein weiterer Nachtangriff richtete sich gegen Düsseldorf. Über dem Reichsgebiet herrschte außerdem Störflugtätigkeit. 19 feindliche Flugzeuge wurden abgeschossen"[110].

Man hat später die kurze Meldung als Beweis dafür angesehen, daß Freiburg bereits eine für Berlin „abgeschriebene Stadt" gewesen sei[111]. Zwar war der Wehrmachtsbericht längst ein Instrument des Propagandaministeriums geworden[112], so daß man annehmen könnte, daß das NS-Regime kein Interesse daran hatte, die schwere Zerstörung der Großstadt Freiburg auch noch öffentlich einzugestehen; andererseits war die alliierte Bombardierung und Verwüstung einer Stadt von der Größe Freiburgs im November 1944 kein besonderer Einzelfall mehr, der mehr Platz als einen Satz im OKW-Bericht hätte einnehmen müssen.

Das ganze Ausmaß von Not und Leid, welche die Stadt so überraschend trafen, wird in den überlieferten Erlebnisberichten und in einer nachträglichen skizzenhaften Rekonstruktion der Schreckensnacht durch den Historiker immer nur bruchstückhaft deutlich werden. Es fehlen zum Beispiel die Stimmen der Toten. „Könnten aber die reden, die keinen Ausgang aus der Hölle finden konnten und den Feuertod und Erstickungstod erleiden mußten, es würden furchtbare Klagen aus dem Trümmerfeld über das Martyrium der Opfer zu vernehmen sein", so überliefert es Wilhelmine Faller als Augenzeugin in ihrem Bericht zum 27. November den nachkommenden Generationen[113].

[110] „Das Oberkommando der Wehrmacht gibt bekannt ...". Der deutsche Wehrmachtsbericht. Hrsg. v. Günter Wegmann, Bd. 3; 1944–145. Osnabrück 1982, S. 349; vgl. ferner BA-MA Freiburg, RM 7/301: Luftlagemeldungen des Generalstabes der Luftwaffe während des 27.11.1944, S. 2.
[111] Der Wert einer „abgeschriebenen Stadt". In: Badische Zeitung v. 26.11.1960.
[112] Vgl. Erich Murawski: Der deutsche Wehrmachtsbericht 1939–1945. Boppard 2. Aufl. 1962.
[113] StadtAF, B 1/328: Bericht R. Zumtobel, S. 26.

VII.

Kriegsalltag und Kriegsende in Ruinen

1. Weihnachten 1944 in Not und Leid

In den ersten Tagen des Dezembers kam es zu panikartigen und umfangreichen Fluchtbewegungen aus Freiburg heraus[1]. Das Stadtpfarramt Maria-Hilf führt in einem Bericht vom Juni 1945 allein für seinen Stadtbezirk, der allerdings nicht so schwer wie andere Stadtteile getroffen worden war, „etwa 3000 Bewohner" an, die „meist zu Verwandten und Bekannten in den Schwarzwald" zogen[2]. Mehrere Berichte geben an, daß die Bewohner zu „Tausenden" bzw. in „riesigen Massen" und zum Teil „kopflos" sowie „verstört" oder „völlig verängstigt" ihre Wohnung im Stich ließen, um zu Fuß, mit dem Rad oder mit den wenigen noch verkehrenden Zügen ab Wiehrebahnhof in Richtung Höllental/Titisee zu eilen[3]. Aber auch in nordöstlicher Richtung zogen sich Flüchtlingsbewegungen hin. Ein Bericht der Pfarrei Zähringen gibt dazu an: „Unbeschreiblich war der Flüchtlingsstrom, der sich nach dem großen Angriff nach Zähringen und darüber hinaus nach Wildtal, Heuweiler, Glottertal usw. hinwälzte. Den Todesschrecken noch im Gesicht, beladen mit schwerem Gepäck, Wägelchen und Karren aller Art schiebend oder ziehend, suchten die armen Opfer des Angriffes ihre Kinder und die armseligen Reste ihrer geretteten Habe irgendwohin in Sicherheit zu bringen und ein schützendes Dach zu finden"[4]. Aus rückblickender Sicht werden besonders die Fürsorge- und Hilfsmaßnahmen der Bewohner aus den umliegenden Vororten und Höfen in den Schwarzwaldtälern sehr lobend erwähnt. Fast überall wurden die Flüchtlinge aus Freiburg gastlich aufgenommen, in provisorischen Krankenstuben versorgt, notdürftig mit Wäsche sowie Kleidung ausgerüstet und dann sogar „viele Wochen lang kostenlos verpflegt"[5].

Die Fluchtbewegung erfolgte spontan und unorganisiert. Folglich bestimmte ein „nicht endendes Durcheinander der Flüchtenden" die Ereignisse in der nächsten Zeit nach dem 27. November in Stadt und umliegender Umgebung; Freiburg war so schwer getroffen und zerstört, daß es im Urteil von Zeitgenossen „keinen Reiz mehr" besaß, als „ungastliche Fremdenstadt" angesehen wurde und als „geächtet" galt, so daß viele dann auch rasch diesen Ort verlassen wollten. Ein Chronist konstatierte: „Die Stadt ist nicht wiederzuerkennen ... Nur noch Trümmerhaufen und Fassadenreste, wo früher die schönen alten Häuser standen!"[6]. Zu

---

[1] Vgl. Hans Frieder Huber: Erinnerungen an eine Freiburger Kindheit im Kriege. „Die erste Zeit". Freiburg 1984, S. 91.
[2] Erzbischöfliches Archiv Freiburg, B 2–35/101: Bericht v. 18. 6. 1945.
[3] Annemarie Meckel: Das Bild des Gefangenen. Tagebuchauszüge 1944–1947. Freiburg 1987, S. 15 f.; vgl. auch StadtAF, B 1/328: Schreiben v. M. Stoffel an Herrn Dorer v. 4. 12. 1944.
[4] StadtAF, B 1/328: Bericht des Zähringer Pfarramtes v. 10. 9. 1945.
[5] Ebda.
[6] Meckel, Das Bild des Gefangenen, S. 16; StadtAF, Bericht Zumtobel, S. 33 und Huber, Kindheitserinnerungen, a.a.O., S. 30.

dem durch Abreise oder vorübergehenden Wegzug aus der Stadt bedingten Flüchtlingsstrom kam ferner noch ein täglicher Pendelverkehr hinzu, der in den Abendstunden einsetzte, wenn zahlreiche Bewohner auf „Gefährten aller Art ins Dreisamtal" hinaufzogen, um während der Nacht „einem etwaigen erneuten Angriff zu entgehen"; zum Ärger von Stadtverwaltung und Freiburger Wirtschaftskammer waren die überforderten Polizeikräfte nicht in der Lage, diesem „Tohuwabohu rechtzeitig Einhalt zu gebieten"[7].

Die Polizei konnte allerdings mit ihren Sorgen und Problemen nur beschränkt an die Öffentlichkeit gehen, da in der noch bestehenden einzigen Zeitung nicht alles veröffentlicht werden durfte, was die Freiburger interessierte. Weisungsgemäß hielt sich die Schriftleitung des „Alemannen", die selbst erst einmal in neue Geschäftsräume zum Teil nach Waldkirch und teilweise in die Adolf-Hitler-Straße 229 umziehen mußte und die Zeitung bis zum 20. Dezember nur in reduziertem Umfang sowie bis zum Jahresende nicht mehr im Abonnement, sondern nur noch durch extra ausgeschickte Verkäufer in den einzelnen Stadtgebieten verkaufen konnte, in ihrer Berichterstattung über den Luftangriff sehr zurück. Im Mittelpunkt der Meldungen stand vielmehr meist die angeblich „erfolgreiche Gegenwehr an der Front" im Westen und im Elsaß[8].

Für viele Freiburger war das große Ausmaß der örtlichen Zerstörungen und Verluste unter der Bevölkerung allerdings durch persönlichen Augenschein offenkundig[9]; der darüber hinausgehende Umfang der Schäden konnte jedoch aus der Presse oder anderen staatlichen und Parteiverlautbarungen nicht entnommen werden. Schon in anderen Fällen hatte das nationalsozialistische Propagandaministerium unter Reichsminister Goebbels bei größeren Luftangriffen gezögert, die Bevölkerung über die jeweiligen Zerstörungen und Verluste in vollem Umfange zu unterrichten, da man negative Auswirkungen auf den Durchhaltewillen und die Kampfmoral der Zivilbevölkerung befürchtete – was gerade das Ziel der alliierten Luftangriffe auf die deutschen Städte im Hinterland der Front war.

Die vom Goebbelsschen Ministerium absichtlich eingeschränkte Informationstätigkeit der deutschen Presse führte allerdings im Ausland zu spekulativen Berichten über das Ausmaß der von den westalliierten Luftangriffen in den deutschen Städten angerichteten Schäden. Aufgrund eines Berichtes ihres Berner Korrespondenten meldete beispielsweise die schwedische Zeitung „Svenska Dagbladet" am 17. Dezember, daß in Freiburg „nicht weniger als 30 000 Personen, möglicherweise noch mehr, den Tod fanden"[10]. Sie berief sich dabei auf Angaben der „Basler Nationalzeitung", wonach der Luftangriff auf Freiburg „zu einer Ka-

---

[7] StadtAF, C 4/VI/8/5: Bericht der Wirtschaftskammer Freiburg an das Landeswirtschaftsamt v. 22. 1. 1945.

[8] Vgl. die Ausgaben des „Alemannen" ab Nr. 315 v. 1. 12. 1944.

[9] Einen umfassenden Eindruck der schweren Zerstörungen in Freiburg bieten die in der Photodokumentation ab S. 487 ff. abgedruckten Bilder sowie die Illustrationen in den Publikationen: Freiburg in Trümmern 1944–1952, a.a.O.; Freiburg in Trümmern 1944–1952, Teil II, a.a.O.; 1944–1984. Unsere Stadt Freiburg. Kriegszeit und Wiederaufbau. Hrsg. v. d. Oberlinden Gesellschaft/Zierkommission von 1829. Redaktion: Eugen Lang, H. D. Popp, Bernhard Vedral. Freiburg o. J. (1984); Das Freiburger Münster und der 27. November 1944. Augenzeugenberichte. Hrsg. v. Franz Götz unter Mitarbeit von Bernhard Adler und Irmtraud Götz. Freiburg 1984 (= Stadt und Geschichte. Neue Reihe des Stadtarchivs Freiburg i. Br., H. 6); neuerdings: Hartwig Beseler/Niels Gutschow: Kriegsschicksale Deutscher Architektur. Verluste – Schäden – Wiederaufbau. Eine Dokumentation für das Gebiet der Bundesrepublik Deutschland. 2 Bde. Neumünster 1988, zu Freiburg siehe Bd. II: Süd, S. 1109–1131.

[10] Dokumente Deutscher Kriegsschäden. Evakuierte – Kriegssachgeschädigte – Währungsgeschädigte. Die geschichtliche und rechtliche Entwicklung. 2. Beiheft: Der Luftkrieg im Spiegel der neutralen Presse. Bonn 1962, S. 448: „30 000 dödade i Freiburg?" (= 30 000 Tote in Freiburg).

tastrophe größten Ausmaßes geworden" sei, „weil das Alarmsystem außer Funktion gesetzt wurde". Ein großer Teil der Umgekommenen seien Soldaten und Volkssturm-Angehörige aus anderen Gegenden gewesen. Unter den Toten befinde sich auch der Erzbischof von Freiburg, Conrad Gröber; die Großherzogin Hilda von Baden werde vermißt. Diese Zeitungsmeldung entsprach nicht den Tatsachen, konnte aber den Briten nachträglich militärische Gründe für den Angriff bieten, da angeblich so viele Soldaten in Freiburg getroffen worden seien.

Erst am letzten Tag des Jahres 1944 informierte die Goebbelssche Presse die Zeitungsleser im Reich über die schweren Zerstörungen in Freiburg. Unter der Überschrift „Völlig zerstört!" unterrichtete der „Völkische Beobachter" am 31. Dezember 1944 über die vernichteten und beschädigten Kulturdenkmäler der Breisgaustadt[11]. Der Artikel erweckte bei oberflächlicher Lektüre den Eindruck, als sei die Stadt, „deren Wesenszüge noch ganz vom Mittelalter her bestimmt waren, nahezu völlig zerstört" und das Münster „völlig ausgeblasen". Ganz offensichtlich sollte der Bericht über die Zerstörung der Breisgaumetropole der Bevölkerung im westlichen Teil Deutschlands Angst vor den heranrückenden Westalliierten machen und bezeugen, daß von den Angloamerikanern keine bessere Behandlung als von den sowjetischen Truppen an der Ostfront zu erwarten sei; denn mit dem Angriff auf Freiburg, „der in der Geschichte dieses Krieges niemals vergessen" werde, trat nach Ansicht der NS-Parteizeitung „das Unmenschliche und Kulturwidrige" der alliierten Kriegführung deutlich zutage. Es fehlte deshalb auch nicht der irreführende Hinweis, daß die Stadt aufgrund der vielen Verwundeten und Genesenden in den Kliniken und Krankenhäusern vom „Volksmunde" den Namen „Lazarettstadt" erhalten habe; gleichsam indirekt versuchte man damit den Alliierten vorzuwerfen, sie hätten darauf keine Rücksicht genommen. Die Frage, ob die Feststellung des „Volksmundes" überhaupt zutraf, ließ man allerdings wohlweislich offen.

Nach dem Terrorangriff auf Freiburg erfolgten im Dezember noch weitere schwere Luftangriffe auf südwestdeutsche Städte. Die Bombardierungen dokumentierten sehr nachhaltig, daß die größeren Städte Badens und Württembergs, die bislang nicht so sehr im Mittelpunkt des alliierten Luftkrieges gestanden hatten, keinesfalls „Inseln des Friedens" im totalen Krieg blieben, sondern daß sie entsprechend den Ziellisten des strategischen Zielkomitees der Angloamerikaner als wichtige Verkehrszentren für die deutsche militärische Operationsführung im Westen ausgeschaltet werden sollten und wurden. Wie im gesamten Raum hinter der Westfront, so häuften sich auch im Gebiet um Freiburg ab Dezember 1944 die Einzelangriffe alliierter Jagdbomber auf das deutsche Verkehrsnetz. Bei den weiteren Luftangriffen auf Freiburg am 2., 3., 17., 25. und 30. Dezember 1944 wurden jedoch nicht nur Einrichtungen der Bahn getroffen, sondern auch mehrere Zivilpersonen verletzt und getötet.

Durch die vorübergehende Zerstörung der Bahnstrecke Offenburg-Freiburg-Basel an verschiedenen Stellen war die Stadt zeitweise nur noch über die Höllental-Linie an das Reichsbahnnetz angeschlossen[12]. Insbesondere für Wehrmachts-Verwundetenzüge und den Abtransport von Verletzten aus den Kliniken und Reservelazaretten übernahm der intakte Wiehrebahnhof die Funktion des zerstörten Hauptbahnhofs[13]. Aufgrund der von der Reichsbahn angeordneten

---

[11] Völkischer Beobachter, Süddeutsche Ausgabe v. 31.12.1944, auch zum Folgenden.
[12] Vgl. die Angaben bei Meckel, Das Bild des Gefangenen, S. 16.
[13] StadtAF, Bericht Zumtobel, S. 42.

Transportsperre konnte allerdings auch diese Strecke nur unregelmäßig und wegen der tagsüber geflogenen Jagdbomberangriffe oft nur in der Nacht benutzt werden. Durch die Zerstörung des Fernsprech- und Telegrafenamtes Freiburg beim Luftangriff am 27. November war außerdem der öffentliche Telefonsprechverkehr in der Stadt fast vollständig unterbunden. Der Ausfall der Telefon- und regelmäßigen Zugverbindungen führte auch in der Postbeförderung zu erheblichen Einschränkungen; ab Ende Januar 1945 durften schließlich auf weite Entfernungen nur noch einfache Postkarten verschickt werden.

Im Vordergrund der alsbald einsetzenden Hilfsmaßnahmen standen in den Dezembertagen die Bemühungen um eine notdürftige Unterbringung sowie Versorgung der zahlreichen Obdachlosen und Totalausgebombten mit Lebensmitteln und sonstigen Ausrüstungs- und Bekleidungsgegenständen für den täglichen Bedarf. Vorrangig war auch die Leichenbergung und Bestattung der Opfer, um den Ausbruch von Seuchen und Krankheiten zu verhindern. Oberbürgermeister Kerber mahnte diese Aufgaben in einem Schreiben an den Polizeipräsidenten dringend an und forderte dazu die Abstellung von 150 Arbeitern aus den Bergungstrupps oder durch Heranziehung von „Drückebergern", die sich unter den Flüchtlingen im Gelände am Schloßberg, im Sternwald und in den Vorstädten angeblich als „lichtscheues Gesindel" herumtrieben[14].

Die Schutzpolizei des Gendarmerie-Kreisführers richtete daraufhin einen verstärkten Streifendienst in den Randgebieten von Freiburg ein, und die Polizeiviere innerhalb des Stadtgebietes mußten für diesen Zweck einen zusätzlichen Kontrolldienst einsetzen; zudem wurde durch die Polizei sogar eine Razzia in der Stadt durchgeführt. Oberbürgermeister Kerber setzte auf der Besprechung der Amtsvorstände am 1. Dezember 1944 Oberbaurat Werner als technischen Leiter der Sofortmaßnahmen ein und ließ sechs Bezirksstellen in den Polizeirevieren bilden, welche die Vorarbeiten für die Hilfsaktionen zu leisten und die Meldungen der Bauschäden entgegenzunehmen hatten[15]. Die dabei an die betroffene Bevölkerung ausgeteilten Bezugsscheine hatten allerdings nur einen beschränkten Wert, da viele Geschäfte in der Stadt zerstört waren und vorerst keine Ersatzwaren ausgeben konnten.

Bei den eingeleiteten wirtschaftlichen Hilfsmaßnahmen mußte festgestellt werden, daß es ausgesprochen schwierig war, „mit übergeordneten Dienststellen der Verwaltung bzw. der Wirtschaftsorganisation in Verbindung zu kommen"[16]. Die durch den britischen Luftangriff entstandenen Probleme waren für die Stadt zweifellos überwältigend und riesengroß; für die Partei- und staatlichen Stellen im Gau Baden und im übrigen Reichsgebiet zählten derartige Nöte nach schweren Terrorangriffen allerdings während der zurückliegenden Kriegsjahre fast schon zu den regelmäßig wiederkehrenden Kriegsereignissen in der Heimat. Die Freiburger Wirtschaftskammer konstatierte deshalb auch in ihrem Bericht vom 22. Januar 1945 vorwurfsvoll: „Freiburg sah sich gänzlich auf sich selbst gestellt. Hilfe von auswärts erfolgte in bemerkenswertem Umfang nicht. Von Nachbarhilfe war kaum etwas festzustellen"[17].

---

[14] StadtAF, D. Aö.1.32 b, Bd. 1: Schreiben v. 1.12.1944, mit Schreiben Kommando der Schutzpolizei v. 1.12.1944; vgl. ebda., C 4/VI/21/2, auch zum Folgenden.
[15] Ebda., C 4/VI/21/2 und C 4/VI/33/4. Im Polizeirevier 2 wurden zwei Bezirksstellen eingerichtet.
[16] Ebda., C 4/VI/8/5: Bericht der Wirtschaftskammer Freiburg an das Landeswirtschaftsamt v. 22.1.1945.
[17] Ebda., S. 5.

Ab 1. Dezember druckte „Der Alemanne" in seinen verkleinerten Notausgaben täglich Bekanntmachungen der Stadtverwaltung oder NSDAP-Kreisleitung Freiburg ab, in denen die Wiederaufnahme von Dienstleistungseinrichtungen in bestimmten Bezirken oder sonstige wichtige Hinweise für die Stadtbewohner bekanntgegeben wurden. So wurde mehrmals darauf aufmerksam gemacht, daß fast alle wichtigen städtischen Dienststellen in der Gewerbeschule, Kirchstraße 4, untergebracht worden waren. Schließlich wurden die „Werktätigen in Freiburg" öffentlich zur Rückkehr an ihre jeweiligen Arbeitsplätze aufgefordert. Dem Feind dürfe es, so verkündete die NS-Zeitung am 1. Dezember, auch durch den Bombenterror nicht gelingen, „die schaffende deutsche Heimat" niederzuzwingen; sie müsse „unter allen Umständen stehen und ihre Pflicht erfüllen, getreu dem Vorbild der kämpfenden Front"[18].

Im Gegensatz zu zeitgenössischen Erfahrungen berichtete die Zeitung von der „vorzüglichen" Bewährung der fürsorglichen Arbeit der Nationalsozialistischen Volkswohlfahrt (NSV), auf vielen Gebieten „Hilfe zu schaffen für viele Tausende, die der wütende Terror des Feindes betroffen hat"[19]. Allerdings mußte zugegeben werden, daß der Anlauf der Arbeit erheblich erschwert worden war durch die Vernichtung der NSV-Dienststelle in der Stadt. Zeugenberichte weisen insbesondere auf die fehlende Verpflegung und Versorgung im Schloßberg-Bunker während der ersten Tage nach dem Angriff hin: „Stumpf und dumpf hungerte man sich durch die langen Stunden; man mußte Glück haben, wenn man irgendwo einen Bekannten oder auch Fremden traf, der wenigstens einen kleinen Mundvorrat gerettet hatte und der großherzig genug war, einem ein Stück Brot zu reichen"[20]. Erst nach Aufnahme der Arbeit in der NSV-Fachschule für Volkspflege in der Silberbachstraße 19 konnte diese Organisation ab dem 29. November tatkräftig bei der kostenlosen Essensausgabe wie auch der Unterbringung der Obdachlosen helfen.

Dies war eine wichtige Aufgabe der NSV. Nach einem Erlaß des Reichsministers für Ernährung und Landwirtschaft hatte sie die Verpflegung der Obdachlosen in der ersten Zeit nach schweren Luftangriffen als besondere Maßnahme zu übernehmen (Abb. 145). Die NSV-Verpflegung für die Breisgaustadt mußte anfangs von der Kochstelle in Bötzingen am Kaiserstuhl herangeschafft werden. Obwohl die Ausgabe der karten- und kostenfreien Notverpflegung eigentlich auf fünf Tage begrenzt war, wurde sie in Freiburg auch über diesen Zeitraum fortgesetzt. Vom 30. November bis 14. Dezember wurden von der NSV 250000 Liter Eintopf in der Stadt ausgegeben. Noch Anfang Januar 1945 wurden rund 500 Liter Suppe oder Eintopf pro Tag ausgeteilt[21]. Wie die NSV-Organisation so richteten auch die Hilfsstellen des Deutschen Caritasverbandes Freiburg Speisungsstellen für obdachlose Freiburger ein[22]. Auf der Amtsbesprechung beim Oberbürgermeister am 2. Dezember wurde ferner entschieden, daß die NSV nicht nur am Stadtrand Verpflegungsstellen aufzumachen hatte, „sondern auch innerhalb der Stadt".

[18] Der Alemanne Nr. 315 v. 1.12.1944, S. 2.
[19] Ebda., S. 2. Vgl. ferner die „Erfolgsmeldung" für die NSV in: Ebda. v. 4.1.1945.
[20] StadtAF, B 1/328: Bericht von Anton Müller.
[21] Ebda., C 4/XVII/15/5: NSDAP-Kreisleitung, Amt für Volkswohlfahrt an den Oberbürgermeister v. 4.1.1945.
[22] Vgl. die Aufzeichnungen und Schreiben des Präsidenten Prälat Dr. Kreutz vom Caritasverband v. 30.11.1944, 8.12.1944 und 12.12.1944 in: Archiv Deutscher Caritasverband Freiburg, Sign. 101.024, 125.02, 125.12.

Abb. 145: Notverpflegungsstelle im zerstörten Institutsviertel (StadtAF)

Zudem wurde dort festgelegt, daß für die Mannschaften der Leichenbergungstrupps Alkohol beschafft werden sollte[23]. Die Entscheidung macht deutlich, daß der Anblick der Verschütteten, Getöteten, Verstümmelten oder verbrannten Menschen nicht leicht zu ertragen war. Unvergeßlich blieb vielen Freiburgern der Anblick der im Friedhof aufgetürmten Leichen, die nicht sogleich bestattet, sondern erst nach einigen Tagen in einem Gemeinschaftsgrab beigesetzt werden konnten, da kein Personal für die Ausschachtung der Gräber zur Verfügung stand. Vergeblich bemühte sich Oberbürgermeister Kerber Anfang Dezember, für diese Arbeit 150 Mann vom Instandsetzungsdienst der Luftschutzpolizei zu erhalten. Es konnten aber nur 60 Mann abgestellt werden. Weitere Aushilfe leisteten mehrere Gefangene – darunter viele Elsässer – aus dem Freiburger Wehrmachtsstrafgefängnis. Erst nach Einsatz eines Löffelbaggers gingen die Arbeiten schließlich zügig voran. Da auch die Leichenwagen der Friedhofsverwaltung beim Angriff zerstört worden waren, gestaltete sich zudem die rasche Bergung der Toten aus der Stadt in der nächsten Zeit schwierig. Einige Angehörigen brachten deshalb ihre Toten auf Leiter-, Hand- und Kinderwagen selbst zum Friedhof[24].

Die Beisetzungen mußten in der Regel frühmorgens in aller Stille vorgenommen werden, bevor einzelne Jagdbomber oder Aufklärer der Alliierten am Himmel über der Stadt erschienen. Lediglich die Vertreter beider Konfessionen wohnten den Bestattungen bei. Außerordentliche Schwierigkeiten bereitete die Identifizierung der Leichen, „weil ein großer Teil der Gefallenen bis zur Unkenntlichkeit verstümmelt oder verbrannt" war (Abb. 146)[25]. Nicht in jedem Falle

---

[23] StadtAF, C 4/VI/21/2.
[24] Ebda., C 4/VII/8/3 und Registratur Städt. Friedhofsamt: Bericht von Josef Beierkuhnlein.

konnten die eigens zur Friedhofsverwaltung abgestellten Kriminalbeamten des Erkennungsdienstes eine Identifizierung vornehmen. Manchmal wurden die spärlichen Überreste eines Menschen in einem Pappkarton gesammelt und als unbekanntes Opfer beigesetzt.

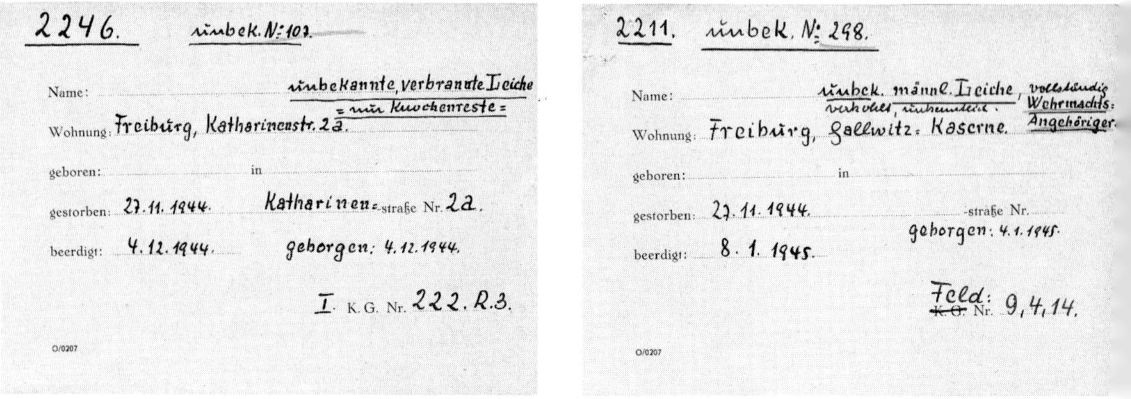
2246. unbek. N: 107.
Name: unbekannte, verbrannte Leiche = nur Knochenreste =
Wohnung: Freiburg, Katharinenstr. 2a.
geboren: in
gestorben: 27.11.1944. Katharinen-straße Nr. 2a.
beerdigt: 4.12.1944. geborgen: 4.12.1944.
I. K.G. Nr. 222. R.3.
O/0207

2211. unbek. N: 298.
Name: unbek. männl. Leiche, verkohlt, unkenntlich. vollständig Wehrmachts-Angehöriger.
Wohnung: Freiburg, Gallwitz-Kaserne.
geboren: in
gestorben: 27.11.1944. -straße Nr.
geborgen: 4.1.1945.
beerdigt: 8.1.1945.
Feld: ~~K.G.~~ Nr. 9,4,14.
O/0207

Abb. 146: Karteikarten für unbekannte geborgene Leichen (StadtAF)

Die auch im Bericht des Polizeipräsidenten vom 8. Dezember 1944 aufgeführten Schwierigkeiten bei der Bestattung der Luftkriegsopfer werden durch die Angaben in einem nach Kriegsende verfaßten Erfahrungsbericht der städtischen Friedhofverwaltung bestätigt[26]. Dabei wies man ergänzend darauf hin, daß der Hauptfriedhof durch Bombentreffer „selbst stark in Mitleidenschaft gezogen" worden war und daß große Schuttmassen den Zugang zum Friedhof versperrten. Wegen der rasch anfallenden hohen Zahl an Toten erfolgte die Beisetzung der geborgenen Opfer überwiegend in einer gemeinsamen Grabstätte zwischen Haupteingang und beschädigter Einsegnungshalle (Abb. 147); 1664 Männer, Frauen und Kinder fanden darin ihre letzte Ruhestätte. Da der übliche Sargvorrat von einigen hundert Stück nicht ausreichte, wurde der „größte Teil der im Gemeinschaftsgrab vorgenommenen Beisetzungen ohne Särge" durchgeführt. Die zahlreichen Toten wurden notgedrungenermaßen „in drei übereinanderliegenden Reihen ... unter Ausschluß der Öffentlichkeit" bestattet. Da die Bestattung der Fliegeropfer in der ersten Zeit nach dem 27. November die gesamte Arbeitskraft des Friedhofspersonals in Anspruch nahm, mußten bei anderen Beisetzungen die Angehörigen „die Gräber selbst graben"[27]. Nach dem 27. November 1944 waren nur etwa ein halbes Dutzend Feuerbestattungen möglich, dann mußte das Krematorium wegen Kohlenmangels stillgelegt werden[28].

Der infolge der fehlenden Arbeitskräfte nur langsame Fortgang der Bergungsarbeiten von Verschütteten führte in den folgenden Wochen zu wiederholten Klagen und zu Verstimmung unter der Stadtbevölkerung. Beschleunigen ließen sich

[25] StadtAF, B 1/328: Bericht des Polizeipräsidenten v. 8.12.1944 (siehe auch den Abdruck im Anhang S. 405 ff.).

[26] Ebda., C 5/4396: Bericht der städtischen Friedhofsverwaltung an das Bürgermeisteramt Abt. V v. 27.11.1949.

[27] Ebda., Sammlung Berichte der städtischen Ämter: Bericht des städtischen Gartenamtes v. 10.1.1945.

[28] Ebda., B 1/328: Bericht von Oberstudienrat a. D. Emil Kraft v. 13.8.1984; ebda., C 5/650: Bericht Städtische Friedhofsverwaltung.

Abb. 147: Bestattung der Bombenopfer im Gemeinschaftsgrab auf dem Hauptfriedhof (StadtAF)

die Arbeiten allerdings nicht, solange fast alle arbeitsfähigen Männer abgezogen waren. Noch am 25. Januar 1945 gestand Oberbürgermeister Kerber auf einer Ratsherrensitzung ein, daß die verzögerte Totenbergung für die betroffene Bevölkerung ein beständiger und verständlicher Grund zur Klage sei[29].

Die Hilfsmaßnahmen und Fürsorgebemühungen der kommunalen, staatlichen und Parteistellen wurden wiederholt durch den Ausfall des Verkehrsnetzes, bedingt durch neue Luftangriffe der Alliierten, sowie durch immer wieder entstehende Kellerbrände in den Ruinengebieten erschwert und behindert. Beispielsweise brannte es am 5. Dezember erneut im Erzbischöflichen Gymnasialkonvikt. Zahlreiche Sprengbomben, Minen und Stabbrandbomben lagen zudem als Blindgänger noch überall im Gelände herum.

Verzögerungen traten außerdem ein, wenn die entsprechenden Führungszentralen für die Luftschutz- und anderen Hilfsdienste erst reorganisiert oder neu untergebracht werden mußten, weil sie selbst Opfer des Luftangriffs vom 27. November geworden waren. So konnte die Kreisgruppe Freiburg des Reichsluftschutzbundes erst am 11. Januar 1945 darüber informieren, daß deren Führung schon am 2. Dezember 1944 in die Hände von Hauptluftschutzführer J. Haberstroh übergegangen war[30]. Auch der am 5. Dezember erfolgte Wechsel in der NSDAP-Kreisleitung von Dr. Karl Neuscheler zu Dr. Wilhelm Fritsch, der als NSDAP-Kreis- und Hauptbereichsleiter nach Freiburg zurückkehrte, wurde erst am 17. Januar 1945 im „Alemannen" mitgeteilt[31]. Bürgermeister Dr. Karl

[29] Registratur Städt. Friedhofsamt: Bestattungswesen, Fliegeropfer, Heft 1, 1944–1946 und StadtAF, C 4/VI/8/5.
[30] StA Freiburg, Landratsamt Freiburg, 1972/7/120.
[31] Der Alemanne Nr. 14 v. 17.1.1945. Neuscheler ging als Kreisleiter nach Mannheim.

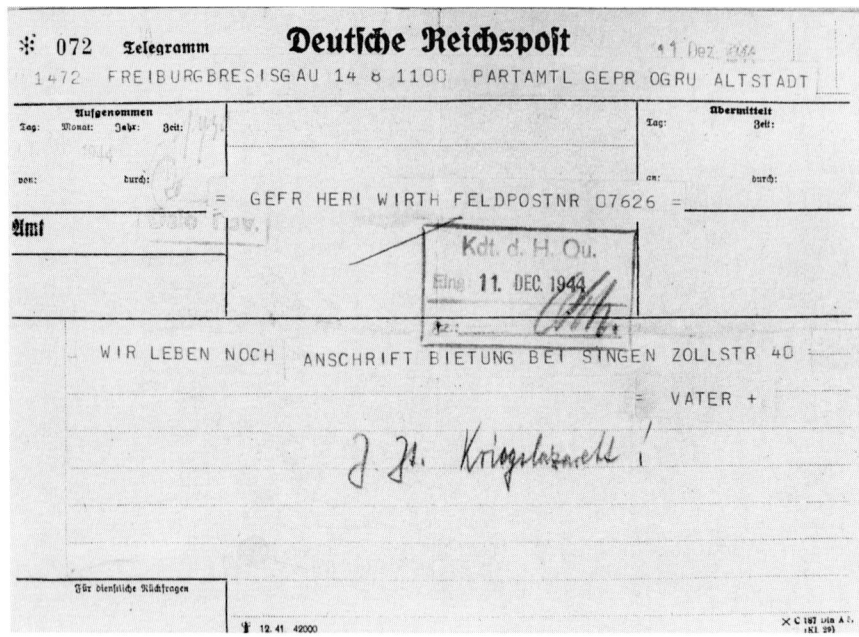

Abb. 148: Telegramm „Wir leben noch" vom 11. Dezember 1944 (StadtAF)

Hofner schied im November im Zusammenhang mit den Gestapo-Untersuchungen nach dem Attentat vom 20. Juli „aus politischen Gründen" aus seinem Amt. Oberbürgermeister Kerber ließ die Stelle allerdings vorerst nicht wieder besetzen. Erst verspätet erfuhr die Stadtverwaltung auch von der Verlegung des Wehrbezirkskommandos und Wehrmeldeamtes Freiburg unter Oberstleutnant Burchartz aufgrund baulicher Zerstörung nach Lenzkirch.

In der Ausgabe des „Alemannen"[32] vom 2./3. Dezember wurde die Bevölkerung über die Konzentration der städtischen Dienststellen in der Freiburger Gewerbeschule in der Kirchstraße 4 und im städtischen Forstamtsgebäude in der Adolf-Hitler-Straße 351 unterrichtet. Auch die Dienststelle des Oberbürgermeisters war nunmehr in der Gewerbeschule untergebracht. Die Zeitung informierte die Obdachlosen zudem, wie sie sich mit dem roten Fliegergeschädigtenausweis in der Hand bei den einzelnen Hilfsstellen zurechtfinden konnten, um wenigstens ihre schlimmste Not lindern zu können. Auch Bau- und Wohnungsschäden konnten dort registriert werden. Solange jedoch noch die Straßen der Innenstadt durch Schuttmassen versperrt waren, konnte mit den Instandsetzungsarbeiten der Bauschäden nicht begonnen werden. Der Umfang der in der Stadt liegenden Schuttberge war so groß, daß eine Abräumung bei der alsbald im Dezember einsetzenden Winterwitterung kaum möglich war.

In der gleichen Zeitungsausgabe nahm dann auch der Hauptschriftleiter des „Alemannen", Dr. Karl Goebel, unter der Überschrift „Die Lehre von Freiburg" zum Luftangriff der Engländer Stellung[33]. Für ihn stand fest, daß die „brutale

32 Ebda. Nr. 316 v. 2./3.12.1944.
33 Ebda., S. 1 f., auch zu den folgenden Zitaten.

Terrorisierung der Stadt Freiburg" durch die „feige Bombardierung von Frauen und Kindern in der unverteidigten Stadt" keinesfalls „ein Zeichen von Stärke und überlegener Kraft", sondern vielmehr Zeugnis dafür war, „daß der Feind mit den gebräuchlichen Mitteln der Kriegführung nicht mehr in der Lage ist, den Krieg zu seinen Gunsten zu entscheiden". Die „terrorisierte" Stadt Freiburg habe kein kriegswichtiges Ziel geboten, ihre Bombardierung sei das „Musterbeispiel eines gemeinen Terrorangriffs, dem ausschließlich Kultur- und Wohnbauten sowie Krankenhäuser und Lazarette zum Opfer fielen". Als Lehre aus dem „Beispiel Freiburg" zog Goebel den Schluß: „Widerstand bis zum äußersten. Kampf und Durchhalten bis zum Sieg. Etwas anderes gibt es nicht, trotz aller oder gerade wegen aller Kümmernisse und Leiden, die uns bedrücken".

Gerade angesichts der schwer zerstörten Heimatstadt dürften nicht wenige Freiburger Leser diesen propagandistischen Ausführungen Zustimmung entgegengebracht haben. Der moralischen Aufrichtung diente auch der Besuch des NSDAP-Gauleiters und Reichsstatthalters von Baden, Robert Wagner, der sich am 6. Dezember von NSDAP-Kreisleiter Dr. Fritsch über die schweren Schäden in der Stadt unterrichten ließ. Ob er besondere, zusätzliche Hilfe zusagen konnte, ist nicht überliefert, jedoch in Anbetracht der ebenfalls sehr schweren Luftangriffe auf andere badische Städte kaum anzunehmen[34].

Die Angst der Freiburger Bevölkerung vor neuen Luftangriffen erwies sich in den folgenden Tagen als nicht unbegründet. An 21 Tagen wurde im Dezember – auch an den Sonn- und Weihnachtsfeiertagen und zum Teil sogar mehrmals – Fliegeralarm ausgelöst, so daß die Einwohner bis Jahresende noch insgesamt 45mal Grund hatten, die Luftschutzräume aufzusuchen. Nicht immer folgte der Alarmierung ein Angriff. Jedoch kam es schon am 2. und 3. Dezember zu neuen verlustreichen Bombardierungen.

Am Samstag, dem 2. Dezember, wurden zwischen 14.20 Uhr und 14.30 Uhr durch 15 alliierte Jagdbomber 34 Sprengbomben abgeworfen. Neun Wohngebäude in der Schwarzwald-, Fabrik- und Kartäuserstraße wurden schwer, vier mittelschwer und 13 leicht beschädigt. 21 Tote (darunter zwei Ausländer), zwei Verwundete und fünf Verschüttete waren zu beklagen. 42 Bewohner wurden obdachlos, 85 mußten umquartiert werden[35]. Getroffen wurden auch die Brauerei Ganter und die Kistenfabrik Lindner & Co. Der Holzlagerplatz der Firma Faller brannte aus. Zwei Hauptwasserleitungen entlang der Dreisam zur Stadt wurden dabei ebenfalls zerstört, so daß die Trinkwasserversorgung erneut zu 90 Prozent für mehrere Tage unterbrochen war. Auch die Rheinbrücke bei Breisach wurde an diesem Tag angegriffen. Mehrere Jagdbomberangriffe erfolgten zugleich im Raum Mannheim-Karlsruhe-Straßburg-südliche Oberrheinebene bis zum Bodensee.

Die Alliierten versuchten in diesen Tagen konsequent, die Verkehrslinien und Knotenpunkte im rückwärtigen Gebiet der Westfront zu zerschlagen. So warfen dann auch am 3. Dezember von 12.28 Uhr bis 12.35 Uhr 16 zweimotorige, mittelschwere Martin B 26 Marauder-Bomber der Royal Air Force 44 Bomben auf das südliche Stadtgebiet, im Stühlinger und in Littenweiler. Wiederum gab es schmerzliche Verluste: eine Tote und 15 verwundete Kinder, die bei der Zerstörung des Hilfskrankenhauses Kyburg der Kinderklinik durch fünf Sprengbomben-Treffer verletzt wurden. Die Einschläge in der Bleiche-, Jahn-, Hindenburg-,

---

[34] Ebda. Nr. 320 v. 7. 12. 1944.
[35] Siehe StadtAF, D. Aö.1.32. b, Bd. 2 mit Trefferskizze und B 1/328; BA-MA Freiburg, RW 19/2013.

Johannisberg-, Emil-Gött-, Eichberg-, Schwarzwald- und Sonnenbergstraße führten zu drei Total-, drei schweren, acht mittelschweren und 77 leichten Gebäudeschäden. 180 Obdachlose mußten anschließend untergebracht und versorgt werden[36].

Da das Kinder-Hilfskrankenhaus Kyburg „ohne Dach, ohne Türen und Fenster" in der kalten Jahreszeit nicht mehr als Klinik verwendet werden konnte, mußten 110 kranke Säuglinge und Kinder im Rahmen einer abenteuerlichen Seilbahnfahrt bei heftigem Sturm und dichtem Schneetreiben zum Ausweichquartier „Hotel Burggraf" auf dem Schauinsland gebracht werden. Erst um Mitternacht traf der letzte Schlitten mit Kindern im „Burggraf" ein[37].

Martin B 26 Marauder	
Besatzung:	7 Mann
Länge:	17,12 m
Spannweite:	21,65 m
Geschwindigkeit:	553 km/h in 1530 m Höhe
Bewaffnung:	11 Maschinengewehre (12,7 mm)
Bombenlast:	1815 kg
Gipfelhöhe:	6040 m
Reichweite:	1760 km

Auch bei diesem Angriff wurde eine Wasser-Zubringerleitung unterbrochen, so daß das Eichberggebiet danach wochenlang ohne Wasser war. Erst Ende Januar 1945 waren die Schäden an den Wasserleitungen, die am 2. und 3. Dezember eingetreten waren, wieder behoben. Am 4. Dezember 1944 blieb Freiburg von Luftangriffen verschont, statt dessen erfolgten jedoch schwere Angriffe auf die Städte Heilbronn (Abb. 149) und Karlsruhe[38].

Die ständigen feindlichen Bombenangriffe auf die Verkehrsanlagen und Eisenbahnzüge in Südwest- und Süddeutschland riefen im November und Dezember 1944 „umfangreiche Störungen" im Transport- und Verkehrsnetz hervor. Im Bereich der Luftgaukommandos V und VII konstatierte man eine „katastrophale Verkehrslage"[39]: „In den westlichen Bezirken des Reichsgebietes kann mit der Eisenbahn nur noch bei Dunkelheit gefahren werden. Diese Umstände haben empfindliche Störungen des Nachschubverkehrs, insbesondere der Einzelnachschubtransporte, verursacht". Insofern erzielten die Jagdbomber- und Bomberangriffe auf das deutsche Transportnetz im südwestdeutschen Bereich einen merklichen Erfolg.

In diesen Tagen trafen erstmals zusätzliche Luftschutzkräfte von Kolmar und der ehemaligen Straßburger Polizei in Freiburg ein. Diese ca. 100 elsässischen

[36] StadtAF, B 1/328 und D.Aö. 1.32 b, Bd. 2 mit Trefferskizze; BA-MA Freiburg, RM 7/301: Meldungen Generalstab Luftwaffe zum 3. 12. 1944. Zu den Angaben zum Marauder-Bomber siehe Kenneth Munson: Die Weltkrieg II-Flugzeuge. Stuttgart 6. Aufl. 1977, S. 181 ff.

[37] K.-H. Sturzenhecker: Sturmfahrt auf den Schauinsland. In: Freiburger Almanach 23 (1972), S. 73–76; vgl. ders.: Materielle Beiträge zur Geschichte der Kinderklinik in Freiburg im Breisgau. Diss. med. Freiburg 1968; ferner StadtAF, C 5/297: Carl T. Noeggerath: Lebenserinnerungen eines Freiburger Kinderklinikers im deutschen Trümmerfeld. Masch.schriftl. MS. Freiburg 1951, S. 41 ff.

[38] Vgl. hierzu Josef Werner: Karlsruhe 1945. Unter Hakenkreuz, Trikolore und Sternenbanner. Karlsruhe 2. Aufl. 1986, S. 17 ff.; Wilhelm Steinhilber: Heilbronn. Die schwersten Stunden der Stadt. Heilbronn 1961.

[39] BA-MA Freiburg, RL 19/102, S. 7 f.

Abb. 149: „Brennendes Inferno" – vom vergleichbaren Angriff auf Heilbronn vom 4. Dezember 1944 (Stadtarchiv Heilbronn)

und ukrainischen Hilfspolizisten wurden bei den Bergungs- und Aufräumungsarbeiten eingesetzt. Nach wie vor waren Spreng- und Räumkommandos in der Stadt tätig, um einsturzgefährdete Häuser abzutragen und Verschüttete zu bergen. Teilweise konnte in den ersten Dezembertagen in einzelnen Straßenzügen die elektrische Stromversorgung wieder aufgenommen werden. Schwierigkeiten gab es bei der Heranschaffung des nötigen Räumungsgerätes, so daß die beabsichtigten Sofortmaßnahmen mehrmals verzögert wurden. Bis Ende Dezember wartete die Stadtverwaltung beispielsweise auf eine zugesagte Lieferung von 10000 Schaufeln durch das Nationalsozialistische Kraftfahrkorps (NSKK) vergeblich; sie trafen auch bis Mitte Februar 1945 nicht mehr ein, als die Stadt schließlich darauf verzichtete. Um die dringendsten Dachschäden reparieren zu können, benötigte man ferner rund 30 000 qm Dachpappe – auch ihre Anlieferung verzögerte sich immer wieder[40].

Sorgen bereiteten allerdings auch die mit der unzureichenden Lebensmittelversorgung im Stadtzentrum auftretenden Probleme, so daß die Nationalsozialistische Volkswohlfahrt weiterhin kostenlos Eintopfessen verteilen mußte. Die Einzelhändler wurden schließlich öffentlich aufgefordert, „ihre Verkaufstätigkeit wieder sofort aufzunehmen"; außerdem erhielt die gesamte Bevölkerung Freiburgs eine „Sonderzuteilung von 200 Gramm Fleisch je Kopf"[41]. Mehrmals stellten die Dienstvorstände in den Oberbürgermeisterbesprechungen vom 4., 7., 8. und 18. Dezember außerdem Überlegungen an, wie man die ohne Arbeit in der Stadt „sich herumtreibenden" männlichen Personen für die anstehenden Aufräumungs- und Rettungsarbeiten heranziehen könnte. Wiederholt wurde in den Presse-Bekanntmachungen unter der Überschrift „Wichtig für Freiburg" zur Meldung sowie zur Arbeits- und Dienstaufnahme bei den Einsatzkräften aufgerufen[42]. Dringend mahnte Oberbürgermeister Kerber auch die Abstellung von Arbeitskräften bei Polizeipräsident Henninger an, da sonst die Beerdigung der Toten auf dem Friedhof „ernstlich in Frage" gestellt schien.

Insbesondere an die Baufirmen Armbruster & Co., Brenzinger & Co. und W. Tröndle appellierte Kerber, ihr gesamtes Bau- und technisches Personal der Stadtverwaltung zur Freilegung und Wiederinstandsetzung der zerstörten Wasserkanäle und Gewerbebäche zur Verfügung zu stellen. Auch an andere Firmen (z. B. an die Herder Verlagsbuchhandlung, Fa. Dietler, Römmele, Rombach) wandte sich der Oberbürgermeister als Leiter aller Sofortmaßnahmen und bat um Abstellung von 25 Prozent des verfügbaren Firmenpersonals, um damit wenigstens die dringendsten Aufräumarbeiten in der Stadt durchführen zu können[43].

Um den Arbeitskräftemangel für die Räumarbeiten zu beheben, wurden zudem von dem Höheren SS- und Polizeiführer Südwest, SS-Obergruppenführer Hofmann, am 5. Dezember 1944 1000 Ostarbeiter aus dem Elsaß zugewiesen[44]. Sie sollten im geräumten Wehrmachtgefängnis untergebracht werden und „so schnell wie möglich die Durchgangs- und Hauptverkehrsstraßen restlos von Schuttmassen befreien". Ihre Heranbringung bereitete jedoch Schwierigkeiten. Daraufhin kündigte man das Kommen von 1000 Elsässern an. Die Stadtverwaltung konstatierte allerdings am 29. Dezember, daß die 1000 Mann immer noch nicht eingetroffen waren; schließlich teilte Hofmann am 5. Februar 1945 dem anmahnenden Ministerium des Innern in Baden-Baden mit, Gauleiter Wagner habe entschieden, die 1000 Elsässer nicht abzuziehen, „um keine unnötige Unruhe unter der Bevölkerung (im Elsaß – Anm. d. Verf.) hervorzurufen". Zudem würden sie im elsässischen Brückenkopf um Kolmar für dort notwendige Schanzarbeiten benötigt. Die Elsässer trafen deshalb nie in Freiburg ein.

Ein weiterer „zusätzlicher Einsatz zugunsten der Sofortmaßnahmen in Freiburg" wurde am 30. Dezember vom Reichsminister für Rüstung und Kriegsproduktion Albert Speer durch den „Reichshandwerkmeister" befohlen. Es sollten

[40] StadtAF, C 4/I/6/3: 7.12.1944, 19.12.1944, 9.1.1945 und Notiz v. 13.2.1945.
[41] Der Alemanne Nr. 319 v. 6.12.1944, S. 1.
[42] Ebda. Nr. 317 v. 4.12.1944, S. 1, Nr. 318 v. 5.12.1944; siehe auch StadtAF, C 4/XI/31/4, auch zum Folgenden.
[43] StadtAF, C 4/IX/17/7, 5.12.1944 und 12.12.1944.
[44] Ebda., D.Aö.1.32b, Bd. 1, C 4/VI/21/2 und C 4/IX/17/7: Fernschreiben v. 23.12.1944, Aktenvermerk v. 29.12.1944, Schreiben v. 5.2.1945, auch zum Folgenden.

50 Tischler aus dem Gau Brandenburg, 25 Zimmerer aus dem Gau Sudetenland, 25 Zimmerer aus dem Gau Sachsen und 30 Dachdecker aus dem Gau Sudetenland ab Anfang Januar in Freiburg eingesetzt werden. Die Abstellung dieses Personals erfolgte aufgrund einer Anforderung von Reichsverteidigungskommissar und Gauleiter Wagner vom 8. Dezember als „Reichssondereinsatz Nr. 134". Gegen die von Wagner danach beabsichtigte Abzweigung von Teilen des Personals für den Soforteinsatz in Karlsruhe erhob die Stadtverwaltung sofort Protest. Von diesen „Reichshandwerkereinsatz-Kräften" trafen allerdings bis zum 8. Januar 1945 nur 50 Tischler/Schreiner aus der Kurmark ein. Bis zum 16. Januar kamen dann noch 51 Dachdecker und Zimmerleute aus dem Sudetengau und aus Sachsen nach Freiburg. Ihr Einsatz in Freiburg dauerte bis zum 20. Februar 1945. Außer der ebenfalls herangezogenen Kriegsgefangenen-Dachdeckerkompanie waren sie die einzigen auswärtigen Hilfskräfte für die Stadt[45].

Eine gewisse Entlastung der schwierigen Versorgungslage für die Ausgebombten brachte der vom 4. bis 10. Dezember in Freiburg-Waldsee eingesetzte motorisierte „Hilfszug Hermann Göring". Er bestand aus etwa 20 Spezial-Fahrzeugen mit rund 90 freiwillig als dienstverpflichtet tätigen Flamen und Holländern. Sie übernahmen es, bei Totalgeschädigten „erste Hilfe durch die Ausgabe von Kleidungsstücken zu gewähren"[46]. Pro Tag konnten etwa 300 Menschen die verlorene Kleidung und Wäsche ersetzt bekommen. Überschwenglich lobte „Der Alemanne" diesen Einsatz: „Hier hilft der Soldat den zu Soldaten gewordenen Kämpfern der Heimatfront in den luftbedrohten Gebieten. So ist der ‚Hilfszug Hermann Görings' nicht nur eine materielle Hilfe, sondern darüber hinaus auch der Ausdruck der Frontkameradschaft der kämpfenden Wehrmacht mit der im Bombenhagel standhaft Widerstand leistenden Heimatfront".

Ebenso enthusiastisch wurde in der Zeitung des nächsten Tages der Einsatz der NSV-Stellen für die Bürgerinnen und Bürger Freiburgs gerühmt. Insbesondere wurde dabei die vorausschauende Planung der Partei hervorgehoben. Die Zeitung führte allerdings auch an, daß die NSV-Verpflegungsstellen bald wieder abgebaut würden und man wieder Lebensmittelkarten sowie den eigenen Geldbeutel für die tägliche Verpflegung einsetzen müsse[47]. Das Städtische Wohlfahrtsamt versorgte in den ersten 14 Tagen nach dem Luftangriff „rund 6300 Totalgeschädigte"; 730000,– RM wurden dabei als erste Finanzhilfe ausgezahlt[48].

Als Vorsorgemaßnahme gegen mögliche weitere Luftangriffe wurden die Jungen und Mädchen der Stadt und des Kreises Freiburg ab 8. Dezember „in die KLV-Lager im Schwarzwald verschickt", da Freiburg nunmehr doch als „luftgefährdetes Gebiet" galt[49]. Zur gleichen Zeit rief Oberbürgermeister Kerber die „arbeitsfähigen Einwohner der Stadt Freiburg" auf, „sich wenigstens kurzfristig dem Leiter der Sofortmaßnahmen für die Behebung der schweren Fliegerschäden zur Verfügung zu stellen"[50], denn nach wie vor bestand ein großer Mangel an Arbeitskräften, so daß – auch im Zusammenhang mit der bevorstehenden winterlichen Witterung – sowohl die Bergung wichtiger Sachwerte als auch die Durchführung der dringendsten Sofortarbeiten erheblich erschwert und gefährdet waren.

[45] Ebda., C 4/IX/17/7 mit Wiedergabe des Fernschreibens von Speer v. 30.12.1944 und der Aufstellung von Oberbaurat Werner v. 17.1.1945.

[46] Der Alemanne Nr. 319 v. 6.12.1944, S. 2; auch zum Folgenden.

[47] Ebda. Nr. 320 v. 7.12.1944, S. 2.

[48] StadtAF, C 5/2752: Meldung v. 15.1.1945.

[49] Der Alemanne Nr. 321 v. 8.12.1944, S. 1.

[50] Ebda. Nr. 323 v. 11.12.1944, S. 1.

Viele Wohnungen hatten Mitte Dezember noch immer kein Wasser, und die Bewohner konnten in ihnen weder heizen noch kochen. Für das gesamte Stadtgebiet wurde am 12. Dezember öffentlich vor dem Gebrauch ungekochten Wassers gewarnt, da die Trinkwasserversorgung noch nicht völlig wiederhergestellt war. Gleichzeitig wurden der Bevölkerung ersatzweise zwölf private Brunnen im Stadtgebiet für die Trinkwasserversorgung angeboten. Das Ausmaß der umfangreichen Arbeiten im Rahmen der sofortigen Hilfsmaßnahmen bis Mitte Dezember wird in der amtlichen Feststellung deutlich, daß bis dahin 11 227 Ausweiskarten an schwer oder total Fliegergeschädigte sowie 9800 Abreisebescheinigungen für Obdachlose ausgestellt worden waren[51]. Ab Mitte Dezember besserten sich dann allmählich wieder die Verhältnisse.

Durch den Luftangriff vom 27. November verzögerte sich auch die Heranziehung der männlichen Bewohner Freiburgs zum „deutschen Volkssturm", der schon Mitte Oktober 1944 vom Gauleiter und Reichsverteidigungskommissar Robert Wagner in Baden aufgerufen worden war. In der Regel hatte jeder NSDAP-Kreis ein Volkssturm-Bataillon aufzustellen. Der seit 5. Dezember 1944 wieder in der Stadt amtierende Kreisleiter Dr. Wilhelm Fritsch wurde zum „Chef des Kreisführungsstabes" für Freiburg ernannt. Er konnte sich so zusätzlich mit einer militärischen Funktion und Dienststellung schmücken, auch wenn ihm die nötige militärische Erfahrung fehlte. Am 15. Dezember veröffentlichte „Der Alemanne" schließlich auf der ersten Seite den Gestellungsaufruf des Kreisleiters, so daß in den nächsten Monaten noch viele Freiburger als „Volkssturm-Soldaten" zum Kriegsdienst herangezogen wurden[52].

Obwohl die Stadtverwaltung gegenüber der NSDAP-Kreisleitung auf den „katastrophalen" Arbeitskräftemangel und den „Ernst der Lage" in Freiburg hinwies, gelang es ihr nicht, die männliche Bevölkerung Freiburgs vom Dienst im Volkssturm freizustellen – nicht einmal für befristete Zeit. Selbst in Einzelfällen lehnte die NSDAP-Kreis- oder Gauleitung solche Freistellungsanträge ab, zumal sich die militärische Situation an der Front im Westen ständig zuspitzte und die Volkssturmeinheiten dort dringend zur Personalauffüllung benötigt wurden[53]. Denn bereits am 15. Dezember wurde Karlsruhe zur Frontstadt und durch feindliche Artillerie beschossen.

Die Versorgung mit Wasser, Gas und Elektrizität gestaltete sich auch noch am Ende des Jahres sehr schwierig. Nicht selten erfolgten neue Zerstörungen durch weitere alliierte Bombenangriffe, nachdem die Leitungen gerade erst wieder notdürftig hergerichtet worden waren. So kam es bei einem Luftangriff am 17. Dezember zu erneuten Unterbrechungen des elektrischen Leitungsnetzes sowie der Wasser- und Gasleitungen[54]. Bei den beiden Luftangriffen, die an diesem Tag zwischen 12.28 Uhr und 13.35 Uhr durch 16 bzw. 18 alliierte Marauder-Flugzeuge erfolgten, zählte man im Stadtgebiet 74 abgeworfene Bomben. Neun Wohngebäude wurden total zerstört und 35 ebenso wie Christuskirche, Herz-Jesu-Kirche und Hans-Jakob-Schule schwer beschädigt. Die Ziele lagen im Bahnhofsgebiet (Volltreffer auf die Eisenbahnbrücke), in der Talstraße, Ferdinand-

[51] StadtAF, B 1/328: Kriegschronik 1940–1945, 14. 12. 1944.
[52] Vgl. ebda., C 4/XI/27/12 und Der Alemanne Nr. 327 v. 15. 12. 1944, S. 1.
[53] StadtAF, C 4/XI/27/12. Zum Einsatz des badischen Volkssturmes siehe Gerd R. Ueberschär: „Volkssturm" und „Werwolf" – Das letzte Aufgebot in Baden. In: Rolf-Dieter Müller / Gerd R. Ueberschär / Wolfram Wette: Wer zurückweicht wird erschossen! Kriegsalltag und Kriegsende in Südwestdeutschland 1944/45. Freiburg 1985, S. 23 ff.
[54] StadtAF, C 4/VI/21/2: Oberbürgermeisterbesprechung v. 18. 12. 1944.

Weiß-Straße (mit Schäden an der elektrischen Leitung), Engelbergerstraße, Stühlingerstraße, Wentzingerstraße, Freiaustraße, Turnseestraße (mit Wasserleitungsschaden), Haslacher Straße und in der Schnewlinstraße. Vier Personen wurden getötet, fünf weitere verschüttet, 43 verwundet und etwa 1200 Menschen obdachlos[55]. Noch mehrmals gab es an diesem Tag Fliegeralarm, so auch als gegen 20.00 Uhr und 22.30 Uhr die von schweren Angriffen auf Ulm und München zurückfliegenden Bomber durch den Freiburger Luftraum flogen.

Bei der folgenden Oberbürgermeisterbesprechung mit den Dienstvorständen der Stadtverwaltung am 18. Dezember wurde erneut die katastrophale Lage in der Stadt offenkundig. Kerber schätzte die Gefahr weiterer Luftangriffe auf die süd- und südwestdeutschen Städte realistisch ein und forderte dazu auf, sich darauf einzustellen. Gegen das Gerücht, Freiburg werde womöglich evakuiert, nahm er vehement Stellung und erklärte, wobei allerdings auch seine skeptische Haltung deutlich wurde: „Ich habe nicht im entferntesten gesagt, daß wir die Stadt aufgeben, im Gegenteil, sie wird wieder aufgebaut. Ob wir es erleben, ist eine andere Frage"[56].

Für die städtischen und erzbischöflichen Stellen wurde Mitte Dezember die Frage, wie die zerstörte Dacheindeckung des Münsters angesichts der herannahenden winterlichen Witterung wieder hergerichtet werden konnte, immer dringender (Abb. 150). Aus eigenen Beständen konnten keine neuen Ziegel und aus

Abb. 150: Verschaltes Portal des Münsters nach dem 27. November 1944 (StadtAF)

[55] Ebda., B 1/328, D.Aö.1.32a, Bd. 2 mit Trefferskizzen und BA-MA Freiburg, RW 19/2013: Meldung des Wehrwirtschaftsoffiziers im Wehrkreis V v. 19.12.1944. Die Zahl der Getöteten erhöhte sich danach auf 13; vgl. auch ebda., RM 7/301: Meldungen während des 17.12.1944, sowie die Notiz aus der Oberbürgermeisterbesprechung am 18.12.1944 in: StadtAF, C 4/VI/21/2.
[56] Ebda., C 4/VI/21/2: Notiz v. 18.12.1944.

eigener Kraft auch nicht das Personal für die Dacharbeiten bereitgestellt werden. Es fanden sich jedoch wichtige Helfer von außen. Major Arno Schiek, Gruppenleiter im Allgemeinen Heeresamt beim Oberkommando des Heeres in Berlin, erhielt durch den aus Freiburg stammenden Stabsintendanten Fritz Hartmann nach dessen Reise in die zerstörte Breisgaustadt Mitte Dezember einen ersten authentischen Bericht über die Notlage und die reparaturbedürftigen Schäden des Münsters, so daß er am 16. Dezember die Verlegung der 2. Kompanie des Kriegsgefangenen-Dachdecker-Bataillons V von Bietigheim nach Freiburg anordnete. Mit Hilfe Hartmanns, der im Stab des Kriegsgefangenenbataillons eingesetzt war, veranlaßte Schiek dann auch den Einsatz der Kompanie ab Ende Dezember 1944 beim Münster und bei anderen historischen Baudenkmälern Freiburgs. Die Kompanie bestand aus 180 französischen Kriegsgefangenen und 54 deutschen Soldaten; sie wurden nach ihrem Eintreffen am 19. und 31. Dezember in der Hindenburgschule untergebracht sowie ab 2. Januar 1945 eingesetzt. An den noch teilweise vor Jahresende 1944 aufgenommenen Arbeiten auf dem Münsterdach beteiligten sich auch etwa 30 Jugendliche der Münsterpfarrei und der Pfarrei St. Urban sowie mehrere Pfarrer und Kapläne[57]. Außer Hartmann inspizierte auch Major Bellingrath am 20. Dezember im Auftrage des Reichspropagandaministers die Schäden in der Stadt[58]. Zusätzliche Hilfe konnte er jedoch nicht vermitteln. Die Kriegsgefangenen-Dachdeckerkompanie wurde dann sowohl zu Reparaturarbeiten am Münster als auch – in vier Arbeitskolonnen aufgeteilt – in der Altstadt, Nordstadt, Wiehre und im Stühlinger herangezogen.

Auch für die Frage der Herbeischaffung der nötigen Dachziegel für das Münster fand sich glücklicherweise eine Regelung. Auf Antrag von Oberbaudirektor Schlippe bestimmte Oberbürgermeister Kerber schon am 1. Dezember, daß rund 72 000 vorhandene Handstrichziegel, die seit zwei Jahren für den Neubau der Handelsschule bestimmt waren, alsbald auf den Dächern des Münsters verlegt werden sollten, damit dort kein Wasser in den Dachstuhl und die Gewölbe eindringen konnte. Da jedoch auch andere Stellen diesen Bestand in Anspruch nahmen, blieben für den Einsatz auf dem Hauptdach und einem Teil des Chordaches nur 47 000 Ziegel übrig, die ab 6. Januar von der zugewiesenen Dachdeckerkompanie verlegt wurden.

Zudem bat Erzbischof Dr. Conrad Gröber Schweizer Geistliche und Kunstfreunde sowie den schweizerischen Konsularagenten in Freiburg, Jakob W. Zwicky, um Mithilfe. Auch das Schweizerische Rote Kreuz und sogar die Mutter von Reichsminister Speer in Heidelberg wurden eingeschaltet. Dadurch konnte man zusammen mit der Hilfe des Basler Denkmalpflegers Dr. Rudolf Riggen-

[57] Vgl. Das Freiburger Münster und der 27. November 1944. Augenzeugenberichte. Hrsg. v. Franz Götz unter Mitarbeit von Bernhard Adler und Irmtraud Götz. Freiburg 1984, hier bes. S. 18 ff.
[58] Zur Hilfsaktion Schiecks und Hartmanns vgl. Erzbischöfliches Archiv Freiburg, B 2–35/101: Bericht von Dompfarrer Dr. Geis v. 18. 2. 1946 und StadtAF, C 4/XI/28/10, Verlegebefehl für 2. Kp. v. 16. und 17. 12. 1944, Notiz v. 19. 12. 1944 sowie Dankschreiben Kerbers an Schiek und Hartmann, der seiner „Vaterstadt eine außerordentlich wertvolle Hilfe geleistet hatte", vom 20. 12. 1944. Die Hilfsaktion wurde später fälschlicherweise Dr. Schlippe zugerechnet bzw. von diesem für sich beansprucht, siehe dazu: Das Freiburger Münster und der 27. November 1944, a. a. O., mit Abdruck des Briefes von Dr. Geis v. Juli 1945 auf S. 44 sowie Joseph Schlippe: Freiburgs Baudenkmäler und ihre Wiederherstellung. Teil 1: Kirchliche Baudenkmäler. In: Einwohnerbuch der Stadt Freiburg im Breisgau 1959, S. 19 ff. Wieder abgedruckt in: Freiburg in Trümmern 1944–1952, a. a. O., S. 160–171, hier S. 162 mit Hinweis auf Fritz Hartmann als Urheber der Hilfsaktion. Siehe ferner Joseph Schlippe: Das Freiburger Münster im Zweiten Weltkrieg. In: 75 Jahre Münsterpflege. Freiburger Münsterbauverein 1890–1965. Hrsg. v. Paul Booz. Freiburg 1965, S. 75–88. Zu Schlippes Anspruch siehe auch dessen Brief an die Generaldirektion der oberrheinischen Museen, Dr. Rudolf Schnellbach, Neckargemünd, v. 8. 2. 1945 in: StadtAF, K 1/44. Zu Bellingraths Reise siehe ebda., D.Aö.1.32 b, Bd. 1.

bach und des Prälaten Professor Dr. Josef Sauer weitere Ziegellieferungen (40 000 Stück), zum Teil als Schenkung aus der Schweiz, erhalten (Abb. 151). Sie trafen allerdings erst nach dem Kriegsende in Freiburg ein, nachdem umständliche diplomatische Verhandlungen den Weg dafür zu ebnen vermochten. Zusätzlich ge-

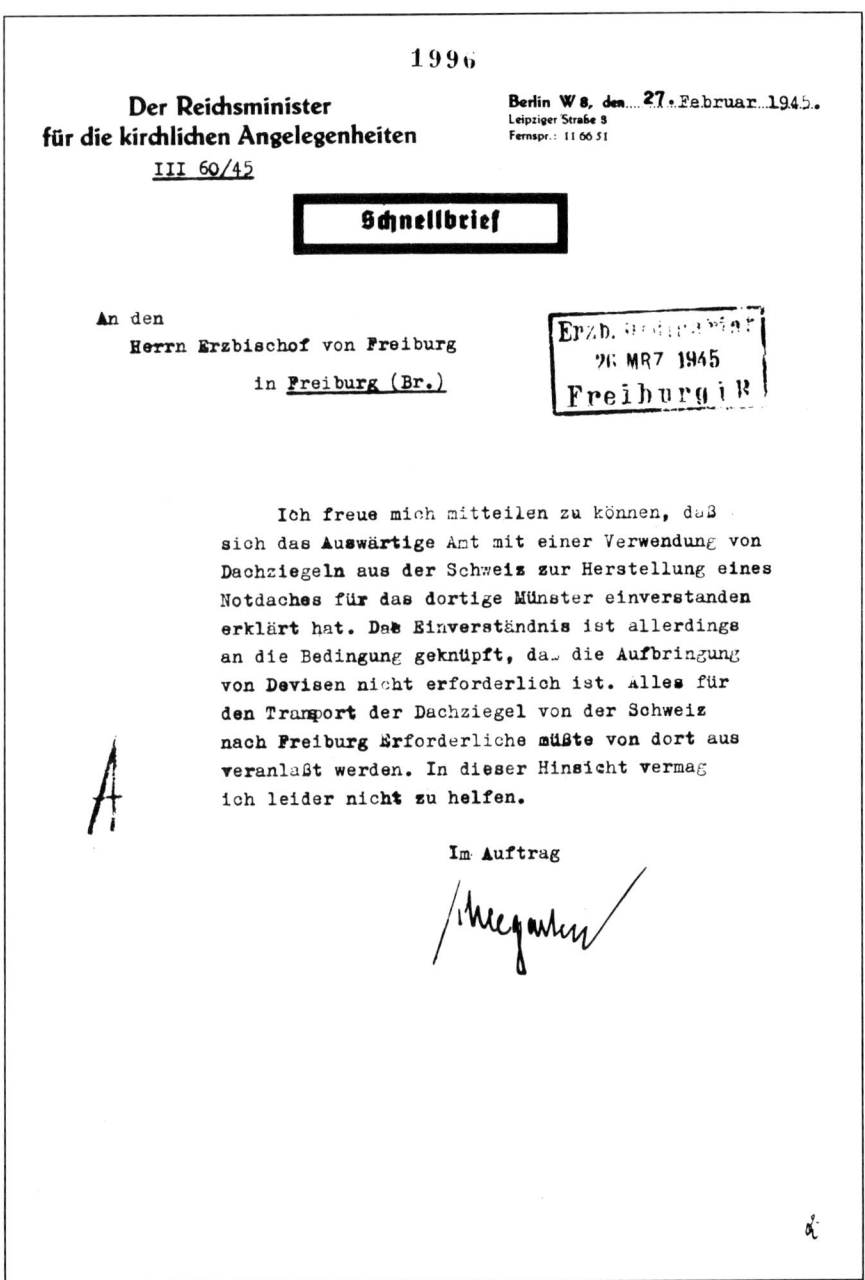

Abb. 151: Brief des Reichsministers für Kirchl. Angelegenheiten an den Erzbischof von Freiburg vom 27. Februar 1945 (Erzbischöfliches Ordinariat Freiburg)

lang es Dompfarrer Dr. Geis, durch eine weitere Schenkung 18 000 Ziegel für die Seitenschiffdächer zu bekommen, so daß bis zum Winter 1945/46 die Münsterdächer wieder geschlossen werden konnten [59].

Als vorerst kaum zu lösendes Problem stellte sich dagegen die Wohnungssuche der zahlreichen Obdachlosen dar. Obwohl sie eigentlich nicht länger als drei Tage in den Sammelstellen bleiben sollten, hielten sich während des ganzen Dezembers viele Ausgebombte in der Obdachlosen-Sammelstelle der Gewerbeschule auf. Oft stieß ihr Abtransport in die benachbarten Kreise auf Schwierigkeiten, da die dortigen Ausweichunterkünfte für die evakuierte Bevölkerung der Rheingemeinden zur Verfügung gestellt werden mußten. Hinzu kam, daß zurückgehende militärische Einheiten und Dienststellen ebenfalls Unterkunftsmöglichkeiten belegten, so daß viele obdachlose Freiburger in der Stadt bleiben mußten [60].

Durch Einrichtung einer städtischen Wohnungsvermittlungsstelle für Obdachlose in der Gewerbeschule versuchte die Stadtverwaltung ab 15. Dezember in Zusammenarbeit mit den Ortsgruppen der NSDAP, die in der Stadt zurückgebliebenen Wohnungssuchenden in noch freistehenden oder wesentlich unterbelegten Wohnungen unterzubringen [61]. Verständlicherweise kam es dabei immer wieder zu Schwierigkeiten und Streitereien mit den bisherigen Wohnungsinhabern. Der Grundsatz „Gemeinnutz geht vor Eigennutz" fand bei den Betroffenen wenig Gegenliebe; auch führende Vertreter der NSDAP versuchten, derartige zwangsweise Einquartierungen abzuwehren, so daß sich die Obdachlosenversorgung lange als „ziemlich aussichtslose Angelegenheit" darstellte, wie Oberbürgermeister Kerber erklärte [62].

Kurz vor Weihnachten ergab eine Bilanz, daß noch immer 277 geborgene Tote des Luftangriffs vom 27. November nicht identifiziert worden waren [63]. Das Kriegsgeschehen ging jedoch weiter. Neue Tote und Verwundete kamen hinzu. So waren weitere Personenverluste am Nachmittag des 22. Dezembers 1944 zu beklagen, als sechs Menschen bei einem Luftangriff durch vier Thunderbolt-Maschinen nach Sprengbombenabwurf auf das Gelände des Güterbahnhofs und durch Bordwaffenbeschuß im Stadtteil Wiehre verwundet wurden [64].

Auch das Weihnachtsfest 1944 blieb vor Angriffen der Alliierten nicht verschont. War es ohnehin schon durch den Kriegsalltag in Bunkern, Baracken oder zwischen den verschneiten Ruinen ohne besonderen Glanz, so kamen noch un-

[59] Vgl. Schlippe, Freiburgs Baudenkmäler, S. 20 f.; ders., Das Freiburger Münster im Zweiten Weltkrieg, S. 81 ff.; StadtAF, C 4/I/6/3: Feststellung betr. Materialeinsatz vom 28. 3. 1945, daß noch ca. 15 000 Handstrichziegel im Ziegelwerk Merzhausen für die Dacheindeckung des Münsters herangezogen werden konnten. Die Bemühungen des Erzbischöflichen Ordinariats und anderer Stellen um die Wiederherstellung des Münsterdaches sind umfangreich in den Briefwechseln dokumentiert in: StadtAF, K 1/44: Nachlaß Schlippe; Erzbischöfliches Ordinariat, Registratur Freiburg-Münsterbau, Vol. 6, 1945–1954; Erzbischöfliches Archiv Freiburg, Fasz. 2840. Siehe zu diesem Problem auch StadtAF, D. Pr 13: Allgemeiner Geschäftsbericht des Vorstandes des Freiburger Münsterbauvereins für das Jahr 1945. Freiburg o. J. (1946).
[60] Vgl. dazu den vielfältigen Schriftwechsel in: StadtAF, C 5/2752 im Dezember 1944 und Januar 1945.
[61] Ebda., C 4/VI/17/19: Beschluß zur Errichtung der städtischen Wohnungsvermittlungsstelle für Obdachlose v. 15. 12. 1944.
[62] Vgl. ebda., C 4/XVIII/2/1: Streit zwischen NSDAP-Ortsgruppenleiter Karl Müller und Oberbürgermeister Kerber v. 17. und 30. 1. 1945; vgl. ferner Thomas Schnabel: Freiburg im totalen Krieg 1943–1945, unveröffentl. Manuskript, S. 20 f. Der Verf. dankt Herrn Dr. Thomas Schnabel, Stuttgart, für die bereitwillige Überlassung dieses Manuskriptes, siehe auch ders., Stadtverwaltung und Kriegsalltag in Freiburg 1944/45. In: Schnabel/Ueberschär, Endlich Frieden!, a. a. O., S. 41 ff.
[63] StadtAF, C 4/VI/21/2: Oberbürgermeisterbesprechung am 22. 12. 1944. Dabei erklärte Kerber seine zukünftige Gegnerschaft zum Berufsbeamtentum.
[64] Ebda., B 1/328 und D.Aö.1.32 a, Bd. 2 mit Trefferskizze; BA-MA Freiburg, RM 7/301.

mittelbare Kriegsgefahren durch neue Luftangriffe hinzu. Resigniert mußte ferner auf der Oberbürgermeisterbesprechung am 29. Dezember festgestellt werden, daß es den städtischen Dienststellen nicht gelungen war, das Versprechen einzulösen, „daß an Weihnachten wieder Gas gegeben werden könne"[65].

Oberbürgermeister Kerber hatte bereits am 20. Dezember in einer öffentlichen Bekanntmachung mitgeteilt, daß es zwecklos sei, „an die Stadtwerke Anfragen und Beschwerden zu richten", da die großen Schäden nicht so schnell behoben werden könnten. Es werde noch einige Zeit dauern, bis Gas-, Wasser- und Stromversorgung wiederhergestellt seien[66]. Nur Zug um Zug konnten die zahlreichen Rohrschäden in der Stadt repariert werden; auch die Wasserversorgung war zu Weihnachten noch nicht vollständig wiederhergestellt. Bezeichnend war auch die Feststellung, daß in den Kellerräumen des Alten Rathauses seit dem schweren Luftangriff immer noch der Koks brannte und sogar die Gefahr bestand, daß der Brandherd auf das neue Rathaus übergreifen würde.

Gegen 10.15 Uhr am ersten Weihnachtsfest wurde ein mit Munition beladener Güterzug in der Nähe des Bahnhofs Littenweiler durch zwei alliierte Jagdbomber angegriffen[67]. Ein Güterwagen mit Flakmunition wurde getroffen und explodierte. In weitem Umkreis flog die explodierende Munition herum. Dabei wurde eine Person getötet sowie die Schienen und elektrische Oberleitung der Höllentallinie auf etwa 50 Meter zerstört, so daß der Bahnverkehr über Weihnachten für mehrere Tage unterbrochen war. Schon am nächsten Tag wurden die Bahnanlagen nach Neustadt erneut bei Kirchzarten angegriffen und dort acht Wohngebäude beschädigt. Gerade zu Weihnachten zählten Südbaden mit Freiburg und der Raum um den Bodensee zu den vorrangigen Zielgebieten der 8. US-Army Air Force. Am Weihnachtsfeiertag kam es sogar zu einem irrtümlichen Angriff von US-Bombern auf den schweizerischen Grenzort Thayngen im Kanton Schaffhausen, der mit Singen verwechselt wurde.

Bis zum Jahresende gab es an jedem Tag für die Stadt mehrmals öffentliche Luftwarnung oder Fliegeralarm. Da die zentrale Sirenenfernsteuerung immer noch nicht wieder einsatzfähig war, übernahm dabei die Sirene auf dem Greifeneggschlößle die Funktion einer „Leitsirene" für die gesamte Stadt, die mehrmals von feindlichen Jagdbombern überflogen wurde. Am Nachmittag des 29. Dezembers warfen mehrere Feindflugzeuge Bomben auf die Güterbahnlinie bei der Abzweigung von der Hauptbahnlinie und beschädigten dabei neun Wohngebäude.

Auch am vorletzten Tag des Kriegsjahres 1944, am 30. Dezember, wurden zwischen 10 und 14 Uhr durch Bordwaffenbeschuß und Abwurf weiterer 45 Bomben 22 Wohngebäude beschädigt, vier Personen verwundet und eine weitere getötet. Durch Explosion mehrerer getroffener Munitionswaggons wurde ein Teil der Gleisanlagen beim Güterbahnhof zerstört und zudem die Gasdruckleitung wiederum an mehreren Stellen unterbrochen. Auch der Albertsbrunnen in der Adolf-Hitler-Straße wurde schwer beschädigt[68].

Ein Ergebnis der mißlichen Lage und schlechten Lebensbedingungen in Freiburg war der beträchtliche Rückgang in der Zahl der Wohnbevölkerung der Stadt zum Jahresende 1944. Zählte die Wohnbevölkerung vor Kriegsbeginn 110318

---

[65] StadtAF, C 4/VI/21/2.
[66] Ebda., C 4/III/29/6: „Der Oberbürgermeister gibt bekannt" v. 20.12.1944.
[67] Ebda., D.Aö. 1.32 b mit Skizze.
[68] Ebda., B 1/328 und D.Aö.1.32 a, Bd. 2 mit Skizze sowie C 4/XI/31/4: Der Alemanne v. 24.12.1944; ebda., C 5/2748; BA-MA Freiburg, Rw 19/2013: Meldung des Wehrwirtschaftsoffiziers im Wehrkreis V v. 29.12.1944; ebda., RM 7/301 zum 30.12.1944.

Einwohner, so waren es vor dem 27. November immerhin noch 101 400 Einwohner. Sie reduzierte sich durch Gefallene, Getötete, Vermißte und Abgewanderte bis zum 31. Dezember 1944 auf 63 962 Einwohner. Durch weitere Abwanderung ging diese Zahl in den nächsten Kriegswochen bis Ende April 1945 noch auf 57 974 zurück[69].

Zum Ende des Jahres 1944 machten die vielfach an die verschiedenen vorgesetzten Dienststellen abgeschickten Erfahrungsberichte über den schweren Luftangriff auf Freiburg nochmals auf das katastrophale Ausmaß an Verlusten und Zerstörungen aufmerksam. Der Wehrwirtschaftsoffizier im Wehrkreis V Stuttgart schätzte in seinem Abschlußbericht vom 20. Dezember an das Feldwirtschaftsamt im Oberkommando der Wehrmacht in Frankfurt (Oder) die abgeworfene Bombenlast allerdings mit 3000 Sprengbomben, 150 Luftminen, 50 000 Stabbrandbomben, 20 Phosphorkanistern und 300 Flüssigkeitsbrandbomben erheblich höher ein als die tatsächlich von den Engländern abgeworfenen 2700 Spreng- und 11 800 Brandbomben. In listenmäßiger Zusammenfassung bot der Bericht gleichwohl einen umfassenden Überblick über die Schäden an Wehrmachtseinrichtungen, Industrie- und Wirtschaftsbetrieben, Verkehrs- und Versorgungsanlagen sowie an öffentlichen Gebäuden. Als Gesamtzahl der Brände gab der Wehrwirtschaftsoffizier an: „2 Flächenbrände (Feuersturm), 300 Großbrände, Zahl der Mittel- und Kleinbrände nicht feststellbar"[70].

Ein weiterer, städtischer Abschlußbericht war bereits am 8. Dezember aufgrund der eingegangenen Schadensmeldungen der einzelnen Luftschutzpolizei-Reviere 1–6 von dem Polizeipräsidenten als örtlichem Luftschutz-Leiter erstellt worden, nachdem schon zuvor am 28. November und 1. Dezember von seiner Dienststelle vorläufige Luftschutz-Schadensmeldungen als Zwischenberichte abgesetzt worden waren, um die vorgesetzte Ordnungspolizei-Dienststelle in Stuttgart sogleich über die schwierige Lage in Freiburg zu unterrichten[71]. Die kurz nach dem Angriff fernmündlich abgegebene 1. und 2. Luftschutz-Schadensmeldung dokumentierten bereits den gewaltigen Eindruck, den die Zerstörungen auf die Augenzeugen machten. So schätzte man die Zahl der Obdachlosen anfangs auf etwa 18 000–20 000 Personen und nahm sogar an, die Stadtbevölkerung sei auch durch Bordwaffenbeschuß angegriffen worden. Noch die danach erstellte schriftliche Abschluß-Schadensmeldung des Polizeipräsidenten vom 5. Dezember wies darauf hin, daß die Nennung einzelner Abwurfzahlen aufgrund des großen Umfanges der tatsächlich abgeworfenen Bomben „völlig unmöglich" sei, die Zahlen der Umquartierungen und Obdachlosen wurden dann immer noch mit „etwa 40 000" bzw. „etwa 20 000" angegeben. Der zuvor noch gemeldete Bordwaffenbeschuß durch die Feindflugzeuge wurde dabei allerdings wieder dementiert[72].

Der Polizeipräsident hatte überhaupt Mühe, die verlangten Meldungen abzusetzen, da die technischen Büromittel vielfach vernichtet waren. Bezeichnender-

---

[69] StadtAF, B 1/328: Freiburger Bevölkerungsstatistik. Die Zahlen stützen sich auch auf die Ausgabezahlen der Lebensmittel-Grundkarten v. 13. 11. 1944 (69. Zuteilungsperiode) und 11. 12. 1944 (70. Zuteilungsperiode); vgl. ebda.: Zusammenstellung des Ernährungsamtes v. 29. 12. 1944.

[70] BA-MA Freiburg, RW 19/2013. Der Bericht ist abgedruckt in Schnabel/Ueberschär, Endlich Frieden!, a. a. O., S. 67 f.

[71] Abschriften des Erfahrungsberichtes v. 8. 12. 1944 befinden sich im StadtAF, B 1/328: Kriegschronik 1940–1944/45. Er ist im Anhang des Buches – siehe S. 405 ff. – abgedruckt. Zu den 1. und 2. „Luftangriffsmeldungen aus dem Bereich des BdO. V Stuttgart" nach „Formblatt A" vom 28. 11. 1944 und 1. 12. 1944 siehe StadtAF, D.Aö. 1.32 b, Bd. 1. Auch zu den folgenden Zitaten.

[72] Ebda.: Schriftliche Abschluß-LS-Schadensmeldung des Polizeipräsidenten v. 5. 12. 1944.

weise mußte er mitteilen, daß es ihm nicht möglich sei, die angeforderten Vervielfältigungen der Schadensmeldungen zu erstellen, da sämtliche Vervielfältigungsapparate seines Bereiches durch den Angriff zerstört worden waren. In dem von dem Vertreter des Polizeipräsidenten, Major der Schutzpolizei Restorff, unterzeichneten Erfahrungsbericht vom 8. Dezember (siehe S. 405 f.) wird der erste Großangriff auf die Stadt „während der gesamten Dauer des Krieges" als „reiner Terrorangriff" bezeichnet. Das Polizeipräsidium wies darauf hin, daß der Angriff in hoher Schnelligkeit und Wucht sowie in großer Dichte erfolgte, so daß „sich in dem betroffenen Gebiet Trichter an Trichter" reihe. Alle Durchgangs- und Nebenstraßen seien „meterhoch mit Trümmermassen versperrt". Ein Gebiet von vier Quadratkilometern und 39 Prozent aller Wohnhäuser in Freiburg seien „restlos zerstört". Die Bergungsarbeiten würden noch längere Zeit in Anspruch nehmen. Kritisch machte der Polizeipräsident auf die früheren Versäumnisse – wie z. B. beim Sanitätsdienst der Luftschutzpolizei – aufmerksam, die nun zu „völlig unzureichenden" Hilfeleistungen geführt hätten.

Interessant ist auch die Anmerkung im Bericht des Polizeipräsidenten, daß die Bahnlinie nach Müllheim-Offenburg schon ab 1. Dezember wieder mit zwei Gleisen durch Freiburg wiederhergestellt war. Sie konnten allerdings aufgrund der ständigen alliierten Jagdbomberangriffe in den nachfolgenden Tagen weder in größerem Umfange zur Verbesserung der Versorgungslage noch für Hilfeleistungen genutzt werden, weil die deutsche Luftwaffe keine Jagdabwehr zu leisten vermochte.

Der am 28. Dezember abgefaßte Einzelbericht des Leiters des Luftschutzpolizei-Sanitätsdienstes wies darauf hin, daß der Andrang der Bevölkerung zu den Sanitätsversorgungs- und Rettungsstellen bei den ebenfalls getroffenen Universitätskliniken und sonstigen Krankenhäusern „zu groß" und „zu plötzlich" gewesen sei, so daß es Schwierigkeiten bei der Sanitätsversorgung trotz Hilfeleistung und Unterstützung der Wehrmachtlazarette und des Deutschen Roten Kreuzes gab[73]. In seinem Erfahrungsbericht vom 13. Dezember skizzierte auch der leitende Luftschutz-Polizeiarzt, Oberstabsarzt der Reserve Dr. Hapke, die äußerst schwierige sanitärdienstliche Versorgung in der Stadt mit dem Hinweis, daß nach dem 27. November „von allen 20 Kliniken und Krankenanstalten Freiburgs einschließlich kleinerer Privatkrankenanstalten nur das nicht große Loretto-Krankenhaus und zwei kleinere Privatkliniken (Prof. Hegar und Prof. Borell) voll aktionsfähig" übriggeblieben seien[74].

Der Freiburger Feld-Standortarzt umriß in seinem Leistungsbericht vom 26. Dezember die beachtliche Hilfeleistung, die von den in der Stadt untergebrachten Reserve-Lazaretten I und II mit ihren sechs Teillazaretten (Klinik-Neubau, Hoven, St. Urban, Stühlinger, Lorettokrankenhaus mit SS-Heim, Schlageter-Kaserne) gegeben worden war. Obwohl zum Teil selbst getroffen und schwer beschädigt, übernahmen sie nach dem Angriff bei der medizinischen und ärztlichen Versorgung der verwundeten Zivilbevölkerung einen ganz wesentlichen Anteil[75]. Auch die Kriegslazarette in der Turnsee-, Emil-Thoma- und Pestalozzi-Schule hatten einen nicht unerheblichen Beitrag bei der ärztlichen Hilfe für die Zivilbevölkerung geleistet.

---

73 Ebda.: Bericht und Einzelaufstellung von Dr. Hapke v. 28.12.1944.
74 Ebda., Nachlaß Schleer, K 1/26: Tätigkeits- und Erfahrungsbericht des LS-Pol. San. Dienstes v. 13.12.1944 (siehe Anhang S. 423 ff.).
75 Ebda., B 1/328: Bericht des Feld-Standortarztes Freiburg über „Hilfeleistung in der Nacht des Terrorangriffs und den folgenden Tagen v. 26.12.1944".

Detaillierte Erfahrungsberichte über die „einschneidenden Veränderungen im Stadtbild und in den Lebensverhältnissen der Bevölkerung" nach dem feindlichen Terrorangriff vom 27. November aus der Sicht der jeweiligen städtischen Ämter und Dienststellen wurden auch von Oberbürgermeister Kerber am 22. Dezember angefordert; Kerber wollte dadurch die Geschehnisse für die Kriegschronik und Stadtgeschichte laufend festhalten[76]. Die Dienstvorstände hatten dementsprechend „grundlegendes Material über das Schicksal" des jeweiligen Amtes und die „veranlaßten Notmaßnahmen" an die Hauptverwaltung zu übermitteln. Aufgrund dieser Anweisung legten die Dienstvorstände der städtischen Ämter (z.B. Stadtwerke, Museen, Stiftungsverwaltung, Gartenamt, städtischer Fuhrpark, Arbeitsbeschaffungsamt und städtischer Schlacht- und Viehhof) spezielle Erfahrungsberichte vor, deren Abfassung sich jedoch teilweise bis zum Kriegsende und darüber hinaus hinzog. Wiederholt wird in diesen Berichten beschrieben, daß die städtischen Bediensteten oft nur mit den einfachsten Luftschutzmitteln gegen die gewaltige Kraft des Feuers ankämpfen und häufig tatenlos dem Brand zusehen mußten, weil das dringend benötigte Löschwasser nicht herangeschafft werden konnte.

Auch das zu Jahresanfang 1945 für das letzte Quartal 1944 abgeschlossene Kriegstagebuch des Rüstungskommandos Freiburg verdeutlichte dem Reichsministerium für Rüstung und Kriegsproduktion unter Minister Speer und der vorgesetzten Rüstungsinspektion Oberrhein in Ettlingen die eingetretenen gewaltigen Schäden und schweren Zerstörungen im Bereich der Stadt Freiburg[77]. Das Dienstgebäude des Rüstungskommandos unter der Leitung von Oberst Fritz Gieser in der Sautierstraße 36 war bei dem Luftangriff total zerstört worden, so daß es danach in der Schwaighofstraße 6 beim Heeresbauamt untergebracht und anschließend mit Teilen zur Verbindungsstelle in Bad Dürrheim verlegt wurde. Sowohl die Frontnähe nach dem Verlust Straßburgs als auch die Luftangriffe auf Offenburg und Freiburg Ende November waren für das Rüstungskommando direkter Anlaß zu Evakuierungs- und Räumungsmaßnahmen von Wirtschaftsbetrieben und Industriefirmen, die in einer 20 km-Zone rechts des Rheines lagen; 71 Betriebe wurden dabei auf Anweisung des Rüstungskommandos Freiburg ab Anfang Dezember 1944 „in kürzester Frist vom Westen zum großen Teil wegverlegt" und in den östlichen Teil Badens und Württembergs verlagert. Zudem wurden noch 20 elsässische Firmen aufgenommen und ebenfalls „rückverlegt". Die vom Rüstungskommando zusammengestellte Liste der total zerstörten Rüstungs- und Kammerbetriebe in Freiburg zum Jahresende 1944 umfaßte die Firmen Fritz Hüttinger, Theodor Kromer KG, Schraubenspundfabrik Wilhelm Kromer, Alfred Studinger & Co, Wego Werke, Rinklin & Winterhalter, Hellige & Co, Elektro-Leber, Fritz Kuhnert/Opt. Anstalt, Franz Morat/Werk Lehen, Pumpenfabrik Lederle sowie an schwer und leicht beschädigten Betrieben die Firmen Mez AG, Oberrheinisches Karosserie-Werk, Süddeutsche Isolatorenwerke, Lytax-Werke, Gugel-Werk, J. u. A. Bosch Nachf., Rudolf Seger, Möbelfabrik Hermann Nebel, die Rheinische Tachometerbau-Anstalt Münzer & Co, Freiburger Maschinenfabrik, F. L. Fischer, Anton Zahoransky KG und insgesamt neun physikalische, chemische sowie radiologische Institute und Laboratorien[78].

[76] Ebda., Sammlung Berichte städtischer Ämter über die Schäden des Angriffs v. 27.11.1944.

[77] BA-MA Freiburg, RW 21–21/12: KTB Nr. 9 v. 1.10.1944–31.12.1944, auch zu den folgenden Angaben und Zitaten.

[78] Zur Auflistung vgl. die übereinstimmenden Angaben im Bericht der Wirtschaftskammer Freiburg v. 22.1.1945 mit Anlagen in: StadtAF, B 1/328.

Den ersten zusammenfassenden Überblick über die Schäden an kirchlichen und profanen Baudenkmälern hatte Oberbaudirektor Dr. Schlippe vom Städtischen Hochbauamt schon am 5. Dezember zusammengestellt[79]. Einen detaillierteren Bericht über die Fliegerschäden bot die am 31. Januar verfaßte Liste des städtischen Hochbauamtes über die „Luftkriegsschäden an Kulturgütern" nach dem Stand vom 15. Januar 1945, die auch Schäden aufgrund späterer Luftangriffe bis Mitte Januar anführte. Die 15 Seiten umfassende Zusammenstellung führte 242 total zerstörte, schwer, mittel oder leicht beschädigte Bauwerke auf, die von allgemeiner kultureller Bedeutung waren sowie religiösen Zwecken oder sozialen Aufgaben dienten. Sie bietet einen anschaulichen Überblick über das Ausmaß der schweren Schäden und Zerstörungen im Freiburger Stadtbild und ist deshalb im Anhang dieses Buches abgedruckt, so daß nicht im einzelnen auf die Beschädigungen an den Gebäuden und Baudenkmälern eingegangen werden muß (siehe S. 487 ff.)[80].

Aufgrund der Zerstörung sämtlicher Gebäude des Fuhrparks mit fast dem gesamten Wagenbestand mußte die Müllabfuhr nach dem 27. November vollständig eingestellt werden. Am 1. und 19. Dezember versuchte man vergeblich, von den Fuhrparkbetrieben in Frankfurt am Main Ersatzmüllwagen zu bekommen[81]. Die Fuhrparkbetriebe meldeten Anfang Januar 1945, daß der Bevölkerung „als Notmaßnahme" in verschiedenen Stadtteilen bestimmte Plätze zur Ablagerung des Hausmülls angewiesen wurden; die Abfuhr des Hausmülls von diesen Plätzen sollte später erfolgen[82]. Damit wurde aber wiederum die Seuchengefahr erhöht, so daß Oberbürgermeister Kerber ab Mitte Januar 1945 auf die alsbaldige Wiederaufnahme der Müllabfuhr drängte.

Auch zahlreiche Einzelberichte der Universitätskliniken und Sanitätsdienststellen, die im Dezember 1944 abgefaßt wurden, verdeutlichen die schweren Personen- und Gebäudeschäden im Bereich der Gesundheitsversorgung der Stadtbevölkerung[83]. Viele Gebäude waren durch Spreng- und Brandbomben zerstört worden. Zum Teil lagen die Luftschutzräume noch immer unter großen Schutthalden, so daß sich die Bergungsarbeiten – so z. B. an der Hals-, Nasen- und Ohrenklinik äußerst schwierig gestalteten und oft wegen Einsturzgefahr unterbrochen werden mußten. Zum Jahresende befanden sich dadurch nach wie vor Verschüttete in den Kellerräumen, die zur Bestattung nicht geborgen werden konnten; Lebende konnten allerdings um diese Zeit nicht mehr gerettet werden.

Einen detaillierten Überblick über die Auswirkungen des Angriffes auf die wirtschaftliche Lage zum Jahresende 1944 bietet der von der Freiburger Wirtschaftskammer am 22. Januar 1945 für den Badischen Finanz- und Wirtschaftsminister erstellte Bericht[84]. Darin schätzte man den Anteil an beschädigten Wohngebäuden in der Stadt auf 41,2 Prozent; eine Zahl, die sich später als zu hoch erwies. Die Kosten des Wiederaufbaues wurden mit 252,18 Millionen RM veranschlagt. Dagegen hielten sich die Schäden bei den industriellen Großbetrie-

---

[79] Ebda.: Bericht vom 5. 12. 1944 (siehe Abdruck auf S. 410 ff.). Weitere Kopien sind in: Ebda., C 5/2748.

[80] Ebda., B 1/328: Der Vorstand des Städt. Hochbauamtes v. 31. 1. 1945. (Siehe Abdruck auf S. 414 ff.).

[81] Ebda., C 4/VII/8/1: Telegramm Städt. Fuhrpark an Fuhrpark Frankfurt (Main) v. 1. 12. 1944 und 19. 12. 1944.

[82] Ebda., Sammlung Berichte städtischer Ämter: Bericht des Städtischen Fuhrparks v. 5. 1. 1945.

[83] Mehrere Einzelberichte befinden sich in: Ebda., Nachlaßbestand K 1/26; vgl. ebda., D.Aö.1.32a, Bd. 1: Bericht der Instandsetzungsbereitschaft der LS-Polizei „über die bisher an der Hals-Nasen-Ohren-Klinik durchgeführten Bergungsarbeiten" v. 27. 12. 1944.

[84] Ebda.: Bericht der Wirtschaftskammer Freiburg an den Bad. Finanz- und Wirtschaftsminister – Landwirtschaftsamt – in Wiesloch v. 22. 1. 1945 mit 5 Anlagen; auch zu den folgenden Zitaten.

ben (Rhodiaseta, Raimann KG, Städtisches Gaswerk) in Grenzen, da sie außerhalb des zerstörten Gebietes lagen. Gewerbliche Produktionsbetriebe im zentrumsnahen Schadensbereich waren jedoch schwer getroffen worden, ebenso die schon erwähnten Betriebe und Verlagshäuser der Druckereiindustrie (Herder & Co, Rombach & Co, Verlagshaus des „Alemannen").

Den Wertverlust an vernichteten Warenlagern des Handels bezifferte die Wirtschaftskammer mit insgesamt 6,968 Millionen RM. Ein Drittel bis zur Hälfte aller Handwerksbetriebe war ebenfalls durch den Angriff ausgefallen. Der Kammerbericht verschwieg nicht die Schwierigkeiten, die insbesondere bei der Behebung der Sachschäden auftraten, da an allen Ecken und Enden Baumaterial- und Transportraummangel herrschte. „Es fehlt kurz gesagt an allem", konstatierte man, ohne jedoch Vorschläge zur Abhilfe machen zu können. Probleme bestanden zum Jahresanfang 1945 ferner bei der Gas- und Wasserversorgung der Betriebe. Nur Haslach und Zähringen waren Ende Januar 1945 an die Gasversorgung angeschlossen. Zusammenfassend hielt die Wirtschaftskammer in ihren Mitteilungen an die badische Regierung fest, daß in Freiburg „fast sämtliche Schwierigkeiten in der Versorgung von Industrie, Handel und Handwerk auf Transportschwierigkeiten zurückzuführen sind". Dieses Fazit traf auch für die Probleme bei der Ernährungssicherung im Freiburger Wirtschaftsraum zu. Ernsthafte Schwierigkeiten erwartete man gerade bei der Lebensmittelversorgung vorerst jedoch nicht, da Bäcker, Metzger und andere Einzelhandelsbetriebe noch auf alte Vorratsbestände zurückgreifen konnten. Angesichts der ständigen alliierten Jagdbomberangriffe und der beschränkten Kapazität in der Bauindustrie war eine rasche Verbesserung der wirtschaftlichen Situation allerdings nicht zu erwarten.

Im Januar 1945 gab der Leiter des Arbeitsamtes Freiburg in seinem Lagebericht rückblickend an, daß das gesamte Wirtschaftsleben der Stadt durch den Terrorangriff am 27. November „schwer erschüttert, sogar kurze Zeit fast vollständig lahmgelegt" worden war[85]. Bei 181 Groß-, Klein- und Handwerksbetrieben mußte der Betrieb aufgrund der schweren oder totalen Beschädigungen vollständig eingestellt werden. Der Verlust an gelagerten Waren machte sich bei Bekleidungsstücken Anfang 1945 „noch unangenehm bemerkbar, da die Anzahl der Totalgeschädigten außerordentlich hoch und mit Nachschub von auswärts kaum zu rechnen" war. Insbesondere die „wilde Abwanderung" von Tausenden einsatzfähiger und werktätiger Freiburger „verursachte einen spürbaren Mangel an notwendigen Aufräum- und Aufbaukräften, da der Aufbau ..., im Gegensatz zu anderen fliegergeschädigten Städten, nur mit einheimischen Kräften durchgeführt werden mußte". Außerordentlich hoch war auch die Zahl der „Bummeleien und Arbeitsvertragsbrüche" sowohl bei den einheimischen als auch bei den ausländischen Arbeitskräften. Nur mühsam konnte in den nächsten Wochen die Arbeitsdisziplin einigermaßen wiederhergestellt werden.

Der Befehlshaber der Ordnungspolizei beim Höheren SS- und Polizeiführer im Wehrkreis V in Stuttgart, Generalmajor der Polizei Petersdorff, nahm die ihm übermittelten Erfahrungen der schweren Luftangriffe auf die dichtbebauten Innenstädte von Freiburg (27. November 1944), Heilbronn (4. Dezember 1944) und Ulm (17. Dezember 1944) zum Anlaß, den unterstellten Polizeibehörden in den

---

[85] StA Freiburg, NS 68: Lagebericht des Leiters des Arbeitsamtes Freiburg i. Br. als Beauftragter des Reichstreuhänders der Arbeit Baden für die Monate Dezember 1944 und Januar 1945.

Städten am 8. und 26. Dezember neue Anordnungen und Vorschläge zu unterbreiten, wie man die Bevölkerung „in der ersten halben Stunde" nach einem Angriff zum Verlassen der Schutzräume und der brennenden Stadtzentren sowie zum Aufsuchen von Plätzen und Gebieten veranlassen könne, die vom Brand nicht betroffen waren, damit zukünftig nicht wieder so hohe Verluste wie in den Innenstädten Freiburgs und Heilbronns einträten. Die ersten Verfügungen und Belehrungen führten dann auch im Falle Ulms bereits zu einem entsprechenden Erfolg, so daß dort die Verluste an Menschen „verhältnismäßig sehr niedrig" blieben[86].

Der zum Jahresende 1944 zu konstatierende Ernst der militärischen Situation für Südbaden war sehr drastisch an der sich rasch nähernden Front zu erkennen. Seit dem Vorstoß der französischen und amerikanischen Armeen durch die Burgundische Pforte zum Rhein und der Einnahme von Mülhausen am 22. November sowie von Straßburg am 23. November stand im Elsaß nur noch ein Brückenkopf um Colmar-Neu Breisach unter deutschem Kommando. Er wurde von der 19. deutschen Armee gehalten. Wie in Freiburg führte die Nähe der neuen Oberrheinfront auch in anderen Städten – so z.B. in Lörrach – zur größeren Abwanderung der Stadtbevölkerung. Allerdings kam der im Dezember 1944 erwartete rasche Vorstoß der Alliierten über den Oberrhein nicht zustande, da die gegnerischen Verbände durch die am 16. Dezember 1944 eröffnete deutsche Ardennenoffensive erst einmal an der nördlichen Westfront gebunden waren[87], so daß die am 11. Dezember neu gebildete „Heeresgruppe Oberrhein" den Brückenkopf um Colmar sogar noch verstärken und dessen Verteidigung bis Ende Januar aufrechterhalten konnte.

Ein am 31. Dezember unternommener deutscher Vorstoß aus der Pfalz zur Rückgewinnung Straßburgs (Operation „Nordwind") hatte jedoch keinen Erfolg, da die eingesetzten Kräfte zu schwach waren. Ein Generalstabsbericht von Anfang Dezember an den Wehrmachtsführungsstab kam zu dem Ergebnis: „Die Truppe, soweit man im infanteristischen Bereich von so etwas noch reden kann, scheint am Ende zu sein (...). Der physische und psychische Zustand der Infanterie ist erschütternd"[88]. Insbesondere bei der vor dem Freiburger Raum stationierten 19. Armee war der Zustand der Verbände sehr schlecht. Unausgebildetes deutsches Luftwaffen- und Marinepersonal, volksdeutsche und freiwillige russische Soldaten sowie ältere Männer des Volkssturms, die zudem noch materiell sehr schlecht ausgerüstet waren, konnten nur mit Mühe zum Abwehrkampf an der Oberrheinfront motiviert werden. Auch die deutsche Luftwaffe war nicht mehr in der Lage, eine wirksame Unterstützung der eigenen Operation zu bieten.

Die deutschen Luftstreitkräfte verloren bei einem Jägereinsatz im Rahmen der abklingenden Ardennenoffensive gegen angloamerikanische Radaranlagen, Flugplätze und Stützpunkte im belgisch-holländischen Raum und in Lothringen (Unternehmen „Bodenplatte") am 1. Januar 1945 von 900 eingesetzten Maschinen etwa 300 Jagdflugzeuge und über 200 Piloten – viele durch eigenen Flak-Ab-

---

[86] Die Verfügung v. 26.12.1944 ist abgedruckt bei Steinhilber, Heilbronn, S. 84f.; das Original und die Verfügung v. 8.12.1944 sind nach Auskunft des StA Ludwigsburg v. 5.4.1984 und des StadtA Heilbronn v. 18.4.1984 nicht mehr auffindbar.
[87] Vgl. Hermann Jung: Die Ardennen-Offensive 1944/45. Ein Beispiel für die Kriegführung Hitlers. Zürich–Göttingen–Frankfurt 1971.
[88] Bericht des Chefs des Generalstabes der Heeresgruppe G v. 6.12.1944, zit. nach Jung, Ardennen-Offensive, S. 42.

schuß[89]. Diesen Verlust konnte die deutsche Jagdabwehr nicht mehr ersetzen. Nach der gescheiterten Ardennen-Offensive verfügte das Reich über keine operativen Reserven an der Westfront mehr, so daß es schließlich auch der 1. französischen Armee vom 20. Januar bis 9. Februar 1945 gelang, Colmar zu erobern und den elsässischen Brückenkopf bis Breisach einzunehmen. Am 9. Februar war der Rückzug der 19. deutschen Armee auf das rechtsseitige Rheinufer abgeschlossen und das Elsaß wieder französisch.

Die militärischen Rückschläge und Niederlagen blieben nicht ohne Auswirkungen auf Verhalten und Stimmung hinter der Front. Die vielfältigen Klagen der städtischen Dienststellen über die ausbleibende Unterstützung von außen, über der Arbeit fernbleibende „Volksgenossinnen und Volksgenossen", die mangelnde Bereitschaft, sich für die Sofortmaßnahmen zur Verfügung zu stellen, sowie über Auflösungserscheinungen in Einzelbereichen oder über die unberechtigte Kritik der Stadtbewohner an der Arbeit der Behörden und das fehlende Vertrauen in die Stadtverwaltung überhaupt dokumentierten zum Jahreswechsel 1944/45 eine allgemeine Vertrauenskrise gegenüber dem NS-Staat. Sie wurde in den nächsten Wochen durch die ständigen gegnerischen Bombenangriffe noch erheblich verstärkt. Wie schwierig es den Partei- und Staatsstellen fiel, „die Menschen zu motivieren und zu mobilisieren", bezeugt die außerordentlich geringe Anwesenheit der Belegschaften in manchen Betrieben, die im Januar 1945 zum Teil nur 10–30 Prozent betrug[90]. Viele Freiburger kümmerten sich nach wie vor erst einmal um sich selbst und um eigene private Dinge, da die Siegeszuversicht doch erheblich geschrumpft sowie die Sorge um das eigene Wohl und das der nächsten Angehörigen wichtiger war als der in weiter Ferne liegende angeblich immer noch zu erwartende „Endsieg". In den Hauptverkehrsstraßen war der Trümmerschutt zwar soweit geräumt, daß Lastwagen fahren konnten; „manche Straßen jedoch blieben zugeschüttet, und es führten nur schmale, buckelige Trampelpfade hindurch". Durch Einsturz von Gebäuden und Herabfallen von Bautrümmern bestand im Stadtzentrum nach wie vor erhebliche Lebensgefahr. Noch immer gab es verschiedene Sperrgebiete, „wo man Bombenblindgänger vermutete"[91], so daß sich verständlicherweise keine Siegesgedanken entwickeln konnten, man vielmehr das baldige Ende des Krieges erwartete. Immerhin wurde Ende Dezember auf den bislang unterbrochenen Verkehrslinien, wie z. B. zwischen Danziger-Freiheit (Johanniskirche) und St. Georgen, die Personenbeförderung mit Buslinien wieder aufgenommen, nachdem aus München, Augsburg und Lörrach vier Omnibusse mit Holzvergaserbetrieb zugeteilt worden waren[92].

Trotz der unmittelbar nach dem 27. November zahlreich in der Stadt angeschlagenen Plakate „Wer plündert wird erschossen!" stiegen in Freiburg die Plünderungen und sonstigen Diebstähle außerordentlich stark an. In dem von den Alliierten nach dem Krieg zusammengestellten Überblick über die Auswirkungen des strategischen Luftkrieges („Strategic Bombing Survey") nimmt die Breisgaustadt von 33 untersuchten Großstädten ganz Deutschlands den ersten Platz bei

[89] Zum Unternehmen „Bodenplatte" siehe Werner Girbig: Start im Morgengrauen. Eine Chronik vom Untergang der deutschen Jagdwaffe im Westen 1944/1945. Stuttgart 1973, S. 141 ff.

[90] StA Freiburg, NS 68: Lagebericht für die Monate Dezember 1944 und Januar 1945.

[91] Hans Frieder Huber: Kindheitserinnerungen. Kriegsende und die Zeit danach in Freiburg. „Die zweite Zeit". Freiburg 1986, S. 58 f.

[92] StadtAF, Sammlung Berichte städtischer Ämter: Bericht Stadtwerke-Straßenbahnen v. 17. 4. 1945; vgl. ebda., C 4/VI/29/5.

Plünderungs- und den dritten Platz bei anderen Straftaten ein[93]. In Freiburg kam es zu erheblich mehr Plünderungsdelikten als in anderen Orten, die stärker und anhaltender als die Schwarzwaldstadt bombardiert wurden; so lag Freiburg beispielsweise in der „Plünderungsskala" vor Hamburg, Kassel, Frankfurt (Main), Köln, Karlsruhe, Essen oder etwa Stuttgart. Abgesehen davon, daß in der Touristen-Stadt Diebstahldelikte schon immer häufig vorkamen, läßt sich dieser hohe Anstieg bei allen Straftaten wohl nur mit der subjektiven Empfindung von der gleichsam elementaren Gewalt und Wucht des schweren Luftangriffs erklären, der tatsächlich das Gemeinschaftsleben in der Stadt und dessen Grundwerte schwer erschütterte.

2. Schadensbeobachtung durch die alliierte Luftaufklärung

Anhand verschiedener, am 25. und 27. Dezember über Freiburg durchgeführter Aufklärungsflüge (Abb. 152) nahm auch das britische Luftfahrtministerium eine sorgfältige Schadensbewertung der Zerstörungen in Freiburg nach dem Flächenbombardement („area attack assessment") vom 27. November vor; Kopien der Schadensberichte wurden auch der US-Luftwaffe überlassen[94]. Dabei kam man zu dem Ergebnis, daß 53 Prozent der abgeworfenen Bomben in dichtbebaute Wohn- und Verwaltungsgebiete der Stadt gefallen waren. Nur 19 Prozent der – den Briten bekannten – Industriezone, jedoch 47 Prozent des nicht-industriell genutzten, bebauten Gebietes wurden nach ihrer Bewertung schwer beschädigt. Den Anteil des schwer getroffenen Bereiches (sowohl industriell als auch nicht-industriell genutzt) am bebauten Gesamtgebiet schätzten die Briten auf immerhin 42 Prozent. Bezogen auf die Wohngebäude registrierten sie, daß rund 11 800 Wohnungs-Einheiten schwer und 23 700 weitere mittelschwer beschädigt worden seien. Für das Stadtzentrum errechnete man daraus einen Anteil von 42 Prozent an schwer zerstörten und insgesamt 85 Prozent an beschädigten Wohnungen. Nach Ansicht der Briten war dadurch Wohnraum für etwa 47 000 Personen zerstört und für weitere 47 000 in Mitleidenschaft gezogen worden. 800–1600 Bewohner der Stadt seien vermutlich getötet worden und die gleiche Zahl nochmals verwundet. Diese Angaben waren zwar etwas zu gering geschätzt, lagen jedoch bei weitem näher an den tatsächlichen Zahlen als die sonst im Ausland geschätzten mehreren Tausend Todesopfer. Als Resümee konstatierten die Briten in ihrem Schlußbericht, daß „hauptsächlich auf den Nordwesten des Stadtzentrums" ein gut plazierter und konzentrierter Angriff erfolgt war. In diesem Gebiet sei eine Bombendichte von 150 Tonnen Brandbomben und 450 Tonnen Sprengbomben pro Quadratmeile erzielt worden.

Der zusammenfassenden Bewertung des britischen Luftfahrtministeriums lagen detaillierte militärische Auswertungsberichte (Interpretation Reports) zum Aufklärungsflug der 540. Squadron vom 25. Dezember (Einsatz 106 G/3930) und der 544. Squadron vom 27. Dezember (Einsatz 106 G/2948) zugrunde. Ein dazu am 26. Dezember verfaßter „vertraulicher Sofortbericht" hob besonders die „ausgezeichneten Photographien" aus der Luft hervor, welche die schwere Verwüstung im Stadtzentrum als auch die nur geringe Beschädigung der Reichsbahnan-

---

[93] The United States Strategic Bombing Survey, a.a.O., vol. 4, S. 91 ff., auch zum Folgenden.
[94] NA Washington, RG 243, Records of the U.S. Strategic Bombing Survey, USSBS City Target Folder III a–972 RE.8./P 63; auch zu den folgenden Angaben.

Abb. 152: Alliiertes Aufklärungsfoto vom 25. Dezember 1944 (NA Washington)

lagen zeigten (Abb. 153 und 154)[95]. Einzelne Gebäude der Bahnwerkstätten wurden danach als getroffen und zerstört registriert. Auch der Hauptbahnhof wurde als bombardiert, im Innern völlig zerstört und ausgebrannt beschrieben. Beim Aufklärungsflug am 27. Dezember wurden 13 Bilder aus der Luft in Ost-West-Richtung von St. Georgen bis Littenweiler aufgenommen (Abb. 155). Die überlieferten Einzelaufnahmen von der Innenstadt lassen bei klarer Sicht deutlich die schweren Verwüstungen durch die abgeworfenen Brand- und Sprengbomben erkennen (Abb. 156 und 157).

[95] PRO London, AIR 24/299: Immediate Interpretation Report No. K. 3496 v. 26.12.1944 Confidential. Weitere Kopien sind vorhanden in NA Washington, RG 243 Records of the U.S. Strategic Bombing Survey, USSBS City Target Folder III a–972; dort als Anlage die entsprechenden Luftbildaufnahmen.

IMMEDIATE INTERPRETATION REPORT NO. K. 3496

LOCALITY: FREIBURG (BADEN) 48° N 7° 50' E.   CH-454

PERIOD UNDER REVIEW.

This report covers damage to the town of Freiburg, Baden, until 1230 A hours on 25 DEC 1944, including that resulting from the attack of 27/28 NOV 1944, by aircraft of BOMBER COMMAND. The attack is reported to have taken place in conditions of 5/10 to 6/10 cloud with a break in the Southern half of the town.

PROVISIONAL STATEMENT ON DAMAGE.

Excellent photographs show devastation in the town, but relatively light damage to rail facilities. There is also severe damage to buildings on the Freiburg airfield, on the Northwest outskirts of the town.

In the railway yards of the Goods Station, north of the town, a large warehouse is one quarter destroyed, a row of smaller warehouses close-by is largely destroyed, and small buildings are severely damaged. There is no damage in the Southern railway yards, but the tracks of a small branch line to the Southeast are cut North of the Yards. The Main Station is gutted with several railside buildings.

Buildings at the Freiburg airfield have suffered severely; out of five hangars, one is destroyed and two are damaged, two workshops and destroyed, and M.T. buildings and one barrack building are destroyed. There are about fifteen craters on the landing ground.

In the town area, three barracks have received damage, and in an area of devastation covering the whole of the town centre and part of Stuhlinger district West of the railway. The Main Post and Telegraph Office buildings, the Rathaus, and closely built business and residential property and many other public buildings are gutted. The University and the town prison, at the Southern and Northern ends of the area of devastation, are moderately damaged.

Details of damage to the Railway Yards are as follows.

(a) NORTHERN YARDS (Guterbahnhof)

FACILITIES

Undamaged. 100% serviceable.

M/Y SIDINGS

Undamaged. 100% serviceable. Goods Depot: buildings damaged: 5% serviceable.

LOCOMOTIVE AND ROLLING STOCK

No damage visible.

THROUGH RUNNING LINES

100% serviceable.

OTHER DAMAGE

None.

REPAIRS

No previous damage.

LOADING

Heavy.

(b) SOUTHERN YARDS

FACILITIES

Undamaged. 100% serviceable.
(Station: 50% unserviceable.)

M/Y SIDINGS

Undamaged. 100% serviceable.

LOCOMOTIVE AND ROLLING STOCK

No damage visible.

/THROUGH RUNNING LINES

Abb. 153 und 154: Alliierter Bericht Nr. K 3496 zum Aufklärungsflug vom 26. Dezember 1944, Seite 1 und 2 (NA Washington)

THROUGH RUNNING LINES

Track of branch line to Southeast cut. 25% unserviceable.

OTHER DAMAGE

None.

REMARKS

No previous damage.

LOADING

Moderate.

(Prints 3374,4365,4368,4369)

This report is subject to correction and amplification from a more detailed assessment.

PHO OGRAPHS TAKEN BY: 540 Squadrn.

SORTIE: 106G/3930.

TIME AND DATE OF PHOTOGRAPHY: 1230 A hours on 25 DEC 1944.

SCALE: 1/8,300 (F.L.36").

COVER AND QUALITY: The town, and railway yards are covered on prints of excellent quality.

LAST REPORT: None issued.

COMPARATIVE SORTIE USED: 106G/2660.

PRINT DISTRIBUTED: 4368 (to follow when available).

CONFIDENTIAL
A.C.I.U.
JAP/CJ

DISTRIBUTION NO. 23C
505 copies

PLUS ONE COPY EACH TO:
S.H.A.E.F. MAIN Enemy Communications Section.
M.E.W. Lansdowne House W.1 - O.L. Lawrence.
M.E.W. Lansdowne House, W.1 - D. Wood.
A.I.3( ) Air Ministry, Monck St. - S/Ldr. Wigglesworth.
A.I.3 (U.S.A.) Air Ministry, Monck St. - Maj. L.A. Bock.
EOU/E D 40, Berkel Square - Lt. Kayson.
C-2 S......F. Main - Maj. Whitmee.

Total 512 copies

Abb. 155: Karte zum Aufklärungsflug vom 27. Dezember 1944 mit Einzeichnung aller Aufnahmen (Dr. Schmidt, Landesdenkmalamt Freiburg)

Abb. 156: Einzelaufnahme Nr. 3005 aus der Serie vom 27. Dezember 1944 (Crown-copyright, Brit. Ministry of Defence, RAF-Photographs)

Abb. 157: Einzelaufnahme Nr. 3003 aus der Serie vom 27. Dezember 1944 (Crown-copyright, Brit. Ministry of Defence, RAF-Photographs)

Die anhand der vielfältigen Luftaufnahmen registrierten Einzeltreffer im Bahngelände offenbarten allerdings, daß es dort nicht zu der erstrebten Ausschaltung der Personen- und Güterbahnverbindungen in Freiburg gekommen war. Dies hat man im Bomber Command klar erkannt. Gleichwohl bemühte man sich in weiteren Auswertungsberichten, die erzielten Schäden und Zerstörungen in Stadtzentrum und Universitätsgebiet insgesamt als militärischen Erfolg zu verbuchen.

Der anschließende „Interpretation Report Nr. 3496" vom 3. Januar 1945[96] bezeichnete „Stadt und Eisenbahnverkehrsknotenpunkt" nach wie vor als lohnendes Ziel. Ausdrücklich wurde die große Bedeutung von Freiburgs Bahnstation mit den Verbindungslinien nach Westen zum Rhein und zum „gegenwärtigen Schlachtfeld zwischen Colmar und Mülhausen" hervorgehoben. Zudem wurde die Stadt „als Militärzentrum von einiger Bedeutung, sowie als Verwaltungszentrum für den Schwarzwald und als Sitz einer Universität" aufgeführt.

Die Luftbilder zeigten den Briten ferner, daß in der Zeit seit dem 27. November „wenige Versuche gemacht worden seien, die Zerstörungen zu beseitigen". Man mußte jedoch eingestehen, daß die durch die Stadt gehende Haupteisenbahnlinie nach wie vor benutzbar war, obwohl im Hauptbahnhof sogar ein Personenzug bei dem Angriff getroffen worden und ausgebrannt war. Größere Zerstörungen wurden dagegen in verschiedenen Kasernen und auf dem Flugplatz erkannt.

Eine Ergänzung dieses Berichtes erfolge am 7. Januar. Sie schätzte die Prozentzahlen der Zerstörungsgrade anhand einer sogenannten, bis zum 25. Dezember 1944 vorgenommenen „Zerstörungsanalyse (Damage Analysis)"[97]:

Zone	Zerstörte oder schwer beschädigte „Brutto Acres"	Zerstörte oder schwer beschädigte „Netto Acres"	Prozentsatz von Gesamt-Wohngebiet
Vollständig bebautes Gebiet (Zone Nr. 1 und 2a)	88 von 150	46	59%
zu 50–70 Prozent bebautes Gebiet (Zone Nr. 2b)	169 von 544	56	31%

Die Auswertungsberichte stützten sich auf entsprechende Luftbilder, die bis heute in den britischen und amerikanischen Akten überliefert sind. Sie haben dokumentarischen Wert für den schweren Zerstörungsgrad der Stadt. Zwei überlieferte großformatige Bildreproduktionen des Stadtzentrums sowohl vor („Before") als auch nach („After") dem Terrorangriff vom 27. November bezeugen dies sehr anschaulich (vgl. Abb. 198 und 199).

Erst am 21. Februar 1945 stellte das Bomber Command von Luftmarschall Harris aufgrund der Meldungen der Flugzeugbesatzungen und der nachfolgenden Luftaufklärungsergebnisse am 25. und 27. Dezember 1944 den abschließenden „Nachtangriff-Bericht (Night Raid Report) Nr. 776" über die Angriffe auf Frei-

[96] Ebda., Interpretation Report No. K. 3496 v. 3.1.1945.
[97] Ebda., Supplement to Interpretation Report No. K. 3496 v. 7.1.1945; siehe dazu „Damage Diagrams" des Bomber Command in ebda., AIR 14/3686. Zur „method of damage evaluation" vgl. The United States Strategic Bombing Survey, a.a.O., vol. 4, S. 6–9.

burg und Neuss vom 27. November zusammen. Als Ergebnis hielt er fest[98]: „Keiner der beiden Rangierbahnhöfe wurde getroffen, aber schwere Zerstörungen wurden überall in den Städten verursacht, das Zentrum von Freiburg wurde vollständig verwüstet". Als Fazit der Luftaufklärung wurde bezüglich Freiburg konstatiert: „Die Eisenbahn-Einrichtungen der Stadt kamen mit geringem Schaden davon, aber die Stadt selbst erlitt schreckliche Verwüstungen. Dieser einzige Angriff zerstörte 59 Prozent des dicht bebauten Gebietes und 40 Prozent des ganzen bebauten Gebietes einschließlich des Stadtzentrums. Militärkasernen wurden weitgehend getroffen, nahezu jedes Gebäude der großen Artilleriekasernen im Stühlinger brannte aus, und zahlreiche Bomben fielen auf das Flugfeld. Der einzige Bahnschaden betraf den Hauptbahnhof, der zu 50 Prozent unbrauchbar gemacht wurde, und die Lagerhäuser am nördlichen Güterbahnhof. Photographische Beobachtungen waren nicht zu erhalten bis fast einen Monat nach dem Angriff, aber in dieser Zwischenzeit sind offensichtlich wenige Versuche gemacht worden, die Trümmer zu entfernen, auch im zerstörten Bahnhof".

Die Luftaufklärungsergebnisse hatten für die Stadt insofern eine unerfreuliche Auswirkung, als der Reichsbahn-Verschiebe- und Güterbahnhof sowie das gesamte Bahngelände mit den Gleisanlagen nach wie vor als Angriffsziel mit „besonderer Priorität" eingestuft wurde, so daß Freiburg für weitere Bomber- und Jagdbomber-Einsätze auch nach dem Jahreswechsel 1944/45 ausgewählt wurde. Die noch im Februar 1945 gültige „generelle Zielbeschreibung" für Freiburg lautete[99]: „Die kleine Stadt Freiburg ist mehr als Transport- denn als Industriezentrum wichtig (…). Freiburg liegt an einer Kreuzung der Hauptlinie zwischen Karlsruhe und Basel, die eine der Haupttransportlinien zur Schweiz und nach Italien ist". Als weitere Ziele wurden das Gaswerk und die Firma Hellige & Co – letztere wegen ihrer „Radiolocation"-Apparate-Produktion – als wichtige, bislang noch nicht zerstörte Betriebe genannt.

Von dieser Entscheidung konnten die Bewohner Freiburgs zum Jahreswechsel 1944/45 allerdings nichts wissen. Sie hofften vielmehr, von weiteren Luftangriffen verschont zu bleiben. Ihre Aufmerksamkeit galt zudem erst einmal dem anstehenden Problem der Schadensbeseitigung, die angesichts der beschränkten Mittel nur wenig Fortschritte machte.

---

[98] PRO London, AIR 14/3412 und AIR 24/300: Secret Night Raid Report No. 776 – Bomber Command Report of Night Operations 27/28th. November 1944 v. 21.2.1945: „Neither of the yards was hit, but severe damage was caused elsewhere in the towns, the centre of Freiburg being entirely devastated". – „The rail facilities of the town escaped with little damage, but the town itself suffered terrible devastation. This single raid destroyed 59% of the fully built-up area, and 40% of the whole built-up area, including all the city centre. Military barracks were widely affected, nearly every building of the large artillery barracks in Stuhlinger being burnt out; and numerous bombs fell on the airfield. The only rail damage involved the main passenger station, which was rendered 50% u/s; and to the warehouses in the northern goods yard. Photographic cover was not obtained until nearly a month after the raid, but in that time little attempt had apparently been made to clear the debris, even from the damaged station". Auch zu den folgenden Zitaten.

[99] Ebda., AIR 14/3683: „The small town of Freiburg is important more as a transportation than as an industrial centre … Freiburg stands at a junction on the main line between Karlsruhe and Basle, which is one of the chief transport routes to Switzerland and Italy".

Der Polizeipräsident
als örtl. LS.-Leiter

LS-Ort

Freiburg i.Br.

SI.Nr. 482/449.

4)

Geheim!

Formblatt B

Freiburg (Ort), den 5.Dezember 1944.

Schriftliche Abschluß- LS-Schadensmeldung

Tag und Zeit des Angriffs (Großangriff) 27. November 1944 von 19.58 bis 20.20 Uhr

Zahl der Flugzeuge, Nationalität wenn bekannt schätzungsweise 400-500 Flugzeuge, vermutlich englischer Nationalität.

Angriffsverlauf, Art und Taktik des Angriffs:

Wetterlage: klar, trocken, fast Vollmond. Nordwestwind mit 2 st/km.
ÖLW 19,48 Uhr - Fliegeralarm 19,58 Uhr.
Um 19,48 Uhr Meldung einzelner schneller Kampf-Flugzeuge in Richtung Dora-Richard 8 von Fluko Donaueschingen.
Um 19,57 Uhr grüne Leuchttrauben über Freiburg und erster Bombenabwurf.
Nach Setzen roter Kaskaden weiterer Bombenabwurf auf Bahnhof und Innenstadt. Angriff in 4-5 Wellen, Abwurf von Spreng- Minen und Brandbomben. Flughöhe etwa 3500m, Angriffsschwerpunkt inneres Stadtgebiet und nordwestlicher Teil der Stadt. Angriff erfolgte ausser Wirkungsbereich der mittleren Flak, daher keine Gefechtstätigkeit durch Flak.

I. Abwurfmittel

Sprengbomben	davon Blindgänger	Minenbomben	davon Blindgänger	Langzeitzünder zu 1 und 2	Stabbrandbomben ohne Sprengsatz	davon Blindgänger	Stabbrandbomben mit Sprengsatz	davon Blindgänger	Phosphorbrandbomben	davon Blindgänger	Phosphorkanister	Flüssigkeitsbrandbomben	davon Blindgänger	Brandsäcke	Brandflaschen	Flugblätter Anzahl und Überschrift	Neuartige Abwurfmittel	Bordwaffenbeschuß	usw.
1		2		3	4		5		6		7	8		9	10	11	12	13	14
etwa 3000	etw. 200	etwa 150	4		etwa 50000		–		–	–	–	–		–		–		–	–

Anmerkung zu 12 und 13 (kurze Angaben):

Zu 4-8:) An Brandabwurfmitteln wurden alle Arten von Brandbomben verwandt. Im einzelnen Zahlen zu ermitteln ist völlig unmöglich.

Zu 12:) Nach Angabe des Feuerwerkers wurden sehr viele Panzersprengbomben abgeworfen, die seit 1942 nicht mehr zum Einsatz gekommen sein sollen.

0/1110

Abb. 158: 1. Seite der Abschlußmeldung des Freiburger Polizeipräsidenten vom 5. Dezember 1944 (StadtAF, D.Aö.1.32b)

3. Zwischen Trümmern und Ruinen –
Die letzten Kriegsmonate Januar – März 1945

Der 1. Januar 1945 war ein bedrückender Neujahrstag. Schnee lag über den Trümmern. Immer noch wurden Tote unter den schneebedeckten Ruinen aus den Luftschutz-Kellern geborgen. Viele Bewohner Freiburgs verbrachten die Neujahrsnacht in den Felsenbunkern im Schloßberg. Einige waren dort schon seit Wochen „zuhause". Die verstärkte Angst um das persönliche Wohl, Hab und Gut sowie die Sorge um die eigene Familie waren zum Jahreswechsel 1944/45 allerdings nicht grundlos, wie die alsbald folgenden Kriegsereignisse zeigten.

Schon am Neujahrstag kam es zwischen 14.02 Uhr und 15.00 Uhr zu mehreren Luftangriffen von 16 Marauder-Bombern im Bereich Hagenmatten auf die Güterbahnlinie und den südlichen Güterbahnhof in der Nähe von Haslach zwischen Rankacker- und Bettackerweg. Dabei wurden durch Abwurf von 32 Sprengbomben zehn Wohngebäude leicht beschädigt und ein Haus total zerstört. Ein Ostarbeiter wurde getötet und vier weitere verletzt, zudem die Wasserleitung nach Günterstal getroffen[100]. Drei Tage darauf wurde am 13.35 Uhr die Haupteisenbahnlinie Freiburg-Offenburg im Stadtteil Zähringen-Wildtal bombardiert. An zwei Wohngebäuden entstand leichter Sachschaden[101].

Auch am 15. Januar war die Hauptbahnlinie und das Bahnhofsgebiet zwischen 12.19 Uhr und 12.40 Uhr das Ziel eines weiteren Angriffs von 107 B-17 „Flying Fortress"-Maschinen der 8. US Army Air Force (1. Air Division). Der Bombenabwurf der US-Flieger wurde durch tiefe Wolken und dichten Bodennebel behindert. Bei dem Abwurf von 269 Tonnen Bombenlast (= 528 G.P.-Bomben à 1000 lbs) wurden zwei Personen getötet und vier weitere verwundet sowie insgesamt neun Wohngebäude schwer beschädigt. Die Treffer lagen in der Hohenzollern-, Kreuz-, Lortzing- und Konradin-Kreutzer-Straße sowie am Hirzberg und bei St. Ottilien[102]. Der Schaden an der Nord-Süd-Bahnlinie bei der Beurbarungsstraße konnte noch am gleichen Tage behoben werden.

Der US-Angriff brachte für die angloamerikanischen Luftstreitkräfte nicht den erhofften Erfolg. Ein am Vormittag des 8. Februar von einer Maschine der 540. Squadron durchgeführter Aufklärungsflug über Freiburg zeigte, daß Güterbahnhof, Versorgungsbaracken und Gleisanlagen keine neuen Zerstörungen nach dem Angriff der immerhin über 100 Flugzeuge aufwiesen (Abb. 159)[103]. Am 28. und 29. Januar sowie am 1. Februar wurden Freiburgs Straßen wiederum durch Bordwaffenbeschuß je eines Jagdbombers vom Typ P-38 der USAAF angegriffen[104].

Der Januar 1945 stand noch einmal im Zeichen verstärkter Appelle an die deutsche Bevölkerung, um deren „Letztes" für die Fortsetzung des Krieges zu erhalten. Angesichts der anhaltenden Zerstörung der Wohngebiete in den deutschen Städten durch die alliierten Bombardierungen verloren jedoch die Durchhalteap-

---

[100] StadtAF, B 1/328 und D.Aö.1.32a, Bd. 2 mit Trefferskizze, ferner D.Aö. 1.32b und C 4/XI/31/4; auch zu den folgenden Angaben.
[101] Ebda., D.Aö.1.32b mit Trefferskizze.
[102] Ebda.
[103] Ebda., D.Aö.1.32a, Bd. 2; USAF Historical Research Center, AFB Maxwell USA, Research Division: Summary Reports by City of Bombing Attacks; NA Washington, RG 243, Records of the US Strategic Bombing Survey, USSBS City Target Folder IIIa–972: Interpretation Report S. A 3143 v. 16.1.1945 und K. 3718 v. 9.2.1945 (Einsatz 106 G/4216); Payne, Air dates. S. 302; Freeman, Mighty Eighth War Diary, S. 424.
[104] Ebda., S. 430ff.

~~CONFIDENTIAL~~
9 FEB 1945

IMMEDIATE INTERPRETATION REPORT NO. K. 3718

LOCALITY: FREIBURG /1/ 437
~~(Goods Station~~, Sidings.)

PERIOD COVERED: 1230 A Hours, 25 DEC 1944 to 1030 A Hours, 8 FEB 1945.

ATTACKS:	Date	S.A.	Reported Weather
U.S. 8th AIR FORCE	15 JAN 1945	3143	10/10 Low Cloud and Fog.

PROVISIONAL STATEMENT ON DAMAGE:

No fresh damage is apparent in the Goods Station and newer railway sidings located in the NW part of FREIBURG or in the older sidings in the SW part of the town. A few new craters can be seen in open areas immediately NW of the locomotive depot and two small huts nearby have been damaged. A new hole is visible in the roof of a hospital immediately South of the southern end of the sidings.

Details of damage are as follows:
Northern Yards(Guterbahnhof):

FACILITIES:
Estimated to remain 15% non-serviceable from earlier damage.

M/Y SIDINGS:
No damage. Fully serviceable.

LOCOMOTIVES and ROLLING STOCK:
No damage.

THROUGH RUNNING LINES:
Estimated 5% non-serviceable from earlier damage.

Southern Yards: No fresh damage apparent.

REPAIRS:
A damaged train, previously visible just south of the locomotive depot, has been removed and a slight amount of clearance has taken place. However, only one line appears open to the south.

LOADING:
Moderate. (Prints: 3101-3106,4085-4090)

This report is subject to correction and amplification from a more detailed assessment.

PHOTOGRAPHS TAKEN BY: 540 Squadron.

SORTIE: 106 G/4216

MEANTIME AND DATE OF PHOTOGRAPHY: 1030 A Hours on 8 FEB 1945.

SCALE: 1:7650 (F.L.:36").

COVER AND QUALITY: Northern yards: Full cover; good quality.
Southern yards: Full cover: fair quality.

LAST REPORT: Immed. and Detailed Reports K. 3496 (26 DEC 1944 and 3 JAN 1945).

COMPARATIVE SORTIE USED: 106G/3930 (25 DEC 1944)(Prints: 3373-3378; 4365-4369)

PRINT DISTRIBUTED: None.

~~CONFIDENTIAL~~
A.C.I.U.
EMI/MF

DISTRIBUTION NO. 24
322 Copies

Abb. 159: US-Aufklärungsbericht zum Angriff vom 15. Januar 1945 (NA Washington)

pelle allmählich ihre Wirkung. Auch Hitler sah sich gezwungen, in seiner Neujahrsansprache „zum deutschen Volk und zur Welt" auf den totalen Luftkrieg einzugehen[105]. Überraschenderweise stellte er aber die Kriegsereignisse in unvergleichlicher Egozentrik so dar, als ob eigentlich *er* der am meisten Betroffene sei, da ihn mit jeder zerstörten Stadt ein besonderes Verhältnis verbinde; so erklärte er: „All den deutschen Städten, die heute zertrümmert werden, bin ich nicht nur geschichtlich, sondern auch persönlich so unendlich lebensnahe gekommen. Ich war ihnen seit Jahrzehnten nicht nur in historisch-kulturgeschichtlicher und menschlicher Liebe verbunden, sondern auch am stärksten beteiligt am Schicksal ihrer künftigen Entwicklung. Allein dies ist es, was mich auch dieses Leid etwas leichter tragen läßt, da ich mehr als ein anderer weiß, daß nicht nur das deutsche Volk als solches in seinem Willen immer wieder aus tiefster Not emporgestiegen ist, sondern daß dereinst als Abschluß dieser Zeit auch die deutschen Städte sich wieder aus ihren Trümmerhalden erheben werden zu neuen Plätzen deutscher Städteherrlichkeit. Der nationalsozialistische Staat wird mit seiner Energie und Tatkraft alles das, was heute der Zerstörung verfällt, in wenigen Jahren neu errichten. Unsere Städte werden in ihrem äußeren Bild gewaltiger und schöner sein als je zuvor".

Oberbürgermeister Kerber hatte sich allerdings zuvor skeptischer geäußert. Er bezweifelte, ob er den Wiederaufbau in Freiburg noch erleben werde. Es darf zudem in Frage gestellt werden, ob Hitler bei seinen exkulpierenden Worten auch an das schwer zerstörte Freiburg dachte, denn er hat die Stadt bei seinen zahlreichen früheren Reisen auffallenderweise gemieden. Dem Hitlerschen Appell an den Willen widmete die NS-Zeitung „Der Alemanne" die Titelseite seiner Neujahrausgabe[106]. Der von Hitler beschworene „deutsche Geist und Wille werde den Sieg erringen", konnten die Freiburger Leser dem Blatt entnehmen. Für den Diktator war auch nicht das Reich, sondern die bürgerliche Welt des Westens „dem Zusammenbruch geweiht". Zudem machte er klar, daß sich unter seiner Führung „ein 9. November 1918 im Deutschen Reich nie mehr wiederholen wird". Eine deutsche Kapitulation werde „nie kommen".

Folglich mußte sich die deutsche Bevölkerung auf den weiteren Kampf – auch innerhalb der Reichsgrenzen – einstellen; ein vorzeitiges politisches Kriegsende war nicht zu erwarten. Reichspropagandaminister Goebbels unterstrich dies in einem ebenfalls im „Alemannen" zitierten Neujahrsappell: Die deutsche Führung denke nicht an Kapitulation. Gleichsam zur Bekräftigung dieser Willenserklärung druckte die Zeitung zusätzlich Beobachtungen eines Kriegsberichters aus der Freiburger „Terrornacht" vom 27. November 1944; er schilderte, wie man trotz persönlich erlittener Not und Lebensgefahr den Kampf für das Ganze nicht aufgeben dürfe[107]. Schon seit September 1944 veröffentlichte die badische Gauleitung in diesem Sinne eine „tägliche Parole" des Gauleiters Wagner in allen Zeitungen des Elsaß und Badens. Die Propagandasprüche wurden auch an zahlreichen Tafeln und Wänden per Plakat angeschlagen[108].

Anfang Januar wurde der Volkssturm in Freiburg auf Messeplatz und Flugplatzgelände notdürftig ausgebildet. Um die klägliche Ausrüstung und Bewaff-

---

[105] Domarus, Hitler, Bd. II/2, S. 2179 ff.; auch zu den folgenden Zitaten.
[106] Der Alemanne Nr. 1 vom 2.1.1945, auch zum Folgenden.
[107] Ebda., S. 3: Begegnung in Freiburg.
[108] Der deutsche Südwesten zur Stunde Null. Zusammenbruch und Neuanfang im Jahr 1945 in Dokumenten und Bildern. Bearbeitet von Hansmartin Schwarzmaier u.a., Karlsruhe 1975, S. 23 ff.

nung der Volkssturmmänner zu verbessern, fand vom 7. bis 28. Januar 1945 im gesamten Reichsgebiet eine „Volksopfer"-Sammlung statt (Abb. 160)[109]. Auch „Der Alemanne" veröffentlichte dazu die Aufrufe von Kreisleiter Dr. Fritsch und Gauleiter Wagner. Sie forderten dazu auf, alte Uniform- und Schützenuniform-Teile sowie „die letzte Waffe" oder Sportwaffe für den Volkssturm zur Verfügung zu stellen[110]. Fritsch verkündete am 10. Januar in dem NS-Blatt den angeblich „durch nichts zu brechenden Willen" der Bevölkerung, „Den Endsieg zu erringen" und dabei „in einer geschlossenen Front hinter dem Führer" zu stehen. Nur dann werde aus den Trümmern „einmal ein neues Freiburg entstehen"[111]. Die „Volksopfer"-Sammlung in Freiburg wurde schließlich sogar als „Bekenntnis" und als Abstimmung der Stadtbevölkerung für den „Führer" hingestellt.

Angesichts des an allen Fronten näherrückenden Gegners und dessen erfolgreichen Luftangriffen im deutschen Hinterland häuften sich ab Jahresbeginn 1945 die Durchhaltebefehle und -appelle an die „Volksgemeinschaft". Goebbels verstand es, seine Propagandamaschinerie bis zuletzt auf vollen Touren laufen zu lassen. Nach einem Bericht des „Alemannen" vom 11. Januar 1945 erklärte der Freiburger NSDAP-Kreisleiter vor Parteifunktionären, das deutsche Volk müsse jetzt „hart bleiben, bis der Endsieg erkämpft sei"[112]. „Nur ein gläubiges Volk kann siegen", so verkündete der „Alemanne" am 1. Februar 1945 anläßlich der Gedenkfeiern zum 12. Jahrestag der Machtübernahme Hitlers vom 30. Januar 1933[113]. Wie dieser gläubige Kampf zu verstehen sei, machte Gauleiter Wagner am 29. Januar auf der Kundgebung zu diesem Jahrestag in Baden-Baden deutlich: Niemals werde man kapitulieren. Was derzeit an Materiellem fehle, müsse „durch Glauben, Willen, Tapferkeit, Zähigkeit und Gehorsam" ersetzt werden[114].

Dagegen bezeugen Eingaben an die Freiburger Stadtverwaltung und die Niederschriften der Oberbürgermeisterbesprechungen zu Jahresbeginn, wie katastrophal noch immer die Lage in der schwer zerstörten Stadt war und daß Appelle zum gläubigen Kampf nicht zu helfen vermochten. Durch Aufruf in der Zeitung „Der Alemanne" bat die Stadtverwaltung am 4. Januar um Bereitstellung von möblierten Zimmern, da immer noch nicht genügend Platz für die Unterbringung der zahlreichen Obdachlosen zur Verfügung stand. Am 5. Januar mußte man in einer Besprechung beim Oberbürgermeister konstatieren, daß die Gaszufuhr für die Wohnungen durch weitere Bombentreffer erneut für mehrere Tage verzögert wurde. Die anstehenden Reparaturen konnten nicht beschleunigt werden, da dafür kein Arbeitspersonal vorhanden war. Bei der Besprechung widersprachen die Dienstvorstände auch dem Gerücht, es habe 20 000 Tote nach dem Angriff vom 27. November gegeben; bislang zählte man 1178 geborgene Tote[115]. Das Bezirksbauamt Freiburg beklagte am 8. Januar, daß die schon am 12. Dezember verlangte Bereitstellung von Fachkräften und ca. 15 000 Stück Ziegelsteinen zur Rettung der beschädigten Klinikgebäude trotz Bewilligung durch Oberbürgermeister Kerber bislang nicht erfolgt sei. Resigniert stellte man fest, daß die großen Neubauten der staatlichen Universitätsinstitute aufgrund des allgemeinen Arbei-

[109] Der von Bormann, Funk, Goebbels und Himmler unterzeichnete Aufruf wurde auch im „Alemannen" Nr. 5 v. 6.1.1945 abgedruckt.
[110] Der Alemanne Nr. 7 v. 9.1.1945 (Aufruf Wagners).
[111] Der Alemanne Nr. 8 vom 10.1.1945; ebenso in Ausgabe Nr. 9 v. 11.1.1945.
[112] Ebda., Nr. 9 v. 11.1.1945.
[113] Ebda., Nr. 27 v. 1.2.1945.
[114] Ebda., Nr. 25 v. 30.1.1945.
[115] StadtAF, C 4/VI/21/2.

AUFRUF

Deutsches Volk!

Das Jahr 1944 hat uns schwere Prüfungen auferlegt. Mit der geballten Kraft dreier Weltreiche hat es der Feind in einem Massensturm ohnegleichen nicht vermocht, uns in die Knie zu zwingen. In einem heroischen Kampf, wie ihn die Weltgeschichte selten kennt, hat der deutsche Soldat die Angriffe unserer Feinde an allen Fronten abgewehrt.

Die Heimat hat sich des Heldentums ihrer Soldaten würdig erwiesen. Trotz des feindlichen Bombenterrors ist sie unerschüttert, kampfentschlossen und siegesbewußt wie nie zuvor.

Dem Rufe zur kompromißlosen und totalen Führung des Krieges ist das ganze deutsche Volk einmütig und entschlossen gefolgt. Frauen und Mädchen haben in Fabriken und Kontoren zu Hunderttausenden die Männer abgelöst und damit die Aufstellung zahlreicher neuer Volksgrenadier-Divisionen ermöglicht. Die deutschen Rüstungsarbeiter und -arbeiterinnen geben diesen Soldaten die besten Waffen in die Hand.

Nunmehr beginnen die ersten Früchte der totalen Kriegführung zu reifen. Es müssen jedoch immer neue Volksgrenadier-Divisionen und Marscheinheiten zur Aufstellung kommen und der Front zugeführt werden. Auch die Männer des Deutschen Volkssturms befinden sich in Tausenden von Bataillonen in der Ausbildung und teilweise schon im Einsatz. Für die Aufstellung dieser neuen Verbände werden dringend Bekleidungs- und Ausrüstungsstücke benötigt.

Im Auftrage des Führers rufen wir deshalb alle Deutschen, Männer, Frauen und unsere Jugend, zu einem

„Volksopfer"

auf. Die Nationalsozialistische Deutsche Arbeiterpartei wird mit ihrer bewährten Tatkraft die Trägerin dieser Aktion sein.

Vom 7. bis 28. Januar werden für die Wehrmacht und den Volkssturm gesammelt: Uniformen und Uniformteile der Partei, ihrer Gliederungen und Verbände, der Wehrmacht, Polizei, Feuerschutzpolizei, Reichsbahn, Reichspost usw., tragfähiges Schuhwerk und Ausrüstungsgegenstände für die kämpfende Truppe, wie Zeltbahnen und Zeltzubehör, Woll- und Felldecken, Brotbeutel, Rucksäcke, Kochgeschirre, Koppel, Schulterriemen, Spaten, Stahlhelme und alles andere, was der Soldat braucht. Ferner werden Kleidung, Wäsche und Spinnstoffe jeder Art gesammelt, um hieraus neue Bekleidung und Ausrüstungsstücke herzustellen.

Jeder Volksgenosse muß von diesen Dingen alles das abgeben, was er nicht unbedingt benötigt. Gebt alles Entbehrliche der kämpfenden Front. Unsere Soldaten sollen sich auch diesmal wieder auf die Heimat verlassen können.

Martin Bormann	Walther Funk	Dr. Goebbels	H. Himmler
Leiter der Partei-Kanzlei	Reichswirtschaftsminister	Reichspropagandaleiter der NSDAP, und Reichsminister für Volksaufklärung und Propaganda	Reichsführer-## und Befehlshaber des Ersatzheeres

Abb. 160: Plakat mit dem Aufruf zum „Volksopfer"

ter- und Materialmangels kaum vor weiterem Verfall durch Witterungseinflüsse zu retten waren[116].

Symptomatisch für die schlechte Versorgungslage auf dem Energiesektor war die kurz darauf erlassene Anordnung des badischen Staatsministers des Kultus und Unterrichts, Paul Schmitthenner, ab sofort sämtliche Schulen des Gaues Badens wegen Brennstoffmangels bis auf weiteres zu schließen[117]. Ferner verfügte das badische Landwirtschaftsamt am 15. Januar eine Einschränkung des elektrischen Energieverbrauchs um 20 Prozent sowohl bei den industriellen und gewerblichen Stromabnehmern als auch bei den Haushaltungen im gesamten Baden. Die Haushalte hatten den Strombezug von 8–11 Uhr und von 13–16 Uhr vollkommen einzustellen[118]. Und am 12. sowie 19. Januar kam der Oberbürgermeister bei seinen Krisenbesprechungen mit den Dienstvorständen zu dem Ergebnis, daß es zur Zeit unmöglich sei, „den privaten Haushaltungen den nötigen Brennstoff zu liefern, solange keine weitere Zufuhr erfolgt". Deshalb verbot er „kategorisch, auch nur einen Zentner Kohlen oder Koks aus Freiburg wegzufahren"; auch Lebensmittel dürften nicht nach außerhalb abgegeben werden, da sonst die in der Stadt zurückgebliebene Bevölkerung „in kürzester Zeit nichts mehr zu essen hat". Denn die regelmäßige Zufuhr an Lebensmitteln war seit Wochen unterbrochen.

Um den Ausbruch von Seuchen zu verhindern, veranlaßte die Stadtverwaltung zudem die laufende Entnahme von Wasserproben aus dem halbwegs intakten Wasserleitungsnetz und drängte sowohl auf die Reorganisation und unverzügliche Wiederaufnahme der Müllabfuhr, wenigstens mit „einem Müllwagen" oder anderen noch einsatzbereiten Lastkraftwagen, als auch auf den Abtransport der noch immer in den Trümmern liegenden Leichen[119]. Da Ende Januar milde Witterung eintrat, vergrößerte sich die Einsturzgefahr in den schmalen Straßen der schwer getroffenen inneren Stadtbezirke, so daß man vorübergehend sogar an eine völlige oder teilweise Sperrung des Altstadtgebietes für den Publikumsverkehr dachte[120].

Um schließlich eine Entlastung bei der Obdachlosenversorgung zu erreichen, wurde Ende Januar ein Sammeltransport für ältere Stadtbewohner nach Waldshut durchgeführt, wo in einem Altersheim noch eine größere Anzahl von Personen untergebracht werden konnte. Wer der entsprechenden Aufforderung zur Abreise nicht nachkam, hatte danach keinen Anspruch mehr auf Zuweisung einer Unterkunft in der Obdachlosensammelstelle in der Gewerbeschule. Der Mangel an intaktem Wohnraum konnte damit jedoch nicht behoben werden[121]. Anfang Februar warteten noch immer 600 Familien und zahlreiche Einzelpersonen auf eine neue Bleibe[122].

Keinen Erfolg hatte die Stadtverwaltung auch bei ihren Bemühungen, den „Reichssondereinsatz" der 103 Handwerker aus der Kurmark, dem Sudetengau und aus Sachsen bis Ende März verlängern zu können. Die während der ganzen

---

[116] Ebda., C 4/I/9/4.

[117] Ebda., C 4/XI/5/7: Verfügung Nr. Allg. 56 v. 10. 1. 1945.

[118] Die Bekanntmachung ist auszugsweise abgedruckt in: Deutschland 1945. Alltag zwischen Krieg und Frieden in Geschichten, Dokumenten und Bildern. Hrsg. v. Klaus-Jörg Ruhl. Darmstadt 1984, S. 29f.

[119] StadtAF, C 4/VI/21/2: Aus der Besprechung des Oberbürgermeisters mit den Dienstvorständen am 12. 1. 1945 und 19. 1. 1945.

[120] Ebda., C 4/I/6/3.

[121] Ebda., D. Sv. 18/2. Der Sonderzug sollte am 26. 1. 1945 ab Bahnhof Wiehre fahren, wurde dann aber auf den 29. 1. 1945 ab Hauptbahnhof verlegt, vgl. Der Alemanne v. 29. 1. 1945.

[122] StadtAF, C 5/2752: Oberbürgermeister-Schreiben v. 7. 2. 1945.

Einsatzzeit in Freiburg ab Anfang Januar noch nicht einmal vollzählig eingetroffenen Handwerker mußten zum 20. Februar wieder in ihre „Entsendegaue" zurückgeschickt werden[123]. Den städtischen Stellen gelang es auch trotz wiederholter Anforderung nicht, von der Einsatzgruppen-Oberbauleitung der „Organisation Todt" für Oberbaden, die ihren Sitz in Lenzkirch hatte, eine größere Anzahl von Arbeitern zugewiesen zu erhalten[124]. Vergeblich bemühte sich auch Oberbürgermeister Kerber, vom badischen Innenminister „umgehend wenigstens 25 Kanalfacharbeiter und etwa 30 Tiefbauhilfsarbeiter zur Verfügung" gestellt zu bekommen, um die zertrümmerten und verschütteten Tiefkanäle wieder herrichten zu können[125].

Gerade die Tagesordnungspunkte der am 25. und 26. Januar durchgeführten Ratsherren- und Oberbürgermeistersitzungen dokumentieren sehr nachdrücklich die zwei Monate nach dem schweren Angriff vom 27. November noch immer prekäre Versorgungs- und Lebenslage der Breisgaustadt. Nach wie vor waren weder Wasser-, Gas- noch elektrisches Leitungsnetz vollständig wieder hergerichtet und einsatzfähig. Da überall Heizungsmaterial fehlte, wurde „auf illegalem oder legalem Wege" immer mehr auf den Stadtwald zurückgegriffen und dort Brennholz geschlagen. Von den bis zu dieser Zeit 1530 tot geborgenen Personen konnten 219 Opfer nicht identifiziert werden; weitere 1538 Personen waren noch als vermißt gemeldet. Oberbürgermeister Kerber äußerte sich bei den Besprechungen wiederholt sehr pessimistisch. Bedingt durch den weiteren Kriegsverlauf rechnete er mit „einer stärkeren Gefährdung" der Stadt als bisher; er forderte deshalb zu Überlegungen auf, wohin noch in Freiburg vorhandene Sachwerte geschafft werden könnten, um sie vor einer möglichen Zerstörung zu bewahren[126].

Die Realität seiner Einschätzung wurde offenkundig unterstrichen, als der „Alemanne" am 27./28. Januar auf eine Änderung des Luftwarnsystems „in den Kreisen des Frontgebietes in Baden" hinwies, die auch für Freiburg galt. Danach wurden die bisherigen Alarmierungen „öffentliche Luftwarnung" und „Fliegeralarm" zu dem einzigen und sofortigen Warnsignal „Akute Luftgefahr" (kurzer Alarmstoß mit zwei Heulperioden) im Falle des unmittelbaren Anfluges größerer Verbände auf eine Stadt zusammengefaßt. Die Neuregelung, die am 31. Januar erstmals in Freiburg erprobt wurde, ergab sich „aus militärischen Gründen infolge des Näherrückens der Front" für den Gau Baden[127].

Den Ernst der Lage und die Belastungen für die Stadtverwaltung machte Oberbürgermeister Kerber ebenfalls am 25. Januar auf der ersten seit dem schweren Luftangriff in die Kyburg in Günterstal einberufenen – allerdings nicht öffentlichen – Ratsherrensitzung deutlich (Abb. 161)[128]. Er legte in seinem Lagebericht Rechenschaft ab sowohl über die früheren Luftschutzbemühungen der Stadtverwaltung als auch über die von ihr eingeleiteten und durchgeführten Maßnahmen. Die Aussagen Kerbers stützten sich auf den zusammen mit dem Polizeipräsidenten und dem NSDAP-Kreisleiter kurz zuvor verfaßten Lagebericht an den badischen Minister des Innern vom 22. Januar. Offen gestand Kerber ein, „daß das

[123] Ebda., C 4/IX/17/7.
[124] Ebda., C 4/IX/17/7: Schreiben v. 16.1. und 16.2.1945.
[125] Ebda.: Oberbürgermeister an den Bad. Minister des Innern v. 23.1.1945.
[126] Ebda., C 4/VI/21/2: Besprechung am 26. Januar 1945 sowie D.Aö. 1.32 b, Bd. 1: Meldung des Polizeipräsidenten v. 27.1.1945 zu den Opferzahlen.
[127] Ebda., C 4/XI/29/5 und Der Alemanne Nr. 23 vom 27./28.1.1945.
[128] StadtAF, C 4/VI/8/5: Ratsherrensitzung am 25.1.1945 in der Kyburg, Günterstal; Der Alemanne Nr. 25 v. 30.1.1945, S. 3: Im Dienste der Bevölkerung; auch zum Folgenden. Kerbers Bericht an den Badischen Innenminister v. 22.1.1945 ist nicht überliefert.

Im Dienſte der Bevölkerung
Aus einem Lagebericht des Oberbürgermeiſters Dr. Kerber vor den Ratsherren

Oberbürgermeiſter Dr. Kerber berief vor einigen Tagen die Beigeordneten und Ratsherren der Stadt zu einer erſten nichtöffentlichen Ratsherrenſitzung nach dem Terrorangriff auf Freiburg ein. Der Sitzung wohnten auch Vorſtände der durch den Krieg wichtig gewordenen bzw. erſt im Kriege geſchaffenen ſtädtiſchen Dienſtſtellen bei. Die Sitzung begann mit einem feierlichen Gedenken der Opfer der Luftangriffe auf Freiburg und der Angehörigen der ſtädtiſchen Gefolgſchaft, die ſeit der letzten Sitzung den Heldentod ſtarben.

Im Verlauf der Sitzung gab Oberbürgermeiſter Dr. Kerber im Rahmen eines ausführlichen Lageberichtes Aufſchluß, vor allem über die längſt vor dem Kriege einſetzenden Bemühungen der Stadt Freiburg um einen ausreichenden Schutz der Bevölkerung vor feindlichen Luftangriffen, wobei die Stadt in dem, was ſie dafür ſelbſt praktiſch durchführen konnte, über ihren zugemeſſenen Aufgabenbereich hinausging. Der Oberbürgermeiſter ſtellte dabei feſt, daß die Freiburger Bevölkerung zum großen Teil das Beſtreben habe, am Platz zu verharren, wo nur irgend Möglichkeiten dazu gegeben ſeien. Er verſicherte auch, daß dieſes Beſtreben durch die Stadt nach beſten Kräften unterſtützt worden ſei bzw. werde, ſoweit ſich dazu Wege und Kräfte finden, die dieſes Beſtreben auch tatſächlich fördern können. Beſonderen Schutz wolle man vor allem den eingeſeſſenen Freiburger Geſchlechtern und unter ihnen zunächſt jenen angedeihen laſſen, die ſich wieder um die Wiedereingangbringung des Geſchäftslebens bemühen, denn ſie werden es in der Hauptſache auch ſein, die mithelfen, die Stadt wieder aufzubauen.

Dr. Kerber hob im Verlaufe ſeines Berichtes auch hervor, daß die Abwicklung der Geſchäfte der ſtädtiſchen Dienſtſtellen ſeit den erſten Tagen nach der Kataſtrophe vom 27. November 1944 im großen und ganzen funktioniert habe, wobei die Dienſtſtellen der betroffenen Bevölkerung vielfach auf Treu und Glauben halfen.

Der Oberbürgermeiſter betonte zum Schluſſe ſeines Berichtes, der noch andere Fragen berührte, von verſchiedenen Seiten ergänzt wurde und dem auch Anregungen von ſeiten der Ratsherren folgten, daß die Stadtverwaltung alles zur Erhaltung der Stadt einſetzen werde, und zwar ſtets ſo, daß alle ihre Maßnahmen auch eine Grundlage für ſpätere neue Lebensmöglichkeiten ſchaffen würden.   hr.

Abb. 161: „Im Dienste der Bevölkerung" (Der Alemanne Nr. 25 vom 30. 1. 1945, S. 3)

Problem der Obdachlosenversorgung in Freiburg unlösbar ist", da zuviel Wohnraum zerstört sei. Bei seinen mündlichen Erläuterungen fand er ferner äußerst kritische Worte über die ausgebliebene Hilfe für die Stadt durch vorgesetzte Stellen. Viele Versprechungen seien nicht erfüllt worden. Insbesondere beklagte er sich über die unterlassene Verwirklichung der zahlreichen Luftschutzanträge der Stadt. Er habe, so konstatierte Kerber verbittert, „nie erlebt, daß in Wirklichkeit einem Antrag stattgegeben worden ist". Deshalb könne der Stadtverwaltung auch kein Vorwurf gemacht werden. Er könne aber „nicht vor die Bevölkerung hintreten und sagen, daß alle Anträge (durch die Reichsstellen, Anm. d. Verf.) abgelehnt worden sind. Das verstößt gegen die Staatsräson". Die Ratsherren hätten allerdings „die Pflicht, bei der Aufklärung der Bevölkerung mitzuhelfen" und den einfältigen Redensarten entgegenzutreten.

In diesem Sinne ließ Kerber dann auch an ihn gerichtete Eingaben Freiburger Bürger, welche darin die fehlenden Luftschutzbauten in der Stadt kritisierten, durch persönliche Kontaktaufnahme einzelner Ratsherren beantworten [129]. Bitter beklagte er ferner, daß nicht genügend Arbeitskräfte zur Verfügung stünden, um die notwendigen baulichen Sofortmaßnahmen durchführen lassen zu können. Vielfache auswärtige Versprechungen seien nicht erfüllt worden. Man könne deshalb nach wie vor bei den Hilfsmaßnahmen nur improvisieren.

Wie eilfertig und parteitreu man andererseits aber noch während der Kriegszeit in der Bauabteilung des städtischen Polizeiamtes den Blick weg von den Trüm-

[129] StadtAF, C 4/XI/30/4.

mern zu Neubaumaßnahmen im nationalsozialistischen Sinne und Geist richtete, zeigt ein an Oberbürgermeister Kerber am 30. Januar 1945 gerichtetes baupolizeiliches Urteil über die Bedeutung der Schäden durch den feindlichen Terrorangriff am 27. November 1944. Der Unterzeichnende der Baupolizeiabteilung wies in selbstherrlicher Weise darauf hin, daß in Freiburg „schon vor der Machtergreifung durch willkürliches Bauen das Städtebild schwer beeinträchtigt worden" sei [130]. Aber auch nach der Machtergreifung seien „noch Bauten entstanden, die in ihrer Ausführung die nationalsozialistischen Baugesinnung vermissen lassen". Verantwortlich für diese Ausführungen bei verschiedenen Bau- und Geschäftshäusern sei die staatliche Polizeiverwaltung gewesen, „der damals die Baupolizei übertragen war".

Als besonders der NS-Baugesinnung nicht entsprechende Gebäude wurden in diesem Schreiben vom Januar 1945 die Häuser Nr. 170 (Hettlage), 202 (Bollerer), 208 (Oberpaur), 224 (J. Müller), 232 (Kentner), 234 (Frade), 236 (WMF) und Nr. 195 (Werner-Blust) in der Adolf-Hitler-Straße sowie Nr. 8/10 (Munder) in der Salzstraße, Nr. 5/7 (Gotthardt) in der Schusterstraße, Nr. 13 (Elsbach) und 25 (Gaststätte „Zum Ritter") in der Bertoldstraße und Nr. 3 (Lipps) in Unterlinden aufgeführt. Nun hatte auch schon Baudirektor Joseph Schlippe in einem Beitrag zum Freiburger Jahrbuch von 1937 darauf hingewiesen, daß in der Rathausgasse und Adolf-Hitler-Straße als der „via triumphalis" der Stadt „da und dort Bausünden der letzten Generation ausgemerzt werden" müßten [131], so daß das Baupolizeiamt mit seiner Ansicht wohl nicht allein stand. Allerdings legte das Oberbürgermeisteramt die neuerliche Eingabe erst einmal zu den Akten, da vorerst dringlichere Probleme anstanden und zu lösen waren als die „Ausmerzung" früherer Bausünden, die der NS-Baugesinnung widersprachen.

Zu den vorrangig zu lösenden Problemen entwickelte sich vor allem die Ernährungsfrage für die in der Stadt verbliebene Bevölkerung. Am 2. Februar erklärte Kerber auf einer Dienstbesprechung, die Versorgung mit Lebensmitteln sei zwar momentan noch gesichert; sie werde aber zukünftig „erheblich gespannter werden", da sich sowohl die Gebietsverluste im Osten als auch das Näherrücken der Front im Westen bemerkbar machen würden [132]. Die Stadtbevölkerung solle deshalb verstärkt zum Selbstanbau von Gemüse im eigenen Garten angehalten werden. Dieser Selbstanbau litt jedoch unter dem Mangel an erfahrenem Personal, da auch viele ältere Bewohner zum Schanzen oder Volkssturm abgezogen worden waren. Zudem verlangte Kerber, daß Disziplin und Ordnung in den städtischen Dienststellen und Ämtern konsequent aufrechterhalten werden müßten; ansonsten führe dies zum Chaos.

In gleicher Weise argumentierte Kreisleiter Dr. Fritsch, als er vor politischen Leitern der NSDAP-Ortsgruppen des Jahrestages der Machtübernahme vom Januar 1933 gedachte und kurz darauf die Aufgaben und Pflichten jedes einzelnen Deutschen im 7. Kriegsjahr verdeutlichte. Der „Führer" müsse wissen, daß sich die Heimat gerade jetzt „noch enger um ihn schart und ihm treue Gefolgschaft leistet"; man müsse dafür „alles einsetzen", um dadurch dem Gegner „eine entscheidende Niederlage zu bereiten" [133]. Das Schicksal Deutschlands stünde nun

130 Ebda., C 4/XVIII/27/3, auch zum Folgenden.
131 Joseph Schlippe: Neue Baukunst in Freiburg. In: Jahrbuch der Stadt Freiburg im Breisgau. Bd. 1: Alemannenland. Hg. v. Oberbürgermeister Franz Kerber. Stuttgart 1937, S. 90–95, hier S. 92.
132 StadtAF, C 4/VI/21/2; vgl. Schnabel, Freiburg im totalen Krieg, S. 16; auch zum Folgenden.
133 Der Alemanne Nr. 27 v. 1.2.1945 und Nr. 29 v. 3.2.1945, S. 3; auch zu den folgenden Zitaten.

„auf des Messers Schneide". Gerade die „Parteigenossen" müßten dem „Führer" die Sorgen um die deutsche Heimat abnehmen.

In den ersten Februartagen zogen sich dann die Einheiten der 19. deutschen Armee aus dem Colmarer Brückenkopf über die Rheinbrücke bei Neuenburg nach Osten – zum Teil auch nach Freiburg zurück[134]. Im Kloster St. Trudpert im Münstertal richtete das im Raum Freiburg–Lörrach eingesetzte Generalkommando des XVIII SS-Armeekorps unter SS-Obergruppenführer Georg Keppler seinen Gefechtsstand ein. Nach dem deutschen Rückzug über den Rhein befürchtete das Oberkommando der Heeresgruppe „G" unter General der Panzertruppen Balck, daß die französischen Verbände von General de Lattre de Tassigny aus „Prestigegründen" rasch zum Kaiserstuhl und Isteiner Klotz vorstoßen würden.

Der Rheinübergang der Alliierten unterblieb jedoch vorerst, so daß das XVIII. SS-Armeekorps mit seinen drei Großverbänden eine neue Verteidigungslinie entlang des alten Westwalls westlich Freiburgs einnehmen konnte. Das Korps verfügte jedoch nur über schwache Abwehrkräfte. Es half auch wenig, daß die Wehrmachtkommandantur Freiburg–Stadt ebenfalls diesem SS-Armeekorps unterstellt und die Stadt selbst als fester Ortsstützpunkt zum Gefechtsgebiet erklärt wurde. Die Division Nr. 805 im Raum westlich Freiburgs besaß vor allem ukrainische Ostfreiwillige- und Volkssturm-Einheiten; der zweite Großverband des Korps, die Brigade Nr. 1005, bestand aus Luftwaffensoldaten sowie Volkssturm- und Zollgrenzschutz-Angehörigen, und nur die 159. Infanteriedivision verfügte außer über Luftwaffensoldaten, Zollgrenzschutz- und Volkssturm-Angehörige noch über einige wenige aktive Heeres-Einheiten[135].

Da eine personelle und materielle Auffrischung mit regulären Kampfverbänden nicht mehr möglich war, wurden die Verbände der 19. Armee auf Antrag des Oberbefehlshabers West, Generalfeldmarschall Gerd von Rundstedt, mit Zustimmung Hitlers schließlich ab Ende Februar 1945 durch weitere zum Teil nicht voll ausgebildete und ausgerüstete Volkssturmbataillone aus Baden und Württemberg „in möglichst großem Umfange" verstärkt. Auftretende Haltungsmängel, die Zweifel an der Kampfbereitschaft der Volkssturmsoldaten erlaubten, versuchte die deutsche Führung durch verschärfte Strafandrohungen und zahlreiche Durchhaltebefehle zu festigen. Ab 15. Februar wurden auf Befehl Hitlers durch den Reichsjustizminister Otto Thierack „Standgerichte für Charakterlosigkeit" eingerichtet; sie sollten „größte Härte" an der Westfront demonstrieren[136]. „Feiglinge und Lumpen" seien „zu vernichten", verlangte dann auch der Höhere SS- und Polizeiführer Südwest in Stuttgart, SS-Obergruppenführer Hofmann, am

[134] Zum Folgenden vgl. Ueberschär, Freiburgs letzte Kriegstage, S. 17ff.; ders.: Krieg auf deutschem Boden – Der Vormarsch der Alliierten im Südwesten und ders.: „Volkssturm" und „Werwolf" – Das letzte Aufgebot in Baden. Beide in: Rolf-D. Müller / Gerd R. Ueberschär / Wolfram Wette: Wer zurückweicht wird erschossen! Kriegsalltag und Kriegsende in Südwestdeutschland 1944/45. Freiburg 1985, S. 23ff. u. 59ff.; ders.: Kriegsende in Südwest- und Süddeutschland. In: Gerd R. Ueberschär / Rolf-D. Müller: Deutschland am Abgrund. Zusammenbruch und Untergang des Dritten Reiches 1945. Konstanz 1986, S. 141ff.; auch zu den einzelnen Zitaten. Zum Verlauf der alliierten Besetzung Südwestdeutschlands siehe ferner Günter Cordes: Die militärische Besetzung von Baden-Württemberg 1945. In: Historischer Atlas von Baden-Württemberg. Erläuterungen. Beiwort zur Karte VII, 10, o. O. und o. J. (1980); Elmar Krautkrämer: Das Kriegsende in Südwestdeutschland. In: Der Oberrhein in Geschichte und Gegenwart. Schriftenreihe der Pädagogischen Hochschule Freiburg, Bd. 1. Freiburg 1986, S. 205–224; Jean de Lattre de Tassigny: Histoire de la Première Armée Française „Rhin et Danube". Paris 1949.

[135] BA-MA Freiburg, RH 20–19/181 und 199.

[136] Abgedruckt in: Der Alemanne Nr. 43 v. 20. 2. 1945; wieder abgedruckt in Müller/Ueberschär/Wette, Wer zurückweicht wird erschossen, a.a.O., S. 97.

19. Februar von den ihm unterstellten Dienststellen und Einheiten in den Gauen Baden und Württemberg-Hohenzollern [137].

Die Auflösungserscheinungen in den personell ausgezehrten und völlig unzureichend bewaffneten Divisionen konnten damit jedoch nicht unterbunden werden. Der Oberbefehlshaber der 19. Armee, General der Panzertruppe Erich Brandenberger, bestätigte rückblickend, daß von dem Volkssturmaufgebot für seine Armee „in diesem Stadium des Krieges nichts mehr zu erhoffen war. Diese Einheiten beseelte nicht mehr vaterländische Begeisterung (...). 1945 wollte keiner mehr Leben und Gut verlieren"[138].

Auch in dieser Zeit wurde die Breisgaustadt erneut von feindlichen Luftstreitkräften angegriffen. Lörrach lag bereits unter feindlichem Artilleriebeschuß. Am 8. Februar erfolgten von der Mittagszeit bis 16.40 Uhr von mehreren Flugzeugen und in mehreren Wellen durchgeführte Luftangriffe auf verschiedene Stadtteile, insbesondere auf Oberwiehre und die Bahnanlagen. An den Angriffen auf die Bahnanlagen beteiligten sich auch Flugzeuge der 34. Escadre der „freifranzösischen Luftstreitkräfte". 248 Bomben fielen auf die Stadt, die zudem auch durch Bordwaffenbeschuß angegriffen wurde. 68 Personen wurden getötet – darunter 14 Kinder und drei Tischler des „Reichshandwerkereinsatzes" – und 32 weitere verwundet; drei Personen starben später noch an ihren Verletzungen. 44 Wohngebäude wurden total zerstört, 64 schwer und 478 leicht beschädigt. In Herdern kam es zur Unterbrechung mehrerer Gasdruckleitungen. Über 1000 Personen wurden obdachlos und mehr als 500 Freiburger mußten umquartiert werden. Östlich des Bahnhofs Wiehre wurden die Bahnanlagen der Höllentalbahn zerstört. Auch das Erzbischöfliche Ordinariat und das Dompfarramt wurden schwer getroffen[139]. Bei dem Angriff kam es zum Notabwurf eines brennenden feindlichen Flugzeuges, das im Neubergweg 37 in einen Garten stürzte, auf die obere Herrenstraße bis zur Ecke Schusterstraße und Oberlinden. Getroffen wurden ferner Gebäude in der Adolf-Hitler-, Erbprinzen-, Reich-, Fauler-, Reisch-, Heimat-, Runz-, Bleichstraße sowie die Maschinenfabrik Rombach in der Freiaustraße, der Schlachthof und die Brauerei Ganter.

Oberbürgermeister Kerber beklagte sich in der tags darauf abgehaltenen Dienstbesprechung, daß die Bevölkerung immer passiver werde und bei diesem Angriff am 8. Februar sogar zugesehen hätte, „wie die Häuser abbrennen und (sie) rühren keinen Finger". Die Stadtverwaltung müsse jedoch „Aktivität zeigen" und sich gerade darum bemühen, das Heft bis zum Schluß „in der Hand zu halten" – „mag der Krieg ausgehen, wie er will", meinte Kerber[140].

Durch die Beschädigungen und das Einschlagen eines Blindgängers im Schlachthof konnte für mehrere Tage nach dem 8. Februar kein Großvieh mehr geschlachtet werden. Die Fleischversorgung der Stadt blieb jedoch erhalten, da die einzelnen Fleischergeschäfte schon seit einiger Zeit vorausschauend Fleisch für etwa eine Woche zugeteilt bekommen hatten[141].

Zwei Tage später wurde die Stadt wiederum angegriffen. Kurz nach 17.00 Uhr warfen 12 US-Jagdbomber der 1. Taktischen Luftflotte der USAAF etwa 44 Bom-

[137] BA-MA Freiburg, RH 20–19/196: Der Höhere SS- und Polizeiführer Südwest v. 19.2.1945; auszugsweise abgedruckt in Müller/Ueberschär/Wette, Wer zurückweicht wird erschossen, a.a.O., S. 96.
[138] Vgl. Ueberschär, Krieg auf deutschem Boden, a.a.O., S. 23 ff.
[139] StadtAF, B 1/328, D.Aö. 1.32a, Bd. 2 und C 4/XI/31/4, darin u.a. Bericht Erzb. Stadtpfarramt Maria-Hilf v. 12.2.1945.
[140] Ebda., C 4/VI/21/2.
[141] Ebda., Sammlung Berichte städtischer Ämter: Bericht der Direktion des Städt. Schlacht- und Viehhofes betr. Kriegschronik v. 9.2.1945.

ben ab und nahmen das Gebiet Wiehre und die Unterstadt unter Bordwaffenbeschuß. Dabei wurde das Reichsbahnbetriebswerk mit der Werkstatt- und Lokomotivhalle in Brand geworfen [142]; acht Personen wurden getötet und mehrere verletzt. Am 11. und 12. Februar kam es zu feindlichem Artilleriebeschuß auf die Gemarkung Freiburg-St. Georgen durch französische Verbände am Rhein. Sechs Häuser wurden getroffen und jeweils eine Person getötet und schwer verwundet [143]. Schon am 13. Februar kam es um 14.45 Uhr zu einem weiteren Luftangriff durch einen feindlichen Jagdbomber (P-38-Lightning) auf einen Militärzug am Güterbahnhof. Mehrere Wagen gerieten in Feuer und brannten trotz Löscharbeiten aus [144]. Auch am 16. Februar führte eine P-38-Maschine der USAAF einen Jagdbombereinsatz auf Freiburg aus.

Angesichts der Verschlechterung der militärischen Lage bemühte sich die Freiburger Stadt- und Kreisverwaltung, weitere Bewohner in sichere Wohngebiete außerhalb der Stadt zu bringen. Mehrmals wurden von der NSDAP-Kreisleitung Sonder-Autobusfahrten und Bahntransporte für „Mütter und Kinder" sowie für ältere und gebrechliche Freiburger über die Höllentallinie nach Waldshut, Backnang und zum Bodensee organisiert. Besonders gepriesen wurden diese Sonderzüge in der NS-Zeitung „Der Alemanne". Die Zeitung brachte am 6. Februar 1945 einen großen lobenden Bericht „Bei den Freiburger Umquartierten am Bodensee" [145]. Einige Freiburger lehnten es aber dennoch ab, derart evakuiert zu werden und blieben in der Stadt (Abb. 162). Manchmal – so am 11. Februar – fielen die Sonderzüge aus, weil die Bahnlinie bei Höllsteig/Ravennaschlucht getroffen und vorübergehend für mehrere Tage zerstört war. Oft mußte die Fahrt wegen feindlicher Tieffliegerangriffe unterbrochen werden, so daß es nicht selten vorkam, daß die Fahrtzeit bis Donaueschingen mehr als zehn Stunden dauerte. Um Obdachlosenplätze für die ab Jahresbeginn 1945 Neugeschädigten zu schaffen, mußten schließlich alle „Altopfer des Terrorangriffs" vom 27. November 1944 bis zum 1. März ihre Schlafplätze in den Obdachlosensammelstellen räumen, auch wenn sie noch keine neuen Wohnungen gefunden hatten [146].

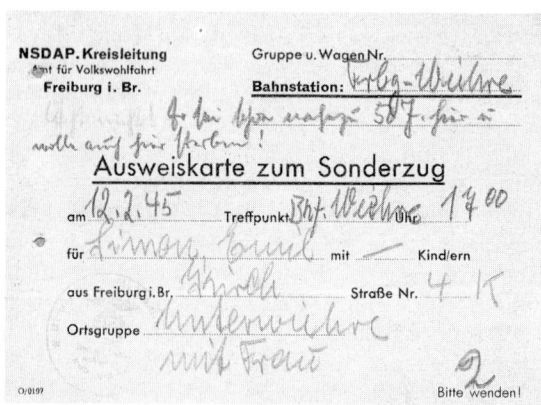

Abb. 162: Ausweiskarte zum Sonderzug vom 12. Februar 1945 mit der Verweigerung der Evakuierung (StadtAF, D.Sv. 18/2)

[142] BA-MA Freiburg, RH 20–19/190; StadtAF, D.Aö. 1.32 b, Bd. 3 und B 1/328, hier werden fälschlich 16 Flugzeuge angegeben. Vgl. USAF Historical Research Center, AFB Maxwell USA, Research-Division: Summary Reports by City of Bombing Attacks.
[143] StadtAF, D.Aö.1.32a, Bd. 2 und D.Aö.1.32b, Bd. 3; auch zu den folgenden Angaben. Vgl. auch Freeman, Mighty Eighth War Diary, S. 441 (16.2.1945).
[144] StadtAF, D.Aö.1.32b mit Trefferskizze.
[145] Der Alemanne Nr. 31 vom 6.2.1945 und Nr. 33 vom 8.2.1945.
[146] StadtAF, D.Sv. 18/2.

Als schließlich nach mehrwöchiger öffentlicher Zurückhaltung am 13. und 14. Februar 1945 im „Alemannen" ganzseitige Listen der Todesopfer vom 27. November abgedruckt wurden, konnten diese von der Stadt- und NSDAP-Kreisführung (Dr. Kerber und Dr. Fritsch) unterzeichneten Todesanzeigen die Freiburger Bevölkerung kaum noch aufrütteln oder positiv motivieren (Abb. 163 und 164)[147], obwohl darin die Toten als Gefallene „für die Freiheit und die Zukunft" des „Volkes und Reiches" in Anspruch genommen sowie deren Opfer als „Mahnung und Verpflichtung" bezeichnet wurden. Auffallenderweise unterblieb dabei die bislang erwünschte Angabe, daß sie „für den Führer ihr Leben geopfert hätten".

In einem Leitartikel auf der ersten Seite der Ausgabe vom 13. Februar legte der Schriftleiter des „Alemannen", Dr. Karl Goebel, dar, daß die bislang vorliegenden Zählungen der Personenopfer 1528 identifizierte Tote, 215 unbekannte Tote und noch 1403 Vermißte ergeben hatten (Abb. 165)[148]. Die daraus addierte Verlustzahl von etwa 3000 Menschen widerspreche aber deutlich dem unter der Bevölkerung kursierenden Gerücht mit erheblich höheren „Phantasiezahlen". Angesichts der Toten und des immer näherrückenden Feindes, so schrieb der „Alemanne", müsse der „unbezähmbare Wille" entstehen, „alles zu tun, und alles einzusetzen, damit diese Blutopfer unserer Stadt und unseres Volkes nicht umsonst gebracht wurden"!

Die Anzeigen wurden ganz offensichtlich publiziert, um Gerüchten über Zehntausende von Toten zu widersprechen und die mittlerweile größtenteils gleichgültige Bevölkerung wieder für den Krieg wachzurütteln, obwohl solche Sammelmeldungen über Todesopfer seit längerer Zeit von den Propagandaämtern untersagt waren. Vermutlich konnten sie in der sich allmählich abzeichnenden katastrophalen Kriegslage an der Westfront in Baden ohne vorherige Genehmigung abgedruckt werden. Auch die örtliche Führung der Hitler-Jugend veranstaltete nun eine öffentliche „Totenfeier für gefallene Führer, Jungen und Mädel" des Terrorangriffs vom 27. November; der „Alemanne" berichtete am 14. Februar 1945 über diese Veranstaltung als Bekenntnis für „Volk und Reich"[149]

In den nächsten Tagen kam es zu weiteren alliierten Luftangriffen auf die Stadt. Am Nachmittag des 18. Februar wurden von ca. sechs bis acht Jagdbombern 18 Bomben auf das bereits zerstörte Betzenhausen geworfen. Ein Toter und sechs Verwundete waren die Opfer. Und am Nachmittag des 21. Februar waren es dann weitere sieben Sprengbomben, die von mehreren Marauder-Maschinen der 1. Taktischen Luftflotte der USAAF auf das Gebiet zwischen Lehener- und Breisacherstraße vor der Güterbahnlinie in der Nähe einer Flakbatterie geworfen wurden und zwei Wehrmachtsangehörige verwundeten; Angriffsziel sollen Freiburgs Brücken gewesen sein[150].

Ein größerer Angriff erfolgte am 22. Februar 1945 zwischen 9.32 Uhr und 10.05 Uhr. 21 B-17 „Flying Fortress"-Maschinen der 3. Air Division von der 8. US Air Force warfen 63 Tonnen Bombenlast ab, ohne – wie schon bisher – eigene Verluste zu erleiden. Sie trafen das Gebiet nahe der Höllentalbahn zwischen dem Bahnhof Wiehre und Littenweiler und entlang der Dreisam. 17 Tote, darun-

[147] Der Alemanne Nr. 37 vom 13.2.1945, Nr. 38 v. 14.2.1945; vgl. dazu StadtAF, B 1/328: Kriegschronik 1942/45, Teil II; auch zum Folgenden.
[148] Ebda.; C 4/XI/31/4; Der Alemanne Nr. 37 vom 13.2.1945: „Die Toten von Freiburg", S. 1.
[149] Der Alemanne Nr. 38 v. 14.2.1945.
[150] StadtAF, B 1/328: Kriegschronik 1942/45 und D.Aö.1.32b mit Skizze; vgl. BA Koblenz, R 19/341 und USAF Historical Research Center, AFB Maxwell USA, Research Division: Summary Reports by City of Bombing Attacks.

BEI DEM TERRORANGRIFF AUF FREIBURG I. BR. AM 27. NOV. 1944 SIND FÜR DIE FREIHEIT UND DIE ZUKUNFT UNSERES VOLKES UND REICHES GEFALLEN:

Albert Albertine, Witwe, 72 J.
Albicker Ida, Witwe, 73 J.
Albrecht Emma, 78 J., Landwirtin
Anger Maria, 36 J., Ehefrau
Anger Günter, 14 J., Kind
Anger Hannelore, 10 J., Kind
Anger Doris, 7 J., Kind
Anger Helmut, 5 J., Kind
Anger Georg, 3 J., Kind
Asal Reinh., Gütermakler
Asal, Ehefrau des Karl Asal
Autenrieth Rosa, 42 J., Postangest.
Baader Elisabeth, 30 J., Ehefrau
Baader Helga, 3 Monate, Kind
Bähr Berta, 30 J., Ehefrau
Bähr Waltraud, 9 J., Kind
Bähr Winfried Günter, 6 J., Kind
Bähr Hiltrude Renate, 3 J., Kind
Ballardini Anni, 43 J., Ehefrau
Bamberger Elisabeth, 20 J., Ehefrau
Beck Richard, 31 J.
Becker Elisabeth, 51 J., Ehefrau
Becker Frieda, 26 J.
Beiermeister Walter, 24 J.
Beil Gertrud, 36 J., Ehefrau
Bender Johanna, 55 J., Ehefrau
Bengs Johanna, 39 J., Ehefrau
Bengs Heidi, 11 J., Kind
Bengs Ingo, 5 J., Kind
Bennetz Alfred, Eisenhändler
Benzing Brigitte, 4 J., Kind
Bettinger Wilhelm, 67 J., Rentner
Bickel Frida, Ehefrau
Bickel Ruth, Kind
Biesdorf Marie, 35 J.
Bilger Luise (Schw. Venantia)
Bilharz Annemarie, 17 J., Tochter
Birz Horst, 2 J., Kind
Birkenmeier Hans, 41 J., Kaufmann
Birkenmeier Frieda, Ehefrau
Birkenmeier Ute, 5 J., Kind
Birmele Erwin Georg, 18 J.
Bischoff Margarete, 57 J.
Blümer A., 43 J., Vervielfältigungsg.
Blümer Ekkehard Erich, Kind
Blümmel Sofie, 48 J., Ehefrau
Bucher Albert, 75 J., Gastwirt
Bücheler Theodor, 56 J., kfm. Angest.
Bühler Amalie, Witwe, 77 J.
Bühler, Ehefrau des Emil Bühler
Bürklin Emil, Elektromonteur
Bürklin Susanne, 40 J.
Bürstlein Hannelore, 22 J.
Burger Rosa, 35 J., Ehefrau
Burger Rita Rosemarie, 1½ J., Kind
Burkhardt Friedr., 34 J., Reg.-Assist.
Burkhardt Anna, 32 J., Ehefrau
Burkhardt Gerhard, 8 J., Kind
Burkhardt Manfred, 6 J., Kind
Butz Maria, 22 J., Ehefrau
Butz Günter, 2 J., Kind
Chavoen Elfriede, 22 J.
Cleve Hans Jürgen von, 16 J.
Clowacz Ursula, 15 J.
Dannenhauer Gottlieb, 36 J.
Deger Melanie, 38 J., Ehefrau
Deger Horst, 10 J., Kind
Deger Roland, 8 J., Kind
Deger Edda, 6 J., Kind
Demmer Siegfried, 16 J.
Dengler Wilh., 36 J.
Dörflinger Fritz, 48 J., Chemiearbeit.
Dörflinger Hilda, 40 J., Ehefrau
Dörr Margarete, Witwe, 76 J.
Dold Albert, 51 J., Postbetr.-Assist.
Dold Berta, 50 J., Ehefrau
Domayer Christine, 72 J.
Domayer Piana Margarete, 47 J.
Eberhardt Ernst, 52 J. Kreisschulrat
Eberhardt Gisela, 49 J., Ehefrau
Eberhardt Horst, 15 J., Kind
Eberhardt Manfred, 13 J., Kind
Eberle Adolf, 50 J., Schneidermeister
Eberle Anna, 45 J., Ehefrau
Eberle Hermann, 15 J., Kind
Eberle Erich, 12 J., Kind
Eberle Gottlieb, 74 J., Graveur
Ebertin Elsb. Witwe., 64 J., Schriftst.
Eisele Elisabeth, Witwe, 54 J.
Eisele Käthe, 15 J., Tochter
Eisenlau Maria, Witwe
Emmler Anna, 73 J., Witwe
Engesser Henriette, 23 J.
Engler Friedgard, 31 J.
Epting Jak., 69 J., Schuhmachermstr.
Epting Walter, 28 J.
Ertl Anna Luzia, 44 J., Ehefrau
Ertl Rainer, 3 J., Kind
Estermann Marie 63 J.
Estermann Rosa, 38 J.
Escher Hilda, 19 J., Postangestellte
Faßbender Wilhelm, Zeichner
Faßbender Maria, Ehefrau
Feger Anna, 40 J., Ehefrau
Feger Gisela, 4 J., Kind
Fehrenbach Frl., etwa 60 J.
Feldner Fritz, 37 J., Kraftfahrz.-Mstr.
Feninger Hedwig, 32 J., Ehefrau
Feninger Rolf Dieter, 9 J., Kind
Feninger Klaus Herbert, 8 J., Kind
Feninger Ingrid Oliva, 6 J., Kind
Feninger Heinz Peter, 4 J., Kind
Feninger Uwe Johanna, 6 Mon., Kind
Fickler Maria Luise, 38 J.
Figlestahler Eugen Hans, 40 J.
Figlestahler Erika, 54 J., Ehefrau
Figlestahler Egbert, 9 J., Kind
Figlestahler Ingrid, 6 J., Kind
Figula Eva, 38 J.
Fischer Hedi, 35 J., Ehefrau
Fischer Klaus, 8 J., Kind
Fischer K[illegible], 5 J., Kind
Fischer Karl, 46 J., Werkmeister
Fischer Gertrud, 39 J., Ehefrau
Fischer Hans, 6 J., Kind
Fischer Margarete, 36 J., Ehefrau
Flamm Luise, Witwe, 49 J.
Fleig Mathias, 74 J., Oberpostsekr.
Fleischmann Maria, Ehefrau
Flohr Helmut, 10 J., Kind
Förter Klara, 38 J.
Förderer Maria Ther., 50 J., Ehefrau
Forster Josef, 41 J.
Frank Anneliese, 28 J.
Frank Eva, 36 J., Büro-Angestellte
Fraß Martha, 33 J., Ehefrau
Frauenholz Resi, 30 J.
Frei Maria, 21 J.
Freidank Margarethe, 37 J., Ehefrau
Freidank Lotte, 3 J., Kind
Frenzel Paul, 68 J., kfm. Angestellt.
Freudenberger Ernst Franz, 38 J.
Freudenberger Elfriede, 38 J., Ehefrau
Freudenberger Wolfgang, 7 J., Kind
Freudenberger Reiner, 2 J., Kind
Freudenblom Josef 61 J
Furtwängler Alfons, 15 J., Kind
Furtwängler Julius, 12 J., Kind
Furtwängler Helga, Kind
Fuß Gabriele Margarete, 1 M., Kind
Füßle Eveline, 16 J.
Füßle Liselotte, 18 J.
Gabler Friedel, 17 J.
Gäng Anna, 36 J., Schwesternhelferin
Gall Maria Josefa, 18 J.
Gallo Johann, 61 J., Damenschneider
Gallo Minna, 65 J., Ehefrau
Gebhard Botho, 32 J., kfm. Angest.
Gebhart Lina, 77 J.
Gehrig Marta, 40 J.
Gehrke Ruth, 23 J.
Geigele Alfred, Bierverleger
Geigele, 6—7 J., Mädchen
Geiger Ingrid, 10 Monate, Kind
Geiges Maria, 23 J., Postangestellte
Geißler Paul, 67 J., Holzbildhauer
Geißler Anna, 59 J., Ehefrau
Geißler Herta, 25 J., Verw.-Angest.
Gentner Rolf Dr., 44 J.
Gerber Luise, 62 J., Ehefrau
Gerber Erika, 19 J.
Gerster Luise, 48 J., Ehefrau
Gerster Lieselotte, 8 J., Kind
Gerster Margot, 7 J., Kind
Geyer Berta, 33 J., Ehefrau
Geyer Hildegard, 2 J., Kind
Gölzer Elfriede, 17 J.
Gotthart Fritz, 33 J., Kaufmann
Gotthart August, 6 J. Kind
Graf Anni, 22 J.
Grafried, Ehefrau
Grefen Elisabeth, 24 J.
Greschbach Liselotte, 18—20 J.
Grieshaber Emilie, 58 J.
Grösch Hilde, 17 J.
Grosche Ursula, 4 J., Kind
Groß Else, 27 J., Ehefrau
Groß Inge, 9 J., Kind
Groß Heidi, 2 J., Kind
Großklaus, Liselotte, 22 J.
Grunfelder Hermann, Prof. Dr., 57 J.
Grunfelder Mathilde, 50 J., Ehefrau
Haag Elfriede, 38 J.
Haas Fritz, 53 J., Postbeamter
Haber Emma, 26 J.
Hackel Frieda, 36 J.
Hackenjos Otto, 71 J.
Häuser Arthur, 35—40 J.
Haeuser Karl, 74 J., Kfm., Privat
Haeuser Susanne, 78 J., Ehefrau
Hahn Ludwig, techn. Revisor
Hahn Anna, 42 J., Ehefrau
Hanser Anna, Witwe, 65 J.
Hanser Rolf Dieter, 5 J., Kind
Hartmaier Maria, 66 J.
Hartmann Anna Marie, 32 J., Ehefrau
Hartmann Heinz Rud., 4 Mon., Kind
Haslach Robert, 45 J., Handelsvertr.
Hasselbach Hermann, 48 J.
Heim Eugen, 65 J., städt. Geldeinz.
Heim Lina, 49 J., Ehefrau
Heim Elsa, 19 J., Tochter
Heim Christa, 12 J., Kind
Hein Karl, 54 J., Stadtarbeiter a. D.
Hein Sofie, 49 J., Ehefrau
Heintz Käthe, 53 J.
Heitzler Anna, 40 J., Hausgehilfin
Heitzler Otto, Bankvorstand i. R.
Heitzler Walburga geb. Busam
Helde Luise Witwe, Rentnerin
Heldt Adelheid Marg., 22 J.
Helfer Anton, 56 J.
Helfer Ursula, 5 J., Kind
Helfer Elfriede, 3 J., Kind
Hellwig Martha, 31 J.
Helmle Kunigunde, 74 J., Büglerin
Henn Josef, 68 J., Schreinerei
Henn Elisabeth, 71 J., Ehefrau
Henn Elisabeth, 38 J., Angestellte
Heß Elisabeth, 36 J.
Hessel Elisabeth, 41 J., Ehefrau
Hessel Hanspeter, 5 J., Kind
Hirtler Frieda, 52 J.
Hirtler Martha, 23 J.
Hoch Martha, 42 J., Ehefrau
Hoch Hans, 14 J., Kind
Hoch Eva, 7 J., Kind
Hodler Ida, 52 J.
Höfflin Maria, Ehefrau, Wirtin
Högemann Joh., 63 J., Handelsvertr.
Högemann Maria, 31 J.
Hoek Maria, 60 J.
Hoek Ruth, 33 J.
Hörmann Josef, 52 J., Postschaffner
Hörmann Hilda, 40 J., Ehefrau
Hoffmann Emilie, 44 J., Ehefrau
Hoffmann Gertrud, 23 J.
Hoffmann Josefine, Privat
Hoffmann Karl, 65 J., Bankdirektor
Hoffmann (Mann), 60—65 J.
Huber Franz, 49 J., Feinmechaniker
Huber Maria, 47 J., Ehefrau
Huber Erika, 22 J.
Huber Gisela, 13 J., Kind
Huber Karl, 54 J., Postbetriebswart
Huber Maria, 27 J., Ehefrau
Huber Rosmarie, 4 J., Kind
Huber Karlheinz, 3 J., Kind
Hübschle Maria, 55 J., Ehefrau
Hügle Olga, 7 J.
Hug Hans, Kaufmann
Hummel Elfriede, 22 J., Postbeamtin
Hurst Gertrud, 30 J.
Hurst Wolfgang, 2½ J., Kind
Hutter Franz, 71 J., Buchhändler
Hutter Josephine, 64 J., Ehefrau
Iblacker Theresia, Witwe, 29 J.
Iblacker Erika, 10 J., Kind
Iblacker Albert Josef, 6 J., Kind
Iblacker Klaus Alfred, 4 J., Kind
Imberi Anna, 21 J.
Isele Anna, 48 J., Ehefrau
Jehl Emma, Witwe, 73 J.
Jehl Paula, 28 J., Ehefrau
Jehl Hannelore, 16 J., Kind
Jehl Lotte, 13 J., Kind
Johannsen Martha, 36 J., Ehefrau
Johannsen Wolfgang, 8 J., Kind
Jourdan Otto Karl, 54 J.
Kälble Josef, 43 J., Schlosser
Kälble Sofie, 42 J., Ehefrau
Kälble Else, 14 J., Kind
Käppele, Zivilfahrer NSKK. 56
Kaiser Emil, 59 J., Packmeister
Kaiser Wilhelmine, 54 J., Ehefrau
Kalchthaler Hedwig, 49 J., Ehefrau
Kallmann Friedel, 22 J.
Kalt Margarethe, 21 J.
Kanz Johann, Gepäckarbeiter
Kanz, Ehefrau des Johann Kanz
Kanz, Kind des Johann Kanz
Kanz, Kind des Johann Kanz
Kanz, Kind des Johann Kanz
Keim Lieselotte, 10 J., Kind
Keim Günter, 5 J., Kind
Keim (Mädchen), 4½ Wochen
Keller Anna, 42 J., Ehefrau
Keller Kurt, 15 J., Kind
Keller Wolfgang, 9 J., Kind
Keller Dieter, 5 J., Kind
Keller Baldur, 3 J., Kind
Keller Franz, 57 J., Gärtnermeister
Keller Irmg., 25 J., Ehefrau, Verkäuf.
Keller Maria, 72 J.
Keller Otto, 60 J., Schachtmeister
Keller Luise, Ehefrau
Keller Elisabeth, 19 J., Kontoristin
Keller Otto Friedrich, 8 J., Kind
Kelp Margarete, 48 J., Ehefrau
Kelp Christa, 6 J., Kind
Kimmich Maria, 60 J., Ehefrau
Kimmich Gertrud, 24 J.
Kinzig Brigitta, 2 J., Kind
Kircher Wilhelm, 51 J., Kaufmann
Kircher Marie, 25 J., Ehefrau
Kircher Helga, 13 J., Kind
Kist Maria, 55—60 J., Ehefrau
Klaiber Berta, 83 J., Ehefrau
Klaiber Gabriel, 80 J., Obersekretär
Klaus Anna, 85 J.
Knöbel Julius, 67 J., Drechslermstr.
Knöbel Anna, 63 J., Ehefrau
Knöbel Erika, 33 J.
Knorr Erwin, 32 J., Krim.-Oberassist.
Knorr Olga, 37 J., Ehefrau
Knorr Otto Lothar, 6 Monate, Kind
Koch Lina, etwa 70 J.
Köbele Thekla, 60 J.
Köhler Anna, 62 J., Ehefrau
Köhler Wilhelm, 38 J.
Kohler Albert, 11 J., Kind
Kohler Jos., 43 J., Kraftwagenführer
Kohler Walburga, 19 J.
Kopf Agnes, 40 J., Ehefrau
Kopf Hermann, 7 J., Kind
Kopf Hedwig, 5 J., Kind
Kopf Albert, Bankdirektor
Kopf Ruth, 19 J.
Kopp Klara, 34 J.
Küchlin Frieda Elsa, 57 J.
Kuster Karolina, 53 J., Ehefrau
Kutsch Margarete, Witwe, 30 J.
Kutzen Jutta, 22 J.
Lachewski Emma, 49 J., Postangest.
Landherr Joh., Schneidermeister
Lang, Witwe des Josef Lang
Langenbach Dominik, 72 J., Privat
Langenbach Hildegard, 23 J.
Lasch Maria, 24 J., Tel.-Beamtin
Lauber Manfred, 3 J., Kind
Löffler Eva Maria, 2 J., Kind
Löffler Frz., 72 J., Oberpostsekr. a. D.
Löffler Josef, 53 J.
Löffler Klara, 42 J.
Maciol Edel Dr., 50 J., Oberzollinsp.
Madlinger Mathilde, 61 J., Oberin
Mäder Elisabeth, 39 J., Ehefrau
Mäder Gerda, 12 J., Kind
Mäder Gisela, 11 J., Kind
Mäder Elma, 3 J., Kind
Mäder Micki, 1 J., Kind
Mäder Annaliese, 6 J., Kind
Mäder Gerda, 9 J., Kind
Mäder Lampert, 73 J., Rb.-Obersch.
Mäder Agathe, 69 J., Ehefrau
Mahler Frieda, 42 J.
Mahler Miggi, 40 J., Ehefrau
Maier Frieda, 41 J., Ehefrau
Maurer Anastasia, Witwe
Merkle Horst, 7 J., Kind
Merz, Ehefrau des Hans M.
Merz Erwin, etwa 10 J., Kind
Merz Hans, 4 J., Kind
Merz (Mädchen), etwa 4 J.
Merz Otto Eugen, 62 J.
Merz Franziska, 32 J.
Meßmer August, 71 J., Dekorateur
Meßmer Ernst, 40 J., Elektromeister
Meßmer Elsa, 35 J., Ehefrau
Meßmer Heinz, 9 J., Kind
Meßmer Gerda, 31 J., Ehefrau
Meßmer Rita, 19 J.
Metz Dr. Rud., 42 J., Oberstudiendir.
Metz Elisabeth, 53 J., Ehefrau
Müller Bruno, 43 J., Großkaufmann
Müller Emilie, 31 J.
Müller, Ehefrau des Emil M.
Müller (Frau), etwa 50 J.
Müller Heinz, 11 J., Kind
Müller Hannelore, 10 J., Kind
Müller Ursula, 5 J., Kind
Müller Ida, Privat
Müller Ida, 56 J., Ehefrau
Müller Veronika, 20 J., Tochter
Müller, Ehefrau des Philipp M.
Müller, Kind (Mädchen) d. Phil. M.
Müller Karl, 70 J., Kaufmann
Müller Lydia, 31 J., Ehefrau
Müller Inge, 7 J., Kind
Müller Ursula, 4 J., Kind
Naegele Lina, 43 J., Ehefrau
Naegele Elfriede, 17 J., Tochter
Naegele Erika, 14 J., Kind
Oberle Johann, 51 J.
Oberlies Ursula, 22 J.
Obrist Mathilde, 46 J.
Pazurek Margarete, 27 J.
Peifer Ingeborg, 22 J.
Pertsch Luise Witwe, 68 J.
Pfaff Karl, Küchenmeister
Pfau Liesel, 43 J., Ehefrau
Pfeiffer Franz, 57 J., Buchhändler
Pfennig Klothilde (Schw. Burkharda)
Pfisterer Hans Peter, 1—2 J.
Rauch Christa, 3 J., Kind
Raufer Hermann, 11 J., Kind
Reckermann Pauline, Witwe
Redmer Stefan, 49 J.
Reinmuth Maria, 46 J., Ehefrau
Reinmuth Hans Georg, 3 J., Kind
Reitze Anna, 66 J., Ehefrau
Renz Anton Wilhelm, 54 J., Schuhm.
Reppert Martha, Ehefrau
Reuter Margarete, 21 J.
Richmann Walter, Student
Rigg Margarete, 51 J., Ehefrau
Rivi Klara, 43 J., Ehefrau
Rivi Waltraud, etwa 14 J., Kind
Röder (Frau), etwa 40 J.
Röder Hans-Jörg, etwa 10 J., Kind
Röder Irma, etwa 8 J., Kind
Röser Willi, 30 J., HJ.-Bann-Führer
Rohrer Rud., 62 J., Oberpostschaffner
Ruppert Albert, 72 J., Gärtner a. D.
Ruppert Maria, 64 J., Ehefrau
Ruppert Luise, 39 J.
Ruppert, etwa 68 J.
Schaaff Hermann, Reichsbahnrat
Schaaff Natalie, 66 J., Ehefrau
Schächtele E., 65 J., Gemeindeschw.
Schäfer Elsa geb. Egge
Schäfer Eugenie, 41 J., Gemeindeschw.
Schäfer Marie, 57 J.
Schäfer Wilh. Friedrich, 57 J.
Schäffner Gisela, 3 J., Kind
Schätzle Xaver, 53 J., Stadtarbeiter
Schafheutle Amalie, 32 J., Ehefrau
Schafheutle Renate, 11 J., Kind
Schafheutle Helga, 6 J., Kind
Schandelmeier Julius, Heizer
Schandelmeier Lydia a. Oberrotweil
Schlenker K., 40 J., Schuhmachermstr.
Schleer Martha, Ehefrau
Schloz Heidi, 27 J.
Schlüter Franz, 46 J., Kaufmann
Schlüter, Ehefrau des Franz Schl.
Schlüter Marliese, 7 J., Kind
Schlüter Rolf-Dieter, Kind
Schmidt, Sohn des Hans Schmidt
Schnappenberger Johann, 93 J.,
Schneider Hermine, Näherin
Schneider M., 40 J., Sprechstundenh.
Schneider Rosa, 68 J., Rentnerin
Schneider Alfred, 15 J., Kind
Schrimpf Hedwig, 30 J.
Schrimpf Wilfried, 1 J., Kind
Schüler Pius, 39 J., Beh.-Angest.
Schülin Elfriede, 4 J., Kind
Schweizer Anna, 27 J.
Schuster Luise, 48 J., Buchberaterin
Schwab Albert, 84 J.
Schwing Julius, 60 J., Schriftsetzer
Schwing Rosa, 56 J., Ehefrau
Seifried Josefine, Witwe, 77 J.
Seiler Rosa (Schw. Theophora) 31 J.
Sommer Margarete, 39 J., Ehefrau
Sontheimer Johanna, 29 J., Ehefrau
Sontheimer Johanna, 9 J., Kind
Sontheimer Ingrid, 5 J., Kind
Sorge Alma, etwa 80 J., Ehefrau
Sprenger Anna, Witwe, 65 J.
Spach Paula, 58 J.
Spiegelhalter H., 58 J., Elektrotechn.
Stadler Martha, 36—38 J.
Stadler Helene, etwa 30 J., Verkäuf.
Stäbler, Obersturmmann NSKK. 56
Stähle Amanda, 48 J., Ehefrau
Stähle Hans, 14 J., Kind
Steiner Hilda, 34 J., Ehefrau
Steiner Senta, 10 J., Kind
Steiner Wera, 7 J., Kind
Stengel Susanne, Witwe
Störzbach, 43 J., Ehefrau
Störzbach Gudrun, 9 Mon., Kind
Stolz Fritz, 52 J., Buchhalter
Stolz Liesel, 45 J., Ehefrau
Straßen Christine, 69 J.
Straub Elisabeth, 38 J., Kindergärtn.
Straub Katharina, 75 J., Privat
Tattenbach Ludowika Gräfin v., 36 J.
Thiel Fritz, 46 J., Fliesenleger
Thoma Paul, 58 J., Schlossermstr.
Thomen Julius, 59 J.
Thomen Anna, 50 J., Ehefrau
Thomen Emil, 56 J., Bankangestellter
Thomen Maria, 57 J., Ehefrau
Thomen Hubert, 22 J.
Uhl Frieda, 51 J., Ehefrau
Uhl Margarete, 22 J., Tochter
Uhl Ursula, 8 J., Kind
Veith Anna, 71 J.
Veithans Friedel, 46 J.
Veithans Volker, 3 J.
Vierling Barbara, Witwe
Vierschilling Johanna, 37 J.
Viviani Eugen, Messerschmied
Vögele Klara Walli, 47 J., Pianistin
Vogele Friedr., 63 J., Bauhilfsarbeiter
Vogele Karolina, 57 J., Ehefrau
Volk Anneliese, Ehefrau
Wacker Christ., Witwe, 77 J.
Wacker Elsa, 42 J.
Wagner Elfriede, 42 J., Ehefrau
Wagner Elisabeth, 30 J.
Wagner Peter, 3 J., Kind
Wagner Helga, 1 J., Kind
Wagner Karl, 14 J.
Walter Günter, 8—9 J., Kind
Walter Josefine, Witwe, 57 J.
Walter Lotte, 25 J., Kontoristin
Walther Luise, 47 J., Ehefrau
Walther Lina, 22 J., Tochter
Walther Pauline, 39 J.
Weck Josef, 47 J., Rb.-Betriebswart
Weck Heinz, 14 J., Kind
Wegmann Maria, Witwe, 59 J.
Wehrle Anna, Ehefrau
Weichsleder L, 40 J., Rb.-Betr.-Ass.
Weingärtner Anneliese, 20 J.
Weingärtner Henriette, Witwe, 49 J.
Weisheimer, Hitlerjunge
Weiß Emma, 69 J.
Weiß Wilh., 51 J., Milchhändler
Weißenberger Klara, 33 J., Ehefrau
Weißenberger Sieglinde, 33 J., Kind
Wendle Anna, Witwe, 71 J.
Wendle Rosa, 44 J., Ehefrau
Wendle Günther, 14 J., Kind
Wilhelm Berta, 36 J.
Willems Alma, 25 J.
Wißler Christ. 23 J., Rotkreuzschw.
Wißler Heinrich, 68 J., Gepäckträger
Wißler Katharina, 57 J., Ehefrau
Wißler Ida, 24 J., Tochter
Wißler Petra, 10 Mon., Kind
Witt Frieda, Witwe, 64 J.
Wöhrle Karl, Schneidermeister
Wöhrle Franziska, 65 J.
Wöhrle Luise, 38 J.
Wöhrle Marta, 32 J.
Zähringer Anna, 22 J.
Zähringer Gertrud, 35 J., Ehefrau
Zähringer Herm., 69 J., Landwirt
Zähringer Anna, 68 J., Ehefrau
Zeh Margarete, 17 J.
Zeh Walli, 33 J., Ehefrau
Zimber Magdalena, 42 J., Ehefrau
Zimber Siegfried, 10 J., Kind
Zimber Günter, 5 J., Kind
Zimmer Otto, 60 J., Justizassistent
Zimmermann Eugen, 40 J., Vulkanis.
Zimmermann, 30—35 J., Ehefrau
Zimmermann Sonja, 8 J., Kind
Zimmermann Ilse, 26 J.
Zimmermann Liselotte, 24 J.

IHR OPFER IST FÜR UNS MAHNUNG UND VERPFLICHTUNG

Dr. Fritsch
Kreisleiter

Dr. Kerber
Oberbürgermeister

Abb. 163: Ganzseitige Todesanzeige (Der Alemanne Nr. 37 vom 13. 2. 1945)

BEI DEM TERRORANGRIFF AUF FREIBURG I. BR. AM 27. NOV. 1944 SIND FÜR DIE FREIHEIT UND DIE ZUKUNFT UNSERES VOLKES UND REICHES GEFALLEN:

Alffermann Rosel, 20 J.
Allolio Brigitte, 23 J.
Amann Anna, 52 J., Ehefrau
Anders Christine, 45 J., Ehefrau
Andris Sofie, 30 J., Köchin
Auer Sebastian, 37 J., Vertreter
Auer Amalia, 41 J., Ehefrau
Auer Erna Erika, 20 J.
Bank Elise, 67 J., Ehefrau
Baranowski Edmund, Kind
Baranowski Josefine, Witwe, 66 J.
Baranowski Gisela, 21 J.
Baranowski Natalie, 39 J.
Baßler Adrian, 60 J., Presser
Baßler, Ehefrau
Baßler Rosemarie, 14 J., Kind
Baur Albert, 54 J., Studienrat
Baur Paula, 50 J., Ehefrau
Baur Rolf, 23 J., Sohn
Beathalter Friedrich, Oberwachtmstr.
Beathalter Anna, Ehefrau
Bechtold, 6 J., Kind
Böttlin Betty, Witwe, 62 J.
Böttlin Maria, 37 J.
Bölle Franz, 36 J., Geschäftsführer
Böller Fritz, 29 J.
Bohrer Gustav, 44 J.
Bommer Luise, 52 J.
Bonin Auguste, 68 J.
Borell Emma, 44 J., Ehefrau
Boschert Elisabeth, 21 J., Ehefrau
Boschert Frz., 2 J., Kind
Boß Otto, 57 J., Lagerist
Brädle Berta, Witwe
Braun Hermann, 37 J.
Braun Karl, 60 J., Friseur
Braun, Ehefrau des Karl Braun
Brucker Albertine, Witwe, 79 J.
Brucker Sofie, 37 J.
Brucker Herbert Klaus, 7 Mon., Kind
Bruder Frieda, 48 J., Ehefrau
Brück Anita, 32 J., Apothekerin
Brück Klara, 28 J.
Brügmann geb. Kuckuck
Brugger, 6—8 J., Knabe
Corona Gertrud, 32 J., Ehefrau
Corona Kurt Günter, 3 J., Kind
Deninger Julius, 66 J., Oberlokführ.
Deschler Inge, 15 J., Kind
Dezauer Ursula, 2—4 J., Kind
Dezel Sophie, 60 J., Ehefrau
Dezel Anneliese, 22 J.
Diehl Auguste Sophie, Witwe, 84 J.
Diehl Karl-Peter, 57 J., Ob.-Postinsp.
Diehl Berta, 53 J., Ehefrau
Diehr Fritz, 15 J.
Dietsche Gisela, 17 J., Tochter
Dischinger August, 71 J., Obersekr.
Dischinger Anna, 71 J., Ehefrau
Doser Franz, 43 J., Mineur
Doser Erwin, 8 J., Kind
Doxi Amalie, 56 J., Ehefrau
Dreesmann Inge, 14 J., Kind
Duchard Otto, 66 J., Kaufmann
Duchard Elise, 64 J., Ehefrau
Dürrholder Anna, Witwe, 43 J.
Eckert Klara, 30—35 J., Ehefrau
Eckert Rolf, 12 J., Kind
Eckert Günter, 1—2 J., Kind
Eckert Rosa, 46 J.
Edelmann Anna, 36 J., Ehefrau
Edian Emilie, 63 J., Pelzwerkstätte
Egle Wilh., 60 J., Reichsbahn-Insp.
Eichin Maria, 59 J., Ehefrau
Eichin Wilhelm, 62 J., Former
Eichin Brigitte, 5 J., Kind
Eiermann Marie, Witwe, 58 J.
Eiermann Elsa Lina, 33 J.
Escher Hilda, 19 J., Tochter
Frey Albert, Hilfsarbeiter
Frey Maria, 60 J.
Frey Berta, 57 J.
Freytag Katharina, Witwe
Freytag Erna, 48 J., Lehrerin
Fries Ingemarie, 21 J.
Frieß Robert, 62 J., Süßwarengesch.
Fritzenschaft Julia, 70 J., Ehefrau
Füll Maria, etwa 50 J.
Furler Irma, 25 J.
Furler Eberhard, 3 J., Kind
Furler Ingeborg, 9 Monate, Kind
Gentner Rolf Dr., 44 J.,
Gimber Willi, 47 J.
Giorgis Berta, Ehefrau
Giorgis Meta, 10 J., Kind
Glaser Berta, 34 J., Ehefrau
Glaser Ellen, 12 J., Kind
Glaser Anneliese, 9 J., Kind
Glaser Josef, 5 J., Kind
Glauner, 70 J., Frau
Gminder Gotthilf, 33 J., Oberscharf.
Gnam Adolf, 60 J., Kaminfeger
Goder Ernst Dr., 27 J.
Goder Annemarie Dr., 25 J., Ehefrau
Grüble Lisa, etwa 42 J.
Götz Agnes, 33 J., Ehefrau
Götz Maria Ursula, 1 J., Kind
Gündel Anna, 32 J.
Güntert Anna, 61 J., Ehefrau
Guldi Karl Heinz, 16 J.
Gutgsell Franziska, etwa 50 J.
Gutgsell Hermann, Arbeitsdienstm.
Gutmann Rosa, 32 J., Ehefrau
Gutmann Theresia, 10 J., Kind
Gutmann Klaus, 7—8 J., Kind

Gutmann Rosmarie, 4 J., Kind
Hauer Josef, 70 J., Rentner
Hauer Maria Luise, 55 J., Ehefrau
Hauer Anny, 24 J.
Hauer Erna, 14 J., Kind
Hauger Katharina, 37 J.
Hauger Karl, 9 J., Kind
Hauser Anna, 49 J., Ehefrau
Hauser Anneliese, 19 J., Tochter
Hauser Adolf, 74 J., Küchenmeister
Hauser August, Dr. med. dent., 84 J.
Hauser Maria, Fräulein
Hausmann Anna, 36 J., Ehefrau
Hausmann Gisela, Kind
Hegel Gabriele, 38 J., Ehefrau
Hegel Thomas, 6 J., Kind
Hegel Friedr. Wilh., 9 J., Kind
Heil Anna, 59 J., Ehefrau
Heiler W., 82 J., Schuhmachermstr.
Heilig Erna, 30 J., Ehefrau
Hensle Paula, Witwe, 48—50 J.
Hensle Lieselotte, 22 J.
Hensle Max, 11 J., Kind
Hepperle Maria, 68 J., Ehefrau
Hermann Maria Luise, 34 J.
Herr Alfons Heinrich, 13 J., Kind
Herr Anna, 37 J.
Herr Hugo, 60 J., Steuersekretär
Herwig Wilhelm, 45 J., techn. Ang.
Herwig Ilse, 39 J., Ehefrau
Herwig Wolfgang, 6 J., Kind
Herwig Jürgen, 4 J., Kind
Herwig Helmut, 6 Monate, Kind
Hofmann Ludw. aus Niederrimsingen
Holdmann Ruth, 17 J., Postangestellte
Holzer Anna, 58 J.
Holzer Ottilie, 23 J.
Hornsteiner Anna, 71 J.
Hotz Josef, 66 J., Büroangestellter
Hotz Emma, 62 J., Ehefrau
Hotz Erich, Fräser, 30 J.
Iselin, Ehefrau des Friedr. Iselin
Iselin (Mädchen), 14—15 J.
Iselin (Mädchen), 7—9 J.
Jäger Maria, 37 J., Ehefrau
Jäger Anneliese, 11 J., Kind
Jäger Helga, 4 J., Kind
Jänchen Richard, Schneidermeister
Jänchen, Ehefrau
Jung Ilse, 17 J.
Jung Marga, 4 J., Kind
Jung Therese, Witwe, 67 J.
Junker Adam, 76 J.
Karcher Wilhelm, Weinhändler
Karcher Wilhelm, 64 J.
Karenberg Melitta, 22 J.
Kerewan Amalie, 71 J., Rentnerin
Karl Frieda, 45 J., Ehefrau
Karl Hans, 15 J., Kind
Karle Frieda, 34 J., Ehefrau
Karle Gertrud, 10 J., Kind
Karle Walburga, 35 J., Ehefrau
Karle Marianne, 3 J., Kind
Karle Helmut, 14 Tage, Kind
Karlsdorf Walter, etwa 2 J., Kind
Karlstorf Johann, 30 J.
Kehle Johanna, 39 J., Schwester
Kempf Friedrich, 43 J., Lagerarbeiter
Kempf Karl, 68 J., städt. Hausmeister
Keppner Anna, 70 J., Ehefrau
Kern Anna, Rentnerin
Kern Gertrud, 24 J.
Kern Gerd, 4 Monate, Kind
Kern Friedhilde, 18 J.
Kern Gustav, 69 J., Stadtarbeiter
Kersing Berta, Witwe, 86 J.
Keßler Christ., Wwe., 65 J., Rentner.
Ketterer Anna, 35 J., Ehefrau
Ketterer Franz, Schneidermeister
Kienzler Erich, 35 J., Kaffeehausbes.
Kieser Toni, 22 J.
Kleiner Charlotte, 33 J., Ehefrau
Kleiner Peterle, 2 J., Kind
Kleinmann Magdalena, 70 J.
Knäble Waltraud, 24 J., Postangest.
Knebel Johann Baptist Dr., 73 J.
Knittel Erika Renate, 9 Mon., Kind
Knobel Hildegard, 18 J.
Knoblauch Johannes, 48 J.
Knoblauch Willi, 46 J., Elektromont.
Knoblauch Frieda, 48 J., Ehefrau
Knoblauch Willi, 11 J., Kind
Knobloch Alma, 34 J., Ehefrau
Knobloch Robert Heinz, 10 J., Kind
Knobloch Hans Jakob, 9 J., Kind
Kottulinski Ilse, 24 J.
Kozarischuk Dr., 57 J.
Kozarischuk Käthe, Ehefrau
Krämer Julia, 25 J.
Kraus, 40—45 J., vermutlich Heizer
Kremp, Ehefrau des Ludwig K.
Kretschmar Emma, Ehefrau
Kretschmar Helmut, 9 J., Kind
Kretschmar Marie Luise, 4 J., Kind
Kreuch Frieda, 47 J.
Kuckuck Traude, 47 J., Ehefrau
Kuckuck Hans, 13 J., Kind
Küchlin Klaus, 4 J., Kind
Kühn Waltraud, 45 J.
Kühn Siegfried, 8 J., Kind
Kühn Engelbert, 7 J., Kind
Kühndorf Klara, 30 J., Ehefrau
Kühndorf Gisela, 6 J., Kind
Kühndorf Bernd, 5 J., Kind
Kühnle Rob., 41 J., Buchbindermstr.

Künzler Karoline, 76 J.
Küpferle Leop., 67 J., Prof., Dr. med.
Kuhmle Anna, Köchin
Kummlin Margarete, 13 J., Kind
Kuny Albert, 51 J.
Lauer Josefine, 36 J., Ehefrau
Lauer Wolfgang Friedr., 8 J., Kind
Lauer Hans Jürgen, 5 J., Kind
Lebert Elisabeth, 41 J.
Lebert Wilhelmine, 37 J.
Legler Klara, 30 J.
Lehmann Ida, 62 J., Ehefrau
Leichtle Lina, 67 J.
Leisinger Albert, 78 J., Postassistent
Leisinger Maria, 72 J., Ehefrau
Leisinger Elisabeth, 23 J.
Leuthe Ludwig, 61 J., Gipsermeister
Lindle Alfred, 38 J., Schreiner
Linsenmeier Oskar, 38 J.
Lipp Waltraud, 2 J., Kind
Littner Emil, 61 J., Bahnschlosser
Littner Luise, 58 J., Ehefrau
Littner Erich, 26 J.
Lorenz Anneliese, 24 J.
Lorenz Rudi, 11 J., Kind
Lui Frieda, 47 J., Ehefrau
Lusch Doris, 12 J., Kind
Lutz Ernst, 58 J., Eichinspektor
Lutz Maria, Ehefrau
Luxenhofer Anna, Witwe
Maier Friedrich, 64 J., Oberlokführer
Maier Berta, 55 J., Ehefrau
Maier Gertrud, 18 J.
Maier Karl Georg, 29 J., Kaufmann
Maier Liselotte, 28—35 J.
Maier Olga, 45 J.
Maile, Ehefrau des Otto Maile
Maile, Sohn des Otto Maile
Mangst Wilhelmina, 56 J.
Manz Lina, Strickerin
Manzoni Emil, 76 J., Steinhauer
Manzoni Mathilde, 68 J., Ehefrau
Marder, Rottenführer NSKK. 54
Martin Rosa, Witwe, 35 J.
Martin Theresia, 68 J., Ehefrau
Matt Elisabeth Natalia, 8 J., Kind
Matt Johanna, 47 J.
Matt Monika, 1 J., Kind
Mattern, Frl., Sekretärin
Mattes Hedwig, Witwe, 76 J., Privat
Mattes Peter, 7 J., Kind
Mattes Rosemarie, 4 J., Kind
Mattes Hartmut, 2 J., Kind
Mattes Karl, 16 J.
Mattlin, Paul Friedr., 31 J., Schreiner
Mattmüller Eugen, 47 J., Angestellter
Maurer Lore, Modistin
Maurer Heinz, 16 J.
Maurer Klara, 38 J., Ehefrau
Maurer Manfred, 8 J., Kind
Maurer Helga, 5 J., Kind
Mayele Albert, 24 J.
Mayer Marie, 35 J., Ehefrau
Mayer Albert, 13 J., Kind
Meder Dieter, 4 J., Kind
Meinhardt Johanna, 25 J.
Meißner Gregor, 80 J., Handelsvertr.
Menner Maria, 39 J., Ehefrau
Menner Elisabeth, 5 J., Kind
Mergel Irene, 23 J.
Meßmer Maria, 33 J.
Metzger Theresia, 55 J., Ehefrau
Metzinger Egon, 37 J.
Metzinger Rud., 6 J., Kind
Meyer Elisabeth, Witwe, 81 J.
Meyer Ida, Witwe, 80 J.
Meyer Mina, 51 J., Oberfürsorgerin
Morath Margarete, 43 J.
Morath Wolfgang, 9 J., Kind
Moreau Magdalena, 29 J.
Mosbach G., 56 J. Mstr. d. Schutzp.
Mosbach Elfriede, 19 J.
Motalla Hedwig, Postangestellte
Motsch Karl, 80 J., Schreinermstr.
Motsch geb. Koch, Ehefrau
Mück Karl, 69 J., Lok.-Führer a. D.
Mück Maria, 66 J., Ehefrau
Mücke Elisab., Ehefr. d. Karl Mücke
Mücke Liesel, 17 J.
Mücke Anna, 15 J., Kind
Mücke Gerd, 7 J., Kind
Mücke Karlheinz, 7 J., Kind
Mühlhenrich Hans, Serviermeister
Murst Anna, 41 J., Ehefrau
Murst Lieselotte, 19 J., Tochter
Mutter Ferdinand, 87 J., Privat
Mutz Max, $3^1/_2$ J., Kind
Nehrwein Berta, 43 J., Ehefrau
Nehrwein Rudolf, 69 J., Hausmeister
Neßler Liesa, 28 J., Postbeamtin
Nonnenmacher M., Lebensm.-Gesch.
Oberfell gen. Schw. Joritha, 63 J.
Ohnemus Barbara, 16 J., Tochter
Ortolf Luise, Witwe, 65 J.
Oskadia Schwester M.
Philipp Elisabeth, 35 J., Ehefrau
Philipp Gerda, $6^1/_2$ J., Kind
Pitzak Anneliese, etwa 35 J.
Pitzak Peter, 6—8 J., Kind
Prestele Michael, 66 J., Käser
Preuß Ivis, 1 J., Kind
Probst Elise, 47 J., Ehefrau
Probst Hubert Oskar, 9 J., Kind
Prücken, Kinderschwester
Reiß Ilse, 27 J.

Reiß Liselotte, 25 J.
Reiß Volker Dietrich, 1 J., Kind
Reiß Martha, 38 J., Ehefrau
Reiß Martha, 19 J., Tochter
Reiß Elise, 17 J., Tochter
Reiß Karl, 10 J., Kind
Reiß Hilda, 9 J., Kind
Reiß Albert, 8 J., Kind
Reiß Hermann, 6 J., Kind
Remmel Franz, 60 J., Architekt
Remmele Rosina, Witwe, 68 J.
Rochna Theodor, 48 J., Musiklehrer
Roll Johann Daniel, 61 J., Postinsp.
Roll Berta, 49 J., Ehefrau
Roos Theresia, 41 J., Ehefrau
Roth Elisabeth, 43 J.
Rotzinger Albert, Schuhmacher
Rotzinger, Ehefrau des Albert R.
Rotzinger Amalie, Ehefrau
Rubin Otto, Kaufmann
Rubin Emma, Ehefrau
Rubin Gretel, 22 J., Tochter
Rubin Lotte, 21 J., Tochter
Rudloff Ernst Paul, 21 J., Gärtner
Rudmann Herta, 39 J., Ehefrau
Rudmann Hermann, 8 J., Kind
Rudmann Lina, 6 J., Kind
Ruh Maria, 62 J., Ehefrau
Rühle Kurt, Student
Rünzi Karl, 62 J., Oberzollsekretär
Rünzi Anna, 58 J., Ehefrau
Ruh Gabriele, 61 J.
Ruh Josef aus Ehrenstetten
Ruh Sofie, 58 J.
Rupp Annaliese, 31 J., Töpfermeister.
Rupp Michael, 2 J., Kind
Rupp Kornelius, 1 J., Kind
Rupp Ella, 25—30 J.
Scheib Adolf aus Frankfurt
Scheib Katharina aus Frankfurt
Schell Maria, 71 J.
Schenk Ernst, Kraftwagenführer
Schenk Luise, 41 J.
Scherer Wilhelm, 59 J., Bäckermstr.
Scherer Anna, 41 J., Ehefrau
Scherer Anneliese, 23 J., Tochter
Scherer Willi, Bäcker
Scherer Mathilde, etwa 25 J., Ehefr.
Scherer Wolfgang, 3—4 J., Kind
Scherzinger Martha, 36—38 J., Ehefr.
Scherzinger Erich, 8 J., Kind
Scherzinger Rudolf, 6 J., Kind
Scherzinger Elfried, 3 J., Kind
Scheuermann Lydia
Schick Irma, 24 J.
Schick Otto, 20 J.
Schick Thekla, 51 J.
Schilf Maria, 22 J.
Schilf Dieter, 2 J., Kind
Schill Paul, 47 J., städt. Rechnungsr.
Schill Adina, 48 J., Ehefrau
Schindele Jos., 68 J., Kassenassistent
Schindele Renate, 5 J., Kind
Schindler Hermann, Steuersekretär
Schindler, Tochter des Herm. Sch.
Schlagowski Helene, 23 J.
Schleer Ingrid, 4 J., Kind
Schleer Franz, 6 Monate, Kind
Schleer Theresia, 70 J., Ehefrau
Schlegel Hans, 61 J., Schneidermstr.
Schlegel Barbara, 58 J., Ehefrau
Schlegel Otto, 54 J., Ingenieur
Schleihauf Babette, 67 J., Rentnerin
Schmid Melchior, 70 J., Maurer
Schmid Sofie, 69 J., Ehefrau
Schmidlin Martin Fr., 84 J., Schmied
Schmidt Artur, 45 J., Kraftwagenfhr.
Schmidt, Ehefrau des Artur Schm.
Schmidt Christ. Karl, 65 J., Destillat.
Schmidt Luise, 61 J., Ehefrau
Schmidt Anni, 33 J.
Schmidt Roswitha, 9 J., Kind
Schmidt Sigurd, 2 J., Kind
Schmidt Fritz Günter, 9 J., Kind
Schmidt Gertrud, 39 J., Tochter
Schmidt Hilde, 24 J.
Schmidt Maria Witwe, 64 J.
Schmidt Thea, 18 J., Tochter
Schmidt Erika, 29 J., Ehefrau
Schnitzer Anna, 61 J., Ehefrau
Schoch Frieda, 36 J., Ehefrau
Schoch Paula, 49 J., Ehefrau
Schoch Karola, 25 J., Tochter
Schöpperle Frieda, 38 J., Ehefrau
Schollmeyer L., 35 J., Musiklehrerin
Schollmeyer Sigrun, 7 J., Kind
Schollmeyer Gerulf, 3 J., Kind
Schollmeyer Ortrun, 1 J., Kind
Schott Gudrun, Kind des Rolf Schott
Schott Liselotte, Kind d. Rolf Schott
Schubkraft Horst, 14 J., Kind
Schuler Vera Luise, 25 J., Studentin
Schultheiß Franziska, 35 J., Ehefrau
Schultheiß Franz, 8 J., Kind
Schultheiß Liselotte, 4 J., Kind
Schumacher Magdalena, 39 J.
Schwarz Franz, 54 J., Mechaniker
Schwarz Martha Joh., 39 J., Ehefrau
Schwarz Gerhard, 4 J., Kind
Schweiger Gisela, 7 J., Kind
Schweiger Hans Joach., 4 J., Kind
Schwörer Artur, 57 J., Kraftw.-Führ.
Seger Heinr., 45 J., Pol.-Wachtmstr.
Seger Albina, 45 J., Ehefrau
Seger Heinrich, Kind des Heinr. S.

Seitz Katharina, 35 J., Ehefrau
Seitz Gertrud, 10 J., Kind
Seitz Luzia, 7 J., Kind
Seiwald Hansjürgen, 2 J., Kind
Seng Gretel, 23 J.
Senn Gustav, 64 J., Vertreter
Siebenhaar Katharina, 32 J., Ehefrau
Siebenhaar Marianne, 2 J., Kind
Siebenhaar Waltraut, 3 Mon., Kind
Slanyk Hildegard, 64 J., Lehrerin
Springmann Anton, 65 J., Masch.-F.
Springmann Anna, 62 J., Ehefrau
Stapf Karl Anton, 38 J., Univ.-Insp.
Steiert Josef, 57 J., Reichsbahn-Schl.
Steiger Henny, 47 J., Ehefrau
Steiger Walter, 21 J.
Steinhofer Anna, 62 J., Ehefrau
Steinke Elvira Traute, 24 J.
Steirle Josef, 65 J., städt. Betr.-Sekr.
Steinlen L., 49 J., Res.-Oberw.-Mstr.
Steinlen Anna, 44 J., Ehefrau
Stephan Jakob, 50 J., Post-Betr.-Ass.
Steppacher Alice, 48 J., Arbeiterin
Stertzick Friedel, 28 J., Friseurin
Stiegler Kurt, 16 J.
Stocker Otto, 59 J., Packer
Streicher Pauline, 75—80 J., Privat
Striegel Julius, 53 J., Malermeister
Striegel Käthe, 42 J., Ehefrau
Strobel Klara, 52 J., Ehefrau
Strohbach Wilh., 57 J., Postsekretär
Strohm Aug., 65 J., Lokführer a. D.
Strohm Anna, 60 J., Ehefrau
Sumser Heinrich, 34 J., Schneider
Sütterlin Emma, 39 J.
Thon Otto, 50 J., Brauereiarbeiter
Tollin Maria Antonia, 62 J.
Trefzer Herbert, 87 J.
Trefzer Julius, Schreiner
Trefzer Hanna, 25—26 J.
Trefzger Adelheid, 8 J., Kind
Trensel Franz aus Grafenhausen
Tritschler Anna, 67 J., Ehefrau
Uhlenberg Rosa, 39 J., Ehefrau
Uhlenberg Ruth, 16 J., Tochter
Unfrücht Anna, Witwe, 60 J.
Unfrücht Irma, 33 J., Tochter
Unold Margarete, 31 J., Ehefrau
Urner Ursula, 4 J., Kind
Volk Karlheinz Hermann, 3 M., Kind
Volk Lina, 32 J., Ehefrau
Volk Edeltraud, 4 J., Kind
Volk Irene, 2 J., Kind
Volk Franz, 47 J., Zugführer
Volk Theresia, 51 J., Ehefrau
Volk Hannelore, 16 J., Tochter
Vollmer Gretel, 26 J.
Vollmer Karoline, 64 J.
Vorschütz Ottilia, 21 J.
Vorschütz Ingrid, 1 J., Kind
Voß Rudolf, 30 J.
Walz Else, 44 J., Schneiderin
Walz Maria, Witwe, 72 J.
Wapelhorst Wilh. Arnold, 60 J.
Waßmer Maria (Schw. Alruna), 48 J.
Weber August aus St. Peter
Weber Erika, 31 J.
Weber Franziska, Witwe, 72 J.
Weber Franziska, 42 J.
Weber Friedrich, Kriminalsekretär
Weber, Ehefrau des Friedr. W.
Weber Ida, 49 J., Ehefrau
Weber Lina, 49 J., Ehefrau
Weber Luise, 44 J.
Weber, vermutl. Knabe, 10 J.
Wenger Emma, 36 J.
Wenger Rudolf, 1 J., Kind
Weyk Luise, Dienstmädchen
Wickertsheim Willi, 29 J., Schlosser
Widmann Anna, Witwe, 75 J.
Wiedemann Franz, 67 J., Schlosser
Wiedemann, 62 J., Ehefrau
Wiedemann Martha, 38 J.
Wiederle Lina, 43 J., Ehefrau
Wiederle Hedwig, 19 J., Kind
Wiederle Franz, 13 J., Kind
Wiederle Elisabeth, 11 J., Kind
Wiederle Ingeborg, 6 J., Kind
Wiederle Werner, 1 J., Kind
Wiedmann Elisabeth, 48 J.
Wildpreth Margarete, 37 J.
Wittmann Anna, 49 J., Ehefrau
Wittmann Doris, 10 J., Kind
Wolf Emma, 56 J.
Wölfle Elisabeth, 70 J., Ehefrau
Wohlfahrt Hugo, 55—60 J.
Wolf Rosa Franziska, 54 J., Fußspez.
Wolf Gerlinde, Ehefrau
Würmle Josef, 56 J., Kaufmann
Wüst Mathilde, Privat
Wunderle Oskar, 45 J., Buchdrucker
Wunsch Luise, 35 J., Ehefrau
Wunsch Gisela, 6 J., Kind
Wunsch Werner, 3 Mon., Kind
Wurster Matth., 68 J., Rb.-Arbeiter
Zink Max, 50 J., Laborant a. D.
Zink Olga, 48 J., Ehefrau
Zink Elfriede, 23 J., Tochter
Zobeley Hermine, 40 J., Ehefrau
Zobeley Günter, 15 J., Kind
Zschieche Herbert Dr., 38 J.
Zschieche Elsa, 35 J., Ehefrau
Zschieche Peter Klaus, 9 J., Kind
Zschieche Brigitte, 4 J., Kind
Zipplies Elisabeth, 23 J.

IHR OPFER IST FÜR UNS MAHNUNG UND VERPFLICHTUNG

Dr. Fritsch
Kreisleiter

Dr. Kerber
Oberbürgermeister

Abb. 164: Ganzseitige Todesanzeige (Der Alemanne Nr. 38 vom 14.2.1945)

Dr. K. G. — Der schwere britische Terrorangriff auf Freiburg am 27. November 1944 hat nicht nur große Teile der Stadt, alte Kulturbauten und Wohnviertel zerstört, er hat auch hohe Verluste an Menschenleben zur Folge gehabt. Ist schon die Zerstörung einer alten Stadt vom Range Freiburgs schmerzlich, die Vernichtung alter städtischer Tradition und Würde, so erfüllt uns noch mehr der unwiederbringliche Verlust unschuldiger Menschenleben tausendfach mit Trauer und Empörung über das große Leid, das uns die Feinde angetan.

Es liegen nunmehr die amtlichen Zählungen vor über die Gefallenen der novemberlicher Ternornacht in Freiburg. Nach diesen Zählungen, die in ihrem Endergebnis wohl nur zu berichtigen sein werden, hat die Stadt Freiburg den Verlust von etwa 3000 (dreitausend) Menschen zu beklagen, die der Vernichtungswut der Feinde des Deutschen Volkes zum Opfer fielen. Unter ihnen befinden sich 1528 identifizierte Tote, 215 unbekannte Tote und 1403 Vermißte. Sicherlich kann damit gerechnet werden, daß von den vermißten Volksgenossen sich eines Tages noch mancher melden wird, der Freiburg verlassen und nach dem Terrorangriff außerhalb der Stadt Zuflucht gesucht hat.

Diese nunmehr nach einigen Monaten von den amtlichen Stellen ermittelten Ziffern sind hoch und zeugen von dem außerordentlichen Blutzoll, den unsere Kulturstadt am Oberrhein für den Freiheitskampf des Deutschen Volkes gegeben hat. Diese Ziffern kommen jedoch auf der anderen Seite nicht annähernd an jene Phantasiezahlen heran, die allerorten, vor allem im übrigen Reich genannt wurden. Die Höhe der Verluste unserer Stadt ist deshalb nicht minder groß zu werten.

In der heutigen und morgigen Ausgabe unserer Zeitung veröffentlichen nunmehr der Kreisleiter und der Oberbürgermeister von Freiburg Listen namentlich erkannter Gefallener. Es steht zu erwarten, daß eine weitere Bekanntgabe später noch folgen wird. Man wird die Namen lieber Angehöriger, Verwandter oder Freunde darin finden. Aber auch die Volksgenossen in Stadt und Land, die bisher persönlich von den Auswirkungen des Luftterrors verschont wurden, sie werden nicht minder erfüllt von Trauer und Ehrfurcht die Namen jener lesen, die ihr Leben gaben für das Vaterland. Gleich den gefallenen Helden an der Front werden auch ihre Namen auf ewig mit dem Freiheitskampf des Deutschen Volkes und Reiches verbunden sein.

Wenn wir erschüttert sind über die große Anzahl von Kindern, die zum Teil mit ihren Müttern sterben mußten, wenn wir den Totenlisten entnehmen, daß ganze Familien ausgerottet, andere auseinandergerissen wurden durch das namenlose Leid, dann regt sich in uns erst recht in der Zeit der schweren Belastungen unserer Tage ein unbezähmbarer Wille, der Wille, alles zu tun, und alles einzusetzen, damit diese Blutopfer unserer Stadt und unseres Volkes nicht umsonst gebracht wurden!

Auch das Leben der Freiburger Gefallenen wäre sinnlos dahingeopfert, wenn es unseren unerbittlichen Feinden gelänge, über das Reich der Deutschen zu triumphieren. Die Geister dieser Toten würden aus ihren Gräbern aufstehen und uns anklagen, wenn wir nicht aus ihren Opfern die Kraft gewinnen würden, die dazu gehört, das schwere Schicksal, das uns auferlegt ist, zu überwinden. Insgeheim wissen wir, daß unsere Freiburger Volksgenossen nicht umsonst gefallen sind. Aus ihren Gebeinen wird ein Rächer erstehen, der die mit Füßen getretene menschliche Gerechtigkeit wieder auf den Schild erheben wird.

Der Feind pocht an die Tore des Vaterlandes oder er hat bereits den Schritt über die Schwelle gesetzt. Wir brauchen alle Kraft, um uns seiner zu erwehren. Wir wollen diese Kraft zuletzt aus den Opfern unserer Gefallenen schöpfen. Die Toten von Freiburg und ihr Opfer sind uns Mahnung und Verpflichtung.

Abb. 165: „Die Toten von Freiburg" (Der Alemanne Nr. 37 vom 13.2.1945)

ter zwei Kinder, und 42 Verwundete, von denen später noch fünf starben, waren zu beklagen. Als Obdachlose oder Umzuquartierende wurden jeweils etwa 100 Personen registriert. Die Neuapostolische Kirche in der Turnseestraße wurde schwer beschädigt; weitere vier Häuser wurden total zerstört, 28 schwer, 46 mittelschwer und 52 leicht beschädigt [151]. Auch das provisorisch im Paulussaal eingerichtete Postamt und eine Gasdruckleitung in der Schillerstraße wurden getroffen. Danach war eine geordnete und regelmäßige Postbeförderung und -zustellung in Freiburg bis zum Kriegsende kaum noch möglich.

Der US-Angriff fand im Zuge der alliierten Operation „Clarion" statt, die parallel zur voranschreitenden Offensive der Landstreitkräfte an der Westfront gegen Eisenbahnlinien, Verschiebebahnhöfe und Instandsetzungswerkstätten gerichtet war und zur Ausschaltung des deutschen Verkehrsnetzes im Westen und Südwesten führen sollte. Dabei wurden auch Schwenningen, Villingen, Donau-

[151] StadtAF, B 1/328 und D.Aö.1.32 b, Bd. 3 mit Skizze; NA Washington, RG 243, Records of the U.S. Strategic Bombing Survey, USSBS City Target Folder III a–972: Freiburg GH 454; Freeman, Mighty Eighth War Diary, S. 445.

eschingen und Singen am 22. Februar bombardiert. Und am 23. Februar wurde Pforzheim durch einen britischen Nachtangriff schwer zerstört. Nach wie vor zählte der Raum Oberrhein-Baden zu den fünf empfohlenen Angriffszonen für die alliierten Luftstreitkräfte, wie sie am 10. Januar 1945 vom vereinigten strategischen Zielkomitee festgelegt worden waren (Abb. 166)[152]. Die angestrebte Verkehrslähmung gelang jedoch nur streckenweise. Zudem kam es an diesem Tag zu einer irrtümlichen Bombardierung von Schaffhausen in der Schweiz durch US-Bomber. Das gleiche Mißgeschick traf am 4. März 1945 auch noch Basel und Zürich, wo ebenfalls mehrere Tote und Verwundete Opfer des alliierten Luftkrieges wurden, weil die US-Bomberbesatzungen beim Abwurf glaubten, sie seien über der Stadt Freiburg[153].

Freiburg war nochmals am 23. und 24. Februar das Ziel alliierter Jagdbomber und Bomber[154]. Die Angriffe auf das Gebiet von Zähringen, Reutebachgasse, Mühlenwinkel und die benachbarten Bahnanlagen brachten erneut mehrere Personenopfer (sechs Tote) und weitere Gebäudeschäden. Der vorübergehend ab 23. Februar in der Stadt untergebrachte Stab der 13. Flakdivision, die dem IV. Flakkorps unter General Bogatsch an der Westfront unterstand, konnte keine Verstärkung für die geringen Flakkräfte in den äußeren Stadtgebieten bewirken. Vielmehr registrierten es Bevölkerung und Stadtverwaltung mit großer Sorge, daß zahlreiche Truppenstäbe und Wehrmachtskolonnen von Westen kommend in den Vororten der Stadt ungetarnt Quartier aufschlugen oder entsprechende Unterkünfte belegten, zumal die Unterbringung der eigenen Obdachlosen immer noch Schwierigkeiten bereitete. Oberbürgermeister Kerber befürchtete zudem, daß es angesichts der feindlichen Jagdbomber-Angriffe auf die Militäreinheiten zu einer weiteren Gefährdung der Wohngebiete kommen könnte, und erbat von dem Freiburger Wehrmachtskommandanten, Generalmajor Knoerzer, entsprechende Weisungen an die in der Stadt weilenden Truppen, damit „im Interesse der Beruhigung der Einwohnerschaft die Wehrmachtdienststellen weiter von der Stadt wegrücken"[155]. General Knoerzer versprach daraufhin Abhilfe für diesen Mißstand.

Nicht zu verhindern war jedoch, daß Freiburg aufgrund der zahlreichen Truppenbewegungen durch die Stadt verstärkt zum Angriffsziel für alliierte Jagdbomber wurde. So erlitten die Freiburger – wie bisher fast völlig ungeschützt – am 25., 26. und 27. Februar zu unterschiedlichen Tageszeiten fast im gesamten Stadtgebiet stärkere Bombardements durch feindliche Jagdbomberverbände und einzelne Bomber der 8. USAAF-Luftflotte (Abb. 167). Dabei waren in Wildtal und in der Innenstadt vier und acht Tote sowie mehrere Verwundete zu beklagen. Die Treffer lagen am Hindenburgplatz, an der Kaiserbrücke, in der Adolf-Hitler-, Schreiber-, Erbprinzen-, Eichberg-, Luisen-, Dreisam-, Kartäuser-, Jäger-, Adelhauser- und Gartenstraße, in der Fischerau (Mühle) und Gerberau. Vereinzelt entstanden größere Brände, die mit Hilfe auswärtiger Feuerwehren aus Emmendingen, Ebnet, Waldkirch, Gutach und Kappel bekämpft wurden. Auch das Lo-

---

[152] Vgl. Frankland/Webster, a.a.O., vol. III: Victory. London 1961, S. 254f.

[153] Die Angriffe auf Basel und Zürich erfolgten durch 9 bzw. 6 B-24-Liberator Bomber der 466. und 392. Bombing Group der USAAF. Vgl. McKee, Dresden 1945, S. 256; Freeman, Mighty Eighth War Diary, S. 456; Hans-Heiri Stapfer: Heute vor 40 Jahren um 10.19 Uhr: „Bombs away" auf Zürich. In: Tages-Anzeiger Zürich v. 4.3.1985, S. 21.

[154] StadtAF, B 1/328: Kriegschronik 1942/45 und D.Aö.I.32 b. Vgl. USAF Historical Research Center, AFB Maxwell USA, Research Division: Summary Reports by City of Bombing Attacks.

[155] StadtAF, C 4/XI/27/5: Schreiben Kerbers an General Knoerzer v. 19.2.1945 mit dessen zustimmender Antwort v. 24.2.1945.

INTERPRETATION REPORT S.A. 3284

ATTACK ON TARGETS IN GERMANY ON 25 FEB 1945

(i) INFROMATION RECEIVED ON THE ATTACK:

(a)	No. of aircraft	: 14, fully escorted.
(b)	Command	: U.S. 8TH AIR FORCE.
(c)	Time	: 1059-1204 A hours
(d)	Bombs	: 78 x 500 lb. G.P.
		78 x 500 lb. I.B.

(ii) STATEMENT ON THE TARGETS:

This report includes attacks on two targets of opportunity, FREIBURG and KASFFURGEN in GERMANY. Of the 78 H.E. bombs dropped, approximately 56 bursts can be seen on clear photographs.

(iii) DETAILS OF THE ATTACKS:

FREIBURG; G.S.G.S. 4416/x2 - 085325

Six H.E. bursts and incendiaries are seen on residential buildings 100 yards North of DREISAM CANAL near the center of FREIBURG.

ACTIVITY:

FREIBURG MARSHALLING YARD

1. Only the Southwest sidings are covered.
2. The sidings are moderately loaded.
3. Three locomotives in steam are visible.

FREIBURG AIRFIELD

1. Only the extreme Southern tip of the airfield is covered.
2. No aircraft are visible.
3. None of the craters visible on the landing ground and in the barracks area have been filled and no apparent signs of repair can be seen.

SAV 493/674 25 FEB 45 1059 A hrs. 1/18,000 (F.L.12") 18,000' 'A'

Abb. 167: Auszug aus dem US-Aufklärungsbericht zum 25. Februar 1945 (NA Washington)

rettokrankenhaus wurde schwer getroffen. Mehr als 400 Obdachlose mußten danach versorgt werden. Ein brennender viermotoriger Bomber stürzte am 27. Februar bei Lehen-Betzenhausen ab und explodierte (Abb. 168); die feindlichen Flieger waren bereits vorher mit dem Fallschirm abgesprungen[156].

Mehrmalige Fliegeralarmierungen sorgten auch am letzten Februartag für eine unruhige Nacht zum 1. März 1945. Von 22.30 Uhr bis 23.00 Uhr griffen 22 B-24 Bomber der 8. US-Luftflotte (492. Bombing Group) die Stadt an. Rund 1900 Leuchtbomben, Kaskaden, Spreng- und Brandbomben mit einem Gewicht von 63 Tonnen fielen insbesondere auf den nördlichen Stadtteil Herdern (u. a. Burgunder-, Jakobi-, Kaiserstuhl- und Mozartstraße). Der neue Gasbehälter des Gaswerks wurde getroffen und geriet in Brand. Weiterhin wurden verschiedene Werks- und Fabrikhallen der Firma Deutsche Acetat-Kunstseiden AG ,Rhodia-

---

[156] Vgl. dazu auch Der Alemanne v. 1.3.1945: „Störangriffe auf Freiburg"; BA Koblenz, R 19/341; StadtAF, C 4/XI/31/4; NA Washington, RG 243, Records of the U.S. Strategic Bombing Survey, USSBS City Target Folder III a–972: Interpretation Report S.A. 3284 vom 26.2.1945 betr. Angriff v. 25.2.1945; StadtAF, D.Aö.1.32 b mit Trefferskizzen und B 1/328: Bericht Vogel.

Abb. 168: Abgestürzter Bomber bei Lehen/Betzenhausen vom 27. Februar 1945 (StadtAF)

seta', der Möbelfirma Nebel und der Fa. Hellige in der Adolf-Hitler-Straße beschädigt. Auch das Friedrichsgymnasium wurde getroffen. 16 Tote und drei Verwundete waren zu beklagen[157].

Consolidated B-24 Liberator	
Besatzung:	10–12 Mann
Länge:	21,16 m
Spannweite:	33,53 m
Geschwindigkeit:	480 km/h in 10 000 m Höhe
Bewaffnung:	10 Maschinengewehre (12,7 mm)
Bombenlast:	2260–5450 kg
Gipfelhöhe:	8550 m
Reichweite:	3350 km

Ein Aufklärungsbericht der USAAF kam allerdings am 4. März zu dem Ergebnis (Abb. 169), daß die US-Bombardierungen vom 22. und 28. Februar nicht den gewünschten Zerstörungserfolg gebracht hätten. Man registrierte nur geringfügige neue Schäden im Bereich der Bahnanlagen und Versorgungsdepots, die eigentlich die Ziele sein sollten. Die Rangier- und Abstellgleise des Freiburger Bahngeländes und die durchgehende Hauptbahnlinie wurden als noch zu 100 Prozent einsatzfähig eingeschätzt[158].

---

[157] Ebda. mit Trefferskizze; Freeman, Mighty Eighth War Diary, S. 452. In der Aufstellung v. 24.3.1945 in: StadtAF, B 1/328: Chronik der Stadt, sind für den 28.2.1945 nur neun Tote (jedoch ohne die sieben Verschütteten) angegeben.
[158] NA Washington, RG 243, Records of the U.S. Strategic Bombing Survey, USSBS City Target Folder IIIa–972, Freiburg GH 454: Interpretation Report No. K 3869 v. 4.3.1945; dagegen verzeichnete das Air Intelligence Summary No. 79 v. 11.3.1945 „good results" der Angriffe v. 28.2. und 1.3.1945.

4 MAR 1945

IMMEDIATE INTERPRETATION REPORT NO. K.3869

LOCALITY: FREIBURG (Rail facilities)

PERIOD COVERED: 1030A hours on 8 FEB 1945 to 1330A hours on 2 MAR 1945.

ATTACKS:

Rail facilities	Date	S.A.	Reported Weather
U. S. 8TH AIR FORCE	22 FEB 1945	3249	10/10 cloud.
Goods station and sidings			
U. S. 8TH AIR FORCE	28 FEB/1 MAR 1945	-	not available.

PROVISIONAL STATEMENT ON DAMAGE.

The only fresh damage visible in the goods station and sidings is the destruction of a small shed near the sorting sidings and a hit near the junction at the North end of the yard which appears to be in the process of repair. Repairs are also evident to the tracks at the entrance to the sorting sidings.

Other fresh damage includes severe roof and some structural damage to a large loco repair depot in the extreme S.W. yard. A small shed between the main station and the canal has been destroyed. There are several points of fresh business/residential damage in the town.

Details of rail damage are as follows:

Facilities

No fresh damage visible. Facilities are 15% unserviceable from earlier damage.

M/Y Sidings

The M/Y sidings are 100% serviceable.

Locomotive and Rolling Stock

No fresh damage visible.

Through Running Lines

100% serviceable.

Other Damage

1. Small shed near entrance to sorting sidings: destroyed.
2. Small shed between main station and canal : destroyed.
3. Large loco repair depot in extreme S.W. yard: severe roof and structural damage.
   This loco depot is now considered 60% unserviceable.

Repairs

Several lines at the entrance to the sorting sidings repaired. Repairs appear to be in progress at a point near junction at the N. end of the yard.

Loading

Moderate.

(Prints. 3158-74)

This report is subject to correction and amplification from a more detailed assessment.

PHOTOGRAPHS TAKEN BY: 27 Squadron.

SORTIE: US7GR/133A.

MEAN TIME AND DATE OF PHOTOGRAPHY: 1330A hours on 2 MAR 1945.

/SCALE:

K.3869

Page 2

SCALE: 1/10,000 (F.L.24").

COVER AND QUALITY: Full and excellent.

LAST REPORT: Immediate Interpretation Report No. K.3718 (9 FEB 1945).

COMPARATIVE SORTIE USED: 106G/4216 (3101-06, 4085-90).

PRINT DISTRIBUTED: None.

A.C.I.U.
EGW/HOL

DISTRIBUTION NO.24E
325 COPIES.

Abb. 169: US-Aufklärungsbericht K. 3869 vom 4. März 1945 zu den Angriffen vom 22. Februar und 28. Februar 1945/1. März 1945 (NA Washington)

Abb. 170: Karte des Aufklärungsfluges mit Aufnahmeserie vom 2. März 1945 (Dr. Schmidt, Landesdenkmalamt Freiburg)

Der USAAF-Bericht stützte sich auf den Aufklärungsflug Nr. „US 7 GR/ 133A" der 27. Squadron vom 2. März; dabei waren in einer Höhe von 6400 m elf Luftbildaufnahmen des Freiburger Gebietes von St. Georgen im Südwesten bis nach Gundelfingen im Nordosten gemacht worden. Sie boten den alliierten Dienststellen aussagekräftiges Material über die vielfältigen Zerstörungen im Freiburger Stadtbild (Abb. 170 und 171)[159].

[159] Air Photo Library, Department of Geography, University of Keele, England: 11 Einzelaufnahmen Nr. 3158, 3160, 3162, 3164, 3165, 3167, 3168, 3170, 3172, 3173, 3175.

Nur selten erfuhren die Freiburger in diesen Tagen aus der Zeitung oder aus dem Rundfunk etwas von den über den regionalen südbadischen Raum hinausgehenden militärpolitischen Ereignissen des mittel- oder gar gesamteuropäischen Kriegsschauplatzes. Man beklagte besonders, daß durch häufigen Stromausfall das Rundfunkhören erschwert werde und man dadurch immer mehr abstumpfe. Mit Interesse dürfte deshalb der eine oder andere Leser des „Alemannen" einen

Abb. 171: Einzelaufnahme Nr. 3162 aus der Serie vom 2. März 1945 vom zerstörten Stadt-zentrum (Crown-copyright, Brit. Ministry of Defence, RAF-Photographs)

besonderen Artikel von Reichspropagandaminister Goebbels über „Das Jahr 2000" zur Kenntnis benommen oder gelesen haben, der am 27. Februar auf der ersten und zweiten Seite der Zeitung publiziert wurde[160].

Goebbels verbreitete darin auf propagandistische Art und Weise seine Überlegungen zu der vom 4.–11. Februar 1945 durchgeführten Kriegskonferenz von Roosevelt, Churchill und Stalin in Jalta auf der Krim. Sie hatte der Verständigung der „Großen Drei" über die zwischen den alliierten Regierungen noch offenstehenden Fragen der Nachkriegsordnung Europas gedient. Das im Jaltaer Schlußkommuniqué veröffentlichte Konferenzergebnis teilte Goebbels im einzelnen verständlicherweise nicht mit. Gleichwohl machte er sich über die von den Alliierten beabsichtigte langfristige militärische Besetzung des Reiches lustig. Besonders wies Goebbels auf die Differenzen zwischen den Alliierten hin. In diesem Zusammenhang prägte er vorausblickend den Begriff vom „eisernen Vorhang", der sich nach Kriegsende sofort vor dem riesigen Machtbereich der Sowjetunion „heruntersenken" werde. In der Zeit des Kalten Krieges nach 1945 sollte sich diese Einschätzung bewahrheiten. Die Goebbelssche Formulierung wurde dann auch später von den westlichen Regierungen übernommen.

Die besondere Bedeutung der Krimkonferenz für ein anderes Luftkriegsereignis konnten die Freiburger allerdings nicht erfahren; auch das Ereignis selbst, nämlich der Terrorangriff auf Dresden am 13./14. Februar 1945, wurde mit absichtlicher Verzögerung gemeldet. Nach knappen Hinweisen im deutschen Wehrmachtsbericht am 14. und 15. Februar wurde darüber erst Anfang März in der Wochenzeitung „Das Reich" und für die Freiburger Zeitungsleser am 6. März im „Alemannen" berichtet[161].

Im Zusammenhang mit der Jaltakonferenz wollte der britische Premierminister Winston Churchill früheren Wünschen der Sowjetführung nach Bombardierung deutscher Verkehrsknotenpunkte im Angriffsraum der Roten Armee um Berlin und Leipzig ausdrücklich entsprechen, um zugleich dem Verbündeten in Moskau die britische Militärmacht zu demonstrieren. Er bestimmte dafür Dresden als Ziel eines demonstrativen Panikangriffs, ohne daß die Sowjetführung ausdrücklich um die Bombardierung dieser Stadt, die mit über 900 000 Bewohnern und Flüchtlingen aus den Ostgebieten angefüllt war, ersucht hatte. Das RAF-Bomber Command und die 8. US-Luftflotte legten die Stadt an der Elbe am 13./14. Februar durch drei Angriffsoperationen bei Nacht und Tag in Schutt und Asche. Mit gewaltiger Zerstörungskraft wüteten die durch die Bomben der Alliierten entfachten Feuerstürme im Stadtzentrum Dresdens. 15 bis 20 Quadratkilometer des Stadtgebietes waren nach den Angriffen ein großes Schutt- und Trümmergebiet. Unersetzliche Kunst- und Kulturdenkmäler der „Elbflorenz" genannten Stadt wurden zerstört oder schwer beschädigt. Die Zahl der Toten ließ sich nicht exakt feststellen; die heutigen Schätzungen aufgrund neuerer Forschungsergebnisse schwanken zwischen 35 000 bis 70 000 Toten, es können aber auch bis zu 135 000 sein.

[160] Der Alemanne Nr. 49 v. 27.2.1945; auch zum Folgenden. Zum Absinken des Rundfunkhörens vgl. StAF, NS 55: Bericht der SD-Hauptaußenstelle Freiburg v. 5.3.1945 betr.: Rundfunkberichterstattung.
[161] Ebda., Nr. 55 v. 6.3.1945: „Bomberstrategie"; zu den angloamerikanischen Luftangriffen auf Dresden vgl. Götz Bergander: Dresden im Luftkrieg. Köln 1977; Alexander McKee: Dresden 1945. Das deutsche Hiroshima. Wien 1983; Walter Weidauer: Inferno Dresden. Über Lügen und Legenden um die Aktion „Donnerschlag". Berlin-Ost 6. Aufl. 1987; David Irving: Der Untergang Dresdens. Gütersloh 1964 und zusammenfassend Gerd R. Ueberschär: Der totale Bombenkrieg bis zum Kriegsende. In: Ueberschär/ Müller, Deutschland am Abgrund, S. 41–52 mit weiteren Literaturhinweisen.

Die NS-Führung zögerte anfangs, das ganze Ausmaß des Infernos in Dresden für die eigene Propaganda zu nutzen und es somit auch der eigenen Bevölkerung bekanntzugeben. Dann jedoch publizierten die Parteipresseorgane Anfang März vielfältige Aufschreie über die „bodenlose Gemeinheit" der „blutgierigen Soldateska" in den feindlichen Maschinen. Man wolle die deutsche Bevölkerung „durch Massenmord zur Kapitulation zwingen", ließ Goebbels verkünden[162]. Als kurz darauf selbst die Presse in den neutralen Staaten Europas das Ausmaß der Vernichtung kritisierte sowie nach dem militärischen Sinn der Aktion gegen Dresden fragte, wurde auch die Öffentlichkeit in England irritiert. Am 6. März kam der strategische Bombenkrieg der Westalliierten im britischen Parlament zur Sprache. Die Vertreter der Regierung Churchill hatten Mühe, angesichts der hohen Totenzahlen unter der Dresdener Zivilbevölkerung die Praxis ihres Luftkrieges zu verteidigen. Vorerst praktizierte das Bomber Command unter Marschall Harris seine zerstörerischen Angriffe jedoch weiter; so wurde die Innenstadt von Hanau am 19. März fast total verwüstet, obwohl die alliierten Landstreitkräfte sich bei ihrem Vormarsch bereits Rhein und Main näherten[163].

Ein Bombenangriff auf eine andere sächsische Stadt, nämlich auf Leipzig, hatte beinahe direkte kommunalpolitische Auswirkungen auf Freiburg. Als der Leipziger Oberbürgermeister Freyberg anscheinend der Situation nach dem Luftangriff nicht gewachsen war, beabsichtigte das Reichsinnenministerium Ende Februar 1945, Oberbürgermeister Dr. Kerber dort als kommissarischen Verwalter einzusetzen. Der Plan wurde jedoch nicht ausgeführt[164], Kerber sollte aber alsbald doch noch eine andere Verwendung erhalten.

Goebbels, der in der Öffentlichkeit so scharfmacherisch den alliierten Terrorangriff auf Dresden anprangerte, war sich auch des Urhebers des deutschen Versagens bei der Abwehr solcher Angriffe bewußt, wie sie – jedoch vergleichsweise geringer – auch Freiburg am 27. November 1944 getroffen hatten. Am 28. Februar notierte sich der Reichspropagandaminister über den „Reichsmarschall" und Oberbefehlshaber der Luftwaffe Hermann Göring in seinem Tagebuch: „Wenn einer wie Göring völlig aus der Reihe tanzt, dann muß er zur Raison gerufen werden. Ordensbehängte Narren und eitle, parfümierte Gecken gehören nicht an die Kriegführung. Entweder ändern sie sich, oder sie müssen eliminiert werden. Ich werde nicht ruhen und nicht rasten, bis der Führer hier Ordnung geschaffen hat. Er muß Göring innerlich und äußerlich ummodeln oder ihm den Stuhl vor die Tür setzen"[165]. Viel Zeit gab es dafür allerdings nicht mehr.

Das Versagen der deutschen Luftwaffe zeigte sich der badischen Bevölkerung erneut in aller Deutlichkeit, als Bruchsal am 1. März bei einem schweren alliierten Angriff stark zerstört wurde, ohne daß deutsche Luftabwehr in Aktion trat[166]. Zur gleichen Zeit rechnete man in militärischen Führungskreisen beim Stab des Oberbefehlshabers West und der in der Oberrheinfront stehenden 19. Armee mit einem alsbaldigen Versuch der Stromüberquerung durch die gegenüberliegende 1. französische Armee. Am 3. März ordnete deshalb der von Himmler in Berlin eingesetzte „Führungsstab Deutscher Volkssturm" unter SS-Obergruppenführer

[162] Der Alemanne Nr. 55 v. 6.3.1945 und Goebbels-Artikel in „Das Reich", zitiert nach Ueberschär/Müller, Deutschland am Abgrund, S. 44.
[163] Vgl. Hanau. Zerstörung und Wiederaufbau. Hanau 1985.
[164] Berlin Document Center, Personalakte Dr. Kerber, Schreiben Reichsministerium des Innern (IV.b.4.48.45) v. 28.2.1945.
[165] Joseph Goebbels: Tagebücher 1945. Die letzten Aufzeichnungen. Hamburg 1977, S. 56.
[166] Vgl. Walter Stolzenberg / Klaus Stecher / Hubert Bläsi: Bruchsal 1945. Ende und Anfang. Bruchsal 1971.

Gottlob Berger die weitere Verstärkung der vorderen Hauptkampflinie in den wiederhergestellten Westwallstellungen durch zusätzliche 30 Volkssturmbataillone des 1. und 2. Aufgebotes aus dem Gau Baden, 10 Volkssturmbataillone des Gaues Württemberg-Hohenzollern und 18 Volkssturmbataillone aus dem Gau Westmark an[167]. Sie sollten das Übersetzen und den Durchbruch der Franzosen verhindern.

Wie man allerdings unter den Volkssturmangehörigen den eigenen militärischen Einsatz an der Oberrheinfront einschätzte, umreißt die nachträglich abgefaßte Schilderung Philipp Riedingers, der in den letzten Kriegswochen im Rahmen der „Rundumverteidigung Freiburgs" eingesetzt war: „Ich war mir bewußt, daß dies alles mit einer ordentlichen Kriegführung nichts mehr zu tun hatte. Die Einheit sollte auf eigene Faust Krieg führen. Irgendeine Verbindung mit einer Nachbargruppe ‚Irgendwo' bestand nicht, ich glaube nicht einmal mit unseren anderen Kompanien. Von Militär weit und breit keine Spur"[168].

Gauleiter Wagner rief jedoch immer wieder dazu auf, jedes Haus gegen den Feind zu verteidigen. Hitler persönlich verlangte den „Einsatz auch des letzten greifbaren Soldaten und Volkssturmmannes in der Front" der 19. Armee[169]. Im „Alemannen" wurden am 9. März Gebrauchsanweisungen und Bedienungsskizzen zur Handhabung der Panzerfaust durch die Zivilbevölkerung abgedruckt[170]. Der Heldengedenktag am 10. März 1945 war für die Propagandastellen ebenfalls Anlaß, neue Durchhalteparolen zu publizieren. Goebbels verkündete in Görlitz öffentlich, man werde niemals kapitulieren.

Auch der badische Minister des Kultus und Unterrichts meldete sich in der Phase der Durchhalteappelle zu Wort. In einem am 7. März in Heidelberg ausgestellten Rundschreiben über „Einstellung der Schule und Erzieherschaft zum Kriegsgeschehen" an alle Schulämter, Direktionen der Lehrerbildungsanstalten und Schulen wies Staatsminister Paul Schmitthenner auf die nunmehr anstehende „große Entscheidungsschlacht des Krieges" hin[171]. Jeder habe sich „als Soldat zu betrachten, auch wenn er nicht der Wehrmacht oder dem Volkssturm angehört"; jeder habe folglich auch zur Waffe zu greifen, um gegen den Feind zu kämpfen. Defaitismus müsse „bis aufs Messer bekämpft werden". Es sei „heilige Aufgabe der Erzieher", Sieges- und Kampfeswillen auf die Schüler und Schülerinnen zu übertragen. Deshalb verlangte Schmitthenner von den Lehrern „einen ausgesprochen nationalsozialistischen Unterricht" und die Vermittlung „aufrüttelnder Glaubensbotschaften" zugunsten Hitlers und des „kommenden Sieges". Schüler und Schülerinnen seien „zum Haß gegen unsere Feinde zu erziehen". Dieser Haß-Erziehung schien der Kultusminister besondere Bedeutung zuzumessen; denn er widmete ihr weitere, ergänzende Erklärungen in seinem Schreiben. Als Schmitthenners Mitteilungen Ende März bei den Schulen in Freiburg eintrafen, machten kriegsbedingte Einschränkungen und Einstellungen des Schulunterrichts sie bereits zu Makulatur, so daß die erhoffte Wirkung für den angestrebten Schlußkampf des badischen Volkes nicht zustande kam. Der kommissarische Di-

---

[167] Vgl. dazu Ueberschär, Freiburgs letzte Kriegstage, a.a.O., S. 11 ff.; ders., „Volkssturm" und „Werwolf", a.a.O., S. 28 f.

[168] Philipp Riedinger: Die letzten Tage als Volkssturmmann. Kriegserinnerungen an meine Gefangennahme am 20. April 1945. In: Freiburger Almanach Jg. 1975, S. 57–66.

[169] BA-MA Freiburg, RH 20-19/198: Blitz-Fernschreiben v. 2.3.1945.

[170] Der Alemanne Nr. 58 v. 9.3.1945; abgedruckt in Müller/Ueberschär/Wette, Wer zurückweicht wird erschossen, a.a.O., S. 98.

[171] StadtAF, C 4/XI/5/7: Allg. Mitteilung 710 betr.: Einstellung der Schule und Erzieherschaft zum Kriegsgeschehen v. 7.3.1945; auch zum Folgenden.

rektor der gewerblichen Berufsschule Freiburg nutzte den Erlaß Schmitthenners vielmehr dazu, den Oberbürgermeister um tatkräftige Unterstützung zu bitten bei der trotz kriegsbedingter Einschränkungen aufgetragenen Aufgabe, die schulische Betreuung möglichst lange aufrechtzuhalten und den „Willen zum Lernen und zum Wissen hochzuhalten"[172].

Fast regelmäßig gingen die alliierten Luftangriffe in diesen Tagen weiter. Am 1. März erschienen über Freiburg um 22.30 Uhr etwa 30 US-Bomber und griffen die Stadt an. Ihr Ziel waren die Eisenbahnanlagen. Auf Häuser in der Jacobi-, Burgunder-, Lehener-, Adolf-Hitler- und Schubertstraße fielen Brand- und Sprengbomben. Wiederum waren Tote und Verletzte unter der Zivilbevölkerung die Opfer[173]. Etwa zwei Dutzend Jagdbomber griffen am 4. März zwischen 13.09 Uhr und 14.43 Uhr die Stadt an und warfen 53 Bomben auf Bahnanlagen, Flakstellungen an der Schlierbergstraße und auf Wohngebiete in der Erwin-, Klara-, Scheffel-, Sternwald- und Zasiusstraße. Sieben Tote und vier Verwundete waren das traurige Ergebnis dieser Bombardierung. Insgesamt wurden drei Häuser total, 16 schwer, 15 mittelschwer und 60 Häuser leicht beschädigt. Der „Alemanne" berichtete in der Ausgabe vom 8. März von „kleineren Störangriffen", die zu Gebäudebränden und -einstürzen mit noch nicht geborgenen Verschütteten geführt hatten[174].

Die fortwährenden neuen Zerstörungen in den Wohngebieten und an öffentlichen Gebäuden boten der Stadtverwaltung handfeste Gründe, um den Anfang März vom Oberkommando des Heeres/Allgemeinen Heeresamt beabsichtigten Abzug der Dachdeckerkompanie aus der Stadt und deren Verlegung in Richtung Villingen abzuwehren sowie den Verbleib in Freiburg zu verlangen. Als Gründe wurden dafür der außerordentliche Umfang der Bombenschäden, die wiederholten Störungen der Arbeit durch neue Angriffe und die Arbeitserschwerung durch den strengen Winter sowie der konstante Mangel an Baumaterial genannt. Die Stadtverwaltung meinte, der Einsatz sei in Freiburg „auch weiterhin dringendst notwendig" und könne noch ein halbes Jahr dauern. Das städtische Hochbauamt stellte dafür zudem eine umfangreiche und detaillierte Begründung zusammen[175]. Da nach wie vor ein Mangel an Arbeitskräften zur Durchführung der „allerdringendsten" Instandsetzungsmaßnahmen bestand und die „Notverhältnisse in der Stadt" sich nicht gebessert hatten, sandte Oberbürgermeister Kerber zur gleichen Zeit ein erneutes Gesuch um Zuweisung von technischen Hilfstrupps aus anderen Städten an den badischen Minister des Innern in Baden-Baden[176]. Noch immer waren „ganze Stadtteile ohne Gas und Wasser und die elektrische Beleuchtung setzt(e) vielfach längere Zeit aus". Realistischerweise schätzte man allerdings den Erfolg dieses Gesuches sehr gering ein; eine Reaktion ist dann auch in den Akten nicht erkennbar.

Äußerst skeptisch beurteilte das Oberbürgermeisteramt auch die in den gleichen Tagen eintreffende Mitteilung des mittlerweile in Sinsheim untergebrachten badischen Innenministeriums, es sei zwar leider nicht gelungen, von der „Einsatzleitung Oberrhein" der „Organisation Todt" die erforderliche Zahl von Kanal-

---

[172] Ebda.: Der Kommiss. Direktor, Studienrat Schilli, an den Herrn Oberbürgermeister v. 26.3.1945.

[173] Ebda., B 1/328: Bericht Vogel; vgl. dazu NA Washington, RG 243, Records of the US Strategic Bombing Survey, USSBS City Target Folder III a–972: Air Intelligence Summary No. 79 „Transportation" zu 28.2.1945 und 1.3.1945.

[174] Der Alemanne Nr. 57 v. 8.3.1945 sowie StadtAF, D.Aö.1.32b, Bd. 4 mit Trefferskizze.

[175] Ebda., C 4/XI/28/10: Schreiben v. 6.3.1945 und 13.3.1945.

[176] Ebda., C 5/3/55: Schreiben v. 5.3.1945, auch zum Folgenden.

facharbeitern zur Ausbesserung der noch immer in der Stadt beschädigten Kanalisation zur Verfügung gestellt zu erhalten, man habe jedoch die Bürgermeister der in Frage kommenden südbadischen Städte ersucht, Freiburg vorübergehend entsprechende Arbeitskräfte zuzuweisen[177]. Nachdem bis zum 9. April daraufhin noch kein Kanalfacharbeiter eingetroffen war, erkannte der städtische Beigeordnete Langenberger realistisch: „Weitere Vorstellungen sind zwecklos". Als Erkenntnis blieb übrig: Freiburg mußte sich alleine weiterhelfen.

Zu Anfang März – also erst mehr als drei Monate nach dem 27. November – gelang es der Führung der Luftschutzpolizei erstmals, einen annähernden Überblick über die Zahl der nach dem Terrorangriff durch den Luftschutz-Sanitätsdienst versorgten Verwundeten zu bekommen. Man bezifferte nun die Zahl der leicht und schwer Verwundeten auf etwa 9 600[178]. Nach einer anderen Zahl waren es sogar über 14 500; dabei waren allerdings Doppelzählungen vorgenommen worden. Letztlich war eine exakte Angabe aufgrund des unmittelbar nach dem Angriff zusammengebrochenen Meldesystems nicht mehr möglich.

Wie schwierig sich das Leben in der schwer zerstörten Stadt gestaltete, verdeutlichte eine Eingabe des städtischen Fürsorgepersonals an das Stadtjugendamt vom 10. März[179]. Der Bericht wies auf unzumutbare Verhältnisse in den seit längerer Zeit belegten Bunkern am Schloßberg hin. Dort warteten „seit Wochen Frauen und Kinder aus teils ausgebombten Familien auf ihren Abtransport durch die N. S. V." (= Nationalsozialistische Volkswohlfahrt – Verf.), der sich jedoch durch die schlechten Bahnverhältnisse immer wieder hinauszögerte. Die Lebensverhältnisse im Bunker waren katastrophal: „Die Mütter haben keine Möglichkeit, ihre Kinder zu waschen. Krätze, Furunkulose und Ungeziefer sind die Folgen der Unsauberkeit". Bescheiden formulierten die Fürsorgerinnen ihre Vorschläge: Ob man nicht täglich warmes Wasser zum Waschen der Kinder heranschaffen könne. Wegen des allgemeinen Seifenmangels sei allerdings kaltes Wasser nicht ausreichend. Die verlausten Kinder sollten zudem durch städtisches Reinigungspersonal entlaust werden; auch eine Kaffeeverteilung wurde für viele Kinder als „sehr nötig" angesehen. Außerdem wurde vorgeschlagen, daß das Personal des Roten Kreuzes die Verletzten im Schloßberg-Bunker betreuen sollte. Der Leiter der Bezirksvereinigung der Reichsärztekammer für den Breisgau prangerte ebenfalls in einem Schreiben an den Oberbürgermeister die unhaltbaren Zustände in der gesundheitlichen Betreuung und Überwachung der Stollen an; niemand fühle sich „in gesundheitlicher und sanitärer Hinsicht in den Stollen verantwortlich". Dementsprechend seien dort Mißstände anzutreffen, von denen große Gefahren ausgingen. Er verlangte eine einheitliche Befehls- und Ordnungsgewalt über die Bunker und in den Stollen; notfalls müßten Bunkerwarte „mit diktatorischer Befehlsgewalt" eingesetzt werden[180]. Das städtische Jugendamt konnte jedoch nicht helfen. Bezeichnenderweise leitete es die Vorschläge zur Verbesserung der Bunkermißstände zuständigkeitshalber an das staatliche Gesundheitsamt und die N. S. V. weiter. Über eine entsprechende Reaktion findet sich kein weiterer Beleg in den städtischen Akten.

Man kann annehmen, daß das Augenmerk der städtischen Fürsorgestellen in diesem Monat sehr stark auf die immer wieder stattfindenden erneuten Bombar-

[177] Ebda., C 5/3/55: Der Minister des Innern Nr. S 31231 v. 10.3.1945 und Beschluß v. 23.3.1945 sowie 9.4.1945.
[178] Ebda., D.Aö.1.32 b, Bd. 1: Schreiben v. 9.3.1945 und 12.3.1945.
[179] Ebda., C 4/XI/30/4: Vorschläge zur Verbesserung der Verhältnisse in den Bunkern v. 10.3.1945.
[180] Ebda.: Schreiben von Dr. E. Eschbacher an den Oberbürgermeister v. 13.3.1945.

dierungen der Stadt gerichtet war, da man angesichts der unmittelbaren Frontnähe am Oberrhein mit einem abermaligen Großangriff auf die „Frontstadt Freiburg" rechnen mußte. Solange es nur vereinzelte Jagdbomberangriffe wie am 13. März waren, blieb der erlittene Schaden jeweils überschaubar. An diesem Tag griffen etwa 12 Jagdbomber der 8. USAAF-Luftflotte unter Beteiligung einer französischen Maschine der 34. Escadre der „freifranzösischen" Luftstreitkräfte von Westen kommend gegen 14.05 Uhr und 17.15 Uhr Gleisanlagen im Vorort St. Georgen in der Nähe der Grube Schönberg bei den Vereinigten Stahlwerken an. Die abgeworfenen 24 Sprengbomben beschädigten das Verwaltungsgebäude dieser Firma mittelschwer. Zudem wurden Gleise getroffen und aufgerissen[181].

Drei Tage später wurden am 16. März von 20.30 Uhr bis 20.51 Uhr von einer Maschine aus einem vorüberfliegenden RAF-Bombenverband mehrere schwere Sprengbomben auf Trümmergebiete in der Rheinstr. 1 in den Hof des staatlichen Gesundheitsamtes geworfen; ferner fielen zahlreiche Stabbrandbomben auf den Schloßberg sowie in die Kartäuserstraße bei der Firma Mez AG. Angriffsziel der britischen Maschine ist nach angloamerikanischen Quellen das Stadtgebiet („city area") gewesen[182].

Erst vier Wochen später erschien nochmals am 16. April ein feindlicher Jagdbomber der 9. TAF (Tactical Air Force) der USAAF über Freiburg. Sein Ziel waren wiederum die Gleisanlagen der Reichsbahn. Die Bomben fielen in Trümmergebiete im Stühlinger, wo sie nur leichten Schaden anrichteten. Gleichzeitig erfolgte ein Bordwaffenangriff auf den Betriebsbahnhof[183].

Ansonsten blieb das bereits in Trümmern liegende Freiburg von weiteren Luftangriffen verschont. Nur vereinzelt drang die Kunde zu den Freiburgern, daß andere Städte des Reiches nach wie vor in Schutt und Asche sanken, da sie Ziel eines vergleichsweise größeren Terrorangriffs der Angloamerikaner gewesen waren. So verwandelte die 5. Bomber Group des RAF-Bomber Command am 16. März das Stadtzentrum von Würzburg durch einen schweren Angriff in ein Flammenmeer und hinterließ ein großes Trümmerfeld; fast 5000 Menschen kamen bei diesem Angriff ums Leben[184]. Zu 85 Prozent wurde das Stadtzentrum der fränkischen Stadt zerstört. Und noch am 14./15. April 1945 wurde Potsdam durch die RAF schwer verwüstet. In der näheren Umgebung Freiburgs kam es am 23. März noch zu einem Jagdbomber-Angriff auf den Bahnhof von Neustadt.

In der Stadt konnte man nicht wissen, daß das Nachlassen der schweren Luftangriffe politische Ursachen hatte. Churchill erkannte aufgrund der kritischen Stimmen nach dem Vernichtungsangriff auf Dresden, die nicht nur in neutralen Staaten, sondern am 6. März sogar im britischen Parlament geäußert wurden, den angesichts des darniederliegenden Deutschlands aufkommenden Stimmungsumschwung und schrieb am 28. März an den Stabschef der britischen Luftstreit-

[181] Ebda. D.Aö.1.32b, Bd. 4 mit Skizze und B 1/328: Kriegschronik 1942/45; ferner NA Washington, RG 243, Records of the U.S. Strategic Bombing Survey: Air Ministry Intelligence Summary No. 290 v. 24.3.1945 (GH 454).
[182] StadtAF, D.Aö.1.32b, Bd. 4 und B 1/328: Kriegschronik 1942/45; vgl. die US-Angaben beim USAF Historical Research Center, AFB Maxwell USA, Research Division: Summary Reports by City of Bombing Attacks.
[183] Ebda.
[184] Vgl. Heinrich Dunkhase: Würzburg 16. März 1945, 21.25 Uhr–21.42 Uhr. Hintergründe, Verlauf und Folgen des Luftangriffs der No. 5 Bomber Group. In: Mainfränkisches Jahrbuch für Geschichte und Kunst 32 (1980), S. 1–32; Max Domarus: Der Untergang des alten Würzburg im Luftkrieg gegen die deutsche Großstädte. Würzburg 3. Aufl. 1969.

kräfte, Luftmarschall Sir Charles Portal, man sollte „das Problem der Bombardierung deutscher Städte um des wachsenden Terrors willen" neu überdenken, sonst werde man „in den Besitz eines völlig zerstörten Landes kommen"[185]. Die Zerstörung von Dresden habe einen „ernsten Zweifel an der Art und Weise des alliierten Bombenkrieges" hinterlassen.

Nachdem seine Regierung bislang konsequent die Flächenbombardements der deutschen Städte verlangt und unterstützt hatte, wünschte er nun von der RAF „eine genauere Konzentration der Angriffe auf militärisch-relevante Ziele". Dies war ein bemerkenswerter Kurswechsel Churchills. Die veränderte Einstellung des britischen Premierministers kam für viele deutsche Städte allerdings zu spät. Wie Dresden, Berlin, Würzburg, Potsdam oder Freiburg sahen bis zum 16. April 1945 fast alle größeren Städte Deutschlands aus. An diesem Tag erklärten schließlich die Vereinigten Stabschefs der Alliierten die strategische Luftoffensive gegen das Reich für abgeschlossen. Zwar war um diese Zeit die deutsche Kriegsmoral gerade im Westen des Reiches grundlegend erschüttert; dies war aber kein Erfolg der Luftangriffe auf die Zivilbevölkerung, sondern Ergebnis der mit großer Personal- und Materialüberlegenheit durchgeführten und erfolgreichen militärischen Operationen der amerikanischen, britischen und französischen Armeen ab Sommer 1944. Auch im Falle Freiburgs kam es angesichts des herannahenden Gegners trotz Proklamation vielfältiger Durchhalteappelle zu einem raschen Verfall des Kampfeswillens von Soldaten, Volkssturmangehörigen und übriger Bevölkerung.

In der Stadt bestand bei vielen Bürgerinnen und Bürgern das Empfinden, von Berlin bereits „abgeschrieben" zu sein. Die unmittelbare Nähe der Front am Rhein und die nach wie vor bestimmende Trümmerlandschaft in der Heimatstadt verstärkten diesen Eindruck. Ein zeitgenössischer Beobachter überliefert für diese Zeit ein bedrückendes Stimmungsbild:

„Die Abschnürung von der ‚Welt' macht langsame, aber unaufhaltsame Fortschritte: das Telefon schweigt seit der Schreckensnacht und wird vor Kriegsende nicht wieder zu brauchen sein. Die Bahnlinie rheinabwärts liegt unter Feuer und ist häufig unterbrochen. Die eingleisige Bahn durch das Höllental ist ein Lieblingsobjekt der Bomben, und da es ihr an Lokomotiven fehlt, ist auf Beförderung niemals zu zählen. Zudem ist dieses dürftige Rinnsal des Verkehrs durch den Strom der Flüchtlinge überschwemmt, der seit einem Vierteljahr nicht abreißt und durch jeden Bombenwurf wie ein Gewässer durch den Wolkenbruch stoßweisen Zufluß erhält. So ist jede Fahrt ein gefahrvolles und strapaziöses Abenteuer, von dem abzuschrecken es der drakonischen Reisebeschränkungen nicht bedürfte. Der Postverkehr entspricht diesen Verhältnissen; soweit Briefe nicht unterwegs zerstört werden, erreichen sie uns mit unabsehbaren Verzögerungen – kürzlich erhielt ich drei Monate alte Nachrichten aus dem Rheinland. Zeitungen aus dem Reich finden nur veraltet und lückenhaft ihren Weg bis auf unsere Insel, und das Lokalblatt, das in beschränktem Umfang erscheint, unterrichtet zwar über den Geburtstag jedes Jubelgreises der Umgebung, weiß aber über den Wehrmachtsbericht hinaus über die Weltereignisse kaum etwas auszusagen. Ja selbst der Rundfunk, der den Unterstand am Polarkreis mit der Heimat verbindet, und zu dem die Insellage eine unerwartet innige Beziehung schafft, versagt bei dem fast täglichen Aussetzen des elektrischen Stromes, das so nicht nur jede Tätigkeit

[185] Vgl. die zusammenfassende Darstellung bei Ueberschär, Der totale Bombenkrieg bis zum Kriegsende, a.a.O., S. 41 f.; auch zu den folgenden Zitaten.

auf die Stunden des Tageslichtes beschränkt, sondern, was bisweilen fast schwerer zu ertragen ist, auch noch die letzte Brücke zur Umwelt, die der Ätherwellen, unterbricht"[186].

Ab Mitte März spitzte sich die militärische Lage im Südwesten des Reiches sehr rasch zu. Reichsstatthalter und Gauleiter Wagner befahl, weitere sechs Volkssturmbataillone aus Waldshut, Mannheim, Heidelberg, Donaueschingen, Kehl und Konstanz zur Verstärkung der Front am Oberrhein aufzustellen[187]. Sie konnten allerdings nur noch teilweise mit den nötigen Gewehren ausgerüstet werden. Für die Masse der Volkssturmmänner standen nur veraltete italienische und belgische Beutegewehre zur Verfügung. Am Waffenmangel scheiterte dann auch die Aufstellung weiterer Bataillone. Ohne große Schwierigkeiten gelang schließlich der 7. US-Armee unter Generalleutnant Patch und der 1. französischen Armee unter General de Lattre de Tassigny zur gleichen Zeit der Durchbruch durch die deutschen Westwallinien im saarpfälzischen Raum mit weiterem raschem Vorstoß zum Rhein. Nur einzelne Teile der angeschlagenen 1. deutschen Armee konnten sich über den Fluß zurückziehen. Bereits am 22./23. März überschritt die 3. US-Armee bei Oppenheim/Mainz den Rhein und konnte einen rechtsrheinischen Brückenkopf behaupten, den sie durch Zurückdrängung der 1. deutschen Armee in östlicher Richtung bis nach Darmstadt ausdehnen konnte. Angesichts dieser alliierten Erfolge war es sehr zweifelhaft, ob eine Abwehr des erwarteten Angriffs der den deutschen Verbänden ebenfalls materiell überlegenen Franzosen am Oberrhein möglich war.

In den NSDAP-Parteistellen erkannte man in diesen Wochen den angesichts der militärischen Niederlagen und Verluste allmählich abbröckelnden Kampfeswillen der Bevölkerung sehr wohl. Anfang März rief der stellvertretende Gauleiter in Baden, Hermann Röhn, die Partei-Kreisorganisationen und Kreispropagandaämter „zur verstärkten politischen Führung" des Volkes auf[188]. Eine kurze „Wochenparole der Oberrheinfront" sollte „künftighin zur Ausrichtung der Bevölkerung dienen". „Dieselbe muß auf allen Schreiben und Briefbögen der Partei, ihrer Gliederungen und angeschlossenen Verbände in Erscheinung treten. Es darf künftig keinen Brief mehr geben, der ohne diese Parole die Ämter verläßt", so lautete die Anordnung. Röhn erwartete „eine vorbildliche Durchführung der von der Gaupropagandaleitung übermittelten Wochenparolen auf allen Schreiben. Für den Monat März teilte der Freiburger Kreispropagandaleiter Merstetter am 15. März die ausgewählten Propagandasprüche mit: Vom 11.–17. März galt: „Wehr Dich oder stirb! Kampf bis aufs Messer!"; vom 18.–24. März lautete der Spruch „Alle Kraft für den Sieg"; und vom 25.–31. März hieß es: „Tod allen Feinden des Reiches! Alle Arbeit für ein Ziel: den Sieg!".

Im gleichen Sinne verkündete Goebbels über Rundfunk und Presse neue Durchhaltebefehle. In einer Ansprache am 28. Februar 1945, die am 2. März auch in Freiburgs „Alemannen" über drei Seiten abgedruckt wurde, erklärte er, „jede kritische Lage" werde „durch eisernen Willen und Standhaftigkeit überwunden"[189]. In der momentanen militärischen Krise gebe es nur „Widerstand um jeden Preis, fanatische Kampfentschlossenheit an der Front und in der Heimat"; damit sei auch diese Krise zu meistern, meinte Goebbels großsprecherisch. Wer

[186] Max Meister: Freiburger Tagebuch. In: Die Gegenwart 1 (1946), Nr. 2/3, S. 34.
[187] Vgl. zusammenfassend Ueberschär, „Volkssturm" und „Werwolf" – Das letzte Aufgebot in Baden, a.a.O., S. 28 ff.; ders., Krieg auf deutschem Boden, a.a.O., S. 61 ff.; auch zum Folgenden.
[188] StadtAF, C 4/XIII/31/5: Der Kreispropagandaleiter v. 15.3.1945, auch zu den folgenden Zitaten.
[189] Der Alemanne Nr. 52 v. 2.3.1945: „Deutschland wird die härteste Probe bestehen."

anderer Gesinnung sei, dem werde „kalt und ohne Gnade der Strick um den Hals" gelegt. Es helfe nur „ein eiserner Wille zum Durchhalten", und dafür sei der „Führer" ein „leuchtendes Beispiel". Gauleiter Wagner formulierte es am 5. März ähnlich, nachdem er von einer Reichs- und Gauleiterversammlung bei Hitler am 24. Februar zurückgekommen war: „Jeder ist heute Soldat! Jeder muß, wenn der Feind die Heimat bedroht, ihm augenblicklich mit der Waffe in der Hand entgegentreten". In diesem Kampf müsse man „mit der äußersten Härte, Entschlossenheit und Einsatzbereitschaft handeln". Seine Forderung lautete: „Unnachgiebig bleiben, Glauben, Vertrauen, Kämpfen!"[190]

Allein mit solchen Sprüchen war weder der Sieg zu erzwingen noch die Stimmung und Haltung der Bevölkerung nachhaltig zu verbessern. Nicht nur in Baden, sondern auch im übrigen Reichsgebiet ließ die Begeisterung für den „fanatischen Endkampf" sehr zu wünschen übrig. Der Sicherheitsdienst der SS konstatierte in seinen letzten Stimmungsberichten und „Meldungen aus dem Reich" von Ende März 1945 über die Haltung der Bevölkerung in Baden: „Die eingehenden Meldungen lassen ein Umsichgreifen der Vertrauenskrise zur Führung erkennen ... Die Zweifel an der Führung nehmen auch die Person des Führers nicht aus"[191]. Die örtlichen Außenstellen des Sicherheitsdienstes in Freiburg, Offenburg und Karlsruhe bezeichneten in ihren Berichten über das Stimmungs- und Meinungsbild der Bevölkerung die Haltung des Volkes als „verbittert", „abfallend" und „schlecht"; „Untergangsstimmung" beherrsche „weithin auch positiv gesinnte Kreise"[192].

Selbst Reichspropagandaminister Dr. Joseph Goebbels machte sich am 1. April 1945 aufgrund eines Berichtes von Gauleiter Wagner ausgesprochen pessimistische Notizen in seinem Tagebuch[193]: „Auch er (d. h. Wagner, Anm. d. Verf.) beklagt sich bitter darüber, daß die Moral sowohl bei der Bevölkerung als auch der Truppe außerordentlich abgesunken sei. Man schrecke jetzt auch nicht mehr vor einer scharfen Kritik am Führer zurück ... Die Angloamerikaner würden im Gegensatz zu den Sowjets ... vom Volke nicht gefürchtet; im Gegenteil, große Teile des Volkes seien froh, wenn sie kämen, damit sie dadurch gegen die Sowjets geschützt seien". Die linksrheinische Bevölkerung werfe sich den Angloamerikanern „teils mit Begeisterung, teils aber doch ohne inneren Widerstand in die Arme". Zum Teil sei „die Bevölkerung sogar – wenigstens an einzelnen Punkten – aktiv gegen die Truppe vorgegangen, wenn diese Widerstand leisten wollte, was natürlich auf die Truppe außerordentlich deprimierend wirkt".

Ausdruck des von den Nazis immer wieder verlangten äußersten fanatischen Kampfeswillens war auch die von Hitler proklamierte Entscheidung „um Sein oder Nichtsein des deutschen Volkes"[194]. Am 29. März 1945 machte er gegenüber mehreren bei ihm versammelten Generalen klar, daß bei dem verlangten End-

---

[190] Der Alemanne Nr. 55 v. 6.3.1945 (Bericht über Wagners „Führertagung"); vgl. ferner Nr. 58 v. 9.3.1945 (Rede Wagners v. 3.3.1945); Nr. 61 v. 13.3.1945 (Wagners Rede vor „politischem Lehrgang von Offizieren").
[191] Meldungen aus dem Reich 1938–1945, a.a.O., hier Bd. 17 (4. Mai 1944–28. März 1945), S. 6732f. Ein ähnlich pessimistischer Stimmungsbericht liegt vom SD-Leitabschnitt Stuttgart vom 27.3.1945 vor, siehe: Deutschland 1945. Alltag zwischen Krieg und Frieden in Berichten, Dokumenten und Bildern. Hrsg. u. eingeleitet von Klaus-Jörg Ruhl. Darmstadt 1984, S. 82f.
[192] StA Freiburg, NS 55: Berichte der SD-Hauptaußenstellen in Freiburg und Karlsruhe v. 5., 9., 12. und 14.3.1945 und der SD-Außenstelle in Offenburg v. 9.3.1945.
[193] Goebbels, Tagebücher 1945, S. 482f.
[194] So Hitler in seinem „Führerbefehl" v. 25.11.1944, siehe BA-MA Freiburg, RH 20–19/180: Fernschreiben des AOK 19 betr. OKW/WFSt v. 12.4.1945 und v. 28.11.1944.

kampf „irgendwelche Rücksichten auf die (deutsche) Bevölkerung ... nicht genommen werden" könnten [195]. In diesem Sinne hatte er schon am 19. März 1945 gegenüber Reichsminister Speer erklärt, nachdem ihm dieser in einer Denkschrift den Zusammenbruch der Kriegswirtschaft in vier bis acht Wochen prophezeit hatte, es sei „nicht notwendig, auf die Grundlagen, die das deutsche Volk zu seinem primitivsten Weiterleben braucht, Rücksicht zu nehmen", sondern im Gegenteil sogar besser, „ selbst diese Dinge zu zerstören", denn das Volk habe sich „als das schwächere erwiesen, und dem stärkeren Ostvolk gehört ausschließlich die Zukunft" [196]. Deshalb erließ Hitler noch am gleichen Tage seinen berüchtigten „Nero-Befehl", in dem er verlangte, „alle militärischen, Verkehrs-, Nachrichten-, Industrie- und Versorgungsanlagen sowie Sachwerte innerhalb des Reichsgebietes, die sich der Feind für die Fortsetzung seines Kampfes irgendwie sofort oder in absehbarer Zeit nutzbar machen kann, ... zu zerstören" [197].

Der Diktator verlangte damit schlicht und einfach die Bereitschaft zur totalen Selbstvernichtung. Mit dieser Haltung bekräftigte der „Führer" letztlich seine geringschätzige Einstellung gegenüber dem eigenen Volk, wie er sie schon gelegentlich in früheren Kriegsjahren offenbart hatte. Immerhin gelang es Rüstungsminister Speer, Hitlers Vernichtungsbefehl so abzumildern, daß Energieversorgungsanlagen, Verteilungsanlagen und lebenswichtige Notbetriebe nicht zerstört werden durften [198]. Dieser Eingriff Speers, den er auch in seiner Heimatstadt Heidelberg bezüglich der bereits von Gauleiter Wagner erlassenen Befehle für den Rüstungsstab Baden wiederholte, kam auch der Stadt Freiburg zugute, für die schließlich als Frontstadt im Zuge der raschen Annäherung des Feindes im April 1945 die verlangten Selbstzerstörungsaktionen ebenfalls zur Ausführung anstanden. Durch Speers Gegenbefehl konnte die von Hitler verlangte Selbstvernichtung im einzelnen umgangen werden.

Als am 29. März 1945 Mannheim in die Hand der Amerikaner fiel und Heidelberg schon zwei Tage später von US-Verbänden besetzt wurde, stand der Feind tatsächlich nicht nur „an den Grenzen" des Gaues, wie es Gauleiter Wagner tags zuvor formuliert hatte [199], sondern bereits in Baden selbst. Wagner ließ keine Gelegenheit aus, weiterhin zum „äußersten und härtesten" Widerstand aufzurufen.

Reichsführer SS Heinrich Himmler brachte die Forderung der NS-Führung Ende März auf eine prägnante und für den Nazi-Geist symptomatische Kürze. Er befahl: „1. Im jetzigen Zeitpunkt des Krieges kommt es einzig und allein auf den sturen und unnachgiebigen Willen zum Durchhalten an. 2. Gegen das Heraushängen weißer Tücher, das Öffnen bereits geschlossener Panzersperren, das Nichtantreten zum Volkssturm und ähnliche Erscheinungen ist mit härtesten Maßnahmen durchzugreifen. 3. Aus einem Haus, aus dem eine weiße Fahne erscheint, sind alle männlichen Personen zu erschießen. Es darf bei diesen Maßnahmen keinen Augenblick gezögert werden". Ein Zusatz von SS-Obergruppenführer Hofmann zu diesem Befehl machte klar, daß als verantwortliche

[195] Albert Speer: Erinnerungen. Berlin 1969, S. 461.
[196] Ebda., S. 446; vgl. die auf Baden bezogene Darstellung bei Rolf-Dieter Müller: Politik der „Verbrannten Erde"? – Südbaden in der Kriegswirtschaft 1944/45, in: Müller/Ueberschär/Wette, Wer zurückweicht wird erschossen, S. 38 ff.
[197] BA-MA Freiburg, RH 20–19/180: AOK 19/Ia „Betr.: Zerstörungsmaßnahmen im Reichsgebiet" v. 21.3.1945; abgedruckt in: Müller/Ueberschär/Wette, Wer zurückweicht wird erschossen, S. 99.
[198] Ebda.: Befehl Speers v. 11.4.1945 betr.: L- und Z-Maßnahmen; ebenfalls abgedruckt in: Müller/Ueberschär/Wette, Wer zurückweicht wird erschossen, S. 107.
[199] Der Alemanne Nr. 74 v. 28.3.1945; der Aufruf Wagners „Unser Widerstand noch härter!" ist abgedruckt in: Müller/Ueberschär/Wette, Wer zurückweicht wird erschossen, S. 100.

männliche Personen auch Jugendliche ab dem 14. Lebensjahr anzusehen waren [200].

„Der Alemanne" schrieb am 4. April 1945: „Gegen einen solchen Feind, wie er uns im Osten und Westen gegenübersteht, gibt es nur eine zwar bittere und vielleicht ‚furchtbare' Alternative: Sieg oder Tod!" [201]. In der gleichen Ausgabe predigte Gauleiter Wagner „Haß und Kampf dem Amerikanismus wie dem Bolschewismus". Die Zeitung berichtete auch, daß nunmehr aufgrund der Krisenzeiten „Miesmacher" und „Gerüchteverbreiter" als „Volksschädlinge" anzusehen seien und vor das „Standgericht" gestellt werden müßten [202].

Auch die deutschen Verbände im Raum Freiburg wurden in diesen Kriegswochen durch ständige Durchhaltebefehle angespornt. Schon im Februar wies der stellvertretende Oberbefehlshaber der 19. Armee, SS-Obergruppenführer Georg Keppler, darauf hin, daß Abwehrbereitschaft als „lebendiger Geist" die Soldaten „beseelen" müsse: „Das höchste Ziel ist daher die Schaffung und Formung dieses Geistes. Denn nur dieser belebende Geist ist der letzte Rückhalt des Mannes im Kampf, er ist die Kraft, die ihn begeistert, die ihn fanatisiert, ihn stark macht, ihn mitreißt und ihn zu höchster Pflichterfüllung und zu hingebendem Opfer des Letzten befähigt". Schwächlinge, welche „die soldatische Härte verloren" hätten, würden nunmehr „rücksichtslos ausgemerzt" [203]. Mehrere „Führerbefehle" sowie Anordnungen des Oberkommandos der Wehrmacht und des Armeeoberkommandos 19 verlangten während der Märztage, daß der Westwall „bis zum letzten Atemzug" verteidigt werden müsse. Hitler ließ erklären: „Der Krieg ... fordert rücksichtslosen Einsatz jedes einzelnen. Todesmutige Tapferkeit der Truppen, standhaftes Ausharren aller Dienstgrade und unbeugsame überlegene Führung" hätten auch schon früher „aussichtslos erscheinende Lagen gemeistert" [204].

Schlag auf Schlag wurden in diesen Wochen neue Terrormaßnahmen des NS-Staates eingeleitet, um Soldaten und Bevölkerung bis zuletzt „bei der Stange zu halten". Himmler ließ ab 26. Februar zusätzliche „Sonderstandgerichte zur Bekämpfung von Auflösungserscheinungen" errichten [205]. Hitler ordnete am 9. März die Einsetzung eines besonderen „Fliegenden Standgerichtes" unter Generalleutnant Dr. Rudolf Hübner an, das ihm unmittelbar persönlich unterstellt war und die „Aufträge" direkt von ihm erhielt [206]. Er war für alle strafbaren Handlungen von Angehörigen der Wehrmachtteile und der Waffen-SS ohne Unterschied des Ranges zuständig und besaß ein uneingeschränktes Bestätigungsrecht für alle Urteile. Mit Recht und Gerechtigkeit hatten diese „Standgerichte" kaum etwas zu tun.

Der Chef des Oberkommandos der Wehrmacht, Generalfeldmarschall Wilhelm Keitel, befahl Anfang März 1945, auch im Westen „radikale Mittel" gegen die hohe Zahl der versprengten Soldaten anzuwenden [207]. Daraufhin ordnete der

---

[200] BA-MA Freiburg, RH 20–19/196: Befehl v. 29.3.1945; abgedruckt in: Müller/Ueberschär/Wette, Wer zurückweicht wird erschossen, S. 101.
[201] Der Alemanne Nr. 80 v. 4.4.1945, auch zu Wagners Erklärung.
[202] Ebda. Nr. 78 v. 2.4.1945; abgedruckt in: Müller/Ueberschär/Wette, Wer zurückweicht wird erschossen, S. 102.
[203] BA-MA Freiburg, RH 20–19/199: Armeesonderbefehl AOK 19/Ia Nr. 1219/45 geh. v. 20.2.1945 und ebda., RH 20–19/196: Armeebefehl AOK 19/Ia Nr. 1220/45 geh. v. 20.2.1945.
[204] Ebda., RH 20–19/180: Fernschreiben AOK 19 v. 13.4.1945 mit Wiedergabe des „Führerbefehls" v. 25.11.1944.
[205] Ueberschär, „Volkssturm" und „Werwolf", a.a.O., S. 32.
[206] BA-MA Freiburg, RH 20–19/196: Fernschreiben v. 10.3.1945.
[207] Ebda.: Fernschreiben des OKW im AOK 19–Befehl v. 8.3.1945.

damalige Oberbefehlshaber der 19. Armee, General der Infanterie Hans von Obstfelder, am 8. März an, bei jedem Generalkommando der drei Armeekorps und bei jeder Division „mindestens 1 Strafgericht zu bilden" und in jeder Woche einmal zu melden, „wieviel Soldaten strafrechtlich erschossen wurden"[208]. Gauleiter Wagner zog daraus in einer Anordnung an seine Kreisleiter in Baden, die auch der Truppe mitgeteilt wurde, die rücksichtslose Forderung: Ein Ausweichen oder Zurückgehen gibt es nicht. Der Rhein muß unter allen Umständen gehalten werden ... Ein Absetzen ist auch dann untersagt, wenn der Feind etwa über den Rhein hinweg angreift. Wir setzen uns nicht ab, wir kämpfen! Wer dennoch ohne Befehl seinen Platz verläßt, kommt vor das Standgericht. Über sein Ende kann kein Zweifel bestehen"[209].

In diesen Tagen erfolgten – wie zum Kriegsbeginn 1939 – Teilräumungen einzelner Gemeinden in der Rheinebene, deren Bevölkerungen vor dem Vormarsch der Westalliierten in Sicherheit gebracht werden sollten (so z. B. von Jechtingen, Burkheim, Breisach, Gündlingen, Hartheim, Ober- und Niederrimsingen, Feldkirch, Leiselheim, Ihringen, Achkarren, Oberrotweil, Kiechlingsbergen und Hausen). Die Bewohner wurden auf Orte im Tuniberg und Glottertal sowie nach Hochdorf, Denzlingen, Kappel, Ebringen, Ehrenstetten, Pfaffenweiler, Reute, Vörstetten und Wittnau verteilt. Die Unterbringung in diesen Gemeinden war allerdings nicht immer ohne Schwierigkeiten durchzuführen, da dort bereits Teile der Freiburger Stadtbevölkerung nach dem November 1944 untergekommen waren[210].

Vor dem Hintergrund der militärischen Lageentwicklung mußten sich auch die kommunalen Führungsstellen in Freiburg darauf einstellen, daß „Frontstadt"-Probleme alsbald auch auf sie zukommen und zur Entscheidung anstehen würden. Mehrere Behörden und Dienststellen waren schon wegen der schlechten Unterbringungsmöglichkeiten nach dem 27. November in den Hochschwarzwald gezogen; z. B. verlegte das Freiburger Wehrbezirkskommando nach Lenzkirch.

Am 12. und 14. März erschienen im „Alemannen" nochmals Anzeigen mit den Namen von 50 und 66 Todesopfern des Terrorangriffs vom 27. November. Weitere Todesanzeigen wurden am 31. März/1. April mit Angabe von 74 Namen und am 4. April mit 80 Namen abgedruckt (Abb. 172–175)[211]. Die Anzeigen brachten den Lesern der Zeitung die schrecklichen Ereignisse der Terrornacht erneut in Erinnerung, wenn sie nicht schon durch die aus diesem Angriff resultierenden alltäglichen Probleme sowieso ständig gegenwärtig waren. Denn auch die Räumungsarbeiten gingen weiterhin nur schleppend voran. Auf einer Besprechung mit den Dienstvorständen der städtischen Ämter am 16. März registrierte Oberbürgermeister Kerber resigniert, daß die Stadtverwaltung 30 Prozent der Bediensteten der NSDAP-Kreisleitung für die Schanzarbeiten vor der Stadt zur Verfügung stellen müsse[212], obwohl die Räumungsarbeiten im zerstörten Stadtzentrum noch nicht abgeschlossen waren. Noch immer lagen im März Pferdeleichen in den Trümmern herum, und gelegentlich stürzte eine Hausfront ein, ohne daß die Reste beseitigt werden konnten. In der Salzstraße bemühten sich Angehö-

[208] Ebda.
[209] Ebda., RH 20–19/201: Der Gauleiter der NSDAP Gau Baden an die Kreisleiter der NSDAP in Baden v. 21.3.1945.
[210] StA Freiburg, 1972/7/120: Anordnung des Landrates v. 6.2.1945 und des Kreisleiters von Freiburg v. 8.2.1945.
[211] Der Alemanne Nr. 60 v. 12.3.1945, Nr. 62 v. 14.3.1945, Nr. 77 v. 31.3./1.4.1945 und Nr. 80 v. 4.4.1945.
[212] StadtAF, C 4/VI/21/2: OB-Besprechung v. 16.3.1945.

Bei dem Terrorangriff auf Freiburg i. Br. am 27. 11. 44
sind für die Freiheit unseres Volkes und Reiches gefallen:

Albert Hilda, 23 Jahre
Ballweber Elisabeth, 43 Jahre
Baur Luise geb. Ambs, 32 Jahre
Baur Klaus, 4 Jahre
Becker Günter, 17 Jahre
Becker Maria, 23 Jahre
Berberich Hilda, 57 Jahre
Büchin Pauline
Büchin Arthur, etwa 12 Jahre
Cordes Fritz, 40 Jahre
Dambacher Pauline geb. Gerstner, 64 J.
Dold, Ehefrau des Friedrich Dold
Donner Wilhelm, etwa 53 Jahre
Donner Frieda geb. Sauter, etwa 48 J.
Donner Elisabeth, 11 Jahre
Eckard Emma, etwa 60 Jahre
Eckard Johannes, 44 Jahre
Eckard Ruth Johanna, 34 Jahre
Eckert Gertrud, 9 Jahre
Faller Richard, 76 Jahre
Faller Kreszentia geb. Kanzler, 78 Jahre
Flamm Josef 69 Jahre
Flamm Sofie geb. Jautz, 73 Jahre
Geppert Alexander, 48 Jahre
Geppert Aloisia geb. Lohmüller, 51 J.

Glasser Lore, 52 Jahre
Hanser Emilie geb. Vogt, 78 Jahre
Hanser Emmy geb. Fünfgeld, 31 Jahre
Hanser Heinz, 8 Jahre
Hanser Klaus, 5 Jahre
Hanser Alfred, 3 Jahre
Hanser Ursula, 1 Jahr
Harbrecht Friedrich, 53 Jahre
Harbrecht Babette, 53 Jahre
Harden-Rauch Mina geb. Kapferer, 42 J.
Harden-Rauch Roswitha Friederike, 4 J.
Hassur Ellen, 27 Jahre
Höchstötter Auguste, 48 Jahre
Höchstötter Frieda, 17 Jahre
Hoffmann Barbara, 3 Monate
Hoffmann Christa, 2 Jahre
Hoffmann Monika, 3 Jahre
Huber Else, 19—20 Jahre
Huber, Knabe, etwa 6 Monate
Hummel Margarete, 23 Jahre
Kober Paul, etwa 53 Jahre
Kober Berta geb. Isemann, 51 Jahre
Lauinger Leopold, 69 Jahre
Lauinger Frieda geb. Kappler, 53 Jahre
Lossow v. Joachim, 25 Jahre

Abb. 172–175: Todesanzeigen in „Der Alemanne“ (Nr. 60 vom 12.3.1945)

Bei dem Terrorangriff auf Freiburg i. Br. am 27. 11. 44
sind für die Freiheit unseres Volkes und Reiches gefallen:

Kalthoff Margarethe, 61 Jahre
Kopp Klara geb. Schlatterer
Kapp Margarethe geb. Zeller, 43 Jahre
Ketterer Franz 50 Jahre
Kiesele Else, 60 Jahre
Knäble Luise, 38 Jahre
Knittel Wally Anni, etwa 32 Jahre
Kober Franziska, 13 Jahre
Kohler (Margareta Johanna) Fina
Kolb Adolf Max, 43 Jahre
Kolb Ilse geb. Glökner, 30—35 Jahre
Koschmieder Bruno Paul, 8 Jahre
Krapf Henriette, 21 Jahre
Kraus Emil August, 51 Jahre
Läufer Martha, 18 Jahre
Lay Anna geb. Enderlin, 37 Jahre
Lay Anneliese, 15 Jahre
Leonhardt Karl, 70 Jahre
Leonhardt Luise geb. Fahrner, 64 Jahre
Lodholz Wilhelm, 41 Jahre
Leuchs Johanna, 34 Jahre
Löffler Anneliese, etwa 16 Jahre
Lossow v. Marianne geb. Vogt, 21 J.
Maciol Liesel geb. Rehhag, 40 Jahre
Maier Erna geb. Ehret
Malzacher Ruth, 23 Jahre
Marks Agnes Ww. geb. Wintgen
Meier Erna geb. Ehret
Meier Helmut, 2 Monate
Mors Clothilde, etwa 82 Jahre
Mors Maria, etwa 78 Jahre
Müller Anna geb. Stump, 60 Jahre
Müller Else, 24 Jahre

Nehrwein Marianne, 6 Jahre
Neumeyer Emil, 71 Jahre
Niedergesäß Herbert, 56 Jahre
Nunn Josef, 71 Jahre
Nosch Paul, 61 Jahre
Nosch Paula geb. Meier, 45 Jahre
Nosch Rosemarie, 13 Jahre
Nosch Paul, 11 Jahre
Nunn Karolina geb. Kaltenbach, 53 J.
Obergfell Martha, 12 Jahre
Obergfell Anna geb. Siegel, 39 Jahre
Obergfell Werner Ignaz, 4 Jahre
Obergfell Walter, 15 Jahre
Preßmar Emilie geb. Hanser, 52 Jahre
Radatt Anna geb. Tritschler, 46 Jahre
Renz Anna geb. Doll, etwa 50 Jahre
Richter Elisabeth geb. Jäger, 34 Jahre
Richter Wolfgang, etwa 10 Jahre
Richter Waltraud, etwa 9 Jahre
Rieder Cäcilia, 29 Jahre
Riedlinger Linus
Riesterer Julius, etwa 59 Jahre
Riesterer Wilhelmine geb. Weber, 54 J.
Rudiger Margaretha geb. Pfau, 32 J.
Schauder Paula gen. Schw. Christophar
Scheins Käthe, 18 Jahre
Scherzinger Hilde, etwa 18 Jahre
Schäfer Wilh., 67 J.
Schlaich Theo, 47 Jahre
Schlaich Helene geb. Vögele, 43 Jahr
Schlotfeld Otto, 52 Jahre
Schmieder Emma Wwe., 50—55 Jahre
Schmieder Irmgard, 18 Jahre

Abb. 173: Todesanzeigen in „Der Alemanne“ (Nr. 62 vom 14.3.1945)

Bei dem Terrorangriff auf Freiburg i. Br. am 27. 11. 44
sind für die Freiheit unseres Volkes und Reiches gefallen:

Boedecker Friederike, 69 Jahre
Dörflinger Emilie, 74 Jahre
Drewin Burkhard, 4 Monate
Eberhard Ida gen. Schw. Mathias. 79 J.
Enderle Friedrich, 71 Jahre
Endres Thekla, 75 Jahre
Fischer Anton, 80 Jahre
Fraider Karolina geb. Engel, 78 Jahre
Gebherdt Theodor Dr.
Gieringer Franz, 72 Jahre
Gollmer Otto, 76 Jahre
Gollmer Klara, 72 Jahre
Götz Anna, 67 Jahre
Güse Hermann, 62 Jahre
Hacker Karl, 65 Jahre
Kaldun Luitgard, 69 Jahre
März Maria, 58 Jahre
Neininger Rudolf, 64 Jahre
Oberkirch Theresia, 81 Jahre
Roth Gustav Adolf, 78 Jahre
Schmieder Theresia, 35 Jahre
Schmidt Maria geb. Disch, 25 Jahre
Schmidt Wilhelm, Kind d. Maria Schm.
Schmidt Helmut, 30 Jahre
Schmitt Anna, 36 Jahre
Schupp Emma, 45 Jahre
Schwarz Albert, 57 Jahre
Schwenzer Johann, 77 Jahre
Seifermann Maria Elisabeth, 59 Jahre
Sieber Gudrun, 31 Jahre
Simon Hanni geb. Götz, 37 Jahre
Steinhäuser Sofie geb. Hofmann, 31 J.
Stolz Herbert, 2 Monate
Strittmatter Liesel geb. Bader, 33 Jahre
Strittmatter Gisela, 4 Jahre
Strittmatter Maria, 42 Jahre
Strittmatter Erika, Kind des Emil Str.

Strittmatter Erna, 6 Jahre
Strittmatter Martha, 7 Jahre
Strittmatter Ernst, 9 Jahre
Strittmatter Rudolf, 10 Jahre
Stump Luise, 60 Jahre
Strobel Frieda geb. Baumann, 51 Jahre
Strohm Emilie geb. Fürst, 36 Jahre
Strohm Rita Elisabeth, 6 Jahre
Strohm Peter, 4 Jahre
Sütterle Marie Wwe.
Sütterle Gertrud, 31 Jahre
Sütterle Hanna, 30 Jahre
Sutter Leo, 75 Jahre
Sutter Charlotte geb. Größler, 53 Jahre
Talmon-L'Armée, 64 Jahre
Theill Emma geb. Dahrmann, 78 Jahre
Thon Mathilde geb. Geiger, 44 Jahre
Türke Wilhelm, 42 Jahre
Vögele Liesel, 38 Jahre
Vögele Pauline Wwe., 76 Jahre
Wagner Amalie Wwe., 87 Jahre
Wagner August, 77 Jahre
Waltenberg Hermann, 41 Jahre
Wäldin Michael, etwa 72 Jahre
Wäldin Anna geb. Bäsiger, 57 Jahre
Weber Detlev, 10 Jahre
Weber Ida geb. Wenk Wwe., 47 Jahre
Weber Rolf Friedrich, 5 Jahre
Weichesmiller Ida geb. Krause, 42 J.
Weichesmiller Kurt, 12 Jahre
Weichesmiller Manfred, 9 Jahre
Weigand Hildegard geb. Götz, 23 Jahre
Weigand Peter Jürgen, 3 Monate
Weis geb. Höfer, 49 Jahre
Weißer Edeltrud, Kind d. Johann W.
Wetzel Karl, 68 Jahre
Zuckschwert Frieda geb. Riegel, 46 J

Abb. 174: Todesanzeigen in „Der Alemanne“ (Nr. 77 vom 31.3./1.4.1945)

Bei dem Terrorangriff auf Freiburg i. Br. am 27. 11. 4
sind für die Freiheit unseres Volkes und Reiches gefallen

Asal Maria, etwa 63 Jahre
Bailly Marlene, 6 Jahre
Baumann August, 49 Jahre
Baumann Maria geb. Wahl, 49 Jahre
Bellert Josef, 35 Jahre
Bellert Lydia geb. Sutterer, 36 Jahre
Bellert Sonja, 9 Jahre
Böcherer Betty geb. Streng, 44 Jahre
Brädle Else, 22 Jahre
Bräutigam Emil, 61 Jahre
Bräutigam Maria geb. Sennrich
Breier Anna Maria, 17 Jahre
Brenzinger Ernst, 62 Jahre
Brenzinger Karoline geb. Keim, 58 Jahre
Burstert Mathilde Wwe., 80 Jahre
Dietsche Fritz, 31 Jahre
Dietsche Erna geb. Schleifer, 31 Jahre
Dietsche Gisela, 1 Jahr
Dold, Ehefrau d. Fr D., 50 J.
Frau Dörflinger, 70 Jahre
Eckert Klara geb. Radatt, 41 Jahre
Eckert Gisela, 4 Jahre
Faller Maria geb. Lauinger, 23 Jahre
Fischer Hans Willi 14 Jahre
Fischer Martha geb. Zingg, 36 Jahre
Fortwängler Therese, 32 Jahre
Fortwängler Albert Leo, 11 Jahre
Göbel Thea, etwa 32 Jahre
Göppert Anna, etwa 35 Jahre
Hensler Albert, etwa 25 Jahre
Homburger Frieda, etwa 75 Jahre
Horn Lotte, 16 Jahre
Huber Josef, 66 Jahre
Huber Katharina, etwa 60 Jahre
Huber Maria, 60 Jahre
Joos Amalie geb. Spreng Wwe., 62 J.
Joos Frieda, 43 Jahre
Klar Mathilde, 71 Jahre
Klein Wendela geb. Freymuth, 22 J.
Klein Marion Ruth, 2 Jahre

Klein Margit, 10 Monate
Knauß Elisabeth, 16 Jahre
Köhler Wilhelm, 38 Jahre
Kuhn Richard, 13 Jahre
Kürner Adolf, etwa 50 Jahre
Kürner Cäcilia geb. Homburger
Lehr Helene, 58 Jahre
Marx Hilda, 42 Jahre
Meier Erika geb. Brenzinger, 35 Jahr
Milsch Gertrud, 47 Jahre
Müller Rosa geb. Fischer, 55—60 Jah
Oberlies Karin, 3 Jahre
Pfefferle Emilie, etwa 60 Jahre
Ribbentropp Herta, etwa 34 Jahre
Risch Paula geb. Klee, 61 Jahre
Ritter Erika, 17 Jahre
Rittge Karl, 49 Jahre
Schill Rosa geb. Kempf, 32 Jahre
Schleinzer Hedwig, 60—70 Jahre
Schrank Anna, etwa 60 Jahre
Speicher Ella, 19 Jahre
Stromayer Olga geb. Kozarisczuk, 63
Vögele Maria We.
Walz Maria geb. Würzburger, 72 Jah
Weber Hannelore Gertrud, 7 Jahre
Weber Maria geb. Kniesel, 61 Jahr
Weimer Georg, 43 Jahre
Wilhelmsen Anna, 84 Jahre
Wilsdorf Margarete geb. Gerspach, 28
Wörner Liselotte, 18 Jahre
Würth Maria, 53 Jahre
Zahler Hans Joachim, 48 Jahre
Zahler Johanna geb. Glänz, 42 Jah
Zanger Rosa, 50 Jahre
Zahler, Knabe d. Hans Z., 14 Jah
Zapf Renate, 3 Jahre
Zeller Lina geb. Seiler Wwe., 73 Ja
Zeller Maria geb. Luxenhofer
Zimmermann Elisabeth, 62 Jahre
Zimmermann Friederike Wwe., 60 Ja

Abb. 175: Todesanzeigen in „Der Alemanne“ (Nr. 80 vom 4.4.1945) rige einer Baukompanie des „Organisation Todt"-Regiments Nr. 24 nach wie vor um die Wiederherstellung der Löschwasserversorgung[213]. Bei der Dienstbesprechung kündigte Kerber an, daß man die Mensa zur Essensausgabe an die gesamte Bevölkerung – gedacht war an etwa 3000 Essensportionen statt der bisherigen 300–400 – heranziehen werde, da darüber geklagt worden sei, daß sie bisher nur als Werksküche eingesetzt wurde. Seit die Freiburger Nationalsozialistische Volkswohlfahrt ab Mitte Januar die Ausgabe von kostenlosen Essensportionen weitgehend eingestellt hatte, bemühte sich die Stadtverwaltung, städtische „Behelfsküchen" als Gemeinschaftsküchen einzurichten, „um die größte Not bei alleinstehenden Personen zu lindern"[214]. Außer der Mensa konnten jedoch bis Ende März keine anderen Großküchenanlagen eingesetzt werden, da die meisten vernichtet oder so schwer beschädigt waren, daß sie nicht wiederhergerichtet werden konnten. Weitere Pläne zur Errichtung neuer Gemeinschaftsküchen in bombensicheren Schutzräumen ließen sich bis Kriegsende nicht mehr verwirklichen.

Eine Normalisierung der Lebensverhältnisse wurde zudem durch die ständigen Fliegeralarme unmöglich gemacht. Im März 1945 bestand an 93 ½ Stunden akute Luftgefahr. Nur an drei Tagen blieb die Luftwarnung jeweils unter einer Stunde. Am 16. März waren es sogar 8 Stunden und 13 Minuten. In der Regel verbrachten die Freiburger täglich drei Stunden im Luftschutzkeller. Zermürbend war dabei das ständige Hinunter und Hinauf. Auch nachts wurde die Bevölkerung immer wieder durch nächtliche Fliegeralarme aufgeschreckt. Viele Freiburger verbrachten große Teile der Nacht, nicht selten war es sogar die ganze Nacht, im vermeintlich sicheren Luftschutzraum oder Keller[215].

Um der Freiburger Wohnbevölkerung möglichst „luftalarmfreie" Einkaufsmöglichkeiten zu bieten, wurden die allgemeinen Geschäfts- und Öffnungszeiten in die frühen Morgenstunden ab 6.00 Uhr und in die späten Abendstunden bis 19.30 Uhr verlegt, wenn die feindliche Jagdbombertätigkeit gering war. Während dieser Arbeitszeit-Erörterungen äußerte sich Kerber auf der Besprechung am 16. März sehr kritisch: Der totale Kriegseinsatz sei in bezug auf die Arbeitszeit „schon längst zum Teufel"[216].

Bezeichnend für die problematische Gesamtlage in der Stadt war auch der Hinweis, daß in den Bunkerstollen bereits die ersten Typhus-Fälle aufgetreten waren und dringend Entlausungsstationen eingerichtet werden mußten. Am schwersten traf das Schicksal die obdachlosen Kinder: Sie „sind Tag und Nacht in den Bunkern, kriegen keine warmen Getränke, können nicht richtig gewaschen werden ... Die Kinder sind durchweg in einem schlechten gesundheitlichen Zustand".

Oberbürgermeister Kerber teilte ferner mit, daß er es im Falle der unmittelbaren Feindbedrohung dem Wehrmachtsstandortkommandanten überlasse, wann seine Tätigkeit als Oberbürgermeister aufzuhören habe und „in welchem Augenblick" er „als Kämpfer in den Volkssturm hineinkomme". Insgesamt klang Kerbers Bericht nicht hoffnungsvoll, eher nüchtern und kritisch. Er rechnete zudem mit noch stärkeren feindlichen Luftangriffen in nächster Zeit. Eine Besetzung der Stadt schloß Kerber nicht mehr aus, jeder Dienststellenleiter habe sich dann „anständig" und verantwortungsbewußt zu verhalten.

Dagegen dürfte es auf die Freiburger Stadtbewohner keinen guten Eindruck

[213] Ebda., D.Ti. 2.11.
[214] Vgl. dazu ebda., C 5/2752 und C 4/XVII/15/5.
[215] Vgl. Bernhard Welte: So still kam die neue Zeit. In: Badische Zeitung v. 28.3.1981.
[216] StadtAF, C 4/VI/21/2: OB-Besprechung v. 16.3.1945, auch zum Folgenden.

gemacht haben, als sie am 17. März im „Alemannen" lesen konnten, daß gerade Kreisleiter Dr. Fritsch, dessen Durchhalteappelle zuvor ständig zu lesen und zu hören waren, nach München zur Parteikanzlei abberufen wurde [217]. Sein Nachfolger wurde – wie im „Alemannen" am 21. März zu lesen war [218] – wiederum der frühere Kreisleiter Dr. Karl Neuscheler, der gerade noch rechtzeitig aus seinem bisherigen NSDAP-Kreis Mannheim vor dessen Eroberung durch die Amerikaner herauskam. Ihm stellte sich als geschultem Partei-Propagandisten die Aufgabe, die Freiburger Stadtbevölkerung zum weiteren Kampf zu motivieren, obwohl die militärische Situation immer schwieriger wurde. Oberbürgermeister Kerber schätzte es deshalb als positiv und „sehr wertvoll" ein, daß Neuscheler seine neue Dienststelle ebenfalls in die Gewerbeschule verlegte, so daß Stadtverwaltung und politische Führung der NSDAP gemeinsam in einem Gebäude untergebracht waren; „die Bevölkerung wird es günstig aufnehmen", meinte er [219].

Ende März beschäftigte nach wie vor das Problem der Bereitstellung von Arbeitskräften für die Wiederherstellungsarbeiten an den zerstörten Häusern die Stadtverwaltung. Bei der Oberbürgermeister-Besprechung am 23. März klagten die Dienstvorstände und Beauftragten für die baulichen Sofortmaßnahmen, daß sie nur auf dem Wege der Beschlagnahme an private Baumaterialien herankamen, die allerdings bei weitem nicht ausreichen, um die schlimmsten Schäden zu reparieren [220]. Zudem konnten nur 500–600 Mann eingesetzt werden, obwohl 1800–2000 zusätzliche Arbeiter für die Wiederherstellungsarbeiten gebraucht wurden. Von der „Organisation Todt" waren bislang nur zwölf Fachleute zugewiesen, gleichzeitig jedoch „wieder 3 wichtige Facharbeiter" zum Volkssturm abgezogen worden. Oberbaurat Schieble beurteilte die Situation kritisch: „Wenn dies so weiter geht, dann wird der Betrieb langsam lahm gelegt".

Kerber wollte diese unverschuldete Ohnmacht der Stadtverwaltung der Bevölkerung darlegen. Zudem stand er unter einem immer größer werdenden Rechtfertigungsdruck. Er entschloß sich deshalb, „künftig öffentliche Ratsherrensitzungen abzuhalten" [221]. Dort wollte er die Bewohner „über Dinge ... informieren, die sie durch die Presse nicht erfahren". Wie sein entsprechender Erlaß vom 20. März festlegte, sollte – soweit Plätze vorhanden waren – jedermann zu den Sitzungen Zutritt haben, um „sich über die öffentlichen Angelegenheiten in der Stadtgemeinde Freiburg zu unterrichten". Es ging Kerber dabei grundsätzlich darum, „eine Plattform zu finden, um an die Bevölkerung heranzukommen". Deshalb sollte auch das Kollegium der Ratsherren „aus Leuten aus der Bürgerschaft" – also nicht nur durch NSDAP-Parteimitglieder – ergänzt werden. Dies war für das diktatorische NS-System ein bemerkenswerter Vorgang, zumal die Dienstvorstände auf den geplanten Sitzungen auch noch öffentlich über die bisherige Arbeit „Auskunft geben" sollten. Ob es auch noch zu der beabsichtigten Erweiterung des Ratsherren-Kollegiums kam, ist zweifelhaft; die öffentliche Sitzung fand jedoch wie geplant am Gründonnerstag ab 7.30 Uhr im Kaufhaussaal statt.

„Der Alemanne" brachte in seiner Osterausgabe am 31. März/1. April 1945 dazu einen propagandistisch aufgemachten Bericht, in dem er den „Frontgeist

---

[217] Der Alemanne Nr. 65 v. 17.3.1945: „Kreisleiter Fritsch verläßt Freiburg".
[218] Ebda., Nr. 68 v. 21.3.1945.
[219] StadtAF, C 4/VI/21/2: Oberbürgermeister-Besprechung v. 23.3.1945; vgl. die neue Anschriftsmitteilung in: Der Alemanne Nr. 71 v. 24.3.1945.
[220] StadtAF, C 4/VI/21/2, auch zu den folgenden Zitaten.
[221] Ebda.; vgl. Schnabel, Stadtverwaltung und Kriegsalltag, a.a.O., S. 53.

Der Frontgeist der Freiburger Bevölkerung

Oberbürgermeister Dr. Kerber gab einen Rechenschaftsbericht - Die Behebung der Not nach dem Terrorangriff

Noch mehr als bisher besteht im Augenblick bei der Bevölkerung der Stadt Freiburg das Bedürfnis, Aufschluß über alle Fragen zu erhalten, die sie als Gemeinschaft betreffen. Um diesem Bedürfnis entgegenzukommen, werden bis auf weiteres alle Ratsherrensitzungen als öffentliche Sitzungen durchgeführt.

Bei einer ersten öffentlichen Sitzung der Freiburger Ratsherren nach dem Terrorangriff gab Oberbürgermeister Dr. Kerber am Donnerstag im Kaufhaussaal noch einmal wie in der letzten nichtöffentlichen Sitzung Aufschluß über drei große Fragenkomplexe, mit denen sich die Stadt Freiburg nach dem Terrorangriff bzw. im Zusammenhang damit beschäftigen mußte bzw. noch beschäftigen muß. Zuvor gab der Oberbürgermeister die seit dem 27. November 1944 durch Feindflieger in den Reihen der Bevölkerung eingetretenen Verluste nach dem Stand vom 24. März 1945 bekannt. Es wurden bis jetzt 1953 namentlich festgestellte Tote und 240 unbekannt gebliebene Tote vom 27. November letzten Jahres geborgen und bestattet. Insgesamt beträgt die Zahl der Fliegeropfer seit dem letzten 27. November bis jetzt 2193. Von den ursprünglich als vermißt gemeldeten Gemeldeten konnten inzwischen 631 als lebend festgestellt werden, so daß sich die Zahl der Vermißten noch auf 1254 beläuft. Die Zahl der Gesamtverluste beträgt demnach vorerst 47.

Der härteste Schlag in der Geschichte Freiburgs, der Terrorangriff vom letzten 27. November, habe, wie der Oberbürgermeister ausführte, die Stadt nicht unvorbereitet getroffen. Um noch mehr für den Schutz der Bevölkerung zu tun, als geschehen konnte, hätten sowohl die Stadt als auch der örtliche Luftschutzleiter seit 1938 keine Mühe gescheut und keinen Schritt bei den einzig für diese Fragen zuständigen Dienststellen des Reiches unterlassen. Wenn dennoch weitere Maßnahmen von diesen Dienststellen des Reiches abgelehnt wurden, so sei dies im Hinblick auf noch dringendere Aufgaben der Reichsverteidigung geschehen. Über die Rechts- und die Sachlage gab Oberbürgermeister Dr. Kerber dabei ausführlich an Hand der Akten Bescheid. Daß das Unglück für Freiburg, so führte er weiter aus, so groß geworden sei, sei in der Hauptsache doch wohl auf die teuflische Kriegführung unserer Feinde zurückzuführen.

Durch den Terrorangriff und spätere Angriffe seien etwa 12 000 Wohnungen teilweise und etwa 6000 Wohnungen total zerstört worden. Durch die von einer eigens dazu eingerichteten städtischen Dienststelle durchgeführten baulichen Sofortmaßnahmen seien inzwischen eine stattliche Anzahl von Versorgungsbetrieben und eine große Zahl von Wohnungen wieder instandgesetzt worden, und zwar sei hier geschehen, was mit den zur Verfügung stehenden Kräften und Materialien überhaupt gemacht werden konnte. Durch könne diese Maßnahmen, die durch unzählige Schwierigkeiten erschwert seien, nur durch weitgehendes Verständnis fördern, in erster Linie aber mit durch die Selbsthilfe bis an die Grenze des überhaupt Möglichen, denn auf die Selbsthilfe können wir bei diesen Sofortmaßnahmen überhaupt nicht verzichten.

In der Frage der Unterbringung der Obdachlosen habe vor allem die dazu eingerichtete städtische Wohnungsstelle für Obdachlose eine mühevolle, aber auch erfolgreiche Tätigkeit entfaltet. Von den 2794 wohnungsuchenden Familien seien bereits 1448 Familien untergebracht worden, wobei man sich behutsam bei der Zusammenlegung von Haushalten verfuhr, um Reibereien möglichst von vornherein auszuschließen. 550 Wohnungsuchende seien nun noch übriggeblieben, von denen allein 365 Einzelzimmer mit Betreuung suchen. Viele Freiburger, die die Stadt verlassen haben, haben das Bestreben, wieder zurückzukehren, und würden dies späterhin tun, wenn die Voraussetzungen dafür wieder günstiger sind. Wir müßten uns deshalb darüber im klaren sein, daß wir in Zukunft noch mehr zusammenrücken müssen, um mit dem zur Verfügung stehenden Wohnraum auszukommen, und würden zum Beispiel in näherer Zukunft wohl kaum mehr Einfamilienhäuser nur für eine Familie haben können.

Im Anschluß an diese Ausführungen gab Oberbürgermeister Dr. Kerber der sehr gut besuchten Versammlung noch Aufschluß über Fragen der Strom-, Gas- und Brennstoffversorgung, über den Einsatz städtischer Verkehrsmittel u. a. m. Er betonte zum Schlusse, daß die Freiburger Bevölkerung, abgesehen von den zahlenmäßig geringen Bunker-Dauerbesuchern, die nun verschwinden müßten, daß vor allem die schaffende Freiburger Bevölkerung einen vorbildlichen Frontgeist in ihrer Haltung zeige. h-r.

Abb. 176: „Der Frontgeist der Freiburger Bevölkerung" (Der Alemanne Nr. 77 v. 31. 3./1. 4. 1945)

der Freiburger Bevölkerung" glorifizierte (Abb. 176)[222]. In der „sehr gut besuchten Versammlung" gab Kerber „einen Rechenschaftsbericht" über die von der Stadtverwaltung bisher veranlaßten Maßnahmen zur „Behebung der Not nach dem Terrorangriff". Wie schon auf der letzten nichtöffentlichen Sitzung im Januar rechtfertigte er den ungenügenden Luftschutz für die Stadtbewohner mit noch „dringenderen Aufgaben der Reichsverteidigung" für andere Städte. Obwohl Stadtverwaltung und örtliche Luftschutzleitung seit 1938 mehrere Anträge gestellt und viele Bemühungen für den Schutz der Bevölkerung unternommen hätten, seien daher weitere, bessere Maßnahmen nicht möglich gewesen. „Daß das Unglück für Freiburg", so führte er weiter aus, „so groß geworden sei, sei in der Hauptsache doch wohl auf die teuflische Kriegführung (der) Feinde zurückzuführen".

Mit dieser Feststellung verzichtete Kerber auf seine noch zuvor ausgesprochenen kritischen Bemerkungen und hielt sich selbst öffentlich an die im Januar den Ratsherren abverlangte „Staatsräson". Seine Mitteilungen über die Bilanz der Verluste war deprimierend: Nach den städtischen Berechnungen waren 12 000 Wohnungen teilweise und 6000 weitere total zerstört worden. Bisher waren 1953 namentlich festgestellte Tote und 240 unbekannt gebliebene Tote (also insgesamt 2193) vom 27. November geborgen und bestattet worden. 1254 Personen waren noch als vermißt gemeldet. Die Zahl der Gesamtverluste betrug „demnach vorerst

---

[222] Der Alemanne Nr. 77 v. 31. 3./1. 4. 1945, S. 3; auch zum Folgenden. Der Zeitungsartikel ist abgedruckt in: Schnabel/Ueberschär, Endlich Frieden!, a. a. O., S. 71.

3447"[223]. Kerber schilderte ferner die „unzähligen Schwierigkeiten", die den baulichen Sofortmaßnahmen sowie Wiederherstellungsarbeiten an den zerstörten Wohnungen entgegenstanden und appellierte an die „Selbsthilfe bis an die Grenze des überhaupt Möglichen" jedes Einzelnen, die Not in Freiburg zu lindern. In Zukunft müsse man „noch mehr zusammenrücken", „um mit dem zur Verfügung stehenden Wohnraum auszukommen".

In seinem Bericht sprach der Oberbürgermeister auch die sogenannten „Bunker-Dauerbesucher" an, die sich nach dem Terrorangriff in den Bergstollen „für Tage und Wochen einnisteten" und „die nun verschwinden müßten". Er nahm damit Bezug auf Klagen des Polizeipräsidenten über die hygienischen Verhältnisse in den Stollen. Der Polizeipräsident hatte bereits als Örtlicher Luftschutzleiter im „Alemannen" am 20. März einen Aufruf zur Räumung der Bergstollen erlassen (Abb. 177)[224]. Um schließlich „Bunker-Bummelanten" fernzuhalten, ordnete man die Ausräumung aller Luftschutzliegestätten, Betten und von Bettzeug an. Anscheinend hatten jedoch auch die dabei angedrohten Kontrollen der Polizei keine Besserung der Zustände in und vor den Stollen gebracht, so daß Kerber nun nochmals öffentlich ein konsequentes Durchgreifen ankündigte.

Es kann wohl bezweifelt werden, ob die insgesamt negative Bilanz Kerbers zur Verstärkung des „vorbildlichen Frontgeistes" der Freiburger beitrug, wie ihn der Oberbürgermeister abschließend propagierte, zumal sich die militärische Lage an der nahen Westfront sehr rasch verschlechterte.

Es gibt keine Bunker-Bummelanten
Wichtige Anordnungen des Polizeipräsidenten für die Freiburger Bevölkerung

Der Polizeipräsident Freiburgs als örtlicher Luftschutzleiter teilt mit:

1. Verhalten in den öffentlichen Schutzräumen und Bergstollen: Die öffentlichen Schutzräume und insbesondere die Bergstollen dienen in erster Linie dem persönlichen Schutz möglichst vieler Volksgenossen bei akuter Gefahr. Es kann daher nicht geduldet werden, daß — besonders in den Bergstollen — sich Familien für Tage und Wochen einnisten. Sowohl aus Raum= wie auch aus hygienischen Gründen habe ich daher an die Polizeiorgane Weisung gegeben, daß alle Luftschutzliegestätten, Betten und Bettzeug, herausbefördert werden. Aus gesundheitspolizeilichen Gründen habe ich ferner angeordnet, daß die Stollen jeden Vormittag rechtzeitig völlig zu räumen sind, damit gründliche Reinigung und Durchlüftung erfolgt. Wer den Weisungen der Luftschutz= und Stollenwarte nicht nachkommt, wird aus den Schutzräumen verwiesen werden.

2. Weiterarbeit bei „Öffentlicher Luftwarnung" („Kleinalarm"): Sämtliche in der Wirtschaft tätigen Volksgenossen — sowohl männliche wie weibliche, insbesondere die Ausländer — haben nur das Recht, bei „akuter Gefahr" kurzfristig, solange sich Feindmaschinen über der Stadt befinden, die Stollen aufzusuchen. Sie haben anschließend sofort an ihre Arbeitsplätze zurückzukehren. Im Einvernehmen mit der Deutschen Arbeitsfront und dem Arbeitsamt werden künftig Kontrollen mit Unterstützung der Polizei durchgeführt werden.

3. Herumstehen vor den Stolleneingängen: Das Herumstehen vor den Eingängen zu den Stollen und öffentlichen Luftschutzräumen bei Fliegeralarm und akuter Gefahr wird wegen der damit verbundenen Gefahr eines Bombenabwurfs oder Bordwaffenbeschusses durch Tiefflieger untersagt. Den Weisungen der polizeilich eingesetzten Stollenwarte und Ordner ist im Interesse eines reibungslosen und gedeihlichen Zusammenlebens aller Schutzsuchenden in den Schutzräumen unbedingt Folge zu leisten. Verstöße gegen die Ordnung und Disziplin in der Bergstollen werde ich unnachsichtlich ahnden.

4. Selbsthilfe im Bau von Berghangstollen: Vor Beginn von privaten Stollenbauten ist die Selbsthilfeverfahren ist dringend erforderlich. Auskunft und Rat bei dem Luftschutz=Bausachverständigen des RLB., Architekt Müller-Ruby, Scheffelstraße 35, einzuholen. Nur dann ist eine Hilfe aus Staatsmitteln zu erwarten.

Abb. 177: „Es gibt keine Bunker-Bummelanten" (Der Alemanne Nr. 67 vom 20.3.1945)

[223] Die Aufstellung in der Akte StadtAF, B 1/328: Chronik der Stadt „Verluste der Freiburger Bevölkerung durch die Fliegerangriffe (Stand am 24.3.1945)" enthält höhere Zahlen: Am 27.11.1944 1813 geborgene bekannte Tote und 240 geborgene unbekannte Tote; in der Zeit vom 2.12. 1944–24.3.1945 gefallen: 155, vermißt waren weiterhin 1254 Personen, so daß die Gesamtzahl 3462 ergibt. Verwundete bis 24.3.1945: 9775 Personen. 631 ursprünglich Vermißte waren wieder als lebend ermittelt worden.

[224] Der Alemanne Nr. 67 v. 20.3.1945.

Das zu erwartende Näherrücken der Front führte Ende März dazu, daß ein Teil der noch vorhandenen Bauarbeiter vom Einsatz bei den Wiederherstellungsarbeiten in der Stadt abgezogen und als Organisation Todt-Kompanie „Bauwirtschaft Freiburg" dem Pionier-Regimentsstab zugeteilt wurde, der für die Befestigungsarbeiten zur militärischen Verteidigung Freiburgs zuständig war. In der Stadt verblieben danach nur noch 205 Arbeitskräfte[225]. Für diesen Befestigungsausbau am Stadtrand im Rahmen des „Dreisam-Riegels" und der „Rundumverteidigung" der Stadt, für die das XVIII. SS-Armeekorps ab 26. März verantwortlich war, wurden am Karfreitag auch alle Männer und Frauen der städtischen Belegschaft von 7.30 Uhr bis 16.00 Uhr zu „sehr dringlichen Schanzarbeiten" in der Unterwiehre sowie an der Opfinger Straße herangezogen[226].

4. Das Kriegsende im April 1945

Der Ernst der militärischen Lage für die Stadt wurde am 1. April 1945 sehr drastisch dokumentiert, als Generalmajor Rudolf Bader zum „Kampfkommandanten von Freiburg" ernannt wurde (Abb. 178)[227]. Er hatte noch zuvor eine Volksgrenadierdivision bei der Ardennenoffensive geführt und löste nun den seit 1. November 1944 in Freiburg eingesetzten „Wehrmachtskommandanten" Generalmajor Hans Knoerzer (vgl. Abb. 101) ab, der zugleich in die „Führerreserve"

Abb. 178: Generalmajor Rudolf Bader,
Kampfkommandant von Freiburg
ab 1. April 1944
(BA-MA Freiburg, Msg 109/72)

[225] StadtAF, C 4/IX/17/7: Betr.: Bauliche Sofortmaßnahmen, Handwerkereinsatz v. 28.3.1945.
[226] Ebda., D.Sv. 18/2: 30.3.1945; BA-MA Freiburg, RH 20–19/195: Befehl des AOK 19/Ia v. 26.3.1945 an das XVIII. SS-Armeekorps.
[227] Zu Generalmajor Rudolf Bader (3.5.1898–3.6.1983), der in Konstanz geboren war, vgl. die Angaben in: BA-MA Freiburg, MSg 109/72; siehe auch Rudolf Bader: Meine letzten Kriegstage vom 1.4.1945 bis 3.5.1945, unveröffentlichtes Manuskript im Besitz des Verf.; ich danke Herrn Dr. Wenzel, Freiburg, für die freundliche Überlassung dieser Aufzeichnungen. Zur Würdigung Baders siehe: Generalmajor Bader wird 82. Heldentum am Kriegsende einmal anders. In: Badische Zeitung Nr. 101 v. 30.4./1.5.1980; Generalmajor Bader wird 85. In: Badische Zeitung Nr. 101 v. 3.5.1983; Ein Soldat mit Zivilcourage. General Rudolf Bader ist gestorben. In: Badische Zeitung Nr. 128 v. 7.6.1983; vgl. auch S. 368 mit Anm. 265.

des OKH versetzt wurde. Nach dem Rheinübergang der amerikanischen Truppen und deren Vormarsch nach Heidelberg hatten die Verbände des II. französischen Korps (unter Korpsgeneral Monsabert) in der Nacht zum 31. März bei Speyer und Germersheim ebenfalls den Fluß überquert. Am 2. April, dem Ostersonntag, setzten die Franzosen mit einer weiteren Division auch bei Leimersheim über den Rhein und stießen auf die badische Landeshauptstadt vor [228]. Das im Raum Freiburg-Lörrach eingesetzte XVIII. SS-Armeekorps unter SS-Obergruppenführer Georg Keppler mußte danach mit einer Bedrohung aus der nicht durch den Westwall geschützten nördlichen (vgl. Abb. 181) Flanke rechnen. Diese Gefahr vergrößerte sich noch, als es den Franzosen gelang, am 4. April Karlsruhe einzunehmen. Erst zwei Tage später konnten die Freiburger Leser des „Alemannen" – in Übereinstimmung mit der Meldung des Wehrmachtsberichtes – von angeblich „schweren Straßenkämpfen in Karlsruhe" lesen [229]. Dies war jedoch eine Falschmeldung; Karlsruhe war vielmehr von den etwa 250 Mann starken deutschen Truppen „ohne nennenswerten Widerstand" geräumt worden [230].

Der Vormarsch der Franzosen im nördlichen Baden veranlaßte Gauleiter Wagner, mit sofortiger Wirkung die Einstellung der baulichen Sofortmaßnahmen im zivilen Sektor für 15 Landkreise – darunter auch im Kreis Freiburg – sowie für die Städte Karlsruhe, Baden-Baden und Freiburg anzuordnen; es durften nunmehr nur noch Schäden an den wichtigsten Versorgungsbetrieben für Gas, Wasser und Elektrizität repariert werden. Die freiwerdenden Arbeitskräfte waren an einzelne Einheiten des Organisation-Todt-Regiments Nr. 24 abzugeben [231]. Allem Anschein nach wurde Wagners Anordnung in Freiburg jedoch nicht konsequent befolgt, denn ein paar Tage später wies der Leiter der baulichen Sofortmaßnahmen in einem Antrag auf Kassenvorschuß beim Oberbürgermeisteramt darauf hin, daß eine Arbeitsgemeinschaft der Innung des Freiburger Bauhandwerks nach wie vor im Rahmen der baulichen Sofortmaßnahmen eingesetzt und tätig sei, da die Wagnersche Anordnung nur für die Einsatzgruppe der „Organisation Todt" gelte und da es fraglich sei, ob überhaupt ein Abzug der Arbeitskräfte von Freiburg erfolge [232]. Es ist nicht auszuschließen, daß gleichsam die Realität – nämlich der enorme Zerstörungsgrad des Stadtzentrums – die Durchführung der Anordnung in Freiburg verhinderte, so daß die Räumungs- und Wiederherstellungsarbeiten in der Stadt in geringem Umfange fortgesetzt werden konnten.

Der Verlust der Landeshauptstadt Karlsruhe verschaffte dem Freiburger Oberbürgermeister Dr. Kerber einen – wenn auch zweifelhaften – Karriereschub. Er wurde am 5. April von Reichsstatthalter Wagner mit sofortiger Wirkung mit der Wahrnehmung der Geschäfte des badischen Ministerpräsidenten beauftragt (Abb. 179), weil Ministerpräsident Köhler am 4. April „in Karlsruhe in die Hände des Feindes gefallen" war, da er sich entgegen Wagners Anweisung nicht aus

[228] Vgl. dazu MGFA Freiburg, B-745: Studie des ehemaligen Oberbefehlshabers der 19. Armee, General der Panzertruppen Erich Brandenberger: Schlußkampf der 19. Armee vom 1. April bis 5. Mai 1945, Westdeutschland; Hermann Ehmer: Die Besetzung Badens im April 1945. In: Landesgeschichte und Zeitgeschichte: Kriegsende 1945 und demokratischer Neubeginn am Oberrhein. Hrsg. v. Hansmartin Schwarzmaier. Karlsruhe 1980, S. 35–58.
[229] Der Alemanne Nr. 82 v. 6.4.1945.
[230] Vgl. dazu Werner, Karlsruhe 1945, a.a.O., S. 62ff.; ferner Ueberschär, Krieg auf deutschem Boden, a.a.O., S. 63; siehe auch BA-MA Freiburg, RH 20–19/180 und Kurt Kranich: Karlsruhe. Schicksalstage einer Stadt. Karlsruhe 1973.
[231] StadtAF, C 4/I/6/5: Schreiben der OT-Einsatzgruppe Oberrhein Einsatz Baden v. 3.4.1945.
[232] Ebda., C 4/I/6/3: Antrag auf Kassenvorschuß v. 7.4.1945 und Stellungnahme v. 12.4.1945.

Freiburg, 5. April 1945.

Beschluss.

1. An die Vorstände der städt.Beamtungen und selbst.Dienst=
   stellen
   zur Bekanntgabe an das unterstellte Personal.

   Der Gauleiter und Reichsstatthalter hat ~~den~~ Ober=
bürgermeister Dr. K e r b e r mit sofortiger Wirkung
mit der Wahrung der Geschäfte des Badischen Ministerprä=
sidenten beauftragt. Für die Dauer seiner Abwesenheit
hat der Gauleiter verfügt, daß ich seine Vertretung bis
auf weiteres übernehme.

2. Z.d.Akten.

                    O. B. M.

Abb. 179: Ernennung von Oberbürgermeister Kerber zum Bad. Ministerpräsidenten vom
5. April 1945 (StadtAF, C 4/VI/15/4)

Karlsruhe abgesetzt hatte[233]. Zugleich hatte Kerber damit auch die Geschäfte des
badischen Finanz- und Wirtschaftsministers sowie des Vorsitzenden der Rü-
stungskommission und des Präsidenten der Gauwirtschaftskammer Oberrhein zu
übernehmen. In einer Versammlung der Städtischen Dienstvorstände im Festsaal
der Gewerbeschule verabschiedete er sich am 7. April „für die Dauer seiner vorübergehenden Abwesenheit" – wie es der „Alemanne" formulierte[234] – und führte
seinen Vertreter und Nachfolger, Oberbürgermeister Paul Maaß, ein, der bis zum
Verlust des Elsasses Oberbürgermeister von Mülhausen gewesen war[235] (siehe
Abb. 180 und 181). Kerber erklärte dabei, daß er das neue Amt nur „sehr ungern"
antrete, sich jedoch „dem Befehl des Gauleiters nicht entziehen" könne. In seiner
Abschiedsrede appellierte Kerber an die städtischen Mitarbeiter, fest an den Sieg
zu glauben, so wie er auch daran glaube – ebenso wie an den Wiederaufbau Freiburgs als „Lebensaufgabe"[236].

[233] Ebda., C 4/VI/15/4: Beschluß v. 5.4.1945 und ebda., C 4/VI/21/2: Niederschrift über Oberbürgermeister-Besprechung v. 7.4.1945. Falsch ist die Angabe, es sei zur Ernennung Kerbers nicht mehr gekommen, so in: Badische Biographie. Neue Folge. Bd. II. Hrsg. v. Bernd Ottnad. Stuttgart 1987, S. 158. Zu
Köhlers Festnahme siehe Werner, Karlsruhe 1945, a.a.O., S. 101f., 124.
[234] Der Alemanne Nr. 84 v. 9.4.1945.
[235] Paul Maaß (teilweise auch Maass geschrieben), geb. am 11.3.1896 in Mülhausen und Inhaber des gol-
denen NSDAP-Parteiabzeichens (NSDAP-Mitglied Nr. 25563 seit 15.12.1925 und SS-Mitglied
Nr. 293229 seit 30.1.1938), war vor seiner Einsetzung als Oberstadtkommissar (seit 25.10.1944 Oberbürgermeister) in Mülhausen im November 1940 durch Reichsstatthalter Wagner Oberregierungsrat in der
Reichsfinanzverwaltung in Düsseldorf gewesen. Zu Maaß vgl. die Angaben in: Mülhauser Tagblatt 57.
Jg. Nr. 279 v. 18.11.1940; Berlin Document Center, Personalakten.
[236] StadtAF, C 4/VI/21/2: Niederschrift v. 7.4.1945, auch zum Folgenden.

Abb. 180: Ausweis für Oberbürgermeister Maaß vom 20. April 1945 (StadtAF, C4/VI/15/4)

Abb. 181: Aufnahmen von Keppler, Brandenberger, Maaß, Keller (BA-MA Freiburg, Msg 109/279 StadtAF)

Da sein Ministerium in Karlsruhe bereits von den Franzosen besetzt war, blieb Kerber allerdings in Freiburg, obwohl er „hier nicht anzutreffen" sein wollte. Maaß stellte bei seiner ersten Oberbürgermeisterbesprechung mit den Dienstvorständen als vordringliche Probleme die Aufstellung eines neuen städtischen Fuhrparks und die eventuelle Herausgabe von kommunalem Notgeld vor[237]. Beide Absichten ließen sich jedoch nicht kurzfristig verwirklichen, da einmal nicht genügend intakte Kraftfahrzeuge mit Holzvergasern und zum anderen kein Papier zum Drucken vorhanden waren.

Angesichts der neuen militärischen Bedrohung aus dem Norden befal das Oberkommando der Heeresgruppe „G" auf Anordnung des Oberbefehlshabers West, Generalfeldmarschall Kesselring, am 6. April 1945, besondere „Verteidigungsbereiche" am Kaiserstuhl und Isteiner Klotz sowie sogenannte feste „Ortsstützpunkte" zu bilden[238]. Nach einem Befehl des Oberkommandos der Wehrmacht vom 30. Januar 1945 galten die „Ortsstützpunkte" als nicht voll ausgebaute „Festungen"; sie sollten jedoch wie diese mit allen Mitteln und Kräften verteidigt und bis zur letzten Möglichkeit gehalten werden[239]. Hitler hat diese Erwartung noch unterstrichen und kurz darauf befohlen, daß vielleicht die Trümmer einer Verteidigungsstellung oder Stadt vom Feind erstürmt werden könnten, sie dürften jedoch niemals kampflos geräumt oder übergeben werden, „es sei denn auf Befehl des Führers"[240].

Ebenso wie Pforzheim, Ettlingen, Rastatt, Baden-Baden, Calw, Horb, Offenburg, Lahr, Lörrach, Donaueschingen, Villingen, Schwenningen, Waldkirch, Furtwangen, Rottweil und Neustadt sollte auch Freiburg gemäß der Anweisung Hitlers als Stadt unter dem Befehl eines „Kampfkommandanten" „bis zum Äußersten" verteidigt und gehalten werden[241]. Um Hitlers „Haltebefehl" nochmals besonders deutlich zu machen, gab Reichsführer SS Heinrich Himmler, der seit August 1943 auch Reichsinnenminister und seit Sommer 1944 zudem Oberbefehlshaber des Ersatzheeres war, am 12. April einen zusätzlichen Erlaß heraus. Der „Alemanne" informierte über diesen Befehl unter der Überschrift „Jede Stadt, jedes Dorf wird verteidigt". Himmler verfügte darin[242]: „Keine deutsche Stadt wird zur offenen Stadt erklärt. Jedes Dorf und jede Stadt werden mit allen Mitteln verteidigt und gehalten. Jeder für die Verteidigung eines Ortes verantwortliche deutsche Mann, der gegen diese selbstverständliche nationale Pflicht verstößt, verliert Ehre und Leben".

Für die Befolgung dieses Befehls wurden nach einer gemeinsamen Anordnung von Generalfeldmarschall Keitel, Reichsführer SS Himmler und dem Leiter der NSDAP-Parteikanzlei, Martin Bormann, die „in jeder Stadt ernannten Kampfkommandanten persönlich verantwortlich" gemacht. Sollten diese der „soldatischen Pflicht und Aufgabe" zuwiderhandeln, so würden sie „zum Tode verurteilt". Ausnahmen konnten nur durch das Oberkommando der Wehrmacht

---

[237] Ebda.: Besprechung des Herrn Oberbürgermeisters Maaß mit den Beigeordneten v. 12.4.1945.
[238] BA-MA Freiburg, RH 20–19/180: Fernschreiben des Oberkommandos der Heeresgruppe „G"/Chef des Generalstabes an AOK 19 v. 6.4.1945; abgedruckt in: Schnabel/Ueberschär, Endlich Frieden!, S. 19.
[239] BA-MA Freiburg, RH 20–19/180: Befehl des Chefs des Oberkommandos der Wehrmacht, Generalfeldmarschall Keitel, v. 30.1.1945 mit Anlage.
[240] Ebda.: Fernschreiben des Oberbefehlshabers der Heeresgruppe „G", SS-Obergruppenführer Hausser, an AOK 19 v. 11.2.1945.
[241] Ebda.: Fernschreiben des Oberkommandos der Heeresgruppe „G"/Chef des Generalstabes an AOK 19 v. 6.4.1945.
[242] Der Alemanne Nr. 88 v. 13.4.1945; wieder abgedruckt in: Schnabel/Ueberschär, Endlich Frieden!, S. 20.

bestimmt werden. Auch dieser Befehl wurde am 13. April im „Alemannen" abgedruckt [243].

Die Einstufung Freiburgs als sogenannter „Ortsstützpunkt" änderte allerdings nichts an der völlig unzureichenden Ausstattung der Stadt für eine Verteidigung gegen die mit modernen Waffen ausgerüsteten alliierten Truppen. Das Generalkommando des XVIII. SS-Armeekorps meldete dem Oberkommando der 19. Armee am 8. April, daß General Bader nur über insgesamt 1779 Soldaten und Volkssturmmänner (darunter 73 Offiziere, 358 Unteroffiziere und 1348 Mannschaften) mit 72 leichten und 19 schweren Maschinengewehren sowie 1166 Gewehren und 550 Panzerfäusten verfüge. Im Falle der Einschließung Freiburgs könnten voraussichtlich weitere 200 Mann, ausgerüstet mit 500 Gewehren und 55 Panzerfäusten, sowie 350 Mann als Versprengte ohne Waffen hinzukommen. Panzerabwehrkanonen und Artillerie waren nicht vorhanden [244]. Diese Kräfte konnten nach Ansicht des Generalkommandos für eine Verteidigung der Stadt „bei weitem nicht ausreichen". Um die Stadt erfolgreich verteidigen zu können, müßten mindestens zwei Grenadier-Regimenter (mit ca. 6 Bataillonen), zwei Artillerie-Abteilungen, ein Pionier-Bataillon und eine Panzerjäger-Kompanie sowie entsprechender Flakschutz zugeführt werden [245].

Der offenkundige Mangel an Waffen und Soldaten sollte jedoch nach den Vorstellungen Hitlers und des Oberkommandos der Wehrmacht durch die Entschlossenheit und den Fanatismus der Kampfkommandanten ersetzt werden. Als Kampfkommandanten sollten deshalb nur „entschlossene und fanatische Persönlichkeiten" eingesetzt werden [246]. Nachdem der Oberbefehlshaber der 19. Armee, General der Panzertruppe Erich Brandenberger (vgl. Abb. 181), sowohl gegenüber dem Oberbefehlshaber der Heeresgruppe „G" als auch gegenüber dem Oberbefehlshaber West auf die Mängel und Unzulänglichkeiten in den meisten zu Ortsstützpunkten proklamierten Städten hingewiesen hatte [247], mußte der Oberbefehlshaber West, Generalfeldmarschall Kesselring, eingestehen, daß er einen Befehl erteilt hatte, der nicht durchführbar war. Kesselring erklärte, er habe dies aus psychologischen Gründen bewußt getan, „um die Notwendigkeit des zähen Festhaltens deutschen Bodens" wieder stärker in den Truppen zu verankern [248]. Deutlicher konnte man den Irrsinn der letzten Durchhaltebefehle des Naziregimes nicht offenbaren.

Schließlich blieben nur drei Städte übrig, die zu Ortsstützpunkten im Bereich der 19. Armee erklärt wurden: Pforzheim, Rastatt und Freiburg [249]. Freiburg war vom Armeeoberkommando 19 jedoch schon aufgrund seiner geographischen Lage für eine Ortsverteidigung als „nur bedingt" geeignet bezeichnet worden, zumal der Armee keine ausreichenden Kräfte „zu einem längeren erfolgreichen Halten" zur Verfügung standen. Insgesamt wären dafür mindestens 15 weitere kampfkräftige Bataillone erforderlich gewesen [250]. An dieser Einschätzung und

[243] Der Alemanne Nr. 88 v. 13.4.1945; ebenfalls wiederabgedruckt in: Schnabel/Ueberschär, Endlich Frieden!, S. 21.
[244] BA-MA Freiburg, RH 20–19/180: Fernschreiben des XVIII. SS-Armeekorps an AOK 19 v. 8.4.1945.
[245] Ebda.: Schreiben des Generalkommandos XVIII. SS-Armeekorps an AOK 19 v. 12.4.1945.
[246] Ebda.: Fernschreiben AOK 19 mit Anordnung von Generalfeldmarschall Kesselring als Ob. West v. 6.4.1945. Hitler verlangte sogar, als Kommandanten von Festungen „nur fanatische und bewährte Nationalsozialisten" einzusetzen, in: ebda., Fernschreiben AOK 19 an unterstellte Verbände v. 13.4.1945.
[247] Ebda., RH 20–19/180: Fernschreiben AOK 19 an Heeresgruppe „G" und Ob. West v. 11.4.1945.
[248] Ebda.: Fernschreiben des Oberbefehlshabers West an 19. Armee v. 10.4.1945.
[249] Ebda.; als Faksimile abgedruckt in Schnabel/Ueberschär, Endlich Frieden!, S. 23.
[250] BA-MA Freiburg, RH 20–19/180: Fernschreiben AOK 19 an Heeresgruppe „G" und Ob. West v. 11.4.1945.

Beurteilung der Situation änderte sich auch in den nächsten Tagen bis zum Erscheinen der französischen Truppen im Breisgau und vor Freiburg nichts mehr.

Westlich vor Freiburg befand sich im Raum Tuniberg die Division Nr. 805, die ab 14. April 1945 in 352. Volksgrenadierdivision umbenannt wurde. Divisionskommandeur war Generalmajor von Oppen. Er hatte seinen Gefechtsstand in Umkirch. Die Division setzte sich aus improvisiert aufgestellten und zum Teil unzuverlässigen Verbänden zusammen. Die von der Division besetzte Tuniberg-Riegelstellung war im Rahmen der „Schwarzwaldrand-Stellung" von Offenburg über Emmendingen nach Freiburg und Müllheim im April immer noch nicht durchlaufend ausgebaut. Der „Tuniberg-Riegel" war nur zwischen Ihringen und Tuniberg-Westseite festungsmäßig angelegt. Er sollte einen feindlichen Durchbruch von Breisach aus in das Freiburger Becken verhindern. Die „Schutzstellung" westlich Freiburgs zwischen Köndringen und St. Georgen war allerdings als „feldmäßige" Beobachtungsstelle noch „im Bau" (Abb. 182)[251].

General Bader unterstand als Kampfkommandant dem im Freiburger Gebiet befehlsführenden Generalkommando des XVIII. SS-Armeekorps, das nach dem 9. April seinen Gefechtsstand in Waldkirch hatte. Der Oberbefehlshaber West, Generalfeldmarschall Kesselring, hatte für die Westfront am 18. März 1945 in einem Fernschreiben an die Oberbefehlshaber der unterstellten Heeresgruppen und Armeen nochmals darauf hingewiesen, daß ein Kampfkommandant seinen Auftrag „bis zur letzten Patrone und bis zum letzten Blutstropfen kämpfend zu erfüllen" habe. Er habe auch „nicht das Recht, seinen Platz aus eigenem Entschluß aufzugeben. Tut er es dennoch, so hat er Stellung und Kopf verwirkt"[252]. Kesselrings Anordnung wurde am 12. April durch einen weiteren Befehl Hitlers ausdrücklich bestätigt, der sämtlichen Kampfkommandanten bekanntzugeben war und bestimmte, daß die feindliche Aufforderung zur Übergabe einer Stadt nur mit dem „Kampf bis zur letzten Patrone" beantwortet werden dürfe[253]. Die Kampfkommandanten mußten ferner gemäß „Führerbefehl" eine besondere Erklärung abgeben, wonach sie „auf die bedingungslose Verteidigung des Ortsstützpunktes" bis zum „Letzten" verpflichtet wurden. Kesselring befahl außerdem, es sei „rücksichtslose Härte" zu demonstrieren und hart durchzugreifen. Es gelte, „sofort Exempel zu statuieren, die abschrecken und die Kampfmoral festigen"[254]. Dem Freiburger Kampfkommandanten war somit durch die eindeutige Befehlslage kein Spielraum gelassen, um eventuell über die kampflose Übergabe der Stadt zu entscheiden oder diese in irgendeiner Form gar offiziell einzuleiten.

Mitte April wurde der Betrieb der noch vorhandenen Straßenbahnen in Freiburg wegen Stromknappheit eingestellt und erst nach Kriegsende am 16. Mai wiederaufgenommen. Zur gleichen Zeit stellte auch der Freiburger Rundfunksender die Ausstrahlung des Reichsprogrammes ein, da das Überlandnetz ausgefallen war. Am 16. April entschied Oberbürgermeister Maaß in Absprache mit NSDAP-Kreisleiter Neuscheler, den städtischen Oberrechtsrat Dr. Max Keller (Abb. 181) als Leiter einer „Notverwaltung" mit der zukünftigen Wahrnehmung der Aufgaben des Oberbürgermeisters der Stadt im Falle der Feindbesetzung zu be-

---

[251] MGFA Freiburg, B-745: Studie von General Erich Brandenberger: Schlußkampf der 19. Armee vom 1. April bis 5. Mai 1945, Westdeutschland.

[252] BA-MA Freiburg, RH 20–19/196: Fernschreiben des Oberbefehlshabers West, Generalfeldmarschall Kesselring, an unterstellte Verbände v. 18.3.1945.

[253] Ebda., RH 20–19/180: Fernschreiben AOK 19/Ia an unterstellte Verbände v. 13.4.1945 und ebda., RH 20–19/196: Kesselrings Fernschreiben v. 18.3.1945.

[254] Einzelbefehle in ebda., RH 20–19/180.

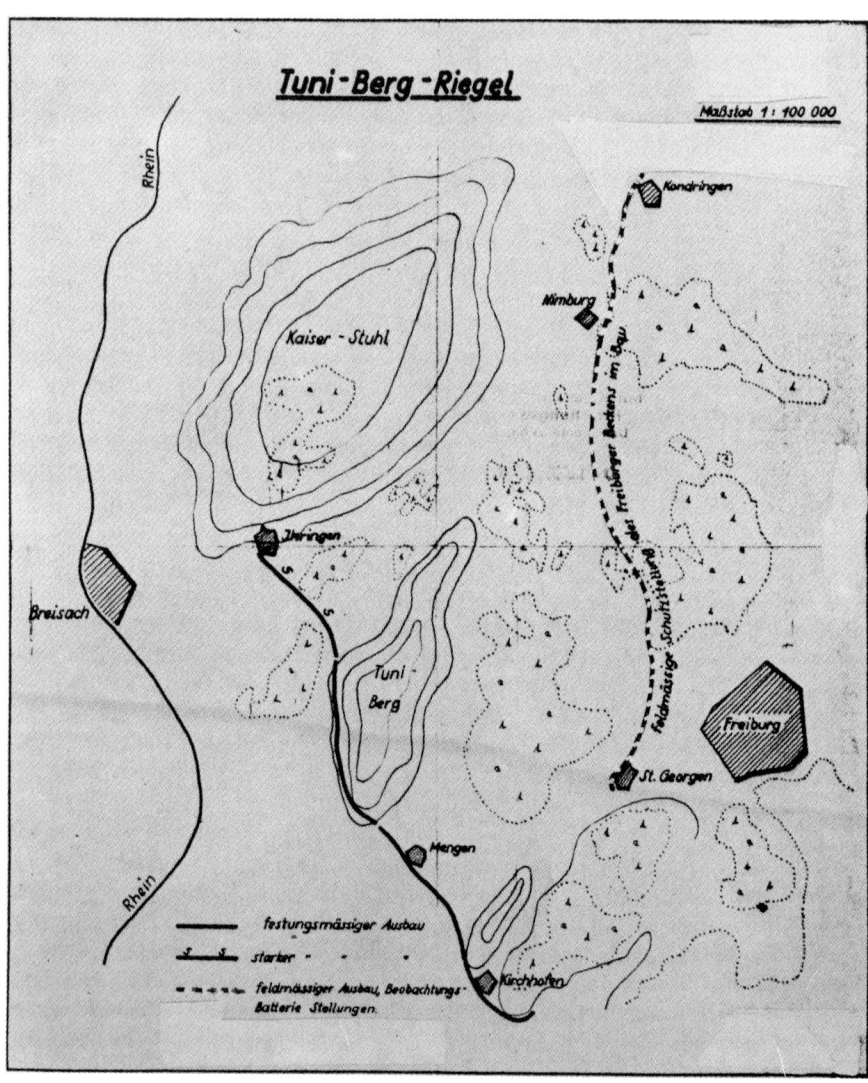

Tuni-Berg-Riegel

Maßstab 1 : 100 000

Rhein

Kaiser - Stuhl

Kondringen

Nimburg

Ihringen

Breisach

Tuni Berg

Freiburg

St. Georgen

Mengen

Rhein

Kirchhofen

Feldmässige Schulsteilung des Freiburger Beckens im Bau

festungsmässiger Ausbau

S stärker -

feldmässiger Ausbau, Beobachtungs-
Batterie Stellungen.

Abb. 182: Kartenskizze zur Tuniberg-Riegel-Stellung im April 1945 (Militärgeschichtliches Forschungsamt Freiburg, B-745)

trauen[255]. Diese Entscheidung drängte sich auf, denn Maaß, der vor seiner Einsetzung als Vertreter des Freiburger Oberbürgermeisters Kerber nicht nur als von Reichsstatthalter Wagner im November 1940 eingesetzter Oberstadtkommissar und ab 1944 für zwölf Jahre von den NS-Stellen ernannter Oberbürgermeister von Mülhausen, sondern auch ehrenamtlich als stellvertretender Generalreferent für Volkstumsfragen in der deutschen Zivilverwaltung für das Elsaß und als SS-Sturmbannführer sowie als Leiter des rassenpolitischen Amtes der NSDAP-Gau-

---

[255] Vgl. die Aufzeichnung von Stadtoberrechtsrat Dr. Keller v. 25.4.1945 in StadtAF, K 1/16.

leitung Baden tätig war[256], konnte davon ausgehen, im Falle der Besetzung Freiburgs als NS-Funktionär sofort verhaftet oder zumindest abgesetzt zu werden.

Die Mitglieder der Notverwaltung sollten im Falle der Feindbesetzung auf ihren Dienstposten bleiben sowie die verwaltungsmäßige und wirtschaftliche Versorgung der verbleibenden Bevölkerung sicherstellen. Der vorausschauende Verwaltungsakt wurde auch dem für die Kreise Freiburg, Lörrach sowie Offenburg zuständigen und in Freiburg ansässigen Landeskommissär, Paul Schwoerer, unterbreitet und von diesem bestätigt[257]. Für Keller wurde dann am Tage der Besetzung ein – bereits mit französischer Übersetzung versehener – „Legitimationsausweis", unterschrieben vom Vertreter des Landeskommissärs, Landrat Groß, ausgestellt, in dem seine Einsetzung als „Gemeindeoberhaupt in der Stunde Null" bestätigt wurde (Abb. 183)[258].

Die von Oberbürgermeister Maaß als Notverwaltung eingeteilten 81 städtischen Bediensteten sollten „für den Fall einer Feindbesetzung der Stadt" die Versorgung auf folgenden Gebieten gewährleisten: „a) Ernährung, b) Versorgung mit den unentbehrlichsten Bedarfsgegenständen, c) Aufrechterhaltung der Versorgungsbetriebe (Gas, Wasser, Elektrizität, Schlachthof), d) Befriedigung des dringendsten Wohnungsbedarfes, e) Gesundheitsfürsorge, f) Familienunterhalt, g) öffentliche Fürsorge, h) Zahlungsverkehr"[259].

Mittlerweile waren die französischen Streitkräfte von Norden kommend in der Rheinebene weiter nach Süden vorgestoßen. Sogar die im Stile der NS-Propaganda aufgemachten Schlagzeilen im „Alemannen" (siehe die Zusammenstellung in Abb. 184)[260] verkündeten den Freiburger Lesern in diesen Apriltagen nichts Gutes, da nicht abzusehen war, ob Freiburg hart umkämpft werden und dies womöglich zu schweren Verlusten und neuen Zerstörungen in der Stadt führen würde. Bewußt versuchte die NS-Zeitung der Freiburger Bevölkerung beispielsweise zu suggerieren, man müsse bei Eroberung durch die Alliierten Schlimmes befürchten. Am 14. April brachte sie dementsprechend eine Meldung über den „farbigen Terror in Karlsruhe". Darin war zu lesen, die „Horden de Gaulles" würden die badische Gauhauptstadt systematisch ausplündern, Frauen und Mädchen seien „nicht mehr sicher"[261]. Angeblich seien dort nun „die letzten Illusionen einzelner" geschwunden, „daß man es bei den demokratischen Bundesgenossen der Bolschewisten noch mit einem verhältnismäßig anständigen Gegner zu tun haben würde".

Wenn auch manche Leser der NS-Propaganda allgemein nur noch wenig Glauben entgegenbrachten, so dürften solche Berichte die allgemeine Verunsicherung über das bevorstehende Kriegsende doch ganz allgemein verstärkt haben. Unsicherheit und Sorge über die Kriegsereignisse im Falle eines Angriffs der amerikanischen und französischen Truppen auf die Stadt kamen auch in einem Schreiben

[256] Vgl. die Angaben bei Karl Stiefel: Baden 1648–1952. Bd. I. Karlsruhe 2. Aufl. 1979, S. 376; siehe auch oben Anm. 235.
[257] Paul Schwoerer (9. 8. 1874–29. 4. 1959) war seit 1927 als Landeskommissär der Vertreter der Landesregierung in den Großkreisen Freiburg, Offenburg und Lörrach; vgl. Karl Stiefel: Baden 1648–1952, Bd. 1. Karlsruhe 2. Aufl. 1979, S. 344 sowie: Der letzte Landeskommissär. Zum Tode von Paul Schwoerer. In: Badische Zeitung v. 2./3. 5. 1959, S. 16.
[258] Der besondere Ausweis befindet sich in StadtAF, C 5/501, ebenso die Anordnung von Maaß betr.: Sicherstellung der Gemeindeverwaltung v. 16. 4. 1945. Keller erhielt den Ausweis erst am 23. 4. 1945.
[259] Ebda.: Beschluß v. 16. 4. 1945 „an den Herrn Landeskommissär Freiburg".
[260] Vgl. Der Alemanne Nr. 77–85 v. 31. 3./1. 4. 1945 bis 10. 4. 1945.
[261] Ebda. Nr. 89 v. 14. 4. 1945, S. 2.

A u s w e i s .

Aufgrund der darüber ergangenen Vorschriften habe ich Herrn Städtischen Oberrechtsrat Dr. Max Keller in Freiburg beauftragt, bis auf weiteres im Rahmen einer Notverwaltung die Aufgaben des Oberbürgermeisters der Stadtgemeinde Freiburg i.Br. wahrzunehmen.

Freiburg i.Br., den 21. April 1945

Der Landeskommissär:
gez. G r o ß

L e g i t i m a t i o n .

Conformement aux Prescriptions légales j'ai chargé jusqu'à nouvel ordre le conseiller de droit Monsieur

Dr. Max K e l l e r

de la direction de l'administration communale provisoire de la ville de Freiburg.

Freiburg i.Br., 21. April 1945

Der Landeskommissär
gez. Groß.

Anschlag an der Gemeindeverkündungstafel.

Zur Beglaubigung:

Stadtoberrechnungsrat.

Abb. 183: Legitimationsausweis für Dr. Keller als Leiter der Notverwaltung vom 21. April 1945 (StadtAF, C5/501)

des Erzbischöflichen Ordinariats zum Ausdruck, das Erzbischof Gröber und Denkmal-Konservator Sauer schon am 3. April an Oberbürgermeister, Polizeipräsidenten und Wehrmachtskommandanten geschickt hatten. Angesichts des Umstandes, daß bereits der „älteste Teil der Stadt Freiburg zerstört" war, bezeichneten es Gröber und Sauer als „vaterländische" und „christliche Pflicht", die Bitte vorzutragen, „daß bei den Verteidigungsmaßnahmen" der Stadt das „Münster geschont und geschützt wird. Sein Verlust wäre für die deutsche Kultur unersetzlich" [262]. Es ist kaum anzunehmen, daß die Briefschreiber Antwort erhielten – zumindest läßt sich dies in den überlieferten Akten nicht feststellen. Das Münsterpfarramt achtete jedoch im weiteren Verlauf darauf, daß der Turm des Mün-

[262] Erzbischöfliches Ordinariat Freiburg, Registratur: Münsterbau, Vol. 6.

r Alemanne erscheint
l wöchentlich als Morgen-
ung. Bezugspreis: monatl.
RM zuzüglich 30 Rpf. Trä-
iohn oder 42 Rpf Postzu-
gebühr. — 8 Bezirksaus-
en: Freiburg-Stadt, Frei-
g-Land, Lörrach, Waldshut,
kingen, Neustadt, Müllheim,
Emmendingen. Abbestel-
gen müssen bis spätestens
für den folgenden Monat
eldet sein. Bei Nicht-
scheinen infolge höhe-
Gewalt, bei Störungen und
gleichen besteht kein An-
ch auf Lieferung der Zei-
oder Rückerstattung des
agspreises. — Verbrei-
Freiburg, Emmen-
ngen, Neustadt,
lheim, Lörrach,
ckingen und Walds-
. Postverlagsort: Freiburg
r. — Geschäftsstellen: Em-
dingen, Fernruf 505; Neu-
t, Fernruf 280; Müllheim,

Preisverkauf: 10 Pfennig
Fernruf 640; Lörrach, Fernruf
Nr. 2122; Säckingen Fernruf
519; Waldshut, Fernruf 338;
Waldkirch, Fernruf Nr. 424. —
Verlagshaus: z. Zt. Ad.-Hitler-
Straße 229 (am Martinstor),
Fernruf: 2036 Postscheckkonto:
Karlsruhe Nr 38146 Anzeigen-
annahme: Verlagshaus Adolf-
Hitler-Straße 229 und bei allen
Geschäftsstellen des Verlages.
Geschäftszeit: von 8—17 Uhr.
Anzeigenschluß: 16 Uhr. Spal-
tenbreite im Anzeigenteil 45
mm, im Textteil 68 mm. Die
Anzeigen werden in der Rei-
henfolge ihres Eingangs ver-
öffentlicht. Für das Erscheinen
an bestimmten Tagen wird
keine Gewähr übernommen.
Schriftleitung: z. Zt. Wald-
kirch, Marktplatz 8, Fernr. 424
und Waldshut, Fernruf 338. —
Schriftleitungsschluß: 16 Uhr.
Für unverlangt eingesandte
Vorlagen übernimmt d. Schriftleitung keine Haftung

Der Alemanne

KAMPFBLATT DER NATIONALSOZIALISTEN OBERBADENS

Die größte täglich
erscheinende Zeitung Oberbadens

Der amtliche Verkünder
für die oberbadischen Behörden

hrgang 1945 / Folge 77   Freiburg i. Br.   den 31. März/1. April   Oster-Ausgabe

Kämpfe im Odenwald und am unteren Neckar

rgang 1945 / Folge 79   Freiburg i. Br.   den 3. April   Dienstag-Ausgabe

Zwischen Tauber und Rheinebene

Feindeinbruch bis Bruchsal - Erbitterte Abwehrkämpfe zwischen Spessart und Maindreieck - Heftige Kämpfe um Recklinghausen - Angriffe auf Kassel gescheitert

gang 1945 / Folge 82   Freiburg i. Br.   den 6. April   Freitag-Ausgabe

Heftige Straßenkämpfe in Karlsruhe

eutender Abwehrerfolg in Oberschlesien - Feindliche Durchbruchsversuche südlich von Wien gescheitert

ang 1945 / Folge 84   Freiburg i. Br.   den 9. April   Montag-Ausgabe

n März weit über 7000 Sowjetpanzer vernichtet

Schwere Kämpfe im Südteil von Wien - Feinddruck zwischen Heilbronn und Ettlingen hält an

ng 1945 / Folge 85   Freiburg i. Br.   den 10. April   Dienstag-Ausgabe

chwere Kämpfe im Süd= und Westteil Wiens

enangriffe im Raum Ratibor - Erbittertes Ringen um Königsberg - Auch in Pforzheim wird gekämpft

Abb. 184: Zusammenstellung von Propaganda-Überschriften aus „Der Alemanne" vom
1.–10. April 1945

sters nicht etwa als Beobachtungsposten für deutsche Truppeneinheiten benutzt wurde, und sperrte den Aufgang ab.

Allem Anschein nach war zu erwarten, daß die Stadt bei weiterer Annäherung des Feindes zum Schauplatz militärischer Kampfhandlungen werden würde. Diesen Eindruck erweckte zumindest eine am 10. April im „Alemannen" abgedruckte „Durchhalterede" von NSDAP-Kreisleiter Dr. Neuscheler, die er vor Männern eines Volkssturmbataillons gehalten hatte. Er drohte, man werde „alle Feiglinge austilgen" und beschwor die „ganze Bevölkerung des Breisgaues", es sei „fünf Minuten vor zwölf"; man müsse nun in der „großen Schlacht um Deutschland" die „Nerven behalten" und es dürfe auf gar keinen Fall eine Verräter- und Feiglingsstimmung aufkommen, auch wenn gerade in Freiburg „in dieser Zeit einer scheinbaren Ruhe ein Kreis von Schwätzern und Bösewichten seine Geschäfte zu machen versuche". Freiburg sei zwar keine Festung, man werde aber „die Heimat verteidigen und nicht aufgeben". Gleichwohl mußte Neuscheler eingestehen, daß das Schicksal des NS-Staates „nun auf des Messers Schneide" stehe[263].

Neuschelers verlogene Zuversicht auf den angeblich zu erwartenden Sieg konnte jedoch nicht darüber hinwegtäuschen, daß die bislang von der NS-Führung in Berlin proklamierte Parole „Siegen oder fallen"[264] direkt die tödliche Aufforderung erhielt, für die Sache des Nationalsozialismus „bis zum letzten Atemzug", ja bis zum letzten „Tropfen deutschen Blutes" – wie es Neuscheler ausdrückte – zu kämpfen. Eine Alternative – etwa ein rechtzeitiger Friedensschluß, der weiteres Blutvergießen hätte verhindern können – gab es danach nicht.

Kreisleiter Neuscheler versuchte denn auch bei Generalmajor Bader in dessen Gefechtsstand in der Werderstraße, „Einfluß auf die Maßnahmen der Verteidigung der Stadt zu erlangen"[265]. Der General konnte dies jedoch abwehren, da die vom Kreisleiter angebotenen HJ-Angehörigen und Volkssturmmänner völlig unzureichend bewaffnet waren. Eine Mitte April in einer Villa an der oberen Kartäuserstraße durchgeführte Lagebesprechung Baders mit seinen Offizieren und den Freiburger Volkssturmführern bestätigte „die hoffnungslose militärische Situation" in bezug auf die Möglichkeiten der von SS-General Keppler verlangten Verteidigung der Stadt.

Ab dem 12./13. April begann der Angriff der französischen Divisionen aus dem Raum Karlsruhe gegen die Flanke der 19. Armee in Richtung Süden (Abb. 185). Er führte rasch zu tiefen Einbrüchen in die deutsche Abwehrlinie; die 19. Armee mußte hinhaltend kämpfend zurückweichen, so daß schon am 13. April Baden-Baden vom Gegner erobert wurde. Immer wieder versuchten die militärischen und zivilen Führungsstellen, den sinkenden Kampfeswillen und die Auflösungserscheinungen bei den deutschen Heeresverbänden und Volkssturmeinheiten durch offene Androhung von Terrormaßnahmen aufzuhalten. So gab der Oberbefehlshaber der 19. Armee, General Brandenberger, Mitte April die Anweisung, vermehrt fliegende Standgerichte einzurichten, und verlangte ein „rück-

---

[263] Der Alemanne Nr. 85 v. 10.4.1945; wieder abgedruckt in: Schnabel/Ueberschär, Endlich Frieden!, S. 27.

[264] So der Tenor des Durchhalte-Aufrufes „zum härtesten Widerstand" von NSDAP-Reichsleiter Bormann v. 2.4.1945 in: Der Alemanne Nr. 79 v. 3.4.1945, auch zum folgenden Zitat.

[265] Rudolf Bader: 1945 – Freiburgs letzte Kriegstage. In: Freiburger Almanach 26. Illustriertes Jahrbuch (1975), S. 51–55, hier S. 52, auch zum Folgenden. Die Lagebesprechung vom 15. oder 16. April ist auch überliefert in dem Bericht von Eugen Jauch: Der Kreisleiter wollte Volkssturm und Hitlerjugend einsetzen. In: Badische Zeitung Nr. 91 v. 21.4.1965.

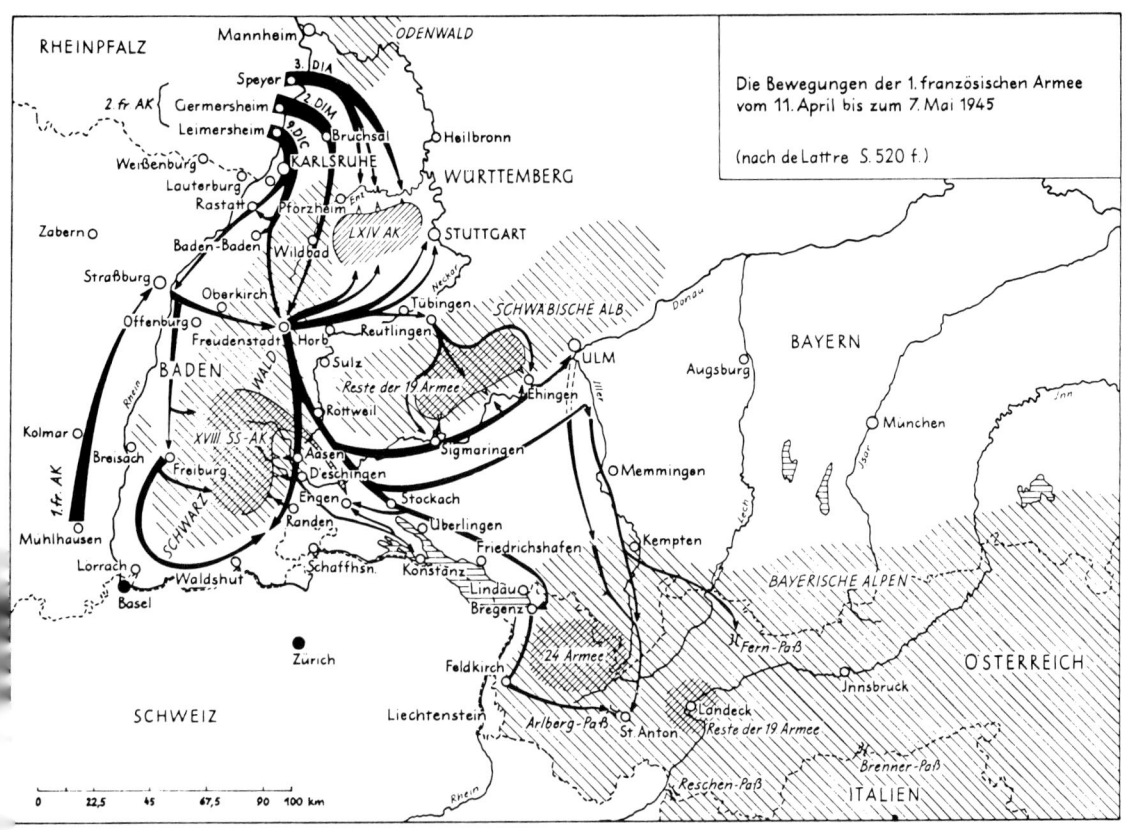

Abb. 185: Karte der französischen Operationen vom 11. April–7. Mai 1945 (aus: Die Besetzung Südwestdeutschlands April/Mai 1945, in: Oberrheinische Studien Bd. V, Karlsruhe 1980, S. 56)

sichtsloses Vorgehen gegen alle aus der Front zurückgegangenen Soldaten". Er forderte, „gegen schuldhaft waffenlos nach hinten flüchtende Volkssturmmänner mit schärfsten Mitteln vorzugehen"[266].

Ein Befehl des Armeeoberkommandos (AOK) 19 vom 12. April hob hervor, daß ein allgemeines Klagen über das Verhalten von Volkssturm und Zivilbevölkerung keine Ausrede für die Preisgabe eines Frontabschnittes durch die unterstellten Armee-Korps sei. Vielmehr sei in Zukunft zu melden, „mit welchen brutalen Mitteln" gegenüber dem „unzuverlässigen Verhalten des Volkssturms und der Zivilbevölkerung" in Baden durchgegriffen werde[267].

Wenige Tage darauf hatte das AOK erneut Veranlassung, als schärfstes Strafmittel pauschal die Todesstrafe für alle jene Soldaten anzudrohen, „die ohne Waffen und ohne Grund aufgefangen werden", nachdem ein allgemeines Zurückströmen aus der Front hinter die Linie Freudenstadt-Oberkirch im Gange war. Die Kommandobehörden sollten der Truppe bekanntgeben, daß Soldaten, welche die Frontlinie „ohne Befehl nach rückwärts verlassen, standgerichtlich verfolgt werden"[268].

[266] BA-MA Freiburg, RH 20–19/196 und 228: Fernschreiben AOK 19/Ia v. 13.4.1945.
[267] Ebda., RH 20–19/228: Fernschreiben AOK 19/Ia v. 12.4.1945.
[268] Ebda.: Fernschreiben AOK 19/Ia v. 13.4.1945 und 17.4.1945.

Tausende – vermutlich mehr als 22 000 – Soldaten und sonstige Wehrmachtsangehörige fanden im Reich bis Kriegsende durch diese Nazigerichte den Tod; ebenso zahlreiche Bürgerinnen und Bürger der Zivilbevölkerung[269]. So verurteilte z. B. das Standgericht der Wehrmachtskommandantur Freiburg am 10. April einen Grenadier „wegen Fahnenflucht und Plünderung" zum Tode und ließ das Urteil sogleich durch Erschießen vollstrecken, wie der „Alemanne" zur Abschreckung der Bevölkerung berichtete[270]. Und am 10./11. April wurden in Waldkirch fünf Soldaten durch das Standgericht des Armeeoberkommandos 19 zum Tode verurteilt und ebenfalls sofort erschossen[271].

Viele der auf sich allein gestellten Volkssturmbataillone lösten sich jedoch trotz der Durchhalteappelle und Standgerichtsmaßnahmen beim Erscheinen der alliierten Truppen oder nach Verlust des heimatlichen Wohngebietes rasch auf. Angesichts der offenkundigen Material- und Personalüberlegenheit der Angloamerikaner wurde gerade im Westen die weitere Zerstörung der Heimat durch Kampfhandlungen oder Bombardierungen aus der Luft als sinnlos und der rasche Einmarsch der Westalliierten vielfach sogar als wünschenswert angesehen. Die Franzosen überquerten zudem am 15. April mit ihrem I. Korps (zwei Divisionen unter Korpsgeneral Béthouart) bei Straßburg/Kehl den Rhein und nahmen noch am gleichen Tage Offenburg ein. Auch dieser weitere militärische Erfolg der Alliierten hatte entsprechenden Einfluß auf die Haltung der Bevölkerung in Südbaden, die sich ausrechnen konnte, daß die Amerikaner und Franzosen bald auch vor ihren Städten auftauchen würden.

Es gibt Hinweise, daß es in Freiburg während der letzten Kriegswochen noch zu antinationalsozialistischen Äußerungen und Verweigerungsformen gekommen ist[272]. So fordert ein in den Akten des Stadtarchivs vorhandenes Flugblatt dazu auf, dem Unsinn vorzubeugen, „daß die Stadt durch unnützen Widerstand weiter zerstört wird. Weder Wehrmacht noch Volkssturm" könnten „in Freiburg oder in (der) Südwestecke des Reiches am Ausgang des Krieges noch etwas ändern. Es gilt daher, die Menschen und das noch vorhandene Gut zu schonen und zu erhalten. Das ist die Aufgabe der nächsten Tage", so forderte der Flugzettel die „Deutschen Männer und Frauen" auf. Unterzeichnet war er mit „Neues Deutschland". Er sollte an Freunde und Bekannte weitergegeben werden. Art und Umfang der Verbreitung dieses Aufrufes lassen sich allerdings nicht mehr rekonstruieren; nach einem Vermerk auf der Rückseite wurde das vorhandene Exemplar erst im Dezember 1945 in einem Vorgarten innerhalb der Stadt aufgefunden[273]. Möglicherweise war dieses Flugblatt identisch mit den „an der Schwabentorbrücke angeklebten, schreibmaschinengetippten Aufrufen", die „zur Widerstandsleistung gegen das noch herrschende Regime" aufforderten und die nach einer Zeugenaussage aus der Nachkriegszeit dort am 16. April zu lesen waren[274].

[269] Vgl. die Angaben bei Manfred Messerschmidt / Fritz Wüllner: Die Wehrmachtsjustiz im Dienste des Nationalsozialismus. Baden-Baden 1987, S. 63 ff.
[270] Siehe die Meldung in: Der Alemanne Nr. 85 v. 10. 4. 1945: „Vom Standgericht zum Tode verurteilt."
[271] Vgl. dazu Wolfram Wette: Durchhalte-Terror in der Schlußphase des Krieges – Das Beispiel der Erschießungen in Waldkirch am 10./11. April 1945. In: Müller/Ueberschär/Wette, Wer zurückweicht wird erschossen, S. 70–73.
[272] Siehe Schnabel, Stadtverwaltung und Kriegsalltag in Freiburg 1944/45, a.a.O., S. 58 f.
[273] StadtAF, B 1/328; der Text des maschinenschriftlichen Flugblattes ist abgedruckt in Schnabel/Ueberschär, Endlich Frieden!, S. 73.
[274] Siehe Bericht von Heinz Lösch: Die Erlebnisse eines Sechzehnjährigen. In: Badische Zeitung Nr. 91 v. 21. 4. 1965.

Der Alemanne erscheint 6mal wöchentlich als Morgenzeitung. Bezugspreis: monatl. 1.70 RM zuzüglich 30 Rpf. Trägerlohn oder 42 Rpf. Postzustellgebühr. — 8 Bezirksausgaben: Freiburg-Stadt, Freiburg-Land, Lörrach, Waldshut, Säckingen, Neustadt, Müllheim und Emmendingen. Abbestellungen müssen bis spätestens 25. für den folgenden Monat gemeldet sein. Bei Nichterscheinen infolge höherer Gewalt, bei Störungen und dergleichen besteht kein Anspruch auf Lieferung der Zeitung oder Rückerstattung des Bezugspreises. — Verbreitungsgebiet: die Kreise Freiburg, Emmendingen, Neustadt, Müllheim, Lörrach, Säckingen und Waldshut. Postverlagsort: Freiburg i. Br. — Geschäftsstellen: Emmendingen, Fernruf 605; Neustadt, Fernruf 280; Müllheim,

Der Alemanne

KAMPFBLATT DER NATIONALSOZIALISTEN OBERBADENS

Die größte täglich erscheinende Zeitung Oberbadens

Der amtliche Verkünder für die oberbadischen Behörden

Freiverkauf 10 Pfennig. Fernruf 640; Lörrach Fernruf Nr. 2122; Säckingen Fernruf 519; Waldshut, Fernruf 338; Waldkirch Fernruf Nr. 424. — Verlagshaus: z. Zt. Ad.-Hitler-Straße 229 (am Martinstor), Fernruf: 2036. Postscheckkonto: Karlsruhe Nr. 38440. Anzeigenannahme: Verlagshaus Adolf-Hitler-Straße 229 und bei allen Geschäftsstellen des Verlages. Geschäftszeit: von 8—17 Uhr. Anzeigenschluß: 16 Uhr. Spaltenbreite im Anzeigenteil 46 mm, im Textteil 68 mm. Die Anzeigen werden in der Reihenfolge ihres Eingangs veröffentlicht. Für das Erscheinen an bestimmten Tagen wird keine Gewähr übernommen. Schriftleitung: z. Zt. Waldkirch, Marktplatz 8, Fernr. 424 und Waldshut, Fernruf 338 — Schriftleitungsschluß 18 Uhr. Für unverlangt eingesandte Vorlagen übernimmt d. Schriftleitung keine Haftung.

Jahrgang 1945 / Folge 94 — Freiburg i. Br. — den 20. April — Freitag-Ausgabe

Mit dem Führer durch die letzte Prüfung

Der Krieg hat seinen Höhepunkt bereits überschritten - Nur mit dem Deutschland Adolf Hitlers kann die Welt zu neuer Ordnung zurückfinden - Reichsminister Dr. Goebbels sprach zum Geburtstag des Führers

Berlin, 19. April.

Reichsminister Dr. Goebbels richtete am Vorabend des Führers Geburtstages eine Rundfunkansprache an das Deutsche Volk, in der er die geschichtliche Größe der Person und des Werkes Adolf Hitlers auf dem Höhepunkt des Entscheidungskampfes würdigte. Als Sprecher der Nation erneuerte Dr. Goebbels das leidenschaftliche Treue- und Kampfbekenntnis aller Deutschen zu dem Mann, ohne den das Reich und Europa im jüdisch-bolschewistischen Chaos untergegangen wäre.

Reichsminister Dr. Goebbels führte u. a. aus: In einem Augenblick des Kriegsgeschehens, in dem, so möchte man glauben, noch einmal, vielleicht zum letztenmal, alle Mächte des Hasses gegen unsere Fronten anrennen, um sie zu durchbrechen und dem Reich den Todesstoß zu versetzen, trete ich wie immer noch seit 1933 am Vorabend des 20. April vor das Deutsche Volk hin, um zu ihm vom Führer zu sprechen. Es gab in der Vergangenheit glückliche und unglückliche Stunden, in denen das geschah, aber noch niemals standen die Dinge so wie heute auf des Messers Schneide, mußte das Deutsche Volk unter so enormen Gefahren sein nacktes Leben verteidigen und das Reich in einer letzten Gewaltanstrengung den Schutz seines bedrohten Gefüges sicherstellen.

Das ist nicht der Zeitpunkt, zum Geburtstag des Führers mit den sonst üblichen Worten zu sprechen oder ihm mit den traditionellen Glückwünschen aufzuwarten. Heute muß mehr gesagt werden, und zwar von einem, der sich darauf vor dem Führer und vor dem Volke ein Anrecht erworben hat. Ich stehe nun über 20 Jahre an der Seite des Führers, habe seinen und seiner Bewegung Aufstieg aus den kleinsten und unscheinbarsten Anfängen bis zur Machtübernahme mitgemacht und nach besten Kräften meinen eigenen Teil dazu beigesteuert. Ich habe, Freud und Leid mit dem Führer teilend, die an nie dagewesenen geschichtlichen Siegen so wie an schrecklichen Rückschlägen so überreichen Jahre von 1939 bis heute mit ihm durchlebt und stehe jetzt neben ihm, da das Schicksal ihn und sein Volk auf die letzte, schwerste Probe stellt, um beiden dann, dessen bin ich gewiß, den Lorbeer zu reichen.

Ich kann nur sagen, daß die Zeit in all ihrer dunklen und schmerzhaften Größe im Führer den einzigen würdigen Repräsentanten gefunden hat. Wenn Deutschland heute noch lebt, wenn Europa und mit ihm das gesittete Abendland mit seiner Kultur und Zivilisation noch nicht ganz im Strudel des finsteren Abgrundes, der sich gähnend vor uns auftut, versunken ist, sie haben es ihm allein zu verdanken.

Zeiten wie die, die wir heute durchleben, erfordern von einem Führer mehr als nur Einsicht, Weisheit und Tatkraft. Er ist zu ihrer Bewältigung eine Art von Zähigkeit und Ausdauer, von Tapferkeit des Herzens und der Seele vonnöten, die nur selten in der Geschichte auftritt, die aber, wenn sie wirksam wird, zu den bewundernswertesten Leistungen menschlichen Genies führt. Jakob Burckhardt sagt einmal in seinen weltgeschichtlichen Betrachtungen: „Schicksale von Völkern und Staaten, Richtungen von ganzen Zivilisationen können daran hängen, daß ein außerordentlicher Mensch gewißer Seelenspannungen und Anstrengungen ersten Ranges in gewissen Zeiten aushalten kann. Alles zusammenaddieren gewöhnlicher Köpfe und Gemüter nach der Zahl kann dieses nicht ersetzen."

Wer wollte bestreiten, daß der Führer für unsere Zeitepoche wie für den Ablauf einer kommenden, viele Generationen dauernden, allein das Recht hat, sich auf dieses Wort zu berufen und es auf seine Person und auf sein Wirken zu beziehen. Was haben denn die feindlichen Staatsmänner dem im Ernst entgegenzusetzen! Nichts als das Übergewicht der Zahl, ihren stupiden Zerstörungswahnsinn, eine diabolische Vernichtungswut, hinter der schon das Chaos der Auflösung der zivilisierten Menschheit lauert.

Ihr Krieg: Der Weg ins Chaos

Was ist aus ihren so laut und pathetisch proklamierten Beglückungsthesen, was aus ihrer Atlantikcharta und aus ihren vier Freiheiten geworden? Nur Hunger, Elend, Pestilenz und Massensterben. Ein ganzer geschändeter Erdteil klagt sie an. Ehemals blühende Städte und Dörfer in allen Ländern Europas sind in Kraterlandschaften verwandelt worden, Hunderttausende, ja Millionen wehrloser Frauen und Kinder im Norden, Osten und Südosten des Kontinents seufzen und weinen unter der rasenden Geißel des Bolschewismus. Die glänzendste Kultur, die die Erde jemals getragen hat, sinkt in Trümmern dahin und hinterläßt nur noch ein Andenken an die Größe einer Zeit, die diese satanischen Mächte zerstörten. Die Völker werden erschüttert von schwersten wirtschaftlichen und sozialen Krisen, die Vorboten kommender furchtbarer Ereignisse sind.

Unsere Feinde behaupten, daß die Soldaten des Führers als Eroberer durch die Länder Europas zogen; aber wohin sie kamen, verbreiteten sie Wohlstand und Glück, Ruhe, Ordnung, gefestigte Verhältnisse, Arbeit in Hülle und Fülle und als Folge davon ein menschenwürdiges Leben. Unsere Feinde behaupten, ihre Soldaten kämen in dieselben Länder als Befreier; aber wo sie auftreten, folgen ihnen Armut und Herzeleid. Chaos, Verwüstung und Vernichtung, Arbeitslosigkeit, Hunger und Massensterben, und was übrig bleibt von der sogenannten Freiheit, das ist ein Vegetieren.

Hier steht ein klar umrissenes Aufbauprogramm, das sich im eigenen und in allen anderen Ländern Europas, wo es eine Gelegenheit dazu fand, als brauchbar, menschen- und völkerbeglückend, positiv und zukunftsweisend für alle erwiesen hat, gegen den Phrasennebel der jüdisch-plutokratisch-bolschewistischen Weltzerstörung. Hier steht ein Mann, seiner selbst sicher, mit einem festen und geraden Willen, gegen die wiedernatürliche Koalition feindlicher Staatsmänner, die nur die Lakaien und ausführenden Organe dieser Weltverschwörung sind. Europa hat schon einmal die Wahl gehabt, zwischen beiden zu entscheiden. Es hat sich auf die Seite der versteckten Anarchie geschlagen und muß das heute mit millionenfachem Leid bezahlen. Es wird nicht mehr viel Zeit haben, ein zweites Mal über sein künftiges Schicksal zu befinden. Dann geht es um Leben oder Tod.

Es bringt zwar Prüfungen und Belastungen übermenschlicher Natur mit sich, sich gegen eine übermächtig scheinende Koalition satanischer Weltzerstörungskräfte zur Wehr setzen zu müssen, aber es ist auch keine Unehre, im Gegenteil. Tapfer einen Kampf, der unvermeidlich und unausweichlich ist, auf sich zu nehmen, ihn im Namen einer göttlichen Vorsehung und im Vertrauen auf sie und ihren, wenn auch späten Segen durchzuführen, mit reinem Gewissen und reinen Händen aufrecht vor seinem Schicksal zu stehen, alles Leid und jede Prüfung zu ertragen, aber niemals auch nur mit einem Gedanken daran zu denken, dem geschichtlichen Auftrag untreu und in der qualvollsten Stunde der letzten Entscheidung wankend zu werden und die Flinte ins Korn zu werfen, das ist nicht nur männlich, das ist auch im besten Sinne deutsch.

Was wir heute erleben, das ist der letzte Akt eines gewaltigen tragischen Dramas, das mit dem 1. August 1914 begann und das wir Deutschen am 9. November 1918 gerade in dem Augenblick unterbrachen, als es kurz vor der Entscheidung stand. Das ist auch der Grund, warum es am 1. September 1939 erneut und von vorn begonnen werden mußte. Was wir uns im November 1918 ersparen wollten, haben wir heute in doppeltem und dreifachem Umfang nachzuholen. Es gibt kein Ausweichen, es sei denn, das Deutsche Volk scheidet von einem menschenwürdigen Leben und ist bereit, für alle Zukunft ein Dasein zu führen, dessen sich die primitivsten Stämme Afrikas schämen müßten.

Wenn es aber männlich und deutsch ist, als Führer eines großen und tapferen Volkes ganz auf sich allein gestellt diesen Kampf zu bestehen, im Vertrauen auf die eigene Kraft und Sicherheit sowie auf die Hilfe Gottes den übermächtig drohenden Feinden die Stirn zu bieten, mit ihnen zu kämpfen, statt vor ihnen zu kapitulieren, dann ist es ebenso männlich und deutsch, als Volk einem solchen Führer zu folgen, bedingungslos und treu, ohne Ausflüchte und Einschränkungen, jedes Gefühl der Schwäche und Wankelmütigkeit von sich abzuschütteln, auf den guten Stern zu vertrauen, der über ihm und über uns allen steht, auch und gerade wenn er zeitweise von dunklen Wolken verdüstert ist, im Unglück nicht feige, sondern trotzig zu werden, in keinem Falle einer hämisch beobachtenden Welt den Anblick einer hundsföttischen Gesinnung zu bieten, statt der vom Feind erwarteten weißen Fahnen der Unterwerfung das alte Hakenkreuzbanner zu hissen, den Schwur zu erneuern, den wir so oft in den glücklichen und gefahrlosen Zeiten des Friedens geschworen haben, Gott zu danken, immer und immer wieder. daß er uns für diese schrecklich große Zeit einen wahren Führer schenkte,

Gibt es einen Deutschen, der dem nicht beistimmte? Könnte unser Volk nach sechs Jahren solchen Kampfes sich selbst so erniedrigen, daß

Die große Abwehrschlacht vor Berlin

…rneut 218 Sowjetpanzer vernichtet - Gewaltige Uebermacht des Gegners - Kampf im Ruhrgebiet beendet

Führerhauptquartier, 19. April.

Das Oberkommando der Wehrmacht gibt bekannt: Am dritten Tag der großen Abwehr- hlacht vor Berlin warfen die Bolsche- ten Menschen und Material in bis- r nicht gekanntem Ausmaß in den npf. Unsere tapferen Truppen hielten, durch Beispiel ihrer Offiziere mitgerissen, dem idlichen Massenansturm stand und ver- telten alle Durchbruchsversuche. Südlich nkfurt/Oder behaupteten unsere Ver- de ihre Stellungen gegen weit überlegene so- tische Kräfte. Die beiderseits Seelow bis ich Müncheberg vorgedrungenen Bolschewi- wurden durch sofortige Gegenstöße abge- gelt. Südlich Wriezen brachten unsere zer den angreifenden Gegner nach harten npfen zum Stehen. Nach unvollständigen dungen wurden gestern erneut 218 Pan- vernichtet.

uch westlich der Lausitzer Neiße griffen die chewisten mit allen verfügbaren Kräften an. z des verbissenen Widerstandes unserer Divi- en konnte der Gegner nach schweren Kämp- und Verlust zahlreicher Panzer nördlich Gör- und nordwestlich Weißwasser schmale An- keile bis in den Raum östlich Bautzen an die Spree beiderseits Spremberg vor- en. Gegenangriffe sind im Gange.

arke Jagd- und Schlachtflieger- fte griffen auch gestern in die Abwehr- cht ein und brachten der schwer ringenden uppe fühlbare Entlastung. Sie ver- eten trotz starker Abwehr 95 weitere Panzer Sturmgeschütze, schossen außerdem 20 be- ngsunfähig und brachten 109 Flugzeuge Absturz.

Süden der Ostfront lag das Schwer- cht der Kämpfe beiderseits Mistelbach süd- Brünn und nördlich Mährisch-Ostrau. Die tarken Kräften bei Mistelbach angreifenden ts wurden nach geringem Geländegewinn fangen. Im Raum südlich Brünn stehen e Verbände in schwerem Abwehrkampf, in n Verlauf der Feind bisher über 30 Panzer . Im Kampfabschnitt nördlich Mährisch- scheiterten erneute Durchbruchsver- des Gegners an dem entschlossenen Wider- unserer Truppen. Östlich Troppau ein- chene Kräfte wurden im Gegenangriff nach n zurückgeworfen.

tapfere Besatzung von Breslau schlug Süd- und Westfront erneute starke An- der Bolschewisten ab. Bei Pillau setzte ind seine Angriffe fort. Sie wurden großenteils schon in der Bereitstellung, durch schwere Artillerieträger der Kriegsmarine wirksam unterstützt, zerschlagen oder abgewiesen. An der Ostküste des Stettiner Haffs vernichteten Kampffähren der Kriegsmarine ein großes sowjetisches Munitionslager.

Am inneren Verteidigungsring der Gironde-Festung brachen starke Angriffe des Gegners in erbitterten Kämpfen erneut zusammen. Auch die Besatzung von Dünkirchen behauptete sich gegen den mit Panzern und Schlachtfliegern angreifenden Feind und fügte ihm hohe blutige Verluste zu.

In den letzten Tagen nahmen schwere Küstenbatterien der Kriegsmarine von der Kanalinsel Alderney aus die von Kommandotruppen in kühnem nächtlichen Unternehmen ausgekundschafteten Panzer- und Brennstofflager im Nordwestteil der Halbinsel Cotentin unter Vernichtungsfeuer; Umfangreiche Zerstörungen wurden beobachtet.

In Holland haben unsere Truppen nach schweren Kämpfen im Ijsselbogen, in deren Verlauf 38 Panzer und Panzerspähwagen vernichtet oder erbeutet wurden, weiter westlich neue Stellungen bezogen.

Während sich die Briten zwischen Ems und Weser im allgemeinen ruhig verhielten, griffen sie in der Lüneburger Heide weiter stark an. Soltau fiel nach hartem Kampf unter Abschuß von 19 Panzern in Feindeshand. Auf schmalem Raum stößt der Gegner hier nach Norden vor. Um Lüneburg und Ulzen sind heftige Kämpfe entbrannt.

Der Kampf zwischen Ruhr und Rhein ist beendet. In wochenlangem schwerstem Ringen haben Truppen aller Waffengattungen unter dem Oberbefehl des Generalfeldmarschalls Model überlegene Kräfte von zwei amerikanischen Armeen gebunden und ihnen in vorbildlicher Pflichterfüllung bis zum letzten Atemzuge Widerstand geleistet. Der Gegner erlitt hierbei schwere Verluste an Menschen und Material.

Im Mittel- und Unterharz halten unsere Kampfgruppen dem starken Druck der Amerikaner stand. In einigen Abschnitten eingebrochener Feind wurde in Gegenangriffen aufgefangen oder geworfen. Die Besatzung von Magdeburg leistet, in einzelne Kampfgruppen aufgespalten, im Westteil der Stadt noch tapfer Widerstand. Im Kampfabschnitt Dessau-Bitterfeld blieb die Lage bei wechselvollen Kämpfen im wesentlichen unverändert.

Der zähe Kampf um Halle und Leipzig hat den Gegner hohe Verluste gekostet und ihn zum Abziehen starker Kräfte von anderen Frontabschnitten gezwungen. Die im Südteil von Halle auf engem Raum zusammengedrängte Besatzung behauptet sich weiter gegen alle Angriffe überlegener Kräfte. Unsere im westlichen und südlichen Vorfeld von Leipzig stehenden Truppen wurden vom Feind auf die Elster und den südlichen Stadtrand zurückgedrückt. Von Norden erzwangen die Amerikaner einen tieferen Einbruch, der zu heftigen noch andauernden Straßenkämpfen führte.

An der Front beiderseits Chemnitz und im Raum von Hof verlief der Tag bei vereinzelten feindlichen Aufklärungsvorstößen ohne besondere Ereignisse. Östlich Plauen vernichtete ein Stoßtrupp elf Panzer, mehrere motorisierte Fahrzeuge und fügte dem Gegner hohe blutige Verluste zu.

Um Nürnberg wurde den ganzen Tag über von der tapferen Besatzung am Burggraben, in der östlichen Vorstadt und an der Regnitz heftig gekämpft, Der nach Südosten vordringende Feind wurde aufgefangen und durch Gegenangriffe in der Flanke gefaßt. Westlich davon schob sich der Gegner von Norden und Westen an Ansbach heran. Die aus dem Nagoldtal nach Osten angreifenden feindlichen Bataillone wurden von den Höhen östlich Bad Liebenzell im Gegenangriff geworfen, beiderseits Calw bis zu achtmal wiederholte Angriffe verlustreich abgewiesen. Weiter südlich erzielte der Gegner dagegen mehrere Einbrüche.

Die Abwehrschlacht in Mittelitalien nahm unter gleichbleibend starkem Materialaufwand des Feindes und beiderseits hohen Verlusten ihren Fortgang. Hierbei gelangen den Amerikanern an der ligurischen Küste und südwestlich Bologna wiederum nur örtliche Einbrüche. Im Abschnitt Medicina blieben die feindlichen Regimenter trotz stärkster Artillerie- und Fliegerunterstützung vor unseren Stellungen liegen. Südwestlich des Comacchio-Sees hat sich die Lage durch einen tieferen Einbruch nordwestlich Argenta verschärft. Gegenmaßnahmen sind im Gange.

Das Reichsgebiet wurde bei Tage von stärkeren Kampfverbänden angeflogen, die vor allem die Insel Helgoland und mehrere Kleinstädte in Süddeutschland angriffen. In der Nacht warfen Kampfflugzeuge Bomben auf die Reichshauptstadt. In norwegischen Gewässern versenkte ein Vorpostenboot ein britisches Unterseeboot.

Abb. 186: Bericht zu Hitlers Geburtstag (Der Alemanne Nr. 94 vom 20.4.1945)

Die um diese Zeit vom Oberbefehlshaber der 19. Armee vorgeschlagene Rücknahme der Oberrheinfront auf die Linie Schwäbische Alb – Schaffhausen lehnte Feldmarschall Kesselring ab; er verlangte statt dessen entgegen allen personellen und materiellen Möglichkeiten – jedoch in Übereinstimmung mit seinem „Führer" – ein „Halten um jeden Preis" – zu einem Zeitpunkt, als die Westalliierten in Mitteldeutschland bereits die Elbe erreichten[275]. Durch diese Entscheidung blieb auch die Stadt Freiburg nach wie vor in der unmittelbaren Kampfzone.

Nach der Einnahme Offenburgs und Lahrs (am 18. April) stieß die um eine Abteilung der 1. Panzerdivision verstärkte 9. Kolonial-Infanteriedivision der Franzosen in zwei Kampfgruppen ab 19. April in den Raum Freiburg vor. Die Gruppe A (unter Kommandant Laurent) ging über Kenzingen sowie Köndringen und die Gruppe B (unter Kommandant Petit) über Denzlingen sowie die gesprengte Elzbrücke nach Süden vor. Am 20. April standen die Franzosen nach der Einnahme Kenzingens vor Emmendingen; am nächsten Tag überschritten weitere französische Einheiten bei Breisach den Rhein. Sie näherten sich nun vom Westen der Stadt Freiburg[276].

Als das XVIII. SS-Armeekorps endlich am 20./21. April 1945 „aus eigenem Entschluß" der 19. Armee die Erlaubnis erhielt, sich von der Oberrheinfront abzusetzen, weil die Franzosen im Osten bereits zum Bodensee vordrangen, zog es seine Verbände in die Schwarzwaldtäler zurück, um durch den Südschwarzwald nach Osten in Richtung Stockach zu den übrigen Resten der 19. Armee zu gelangen; ebenso verlegte das Generalkommando des XVIII. SS-Armeekorps unter SS-Obergruppenführer Keppler am 21. April von Waldkirch nach Schonach bei Triberg. Auch die 352. Volksgrenadierdivision zog sich nun aus dem Raum Freiburg zurück. Noch am 19./20. April marschierte das Vorauskommando eines Zollgrenzschutz-Bataillons des Grenadierregimentes Nr. 8 „Oberrhein" der 89. Infanteriedivision (unter Generalmajor Bazing) auf seinem Weg nach Osten aus dem Raum Müllheim/Isteiner Klotz nach Freiburg. Das Bataillon konnte jedoch für die Verteidigung Freiburgs nicht mehr eingesetzt werden.

Somit standen Generalmajor Bader am 21. April, einem Samstag, für die Verteidigung Freiburgs keine regulären Heereseinheiten zur Verfügung. Die wenigen Volkssturmtruppen, „die kaum mit Waffen ausgerüstet waren", wie General Bader berichtete[277], konnten die behelfsmäßigen, mit Schützengräben angelegten Sperren gegen die vorrückenden Panzer der Franzosen nicht verteidigen.

In der letzten Ausgabe des „Alemannen" für Samstag/Sonntag, den 21./22. April 1945, konnten die Freiburger lesen, daß der Feind „in der Rheinebene südwestlich Lahr nach Süden" vorstoße und somit vor Freiburg stand (Abb. 187). Noch tags zuvor hatte die Zeitung unter der Überschrift „Mit dem Führer durch die letzte Prüfung" die verlogene Goebbelssche Rundfunkrede zu Hitlers 56. Geburtstag abgedruckt (siehe Abb. 186). Die mit den üblichen Durchhalteparolen sowie Aufrufen zur „germanischen Treue" und Ansporn zum letz-

[275] Vgl. BA-MA, RH 20-19/225–229: KTB der 19. Armee mit Anlagen v. 1.–17. 4. 1945; ferner MGFA Freiburg, B-745: Studie von General der Panzertruppe Erich Brandenberger: Schlußkampf der 19. Armee vom 1. April bis 5. Mai 1945, Westdeutschland; dagegen sich verteidigend Albert Kesselring: Soldat bis zum letzten Tag. Bonn 1953, S. 392 ff. und MGFA Freiburg, T-123: Studie von Generalfeldmarschall Albert Kesselring: Geschichte des Oberbefehlshabers West. Die Westfront und deren Anschlußfronten ab Ende März bis zur Kapitulation. Teil III, 3 Bde. mit Anlageband. Die Amerikaner erreichten am 14. 4. 1945 Leipzig und am 18. 4. 1945 Magdeburg.
[276] Zum Vormarsch der Franzosen im Breisgau vgl. den Bericht von Lieutnant-Colonel Joseph Hittinger in: Josef F. Göhri: Breisgauer Kriegstagebuch 1939–1946. Horb a. N. 1984, S. 243 ff.
[277] Bader, Meine letzten Kriegstage vom 1. 4. bis 3. 5. 1945, a. a. O., S. 1.

Der Alemanne erscheint 6mal wöchentlich als Morgenzeitung Bezugspreis monatl. 1.70 RM zuzüglich 30 Rpf Trägerlohn oder 42 Rpf Postzustellgebühr. — 8 Bezirksausgaben: Freiburg-Stadt, Freiburg-Land, Lörrach, Waldshut, Säckingen, Neustadt, Müllheim und Emmendingen. Abbestellungen müssen bis spätestens 25. für den folgenden Monat gemeldet sein. Bei Nichterscheinen infolge höherer Gewalt, bei Störungen und dergleichen besteht kein Anspruch auf Lieferung der Zeitung oder Rückerstattung des Bezugspreises. — Verbreitungsgebiet: die Kreise Freiburg, Emmendingen, Neustadt, Müllheim, Lörrach, Säckingen und Waldshut. Postverlagsort: Freiburg i. Br. — Geschäftsstellen: Emmendingen, Fernruf 605; Neustadt, Fernruf 280; Müllheim,

Der Alemanne

KAMPFBLATT DER NATIONALSOZIALISTEN OBERBADENS

Die größte täglich erscheinende Zeitung Oberbadens

Der amtliche Verkünder für die oberbadischen Behörden

Freiverkauf: 10 Pfennig. Fernruf 640; Lörrach, Fernruf Nr. 2122; Säckingen Fernruf 519; Waldshut, Fernruf 338; Waldkirch, Fernruf Nr. 424. — Verlagshaus: z. Zt. Ad.-Hitler-Straße 229 (am Martinstor), Fernruf: 2036. Postscheckkonto: Karlsruhe Nr. 38440. Anzeigenannahme: Verlagshaus Adolf-Hitler-Straße 229 und bei allen Geschäftsstellen des Verlages. Geschäftszeit: von 8—17 Uhr. Anzeigenschluß: 16 Uhr. Spaltenbreite im Anzeigenteil 46 mm, im Textteil 68 mm. Die Anzeigen werden in der Reihenfolge ihres Eingangs veröffentlicht. Für das Erscheinen an bestimmten Tagen wird keine Gewähr übernommen. Schriftleitung: z. Zt. Waldkirch, Marktplatz 8, Fernr. 424 und Waldshut, Fernruf 338. — Schriftleitungsschluß: 18 Uhr. Für unverlangt eingesandte Vorlagen übernimmt d. Schriftleitung keine Haftung.

Jahrgang 1945 / Folge 95 | Freiburg i. Br. | den 21./22. April | Samstag-Sonntag-Ausgabe

Alte Hauptkampflinie wieder hergestellt

Voller Abwehrerfolg in der Schlacht vor Berlin - Erneut 226 Panzer vernichtet - Im Süden Feind bis Tübingen und Rottenburg vorgedrungen

Führerhauptquartier, 20. April.

Das Oberkommando der Wehrmacht gibt bekannt: Zwischen den Sudeten und dem Oderbruch tobt die Schlacht gegen den bolschewistischen Massenansturm mit äußerster Erbitterung. Westlich der Lausitzer Neiße griff der Feind mit zahlreichen Schützendivisionen und 8 Panzerkorps an. Im Einbruchsraum Görlitz—Bautzen—Weißwasser warfen unsere Verbände nach Westen vorgedrungene Kräfte der Bolschewisten zurück. Während heftige Angriffe beiderseits Spremberg unter hohen Verlusten für den Gegner abgewehrt wurden, konnten die Sowjets durch eine Frontlücke südlich Kottbus weiter nach Nordwesten vorstoßen und in Calau eindringen.

In der Schlacht vor Berlin errangen unsere tapferen Divisionen beiderseits Frankfurt einen vollen Abwehrerfolg und stellten im Gegenangriff die alte Hauptkampflinie wieder her. Bei Müncheberg und Wriezen hat sich die Lage verschärft. Trotz zäher Gegenwehr gelang es starken feindlichen Panzerkräften, aus dem Raum Müncheberg weiter nach Westen und Süden bis in den Raum von Hempelberg und Buchholz vorzustoßen. Gegenangriffe sind angesetzt. Bei Wriezen warfen die Sowjets neu herangeführte Verbände in den Kampf. Im Raum von Sternebeck und Prötzel wird erbittert gekämpft. Nach unvollständigen Meldungen wurden in der Schlacht vor Berlin gestern erneut 226 Panzer vernichtet.

Im Süden der Ostfront gewannen Gegenangriffe südlich des Semmering gegen zähen Widerstand weiteres Gelände zurück. Bolschewistische Angriffe südöstlich St. Pölten brachten dem Gegner nur geringen Geländegewinn. Südlich Brünn brachen schwächere Angriffe des Feindes zusammen. Der verstärkte Druck gegen das Industriegebiet von Mährisch-Ostrau blieb dank der tapferen Haltung unserer Divisionen ohne nennenswerten Bodengewinn für den Gegner.

Infolge seiner hohen Verluste griff der Feind gegen die Süd- und Westfront von Breslau gestern nur mit schwächeren Kräften an.

Bei Pillau hielten unsere Truppen auch gestern den Angriffen der Bolschewisten stand, nahmen eine Höhe ein und brachten Gefangene und Beute ein.

Jagd- und Schlachtflieger vernichteten an der Ostfront weitere 83 Panzer, 20 Salvengeschütze und zahlreiche Fahrzeuge. In Luftkämpfen wurden 51 Flugzeuge abgeschossen. Nach bisher noch unvollständigen Meldungen verloren die Sowjets in der Zeit vom 1. bis 19. April 2807 Panzer.

Am Atlantik trat der Feind nach mehrstündigem Trommelfeuer und rollenden Schlachtfliegerangriffen erneut gegen die Festung Gironde-Süd an. Die erbitterten Abwehrkämpfe dauern an. Die tapfere Besatzung von Girodne-Nord wurde nach mehrtägigem Heldenkampf von starken Kräften überwältigt.

In den schweren Kämpfen im Ysselbogen wurden nach jetzt vorliegenden Meldungen in der Zeit vom 11. bis 18. April 134 Panzer und gepanzerte Fahrzeuge vernichtet. Zwischen Ems und unterer Weser nahm der Gegner seine Angriffe wieder auf. In schweren, den ganzen Tag andauernden Kämpfen erzielte er einige Einbrüche und drückte unsere Truppen in den Raum südlich Delmenhorst zurück.

Auch in der Lüneburger Heide setzten die Briten ihre Angriffe auf breiter Front nach Norden fort und stießen mit Panzerrudeln bis in die Elbeniederung nördlich Lüneburg vor. An der Elbe eroberten unsere Grenadiere einige Ortschaften östlich Barby zurück und warfen südlich davon eine über den Fluß gesetzte Kampfgruppe auf das Westufer zurück.

Im Harz leisten unsere Truppen überlegenen feindlichen Kräften verbissenen Widerstand.

Während die auf engstem Raum zusammengedrängte Besatzung von Halle der Übermacht erlegen ist, hielten die in einzelne Kampfgruppen aufgespaltenen Verteidiger von Leipzig weiterhin starken Angriffen stand. Nordwestlich davon wurden an einzelnen Stellen auf das Ostufer der Mulde vorgedrungene feindliche Kräfte über den Fluß zurückgeworfen.

Aus dem Raum Zwickau stießen gepanzerte Kampfgruppen der Amerikaner gegen das Erzgebirge nach Süden vor. Sie wurden wie die aus dem Raum von Hof nach Osten und Süden vorgedrungenen Kräfte von Jagdkommandos und Eingreifreserven aufgefangen. Unsere Angriffe in die Flanke der von Hersbruck bis Neumark in der Oberpfalz durchgebrochenen Amerikaner sind in gutem Fortschreiten. Auch zwischen Nürnberg und Ansbach sind Gegenangriffe gegen den nach Süden vordringenden Feind im Gange. Weit vorgedrungene Panzerspitzen wurden unter Abschuß von 20 Kampfwagen zurückgeschlagen. Die Besatzung von Nürnberg steht im Stadtkern in schwerem Abwehrkampf.

Zwischen Crailsheim und dem Neckar südlich Heilbronn angreifende Infanterie- und Panzerverbände blieben kurz nach Verlassen ihrer Ausgangsstellungen liegen. Lediglich westlich Schwäbisch-Hall erzwang der Gegner einen tieferen Einbruch in den Mainharter Wald.

Nach erbitterten Kämpfen, in denen eine große Anzahl Panzer abgeschossen wurde, brach eine starke feindliche Kampfgruppe in den Raum südöstlich Nagold ein und drang bis an den Neckar bei Tübingen und Rottenburg vor. Übersetzversuche über den Fluß bei Horb scheiterten. Weiter westlich drängt der Gegner auf den Gebirgsstraßen des Schwarzwaldes, im Kinzigtal und in der Rheinebene südwestlich Lahr nach Süden..

An der Westfront wurden nach unvollständigen Meldungen in der Zeit vom 1. bis 18. April 1079 feindliche Panzer abgeschossen.

An der mittelitalienischen Front lag der Schwerpunkt der Kämpfe gestern an unserem Frontbogen südlich Bologna, beiderseits der Via Emilia und nordwestlich Argenta. Den mit starken Kräften angreifenden Amerikanern blieben trotz stärkster Artillerie- und Fliegerunterstützung wesentliche Erfolge versagt. Örtliche Einbrüche wurden in schneidigen Gegenstößen unter Abschuß zahlreicher Panzer abgeriegelt, eine nordwestlich Medicina durchgebrochene Kampfgruppe auf ihre Ausgangsstellungen zurückgeworfen..

Die Insel Helgoland wurde gestern erneut von britischen Bombenflugzeugen angegriffen. Amerikanische Kampfverbände warfen Bomben auf süddeutsches Gebiet. In der Nacht waren Orte in Schleswig und die Reichshauptstadt das Angriffsziel britischer Terrorbomber.

Waffen für den Bürgerkrieg

Stockholm, 20. April.

Aus Mitteilungen englischer Blätter ergibt sich, daß die ELAS-Kommunisten in Griechenland immer noch im Besitze großer Waffenmengen sind, die sie zu neuen Gewalttätigkeiten benutzen wollen. Wie der Athener Korrespondent des „Daily Telegraph" meldet, befinden sich nach den Angaben des englischen Oberkommandos noch zahlreiche Waffen aller Art im Besitze der ELAS, die entgegen den Vereinbarungen nicht abgeliefert worden sind. Bei einer Suchaktion englischer Truppen seien 1950 Gewehre, 250 Maschinengewehre, 25 Minenwerfer und sechs Geschütze beschlagnahmt worden. In der kommunistischen Zentrale in Serres in Mazedonien habe man 246 Gewehre und 20 Maschinengewehre gefunden.

Das Wunder von Breslau

Drei Monate Leben und Kampf in einer deutschen Großstadtfestung

PK. Festung Breslau, im April 1945.

In der zweiten Aprilhälfte ist die Hauptstadt :hlesiens drei volle Mon .te Festung. In der veiten Januarhälfte wurde sie dazu erklärt; ıld darauf stand der Feind mit seinen ersten ıgriffsverbänden vor den Toren. Seit dem . Februar, also seit über neun Wochen, wird s endgültig eingeschlossene Breslau von elen Sowjetdivisionen angegriffen.

Im Westen und Nordwesten der Stadt seit vielen Tagen die Hölle los. Dorthin hat r Gegner nunmehr seinen Schwerpunkt legt. Hier im Kampf beiderseits der Frank- ter Straße wirft der Feind seine Bataillone mer wieder aufs neue in die zäh und verbissen n unseren Grenadieren verteidigten Häuser- ocks, Keller und Höfe hinein. Wo er nicht dringen kann, trommelt er stundenlang mit k, Artillerie und Salvengeschützen auf die derstandslinie, damit die einstürzenden und hellen Flammen aufgehenden Häuser preis- jeben werden. Dazu aber setzt er tagtäglich le Stunden seine Bomber, Schlacht- und . gd- jzeuge ein, die Welle auf Welle in rollenden griffen mit Bordwaffen, Brand- und Spreng- ıben in den Kampf um Breslau eingreifen, und dem Sinken der Abenddämmerung fliegen ersten Nachtschlachtflugzeuge der Sowjets giftige Insekten langsam und niedrig über Häusermeer der Stadt dahin und setzen bis Morgen mit Leuchtschirmen, Thermit- und tterbomben das Zerstörungswerk des Tages

ber wo Stein und Eisen nicht standhalten, da en die Herzen stand. Die Männer und ıen, Jungen und Mädchen von Breslau, die pfer und Arbeiter der Festung Breslau voll- gen das unmöglich Erscheinende. Eine Woche der anderen vergeht, ein Stadtteil nach dem eren sinkt in Trümmer, aber die Stadt kämpft er, die Menschen dulden und behaupten sich Die Festung bleibt in deutscher Hand. hier wird nicht kapituliert, hier wird ämpft, solange noch Geschütze, Gewehre Munition, Männer und Frauen da sind, eingesetzt werden können. Seit langem en dort schon neben den Tausenden von zig-, Fünfzig- und Sechzigjährigen des Volks- ns Hitlerjungen von 17 bis 18 Jahren, die fanatischem Angriffsgeist an den Schwer- ten des unerhört harten Kampfes im Gegen- wie wilde Katzen gegen die verhaßten :hewisten angehen, und im Innern der Stadt noch Jüngere dabei, zusammen mit Frauen Mädchen die Verwundeten zu betreuen, erdienste zu machen und die nie abreißen- Brände zu bekämpfen. Die Partei aber mit Gauleiter an der Spitze lindert die Not der :hlos gewordenen und stärkt durch die Or- ation des Arbeitseinsatzes die innere Widerstandsfähigkeit der Festung. Sie sichert mit starker fester Hand den Zusammenhalt und den Widerstandswillen der Bevölkerung.

Als Breslau im Februar von Sowjetdivisionen eingeschlossen wurde, gab es keinen, der bei klarer nüchterner Beurteilung die Verteidigung dieser Festung über den Monat März hinaus als denkbar bezeichnet hätte. Der Feind rechnete noch viel früher mit dem Ende seiner gegen Breslau aufgewandten Anstrengungen und Opfer. Heute ist die Tatsache dieser um viele Wochen überschrittenen Frist das Wunder von Breslau. Seine Erklärung läßt sich für denjenigen finden, der an jedem dieser gewonnenen Tage mit eignen Augen die tausend kleinen Wunder erlebt hat, die deutsche Männer und Frauen hier vollbrachten, die Tat des einzelnen Kämpfers an den von der Hauptkampflinie geteilten Straßen, die aufrüttelnde Leistung der Führer und die Haltung der jüngsten und ältesten Menschen von Breslau, die im gläubigen Vertrauen und ohne Murren an ihrem Platz stehen.

Breslau ist als Symbol des deutschen Widerstandswillens gezeichnet worden Sein bis auf das Letzte angespannte Maß an Standhaftigkeit und Opfermut mögen zur Richtschnur und zum Gewissen des deutschen Handelns werden.

Ringsum das Chaos

Von FRITZ SEIDENZAHL

Aus allen Ländern Europas laufen unzählige Meldungen ein, die von einer chaotischen wirtschaftlichen Entwicklung zeugen. Bis zum vergangenen Jahr, solange die europäische Wirtschaftseinheit unter deutscher Vorherrschaft gesichert war, gab es Arbeit und Brot für jeden, der guten Willens war. Auch Frankreich litt keine Not. Finnland wurde versorgt und unterstützt. Viele vom Kriege schwer geschlagene Länder blühten wieder auf. Mit Ausnahme von Griechenland hatte der Südosten nie üppiger gewirtschaftet als in den letzten Jahren.

Seit der Invasion und seit dem Abfall der Balkanstaaten ist ein verheerender Umschwung eingetreten. Das europäische Verkehrsnetz wurde zerstört. Ganze Industrien sind vernichtet worden und gewaltige Vorräte verbraucht, ohne daß Ersatz herankommt. Währungen gerieten ins Gleiten. Das Verrechnungssystem, wie es Deutschland eingeführt hatte, war nicht bequem, aber zuverlässig und ein Schutz gegen währungspolitische Abenteuer. Auch die Rationierungen waren lästig, aber haushälterisch und wirkten sich als die einzige Barriere gegen die unsoziale Sturmflut der Schwarzen Märkte aus.

Diese und andere Einrichtungen sind in die Brüche gegangen. Soweit europäische Gebiete dem sowjetischen Einfluß unterliegen, werden sie restlos ausgeplündert. Die Bolschewisten sind unersättlich. Sie schleppen fort, was überhaupt transportabel ist. Irgendein Interesse an dem Wiederaufbau der besetzten Gebiete haben sie nicht, geschweige denn den Wunsch, diese Länder zu leistungsfähigen Partnern einer Großwirtschaft auszugestalten. Heute muß den Südostländern die Zeit der Zusammenarbeit mit Deutchland wie ein verlorenes Paradies erscheinen. Viel zuviel Rücksicht hatten wir auf unsere Freunde genommen, hatten sie verwöhnt und bereitwillig aus der Schatzkammer unserer Forscher abgegeben. Für jede Gegenleistung hatten wir uns gern und oft bedankt. Jetzt spüren sie ein kaltes, räuberisches Regiment, der Kreml macht nicht Federlesens. Wie sollte auch dem Bolschewismus an der Erhaltung osteuropäischer Nationalwirtschaften liegen? Wenn er sie ausgeplündert hat, werden sie wertloses Niemandsland für ihn sein, in das der Wohlstand nicht wieder einzieht.

Im Westen haben die Menschen auf die Versprechungen der Engländer und Amerikaner gelauscht. Sie träumten von den Schiffen, die masthoch mit Waren beladen in die Atlantikhäfen einströmen würden. Der Glanz des Dollars blendete sie. Zu dürftig erschien ihnen der gedeckte Tisch, der ihnen unter deutscher Verwaltung sicher war. Jetzt droht Inflation. Die Liebesgabenpakete fließen nur spärlich. Durch die Kämpfe von der Atlantikküste bis zum Westwall wurden

Eden sucht Fühlung mit Truman

Man befürchtet doch politische und wirtschaftliche Kursänderungen in den USA.

Genf, 20. April.

Die Nachrichten aus den USA. wollen wissen, daß man dort auf tiefgreifende Veränderungen in der USA.-Regierung gefaßt ist, so meldet der Neuyorker Korrespondent der „Neuen Zürcher Zeitung". Truman würde allmählich die Regierung umbauen. Nötigenfalls würde seine Regierung eine Änderung der Politik, Strategie und wirtschaftliche Lenkung zur Folge haben. Jedenfalls erwarte man, daß der Kongreß als politischer Faktor stärker als bisher hervortritt.

Wenngleich zweifellos durch den Tod Roosevelts die ganze politische Konstellation in den USA. beeinflußt werden wird, so ist doch nicht damit zu rechnen, daß eine grundlegende Änderung des Kurses von heute auf morgen erfolgt. Die wirkliche Lage hat treffend der frühere japanische Finanzminister Tsushima darlegt, der die ganzen Probleme aufzählte, die nach dem Tode Roosevelts auftreten und eine Lösung fordern. Die Politik der USA. war unter Roosevelt zum größten Teil durch die Person des Präsidenten und durch seine persönlichen Vereinbarungen mit Churchill und Stalin bestimmt. Mit dem Ausfall Roosevelts werde zahlreichen politischen Entscheidungen des Weißen Hauses die Grundlage genommen und es bleibe abzuwarten, wieweit Truman sich an Rooseveltsche Verpflichtungen gebunden fühlt. Wenn nach einer Meldung aus Washington der britische Außenminister Eden, der an den Trauerfeierlichkeiten Roosevelts teilnahm, bis zum Zusammentritt der Konferenz von San Franzisko nicht nach England zurückkehren wird und bereits am Montagmorgen im Beisein des USA.-Außenministers Stettinius eine erste Aussprache mit dem neuen Präsidenten hatte, so läßt das den berechtigten Schluß zu, daß Eden es für dringend notwendig erachtete, mit Truman direkt in Verbindung zu treten und seine Stellung zum Kurs Roosevelt kennenzulernen.

Eden hat damit zweifellos im Auftrag Churchills gehandelt, der durch das Ableben Roosevelts seinen stärksten Rückhalt verloren hat. Es heißt, Eden wolle in erster Linie Trumans Ansicht zur Polenfrage sondieren, weil er hoffe, daß Truman England vielleicht Hilfe leisten könne. Im Zusammenhang damit verlautet, daß nach Ansicht Londons eine Konferenz der drei alliierten Großmächte unerläßlich geworden sei.

Abb. 187: Die letzte Ausgabe des „Alemannen" (Nr. 95 vom 21./22.4.1945)

ten, fanatischen Endkampf versehene Ansprache erreichte allerdings über den „Großdeutschen Rundfunk" nur noch etwa ein Viertel der ehemaligen Rundfunkhörer, weil schon viele Sender – so auch der Rundfunksender Freiburg am 15. April und der „Rheinsender Stuttgart" am 5. April 1945 – längst die Programmausstrahlung wegen Ausfalls des Überlandnetzes oder Strommangels eingestellt hatten[278].

Damit spitzte sich die Frage zu, wie sich denn nun General Bader entscheiden würde und ob es zu einem Kampf Haus um Haus in Freiburg kommen würde. Mehrere Freiburger versuchten, Bader zu beeinflussen. So bat beispielsweise der noch immer in Freiburg anwesende, frühere Oberbürgermeister Dr. Kerber den Kampfkommandanten, „die Stadt und ihre Bewohner vor weiteren Schäden zu bewahren"[279]. Kerber blieb übrigens auch bis zum Kriegsende in Freiburg. Er wurde dann von den Franzosen verhaftet und später ermordet[280].

Ebenso hat der aufgrund einer Absprache zwischen Kerber und Bader als technischer Sachverständiger zum Kampfkommandanten abgestellte Stadtoberbaurat Thomas Langenberger mehrmals den General auf die verhängnisvollen Auswirkungen eventueller Brückensprengungen insbesondere für die Versorgungsleitungen in einzelnen Stadtteilen hingewiesen[281]. Gegenüber Kerber und Langenberger gab Generalmajor Bader bald zu erkennen, daß er die Sinnlosigkeit einer militärischen Verteidigung Freiburgs einsah, „da hierfür keine nennenswerten militärischen Abwehrkräfte vorhanden" waren. Der von der NSDAP aufgebotene Volkssturm konnte nach Einschätzung des Kampfkommandanten „als wirksamer Abwehrfaktor überhaupt nicht in Rechnung gestellt werden". Bader beabsichtigte deshalb, im entscheidenden Moment die Stadt vor sinnloser Verteidigung und unnötigen Sprengungen zu bewahren.

Dagegen erhielt der General von SS-Obergruppenführer Keppler den Befehl, die Sprengung der Dreisambrücken vorzubereiten. Die überlieferten Akten bezeugen, daß der SS-General auch in anderen Fällen – so z. B. im Wiesental – nachdrücklich die Sprengung von Flußbrücken verlangte[282]. Generalmajor Bader ließ den Befehl jedoch nicht ausführen, da die noch teilweise existierende Strom-, Gas- und Wasserversorgung im Innenstadtbereich unter den Brücken entlanglief und sich dadurch bei einer Sprengung die leidvolle Lage für die verbliebene Bevölkerung im Stadtzentrum erheblich verschlimmert hätte. Noch immer wurden beispielsweise zahlreiche Personen in der Obdachlosenstelle Gewerbeschule notdürftig betreut und versorgt. Für die französischen Panzer war die Dreisam mit ihrem niedrigen Wasserstand und den breiten Uferböschungen ohnehin kein Hin-

---

[278] Der Alemanne Nr. 94 und 95 v. 20. und 21./22. 4. 1945. Die Goebbels-Rede am Vorabend von Hitlers Geburtstag aus dem „Alemannen" ist auszugsweise wiederabgedruckt in: Der deutsche Südwesten zur Stunde Null. Zusammenbruch und Neuanfang im Jahr 1945 in Dokumenten und Bildern. Hrsg. v. Generallandesarchiv Karlsruhe, bearbeitet von Hansmartin Schwarzmaier. Karlsruhe 1975, S. 26 ff., dort jedoch mit der falschen Angabe, der „Alemanne" sei „letztmals am 20. April 1945 in Freiburg" erschienen.
[279] Bader, 1945 – Freiburgs letzte Kriegstage, a. a. O., S. 52 f.
[280] Vgl. Wolf Middendorf: Ein unaufgeklärter Mord. Der Fall Dr. Franz Kerber in: Freiburger Almanach 27 (1976), S. 81–85.
[281] StadtAF, C 5/7: Tatsachenbericht von Stadtoberbaurat i. R. Thomas Langenberger v. 29. 10. 1946.
[282] Vgl. die Einzelbelege in BA-MA Freiburg, RH 20–19/180. Nach eigenen Angaben, wiedergegeben im Buch von Hermann Riedel: Halt Schweizer Grenze! Konstanz 2. Aufl. 1984, S. 39, hat Keppler (geb. 7. 5. 1894, seit 21. 6. 1944 SS-Obergruppenführer und General der Waffen-SS) als Kommandierender General des XVIII. SS-Armeekorps am 16. 4. 1945 den Befehl gegeben, Freiburg als „festen Platz" aufzugeben. Keppler fährt dann fort: „Damit wird die Stadt Freiburg gleichzeitig vor der befürchteten Zerstörung bewahrt und soweit möglich überhaupt von allen weiteren Kampfhandlungen ferngehalten". Ein derartiger Befehl Kepplers wird von Bader nicht erwähnt und ist nicht in den Akten des BA-MA Freiburg überliefert. Zu Keppler vgl. auch die Personalunterlagen im Berlin Document Center.

dernis. General Bader ließ schließlich nur Sprengladungen mit alten Bomben-blindgängern ohne Zünder und Sprengkapseln an den Brücken anbringen, die man von dem seit Februar 1945 aufgelösten Flugplatz herbeischaffte. Beherzte Freiburger Bürger haben dann vor Einrücken der Franzosen auch diese zünderlo-sen Sprengladungen noch entfernt[283].

Unmittelbar vor dem Anrücken der Franzosen verlegte General Bader seinen Gefechtsstand in das „Jägerhäusle", von wo aus er die sich nähernden gegneri-schen Truppen direkt beobachten konnte[284]. Dort suchte ihn die Freiburger Bür-gerin Philomene Steiger (Abb. 188) aus Herdern auf und drängte ebenfalls, die Stadt nicht mit äußerster Waffengewalt zu verteidigen, da sonst vom überlegenen Feind noch alles in Schutt und Asche gelegt würde. General Bader gab in dem Gespräch zu verstehen, daß er keinen „fanatischen Endkampf" befehlen werde. Er war bemüht, der Stadtbevölkerung zusätzliches Leid zu ersparen[285]. Seine Ent-scheidung, auf eine Verteidigung Freiburgs „bis zum Letzten" zu verzichten, wurde im wesentlichen durch den Umstand bestimmt, daß ihm in keiner Weise ausreichend Personal und Material zur Verfügung standen, um eine Verteidigung gegen die anrückenden gegnerischen Panzerverbände erfolgreich durchführen zu können.

Abb. 188:
Philomene Steiger aus dem Jahr 1946
(StadtAF,
Freiburger Almanach 1975)

[283] Zur Verlegung der Sprengleitungen ohne Ladung und zur „Brückenrettung" vgl. die einzelnen Zeu-genaussagen und Berichte in StadtAF, B 1/328: Sammlung Chronik Hefele; Zuschrift des Sprengmeisters Fritz Hartmann an die Badische Zeitung und an das Stadtarchiv, Freiburg v. 9.1.1966/10.7.1974; Bader, 1945 – Freiburgs letzte Kriegstage, a.a.O., S. 51 ff.; siehe ebenso den überholten Forschungsstand bei Ricker, Freiburg, a.a.O., S. 175–177. Am Durchschneiden und Entfernen der Drähte waren u.a. beteiligt Wilhelm Maag, Buchdruckereibesitzer Berthold Goldschagg, Rechtsanwalt Clemens Rosset und Willy Jäger.
[284] Siehe dazu StadtAF, B 1/328: Sammlung Chronik Hefele: Das „Jägerhäusle" als Hauptquartier vom 21. auf 22. April 1945.
[285] Ebda.: Handschriftlicher Bericht von Philomene Steiger v. 2.7.1945. Auf diesen Bericht stützen sich auch die Darstellungen von Franz Schneller: Das war das Ende. Am 21. April 1945 in Freiburg. In: Badi-sche Zeitung Nr. 23 v. 20.4.1946 und Karl Motsch: Herdern, der 21. April 1945 ... In: Herdermer Nach-richten 2 (1951) Heft 4, S. 1–5; vgl. auch: Tod vor dem Festakt. Philomene Steiger gestorben. In: Badische Zeitung Nr. 209 v. 10.9.1985. Sowohl Frau Steiger (26.4.1896–8.9.1985) als auch General Bader wurden später städtische Ehrungen zuteil. Philomene Steiger wurde am 23.7.1985 das Ehrenbürgerrecht und Ge-neral Bader, der später ebenfalls in Freiburg wohnte, durch Oberbürgermeister Keidel die silberne Stadt-medaille verliehen.

Allerdings hat Bader den entscheidenden und befreienden Schritt zur Distanzierung vom NS-Unrechtssystem nicht vollzogen und Freiburg nicht durch eine Kapitulation unmittelbar an den Feind übergeben, so daß schließlich keine formelle Übergabe der Stadt an die Franzosen zustande kam und auch keine weiße Fahne auf dem Münsterturm gehißt wurde, wie dies gelegentlich in der Literatur falsch behauptet wird[286].

Als sich die „Kampfgruppe Petit" bei einsetzendem Regen gegen 10.00 Uhr von Norden kommend Zähringen näherte, kam es dort und in Herdern zum Schußwechsel mit Infanteriewaffen durch Volkssturmangehörige. Danach räumten die in Zähringen versammelten Volkssturmsoldaten unter Hauptmann Scheuring ihre Stellungen am Stadtrand und zogen sich über Wildtal bis zum Harbuck zurück. Gleichwohl eröffneten die französische Artillerie und die Panzer des 2. Regiments des Chasseurs d'Afrique mit ihren Kanonen das Feuer[287]. Durch Granateinschläge beiderseits der Zähringer Straße, Ochsengasse, Wölflinstraße, Karlstraße, Jacobistraße, am Güterbahnhof sowie am Karls- und Komturplatz kam es noch zu Toten und Verletzten. Kurz nach 14.00 Uhr wurden die Eisenbahnbrücken bei der Pochgasse, Reutebachgasse und am Komturplatz (Abb. 189) sowie die Sendeanlage des Freiburger Rundfunksenders ohne Befehl des Kampfkommandanten durch Pioniersoldaten gesprengt; auch dabei wurden noch Zivilpersonen verletzt und vier getötet. Für die Franzosen waren die zerstörten Eisenbahnbrücken jedoch kein Hindernis; sie konnten sie in kurzer Entfernung umfahren. Beide Sprengmaßnahmen waren letztlich sinnlos. Sie stützten sich aber auf Hitlers „Nero-Befehl" vom 19. März 1945.

Nach der Mittagszeit zeigte ein längerer Heulton der Sirenen an, daß der Feind in die Stadt eindrang und daß mit Panzer- und Tieffliegerangriffen zu rechnen war[288]. Am Nachmittag rollten die ersten französischen Panzer, ohne auf Widerstand zu treffen, in die Innenstadt. Gegen 18.00 Uhr standen sie vor der Johanniskirche. Die 3. französische Kampfgruppe der 1. Panzerdivision und das 6. Kolonial-Infanterieregiment folgten nach. Die Männer des Freiburger Volkssturmes gingen teilweise nach Hause oder zogen sich nach Osten in den Schwarzwald zurück[289]. Zum Teil kam es noch beim Einmarsch der französischen Panzer zu brisanten Situationen, da auch die französischen Soldaten überaus nervös reagierten, weil sie Hinterhalte durch „Werwolf"-Fanatiker befürchteten. Dies bezeugt ein überlieferter Bericht: „(Es war) etwa 1/2 7 Uhr abends. Der erste Panzer

[286] So die unkorrekten Angaben betr. formelle Übergabe in: Freiburg in Trümmern, Teil II, a.a.O., S. 173 und betr. weiße Fahne auf dem Münster bei Max Meister: Freiburger Tagebuch. In: Die Gegenwart 1 (1946), Nr. 6/7, S. 34 ff., nach Angaben von Dritten wiedergegeben. Der Verf. dankt Herrn Dr. Franz Götz, Radolfzell, und Herrn Bernhard Adler, Vöhrenbach, für die Mitteilungen v. 14.7. und 24.7.1989 über ihre damaligen Beobachtungen als 15jährige Volkssturm-Angehörige auf dem Weg vom Jägerhäusle zum Münster, wo sie keine weiße Fahne auf dem Turm gesehen haben. Vgl. auch Franz Götz / Bernhard Adler: Buben mit Panzerfäusten an Fahrrädern. In: Badische Zeitung Nr. 91 v. 21.4.1965, S. 12.
[287] Vgl. dazu die Einzelberichte in: StadtAF, B 1/328: Sammlung Chronik Hefele und K 1/26 (Bericht von Eberhard Caspar); Heute vor 20 Jahren ging für Freiburg der Krieg zu Ende. In: Badische Zeitung Nr. 91 v. 21.4.1965; ferner Lattre de Tassigny, Histoire de la Première Armée Française, a.a.O., S. 548.
[288] Das aus einem fünf Minuten langen ununterbrochenen Heulton bestehende Signal „Feindalarm" – zum Teil mit „Sturmläuten der Kirchenglocken" – war am 12.2.1945 im Bereich des Luftgaukommandos V eingeführt worden, vgl. GLA Karlsruhe, 465 d/1444: Luftgaukommando V an alle Luftschutz-Orte v. 12.2.1945.
[289] Vgl. StadtAF, B 1/328: Sammlung Chronik Hefele und Bericht von Otto Eugen Senn: „Der Volkssturm von Freiburg" v. 6.4.1965. Zu den Ereignissen in Zähringen vgl.: Vor vierzig Jahren in Zähringen: Am 21. April 1945 besetzten die Franzosen den Stadtteil. In: Zähringer Echo, April 1985, S. 37–38.

Abb. 189: Gesprengte Eisenbahnbrücke am Komturplatz (StadtAF)

fährt durch die Kaiserstraße heran, bis zur Erwinstraße, macht dort kehrt und fährt zurück. Prälat Dr. Föhr, Pfarrer von St. Johann, eilte auf den Johanniskirchplatz. Der Panzer entdeckt am Fenster der Polizeiwache einen Polizeibeamten in Uniform. Sofort ging der Panzer gegen die Wache in Stellung und wollte das Feuer eröffnen. In diesem Augenblick sprang Prälat Dr. Föhr auf den Panzer zu und erklärte der Panzerbesatzung, daß es sich um Polizei handle, die keine Waffen besitze; darauf unterblieb der Beschuß der Polizeiwache; die Polizisten mußten herauskommen und wurden als Gefangene auf den Panzer geladen und abgeführt, aber am nächsten Tag wieder freigelassen"[290].

Es wird ferner berichtet, daß französische Kolonialsoldaten gefangengenommene Wehrmachtsangehörige vor ihren Panzern hertrieben oder darauf festbanden, um durch diese eindeutig kriegsvölkerrechtswidrige Aktion den erwarteten Beschuß ihrer Panzer durch deutsche Soldaten zu verhindern. Gleichwohl kam es an der Basler-/Ecke Goethestraße und in der Günterstaler Straße zum Schußwechsel zwischen Franzosen und versprengten SS-Soldaten und HJ-Mitgliedern. Als „äußerst schmerzliche" Tatsache wurde registriert, daß unmittelbar nach dem Einzug „zahlreiche Plünderungen, Vergewaltigungen, Diebstähle, Bedrohungen ... teils durch Kampftruppen, teils durch bisherige Kriegsgefangene und Zivilarbeiter" geschahen[291].

---

[290] StadtAF, B 1/328: Sammlung Chronik Hefele, maschinenschriftliche Aufzeichnung von Prälat Dr. Föhr zum 21. April 1945. Dies übereinstimmend mit dem späteren Bericht des kath. Stadtpfarramtes St. Johann v. 24.6.1945 in: Erzbischöfliches Archiv Freiburg, B 2–35/101; auch zum Folgenden.
[291] Ebda.; vgl. auch die Hinweise in: Badische Zeitung Nr. 94 v. 24.4.1965 sowie zu den zahlreichen Vergewaltigungen durch französische Soldaten den Bericht v. Oberstudienrat a.D. Emil Kraft v. 13.8.1984, StadtAF, B 1/328.

Am Abend übergab Generalmajor Bader, der vom Generalkommando des XVIII. SS-Armeekorps fernmündlich ein neues Kommando über die 719. Infanteriedivision in Hammereisenbach erhalten hatte, nach einer letzten Besprechung mit NSDAP-Kreisleiter Neuscheler, der sich danach mit einem Motorrad absetzte[292], den Abschnitt Freiburg an Generalmajor Richard Bazing[293]. Dieser rückte aber ebenfalls kurz darauf mit den Resten seiner 89. Infanteriedivision nach Osten ab. Ab 21.00 Uhr drang auch die von Breisach vorstoßende zweite französische „Kampfgruppe Lepinay" in den Westen der Stadt ein; und um 22.00 Uhr war ganz Freiburg vom Gegner besetzt (Abb. 190 und 191). Die Dreisambrücken konnten unzerstört von den französischen Truppen übernommen werden.

Abb. 190: Gefangennahme zweier deutscher Soldaten vor der Volksschule in der Turnseestraße (E.C.P. Armées, Fort d'Ivry)

[292] Nach einem späteren Bericht wurde Neuscheler nach dem Krieg verhaftet und zu sechs Jahren Zwangsarbeit verurteilt, siehe: Die Feuerschrift auf Freiburgs Zeittafel. In: Das Volk Nr. 43 v. 27.11.1946.
[293] Richard Bazing (19.12.1894–22.5.1987) war seit 2.2.1945 mit der Führung der 89. Infanteriedivision beauftragt. Vgl. BA-MA Freiburg, MSg 109/114.

Abb. 191: Französische Panzerkolonne in der Adolf-Hitler-Straße, der heutigen Kaiser-Joseph-Straße (E. C. P. Armées, Fort d'Ivry)

Als eine der ersten Besatzungsmaßnahmen wurde von dem neuen französischen Stadtkommandanten, Capitain Le Marois, tags darauf Oberrechtsrat Dr. Max Keller als kommissarischer Leiter der Freiburger Stadtverwaltung bestätigt[294]. Sowohl diese Aktion als auch die weiße Fahne, die auf der als Dienstgebäude der Stadtverwaltung benutzten Gewerbeschule wehte, symbolisierten das Ende der nationalsozialistischen Herrschaft und den Beginn der Besatzungszeit für Freiburg.

[294] StadtAF, K 1/16: Aufzeichnung von Dr. Keller v. 25. 4. 1945; Keller wurde am 1. 6. 1945 von der französischen Militärregierung zum Oberbürgermeister ernannt.

VIII.

Schlußbetrachtung

Das Ausmaß der vorgefundenen Zerstörungen in der Stadt hat die einmarschierenden Franzosen nicht unberührt gelassen. Sowohl spätere Erinnerungen als auch zeitgenössisches Quellenmaterial bezeugen das besondere Betroffensein und Erstaunen des Gegners über die weitgehenden Verwüstungen[1]. So fühlte sich der neue französische Stadtkommandant quasi verpflichtet, bei der ersten Besprechung mit dem kommissarisch eingesetzten Leiter der Stadtverwaltung, Dr. Max Keller, am 22. April 1945, von sich aus sein Bedauern über die Schäden und Opfer auszusprechen und eine Erklärung zur Zerstörung Freiburgs durch die Alliierten abzugeben. Dabei stellte er den verheerenden Luftangriff als „eine Vergeltungsmaßnahme" für die deutsche Beschießung von Straßburg und Mülhausen dar, vor der man die deutsche Regierung gewarnt habe[2]. Wie schon weiter vorne dargelegt[3], ist diese Erklärung nicht zutreffend. Allerdings ist denn doch festzuhalten, daß die gegnerische Besatzungsmacht gleichwohl zu Recht die deutschen Führungsstellen für die Verwüstung Freiburgs verantwortlich machte, wenn auch mit einer nicht zutreffenden Erklärung. Denn ohne Hitlers Kriegspolitik und dessen totale Kriegführung bis zum April 1945 wäre es letztlich nicht zur Zerstörung des Stadtkernes von Freiburg gekommen.

Neben Bestürzung und Bedauern der Franzosen über die vorgefundene schwere Zerstörung Freiburgs trat alsbald aber auch die Erkenntnis über deutsche Verbrechen und NS-Mordaktionen in den von den Alliierten befreiten Konzentrationslagern, in denen sogar Angehörige der in Freiburg stationierten französischen Besatzungsoffiziere umgekommen waren und über welche die Freiburger Bevölkerung deshalb auch durch Plakatanschläge informiert wurde[4].

Als Dr. Keller am Sonntag, den 22. April, die erste Besprechung mit dem Leiter der neuen französischen Militärverwaltung hatte, fiel gleichzeitig auch die Gau- und Landeshauptstadt Württembergs, Stuttgart, in die Hände der Franzosen[5]. Den Selbstmord Hitlers in Berlin am 30. April 1945, der in manchen noch in deutschem Machtbereich verbliebenen Städten und Dörfern Norddeutschlands als „Heldentod" und „Soldatentod des Führers auf seinem Befehlsstand in der

---

[1] Siehe die Erinnerungen des damaligen französischen Sergeanten Hittinger bei Max Brücher: Freiburg im Breisgau 1945. Eine Dokumentation. Freiburg 1980, S. 15.

[2] StadtAF, K 1/16: Aufzeichnung Kellers v. 25.4.1945, und B 1/328: Besprechung beim Kommissarischen Leiter der Notverwaltung der Stadt Freiburg i. Br. im ehemaligen Trausaal des Rathauses am 23. April 1945 und Niederschrift über die erste Besprechung Kellers mit den Vorständen der städtischen Ämter am 28.4.1945; letztere teilweise abgedruckt in Schnabel/Ueberschär, Endlich Frieden!, S. 75ff.

[3] Vgl. oben S. 208f. (Kap. V/2).

[4] Siehe dazu Werner Köhler: Freiburg i. Br. 1945–1949. Politisches Leben und Erfahrungen in der Nachkriegszeit. Freiburg 1987, S. 20 und Hans Maier: Als der Krieg zu Ende war. Erinnerungen an den Mai 1945. In: Süddeutsche Zeitung v. 3.5.1975.

[5] Vgl. dazu Karl Strölin: Stuttgart im Endstadium des Krieges. Stuttgart 1950.

Reichskanzlei" hingestellt wurde[6], konnten die Freiburger bereits nicht mehr aus deutschen, sondern nur durch alliierte Mitteilungen erfahren.

Auch die Unterzeichnung der bedingungslosen Kapitulationsurkunde durch das Oberkommando der Wehrmacht am 8. Mai 1945 wurde den Freiburger Bürgern auf Anweisung der französischen Militärverwaltung mitgeteilt. Dr. Keller mußte 15000 Handzettel mit der Verkündung der deutschen Niederlage durch Englands Premierminister Churchill in der Herder-Druckerei vervielfältigen und noch am Vormittag dieses Tages in allen Stadtteilen verteilen lassen (Abb. 192)[7].

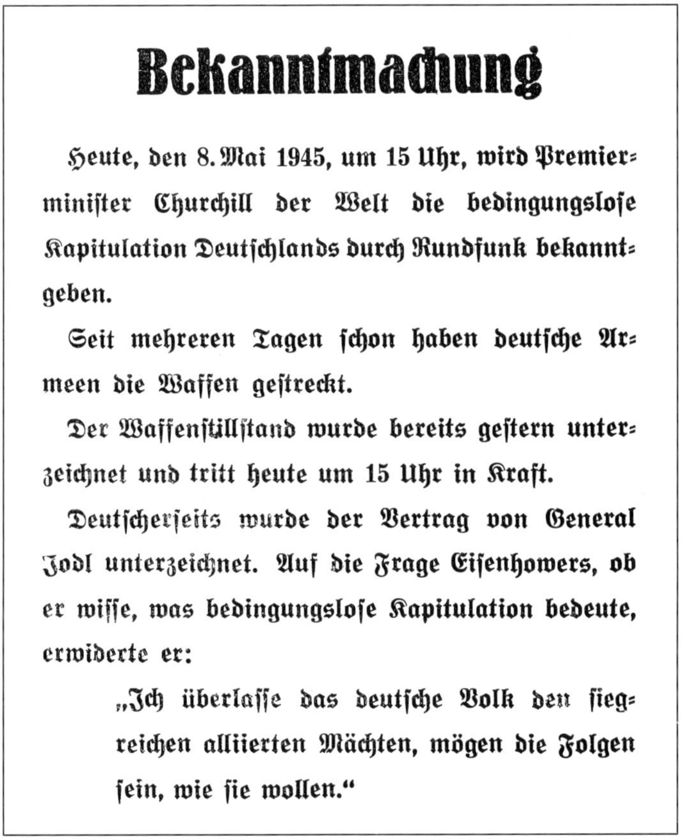

Bekanntmachung

Heute, den 8. Mai 1945, um 15 Uhr, wird Premierminister Churchill der Welt die bedingungslose Kapitulation Deutschlands durch Rundfunk bekanntgeben.

Seit mehreren Tagen schon haben deutsche Armeen die Waffen gestreckt.

Der Waffenstillstand wurde bereits gestern unterzeichnet und tritt heute um 15 Uhr in Kraft.

Deutscherseits wurde der Vertrag von General Jodl unterzeichnet. Auf die Frage Eisenhowers, ob er wisse, was bedingungslose Kapitulation bedeute, erwiderte er:

"Ich überlasse das deutsche Volk den siegreichen alliierten Mächten, mögen die Folgen sein, wie sie wollen."

Abb. 192: Von der Notverwaltung verteilte Bekanntmachung über die Kapitulation vom 8. Mai 1945 (StadtAF, C 5/3)

Das Ergebnis der Hitlerschen Kriegspolitik war für die Stadt Freiburg nach fünfeinhalb Jahren Krieg katastrophal. Nach den Zahlen der Bevölkerungsstatistik lebten statt der bei der letzten Volkszählung vor Kriegsbeginn am 17. Mai 1939 erfaßten 110318 Bürgerinnen und Bürger Ende April 1945 nur noch 57974

---

[6] So z. B. noch in der Ausgabe der „Hamburger Zeitung" Nr. 102 v. 2. 5. 1945, S. 1: „Der Tod des Führers" mit Bekanntgabe durch Großadmiral Dönitz als von Hitler eingesetzten Nachfolger.
[7] StadtAF, C 5/3: Vermerk auf der Rückseite des Handzettels v. 8. 5. 1945.

Tab. 10: Entwicklung der Freiburger Bevölkerung von 1933 bis 1950 (jeweils ortsanwesende Bevölkerung)

16. 6. 1933	100 708
1. 1. 1934	101 679
1. 1. 1935	103 179
1. 1. 1936	105 875
1. 1. 1937	104 701
1. 1. 1938	109 892 (mit St. Georgen)
17. 5. 1939	110 318 (mit St. Georgen)
26. 11. 1944	101 400
31. 12. 1944	63 962
4. 3. 1945	62 174
1. 4. 1945	58 729
29. 4. 1945	57 974
26. 1. 1946	89 275
Dezember 1946	96 500
Anfang 1950	110 000

Quelle: StadtAF, B 1/328 u. Mitteilungen des Statistischen Amtes Freiburg v. 1946

Bewohner in der Stadt[8]; 47,4 Prozent der Einwohner waren also bei Kriegsende gefallen, getötet, gestorben, zwangsvertrieben, evakuiert oder abgewandert (siehe Tab. 10).

Besonders viele Freiburger waren nach dem Terrorangriff am 27. November 1944 abgewandert oder umquartiert worden. Bis Mai 1945 hatten 27 985 Einwohner offiziell Abreisebescheinigungen erhalten[9]. Nach einer Übersicht des Amtes für Volkswohlfahrt der NSDAP vom 9. April 1945 waren allein 6209 umquartierte Freiburger im Kreis Neustadt untergebracht[10]. Im direkt benachbarten Landkreis Freiburg hatten viele Flüchtende sich in Merzhausen, Oberried, St. Peter, Wildtal, Kappel und Buchenbach niedergelassen[11].

Die Zahl der Todesopfer hatte sich in den letzten Kriegstagen aufgrund des ausgebliebenen „Endkampfes um die Stadt" nicht wesentlich erhöht. Es wurden damals als Opfer des Luftkrieges 2767 identifizierte und 113 unbekannte Tote beklagt; 460 Personen waren bei Kriegsende noch vermißt. Abschließend ergab sich später die Zahl von 2924 bekannten und unbekannten Toten sowie 84 Vermißten. Unter den Toten befanden sich fast 400 Kinder bis zum 10. Lebensjahr. Zudem waren 3054 Freiburger als Wehrmachtsangehörige gefallen oder gestorben; 1610 Soldaten wurden vermißt und 128 vermißte Soldaten waren für tot erklärt worden[12].

[8] Ebda., B 1/328: Freiburger Bevölkerungsstatistik v. 16.6.1933 bis 29.4.1945, Zahlen ab 26.11.1944 nach Unterlagen des Ernährungsamtes. Gelegentlich werden für den Stand v. 17.5.1939 auch 108 487 Einwohner angegeben.
[9] Ebda., Sammlung Berichte städtischer Ämter: Stelle für Fliegergeschädigten-Ausweise u. Vermißtenzentrale v. 29.5.1945.
[10] Ebda., C 5/2752: Liste v. 9.4.1945.
[11] StA Freiburg, Landratsamt Freiburg 1972/7/120: Der Landrat des Kreises Freiburg v. 8.1.1945 und Ortsliste mit Zahlenangaben.
[12] Die Opfer des letzten Krieges. In: Freiburger Statistische Monatsberichte. Hrsg. vom Statistischen Amt der Stadt Freiburg. 5. Jg. (1951). Eine nachträglich zusammengestellte Namensliste aller Opfer des Zweiten Weltkrieges enthält die Publikation: Kriegsopfer der Stadt Freiburg i. Br. 1939–1945. Gedenkbuch für die gefallenen, gestorbenen und vermißten Soldaten und für die Opfer der Fliegerangriffe. Freiburg 1954.

Die alsbald nach Kriegsende einsetzende Rückwanderung der abgewanderten oder evakuierten Bevölkerung nach Freiburg verstärkte – ebenso wie Beschlagnahmeaktionen durch Besatzungsstellen – den bestehenden Wohnungsmangel sehr drastisch. Zusammen mit den Versorgungsschwierigkeiten bestimmten deshalb Fragen nach Wohn- und Unterbringungsmöglichkeiten in der ersten Zeit nach dem Ende des Dritten Reiches die Arbeit der kommunalen Verwaltung. Die Bestandsaufnahme auf dem Wohnraumsektor war deprimierend. Die vom Statistischen Amt der Stadt erstmals im Herbst 1948 und danach bis 1951 mehrmals neu erstellten Verzeichnisse über die Gebäudeschäden machten den hohen Anteil von zerstörten Wohnungen am Gesamtwohnungsbestand deutlich (Abb. 193–195). Der Ausfall von etwa 2000–2200 total zerstörten und etwa 750 schwer sowie weiteren rund 750 mittelschwer beschädigten Wohngebäuden war der Grund für „die ungeheure Wohnungsnot" in Freiburg[13]. Bei einem Gesamtbestand von rund 9400 Wohngebäuden ergab sich ein Anteil von etwa 61,5 Prozent ganz oder teilweise beschädigter Wohnhäuser. Nach einer Berechnung des städtischen Wohnungsamtes vom 13. Juli 1948 waren 47 Prozent der Wohngebäude (ohne Anteil der leichtbeschädigten) durch Luftangriffe zerstört worden[14]. In Südbaden betrug die Zahl der zerstörten Wohngebäude dagegen insgesamt nur 21,6 Prozent.

Von den bei Kriegsbeginn erfaßten 29 402 Wohnungen waren zum Kriegsende nur noch 23 717 vorhanden bzw. benutzbar; der Totalverlust betrug demnach 19,3 Prozent (Abb. 193). Im einzelnen waren von den 29 402 Wohnungen

	5 685	total zerstört	= 19,3 Prozent
ca.	2 100	schwer beschädigt	= 7,2 Prozent
ca.	1 700	mittelschwer beschädigt	= 5,8 Prozent
ca.	11 700	leicht beschädigt	= 39,7 Prozent;

lediglich ca. 7800 Wohnungen (= 26,6 Prozent) waren nicht beschädigt[15]. Besonders hoch waren die Verluste in den Stadtteilen Neuburg (mit 78,6 Prozent), Stühlinger-Eschholz (mit 77,4 Prozent), Freiburg-West (mit 66,7 Prozent) und Altstadt (mit 45,7 Prozent). Geringen Wohnungsschaden wiesen Günterstal, Oberwiehre, Mittelwiehre, Unterwiehre und Waldsee auf.

Da sich verschiedene Maßstäbe für den Zerstörungsgrad einer Wohnung anlegen lassen, ergeben sich in den Quellen auch ganz unterschiedliche Prozentzahlen für den Anteil der zerstörten Wohnungen am gesamten Wohnungsbestand in Freiburg. Die nach dem Kriegsende erstellte „Kriegsfolgenkarte" für Westdeutschland und die von der Bundesregierung veröffentlichten „Dokumente Deutscher Kriegsschäden" gehen von einem Zerstörungsgrad von 31 Prozent für Freiburg aus; andere Berechnungen schwanken zwischen 27,8 und 34,2 Prozent[16]. Mehrere Städte in Südwestdeutschland wiesen danach allerdings noch er-

---

[13] StadtAF, Freiburger Statistische Monatsberichte, Januar 1949 und Januar 1951. Die Zahlenangaben in beiden statistischen Zusammenstellungen stimmen nicht immer überein; vgl. ferner StadtAF, C 4/I/6/3: Der Beauftragte des Leiters der baulichen Sofortmaßnahmen v. 24.3.1945.
[14] Ebda., C 5/650.
[15] Vgl. auch Ebda., C 5/2748: Übersicht über die Kriegsschäden an Gebäuden in den Gemeinden des Landes Baden v. 10.1.1946 an das badische Innenministerium.
[16] Angaben nach: Zahlennachweis zur Kriegsfolgen-Karte Westdeutschland 1939–1950. Bearbeitet von Karl-Otto Gassdorf und Manfred Langhans-Ratzeburg. Frankfurt o. J.; ebenso: Dokumente Deutscher Kriegsschäden, a. a. O., Bd. I, S. 54; auch zum Folgenden; vgl. die höheren Angaben bei Hans Rumpf, Der hochrote Hahn. Darmstadt 1952, S. 146; Heinz Bardua: Kriegsschäden in Baden-Württemberg 1939–1945. In: Historischer Atlas von Baden-Württemberg. Erläuterungen. Beiwort zur Karte VII, 11. Stuttgart 1975, S. 7.

Tabelle „Gebäude- und Wohnungsbestand vor und nach der Zerstörung"

Stadtteil		Gebäude									Wohnungen													
	insgesamt	darunter		Zerstörungsgrad							insgesamt		Ausfall		Von den Wohnungen der Spalte 11 sind mit ...... Räumen									
		Nicht-wohnge-bäude	Wohn-ge-bäude	total zerstört		beschädigt		unbeschädigt			vor der Zerstörung	nach der Zerstörung			1		2		3		4		5 u.mehr	
				Zahl	vH Sp.1	Zahl	vH Sp.1	Zahl	vH Sp.1				Zahl	vH	Zahl	vH Sp.11	Zahl	vH Sp.11	Zahl	vH Sp.11	Zahl	vH Sp.11	Zahl	vH Sp.11
	1	2	3	4	5	6	7	8	9		10	11	12	13	14	15	16	17	18	19	20	21	22	23
Altstadt	2274	1032	1242	1028	45,2	1227	54,0	19	0,8		4210	2286	1924	45,7	177	7,7	578	25,3	715	31,3	445	19,5	371	16,2
Neuburg	1004	418	586	724	72,1	280	27,9	-	-		1759	377	1382	78,6	18	4,8	91	24,2	149	39,5	65	17,2	54	14,3
Herdern	1323	360	963	63	4,8	1025	77,5	235	17,7		2867	2807	60	2,1	153	5,4	625	22,3	1131	40,3	566	20,2	332	11,8
Nord-West	577	374	203	29	5,0	491	85,1	57	9,9		1063	1008	55	5,2	47	4,7	396	39,3	471	46,7	82	8,1	12	1,2
Zähringen	592	190	402	4	0,7	447	75,5	141	23,8		845	884	+39	+4,6	65	7,4	259	29,3	427	48,3	85	9,6	48	5,4
Oberau	569	220	349	22	3,9	528	92,8	19	3,3		1532	1386	146	9,5	47	3,4	551	26,0	510	36,8	349	25,2	119	8,6
Oberwiehre	638	107	531	26	4,0	602	94,4	10	1,6		2130	2101	29	1,4	101	4,8	485	23,1	821	39,1	362	17,2	332	15,8
Waldsee	632	74	558	2	0,3	626	99,1	4	0,6		1111	1361	+250	+22,5	85	6,3	384	28,2	592	43,5	237	17,4	63	4,6
Littenweiler	345	116	229	5	1,5	315	91,3	25	7,2		451	465	+14	+3,1	32	6,9	138	29,7	171	36,7	64	13,8	60	12,9
Mittelwiehre	668	167	501	30	4,5	624	93,4	14	2,1		1693	1686	7	0,1	95	5,6	289	17,1	533	31,6	401	23,9	368	21,8
Unterwiehre	1155	335	820	7	0,6	963	83,4	185	16,0		2442	2553	+111	+4,5	149	5,8	586	23,0	944	37,0	532	20,8	342	13,4
Günterstal	254	78	176	-	-	26	10,2	228	89,8		325	325	3	+0,9	20	6,2	78	24,0	117	36,0	58	17,8	52	16,0
Stühlinger-Beurbarung	280	34	246	72	25,7	208	74,3	-	-		1130	786	344	30,4	40	5,1	269	34,2	400	50,9	75	9,6	2	0,2
Stühlinger-Escholz	522	167	355	384	73,6	138	26,4	-	-		1773	400	1373	77,4	12	3,0	132	33,0	198	49,5	50	12,5	8	2,0
Alt-Stühlinger	540	178	362	82	15,2	450	83,3	8	1,5		1672	1396	276	16,5	102	7,3	457	32,7	696	49,9	133	9,5	8	0,6
Freiburg-West	242	63	179	150	62,0	92	38,0	-	-		420	140	280	66,7	6	4,3	23	16,4	80	57,1	20	14,3	11	7,9
Betzenhausen	203	67	136	90	44,3	113	55,7	-	-		231	133	98	42,4	8	6,0	48	36,1	47	35,3	17	12,8	13	9,8
Mooswaldsiedlung	365	13	352	90	24,6	273	74,8	2	0,6		400	276	124	31,0	16	5,8	56	20,3	127	46,0	70	25,4	7	2,5
Haslach	1109	226	883	13	1,2	860	78,0	228	20,5		2289	2282	7	0,0	51	2,2	1082	47,4	864	37,9	163	7,1	122	5,4
St. Georgen	969	411	558	9	0,9	490	50,6	470	48,5		1062	1062	+3	+0,0	25	2,4	211	19,8	243	22,8	390	36,6	196	18,4
Stadt im ganzen	14261	4650	9631	2030	19,9	9786	69,6	1645	11,5		29402	23717	5685	19,3	1249	5,3	6548	27,6	9236	38,9	4164	17,6	2520	10,6

Abb. 193: Tabelle „Gebäude- und Wohnungsbestand vor und nach der Zerstörung" in den einzelnen Stadtteilen (Statistische Monatsberichte Freiburg)

Stadtteile	vor der Zerstörung		nach der Zerstörung		Ausfall durch Zerstörungen				Verteilung der gewerblichen Räume auf die Stadtteile	
	Anzahl der Räume	Fläche in qm	Anzahl der Räume	Fläche in qm	Anzahl der Räume	in v.H. Sp.1	Fläche in qm	in v.H. Sp.2	vor der Zerstörung	nach der Zerstörung
	1	2	3	4	5	6	7	8	9	10
Altstadt	8239	220815	4416	109650	3823	46,4	111165	50,3	49,2	42,2
Neuburg	2381	97160	609	23750	1772	74,4	73410	75,5	14,2	5,8
Herdern	1555	32500	1430	26880	125	8,0	5620	17,3	9,3	13,7
Nordwest	599	64440	586	62040	13	2,2	2400	3,7	3,6	5,6
Zähringen	181	7200	177	7100	4	2,2	100	1,4	1,1	1,7
Oberau	522	18700	435	17200	87	16,7	1500	8,0	3,1	4,1
Waldsee	123	3000	129	3100	+ 6	+ 4,9	+ 100	+ 3,3	0,7	1,2
Littenweiler	80	2500	80	2500	-	-	-	-	0,5	0,8
Oberwiehre	253	6050	273	7250	+ 20	+ 7,9	+ 1200	+19,8	1,5	2,6
Unterwiehre	750	18300	736	18100	14	1,9	200	1,1	4,5	7,0
Mittelwiehre	481	11550	534	12450	+ 53	+11,0	+ 900	+ 7,8	2,9	5,1
Günterstal	200	4900	200	4900	-	-	-	-	1,2	1,9
Stühlinger-Beurbarung	43	900	39	500	4	9,3	400	44,4	0,3	0,4
Stühlinger-Eschholz	427	13440	121	2650	306	71,7	10790	80,3	1,5	1,2
Alt-Stühlinger	485	12400	327	7550	158	32,6	4850	39,1	2,9	3,1
Freiburg-West	20	300	3	100	17	85,0	200	66,6	0,1	0,0
Alt-Betzenhausen	59	1600	33	700	26	44,1	900	56,3	0,4	0,3
Mooswald-Siedlung	-	-	-	-	-	-	-	-	-	-
Haslach	189	4770	189	4770	-	-	-	-	1,1	1,8
St.Georgen	154	4230	154	4230	-	-	-	-	0,9	1,5
Stadt im ganzen:	16741	524755	10471	315420	6270	37,5	209335	39,9	100,0	100,0

Abb. 194: Tabelle „Die gewerblichen Räume nach Zahl und Fläche vor und nach der Zerstörung" (Statistische Monatsberichte Freiburg 1951)

Gebäudearten	Vorkriegsbestand		Davon nach Kriegsende	
	Zahl	v.H.	beschädigt u.zerstört	unbeschädigt
ohnhäuser	9 147	64,1	89,7	10,3
andwirtsch. Gebäude	250	1,8	77,6	22,4
eb. f. Handel u. Gewerbe	3 761	26,4	88,0	12,0
ndustrielle Gebäude	405	2,9	75,0	25,0
fentliche Gebäude	660	4,6	86,7	13,3
rchen u. rel. Gebäude	38	0,3	84,2	15,8
Insgesamt	14 261	100,0	88,5	11,5

Abb. 195: Tabelle „Der Häuserbestand nach Gebäudearten". (Statistische Monatsberichte Freiburg)

heblich höhere Zerstörungsgrade als Freiburg auf, wie die aufgeführten Zahlen deutlich machen:

Bruchsal	60–70 Prozent
Pforzheim	62–66 Prozent
Heilbronn	54–57 Prozent
Ludwigshafen	49–55 Prozent
Mannheim	48–58 Prozent
Friedrichshafen	47 Prozent
Freudenstadt	40 Prozent
Karlsruhe	24–38 Prozent
Stuttgart	29–34 Prozent [17].

Vergleichsweise geringe Zerstörungswerte werden für Emmendingen mit 18 Prozent, für Müllheim mit 10 Prozent, für Lahr mit 6 Prozent, für Offenburg mit 5 Prozent angegeben; für Lörrach werden sogar 0 Prozent aufgeführt. Neubau und Wiederherstellung von Wohnraum waren denn auch eine der wichtigsten Nachkriegsaufgaben in der Breisgaustadt.

Auch 86,7 Prozent der öffentlichen Gebäude waren in Freiburg vernichtet oder schwer beschädigt worden. Total zerstört waren z. B. 26 Universitätsinstitute, 23 Gebäude von Kliniken, Krankenhäusern, Alters- und Jugendheimen sowie 7 Schulgebäude [18]. Als die Schadensfeststellungsbehörde des Oberbürgermeisters im Juni 1945 einen Überblick über die erlittenen materiellen und finanziellen Kriegsschäden an das amerikanische Kriegsministerium erstellen mußte, kam man auf folgende Schadensbeträge für die Zeit der Luftangriffe vom 10. Mai 1940 bis 21. April 1945 [19]:

Tab. 11: Zusammenstellung einmalige Schäden (nach Baupreisen von 1945)

	Kleinschäden	Großschäden	zusammen
1. Fahrnis-Sachschaden	17 044 590,–	113 183 147,–	130 227 737,–
2. Gewerblicher Sachschaden	2 945 167,–	156 508 745,–	159 453 912,–
3. Gebäude-Sachschaden	10 000 000,–	514 598 757,–	524 598 757,–
4. Ansprüche für verlorene Arbeitszeit bei Sachschäden	346 263,–	1 806 402,–	2 152 665,–
5. Ansprüche für verlorene Arbeitszeit bei Nutzungsschäden	858 550,–	2 846 944,–	3 435 494,–
Zusammen einmalige Schäden	30 924 570,–	788 943 995,–	819 868 565,–

Quelle: StadtAF, C 5/2748

Angesichts dieser Opfer- und Verlustzahlen wird es verständlich, daß vielerorts der Gedanke aufkam, Freiburg werde als stadtgeographischer Siedlungsort „aufgegeben" oder es werde zumindest „nie mehr" als kulturgeschichtlich reizvolle Stadt anzusprechen zu sein [20]. Die Einsetzung einer städtischen „Hilfsstelle für

[17] Siehe dazu auch StadtAF, C 5/2748: Vergleichende Darstellung der durch Kriegseinwirkung verursachten Gebäudeschäden in Freiburg i. Br. und in einigen Städten Nordbadens (Grafik).
[18] Angaben nach der Zusammenstellung des Wiederaufbaubüros v. 14.6.1950 in: StadtAF, C 5/2282.
[19] Ebda., C 5/2748: Feststellungsbehörde an den Herrn Oberbürgermeister v. 28.6.1945 betr.: Kriegsschaden durch Fliegerangriffe auf die Stadt Freiburg i. Brsg.
[20] Ebda., B 1/328: Chronik v. 1945.

Fliegergeschädigte" (ab 1949 umbenannt in „Amt für Soforthilfe") und des Wiederaufbaubüros kurz nach Kriegsende dokumentierte allerdings dann doch sehr deutlich den schon unmittelbar nach dem Zusammenbruch des Reiches wieder vorhandenen Aufbauwillen und die Leistungsbereitschaft der Freiburger.

Wie ein einsames, anklagendes Fanal ragte das Münster bei Kriegsende aus der Trümmerwüste des Stadtzentrums. Der unmittelbar nach dem 27. November in Freiburg selbst empfundene hohe Zerstörungsgrad ist allerdings in Relation zu sehen mit den weitaus verheerenderen Verwüstungen in anderen Städten Deutschlands. Wenn man bedenkt, daß insgesamt über 2 Millionen Tonnen Spreng- und Brandbomben von den Westalliierten auf Deutschland abgeworfen wurden, so wird ersichtlich, daß Freiburg mit der Gesamt-Bombenabwurfmenge von 2444 Tonnen „nur" das Ziel eines vergleichsweise „normalen" britischen Bombenangriffs „unter vielen anderen" gewesen war. Andere südwestdeutsche Städte wurden stärker bombardiert; auf Karlsruhe fielen beispielsweise 11 500, auf Stuttgart 27 200 und auf Ulm 6600 Tonnen Bomben.

Als Menschenverluste der beiderseitigen Bombenabwürfe schätzt man die Zahl der Luftkriegstoten in Deutschland auf etwa 442–609 000 getötete Zivilpersonen und ca. 25 000 tote Wehrmachts- bzw. Polizeiangehörige sowie für England auf etwa 60 000 Tote[21]. In Deutschland wurden ferner etwa 640–885 000 Zivilpersonen einschließlich Ausländer und Kriegsgefangene verletzt und 7,5 Millionen Menschen obdachlos. Fast 2,5 Millionen Tonnen Bomben warfen die Angloame-

Abb. 196: Französische Kolonialsoldaten vor dem Martinstor (StadtAF, M 731/51)

[21] Siehe die Angaben in: Dokumente Deutscher Kriegsschäden, a.a.O., Bd. I, S. 59; auch zum Folgenden. Die höhere Zahl von 609 000 gegenüber 442 000 getöteten Zivilisten ergibt sich nach dem Gebietsstand vom 31.12.1942 und unter Einbeziehung von getöteten Flüchtenden. Vgl. Rumpf, Der hochrote Hahn, S. 144. Geringere Zahlen sind bei The United States Strategic Bombing Survey, a.a.O., Bd. 4, S. 7 angegeben.

Abb. 197: Schluß-Steinring auf der Turmplattform des Münsters vom 26. November 1981 mit dem Text „Der Münsterturm" von Reinhold Schneider (Münsterbauverein Freiburg)

rikaner auf das Reich (RAF: 970 324 to, USAAF: 987 310 to und 8. AAF: 540 279,34 to). Auf England fielen rund 75 000 Tonnen Bomben. 57 424 britische Flieger wurden bei den Luftangriffen getötet oder blieben vermißt[22]. Im Bereich des heutigen Baden-Württemberg kamen etwa 40 000 Zivilisten ums Leben; der größte Teil davon waren Opfer der letzten Kriegsmonate ab Sommer 1944, die bei einer rechtzeitigen Beendigung des seitdem erkennbar verlorenen Krieges von deutscher Seite hätten vermieden werden können.

Freiburg zählte mit Stuttgart, Heilbronn, Karlsruhe, Mannheim, Pforzheim und Ulm zu den am härtesten getroffenen Städten in Südwestdeutschland. Die rechnerische Bilanz des Luftkrieges gegen Deutschland war folglich für sehr viele Menschen – auch für viele Freiburger – trostlos. Obwohl das Kriegsende im April und Mai 1945 mehr als Niederlage Deutschlands und kaum als Befreiung von der nationalsozialistischen Diktatur empfunden wurde, erlebten viele Menschen in den Städten das Ausbleiben der ständigen Luftalarme und Luftangriffe bei Tag und Nacht als gleichsam beruhigendes und erholsames Ergebnis des Kriegsendes; mit zum Teil ungläubiger Erleichterung registrierte man die Stille unmittelbar nach Kriegsende[23]. Das Gefühl, „endlich wieder Frieden" zu erleben, bestimmte vielerorts die erste Reaktion im April und Mai 1945 und half über die

[22] Die RAF-Zahlen stützen sich auf PRO London, AIR 20/5302: Secret Draft of B.C. vom 27.6.1945, „Bomber Command in the Second World War" (Schlußbericht).
[23] Zur ungläubigen Erleichterung über die Stille unmittelbar nach Kriegsende siehe Norbert Ohler: Zum Kriegsende 1945 in Teningen. In: „'s Eige zeige". Jahrbuch des Landkreises Emmendingen für Kultur und Geschichte 3/1989, S. 177–194, hier S. 179 mit Anm. 35.

Erkenntnis der schweren politischen Folgen des verlorenen Krieges und die ersten Erfahrungen mit den Siegern als Besatzungsmächte hinweg.

Im Rahmen eines Fazits stellt sich auch die Frage, inwieweit der britische Bombenkrieg gegen die deutsche Zivilbevölkerung – und damit auch der abendliche Terrorangriff auf Freiburg – einem militärischen Ziel entsprach und durch völkerrechtliche Rechtfertigung abgesichert war. Da allerdings eine besondere Regelung zur Luftkriegführung nach dem Kriegsvölkerrecht nicht bestand, ergibt sich die weitere Frage, ob das Flächenbombardement der deutschen Städte durch die Briten mit dem Ziel, die Moral der Zivilbevölkerung zu brechen, als strategischer Luftkrieg oder als Verstoß gegen das bestehende allgemeine Kriegsvölkerrecht anzusprechen ist. Bei der Erörterung dieser Frage ist zu bedenken, daß der Zermürbungskrieg gegen das Hinterland und die gegnerische Zivilbevölkerung vor Beginn des Zweiten Weltkrieges bereits grundsätzlich theoretisch entwickelt und durchdacht worden war, so daß er dann während des Krieges sowohl von Deutschland als auch aufgrund der speziellen Kriegssituation Großbritanniens von der Londoner Regierung, die ab Sommer 1940 im strategischen Bomber das einzig wirksame Kriegsmittel gegen das Reich besaß, im Rahmen des totalen Krieges akzeptiert und „unterschiedslos" praktiziert wurde. Die Verantwortung des NS-Regimes für die Entfesselung des totalen Krieges einschließlich des Bombenkrieges gegenüber den mit Krieg überzogenen Nationen kann dabei nicht in Frage gestellt werden. So hat es vielleicht eine – obwohl unbeabsichtigte – symbolische Bedeutung, daß gerade polnische Bomberpiloten 1944 auch beim Angriff auf Freiburg beteiligt waren und damit direkt jenes Land und Herrschaftssystem bekämpften, das ihr Heimatland seit 1939 verwüstete.

Nach der Invasion im Sommer 1944 waren die Luftstreitkräfte allerdings für die Westalliierten nicht mehr das einzig wirksame Kampfmittel im Krieg gegen Deutschland. Zudem zeigte sich bis zur Mitte dieses Jahres, daß Kampfwille, Disziplin und Moral der deutschen Bevölkerung durch das Bombardement der Wohngebiete in den Städten nicht in dem erwarteten Ausmaß gebrochen werden konnten; auch wenn sie in einzelnen Bereichen teilweise schwer erschüttert wurden und einer sorgfältigen Beobachtung, Zuwendung und Pflege durch die NS-Propaganda bedurften, so blieb schließlich der von London erwartete Zusammenbruch des NS-Herrschaftssystems aufgrund des „Krieges der Bomber" aus[24]. Dennoch wurde das „area-bombing" von den Briten fortgesetzt. Spätestens ab Sommer 1944 wurden mit dieser Doktrin die allgemein als verbindlich angesehenen Völkerrechtsregeln der Kriegführung verletzt, zumal man punktuell spezifische Ziele hätte angreifen können.

Allerdings operierte „Bomber Harris" nicht auf eigene Verantwortung. Er kämpfte im Auftrag und in Abstimmung mit der Regierung Churchill. Verständlicherweise verschanzte er sich bei späteren Attacken auf seine Kriegführung hinter der Regierung; deren Befehle allein habe er ausgeführt, erklärte er nach dem Krieg kühl und korrekt[25]. Obwohl Harris' Prognose, der Krieg könne allein durch den Einsatz seiner Bomberflotte siegreich beendet werden, nicht eintraf und obwohl das Bomber Command ab Sommer 1944 zudem Präzisionsangriffe mit großer Genauigkeit hätte durchführen können, hielt die britische Führung an der

[24] Vgl. dazu die resümierenden Ergebnisse bei Earl R. Beck: Under the Bombs. The German Home Front 1942–1945. Lexington: The University Press of Kentucky 1986 und Gerald Kirwin: Allied Bombing and Nazi Domestic Propaganda. In: European History Quarterly 15 (1985), S. 341–362.
[25] Arthur T. Harris: Bomber Offensive. London 1947.

bislang durchgeführten Praxis des Flächenbombardements fest. Harris bekam auch nach diesem Zeitpunkt freie Hand, kleinere und mittlere Städte, wie Freiburg, in Schutt und Asche zu legen.

Auch als schließlich fast alle größeren Städte zerstört waren, blieb die deutsche Bevölkerung moralisch unberührt und arbeitete – unter dem Druck des Regimes – in den ebenfalls getroffenen Fabriken und Werken weiter. Der erwartete Zusammenbruch des Dritten Reiches blieb aus; der Widerstandswille wurde nicht gebrochen. Insofern hat die britische Bomberflotte ihr selbst gesetztes Ziel nicht erreicht. Mit ihrem unterschiedslosen Luftterror hat sie vielmehr den „moralischen" Vorsprung der Alliierten vor der Kriegführung des Dritten Reiches verspielt.

Nach Kriegsende hat man dann auch in den Siegerländern Arbeit und Rolle des Bomber Command während des Krieges nicht in das Rampenlicht der Öffentlichkeit und besonderer Ehrungen gestellt, sondern eher in den Hintergrund gerückt oder gar ignoriert[26]. Harris erhielt vom britischen Königshaus und der Regierung zwar im Januar 1946 den Titel „Marshal of the Royal Air Force", doch erst verspätet 1953 den Adelstitel „Sir" (Baronet). Er mußte erleben, wie sich die Londoner Regierung aus der Verantwortung für diese grausame Kriegführung mogeln und ihm allein den Schwarzen Peter zuschieben wollte[27].

Der bewußt eingesetzte und gezielte Terrorkrieg gegen Zivilisten war das Resultat konsequenter Fortentwicklung des Gedankens vom totalen Krieg in der Praxis; in letzter Konsequenz führte er schließlich auch zum Atombombeneinsatz der USA gegen die japanische Zivilbevölkerung im August 1945. Neben Dresden sind denn auch die durch Atombomben verwüsteten Städte Hiroshima und Nagasaki zu Symbolen des totalen Luftkrieges gegen die Zivilbevölkerung geworden. Bis heute drängt sich deshalb die schwerwiegende Erkenntnis auf, daß der Bombenkrieg des Zweiten Weltkrieges im Rahmen einer atomaren Apokalypse sogar noch zu steigern wäre. Insofern gehört die Geschichte des Luftkrieges und die Erinnerung an die vernichtenden Luftangriffe auf die Städte und Dörfer während des Zweiten Weltkrieges nicht nur zur Vergangenheit, sondern sie dient auch als Mahnung vor den grausamen Möglichkeiten eines atomar geführten Luftkrieges in der Gegenwart.

Die amerikanische Bestandsaufnahme des Luftkrieges nach 1945 gab den Kritikern der relativ wahllosen Flächenbombardements gegen die deutschen Städte recht[28]. Nicht die britische Bombenstrategie führte zur Reduzierung der deutschen Kriegsproduktion und zur Kapitulation des Dritten Reiches, sondern die gezielten Zerstörungen der Rüstungs- und Treibstoffindustrieanlagen sowie der wichtigsten Verkehrswege, die ab Sommer 1944 parallel zu den erfolgreichen Operationen der britischen, amerikanischen und sowjetischen Landstreitkräfte erfolgten. Nach wie vor ist die Bewertung des Erfolges nächtlicher Terrorangriffe wie z. B. auf die Stadt Freiburg und insbesondere die Notwendigkeit der weiteren konsequenten Durchführung dieser Angriffe in den letzten Kriegswochen, als die

---

[26] Vgl. Dudley Saward: „Bomber" Harris. The story of Marshal of the Royal Air Force Sir Arthur Harris. London 1984, S. 321, 324 ff., 331, auch zum Folgenden.

[27] Vgl. die Hinweise bei Hans Rumpf: Luftkrieg über Deutschland. In: Bilanz des Zweiten Weltkrieges. Erkenntnisse und Verpflichtungen für die Zukunft. Hamburg 1953, S. 159–175, hier S. 164 ff.; siehe ferner: Im Bomber-Museum. In: Süddeutsche Zeitung Nr. 85 v. 14.4.1983, S. 4.

[28] The United States Strategic Bombing Survey, a.a.O., vol 4, S. 1 ff. besonders den European Report No. 64: Description of RAF-Bombing, und No. 64 b: The Effects of Strategic Bombing on German Morale.

Niederlage des Dritten Reiches bereits erkennbar war, äußerst umstritten[29]. Der unterschiedslose Terrorkrieg gegen die Zivilbevölkerung ist zudem völkerrechtlich und moralisch bedenklich.

Die von beiden Seiten in unterschiedlicher Intensität durchgeführten Bombenangriffe auf die Zivilbevölkerung gehören zu den schrecklichsten Ereignissen der totalen Kriegführung im Zweiten Weltkrieg. Schon während des Krieges kam dieses Fazit in neutralen Presseäußerungen zum Ausdruck. Bis heute hat ein schon 1943 in der schwedischen Zeitung „Stockholm Tidningen" publizierter kritischer Kommentar seine unveränderte Gültigkeit behalten: „Man streitet darüber, welche der kriegführenden Mächte den ersten Schritt zu diesem mehr oder weniger ausgesprochenen Luftterror gegen die Zivilbevölkerung des Gegners tat. Das ist eine recht unnötige und kaum ergiebige Debatte. Sie geht über unsere Köpfe hinweg. ... Welche Haltung man auch zum Krieg und dessen Ausgang einnehmen mag, sollte man jener Auffassung auch nicht den kleinen Finger reichen, daß es überhaupt verantwortet werden *kann,* wenn man im Heimatgebiet Zehntausende von Menschen verbrennt, erstickt oder zerfetzt und Hunderttausende von Wohnungen zerstört. Wer immer noch – nach dem, was u.a. mit Hamburg, Mailand und nun zuletzt mit Berlin geschehen ist – behauptet, es handele sich hier nicht um Terrorkrieg gegen die Bevölkerung, führt sich selbst und andere hinters Licht. Auf alle Fälle kann keine unparteiische Militärperson in diesem Punkt und in dieser Sache einen Zweifel hegen.

In unserer Zeit gibt es ganz einfach keine Rechtfertigung des Krieges überhaupt oder vor allem des Terrorkrieges aus der Luft. Nur ein weißglühender Haß oder eine Propaganda, die aus dem Gleichgewicht geraten ist, kann versuchen, eine solche Rechtfertigung zu erbringen. Zwar ist der Luftkrieg und, wie gesagt, auch der Terrorkrieg, das letzte Glied in der Entwicklung des kriegstechnischen Fluches. Diese Entwicklung kann man möglicherweise nicht aufhalten, aber verschont uns wenigstens vor dem Versuch, sie zu rechtfertigen. Zum Beispiel mit der Begründung, diese Entwicklung könne dadurch unterbrochen werden, daß die eine kriegführende Partei die andere in der Anwendung des Terrorkrieges zu überbieten suche. Und als ‚Retter' der Kultur und der Völker und als Vorkämpfer der Humanität gegen die Gewalt gelten (zu) wollen und das Inferno des Luftkrieges los(zu)lassen – ist jedenfalls nicht auf einen Nenner zu bringen ...[30]".

In diesem Sinne hat man deshalb schon vor Jahren in der Literatur zu Recht festgestellt, daß der Bombenkrieg „kein stolzes Kapitel der neueren Kriegsgeschichte", kein Ruhmesblatt für die daran auf beiden Seiten Beteiligten ist[31]. Gerade vor dem Hintergrund des Wissens von der entsetzlichen Todesmaschinerie eines modernen, technisch verfeinerten Krieges mahnen die furchtbaren Opfer des Zweiten Weltkrieges, die unter anderem auch die Freiburger Zivilbevölkerung bringen mußte, um so nachhaltiger den Friedenswillen an.

---

[29] Siehe u.a. Jochen von Lang: Krieg der Bomber. Dokumentation einer deutschen Katastrophe. Berlin 1986; David Irving: Von Guernica bis Vietnam. Dokumentarbericht. Die Leiden der Zivilbevölkerung im modernen Krieg. München 1982; J. M. Spaight: Bombing Vindicated. London 1944; Frederick J. P. Veale: Advance to Barbarism. Appleton, Wisconsin 1953; Eberhard Spetzler: Luftkrieg und Menschlichkeit. Die völkerrechtliche Stellung der Zivilpersonen im Luftkrieg. Göttingen 1956; Rumpf, Der hochrote Hahn, S. 150 ff.; vgl. auch Der Luftkrieg im Spiegel der neutralen Presse. Hrsg. v. Bundesminister für Vertriebene, Flüchtlinge und Kriegsgeschädigte. Bonn 1962 (= Dokumente Deutscher Kriegsschäden, Beiheft 2). Wenig ergiebig ist Michael Walzer: Gibt es den gerechten Krieg? Stuttgart 1982, S. 363–382.
[30] Der Luftkrieg im Spiegel der neutralen Presse, a.a.O., S. 23 f.
[31] Hans Rumpf: Der Irrweg des Bombenkrieges. In: Wehrwissenschaftliche Rundschau 10 (1960), S. 548.

Abb. 17: Bombenabwürfe auf Freiburg im Ersten Weltkrieg (Der militärische Heimatluftschutz im Weltkrieg. 1914 bis 1918. Berlin 1943, Anlage 1)

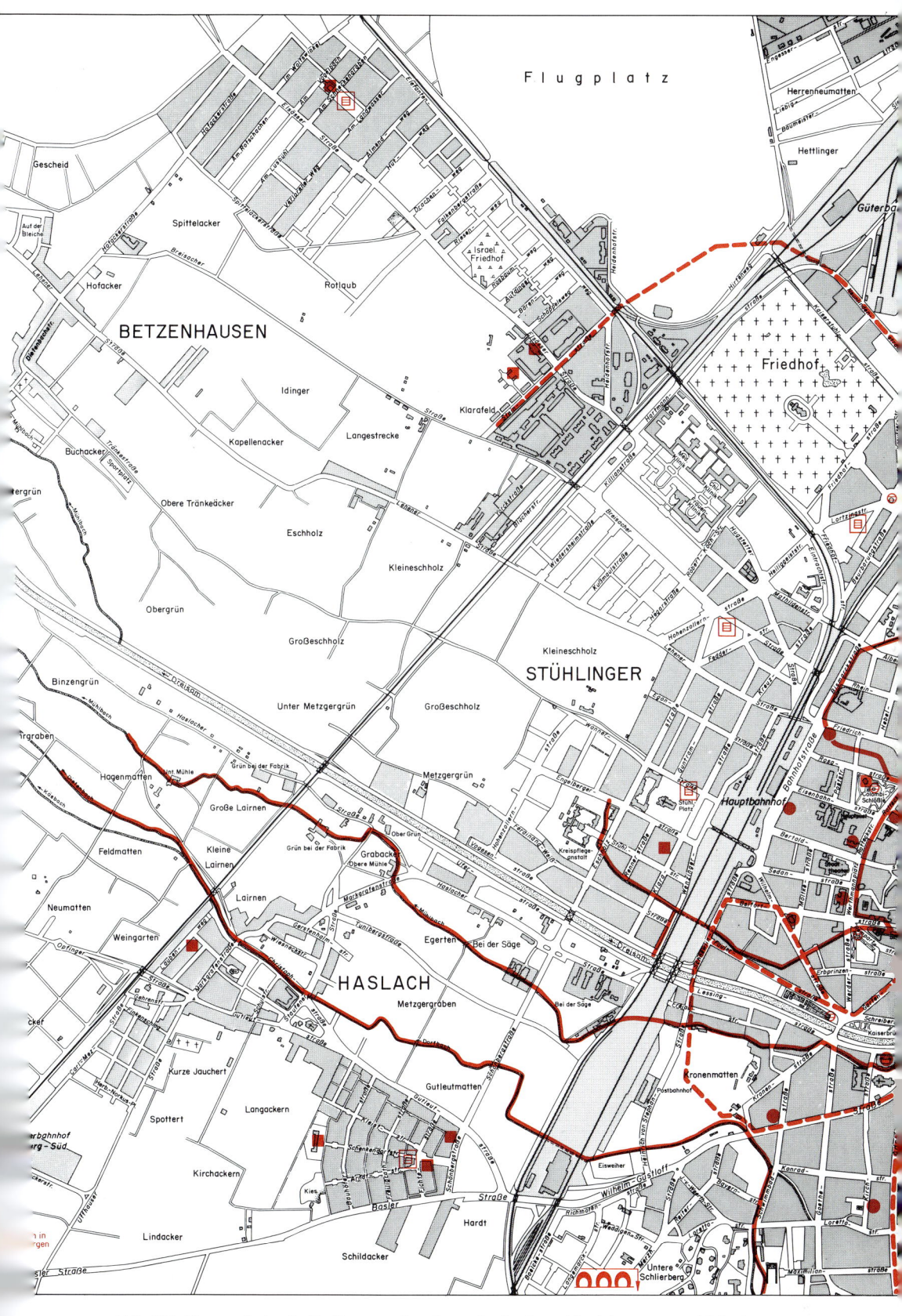

Abb. 101: Karte mit den in Freiburg vorhandenen Luftschutz-Einrichtungen und Löschwasseranlagen, Stand 1943 (StadtAF; Rolf Schindler)

394

Abb. 198: „Before" – Großformat-Foto der Engländer. Dezember 1944 (Crown-copyright in the Public Record Office London, AIR 14/3683)

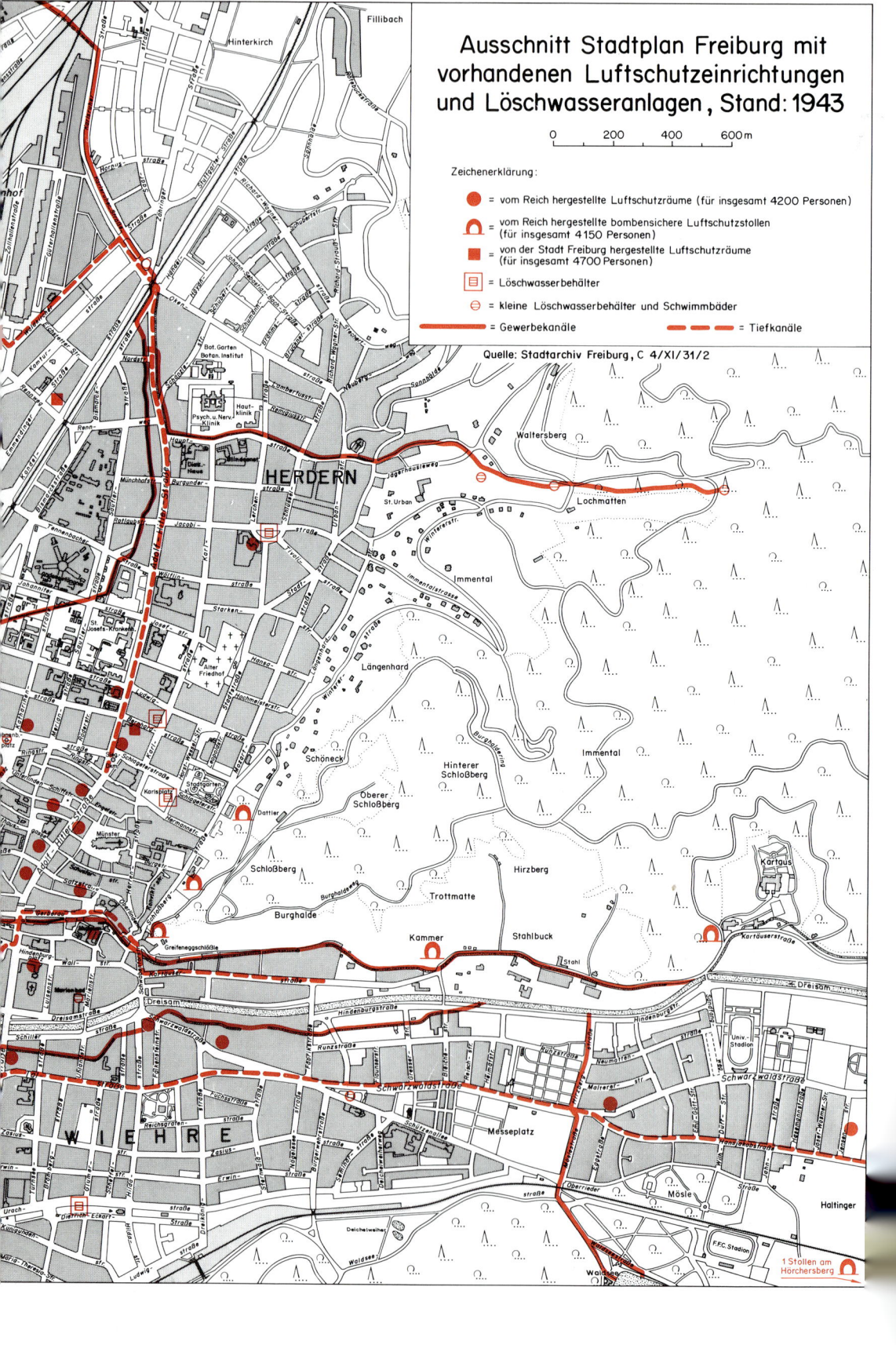

Ausschnitt Stadtplan Freiburg mit vorhandenen Luftschutzeinrichtungen und Löschwasseranlagen, Stand: 1943

0   200   400   600m

Zeichenerklärung:

● = vom Reich hergestellte Luftschutzräume (für insgesamt 4200 Personen)

⌂ = vom Reich hergestellte bombensichere Luftschutzstollen (für insgesamt 4150 Personen)

■ = von der Stadt Freiburg hergestellte Luftschutzräume (für insgesamt 4700 Personen)

▣ = Löschwasserbehälter

⊖ = kleine Löschwasserbehälter und Schwimmbäder

━━━ = Gewerbekanäle   ━ ━ ━ = Tiefkanäle

Quelle: Stadtarchiv Freiburg, C 4/XI/31/2

Flugroute zum Luftangriff des britischen Bomber Command (1. und 8. Gruppe) auf Freiburg am 27. 11. 1944

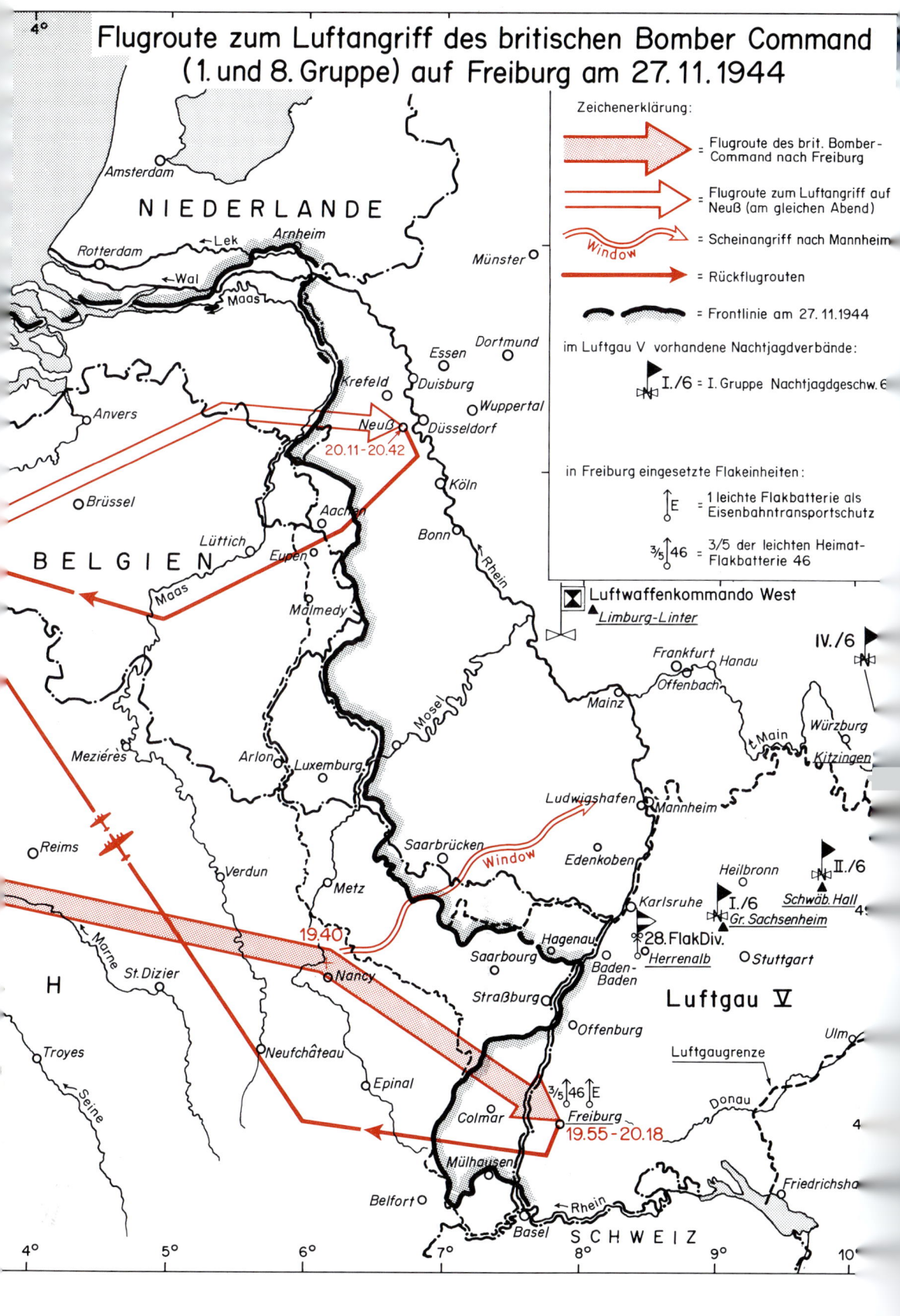

Zeichenerklärung:

= Flugroute des brit. Bomber-Command nach Freiburg

= Flugroute zum Luftangriff auf Neuß (am gleichen Abend)

= Scheinangriff nach Mannheim

= Rückflugrouten

= Frontlinie am 27. 11. 1944

im Luftgau V vorhandene Nachtjagdverbände:

I./6 = I. Gruppe Nachtjagdgeschw. 6

in Freiburg eingesetzte Flakeinheiten:

E = 1 leichte Flakbatterie als Eisenbahntransportschutz

3/5 46 = 3/5 der leichten Heimat-Flakbatterie 46

Luftwaffenkommando West
Limburg-Linter

IV./6

NIEDERLANDE

Amsterdam

Rotterdam — Lek Arnheim

← Wal

Maas

Anvers

Brüssel

BELGIEN

Lüttich

Eupen

Malmedy

Meziéres

Arlon Luxemburg

Reims

Verdun

Metz

H

St. Dizier

Nancy

Troyes

Neufchâteau

Epinal

Colmar

Mülhausen

Belfort

Basel

SCHWEIZ

Münster

Essen Dortmund

Krefeld Duisburg

Wuppertal

Neuß Düsseldorf

20.11-20.42

Köln

Aachen

Bonn

Rhein

Mosel

Frankfurt Hanau

Offenbach

Mainz

Main Würzburg

Kitzingen

Ludwigshafen Mannheim

Saarbrücken

Window

Edenkoben

Heilbronn

Karlsruhe

I./6

II./6

Schwäb. Hall

Gr. Sachsenheim

28. FlakDiv.

Herrenalb

Stuttgart

Hagenau

19.40

Saarbourg

Baden-Baden

Straßburg

Luftgau V

Offenburg

Ulm

Luftgaugrenze

3/5 46 E

Freiburg

19.55-20.18

Donau

Friedrichsha

Rhein

Abb. 199: „After" – Großformat-Foto der Engländer. Dezember 1944 (Crown-copyright in the Public Record Office London, AIR 14/3683)

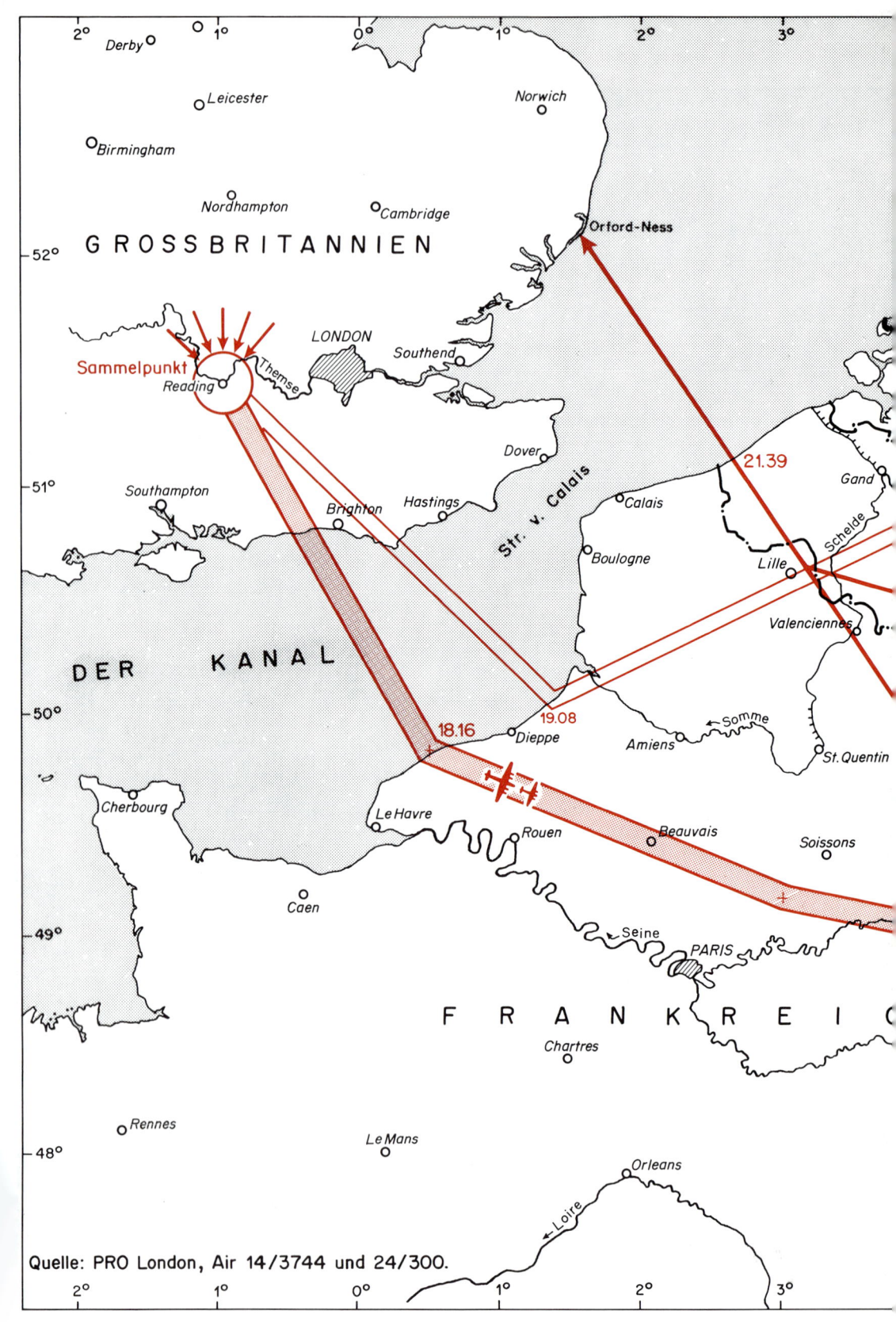

Abb. 127: Flugroute zum Luftangriff des britischen Bomber Command (1. und 8. Gruppe) auf Freiburg am 27. November 1944 (Rolf Schindler)

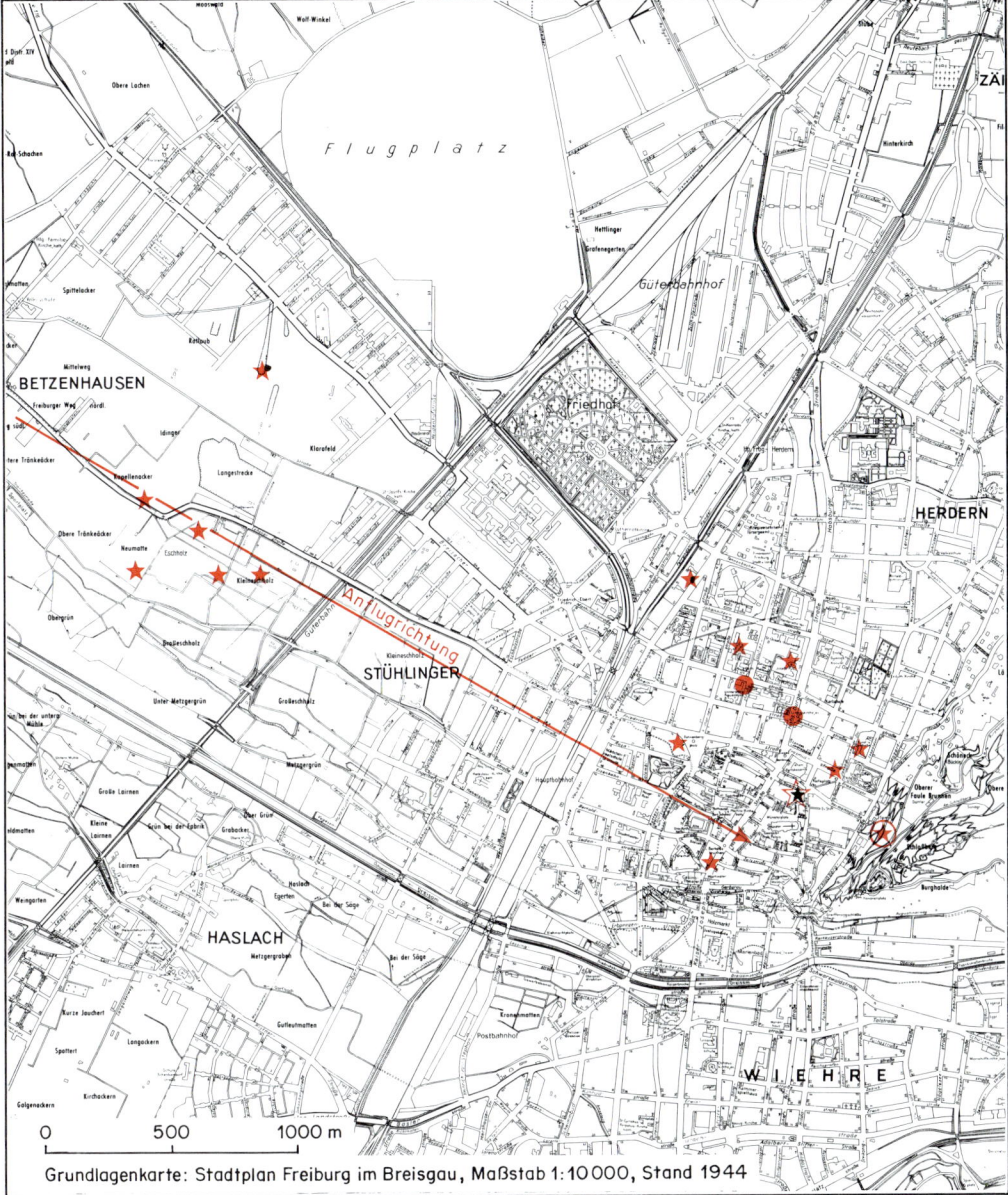

ZÄ...

Flugplatz

HERDERN

BETZENHAUSEN

Anflugrichtung

STÜHLINGER

HASLACH

WIEHRE

| 0 | 500 | 1000 m |

Grundlagenkarte: Stadtplan Freiburg im Breisgau, Maßstab 1:10000, Stand 1944

Farblich unterschiedliche Arten der Sichtmarkierungsbomben (Target Indicators)

● = rote Target Indicators

⊛ = rot-grüne Target Indicators

★ = grüne Target Indicators

☆ = gelbe Target Indicators

Durch Übertragung, Reproduktion und Verkleinerung der Originalvorlage aus PRO London, AIR 14/3721 sind geringfügige Abweichungen bei der Einzeichnung der Markierungsbomben möglich.

Die nach Kriegsende 1945 abgeänderten Straßennamen sind in der korrigierten Form angegeben.

Abb. 123: Ausschnitt Stadtplan Freiburg mit den Positionen der britischen Zielmarkierung zum Angriff am 27. November 1944 (Rolf Schindler)

IX.

Anhang

A) Ausgewählte Dokumente und Erfahrungsberichte

Da bereits wiederholt persönliche Erlebnisschilderungen einzelner Freiburger Bürgerinnen und Bürger in verschiedenen Textdokumentationen abgedruckt wurden, liegt der Schwerpunkt der Auswahl der im Folgenden abgedruckten 15 Quellenstücke bei den amtlichen Berichten staatlicher, kirchlicher, universitärer und städtischer Stellen[1]. Bis auf ein Dokument werden die Texte hier zum ersten Male abgedruckt. Orthographie- und Zeichensetzungsfehler sind größtenteils berichtigt, Abkürzungen aufgelöst. Die Texte werden weitgehend vollständig wiedergegeben; die aus Platzgründen vorgenommenen Auslassungen sind mit (...) kenntlich gemacht. Alle Hervorhebungen und Sperrungen sind einheitlich im Kursivdruck übernommen. Der Fundort ist am Schluß der Dokumente nachgewiesen. Die zum Luftkrieg gemachten Zahlenangaben schwanken in den einzelnen Erfahrungsberichten. Sie sind aus deutscher Sicht und oft unter dem Eindruck der unmittelbaren Betroffenheit zu hoch angegeben. Dennoch wurde auf eine Kommentierung dieser Zahlen verzichtet, da die korrekten Angaben dem vorausstehenden Text entnommen werden können.

Verzeichnis der Dokumente und Erfahrungsberichte:

1. Auszug aus einem Brief des Schweizerischen Konsularagenten Jakob W. Zwicky, Freiburg, an das Schweizerische Konsulat in Baden-Baden vom 8. Dezember 1944
2. Brief des Erzbischofs von Freiburg, Dr. Conrad Gröber, an Weihbischof Burger vom 9. Dezember 1944
3. Erfahrungsbericht des Freiburger Polizeipräsidenten als örtlicher Luftschutzleiter vom 8. Dezember 1944 über den „Großangriff" auf Freiburg am 27. November 1944
4. Bericht von Oberbaudirektor Dr. Joseph Schlippe vom 5. Dezember 1944 betr. Feststellung von Fliegerschäden an Baudenkmälern
5. Liste des Städtischen Hochbauamtes vom 31. Januar 1945 über die Luftkriegsschäden an Kultur- und Kunstgütern der Stadt
6. Tätigkeits- und Erfahrungsbericht des Führers des Luftschutzpolizei-Sanitätsdienstes zum Angriff vom 27. November 1944, erstellt am 13. Dezember 1944
7. Auszug aus dem Bericht von Dr. Harnasch, Medizinische Klinik, über die Ereignisse beim Angriff vom 27. November 1944 (1949 erstellt)
8. Aus dem vorläufigen Bericht der Direktion der Hals-Nasen-Ohrenklinik vom 30. November 1944 über die durch den Terrorangriff verursachten Verluste und Schäden
9. Aus dem Bericht über die Zerstörung am 27. November 1944 für die Chronik der Universitäts-Klinik für Hals-Nasen-Ohrenkranke von Privatdozent Dr. med. Otto E. Riekker von 1949
10. Aus dem Bericht „Die chirurgische Universitäts-Klinik am 27. November", 1949 abgefaßt aufgrund der Schilderung des Direktors der Chirurgischen Klinik, Professor Dr. Rehn, vom 19. Dezember 1944
11. Bericht der Pfarrkuratie St. Josef in Freiburg (Stühlinger) vom 14. Januar 1945 an das Erzbischöfliche Ordinariat
12. Aus dem Bericht des Evangelischen Stifts von 1959 über „Zerstörung und Untergang"
13. Auszug aus dem Bericht (Brief) von Hilde Thümen, Tivolistraße, vom 4. Dezember 1944 an Familie Lenartz-Meinberg in Ippendorf bei Bonn

14. Auszüge aus dem Bericht von M. Geo Vogel: Die tote Stadt, 1947
15. Aus dem Augenzeugenbericht von Anton Müller über seinen Weg zum Schloßbergbunker in der Angriffsnacht und über die Erlebnisse im Felsenstollen nach dem Angriff

¹ Der Verfasser dankt Herrn Dr. Hans Schadek, Freiburg, für die Unterstützung bei Auswahl und Abschrift der Erfahrungsberichte.

1. Auszug aus einem Brief des Schweizerischen Konsularagenten Jakob W. Zwicky, Freiburg, an das Schweizerische Konsulat in Baden-Baden vom 8. Dezember 1944

Luftangriff auf Freiburg i. Br.
vom 27. November 1944

Herr Konsul,

Soeben erhalte ich Ihren Brief vom 1. Dezember und ich beeile mich, Ihnen hiermit eine Durchschrift meines gestrigen Schreibens an das eidgenössische Politische Departement, Abteilung für Auswärtiges, in Bern zu überreichen, aus der alles für Sie Wissenswerte ersichtlich ist. (...)

Das Elend in der Stadt ist namenlos. Und dabei ist es noch fast das Schlimmste, dass die armen Menschen, die kaum retten konnten, was sie auf dem Leibe hatten, von einem Alarm in den anderen hineingejagt werden und dabei allmählich ihre Nerven verlieren. Leid tun einem vor allem auch die verschüchterten und am ganzen Leibe zitternden Kinder. Tausende von Menschen hausen notdürftig in teilweise unbeschädigten Schulen, in den Bunkern oder bei einem Verwandten und warten auf den Abtransport, der angesichts der auf allen Gebieten bestehenden Schwierigkeiten nur sehr langsam vor sich geht. Auch heute haben wir grösstenteils noch kein Wasser und nirgends Gas. Es ist als ein Glück zu bezeichnen, dass die kalte Jahreszeit den Ausbruch von Seuchen hintanhält.

Die Nahrungszufuhr wurde mit einer bewundernswerten Schnelligkeit wieder einigermassen in Gang gebracht. Die Obdachlosen werden in der Hauptsache aus Feldküchen verpflegt.

Die Behörden tun das Menschenmögliche, aber angesichts einer so verheerenden Katastrophe und dem fast völligen Abgeschnittensein der Stadt vom Eisenbahnverkehr (abgesehen von der Linie über das Höllental nach Osten) bleibt alles mehr oder weniger Stückwerk.

Zu der ständigen Gefahr aus der Luft – den ganzen Tag sind Jagdbomber über unserem Gebiet – kommen all die Schrecken einer immer näher rückenden Front hinzu. Die am rechten Rheinufer liegenden Gemeinden werden bereits geräumt. Andere Transportmittel als ein ausrangierter Gaul oder eine armselige Kuh und ein Leiterwagen stehen den Leuten sozusagen nicht zur Verfügung. Endlose Schlangen von Flüchtlingen ziehen mit ihren Karren, beladen mit der Frucht und dem nötigsten Hausrat, auf entfernter liegende Ortschaften zu, wird mir von Gewährsleuten erzählt. (...)

Eben wieder Vollalarm. Ein Jagdgeschwader nähert sich der Stadt. Von morgens bis abends werden wir treppauf und treppab gehetzt. Die Arbeit muss trotzdem weitergehen. Zur Kenntnisnahme überreiche ich Ihnen einen soeben an das Polizeipräsidium abgegangenen Brief, aus dem zu ersehen ist, mit was für Don Quichotterien wir uns noch abzugeben haben, angesichts der fast völlig zerstörten Stadt und der Alliierten, die bereits bei Breisach auf den Rhein vorstossen. (...)

Genehmigen Sie, Herr Konsul, die Versicherung meiner vorzüglichen Hochachtung.

Der Schweizerische Konsularagent
(Unterschrift).
J. W. Zwicky

P.S. Eine schnellere Benachrichtigung über die hiesigen Verhältnisse war nicht möglich.
Anlagen:

Eidgenössisches Politisches
Departement
Abteilung für Auswärtiges
z. Hd. von Herrn Minister Bonna
Bundeshaus

Bern

Freiburg i. Br., den 7. Dezember 44
Wintererstr. 19

Sehr geehrter Herr Bonna,

Am 27. November, in der Zeit von 20–20 Uhr 30, ist die blühende Stadt Freiburg im Breisgau in einen rauchenden Trümmerhaufen verwandelt worden. Man spricht davon, und ich habe die Äusserungen nach Möglichkeit nachgeprüft, dass mindestens 60% der Stadt total vernichtet sind. Die historische Innenstadt ist ein Opfer des Angriffs geworden. Rund um das Münster sieht das Auge nur auf Schutt und Asche. Im Umkreis des Bertoldsbrunnens, also im Zentrum der Hauptverkehrsstrasse, ist kaum ein Stein auf dem anderen geblieben. Das alte Rathausgebäude ist ausgebrannt, die danebenstehende Martinskirche ist völlig zerstört. Vernichtet sind ein grosser Teil der Bildungsanstalten, die alte Universität, schwer getroffen ist die neue Universität und die Bibliothek. Kliniken und Krankenhäuser sind nicht wiederzuerkennen. Vom Schwabentor bis zur Ludwigskirche in der Breite und in der Tiefe bis zum Stühlinger, Lehen Betzenhausen, sieht man nur rauchende Ruinen. Die Schätzungen an Toten variieren von 5–22 000; eine amtliche Schätzung lautete auf 11 000 Tote. Angesichts der grauenhaften Zerstörung halte ich diese Anzahl für gegeben. Mit mindestens 30 000 Obdachlosen ist zu rechnen. Ein endloser Flüchtlingsstrom wälzt sich auf der einzig noch offenen Strasse gen Osten. Einzelheiten, die hier angeführt sind, habe ich zum Teil der Tageszeitung entnommen. (...)

Es fehlt sozusagen an allem, namentlich an Kleidungsstücken, Schuhen und Wäsche, die in den Flammen geblieben sind. Der herannahende Winter wird uns viele Probleme aufgeben, und wir versuchen, sie so gut es in unserer Macht steht, zu meistern. Heute noch kein Wasser und kein Gas, Licht erst seit 3 Tagen. Eine Woche lang waren wir von der Aussenwelt vollkommen abgeschnitten; ohne Post und Radio mangels Strom. Ein gütiger Freund schenkte mir eine Stallaterne und etwas Petrol; wie glücklich war ich.

Auf meiner Dienststelle sprechen täglich eine Menge hilfe- und ratsuchender Menschen vor, neben Schweizern, deutschen und anderen Staatsangehörigen vor allem auch die von mir betreuten Schutzbefohlenen, deren es etwa 50 sind.

Angesichts der furchtbaren Notlage ist es für uns besonders bedrückend, nicht grosszügig helfen zu können. Obschon ich bestrebt bin, überall da lindernd einzugreifen, wo die Not am grössten ist, auch wenn es unter Missachtung der ganzen Paragraphen geschehen muss, gibt es doch wieder Grenzfälle, wo man trotz allem guten Willen einfach nicht vorankommt. (...)

Im Hinblick auf die unverändert weiter bestehende Gefahr aus der Luft und von der ständig näher rückenden Front her habe ich mich, wenn auch schweren Herzens, entschlossen, meine Frau, den zweitjüngsten Sohn und unsere treue Haushilfe nach Basel zu meinen Leuten in Sicherheit zu bringen. Ich selber versuche es auch nur möglich ist, an meinem Posten auszuharren mit meinem jüngsten 18jährigen Sohn Hans-Ulrich, der sich bisher sehr tapfer benommen hat. Mein ganzes Hab und Gut, ausser einem Teil der Familiensammlung an Gemälden und Handzeichnungen alter Meister, die ich dem Berner Museum in Verwaltung gegeben habe, behalte ich hier. Die Möglichkeiten zur Verlagerung sind nicht mehr vorhanden, weil die Transportmittel hierfür wegen anderweitiger dringender Beanspruchung nicht zur Verfügung gestellt werden können. – Wir schauen unserem Schicksal gefasst ins Auge.
(...)

Mit den besten landsmännischen Grüssen bin ich, sehr geehrter Herr Bonna,

Ihr ergebener
(Paraphe)
J. W. Zwicky

Quelle: Schweizerisches Bundesarchiv Bern, E 2200 Freiburg i. Br. 1967/49/2.

2. Brief des Erzbischofs von Freiburg, Dr. Conrad Gröber, an Weihbischof Burger vom 9. Dezember 1944

Hochwürdigster, lieber Freund!

Deinen Brief vom 4. habe ich erhalten. Ich danke Dir dafür und ich freue mich darüber, daß Du gut aufgehoben bist. Bei uns ist es fürchterlich. Einen halben Tag fast verbringen wir im Luftschutzkeller, die andere Zeit ist mit der Entgegennahme von Hiobsposten angefüllt. Freiburg ist eine fast verlassene Stadt. Dazu die vielen Toten. Und das, was noch kommen kann! Den Herren geht es bisher gut, von einer geordneten Arbeit natürlich keine Rede. Ich werde vielleicht vorerst im Ordinariat Wohnung nehmen. Mein Haus am Münsterplatz ist total ausgebrannt und nur ein ganz elender Trümmerhaufen. Dazu fallen jeden Tag Bomben, wenn auch in kleiner Zahl und mehr auf die Peripherie der Stadt. Dazu das Donnern der Kanonen vom Elsaß rüber. Wir brauchen dringend das Gebet. – Jetzt haben wir endlich wieder elektrisches Licht, aber immer noch kein Wasser und Gas. Die Post läuft bei uns sehr sparsam und fast immer acht Tage oder mehr verspätet ein. Du kannst vorerst nicht im Geringsten daran denken, wieder hierher zu kommen. Was Du oben tun kannst, nehme ich dankbar entgegen. Wenn irgend etwas Besonderes vorfällt, schreibe ich Dir wieder.

Mit herzlichem Gruß,
Dein alter Conrad, Erzbischof.

Quelle: Erzbischöfliches Archiv Freiburg, Nb 8/25.

3. Erfahrungsbericht des Freiburger Polizeipräsidenten als örtlicher Luftschutzleiter vom 8. Dezember 1944 über den „Großangriff" auf Freiburg am 27. November 1944

Freiburg i. Br., den 8. 12. 1944

Erfahrungsbericht über den Großangriff auf den LS.-Ort
Freiburg/Br. am 27. 11. 1944 in der Zeit von 19.58 bis 20.20 Uhr.

1. Allgemeines.
Bei diesem Angriff handelt es sich um den *1. Großangriff* während der gesamten Dauer des Krieges auf den LS.-Ort Freiburg, und zwar zu einem Zeitpunkt, als Freiburg durch Tieffliegerangriff und Evakuierungen aus dem Elsaß bereits außerordentlich unter den Auswirkungen der Frontnähe zu leiden hatte. Hervorzuheben ist, dass der Stadt als solcher auch in diesem Zeitpunkt keinerlei besondere Bedeutung in militärischer Hinsicht beizumessen war. Der Angriff ist daher in seiner Auswirkung als reiner Terrorangriff zu werten.
Der Angriff spielte sich zu einem Zeitpunkt ab, als das öffentliche Verkehrsleben bereits starke Einschränkungen erfahren hatte, die Gastwirtschaften und Lichtspielhäuser aber noch restlos überfüllt waren. Um 19.48 Uhr erfolgte von der Warnvermittlung die Durchgabe:

„Einzelne schnelle Kampfflugzeuge in Richtung Dora-Richard 8
von Fluko Donaueschingen gemeldet".

Um 19.48 Uhr wurde ÖLW ausgelöst. Hierbei wurden auch die Markierungszeichen abgeworfen und die ersten Bomben fielen um 19.55 Uhr unmittelbar in die Stadt. Um

19.58 Uhr wurde Flieger-Alarm ausgelöst. Einer der ersten Volltreffer zerstörte das Telegrafenamt vollständig, sodass der Luftschutzort sofort ohne jegliche Fernsprechmöglichkeit war. Desgleichen fiel sofort bei Beginn des Angriffes die öffentliche Beleuchtung aus. Der Abwurf der Bomben, auch schwerster Spreng- und Minenbomben erfolgte zusammen mit Brandbomben aller Art in einer Dichte, dass sich in dem betroffenen Gebiet Trichter an Trichter reihte und alle Durchgangs- und Nebenstraßen meterhoch mit Trümmermassen versperrt waren. Der Angriff erfolgte in einer solchen Schnelligkeit und Wucht, dass die bombensicheren Stollen nur von einem geringen Teil der Volksgenossen aufgesucht werden konnte. Der grösste Teil der Bevölkerung flüchtete daher in nächstgelegene Häuser. Trotz der Schwere des Angriffs der sich auf die gesamte Innenstadt, den westlichen und nordwestlichen Stadtteil konzentrierte, konnte sich der grösste Teil der Bevölkerung aus den Kellern durch die Mauerdurchbrüche und Untertunnelungen retten.

2. Ausmaß des Angriffes.

Der Angriff erfolgte aus westlicher Richtung und erstreckte sich von der westlichen Stadtgrenze bis zur Höhe des Schloßberges. Insbesondere wurden die Altstadt und die Ortsteile Stühlinger und ein Teil Herderns betroffen. Ein Gebiet von 4 km^2 ist restlos zerstört, das bedeutet etwa 35% aller Wohnhäuser in Freiburg. Abgesehen von einigen unbedeutenden Geschäften in den Vororten sind auch sämtliche Kaufhäuser und Einzelhandels-Geschäfte vernichtet.

Die Zahl der Todesopfer kann im Hinblick auf die Schwere des Angriffs als erträglich bezeichnet werden. Auf Grund der bisher geborgenen Gefallenen und der als vermißt gemeldeten Personen kann mit Bestimmtheit angenommen werden, dass die Todesopfer die Zahl von 2000 nicht überschreiten wird. Die Bergungsarbeiten, die sich auf das gesamte Schadensgebiet erstrecken, werden jedoch noch längere Zeit in Anspruch nehmen, weil infolge der ungeheuren Trümmermassen und der noch vorhandenen andauernden Kohlen-Keller-brände eine Freilegung der Keller sehr erschwert ist.

Den öffentlichen Dienststellen insbesondere Polizeipräsidium, Stadtverwaltung, Kreisleitung, Kreisamtsleitung (NSV), Landeskommissär, Landrat, Post, Telegrafenamt, Hauptbahnhof, Städt. Sparkasse, Reichsbank, Gewerbebank, Haupt-Feuerwache und andere wurden die Dienstgebäude völlig zerstört. Hieraus ist zu entnehmen, dass die gesamte auf dem Gebiete des Luftschutzes getroffene Organisation restlos zerschlagen wurde. Die Dienststellen waren daher ausschliesslich auf Improvisation angewiesen.

3. Einsatz des Feuerlöschdienstes.

Der massierte Abwurf von Spreng- und Brandbomben verursachte in kürzester Zeit eine Brandausdehnung, die die gesamte Altstadt umfasste. Ein Einsatz der Feuerlöschkräfte wurde dadurch erschwert, dass

a) 5 Löschfahrzeuge und 1 TLF. 15 sofort durch den Angriff vernichtet wurden,
b) die gesamte Löschwasserversorgung im Schadensgebiet, einschl. der unabhängigen Löschwasserversorgung unbrauchbar war, weil die Ringwasserleitung durch Volltreffer auf das Rohrnetz ausfiel und mehrere grosse Löschwasserbehälter durch Volltreffer leer liefen sowie der Gewerbebach durch Volltreffer verschüttet wurde,
c) durch Ausfall der Fernsprechverbindungen konnten auswärtige Wehren auch nur durch den eingerichteten Meldekopf in Emmendingen herangezogen werden, was wiederum einen erheblichen Zeitverlust bedeutete.

Der Einsatz konnte sich daher nur auf die Randgebiete des Schadensherdes erstrecken.

Da sich die Hitze in der Innenstadt nach etwa zwei Stunden des Angriffs bis aufs unerträglichste steigerte, war es auch nicht möglich in den engen Straßen irgendwelche Wassergassen zur Herausführung der Bevölkerung zu legen, weil ein Durchkommen mit Fahrzeugen durch die Trümmermassen unmöglich war und ausserdem alle geeigneten Wasserstellen unzugänglich oder zerstört waren. Die Bevölkerung war hier zum Glück schon vorher zum Teil auf den unterirdischen Fluchtwegen entkommen. Der Einsatz der intakt gebliebenen Löschkräfte erfolgte auf eigenen Antrieb insbesondere bei den kriegs- und wirtschaftlich wichtigen Betrieben, wodurch u.a. das neue Rathaus, ein grosses Lebensmittel-Lager und insbesondere durch Abriegelung die südliche Altstadt gerettet werden konnte. Durch den Einsatz einer LS.-Abteilung (mot.), die angefordert worden war, hätten wahrscheinlich mehrere wichtige Gebäude gerettet werden können. Bezüglich der Bewährung der FA 43, die im betroffenen Gebiet 100%ig durchgeführt war, ist zu berichten, dass einer Imprägnierung bei derartigen Angriffen keine Bedeutung beizumessen ist.

4. Einsatz des San.-Dienstes.

Dem Einsatz des San.-Dienstes kam durch die Auswirkung des Angriffs ganz besondere Bedeutung zu, da überall dringende Hilfe zu leisten war. Für einen derartigen Großeinsatz waren die geringen beweglichen Kräfte der Luftschutz-Polizei (1 San.-Zug) und 4 San.-Gruppen bei den Rettungsstellen völlig unzureichend. Ein Einsatz von San.-Kraftwagen konnte auch nur zwischen den noch arbeitsfähigen Krankenanstalten und Rettungsstellen bis zum Rand des Schadensgebietes erfolgen. Von hier mussten die Bergungstrupps den Transport der Verletzten über Trümmer und durch Brandherde mittels Tragbahren und dergl. durchführen.

Da durch den Angriff auch mehrere Lazarette und Krankenanstalten und zwar

Das Teillazarett in der neuen Frauenklinik,
das Teillazarett in der Hals-Nasen-Ohrenklinik,
das Reservelazarett in der Ludendorff-Schule,
        im Gymnasialkonvikt und
        in der Emil Strauß-Schule,
die Hals-Nasen-Ohrenklinik,
die Augenklinik,
die alte Frauenklinik,
das Josefskrankenhaus,
das Hedwigskrankenhaus und
das Vinzentius-Krankenhaus

restlos und ausserdem sämtliche anderen Lazarette und Kliniken mit Ausnahme von einigen wenigen kleinen Krankenanstalten teilbeschädigt wurden, waren Bergungsarbeiten in grösstem Ausmass an allen Ecken und Enden zu bewältigen.

Weil sich der Einsatz von San.-Kräften zufolge der starken Zerstörungen verzögerte, wurden viele Verletzte durch die Hilfsbereitschaft der Bevölkerung zunächst nach Beendigung des Angriffs in die bombensicheren Luftschutzstollen verbracht, wodurch sich wiederum eine Blockierung der Stolleneingänge ergab. Der Abtransport von hier erfolgte nach erster Hilfeleistung durch Kräfte der LS.-Polizei, des DRK und der Marine-ROA-San.-Kompanie teils in die Rettungsstellen und teils in die noch arbeitsfähigen Krankenanstalten. Eine grosse Entlastung bezüglich der Versorgung der Bevölkerung in sanitärer Angelegenheit ergab sich dadurch, dass im voraus Vereinbarungen zwischen Wehrmacht und örtl. LS.-Leitung über gegenseitige Hilfeleistung getroffen waren. Die Schlageter-Kaserne hatte demzufolge sofort eine grosse Anzahl Verletzte aufgenommen und versorgt.

Als nachteilig hat es sich für den LS.-Ort erwiesen, dass die Siechenheime nicht vorzeitig nach auswärts verlegt waren. Mit der freiwilligen Abwanderung, die immer und immer wieder von seiten der Kreisamtsleitung der NSV empfohlen wurde, ist es nicht getan. Wenn hier nicht Zwangsmaßnahmen ergriffen werden, bleibt alle Arbeit umsonst. Diejenigen Greise und Greisinnen, die den Angriff überstanden hatten, machten nach dem Angriff den Eindruck einer Geistesgestörtheit und bedurften bei weitem mehr der Hilfe als Kinder und alle anderen Verletzten, die ihnen aber leider nicht in dem erforderlichen Masse zuteil werden konnte.

Trotz der Schwere des Angriffs konnte die sanitäre Versorgung schnellstens durchgeführt werden, weil sich alle Kräfte, einschliesslich der freipraktizierenden Kräfte, dieser vordringlichen Aufgabe annahmen.

5. Einsatz des Inst.-Dienstes.

Der Inst.-Dienst hatte zweifellos den Hauptanteil aller Lasten zu tragen. Seine Aufgabe bestand zunächst darin, aus den verschütteten LS.-Räumen noch Lebende zu bergen. Ausser der einen I.-Bereitschaft des LS.-Ortes Freiburg wurden auch die übrigen Kräfte der LS.-Polizei, Wehrmachtskräfte und Kräfte des Erg.-Inst.-Dienstes aufgeboten. Zu berücksichtigen ist hierbei jedoch, dass die Wehrmacht zum grössten Teil in eigenem Zuständigkeitsbereich tätig war und der Erg.-Inst.-Dienst äusserst stark dezimiert war und zwar sowohl durch den Aufruf des Volkssturmes als auch durch den Abzug zu den Westwall-Arbeiten auf Veranlassung des OT.-Einsatzstabes. Eine grosse Hilfe bot daher die Entsendung auswärtiger Hilfskräfte, vor allen Dingen eines Spezialbergungskommandos der Org.Todt. Die von der LS.-Abteilung mot. in Offenburg entsandte J.-Bereitschaft traf erst spät, 9.00 Uhr, am folgenden Tage ein und rückte gegen 17.00 Uhr am gleichen Tage wieder ab.

Am Tage nach dem Angriff konzentrierte sich weiterhin die gesamte Arbeit auf die Bergung nach lebenden Verschütteten, ausserdem wurde die Freimachung zunächst einer Hauptverkehrsachse, sowohl in der Nord-Süd als auch in der Ost-West-Richtung stärkstens betrieben, damit eine Hilfeleistung durch schnellsten Einsatz der Kraftfahrzeuge und eine Durchschleusung der Wehrmachtskräfte zu und von der Front möglich war. Hierbei haben sich die von einem Ausbildungslager der HJ. entsandten Kräfte bestens bewährt. Nach 3 Tagen waren bereits 3 Hauptstraßen in der Nord-Süd-Richtung und 1 Straße in der Ost-West-Richtung beiderseits befahrbar.

6. *Leichenbergung und Bestattung.*

Bezüglich der Bergung und Bestattung wurde folgende Aufgabenteilung vorgenommen:

a) Zur Bergung wurden sämtliche Kräfte des Inst.-Dienstes, sowie zugeteilte Kräfte der Wehrmacht und Spezialtrupps der Organisation Todt und einiger Bergwerke herangezogen. Jeder Trupp wurde zur Identifizierung der Leichen ein Kriminalbeamter zugeteilt.

b) Der Abtransport erfolgte unter der Führung des Leitenden Chemikers mit einigen von NSKK zur Verfügung gestellten Fahrzeugen und LS.-Pol.Kräften. Die Gestellung der Fahrzeuge bereitete zunächst grosse Schwierigkeiten, weil die abgestellten Fahrer sich nach Führung der ersten Transporte eigenmächtig entfernten, so dass sie dem pol. Zwang unterstellt wurden.

c) Die Bestattung selbst wurde durch die Friedhofsverwaltung durchgeführt, stiess aber zufolge Personalmangels auf ausserordentliche Schwierigkeiten. Erst durch Heranführung eines Löffelbaggers und durch Abstellung von 60 Mann der LS.-Polizei, machten die Erdaushubarbeiten befriedigende Fortschritte, so dass die Bestattungen Zug um Zug erfolgen konnten. Die Bestattungen erfolgten in aller Stille unter Ausschluß der Öffentlichkeit; lediglich die Vertreter beider Konfessionen wohnten einer Bestattung bei. Allgemein ist zu bemerken, dass die Identifizierung der Leichen mit ausserordentlichen Schwierigkeiten verbunden ist, weil ein grosser Teil der Gefallenen bis zur Unkenntlichkeit verstümmelt oder verbrannt ist. Die Bergung selbst wird, falls sie überhaupt restlos zu Ende geführt werden kann, noch längere Wochen in Anspruch nehmen. Eine Ausstattung der Bergungs- und Bestattungs-Kommandos mit Gummischutzbekleidung sowie ihre Versorgung mit Chlorkalk, Alkohol und Rauchwaren wurde durch die örtl. LS.-Leitung veranlasst. Ausserdem wurde eine besondere Desinfektionsstelle eingerichtet.

7. *Werkluftschutz.*

Von insgesamt 40 WLS.-Betrieben wurden 10 total und 10 teilbeschädigt. Die Personalverluste in den Betrieben waren kaum nennenswert. Dies hat jedoch seinen Grund darin, dass der Angriff zu einer Zeit erfolgt, als in den meisten Betrieben nicht mehr gearbeitet wurde. Rettungsarbeiten waren auch in den WLS.-Betrieben zufolge Wassermangels und Totalzerstörungen kaum möglich. Ein Einsatz von Kräften der LS.-Polizei konnte wegen anderer dringenderer Einsätze (Abriegelung der Flächenbrandgebiete) nicht erfolgen. Alle WLS.-Betriebe sind daher bei Terror-Angriffen ganz auf sich allein angewiesen. Um hier wirksame Hilfe leisten zu können, muss der Bereitschaftsdienst in ausreichender Stärke in der betriebsfreien Zeit im Werk kaserniert sein.

8. *Erweiterter Selbstschutz.*

Ebenso wenig wie alle anderen LS.-Organisationen zur Erhaltung der Dienststellen und Betriebe beitragen konnten, waren auch die ES.-Betriebe in der Lage, während der Dauer des Angriffs irgendwelche Hilfsmassnahmen einzuleiten. Nach Beendigung des Angriffs waren Feuer und Vernichtung bereits soweit vorgeschritten, dass alle betroffenen Betriebe restlos der Zerstörung anheim fielen. Alle Betriebe und Dienststellen beschränkten daher ihre Tätigkeit auf Bergung von Arbeitskameraden und wertvollem Gut. In einzelnen Fällen wurden hier wahre Heldentaten vollbracht.

9. Selbstschutz.

Es wäre ein unmögliches Verlangen gewesen, wenn man von den Kräften des Selbstschutzes während der Dauer des Angriffs mehr erwartet hätte, als den Trieb zur Selbsterhaltung, dies umsoweniger, als die noch einsatzfähigen Männer durch vermehrte Einberufung zur Wehrmacht und Aufruf des Volkssturmes den Selbstschutz aufs empfindlichste geschwächt hatten. Man kann wohl behaupten, dass die gesamte Selbstschutzorganisation bereits vor dem Angriff zerschlagen worden war, weil durch die Einberufung des Volkssturmes in keiner Weise auf irgend eine Luftschutz-Einrichtung Rücksicht genommen war. Die Bevölkerung hat sich im grossen und ganzen glänzend bewährt, zumal dieser Angriff der erste auf Freiburg war und alle Freiburger sich im stillen der trügerischen Hoffnung hingaben, dass Freiburg von Terrorangriffen verschont bliebe. Dieser Schlag traf die Freiburger Bevölkerung daher in gewissem Sinne unvorbereitet. Wenn die personellen Verluste trotz der Schwere dieses Angriffes nicht höher war, so ist dies ein Beweis dafür, dass die LS.-Räume mit den Mauerdurchbrüchen und Untertunnelungen in der Altstadt sich bestens bewährt haben. Verwunderlich ist es, dass gerade an den Brennpunkten des Verkehrs (Bahnhof – Lichtspielhäuser und die meisten Gaststätten) überhaupt keine Todesopfer zu beklagen waren, obwohl gerade diese Anlagen durch den Angriff stark betroffen wurden. Auf der anderen Seite dagegen waren sehr hohe Todesopfer in einigen wenigen LS.-Räumen zu beklagen, die von der Bevölkerung allgemein als besonders sicher angesehen wurden und deshalb bevorzugt aufgesucht wurden. Die Tätigkeit der Bevölkerung erstreckte sich daher weniger auf Löschmassnahmen als auf Rettung von Menschen und Bergung von Hab und Gut.

10. Besondere Verwaltungen.

Reichsbahn und Reichspost hatten Totalschäden erlitten und mussten zunächst alle Massnahmen mit eigenen Kräften bewältigen. Zur Bergung von etwa 60 Fernsprecherinnen aus den LS.-Räumen des Telegrafenamtes, die dort eingeschlossen waren, wurden Spezialkräfte der Organisation Todt angesetzt. Die Trümmermassen waren jedoch so gewaltig, dass lebend niemand geborgen werden konnte. Die Leichen waren bis zur Unkenntlichkeit verstümmelt oder verbrannt. Die Zusammenarbeit mit Reichsbahn und Reichspost liess leider sehr zu wünschen übrig. Von der Reichspost und dem Telegrafenamt sind die Berichte über die Auswirkung des Angriffes erst am 10.12.44 eingegangen. Der Bericht der Reichsbahn, datiert vom 4.12.44 ging erst am 10.12.44 bei mir ein. Zufolge dieses Berichts wurden anfänglich 1300 Mann durch die Reichsbahn eingesetzt. Am 30.11.44 war Gleis 1, am 1.12.44 Gleis 2 wieder befahrbar, so dass der Verkehr Müllheim–Offenburg bereits wieder aufgenommen werden konnte. Der Ausfall der Fernsprechverbindungen machte sich gerade während der ersten Tage bei der Anforderung von Hilfe besonders nachteilig bemerkbar. Erst nach 14 Tagen war die Post in der Lage, ein Notamt mit sehr beschränkten Sprechmöglichkeiten (zunächst zur Polizei und Kreisleitung) in Betrieb zu nehmen.

11. Nachrichtenwesen.

Durch den Angriff wurden sämtl. postalischen Fernsprechverbindungen restlos zerstört. Der verfügungsgemäss einzurichtende Nachrichteneinsatzstab zwischen Reichspost und Wehrmacht, SA, HJ, sowie Polizei konnte nicht in Aktion treten, da alle Dienststellen mit eigenem Belangen restlos beschäftigt waren und ausserdem als grosser Teil des Bestandes an Feldkabel zerstört war. Durch Unterstützung des BdO. mit Feldklappenschränken, Feldapparaten, Feldkabeln und Mannschaften war es möglich, in kürzester Zeit eine Feldkabelverbindung zwischen den wichtigsten Polizei-, Partei und Städt. Dienststellen zu verlegen.

12. Kraftfahrwesen.

Alle Sofortmassnahmen litten, abgesehen während der ersten Tage nach dem Angriff, sehr unter Brennstoffmangel. Es ergaben sich Situationen, wo dringendste Hilfeleistung, wie Wassertransport, Leichenbergung, Bergung von Hab und Gut, Evakuierung usw., infrage gestellt waren, weil die zuständigen Stellen nicht in der Lage waren, den erforderlichen Treibstoff zur Verfügung zu stellen. Hinzu kommt, dass die Polizeiverwaltung bezüglich der Gestellung von Kraftfahrzeugen und Zurverfügungstellung von Treibstoff zur Rückführung von Akten- und Kammerbeständen aus dem Elsaß Anforderungen gestellt wurden, die wegen ihrer Dringlichkeit nicht abgelehnt werden konnten, sich aber auf der anderen Seite bei der Durchführung der Hilfsmassnahmen als sehr störend bemerkbar machten.

13. *Polizeilicher Einsatz.*

Der Polizei fielen insbesondere Aufgaben der Bewachung, Absperrung und Sicherung zu. Ausser den Kräften des Standortes standen für die ersten 14 Tage eine Pol.-Landesschützen-komp. und die aus dem Elsaß rückgeführten Pol.-Kräfte zur Verfügung. Einen großen Bedarf an Wachtmeister erforderten die vielen Blindgänger (etwa 200) an Absperrung und an Bewachungskräften für die bei der Freilegung eingesetzten Strafgefangenen. Obwohl viele Wachtmeister selbst zu den Teil- oder Totalbeschädigten zählten, war es aus dienstlichen Gründen wegen der Masse der anfallenden Aufgaben leider nicht möglich, den eigenen Männern einen entsprechenden Urlaub zu gewähren. Jeder Mann, Unterführer und Offizier hat seine Pflicht restlos erfüllt.

i. V.
gez.: Restorff.
(Unterschrift)

Quelle: StadtAF, D. Aö.1. 32 b und B 1/328.

4. Bericht von Oberbaudirektor Dr. Joseph Schlippe vom 5. Dezember 1944 betr. Feststellung von Fliegerschäden an Baudenkmälern

Oberbaudirektor Dr. Schlippe

Freiburg, den 5. Dezember 1944

Fliegerangriff auf Freiburg
am 27. XI. 1944,
h i e r :
Feststellung von Fliegerschäden
an Baudenkmälern

I. KIRCHLICHE GEBÄUDE

1. *Münster.* An sich nur leicht beschädigt, weder von Spreng- noch von Brandbomben getroffen, jedoch sind sämtliche Fenster (die nach Herausnahme der alten Glasmalereien kriegsmäßig mit Klarglas oder Brettern verhüllt waren) durch den Luftdruck herausgeflogen. Das Innere ist durch den Luftdruck insofern betroffen, als Ausstattungsstücke wie Bänke, Altäre usw. durcheinandergewirbelt wurden. Die Windfänge mit der schönen spätgotischen Flachschnitzerei wurden zertrümmert. (Die Reste wurden noch in der gleichen Nacht von dem Unterzeichneten und dem erzbischöfl. Oberbaurat Bosch geborgen). Die sehr bedeutenden hochgotischen steinernen Statuen an den Pfeilern sowie der Hochaltar sind seit mehreren Jahren bereits abgenommen und geborgen worden. Die geborgenen Kunstwerke blieben unbeschädigt, desgl. die Glasmalerei.

Eingedrückt wurden die Maßwerke einzelner Fenster sowie die Radsprossen der romanischen Rosen an den Querhausgiebeln, dies sind die wichtigsten baulichen Schäden.

Der Luftdruck, der rings um das Münster niedergegangenen Sprengbomben hat die Gewölbe des Langhauses besonders im Anschluß an den Turm erschüttert und Risse hervorgerufen, die jedoch unbedenklich sind.

Der Turm selbst blieb völlig unberührt und hat in jeder Hinsicht standgehalten. Eine Stabbrandbombe wurde nach Aussage des Turmwärters durch den Luftdruck hinaufgeschleudert, zündete eines der Schallbretter an, wurde aber sofort von dem Turmwärter und dem herbeigeeilten Münsterpfarrer Dr. Geis gelöscht. Auch der frühgotische Glockenstuhl im Münsterturm, der älter als der ihn umhüllende Steinbau des Turmes ist, blieb unversehrt. Er ist bereits imprägniert, der Herr Oberbürgermeister hat seine abermalige Imprägnierung als weitere vorbeugende Maßnahme anbefohlen. Der Brand des Glockenstuhles müßte nämlich bei der Unmasse von Holz, aus dem er konstruiert ist, eine sprengartige Wirkung ausüben und das Leben des Münsterturmes gefährden; er muß also unter allen Umständen auch in Zukunft verhütet werden.

Das gesamte Dachwerk des Langhauses, Querhauses und Chores hat durch den Luftdruck seine Ziegeleindeckung verloren. Glücklicherweise hat der Dachstuhl ebenso wenig wie die Belattung, die die Ziegel trug, trotz dem Sprühregen von Feuerfunken Feuer gefangen. Die größte Gefahr, die das Münster derzeit bedroht, besteht in der Durchnässung der Gewölbe, die nunmehr nicht mehr durch das Ziegeldach vor Regen und Schnee bewahrt sind. Das Regenwasser kann sich nunmehr in den Säcken und tiefen Mulden zwischen den einzelnen Gewölbejochen sammeln. Kommt es hier zum Frieren, dann übt es eine sprengende Wirkung aus und bringt die Gewölbe nachträglich zum Einsturz. Die einstürzenden Gewölbemassen würden dann die reichskulptierten Kapitelle usw. des Baues sowie die Grabdenkmäler (z. B. von Rodt usw.) vernichten. Daher ist hier dringende Abhilfe nötig. Eine Neueindeckung der riesigen Dächer des Münsters ist derzeit mangels Material und Personal unmöglich. Es sollen deshalb, wie der Herr Oberbürgermeister heute angeregt hat, flache Notdächer unterhalb des Dachstuhls über den Gewölben angebracht und mit Dachpappe gedeckt werden, so daß das Schlagwasser usw. nach außen abgeleitet wird. Das Entsprechende wurde am 5. Dezember d.Js. in einer Besprechung des Herrn Oberbürgermeisters mit dem Unterzeichneten sowie mit dem erzbischöfl. Oberbaurat Bosch angeordnet. Auch der Leiter der baul. Sofortmaßnahmen, Oberbaurat Werner, war anwesend und wurde wegen Bereitstellung von Material usw. entsprechend angewiesen.

2. *Die Martinskirche* am Rathausplatz, ein interessanter Kirchenbau in der herben Frühgotik der Bettelordensarchitektur, hat einen Volltreffer in das Innere erhalten, der die dünnen Rundpfeiler zwischen Mittel- und Seitenschiffen sowie das von diesen Pfeilern getragene Hochschiff vernichtet hat. Die Außenwände und vor allem die Giebelwand mit dem schönen barocken Hauptportal blieben relativ unversehrt, desgl. der Chor, dessen Wölbung gänzlich intakt geblieben ist. Da jedoch der Brand, der übrigens die gesamte Innenausstattung zerstört hat, auch das hohe Dach vernichtet hat, besteht für die Wölbung des Chores die gleiche Gefahr wie für die Wölbungen des Münsters. Trotz dieser Erkenntnis kann mangels Material und Personal leider nicht sofort Abhilfe geschaffen werden. Es wird jedoch erwogen, die Gewölbezwickel von oben mit Holzwolle oder anderem leichtem Material aufzufüllen, das den einfallenden Regen aufsaugt. Weitere Maßnahmen sind hier vorerst leider nicht möglich. Der gute neugotische Hochaltar und die von dem Ehrenbürger Prof. Dr. Fritz Geiges geschaffenen Wandmalereien des Chores blieben dank dem schützenden Gewölbe bisher völlig intakt, während die barocken Tafelgemälde im Kirchenschiff von Simon Göser vernichtet worden sind.

3. *Die Universitätskirche,* 1685 begonnen, ein bedeutender frühbarocker Kirchenbau aus der Nachfolge der ebenfalls in diesen Tagen durch Fliegerangriff zerstörten St. Michaelskirche zu München, ist ausgebrannt. Der brennende Dachstuhl durchschlug beim Einstürzen das weitgespannte, nur 12 cm starke Mittelschiffsgewölbe. Die quergestellten Tonnengewölbe über den Seitenkapellen sowie über den Emporen haben standgehalten und tragen nach wie vor den reichen, schweren Stuckdekor. Aber auch hier wird die eindringende Nässe binnen kurzem die Gewölbe samt ihrer Stukkierung zum Einsturz bringen, ohne daß angesichts der riesigen sonstigen Maßnahmen innerhalb der Stadt hier Abhilfe geschaffen werden kann. Die bedeutende Innenausstattung mit Altären, Gemälden, Skulpturen usw., d. h. der Hochaltar, die 6 Seitenaltäre, die Kanzel, die Orgeltribüne und das reichgeschnitzte Kirchengestühl sind restlos verbrannt. Glücklicherweise sind alle diese Dinge wenigstens im Bild erhalten, indem ich in den letzten Monaten die wertvolle Innenausstattung in rd. 70 fotografische Aufnahmen eben noch rechtzeitig festhalten ließ.

4. *Die alte Friedhofskapelle,* die aus dem frühen und aus der Mitte des 18. Jahrhunderts stammt, hat durch eine unmittelbar neben ihr niedergegangene Sprengbombe ihre Dacheindeckung verloren. Sonst ist sie bis jetzt noch völlig intakt. Es ist hier jedoch wie bei den Gewölben des Münsters und des Chores der St. Martinskirche mit einer Durchnässung der Flachdecke, die nunmehr schutzlos dem Regen preisgegeben ist, zu rechnen. Die reizende Stuckdekoration der Rokokozeit sowie die Deckengemälde von Pfunner müssen dadurch unweigerlich zugrunde gehen. Schon der Regen der letzten Tage hat einzelne Teile der

Stuckdecke zum Einsturz gebracht. Eine weitergehende Hilfe ist leider nicht möglich. Man wird aber die noch erhaltenen Altäre mit ihren Gemälden und Figuren retten müssen. Wichtig ist vor allem die Rettung des berühmten Totentanzes, der an den Wänden der offenen Vorhalle angemalt ist. Entsprechende Maßnahmen werden zur Zeit noch erwogen.

5. *Der Peterhof,* ein Bau der Spätrenaissance und des 18. Jahrh. ist ausgebrannt, dagegen seine Kapelle aus dem Jahre 1585 derzeit noch erhalten. Das Gewölbe hat trotz des Brandes des Dachstuhles standgehalten. Die Stukkierung der Wände und Gewölbe bildet ein seltenes Beispiel für die in Freiburg nicht sehr reich vertretene späte Renaissance. Ob und wie die bis jetzt erhaltene Kapelle noch gerettet werden kann, wird zur Zeit noch erwogen; da sie seit mehr als 100 Jahren nicht mehr gottesdienstlichen Zwecken dient, war sie völlig leer, wodurch ein Brand verhütet wurde, was die relativ gute Erhaltung trotz des Dachstuhlbrandes verständlich macht.

6. *Das Pfründhaus,* das ehemalige Kloster St. Klara, ist völlig niedergebrannt. Die kleine, hinter dem Heiliggeiststüble gelegene Pfründhauskapelle ist desgleichen ausgebrannt. Das die ganze Altarwand einnehmende Wandgemälde aus dem Jahre 1806, das der Maler Simon Göser geschaffen hat, ist zwar noch erhalten, aber von Brandrauch geschwärzt und weist einige Lücken auf. Das Gemälde ist (vergl. das Buch von Otto Hörth über die Nachbildungen von Leonardos Abendmahlsgemälde in Mailand) die beste und künstlerisch gelungenste Nachbildung von Leonardos berühmtem Werk, das ebenfalls durch Fliegerangriff schwer notgelitten haben soll. Vielleicht kann eine provisorische Abdeckung der Mauerkrone und ein kleines Notdach, das das Wasser ableitet, das Gemälde noch retten.

7. *Die Ludwigskirche* wurde durch mehrere Luftminen restlos vernichtet. Damit ist dieser bedeutende Kirchenbau endgültig verschwunden. Er wurde im frühen 13. Jahrhundert zu Tennenbach im Breisgau als Kirche des Zisterzienser-Ordens erbaut und nach dessen Aufhebung um 1830 nach Freiburg übertragen.

II. PROFANBAUTEN

8. *Das alte Rathaus* aus der Mitte des 16. Jahrhunderts und die in seinem Hof stehende Alte Gerichtslaube aus dem Jahre 1278, der älteste Profanbau der Stadt, ist niedergebrannt, die Fassaden stehen jedoch noch, und gestatten wohl einen Wiederaufbau. Auch die steinerne Wendeltreppe ist erhalten geblieben, dagegen der schöne Verbindungsgang zwischen dem alten Rathaus und der Gerichtslaube abgebrannt. Ob die interessante Innenausstattung des Archivgewölbes neben der Gerichtslaube erhalten geblieben ist, konnte ich noch nicht feststellen. Es ist jedoch zu befürchten, daß sie durch die Hitze auch Feuer gefangen hat.

9. *Der Basler Hof,* das bisherige Polizeipräsidium, ein Bau von Konrad Stürtzel von Buchheim, dem Kanzler des Kaisers Maximilian, ist völlig ausgebrannt. Die Außenwand mit den beiden Erkern sowie die steinerne Wendeltreppe blieben jedoch erhalten.

10. *Das gotische Kornhaus* am Münsterplatz wurde durch einen Volltreffer völlig vernichtet. Durch den Verlust dieses markanten Baues von 1496 hat die im übrigen gänzlich verschwundene Nordwand des Münsterplatzes ihre charakteristische Betonung verloren.

11. Auch das *Haus der Stadtbücherei,* das um 1715 als Palais des Herrn von Greuth begonnen und im Jahre 1796 von dem Schneckenwirt Fendrich ausgebaut wurde, ist nahezu gänzlich zerstört.

12. *Das Haus der Sparkasse* in der alten Kollegiengasse, das im Jahre 1516 als Alterssitz für Kaiser Maximilian erbaut worden ist, ist ausgebrannt. Die Außenfassade mit dem reichen gotischen Erker jedoch leidlich erhalten geblieben. Durch den Brand gänzlich zerstört wurden jedoch die reichen spätgotischen Portale, die in den um 1908 erneuerten und jetzt erhalten gebliebenen Wendeltreppenturm führten.

13. *Das Erzbischöfl. Palais* am Münsterplatz, das um die Mitte des 18. Jahrh. als Haus der Breisgauischen Ritterschaft erbaut worden ist, ist einen Tag nach diesem Fliegerangriff noch niedergebrannt.

14. *Das Großherzogliche Palais,* erbaut von Michel d'Ixnard als Stadtpalais der Herren von Sickingen, ist nebst seiner reichen Innenausstattung und Möblierung gänzlich niedergebrannt, die Fassade jedoch relativ gut erhalten.

15. Das dem Palais gegenüberstehende *Deutschordenshaus,* ein Werk des jüngeren Bagnato, zuletzt Landeskommissariat, erhielt einen Volltreffer, der die rechte Fassadenhälfte in Trümmer legte, außerdem ist es völlig ausgebrannt.

16. In der für das alte Freiburg besonders charakteristischen Herrenstraße sind leider die ältesten und schönsten Gebäude auf der Ostseite der Straße zwischen der Konviktskirche und dem Evangelischen Stift durch Brand völlig zerstört, darunter das von dem Münsterbaumeister Böhringer erbaute Haus „Zum Güldenen Stauff", das Haus „Zum Schläfer" usw.

17. *Die alte Universität* neben der Univ. Kirche in der Bertoldstraße und die gegenüberstehende ehemalige *Universitätsbibliothek* mit dem schönen ehem. Bibliothekssaal sind desgl. niedergebrannt und z.T. eingestürzt.

18. *Das klassizistische Priesterseminar* in der Burgstraße, ein Werk des Weinbrennerschülers Arnold, ist ausgebrannt. Auch die übrigen klassizistischen Bauten, desgl. Arnold, das *Sautier-Haus* am Siegesdenkmal, die *Kreisleitung* (ursprünglich die Kommandantur) sowie die beiden Eckhäuser Adolf Hitler- und Bernhard- bzw. Rheinstraße sind nahezu restlos vernichtet. Die *Karlskaserne,* ein Bau aus dem Jahre 1775, ist ausgebrannt, die Fassaden sind schwer beschädigt, stehen aber noch aufrecht, desgl. die reiche Einfriedigung des Vorgartens.

19. Von den *Denkmälern und Brunnen* ist nur der durch einen Volltreffer verursachte Verlust des im 1. Jahrzehnt des 19. Jahrh. errichteten *Bertholds-Brunnens* zu melden.

Erhalten blieben von historischen Gebäuden im Altstadtbild:
Die beiden Tortürme, das Martins- und Schwabentor.
Das Neue Rathaus, (ein Umbau des im 16. Jahrh. erbauten Hauses Dr. Schiller von Herdern, die spätere Universität), die Münsterbauhütte in der Herrenstraße aus dem Jahre 1600, das Wenzingerhaus am Münsterplatz aus dem Jahre 1761, die Hauptwache und vor allem das Kaufhaus am Münsterplatz.
Mit den drei letztgenannten Bauten ist die Südostecke des Münsterplatzes im wesentlichen intakt erhalten geblieben.
Ebenfalls erhalten, jedoch durch Nässe in ihrem Bestand bedroht, sind:
das Haus zum Herzog (Absteigequartier der Äbte von St. Blasien, bis vor kurzem Arbeitsamt)
das Portal und der steinerne Wendeltreppenturm, beide aus dem 16. Jahrhundert, sind gut erhalten. Dagegen ist für die reichen Stuckdecken vom Anfang des 18. Jahrh. und für die Deckengemälde mangels der Dachdeckung das Schlimmste zu befürchten.
Das Verwaltungsgebäude der städt. Gas- und Wasserwerke, das ehem. Kloster St. Ursula ist trotz gewisser Beschädigungen noch benutzbar und erhalten geblieben. Die anstoßende Hauskapelle des Klosters, die heutige Altkatholische Kirche, war am Tag nach dem Angriff noch völlig intakt. Alsdann ist jedoch das Mittelfeld der reichen Stuckdecke heruntergestürzt. Die übrige Innenausstattung und die besonders reich stukkierten Gewölbezwickel der Voute der Kirchendecke sind noch gut erhalten, jedoch ist auch hier angesichts der von oben eindringenden Nässe mit einem baldigen weiteren Abstürzen der Stukkaturen leider zu rechnen.

Das Gefüge der Stadt mit ihren noch aus der Zähringer Gründung stammenden Straßen und Plätzen ist gleichfalls als Baudenkmal im Sinne der Denkmalpflege und Stadtbaukunst zu werten und muß als solches (wie dies z.B. auch für Augsburg bereits vorgesehen ist) in jegliche Neuplanung miteinbezogen werden. Im übrigen wird streng darauf geachtet, daß der Erlaß der Kanzlei des Führers beachtet wird, wonach keinerlei Ruinen historischer Baudenkmäler weggesprengt oder entfernt werden dürfen. In diesem Sinne genieße ich die Unterstützung des Leiters des Sprengkommandos, dem ich selber angehöre.
Über weitere Maßnahmen wird zu gegebener Zeit berichtet werden.
gez. Dr. Schlippe

Quelle: StadtAF, B 1/328

411

5. Liste des Städtischen Hochbauamtes vom 31. Januar 1945 über die Luftkriegsschäden an Kultur- und Kunstgütern der Stadt

Der Vorstand
des
städt. Hochbauamtes

Freiburg i. Br., den 31. Januar 1945

LUFTKRIEGSSCHÄDEN AN KULTUR-
UND KUNSTGÜTERN
ERSTE LISTE:
STAND VOM 15. JANUAR 1945

Alle Schäden ohne Datum rühren von dem *Terrorangriff vom 27. November 1944* her. Insoweit durch spätere, kleinere Luftangriffe weitere Schäden entstanden, wurde jeweils das betr. Datum beigefügt.

I. Werke von allgemeiner kultureller Bedeutung

Unter Denkmalschutz stehende Gebäude (jedoch ohne die Kirchen, diese siehe unter Abt. II), ferner neue öffentliche Gebäude für kulturelle Zwecke.

a) Total zerstört

1) Öffentliche Gebäude von Denkmalsrang

Münsterplatz 13, Kornhaus	1498	durch Bombe und Brand total vernichtet
Münsterplatz 25, Städtische Volksbücherei	1715–1796	durch Bombe und Brand total vernichtet
Bertoldstraße 14, Alte Universitätsbibliothek	1725, Saal 1783	durch Bombe und Brand total vernichtet
Adolf-Hitler-Straße 167, Basler Hof (Polizeipräsidium)	1494–1590	ausgebrannt und zum Teil eingestürzt
Alte Kollegiengasse, Haus zum Walfisch (Sparkasse)	1516	ausgebrannt und zum Teil eingestürzt
Rathausplatz 2, Gerichtslaube	1278, 1552	ausgebrannt und zum Teil eingestürzt
Rathausplatz 2, Altes Rathaus	1556–1559	ausgebrannt und zum Teil eingestürzt
Bertoldstraße 17, Alte Universität	1576, 1725	ausgebrannt und zum Teil eingestürzt
Münsterplatz 10, Erzbischöfliches Palais	1755	ausgebrannt und zum Teil eingestürzt
Salzstraße 21, Großherzogliches Palais	1770	ausgebrannt und zum Teil eingestürzt
Salzstraße 28, Deutschordens-Kommende (Landes-Kommissariat)	1768	Volltreffer und ausgebrannt
Adolf-Hitler-Straße 143, Karlskaserne (Städtische Verwaltung)	1773	ausgebrannt, Inneres eingestürzt
Adolf-Hitler-Straße 131 Adolf-Hitler-Straße 146	1825	Pendants. Ausgebrannt, Inneres eingestürzt
Adolf-Hitler-Straße 160, Kreisleitung	1825	durch Volltreffer und Brand vernichtet
Adolf-Hitler-Straße 177, Museumsgesellschaft	1823	ausgebrannt, Inneres zum Teil eingestürzt

Albertstraße 4, Ehemaliges Spital 1826   durch Volltreffer und Brand total vernichtet

2) *Bürgerhäuser von Denkmalsrang*

Außer den nachstehend genannten, unter Denkmalschutz stehenden Häusern sind auch ganze Straßenzüge und Platzwände vernichtet worden, die in ihrer Gesamtwirkung und mit ihren schlichten, guten Bauten aus alter Zeit als Ganzes unter Denkmalschutz gestellt waren.

Gebäude	Datierung	Schaden
Münsterplatz 2, Kühnle	Anfang 16. Jh., Fachwerk	
	1592	durch Bombe und Brand total vernichtet
Münsterplatz 3, Kapferer-Ruh	1823	ausgebrannt und zum Teil eingestürzt
Münsterplatz 4, Krebs	Anfang 16. Jh. und 18. Jh.	ausgebrannt und zum Teil eingestürzt
Münsterplatz 6, Elfriede Bopp	Treppenturm 16. Jh.	durch Volltreffer und Brand zerstört
Münsterplatz 12, Lang	1628	ausgebrannt und zum Teil eingestürzt
Münsterplatz 14, Schlabach	Ende 16. Jh. und Anfang 19. Jh.	ausgebrannt und zum Teil eingestürzt
Münsterplatz 15, Rheinischer Hof	Anfang 18. Jh.	durch Volltreffer und Brand zerstört
Münsterplatz 17, Spiegelhalter	16. Jh.	durch Volltreffer und Brand zerstört
Münsterplatz 21, Jacob Frey	16. Jh.	ausgebrannt und fast völlig eingestürzt
Münsterplatz 23, (Stadt Freiburg)	16. Jh.	durch Volltreffer und Brand zerstört
Münsterplatz 29, Zur Augenweide	um 1500	ausgebrannt und eingestürzt
Münsterplatz 33, Münsterpräsenzfonds	1764	ausgebrannt und eingestürzt
Herrenstraße 1, Fuchs Witwe	16.–18. Jh.	ausgebrannt und eingestürzt
Herrenstraße 2a, Sapienz	1501	ausgebrannt und zum Teil eingestürzt
Herrenstraße 3, E. Degen	16. Jh.	ausgebrannt und eingestürzt
Herrenstraße 4, (Stadt Freiburg)	Ende 18. Jh.	ausgebrannt und eingestürzt
Herrenstraße 8, Zum schwarzen Brief	16. Jh.	ausgebrannt und eingestürzt
Herrenstraße 9, Zum roten Böcklin	1766	ausgebrannt und eingestürzt
Herrenstraße 12, Münsterpräsenzfonds	1545	ausgebrannt und eingestürzt
Herrenstraße 15, Zum weißen Brief	16. Jh.	ausgebrannt und eingestürzt
Herrenstraße 17, Zum weißen Löwen	um 1700	ausgebrannt und zum Teil eingestürzt
Herrenstraße 19, Zum güldenen Stauf	1579	ausgebrannt und zum Teil eingestürzt
Herrenstraße 21, Zur Lerche	16. Jh.	ausgebrannt und zum Teil eingestürzt
Herrenstraße 22, (Baumgartner)	16. Jh.	ausgebrannt und zum Teil eingestürzt
Herrenstraße 23, (Lehmann)	16. Jh.	ausgebrannt und zum Teil eingestürzt
Herrenstraße 24, Zum Lindwurm	16. Jh.	ausgebrannt und zum Teil eingestürzt
Herrenstraße 25, Zum Schläfer	Ende 16. Jh.	ausgebrannt und zum Teil eingestürzt
Herrenstraße 26, (Domkapitel)	1563 und 18. Jh.	durch Bombe und Brand total vernichtet
Herrenstraße 28, (Domkapitel)	16. und 18. Jh.	durch Bombe und Brand total vernichtet
Herrenstraße 33, von Pfirt, von Andlaw	1784	ausgebrannt und zum Teil eingestürzt
Grünwälderstraße 19, (Wolf)	18. Jh.	Volltreffer
Grünwälderstraße 25, (Badischer Staat)	1768	ausgebrannt

Salzstraße 2, (Müller)	1595	ausgebrannt und zum Teil eingestürzt
Salzstraße 5, Zum wilden Mann (Gräfl. von Kageneck)	14. und 18. Jh.	durch Volltreffer und Brand total vernichtet
Salzstraße 7, „Hechinger"	18. Jh.	durch Volltreffer und Brand total vernichtet
Salzstraße 12, Dietler	16. und 18. Jh.	durch Volltreffer und Brand total vernichtet
Salzstraße 17, (Ernst)	Anfang 18. Jh.	ausgebrannt und zum Teil eingestürzt
Salzstraße 19, (A. Rink)	um 1800	ausgebrannt und zum Teil eingestürzt
Salzstraße 23, Lang	14. u. Ende 18. Jh.	ausgebrannt und zum Teil eingestürzt
Schusterstraße 8, (Steinmetz)	16. Jh.	ausgebrannt und zum Teil eingestürzt
Schusterstraße 12, Herr	Ende 18. Jh.	ausgebrannt und zum Teil eingestürzt
Schusterstraße 20, (E. Schmidt)	Mitte 18. Jh.	ausgebrannt und zum Teil eingestürzt
Schusterstraße 22, Gehrig	16. Jh.	ausgebrannt und zum Teil eingestürzt
Schusterstraße 24, (Domkapitel)	um 1700	ausgebrannt und zum Teil eingestürzt
Schusterstraße 26, (Großherzogliches Palais)	Mitte 18. Jh.	ausgebrannt und zum Teil eingestürzt
Münsterstraße 4, (Kühnle)	Anfang 16. Jh.	ausgebrannt und eingestürzt
Engelstraße 5, „Zum Kopf"	Mitte 18. und Anfang 19. Jh.	ausgebrannt und eingestürzt
Engelstraße 10, (Stadt Freiburg)	1589	ausgebrannt und eingestürzt
Nußmannstraße 2a, Ebensperger	16. Jh.	ausgebrannt und eingestürzt
Nußmannstraße 3, Bender	1780	ausgebrannt und eingestürzt
Nußmannstraße 6, Pyrrh	Anfang 19. Jh.	ausgebrannt und eingestürzt
Nußmannstraße 9, (Feierling)	16. Jh mit Fachwerk	ausgebrannt und eingestürzt
Nußmannstraße 18, (Erzbischöfliches Domkapitel)	um 1825	ausgebrannt und eingestürzt
Eisenstraße 1, Hambrecht	16. Jh., Fachwerk 17. Jh.	niedergebrannt und eingestürzt
Eisenstraße 2/4, Bennetz	Anfang 16. Jh.	durch Bombe und Brand vernichtet
Eisenstraße 5, (Löffler)	1559 und Ende 18. Jh.	niedergebrannt und eingestürzt
Eisenstraße 6, (Rudenberg)	16. Jh.	durch Bombe und Brand vernichtet
Adolf-Hitler-Straße 127, L. Voegele	um 1825	durch Bombe und Brand vernichtet
Adolf-Hitler-Straße 129, (Pyrrh)	um 1825	durch Bombe und Brand vernichtet
Adolf-Hitler-Straße 140, (Stiftungsverwaltung)	1840	durch Bombe und Brand vernichtet
Adolf-Hitler-Straße 141, Sautierhaus	um 1825	durch Bombe und Brand vernichtet
Adolf-Hitler-Straße 142, (Stiftungsverwaltung)	1843	durch Bombe und Brand vernichtet
Adolf-Hitler-Straße 147, (Palastlichtspiele)	Mitte 18. Jh.	durch Bombe und Brand vernichtet
Adolf-Hitler-Straße 149, (Palastlichtspiele)	16. u. 18. Jh.	durch Bomben und Brand zerstört
Adolf-Hitler-Straße 152, (Dr. Roth)	1793	durch Bomben und Brand zerstört
Adolf-Hitler-Straße 162, Elchlepp	um 1825	durch Bomben und Brand zerstört
Adolf-Hitler-Straße 176, Herder	16. und 18. Jh.	durch Bomben und Brand zerstört
Adolf-Hitler-Straße 178, Herder	1795	durch Bomben und Brand zerstört
Adolf-Hitler-Straße 179, Hofapotheke	1695	durch Bomben und Brand zerstört
Adolf-Hitler-Straße 186, (Sparkasse)	13. und Anfang 19. Jh.	durch Bomben und Brand zerstört

Adolf-Hitler-Straße 189, (Wagner)	Mitte 16. Jh.	durch Bomben und Brand zerstört
Adolf-Hitler-Straße 193, Steinmetz	um 1785	durch Bomben und Brand zerstört
Adolf-Hitler-Straße 195, Werner-Blust	Mitte 18. und Anfang 19. Jh.	durch Bomben und Brand zerstört
Adolf-Hitler-Straße 197, K. Müller	Mitte 18. Jh.	durch Bomben und Brand zerstört
Adolf-Hitler-Straße 199, Föller	16. Jh.	durch Bomben und Brand zerstört
Adolf-Hitler-Straße 205, Löwenapotheke	1605	durch Bomben und Brand zerstört
Adolf-Hitler-Straße 215, Kausch	1793	durch Bomben und Brand zerstört
Adolf-Hitler-Straße 217, Bohny	Ende 18. Jh.	durch Bomben und Brand zerstört
Adolf-Hitler-Straße 218, Bertoldapotheke	Mitte 16. Jh.	durch Bomben und Brand zerstört
Adolf-Hitler-Straße 220/222, Zum großen und kleinen Freiburger	Fachwerk um 1450	durch Bomben und Brand zerstört
Adolf-Hitler-Straße 227, Ed. Müller	Mitte 18. Jh.	durch Bomben und Brand zerstört
Adolf-Hitler-Straße 232, (O. Schmidt)	um 1820	durch Bomben und Brand zerstört
Adolf-Hitler-Straße 236, (Zumkeller)	Mitte 18. Jh.	durch Bomben und Brand zerstört
Adolf-Hitler-Straße 238, (Schießel)	16. und Anfang 19. Jh.	durch Bomben und Brand zerstört
Adolf-Hitler-Straße 242, (Liand A.G.)	16. Jh.	durch Bomben und Brand zerstört
Adolf-Hitler-Straße 248, Römischer Kaiser	Mitte 16. und 19. Jh.	durch Bomben und Brand zerstört
Niemensstraße 13, „Zur guten Stunde"	15. Jh.	ausgebrannt und zum Teil eingestürzt
Niemensstraße 15, (Dr. Hauser)	15. und 18. Jh.	ausgebrannt und zum Teil eingestürzt
Bertoldstraße 12, Arnold	16. Jh.	ausgebrannt und zum Teil eingestürzt
Bertoldstraße 15, Ruckmich	16. Jh.	ausgebrannt und zum Teil eingestürzt
Bertoldstraße 25, (Feierling)	16. Jh. und um 1700`	ausgebrannt und zum Teil eingestürzt
Bertoldstraße 38, Kuenz	18. Jh.	ausgebrannt und zum Teil eingestürzt
Bertoldstraße 42, (Löwenbräu)	16. Jh.	ausgebrannt und zum Teil eingestürzt
Rathausgasse 4, Koch	16. Jh.	ausgebrannt und zum Teil eingestürzt
Rathausgasse 10, Schweitzer	Ende 13. und 16. Jh.	ausgebrannt und zum Teil eingestürzt
Alte Kollegiengasse 11, Axmann	16. Jh.	ausgebrannt und zum Teil eingestürzt
Gauchstraße 4a, (Sparkasse)	16. Jh.	siehe unter I a 1: Zum Walfisch
Gauchstraße 9, Breinlinger	16. und 17. Jh.	ausgebrannt und eingestürzt
Gauchstraße 19, Jacob	2. Hälfte 18. Jh.	ausgebrannt und eingestürzt
Gauchstraße 37, (Striebel)	16. Jh.	ausgebrannt und eingestürzt
Schiffstraße 1, „Zum Rosbaum"	um 1770	ausgebrannt und zum Teil eingestürzt
Schiffstraße 3, (Herder)	Ende 18. Jh.	ausgebrannt und zum Teil eingestürzt
Schiffstraße 5, (Briem)	Ende 18. Jh.	ausgebrannt und zum Teil eingestürzt
Schiffstraße 7, Ganter	Anfang 16. Jh.	durch Volltreffer und Brand vernichtet
Schiffstraße 9, Ganter	Anfang 16. Jh.	durch Volltreffer und Brand vernichtet
Schiffstraße 11, Ruef	1596 und Ende 18. Jh.	ausgebrannt und zum Teil eingestürzt
Wasserstraße 4, (Stadt Freiburg)	1675 und 1763	ausgebrannt und eingestürzt
Weberstraße 12, (Löwenbrauerei)	16. Jh. und 1760	durch Volltreffer und Brand total zerstört

Weberstraße 13, (Koppenhöfer)	2. Hälfte 18. Jh.	durch Volltreffer und Brand total zerstört
Weberstraße 15, Heidenreich	2. Hälfte 18. Jh.	durch Volltreffer und Brand total zerstört
Weberstraße 19, (Feninger)	16. Jh.	durch Volltreffer und Brand total zerstört
Universitätsstraße 1, (Ruckmich)	16. Jh.	ausgebrannt und eingestürzt
Universitätsstraße 5, (Schießel)	18. Jh.	ausgebrannt und eingestürzt
Universitätsstraße 14, (Steiger)	16. und 18. Jh.	ausgebrannt und eingestürzt
Universitätsstraße 16, Münz	16. und 18. Jh.	ausgebrannt und eingestürzt
Peterstraße 6, (Stadt Freiburg)	16. Jh.	ausgebrannt und zerstört, typische Kleinbürgerhäuser längs der Stadtmauer
Peterstraße 8, Huber	16. Jh.	ausgebrannt und zerstört, typische Kleinbürgerhäuser längs der Stadtmauer
Peterstraße 10, Enderle	18. Jh.	ausgebrannt und zerstört, typische Kleinbürgerhäuser längs der Stadtmauer
Peterstraße 12, (Reitz)	18. Jh.	ausgebrannt und zerstört, typische Kleinbürgerhäuser längs der Stadtmauer
Brunnenstraße 4, (Steinle)	16. und 18. Jh.	ausgebrannt und zum Teil eingestürzt
Brunnenstraße 6, (Meihuizen)	um 1800	ausgebrannt und zum Teil eingestürzt
Merianstraße 1, „Zum Turnereck"	Ende 18. Jh.	ausgebrannt und eingestürzt
Merianstraße 6, Maier	Ende 18. Jh.	ausgebrannt und eingestürzt
Merianstraße 7, Schweizer	nach 1713	ausgebrannt und eingestürzt
Merianstraße 23, Baumann	um 1800	ausgebrannt und eingestürzt
Predigerstraße 6, 8, 10, (Vinzentiushaus)	Reste 14. Jh.	ausgebrannt und eingestürzt
Unterlinden 8, Feist	18. Jh.	ausgebrannt und zum Teil eingestürzt

3) Neuere öffentliche Gebäude, die kulturellen Zwecken dienen

Sedanstraße 6, Städtische Bühnen: Kammerspielhaus	1936	durch Bombe und Brand total zerstört
Horst-Wessel-Straße 4, Städtische Festhalle	um 1840	durch Bombe und Brand total zerstört
Friedrichstraße 2, Kunsthalle	1914	durch Brand vernichtet

4) Brunnen und Denkmäler usw.

Bertoldsbrunnen, Archibald Weinbrenner, Bildhauer Hauser	1807	durch Volltreffer vernichtet
Albert-Ludwig-Brunnen, Bildhauer Knittel	1868	durch Bombe am 30. 12. 44 zertrümmert

Viele *Grabdenkmäler* (18. und 1. Hälfte 19. Jh.) auf dem Alten Friedhof sowie 4 *Weinberg*- und *Gartenhäuser* der gleichen Zeit: durch Bomben und Brand zerstört

b) Schwer beschädigt

1) Häuser von Denkmalsrang

Löwenstraße 13	1596	ausgebrannt
Löwenstraße 15	16. Jh.	ausgebrannt
Löwenstraße 16, „Zur lieben Hand"	1769	Äußeres teilweise aufgerissen
Rempartstraße 4, Ehem. Breisacher Tor (Städtische Haushaltungsschule)	1677	Volltreffer, teilweise eingestürzt

Bertoldstraße 46, Städtische Büh- nen, Großes Haus	1908	durch mehrere Bomben schwer getroffen
Adelhauserstraße 33, Ehem. Adelhauserkloster: Museum für Urgeschichte	Ende 17. Jh.	Gebäude durch Bombe aufgerissen

c) Leicht beschädigt

Augustinerplatz, Städtische Sammlungen (ehem. Kloster der Augustinereremiten)	Ende 13. bis Anfang 18. Jh.	Dachstuhl teilweise abgebrannt
Salzstraße 18, Haus zum Herzog (ehem. St. Blasianerhof)	Mitte 16. und Anfang 18. Jh.	Dachstuhl beschädigt

II. Religiösen Zwecken dienende Gebäude

(hier auch solche Bauten, die ursprünglich für kirchliche Zwecke errichtet worden sind)

a) Total zerstört

Evang. Ludwigskirche	erbaut nach 1200 als Kir- che des Zisterzienserklo- sters Tennenbach, 1829 nach Freiburg übertra- gen und bis 1839 von Hübsch wiederaufgebaut	durch mehrere Luftminen oder Bomben restlos vernichtet
Evang. Lutherkirche	1913–1916	durch mehrere Luftminen oder Bomben restlos vernichtet (27. 11. 44 und 15. 1. 45)
Kath. St. Josefskapelle	1880	durch Bombe restlos vernichtet
Kath. Heiliggeistkapelle	1806	ausgebrannt (Wandfresko von Simon Göser leidlich erhalten)
Ehem. Dominikanerkloster nebst ehem. Kirche	13. und 14. Jh.	durch Volltreffer und Brand vernichtet
Ehem. Klarissenkloster (zuletzt Pfründhaus)	Ende 17. Jh.	durch Brand zerstört, stellenweise einge- stürzt
Ehem. Peterhof (Absteigequartier der Äbte von St. Peter	1585 und 1744	ausgebrannt (ehem. Kapelle von 1587 blieb erhalten)
Erzbischöfliches Priesterseminar	1813	durch Bombe und Brand zerstört
Mutterhaus der Barmherzigen Schwestern	um 1850 und 1935	durch Bombe und Brand zerstört
Erzbischöfliches Knabenseminar nebst Kapelle	1888 (?)	durch Bombe und Brand zerstört

b) Schwer beschädigt

St. Martinskirche	um 1300	Langhaus durch Brand zum Teil zer- stört, Chor nebst Gewölbe erhalten
Pfarrhaus St. Martin (ehem. Franziskanerkloster)	Ende 13. bis 18. Jh.	ausgebrannt
Universitätskirche	1683–1702	Dach und Ausstattung verbrannt, Mittel- schiffsgewölbe eingestürzt
Dorfkirche Betzenhausen	Ende 18. Jh.	schwer beschädigt
Neue Friedhofskapelle	nach 1900	Langhaus durch Bombe zerstört, Chor erhalten

| Hilfskirche St. Joseph | . . . | durch Bombe schwer beschädigt |
| Herz-Jesu-Kirche | 1893–1898 | durch Bomben am 27. 11. und 17. 12. 44 getroffen |

c) Leicht beschädigt

Münster *)	1200–1500	sämtliche Dächer durch Luftdruck abgedeckt, Fenster eingedrückt. Einzelne Maßwerke beschädigt
Altkathol. St. Ursula *)	1708–1710	Dach beschädigt, Stuckdecke nachträglich abgestürzt
Alte Friedhofskapelle *)	Anfang und Mitte 18. Jh.	Dach beschädigt, Stuckdecke nachträglich beschädigt
Konviktskirche *)	1823	Chordach und -decke abgebrannt
Lutherische Kirche	1895	Dach beschädigt, desgl. die Fenster
Einsegnungshalle	1897	Dach beschädigt, desgl. die Fenster

*) Die an sich – im Verhältnis zu den sonstigen Verlusten an Kunstgut – leichten Schäden müssen sich, falls nicht bald Abhilfe geschieht, zu schweren Schäden entwickeln: Die Gewölbe des Münsters wären bei öfterem Wechsel von Frost und Tauwetter sowie bei langanhaltenden Regenfällen schwer bedroht; die reichdekorierten Stuckdecken der Kirchen des 18. Jahrhunderts sind bei längerem Offenstehen der Dächer nicht mehr zu retten.

III. Sozialen Aufgaben dienende Werke

Soweit solche Anstalten in historischen Gebäuden untergebracht sind (z. B. Rathaus, Sparkasse, Polizeipräsidium, NSDAP usw.), siehe Abt. I.

a) Total zerstört

1) Universitätsinstitute

Rundfunkwissenschaftliches Institut	Ludwigstraße 34	durch Bombe und Brand zerstört
Institut für Bodenkunde	Albertstraße 4	durch Bombe und Brand zerstört
Sportärztliches Institut	Albertstraße 4	durch Bombe und Brand zerstört
Anatomisches Institut	Albertstraße 17	durch Bombe und Brand zerstört
Pathologisches Institut	Albertstraße 19	durch Bombe und Brand zerstört
Chemisches Institut	Albertstraße 21	durch Bombe und Brand zerstört
Pharmazeutisches Institut	Albertstraße 21	durch Bombe und Brand zerstört
Physikalisches Institut	Hebelstraße 33	durch Bombe und Brand zerstört
Physikalisch-chemisches Institut	Hebelstraße 38	durch Bombe und Brand zerstört
Geographisches Institut	Hebelstraße 40	durch Bombe und Brand zerstört
Geologisches Institut	Hebelstraße 40	durch Bombe und Brand zerstört
Hygienisches Institut	Hebelstraße 42	durch Bombe und Brand zerstört
Tierhygienisches Institut	Bismarckstraße 26	durch Bombe und Brand zerstört
Radiologisches Institut	Katharinenstraße 13	durch Bombe und Brand zerstört
Zoologisches Institut	Katharinenstraße 20	durch Bombe und Brand zerstört
Bienenkundliches Institut	Katharinenstraße 20	durch Bombe und Brand zerstört
Pharmakologisches Institut	Katharinenstraße 29	durch Bombe und Brand zerstört
Physiologisch-chemisches Institut	Sautierstraße 2	durch Bombe und Brand zerstört
Institut für theoretische Physik	Merianstraße 47	durch Bombe und Brand zerstört
Archäologisches Institut	Bertoldstraße 14	durch Bombe und Brand zerstört
Kunstwissenschaftliches Institut	Bertoldstraße 14	durch Bombe und Brand zerstört
Musikwissenschaftliches Institut	Bertoldstraße 14	durch Bombe und Brand zerstört
Forstwissenschaftliches Institut	Bertoldstraße 17	ausgebrannt

418

Mineralogisches Institut	Bertoldstraße 17	ausgebrannt
Gipsabgußsammlung	Bertoldstraße 17	ausgebrannt
Mathematisches Institut	Brunnenstraße 1	ausgebrannt

2) Kliniken und Krankenhäuser, Altersheime usw.

Augenklinik	Albertstraße 11	durch Bombe und Brand total zerstört
Frauenklinik	Albertstraße 6	durch Bombe und Brand total zerstört
Hals-, Nasen- und Ohrenklinik	Albertstraße 2	durch Bombe und Brand total zerstört
Zahnärztliche Klinik	Albertstraße 15	durch Bombe und Brand total zerstört
Medizinische Poliklinik	Johanniterstraße 6	ausgebrannt
Kinderklinik, Altbau	Mathildenstraße 1–3	ausgebrannt
Städtische Schulzahnklinik	Milchstraße 1	ausgebrannt
Verwaltung der Klinischen Anstalten		
Staatliches Gesundheitsamt	Rheinstraße 1	Volltreffer und ausgebrannt
St. Josefskrankenhaus	Johanniterstraße	Volltreffer und ausgebrannt
Vinzentiuskrankenhaus und Klinik	Unterlinden 9	durch Bombe und Brand zerstört
St. Hedwigshaus-Kinderklinik	Bismarckstraße	völlig ausgebrannt
Pfründhaus	Rotteckplatz 9	ausgebrannt
Altersheim Heiliggeistspital	Gauchstraße 10	ausgebrannt
Evang. Hospiz	Herrenstraße 8	durch Bombe und Brand vernichtet
Evang. Damenstift	Herrenstraße 8b	durch Bombe und Brand vernichtet
Evang. Altersheim	Herrenstraße 12	durch Bombe und Brand vernichtet
Evang. Marthastift	Herrenstraße 16	durch Bombe und Brand vernichtet
Evang. Waisenhaus	Herrenstraße 7a	durch Bombe und Brand vernichtet
Evang. Kindergärtnerinnenseminar	Hebelstraße 34	durch Bombe und Brand vernichtet
Evang. Töchterheim	Hebelstraße 36	durch Bombe und Brand vernichtet
Evang. Töchterheim	Albertstraße 36	durch Bombe und Brand vernichtet
Kath. Jungmädchenheim	Katharinenstraße 6	durch Brand zerstört
Kath. Mütter- und Säuglingsheim mit Säuglingspflegerinnenschule	Katharinenstraße 8	durch Brand und Volltreffer zerstört .

3) Schulen

Bertoldsgymnasium	Bertoldstraße 41	völlig ausgebrannt
Karlschule	Karlstraße 16/18	völlig ausgebrannt
Handelsschule	Karlsplatz 1	völlig ausgebrannt
Städtische Haushaltungsschule und Schülerinnenheim	Gartenstraße 2–6	mehrere Volltreffer
Hilfsschule	Milchstraße 1	durch Bombe und Brand zerstört

4) Sonstige sozialen Zwecken dienende Gebäude

Hauptbahnhof		durch mehrere Bombenvolltreffer und Brand total zerstört
Hauptpostamt		durch mehrere Bombenvolltreffer und Brand total zerstört
Fernsprechamt		durch mehrere Bombenvolltreffer und Brand total zerstört
Versorgungsamt	Sautierstraße 30	durch mehrere Bombenvolltreffer und Brand total zerstört

Hauptfeuerwache	Rotteckstraße 1a	durch mehrere Bombenvolltreffer und Brand total zerstört
Badisches Weinbauinstitut	Bismarckstraße 21	durch mehrere Bombenvolltreffer und Brand total zerstört
Amt für Volkswohlfahrt	Albertstraße 7–9	durch mehrere Bombenvolltreffer und Brand total zerstört
Reichsamt für Bodenforschung	Eisenbahnstraße 10	durch mehrere Bombenvolltreffer und Brand total zerstört
Landesversicherungsanstalt	Kartoffelmarkt 2	durch mehrere Bombenvolltreffer und Brand total zerstört
Deutsches Rotes Kreuz, Kreisstelle	Rheinstraße 51	durch mehrere Bombenvolltreffer und Brand total zerstört

Die zerstörten Gebäude der Stadtverwaltung:
 Altes Rathaus, Karlskaserne, Städtische Sparkasse;
Die zerstörten Gebäude der Badischen Staatsverwaltung:
 Landeskommissariat, Landratsamt;
Die zerstörten Gebäude der Reichsverwaltung: Polizeipräsidium;
Die zerstörten Gebäude der Partei: Kreisleitung
sind als Baudenkmäler bereits unter Abschn. I Seite 1 genannt.

b) Schwer beschädigt

1) Universitätsinstitute

Kollegienhaus	Belfortstraße 11	drei Bombenvolltreffer
Universitätsbibliothek	Rempartstraße 15	ein Bombenvolltreffer
Botanisches Institut	Schänzleweg 9–11	ein Bombenvolltreffer

2) Kliniken und Krankenhäuser

Medizinische Klinik	Hugstetter Straße 55	durch Brand und Volltreffer (15. 1. 45) schwer beschädigt
Chirurgische Klinik	Hugstetter Straße 55	Brand und Luftdruck
Orthopädische Klinik	Hugstetter Straße 55	Brand und Luftdruck
Frauenklinikneubau (zur Zeit noch Lazarett)	Hugstetter Straße 55	Bomben, Brand, Luftdruck
Wirtschaftsgebäude und Kesselhaus der Kliniken	Hugstetter Straße 55	Bomben, Brand, Luftdruck
Diakonissenkrankenhaus	Hauptstraße 8	Luftdruck

3) Schulen

Rotteckoberschule für Knaben	Rotteckstraße	Volltreffer in Nordflügel
Ludendorffoberschule für Knaben	Adolf-Hitler-Straße 103	Volltreffer in Aula
Hansjakobschule	Wannerstraße 2	Volltreffer in Turnhalle
Hebelschule	Engelbergerstraße 2	Volltreffer in Turnhalle
Schlageterschule	Hofackerstraße 75	Dachstuhlbrand
Emil-Strauß-Oberschule für Mädchen	Eisenbahnstraße 5	Volltreffer in Küchenflügel
Hildaschule	Bismarckstraße 10	Inneres vollständig ausgebrannt
Stadtschulamt	Schloßbergstraße 15	Luftdruckschäden

4) Verwaltungs- und sonstige Gebäude

Städtisches Untersuchungsamt	Schloßbergstraße 15	Luftdruckschäden
Herder-Verlag	Johanniterstraße 4	Inneres vollständig ausgebrannt
Urban-Verlag	Schöneckstraße 10	Luftdruckschäden

420

c) Leicht beschädigt

Universitätskinderklinik	Eintrachtstraße 1	Luftdruckschäden
Reichsbank	Schlageterstraße	Dachstuhl durchschlagen

FREIBURG IM BREISGAU, den 31. 1. 1945
Städtisches Hochbauamt
gez. Dr. Schlippe
Oberbaudirektor

Quelle: StadtAF, C 5/2748.

6. Tätigkeits- und Erfahrungsbericht des Führers des Luftschutzpolizei-Sanitätsdienstes zum Angriff vom 27. November 1944, erstellt am 13. Dezember 1944

Der Polizeipräsident   Freiburg i. Br., den 13. 12. 1944
als örtl. LS.-Leiter   *Verschlossen!* Nur zum Dienstgebrauch
Führer des LS-Pol.San.Dienstes

Tätigkeits- und Erfahrungsbericht des LS-Pol.San.Dienstes
anlässlich des ausserordentlich schweren Terrorangriffs auf Freiburg i. Br., am 27. 11. 44, begonnen 19.55 Uhr, Dauer 22 Min., erstattet durch den Leitenden LS-Pol.Arzt Oberstabsarzt Dr. Hapke.

I. Tätigkeitsbericht:

Der Leit. LS-Arzt trifft 20.30 Uhr sofort rechtzeitig im Hirzbergstollen beim Befehlsstab ein. Dieser Stollen wird wegen Ausfalls aller Nachrichtenmittel aufgegeben. Ebenso aus demselben Grunde die erste Ausweiche, Stollen 3 Schlossbergstr. 15. Daher nicht der Befehlsstab in Stollen 1 Schlossbergstr. 1. Der Leit. LS-Arzt hinterlässt als Vertreter auf dem Befehlsstab Herrn O'Med.Rat Dr. Pfunder (Staatl. Gesundheitsamt), revidiert die Stollen und übernimmt auch die ärztl. Versorgung der Stollen durch LS-Pol.Ärzte, und begibt sich zur brennenden Karlskaserne zum Sanitätszug. Es werden 3 Mann im Keller als Wache angetroffen, die übrigen Männer sind zum Bergen von Verletzten auf eigene Initiative des Zugführers Kraus auf Hilferufe vom Karlsplatz ausgeschwärmt. – Durch Leit. LS-Arzt wird unter Beihilfe von 2 Mann das gesamte, nicht ersetzbare Sanitätsmaterial, sowie Einrichtung und Ärzteunterlagen durch eigenhändiges Tragen in den Keller gerettet.
Danach zurück zum Stollen 3 und mit O'Med.Rat. Dr. Pfunder zur Revision der Stollen, Rettungsstellen und Krankenanstalten aufgebrochen. Zur Einzelmehrleistung revidiert letzterer erneut die Stollen. Viele Verwundete darin; ärztliche Versorgung in Stollen 3 durch Dr. Schaeuble vom San. Zug und freiwillige Fähnrich und Oberfähnrich der San.R.O.A. der Kriegsmarine und DRK-Helferinnen ist gesichert. Von letzteren hat sich durch besondere Aufopferung die DRK-Helferin Frau Hilde Arndt geb. Koch ausgezeichnet und ferner die Bunkerwartin Frau Fichter.
Inzwischen marschiert der Leit. LS-Arzt zu Fuss, da ein PKW nicht vorhanden, weiter, um bei der Blockierung der Strassen, dem Ausfall aller Nachrichtenmittel, selber den Abtransport der Verwundeten in Gang zu bringen. Er revidiert dabei auf diesem Weg die Rettungsstollen 1 und 4 und es gelingt ihm, im Res. Lazarett Turnseeschule (wo die Rett. Stelle 4 untergebracht ist) von O'Stabsarzt des Heeres, Dr. Petermann, einen grossen Sanka zu bekommen. Mit inzwischen eingetroffenen 2 Sankas der LS-Pol.Krankentransportstaffel und

1 Sanka des Kommandeurs der San.R O. A. der Kriegsmarine, Oberstabsarzt Dr. Paravicini mit Transportführern, Oberfähnriche Siegfried Schneider und Groonemann, gelingt es ihm, aus den äusserst überfüllten 3 Stollen der Schlossbergstrasse die massenhaft eingelieferten Verwundeten laufend vermittels Pendelverkehr zu den Krankenanstalten voll ausreichend abzutransportieren.

Besondere Erschwerung ist dabei dadurch hervorgerufen, dass eine fast absolute Blokkade zwischen Stollen 2, Schlossbergstr. 7 und Stollen 3, Schlossbergstr. 15, besteht. Die Verwundeten werden dennoch durch den Wald von Stollen 3 nach 2 getragen, da in der Nordstadt keine chirurgisch Kranken wegen Mangel an chirurgischer Möglichkeit aufnehmbar sind.

Nachdem auf diese Weise der Abtransport der Verwundeten sichergestellt ist, versucht der Leit. LS-Arzt mit dem inzwischen eingetroffenen Dr. Eschbacher, Leiter der Reichsärztekammer/Bezirksvereinigung Freiburg, sofort in der Terrornacht auch die Rett.Stellen 3a u. 3b zu erreichen, was schliesslich über brennende Schuttmassen gelingt. Diese beiden Schulen, in denen sich diese Rettungsstellen und ausserdem die Wehrmacht-Krankensammelstelle befinden, sind total zerstört. Der vordere Zugang zur Rett.Stelle 3b ist total, der hintere Zugang teilweise verschüttet. In den Rett.Stellen 3a und 3b selbst ist durch Luftstösse alles durcheinander gewirbelt. Dennoch funktionieren beide Rettungsstellen.

In Rett.Stelle 3a liegen allein 400–500 Verwundete der Wehrmacht, ferner haben dort rund 200 Obdachlose Zuflucht gesucht und ferner werden dort die Zivilverletzten ärztlich versorgt.

In dem Behandlungsraum der Rettungsstelle 3a wird zivil und militär versorgt und zwar im Laufe dieser Terrornacht 60 Schwerverletzte zivil zuzüglich 200 Leichtverletzte zivil, zuzüglich ferner 350 Militär = summa 610 Personen.

In Rettungsstelle 3b sind die Verhältnisse ähnlich, jedoch nicht ganz so schwer, da der vordere Zugang total, der hintere Zugang teilweise verschüttet ist und so die Menschen nur durch den hinteren Ausgang hereinkommen können.

Sodann Versuch, die neuen Kliniken zu erreichen, was trotz weiter Umwege von allen Seiten aus nicht möglich ist und zwar nicht allein so sehr wegen Flächenbränden in dem gesamten Stadtviertel, sondern wegen absoluter Blockade aller Zufuhrstrassen, selbst über weite Umwege, z. B. Betzenhausen.

Daher erneut zurück zur Revision der Stollen und Rettungsstellen. Abtransport funktioniert weiter.

Inzwischen ist es Tag geworden. Der Leit. LS-Arzt revidiert erneut die Rettungsstellen 1 und die Stollen, trifft erneut Dr. Eschbacher und bahnt sich nunmehr mit ihm einen Weg nach den neuen Kliniken.

Im ganzen sind ärztlich versorgt:

Rettungsstelle 1:   30 Schwerverletzte
178 Leichtverletzte

summa 208 Personen

Rettungsstelle 3 a: 60 Schwerverletzte
200 Leichtverletzte
350 Militärverletzte
zusätzlich rund 400 bereits lagernde Militärverwundete

summa 1010 Personen

Rettungsstelle 3 b: 15 Schwerverletzte
65 Leichtverletzte

summa 80 Personen

Rettungsstelle 4:   10 Schwerverletzte
93 Leichtverletzte
30 Schwerverl., die definitiv in dem im selben Hause befindl. Res.Laz. gleich operiert wurden

summa 133 Personen

Stollen 1:	1350 Schwer- und Leichtverletzte
Stollen 2:	970 Schwer- und Leichtverletzte
Stollen 3:	1370 Schwer- und Leichtverletzte

Insgesamt also = 5121 Schwer- und Leichtverletzte.

Die Zahl der in den 5 LS-Pol. Hilfestationen, den Karthäuser- und Hirzbergstollen und der mit Unterstützung der LS-Polizei eingerichteten 13 Nothilfsverbandstellen des RLB sind hier nicht einbegriffen. Ferner auch nicht: alle diejenigen Personen, die von den Krankenanstalten und den praktischen Ärzten versorgt sind. Diese Zahlen können erst nach und nach zugefügt werden.

Es werden geschätzt in summa: 2000 Tote und Vermisste
                              8–10 000 Verwundete.

28.11. 5 Uhr morgens läuft Meldung durch den Direktor der Hals-Nasen-Ohrenklinik ein, dass seine Klinik völlig verschüttet ist (80 Tote). 2 Gruppen der LS-Pol.San.Männer bergen und behandeln diese Verschütteten mit dem gleich nach dem Angriff eingetroffenen Dr. Schaeuble.

Von dort gehen die 2 LS-Pol.San.Gruppen weiter zur Bernhardstrasse zu gleichen Aktionen. Da nicht genügend LS-Pol.San.Personal vorhanden, wird die Feuerwehr zur sanitären Mithilfe herangezogen. Das ist möglich, weil diese zum grössten Teil wegen Wasser- und Benzinmangel ausgeschaltet war.

Bewährt hat sich u.a. in den LS-Pol.Rettungsstellen die starke Vorsorge für Notwasser und Notlicht, da ausser des im übrigen vorausgesehenen Versagens der unabhängigen elektrischen Stromversorgung durch Streiken des Motors in 2 Rett.Stellen, für zusätzliche Sonderbeleuchtung aller Art vorgesorgt war. Nur auf diese Weise, – abgesehen von anderen Momenten – blieben diese Rett.stellen funktionsfähig.

Anders war es in den Stollen, in denen nicht genügend für Notlicht, Notwasser und Nottrockenaborte vorgesorgt war. Hierzu muss jedoch betont werden, dass diese Stollen nicht ganz fertig waren und dass sie ferner von der Stadt aus eigener Initiative unter schwierigsten Verhältnissen in Angriff genommen waren. Nur dadurch konnten mindestens 10 000 Menschen luftschutzsicher untergebracht werden.

Bewährt hat sich ferner die vorsorgliche Speicherung und der rechtzeitige Einkauf von Arzneien und Verbandmitteln durch Selbsthilfe durch freien Einkauf durch die Rett.Stellen, so dass auch die mangelhafte Versorgung der Stollen hiermit ausgeglichen werden konnte. Es darf in diesem Zusammenhang bemerkt werden, dass die Stollen nicht der LS-San.Polizei unterstehen und dass mehrmals auf die dringend notwendige ärztliche und medikamentöse sowie Verbandmittel-Versorgung dieser Stollen durch den Leit. LS-Arzt rechtzeitig hingewiesen worden war.

Da wegen Mangel an Ärzten die ärztl. Versorgung der Stollen durch die Reichsärztekammer in der Nacht des Terrorangriffs nicht klargekommen war, wurde auch diese sofort durch den Arzt des San.Zuges übernommen und ein dauerndes regelrechtes ärztliches Abpatrouillieren der 3 Stollen eingerichtet.

Restlos zerstört sind: die Neue und alte Frauenklinik, die Medizin. und Chirurg. Klinik, die Medizin. Poliklinik, ferner in der Innenstadt das Vinzentiushaus, das Josefskrankenhaus, die Augenklinik, die Hals-Nasen-Ohrenklinik, die alte Kinderklinik, die Zahnklinik, das Hedwigshaus, das Augustinusheim.

Auch das Diakonissenhaus ist stark behindert.

Von allen 20 Kliniken und Krankenanstalten Freiburgs einschliesslich kleinerer Privatkrankenanstalten ist nur das nicht grosse Lorettokrankenhaus und 2 kleinere Privatkliniken (Prof. Hegar u. Prof. Borell) voll aktionsfähig geblieben.

In der Chirurg. Klinik ist im LS-Keller ein Restbetrieb möglich. Ebenso mehr oder weniger in der Hautklinik und Psychiatr. Klinik, sowie dem Hilfskrankenhaus Okenstr. 15.

Als schwierigste Aufgabe ergibt sich nunmehr, Ausweichen für alle diese ausgebombten Krankenhäuser zu beschaffen. Trotz dauernder Vorsorge ist dieses bei einem solch grossen Ausfall von Krankenanstalten besonders schwierig, zumal die alle vorgesehenen Ausweichen im Elsass kurz vorher ausgefallen und andere Ausweichen von der Wehrmacht beschlagnahmt sind, sowie die Res.Lazarette der Wehrmacht sich gerade im Umzug mit Kriegslazaretten befanden. Trotzdem ist bis zum Abend des 28.11. von Leit. LS-Arzt und Dr. Eschbacher ein gesamtes Programm für Ausweichen fertig, das zunächst nur deshalb schwierig durchzuführen ist, da einige Kliniken Sonderaktionen unter Umgehung des eingesetzten Gremiums (Leit. LS-Arzt, Staatl. Gesundheitsamt O'Med.Rat Dr. Pfunder und Reichsärztekammer Dr. Eschbacher) unternommen haben.

Am 28. 11. vormittags zwischen 8–9 Uhr erschienen ferner die ehrenamtlich beim San.-Zug diensttuenden Ärzte Dr. Keller und Dr. Kusch (letzterer verschüttet gewesen) und am 30. 11. abends Dr. Brockmann, der am 27. 11. schon von 21–3 Uhr beim San.Zug bzw. Stollen 3 einsatztätig war.

Rettungsstellenärzte: Von den 8 Rett.Stellenärzten sind 7 sofort in der Terrornacht erschienen und haben ganz ausserordentliches geleistet, besonders in den Rett. Stellen 1 und 3 a. Der 8. Arzt ist am 28. 11. vormittags erschienen, da er chirurgisch anderweitig stark beschäftigt war. Sein Nichterscheinen konnte durch einen freiwilligen, sofort sich meldenden Stabsarzt der Wehrmacht ausgeglichen werden.

Mannschaften und Helferinnen sind alle, z.T. unter schwierigsten Umständen sämtlich *vor* Anlauf von Verwundeten erschienen, bis auf 1 Mann und 1 Helferin, die verschüttet waren und 1 Mann (Harbrecht, Rett.Stelle 1) tot. – Das ist ein ganz ausserordentlich gutes Resultat, das bis jetzt in keiner Stadt erreicht ist.

Art der Verletzungen der behandelten Personen: In der Angriffsnacht kamen vorwiegend zur Behandlung: Schwere Gehirnerschütterungen, Verbrennungen, Knochenbrüche, Schockzustände, Schlagaderblutungen, Fleischwunden, Kohlenoxydvergiftungen, daneben Zerreissungen des Brustkorbes, des Bauches, Gehirns usw. Eine ganze Reihe von Personen wurde in sterbendem Zustande eingeliefert, jedoch nur 1 CO.Vergiftung. Letztere waren im ganzen verhältnismässig wenig, da Flächenbrände erst allmählich in Gang kamen

Am 2. Tag kamen hauptsächlich zur Behandlung: Verschüttungsschäden, Quetschungen, Prellungen, Schürfungen und weiterhin Verbrennungen und Kohlenoxydvergiftungen. Fortlaufend mussten ausserdem ausserordentlich viele Rauch- und Staubschädigungen, sowie Fremdkörper in den Augen behandelt werden. Schwere, insbesondere penetrierende Augenverletzungen sind auffällig wenig vorgekommen. – Da alle praktischen Augenärzte ausgefallen sind, ist zur Behandlung dieser lediglich die Ausweiche der Augenklinik in Frage gekommen, wo aber nur 10 solcher schwerer Augenverletzungen festgestellt sind.

Die Patienten rekrutieren dem Alter nach in allen Altersklassen, vom jüngsten Säugling bis zum ältesten Greis.

Notentbindungen (Sturzgeburten) haben in den Stollen und Rett.Stellen nicht stattgefunden. Für etwaige solche Fälle war behelfsmässig vorgesorgt.

Besonders erschwerend war, dass trotz jahrelanger Erinnerung durch den Leit. LS-Arzt und das Staatl. Gesundheitsamt (O'Med.Rat Dr. Pfunder) die Siechen aus Freiburg nicht rechtzeitig zwangsweise evakuiert wurden, nachdem sie freiwillig nicht gingen. Diese Siechen verstopften und verkoteten die Rett.Stellen und insbesondere die Stollen auf Tage hinaus und brachten auch durch ihr psychotisches Verhalten ein ganz erhebliches Durcheinander, zumal ihr Abtransport erst langsam in Gang kommen konnte.

Dringend notwendig wäre in den Stollen eine Mehraufstellung von Trockenaborten gewesen, worauf auch gleichfalls der Leit. LS-Arzt des öfteren rechtzeitig aufmerksam gemacht hat und ebenso deren rechtzeitige Leerung. Die Schwierigkeiten auf diesem Gebiet sind erst nach mehreren Tagen, nachdem der Leit. LS-Arzt sich 3 mal an die Stadtverwaltung sehr energisch gewandt hatte, behoben. Inzwischen hatte der LS-Pol.San.Dienst auch dieses, soweit er es bei seinem Personalmangel konnte, übernommen.

Sanitäre Hilfe von auswärts war nur vorübergehend am 1. 12. durch eine kleine Nebenabteilung eines motorisierten Sammelverbandes in geringem Umfange vorhanden, so dass der gesamte sanitäre Einsatz durch Selbsthilfe bewältigt wurde.

Die NSV trat etwas spät in Tätigkeit, was sich hauptsächlich bei Versorgung von Säuglingen und Kleinkindern störend bemerkbar gemacht hat, die bis zu 18 Stunden in den Stollen ohne Nahrung blieben.

Erleichterung für die Aufnahme der zahlreichen Verwundeten brachte, dass gemäss vorheriger Absprache des Leit. LS-Arztes mit dem Standortarzt die Wehrmacht die Schlageterkaserne als Hilfslazarett für Zivilpersonen freigab, zumal als einzige Krankenanstalt das nicht sehr grosse Lorettokrankenhaus unbeschädigt geblieben war und zudem dieses noch zum grössten Teil mit Wehrmacht belegt war.

Ab Mittwoch, 29. 11. wurde bereits mit Belegung der festgelegten Ausweichen begonnen. Bei dieser Aktion wurden folgende Grundprinzipien beachtet:

In Freiburg bzw. näherer Umgebung ist für jede Klinik eine poliklinische Behandlung mit kleinerer Auffangstation eingerichtet, während die Kliniken selbst möglichst weit nach Osten verlegt wurden, jedoch unter Berücksichtigung der Transportmöglichkeiten.

Eine zusätzliche Erschwerung brachte, als am Sonntag, 3.12.44, die Kyburg Günterstal, in der über 100 Kinder und 80 Pflegepersonal untergebracht waren, auch noch ausgebombt wurde.

Bei der Bergungsaktion von Toten hat sich ergeben, dass sehr viele der Opfer verkohlt sind. Das Zusammenbrechen vieler Personen auf der Strasse beruht nur zum kleinsten Teil auf CO-Vergiftungen.

Ab 2.12.44 haben sich die Fälle akuter Psychosen und körperlicher und seelischer Erschöpfungszustände vermehrt, die in der zum Glück einigermassen intakt gebliebenen Psychiatr. Klinik in Freiburg aufgenommen werden konnten. Bei den meisten Fällen handelt es sich hierbei um vorübergehende Zustände akuter Verwirrung.

Verluste des San.Dienstes: 1 Mann (Harbrecht, Rett.Stelle 1) vermisst. *Verwundet:* 2 Mann (Gehirnerschütterung bzw. grosse Stirnwunde). *Bombengeschädigt:* vom San.Dienst: leicht = 18, schwer = 9, total = 34. summa 61 von im ganzen 110 dem San.Dienst angehörigen Personen männl. und weibl. Geschlechts. Mithin 55%.

II. Erfahrungsbericht:

a) *Hygienische Fragen:*
Der Terrorangriff auf Freiburg am 27.11.44 hat folgende Erfahrungen gemacht:
1) Notwasser ist in grössten Mengen dauernd vorrätig zu halten. Die vorsorgliche Anlage oder Wiederinbetriebsetzung möglichst vieler Handpumpen ist dringend erforderlich.

   Obwohl Freiburg 5 oder noch mehr verschiedene Wasserleitungen hatte und diese zum grössten Teil zudem natürliches Gefälle haben, fielen dennoch die meisten Wasserleitungen wegen Treffer im Rohrsystem aus. Alle vorherigen Überlegungen, dass darum Freiburg geschützt sei, haben sich als falsch erwiesen. Die vom Leit. LS-Arzt geforderte vorsorgliche Anlage einer ausgedehnten Anzahl von Handpumpen war also richtig. Die grosse Stapelung von Notwasser in den Rettungsstellen war richtig.
2) Der sofortige Ausfall der elektrischen Licht- und Gasleitung zeigt, dass nicht genügend Notlicht in jeder Form vorhanden sein kann. Die vielfache Versorgung mit Notlicht in den Rett. Stellen war richtig, zumal auch von dem je Rettungsstelle vorhandenen einzigen Aggregate in 2 Rettungsstellen diese nach ¼–½ Stunde ausfielen. Alle sonstigen Aggregate waren schon seit langem angefordert, aber nicht geliefert.
3) Aufstellung von Nottrockenaborten in grossen Mengen in den Stollen usw.: Die Angabe des LS-Beauftragten der Stadt, dass z.B. in den Stollen keine Trockenaborte hineinkämen, weil sie stinken und weil die Wasserclosetts in den Stollen mit Wasser wegen seines natürlichen Gefälles unbedingt versorgt seien und im übrigen sich die Bevölkerung ja nur auf Stunden darin aufhielte, hat sich als nicht zutreffend erwiesen. Die vorsorgliche Forderung des Leit. LS-Arztes, Nottrockenaborte in grösster Zahl auch in den Stollen aufzustellen, war also richtig, so dass in den Rett.Stellen auch in dieser Beziehung keine Schwierigkeiten aufgetreten sind. Ferner muss eine vorsorgliche Regelung dahin getroffen werden, dass diese Trockenclosetts regelmässig entleert werden.

   Die Dunkelheit in den Stollen mit überlaufenden Aborten bei dicht gedrängten Menschenmassen war ein sehr grosser Übelstand, der sich nur durch das persönliche Eingreifen des Leit. LS-Arztes in den ersten Tagen nach dem Angriff notdürftig beheben liess.
4) Die Sanitätsräume in den Stollen waren zu wenig und zu eng. Bei der Einrichtung derselben wurde der Leit. LS-Arzt nicht gehört.
5) Siechenhäuser sind vorsorglich zwangsweise zu entleeren. Die Siechen bilden im Falle eines Angriffs eine ganz ausserordentliche Erschwerung des Abtransportes und ein Durcheinander in den Stollen und beanspruchen ein unverhältnismässig grosses San.-Personal, was sowieso nicht zur Verfügung steht.

b) *Dienstvorschriften und organisatorische Massnahmen:*
1) Nach der Dienstanweisung soll der Leit. LS-Arzt sich auf der Befehlsstelle einfinden und von dort aus seine Mannschaften einsetzen.

Das ist völlig überholt. Bei Ausfall aller Nachrichtenmittel kann der Leit. LS-Arzt auch durch Melder in keiner Weise ein Bild über die wirkliche Lage bekommen. Das einzig Mögliche ist, dass er sich persönlich an Ort und Stelle begibt und dort die nötigen Vorkehrungen trifft.

Zunächst hat er die Verwundeten-Sammelaktionen und den Verwundetenabtransport zu organisieren, was er bei einem solchen Angriff auch nur dadurch kann, dass er sich persönlich ein Bild an Ort und Stelle macht. Dann hat er sich zu allen Rett.Stellen und Krankenanstalten zu begeben und an Ort und Stelle festzustellen, wieweit diese funktionsfähig geblieben sind.

2) Jede Regelung auf Grund Entscheidungen dritter Personen hierüber genügt nicht. Hierbei und bei Regelung aller sonstigen gesundheitlichen Fragen hat sich die Arbeitsgemeinschaft Staatl. Gesundheitsamt, Reichsärztekammer/Bezirksvereinigung und Leit. LS-Pol.Arzt bewährt. Nur so war es möglich, bereits 24 Stunden nach dem Angriff ein Programm für örtliche Behandlungsmöglichkeiten und für Ausweichen festzulegen, was im Falle Freiburg umso schwieriger war, da von den 20 Krankenanstalten ausser einer kleineren Krankenanstalt (Lorettokrankenhaus) und 2 weiteren, nicht ins Gewicht fallenden Privatanstalten alle Krankenhäuser zerstört oder funktionsunfähig geworden waren und zudem die Ausweichsmöglichkeiten durch Verlust im Elsass und durch Belegung der Wehrmacht zum grössten Teil kurz vorher zusammengeschrumpft waren.

III. Sonstiges:

1) Es ist immer und immer wieder beim Kommando Aufklärung dahin zu schaffen, dass wenigstens die primitivsten hygienischen Vorschriften beachtet werden, wenn bald nach dem Angriff die Sanität zu anderen als sanitären Arbeiten eingesetzt wird.
2) Nach dem Angriff sind sofort alle Rettungsstellen von Verwundeten wieder zu räumen, um auf diese Weise Aufnahmefähigkeit für einen etwaigen neuen Angriff zu garantieren. Aus demselben Grunde hat auch das Personal vorhanden und einsatzbereit zu bleiben. Dasselbe gilt soweit wie irgend möglich für die Krankenanstalten. Beides sind auch keine Obdachlosenasyle, sondern f. Verwundete freizuhalten. Hierzu ist auch dringendst die Unterstützung der Ortsgruppen nötig.

IV. Allgemeines über Ablauf des Terrorangriffs.

Der Terrorangriff brach in ausserordentlicher Schnelle und Stärke über eine Bevölkerung herein, die noch keine Terrorangriffe in 5 Kriegsjahren ausser 1940 kleinerer Art erlebt hatte. Der Angriff war sowohl im Hinblick auf die Masse und Schwere der abgeworfenen Bomben sehr stark. Er hat selbst die stärkstgedecktesten LS-Räume bei Volltreffern durchschlagen. In diesen Räumen befindliche Personen sind zum grössten Teil sofort tot gewesen. Es wird angenommen, dass tödliche Verbrennungen am lebenden Leibe verhältnismässig recht wenig vorgekommen sind, da der Brand der Stadt Freiburg im Anfang keine grosse Ausdehnung hatte und erst durch das Fehlen von Wasser trotz seiner vielen Wasserleitungen mit natürlichem Gefälle und trotz vieler Bächle, welche unterirdisch in ihrer Hauptzufuhr zunächst verschüttet waren, durch Wassermangel und auch durch Benzinmangel in Gang kam, so dass die Bevölkerung die genügende Zeit hatte, sich in Sicherheit zu bringen. So ist denn auch der Anfall von CO-Vergiftungen verhältnismässig gering gewesen, ebenso verhältnismässig gering die Schwerverletzten. Durch das Durchschlagen von LS-Räumen waren die dadurch betroffenen Personen sofort tot. Schwerverletzte fielen zum grösseren Teil nur an durch Verschüttungen. Massenhaft waren dagegen leichte Verletzungen jeglicher Art, einschl. leichterer Brandverletzungen, massenhaft ferner durch den ungeheuren Staub, Funkenflug und Rauch Augenentzündungen und kleinere leicht entfernbare Fremdkörper in den Augen, während schwere, insbesondere penetrierende Augenverletzungen nur 10–12 vorgekommen sind.

Die Bevölkerung war wie gelähmt. Der Selbstschutz musste zum grössten Teil versagen, da keine Männer in ihm mehr vorhanden waren, insbesondere weil kurz vorher auch der

Rest der Männer noch für den Volkssturm herausgezogen war, ausserdem bestand Wassermangel (s. u.).

Bei den Ausgrabungen zeigt sich der Mangel an Personal, umso stärker weil Bagger erst sehr spät anliefen. Wieviele Menschen auf diese Weise sekundär noch erstickt sind, lässt sich nicht feststellen. Lebende Personen sind nach Tagen nicht mehr geborgen, insbesondere auch vielleicht deshalb nicht, weil nur behelfsmässige Horchapparate vorhanden waren, die nicht genügend funktionierten.

Besonders erschwerend war ferner der Mangel an Transportmitteln, die zum grossen Teil zerschlagen waren und für deren Rest noch nicht einmal das nötige Benzin vorhanden war. Der Ausfall aller Nachrichtenmittel und der Mangel an Meldern bewirkte bei dem gleichzeitigen Ausfall von Wasser, Elektrizität und Gas eine weitere Erschwerung, umso mehr, da die Stadt in der Nord-Süd- und Ost-West-Achse mehrfach total blockiert war.

gez. Dr. Hapke
Oberstabsarzt d. R. z. V.
Abteilungsführer und
Leitender LS-Arzt

Quelle: StadtAF, K 1/26.

7. Auszug aus dem Bericht von Dr. Harnasch, Medizinische Klinik, über die Ereignisse beim Angriff vom 27. November 1944, 1949 erstellt

(...)

Auch am Nachmittag lag über der Stadt der goldene Schein der Herbstsonne. Erst gegen Abend krochen die Nebel der Mooswaldniederung über die westlichen Teile Freiburgs und damit auch über das Klinikgelände, dessen Gärten durch dichte Nebelschwaden verhangen waren. Kurz nach dem Abendessen, gegen 19.55 Uhr, ertönten die Luftschutzsirenen und heulten den „Voralarm" über die Stadt. Um die Zahl und die Höhe der Flugzeuge abzuschätzen, deren Dröhnen bereits zu hören war, begab ich mich in den Garten, der in dichtem Nebel lag. Dem Geräusch nach mußten zahlreiche Verbände die Stadt in geringer Höhe überfliegen, denn das Brummen und Dröhnen war stärker als üblich. Plötzlich löste sich aus dem indifferenten allgemeinen Brummen das Geräusch eines einzelnen Flugzeuges ab, das bedeutend niedriger als die anderen Flugzeuge zu fliegen schien, und Augenblicke später differenzierte sich aus diesem Geräusch das „Hui, Hui, Hui", der ersten fallenden Bombe. Dieser Ton war auch von den Bewohnern des Ärzteflures gehört worden, und alles eilte mit dem Ruf „in den Keller" den Gang der Röntgenabteilung entlang den Kellereingängen zu. Wir hatten noch nicht die Luftschutzräume erreicht, als bereits die Stromzufuhr versagte und die Keller in tiefstes Dunkel gehüllt lagen. Die bereits seit August in den Kellerräumen untergebrachten bettlägerigen Kranken und die sie versorgenden Schwestern hatten in verhältnismäßig kurzer Zeit Kerzen angezündet. Neben diesen standen auch noch einige Petroleumlampen zur Verfügung, die an den Kellereingängen als Wegweiser dienten.

Während dies alles im Keller vor sich ging, detonierte bereits Bombe auf Bombe in der nächsten Umgebung der Klinik. Während die oft nur mit Nachthemden und Decken bekleideten Stationspatienten in den Keller eilten, prasselten Glassplitter, Holzteile und Steine durch die beiden in die Luftschutzräume führenden Türen. Der Luftzug jeder Detonation löschte alle Kerzen aus, so daß wieder Finsternis herrschte bis auf die vereinzelten, brennengebliebenen Stallaternen. Eine Panik konnte nur verhindert werden, indem die Patienten möglichst schnell in ihre Kellerabschnitte geschleust wurden. Auch schutzsuchende Passanten versuchten eiligst in die Kellerräume zu gelangen. Von Herrn Dr. Tidow, meiner Frau und mir wurde eine „Kette" gebildet, jeder ankommende Patient ergriffen, „weitergereicht" und in die großen Auffangräume befördert. Durch diese Maßnahme wurde eine Stauung vor den Kellereingangstüren vermieden. Von draußen drang das Getöse der Bombeneinschläge in den Keller, die Gebete der Schwestern und Kranken übertönend. Der Boden schwankte wie das Deck eines Schiffes, und die Kellerwände erteilten den an sie lehnenden

Kranken bei jedem näheren Bombeneinschlag heftige Stöße. Um die im Keller anwesenden Ärzte scharten sich Kranke und schutzsuchende Passanten, die sich mit diesen, als ruhende Pole dienenden Personen, fortbewegten.

Unter einer besonders heftigen Detonation jagte ein scharfer Luftzug eine ungeheure Staubwolke aus dem Kellergang des Hörsaalbaues in die übrigen Luftschutzgewölbe. Gleichzeitig damit strömten die in diesen Abschnitten untergebrachten Kranken aufgeregt und ängstlich in die bereits mit etwa 400 Personen angefüllten Kellerräume. Die Lüftungsanlage des Hörsaals war durch den Luftdruck zweier Treffer, die den Hörsaalbau auseinandergerissen hatten, gesprengt worden und der Staub des einstürzenden Gebäudes wurde durch den Luftdruck in die Luftschutzkeller gepreßt. Die Trockenheit in Nase und Mund durch die eingeatmeten Staubmengen wurde fast unerträglich. Nasse Tücher, die in den zahlreich im Keller aufgestellten Wassertonnen angefeuchtet und vor Nase und Mund gehalten wurden, erleichterten die Atmung etwas.

Kurze Zeit später wälzte sich erneut eine Staubwolke durch die Kellergänge, die diesmal aus der Richtung der Chirurgischen Klinik kam. Die Abschlußtüre des Karrenganges löste sich unter dem starken Luftdruck mitsamt ihrer Fassung aus der Mauer und legte sich gegen das Fußende eines dort stehenden Bettes. Wie wir später sahen, war ein Treffer in den Karrengang zwischen den beiden Flügeln des Baues der Chirurgie gegangen und dort explodiert. Immer noch krachten draußen die Einschläge der Bomben und nach einer schier endlos erscheinenden Zeit, in Wirklichkeit etwa nur 25 Minuten, hörte endlich das Dröhnen der Detonationen auf.

Feuchte Zugluft, vermischt mit Brandgeruch, durchzog die Kellergewölbe und die ersten Beobachter wurden in das Klinikgebäude geschickt.

Wie wir jetzt feststellten, waren nicht alle Patienten in den Keller gelangt. Ein Patient der Privatstation hatte wegen des Ausfalls der Stromzufuhr nicht mehr mit dem Fahrstuhl heruntergebracht werden können und den ganzen Angriff im 3. Stock zugebracht, zusammen mit Schwester Ruperta, die den Patienten nicht im Stich gelassen hatte. Eine andere kranke Ordensschwester, die, obwohl bettlägerig, auf eigenen Wunsch in einem Stationszimmer lag, hatte ebenfalls den Angriff im 2. Obergeschoß in ihrem Krankenzimmer erlebt. Trotz der starken Zerstörungen, die an der Klinik und in der unmittelbaren Umgebung des Klinikgebäudes eingetreten waren, hatten diese drei Personen außer einigen leichten Glassplitterverletzungen keinen körperlichen Schaden davongetragen.

Beim Verlassen des Luftschutzkellers bot sich uns ein erschreckender Anblick. Die Station Koch brannte, der Hörsaal lag in Trümmern, von Station Uhlenhuth war nichts mehr zu erkennen und die Schreinerbaracke im Wirtschaftshof stand in hellen Flammen. Der Dachstuhl der als Lazarett eingerichteten Frauenklinik brannte in ganzer Ausdehnung. Über der Gallwitzkaserne und der Mooswaldsiedlung lag eine dichte Rauchwolkendecke, die von den lodernden Bränden rot angestrahlt wurde. Ein gleiches Bild bot sich beim Blick nach der Stadt, wo die Häuser der Robert-Koch-Straße in hellen Flammen standen.

Im Gang der Röntgenabteilung lagen Türen, Teile von Geräten und z. T. auch die Zwischenwände übereinander. Auf den im Erdgeschoß gelegenen Stationen waren ähnliche Bilder zu sehen, während das Ausmaß der Zerstörungen in den höher gelegenen Stockwerken infolge der Abnahme der Luftdruckwirkung geringer war, so daß die Stationen Naunyn und Schönlein sowie die Privatstationen am wenigsten mitgenommen waren. Brandherde im Klinikbau konnten nicht festgestellt werden, so daß jetzt den Schwestern die Erlaubnis erteilt werden konnte, das Notwendigste an Decken, Küchengerät usw. in den Keller zu schaffen.

Im Kesselhaus wurden bei der Kontrolle zwei Blindgänger festgestellt, die als Zeitzünder am 28. November vormittags explodierten.

Für den Weg zur Tuberkulosebaracke in der Eintrachtstraße, der sonst in knapp 10 Minuten zurückgelegt werden konnte, benötigte man in der Nacht nach dem Angriff über 30 Minuten. Zahlreiche Trichter mußten umgangen oder durchquert, eingestürzten Häuserwänden und großen Trümmerteilen ausgewichen werden. Die Holzbaracke war wie ein Kartenhaus zusammengestürzt. Die Holzwände lagen z. T. zerbrochen und zersplittert über den eilig verlassenen Betten und die Steinmauern ragten aus dem Wirrwarr steil hervor. Die Kranken, die in der Baracke anwesende Schwester und der dort untergebrachte Pfleger hatten im Luftschutzbunker, neben dem in etwa 3 m Entfernung ein großer Blindgänger lag, den Angriff ohne Verletzung überstanden.

Auch im Klinikbau der Hugstetterstraße waren außer einigen kleinen leichten Hautverletzungen durch Glassplitter keine ernsteren Verwundungen oder Todesfälle zu verzeichnen. Während die Kontrollen noch die Gebäude durchstreiften und die Bergung der notwendigsten Ausrüstungsstücke in Angriff genommen wurde, strömten die Bewohner der Gallwitzkaserne, der Mooswaldsiedlung und der anliegenden Straßenzüge in die Klinikkeller. Sie konnten mit den reichlich vorhandenen Wasservorräten erfrischt werden und Frauen und Kindern konnte für die Nacht Obdach gewährt werden. Herumirrende Soldaten des Lazaretts, die völlig weiß, mit Kalkstaub überpudert, gespenstisch aus den dunklen Karrengängen kamen, wurden verbunden und über Nacht in den Luftschutzräumen aufgenommen.

Sämtliche verfügbaren Schwestern beteiligten sich bei der Bergung der Kranken aus der durch Volltreffer teilweise zerstörten und brennenden Frauenklinik. Mit bewunderungswürdiger Energie, bis zur Erschöpfung der physischen Kräfte, wanderten im gespenstischen Licht der brennenden benachbarten Straßenzüge Gruppen von Schwestern mit Tragen durch den durch Trümmer und Bombentrichter verwüsteten Klinikgarten, wobei der eingestürzte Karrengang durch gefährliche Kletterereien überwunden werden mußte.

Ein anderer Teil der Angestellten und Schwestern bargen die Material- und Lebensmittelvorräte aus dem bedrohten Wirtschaftsgebäude, bis gegen Morgen die Hauptmasse der Vorräte in den Kellerräumen der Klinik sichergestellt war. Auch die Bergung der Mikroskope, EKG-Apparate und anderer wertvoller Instrumente wurde gleich nach dem Angriff in die Wege geleitet, so daß diese bereits gegen Mitternacht in der Obhut der Oberschwester waren. Den Angehörigen der Chirurgischen Klinik, die einen Dachstuhlbrand bekämpfen mußten, konnte mit Feuerlöschern zu Hilfe gekommen werden.

Verhältnismäßig kurze Zeit nach Beendigung des Angriffes erschien Herr Prof. Dr. Bohnenkamp und kurze Zeit später Herr Oberarzt Prof. v. Pein, sowie Herr und Frau Prof. v. Braunbehrens in der Klinik. Wieder ein wenig später gelangten Herr und Frau Dr. Baurhenn, die sich von Haslach durch das mit Bombentrichtern übersäte Gartengelände bis zur Klinik durchgekämpft hatten, mit Taschen voll Verbandsmaterial in die Luftschutzkeller.

Beim beginnenden Morgengrauen versuchten Ärzte und Angestellte auf den knarrenden Entgiftungstragen kurze Zeit zu ruhen.

Als Folge der vor dem Angriff erfolgten kritiklosen Auswahl der gegebenenfalls zu beziehenden Ausweichquartiere (z. B. Konvikt, Römischer Kaiser, Zähringer Hof), die mit Ausnahme des Hilfskrankenhauses Okenstraße, in dem tuberkulosekranke Frauen untergebracht waren, alle ausgebrannt oder zerstört waren, mußten die dringend behandlungsbedürftigen Patienten noch 4 Tage in den zugigen und kalten Kellerräumen der Klinik verbringen. Die Versorgung dieser Patienten erfolgte unter primitivsten Verhältnissen im flackernden Licht der jetzt schon knapp werdenden Kerzen und beim letzten Glimmen der wenigen vorhandenen Taschenlampen. In den Trümmern der Bäderabteilung wurde durch Schwester M. Lina auf einem aus Backsteinen provisorisch errichteten Herd die notwendigste Nahrung zubereitet.

Nach vielem Hin und Her gelang es gegen Ende der Woche endlich, das Sanatorium Wiesneck und den Haldenhof auf dem Schauinsland für die Klinik als Ausweichquartiere freizubekommen, so daß die schwerkranken Patienten aus den Klinikkellern, in denen sie auch schon vor dem Angriff geraume Zeit zugebracht hatten, wieder in geordnete Pflege kommen konnten.

Für die Zurückgebliebenen bestand die dringendste Aufgabe darin, die Ausweichquartiere mit Betten, Mikroskopen, Medikamenten und Labormaterial auszustatten. Während der nach dem Angriff vergangenen Zeit war bereits ein großer Teil von Betten, Schränken, Labor- und Stationsmaterial von den Stationen im Keller sichergestellt und geordnet worden. Hier sind neben der Arbeit der Klinikschwestern und Pfleger besonders die Einsätze der Herren Langendorf und Frey von der Verwaltung zu erwähnen, die täglich im Gebäude beim Sicherstellen von Klinikgut anzutreffen waren. Ferner muß der Einsatz der Liobaschwester Jakoba Schuler, die sich besonders der leicht zerbrechlichen Laborgegenstände annahm und trotz einer hochfieberhaften Erkältung Tag für Tag beim Bergen zu beobachten war, Erwähnung finden. In der gleichen Zeit baute Herr Prof. v. Braunbehrens mit Männern der technischen Nothilfe die Reste der Röntgenabteilung ab und barg sie in den Kellerräumen der Klinik.

Der Abtransport sowohl der Kranken als auch des Materials stieß insofern auf erhebliche

Schwierigkeiten, als der einzige brauchbare Zufahrtsweg zu einem Nebenausgang der Klinik nur entlang des Güterbahnhofes möglich war, da die anderen Anfahrtsstraßen wegen zahlloser Bombentrichter nicht befahren werden konnten. Für Materialtransporte standen der Klinik nur ein, bestenfalls zwei Lastkraftwagen zur Verfügung, die abwechselnd zur Talstation der Schauinslandbahn und nach Wiesneck fuhren. Auf den hochbeladenen Lkw. nahmen noch Schwestern Platz und hüteten und versorgten besonders kostbare Gegenstände, die mitverlagert werden mußten. Mehr als einmal wurden die über die Landstraße fahrenden Wagen von Tiefliegern unter Beschuß genommen. Während die Fahrer in kurzer Zeit den Wagen verlassen und in Splittergräben Deckung suchen konnten, waren die oben auf den Fuhren sitzenden Schwestern den Angriffen ungeschützt ausgesetzt. Trotz dieser gefährlichen Situationen war es zu keinen Verwundungen oder Verletzungen von Klinikangehörigen gekommen.

Der Verkehr zwischen der Okenstraße und der zuerst in den Klinikkellern der Hugstetterstraße, später in der Hautklinik untergebrachten Apotheke einerseits und den Ausweichquartieren andererseits wurde durch Fußgänger aufrechterhalten. Vom Haldenhof kamen fast täglich Frl. Marlene Rödemeyer und Herr v. Seyfried, beide damals Medizinstudenten, zu Fuß nach Freiburg, um Medikamente, Färbemittel usw. zu holen. Die Verbindung zwischen der Okenstraße und der Klinikverwaltung, die in Günterstal untergebracht war, wurde durch die Hausangestellte des Hilfskrankenhauses Emilie Kohlbecker aufrechterhalten, die Tag für Tag mit einem kleinen Leiterwagen zu Fuß den stundenlangen Weg zurücklegt. (...)

Die Versorgung der Kranken erfolgte bis zum Einzug in die Gebäude der Eschholzstraße 90 in drei weit voneinander entfernten Unterkünften:

1. Im Hilfskrankenhaus Okenstraße (versorgt durch Herrn und Frau Dr. Baurhenn, Herrn und Frau Dr. Harnasch sowie der techn. Assistentin Frl. Weyprecht) waren untergebracht
a) die Aufnahmestation für Freiburg,
b) die Station für Schwerstkranke bis zu deren Transportfähigkeit,
c) die Infektionsabteilung.

2. Im Sanatorium Wiesneck (versorgt durch die Herren Oberarzt Prof. Dr. v. Pein, Dr. Wübbena, Dr. Odenthal sowie die techn. Assistentin Frl. Rehbronn) waren klinische Stationen eingerichtet.

3. Im Haldenhof (versorgt durch Frl. Dr. Ganz, Herrn Dr. Hedenus sowie techn. Assistentin Frl. Niemeyer) waren ebenfalls klinische Stationen untergebracht.

In allen drei Unterkünften waren außerdem Ambulanzen für die Umgebung eingerichtet worden.

Die Verteilung der Kranken auf die Ausweichunterkünfte erfolgte durch die Ärzte der Okenstraße, wobei auf den erheblichen Höhenunterschied zwischen Freiburg und dem Schauinsland Rücksicht genommen werden mußte. Ferner war zu bedenken, daß die Kranken, die auf dem Schauinsland untergebracht werden mußten, in den Wintermonaten von der Bergstation in offenem Pferdeschlitten, oft bei schwerstem Schneesturm, eine halbe Stunde über die Höhenstraße zum Haldenhof gefahren werden mußten.

Während die Arbeit in Wiesneck und im Haldenhof in der folgenden Zeit kaum durch äußere Ereignisse beeinträchtigt wurde, war eine auch nur annähernd klinische Betreuung der Kranken in Freiburg unmöglich. Neben den fast regelmäßigen Nachtalarmen begannen gegen 7.15 Uhr bereits die Tagalarme und hielten mit nur kurzen Unterbrechungen bis gegen 18 Uhr an. Die Kranken verbrachten fast die ganze Zeit, die sie in der Okenstraße verbringen mußten, im Keller. Hier waren die Infektionskranken nur dadurch voneinander „isoliert", daß jeder Kranke sein eigenes Luftschutzbett hatte, der Scharlachkranke aber über oder neben dem Diphtheriekranken lag und dieser wieder neben dem Typhuskranken. Nur die Tuberkulösen konnten in einem kleinen, durch eine Bretterwand vom übrigen Keller abgetrennten Raum geschlossen untergebracht werden. Eine ärztliche Versorgung war entsprechend der eben geschilderten Verhältnisse nur sehr unvollkommen möglich. Brustwickel, Schwitzpackungen oder ähnliche therapeutische Maßnahmen konnten nie verordnet bzw. durchgeführt werden.

In den ersten Wochen nach dem Angriff hatte das Hilfskrankenhaus in der Okenstraße zwar den Vorzug, mit Gas kochen zu können, dagegen war die Strom- und die Wasserzufuhr unterbrochen. Besonders der Ausfall der Wasserversorgung rief größte Besorgnis hervor, zumal die Infektionsabteilung im Hause untergebracht war. Durch unzählige tägliche Fahrten mit einem Handkarren, gleich ob Überfliegungen stattfanden oder nicht, mußte in Tonnen und Eimern Wasser aus dem Herderner Bach geholt werden, das in großen Behältern gesammelt wurde. Das durch längeres Stehenlassen grobgeklärte Wasser wurde dann in allen zur Verfügung stehenden Gefäßen gekocht, ehe es zur Herstellung der Speisen und Getränke für die etwa 100 Personen verwendet werden konnte (...)

gez. Dr. Harnasch

Quelle: StadtAF, K 1/26.

8. Aus dem vorläufigen Bericht der Direktion der Hals-Nasen-Ohrenklinik vom 30. November 1944 über die durch den Terrorangriff verursachten Verluste und Schäden

Durch den Terrorangriff am 27. November wurde die Hals-Nasen-Ohrenklinik Freiburg total zerstört. Nach vorläufigen Feststellungen befanden sich vor dem Angriff 53 Kranke und 3 Besucher in der Klinik. Davon leben 17 Personen, einer der Besucher wurde tot geborgen, 1 schwer verletzt geborgene Kranke starb am nächsten Morgen und 37 Personen müssen vorläufig als vermißt bezeichnet werden. Es muß aber mit großer Wahrscheinlichkeit angenommen werden, daß sie auch tot sind.

Von den 21 Schwestern der Klinik wurde 1 tot geborgen, 6 sind vermißt, auch bei ihnen ist es als sicher anzunehmen, daß sie bei dem Angriff getötet wurden. Von den 10 Hausmädchen werden drei vermißt. Ferner wird die diensttuende Ärztin vermißt.

Gesamtzahl der Toten und Vermißten 48.

Ich war, als die ersten Bomben fielen, in meiner Wohnung, Adolf-Hitler-Straße 355, fuhr noch vor dem Schluß des Angriffs mit einem Obersten, der in meinem Haus wohnt, bis zum Theater und kämpfte mich dann durch die Bombentrichter und das Feuer bis zur Klinik durch. Ich kroch durch den teilweise zerstörten Eingang in den Gang des Luftschutzkellers, fand dort eine Kranke (Frl. Hercher) von Gesteinstrümmern eingeklemmt, die um Hilfe rief. Da ich sah, daß ich alleine die auf ihr liegenden Trümmer nicht beseitigen konnte, versprach ich ihr, sofort Hilfe zu holen und fand auch in der Nähe der Klinik zwei Soldaten des Lazaretts, mit denen ich versuchte, nochmals in die Klinik einzudringen. Dies war aber unmöglich, da inzwischen das Feuer in der Albertstraße so zugenommen hatte, daß nicht durchzukommen war. Ich sammelte dann einige Schwestern und Kranke, die umherirrten, im alten Friedhof und dirigierte sie nach St. Urban. Als das Feuer abgenommen hatte, holte ich mir von der Befehlsstelle einen Hilfstrupp mit dem ich, da inzwischen der Eingang vollständig eingestürzt war, das Gitter eines Kellerfensters aufgebrochen habe. So gelangten wir um 4 Uhr morgens zu der verschütteten Patientin, die wir labten. Es gelang aber den Männern der technischen Nothilfe und dem Einsatztrupp der Wehrmacht aus Niederschopfheim erst um 17 Uhr, die Kranke zu bergen. Die Bergungsarbeit war dadurch erschwert, daß 2 Tote und große Gesteinstrümmer über ihr lagen und wegen der Einsturzgefahr die Decke gestützt werden mußte.

Aus dem eigentlichen Luftschutzraum hörte man bis 16 Uhr noch Stimmen und Klopfzeichen. Der Bergungstrupp stellte um 17 Uhr die Arbeit ein, da er sie für aussichtslos hielt. Ich habe dies der Polizei gemeldet, weil der Bergungstrupp der Wehrmacht vor seinem Abrükken mitteilte, daß die weiteren Bergungsversuche von der Polizei gemacht werden. Aber auch von der Polizei wurde weitere Bergungsarbeit als aussichtslos abgelehnt. Unmöglich schien diese, weil es im Luftschutzkeller noch brannte.

Das ungeheure Unglück ist meiner Ansicht nach darauf zurückzuführen, daß zwei Volltreffer, die kurz nach dem Alarm die Klinik trafen, das Stiegenhaus vollkommen zerstörten und den zum Luftschutzraum führenden Gang eindrückten. Von dem eigentlichen Luftschutzkeller dürfte auch ein Teil eingestürzt sein, vielleicht dadurch, daß der Turm der Ludwigskirche darauf fiel.

Die noch im Luftschutzkeller befindlichen Personen dürften nach Ansicht des Bergungstruppführers verbrannt sein.

Außer den von mir gemeldeten Toten resp. Vermißten dürften noch etwa 40 Soldaten des Teillazaretts Hals-Nasen-Ohrenklinik unter den Trümmern begraben sein. Meldung darüber wird wohl durch den Standortarzt erfolgen (...)

gez. Prof. Dr. Otto Kahler
Direktor der Klinik

Quelle: StadtAF, D. Aö. 1.32 b.

9. Aus dem Bericht über die Zerstörung am 27. November 1944 für die Chronik der Universitäts-Klinik für Hals-Nasen-Ohrenkranke von Privatdozent Dr. med. Otto E. Riecker von 1949

Als am 27.11.1944 kurz vor 8 Uhr Fliegeralarm gegeben wurde, befand sich bereits der größte Teil der Patienten, infolge des schon vorher gegebenen Voralarms, in den Luftschutzkellern. Nur einige Schwerkranke, die nicht gegen konnten, waren auf Bahren in den Stockwerken verblieben. Sie sollten bei Hauptalarm sofort mit dem Aufzug in den Keller gebracht werden. Die Schwestern waren teils beim Abendessen im Refektor im Erdgeschoß des Hauses Albertstraße 4, teils befanden sie sich auf den Stationen. Die diensthabende Ärztin war auf ihrem Zimmer im vierten Stock. Die Luftschutzkeller waren nicht ideal. Der grosse Hauptraum, in dem eine Anzahl von Luftschutzbetten aufgestellt war, lag unter den nach Süden gelegenen Klinikräumen. Der Keller selbst war zu zwei Drittel unter Erdgleiche. Abgestützt war er nicht worden, da hierzu angeblich das Baumaterial und die Arbeitskräfte fehlten. Er hatte zwei rückwärtige Ausgänge nach dem Hof und nach dem Garten vor der Privatstation. Dieser Hauptluftschutzraum, in dem sich die Patienten aufhielten, wurde vom Treppenhaus durch einen breiten, von Norden nach Süden verlaufenden Gang erreicht. In diesem Gang liefen die Heizungs- und Wasserleitungsröhren. Seitlich dieses Ganges waren noch einige kleine Kellerräume, in denen sich das Personal, Kinder sowie infektiöse Kranke befanden.

Unmittelbar bei Ertönen der Alarm-Sirene fielen die ersten Bomben. Die Klinik lag inmitten des Bombenteppichs und wurde deshalb bereits von den ersten Bombenwürfen in Mitleidenschaft gezogen. Das Unglück wollte es, daß eine der ersten Bomben das Treppenhaus traf und so zum Einsturz des Verbindungsganges nach dem Hauptluftschutzkeller führte. Dadurch war den dort weilenden Patienten der Ausgang versperrt. Die rückwärtigen Ausgänge wurden durch den einfallenden Turm der Ludwigskirche völlig zugeschüttet, so daß ein Entweichen auf diesem Wege unmöglich war. Im ganzen wurde das Klinikgebäude von mindestens 5 Volltreffern schwerster Bomben getroffen. Was nicht sofort zusammenstürzte, stand innerhalb weniger Minuten in hellen Flammen. Nicht alle noch in den Stockwerken verbliebenen Personen konnten die Ausgänge erreichen. Am besten wird der überstürzende Gang der Ereignisse und die chaotische Situation, die sich in Sekundenschnelle einstellte, durch die Berichte der überlebenden Schwestern veranschaulicht. Diese Berichte wurden wenige Tage nach dem Unglück zu Papier gebracht und werden hier wörtlich wiedergegeben.

Schwester Sentiana (damals Stationsschwester auf der an das Lazarett abgetretenen Sonderstation) gab an:
Bei Voralarm war ich im Verbandszimmer der Sonderstation und hörte Flieger. Gleich darauf fielen Bomben. Ich lief ins Zimmer 6 und rief: „Schnell in den Keller, es bummert schon!" Die Patienten hatten sich schon angezogen. Dann ging ich ins Zimmer 5 und brachte die Patientin Fräulein Schneider, die später dann auch gerettet wurde, auf die

432

Bahre. Ich habe nach dem Stationsmädchen Anna gerufen, die dann auch geholfen hat. Die Gangfenster, die nach dem Hof und der Frauenstation zu gehen, waren schon ganz rot von Flammen. Ich kam bis an die Treppe, die von der Frauenstation nach dem Luftschutzkeller führte. Beim Vorbeigehen springt Schwester Paula mit einem Kind auf dem Arm her. Im selben Augenblick war die Frauenstation weg. Das Treppengeländer fiel um. Mit einem Satz riß ich Frl. Schneider von der Bahre. Auch die Bahre war plötzlich weg. Ich verlor momentan die Besinnung, allerdings wohl nur für Sekunden. Als ich wieder zu mir kam, kam ein Kind zu mir gerannt und hielt mich fest. Wie ich in den zweiten Stock gekommen bin, weiß ich nicht. Es kam noch ein Kind gerannt und wir wurden zusammen hin- und hergeworfen und geschüttelt. Ich bekam Dreck in Mund und Augen. Unter den Trümmern neben mir hat ein Kind geschrien. Es lag unter dem Treppengeländer. Ich holte das Kind raus und habe es auf dem Arm genommen. Es war das Kind Edda Kobes. Dann rief ich den anderen Kindern, die vorher bei mir gewesen waren. Es kam aber nur noch ein Kind, das dann Schwester Maria Ludowica nahm. Wir konnten nichts mehr sehen und sind die restlichen Treppen hinunter gerannt und gefallen und kamen so bis vor den Eingang des Luftschutzkellers, wo ich mich mit den Kindern auf eine Kiste setzte. Als der Bombenhagel aufhörte, bin ich sofort mit den Kindern aus den Trümmern heraus und nach St. Urban gelaufen. Unterwegs bekam ich von einer unbekannten, vorübergehenden Frau einen Mantel und eine Decke, in die ich die Kinder einhüllte. Ein unbekannter Soldat half mir, die Kinder nach St. Urban zu tragen. Schwester Maria Ludowica und ich gingen sofort wieder zurück. Beim Knabenseminar lag ein Mann auf einer Matratze und schrie laut um Hilfe. Wir haben ihn in der Karlsstrasse in einen Luftschutzkeller getragen. Einige Männer der technischen Nothilfe fragten uns, wohin wir gingen. Darauf versuchten sie mit uns, nochmals in die Klinik zu kommen, um zu helfen. Wir kamen aber, da das Feuer in der Albertstrasse so stark war, nicht mehr durch.

Schwester Christiana (damals Stationsschwester auf der Privatstation) berichtet wie folgt:
Bei Voralarm forderte ich die Patienten auf, in den Keller zu gehen. Der letzte Patient, der sich noch auf Station befand, war Herr Direktor Hoffmann, der eine schwere Operation wegen eines Oberkiefercarzinoms vor kurzer Zeit durchgemacht hatte. Ich habe Herrn Hoffmann auf der Bahre in den Aufzug hineingefahren. Wie der Aufzug eben im Anfahren war, kam ein Treffer in dem Aufzugsschacht. Der Druck warf mich in das gegenüberliegende Schwesternzimmer. Gleichzeitig flog mir ein Stück Mauer an das rechte Auge. Zu gleicher Zeit fiel ein Treffer in das nebenanliegende Eßzimmer und der lange Gang zum Lazarett brannte lichterloh. Als ich mich wieder aufraffte, wollte ich nach der Küche gehen, um dort das Licht zu löschen. Da fiel ein Treffer vor die Küche. Auch hier brannte es und ich konnte nicht mehr an den Schalter. Plötzlich steht Schwester Imina zwischen Zimmer 1 und dem Aufzug, an den Beinen eingeklemmt im Schutt und ruft um Hilfe. Ich ziehe ihr die Füße aus dem Schutt und gehe über die Reste der eingestürzten Treppe nach unten und komme in den Keller. Ich stand in der Gasschleuse. In diesem Moment zündete jemand eine Taschenlampe an. Der Gang nach hinten war frei, aber es kam schon Wasser aus den Röhren. Man brachte die Kinder, die im Gang waren, hinaus. Ich ging aus der Klinik und sprang in das Haus gegenüber. Das Kunzerhaus brannte schon bis fast ganz unten. Als der Bombenhagel aufhörte, wollte ich wieder in die Klinik zurück und traf auf der Straße Schwester Silvina mit einem Kind und einem Bündel Wäsche. Wir konnten nicht mehr in die Klinik hinein, da es zu stark brannte und gingen über die Trichter nach dem alten Friedhof.

Schwester Maria Adolfina (Röntgenschwester) berichtet:
Bei Voralarm war ich im Refektor. Ich ging zurück nach der Klinik und traf bei der Poliklinik auf einen Patienten vom Lazarett, den ich in den Keller führte. Es fielen zu dieser Zeit schon Bomben und das Licht ging plötzlich aus. Ich kam bis zur Tür des Kinderkellers, da kam alles von oben herunter und ich wurde verschüttet. Ein Gewirr von Röhren und Dreck lagen auf mir. Ich versuchte, die Röhren von mir zu bringen, was mir aber nicht gelang. Ein Soldat kam mir zu Hilfe und befreite mich. Ich ging in den Personalraum, bis der Angriff vorüber war. Da rief ein Soldat: „Alles raus". Ich habe in Eile ein Kind aus dem Kinderkeller herausgenommen und ging in Richtung auf den Schloßberg. Im Immental traf ich zufällig Schwester Avelina. Das Kind fror. Die Liesel von der Pforte nahm uns nach Ebnet mit, wo wir um 3 Uhr morgens ankamen.

Schwester Avelina (Lazarettschwester) berichtet:

Ich war beim Nachtessen im Refektor, Albertstraße 4, als Voralarm gegeben wurde. Schwester Betha sagte: „Rasch rauf, es ist Alarm!" Als ich in den 3. Stock auf Frauenstation kam, waren alle Patienten, bis auf eine Frau, schon unten im hinteren Keller. Diese Patientin, die auf der Bahre lag, brachte ich bis zum Treppengeländer. Da kam ein Volltreffer in die Küche herunter und deckte uns zu. Die Patientin sank sofort zusammen. Ich habe sie noch an der Hand gehalten, verlor sie aber durch den Luftdruck und habe sie nicht mehr gefunden. (Es war Fräulein Schmidt). Dann kam ich bis in den Keller über eingestürzte Treppen. Wie weiß ich nicht. Ich stand gegenüber dem Kinderkeller und hörte, wie die Wasserrohre kaputt gingen. Mit der Schwesterschülerin Paula an der Hand ging ich aus dem Haus zum Schloßberg. Alles brannte ringsum. Auf dem Schloßberg traf ich Schwester M. Adolphina, mit der ich nach Ebnet ging.

Schwester Silvina (Operationsschwester) berichtet:

Wir saßen bei Tisch. Bei Voralarm fielen schon Bomben. Alle Schwestern gingen auf die Stationen. Ich selbst ging durch die Sakristei nach der Kapelle und habe das Allerheiligste geborgen. Wie ich zurückkam, brannten bereits im Erdgeschoß Vorhänge, Verdunklung und Fensterrahmen. Ich wollte die Treppe zur Poliklinik hinaufgehen. Da kam dort ein Treffer herunter. Gebrannt hat es aber noch nicht. In dem unter der Treppe befindlichen Luftschutzkeller schrien die Leute. Ich wollte durch den hinteren Ausgang gehen, kam aber nicht weiter, weil überall Bomben fielen. Beim Kußmauldenkmal dicht nebeneinander zwei Treffer. Ich ging zur Kapelle zurück und dann nochmals über die Trichter beim Kußmauldenkmal nach der Albertstr. 2. Man konnte noch in den Luftschutzkeller hinein und ich habe Patienten herausgeschafft. Als Letztes ein Kind, das nicht gehen konnte. Ich setzte es vor dem Haus auf ein Bündel mit Wäsche und ging zu einer eingeklemmten Patientin (Frl. Hercher), die im Längsgang zum Luftschutzkeller verschüttet war und um Hilfe rief. Ich konnt ihr aber nicht helfen und nahm das Kind und brachte es zum alten Friedhof. Von dort wollte ich nochmals zur Klinik zurück. Das war aber wegen der Flammen nicht mehr möglich.

Soweit die Berichte der Schwestern, die den Angriff in der Klinik selbst mitgemacht haben. Diesen Berichten ist nichts hinzuzufügen. Als der Bombenregen aufhörte, stand vom (HNO)-Klinikgebäude lediglich noch eine schmale Kulisse über dem Portal der Albertstr. 2. Der übrige Teil der Klinik war eingestürzt und brannte lichterloh. In diesem Zustand trafen Prof. Kahler, der unmittelbar nach dem Angriff nach der Klinik geeilt war und ich selbst, der etwas später dort ankam, das Gebäude an. Anfänglich konnte man noch durch die Reste des Haupteinganges bis an die verschüttete Stelle des Kellereinganges gelangen. Dort lag, am Oberschenkel eingeklemmt, zwischen zwei toten Soldaten, die bereits oben erwähnte Kranke Frl. Hercher. Versuche, sie zu befreien, mißlangen. Kurze Zeit danach stürzte das restliche Portal ein. Man konnte aber durch ein Fenster noch zu der Verschütteten kommen. Aber auch mit Hilfe von Männern der technischen Nothilfe konnte sie nicht befreit werden. Die Bemühungen, zu den im Luftschutzraum Eingeschlossenen vorzudringen, wurden über die ganze Nacht über fortgesetzt. Es gelang aber nicht einmal, wenige Schritte weiter zu kommen. Gegen Morgen erlosch das Flammenmeer. Aus dem hinteren Luftschutzraum ertönten deutlich Klopfsignale. Den Bemühungen Prof. Kahlers gelang es, gegen Mittag des 28. 11. einen Bergungstrupp der Luftwaffe, der mit einer ausgezeichneten Ausrüstung von Katastrophenort zu Katastrophenort eilte, für die weiteren Bergungsversuche zu gewinnen. Nun wurde mit allen überhaupt nur möglichen Hilfsmitteln versucht, zu den eingeschlossenen Patienten vorzudringen. Die Männer – vorwiegend handelte es sich um Bergleute – arbeiteten stundenlang im Schweiße ihres Angesichtes. Um 5 Uhr konnte die eingeklemmte Patientin noch lebend befreit werden. Vorher mußten 3 über ihr liegende Tote geborgen werden. Die Patientin starb aber am nächsten Tag an den Folgen eines Schädelbruchs. Um 4 Uhr nachmittags waren mit Sicherheit aus dem hinteren Keller noch Klopfsignale und Stimmen zu hören. Der Bergungstrupp lehnte aber weitere Arbeiten als aussichtslos ab, da bei den Versuchen, weiter vorzudringen, gewaltige Schuttmassen von oben stürzten und aus den seitlichen Kellern Flammen herausschlugen. Inzwischen waren die in dichter Nachbarschaft des Kellers lagernden Koksvorräte in Brand geraten.

Es mußte nun in dem allgemeinen Durcheinander zuerst festgestellt werden, wer in der Klinik selbst vermißt war, und wer auf irgend eine Weise gerettet werden konnte. Unterlagen bestanden nicht. Auf einem Brett, das vor der Klinik auf einige Steine gelegt worden war, wurde die erste Verlustliste nach dem Gedächtnis der Stationsschwestern und der Ärzte zusammengestellt. Es war jedesmal ein Aufatmen, wenn die Nachricht kam, daß ein Vermißter inzwischen irgendwo aufgetaucht war. Aber trotz allem war das Resultat, das sich am Schluß in nüchternen Zahlen ergab, erschütternd. In der Klinik (ausschließlich des Lazarettes), befanden sich zur Unglücksstunde 87 Personen. Davon mußten wir 47 als gefallen registrieren. Im einzelnen sah die traurige Bilanz wie folgt aus:

	Gesamtzahl	tot	lebend
Gesamtzahl der in der Klinik befindlichen Personen		87	
Davon tot		47	
Kranke	53	35	18
Schwestern	21	7	14
Mädchen	10	3	7
Arzt	1	1	–
Besucher	2	1	1
	87	47	40

Jede Zahl dieser nüchternen Kolonnen bedeutet ein Menschenleben. Von den wenigsten wissen wir, wie ihr Schicksal am Ende war. Die älteste unserer Schwestern, die Oberschwester Niceta, kam ums Leben, als sie eben im Aufzug einen Schwerkranken auf der Bahre in den Keller bringen wollte. Ihre sterblichen Überreste wurden zusammen mit den Kranken, deren Pflege sie ihr Leben geweiht hatte, im gemeinsamen Grabe beigesetzt. Eine der jüngsten Schwestern, Schwester Theophera, wurde vor dem Aufzug von herabfallenden Trümmern erschlagen. Von den übrigen Schwestern wurde nichts mehr gefunden. Bei den Aufräumungsarbeiten fand man neben kleinen verkohlten Häufchen die Schlüsselbunde einzelner Schwestern. So konnte ihr letzter Standort rekonstruiert werden. Die diensthabende Ärztin, Frl. Dr. Schlatter, die erst seit einigen Monaten in der Klinik tätig war, befand sich im Moment des Unglücks auf ihrem Zimmer im 4. Stock. Wir haben nie mehr etwas von ihr gefunden. Die übrigen, die nur als Zahlen angeführt sind, waren Kinder, Männer und Frauen, die in der Klinik Heilung gesucht hatten. Ein Vater verlor seine beiden Töchter: Die eine war frisch operiert und ihre Schwester, die ihr in den unsicheren Tagen als Besuch Gesellschaft leisten wollte. Noch 5 Tage nach dem Angriff kam von fernher ein Vater gereist, der nach seinem landverschickten zweijährigen Jungen suchte. Eben als wir ihm mitteilen mußten, daß auch dieses Kind sich wahrscheinlich unter den Toten befände, kam die Nachricht, daß sich seit Tagen im Reichsbahnweisenhort ein kleiner Junge aufhalte, der wahrscheinlich aus der Halsklinik gerettet worden war. Tatsächlich konnte der überglückliche Vater dort seinen Jungen in die Arme schließen.

Nachdem die Rettungsversuche gescheitert waren, stockten die Aufräumungsarbeiten mehrere Wochen. Der bald fallende Schnee deckte ein weißes Tuch über die Unglücksstätte, aus dem stellenweise kleine Rauchfahnen quollen als Zeichen, daß der unter den Trümmern schwelende Brand immer noch nicht erloschen war. Mitte Januar wurde durch Vermittlung eines höheren Offiziers, dessen Tochter sich unter den Gefallenen befand, eine Kolonne von gefangenen Senegalnegern zu Aufräumungsarbeiten eingesetzt. Es zeigte sich, daß der Keller vollkommen eingestürzt war. Mehrere Betondecken lagen übereinander auf der Kellersohle. Darunter einige verkohlte Reste. Die Identifizierung der ausgegrabenen Überreste war außerordentlich schwierig. Man fand Teile eines Schuhes, Koppelschlösser, Fetzen eines Schlafanzuges oder einen Schlüsselbund und konnte danach gewisse Schlüsse auf die Person des Unglücklichen ziehen. Auch einige Instrumente konnten bei dieser Gelegenheit aus dem Keller-Operationssaal geborgen werden. Im ganzen fanden wir bei dieser traurigen Arbeit die Überreste von 104 Personen. Es handelte sich hierbei neben den in unserer Aufstellung enthaltenen, der zivilen Klinik unterstehenden Menschen um Soldaten des Lazarettes und um Personen, die aus der Nachbarschaft in die vermeintlich sicheren Klinikkeller geflüchtet waren. Über die Toten in dem Luftschutzkeller unter dem Lazarettbau weiß der Berichterstatter nichts. Das Lazarett hat sich unmittelbar nach dem Angriff aus Freiburg zurückgezogen. Von einem Nachkommando waren keine Auskünfte zu bekommen (...)

Quelle: StadtAF, K1/26.

10. Aus dem Bericht „Die chirurgische Universitäts-Klinik am 27. November 1944", 1949 abgefaßt aufgrund der Schilderung des Direktors der Chirurgischen Klinik, Professor Dr. Rehn, vom 19. Dezember 1944

Der 27. November 1944 war ein klarer sonniger Herbsttag. Gegen Mittag hatte ein mächtiges amerikanisches Geschwader die Stadt in nord-südlicher Richtung überflogen. Keiner der Vielen, die dieses Schauspiel als unfreiwillige Zuschauer erlebten, ahnte, wie furchtbar ein gleiches Geschwader am Abend die Stadt heimsuchen würde.

Am Spätnachmittag zog dichter Nebel auf; es wurde Vollentwarnung gegeben und alle Welt hoffte auf eine ruhige Nacht. In der Klinik hatte man sich entsprechend eingerichtet; nur bestimmte Schwerkranke waren – wie dies regelmäßig geübt wurde – in den Luftschutzraum transportiert; das Gros der Patienten befand sich auf den Stationen, die glücklicherweise wenige Wochen zuvor größtenteils in die orthopädischen Behandlungs- und Arbeitsräume im Erdgeschoß verlegt worden waren. Etwa 10 Minuten vor 8 Uhr wurde Motorengeräusch hörbar und fast gleichzeitig fielen völlig unerwartet noch fern von der Klinik einige Bomben. Erst jetzt gaben die Luftschutzsirenen Voralarm; aber gleichzeitig überstürzten sich die Ereignisse. Innerhalb weniger Minuten lag die Klinik fast im Zentrum des gewaltigen Bombenteppichs, der den Stadtkern von Freiburg in 20 Minuten völlig zerstörte. Es war unmöglich, die zahlreichen nicht gehfähigen Kranken noch vollzählig in die Luftschutzräume zu bringen. Sie mußten zunächst ihrem Schicksal überlassen bleiben; wer konnte, suchte sich noch mit eigener Kraft in Sicherheit zu bringen. Der Verfasser selbst hatte um 19.45 Uhr mit den Vorbereitungen zur Amputation eines Beines wegen Gasbrand bei einem schwerverwundeten Soldaten im septischen Operationssaal begonnen. Als die ersten Bombendetonationen hörbar wurden, war der Patient gerade steril abgedeckt und man hoffte noch, in aller Kürze den Eingriff durchführen zu können. In Sekundenschnelle wurde dann aber die Unmöglichkeit dieses Vorgehens klar. Durch den Luftdruck wurden die Fenster des Operationssaales eingedrückt und es blieb gar nichts anderes übrig, als mit dem narkotisierten Patienten in den Keller zu flüchten. (Er wurde später gegen 23 Uhr im Luftschutzoperationsraum amputiert und überstand alles glänzend.)

Im Keller, d. h. in den Karrengängen unter der chirurgischen Klinik hatten sich unterdessen etwa 1000 Menschen angesammelt, denn außer den Patienten befanden sich Abends regelmäßig noch zahlreiche Besucher in der Klinik, die sie tagsüber wegen der Luftgefahr nicht aufzusuchen wagten.

Um 19.55 Uhr löschte das elektrische Licht aus. Die Detonationen der rund um die Klinik und teilweise in die Klinik einschlagenden Bomben – nach dem Angriff wurden etwa 120 Bombentrichter auf dem Klinikgelände gezählt – ließen die Kellerräume bis in die Grundfesten herein erbeben. Die Aufregung der Menschen schien sich zur Panik steigern zu wollen, besonders als in den Luftschutzraum von den seitlichen Karrengängen her Staubwolken eindrangen. Dies war, wie sich hinterher herausstellte, durch den Einsturz des vor der Klinik durch das freie Gelände verlaufenden Karrenganges hervorgerufen. In diesem Inferno stimmten die Schwestern ein lautes Gebet an, dem sich die Menge anschloß. Wohl nur diesem Umstand und dem Eingreifen tatkräftiger Männer, die zur Ruhe und Besonnenheit aufforderten, ist es zu verdanken, daß in den engen, unübersichtlichen Karrengängen eine Panik vermieden wurde.

Etwa 20.05 Uhr schien der Luftangriff abzuebben; einige beherzte Ärzte und Pfleger verließen die Luftschutzräume, um in der Klinik nach dem Rechten zu sehen und nach Möglichkeit weitere Patienten in Sicherheit zu bringen. Es blieb aber nur bei einem höchst unvollkommenen Versuch, denn kurz darauf setzte eine zweite Angriffswelle ein, die ebenso heftig war wie die erste. Bei Angriffsende – etwa 20.15 Uhr – bot sich folgende Lage:

Das Hauptgebäude der chirurgischen Klinik war im wesentlichen intakt; an der benachbarten medizinischen Klinik waren schwere Schäden erkennbar. Durch Volltreffer waren die zwei obersten Stockwerke des Westflügels der chirurgischen Klinik mit den Stationen O 4 und O 3 größtenteils zerstört, ebenso – durch Einsturz des darunter verlaufenden Karrengangs – die orthopädischen Behandlungsräume des Erdgeschosses des gleichen Flügels, sowie aus demselben Grunde die entsprechenden Räume im Erdgeschoß des Süd-West-Flü-

436

gels (Station M I b). Die übrigen Räume der Klinik wiesen durchweg nur schweren Luft-druckschaden an Fenstern und Türen auf.

Völlig zerstört war die chirurgische Privatstation; ihr südlicher Flügel war durch einen Volltreffer in alle Winde verweht. Unter seinen Trümmern lagen 12 Patienten und 2 Schwestern begraben. Glücklicherweise hatte man die Mehrzahl der Privat-Patienten noch in die Luftschutzräume bringen können. Der Nordflügel der Privatstation war nach dem Angriff zunächst noch im wesentlichen erhalten, d. h. nur schwer luftdruckbeschädigt, so daß wichtige Einrichtungsgegenstände aus demselben geborgen werden konnten; er brannte jedoch am nächsten Tage durch Wiederaufflackern eines nur teilgelöschten Brandes völlig aus.

Die gegenüberliegende neue Frauenklinik mit ihren zahlreichen Reserve-Lazarett-Abteilungen war gleichfalls durch Luftminen schwer getroffen. Ihr Dachstuhl stand in Flammen. Auch die Häuser der anliegenden Straßenzüge brannten lichterloh.

Ein erster Rundgang durch die chirurgische Klinik ließ erkennen, daß trotz der schweren Luftdruckschäden allen in den Krankenräumen bzw. Betten liegengebliebenen Patienten nichts Ernstliches geschehen war. In erster Linie handelte es sich hierbei um die Insassen der Reserve-Lazarett-Stationen K 2 a und F 2, die sich kurzerhand unter ihren Bettdecken verkrochen und auf diese Weise den ganzen Regen von Holz- und Glassplittern abgefangen hatten. Sämtliche noch auf Station befindliche Patienten wurden nunmehr schleunigst in die Luftschutzräume gebracht und dort notdürftig gebettet. Gleichzeitig lief eine Rettungsaktion zur Befreiung einiger, in den Trümmern des Karrengangs unter dem orthopädischen Klinikflügel Verschütteter. Leider war den meisten nicht mehr zu helfen. Als schwerst Verletzter wurde unter großen Mühen Herr Scholz, Laborant von Herrn Dr. Hinsberger, geborgen, dem beide Unterschenkel durch einen Zementblock abgequetscht waren. (...)

Im ganzen hatte die chirurgische Klinik bzw. das in ihr untergebrachte Reserve-Lazarett den Verlust von 28 Menschenleben zu beklagen. Hierunter befanden sich folgende Schwestern:

1. Sr. M.-Burkharda, die in der chirurgischen Privatklinik ums Leben kam.
2. Sr. Augusta x
3. Sr. Maura x
4. Sr. Gratiana x
5. Sr. Alrune, Reserve-Lazarett medizinische Klinik
6. Sr. Venentia, Reserve-Lazarett chirurgische Klinik, Elsässer Schwester.

Die mit (x) bezeichneten Schwestern wurde alle 3 im Karrengang unter der Station 1 b verschüttet; ferner wurden 21 Patienten getötet (in der chirurgischen Privatstation 12, im Karrengang unter dem orthopädischen Flügel der Klinik 9). Die vorgenannten 3 Schwestern, die im Karrengang unter der Station I b verschüttet waren, wurden erst im April 1945 gefunden und ausgegraben.

Unmittelbar nach Angriffsende konnte der Luftschutzoperationsraum in Betrieb genommen werden, was dank der ausgezeichneten und umsichtigen monatelangen Vorarbeit der ersten Operationsschwester Regina in kürzester Frist reibungslos möglich war. Hier wurden an vier Tischen durch Oberarzt von Brandis, Dr. Bätzner, Dr. Raabe, Dr. Mutschler und die übrigen in der Klinik anwesenden Assistenten die anfallenden Verwundeten versorgt, eine Arbeit, die etwa bis 7 Uhr morgens dauerte und bis nachmittags 17 Uhr. Die Verletzten kamen hauptsächlich aus der Klinik selbst, sowie aus der hinter der Klinik liegenden, ebenfalls schwer getroffenen Artilleriekaserne.

Gegen 21.30 Uhr drohte der Dachstuhlbrand von der neuen Frauenklinik her auf den orthopädischen Seitenflügel der chirurgischen Klinik überzugreifen. Einer Löschmannschaft, unter der sich Dr. Klaus Rehn, Dr. Halse und der Oberpfleger Eble besonders bewährten, gelang es, diesen Brand zu löschen und damit praktisch die Klinik zu retten. (...)

Bereits gegen 21 Uhr war ein Blindgänger im Mittelbau der neuen Frauenklinik festgestellt worden, der die Räumung der ganzen dort befindlichen Lazarett-Abteilungen notwendig machte. Ein Versuch, den dortigen Dachstuhlbrand zu löschen, mißlang aus Wassermangel. Recht bedrohlich war auch der Zustand in den sogenannten luftschutzsicheren Krankenräumen im Keller des Reserve-Lazaretts „Neue Frauenklinik" mit ihren rund 250 Schwerverwundeten; hier war Brandflüssigkeit durch die Fenster in das Innere der Räume geflossen und hatte einzelne kleine Brände verursacht. Sämtliche, nicht gehfähige

Verwundete mußten daher schleunigst in die ohnehin überfüllten Kellerräume der chirurgischen Klinik überführt werden. Nur der unermüdlichen Einsatzbereitschaft der Schwestern und Pfleger der chirurgischen Klinik und des Reserve-Lazaretts ist es zu danken, daß in diesen ersten kritischen Stunden die Unterbringung der Kranken ordnungsgemäß – wenn auch nur notdürftig – geregelt werden konnte und daß ihre Versorgung weiterging.

Insbesondere die *Schwestern* unter Führung der Frau Oberin Schwester Maria Theresia und der Oberschwester Maria Lukas haben sich in vorbildlichem Einsatz immer wieder selbst übertroffen. (...)

Am anderen Morgen wurde sofort versucht, den Abtransport der zur Klinik gehörenden Zivilkranken in das für diese Fälle bereits im Herbst beschlagnahmte Glotterbad-Sanatorium durchzuführen. Die zuständigen Behörden, insbesondere der für den Luftschutz-Sanitätsdienst in Freiburg verantwortliche Med.Rat. Dr. Hapke, versuchten zwar zunächst durch sinnlose Gegenbefehle diesen wohldurchdachten Plan zu durchkreuzen und die chirurgische Klinik in der Hautklinik unterzubringen. Es bedurfte erst energischer Vorstöße seitens der Klinik- und Verwaltungsdirektion bei den zuständigen Behörden, um die behelfsmäßige Einrichtung der chirurgischen Klinik im Glotterbad-Sanatorium endgültig durchzusetzen.

So wurde am 28.11. gegen Mittag mit dem Abtransport der Zivilkranken von der chirurgischen Klinik nach Glotterbad bei diesigem Wetter in offenen Lastwagen begonnen. Der Transport der Kranken selbst war am 29.11. abends beendet. Der gleichzeitig notwendige Transport von Betten und Gerät zog sich noch etwa 6 Wochen hin. Die Einrichtung der Klinik in Glotterbad wurde Dr. Klaus Kuhlmann übertragen, der diese Aufgabe in selbstlosem Einsatz trotz eines beim Angriff erlittenen Lungenrisses in hervorragender Weise löste, wobei ihn die zuständigen Stationsschwestern und Pfleger, an der Spitze Schwester Maria Agatha und Pfleger Hermann Seng, vorbildlich unterstützten.

Gleichzeitig wurde schon in den frühen Morgenstunden des 28.11. mit der Wiedereinrichtung der notwendigsten Behandlungsräume in dem am wenigsten beschädigten Teil des Erdgeschosses der chirurgischen Klinik (urologische Behandlungsräume) begonnen.

Dank unermüdlicher Arbeit aller beteiligten Ärzte, Schwestern und Pfleger war so die Wiederaufnahme eines behelfsmäßigen poliklinischen Betriebes tatsächlich am 28.11. vormittags möglich. (...)

So relativ glatt und reibungslos sich der Abtransport der Zivilkranken und die Einrichtung der Klinik in Glotterbad vollzog, so schwierig gestaltete sich die Auflösung des Reserve-Lazaretts, da sich die zuständigen militärischen Dienststellen dem Druck der Ereignisse nicht gewachsen erwiesen.

Am 30.11. lagen noch etwa 150 Schwerstverwundete in den Kellerräumen der Klinik; nur einem kleinen Teil standen regelrechte Krankenbetten zur Verfügung; die meisten waren auf Matratzen oder in Luftschutzbetten untergebracht. Es gab kein Licht, keine Heizung, kein Wasser und in den ersten 2 Tagen auch nur notdürftige Verpflegung. Am 1.12. lieferte die NSV erstmals nach mehrfachem dringenden Anmahnen eine Reihe von Kanistern mit ungenießbarer, sauer gewordener Suppe. Auch hier waren es wieder die Schwestern der Klinik, die für Abhilfe sorgten, wobei sie seitens der Lazarett-Verwaltung zeitweise durch Zahlmeister Schäfer tatkräftig unterstützt wurden.

Am Sonntag, dem 6. Dezember, war nach unendlichen Bemühungen die Räumung der Klinik von den letzten Schwerverwundeten durchgeführt. Nunmehr konnten die Kellerräume einigermaßen gesäubert, geordnet und zur Aufnahme von Kranken hergerichtet werden; sie blieben bis zum 25.12. Auffangstation der Klinik. Am 26.12. erfolgte die Übersiedlung nach St. Urban (...)

H. J. von Brandis

Quelle: StadtAF, K1/26.

11. Bericht der Pfarrkuratie St. Josef in Freiburg vom 14. Januar 1945 an das Erzbischöfliche Ordinariat

Durch den Terrorangriff vom 27. November 1944 wurde die Pfarrkuratie St. Josef in Freiburg vollständig vernichtet. Jedes Leben und jede Betätigung als Pfarrgemeinde hat aufgehört. Was möglich ist, sind abschließende Arbeiten, Bergungsarbeiten, Sorge um die Toten oder Fernseelsorge.

1. Der Angriff und seine Folgen

a) Der Seelsorgebezirk in seiner „oberen" Hälfte, d. h. östlich der Kliniken, ist vollständig zerstört durch Bomben und Brände. Einzig in der Hohenzollernstraße sind noch die Wohnungen eines Hauses brauchbar; gleicherweise ist in der Büggenreuterstraße ein Haus wieder beziehbar. Die „untere" Hälfte des Seelsorgebezirkes, d. h. westlich der Klinik und Güterbahn gelegene Teile, sind zerstört, aber infolge der aufgelockerten Bauform nicht völlig niedergebrannt oder eingestürzt. Bewohnbar sind nur kleine Teile des Wohnblocks Flur-Idinger-Lehenerstraße und ein Haus in der Blücherstraße. Bewohnt sind lediglich drei Wohnungen, und auch diese sind nicht unversehrt geblieben. Es hat den Anschein, daß besonders die Bewohner der Eigenheime mit Eintritt der besseren Witterung versuchen werden, eine notdürftige Unterkunft sich zu schaffen in den Trümmern und stehengebliebenen Kellern.

b) Die Toten sind noch nicht genau feststellbar. Durch den Einzelangriff vom 3. November auf die Wohnungen der Elsässerstraße 4 a und b sind 16 Personen unserer Pfarrgemeinde ums Leben gekommen. Als Opfer des Terrorangriffes konnten bis jetzt – die Zahl ist noch nicht endgültig und wird sich noch verschieben – 86 Personen festgestellt werden als vermißt und ziemlich sicher alle tot. Die Gesamtpersonenverluste bei den Angriffen belaufen sich auf 124 nach bisherigen Feststellungen. In dieser Zahl sind die Andersgläubigen enthalten und jene, deren Konfession nicht festgestellt werden konnte. Durch die großen noch unklaren Verluste in Hugstetterstraße 52 und 54 wird sich die Zahl der Toten auf gegen 150 erhöhen.

c) Die Notkirche St. Josef, die seit 1921 bestand, hat aufgehört zu sein. Zwar stehen noch die Grundmauern und Teile des Daches und viele einzelne Dinge, doch ist die Kirche vom Architekten als zu Wiederaufbauarbeiten besonders wegen des Holzes verwendbar bezeichnet worden. Durch die vielen Volltreffer ringsum ist der ganze Bau gewaltig erschüttert worden und wurde z. B. die eine Dachhälfte einfach abgehoben und ist diese in den Bäumen bzw. am Boden dann hängengeblieben. Die verschiedenen Brände in der Kirche konnten gelöscht werden, da sie noch nicht zur Entfaltung gekommen waren. Auf diese Weise sind viele Teile des Inventars übrig geblieben in ihrem teilweise beschädigten Zustand.

d) Pfarrhaus und Schwesternwohnung sind mit ihren Grundmauern wie die Kirche stehengeblieben. Doch sind die Innenwände, wohl infolge der Erschütterungen und entstandenen Maurerrisse anläßlich der ersten Bomben am 3.11., eingestürzt. (...) Das Inventar im Pfarrhaus und Schwesternhaus konnte geborgen werden, ist jedoch beschädigt zu einem immer mehr sichtbar werdenden Teil. Auch hier wurden die vorhandenen Brände gelöscht. Die Brandgefahr vom Nachbarhaus wurde durch Löschen auch im dortigen Hause gemildert. Ein vollständiges Löschen des Nachbarhauses war durch das vorzeitige Verlassen des Hauses durch die Einwohner von seiten der Pfarrhausbewohner nicht möglich, so daß es völlig niederbrannte. Lediglich ein Übergreifen des Großbrandes auf das Pfarr- und Schwesternhaus wurde im Laufe der Nacht durch dauerndes neues Eingreifen verhindert. Sonst wären auch Pfarr- und Schwesternhaus sowie die Kirche völlig niedergebrannt.

e) Der Kindergarten im Privathaus Faller in der Grenzstraße ist völlig vernichtet durch Treffer und Brand.

f) Die Nähschule im 3. Stock des Gebäudes der ehemaligen Funkerkaserne ist zerstört durch Einsturz des Daches und der oberen Decke. Kleine Teile dort konnten gerettet werden. Das Wesentliche ist zerstört.

439

2. Die sich ergebenden Aufgaben

a) Die Bergung: Bergungsorte sind Kirche und Pfarrhaus Hl. Familie in Freiburg-West, Kirche und Pfarrhaus Hochdorf und verschiedene Orte in der Pfarrkuratie Gutach im Elztal. (...)

b) (...)

c) Die Seelsorge für St. Josef: Im Augenblick braucht der Seelsorgebezirk St. Josef keinerlei seelsorgliche Betreuung, weil die Pfarrkinder fort sind. Es ist wohl die furchtbarste Trennung und das trostloseste Auseinandergehen, wenn die Pfarrgemeinde so zerrissen wird wie in diesem Falle. In der Schreckensnacht sind die Leute – viele sinnlos und planlos und ziellos – in die Ferne geirrt in wilder Flucht. In den folgenden Tagen haben viele von ihnen ein Dach und eine einfache Wohnmöglichkeit gefunden. Andere suchten und suchen weiter, wer kann sagen wie lange! (...) Von vielen habe ich schon die dritte Anschrift seit dem 27.11. Ich versuche die Anschriften meiner Pfarrkinder zu finden und persönlich oder brieflich mit ihnen in Verbindung zu treten. Dies ersetzt zwar nicht die Seelsorge, aber es gibt den Heimgesuchten Kraft und Trost, wenn sie um die Sorge ihres Hirten um sie wissen. (...) Soweit es möglich war, die Leute zu erreichen, habe ich weitgehend auch geldlich über die erste Not hinwegzuhelfen versucht und tue es weiter. Viele waren wirklich froh und dankbar. Die Schwestern werden vorerst arbeiten für die Bedürftigen, um im Rahmen des Möglichen Wäsche und Kleider wieder zu beschaffen. Jede Woche bringt neue Gedanken und Winke, freilich auch neue Schwierigkeiten. (...)

Mitten in der Nacht hatten wir – die Hausgemeinschaft und die noch erreichbaren Nachbarn – die hl. Kommunion empfangen (...) als Kraft- und Trostquelle für die ganze Pfarrgemeinde auf dem beginnenden Kreuzweg in die dunkle Zukunft. Es waren denkwürdige Minuten in der zerstörten Kirche mitten in den Trümmern umgeben vom Schein der lodernden Feuersbrünste.

gez. Kurat Knecht
(Unterschrift)

Quelle: Erzbischöfliches Archiv Freiburg, B 2–35/148.

12. Aus dem Bericht des Evangelischen Stiftes von 1959 über „Zerstörung und Untergang"

Der 27. November 1944 war als strahlender Tag zu Ende gegangen. Wie an vielen vorherigen waren im Laufe dieses Tages starke feindliche Bomberverbände über die Stadt hinweggeflogen.

Gegen 20 Uhr ging es in den Heimen des Stifts wie an jedem Abend zu. Im Waisenhaus waren die etwa 65 schulpflichtigen Kinder – 22 Kinder unter sechs Jahren waren im September nach Breitnau in das Gasthaus „Löwen" evakuiert worden – gerade zu Bett gegangen. Die kleinen Bündel mit dem Notwendigsten an Wäsche und Bekleidung für jedes Kind lagen wie immer griffbereit in den Schränken. In den Altersheimen saßen die Gäste noch im Speisesaal oder sie waren auf dem Wege in ihre Zimmer. Manche hatten diese erreicht und wollten sich gerade zur Ruhe begeben. Die Schwestern und das Hauspersonal waren noch bei Tisch, bei der Andacht oder bereits wieder im Hause beschäftigt. Alles Luftschutzgepäck war, wie bei häufigen Alarmen erprobt, gerichtet. Im Marthastift, in dem seit November 1943 außer alten Menschen und einigen Studentinnen nur noch zwölf stillende Mütter mit ihren Neugeborenen wohnten, hatten die Erwachsenen gerade zu Abend gegessen, während die Säuglinge bereits schliefen. Luftschutzkoffer und -taschen standen gepackt. Von den Häusern in der Hebel-, Albertstraße befanden sich im Töchterheim Hebelstraße 36 über 50 Schülerinnen, Frauen und Angestellte, während das Seminargebäude Hebelstraße 34 bis auf die Zimmer der Leiterin und einiger Angestellten leer stand. Im Hause Albertstraße 36 waren drei Privatwohnungen.

440

Kurz vor 20 Uhr gab das Radio Luftwarnung und schaltete auf Luftwarndienst um. Die Heimleitungen, Schwestern und Hilfskräfte gaben sofort Anweisungen zum Aufsuchen der Luftschutzkeller. Noch während sie zu den Kindern und Alten eilten, fielen bereits die ersten Bomben, einige Sprengbomben in nächster Nähe der Heime, eine Reihe von Brandbomben auf mehrere Häuser in der Hermann-, Herrenstraße. Treppen und Gänge waren stellenweise durch hereingedrückte Fenster und Türen oder durch umgestürzte Schränke sofort versperrt. Eindringender Rauch und Staub erschwerten Sicht und Atmung der in die Keller strebenden Kinder und Erwachsenen. Trotzdem gelang es den Schwestern, im Feuerschein brennender Nachbarhäuser, unter Lebensgefahr nicht nur alle Säuglinge und Kinder, sondern auch die meisten der bettlägerigen oder schwerbeweglichen alten Menschen in die bergenden Luftschutzkeller zu bringen. Während die bereits größtenteils ausgezogenen Kinder nur gerade noch die nächstliegenden Wäsche- und Kleidungsstücke überziehen oder an sich reißen konnten, die vorbereiteten Bündel aber liegen lassen mußten, brachten manche der gehfähigen Erwachsenen noch ihre gepackten kleinen Koffer mit herunter. Im Hause Herrenstraße 7 überstanden sogar mehrere alte Menschen in ihren im Handumdrehen grauenvoll zugerichteten Zimmern, über denen Phosphorbomben bereits das Dach in Brand gesetzt hatten, den Angriff. Das benachbarte Jünglingsheim erhielt einen Volltreffer ins Treppenhaus, der zwölf Insassen den Weg nach unten verlegte und sie mit dem einstürzenden Innern des Hauses in die Tiefe riß. Die über 50 Frauen und Mädchen im Töchterheim Hebelstraße 36 hatten gerade den Keller erreicht, als die Decke unter der Last des durch Volltreffer zusammenbrechenden Hauses alle unter sich begrub. Nur drei konnten später mühsam aus den Trümmern befreit und gerettet werden.

Für die in den dunklen Kellern eng aneinandergepreßten Kinder und Erwachsenen wurden die 20 Minuten, in denen die Fundamente unter der Wucht naher Detonationen erbebten und Rauch- und Staubschwaden gegen die Häuser herandrängten, zu qualvollen Stunden. Die Schwestern sprachen ihnen mit Gebeten und Liedversen Trost und Zuversicht zu und schützten sie mit angefeuchteten Taschentüchern und Lappen gegen die zunehmende Hitze und Staubentwicklung. Als sie endlich, aus einigen Kellern erst nach Stunden und mit Hilfe von außen, zum Teil durch benachbarte Häuser heraus kamen, bedurfte es größter Umsicht und Kraftanstrengung der Schwestern, die erschöpften und durch den Anblick der brennenden und zusammenbrechenden Häuser verwirrten Kinder und Alten über die von Trümmern versperrten Straßen und Plätze bis zum Schloßberg zu bringen. Ein Teil fand in dem großen Bunker Zuflucht. Andere brachten die ersten Stunden der kalten Novembernacht im Freien zu. Die Schwestern des Marthastifts liefen mit den Wöchnerinnen und den Neugeborenen über den Schloßberg bis zum Restaurant „Jägerhäusle", wo sie bis zum Morgen bleiben konnten. Direktor Huber, der sich während des Angriffs im Luftschutzkeller des Jünglingsheimes aufgehalten hatte, eilte, sobald die Einschläge aufgehört hatten, von Haus zu Haus, heraushelfend, ratend und die nötigsten Anordnungen gebend. Auf ihm lag jetzt die schwerste Last: die Verantwortung für Hunderte obdachlos gewordener Kinder und Alten. Woher Unterkunft, Nahrung und Bekleidung nehmen? Soweit die Häuser des Stifts nicht eingestürzt waren, brannten sie.

Was an Reserven in den Kellern lagerte, war, falls noch vorhanden, nicht erreichbar. Die meisten Geschäfte, Bäckereien und Metzgereien waren zerstört oder auf Tage hinaus nicht arbeitsfähig. Am längsten und am schwersten war die Enge des lichtlosen Bunkers für die Schwestern, die ihren unruhigen und übermüdeten Pflegebefohlenen nichts geben konnten. Am nächsten Morgen machte sich die kleine Gruppe vom „Jägerhäusle", nachdem sie sich in der Stadt einen Leiterwagen und etwas Bettzeug beschafft hatte, kurzentschlossen auf den Weg nach Breitnau. Die etwa 60 Kinder des Waisenhauses schickte Direktor Huber mit ihren Schwestern Frieda Süß und Marie Wildenstein in das nicht zerstörte Reichsbahn-Waisenhaus. Hier wurden sie für die nächsten zwei Tage freundlich aufgenommen, gut verpflegt und mit der notwendigsten Kleidung versehen. Von den Alten konnten nur wenige bei Verwandten und Bekannten unterschlupfen oder in Krankenhäusern Aufnahme finden. Die meisten mußten drei Tage in den Bunkern ausharren. Am 29. November gab es zum erstenmal aus öffentlicher Speisung warme Verpflegung, eine dicke, gute Nudelsuppe, mit der sie aber, da sie ja keine Löffel hatten, nur schwer fertig wurden. Inzwischen war es den Bemühungen von Direktor Huber und von Schwester Marie Wildenstein bei der zuständigen Parteistelle gelungen, mehrere Lastkraftwagen zu bekommen, um die Kinder und die Alten nach Breitnau zu bringen, wo Notunterkünfte zugesagt worden waren. Am 1. Dezember – es hatte geschneit und war empfindlich kalt – setzte sich vom Schloßbergbunker die traurige Kolonne offener Lastkraftwagen mit den notdürftigst bekleideten erschöpften Alten und den Kindern in Bewegung. Sie wurden unterwegs wiederholt von einzelnen Jagdfliegern bedroht. Der Gruppe „Jägerhäusle" gelang es durch das energische Eingreifen des nachgeeilten Vaters eines der Neugeborenen, einen Schlepper mit einem angehängten offenen Feldwagen zu erhalten, der sie nach Breitnau brachte. Sie kamen in das Gasthaus „Löwen", wo 40 Säuglinge des Marthastiftes mit Schwester Marie Brucker und einige 20 Kinder des Waisenhauses mit Schwester Rosa Steidinger bereits seit September untergebracht waren. Für die Alten war in allen Klassenzimmern der Schule Strohlager vorbereitet. Bürgermeister Hog, der katholische Ortsgeistliche, die Ordensschwestern und die Einwohner halfen in echter Nächstenliebe mit Feuerung, Nahrung, Wäsche und Bekleidung, so gut sie konnten.

Schwester Frieda Süß war am Abend des 1. Dezember mit den Kindern von ihrem Lastwagen in Himmelreich abgesetzt worden. Sie fanden aber in der gleichnamigen Gastwirtschaft freundliche Aufnahme und Bewirtung, fuhren am Morgen mit dem Zug nach Hinterzarten und gelangten zu Fuß nach Breitnau. Ein Teil der Kinder kam zu den übrigen in den „Löwen", die 32 größeren konnten mit Schwester Marie Wildenstein im Naturfreundehaus oberhalb des Ortes, das als Erholungsheim für Soldaten diente, Aufnahme finden.

Für die Alten im Schulhaus und für die Kinder in der Skihütte wurde in der Küche der Haushaltungsschule gekocht. Es war für Direktor Huber und für die Schwestern keine leichte Aufgabe, in dieser Zeit der Lebensmittelknappheit die tägliche Ernährung sicherzustellen. Soweit in den nicht verschütteten oder ausgebrannten Kellern des Stifts noch Konserven vorhanden waren, wurden sie mit Lastwagen der Stadtverwaltung herbeigeschafft. Andere Lebensmittel, wie Kartoffeln und Gemüse, mußten die Schwestern, ihre Helferinnen und die größeren Kinder oft mit Handwagen viele Kilometer weit herholen, da der Zugverkehr ruhte.

Wenn auch die Alten allmählich, nicht zuletzt dank der Hilfsbereitschaft der Soldaten, auf Holzpritschen mit Strohsäcken lagen, wenn sie auch wieder Bettwäsche hatten und sich richtig zudecken konnten, wenn sie auch nach und nach von ihren Angehörigen mit Wäsche und Kleidung versorgt wurden: die übergroße körperliche und seelische Belastung wirkte so stark nach, daß bis zum Ende des Jahres 1944 etwa 30 Alte in Krankenhäuser gebracht werden mußten und 21 an Entkräftung starben. Sie fanden ihre letzte Ruhe auf dem kleinen Dorffriedhof. Auch sie waren Opfer des furchtbaren 27. November, an dem in den Häusern des Stifts 76 Menschen umkamen.

Quelle: Hundert Jahre Evangelisches Stift Freiburg i. Br. 1859–1959. Freiburg o.J. (1959), S. 33–38.

13. Auszug aus dem Bericht (Brief) von Hilde Thümen, Tivolistraße, vom 4. Dezember 1944 an Familie Lenartz-Meinberg in Ippendorf bei Bonn

Meine Lieben!

Nach rund einer Woche bin ich endlich so weit, daß ich Euch allen einen gemeinsamen Bericht schreiben kann, von dem jeder ein Exemplar bekommt.

Am vergangenen Montag abend, 27. 11. 1944, saßen wir beim Abendessen. Plötzlich hörte man einen Flieger, an sich seit September ein normaler Zustand, auf den man schon gar nicht mehr achtete. Nach kaum einer Minute gab es Voralarm, in der nächsten Sekunde aber hagelten bereits die Bomben. Erst dann setzte Vollalarm ein. Wir konnten nur noch unsere Mäntel und Taschen greifen und nach unten rennen, während es schon rundum krachte. An einem Spalt des Waschküchenfensters sahen wir, daß alles taghell erleuchtet war durch Christbäume und wußten, daß es diesmal unserer armen Stadt galt. Und dann hagelte es gut 20 Minuten ununterbrochen heulend und knatternd über und um uns hin. Um 8.03 (dort blieben alle Uhren stehen) kam der furchtbarste Schlag. Sämtliche Kellerfenster stürzten herein, die Kellertüren, auch die äußere nach dem Hintergarten, stürzten herein, die Glassplitter flogen, die Blechdosen, die in unserem Keller auf einem Regal standen in unserer Nähe flogen herunter bis vor unsere Füße; bei Schöndiensts riß ein schweres Bord von der Kellerwand und der darauf stehende Gänsebräter flog mit Getöse in den Keller. Zugleich hörten wir, wie es im ganzen Haus krachte und splitterte. Noch einige Minuten tobte das Bombenunwetter weiter, dann wurde es still und leuchtete dann aber auch an allen Fenstern blutigrot herein. Wir liefen nach oben. Gott sei Dank, es brannte nicht, aber fast sämtliche Fenster kaputt, sämtliche Türrahmen entweder herausgerissen oder die Schlösser herausgerissen, in der Schlafzimmer-, Wohnzimmer-, Küchenwand Risse, im Badezimmer außerdem, ebenso im Klo große Flächen Verputz herunter. Aus jedem Zimmer trugen wir in den nächsten Tagen mülleimerweise den Dreck und die Scherben heraus. Dazu fingerhoch die Flugasche. Am Dienstag morgen sah ich dann beim Wasserholen, welcher Einschlag unser Haus so demoliert hat. Das Bendersche Haus hat eine Luftmine getroffen, es ist in der Längenhardstraße rechts das zweite Haus links, also vielleicht 100 Meter Luftlinie. Das Haus ist vollkommen, aber auch vollkommen verschwunden, liegt total begraben unter einem großen Sandhügel, der sich dem Niveau des Schloßbergs angepaßt hat. Nur einige Holzsplitter und ein daraufliegendes Überlaufbassin deuten darauf hin, daß dort mal ein Haus stand. Furchtbar, ganz furchtbar, so etwas sah ich nachher in der Stadt nicht mehr. Herr Bender ist irgendwie herausgekommen, aber die Mutter Deines Klassenkameraden liegt mit fünf anderen Menschen darunter begraben. Sodann hat eine Sprengbombe den linken Teil des zweiten Hauses links in der Immentalstraße, das mit den glasierten Fliesen, auf denen ein Pfau abgebildet ist, weggerissen. Lampe und Teppich baumeln dort oben in luftiger Höhe, die Couch liegt unten auf dem Schutthaufen. (...)

Und nun kommt der traurige Bericht über unser einmal gewesenes schönes Freiburg. Ich nenne Euch die Straßenzüge auf, die Ihr die Stadt kennt. Von der Ecke der Starkenstraße ab steht in der ganzen Mozartstraße kein Haus mehr, in der Stadtstraße das gleiche, und von da ab ist die ganze Stadt total, aber auch total zerschlagen, in einer Weise, wie sie in ganz Baden keine Stadt erlebt hat. Sogar die Zeitung hat das festgestellt, und alle die Ausgebombten aus den anderen Städten bestätigen, daß sie so etwas von Zerstörung noch nie gesehen und erlebt haben. Der Bombenteppich war derartig dicht, daß bis an das Martinstor überhaupt nichts mehr steht oder nur Fassaden oder einzelne Trümmer. Rund um den Karlsplatz, die ganze Friedrichstraße, rechts Katharinenstraße, Rheinstraße, bis runter zum Bahnhof ein Trümmermeer. Dr. Kraft, Dr. Fickler, Roseneck, alles, alles weg. Straßenzüge sind kaum zu erkennen, nur hier und da schmale Fußwege durch das Trümmermeer. Kein Hotel von Namen mehr in der ganzen Stadt. Zähringer und Europäischer Hof, Römischer Kaiser und Freiburger Hof, alles, alles Trümmer, natürlich der Bahnhof und dessen Umgebung total. Unter der Post sind ca. 80 Frauen begraben, die zum Teil heute noch nicht geborgen sind. Bis zum Freitag haben in manchen Häusern die Menschen noch in den Kellern geklopft, ohne daß man sie befreien konnte. Es fielen tausende von Spreng- und Brandbomben, Phosphorkanister, am meisten aber Sprengbomben. Die Adolf-Hitler-Straße sieht unbeschreiblich aus. Kein Haus mehr bis zum Martinstor, dahinter bis zur Dreisam einzelne Häuser ganz runter, sonst Luftdruckschaden. Am furchtbarsten ist die Ecke am Bertholdsbrunnen. Von der Grünwälderstraße bis zum Siegesdenkmal ein einziges Trümmermeer ohne jede Straße. Man kann nur ahnen, was die einzelnen Häuser waren, resp. welche Firmen dort waren. Wie die Menschen da zum Teil noch herausgekommen sind, ist einem ganz rätselhaft. Aber es sind eben auch nur verschwindend wenige, die sich retten konnten, denn der Angriff war derartig plötzlich, daß sich kein Mensch mehr retten oder meist überhaupt nicht mehr in den Keller konnte. Infolgedessen ist die Totenzahl ganz ungeheuer. Wir haben 100 000 Einwohner, und bei der NSV und Ärztekammer sind nach Aussage eines uns bekannten Arztes 30 000 Vermißte gemeldet. Also beinahe jeder dritte Freiburger tot! Bis zum Komturplatz, die ganzen Vororte einbegriffen, haben die Flieger die Stadt mit Bomben belegt. Verschont wurden die Oberwiehre, Zähringen und Günterstal sowie Littenweiler. Uni, Theater, Martins-, Ludwigskirche und Lutherkirche weggefegt. Rotteckschule und Ludendorffgymnasium, Konvikt und Herder, alles, alles fort! Im Friedrichgymnasium nur Fensterschaden, so wie bei uns. Dort wird jetzt von der NSV für 200 Menschen gekocht. Sämtliche Krankenhäuser mit Ausnahme des Lorettokrankenhauses bombardiert, sämtliche Lazarette. Das Elend könnt Ihr Euch denken. Bis aufs Jägerhäusle liefen die Kranken in ihren Nachthemden barfuß mit den Bettdecken umgewickelt, selbst zwei- und dreijährige

Kinder kamen in Hemdchen barfuß dort an. Hunderte von Menschen rannten in der Nacht über den Schloßberg bis nach Ebnet. Ich sprach ein vierzehnjähriges Mädel aus der Wölflinstraße, die in der Weberstraße Konfirmandenstunde hatte, dort verschüttet und ausgegraben wurde und dann barfuß mit dem Pfarrer über den Schloßberg bis nach Ebnet lief. Steinbrücks Haus wurde an der Hinterfront auch zum Teil weggefegt, und Frau Schreiners Pension scheint auch nicht mehr zu existieren; man kann nicht durch, alles ist verschüttet, ich konnte nicht nachsehen. Die scheußliche Festhalle ist jedenfalls abgebrannt. Im Paulussaal ist jetzt die Post. Von vielen Bekannten weiß ich noch nichts. Dr. Kraft und Fickler leben, die Tochter von Dr. Fickler ist tot. Lienhardts sind auch gerettet, aber von Frau Sayer weiß ich noch nichts. Wir hatten noch keine Zeit, auf die Schöneckstraße zu gehen. –

Die beiden Tore stehen übrigens noch, auch der neuere Teil des Rathauses, zwar ziemlich demoliert, aber die Rathausgasse ist wie eine Oase inmitten der Zerstörung. Natürlich auch sämtliche Fenster kaputt, aber die Häuser noch so weit heil. –

Da sämtliche Hauptstraßen verschüttet sind, geht der ganze Verkehr jetzt durch die freigeräumte Mozartstraße, für uns insofern lästig, weil man den ganzen Tag ununterbrochen das Motorengebrumm hört und oft schwer unterscheiden kann, ob ein Flieger oder Auto kommt. Durch das miserable Öl von heutzutage machen die Motoren einen derartigen Krach. Alle die Elendskarren der armen Menschen, die ihr letztes aus den Kellern retteten, es war ein furchtbarer Anblick. Das Traurige dabei ist, daß lange nicht so viel Häuser hätten herunterzubrennen brauchen, wenn alles geklappt hätte. Aber da für die Motorspritzen nicht mal genug Benzin da war, wurden die Brandweiher illusorisch. So brannte das erzbischöfliche Palais erst Dienstagnachmittag durch Funkenflug an und infolge Wassermangels ab. Und so muß es an vielen Stellen gewesen sein. Überall das gleiche Leid. Zu wenig Menschen, um zu helfen, um auszugraben und zu wenig Material. –

Unsere ganze schöne Altstadt ist dahin, übrig nur die Tore. Uns kamen beiden die Tränen, als wir am Siegesdenkmal standen und die Stadt herauf und herunter sahen. Es ist unbeschreiblich, der Jammer. Die armen, armen Menschen. Im Zentral-Kino wurden ca. 500 Menschen begraben! Welch ein Glück, daß das Theater nicht spielte! Das wäre was geworden. So saßen die Familien meist beim Abendbrot. In der Merianstraße liegen in einem Haus 21, in einem anderen 28 Menschen unter den Trümmern, und so geht es immer weiter. Wir sind eben der Front so nahe, daß der Bomberverband erst gar nicht gemeldet wurde. Daher die vielen, vielen Opfer. Und so geht das nun durch das ganze Reich. Oh, dieser Wahnsinn.

Die Front rückt uns mit der Stunde näher. Türen und Fenster schütteln, und nachts schießen einen unsere Eisenbahngeschütze wach, die in der Nähe stehen. Sieben- bis achttausend Freiburger sind in der verflossenen Woche losgezogen. Wir bleiben so lange, bis wir fort müssen. Unsere Koffer sind sämtlich gepackt, alle kleineren lieben Sachen aus der Wohnung in den Keller gebaut. Papi hat auf unsere Gepäckträger auf den Rädern größere Bretter aufmontiert, so daß wir jeder zwei Koffer hinten drauf nehmen können, an die Lenkstange Taschen hängen, und so ziehen wir dann zu Fuß los, ins Blaue hinein. Jeden Tag genießt man dankbar im eigenen Heim, wenn es auch total auf dem Kopf steht. Wir schlafen im Eßzimmer, im Schlafzimmer ist es zu kalt ohne Fenster, wohnen und essen im Herrenzimmer. Natürlich gibt es kein Gas, Licht und Wasser. Seit heute endlich wieder Licht. Zwischendurch am Samstag mal ein paar Stunden, dann war es wieder vorbei. Das Wasser holt Franz in der Immentalstraße im dritten Haus links, täglich 80–100 Liter, wo außen am Haus eine Wasserleitung ist. Das Immental hat eigenartigerweise eigene Wasserleitung. Ich koche auf Frau Schöndiensts Herd schlecht und recht, und Kaffee und Tee können wir ja jetzt mit dem Tauchsieder machen. Nachts schlafen wir vollkommen angezogen bis gegen Morgen. (…)

Quelle: StadtAF, B1/328.

444

14. Auszüge aus dem Bericht von M. Geo Vogel: Die tote Stadt, 1947

Die Uhrzeiger markierten 3/4 8, es ist immer die Zeit der Einflüge, um acht Uhr kommen die Nachrichten. Ich ließ das Radio anlaufen und fast unmittelbar kam durch den Lautsprecher: „Ein Verband von Flugzeugen im Anflug von Westen". Gleich darauf: „Flugzeuge in unserem Warnbereich!" Man war nun gespannt auf Richtung, Stärke, aber da dröhnte schon die Antwort ums Haus, die Fenster splitterten in die Wirtsstube, das Licht flackerte wie im Schmerz noch ein paarmal auf und erlosch, es war auch überflüssig. Die Wirtsstube, die Straßen, die Gebäude ringsum, die man durch die Fensterhöhlen greifbar nahe fand, waren in magisches Feuer und Licht getaucht, in allen Farben, weiß, grün, rot und gelb zischten Brandbomben wie Blitze nieder, Lichtpyramiden hingen wie phantastische Christbäume über der ganzen Stadt, soweit man sehen konnte. In die Wirtsstube pfiffen durch die ausgesprengten Fenster eins, zwei oder drei meterlange Stäbe, bohrten sich in den Fußboden und sprühten giftiges Phosphorfeuer. Das Haus bebte, es war nur noch ein Donnern über der ganzen Stadt, dazwischen schwere Schläge von Minen und Krachen der zusammenstürzenden Gebäude in unmittelbarer Nachbarschaft. Das Lazarett gegenüber und die Häuser in der Umgebung brannten schon nach Sekunden. Die Wirtin kam blutend im Gesicht hinter der Theke vor, es gab nur noch einen Ausweg: in den Keller.

Im ersten Keller atmeten wir erst mal wieder auf. Das Haus lag wie im schweren Sturm, es zitterte. Ein unheimliches Fauchen, Zischen, Krachen und Bersten unaufhörlich, sich überstürzend und dann wieder abebbend. Rauch drückte sich in die Augen, der Staub war fast undurchdringlich, der Phosphorgestank nahm den Atem. Die Hölle hatte ihre Schleusen geöffnet! Wir landeten im zweiten Keller, einem Luftschutzgrab erster Ordnung. Wenn die Holztreppe, auf der wir heruntersteigen, zusammenbricht, dann gibt es aus diesem Gefängnis keine Rettung. Schon kamen Holzteile und Steine hinter uns her. (...) Unser Grabgewölbe hielt stand, obwohl es wie von einer derben Faust hin- und hergeschüttelt wurde. Steine lösten sich, der Staub war undurchdringlich. Kerzen flammten auf und erloschen wieder. Aus dem Nachbarhaus in der Zähringerstraße kamen etwa 12 Personen, schwarz im Gesicht und abgerissen durch den Mauerdurchbruch herübergekrochen. Der Ausweg nach jeder anderen Seite war versperrt und verschüttet, eine Frau mit flackernden Augen, vollständig verrußt, rutschte noch die Holztreppe herunter und sackte unten zusammen. Ein Mensch stand am andern, Kinder schrien in den noch immer tosenden Sturm hinein. (...)

Nach zwanzig Minuten ließ das Beben der Erde nach, inzwischen hatten wir auch festgestellt, daß der Weg nach oben frei war. Fast lautlos folgte einer dem andern, die Frauen mit ihren Kleinen. Die Balkendecke des oberen Kellers brannte, teilweise war sie durchgebrochen, man konnte in die hellauf brennende Wirtsstube hineinsehen. Die Seitenmauer ins Nachbarhaus war eingestürzt und wie durch ein Wunder war ein Ausgang durch den Laden gebrochen; das Tor hatte es herausgeschmettert und durch dieses flüchteten wir, einer hinter dem andern. Alle waren da. Als ich als Letzter herauskam, war schon alles im Laufen durch die brennende Hauszeile hindurch, Richtung Schloßberg. In die Zähringerstraße konnte man kaum mehr hinein, wohin man blickte ein Flammenmeer, die ganze Albertstraße hinunter ein Fanal, glühende und lodernde Gebäude, zusammenstürzende Mauern. In sich versanken die brennenden Geschosse, die Dachziegel stürzten glühend in weitem Bogen über die mit Schutt meterhoch überbauten Straßen. Das Reservelazarett gegenüber war eine einzige glühende Fackel. Feuerwehr sah man dazwischen mit Zeltbahnen und Decken, in die sie Überlebende auf den Platz vor die Karlsschule verbrachten. Das Schulhaus brannte, auch einige Häuser rings herum. Von der Ecke her kamen Zurufe und dann stürzte das Haus „zum Bratwurstglöckle" und gleichzeitig das Nachbarhaus und das Eckhaus in sich zusammen. (...) Menschenhilfe war hier machtlos, auch war noch immer alles auf der Flucht nach draußen, nur fort vor den Flammen. Nach Herdern, wohin ich zunächst wollte, um zu sehen, ob auch dort die Vernichtung hereingebrochen war, vielleicht noch helfen zu können, war nur ein Weg durch den Alten Friedhof offen. Auch dort sind die Bomben gefallen, tiefe Krater, abgesplitterte Stämme und Äste, umgestürzte Grabsteine, dazwischen Hausrat und Betten lagen umher. Im Garten des Todes lagen die noch Lebenden, Verletzte und Kinder. Es war kälter geworden, aber die Glut von dem großen brennenden Ofen war mächtiger.

Auch Immental, wo anscheinend die äußerste Grenze abgesteckt war, zeigte noch Schäden. Einzelne Villen in der Stadtstraße und Mozartstraße waren in sich zusammengedrückt, es zeigte sich kein Leben hier um die Ruinen. Brandbomben verglühten auf den Straßen und in den Gärten und beleuchteten den Weg gespenstig. Blindgänger lagen umher, die man erst bemerkte, wenn man bei ihnen stand. Unheil war überall. (…)

Mit mir strebten Hunderte von Obdachlosen und Geängstigten hinaus in den freien Raum, in die umgebenden Orte, in die Wälder und auf die Berge. Betten und Koffer, Decken hatte man auf kleine Leiterwagen und Ziehkarren verstaut, Kinder liefen nebenher, ganz Kleine saßen obenauf oder wurden im Wägelchen nebenher gefahren. Der Leidenszug und das Weinen und Jammern nahm kein Ende (…)

Inzwischen war es kurz nach 9 Uhr geworden. Eine kurze Zeit im Leben, aber doch wohl ein schauriges Erleben (…)

Ein paar Brandherde leuchteten vom Güterbahnhof herauf, sie wurden größer und nahmen an Ausdehnung zu. Die bange Frage, ob wohl auch unser Bahnhof in die Vernichtung einbezogen wurde, tauchte auf. Helfen hätte man kaum mehr können. Zwei Arbeiter waren unterwegs nach drunten, um zu sehen. Weiter dahinter auf die Kasernen zu lohte ein Flammenherd und gegen den Kaiserstuhl war der Himmel erhellt wie von unzähligen elektrischen Lampen, gleißend weiß und glühend. (…)

In der Zwischenzeit waren die beiden Arbeiter vom Güterbahnhof zurückgekommen. Dem Bauhof war nichts weiter geschehen, nur eine Brandbombe glühte unmittelbar am Öl- und Benzinlager. An die Unschädlichmachung dachten die beiden nicht oder gingen furchtsam um sie herum. Ich ging deshalb selbst nochmal mit hinunter, es war ein Phosphorkanister, der immer noch Feuer um sich herum verspritzte. Dutzende andere lagen allenthalben umher verstreut, einer lehnte an einem Bäumchen, das abkohlte. Mit Erde wurde der Kanister begraben. Einige Waggons brannten. Das Hauptgebäude hatte einen kalten Treffer abbekommen, dagegen brannte gegenüber in langer Feuerzeile das Lagerhaus der Spediteure Mengler aus. Feuerwehr war hier tätig, konnte aber nichts mehr retten.

Gegen 10 Uhr kamen wir wieder zurück vom Güterbahnhof, an der Nordkaserne vorbei, wo das Wehrbezirkskommando untergebracht war. Einige Gebäude waren schwer getroffen, brannten aber nicht. Rechts davon stand der ganze Häuserkomplex in der Rotlaubstraße in hellen Flammen, auch das Fournierwerk in der Gießenstraße hatte es erfaßt. Die großen Holzvorräte sahen aus wie Scheiterhaufen, die Funken sprühten himmelhoch und verursachten weitere Brandherde. In allen benachbarten Häusern wurde ausgeräumt, die Straße stand voll Habseligkeiten, voll Menschen und Kinder. Ein kleiner Trupp Feuerwehrleute mühte sich ab, das Feuer am Ausbreiten zu hindern. Es sah aus, als sollte es gelingen. Mitten in das Fourniertholzlager ging (wohl) eine Mine, die in unvorstellbarer Wucht meterdicke und Dutzende von zentnerschweren Edelholzstämmen über die vierstöckigen Häuser hinüber in die Sautierstraße geschleudert hatte. (…) In der Tennenbacherstraße stand der ganze Komplex des Verlages Herder in Flammen, die ganze Umgebung war taghell beleuchtet. Es schien dem vollkommenen Untergang geweiht. (…) In der Länge des Gebäudes, mindestens hundert Meter, und über alle Stockwerke züngelten, bliesen und sprühten die Flammen in allen Farben aus den ausgeblasenen Fenstern. Glühende Maschinenteile, Transmissionen standen wie feurige Kulissen im Hintergrund. Von den Decken hingen noch zahlreiche Leuchten, die Setzkästen waren unter der rotflüssigen Bleimasse wohl schon zusammengebrochen und verkohlt. Die Bäume in dem Gartenstreifen sahen aus wie Gerippe. Äste und Trümmer aller Art bedeckten das Gelände. Ein Volltreffer hatte gegenüber das ganze Eck an der Ludendorffschule wie mit einem schweren Hammer heruntergehauen und über die Straße geschleudert. Der rote (Herder-)Bau kochte, dampfte, prasselte. Maschinen sackten durch die Decken der Stockwerke. Eine ganze Anzahl Schlauchleitungen zog sich wie Schlangen über die Trümmer hin, Menschen standen auf Leitern. Wasser und immer mehr Wasser spritzte zischend in das brodelnde gleißende Feuer. So klein und unbedeutend war hier der Mensch gegenüber dem Element, das sich hier austobte, es schien unbesiegbar. (…)

Ich versuchte durch die Johanniterstraße in die Merianstraße zu kommen, was aber unmöglich war. Beinahe haushoch waren die Zugangsstraßen verschüttet, sie waren eins geworden mit der Feuersbrunst, die sich hier austobte. Die ersten Wellen haben hier die ersten und schwersten Bomben gelöst, dazwischen Minen, Brandbomben, Benzin- und Phosphorkanister. Soweit man sehen konnte, war es nur eine (einzige) Flamme. (…)

Ich stand vor dem Josefskrankenhaus, das zwar auch schwer getroffen, aber nicht völlig zerstört war. Man trug Kranke über die Straße und Verletzte, in Decken, Zeltbahnen und auf Bahren, Soldaten dazwischen, die anpackten, Sanitäter und auch vereinzelt Schwestern … Die klinischen Anstalten zwischen der Johanniter- und Rheinstraße, über die ganze Breite von der Bismarck- bis zur Zähringerstraße waren verwüstet, wie durch ein Erdbeben. Hier brannten keine Häuser mehr und keine Gebäude, sondern nur Ruinen. Es waren zerfetzte Mauern mit loderndem Feuer dazwischen. Eine sengende Hitze, dazwischen betäubende Schwaden, dumpfe Explosionen, auch gewaltige Erschütterungen, wenn wieder einmal zwischen den Ruinen ein Blindgänger ausglühte und zum Spätkrepierer wurde. (…)

In der Nähe gruben an manchen Stellen Menschen nach Verschütteten, man hörte Rufen und Klopfen, Angstschreie, Weinen und Jammern. Noch ging es da, wo die Flammen nicht schon in die Keller krochen, wo das Leben nicht schon erstickt war. Fast unkenntlich vor Staub, Ruß und Schmutz, zerfetzt und blutend kamen noch Dutzende durch die Notröhren gekrochen, wurden nach oben geschoben und herausgezerrt. (…)

Die Merianstraße gibt es nicht mehr. Sie ist in der ganzen Breite bis zur Rheinhalle, also Rheinstraße hinunter, durch den meterhohen Schutt zugedeckt. Berge und Täler. Es stehen nur noch ein paar Mauerreste, sonst ist alles eben. (…)

Mit den Ausgrabungen in der Merianstraße hat man heute (30. November) begonnen. Im Schererhaus und im Sutterhaus arbeitet je eine Kolonne. Man ist in die Luftschutzkeller hinuntergestoßen. Bei Scherer wird man schon bald wieder aufhören mit dem Graben, denn es gibt hier kein Leben mehr, außerdem glühen die größeren Kohlenvorräte, so daß heißer Odem und giftige Gase emporströmen. Was ich hier sehe, ist erschütternd. (…) Keine Menschen hat man bisher hier gefunden, nur Fragmente, die einmal zu Menschen gehörten, die man kannte, mit denen man vor ein paar Tagen noch gesprochen hatte. Der Arzt, der hier die Identifizierung vornahm, fragte mich, ob ich den Bäckermeister Scherer gekannt habe. Er zeigte auf ein Stück Rumpf mit blutigem Bäckerkittel, ein Kopf lag dabei. Der Kittel ist es wohl, der Kopf gehört nicht dazu, er hat ein junges Gesicht. Es ist der Sohn, der in Urlaub war, zum ersten Mal nach langer Zeit. Ein Stück Frauenkopf mit Goldzähnen (…), eine abgeschlagene Hand mit dem Siegelring einer Studentin, die hier wohnte. So wird es nun weitergehen bis nach unten auf die Kellersohle. Ein paar kleine Kistchen stehen vor uns auf dem Schutthaufen. Die Namen werden draufgeschrieben, ein Kreuz ist darüber, ungelenk und eilig ist alles. Ein verkohlter Schrank wird freigelegt mit halbverkohlter gebündelter Wäsche. Es war die Aussteuer der Tochter, von der man noch nichts fand. (…)

Schaudernd wende ich mich zurück, um ein paar Häuser weiter die Hände vor das Gesicht zu decken. Ein schauriges Drama enthüllt schon der erste Blick in die Tiefe des Sutterhauses, meinem Nachbarhaus. Man hat hier den Luftschutzkeller bereits freigelegt. Ich werde das Bild nie mehr ganz aus meiner Erinnerung löschen können. Sind es doch Menschen, die man fast täglich sah, deren Leben und Tun einem vertraut war, mit denen man Mauer an Mauer lebte. (…) Nun lag das Entsetzliche vor mir. Im Mauerdurchbruch lagen, in sich verkrampft und übereinander eingeklemmt, fünf Menschen mit grauenhaft verzerrten Gesichtern. (…) Weitere sechs lagen übereinander in einer kleinen Nische in gleichem Zustand. Die Kleider hingen noch in Fetzen um die bleichen Gesichter und Körper. (…)

Quelle: M. Geo Vogel: Die tote Stadt. Masch. Manuskript, 1947. StadtAF B1/328

15. Aus dem Augenzeugenbericht von Anton Müller über seinen Weg zum Schloßbergbunker in der Angriffsnacht und die Erlebnisse im Felsenstollen nach dem Angriff

Der erste Teil seiner Schilderung über die Rettung seiner Familie aus den Kellern der Häuser Adolf-Hitler-Straße 154 und 152, gegenüber dem Sutterbräu, ist bereits gedruckt in: Kriegsopfer der Stadt Freiburg i. Br. 1939–1945. Freiburg 1954, S. 411–418 und kann hier entfallen:

Nun trat ich mit Mutter den Weg zum Schloßbergbunker an. Was für ein grauenhafter Weg war das!

Soweit wir schauen konnten: die Stadt in Flammen! Unser Häuserblock, der gegenüberliegende Häuserblock, die Kreisleitung, das Café Kienzler, die Karlskaserne, das Wiener Café: ein einziges tobendes, brüllendes, knatterndes Meer aus Flammen, das seine Wogen hoch in den Nachthimmel hinaufspritzte und quer über die Straßen schleuderte, das sich gar nicht rasend genug gebärden konnte!

Ein heißer Sturm jagte über uns hin, und da ich befürchtete, im unaufhörlichen Funkenflug könne sich Mutters Haar entzünden (den Hut hatte sie verloren), holte ich die Baskenmütze, die ich in letzter Zeit stets bei mir trug, aus der Manteltasche und gab sie ihr. Die Mütze bot dann wenigstens einigen Schutz.

Bei jeder Detonation schraken wir zusammen. Noch Flieger? Oder schon wieder Flieger? Oder erst nachträglich explodierende Bomben?

Nur in kleinen Schritten kam Mutter vorwärts. Wie den Hut, hatte sie auch ihre Handtasche, die etliche Schmuckstücke enthielt, verloren.

– Auf der Erde lagen brennende Holzbalken, verglimmende Bücher, große Äste und Zweige. Menschen hasteten an uns vorüber.

Als wir beim Stadtgarten anlangten, ertönte der Schreckensruf: „Sie kommen wieder!" Und alles stolperte und stürzte über die gerade hier hochaufgetürmten Hindernisse, über gefällte Bäume, über Steine und Eisenschienen; alles drängte in höchster Eile und Verwirrung zum nahen Bunker. – Tatsächlich hörten wir nun Flieger über uns kreisen, doch wir konnten nicht rascher vorankommen. Der einzige Mensch, der ruhig an uns vorbeikam, sagte das tröstliche Wort: „Aufklärer. Die machen nichts mehr!"

Endlich erreichten wir den Bunker.

Da wir wußten, daß dem Großangriff auf eine Stadt meist kurz darauf ein weiterer folgte, da also auch wir mit einer Wiederholung zu rechnen hatten, empfanden wir die Tatsache, im Bunker zu sein, als eine wahrhafte Erleichterung und Erlösung. Ganz besonders in jenem Augenblick, als wir uns durch die erregte Menschenmenge, die den südlichen Eingang verstopfte, endlich ins Innere geschafft hatten!

Hier, tief unter dem Gebäude des Chemischen Untersuchungsamts, war nach unserem Dafürhalten nichts mehr zu befürchten, hier durften wir uns sicher und geborgen fühlen.

Wir fanden noch einen Platz in der Nähe des Sanitätsraums.

Von den Bunkerwänden sickerte das Wasser; der Boden war schmierignaß.

Nur äußerst dürftig waren die langen, überfüllten Gänge von Kerzenlicht erhellt, auf weite Strecken hin aber völlig unbeleuchtet. Da und dort brannte eine Stallaterne.

Es waren furchtbare Bilder, die sich im flackernden Lichtschein zwischen den schwarzen feuchten Bunkerwänden entwickelten: In einem steten Kommen und Gehen zogen Gestalten mit rauchgeschwärzten, oft blutenden oder beulenbedeckten Gesichtern vorüber. Ihre Kleider waren zerfetzt, ihre Schuhe voll Schmutz. Manche trugen noch ihre Pantoffeln, einige hatten sich Lappen um die nackten Füße gewickelt. So durchwanderten sie das Labyrinth, mit Rucksäcken behängt, mit Koffern, Schachteln und Taschen beladen, mit dem letzten Hab und Gut, das sie aus der brennenden Stadt gerettet hatten. Viele aber auch (wie meine Mutter und ich) ohne ein einziges Gepäckstück.

In den Augen der dem Schutt entstiegenen Menschen stand noch das Entsetzen und die Todesangst; mit starren Blicken schritten einige an den dichtbesetzten Stuhl- und Bankreihen vorbei, andere suchten in verzweifelter Unruhe ihre Angehörigen.

Bahren mit Verwundeten wurden hereingetragen. Von allen Seiten wurde man von notdürftig bandagierten Männern und Frauen gefragt, wo sich der Sanitätsraum befinde.

Meine Schwester Liesel, die mit der kleinen Renate früher als wir zum Bunker gegangen war, war im Strom der Vorübergehenden noch nicht aufgetaucht. Mutter billigte meinen Vorschlag, sie zu suchen, obwohl sie nicht gern in diesem Inferno allein blieb.

Nun machte ich mich auf die Wanderung durch das gespenstische Gänge-Viertel, in dessen Zwielicht die Menschen oft kaum von den Schatten zu unterscheiden waren. Überall saßen und standen, kauerten und lagen die sich selbst überlassenen Unglücklichen, sogar in der völligen Dunkelheit noch. Wie oft stieß der Fuß an ein Bündel, das ein Mensch war, wie oft schrak ich in der Finsternis unter einer plötzlichen Berührung oder einem unerwarteten Ausruf zusammen! Am Ausgang eines Stollens lagen, wie ich in schwachem Lichtschimmer erkannte, Tote auf Tragbahren.

Ich weiß nicht, wie lange ich unterwegs war. Auf meinen Pfiff, der Liesel bekannt war, bekam ich keine Antwort. Hin und wieder traf ich Bekannte, dann gab es immer ein wirres, fast nur aus Fragen bestehendes Gespräch. (…) In einem Winkel begegnete ich zwei Frauen, zwei Schipper-Kameradinnen, die mir mit wenig Worten von ihrer Flucht aus den Kellern der Röder- und Friedrichstraße berichteten.

Endlich wurde in einem Gewölbe mein Pfiff mit dem lauten Schrei „Anton!" erwidert. Und nun sah ich in ziemlicher Entfernung meine Schwester, die von ihrem Sitz aufgesprungen war und mir freudig zuwinkte.

Dann schaffte sie sich mit dem Kind mühsam durch die Menge und konnte nicht schnell genug von mir erfahren, ob auch Mutter gerettet und hier sei und ob ich etwas von Trudel (unserer Schwester) wisse.

„Trudel scheint nicht im Bunker zu sein", sagte ich. „Ich bin wohl durch alle Gänge gekommen, da hätte sie zweifellos auf meinen Pfiff reagiert."

Es läßt sich denken, wie sehr sich meine Mutter freute, Liesel und Renate wiederzusehen, denn auf dem vom Flammenorkan überbrausten Weg zum Bunker hätte ihnen leicht etwas zustoßen können.

Auch für sie konnte noch Platz geschaffen werden; meine Schwester bekam von einer mitleidigen Frau sogar eine Decke für das nur im Hemdchen gerettete, zweijährige Kind.

Kaum waren wir wieder vereint, erschienen meine beiden Cousinen Hedwig und Sophie bei uns. Sie waren in Sorge um ihren alten Vater – Zahnarzt August Hauser –, den sie, wie auch ihren Bruder Franz, im entsetzlichen Tumult der Flucht plötzlich aus den Augen verloren hatten. Und sie berichteten, daß ihr Hausmädchen Marie mit einer Stirnwunde bewußtlos in einem Raum des Bunkers liege.

Da erbot ich mich, mit den Cousinen meinen Onkel zu suchen. Wohl hatten sie gehört, er sei irgendwo im Bunker gesehen worden, diese Behauptung aber konnte auf einem Irrtum, einer Verwechslung beruhen, jedenfalls waren ihre Bemühungen, ihn in einem der Gänge zu finden, vergeblich gewesen. Wieder durchstreifte ich diese langen Straßen des Elends; Hedwig und Sophie gingen einzeln vor mir her. Von Zeit zu Zeit riefen wir: „Dr. Hauser!", auf welchen Ruf sich auch mein Vetter Franz (ebenfalls Zahnarzt) sicherlich gemeldet hätte.

Auch diese Fahndung blieb lange ergebnislos. Mit einem Mal erkannte ich den vornübergebeugt in tiefem Schatten sitzenden Onkel an einer kleinen zufälligen Bewegung. (…) Meine freudige Begrüßung rief natürlich sofort die Cousinen zurück, die schon an ihrem Vater vorbeigegangen waren.

Er machte einen völlig hilflosen Eindruck, schien nicht zu wissen, wo er war und was um ihn her geschah; er hatte unseren Ruf nicht gehört und ließ sich nun wie ein Kranker wegführen. Wir brachten ihn zu meiner Mutter und besorgten ihm einen einigermaßen bequemen Platz. Bald aber, nach einem Gespräch von nur wenig Worten, saß er wieder reglos vornübergebeugt auf seinem Stuhl, und wir wagten sein meditierendes Hindämmern oder seinen Schlaf nicht zu stören.

(Noch heute weiß man nicht, wie er dem Keller seines Hauses – Friedrichstraße 13 – entkam. Es ist nur bekannt geworden, daß er nach dem Angriff von der Frau des Kaufmanns H. C. Eberle und deren Tochter Hannelore in der Friedrichstraße auf dem Rücken liegend aufgefunden wurde. Die zum Bunker eilenden Menschen liefen an ihm vorbei oder über ihn hinweg. Frau Eberle aber richtete ihn mit Hilfe ihrer Tochter auf; dann führten sie ihn, der kaum mehr gehen konnte, bis zur Teestube, und nach mancherlei Schwierigkeiten übergaben sie ihn schließlich der Obhut zweier Soldaten mit der Bitte, ihn in den Schloßbergbunker zu bringen. Erst als sie sich überzeugt hatten, daß die Soldaten den alten, seiner Sinne nicht mehr mächtigen Mann auf untergefaßten Armen, wie einen Verwundeten, davontrugen, brachten auch sie sich in Sicherheit!)

Da ich mich nun entfernen konnte, ohne meine Mutter allein zu lassen, sagte ich ihr, daß ich nach Herdern – in die Rosenau – gehen werde, um zu erfahren, wie es dort aussehe.

Gleich beim Verlassen des Bunkers befiel mich ein panischer Schreck: auch in der Richtung nach Herdern zuckte und flackerte der Nachthimmel von wildem Feuerschein, und bald sah ich die Häuser der Mozartstraße lichterloh brennen.

Ein rascher Blick auf den Schloßberg: auf der Wintererstraße stand das Schülerheim, die Burse Markgraf Bernhard von Baden, in Flammen. Ein Blick über meine linke Straßenseite hinweg: die Festhalle glich einem brennenden Schiff. Über der Leopoldstraße: Feuer und blutroter Qualm.

Von Angst gehetzt, lief ich, so rasch mich meine Beine trugen, an brennenden Häusern vorbei. Von überallher vernahm ich das Heulen der Flammen und ein höllisches Geprassel, das Krachen und Gepolter einstürzender Gebäudeteile und die Detonationen nachträglich explodierender Geschosse. Die lange Mozartstraße war, als ich sie durchlief, fast menschenleer. (...)

Bei meinem ersten Gang durch die Stadt begegneten mir viele Menschen mit verweinten Gesichtern, mit vernachlässigter schmutzbedeckter Kleidung; niemand war mehr auf sein Aussehen bedacht. Fast alle trugen Koffer, Schachteln oder Rucksäcke, und alle nahmen mit Gram und Grauen das neue Bild der Stadt in sich auf.

Es war nur natürlich, daß Unbekannte sich ansprachen, denn wie die so fröhlich lebende Altstadt einst allen gehörte, so hatte ihr Tod nun auch alle gleichermaßen ins Herz getroffen.

Noch qualmten die Straßen, noch stieg überall blaugrauer Rauch aus dem Gewirr verkohlter Balken. Da und dort sah man noch Leichen zwischen Ziegeln und geborstenen Steinen liegen.

Aus der Ringstraße sah ich etliche Männer in die Adolf-Hitler-Straße einbiegen, sie trugen ein großes Tuch, aus dem, wie ich zunächst meinte, schwarzbestrumpfte Beine herausragten. Erst als ich näher kam, entdeckte ich, daß es die Beine völlig verkohlter Leichen waren. Inmitten der Hauptstraße war ein schmaler, freier Raum geschaffen, auf dem sich der Verkehr nur notdürftig und mühsam entwickeln konnte, zumal da auch dieser Pfad mit Schutthaufen bedeckt und von Gruben unterbrochen war. Welch ein Passionsweg durch das Trümmerfeld. (...)

Quelle: StadtAF, B1/328.

B) Abkürzungsverzeichnis

AA, A.A.	Auswärtiges Amt
a.a.O.	am angegebenen Ort
Abb.	Abbildung
ABC, A.B.C.	Airborne Cigar (Funk-Störanlage) gegen deutsche Nachtjäger
Abt.	Abteilung
a.D.	außer Dienst
AD	Air Division
ADAP D	Akten zur deutschen auswärtigen Politik, Serie D
AF	Air Force
AK, A.K.	Armeekorps, Armee-Korps
Allg.	allgemein
amer.	amerikanisch
Anh.	Anhang
Anl.	Anlage
Anm.	Anmerkung
AOK, A.O.K.	Armeeoberkommando
A/P	Aiming Point (Zielpunkt)
Art.	Artillerie
Aufl.	Auflage
Ausb.	Ausbildung
Ausl./Abw.	Amt Ausland/Abwehr im OKW
AVM	Air Vice-Marshal

BA	Bundesarchiv
BA-MA	Bundesarchiv-Militärarchiv
Bad.	Badisch
Battr.	Batterie
Bd., Bde.	Band, Bände
BC	Bomber Command (brit.)
BD	Bombardement Division, Bomber Division (amer.)
BdO, B.d.O.	Befehlshaber der Ordnungspolizei
bearb.	bearbeitet
betr.	betreffend, betreffs
brit.	britisch
Btl.	Bataillon
C	Celsius
ChefdGenSt.	Chef des Generalstabes
Chefs.	Chefsache
d.	der, des
DAF	Deutsche Arbeitsfront der NSDAP
ders.	derselbe
DGB	Deutscher Gewerkschaftsbund
dies.	dieselben
Diss.	Dissertation
Div.	Division
DNB	Deutsches Nachrichtenbüro
Dok.	Dokument
d.R. d.Res.	der Reserve
DRK	Deutsches Rotes Kreuz
Dt., dt.	deutsch
DVO	Durchführungsverordnung
DVS	Deutscher Volkssturm
Ebda., ebd.	ebenda
ed.	edited (herausgegeben)
Elu.	Eisenbahnluftschutz
Ers.	Ersatz
Flak	Fliegerabwehrkanone; Bezeichnung für Truppenteil der Luftwaffe
Fluko	Flugwachkommando
Frhr.	Freiherr
franz.	französisch
F.u.E.-Abt., F.E.-Abt.	Feuerlösch- und Entgiftungsabteilung
F.E.-Dienst	Feuerlösch- und Entgiftungsdienst
G/Capt	Group Captain
Gee	Radarhilfe für Navigation (durch Leitstrahl dreier Erdstationen)
Gef.Stand	Gefechtsstand
geh., g.	geheim
Gen.	General
Gen.d.Fl.	General der Flieger
Gen.-Kdo.	General-Kommando
Genlt	Generalleutnant
Genmj	Generalmajor
GenObt	Generaloberst
GenSt	Generalstab
GenStdH	Generalstab des Heeres

GFM, Gen.Feldm.	Generalfeldmarschall
g.Kdos, gkdos.	geheime Kommandosache
GLA	Generallandesarchiv
GP, G.P.	General Purpose (Sprengbombenart für Mehrzweck-Verwendungen)
Gr	Gruppe
H	Heer; Heft
H2S	Luft-Boden-Radarhilfe für Navigation und Zielidentifikation (brit.), Bordgerät
H2X	amerikanische Version von H2S
H.C.	High Capacity (Bombe mit Sprengstoffanteil; dünnwandige Minenbombe)
H.E.	High Explosive (Bombe)
Hg., Hrsg.	Herausgeber
hg., hrsg.	herausgegeben
HGr, H.Gr.	Heeresgruppe
HJ	Hitlerjugend
HQu., H.Qu.	Hauptquartier
HSSPF	Höherer SS- und Polizeiführer
i.A.	im Auftrag
I.B.	Incendiary Bomb (Brandbombe)
I-Dienst	Instandsetzungsdienst
IfZ	Institut für Zeitgeschichte
i.G.	im Generalstab
IMT	Internationaler Militärgerichtshof Nürnberg
Inf.Div.	Infantrie-Division
Inst.-Dienst	Instandsetzungsdienst
Jabo	Jagdbomber
Jg.	Jahrgang
Js.	Jahres
Kdo.	Kommando
Kdr.	Kommandeur
K.f.d.A., KfdA	Kommissar für den Archivschutz
K.G.	Kommandierender General
KLV	Kinderlandverschickung
Kp.	Kompanie
KPD	Kommunistische Partei Deutschlands
KTB	Kriegstagebuch
kv	kriegsverwendungsfähig
KZ	Konzentrationslager
Lb, lb.	Libra, pound (engl. Pfund = 0,453 kg)
Lbs, lbs.	Librars, pounds (2240 lbs. = 1 ton)
Leit.	Leitender
LF	Löschfahrzeug
Lfl.	Luftflotte
Lg.Kdo.	Luftgaukommando
LS	Luftschutz
LS-Pol.	Luftschutzpolizei
LS-Raum	Luftschutzraum
Lw	Luftwaffe
LwKdo.	Luftwaffenkommando

452

m	Meter
Mandrel	Radiostörung des deutschen Frühwarnsystems
MC	Medium Capacity (Bombe mit mittlerem Sprengstoffanteil)
Med., Medizin.	Medizinisch
Met	Meteorological
M.E.W.	Ministry of Economic Warfare
MGFA	Militärgeschichtliches Forschungsamt
Mil.	Militär
Mob.	Mobilmachung
mot.	motorisiert
MS, Ms	Manuskript
N	Nachlaß
Nachr.	Nachrichten
Newhaven	Bodenmarkierungsverfahren eines Zieles mit H2S und nach Sicht
NJG	Nachtjagdgeschwader
Nr., No.	Nummer
NS, ns, nat.-soz.	Nationalsozialistisch
NSDAP	Nationalsozialistische Deutsche Arbeiterpartei
NSKK	Nationalsozialistisches Kraftfahrkorps
NSV	Nationalsozialistische Volkswohlfahrt
O	Ost
OB, Ob	Oberbürgermeister; Oberbefehlshaber
Ob.d.L., ObdL	Oberbefehlshaber der Luftwaffe
Ob.Kdo.	Oberkommando
Oboe	Britisches Bomberleitverfahren durch Funkleitstrahlen von Bodenstationen
öffentl.	öffentlich
Org.	Organisation
ÖLW	Örtliche Luftwarnung
o.J.	ohne Jahresangabe
OKH	Oberkommando des Heeres
OKL	Oberkommando der Luftwaffe
OKW	Oberkommando der Wehrmacht
o.O.	ohne Ortsangabe
OPD	Oberpostdirektion
ORB	Operations Record Book
OT, O.T.	Organisation Todt
PA	Politisches Archiv des Auswärtigen Amtes
Pers.	Personal
PFF, P.F.F.	Pathfinder Force (Pfadfinder)
P/O	Pilot Officer
Pol.	Polizei
Pz.	Panzer
Qu.	Quartiermeister
RAAF	Royal Australian Air Force
RAD	Reichsarbeitsdienst
Radar	Radio detecting and ranging (Funkmeß- und Ortungsverfahren)
RAF	Royal Air Force
RCAF	Royal Canadian Air Force
R.d.L.u.O.b.d.L.	Reichsminister der Luftfahrt und Oberbefehlshaber der Luftwaffe

Red.	Redaktion
Res.	Reserve
RFSS	Reichsführer SS
RGBL	Reichsgesetzblatt
RLB	Reichsluftschutzbund
RLM	Reichsluftfahrtministerium
RM	Reichsmark; Reichsministerium
RNZAF	Royal New Zealand Air Force
ROA, R.O.A.	Reserveoffiziersanwärter
RSHA	Reichssicherheitshauptamt
RüKdo.	Rüstungskommando
RVK	Reichsverteidigungskommissar
s.	siehe; schwere
S.	Seite
SA	Sturmabteilung der NSDAP
San.	Sanitätsdienst
SD	Sicherheitsdienst der SS
SHAEF	Supreme Headquarters of Allied Expeditionary Forces
SHD	Sicherheits- und Hilfsdienst (spätere Luftschutzpolizei)
S/Ldr	Squadron Leader
SPD	Sozialdemokratische Partei Deutschlands
s.o.	siehe oben
Squ	Squadron
SS	Schutzstaffel der NSDAP
StA	Staatsarchiv
StadtA	Stadtarchiv
StadtAF	Stadtarchiv Freiburg
städt.	städtisch
Stellv.	Stellvertretender, Stellvertreter
S.U.	Sowjetunion
TAF	Tactical Air Force
TB, Tb.	Tagebuch
TI, T.I.	Target Indicator (Bodenzielmarkierungsbombe)
TN	Technische Nothilfe
to	Tonne
ts	tons (brit. Gewicht 1t = 1016 kg)
u.a.	unter anderem (n)
UdSSR	Union der Sozialistischen Sowjetrepubliken
u.d.T.	unter dem Titel
USA	United States of America (Vereinigte Staaten)
USAAF	United States Army Air Force (Luftstreitkräfte der USA)
USSBS.	United States Strategic Bombing Survey (Strategisches Luftkriegsgutachten der USA)
V1-, V2-Waffe	Vergeltungswaffe Nr. 1 und Nr. 2
Verf.	Verfasser, die Verfasser
VfZG	Vierteljahrshefte für Zeitgeschichte
V.G.D.	Volksgrenadierdivision
vgl.	vergleiche
VO	Verordnung
Vol.	Volume (Band)
VVN	Vereinigung der Verfolgten des Naziregimes (Bund der Antifaschisten)

Wanganui	Brit. Himmelsmarkierungsverfahren (Blindverfahren nach Oboe)
W/Cdr	Wing Commander
Window	Deckname für den Stanniolstreifenabwurf zur Störung der deutschen Funk- und Meßgeräte
Wm	Wehrmacht
WLS	Werkluftschutz
WWR	Wehrwissenschaftliche Rundschau
z.b.V.	zur besonderen Verwendung
zit.	zitiert
Zs.	Zeitschrift
z.T.	zum Teil
zus.	zusammen
Ia	1. Generalstabsoffizier
Ib	2. Generalstabsoffizier
Ic	3. Generalstabsoffizier

C) Vergleich deutscher und alliierter Dienstgrad- und Formationsbezeichnungen

1. Gegenüberstellung deutscher und englischer Dienstgradbezeichnungen

Royal Air Force	*Deutsche Luftwaffe*
Marshal of the RAF	Generalfeldmarschall
Air Chief Marshal	Generaloberst
Air Marshal	General der Flieger
Air Vice Marshal	Generalleutnant
Air Commodore	Generalmajor
Group Captain	Oberst
Wing Commander	Oberstleutnant
Squadron Leader	Major
Flight Lieutenant	Hauptmann
Flying Officer	Oberleutnant
Pilot Officer	Leutnant
Warrant Officer	Stabsfeldwebel/Offizierdiensttuer

2. Vergleich der deutschen, englischen und US-Verbandsbezeichnungen:

Royal Air Force	*Deutsche Luftwaffe*	*US Army Air Force*
Air Force bzw. Command (z.B. Bomber Command)	Luftflotte	Air Force
–	Flieger-Korps	Command
–	Flieger-Division	Air Division
Group	Geschwader	Wing
Wing	Gruppe	Group
Squadron	Staffel	Squadron

D) Quellen- und Literaturverzeichnis

Die mit „Crown-copyright" gekennzeichneten Quellen sind mit Erlaubnis des „Controller of Her Majesty's Stationery Office" abgedruckt.

QUELLEN

I. Unveröffentlichte Quellen

1. Archiv Deutscher Caritasverband Freiburg

101 024, 125 02, 125 12: Aufzeichnungen und Briefwechsel von Präsident Prälat Dr. Kreutz

2. Archiv des Instituts für Zeitgeschichte (IfZ) München

MA-1161 Mikrofilm-Bestand

3. Berlin Document Center (BDC)

Verschiedene Personalunterlagen betr. Dr. Franz Kerber, Dr. Wilhelm Fritsch, Georg Keppler, Paul Maass

4. British Broadcasting Corporation (BBC) Written Archives Centre London

Home News Bulletin

5. Bundesarchiv (BA) Koblenz

NL 118 Nachlaß Goebbels:
Tagebuch von Goebbels
NS 1 Reichsschatzmeister der NSDAP:

NS 1/585 Meldungen über Fliegerschäden

R 3 Reichsministerium für Rüstung und Kriegsproduktion:

R 3/1579 Schriftwechsel Büro Speer

R 18 Reichsministerium des Innern:

R 18/3523 Tagung über Grundsatzfragen der Selbstverwaltung am 12.–14.2.1944 in Posen

R 19 Chef der Ordnungspolizei (Hauptamt Ordnungspolizei):

R 19/40 Die Höheren SS- und Polizeiführer 1941–1945
R 19/302 Verzeichnis der Orte mit Feuerschutzpolizeien, 1944
R 19/304 Erlasse des Amtes „Organisation und Verwaltung" bzw. der Gruppe „Organisation" 1937–1945
R 19/309 Erlasse des Amtes und der Gruppe bzw. der Inspektion „Feuerschutzpolizei", 1939–1945
R 19/341 Der Chef der Ordnungspolizei Berlin, Lagemeldungen über Luftangriffe auf das Reichsgebiet, Bd. 2: 1945
R 19/481 Generale, Generalleutnante und Generalmajore der Polizei sowie Landesführer der Technischen Nothilfe, Personalangelegenheiten 1937, 1941–1945
R 19/803 Der Chef der Ordnungspolizei Berlin. Lagemeldungen über Luftangriffe auf das Reichsgebiet, Bd. 1: 1940–1941

R 43 II Reichskanzlei:

R 43 II/664 a Ernennung Goebbels zum Reichsbevollmächtigten für den totalen Kriegseinsatz, Aug. 1944
R 43 II/665 Durchführung des Führererlasses über den totalen Kriegseinsatz v. 25. Juli 1944
R 43 II/669 d Reichsinspektion für zivile Luftkriegsmaßnahmen, 1943/44

R 48 Reichspostministerium:

R 48/4	Allgemeine Kriegsangelegenheiten, 1939–1945
R 48/59	Luftkrieg, H. 1: 1940–1944
R 48/60	Luftkrieg, H. 2: 1944–1945
R 48/108	Luftschutzangelegenheiten, 1944–1945

R 55 Reichsministerium für Volksaufklärung und Propaganda:

R 58/144	Meldungen aus dem Reich bzw. Berichte zur innenpolitischen Lage Nr. 1–17
R 58/170	Dito, Nr. 264–272
R 58/185	SD-Berichte Reichssicherheitshauptamt, Bd. 1
R 58/186	SD-Berichte, Reichssicherheitshauptamt Bd. 2
R 58/187	SD-Berichte, Reichssicherheitshauptamt Bd. 3
R 58/194	SD-Berichte, Reichssicherheitshauptamt Bd. 10

Zeitgeschichtliche Sammlungen:

| ZSg 101 | Sammlung Brammer |

6. Bundesarchiv-Militärarchiv (BA-MA) Freiburg

Heer, Armeeoberkommando 19:

RH 20-19/168	KTB AOK 19, 1.1.–31.1.1945
RH 20-19/169	Anlagen zum KTB, 1.1.–4.1.1945
RH 20-19/170	Anlagen zum KTB, 5.1.–8.1.1945
RH 20-19/179	Organisation Kriegsgliederung, 7.1.–18.4.1945
RH 20-19/180	Lähmungs- und Zerstörungsmaßnahmen, 9.1.–17.4.1945
RH 20-19/181	Befehle und Meldungen vom XVIII. SS-AK, LXIV. AK, LXXX. AK, 16. V.G.D., 12.1.–20.4.1945
RH 20-19/188	KTB AOK 19. Februar 1945
RH 20-19/189	Anlagen zum KTB, 1.–5.2.1945
RH 20-19/190	Anlagen zum KTB, 5.–10.2.1945
RH 29-19/196	Akten betr. „Disziplin", 1945
RH 20-19/198	Organisation, Volkssturmangelegenheiten, Februar–März 1945
RH 20-19/199	Fernschreiben an HGr „G" und unterstellte Generalkommandos, 6.2.–19.4.1945
RG 20-19/200	Einsatzgliederung in der Schwarzwaldrandstellung (mit Karten), 13.2.–17.3.1945
RH 20-19/201	Zusammenarbeit von Staat, Partei und Wehrmacht, 19.2.–18.4.1945
RH 20-19/207	KTB AOK 19, März 1945
RH 20-19/225	KTB AOK 19, April 1945 (1.4.–17.4.1945)
RH 20-19/226	Anlagen zum KTB, 1.4.–5.4.1945
RH 20-19/227	Anlagen zum KTB, 6.4.–10.4.1945
RH 20-19/230K	Anlagen zum KTB, Lagekarten, 1.–5.4.1945
RH 20-19/231K	Anlagen zum KTB, Lagekarten, 6.–10.4.1945
RH 20-19/232K	Anlagen zum KTB, Lagekarten, 11.–15.4.1945
RH 20-19/233K	Anlagen zum KTB, Lagekarten, 16.–17.4.1945

Heer, Generalkommando (Wehrkreiskommando) V:

RH 53-5/67	Luftschutzwesen, 1942–1945
RH 53-5/68	Verlegung der Wehrkreis-Bücherei nach Jagsthausen (Luftschutzmaßnahme), 1943–1944
RH 53-5/70	Abt. Ia, Luftschutz: Erfahrungen aus den letzten Großangriffen der angloamerikanischen Luftwaffe auf das Reichsgebiet, August 1943

Luftwaffe, Generalstab, Kriegswissenschaftliche Abteilung:

| RL 2 IV/170 | Studie der Kriegswissenschaftlichen Abteilung der Luftwaffe (Oberst i. G.Sorge) vom 14.4.1944 „Die luftstrategische Lage Mitteleuropas" |

Luftwaffe, Luftwaffeninspektionen, Inspekteure und Waffengenerale:

| RL 4 II/19 | Chef des Luftschutzes, Luftlage Reichsgebiet, Lagemeldungen ziviler Dienststellen, Luftkriegsmeldedienst des Reichsministe- |

	riums für Volksaufklärung und Propaganda betr. Luftangriffe auf Reichsgebiet, Januar 1943– 3. Juli 1943
RL 4 II/20	Dito, 4. Juli 1943–31. Juli 1943
RL 4 II/21	Dito, 3. August 1943–12. November 1943
RL 4 II/22	Dito, 2. November 1943–1. Dezember 1943
RL 4 II/23	Dito, 2. Dezember 1943–31. Dezember 1943
RL 4 II 24	Dito, 2. Januar 1944–31. Januar 1944
RL 4 II/25	Dito, Chef der Ordnungspolizei, 2.12.1943–31.12.1943
RL 4 II/26	Dito, Chef der Ordnungspolizei, 1.7.1943–30.9.1943
RL 4 II/27	Dito, Chef der Ordnungspolizei, 19.11.1943–31.12.1943
RL 4 II/71	Dito, Chef der Ordnungspolizei, Januar 1944
RL 4 II/72	Dito, Chef der Ordnungspolizei, April 1945

Luftwaffe, Chef der Personellen Rüstung und NS-Führung:

RL 5/421	Lw Personalamt betr. Flakabschußmeldungen

Luftwaffe, Territoriale Kommandobehörden:

RL 19/88	KTB des Lg. Kdo. VII Nr. 11, 1.–31.8.1944
RL 19/90	KTB des Lg. Kdo. VII Nr. 12, 1.–30.9.1944
RL 19/92	KTB des Lg. Kdo. VII Nr. 13, 1.–31.10.1944
RL 19/94	Anlagen zum KTB Nr. 13, Oktober–November 1944
RL 19/95	KTB des Lg. Kdo. VII, Nr. 14, 1.–30.11.1944, 1. Ex.
RL 19/96	KTB des Lg. Kdo. VII, Nr. 14, 1.–30.11.1944, 2. Ex.
RL 19/97–101	Anlagen zum KTB November 1944
RL 19/102	KTB des Lg. Kdo. VII, Nr. 15, 1.–31.12.1944
RL 19/103–109	Anlagen zum KTB Dezember 1944

Luftwaffe, Reichsluftschutzbund:

RL 41/1	RLB, Luftschutzberichte Bd. 1: 1939 (5. Jg.)
RL 41/2	Dito, Bd. 2: 1940 (6. Jg.)
RL 41/3	Dito, Bd. 3: 1941 (7. Jg.)
RL 41/4	Dito, Bd. 4: 1942 (8. Jg.)
RL 41/5	Dito, Bd. 5: 1943 (9. Jg.)
RL 41/6	„Presse-Material" des RLB-Präsidiums, 1943–1944
RL 41/7	Rundschreiben der RLB Gruppe XII Hessen-Rheinland-süd 1942–1944
RL 41/10	Sammlung von Zeitungsartikel über Tätigkeit des RLB, Süd-bayern-Tirol, 1938–1942

Kriegsmarine, Seekriegsleitung:

RM 7/300	1. Seekriegsleitung, KTB, Teil D 1 (d): Luftlagemeldungen, Bd. 6: 1.1.–30.6.1944
RM 7/301	1. Seekriegsleitung, KTB, Teil D 1 (d): Luftlagemeldungen, Bd. 7: 1.7.–31.12.1944

Lagekarten:

Kart 40/219	Aufmarsch der fliegenden Verbände, Stadt 23.11.1944
Kart 41/96	Einsatz der Luftverteidigung, Flakartillerie Luftflotte Reich v. 24.11.1944
Kart 41/100	Einsatz der Luftverteidigung, Flakartillerie LwKdo. West v. 24.11.1944
Kart RH 2W/290	Lage West Stand 26.11.1944
Kart RH 2W/291	Lage West Stand 28.11.1944

Oberkommando der Wehrmacht (OKW), Wehrwirtschafts- und Rüstungsamt:

RW 19/2013	Feldwirtschaftsamt im OKW, Stab I/Ic, Luftschadensmeldun-gen der Wehrwirtschaftsoffiziere im Dezember 1944

Rüstungskommandos im Reichsgebiet

RW 21-21/4	KTB des Rüstungskommandos Freiburg, Bd. 1: 4. Vierteljahr
RW 21-21/5	Dito, Bd. 2: 1. Vierteljahr 1943 [1942
RW 21-21/6	Dito, Bd. 3: 2. Vierteljahr 1943
RW 21-21/7	Dito, Bd. 4: 3. Vierteljahr 1943

RW 21–21/8	Dito, Bd. 5: 4. Vierteljahr 1943
RW 21–21/9	Dito, Bd. 6: 1. Vierteljahr 1944
RW 21–21/10	Dito, Bd. 7: 2. Vierteljahr 1944
RW 21–21/11	Dito, Bd. 8: 3. Vierteljahr 1944
RW 21–21/12	Dito, Bd. 9: 4. Vierteljahr 1944

Militärgeschichtliche Sammlungen (MSg):

MSg 109/72	Sammlung Krug: Generalmajor Rudolf Bader
MSg 109/114	Sammlung Krug: Generalmajor Richard Bazing
MSg 109/279	Sammlung Krug: General der Panzertruppen Erich Brandenberger
MSg 109/1340	Sammlung Krug: Generalmajor Paul Knoerzer

Ohne Signatur:
KTB Nr. 2 Stab Nachtjagdgeschwader 6 ab 11.7.1944

7. Dokumentationsarchiv des deutschen Widerstandes Frankfurt (Main)

AN 1099	Verzeichnis der Opfer des Nationalsozialismus mit über 60 Monaten Haft in Südbaden

8. Dokumentationsarchiv des österreichischen Widerstandes gegen den Nationalsozialismus Wien

DÖW 2100	Materialsammlung/Flugblätter

9. Erzbischöfliches Archiv Freiburg (EAF)

B 2–35	Generalia. Krieg. Zweiter Weltkrieg:
B 2–35/85	Fliegerschäden
B 2–35/101	Abgabe der Glocken, Vol. 1942–1945
B 2–35/105	Seelsorge der Luftgeschädigten, 1943
B 2–35/108	Evakuiertenseelsorge, Religionsunterricht, Höhere Schulen aus Dortmund 1943–1944
B 2–35/109	Evakuiertenseelsorge, Religionsunterricht, Höhere Schulen aus Mannheim 1943–1944
B 2–35/110	Luftschutz, Vol. 1 1933–1935
B 2–35/111	Luftschutz, allgemein 1936–1944
B 2–35/112	Erweiterter Selbstschutz, 1937–1945
B 2–35/113	Erweiterter Luftschutz im Erzbischöflichen Kanzleigebäude, 1936–1945
B 2–35/114	Luftschutz in Kirchen und Kindergärten, 1939–1945
B 2–35/115	Luftschutz in Kirchen und Kindergärten, Beilagenfaszikel, 1943
B 2–35/116	Erweiterter Luftschutz für kirchliche und klösterliche Anstalten, 1935
B 2–35/117	Flieger- und Artillerieschäden in der Erzdiözese, Vol. 1, 1943–1945
B 2–35/123	Durch Luftkrieg beschädigte Kirchen und Anstalten, Statistik 1943–1947
B 2–35/148	Berichte über Kriegsereignisse, 1939–1945, Freiburg
B 2–35/159	Volkssturm
Nb 8	Nachlaß Erzbischof Dr. Conrad Gröber

10. Erzbischöfliches Ordinariat Freiburg, Registratur

Freiburg – Münsterbau,Vol. 6, 1945–1954

11. Generallandesarchiv (GLA) Karlsruhe

465 d/17	Akten NSDAP-Gau Baden, Revisionen
465 d/32	Akten NSDAP-Gau Baden, Gaugeschäftsführung
465 d/53	Akten NSDAP-Gau Baden, Gauorganisationsamt
465 d/67	Akten NSDAP-Gau Baden, Gaupropagandaamt
465 d/91	Akten NSDAP-Gau Baden, Gauschulungsamt
465 d/239	Akten NSDAP-Gau Baden, Akten betr. Dr. Karl Goebel

465 d/328	Akten NSDAP-Gau Baden, Akten betr. Dr. Franz Kerber
465 d/763	Akten NSDAP-Gau Baden, Flugblätter
465 d/912	Akten NSDAP-Gau Baden, Beauftragter des Gaues Westfalen-Süd im Gau Baden
465 d/1265	Akten NSDAP-Gau Baden, NS-Gaudienst
465 d/1444	Akten NSDAP-Gau Baden, Februar 1945
237/43026	Finanz- und Wirtschaftsministerium: Freiburg, Kriegsschäden

12. Hauptstaatsarchiv Stuttgart

| J 175 | Bü 107, 1017, 1375 Berichtssammlung: Verschiedene Erlebnisberichte zu Freiburg |

13. Militärgeschichtliches Forschungsamt (MGFA) Freiburg

B – 745	Studie des ehemaligen Oberbefehlshabers der 19. Armee General der Panzertruppe Erich Brandenberger: Schlußkampf der 19. Armee vom 1. April bis 5. Mai 1945. Westdeutschland
Lw 11 b	Generalmajor a. D. Walter Grabmann: Geschichte der deutschen Luftverteidigung 1933–1945
Lw 29	Eingehende Betrachtung der im strategischen Luftkrieg der Alliierten angewandten speziellen Anglo-amerikanischen Technik, bearbeitet von Generalleutnant a. D. Nielsen

14. National Archives (NA) Washington, USA

Modern Military Headquarters Branch:

| Record Group 243 | Records of the United States Strategic Bombing Survey |

15. Politisches Archiv des Auswärtigen Amtes (PA) Bonn

Akten betr. Inland ID:

| Bd. 2/13–24 | Deutschland Kirche 1 |

Akten betr. Inland II g:

| Bd. 17 b | Geheimakten |

Akten betr. Kulturpolitische Abteilung: Kult Pol Geheim 20 und 51

16. Public Record Office (PRO) London/Kew

F.O. (Foreign Office) Außenministerium:

| F.O. 837/1313 | The Bomber's Baedeker, 1944 Part I |
| F.O. 837/1315 | The Bomber's Baedeker, 1943 Part III |

Premierminister-Büro:

| Prem 3/89 | Prime Minister's Private Office, Operational Papers |

AIR 14 Bomber Command (B.C.):

AIR 14/3073	Group Summaries of operations during day, Nov. 1944
AIR 14/3074	Dito, during night
AIR 14/3082	Group Summaries of operations during night
AIR 14/3127	B. Forms, Nov. 1st–Nov. 16th 1944, Group operation orders
AIR 14/3128	B. Forms, Nov. 17th–Nov. 30th 1944
AIR 14/3226	1944 Nov. Raid Plots; night
AIR 14/3227	1945 Jan. Raid Plots; night
AIR 14/3231	1944, April–Nov., raid analysis, operational experience on aircraft loss rate
AIR 14/3412	1944 June–1945 may, final reports on operations, night raids
AIR 14/3421	1944 July–1945 Jan., Intelligence narrative of operations
AIR 14/3436	B.C. summaries of operations, Sept. to Dec. 1944
AIR 14/3453	Quarterly review No. 11, 1944 Oct.–Dec.
AIR 14/3678	War Album 1944, Vol III, strike photographs
AIR 14/3680	Command operational order
AIR 14/3683	1942 Jan.–1945 May, Damage Diagrams; German cities before and after raids, Headquarters Bomber Command, Vol. 1
AIR 14/3686	1943 May–1945 April; German cities before and after raids F-M

AIR 14/3691	Undates, German cities destroyed by Bomber Dommand; photographs before and after bombing July 1942–April 1945
AIR 14/3721	1944 July–1945 Mar., Photo plots of attacks on enemy targets
AIR 14/3733	Raids on German Cities; graph. showing number and percentage of aircraft lost, may 1942–april 1945
AIR 14/3744	B.C. interception and tactics, Vol. 7, March–Dec. 1944

AIR 20 Air Ministry, Unregistered Papers:

AIR 20/3724	Bombing policy, 1944 Oct.–1945 Mar.
AIR 20/4716	Bomber Command, 100 group papers
AIR 20/4729	1942 June–1945 May, Leaflet operations, Leaflets statistics and reports.
AIR 20/4735	1943 May–1944 Nov., bomb aiming by night
AIR 20/4811	Directorate of Bomber operations
AIR 20/4819	1944 Nov.–1945 Oct., Combined strategic target committee, transportation targets
AIR 20/5302	History of the Bomber Offensive by Air, Historical Branch, 1945 May–1946 Nov.
AIR 20/6110	1943 Jan.–1945 May, Directives to Bomber Command, Vol. V

AIR 22 Periodical returns, summaries and bulletins:

AIR 22/81	Air Ministry, Weekly Intell. Summaries, 1944 Oct.–1945 Febr.
AIR 22/138	A.M.W.R. Air Staff operational summary and reports of enemy actions against United Kingdom 1944 Oct.–Nov.
AIR 22/140	Caps, 28678
AIR 22/158	Air Ministry Operational Squadron; states Sep.–Dec. 1944, Vol. 16
AIR 22/340	War Room, Monthly summary of B.C. Operations, 1944 July–Dec.
AIR 22/402	B.C. and USAAF VIII.BC.; Summaries of operations, 1944, April–Dec.

Air 24 Operation Record Books of Commands (ORBs):

AIR 24/136	1944 Jan.–1945 May, ORBs, Form 540, Headquarters Balloon Command
AIR 24/152	1944 Aug.–Dec., ORBs, Balloon Command
AIR 24/154	1944 Jan.–1945 May, ORBs, Balloon Command
AIR 24/156	1944 Jan.–1945 Febr., ORBs
AIR 24/176	1944 Nov., Air staff (3rd. T.A.F.)
AIR 24/207	1944 July–Dec., Operations Branch
AIR 24/208	1944 Jan.–Dec., Administrative Branch
AIR 24/298	1944 July–Dec., Bomber Command, Operations Branch, Appendices, (including B.C. Intelligence Reports and Intelligence Directives, Narrative of Operations)
AIR 24/299	1944 Nov., Appendices „H", Narrative of Operations
AIR 24/300	1944 Nov., Appendices, Vol. 3
AIR 24/312	Appendices, March 1945 (Including Intelligence Narrative of Operations)

AIR 25 Operation Record Books of Groups (ORBs);

AIR 25/2	1944 Jan.–Dec., Bomber Group 1, ORB 1, Form 540.
AIR 25/15	1944 Nov.,–Dec., ORB 1. Group, Appendices, Nov.–Dec. 1944
AIR 25/110	No. 5 Bomber Group, Operations Record Books, 1944 Jan.–Dec. 1945
AIR 25/125	Dito, Appendices; Jan.–Mar. 1945
AIR 25/153	Bomber Group Operations Record Books, 1944 Jan.–Dec.
AIR 25/168	1944 Nov., Appendices
AIR 25/176	1944 April–1945 May, Appendices, routine orders

AIR 27 Operation Record Books of Squadrons:

AIR 27/100	7. Squadron, 1944 Jan.–Dec.
AIR 27/101	7. Squadron, 1944 Jan.–Dec.

AIR 27/168	11. Squadron S.A.A.F., 1944 Jan.–Dec.
AIR 27/171	12. Squadron, 1944 Jan.–1945 Jan.
AIR 27/381	35. Squadron, 1944 Jan.–Dec.
AIR 27/797	100. Squadron, 1944 Jan.–Dec.
AIR 27/803	101. Squadron, 1944 Jan.–Dec.
AIR 27/827	105. Squadron,1943 Jan.–1944 Dec.
AIR 27/855	109. Squadron, 1944 Aug.–Dec.
AIR 27/1013	150. Squadron, 1944 Aug.–Nov. 1945
AIR 27/1016	150. Squadron, 1943 July–1945 Oct. (Appendices)
AIR 27/1029	153. Squadron, 1944 Jan.–1945 Sept.
AIR 27/1031	153. Squadron, 1943 Nov.–April 1945 (Appendices)
AIR 27/1033	153. Squadron, 1944 Oct.–1945 July (Appendices)
AIR 27/1042	156. Squadron, 1944 Jan.–Dec.
AIR 27/1044	156. Squadron, 1942 July–1945 Febr. (Appendices)
AIR 27/1089	166. Squadron, 1943 Jan.–Nov. 1945
AIR 27/1090	166. Squadron, 1943 July–1945 May (Appendices)
AIR 27/1091	166. Squadron, 1944 Jan.–July (photographs only)
AIR 27/1096	170. Squadron, 1944 June–1944 Dec.
AIR 27/1098	170. Squadron, 1942 Oct.–1944 Dec. (Appendices)
AIR 27/1099	170. Squadron, 1944 Oct.–1945 Febr. (Appendices)
AIR 27/1658	300. Squadron (polish), 1944 Jan.–1946 Nov.
AIR 27/1659	300. Squadron (polish), 1943 June–1945 Febr. (Appendices)
AIR 27/1789	405. Squadron, 1944 Jan.–Dec.
AIR 27/1791	406. Squadron, 1941 May–1945 April
AIR 27/1794	407. Squadron, 1943 Jan.–1944 Dec.
AIR 27/1909	460. Squadron (RAAF), 1944 Jan.–Dec.
AIR 27/2037	550. Squadron, 1943 Nov.–1945 Oct.
AIR 27/2047	576. Squadron, 1943 Nov.–1945 Sept.
AIR 27/2048	576. Squadron, 1944 Nov.–1945 Febr. (Appendices)
AIR 27/2143	625. Squadron, 1943 Oct.–1945 Sept.
AIR 27/2144	625. Squadron, 1944 May–1945 Sept. (Appendices)
AIR 27/2145	626. Squadron, 1943 Nov.–1945 Oct.
AIR 27/2146	626. Squadron, 1944 Jan.–Dec. (Appendices)

AIR 29 Operation Record Books of Miscellaneous Units:

Air 29/367	Appendix to ORB, 1944 Oct.–Nov., Allied Central Interpretation Unit, Reconnaissance and Interpretation Units, App. Nos. 4081–4103
AIR 29/368	App., Nos. 4104–4110 Nov. 1944
AIR 29/369	App., Nos. 4111–4118 Nov. 1944
AIR 29/370	App., Nos. 4119–4123 Nov. 1944
AIR 29/371	App., Nos. 4124–4134 Nov. 1944
AIR 29/372	App., Nos. 4150–4157 Dec. 1944
AIR 29/373	App., Nos. 4158–4165 Dec. 1944
AIR 29/374	App., Nos. 4166–4175 Dec. 1944
AIR 29/375	App., Nos. 4176–4181 Dec. 1944
AIR 29/376	App., Nos. 4182–4195 Dec. 1944

AIR 34 Allied Central Interpretation Unit and Photographic Interpretation Unit:

AIR 34/96	1944 Sept.–1945 March, Interpretation Reports
AIR 34/99	1943 Oct.–1945 Sept., Interpretation Reports 1–24
AIR 34/100	1944 May–1945 Sept., Interpretation Reports
AIR 34/101	1944 May–1945 Mar, Interpretation Reports: 55 1–55 20
AIR 34/136	1944 Sept.–1944 Nov., Interpretation Reports: BS 921–BS 929
AIR 34/137	1944 Nov.–1945 Feb., Interpretation Reports: BS 990–BS 1038
AIR 34/189	1944 Oct.–1944 Nov., Interpretation Reports: D 781 R–D 979 R
AIR 34/190	1944 Nov.–1944 Dec., Interpretation Reports: D 980 R–D 1159 R
AIR 34/353	1944 Oct.–1944 Nov., Interpretation Reports: 6970–7049

AIR 34/354	1944 Nov.–1945 Jan., Interpretation Reports: 7050–7170
AIR 34/380 ·	3rd. Photo Technical Squadron, 3rd. Photo Reconnaissance Group, 1944 Oct.–1945 Jan., Photographic Interpretation and Intelligence reports
AIR 34/383	4th. Photo Technical Squadron, 5th. Photo Reconnaissance Group, 1944 Oct.–1945 Febr.
AIR 34/385	1945 Oct.–1945 Nov., „E" Section

AIR 42 Combined Operational Planning Committee:

| AIR 42/17 | 1943 June–1945 Jan., Schedule IV.: List of enemy airfields within in 180 miles of forward Fighter stations. Schedule VI.: Important airfields in Germany |

17. Redaktionsarchiv der Badischen Zeitung Freiburg

Sammlung Zeitungsausschnitte betr. Luftangriffe auf Freiburg

18. Registratur Stadtverwaltung Freiburg

Städtisches Hauptamt:

111–19–1	Öffentliche Sicherheit und Ordnung, Vernichtungen von Waffen und Munition, Lagerung von Sprengstoffen, H. 3: 1983
361–32–1	Luftangriffe auf Freiburg im Krieg 1939–1945, H. 3: 1977
361–32–1	Ersatzheft, Fliegerangriff auf Freiburg1939/45 (1967–1978)

19. Registratur Städtisches Friedhofsamt Freiburg

Bestattungswesen, Fliegeropfer Heft 1: 1944–1946; Einzelberichte

20. Registratur Tiefbauamt Freiburg

TBA VI/117/III

21. Schweizerisches Bundesarchiv Bern

| E 2200 | Freiburg i. Br. 1967/49/2 |

22. Schweizerische Radio- und Fernsehgesellschaft (DRS) Bern – Archiv

| No. 9059, 9061 | Radio-Abhörberichte des Schweizerischen Rundspruchdienstes, Bulletin No. 5309 A v. 29. November 1944 |

23. Staatsarchiv (StA) Freiburg

1972/7 Landratsamt Freiburg, Generalia 1933–1960:

1972/7/100	Militär- und Kriegssachen, allgemein, 20. 12. 1944–1952
1972/7/109	Kriegssachschäden nach der Kriegssachschäden-Verordnung v. 30. 12. 1940, 3. 1. 1945–November 1947
1972/7/120	Räumung von Gemeinden, 1945
1972/7/121	Gestellung von Gespannen für Wehrmacht und Volkssturm, 1944/45
1972/7/122	Rückführung der Hitlerjugend in rückwärtige Gebiete, 1945
1972/7/123	Einsatz rückgeführter Behördenangestellter, 1944
1972/7/133	Feindliche Abwurfmittel, Blindgänger, Ballone, Flugzeuge, 1944
1972/7/134	Bauliche Vorschriften einschl. Deckungsgräben, Bunker und Luftschutzräume, 28. 9. 1944–1945
1972/7/135	Schutzmaßnahmen, Weiterarbeit beim Alarm, Schulen und Krankenhäuser, 28. 9. 1944–1945
1972/7/151	Luftschutz, allgemein, 30. 11. 1944–1947
1972/7/159	Unterbringung Fliegergeschädigter und Flüchtlinge, 20. 11. 1944–1952
1972/7/160	Kriegerfriedhöfe, Ehrengedenkstätten, Denkmäler, 20. 3. 1945–1954
1972/7/244	Flieger-Abreisebescheinigungen, 24. 1. 1945
1972/7/253	Die Munitionsbeseitigung im Land Baden, 28. 10. 1946–1952

Aus US-Gewahrsam zurückgegebenes Schriftgut der NS-Zeit 1934–1945:

| NS 54 | Volkssturm – Gau 1 Kreis Freiburg/Kompanie Ortsgruppe |

	Zähringen 1/66/2, Ausbildungsplan des Kreisstabführers November 1944–Februar 1945
NS 55	SD, SD-Führer Baden-Elsaß in Oppenau, Stimmungsberichte der SD-Hauptaußenstellen Freiburg, Karlsruhe und Mannheim und der Außenstellen, März 1945
NS 68	Reichstreuhänder der Arbeit für das Wirtschaftsgebiet Südwestdeutschland (als Beauftragter, der Leiter des Arbeitsamtes Freiburg), Monatliche Lageberichte Dezember 1942–Januar 1945

24. Stadtarchiv Freiburg (StadtAF)

B 1 Handschriften:

| B 1/328 | Materialsammlung: Freiburg-Chronik 1940–1946 |

B 5 Protokolle:

| B 5 XIII a Nr. 593 | Ratsprotokolle 16.11.1945–10.12.1946 |

C 4 Akten der städtischen Hauptverwaltung 1920–1945:

C 4/I/6/3	Bauliche Sofortmaßnahmen zur Behebung von Fliegerschäden, 1940–1945
C 4/II/19/7	Löschwasserversorgung, 1920/44
C 4/III/9/4	Archiv, Jahresberichte, 1920/44
C 4/VI/15/4	Wahl des Oberbürgermeisters und der Bürgermeister, 1922–1945
C 4/VI/21/2	Gemeindeverwaltung, Allgemeine Gemeindesachen: Besprechung des Oberbürgermeisters mit den Referenten und Amtsvorständen
C 4/VI/29/5	Herausgabe einer Kriegschronik der Stadt Freiburg 1915/45
C 4/VIII/34/7	Reichsluftschutzbund, 1932/44
C 4/IX/17/7	Bereitstellung von Arbeitskräften zur Durchführung öffentlicher Arbeiten 1944/45
C 4/X/17/6	Einrichtung von Hilfskrankenhäusern, 1940/45
C 4/XI/5/7	Schul- und Unterrichtsverhältnisse während des Krieges, 1939/46
C 4/XI/27/5	Standort- und Wehrbezirkskommando, 1936/45
C 4/XI/27/12	Volkssturm, 1944/45
C 4/XI/29/1–5	Luft- und Gasschutz, 1928–1945
C 4/XI/30/1–4	Luft- und Gasschutz, erweiterter Selbstschutz in öffentl. Dienstgebäuden, Luftschutzräumen, Splittergräben usw. 1933/45
C 4/XI/30/5	Luftschutzmaßnahmen für Archiv- und Museumsbestände, 1936/45
C 4/XI/31/1	Luftschutz in Schulen, 1943/44
C 4/XI/31/2	Berichte des Hochbauamtes an das Luftgaukommando VII München über Luftschutzmaßnahmen in Freiburg 1941–1944
C 4/XI/31/3	Luftangriff am 10.5.1940
C 4/XI/31/4	Fliegerangriffe auf Freiburg und Umgebung im Kriege 1939/45
C 4/XI/31/5	Ausstellung von Abreisebescheinigungen bei vorsorglicher Umquartierung und größeren Schadensfällen 1941/44
C 4/XI/31/6	Einsatz des Handwerks nach Luftangriffen, 1943/44
C 4/XI/32/1–11	Kriegsschäden und Maßnahmen, 1939–1945
C 4/XI/33/1–3	Kriegsschäden an städt. Eigentum 1940/44
C 4/XI/33/4	Feststellung von Sachschäden-Einzelfälle 1940/41
C 4/XIII/31/5	NSDAP 1944/46
C 4/XVII/14/6	Generalakten, Sonderfürsorge: Kriegshilfe, 1940/44
C 4/XVIII/27/3	Wohnungsbauprogramm nach dem Kriege, 1940/45

C 5 Akten der städtischen Hauptverwaltung 1945–1970:

| C 5/7 | Städt. Hauptverwaltung betr. Entlassung von Kriegsgefangenen, 1945–1947 |
| C 5/297 | Ehrenbürger Prof. Dr. Carl Noeggerath, 1946–1958 |

C 5/501	Städt. Hauptverwaltung, Sicherung der Städt. Verwaltung, Notverwaltung 1945
C 5/650	Jahresberichte der Stadtverwaltung, Manuskripte und Beilagen 1948–1949
C 5/862	Städt. Hauptverwaltung 111–19–1: Ordnungsverwaltung. Öffentliche Sicherheit und Ordnung. 1. Vernichtung von Waffen und Munition. 2. Lagerung von Sprengstoffen, H. 1: 1945/53
C 5/863	Städt. Hauptverwaltung 111–19–1: Ordnungsverwaltung – Öffentliche Sicherheit und Ordnung. 1. Vernichtung von Waffen und Munition. 2. Lagerung von Sprengstoffen, H. 2: 1954/1969
C 5/2278	361–21–1, Stadtchronik, Heft 2: 1945–1968
C 5/2279	361–31–1, Stadtgeschichte, Heft 3: 1946–1963
C 5/2280	Städt. Hauptverwaltung 361–31–1: Stadtgeschichte, Kulturverwaltung, Stadtarchiv, Chronik und Geschichte, H. 4: 1964/69
C 5/2282	Städt. Hauptverwaltung, 361–32–1: Luftangriffe im Kriege 1939–1945, H. 2: 1945/66
C 5/2283	Luftangriff am 10.5.1940, Heft 2: 1947/68
C 5/2285	Städt. Hauptverwaltung: 361–33–1: Kultur, Heimatgeschichte, Herausgabe von Büchern, H. 2: Jahr 47/69
C 5/2748	Leistungen des Lastenausgleichs, Kriegsschäden in Freiburg, H. 1: 1945–1957
C 5/4392	Städt. Hauptverwaltung, 733–12–2: Verwaltung der öffentlichen Einrichtungen und Betriebe. Friedhofs-Bestattungswesen. Neuanlage der Kriegerbegräbnisstätte auf dem Hauptfriedhof, H. 1: 1945/59
C 5/4393	Städt. Hauptverwaltung, 733–20–1: Verwaltung der öffentlichen Einrichtungen und Betriebe. Gedenkstätte für die nicht geborgenen Opfer des Luftangriffs, H. 1: 1957/69
C 5/4396	Städt. Hauptverwaltung, 733–40–1: Verwaltung der öffentl. Einrichtungen und Betriebe. Bergung und Beisetzung der Fliegeropfer, H. 1: 1945/70
C 5/4397	Städt. Hauptverwaltung, 733–41–1: Verwaltung der öffentl. Einrichtungen und Betriebe. Gemeinschaftsgrab der Fliegeropfer, H. 1: 1945/55
C 5/4398	Dito, H. 2: 1956/58
C 5/4399	Dito, H. 3: 1958/61
C 5/4400	Städt. Hauptverwaltung, 733–41–2: Verwaltung der öffentl. Einrichtungen und Betriebe. Sammlung für die Ruhestätte der Fliegeropfer – Vollzug – H. 1: 1957/58

D. Aö. 1 Akten der städtischen Ämter. Amt für öffentliche Ordnung, Organisation und Geschäftsbetrieb, Luftschutzwesen.

D. Aö.1.28	Allgemeine Luftschutzangelegenheiten 1945–1946
D. Aö.1.29	Verwaltungspolizeiamt, Beschlagnahme nach dem Reichsluftschutzgesetz etc., A–K, 1945
D. Aö.1.30	Verwaltungspolizeiamt, Beschlagnahme nach dem Reichsluftschutzgesetz etc., L–Z, 1945
D. Aö.1.31	Betriebsluftschutz des Polizeipräsidiums Freiburg nach dem Terrorangriff am 27.11.1944, vorgefundene Gegenstände (1944–45)
D. Aö.1.32	Luftschutzpolizei, Arbeitsplan für den Nachschub von Luftschutzgeräten 1944
D. Aö.1.32 a	Örtlicher Luftschutzleiter Freiburg: Band 1 Luftschutz-Kriegstagebuch, 1939/1944 Band 2 Luftschutz-Kriegstagebuch, 1944/1945
D. Aö.1.32 b	Luftangriffe auf den LS-Ort Freiburg: Band 1 27.11.1944

	Band 2 2.12.1944–15.1.1945
	Band 3 8.2.1945–28.2.1945
	Band 4 4.3.1945–16.3.1945

D. Aö.1.32 c   Flieger – Sterbefälle und Vermißte (einschließlich Bergungsliste der Toten vom 27.11.1944), 2 Bde. 1940–1945

D. Aö.1.32 d   Einsatzberichte der Luftschutzleitung und der Feuerwehren nach dem Luftangriff vom 27. November 1944. 1944–1945

D. Fe. Akten der Städtischen Ämter. Feststellungsbehörde – Ausgleichsamt:

D. Fe. 5. 3   Feststellungsbehörde 1940–1945, Kriegsschädenverordnung, Berichterstattung

D. Ho. Akten der Städtischen Ämter, Hochbauamt:

D. Ho. 20. 1   Anweisbuch „Öffentliche Luftschutzmaßnahmen", 1943

D. Qua. Akten der Städtischen Ämter, Quartieramt:

D. Qua. 69   Einquartierung des Heeresverpflegungsamtes 1940–42

D. Qua. 80   Luftangriffe auf Freiburg, 1943–1944

D. Pr. Akten der Städtischen Ämter, Pressestelle/Presseamt:

D. Pr. 13   Korrespondenz und Mitteilungen 1957–1959

D. Re. Akten der Städtischen Ämter, Rechnungsamt:

D. Re. 34   Feuerlöschwesen, 1943–1944

D. Re. 40   Erweiterter Selbstschutz und Luftschutzmaßnahmen, 1941–1944

D. Re. 43   Hilfsmaßnahmen, Umquartierung wegen Luftgefährdung 1943–1944

D. Sm. Akten der Städtischen Ämter, Städtische Museen:

D. Sm. 21. 1   Sammlungsbetrieb, Kriegschronik 1940/45

D. Sm. 26. 1 a   Kriegsmaßnahmen, Kriegsschäden 1940/50

D. Sm. 26. 2   Bergung von Museumsgut

D. StA. Akten der Städtischen Ämter, Stadtarchiv:

D. StA. I. 1   Das Stadtarchiv, Gebäude Turmstraße

D. StA. XIII. 20   Stadtchronik 1945–53

D. Sv. Akten der Städtischen Ämter, Schulverwaltung:

D. Sv. 18. 1–2   Obdachlosensammelstelle in der Gewerbeschule, 1943–1945

D. Ti. Akten der Städtischen Ämter, Tiefbauamt:

D. Ti. 2   Straßenbau- und Straßenerhaltung, Industriebahnanlagen

D. Ti. 2/10   Trümmerbeseitigung und Verwertung 1945–1948

D. Ti. 2/11   Trümmerbeseitigung: Straßenräumung 1944–1952

D. Ti. 2/12   Trümmerbeseitigung: Schülereinsatz 1945

D. Ti. 2/14   Trümmerbeseitigung: Leichenbergung 1945–1949

K 1 Nachlässe:

K 1/16   Nachlaß Dr. Maximilian Kollofrath

K 1/26   Nachlaß Josef Schleer

K 1/33 (1)   Nachlaß Dr. Theodor Zwölfer betr. Geschichte Archivamt

K 1/44   Nachlaß Dr. Joseph Schlippe

K 1/49   Nachlaß Günther Sacksofsky

K 1/86   Nachlaß Paul Schwörer

M 2 Zeitgeschichtliche Sammlung:

M 2/1   Bericht über die Schanzarbeiten 1944/Bericht über Verhaftungen nach dem 20.7.1944 (Bernhard Adler)

M 12 Baupläne, Risse und Entwürfe des Hochbauamtes:

M 12 Rolle 42   Stollenanlage, Felsenkeller/Schloßbergstraße

25. USAF Historical Research Center, Maxwell Air Force Base (AFB)
Research Division: Microfilm Summary Reports by City of Bombing Attacks

Zahlreiche Einzelberichte befinden sich im Bestand des Stadtarchivs Freiburg; neuere Hinweise wurden ebenfalls an das Stadtarchiv abgegeben und in den dortigen Aktenbestand eingereiht. Sie werden hier nicht gesondert aufgeführt.

Darüber hinaus standen ergänzende Materialien, Hinweise und Aussagen zur Verfügung von:

Adler, Bernhard, Vöhrenbach
Bea, Alfred W., Freiburg
Dunkhase, Dr. Heinrich (†), Würzburg
Fortschritt GmbH, Freiburg
Gieser, Friedrich, Oberst a. D., Freiburg
Götz, Dr. Franz, Radolfzell
Hellige GmbH, Freiburg
Heilbronn, Staatsarchiv
Howe, Ellic, London
Huber, Hans F., Freiburg
Imperial War Museum London
Kampfmittelbeseitigungsdienst Baden-Württemberg, Günter Goedecke, Stuttgart
Keele, University, Air Photo Library, Department of Geography
Kilchling, Dr. Grete, Freiburg
Klug, Wolfgang, Vermessungsamt Freiburg
Kowark, Dr. Hannsjörg, Universitätsbibliothek Freiburg
Krapf, Dr. Ludwig, Kulturamt Freiburg
Kunstverein Freiburg e. V., Freiburg
Limberger, Hermann, Freiburg
Ludwigsburg, Staatsarchiv
Luxemburg, Radio-Télé Luxembourg
McKee, Alexander, Hayling Island, Großbritannien
Münsterbauverein e. V., Freiburg
Otter, Karl Peter, Freiburg
Riedel, Elmar, Villingen
Schmidt, Dr. Leo, Freiburg
Schweizerische Radio- und Fernsehgesellschaft (DRS), Bern/Schweiz
Stapfer, Hans-Heiri, Horgen/Schweiz
Stuttgart, Hauptstaatsarchiv
Wesselow, Rosalind de, Bedham/Sussex, Großbritannien
Wetteramt Freiburg, Dipl. Met. B. Rudolph, Freiburg

II. Veröffentlichte Quellen

1. Aktenpublikationen, Dokumentationen

Akten der Partei-Kanzlei der NSDAP. Rekonstruktion eines verlorengegangenen Bestandes. Regesten. Bd. 1. Bearbeitet v. H. Heiber. München–Wien 1983.
Akten zur deutschen auswärtigen Politik 1918–1945 (= ADAP). Serie D: 1937–1941. Serie E: 1942–1945. Frankfurt 1962
Churchill, Winston S.: Reden 1940–1941. Der unerbittliche Kampf. Zürich 1947
Dokumente Deutscher Kriegsschäden. Evakuierte. Kriegssachgeschädigte. Währungsgeschädigte. Die geschichtliche und rechtliche Entwicklung. Hrsg. v. Bundesminister für Vertriebene, Flüchtlinge und Kriegsgeschädigte.
Bd. I. Bonn 1958
Bd. II/1: Soziale und rechtliche Hilfsmaßnahmen für die luftkriegsbetroffene Bevölkerung bis zur Währungsreform. Bonn 1960
Bd. II/2: Die Lage des deutschen Volkes und die allgemeinen Rechtsprobleme der Opfer des Luftkrieges von 1945–1948. Bonn 1960
1. Beiheft: Aus den Tagen des Luftkrieges und des Wiederaufbaues. Erlebnis- und Erfahrungsberichte. Bonn 1960
2. Beiheft: Der Luftkrieg im Spiegel der neutralen Presse. Bonn 1962

Dokumente über die Alleinschuld ... (siehe Weißbuch Nr. 8)

Dokumente über die Verfolgung der jüdischen Bürger in Baden-Württemberg durch das nationalsozialistische Regime 1933–1945. Bearbeitet von Paul Sauer. Teil I und II. Stuttgart 1966 (= Veröffentlichungen der Staatlichen Archivverwaltung Baden-Württemberg, Bd. 16 und 17)

Foreign Relations of the United States. The Conferences at Washington, 1941–1942, and Casablanca, 1943. Washington 1968

Der großdeutsche Freiheitskampf. Reden Adolf Hitlers vom 1. September 1939 bis 10. März 1940. München 1940

Hitlers Weisungen für die Kriegführung 1939–1945. Dokumente des Oberkommandos der Wehrmacht. Hrsg. v. Walther Hubatsch. Frankfurt 1962

Kirche im Kampf. Dokumente des Widerstands und des Aufbaus in der evangelischen Kirche Deutschlands von 1933 bis 1945. Hrsg. v. Heinrich Hermelink. Tübingen, Stuttgart 1950

Kriegsfolgenkarte Westdeutschland 1939–1950. Bearbeitet von Karl-Otto Gassdorf und Dr. Manfred Langhans-Ratzeburg. Mit Zahlennachweis als Textband. Frankfurt 1950

Kriegsopfer der Stadt Freiburg i. Br. 1939–1945. Gedenkbuch für die gefallenen, gestorbenen und vermißten Soldaten und für die Opfer der Fliegerangriffe. Freiburg 1954

Kriegspropaganda 1939–1941. Geheime Ministerkonferenzen im Reichspropagandaministerium. Hg. v. Willi A. Boelcke. Stuttgart 1966

Kriegstagebuch des Oberkommandos der Wehrmacht (Wehrmachtführungsstab) 1940–1945. Band IV: 1. Januar 1944–22. Mai 1945. Eingeleitet und erläutert von Percy Ernst Schramm. Zweiter Halbband IV/8 mit Nachträgen. München–Herrsching 1982

Der Luftkrieg über Deutschland 1939–1945. Nach den „Dokumenten deutscher Kriegsschäden", hrsg. vom Bundesminister für Vertriebene, Flüchtlinge und Kriegsgeschädigte, zusammengestellt und eingeleitet von Erhard Klöss. München 1963 (= dtv-Dokumente Bd. 160)

Luftschutzrecht. Luftschutzgesetz und Durchführungsverordnungen in der Fassung vom 31. August 1943. Textausgabe mit Anmerkungen von Hubert Darsow, Berthold Fokken, Wilhelm Graf von Borries, Manfred Fauser. München–Berlin 1943

Luftschutz-Taschenkalender 1943. Abgeschlossen am 31. Oktober 1942. Hrsg. v. Präsidium des Reichsluftschutzbundes. Berlin 1943

Meldungen aus dem Reich. Auswahl aus den geheimen Lageberichten des Sicherheitsdienstes der SS 1939–1944. Hrsg. v. Heinz Boberach. Neuwied, Berlin 1965

Meldungen aus dem Reich 1938–1945. Die geheimen Lageberichte des Sicherheitsdienstes der SS. Hrsg. und eingeleitet von Heinz Boberach. 17 Bde., Herrsching 1984

Middlebrook, Martin / Everitt, Chris: The Bomber Command War Diaries. An operational reference book, 1939–1945. Bungay, Suffolk 1985

„Das Oberkommando der Wehrmacht gibt bekannt ..." Der deutsche Wehrmachtbericht. Vollständige Ausgabe der 1939–1945 durch Presse und Rundfunk veröffentlichten Texte mit einem Orts-, Personen- und Formationsregister von Günter Wegmann. 3 Bde., Osnabrück 1982

Der Prozeß gegen die Hauptkriegsverbrecher vor dem Internationalen Militärgerichtshof Nürnberg 14. 11. 1945–1. 10. 1946 (= IMT). 42 Bde., Nürnberg 1947 ff.

Schimmler, Bernd: „Stimmung der Bevölkerung und politische Lage". Die Lageberichte der Berliner Justiz 1940–1945. Berlin 1986

The United States Strategic Bombing Survey. A collection of the 31 most important reports printed in 10 volumes. With an Introduction by David MacIsaac. Bd. 1–10. New York/ London 1976

Weißbuch des Auswärtigen Amtes Nr. 8: Dokumente über die Alleinschuld Englands am Bombenkrieg gegen die Zivilbevölkerung. Berlin 1943

Wollt Ihr den totalen Krieg? Die geheimen Goebbels-Konferenzen 1939–1943. Hrsg. und ausgewählt von Willi A. Boelcke. Stuttgart 1967

Zahlennachweis zur Kriegsfolgen-Karte Westdeutschland 1939–1950. Bearbeitet von Karl-Otto Gassdorf und Manfred Langhans-Ratzeburg. Frankfurt o.J.

Bader, Rudolf: 1945 – Freiburgs letzte Kriegstage. Oberst a. D. Bader erinnert sich an die Zeit vor 30 Jahren. In: Freiburger Almanach 26. illustriertes Jahrbuch (1975), S. 51–55

Below, Nicolaus von: Als Hitlers Adjutant 1937–1945. Mainz 1980

Bennett, Donald C. T.: Pathfinder. A War Autobiography. London 1958

Enderle, Pius: Das theologische Konvikt Freiburg in der Bombennacht. In: St. Konradsblatt Nr. 47 v. 21. 11. 1954, S. 892 f.

Fischer, Helmut J.: Hitler und die Atombombe. Bericht eines Zeitzeugen. Asendorf 1987

Goebbels, Joseph: Tagebücher 1945. Die letzten Aufzeichnungen. Einführung Rolf Hochhuth. Hamburg 1977

Habe, Hans: Ich stelle mich. Meine Lebensgeschichte. München 1954

Harris, Arthur T.: Bomber Offensive. New York–London 1947

Herwarth, Hans von: Zwischen Hitler und Stalin. Erlebte Zeitgeschichte 1931 bis 1945. Frankfurt–Berlin 1982

Huber, Hans Frieder: Erinnerungen an eine Freiburger Kindheit im Kriege. „Die erste Zeit". Freiburg 1984

Huber, Hans Frieder: Kindheitserinnerungen. Kriegsende und die Zeit danach in Freiburg. „Die zweite Zeit". Freiburg 1986

Kardorff, Ursula von: Berliner Aufzeichnungen. Aus den Jahren 1942 bis 1945. München 2. Aufl. 1962

Kesselring, Albert: Soldat bis zum letzten Tag. Bonn 1953

Lattre de Tassigny, Jean de: Histoire de la Première Armée Française „Rhin et Danube". Paris 1949

Meckel, Annemarie: Das Bild des Gefangenen. Tagebuchauszüge 1944–1947. Freiburg 1987

Meister, Max: Freiburger Tagebuch. In: Die Gegenwart 1 (1946), Nr. 2/3, S. 33–35, Nr. 4/5, S. 34–37, Nr. 6/7, S. 34–36

Riedinger, Philipp: Die letzten Tage als Volkssturmmann. Kriegserinnerungen an meine Gefangennahme am 20. April 1945. In: Freiburger Almanach 26. Jahrbuch (1975), S. 57–66

Rumpf, Hans: Der hochrote Hahn. Darmstadt 1952

Rumpf, Hans: Was wir vom Luftkrieg nicht wissen. Bomber-Harris. In: Ziviler Luftschutz Jg. 1952, H 1, S. 22–23, H. 2, S. 44–48, Jg. 1953, H. 1, S. 22–25

Rumpf, Hans: Luftkrieg über Deutschland. In: Bilanz des Zweiten Weltkrieges. Erkenntnisse und Verpflichtungen für die Zukunft. Hamburg 1953, S. 159–175

Rumpf, Hans: Der Irrweg des Bombenkrieges. In: Wehrwissenschaftliche Rundschau 10 (1960), S. 548–554.

Rumpf, Hans: Das war der Bombenkrieg. Deutsche Städte im Feuersturm. Ein Dokumentarbericht. Oldenburg 1961

[Sauer, Joseph]: Zum Untergang Alt-Freiburgs und Breisachs 1944/45. Aus dem Tagebuch Joseph Sauers, mitgeteilt von Johannes Vincke. In: Schau-ins-Land Bd. 82 (1964), S. 3–11

Saundby, Sir Robert: Air Bombardment. The Story of its Development. New York 1961

Schlippe, Joseph: Wie Freiburg wiedererstehen soll. In: Freiburger Almanach 1 (1950), S. 13–47

Schlippe, Joseph: Freiburgs Baudenkmäler und ihre Wiederherstellung. Teil I: Kirchliche Baudenkmäler. In: Einwohnerbuch der Stadt Freiburg i. Br. 1959, S. 19–29

Schlippe, Joseph: Wie Freiburg wiedererstanden ist. In: Freiburger Almanach 10 (1959), S. 73–87

Schlippe, Joseph: Freiburgs Baudenkmäler und ihre Wiederherstellung. Teil II: Die profanen Baudenkmäler. In: Einwohnerbuch der Stadt Freiburg i. Br. 138. Ausgabe Freiburg 1960, S. 14–30

Schlippe, Joseph: Das Freiburger Münster im Zweiten Weltkrieg. In: 75 Jahre Münsterpflege. Freiburger Münsterbauverein 1890–1965. Hrsg. v. Paul Booz. Freiburg 1965, S. 75–88

Schmückle, Gerd: Ohne Pauken und Trompeten. Erinnerungen an Krieg und Frieden. Stuttgart 1982

Speer, Albert: Erinnerungen. Berlin 1969

Strölin, Karl: Stuttgart im Endstadium des Krieges. Stuttgart 1950

Die Berliner Tagebücher der (Marie) „Missie" Wassiltschikow 1940–1945. Hrsg. v. George H. Vassiltchikov. Berlin 1987

Tedder, Arthur W.: Air Power in War. London 1948

Tellenbach, Gerd: Aus erinnerter Zeitgeschichte. Freiburg 1981

Zumtobel, Reinhold: Vom Gemeindebub zum Ehrenbürger. o. O. (Schopfheim) o. J. (1953) Selbstverlag d. Verf.

3. Zeitgenössische Literatur

Darsow, Hubert / Fokken, Berthold / Graf von Borries, Wilhelm /Fauser, Manfred: Luftschutzrecht. Luftschutzgesetz und Durchführungsverordnungen in der Fassung vom 31. August 1943 nebst Ausführungsbestimmungen und den wichtigsten Erlassen. München/Berlin 1943

Douhet, Giulio: Luftherrschaft. Berlin 1935

Fritsch, Willi: Frontgeist und Heimatseele. Freiburg 1941

Habermacher, Gerhard: Reuter fälscht die Luftkriegsschuld. Nürnberg 1944

Haffner, Oskar: Kriegschronik der Stadt Freiburg im Breisgau 1914–1919. In: Einwohnerbuch der Hauptstadt Freiburg im Breisgau für das Jahr 1924/25. Bearbeitet nach Originalaufnahmen und amtlichen Quellen von H. M. Muth. Freiburg o. J. (1924), S. 1–15 und Einwohnerbuch für das Jahr 1925/26, S. 1–18

Haffner, Oskar: Flieger über Freiburg 1914–1918. In: Amtliches Einwohnerbuch der Stadt Freiburg im Breisgau für das Jahr 1926/27. Bearbeitet nach Originalaufnahmen und amtlichen Quellen von H. M. Muth. Freiburg o. J. (1926), S. 1–36.

Heiling, Hans: Mit Sturmbooten über den Oberrhein. Der Kampf um den Brückenkopf Neu-Breisach. Ein Erinnerungsbuch an die Befreiung des Elsaß, Freiburg o. J. (1941)

Der militärische Heimatluftschutz im Weltkriege 1914 bis 1918. (= Die deutschen Luftstreitkräfte von ihrer Entstehung bis zum Ende des Weltkrieges 1918. 7. Sonderband, bearb. v. Reichsluftfahrtministerium, Kriegswissenschaftliche Abteilung der Luftwaffe) Berlin 1943

Jahrbuch der Stadt Freiburg im Breisgau. Bd. 1: Alemannenland. Ein Buch von Volkstum und Sendung. Für die Stadt Freiburg im Breisgau hg. v. Oberbürgermeister Franz Kerber. Stuttgart 1937. – Bd. 2: Volkstum und Reich. Ein Buch vom Oberrhein. Für die Stadt Freiburg im Breisgau hrsg. v. Oberbürgermeister Franz Kerber. Stuttgart 1938. – Bd. 3: Reichsstraße 31. Von der Ostmark zum Oberrhein. Natur, Volk, Kunst. Hg. v. Franz Kerber. Stuttgart 1939. – Bd. 4: Das Elsaß. Des Reiches Tor und Schild. Hg. v. Franz Kerber. Stuttgart 1940. – Bd. 5: Burgund. Das Land zwischen Rhein und Rhone. Hg. v. Franz Kerber. Straßburg 1942.

Der Luftschutz im Weltkrieg. Hrsg. v. d. Kriegswissenschaftlichen Abteilung der Luftwaffe gemeinsam mit dem Präsidium des Reichsluftschutzbundes. Berlin 1941

Richert, Carl: Das Luftschutzgesetz mit Durchführungsverordnungen und Ausführungsbestimmungen. Hamburg 1942, 4 Teile.

Schlippe, Joseph: Neue Baukunst in Freiburg. In: Jahrbuch der Stadt Freiburg im Breisgau. Bd. 1: Alemannenland. Ein Buch von Volkstum und Sendung. Für die Stadt Freiburg im Breisgau hrsg. v. Oberbürgermeister Franz Kerber. Stuttgart 1937, S. 90–95.

Schlippe, Joseph: Die Erhaltung des alten und Gestaltung des neuen Freiburg. In: Der Breisgau. Jahresband Oberrheinische Heimat 28 (1941), S. 378–400

Schmitz, Ernst: Die offene Stadt im geltenden Kriegsrecht. In: Zeitschrift für ausländisches öffentliches Recht und Völkerrecht 10 (1940/41), H. 3/4, S. 618–628

Die Tagespresse des Großdeutschen Reiches 1944. Berlin 1944

4. Zeitungen; Monatsschriften, Zeitschriften

Badische Neueste Nachrichten

Badische Volkszeitung

Badische Zeitung

Badisches Tagblatt

Badisches Volksecho

Das Volk

Frankfurter Allgemeine Zeitung
Freiburger Nachrichten
Freiburger Statistische Monatsberichte. Hrsg. v. Statistischen Amt Freiburg i. B. 3.–5. Jg.
  (1949–1951), 8. Jg. (1954)
Freiburger Wochenbericht
Freiburger Zeitung
Lokalanzeiger – Stadtteil-Nachrichten der Badischen Zeitung
Mitteilungen des Statistischen Amts der Stadt Freiburg. Hrsg. v. Städtischen Statistischen
  Amt Freiburg im Breisgau 1946 und 1947
Schwarzwälder Bote
Stuttgarter Nachrichten
Stuttgarter Zeitung
Süddeutsche Zeitung
Südkurier
Südwestdeutsche Volkszeitung
Südwest-Rundschau
Tagespost
Völkischer Beobachter

LITERATUR

I. Bibliographien, Chroniken, Lexika, Jubiläumsschriften

Amtliches Einwohnerbuch der Stadt Freiburg im Breisgau und Umgebung 1950. Freiburg
  1950
Badische Biographien. Neue Folge. Band II. Hrsg. v. Bernd Ottnad. Stuttgart 1987
Bibliographie zur Luftkriegsgeschichte. Bearbeitet von Karl Köhler. Frankfurt 1966
  (= Schriften der Bibliothek für Zeitgeschichte, Weltkriegsbücherei Stuttgart, Neue Folge,
  H. 5)
Festschrift zum 75jährigen Jubiläum der Bahnfeuerwehr Freiburg im Breisgau 1877–1952.
  Freiburg o. J. (1952)
Festschrift zum 100jährigen Jubiläum der Freiwilligen Feuerwehr Freiburg im Breisgau.
  Freiburg o. J. (1951)
Festschrift zum 100jährigen Jubiläum der Bahnfeuerwehr Freiburg im Breisgau 1877–1977.
  Freiburg o. J. (1977)
75 Jahre Stadttheater an der Bertoldstraße. Freiburg o. J. (1985) (= Stadt und Geschichte.
  Neue Reihe des Stadtarchivs Freiburg i. Br. H. 10)
Hundert Jahre Evangelisches Stift Freiburg i. Br. 1859–1959. Freiburg o. J. (1959)
Werrell, Kenneth P.: The USAAF over Europe and its Foes: A selected, subjective, and cri-
  tical Bibliography. In: Aerospace Historian 25 (1978), S. 231–243

II. Darstellungen, Biographien, Aufsätze, Buchbeiträge

Aders, Gebhard: Geschichte der deutschen Nachtjagd 1917–1945. Stuttgart 1977
Allen, H. R.: The Legacy of Lord Trenchard. London 1972
Alltag und politischer Wiederaufbau. Zur Geschichte Freiburgs und Südbadens in den er-
  sten Jahren nach dem 2. Weltkrieg. Hrsg. v. Arbeitskreis Regionalgeschichte Freiburg.
  Freiburg 1986 (= Stadt und Geschichte. Neue Reihe des Stadtarchivs Freiburg i. Br.,
  H. 9)
Andrews, Allen: The Air Marshals. London 1970
Bardua, Heinz: Stuttgart im Luftkrieg 1939–1945. Stuttgart 1967

Bardua, Heinz: Kriegsschäden in Baden-Württemberg 1939–1945. In: Historischer Atlas von Baden-Württemberg. Erläuterungen. Beiwort zur Karte VII, 11. Stuttgart 1975

Bauer, Richard: Fliegeralarm. Luftangriffe auf München 1940–1945. München 1987

Beck, Earl Ray: The Allied Bombing of Germany, 1942–1945, and the German Response: Dilemmas of Judgment. In: German Studies Review 5 (1982), S. 325–337

Beck, Earl Ray: Under the Bombs. The German Home Front 1942–1945. Lexington 1986

Bekker, Cajus: Angriffshöhe 4000. Ein Kriegstagebuch der deutschen Luftwaffe. Oldenburg 1964

Berber, Friedrich: Lehrbuch des Völkerrechts. II. Bd.: Kriegsrecht. München 2. Aufl. 1969

Bergander, Götz: Dresden im Luftkrieg. Köln 1977

Berthold, Eva / Matern, Norbert: München im Bombenkrieg. Düsseldorf 1983

Berthold, Will: Der Sieg, der vor die Hunde ging. Der Luftkrieg 1939–1945. Bayreuth 1981

Beseler, Hartwig / Gutschow, Niels: Kriegsschicksale Deutscher Architektur. Verluste – Schäden – Wiederaufbau. Eine Dokumentation für das Gebiet der Bundesrepublik Deutschland. 2 Bde. Neumünster 1988

Bialer, Uri: The Shadow of the Bomber. The Fear of Air Attack and British Politics 1932–1939. London 1980

Bosch, Manfred: Als die Freiheit unterging. Eine Dokumentation über Verweigerung, Widerstand und Verfolgung im Dritten Reich in Südbaden. Konstanz 1985

Bowyer, Charles: Bomber Group at War. London 1981

Bowyer, Chaz: Path Finders at War. London 1977

Boyle, Andrew: Trenchard. London 1962

Bräunche, Ernst Otto / Köhler, Werner / Lux, Hans-Peter / Schnabel, Thomas: 1933 Machtergreifung in Freiburg und Südbaden. Freiburg 1983 (= Stadt und Geschichte, Neue Reihe des Stadtarchivs Freiburg i. Br. H. 4)

Bräunche, Ernst Otto: „Die Reichskristallnacht" in Freiburg. In: Zeitschrift des Breisgau-Geschichtsvereins („Schau-ins-Land") Jg. 103 (1984), S. 149–160

Brookes, Andrew J.: Bomber Squadron at War. London 1983

Brooks, Stephen: Bomber. Strategic Air Power in Twentieth Century Conflict. London 1983

Bruchsal 1945. Ende und Anfang. Bearbeiter: Walter Stolzenberg, Klaus Stecher und Hubert Bläsi. Bruchsal 1971

Brücher, Max: Freiburg im Breisgau 1945. Eine Dokumentation. Freiburg 1980

Brunswig, Hans: Flächenbrände und Feuerstürme. In: Zeitschrift für Forschung und Technik im Brandschutz 1 (1952), S. 3–12

Brunswig, Hans: Feuersturm über Hamburg. Die Luftangriffe auf Hamburg im Zweiten Weltkrieg und ihre Folgen. Stuttgart 4. Aufl. 1981 (1. Aufl. 1978)

Busch, Dieter: Der Luftkrieg im Raum Mainz während des Zweiten Weltkrieges 1939–1945. (= Veröffentlichungen der Kommission des Landtages für die Geschichte des Landes Rheinland-Pfalz, Bd. 9). Mainz 1988

Coffey, Thomas M.: Entscheidung über Schweinfurt. Berlin 1978

Collier, Richard: Adlertag. Die Luftschlacht um England. 6. August bis 15. September 1940. Hamburg 1966

Cordes, Günter: Die militärische Besetzung von Baden-Württemberg 1945. In: Historischer Atlas von Baden-Württemberg. Erläuterungen: Beiwort zur Karte VII, 10. o. O. und o. J.

Cynk, Jerzy B.: History of the Polish Air Force, 1918–1968. Reading 1972   [(1980)

Czesany, Maximilian: Nie wieder Krieg gegen die Zivilbevölkerung. Eine völkerrechtliche Untersuchung des Luftkriegs 1939–1945. Graz 1961

Czesany, Maximilian: Alliierter Bombenterror. Der Luftkrieg gegen die Zivilbevölkerung Europas 1940–1945. Leoni 1986

Dabel, Gerhard: KLV. Die erweiterte Kinder-Land-Verschickung. KLV-Lager 1940–1945. Dokumentation über den „Größten Soziologischen Versuch aller Zeiten". Im Auftrag der Dokumentations-Arbeitsgemeinschaft KLV e. V. Freiburg 1981

Demps, Laurenz: Die Luftangriffe auf Berlin. Ein dokumentarischer Bericht. In: Jahrbuch des Märkischen Museums. Kulturhistorisches Museum der Hauptstadt der Deutschen Demokratischen Republik Berlin, Bd. IV/1978, S. 27–68; Teil II: Bd. VIII/1982, S. 7–44; Teil III: Bd. IX/1983, S. 19–48

Dettmar, Werner: Die Zerstörung Kassels im Oktober 1943. Eine Dokumentation. Fuldabrück 1983

472

Deutschland im zweiten Weltkrieg. Bd. 5: Der Zusammenbruch der Defensivstrategie des Hitlerfaschismus an allen Fronten (Januar bis August 1944). Von einem Autorenkollektiv unter Leitung von Wolfgang Schumann. Berlin-Ost 1984

Deutschland 1945. Alltag zwischen Krieg und Frieden in Geschichten, Dokumenten und Bildern. Hrsg. v. Klaus-Jörg Ruhl. Darmstadt 1984 (= Sammlung Luchterhand 514)

Domarus, Max: Der Untergang des alten Würzburg und seine Vorgeschichte. Gerolzhofen/ Würzburg 1. Aufl. 1950, 2. Aufl. 1955 (3. erw. Aufl. 1969 u. d. T.: Der Untergang des alten Würzburg im Luftkrieg gegen die deutschen Großstädte)

Domarus, Max: Hitler. Reden und Proklamation 1932–1945. Kommentiert von einem deutschen Zeitgenossen. Bd. II: Untergang. 1. Halbbd.: 1939–1940. Wiesbaden 1973. 2. Halbbd.: 1941–1945. Wiesbaden 1973

Domarus, Wolfgang: Nationalsozialismus, Krieg und Bevölkerung. Untersuchungen zur Lage, Volksstimmung und Struktur in Augsburg während des Dritten Reiches. München 1977 (= Miscellanea Bavarica Monacensia, Heft 71, Neue Schriftenreihe des Stadtarchivs München)

Drei Jahre kommunale Arbeit in Freiburg i. Br. Hrsg. v. d. Stadtverwaltung Freiburg i. Br. Bearbeitet von Wolfgang Hoffmann. Freiburg o. J. (1948?)

Dunkhase, Heinrich: Würzburg, 16. März 1945, 21.25 Uhr – 21.42 Uhr. Hintergründe, Verlauf und Folgen des Luftangriffs der No. 5 Bomber Group. In: Mainfränkisches Jahrbuch für Geschichte und Kunst 32 (1980), S. 1–32

Eckel, Werner: Saarbrücken im Luftkrieg 1939–1945. Saarbrücken 1985

Ehmer, Hermann: Die Besetzung Badens im April 1945. In: Landesgeschichte und Zeitgeschichte: Kriegsende 1945 und demokratischer Neubeginn am Oberrhein. Hrsg. v. Hansmartin Schwarzmaier. (= Oberrheinische Studien, Bd. V). Karlsruhe 1980, S. 35–58

Endres, Robert: Zum Verbleib der Luftwaffenakten beim Zusammenbruch 1945 und danach. In: Fünfzig Jahre Luftwaffen- und Luftkriegs-Geschichtsschreibung. Freiburg 1970, S. 25–31

Ethell, Jeffrey / Price, Alfred: Angriffsziel Berlin. Auftrag 250: 6. März 1944. Stuttgart 1982

Ethell, Jeffrey L.: Air War over Germany. The USAAF bombing campaign 1944–1945. London 1985

Feuchter, Georg W.: Der Luftkrieg. Vom Fesselballon zum Raumfahrzeug. Frankfurt – Bonn 2. erw. Auflage 1962 (1. Aufl. u. d. T.: Geschichte des Luftkrieges. Entwicklung und Zukunft. Bonn 1954), 3. Aufl. 1964

Frankland, Noble: The Bombing Offensive against Germany. Outlines and perspectives. London 1965

Frankland, Noble: Die Bomberoffensive. Rastatt 1985 (= Moewig Dokumentation Bd. 4345)

Fredette, Raymond H.: The Sky on Fire. The first Battle of Britain 1917–1918 and the Birth of the Royal Air Force. New York 1966

Freeman, Roger A.: The Mighty Eighth. Units, Men and Machines. London 1970

Freeman, Roger A.: Mighty Eighth War Diary. London – New York 1981

Freiburg in Trümmern 1944–1952. Eine Bild- und Textdokumentation, hrsg. v. Walter Vetter. Freiburg 1982, 2. erg. Aufl. 1983

Freiburg in Trümmern 1944–1952. Bild- und Textdokumentation, Teil II, hrsg. v. Walter Vetter. Freiburg 1984

Geschichte des Postamts Freiburg (Breisgau). Zusammengetragen und bearbeitet von Martin Spaeth. Freiburg o. J. (1960)

Girbig, Werner: 1000 Tage über Deutschland. Die 8. amerikanische Luftflotte im 2. Weltkrieg. München 1964

Girbig, Werner: … im Anflug auf die Reichshauptstadt. Die Dokumentation der Bombenangriffe auf Berlin – stellvertretend für alle deutschen Städte. Stuttgart 1970, 3. Aufl. 1972

Girbig, Werner: Start im Morgengrauen. Eine Chronik vom Untergang der deutschen Jagdwaffe im Westen 1944/1945. Stuttgart 1973

Girbig, Werner: … mit Kurs auf Leuna. Die Luftoffensive gegen die Treibstoffindustrie und der deutsche Abwehreinsatz 1944–1945. Stuttgart 1980

Göhri, Josef F.: Breisgauer Kriegstagebuch 1939–46. Horb am Neckar 1984

Goldberg, Alfred (Ed.): A History of the United States Air Force 1907–1957. Princeton, New Jersey 1958

Golücke, Friedhelm: Schweinfurt und der strategische Luftkrieg 1943. Der Angriff der US Air Force vom 14. Oktober 1943 gegen die Schweinfurter Kugellagerindustrie. Paderborn 1980

Grabe, Thomas / Hollmann, Reimar / Mlynek, Klaus / Radtke, Michael: Unter der Wolke des Todes leben ... Hannover im Zweiten Weltkrieg. Hamburg 1983

Groehler, Olaf: Geschichte des Luftkrieges 1910–1980. Berlin (Ost) 6. Aufl. 1985

Hampe, Erich: Der Zivile Luftschutz im Zweiten Weltkrieg. Dokumentation und Erfahrungsberichte über Aufbau und Einsatz. Frankfurt 1963

Hanau. Zerstörung und Wiederaufbau. Eine Dokumentation des Hanauer Anzeiger zum 19. März 1945. Redaktion und Zusammenstellung: Helmut Blome. Hanau 1985

Harris, Robert / Paxman, Jeremy: Eine höhere Form des Tötens. Die geheime Geschichte der B- und C-Waffen. Düsseldorf 1983

Hastings, Max: Bomber Command. London 1979, 2nd edition 1980

Haupt, Werner: Das Ende im Westen 1945. Bildchronik vom Kampf in Westdeutschland. Dorheim/H. 1972

Hawkins, Ian: Münster, 10. Oktober 1943. Alliierte und deutsche Kampfflieger und Betroffene in der Stadt schildern die schrecklichen Ereignisse während des Luftangriffs. Münster 1983

Hellmold, Wilhelm: Die V 1. Eine Dokumentation. Esslingen 1988

Herbig, Jost: Kettenreaktion. Das Drama der Atomphysiker. München 1976

Herterich, Wolfgang: Bomben auf Freiburg 1914 bis 1918. In: Freiburger Almanach (1984), S. 107–113

Hoch, Anton: Der Luftangriff auf Freiburg am 10. Mai 1940. In: Vierteljahrshefte für Zeitgeschichte 4 (1956), S. 115–144

Hölsken, Heinz D.: Die V-Waffen. Entstehung – Propaganda – Kriegseinsatz. Stuttgart 1984 (= Studien zur Zeitgeschichte, hrsg. v. Insitut für Zeitgeschichte, Bd. 27)

Hoffmann, Karl Otto: Ln – Die Geschichte der Luftnachrichtentruppe. Neckargemünd 1965

Howe, Ellic: Die schwarze Propaganda. Ein Insider-Bericht über die geheimsten Operationen des britischen Geheimdienstes im Zweiten Weltkrieg. Aus dem Engl. v. Hans Jürgen Baron von Koskull. München 1983

Hundsnurscher, Franz / Thaddey, Gerhard: Die jüdischen Gemeinden in Baden. Denkmale, Geschichte, Schicksale. Stuttgart 1968 (= Veröffentlichungen der Staatlichen Archivverwaltung Baden-Württemberg, Bd. 19)

Jablonski, Edward: Airwar Vol. 1–4. Garden City, New York 1971–72

Jablonski, Edward: Doppelschlag gegen Regensburg und Schweinfurt. Schulbeispiel oder Fehlschlag eines großen Bomberangriffs 1943. Stuttgart 1975 (Amerikan. Ausgabe u.d.T. „Double Strike". New York 1974)

In der Vergangenheit liegt die Kraft für die Zukunft. Das Schicksal Freiburger Juden am Beispiel des Kaufmanns Max Mayer und die Ereignisse des 9./10. November 1938. Mit Beiträgen von Rolf Böhme und Heiko Haumann. Freiburg 1989 (= Stadt und Geschichte. Neue Reihe des Stadtarchivs Freiburg i.Br. H. 13)

Irving, David: Und Deutschlands Städte starben nicht. Ein Dokumentarbericht. Zürich 1963

Irving, David: The Destruction of Dresden. London 1963 (Deutsche Ausgabe u.d.T.: Der Untergang Dresdens. Gütersloh 1964)

Irving, David: Die Geheimwaffen des Dritten Reiches. Gütersloh 1965

Irving, David: Der Traum von der deutschen Atombombe. Gütersloh 1967

Irving, David: Die Tragödie der Deutschen Luftwaffe. Aus den Akten und Erinnerungen von Feldmarschall Milch. Frankfurt – Berlin 1970

Irving, David: Von Guernica bis Vietnam. Dokumentarbericht. Das Leiden der Zivilbevölkerung im modernen Krieg. München 1982

Jung, Hermann: Die Ardennen-Offensive 1944/45. Ein Beispiel für die Kriegführung Hitlers. Göttingen – Zürich – Frankfurt 1971 (= Studien und Dokumente zur Geschichte des Zweiten Weltkrieges, Bd. 12)

Jungk, Robert: Heller als tausend Sonnen. Das Schicksal der Atomforscher. Stuttgart 1956

Kirwin, Gerald: Allied Bombing and Nazi Domestic Propaganda. In: European History Quarterly 15 (1985), S. 341–362

Kluge, Ulrich: Der „Freiburger Kreis" 1938–1945. Personen, Strukturen und Ziele kirchlich-akademischen Widerstandsverhaltens gegen den Nationalsozialismus. In: Freiburger Universitätsblätter 27 (1988), S. 19–40

Koch, Horst-Adalbert: Flak. Die Geschichte der deutschen Flakartillerie und der Einsatz der Luftwaffenhelfer. Bad Nauheim 1. Aufl. 1954, 2. erw. Aufl. 1965

Köhler, Werner: Freiburg i. Br. 1945–1949. Politisches Leben und Erfahrungen in der Nachkriegszeit. Freiburg 1987 (= Veröffentlichungen aus dem Archiv der Stadt Freiburg im Breisgau, Bd. 21)

Koliński, Izydor: Les origines de l'aviation polonaise et sa participation à la deuxième guerre mondiale. In: Histoire militaire de la Pologne. Problèmes choisis: Dissertations –Études–Esquisses. Rédacteurs: Witold Biegański, Piotr Stawiecki, Janusz Wojtasik. Warschau 1970, S. 295–310

Kranich, Kurt: Karlsruhe. Schicksalstage einer Stadt. Karlsruhe 1973

Krautkrämer, Elmar: Das Kriegsende in Südwestdeutschland. In: Der Oberrhein in Geschichte und Gegenwart. Redaktion: Horst Buszello. Freiburg 1986, S. 201–224 (= Schriftenreihe der Pädagogischen Hochschule Freiburg, Bd. 1)

Krüger, Norbert: Zum Untergang Alt-Freiburgs und Breisachs. Eine Ergänzung. In: Schau-ins-Land. 91. Jahresheft des Breisgau-Geschichtsvereins Schauinsland (1973), S. 105–111

Kuntzemüller, Viktor: „Eisenbahnknotenpunkt" Freiburg. In: Freiburger Almanach 34. Jahrbuch (1983), S. 37–42

Kuropka, Joachim: Image und Intervention. Innere Lage Deutschlands und britische Beeinflussungsstrategie in der Entscheidungsphase des Ersten Weltkrieges. Berlin –

Kurowski, Franz: Der Luftkrieg über Deutschland. Düsseldorf 1977   [München 1978

Kurowski, Franz: Alliierte Jagd auf deutsche Wissenschaftler. Das Unternehmen Paperclip. München 1982

Lang, Jochen von: Krieg der Bomber. Dokumentation einer deutschen Katastrophe. Berlin 1986.

Larass, Claus: Der Zug der Kinder. KLV – Die Evakuierung 5 Millionen deutscher Kinder im 2. Weltkrieg. München 1983

Lawrence, W. J.: No. 5 Bomber Group R. A. F. 1939–1945. London 1951

Longmate, Norman: Air Raid. The Bombing of Coventry 1940. London 1976

Longmate, Norman: The Bombers, The RAF Offensive against Germany, 1939–1945. London 1983

Lusar, Rudolf: Die deutschen Waffen und Geheimwaffen des Zweiten Weltkrieges und ihre Weiterentwicklung. München 4. Aufl. 1962

Lux, Eugen: Die Luftangriffe auf Offenbach am Main 1939–45. Eine Dokumentation. (= Offenbach Geschichtsblätter Nr. 21) Offenbach 1971

Magenheimer, Heinz: Der Luftkrieg über Deutschland und die Rüstungsanstrengungen 1942–1945. In: Österreichische Militärische Zeitschrift 20 (1982), S. 117–126

Maier, Klaus A.: Der strategische Luftkrieg in beiden Weltkriegen. In: Ploetz – Geschichte der Weltkriege. Mächte, Ereignisse, Entwicklungen 1900–1945. Hrsg. v. Andreas Hillgruber und Jost Dülffer. Freiburg 1981, S. 248–262

Maier, Klaus A.: Der operative Luftkrieg bis zur Luftschlacht um England. In: Das Deutsche Reich und der Zweite Weltkrieg. Bd. 2. Hrsg. v. Militärgeschichtlichen Forschungsamt. Stuttgart 1979, S. 329–341

Maier, Klaus A.: Die Luftschlacht um England. In: Das Deutsche Reich und der Zweite Weltkrieg. Bd. 2. Hrsg. v. Militärgeschichtlichen Forschungsamt. Stuttgart 1979, S. 375–408

Mason, Francis K.: Battle over Britain. London 1969

Matloff, Maurice / Snell, Edwin M.: Strategic Planning for Coalition Warfare 1941/42. Washington 1953.

McKee, Alexander: Dresden 1945. Das deutsche Hiroshima. Hamburg 1983

McMillan, Norman: The Royal Air Force in the World War. Vol. 1–4. London 1942–1950

Merz, Walter: Feuerwerker: Namenlose Helden der Bombennächte. Ein Tatsachenbericht. Rastatt 1970   [London 1984

Messenger, Charles: „Bomber" Harris and the Strategic Bombing Offensive, 1939–1945.

Messerschmidt, Manfred / Wüllner, Fritz: Die Wehrmachtjustiz im Dienste des Nationalsozialismus. Zerstörung einer Legende. Baden-Baden 1987

Meyer-Hartmann, Hermann: Zielpunkt 52092 N 09571 O. Der Raum Hildesheim im Luftkrieg 1939–1945. Hildesheim 1985 (= Schriftenreihe des Stadtarchivs und der Stadtbibliothek Hildesheim, Bd. 14)

Middendorf, Wolf: Ein unaufgeklärter Mord. Der Fall Dr. Kerber. In: Freiburger Almanach 27 (1976), S. 81–85

Middlebrook, Martin: The Nuremberg Raid 30–31 March 1944. London 1973 (Dt. Ausgabe u. d. T.: Die Nacht, in der die Bomber starben. Frankfurt – Berlin 1976)

Middlebrook, Martin: The Battle of Hamburg. Allied Bomber Forces against a German City in 1943. London 1980. (Dt. Ausgabe u. d. T.: Hamburg, Juli '43. Alliierte Luftstreitkräfte gegen eine deutsche Stadt. Berlin 1983)

Middlebrook, Martin: The Schweinfurt–Regensburg Mission. New York 1983

Mistele, Karl-Heinz: Die Geschichte eines Luftangriffs auf Heilbronn (4. Dezember 1944). In: Jahrbuch für schwäbisch-fränkische Geschichte – Historischer Verein Heilbronn 27 (1973), S. 309–335

Moehring, Gerhard: Ende des 2. Weltkriegs in Lörrach. In: Unser Lörrach – Eine Grenzstadt im Spiegel der Zeit. Bd. 15 (1984), S. 88–122

Mosley, Leonard: Die Luftschlacht um England. Amsterdam 1979

Motsch, Karl: Herdern, den 21. April 1945 … In: Herdermer Nachrichten 2 (1951), H. 4, S. 1–5

Moyes, Philip J. R.: Bomber Squadrons of the R. A. F. and their Aircraft. London 1964, 2nd ed. 1965

Müller, Rolf-Dieter / Ueberschär, Gerd R. / Wette, Wolfram: Wer zurückweicht wird erschossen! Kriegsalltag und Kriegsende in Südwestdeutschland 1944/45. Freiburg 1985

Das Freiburger Münster und der 27. November 1944. Augenzeugenberichte. Hrsg. v. Franz Götz unter Mitarbeit von Bernhard Adler und Irmtraud Götz. Freiburg 1984 (= Stadt und Geschichte. Neue Reihe des Stadtarchivs Freiburg i. Br. H. 6)

Munson, Kenneth: Die Weltkrieg II-Flugzeuge. Alle Flugzeuge der kriegführenden Mächte. Stuttgart 1973, 6. Aufl. 1977

Murawski, Erich: Der deutsche Wehrmachtbericht 1939–1945. Ein Beitrag zur Untersuchung der geistigen Kriegführung. Mit einer Dokumentation der Wehrmachtberichte vom 1. 7. 1944 bis zum 9. 5. 1945. Boppard am Rhein 2. Aufl. 1962 (= Schriften des Bundesarchivs, Bd. 9)

Musgrove, Gordon: Pathfinder Force. A History of 8 Group. London 1976

Nadler, Fritz: „Ich sah wie Nürnberg unterging …!". Tatsachenberichte und Stimmungsbilder aus bittersten Notzeiten nach Tagebuchaufzeichnungen. Nürnberg 2. Aufl. 1959

1944–1984. Unsere Stadt Freiburg. Kriegszeit und Wiederaufbau. Hrsg. v. d. Oberlinden Gesellschaft/Zierkommission von 1829. Redaktion: Eugen Lang, H. D. Popp, Bernhard Vedral. Freiburg o. J. (1984)

Nowarra, Heinz J.: Die Luftschlacht um England. Verlorener Sieg. Friedberg 1978

Nowarra, Heinz J.: Die Bomber kommen. Der Weg zum totalen Luftkrieg 1940–1944. Friedberg 1980

Ohler, Norbert: Zum Kriegsende 1945 in Teningen. In: „'s Eige zeige". Jahrbuch des Landkreises Emmendingen für Kultur und Geschichte 3/1989, S. 177–194

Ott, Hugo: Alfred Rosenbergs Großkundgebung auf dem Freiburger Münsterplatz am 16. Oktober 1937. Ein Beitrag zum nationalsozialistischen Alltag. In: Freiburger Diözesan-Archiv 107 (1987), S. 303–319

Overy, Richard J.: The Air War 1939–1945. London 1980

Paul, Wolfgang: Der Heimatkrieg 1939 bis 1945. Esslingen 1980

Payne, L. G. S.: Air Dates. London 1957

Pflugfelder, Thilo: Verfolgungsmaßnahmen gegen Juden in Baden während des „Dritten Reichs". Hrsg. v. der Landeszentrale für politische Bildung Baden-Württemberg. o. O. o. J. (Stuttgart 1980)

Piekalkiewicz, Janusz: Luftkrieg 1939–1945. München 1978

Price, Alfred: Battle over the Reich. London 1974 (Dt. Ausgabe u. d. T.: Luftschlacht über Deutschland. Stuttgart 1973, 4. Aufl. 1983)

Price, Alfred: Blitz on Britain. The bomber attacks on the United Kingdom, 1939–1945. London 1977

Price, Alfred: Bomber im 2. Weltkrieg. Entwicklung, Einsatz, Taktik. Stuttgart 1980

476

Raggenbass, Otto: Trotz Stacheldraht 1939–1945. Grenzland am Bodensee und Hochrhein in schwerer Zeit. Konstanz 2. Aufl. 1985

Rebentisch, Dieter: Der Nationalsozialismus als Problem der Stadtgeschichtsschreibung. In: Probleme der Stadtgeschichtsschreibung. Hrsg. v. Christian Engeli, Wolfgang Hofmann und Horst Matzerath (Reihe: Deutsches Institut für Urbanistik). Berlin 1981, S. 127–135

Renz, Otto W. von: Deutsche Flug-Abwehr im 20. Jahrhundert. Flak-Entwicklung in Vergangenheit und Zukunft. Frankfurt 1960

Revie, Alastair: … war ein verlorener Haufen. Die Geschichte des Bomber Command der Royal Air Force 1939–1945. Stuttgart 1974 (Engl. Ausgabe u. d. T.: The Lost Command. London 1971)

Richards, Denis: Portal of Hungerford. The Life of Marshal of the Royal Air Force Viscount Portal of Hungerford. London 1977, reprinted 1978

Richards, Denis: Royal Air Force 1939–1945. Vol. I: The Fight at odds. London 1953

Richards, Denis / Saunders Hilary St. George: Royal Air Force 1939–1945. Vol. II: The Fight avails. London 1954

Ricker, Leo A.: Freiburg. Aus der Geschichte einer Stadt. Freiburg 1964, 2. Aufl. 1966 unter Mitwirkung von Franz Laubenberger

Riedel, Hermann: Halt! Schweizer Grenze! Das Ende des Zweiten Weltkrieges im Südschwarzwald und am Hochrhein in dokumentarischen Berichten deutscher, französischer und Schweizer Beteiligter und Betroffener. Konstanz 2. Aufl. 1984

Ries, Karl: Deutsche Luftwaffe über der Schweiz 1939–1945. Mainz 1978

Rohr, Wilhelm: Die zentrale Lenkung deutscher Archivschutzmaßnahmen im Zweiten Weltkrieg. In: Der Archivar. Mitteilungsblatt für deutsches Archivwesen 3 (1950), S. 106–122

Rostow, W. W.: Pre-Invasion Bombing Strategy. General Eisenhower's Decision of March 25, 1944. Aldershot: University of Texas Press 1981

August Sander – Die Zerstörung Kölns. Photographien 1945–46. Mit einem Text von Heinrich Böll. Hrsg. v. Winfried Ranke. München 1985.

Sauer, Paul: Die Schicksale der jüdischen Bürger Baden-Württembergs während der nationalsozialistischen Verfolgungszeit 1933–1945. Mit Beiband: Die Opfer der nationalsozialistischen Judenverfolgung in Baden-Württemberg. Ein Gedenkbuch. Stuttgart 1969 (= Veröffentlichungen der Staatlichen Archivverwaltung Baden-Württemberg, Bd. 20)

Saunders, Hilary St. George: Royal Air Force 1939–1945. Vol. III: The Fight is won. London 1954   [Harris. London 1984

Saward, Dudley: ‚Bomber' Harris. The story of Marshal of the Royal Air Force Sir Arthur

Schadek, Hans: Die Feuerwehr (beim 27. November 1944). Unveröffentl. maschinenschriftl. Manuskript Freiburg 1984, 9 S.

Schmid, Armin: Frankfurt im Feuersturm. Die Geschichte der Stadt im Zweiten Weltkrieg. Frankfurt 1965

Schmidt, Klaus: Die Brandnacht. Dokumente von der Zerstörung Darmstadts am 11. September 1944. Darmstadt 2. Aufl. 1964

Schmidt, Leo: Kulturdenkmale in der Freiburger Altstadt. In: Denkmalpflege in Baden-Württemberg. Nachrichtenblatt des Landesdenkmalamtes 12 (1983), S. 169–178

Schnabel, Thomas: Von der Splittergruppe zur Staatspartei. Voraussetzungen und Bedingungen des nationalsozialistischen Aufstiegs in Freiburg i. Br. In: Zeitschrift des Breisgau-Geschichtsvereins („Schau-ins-Land") 102 (1983), S. 91–120

Schnabel, Thomas / Ueberschär, Gerd R.: Endlich Frieden! Das Kriegsende in Freiburg 1945. Freiburg 1985 (= Stadt und Geschichte, Neue Reihe des Stadtarchivs Freiburg, H. 7); darin Schnabel, Thomas: Stadtverwaltung und Kriegsalltag in Freiburg 1944/45, S. 41–66

Schnatz, Helmut: Der Luftkrieg im Raum Koblenz 1944/45. Eine Darstellung seines Verlaufs, seiner Auswirkungen und Hintergründe. Boppard 1981

Schneller, Franz: Freiburg – Gestern und heute. Freiburg 1947

Schreiber, Albrecht: Als vom Himmel Feuer fiel. Lübecks Passion im Luftkrieg 1942. Stadtgeschichte in Presseberichten – der Bombenangriff und seine Zeit aus der Sicht Betroffener. Lübeck o. J. (1982)

Schwineköper, Berent / Laubenberger, Franz: Geschichte und Schicksal der Freiburger Juden. Aus Anlaß des 100jährigen Bestehens der israelitischen Gemeinde in Freiburg. Freiburg 1963 (= Freiburger Stadthefte 6)

Snow, C. P.: Politik hinter verschlossenen Türen. Wissenschaft und Staatsführung. Stuttgart 1961 (Engl. Ausgabe u. d. T.: Science and Government. Cambridge, Mass. 1961)

Spaeth, Martin: Geschichte des Postamts Freiburg (Breisgau). Masch. Manuskript Freiburg

Spaight, J. M.: Bombing Vindicated. London 1944   [o. J.

Spetzler, Eberhard: Luftkrieg und Menschlichkeit. Die völkerrechtliche Stellung der Zivilpersonen im Luftkrieg. Göttingen 1956

Stadtmüller, Alois: Aschaffenburg im Zweiten Weltkrieg. Bombenangriffe, Belagerung, Übergabe. Aschaffenburg 1970 (= Veröffentlichungen des Geschichts- und Kunstvereins Aschaffenburg, Bd. 12)

Stadtmüller, Alois: Maingebiet und Spessart im Zweiten Weltkrieg. Überblick, Luftkrieg, Eroberung. Aschaffenburg 1982 (= Veröffentlichungen des Geschichts- und Kunstvereins Aschaffenburg, Bd. 19)

Steinhilber, Wilhelm: Heilbronn. Die schwersten Stunden der Stadt. Heilbronn 1961 (= Veröffentlichungen des Archivs der Stadt Heilbronn, Heft 7)

Stiefel, Karl: Baden 1648–1952. 2 Bde. Karlsruhe 2. Aufl. 1979

Strupp, Karl / Schlochauer, Hans-Jürgen: Wörterbuch des Völkerrechts. 2. Band. Berlin 1961

Sturzenhecker, Karlheinz: Materiale Beiträge zur Geschichte der Kinderklinik in Freiburg i. Br. Med. Diss. Universität Freiburg 1968

Sturzenhecker, Karlheinz: Sturmfahrt auf den Schauinsland. In: Freiburger Almanach 23 (1972), S. 73–76

Der deutsche Südwesten zur Stunde Null. Zusammenbruch und Neuanfang im Jahr 1945 in Dokumenten und Bildern. Hrsg. v. Generallandesarchiv Karlsruhe, bearbeitet von Hansmartin Schwarzmaier. Karlsruhe 1975

Taylor, Eric: 1000 Bomber auf Köln. Operation Millenium 1942. Düsseldorf 1979

Taylor, Geoff: The Nuremberg Massacre. London 1980

Terraine, John: The Right of the Line. The Royal Air Force in the European War 1939–1945. London 1985

Ueberschär, Gerd R. / Wette, Wolfram: Bomben und Legenden. Die schrittweise Aufklärung des Luftangriffs auf Freiburg am 10. Mai 1940. Ein dokumentarischer Bericht. Freiburg 1981

Ueberschär, Gerd R.: Der Bombenkrieg – „Totaler Krieg" bis zum bitteren Ende 1944/45. In: Rolf-Dieter Müller / Gerd R. Ueberschär / Wolfram Wette: Wer zurückweicht wird erschossen! Kriegsalltag und Kriegsende in Südwestdeutschland 1944/45. Freiburg 1985, S. 11–22

Ueberschär, Gerd R.: „Volkssturm" und „Werwolf" – Das letzte Aufgebot in Baden. In: Müller / Ueberschär / Wette, Wer zurückweicht wird erschossen! a. a. O., S. 23–37

Ueberschär, Gerd R.: Krieg auf deutschem Boden – Der Vormarsch der Alliierten im Südwesten. In: Müller / Ueberschär / Wette: Wer zurückweicht wird erschossen!, a. a. O. S. 59–69

Ueberschär, Gerd R.: Freiburgs letzte Kriegstage bis zur Besetzung durch die französische Armee am 21. April 1945. In: Thomas Schnabel / Gerd R. Ueberschär: Endlich Frieden! Das Kriegsende in Freiburg 1945. Freiburg 1985, S. 9–40

Ueberschär, Gerd R. / Müller, Rolf-Dieter: Deutschland am Abgrund. Zusammenbruch und Untergang des Dritten Reiches 1945. Konstanz 1986 (= Wegweiser zu Zeitfragen, Bd. 5)

Ueberschär, Gerd R.: Der totale Bombenkrieg bis zum Kriegsende. In: Ueberschär / Müller, Deutschland am Abgrund, a. a. O., S. 41–52

Veale, Frederick J. P.: Advance to Barbarism. How the Reversion to Barbarism in Warfare and War-Trials Menaces Our Future. Appleton, Wisconsin 1953 (Dt. Ausgabe u. d. T.: Der Barbarei entgegen. Wie der Rückfall in die Barbarei durch Kriegführung und Kriegsverbrecherprozesse unsere Zukunft bedroht. Hamburg 1954, Würzburg 3. Aufl. 1972).

Verfolgung, Widerstand, Neubeginn in Freiburg 1933–1945. Eine Dokumentation. Hg. von Vereinigung der Verfolgten des Naziregimes/Bund der Antifaschisten, Kreis Freiburg. Redaktion: Henri Büttner, Hans Kaufmann, Inge Kaufmann, Emil Sehrer. Freiburg o. J. (1980), 2. erw. Aufl. 1989

478

Verrier, Anthony: Bomberoffensive gegen Deutschland 1939–1945. Frankfurt 1970

Vetter, Walter: Ein weitgehend unbekannt gebliebener Besuch Adolf Hitlers in Freiburg. In: Zeitschrift des Breisgau-Geschichtsvereins („Schau-ins-Land") 102 (1983), S. 219–222

Vetter, Walter: Noch einmal: „Führer"-Besuche in Freiburg. In: Zeitschrift des Breisgau-Geschichtsvereins („Schau-ins-Land") 103 (1984), S. 203–208

Völker, Karl-Heinz: Die deutsche Heimatluftverteidigung im Zweiten Weltkrieg (I) und (II). In: Wehrwissenschaftliche Rundschau 16 (1966), S. 87–111, 158–171

Volkmann, Udo: Die britische Luftverteidigung und die Abwehr der deutschen Luftangriffe während der „Luftschlacht um England" bis zum Juni 1941. Osnabrück 1982

Walzer: Michael: Gibt es den gerechten Krieg? Stuttgart 1982 (Amerikan. Ausgabe u. d. T.: Just and Unjust Wars – A Moral Argument with Historical Illustrations. New York 1977)

Webster, Sir Charles / Frankland, Noble: The Strategic Air Offensive against Germany 1939–1945. Vol. 1–4. London 1961 (= History of the Second World War, ed. by Sir James Butler)

Weidauer, Walter: Inferno Dresden. Über Lügen und Legenden um die Aktion „Donnerschlag". Berlin-Ost 4. durchges. und erg. Auflage 1983, 6. Aufl. 1987

Werner, Josef: Karlsruhe 1945. Unter Hakenkreuz, Trikolore und Sternenbanner. Karlsruhe 2. Aufl. 1986

Wette, Wolfram: Durchhalte-Terror in der Schlußphase des Krieges – Das Beispiel der Erschießungen in Waldkirch am 10./11. April 1945. In: Rolf-Dieter Müller / Gerd R. Ueberschär / Wolfram Wette: Wer zurückweicht wird erschossen! Kriegsalltag und Kriegsende in Südwestdeutschland 1944/45. Freiburg 1985, S. 70–73

III. Berichte und Darstellungen in Zeitungen

Redaktionelle Zeitungsartikel sind nicht aufgenommen, siehe dazu die angegebenen Zeitungen auf S. 470f.

Kempcke, Helga: Todesbringer leben lange. In: Deutsches Allgemeines Sonntagsblatt Nr. 30 v. 28.7.1989, S. 28

Leßner, Reinhard: Solange „Der Alemanne" etwas zu melden hatte: Lügen und Endsieg-Parolen bis zum letzten Tag. In: Badische Zeitung Nr. 91 v. 19.4.1985, S. 17

Nie darf das wieder sein! Zum zehnten Male jährt sich der furchtbarste Tag in Freiburgs Geschichte. Eine Sonderbeilage zur mahnenden Erinnerung an den 27. November 1944. Südwest-Rundschau. Freiburg 1954

Olenhusen, Irmtraud und Albrecht Götz von: Schwarze Kunst. Über die schwierige Vermittlung einfacher Botschaften. Eine Spionagegeschichte. In: Badische Zeitung, Wochenend-Magazin v. 9./10.1.1982

Rey, Joseph: Bombenangriff auf Freiburg. Eine Vergeltung für Gérardmer? In: Badische Zeitung Nr. 255 v. 4.11.1983

Rösch-Metzler, Wiltrud: Mit dem Fallbeil gegen Blindgänger. In: Rheinischer Merkur/Christ und Welt Nr. 15 v. 8.4.1988, S. 24

Schneller, Franz: Das war das Ende. Am 21. April 1945 in Freiburg. In: Badische Zeitung Nr. 23 v. 20.4.1946, S. 6

Stapfer, Hans-Heiri: Heute vor 40 Jahren um 19.10 Uhr: „Bombs away" auf Zürich. In: Tages-Anzeiger Zürich v. 4.3.1985, S. 21

Stapfer, Hans-Heiri: Bombs Away auf Schaffhausen. Die Hintergründe. In: Schaffhauser Bock Nr. 42 und 43 v. 16. und 23. Oktober 1986

Ueberschär, Gerd R.: Vor vierzig Jahren, am 10. Mai 1940: Als die ersten Bomben auf Freiburg fielen. In: Badische Zeitung Nr. 108 v. 9.5.1980, S. 3

Ueberschär, Gerd R.: Am 21. April 1945 besetzten die Franzosen Freiburg. Der Mut zur Feigheit vor dem Feind. In: Badische Zeitung Nr. 92 v. 20./21.4.1985, S. 3

Ueberschär, Gerd R.: Vor 40 Jahren marschierten Franzosen in Freiburg ein: „Fanatischer Endkampf" blieb aus. In: Südkurier Nr. 92 v. 20.4.1985

Ueberschär, Gerd R.: Die meisten Städte konnten kampflos übergeben werden. Kriegsende im Südwesten. Rückblick auf 1945. In: Südkurier Nr. 92 v. 20.4.1985

Ueberschär, Gerd R.: Operation „Tigerfish". Die Nacht, in der Freiburg in Trümmer sank .. In: Südkurier Nr. 273 v. 24. November 1984, Seite „Das besondere Thema"

Ueberschär, Gerd R.: 27. November 1944: Bomben auf Freiburg. Nur aus Zufall blieb das Münster verschont. In: Badische Zeitung Nr. 275 v. 27. November 1984, S. 3

Ueberschär, Gerd R.: Tag des deutschen Luftangriffs auf Freiburg vor 50 Jahren. NS-Propaganda nutzte tödlichen Irrtum hemmungslos aus. In: Badische Zeitung Nr. 107 v. 10. Mai 1990, S. 21

X.

Namensregister

Das Register enthält Personen- und Ortsnamen. Der Stadtname Freiburg wurde nicht aufgenommen, sondern die Namen von einzelnen Stadtteilen, Straßen und Plätzen sowie von öffentlichen Gebäuden (Krankenhäuser, Schulen, Institute), Kasernen und Verkehrsanlagen (Bahnhöfe und -linien). Die Seitenzahlen beziehen sich auf Text, Bildlegenden und Anmerkungen, jedoch nicht auf Autorenangaben und Namensnennungen, die nur als Quellenbeleg aufgeführt sind.

Abkürzungen

am.	amerikanisch	frz.	französisch	Ltn.	Leutnant
Bez.	Bezirks-	Gen.	General	Min.	Minister
BM	Bürgermeister	RLB	Reichsluftschutzbund	Mj.	Major
brit.	britisch	Gr.f.	Gruppenführer	OB	Oberbürgermeister
Bs.	Bischof	Hptm.	Hauptmann	Pol.	Polizei
Dir.	Direktor	Kdt.	Kommandant	Präs.	Präsident
Dr.	Doktor	Komm.	Kommissar	Prof.	Professor

A

Aachen 110 119 182
Achkarren 349
Addison, E. B. 225
Adelhauser Straße 331 417
Adenauer, Konrad, OB v. Köln 55
Adler, Gustav 172
Adolf-Hitler-Straße (Kaiser-Joseph-Straße, Habsburger Straße) 28-29 41 62 71 73-74 83 93 163 183 202 225 227 232 244 247-249 251 267 269 279 286 297 323 325 331 341 375 377 411-412 414-415 420 431 443 447 450 498-500 503 511 520 542-543
Agnesenstraße 528
Alban-Stolz-Denkmal 150
Albert-Schöni-Straße 84 155
Albertstraße 42 155 225 247-248 261 418-420 431-434 440 445 518 523-524
Alte Kollegiengasse 410 412 415
Alter Friedhof 251 433-434 445
Altes Rathaus ↗ Rathaus
Alte Universität 253 402 411-412 489 500 505
Altkirch 182
Altstadt ↗ Innenstadt
Am Karlsplatz 163
Am Rotschachen 28
Anatomisches Institut 42-43 524
Angellschule 268
Appenweier 174
Arndt, Hilde 421
Artilleriekasernen 238 313 419 423
Aufdingerweg 181
Augenklinik 155 249-250 272 405
Augsburg 204 304
Augustinermuseum 254
Augustinerplatz 155 417
Augustinerweg 187
Auschwitz 77
Azone, Bez.gr.f des RLB 70 86 120

B

Backnang 326
Bad Dürrheim 300
Baden-Baden 29 200 290 318 341 356 359 366 400-401
Badenweiler 266
Bader, Rudolf 355 360-361 366 370 372-374 376
Bahnanlagen 82 174 183 196 199 203-204 206 243 267 305 325 331 334 343
Bahnhof ↗ Hauptbahnhof ↗ Güterbahnhof
Bahnhof Littenweiler 327
Bahnhofstraße 83
Bahnhofsviertel 248
Bahnhof Wiehre ↗ Wiehrebahnhof
Balck, Gen. 324
Bär, Franz 31
Bär, Friedrich 245
Barbarastraße 529
Basel 203 206 280 313 331
Basler Hof 28
Basler Straße 42 148 375
Bastian, Dr. Johanna 266
Bath 103
Bätzner, Dr. 437
Bauer, Christian 172
Bawtry 217
Bawtry Hall 216
Bazing, Richard 370 376
Bea, Alfred 247
Beck, OB v. Baden-Baden 200
Beck, Prof. Dr. Ernst 77
Belfort 173 182
Belfortstraße 420
Bellingrath 294
Bender, Dr. Karl 52 60
Bennett, Donald C. T. 220 243
Berger, Gottlob 340
Berlin 33 52 54-55 84 86 96-97 99-100 110-111 113-115 119 121 133-134 137 141 143 153 183 212 226 228 230 255 265-266 277 338 344 366 389

B (Fortsetzung)

Bern 402
Bernhardstraße 123 134 225 227 244 253 411 423 519-520
Beromünster 230
Bertholdgymnasium 83 163 248 252-253 262 419
Bertoldsbrunnen 28 402 411 416 443
Bertoldstraße 41 163 267 273 323 411-412 415 417-419 500 505
Béthouart 368
Bettackerweg (heute -straße) 315
Betzenhausen 160 163 182 193 247 327 333-334 382-383 402 490
Beurbarung 490 528-535
Beurbarungsstraße 315
Bielefeld 197
Bieser, Hptm. der Schutzpol. 80
Bietigheim 294
Bilser, Pol.dir. 232
Binbrook 216-217 219
Bingen 234
Bingerbrück 234
Birmingham 97
Bischofslinde 193
Bismarckstraße 28 42 181 249 261 267 418-420 447 521
Blauen 41
Bleichestraße 288 325
Blücherstraße 439
Blume-Delorme, Major a.D. 55
Bochum 195
Bogatsch, Gen. 331
Böhlen 116
Bohlsbach 234
Böhme, Dr. Rolf 25
Bohnenkamp, Prof. 273
Bonna 402
Booth, brit. Flieger 237
Borell, Prof. 299
Borkum 86
Bormann, Martin 111 134 265 359
Bornhäuser, Prälat 21
Bortolamedi, Alba 250
Bosch 408-409
Boston 217

482

Hans Schadek

Freiburg und die Zerstörungen des
Luftkrieges 1944/45
Eine Photodokumentation

Abb. 1: Die Zerstörungen im Freiburger Stadtgebiet zwischen der Bahnlinie und dem Schloßberg; amerikanische Luftaufnahme vom 9. April 1945. (Photo: Heinz Leiwig, Deutschland Stunde Null. Historische Luftaufnahmen 1945, Stuttgart 1987, S. 53)

Vorbemerkung

Wer heute durch die Altstadt Freiburgs oder durch die jüngeren, seit dem ausgehenden 19. Jahrhundert entstandenen Stadtbezirke geht, wird auf den ersten Blick kaum etwas von den Zerstörungen bemerken, die Freiburg im Zweiten Weltkrieg erlitten hat. Nur dem aufmerksamen Beobachter wird der mitunter abrupte Wechsel in den Baustilen – auf ältere Bauten folgen jüngste Partien – oder die Tatsache auffallen, daß nicht wenige Häuserzeilen der Stadt, auch in den älteren Wohnvierteln, erst Ende der fünfziger, Anfang der sechziger Jahre erbaut worden sind. Nur indirekt also sind heute die Lücken erkennbar, die die alliierten Luftangriffe des Zweiten Weltkrieges, besonders das Flächenbombardement vom 27. November 1944, in das bis dahin kontinuierlich gewachsene, „historische" Stadtbild Freiburgs geschlagen haben. Das Ausmaß dieser schweren Zerstörungen im Bild festzuhalten ist Ziel der hier vorgelegten Photodokumentation. Sie ergänzt und vervollständigt damit den Textteil, der die Folgen des Luftkrieges im Wort – und zu einzelnen Aspekten auch schon im Bild – ausführlich darstellt.

Photographische Aufnahmen von den Zerstörungen, die die Stadt hatte hinnehmen müssen, sind in erheblichem Umfang verfügbar, nicht nur in öffentlichen Sammlungen, so vor allem beim Stadtarchiv Freiburg, sondern auch in privater Hand. Freilich gilt dies nur mit gewissen Einschränkungen. So liegt etwa der zeitliche Schwerpunkt für die Masse der Aufnahmen relativ spät, auf den Jahren 1946/47, als sich das Leben wieder zu normalisieren begann. Die Zahl der Photos, die direkt nach dem großen Angriff bis zum Kriegsende oder wenigstens noch 1945 entstanden sind, ist dagegen überschaubarer. Dies hat seinen Grund nicht nur in der materiellen Dürftigkeit der Kriegs- und Nachkriegszeit, als Photoapparate selten und Filme nur schwer zu erhalten waren. Wenigstens für die Zeit bis zur Kapitulation im Mai 1945 ist dafür vielmehr auch das ängstliche und scharf verfolgte Bestreben der Nationalsozialisten verantwortlich, das Photographieren von Luftkriegsschäden zu verhindern und nur offizielle Dokumentationen, die im Auftrag von Partei und Staat entstanden, zuzulassen (vgl. vorne S. 35). So wurde Anfang Februar 1945 erneut auf den schon seit 1942 bestehenden Erlaß hingewiesen, der „das Photographieren der durch Terrorangriffe entstandenen Schadensstellen im Interesse der Landesverteidigung" untersagte und allen Personen, die das Verbot nicht beachteten, „mit polizeilicher Inhaftnahme und Beschlagnahme der Photoapparate" bedrohte. Die Erlaubnis zum Photographieren besaßen „nur amtlich zugelassene Bildberichter, die im Besitze eines Sonderausweises" waren („Der Führer" Nr. 34 vom 4. 2. 1944). Die Stadt Freiburg nahm übrigens die Zeitungsnotiz zum Anlaß, in den Akten festzuhalten, daß für das Stadtgebiet nur *ein* Photograph im Besitz eines solchen Ausweises war und damit die Berechtigung besaß, Angriffs- und Trümmerszenen im Bild festzuhalten. Diese Photos sind jedoch ebensowenig überliefert wie diejenigen, die dieser Photograph seit 1933 im Auftrag der Stadt von NS-Veranstaltungen – als Dokumentation für künftige Generationen – aufgenommen hat. Der gesamte Photobestand ist auf Anordnung der Stadtverwaltung kurz vor Kriegsende vernichtet worden.

Es ist fast selbstverständlich, daß sich das Interesse der Photographierenden stark auf den Trümmerbereich der Altstadt konzentriert hat. Insbesondere das unzerstört aus dem Chaos aufragende und nun von weither sichtbare Münster zog die Aufmerksamkeit magisch auf sich. Daneben fanden naturgemäß die zerstörten Baudenkmäler – Basler Hof, Rathaus, Martinskirche, Alte Universität, Uni-

Abb. 2: Südseite des Münsterplatzes 1945. Links im Bild französische Militärlastwagen. (Photo: StadtAF M 731/22 Nr. 28)

versitätskirche usw. – stärkere Beachtung. Die Zerstörungen der Innenstadt sind deshalb sehr dicht dokumentiert. Hinsichtlich der anderen betroffenen Stadtgebiete gilt dies nicht einmal für die wichtigen, in der Nordstadt gelegenen und schwer zerstörten Kliniken und Institute der Universität. Insgesamt ist das Bildmaterial für die Nordstadt/Neuburg, für den Stühlinger und die Beurbarung wesentlich geringer als für die Altstadt, von den ebenfalls schwer geschädigten Orten Betzenhausen und Lehen im Westen der Stadt ganz zu schweigen.

1982 hat Walter Vetter mit seiner Photodokumentation „Freiburg in Trümmern 1944–1952" die erste umfassend angelegte Bestandsaufnahme über das Ausmaß der baulichen Kriegsschäden im Stadtgebiet veröffentlicht; 1984 folgte ein zweiter Teil. Ebenfalls 1984, zum 40. Jahrestag des Luftangriffs vom 27. November, legte die Oberlindengesellschaft unter dem Titel „Unsere Stadt Freiburg. Kriegszeit und Wiederaufbau" einen weiteren Band über die kriegszerstörte Stadt vor. Gleichwohl kann eine Arbeit wie die vorliegende, die sich eine Gesamtdarstellung des Luftkrieges und seiner Folgen für Freiburg zum Ziel gesetzt hat, nicht darauf verzichten, diese Folgen auch im Bild vorzuführen: ein Hinweis auf bereits verfügbare Publikationen würde dem Thema gewiß nicht gerecht werden. An dieser Auffassung orientiert sich die hier zusammengestellte Dokumentation: sie will einen Überblick über die Schäden im gesamten Stadtgebiet vermitteln und berücksichtigt infolgedessen alle Stadtquartiere, die vom Luftkrieg betroffen gewesen sind. Jedoch wird, im Hinblick auf die genannten Veröffentlichungen, zum einen fast ausnahmslos neues, bis jetzt nicht publiziertes Photomaterial vorgelegt, zum anderen setzt die Bildauswahl Schwerpunkte: ohne die Innenstadt zu vernachlässigen, wird der Dokumentation der Schäden in der besonders schwer getroffenen Nordstadt mit ihren Kliniken und Instituten sowie im Stühlinger stärkeres Gewicht beigemessen. Beide Stadtbereiche können in mancher Hinsicht

490

als nicht ausreichend berücksichtigt gelten; insofern ist der Anhang auch notwendige Ergänzung der bislang veröffentlichten Bildquellen.

Kern dieser Dokumentation ist das Photomaterial, das 1984 in einer Ausstellung des Stadtarchivs zum Gedenken an den Luftangriff vom 27. November 1944 gezeigt worden ist. Die Photos jener Ausstellung stammten aus den schon früh angelegten Sammlungen des Stadtarchivs, vielfach aber auch aus privaten Beständen, die dank dem Verständnis und Entgegenkommen der Freiburger Bürger in den letzten Jahren vermehrt zur Verfügung gestellt und mit der Deponierung im Stadtarchiv künftiger Forschung und Benutzung verfügbar gemacht wurden. Im folgenden wird daraus eine erste aufschlußreiche Auswahl vorgelegt.

Verzichtet wurde dagegen darauf, in die Dokumentation auch Beispiele von Trümmer*zeichnungen* aufzunehmen. Eine Auswahl solcher Zeichnungen – Arbeiten der Freiburger Maler Hermann Leitz und Bruno Schley – war ebenfalls 1984 in einer Ausstellung in den Räumen des Stadtarchivs zu sehen. Sie ließ freilich damals erkennen, daß das Medium Zeichnung, stärker als das Photo, anfällig dafür ist, durch eine ungewollte „Ästhetisierung" des abgebildeten Gegenstands das doch eigentlich angestrebte Ziel – den Schrecken des Krieges festhalten zu wollen – aus den Augen zu verlieren. „Malerische" Trümmerszenen sind nicht selten das unbeabsichtigte Ergebnis zeichnerischer Bemühungen. Gelegentlich ist allerdings auch der Blick des Photographen nicht frei von künstlerischen Ambitionen. Das Ergebnis ist ähnlicher, den grauen Kriegsalltag oft auch symbolisch überhöhender und deshalb im Grunde verharmlosender Natur. Photos dieser Art wurden hier ebenfalls nicht aufgenommen. Vielmehr wurde jenen Aufnahmen der Vorzug gegeben, denen es auf nichts anderes als auf die schlichte Wiedergabe der niederschmetternden Wirklichkeit des Kriegsgeschehens ankam – auch wenn diese Photos durchaus zum Teil technische Mängel aufweisen.

Abb. 3: Blick vom Münster zum Martinstor. Im Vordergrund das Erzbischöfliche Palais. (Photo: StadtAF M 75/1)

Die Wirklichkeit des Kriegsalltags, wie er auf den Photos sich darstellt, scheint nun allerdings den Menschen, der doch als getöteter, verletzter, fliehender, ausgebombter und obdachloser Bürger der Stadt im Mittelpunkt stehen sollte, kaum zu kennen; die Photos sind meist menschenleer. Auch dies hat einen schlichten, eingangs erwähnten Grund: Der NS-Propaganda konnte nichts daran liegen, daß die Auswirkungen des Luftkrieges von jedem, der daran interessiert war, festgehalten und damit im privaten, von der Partei nicht leicht zu kontrollierenden Raum vorgezeigt werden konnten. Die parteioffizielle Dokumentation aber, die möglicherweise auch das Schicksal der Menschen nach dem Angriff festgehalten hat, ist, wie gesagt, bei Kriegsende mit dem gesamten NS-Photobestand untergegangen. So können nur noch die Trümmer für das sprechen, was den Menschen, die einmal in den zerbombten Straßen zu Hause waren, zugestoßen und was ihnen innerhalb einer knappen halben Stunde zerstört worden ist.

Abb. 4: Nach dem Angriff diente der Georgsbrunnen als Wasserentnahmestelle. Die Häuser (von links): Bankhaus Krebs, Café Kühnle – das Ende des 16. Jahrhunderts erbaute Haus „Zum Klettenfels" –, Haus Kapferer und Gesellschaftshaus „Museum", die beide 1823 auf dem Gelände des abgebrochenen Heilig-Geist-Spitals zwischen Kaiser-Joseph-Straße und Münsterplatz errichtet worden sind. (Photo: Prof. Dr. S. Schreiber, Freiburg)

Abb. 5 und 6: Die Nordseite des Münsterplatzes, unzerstört vor dem Krieg – bei einer der nationalsozialistischen Maifeiern aufgenommen –, in Trümmern nach dem Bombenangriff. Im Hintergrund ist nur noch die Fassade der Stadtbücherei – vormals ein stattlicher Bau vom Ende des 18. Jahrhunderts – deutlicher erkennbar. (Photos: StadtAF M 75/1, M 7007)

Abb. 7: Schnee verhüllte im Winter 1944/45 – wie hie[r] auf dem Münsterplatz – die Trümmer der Altstadt. (Photo: StadtAF M 731/10 Nr. 15)

Abb. 8: Blick vom Münsterchor auf die Zerstörungen des nördlichen Münsterplatzes; im Hintergrund (Mitte) der Basler Hof. (Photo: Prof. Dr. S. Schreiber, Freiburg)

Abb. 9: Auf der Nordseite des Münsterplatzes ist u. a[.] das spätmittelalterliche Kornhaus völlig verschwunden. Am Westrand stehen die leeren Fassaden des Kapferer-Hauses, des Domhotels Geis[t] und des Kaufhauses Herzog (von links), überragt vo[m] Turm der Martinskirche. (Photo: StadtAF M 735/22431)

Abb. 10 und 11: Nordseite des Münsterplatzes, vom Münsterdach aus aufgenommen. In der Bildmitte oben ist inmitten der Trümmer dank der stehengebliebenen Eisenkonstruktion das „Kaffeehaus Kopf" identifizierbar; darüber ist der ausgebrannte, langgestreckte West-flügel der Karlskaserne beim Siegesdenkmal zu erkennen. Das Photo unten zeigt rechts vor dem weitgehend unzerstörten Reichsbankgebäude (mit Walmdach) den ausgebrannten, später abgebrochenen Ostflügel der Karlskaserne sowie am rechten Bildrand die zerstörten Gebäude der Herren- und Hermannstraße. (Photos: StadtAF M 731/76 Nr. 11, Nr. 14)

Abb. 12: Schloßbergstraße.
(Photo: StadtAF M 7007)

Abb. 13: Herrenstraße nach
Norden. Der weiße Pfeil
„Schloßberg" (ganz rechts)
zeigt den Fluchtweg aus der
Stadt durch die Schoferstraße
zum Schloßberg. Pfeile dieser
Art waren Anfang 1944 an
mehreren Stellen der Stadt
angebracht worden; sie sollten
die nach einem Angriff
Flüchtenden zu den öffentlichen Grünflächen weisen,
die Schutz vor Flächen-
bränden bieten konnten.
(Photo: M. Herrmann,
Freiburg/StadtAF M 7007)

Abb. 14: Herrenstraße. In
der Mitte des Bildes das
1579 erbaute Haus „Zum
guldin Stouf" mit schönem
Erker und Portal, im
Hintergrund der Turm der
Konviktskirche.
(Photo: StadtAF M 7007)

Abb. 15: Chorraum der 1826 von dem großherzoglichen Kreisbaumeister Christoph Arnold entworfenen Konviktskirche. (Photo: StadtAF M 731/18 Nr. 40)

Abb. 16: Erzbischöfliches Theologisches Konvikt. (Photo: StadtAF M 7007)

Abb. 17: Der obere Teil der Herrenstraße wurde am . Februar 1945 von Bomben heimgesucht. Völlig vernichtet wurde das Erzbischöfliche Pumpfarramt gegenüber dem Ordinariatsgebäude, das leichte Schäden erlitt. (Photo: M. Herrmann, Freiburg/StadtAF M 7007)

Abb. 18: Der zur Herrenstraße gelegene Teil des Eckhauses Schweigler, Schusterstraße 50, erhielt einen „Volltreffer". Der Betrachter sieht von der Münzgasse aus auf freigelegte Zimmertüren. (Photo: StadtAF M 731/20 Nr. 21)

Abb. 19: Durch den Torbogen des Martinstors geht der Blick auf die heutige Kaiser-Joseph-Straße – zur Zeit der Aufnahme, im Winter 1944/45, noch Adolf-Hitler-Straße benannt – und auf das ausgebrannte Hotel „Zum Römischen Kaiser". (Photo: StadtAF M 7007)

Abb. 20: Räumungsarbeiten auf der Adolf-Hitler-Straße beim Kapfererhaus, Ecke Salzstraße, das 1903 vom Erbauer des Kollegiengebäudes der Universität, Hermann Billing, entworfen worden war. Nachrichten, mit Kreide an die Hauswand geschrieben, informieren offenbar über den Verbleib der ehemaligen Nutzer und Bewohner des zerstörten Geschäftshauses. (Photo: StadtAF M 7007)

Abb. 21: Salzstraße auf der Höhe der Dreherstraße. Rechts das Wirtshausschild von Hechingers Bierhalle „Zum Spaten" und die Erdgeschoßreste des Kageneckschen Palais. Der Zugang zum Bertoldsbrunnen – im Hintergrund das Kaufhaus Müller – ist Anfang 1945 noch weitgehend durch Trümmerschutt versperrt. (Photo: P. Bert, Freiburg)

Abb. 22 und 23:
Adolf-Hitler-Straße im Winter
1944/45 vom Bertoldsbrunnen
zum Siegesdenkmal.
(Photos: StadtAF M 7007)

Abb. 25 (rechte Seite oben):
Ostseite der Adolf-Hitler-
Straße, etwa von der Münster-
straße bis zum Martinstor.
Die Bestimmung des genauen
Standorts ist nur mit Hilfe des
noch erkennbaren Schriftzugs
„Steiger" der ehemaligen
Metzgerei (Nr. 198, rechts im
Bild) möglich.
(Photo: M. Herrmann,
Freiburg/StadtAF M 7007)

Abb. 26 (rechte Seite Mitte
links): Beim Basler Hof im
Winter 1944/45.
(Photo: StadtAF M 7007)

Abb. 24: Eingang zur Bertold
straße. Im Hintergrund die
Fassade der ausgebrannten
Alten Universität.
(Photo: StadtAF M 7007)

27 (Mitte rechts):
...traße. Links das
...l der zerstörten, heute
... Frontansicht – wenn
... nicht im Innern –
...al wiedererstandenen
...chordenskommende.
...o: StadtAF M 7007)

28: Schusterstraße
...Westen. Wegen
...garbeiten an
...rzgefährdeten
...assaden war sie, wie
... Straßen auch,
...ise für Fußgänger
...rt.

...: StadtAF M 75/1)

Abb. 29: Nußmannstraße um 1930. (Photo: StadtAF M 7010)

Abb. 30 und 31: Nußmannstraße 1945 nach Westen – im Hintergrund das Kaufhaus Hettlage an der Kaiser-Joseph-Straße – und, etwa drei Jahre später, zum Schloßberg hin: Die Natur hat die Trümmerlandschaft erobert – fast schon eine Idylle. An das frühere Leben in dieser Straße erinnern nur noch Relikte: der leere Blechrahmen des Bierling-Brauereischilds vom Gasthaus „Zur Römerschanze", der Schriftzug „Bäckerei – Conditorei August Schwarz" an der leeren Hausfassade. (Photos: M. Herrmann, Freiburg/StadtAF M 7007; StadtAF M 731/42 Nr. 3)

Abb. 32 bis 34:
Rundblick vom Turm
des Kollegiengebäu-
des der Universität
über die Trümmer, di
sich vom Stadttheate

an Peterhof und
Universitätskirche
vorbei – bis zum
Münster erstrecken.
(Photos: StadtAF
M 7007)

bb. 35: Bertoldstraße auf der Höhe der Feierling-Gaststätte „Zum itter". (Photo: StadtAF M 731/21 Nr. 2 a)

Abb. 36: Zum Bertoldsbrunnen – das Zähringerdenkmal selbst ist verschwunden – führt nur ein schmaler Fußpfad. (Photo: M. Herrmann, Freiburg/StadtAF M 7007)

Abb. 37: Die verschneite Bertoldstraße im Winter 1944/45. Von der Universitätskirche und der Alten Universität stehen nur noch die ausgebrannten Fassaden. (Photo: StadtAF M 7010)

Abb. 38: Chorraum der nach dem Vorbild der Jesuitenkirche in Solothurn entworfenen und 1702 vollendeten Universitätskirche. (Photo: StadtAF, M 731/11 Nr. 3–4)

Abb. 39 und 40: Stadttheater
Vorderfront und völlig
zerstörtes Bühnenhaus.
(Photos: M 731/31 Nr. 39;
M. Herrmann,
Freiburg/StadtAF M 7007)

Abb. 41: Das 1866 erbaute
Bertoldgymnasium gegenüb
dem Stadttheater.
(Photo: M. Herrmann,
Freiburg/StadtAF M 7007)

Abb. 42: Zerstörungen im Dachbereich des Kollegiengebäudes der Universität. Die Kuppel der Aula ist in sich zusammengesackt. (Photo: StadtAF M 731/16 Nr. 26)

Abb. 43: Aula der Universität. (Photo: StadtAF M 731/22 Nr. 42)

Abb. 44: Universitätsstraße. Links: Gasthaus „Zum Elefanten". (Photo: M. Herrmann, Freiburg/StadtAF M 7007)

Abb. 45: Altes Rathaus. (Photo: StadtAF M 7040)

Abb. 46: St. Martin im Winter 1944/45.
(Photo: StadtAF M 7007)

Abb. 47: Merianstraße an der Kreuzung Gauchstraße. Vorne links das Heiliggeist-Stüble, rechts das Gasthaus „Turner Eck", im Hintergrund Unterlinden mit dem Kaufhaus Fabel. Die Merianstraße ist in Richtung Unterlinden „polizeilich gesperrt". (Photo: StadtAF M 731/17 Nr. 6 a)

Abb. 48: Unterlinden. (Photo: M. Herrmann, Freiburg/StadtAF M 7007)

Abb. 49: Die Predigerstraße ist, wie viele andere Straßen auch, durch die in den Straßenraum gestürzten Hausfronten völlig unpassierbar geworden; im Hintergrund die Hausruinen an der Ringstraße. (Photo: M. Herrmann, Freiburg/StadtAF M 7007)

Abb. 50: Vinzentiushaus. Durch die Zerstörungen ist das gotische Westfenster der ehemaligen Dominikaner-Klosterkirche wieder sichtbar geworden. (Photo: StadtAF M 731/31 Nr. 24)

Abb. 51: Kartoffelmarkt. (Photo: M. Herrmann, Freiburg/StadtAF M 7007)

Abb. 52: Central-Kaufhaus Ecke Schiffstraße/Kaiser-Joseph-Straße. Durch das Gewirr der Stahlträger geht der Blick auf die Figurengruppe am Basler Hof und die Hahnentürme des Münsters. (Photo: M. Herrmann, Freiburg/StadtAF M 7007)

Abb. 53: Wasserstraße nach Osten. Links die Rückfront des Kaufhauses Hettlage. (Photo: StadtAF M 75/1)

Abb. 54: Merianstraße mit den Fassadenresten der Gaststätte „Unterlindenbrauerei Julius Heitzler" (ganz links im Bild) und mit dem Alten Rathaus im Hintergrund.
(Photo: StadtAF M 7007)

Abb. 55: Merianstraße beim Café Walk (links, Ecke Ringstraße).
(Photo: Dr. Th. Haefele, Freiburg/StadtAF M 7007)

Abb. 56 (unten links): Colombistraße, von der Rosastraße her gesehen.
(Photo: StadtAF M 7090/1(

Abb. 57 (unten rechts): „Ei. großhandlung Gebrüder G Ecke Rosa-/Colombistraße An der Hauswand eine der vielen Kreideinschriften, d über das Schicksal und der Verbleib der Hausbewohne Auskunft gaben: „Alles leb (Photo: StadtAF M 7090/1

Abb. 58 bis 60: Im schrecklich
verwüsteten Telegraphenamt
und im ebenfalls schwer
getroffenen Postamt fanden
101 Mitarbeiterinnen und

Mitarbeiter der Deutschen
Reichspost im Dienst den Tod.
(Photos: Oberpostdirektion
Freiburg)

Abb. 61 (oben) und Abb. 63 (rechte Seite): Der Hauptbahnhof in einer Aufnahme von 1910 …

Abb. 62: Der Paulussaal an der Dreisamstraße, der seit dem 27. November als Notpostamt diente, wurde bei einem der späteren Luftangriffe am 22. Februar 1945 schwer beschädigt. (Photo: M. Herrmann, Freiburg/StadtAF M 7007)

... und nach der Zerstörung. (Photos: StadtAF M 736/5669; Fr. Aly, Freiburg/StadtAF M 7007)

Abb. 64: Zerstörte Gleisanlagen und Waggons. Im Hintergrund die imposante Ruine des ausgebrannten Hotels „Zähringer Hof". (Photo: M. Herrmann, Freiburg/StadtAF M 7007)

Abb. 65: Luftaufnahme von der zerstörten nördlichen Altstadt und der Nordstadt jenseits der Friedrichstraße. Die Hausruinen sind teilweise schon beseitigt und eingeebnet worden. (Photo: K. Kehnscherper, Freiburg)

Abb. 66: Warnung vor Blindgängern am Fahnenbergplatz. Ganz rechts im Bild Nordecke des Vinzentiushauses eingangs der Ringstraße, links davon die Trümmerreste der Badischen Beamtenbank. (Photo: Fr. Aly, Freiburg/StadtAF M 7007)

Abb. 67: Ringstraße/Ecke Merianstraße. (Photo: Fr. Aly, Freiburg/StadtAF M 7007)

Abb. 68: Friedrichstraße. (Photo: M. Herrmann, Freiburg/StadtAF M 7007)

Abb. 69 (oben): Blick über d[ie]
Trümmerlandschaft der
Nordstadt zum Münster un[d]
zur Martinskirche hin.
(Photo: StadtAF M 7007)

Abb. 70 (links): Hebelstraße
von der Friedrichstraße nac[h]
Norden.
(Photo: M. Herrmann,
Freiburg/StadtAF M 7007)

Abb. 71 (rechts): Röderstraße.
Im Hintergrund ist, über die
Rheinstraße hinaus, die
Frontfassade der zerstörten
HNO-Klinik an der
Albertstraße erkennbar.
(Photo: StadtAF M 7007)

Abb. 72 (links): Röderstra[ße]
nach Süden; im Hintergr[und]
die unzerstörte, später
beseitigte Pyramide des
Dragonerdenkmals und d[er]
Turm von St. Martin.
(Photo: Dr. Th. Haefele,
Freiburg/StadtAF M 700[7])

Abb. 73: Die evangelische Ludwigskirche in einer Aufnahme aus dem Jahre 1900.
(Photo: StadtAF M 736/16)

Abb. 74 (unten): Die aufragenden Trümmerreste der völlig vernichteten Ludwigskirche, gesehen von der Bernhardstraße her – links im Bild die Reste des 1828 von Christoph Arnold erbauten Rondellhauses.
(Photo: StadtAF M 731/18 Nr. 17a, M 7007)

Abb. 75: Die Adolf-Hitler-Straße – heute Habsburgerstraße – vom Arnoldschen Rondellhaus zum Siegesdenkmal. (Photo: StadtAF M 7007)

Abb. 76: Bernhardstraße, vom Stadtgarten nach Westen. (Photo: M. Herrmann, Freiburg/StadtAF M 7007)

Abb. 77 und 78: Ludwigstraße um 1930 mit dem Eckhaus „Konditorei Grossbruchhaus" und weiter westwärts bis über die Karlstraße hinaus. (Photos: StadtAF M 70 S, 201/27 Nr. 53a, Nr. 531)

Abb. 79: Ludwigstraße; links die leere Fassade der „Konditorei Grossbruchhaus" (Photo: StadtAF M 7007)

Abb. 80 (oben): Rest der
westlichen Seitenansicht
der 1854 fertiggestellten
„Kunst- und Festhalle"
beim Stadtgarten.
(Photo: Prof. Dr. S.
Schreiber, Freiburg)

Abb. 81: Zerstörte Villen
an der Wintererstraße.
(Photo: StadtAF M 7007)

Abb. 82 (Mitte rechts):
Die Rheinstraße nach
Westen; vorne rechts die
alte Universitäts-
Frauenklinik.
(Photo: M. Herrmann,
Freiburg/StadtAF M 7007)

Abb. 83: Die Rheinstraße
zum Schloßberg hin;
rechts an der Ecke zur
Bismarckstraße die stark
beschädigte und später
abgerissene Hildaschule.
(Photo: M. Herrmann,
Freiburg/StadtAF M 7007)

Abb. 84: Hildaschule und Bahnanlagen im Bereich des Hauptbahnhofs (rechts oben) in einer Luftaufnahme wohl aus dem Jahre 1947.
(Photo: K. Kehnscherper, Freiburg)

Abb. 85: In einem Fenster der teilweise stehengebliebenen Hausfront der „Wirtschaft Rheinhalle", Ecke Merian-/Rheinstraße, wird der Turm des Münsters sichtbar. (Photo: M. Herrmann, Freiburg/ StadtAF M 7007)

Abb. 86: Im völlig verwüsteten Instituts- und Klinikviertel der Universität sind die einzelnen Bauten kaum noch zu identifizieren. (Photo: Dr. Th. Haefele, Freiburg/StadtAF M 7007)

Abb. 87: Alte Medizinische Klinik an der Albertstraße. Zur Zeit der Zerstörung waren darin u. a. das sportärztliche Institut und die NS-Volkswohlfahrt untergebracht. (Photo: Dr. Th. Haefele, Freiburg/StadtAF M 7007)

Abb. 88: Trümmerlandschaft an der Albertstraße. Nur an der stehengebliebenen Hausecke links im Bild ist die 1887/88 erbaute alte Chirurgische Klinik, die spätere Zahnklinik, noch erkennbar.
(Photo: M. Kötter, Freiburg/StadtAF M 7007)

Abb. 89:
Pathologisches Institut.
(Photo: M. Kötter, Freiburg/StadtAF M 7007)

Abb. 90:
Anatomisches Institut.
(Photo: M. Kötter, Freiburg/StadtAF M 7007)

Abb. 91:
Pharmakologisches
Institut.
(Photo: M. Kötter,
Freiburg/StadtAF
M 7007)

Abb. 92:
Im Institutsviertel. Die
wenigen unzerstörten
Einrichtungsgegenstände
werden sorgfältig aus
den Trümmern geborgen.
(Photo: Prof. Dr. S.
Schreiber, Freiburg)

Abb. 93: Landesgefängnis.
(Photo: M. Kötter,
Freiburg/StadtAF M 7007)

Abb. 94: Sautierstraße.
(Photo: Prof. Dr. S.
Schreiber, Freiburg)

Abb. 95: Sautier-/Ecke
Münchhofstraße.
(Photo: M. Herrmann,
Freiburg/StadtAF M 7007)

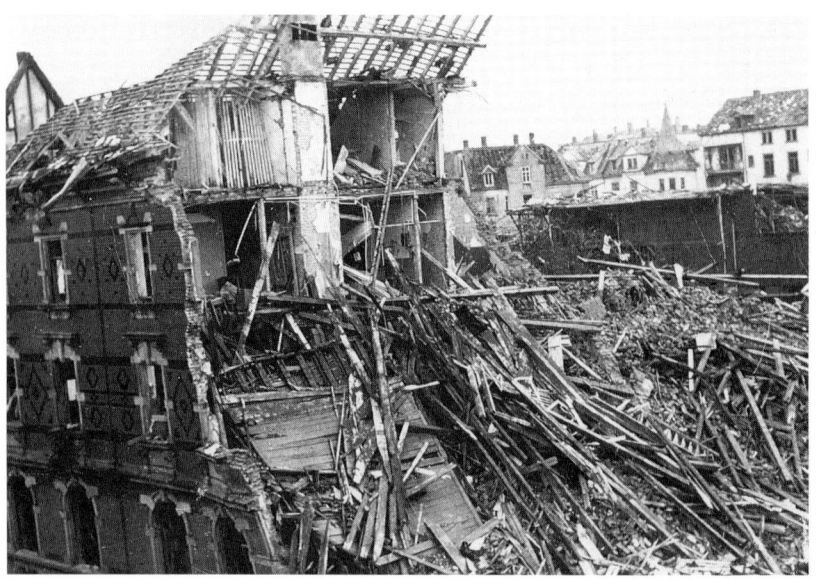

Abb. 96: Zerstörung im Bereich der ehemaligen Nordkaserne (Wehrbezirkskommando), Sautierstraße 32/34. (Photo: StadtAF M 7007)

Abb. 97 (oben): Die „Erich-Ludendorff-Oberschule für Jungen" – zuvor Neuburg-Oberrealschule, heute Kepler-Gymnasium – im Winter 1944/45. (Photo: StadtAF M 7007)

Abb. 98 (unten): Blick von der Sautierstraße auf das Mutterhaus der Barmherzigen Schwestern vom hl. Vinzenz v. Paul; links hinten: St.-Josefs-Krankenhaus, rechts: Ruine der St.-Josefs-Kapelle. (Photo: Prof. Dr. S. Schreiber, Freiburg)

Abb. 99: Eine bisher nicht identifizierte Trümmersituation wohl in der Nordstadt. Vorne links ein Schild mit der Aufschrift: „Wer plündert, wird erschossen!" (Photo: E. Baumgartner, Freiburg)

Abb. 100 und 101: Agnesenstraße um 1930 und – nicht mehr wiederzuerkennen – nach der Zerstörung.
(Photos: StadtAF M 70 S, 201/26 Nr. 116; M. Herrmann, Freiburg/StadtAF M 7007)

Abb. 102 und 103: Die Colmarer Straße nach dem Angriff: ein Bild völliger Verwüstung. Von dem Eckhaus „Bäckerei Kanstinger" an der Kreuzstraße links im Bild steht immerhin noch die Hausfassade, während rechts die Häuser Nr. 8–10 (vgl. die Aufnahme um 1930) wie andere ganz in sich zusammengestürzt sind. (Photos: StadtAF M 70 S, 200/26 Nr. 4; M. Herrmann, Freiburg/ StadtAF M 7007)

Abb. 104: Büggenreuterstraße/Ecke Breisacher Straße. (Photo: M. Herrmann, Freiburg/ StadtAF M 7007)

Abb. 105: Blick von der Robert-Koch-Straße in die ebenfalls schwer getroffene Schelshorn-Weber-Straße (nach 1945 wieder Barbarastraße). Im Hintergrund ragen, schwach erkennbar, die Reste der Lutherkirche empor. (Photo: M. Hermann, Freiburg/ StadtAF M 7007)

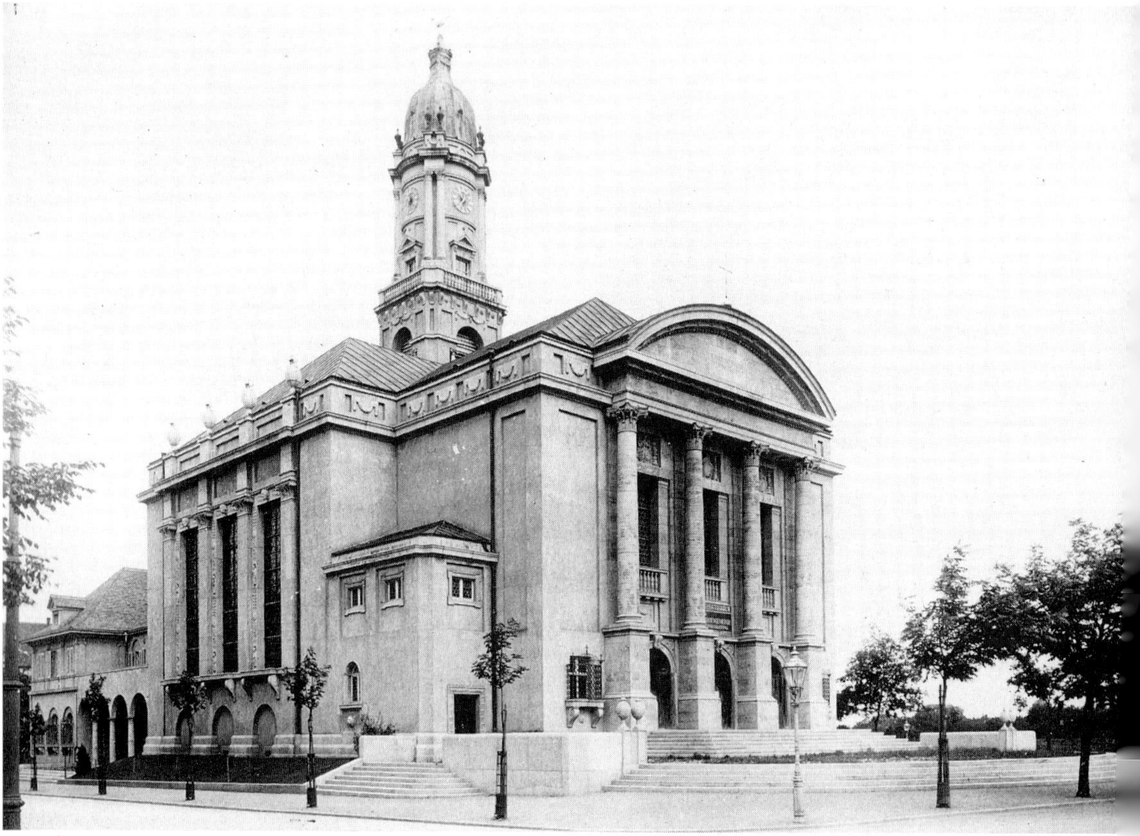

Abb. 106: Lutherkirche um 1910. (Photo: StadtAF M 7031)

Abb. 107: Die zerstörte Front der Lutherkirche. (Photo: StadtAF M 737 o. Nr.)

Abb. 108: Rückfront der Lutherkirche. Im zerbombten Pfarrhaus fanden die Familien des Pfarrers Erwin Hegel und des Organisten Heinrich Siebenhaar, die beide im Feld standen, den Tod. Unzerstört blieb – Ironie des Schicksals – das Schelshorn-Weber-Denkmal, 1936 von den Nationalsozialisten zum Gedenken an jene zwei Polizisten aufgestellt, die 1933 bei dem Versuch, den SPD-Landtagsabgeordneten Nußbaum in „Schutzhaft" zu nehmen, von diesem mit Pistolenschüssen tödlich verletzt worden waren. (Photo: M. Herrmann, Freiburg/StadtAF M 7007)

Abb. 109: Lutherkirchstraße. Sorgsam wird alles, was an Haushaltsgegenständen und Mobiliar unzerstört blieb, aus den Häusern geborgen und in Sicherheit gebracht. (Photo: StadtAF M 7007)

Abb. 110:
Katharina-Bora-Nähschule
und Evangelischer
Kindergarten der
Luther-Pfarrei in der
Egonstraße.
(Photo: M. Herrmann,
Freiburg/StadtAF M 7007)

Abb. 111: Häuser des
Bauvereins, Hugstetter Straße.
(Photo: M. Herrmann,
Freiburg/StadtAF M 7007)

Abb. 112: Frauenklinik.
(Photo: M. Herrmann,
Freiburg/StadtAF M 7007)

Abb. 113:
Medizinische Klinik.
(Photo: StadtAF M 72/
A 417)

Abb. 114 und 115:
Gallwitz-Kaserne
an der Elsässer
Straße.
(Photos: M. Herr-
mann, Freiburg/
StadtAF M 7007)

Abb. 116: Yorkstraße.
(Photo: M. Herrmann,
Freiburg/StadtAF M 7007)

Abb. 117 und 118:
Mooswaldsiedlung.
(Photos: M. Herrmann,
Freiburg/StadtAF M 7007)

Abb. 119: Zerstörte Gräber
des Hauptfriedhofs.
(Photo: StadtAF M 736 o. Nr.)

Abb. 120: Tennen-
bacher Platz.
(Photo: M. Herr-
mann, Freiburg/
StadtAF M 7007)

Abb. 121: Zunftstraße.
(Photo: M. Herrmann,
Freiburg/StadtAF M 7007)

Abb. 122: Gemeinschaftsgrab der Angriffsopfer auf dem Hauptfriedhof. (Photo: StadtAF M 7007)

Abb. 123 und 124: Gräber in den Trümmern der Stadt. (Photos: StadtAF M 7007, M 75/1)

Abb. 125: Trümmergärten. (Photo: StadtAF M 7007)

Abb. 126 und 127: Trümmerbeseitigung von Hand: Jeder, der einigermaßen bei Kräften war, war zur Mithilfe verpflichtet. (Photos: StadtAF M 75/1)

Abb. 128: Eine Gruppe junger und älterer Freiburger 1947 auf dem Weg zum Arbeitseinsatz. (Photo: StadtAF M 75/1)

Abb. 129: Trümmerbahn bei der Lutherkirche, etwa 1947. (Photo: StadtAF M 75/1)

Abb. 130 und 131: Nach der Trümmerbeseitigung: Wo vormals Häuser standen, erstreckt sich ein freies Feld, beim Unterlindenbrunnen nordwärts ebenso wie an der Ringstraße beim Dragonerdenkmal nach Westen – mit ungehindertem Blick bis hin zum Kaiserstuhl. (Photos: StadtAF M 7007, M 731/42 Nr. 13)

Abb. 132: Kaiser-Joseph-Straße – Friedrichstraße mit Siegesdenkmal in einer Luftaufnahme vom September 1953. Zögernd nur beginnt der Wiederaufbau. Zum Teil schon mit dichtem Buschwerk bewachsene Freiflächen und zahlreiche Behelfsbauten bestimmen noch das Bild. Ganz links steben im planierten Gelände einige Neubauten, darunter der wiedererbaute Westflügel der ehemaligen Karlskaserne und das

Abb. 133: Freiburgs Innenstadt mit einem Teil der Nordstadt jenseits der Friedrichstraße in einer Luftaufnahme vom August 1978. Fast 35 Jahre nach dem Luftangriff vom 27. November 1944 ist die Stadt – von wenigen, kaum auszumachenden Baulücken abgesehen – aus den Ruinen wiedererstanden. (Photo: Willy Pragher, Freiburg; Luftbild freigegeben durch Reg. Präs. Südbaden Nr. 305/179)